# THE OLD TESTAMENT IN GREEK

# THE OLD TESTAMENT IN GREEK

ACCORDING TO THE TEXT OF CODEX VATICANUS,
SUPPLEMENTED FROM OTHER UNCIAL MANUSCRIPTS,
WITH A CRITICAL APPARATUS
CONTAINING THE VARIANTS OF THE CHIEF ANCIENT
AUTHORITIES FOR THE TEXT OF THE SEPTUAGINT

EDITED BY

**ALAN ENGLAND BROOKE, B.D.**

PROVOST OF KING'S COLLEGE, CAMBRIDGE, CHAPLAIN TO H.M. THE KING
FORMERLY ELY PROFESSOR OF DIVINITY

**NORMAN McLEAN, M.A.**

MASTER OF CHRIST'S COLLEGE, UNIVERSITY LECTURER IN ARAMAIC

AND

**HENRY St JOHN THACKERAY, M.A.**

HON. D.D. OXFORD, HON. D.D. DURHAM

VOLUME II. THE LATHER HISTORICAL BOOKS

PART I.

KALPAZ

ISBN: 978-93-5128-893-0(HB)

First Published in 1927
Indian Reprint in 2017

*Published by*

Kalpaz Publications
C-30, Satyawati Nagar,
Delhi – 110052
E-mail: kalpaz@hotmail.com
Website: kalpazpublications.com
Ph.: +91-9212142040

**Cataloging in Publication Data—DK**
Courtesy: D.K. Agencies (P) Ltd. <docinfo@dkagencies.com>

**Bible. Old Testament. Greek. Septuagint.**
The Old Testament in Greek : according to the text of Codex Vaticanus, supplemented from other uncial manuscripts, with a critical apparatus containing the variants of the chief ancient authorities for the text of the Septuagint / edited by Alan England Brooke and Norman McLean.
volumes cm
Text in Biblical Greek; editorial matter in English.
Volume 2 has additional editor: Henry St John Thackeray.
Reprint. Originally published: 1906-1940.
Contents: volume I. The Octateuch, part I. Genesis — volume II. The later historical books, part I. I and II Samuel
ISBN 978935128930

1. Bible. Old Testament. Greek. Septuagint. I. Brooke, Alan England, 1863-1939, editor. II. McLean, Norman, 1865-1947, editor. III. Thackeray, H. St. J. (Henry St. John), 1869?-1930, editor. IV. Title.

BS741.B76 2017 DDC 221.48 23

# PREFATORY NOTE TO THE BOOKS OF SAMUEL

THE last part of our First Volume was published in 1917. During the earlier years of the war we were able to complete the preparation of that part, but all preliminary work for the Second Volume was seriously delayed. Little could be done but the collection of Patristic evidence and a provisional selection of MSS. for the books of Samuel and Kings.

The election of one of the Editors to the Ely Professorship made it impossible for him to continue his full share in the work of the Septuagint. Arrangements were made with Dr H. St John Thackeray to meet the difficulty. He has given us much help in the collation of MSS., and has contributed a detailed study of the evidence of Josephus in the books of Samuel and Kings.

The work of collecting the manuscript evidence has been materially lightened by the generous help of Professor A. Rahlfs of Göttingen, who allowed us to use many of his photographs of LXX MSS., and arranged for the collation of these, and of others procured by us, by competent scholars among his fellow-workers, on terms arranged between the University Press and himself. All the collations have been revised by us, and we have found that all reached the highest standard of accuracy. Without this help the publication of the present part would have been still further delayed.

Our work has continued on the lines laid down in the First Volume, and with very few variations in detail. The selection of cursive MSS. has been made on the same principles as before. Where MSS. used for the Octateuch contain the whole or part of the books of Samuel and Kings, the same symbols have been used[1]. But the letters used in the First Volume for MSS. which contain only the Octateuch or part of it are in this Volume used for MSS. now cited for the first time. Dr Rahlfs's *Verzeichniss der griechischen Handschriften des A. T.* (Berlin, 1914) has made it unnecessary to give full descriptions of the MSS.

Of uncial MSS., besides BAMN which have been described in the First Volume, we have in Samuel only two small fragments, viz.

$U_7$ (Rahlfs 934) Strassburg, Pap. graec. 911.
$Z_2$ ( „ 625) Petrograd, Imperial Library 24.

In the following list of the selected cursive MSS., we have printed in clarendon type the library and class-mark where our symbol is used for a different MS. from that so denoted in Vol. I. The number in brackets which follows our symbol is that assigned to the MS. by Rahlfs.

a (707) **Sinai, St Catharine, 1.** [This MS. contains the books of Samuel and Kings, but the photographs available extend only to 2 S. xxiv. 25 ἐπήκουσεν.]
b′ (19) Rome, Chigi, R. vi. 38. } [b=b′+*b*]
*b* (108) Rome, Vat., Gr. 330. }
c (376) Escurial, Υ. II. 5.
d (107) **Ferrara, Bibl. Com., Gr. 188 i.**
e (52) Florence, Laur., Acq. 44.
f (489) **Munich, Gr. 454.**
g (158) **Bâle, B. vi. 22.**
h (55) Rome, Vat., Regin. Gr. 1.
i (56) Paris, Bibl. Nat., Gr. 3.
j (243) **Paris, Bibl. Nat., Coislin 8.**
l (370)[2] **Rome, Chigi, R. viii. 61.**
m (92) **Paris, Bibl. Nat., Gr. 8.**

[1] There is just one exception to this statement. Our "d" in the present Part represents not H. and P. 44, as in the Octateuch, but H. and P. 107 (Ferrara, 188 i.)

[2] This MS. is not in Rahlfs's list, having been identified subsequently by Monsignor Mercati, Prefect of the Vatican Library, who has kindly procured for us photographs of the MS. It contains the whole or portions of Gen., Ex., Lev., Num., Deut., Josh., Judges, 1, 2 Sam., 1, 2 Esdras, 1–4 Macc., Esther, Judith, Tobit, written in various hands dating from about the 11th to about the 14th century.

n (119) **Paris, Bibl. Nat., Gr. 7.**
o (82) Paris, Bibl. Nat., Coislin 3.
p (106) Ferrara, Bibl. Com., 187 i, ii, and 188 ii.
q (120) Venice, St Mark's, Gr. 4.
r (700) **Rome, Vat., Gr. 2115.**
s (130) Vienna, Theol. Gr. 23.
t (134) Florence, Laur., v. 1.
u (372) **Escurial, R. ii. 2.**
v (245) **Rome, Vat., Gr. 334.**
w (314) Athens, Nat. Libr. 44.
x (247) **Rome, Vat., Urbin. Gr. 1.**
y (121) Venice, St Mark's, Gr. 3.
z (554) **Paris, Bibl. Nat., Gr. 133.**
$a_2$ (501) Petrograd, Imp. Libr., 62.
$b_2$ (29) Venice, St Mark's, Gr. 2.
$c_2$ (127) **Moscow, Syn. Libr., Gr. 31.**
$e_2$ (93) London, Brit. Mus., Royal 1 D. ii.

The following is a list of MSS. whose readings are occasionally quoted on the authority of Holmes and Parsons:

44 Zittau, Stadtbibl., A. 1.
46 Paris, Bibl. Nat., Coislin 4.
64 Paris, Bibl. Nat., Gr. 2.
68 Venice, St Mark's, Gr. 5.
71 Paris, Bibl. Nat., Gr. 1.
74 Florence, Laur., S. Marco 700.
98 Escurial, Σ. ii. 19.
123 Codex Dorothei v, no longer extant.
125 Moscow, Syn. Libr., Gr. 30.
236 Rome, Vat., Gr. 331.
242 Vienna, Theol. Gr. 135.
244 Rome, Vat., Gr. 333.
246 Rome, Vat., Gr. 1238.

As in our previous volume, the Armenian Version (𝔄) is quoted from the edition of Zohrab (Venice, 1805). See Prefatory Note to Genesis, p. vi.

For the Sahidic versions the editions of Ciasca and Maspero have been used as before, and the fragments published by Schleifer, Wessely and von Lemm. The complete text of the books of Samuel, with the exception of 2 S. xv. 20–30, is contained in the second of the Pierpont Morgan Coptic Manuscripts (M 567). The Facsimiles presented to the British Museum and the Cambridge University Library reached England in time for us to use them before any sheets of this Part had been printed off. According to the description of the Manuscript contained in the check list of the Coptic Manuscripts, privately printed (New York, 1919), this MS. is dated A.D. 893, and consists of 125 leaves, including frontispiece. The size of the page is 355 × 255 mm., there being 2 columns of 30–32 lines on each page. Some account of the Greek text underlying the Sahidic Version which this MS. contains is given by L. Dieu in *Le Muséon*, XXXIV (1921, Louvain). Its general agreement with the text of B indicates its importance as a witness to the Septuagint text of these books. Where however the new Sahidic text can be compared with that of previously known fragments, it would seem to be on the whole of a later type, more closely conformed to the Greek Version.

The following symbols have been used:

$\mathfrak{C}^{w}$ Pierpont Morgan Coptic MSS. M 567. No. 2 in the series of Photographic Facsimiles.
$\mathfrak{C}^{c}$ Ciasca, Sacrorum Bibliorum Fragmenta Copto-Sahidica.
$\mathfrak{C}^{d}$ has been used to distinguish two fragments which Ciasca has published, one (at Florence) in his Preface, the other (at London) in his notes.
$\mathfrak{C}^{l}$ O. von Lemm. Sahidische Bibelfragmente, iii (Bulletin Ac. Imp. Sci. Petrograd, xxv. no. 4).
$\mathfrak{C}^{m}$ Mémoires...de la Mission Archéologique Française au Caire. Tome Sixième. Fasc. 1, 2. Par G. Maspero.
$\mathfrak{C}^{n}$ has been used as a symbol to distinguish fragments in Maspero where the text covers, at least in part, the same ground as other fragments to which the symbol $\mathfrak{C}^{m}$ has already been appropriated.
$\mathfrak{C}^{s}$ Schleifer. Bibelfragmente, i, ii (Sitzungsberichte Akad. Wiss. Wien, Bände 162, 164, 170 (1909, 1910, 1913)).
$\mathfrak{C}^{v}$ Wessely. Studien zur Palaeographie und Papyruskunde, ix. Leipzig, 1909.

As our system of notation for Maspero has resulted in dividing between $\mathfrak{C}^{m}$ and $\mathfrak{C}^{n}$ one series of interesting fragments, derived from one source, which are described by Maspero on p. 159, it may be convenient to call attention to this series, and indicate the symbols by which it is cited.

1 S. xxvi. 7–25 $\mathfrak{C}^{m}$.
1 S. xxviii. 3–25 $\mathfrak{C}^{m}$.
1 S. xxxi.–2 S. i. 11 $\mathfrak{C}^{n}$.

# PREFATORY NOTE TO THE BOOKS OF SAMUEL

This series is described by Maspero as "coming from a sort of Chronicle of extracts of lives of the Saints." They contain extracts from a life of Samuel, and are reproduced by Maspero in his edition, on the ground that they "help to reconstruct in part a piece of the authentic text" of the books of Samuel, for which he had no other evidence in Sahidic. They still have special interest, as they contain some legendary additions not found in our books of Samuel. But they can be quoted only sparingly and with caution as evidence for the text of these Books, and seldom except in support of Greek variants otherwise attested.

Rigid and mechanical rules cannot be applied to the redaction of the evidence of Versions. Attention may be called to the useful suggestions made by Prof. Ropes in Appendices IV and V of the Third Volume of the *Beginnings of Christianity*, pp. 318 ff., 358 ff. They are drawn from the notes of Sir Henry Thompson, and deal with matters which "require attention in any use of the Egyptian Versions" for Textual Criticism. Strict uniformity has not been attempted in our redaction of the Sahidic and Bohairic evidence.

For the Ethiopic Version ($\mathfrak{E}$) we have used the edition of Dillmann (*Veteris Testamenti Aethiopici tomus secundus*, Leipzig, 1861). But of the eight MSS. used by him, we have confined ourselves to the readings of those two, his S and A, which he believes to contain the ancient or primitive Ethiopic version (see his *Annotationes*, pp. 3 sqq.). Thus in our notes $\mathfrak{E}$ means the agreement of S and A, readings peculiar to S are indicated by $\mathfrak{E}^s$, and those peculiar to A by $\mathfrak{E}^a$. We have followed the principles stated in our Pref. Note to Genesis, p. iii, but with fuller representation of the spelling of proper names (see Pref. Note to Joshua, Judges, and Ruth, p. v). A few peculiar Ethiopic renderings have been included on account of their naïveté and their evidence that the version was made direct from Greek—such are the rendering of αὐλῶν by "fluteplayer" and of ἀσπὶς χαλκῆ by "brazen serpents" in 1 S. xvii. 3, 6 and the reading of ἴσως εἰς as εἰ σώσεις in 1 S. xxv. 21.

For the Old Latin Version, we have used the following editions: (1) ($\mathfrak{L}^b$) J. Belsheim, *Palimpsestus Vindobonensis*, Christiania, 1885, containing 1 S. i. 14–ii. 15, iii. 10–iv. 18, vi. 3–17, ix. 21–x. 7, x. 16–xi. 13, xiv. 12–34; 2 S. iv. 10–v. 25, x. 13–xi. 19, xiii. 13–xiv. 3, xvii. 12–xviii. 9. (2) ($\mathfrak{L}^e$) A fragment in a MS. at Einsiedeln containing 1 S. ii. 3–10, edited by S. Berger in *Textes Lat. inéd. de l'Anc. Test.*, Paris, 1893. (3) ($\mathfrak{L}^h$) J. Haupt, *Veteris antehieron. vers. libr. II. Regum fragmenta*, Vienna, 1877, containing 2 S. x. 18–xi. 17, xiv. 17–30. (4) ($\mathfrak{L}^m$) The Magdeburg fragment edited by Weissbrodt, Braunsberg, 1887, containing 2 S. ii. 29–iii. 5. (5) ($\mathfrak{L}^q$) The Quedlinburg fragments also edited by Weissbrodt, and containing 1 S. ix. 1–8, xv. 10–18. (6) ($\mathfrak{L}^s$) The fragments of the O. L. Version edited from MSS. at Corbey and S. Germain by P. Sabatier in *Bibliorum sacrorum Latinae uersiones*. (7) ($\mathfrak{L}^v$) The fragments contained in the notes on the margin of the Leon MS. edited by C. Vercellone, *Variae Lectiones*, vol. ii[1]. We have also included (as $\mathfrak{L}^j$) the fragment from Julius Toletanus reproduced by Vercellone (on p. 441), which contains 2 S. xxiv. 11–16.

Of the Palestinian Aramaic Version ($\mathfrak{P}$) we have quoted only the short fragment of 1 S. i. 1 edited in Mrs Lewis's Lectionary and the longer fragment (1 S. i. 9–20) edited by Duensing in *Christlich-palästinisch-aramäische Texte und Fragmente*, Göttingen, 1906. In preparing our notes on the early chapters of 1 Samuel we unfortunately overlooked the fragments edited by Mrs Lewis

[1] In the cases of $\mathfrak{L}^s$ and $\mathfrak{L}^v$ the fragments being numerous and mostly brief, we have not inserted in the text the signs § and ¶, but have indicated in our notes the length of each fragment, preceded by hab[et].

from "Codex Climaci rescriptus" (Cambridge, 1909). We accordingly subjoin here a collation of these portions of the version—1 S. ii. 19–29, iv. 1–5, vi. 5–18.

ii. 19 μετα] inc.
20 αποτισαι] *del*
τοπον] οικον
21 και 2°] pr και συνελαβεν
22 ηκουσεν] +*omnia* (uid)
ισραηλ] +*et dehonestabant mulieres qui orabant in tabernaculo temporali*
24 τεκνα] +μη
ακουω 1°] +περι υμων
του—θεω] *quod* [*auocatis populum*] *Domini*
25 εαν 1°] +*enim*
om αμαρτανων
om και 1°
αμαρτη 2°] +*uir*
ηκουον της φωνης] *audierunt uocem*
βουλομενος εβουλετο] *uoluit*
26 επαρευετο] pr εμεγαλυνετο και
αγαθον] pr ην
om και 3°
27 εν—φαραω] *in domo Farao in Aegypto*
28 τον—σου 1°] *cum mihi*
om και 2°
τα—πυρος] *omnes oblationes*
om εις βρωσιν
29 om εις
οφθαλμω] expl
iv. 1 και 1°] inc
εις πολεμον 1° post ισραηλ 1°
om και 3°—πολεμον 2°
3 λαβωμεν] +*nobiscum de Shilo*
om εκ σηλωμ
εν μεσω
υμας] ημας
4 κιβωτον] +*testamenti*
κυριου] +των δυναμεων
χερουβειμ] *super Cherubin*
6 αλλοφυλοι 1°] expl
vi. 5 χρυσους (inc)] +ομοιωμα των εδρων υμων και
6 εξαπεστειλεν
7 τεκνων] +εφ ας ουκ επετεθη ζυγος
απαγαγετε post αυτων
8 βερεχθαν] *Argob*
om και απελασατε αυτην
9 οριον] *in fines*
om και 3°
10 ουτως οι αλλοφυλοι
απεκωλυσαν] απεκλεισαν
11 εργαβ] *Argob*
om και 3°
12 εις οδον] *ingressus*
14 ωσηε] Ιησου
εν] εκ
15 εργαβ] *Argob*
θυσιας] εθυσαν θυσιαν
17 τω κυριω] *Domini*
18 om των αλλοφυλων
κυριου] +εως της ημερας ταυτης
ωσηε] Ιησου
βαιθσαμυσειτευ] expl

The Syro-hexaplar Version ($\mathfrak{S}$) of 1, 2 Samuel is lost, except for the few extracts from it contained in the *Auṣar Rāzē* of Barhebraeus and quoted by us ($\mathfrak{S}$-ap-Barh) from the edition by P. E. Schlesinger (Berlin, 1897). A good many words and phrases belonging to this version are attested in the notes of Masius ($\mathfrak{S}^m$): see Lagarde, *Bibliothecae Syriacae*, pp. 21–$32^b$. But another Syriac version, that of Jacob of Edessa, comes into account in dealing with the LXX text of 1, 2 Samuel. According to Dr Wright (*Short History of Syriac Literature*, p. 17) "Jacob, Bishop of Edessa, undertook, when living in retirement in the convent of Tell-'Addā or Teleda, in 704–705, to revise the text of the Pĕshīṭtā with the help of the Greek versions at his disposal, thus producing a curious eclectic or patchwork text." His version of the books of Samuel and also of 1 K. i. 1–49 is preserved to us in a British Museum MS. dated about A.D. 719 and numbered Add. 14,429 (see Wright's Catalogue, vol. I. pp. 37–39). From this version ($\mathfrak{S}^j$) we have quoted such readings as can reasonably be regarded as translations from a Greek Septuagint text.

The Patristic evidence has been dealt with on the same lines as in Vol. I. The later volumes of the Berlin Corpus have of course been used.

A. E. B.
N. M.

*August* 1927

## NOTE ON THE EVIDENCE OF JOSEPHUS.

With the books of Samuel (more strictly from 1 S. viii onwards), Josephus becomes a witness of first-rate importance for the text of the Greek Bible. Throughout the Octateuch he appears to have been mainly dependent for his Biblical matter upon a Semitic source, whether Hebrew or Aramaic (a Targum), and there has so far been little evidence of his use of the Alexandrian version. Throughout the later historical books, on the other hand, his main source is a Greek Bible containing a text closely allied to that of the "Lucianic" group of MSS., but anterior by more than two centuries to the date of Lucian, and presenting in 1 Sam. occasional parallels with the text of Symmachus (1 S. xiii. 20, xv. 23, 30, xvi. 21, xvii. 39, 53, xxxi. 4). Besides this Greek Bible the historian still apparently employs a Semitic text as a collateral source. His use of a two-fold text renders his evidence somewhat uncertain. Instances where he agrees with the Masoretic text against all known Greek readings have been neglected in the apparatus to this volume, as presumably derived from his Semitic source. A further element of uncertainty is introduced by his habit of paraphrase; this accounts for the frequency with which it has been found necessary to quote his evidence in the form Jos (uid).

H. St J. T.

# ΒΑΣΙΛΕΙΩΝ Α

I 1 §ᵛΑΝΘΡΩΠΟΣ ἦν ἐξ Ἁρμαθάιμ Σειφὰ ἐξ ὄρους Ἐφράιμ, καὶ ὄνομα αὐτῷ Ἐλκανά, υἱὸς § 𝔓ˡ B
2 Ἰερεμεὴλ¶ υἱοῦ Ἠλείου υἱοῦ Θόκε ἐν Νασεὶβ Ἐφράιμ. ²καὶ τούτῳ δύο γυναῖκες· ὄνομα τῇ μιᾷ ¶ 𝔓ˡ
Ἅννα, καὶ ὄνομα τῇ δευτέρᾳ Φεννάνα· καὶ ἦν τῇ Φεννάνᾳ παιδία, καὶ τῇ Ἅννᾳ οὐκ ἦν παιδίον.
3 ³καὶ ἀνέβαινεν ὁ ἄνθρωπος ἐξ ἡμερῶν εἰς ἡμέρας ἐκ πόλεως αὐτοῦ ἐξ Ἁρμαθάιμ προσκυνεῖν καὶ
θύειν τῷ κυρίῳ θεῷ σαβαὼθ εἰς Σηλώ· καὶ ἐκεῖ Ἠλεὶ καὶ οἱ δύο υἱοὶ αὐτοῦ Ὀφνεὶ καὶ Φεινεὲς
4 ἱερεῖς τοῦ κυρίου. ⁴Καὶ ἐγενήθη ἡμέρα καὶ ἔθυσεν Ἐλκανά, καὶ ἔδωκεν τῇ Φεννάνᾳ γυναικὶ
5 αὐτοῦ καὶ τοῖς υἱοῖς αὐτῆς μερίδας· ⁵καὶ τῇ Ἅννᾳ ἔδωκεν μερίδα μίαν, ὅτι οὐκ ἦν αὐτῇ παιδίον,
πλὴν ὅτι τὴν Ἅνναν ἠγάπα Ἐλκανὰ ὑπὲρ ταύτην. καὶ Κύριος ἀπέκλεισεν τὰ περὶ τὴν μήτραν

I 1 om υιου 2° B* uid (υιου sup ras et θο ext lin B$^?$)
3 ανεβεννεν A | ημερας] ς ras A$^?$ | οφνι A | φινεες A    5 μια A

AMNa-im-qstv-c$_2$e$_2$𝔄ℭʷ𝔈(𝔏ᵛ𝔓ˡ)

Inscr βασιλειων α' BAMNabfhimoq–vyz(uid)a$_2$–e$_2$] βασιλειων πρωτης n: βασιων βιβλος πρωτη c: βιβλ[ιον] βασιλειων πρω[τον] x: βιβλος πρωτη των βασιλειων e: τετραβασιλειον βασιλειων πρωτων g: βασιλειων πρωτον βιβλιον ενατον dp: αρχη συν θω̅ του τετραβασιλ[ειου] w

**I 1** ανθρωπος ην] *fuit homo unus* 𝔈ˢ𝔓: *erat uir unus* Or-lat: και ην ανθρωπος b' Chr: και εγενετο ανθρωπος Eus: *et fuit homo* 𝔈ᵃ: και εγενετο ανο̅ς εις A(και εγενετο—υιος rescr uid A$^{a?}$) y: και εγενετο ανηρ cx | ανθρωπος] pr και *b*oa$_2$c$_2$e$_2$: *et uir unus* 𝔄: + τις Mdfgh$^b$mp–twz | ην] εγενετο M(mg) | αρμαθαιμ] αρμαθεμ acghvc$_2$* Chr: *Ramathaim* Or-lat ½: *Ramatha* Or-lat ½ | σειφα] pr εκ c$_2$𝔄ℭ: σηφα Nf: σωφιμ Ay(txt) On-gr ½-lat: σοφειμ cx: *Sophin* Or-lat ½: σουφειρ Eus: om Or-lat ½ | om εξ 2° ℭ | εφραιμ 1°] εφρεμ cg | αυτω] *eius* Or-lat | ελκανα] ⟨ελκαναν 44⟩: ελκενα t: ολκανω x: ⟨ελκα 242⟩ | ιερεμεηλ] ιερεμιηλ bdop(ι 2° ex corr p$^a$)qtza$_2$c$_2$𝔄 Eus: ιερεμηλ e$_2$: ιερεμενα v: ιερεαμ cx: ιεροαμ Ai(ο ex corr, αμ sup ras 3 litt i$^a$): ιεοραμ M(mg) | ηλειου—νασειβ] ωφ o | ηλειου Ba$_2$c$_2$] ελιου AM(mg) Eus: ελωιου cx: ειλι e$_2$: ηλει M(txt)N rell 𝔈 | om θοκε εν νασειβ c$_2$ | θοκε Ba$_2$𝔄(uid)ℭ] θοου AM(mg) Eus: θωου cx: θωε be$_2$: [Syriac] 𝔖ʲ: θοκελ M(txt)Naeginvyb$_2$: θωκελ h*: δεκελ z*: θεκελ h$^b$(uid) z$^a$ rell | εν νασειβ Bah*vb$_2$𝔄] εν νεσιβ a$_2$: εν ασειβ M(txt)h$^{b?}$ℭ: εν ασηβ e: εν ασιμ mp: εν νασεφη N: εν νασει z$^{a?}$(uid): *filii Naseb* 𝔈ᵃ: υιου σειφ e$_2$: υιου σουφ M$^{mg}$(uid)cx: υιου σουπ A: υιου σωφ b: υιου σουρ Eus: υιου σωφ εξ ορους εν ασειβ g: εξ αρμαθαιμ y: εν νασειμ n(uid)z* rell | εφραιμ 2°] pr εξ ορους M(mg) boye$_2$ℭ(om εξ)𝔖ʲ: εφρεμ g: εφραθαιος A𝔈ᵃ: εφραταιος Eus: ευφρανθαιος cx

**2** φεννανα 1°] φενναναν g: φενναννα e$_2$$^a$: φενανα emvy𝔖ʲ-mg: φενανна fioc$_2$ℭ: ⟨φαινάννα 244⟩: *Fenenna* Or-lat (saepissime) | om ην 1° a | φεννανα 2°] φενναvη h$^b$(uid): φενναναν g: φενανα emvx(uid): φενανна fioc$_2$ℭ: ⟨φενανvη 242⟩ | παιδια] παιδιον cxy | και τη] τη δε Aboze$_2$ | και 4° bis scr N | αννα 2°] αννη bcfmopswxz | παιδιον] παιδια n𝔄-codd

**3** hab και 1°—σηλω 𝔏ᵛ | ο ανθρωπος] om ο e: + εκει o(κ sup ras o$^a$): + εκεινος Abe$_2$𝔏 Or-lat: + *Elcana* ℭ | εξ 1°—ημερας] post αρμαθαιμ A(-θεμ)cxℭ: post αυτου 1° Or-lat | ημερας] ημεραν *b**(uid) | ⟨αυτου 1°] αυτων 74⟩ | om εξ αρμαθαιμ Or-lat | εξ 2°] εις dpqt: om fℭ𝔈𝔖ʲ | αρμαθαιμ] αρμαθεμ g: *Armat* 𝔏 | προσκυνησαι c$_2$ | om και θυειν A | τω] post κυριω d: om ANcnxa$_2$ | om κυριω a | θεω σαβαωθ] σαβαωθ θεω παντοκρατορι boe$_2$𝔖ʲ | om θεω iy*a$_2$𝔈 Or-lat | σαβαωθ] pr παντοκρατορι Ndpqtze$_2$𝔏: *potestatum* 𝔄: *uirtutum* Or-lat ½: om 𝔈 Or-lat ½ | εις 2° Bcxa$_2$] εν AMN rell ℭ𝔈(uid) | σηλω] *Silo* 𝔏 Or-lat: σηλωμ Nacefhi*(uid)mnosw–zb$_2$𝔈: σιλωμ c$_2$: σιναιν e$_2$ | om και 3° Or-lat | εκει] pr *erat* ℭ: pr *fuit* 𝔈ᵃ: pr *fuerunt* 𝔈ˢ: + ην bdpqtze$_2$𝔄-codd: + *erant* Or-lat | ηλει] + *sacerdos* ℭ | om οι ANamwy | ⟨αυτου υιοι 242⟩ | ⟨οφινι 44⟩ | om του cfmswx | κυριου] θυ̅ by

**4** εγενηθη] η 1° ex ν c$^a$: εγεννηθη w: εγενετο bdopqtze$_2$ | ημερα] pr η cdpqtx | και 2°] *in qua* Or-lat: om cx | ελκενα t | τη φεννανα] *Fenennae* Or-lat | φεννανα] φαννανα h*: φενναvη z: φανναvη h$^b$(uid): φενανα a$^{b?}$ev: φενανна fioℭ: φεννα a*(uid) | γυναικι αυτου] pr τη c$_2$: om zb$_2$ | τοις] pr πασιν Abcfmoswxe$_2$ℭ Or-lat | αυτης] αυτου vy: αυτης και ταις θυγατρασιν αυτης AMN bcdfgmo–twxc$_2$e$_2$𝔄ℭ Or-lat [αυτης 1°] αυτοις b': αυτος f: αυτου cdx | ταις] τη o* | om αυτης 2° cx Or-lat] | μεριδας] + και ταις θυγατρασιν αυτης z

**5** και τη] τη δε boze$_2$ Or-lat | αννα] αννη bcfh$^b$msvwx | om εδωκεν μεριδα z | μεριδα post μιαν ⟨64⟩ 𝔈 Or-lat | μιαν] + διπλην M(mg): + κατα προσωπον boc$_2$e$_2$ℭ𝔖-ap-Barh𝔖ʲ-txt | οτι 1°—παιδιον] *non enim habebat filios* Or-lat | om οτι 1° c$_2$ | πλην—αυτης] *quia concluserat Dominus uuluam eius* Or-lat | οτι 2°] επι Ac: επει x: om 𝔄ℭ𝔈 | την—ελκανα] ηγαπα ο ελκανα την ανναν boe$_2$: ελκανα ηγαπα την ανναν c$_2$ | την ανναν] τη αννη cx: ⟨om την 242⟩ | ανναν] αννα a*(uid)gsvw: αναν Mm | ελκανα ηγαπα dpqtz | ελκαναι m(uid) | υπερ ταυτην] *magis quam Fennana* 𝔄𝔖ʲ: om c$_2$ | ταυτην BAcixy𝔈] την φεννανα b' a$_2$c$_2$: την φενναvναν M: την φενaναν ev: την φενανναν o Chr: την φεννανaναν a: φενναναν w: φενaναν m: φενανναν f: *Fenannan* ℭ: την φενναναν N*b* rell | κυριος] pr ο A | συναπεκλεισεν A

I 3 σαβαωθ] α' σ' στρατιων δυναμεων *b*: α'(?) στρατιων σ'(?) δυναμεων z    5 πλην] θ' σ' αλλα *b*

B αὐτῆς, [6]ὅτι οὐκ ἔδωκεν αὐτῇ Κύριος παιδίον, κατὰ τὴν θλίψιν αὐτῆς καὶ κατὰ τὴν ἀθυμίαν τῆς 6
θλίψεως αὐτῆς· καὶ ἠθύμει διὰ τοῦτο, ὅτι συνέκλεισεν Κύριος τὰ περὶ τὴν μήτραν αὐτῆς, τοῦ μὴ
δοῦναι αὐτῇ παιδίον. [7]οὕτως ἐποίει ἐνιαυτὸν κατ' ἐνιαυτὸν ἐν τῷ ἀναβαίνειν αὐτὴν εἰς οἶκον 7
Κυρίου, καὶ ἠθύμει καὶ ἔκλαιεν, καὶ οὐκ ἤσθιεν. [8]καὶ εἶπεν αὐτῇ Ἑλκανὰ ὁ ἀνὴρ αὐτῆς Ἄννα· 8
καὶ εἶπεν αὐτῷ Ἰδοὺ ἐγώ, κύριε· καὶ εἶπεν αὐτῇ Τί ἔστιν σοι ὅτι κλαίεις; καὶ ἵνα τί οὐκ ἐσθίεις;
καὶ ἵνα τί τύπτει σε ἡ καρδία σου; οὐκ ἀγαθὸς ἐγώ σοι ὑπὲρ δέκα τέκνα; [9]Καὶ ἀνέστη μετὰ 9
§ 𝔓ᵈ τὸ φαγεῖν αὐτοὺς ἐν Σηλώ, καὶ κατέστη ἐνώπιον Κυρίου· καὶ Ἠλεὶ ὁ ἱερεὺς ἐπὶ §τοῦ δίφρου ἐπὶ
τῶν φλιῶν ναοῦ Κυρίου. [10]καὶ αὐτὴ κατώδυνος ψυχῇ, καὶ προσηύξατο πρὸς Κύριον λέγουσα καὶ 10
ἔκλαυσεν· [11]καὶ ηὔξατο εὐχὴν Κυρίῳ λέγουσα Ἀδωναὶ Κύριε Ἐλωὲ σαβαώθ, ἐὰν ἐπιβλέπων 11
ἐπιβλέψῃς τὴν ταπείνωσιν τῆς δούλης σου καὶ μνησθῇς μου καὶ δῷς τῇ δούλῃ σου σπέρμα ἀνδρῶν,
καὶ δώσω αὐτὸν ἐνώπιόν σου δοτὸν ἕως ἡμέρας θανάτου αὐτοῦ· καὶ οἶνον καὶ μέθυσμα οὐ πίεται,
καὶ σίδηρος οὐκ ἀναβήσεται ἐπὶ τὴν κεφαλὴν αὐτοῦ. [12]καὶ ἐγενήθη ὅτε ἐπλήθυνεν προσευχομένη 12

6 ηθυμι A 7 ησθειεν B* 9 δειφρου B* | φλειων B*
11 την ταπινωσιν A(ν τ rescr A¹) 12 επληθυνθν A | προσευχομενην A*(ν 2° ras A¹)

AMNa-im-qstv-$c_2e_2$𝔄ℭʷ𝔈(𝔏ᵛ𝔓ᵈ)

**6** hab οτι 1°—(7) ενιαυτον 2° 𝔏ᵛ | οτι 1°] pr και παρωργιζεν αυτην η αντιζηλος αυτης παροργισμω εξουθενουσα αυτην dpqtz$c_2$ (εξουδενουσα): pr *prouocabat eam aemula eius etiam prouocando quia contemnebat eam* 𝔖ʲ: pr και παρωργισεν αυτην η αντιζηλος αυτης και γε παροργισμω δια το εξουθενειν αυτην οτι απεκλεισεν κ̅ς̅ κατα της μητρας αυτης gh: και cx𝔈: και παρωργιζεν αυτην η αντιζηλος αυτης και γε παροργισμω δια το εξουθενειν αυτην και bo$e_2$ Chr(uid): *et subsannabat eam subsannatione quia ad nihilum reputabat eam et* 𝔏 | κ̅ς̅ ουκ εδωκεν αυτη $e_2$ | εδωκεν] *dabat* 𝔏 | κ̅ς̅ αυτη b$c_2$ | om κυριος 1° dpqtz𝔄-ed | παιδιον 1°] παιδαριον Mg | κατα 1°] pr *et deficiebat anima* 𝔏 | θλιψιν] μεμψιν $c_2$ | om και 1°—αυτης 2° cv | κατα 2°—θλιψεως] *secundum tristitiam* 𝔏 | ⟨αθυμιαν της θλιψεως] θλιψιν της αθυμιας 71⟩ | θλιψεως] ψυχης bdopqtz$e_2$𝔄𝔖ʲ Chr | ⟨om αυτης 2° 246⟩ | δια τουτο] αννα v: +και εκλαιεν b': +και εκλαιεν και ουκ ισθιεν *b*(και ουκ ισθιεν ext lin, hab mg ουτω παροργιζεν αυτ..) | ⟨om οτι 2° 71⟩ | συνεκλεισεν] pr *concludens* 𝔏: σου εκλεισεν z: απεκλεισεν py: συναπεκλισεν A: εκλεισεν a | om κυριος 2° y | αυτη 2°] αυτω d

**7** ουτως] pr και Acwx𝔄𝔈 Chr: και ουτος m | εποιει] +ελκανα cx | ενιαυτον κατ ενιαυτον] *ab anno in annum* 𝔏: om κατ ενιαυτον a*ℭ(uid): +απο ικανου bo$e_2$ Chr | εν—αυτην] εισερχομενη v: *eo ascendente* 𝔈 | εν] pr και cx | αναβαινειν αυτην] αναβηναι αυτον dpqt: αναβηναι τη αννη συν αυτω cx | οικον] pr τον v | και ηθυμει] pr ουτως παροργιζον αυτην $c_2$: om v: om και cx | και 3° bis scr N

**8** ⟨ανναν 242⟩ | om αυτω AMac-hmnp-xz$b_2c_2$𝔈𝔖ʲ | om κυριε Acdpqtxy$c_2$ | αυτη 2°] αυτην c: om d$c_2$ | om εστιν σοι $c_2$ | om σοι 1° v | κλαιης i | ινα τι 1°] δια τι Adpqtz: om cx$c_2$: +εστιν σοι οτι $e_2$ | εσθιης b'o | hab και 5°—σου 𝔏ᵛ | τυπτει—σου] *percutis cor tuum* 𝔈 | τυπτει σε η] τυπτεις εν A$a_2$: ⟨τυπτης εν 74⟩ | τυπτει σε] κακουται M(mg)$z^{a?}$ | τυπτη cg$c_2$ | αγαθος εγω] εγω αγαθος cx: εγω ειμι αγαθος A | τεκνα] +ειμι bo$c_2e_2$

**9** ανεστη Bay$a_2$𝔈 Chr½(uid)] +αννα AMN rell 𝔄 Chr½ | μετα—σηλω] προ του φαγειν και πιειν cx | μετα—αυτους] *postquam ederat* 𝔄 | σηλω BMg$a_2$𝔄ℭ] σιλω v: σηλωμ και μετα το πιειν A Chr: +και μετα το πιειν bo$c_2e_2$: σηλωμ N rell 𝔈 | κατεστη] ανεστη b: εστη cx | κυριου 1°] +εις σηλωμ cx𝔈 | hab και 3°—(11) σου 1° 𝔏ᵛ | ηλει ο] ηλεις o | ηλει] ειλι $e_2$: ηδει A | ⟨om ο 242⟩ | επι του διφρου] *sedebat* ℭ | επι 1° B$a_2$] pr εμαθεγο A: pr και εκαθισεν e: ⟨pr εκαθισεν 44.123.236⟩: pr εκαθητο MN rell 𝔄𝔈𝔏 Or-gr Chr | του διφρου] θρονου Or-gr: om του bcvx $c_2e_2$ | επι των φλιων] pr και h: *in liminibus* 𝔏: om των Or-gr: +πυλων Mfgmswℭ𝔈(uid): +πυλωνα v | ναων b' Or-gr-cod

**10** κατωδυνος—(11) ηυξατο] *in moestitia animae suae fleuit et orauit ad Dominum et dixit Uoui* 𝔈 | κατωδυνος ψυχη] ψυχη πικρα Or-gr: *erat in dolore animae suae* 𝔏 | προσηυξατο] +αννα bo$c_2e_2$𝔏 | om προς κυριον 𝔏 | λεγουσα και εκλαυσεν] κλαιουσα(uid) και ελεγεν x: κλαιουσα c | λεγουσα και By$a_2$] κλαιουσα i: και κλαιουσα AMN rell 𝔄𝔏𝔓 Chr: και κλαυθμω Or-gr: ⟨om λεγουσα 125⟩ | και εκλαυσεν] *lacrimans* ℭ

**11** cf Lc i 48 επεβλεψεν επι την ταπεινωσιν της δουλης αυτου: Lc i 11 οινον και σικερα ου μη πιη ‖ om και 1°—κυριω 𝔄 | ηυξατο ευχην] *orans uotum uouit* 𝔏 | προσηυξατο v$e_2$ | κυριω] pr τω Acqtxz Chr: προς κ̅ν̅ g: τω κ̅ω̅ των δυναμεων bo$c_2e_2$: om Or-gr: +τω θ̅ω̅ dp | λεγουσα] και ειπεν Or-gr: om 𝔈 | αδωναι] αδοναι v: om Or-gr | κυριε] και A: om Chr¼ | ελωε σαβαωθ] των δυναμεων Or-gr | ελωε] ελωαι ANio$b_2c_2$: ελωι abcefh(ras 1 lit ante ι)pxyzℭ Chr: ⟨ελλωι 242⟩ | σαβωωθ m | επιβλεπων] επιβλεψων $e_2$: εφορασει Or-gr: ⟨om 125⟩ | επιβλεψης] επιβλεψεις b'chox: επιβλεψη N: επιβλεπης w$e_2$: επιδης Or-gr: om *b*(txt) | την 1° B] pr επι AMN omn 𝔄(uid)ℭ(uid)𝔈𝔏𝔓(uid) Or-gr Chr | ταπεινωσιν της δουλης] δουλην c | ταπεινωσιν] κακωσιν $z^{a?}$ | om και μνησθης μου dp | μνησθης] μνησθητο $e_2$: ⟨επιμνησθης 123⟩ | μου] +και μη επιλαθη της δουλης σου Abcioqtxz$c_2e_2$ Or-gr Chr (επιλαθης A: τη δουλη cx) | δως] δος cmopz | ανδρων BA$c_2e_2$] ανδρος MN rell 𝔄𝔈𝔓𝔖-ap-Barh Or-gr Chr | και 4°] καγω v𝔓: om cox 𝔄ℭ Chr | hab δωσω—αυτου 2° 𝔏ᵛ | δωσω] +σοι qty | αυτον] αυτο enoz Chr: αυτω acv: non liquet x: +*tibi* ℭ | ⟨om ενωπιον σου δοτον 74⟩ | ενωπιον σου] post δοτον A𝔄ℭ: ενωπιον κ̅υ̅ a: τω κυριω Or-gr (om τω½) Or-lat-ed: *Dco* Or-lat-cod | δοτον] om ⟨125⟩ 𝔏: +ενωπιον σου a | εως ημερας θανατου] πασας τας ημερας της ζωης Or | ημερα A | om και 5°—πιεται Or-gr | μεθυσμα] σικερα oℭ𝔏 | πιεται] pr μη Mgv Chr: μη πιητε A$a_2$ | ⟨επι] εις 246⟩

**12** εγενηθη] εγενετο bdopqtz$c_2e_2$ Chr: ⟨om 125⟩ | οτε] οτι v: οταν c: non liquet x | προσευχομενη] +και ευχομενη cx |

7 και ηθυμει] λ̥ ουτω παρωργιζεν αυτην m
10 κατωδυνος] α' πικρα *b*mz(sine nom)
11 αδωναι—σαβαωθ] κ̅ε̅ ζων(ζωη b') ο θ̅ς̅ των δυναμεων b

13 ἐνώπιον Κυρίου, καὶ Ἠλεὶ ὁ ἱερεὺς ἐφύλαξεν τὸ στόμα αὐτῆς. [13]καὶ αὐτὴ ἐλάλει ἐν τῇ καρδίᾳ B
αὐτῆς, καὶ τὰ χείλη αὐτῆς ἐκινεῖτο καὶ φωνὴ αὐτῆς οὐκ ἠκούετο· καὶ ἐλογίσατο αὐτὴν Ἠλεὶ εἰς
14 μεθύουσαν· [14]καὶ εἶπεν § αὐτῇ τὸ παιδάριον Ἠλεί Ἕως πότε μεθυσθήσῃ; περιελοῦ τὸν οἶνόν σου § 𝔏ᵇ
15 καὶ πορεύου ἐκ προσώπου Κυρίου. [15]καὶ ἀπεκρίθη Ἅννα καὶ εἶπεν Οὐχί, κύριε· γυνὴ ἡ σκληρὰ
ἡμέρα ἐγώ εἰμι, καὶ οἶνον καὶ μέθυσμα οὐ πέπωκα, καὶ ἐκχέω τὴν ψυχήν μου ἐνώπιον Κυρίου·
16 [16]μὴ δῷς τὴν δούλην σου εἰς θυγατέρα λοιμήν, ὅτι ἐκ πλήθους ἀδολεσχίας μου ἐκτέτακα ἕως νῦν.
17 [17]καὶ ἀπεκρίθη Ἠλεὶ καὶ εἶπεν αὐτῇ Πορεύου εἰς εἰρήνην· ὁ θεὸς Ἰσραὴλ δῴη σοι πᾶν αἴτημά
18 σου ὃ ᾐτήσω παρ' αὐτοῦ. [18]καὶ εἶπεν Εὗρεν ἡ δούλη σου χάριν ἐν ὀφθαλμοῖς σου. καὶ ἐπορεύθη
ἡ γυνὴ εἰς τὴν ὁδὸν αὐτῆς· καὶ εἰσῆλθεν εἰς τὸ κατάλυμα αὐτῆς, καὶ ἔφαγεν μετὰ τοῦ ἀνδρὸς
19 αὐτῆς καὶ ἔπιεν, καὶ τὸ πρόσωπον αὐτῆς οὐ συνέπεσεν ἔτι. [19]Καὶ ὀρθρίζουσιν τὸ πρωὶ καὶ
προσκυνοῦσιν τῷ κυρίῳ, καὶ πορεύονται τὴν ὁδὸν αὐτῶν. καὶ εἰσῆλθεν Ἐλκανὰ εἰς τὸν οἶκον
20 αὐτοῦ Ἁρμαθάιμ, καὶ ἔγνω τὴν Ἅνναν γυναῖκα αὐτοῦ, καὶ ἐμνήσθη αὐτῆς Κύριος. [20]καὶ συνέ-
λαβεν, καὶ ἐγενήθη τῷ καιρῷ τῶν ἡμερῶν καὶ ἔτεκεν υἱόν,¶ καὶ ἐκάλεσεν τὸ ὄνομα αὐτοῦ Σαμουήλ ¶ 𝔓ᵈ

12 αυτης] της sup ras A[1] 13 εκινειτο B[b]] εκεινειτο B* : εκειvιτο A | ηλει εις] ηλεις B 19 πρωει A

AMNa–im–qstv–c$_2$e$_2$𝔄ℭ*𝔈(𝔏[bv]𝔓[d])

⟨om ενωπιον κυριου 125⟩ | ⟨om ο 242.244⟩ | εφυλασσεν bc$_2$e$_2$𝔄 𝔈𝔓 Chr

**13** και 1°] η δε cx | αυτη] pr αννα cxc$_2$: αννα A | om τη a$_2$ | ⟨αυτης 1°] +ουκ ηκουα 242⟩ | και τα] πλην τα Acx: τα δε boc$_2$e$_2$ | εκινειτο] pr ουκ cfx𝔄: εκινουντο Chr ½ | και φωνη] και η φωνη iqa$_2$c$_2$ Chr ⅔: φωνη δε Chr ⅓ | ⟨om αυτης 3° 125⟩ | ⟨om ουκ 74⟩ | ηκουετο] +και εισηκουσεν αυτης κ̅ς̅ MNa[b]bd-gm-twz b$_2$c$_2$e$_2$⟨236⟩𝔄𝔓 Chr Anon[1](uid) ⟦εισηκουσατο b' | κ̅ς̅ αυτης fm sw | αυτη dg | κ̅ς̅] pr ο bzc$_2$e$_2$: ο θεος Chr: ⟨om 236⟩⟧ | ⟨ελογισατο] ηγησατο 242⟩ | ⟨αυτην] αυτη 74⟩ | ηλει] ηδει v: om c | εις] ως z*: om cenvxa$_2$𝔄

**14** hab και 1°—(16) νυν 𝔏[v] | αυτω a | το παιδαριον ras i | μεθυσθηση] μεθυσοση a$_2$: *ebria es* 𝔏[v]: *inebriata es* 𝔏[b] | περιελου] περιελε oya$_2$: περιελε δη Nahzb$_2$: *aufer a te* 𝔄: αναστα και αποβαλου v | ⟨οινον] οικον 71⟩ | σου] pr απο bcx: +απο σου Adgopqtzc$_2$e$_2$ℭ𝔏[v] Chr ⅔ | πορευου] απελθε bdopqtzc$_2$e$_2$ Chr: *discede* 𝔏: αποστα v | εκ] απο v𝔏(uid) | προσωπου] του τοπου y | κυριου] +του θ̅υ̅ N

**15** ⟨απεκριθη—ειπεν] ειπεν αννα 125⟩ | και ειπεν] om z: +αυτω f𝔈(uid) | κυριε] κε(κεν A*)μου A | om γυνη—και 3° v* (spat relict) | γυνη—ειμι] *sed mulier afflicta sum ego spiritu* 𝔄 | γυνη] pr *ne* 𝔏[b]: pr *sed* 𝔏[v] | η σκληρα ημερα] *dura dierum* (*dies* 𝔏[b]) 𝔏: *in duritate* 𝔓: *afflicta corde sicut hodie* ℭ | η BA Phil] om y: εν MNv[b] rell Chr | ειμι εγω i𝔓(uid) | om εγω v[b] | ⟨om και μεθυσμα 125⟩ | μεθυσμα] σικερα ℭ𝔏[v] Did-gr-cod | ου πεπωκα] ουκ επια cx: *non bibo* 𝔏[b] | om και 5°—κυριου qv | και 5°] *sed* 𝔏: om y | την ψυχην μου post κυριου A | ενωπιον] εναντιον Phil-ed ½: εναντι Phil-cod ½

**16** om totum comma v | μη] +δη boc$_2$ | δως] δος p: διδως e$_2$ | τη δουλη cx | σου] +εις προσωπον boc$_2$e$_2$ Chr | om εις cx 𝔄 | λοιμην] λυμην beg: ⟨λοιμου 246⟩: *pestilentiae* 𝔏: *peccatorum* 𝔓 | εκ—μου] *e multo dolore meo* 𝔄-codd: *e multo dolore et e moestitia mea* 𝔄-ed | αδολεσχιας μου] *moestitiae meae* 𝔈: *tribulationis meae* 𝔏[b]: *doloris mei et tribulationis* 𝔏[v]: ⟨om 125⟩: om μου Mg: +και αθυμιας A(αθ sup ras 3 fort litt A[1]): +ητοι αθυμιας z: +και αθυμιας μου dpqt𝔖-ap-Barh𝔖[j](uid): +και εκ πληθους αθυμιας μου Nbiob$_2$c$_2$e$_2$ | εκτετακα] pr και e: pr *ego* 𝔏[v]: εκτετηκα dpqt𝔈 Or-gr: *locutus sum* 𝔓: *ego extendi manus meas* 𝔏[b] | νυν] pr του Nabdehin–qtb$_2$c$_2$e$_2$: του νυν αντι του ελαλησα z: του νυν και εκ πληθους αθυμιας μου fmsw: +*manus meas* 𝔏[v]

**17** ⟨απεκριθη—αυτη] ειπεν αυτη ηλι 125.246⟩ | ηλει και ειπεν post αυτη 𝔄 | αυτη] αυτο x: προς αυτην bdehn–qtzc$_2$e$_2$ | εις ειρηνην] εν ειρηνη boc$_2$e$_2$𝔏 Chr Thdt | ο 1°—σοι] δωη σοι κυριος ο θεος του ισραηλ Chr | ο 1°] pr και cx𝔄𝔏: pr κ̅ς̅ bozc$_2$e$_2$ 𝔓𝔖[j] Thdt | om ισραηλ δωη σοι o (ras 5 litt) | ισραηλ] +*sit tecum et* 𝔈 | παν] τω g | om σου a Chr | ⟨om σου 2°—(18) σου 2° 125⟩ | ο 2°] ου Thdt | παρ αυτου] παρ αυτον b: *a Dn̄o* 𝔏

**18** και 1°] η δε boc$_2$e$_2$𝔖[j] | ειπεν] +αννα MNefgmnsvwyz 𝔄𝔈𝔓 | ευρεν] ευροι bdopqtzc$_2$e$_2$𝔏 Chr: ευρω v | σου 2°] +*domine* 𝔈 | εις 1°—αυτης 1°] ⟨om 125⟩: om εις bdopqtzc$_2$e$_2$ 𝔄𝔈: om την Mg | om αυτης 2° Aa–dhopqtxb$_2$c$_2$e$_2$𝔏𝔖[j] | ⟨om και 4°—(19) αυτων 244⟩ | εφαγεν] pr *sedit* ℭ | μετα—αυτης 3° post επιεν c | και επιεν] και ειπεν c$_2$𝔄: om e$_2$ | hab και 6°—ετι 𝔏[v]

**19** om και 1°—πρωι 𝔈 | και ορθριζουσιν] ορθρισαντες(-τος o) δε boc$_2$e$_2$ | ορθριζουσιν το πρωι] *ante lucem surrexerunt* 𝔏 | το] τω acpb$_2$: om g | om και 2° boc$_2$e$_2$ | προσκυνουσιν] προσεκυνησαν boc$_2$e$_2$𝔏: +εις προσωπον fmsw | τω κυριω] *Domino Deo* 𝔓 | πορευονται] επορευθησαν boe$_2$𝔏: επορευθησαν και ηλθον cxc$_2$(και ηλθον sub ※): +και ηλθον A | την 1°] pr εις cx 𝔈(uid) | εις—αρμαθαιμ] εις αρμαθεμ εις τον οικον αυτου cx | αρμαθαιμ BAy𝔈[c]] εις αρμαθεμ g: pr εις MN rell 𝔄𝔈[a]𝔓: *in Armathe* 𝔏: ⟨εις αρμοθαιμ 244(om εις 244*)⟩ | εγνω] +ελκανα AMefgmnsvwb$_2$ | την ανναν] ανναν την Nbdhopqyzc$_2$e$_2$: αννα την t | ανναν] post αυτου 2° ab$_2$: αννα v: αναν mn: om cx | αυτης] post κυριος e: αυτη ο va$_2$

**20** om και συνελαβεν Acx | ⟨om και 2°—ημερων 125⟩ | και εγενηθη] εγενετο δε boc$_2$e$_2$ | τω BMgvya$_2$] εν oc$_2$: pr εν AN rell 𝔏 | των ημερων] εκεινω και συνελαβεν αννα η γυνη ελκανα c(om και)x: +και συνελαβεν αννα A𝔓 | ετεκεν] +αννα boc$_2$e$_2$ | hab και 4°—αυτον 𝔏[v] | και ειπεν] *ubi dixit* 𝔖[j]: και ελεγεν v:

12 εφυλαξεν] σ' παρατηρων z 13 και 2°—εκινειτο] θ' μονον των χειλεων αυτης σαλευομενων(-νη uid b) bm
14 μεθυσθηση] θ' μεθυουσα bm
15 ουχι] θ' μηδαμως bm | η σκληρα ημερα] θ' κεκακωμενη το π̅ν̅α̅ M: θ' κεκακωμενη π̅ν̅ι̅ m: κεκαυμενη π̅ν̅ι̅ (uid) b
16 εις θυγατερα λοιμην] θ' ως μιαν των απαιδευτων bm(uid) | εκτετακα] θ' ελαλησα b
18 ευρεν] α' σ' ευροι M: α' ευρον b

B καὶ εἶπεν Ὅτι παρὰ Κυρίου θεοῦ σαβαὼθ ᾐτησάμην αὐτόν. [21]καὶ ἀνέβη ὁ ἄνθρωπος Ἐλκανὰ καὶ 21
πᾶς ὁ οἶκος αὐτοῦ θῦσαι ἐν Σηλὼμ τὴν θυσίαν τῶν ἡμερῶν καὶ τὰς εὐχὰς αὐτοῦ καὶ πάσας τὰς
δεκάτας τῆς γῆς αὐτοῦ· [22]καὶ Ἄννα οὐκ ἀνέβη μετ' αὐτοῦ, ὅτι εἶπεν τῷ ἀνδρὶ αὐτῆς Ἕως τοῦ 22
ἀναβῆναι τὸ παιδάριον, ἐὰν ἀπογαλακτίσω αὐτό, καὶ ὀφθήσεται τῷ προσώπῳ Κυρίου, καὶ καθή-
σεται ἐκεῖ ἕως αἰῶνος. [23]καὶ εἶπεν αὐτῇ Ἐλκανὰ ὁ ἀνὴρ αὐτῆς Ποίει τὸ ἀγαθὸν ἐν ὀφθαλμοῖς 23
σου, κάθου ἕως ἂν ἀπογαλακτίσῃς αὐτό· ἀλλὰ στῆσαι Κύριος τὸ ἐξελθὸν ἐκ τοῦ στόματός σου.
καὶ ἐκάθισεν ἡ γυνὴ καὶ ἐθήλασεν τὸν υἱὸν αὐτῆς ἕως ἂν ἀπογαλακτίσῃ αὐτόν. [24]Καὶ ἀνέβη 24
μετ' αὐτοῦ εἰς Σηλὼμ ἐν μόσχῳ τριετίζοντι καὶ ἄρτοις καὶ οἰφὶ σεμιδάλεως καὶ νέβελ οἴνου. καὶ
εἰσῆλθεν εἰς οἶκον Κυρίου ἐν Σηλώμ, καὶ τὸ παιδάριον μετ' αὐτῶν· καὶ προσήγαγον ἐνώπιον
Κυρίου, καὶ ἔσφαξεν ὁ πατὴρ αὐτοῦ τὴν θυσίαν ἣν ἐποίει ἐξ ἡμερῶν εἰς ἡμέρας τῷ κυρίῳ. καὶ
προσήγαγεν τὸ παιδάριον, [25]καὶ ἔσφαξεν τὸν μόσχον· καὶ προσήγαγεν Ἄννα ἡ μήτηρ τοῦ παι- 25
δαρίου πρὸς Ἠλεί [26]καὶ εἶπεν Ἐν ἐμοί, κύριε· ζῇ ἡ ψυχή σου, ἐγὼ ἡ γυνὴ ἡ καταστᾶσα ἐνώπιόν 26
σου μετὰ σοῦ ἐν τῷ προσεύξασθαι πρὸς Κύριον. [27]ὑπὲρ τοῦ παιδαρίου τούτου προσηυξάμην, καὶ 27

24 αιφει A

AMNa–im–qstv–c$_2$𝔄ℭ$^{w}$𝔈𝔏$^{b(v)}$

λεγουσα bdopqtzb$_2$c$_2$e$_2$𝔏 Anon[1] | om οτι boc$_2$e$_2$𝔏$^{v}$ | παρα—σαβαωθ] *a Deo omp* Anon[1] | θεου σαβαωθ] σαβαωθ θ̅υ̅ παντοκρατορος boc$_2$e$_2$: σαβαωθ παντοκρατορος dpqtz: ⟨παντοκρατορος 125⟩: om g | om θεου Mcefmnsvwxℭ𝔈 | σαβαωθ] *potestatum* 𝔄: + *Deo omnipotente* 𝔏$^{v}$: + *omnipotente* 𝔏$^{b}$ | αυτον] αυτην N*

**21** ο ανθρωπος] om ⟨125⟩ 𝔈: om ο ge$_2$ | θυσαι εν σηλωμ] εν σηλωμ θυσαι yz: εν σηλω θυσαι dpqtℭ | εν σηλωμ] εις v | σηλωμ] σιλωμ g: σηλωθ a$_2$: σηλω boc$_2$e$_2$𝔄 | hab την—γης 𝔏$^{v}$ | ⟨om την 44.125⟩ | των ημερων] αυτου a | ⟨τας 1°—πασας] αποδουναι 125⟩ | τας ευχας] pr αποδουναι dgpqtz𝔏$^{v}$: pr αποδουναι πασας boc$_2$e$_2$𝔖$^{j}$: *dare decimas* ℭ | πασας] παντας c | δεκτας f | της γης] pr των γενηματων x: των γενηματων c: om 𝔄 | αυτου 3°] om 𝔈: + *attulit* 𝔄

**22** ανα s* | ανεβη] *ascendebat* 𝔏 | μετ αυτου] μετ αυτων b′: ⟨om 125⟩ | hab εως 1°—αιωνος 𝔏$^{v}$ | εως 1°] pr *manebo* ℭ: pr *non ibo* 𝔏$^{v}$: pr ουκ αναβησομαι boc$_2$e$_2$ Chr: pr ουκ αν αναβησωμαι g: pr *sedebo et non ascendam* 𝔖$^{j}$ | του] στου N: ου v | ⟨αναβηναι] αναμειναι 71⟩ | παιδαριον] παιδιον v: + μετ εμου boz c$_2$e$_2$𝔈𝔏$^{v}$ Chr | εαν—οφθησεται] *sumpserit lactem fero eum* 𝔏$^{b}$ | εαν απογαλακτισω] μετα το απογαλακτισθηναι cx | εαν] *ubi* 𝔄𝔈: *et cum* 𝔏$^{v}$: οταν δε boc$_2$e$_2$ Chr: om g: + δε z | αυτο] αυτω cgv: αυτον Nadqt | και 2°] *tunc* 𝔏$^{v}$: om ⟨125⟩ Chr | τω προσωπω] το προσωπου v: *ante faciem* 𝔈𝔏: ενωπιον N𝔄 | και καθησεται] *ut manet* 𝔏$^{b}$ | καθεσθησεται dpqtz | εκει] post αιωνος y: om v | εως αιωνος] *sempiternum* 𝔏$^{b}$

**23** ⟨αυτη—αυτης 1°] ελκανα προς αυτην 71: ελκανα 125⟩ | om ελκανα 𝔈 | αγαθον εν οφθαλμοις] αρεστον ενωπιον bdopqtz c$_2$e$_2$ | εν οφθαλμοις σου] *in conspectum tuum* 𝔏 | hab καθου—αυτον 𝔏$^{v}$ | ⟨om καθου—γυνη 125⟩ | om καθου—αυτο cx | ⟨αν απογαλακτισης] απογαλακτησεις 246⟩ | αν 1°] ου Ag: om aiv | αυτο] αυτον MNadhnqta$_2$𝔏$^{v}$: *puerum* 𝔏$^{b}$: *puerulum* ℭ: ⟨om 44⟩ | αλλα στησαι κυριος] *et precor ut Dm̄s det* 𝔏$^{b}$ | αλλα] *et* 𝔄: πλην bdopqtzc$_2$e$_2$𝔏$^{v}$: ⟨ου πλην 74⟩: + πλην g | στησαι κυριος] στησεται τω κ̅ω̅ x: στηξαι τω κ̅ω̅ c: *stabila Domino* 𝔈 | το 2°] pr παν bd opqtvzc$_2$e$_2$: pr *omne uerbum* 𝔏$^{v}$ | σου 2°] *eius* 𝔏$^{b}$ | η γυνη] αννα c$_2$ | εθηλασεν] εθηλαζεν Mace–nsv–yb$_2$: ⟨+ η γυνη 125⟩ | εως 2°—αυτον] *donec soluitur eum a lacte* 𝔏$^{b}$ | αν απογαλακτιση αυτον] απογαλακτισεως αυτου c: ⟨ου απεγαλακτισθη 125⟩ | αν απογαλακτιση BAy] αν απογαλακτησει a$_2$: απογαλακτησει x: ου απογαλακτισαι dpqtv: ⟨ου απογαλατισειν 74⟩: ου απεγαλακτισεν boc$_2$e$_2$: οτου απογαλακτισαι i: του απογαλακτιση h$^{uid}$ (η ex corr): του απογαλακτισαι MN rell | αυτον] pr αυτην dm p–wz: + αυτην f

**24** ανεβη] *assumpsit* 𝔏 | εις 1°] εν b′fgmswye$_2$ | σηλωμ 1°] σιλωμ gv: σηλω b(+ ηνικα απεγαλακτισεν αυτω b$^{mg}$)oc$_2$e$_2$𝔄ℭ: + ηνικα απεγαλακτισεν αυτον Acx | hab εν 1°—οινου 𝔏$^{v}$ | αρτους c | οιφι] ⟨ιφι 125⟩: υφι efg: ⟨υφη 74⟩: υφην εκ cx: *mensuram* 𝔏$^{v}$: *farina* 𝔏$^{b}$ | νεβελ] νεβαλ o𝔈: εβελ c(txt): *amfora* 𝔏$^{b}$ | εισηλθεν] εισηλθον Mbdfhmp–wzb$_2$c$_2$e$_2$𝔄𝔖$^{j}$: εισηλθοσαν i: ⟨ηλθεν 236.242⟩ | οικον] pr τον Aabcoyc$_2$e$_2$ | om εν 2°—κυριου 2° m* | εν 2°] εις hivb$_2$: om A | σηλωμ 2°] σιλωμ g: σηλω boc$_2$e$_2$𝔄ℭ: ⟨+ εν μοσχω τριετιζοντι 44⟩ | παιδαριον 1°] παιδιον qt | αυτων] αυτης cx | και 7°—κυριω sub ÷ c*$_2$(uid) | και 7°—κυριου 2° sub ÷ M | προσηγαγον] προσηγαγεν cxyb$_2$: + αυτον bdopqtc$_2$e$_2$ℭ𝔏𝔖$^{j}$: + το παιδαριον z | ενωπιον] pr *et stetit* 𝔖$^{j}$ | om και 8°—παιδαριον 2° z | hab και 8°—κυριω 𝔏$^{v}$ | θυσιαν] + των ημερων Nbdefm–wc$_2$ 𝔏𝔖$^{j}$: + των ημερων αυτου e$_2$: + *coram Domino* 𝔈 | ⟨ην—ημερων] των ημερων 44: των ημερων εις ημερας 242⟩ | ην] ων s | εποιησεν cx | om εις 3° a | τω κυριω] *Dm̄i* 𝔏$^{b}$ | ⟨om και 9°—παιδαριον 2° 125⟩ | προσηγαγεν] προσηγαγον Abdfmo–twc$_2$e$_2$𝔖$^{j}$

**25** εσφαξαν bovzc$_2$e$_2$ | ⟨τον] pr και 125⟩ | μοσχον] + υπερ σωτηριου του παιδαριου Nz𝔄 | ⟨προσηγαγεν—(26) ειπεν] ειπεν αννα προς ηλι 125⟩ | προσηγαγεν] προσηλθεν bqzc$_2$e$_2$ℭ𝔖$^{j}$: προσεισηλθεν dpt: ηλθεν o | ⟨αννα—παιδαριου] το παιδαριον αννα η μητηρ 242⟩ | του παιδαριου] του παιδιου an: το παιδαριον Amw 𝔈𝔏: του παιδιου το παιδαριον c: + το παιδαριον fx𝔄

**26** ειπεν] + αυτω bdopqtzc$_2$e$_2$ℭ𝔈$^{a}$𝔖$^{j}$ | εν εμοι] *respice me* 𝔏 | κυριε] κ̅ς̅ A: ⟨om 125⟩: + μου cx𝔄𝔈$^{a}$ | ζη] *uiuat* 𝔏 | σου 1°] + κ̅ε̅ μου Acxc$_2$(sub ※) | εγω] + ειμι Nℭ𝔈𝔏𝔖$^{j}$ | om η 2° v$^{a?}$ | η καταστασα] *quae adstabat* 𝔏: om η ev* | om ενωπιον σου a*h | μετα—προσευξασθαι] *et uoui apud te* 𝔈 | μετα σου Byza$_2$𝔄] om AMN rell ℭ𝔏𝔖$^{j}$ Chr | εν 2°—κυριον] *orare Dm̄* 𝔏 | om εν τω Mg𝔄 | ⟨om εν 2° 74⟩ | τω] τουτω Aabcehnxc$_2$ e$_2$ | προσευξασθαι] προσευχεσθαι N: om h: + με p

**27** τουτο v* | προσηυξαμην] pr και cs𝔈: προσηυχομην y:

23 τα 1°—σου 1°] σ′ το φαινομενον σοι *b*m  24 εν μοσχω τριετιζοντι] σ′ μετα ταυρων τριων z | νεβελ οινου] α′ αμφορει οινου z
26 εν εμοι] αξιω *b*m | ζη—σου 1°] σ′ νη την ζωην της ψυχης σου *b*m(sine nom) | ζη η ψυχη] νη την ψυχην της ζωης z | εν τω] ενθαδε *b*m(sub ※ uid)

28 ἔδωκεν Κύριος τὸ αἴτημά μου ὃ ᾐτησάμην παρ᾽ αὐτοῦ· [28]κἀγὼ κιχρῶ αὐτὸν τῷ κυρίῳ πάσας τὰς B
ἡμέρας ἃς ζῇ αὐτός, χρῆσιν τῷ κυρίῳ.

II 1 §[1]Καὶ εἶπεν¶ § 𝔅$^{l}$ *

§Ἐστερεώθη ἡ καρδία μου ἐν Κυρίῳ, § ℭ 𝔏
ὑψώθη κέρας μου ἐν θεῷ μου·
ἐπλατύνθη ἐπὶ ἐχθροὺς τὸ στόμα μου,
εὐφράνθην ἐν σωτηρίᾳ σου.
2 [2]ὅτι οὐκ ἔστιν ἅγιος ὡς Κύριος,
καὶ οὐκ ἔστιν δίκαιος ὡς ὁ θεὸς ἡμῶν,
οὐκ ἔστιν ἅγιος πλὴν σοῦ.
3 §[3]μὴ καυχᾶσθε καὶ μὴ λαλεῖτε ὑψηλά, § 𝔏$^{c}$
μὴ ἐξελθάτω μεγαλορημοσύνη ἐκ τοῦ στόματος ὑμῶν·
ὅτι θεὸς γνώσεως Κύριος,
καὶ θεὸς ἑτοιμάζων ἐπιτηδεύματα αὐτοῦ.
4 [4]τόξον δυνατῶν ἠσθένησεν,
καὶ ἀσθενοῦντες περιεζώσαντο δύναμιν·
5 [5]πλήρεις ἄρτων ἠλαττώθησαν,
καὶ ἀσθενοῦντες παρῆκαν γῆν.
ὅτι στεῖρα ἔτεκεν ἑπτά,
καὶ ἡ πολλὴ ἐν τέκνοις ἠσθένησεν.

II 1 ηυφρανθην A 3 καυχασθαι A | αιτομαζων A

AMNa–im–qst(v)w–$c_2e_2$𝔄(𝔅$^{l}$)ℭ$^{(s)w}$𝔈𝔏$^{b(esv)}$

om v𝔄: + προς $\overline{κν}$ bdpqtz$c_2e_2$ Chr ½ | εδωκεν—αυτου] *petitionem meam quam oraui dedit D$\overline{m}$s mihi* 𝔏 | κυριος Bi𝔄] pr μοι MN rell ℭ(uid)𝔈(uid) Chr ½: μοι Chr ½: + μοι A | om μου c$a_2$ | ⟨om ο—αυτου 125⟩

**28** καγω] και εγω MNabdegn–qtz$b_2c_2e_2$: και νυν Chr ½: και cx𝔄: om 𝔏 | κιχρω] κιχρημι bdopqtz$c_2e_2^{a}$: κεχριμη $e_2^{*}$: ⟨κεχρημαι 125⟩: *do* 𝔏 | αυτον] αυτο e: + χρησιν a | om τω κυριω 1° g | πασας τας ημερας] om $a_2$: + *uitae* 𝔏: + της ζωης αυτου v | hab ας—κυριω 2° 𝔏$^{v}$ | om ας h | ζη] ζησει g: *uixerit* 𝔏$^{v}$ | αυτος χρησιν] *et erit is mutuum* 𝔄 | αυτος] om 𝔏: + επι της γης v | χρησιν τω κυριω] *cum D$\overline{m}$o* 𝔏$^{b}$ | χρησιν] pr εις $b_2$ | om τω 2° $a_2$ | κυριω 2°] + και προσεκυνησεν εκει τω $\overline{κω}$ Nbcgoxz $b_2c_2e_2$𝔄 ⟦προσεκυνησαν boz$c_2e_2$𝔄 | om εκει bcgoxz$c_2e_2$ | τω $\overline{κω}$] αυτω αννα cx⟧

**II 1** cf Lc i 46 sq μεγαλυνει η ψυχη μου τον κυριον και ηγαλλιασεν το πνευμα μου επι τω θεω τω σωτηρι μου | και] pr και ηυξατο αννα N$b_2$: pr και προσηυξατο αννα Abgoz$c_2e_2$𝔄 Or-lat: pr και προσηυξατο τω $\overline{κω}$ cx: pr και προσηυξατο την ωδην ταυτην μεχρι τελους v | ειπεν] + αννα y𝔏 | εστερεωθη] *exsultauit* Or-lat | εν κυριω] *in D$\overline{m}$o meo* 𝔏$^{b}$ | υψωθη] pr *et* 𝔄𝔈 Or-lat | εν θεω μου] *in D$\overline{m}$o meo* 𝔏$^{b}$ | om επλατυνθη—(10 c) ημων v | επι—στομα] στομα (το στομα A) μου επ εχθρους Aabnopx$c_2e_2$ 𝔄𝔅𝔈𝔏$^{s}$ Or-lat Chr | εχθρους Biy] + μου MN rell ℭ𝔏$^{b}$ | το ext lin f$^{a}$ | ευφρανθην—σου] *laetor in sanctitate tua D$\overline{m}$e* 𝔏$^{b}$ | ευφρανθην] pr οτι Ap$^{b}$: ⟨ηυφρανθη 242⟩: *laetabor* 𝔄-ed: + *Domine* ℭ | εν σωτηρια σου] *in salutari tuo* 𝔏$^{s}$ Or-lat | σ$\overline{ρ}$ιω b′c–fmp–twxz$a_2$ | σου] αυτου fmswℭ$^{s}$

**2** om οτι A | κυριος BAi$b_2$] ο θ$\overline{ς}$ ημων c*: pr ο MNc$^{a?}$ rell Chr: *tu D$\overline{m}$e* 𝔏$^{b}$ | om και y𝔅 | δικαιος—σου] πλην σου και ουκ εστιν δικαιος ως ο θ$\overline{ς}$ ημων A | δικαιος] αγιος c$^{a?}$: *potens* Or-lat | om ως 2°—αγιος 2° ac* | om ημων—σου 𝔏$^{b}$ | ουκ 3°] pr και bc$^{a?}$defo–xz$a_2c_2e_2$𝔄𝔅𝔈𝔖$^{j}$ Chr | αγιος 2°] ⟨αγιον 246⟩: δικαιος c$^{a?}$ | σου] + $\overline{κε}$ Mg𝔈$^{a}$

**3** μη 1°—υψηλα] *nolite multiplicare loqui excelsa (mala ½)* Or-lat | καυχασθε] + *scribe* 𝔏$^{c}$ | ⟨και μη] μηδε 244: om και 242⟩ | λαλητε agn*s$c_2$ | υψηλα] + εις υπεροχην AMa–hmo–swxz$c_2e_2$ 𝔖$^{j}$ | hab μη 3°—αυτου 𝔏$^{v}$ | om μη 3°—υμων 𝔈$^{a}$ | μη εξελθατω μεγαλορημοσυνη] *non exiret magnum uerbum* 𝔏$^{b}$ | μη 3° BAi Or-lat ⅔] pr και bqtz$c_2e_2$: *et non* 𝔄𝔈$^{s}$𝔏$^{ev}$ Cyp: μηδε MN rell 𝔏$^{s}$ Or-lat ⅓ | εξελθατω BANh*$a_2$] non liquet g: λαληται c: εξελθετω Mh$^{b}$ rell | μεγαλορημοσυνη] μεγαρημοσυνει g: *maliloquacitas* Or-lat ⅓: *malignum uerbum* 𝔏$^{v}$: *u[erba] ma[li]g[nantiu]m* 𝔏$^{c}$ | om του $c_2$ | ημων Ncghp*$e_2$ | θεος 1°] *fortis* Or-lat | om γνωσεως—θεος 2° 𝔏$^{b}$ | γνωσεως Bo$^{a}c_2e_2$𝔏$^{esv}$] γνωσεων AMNo* rell 𝔄𝔖-ap-Barh𝔖$^{j}$ Or-lat ½ Cyp: *in scientia* Or-lat ½ | και θεος] *Deus est* 𝔏$^{c}$: om και 𝔈$^{a}$ | θεος 2°—αυτου] *non emendauerunt excusantes* Or-lat | ετοιμασων M | επιτηδευματα] pr τα i: *inquisitiones* 𝔏$^{v}$ | αυτων Adg

**4** τοξον] pr *et* 𝔈𝔏$^{b}$ | δυνατον MNa*cgx | ησθενησεν] *infirmum fecit* 𝔈𝔏$^{bs}$: *fecit in fumum* 𝔏$^{c}$ | hab και—(5) ησθενησεν 𝔏$^{v}$ | ασθενουντες περιεζωσαντο] *infirmos praecinxit* 𝔈𝔏$^{b}$ | ασθενουντες BAMN*b*hx$b_2$] pr οι b′ rell

**5** cf Lc i 53 πεινωντας ενεπλησεν αγαθων ‖ πληρης i | ηλαττωθησαν] ηλαττωθη i(uid): *deducti sunt ad seruitutem* Or-lat | ασθενουντες Bi] οι πεινωντες A(πιν-)MN rell 𝔄𝔅𝔈𝔏𝔖$^{j}$ Or-lat | παρηκαν γην] *transierunt terra* 𝔏$^{b}$: *praebuerunt terram* 𝔏$^{s}$: *possederunt terram* 𝔏$^{e}$: *habitauerunt terram* 𝔄𝔏$^{v}$: *derelinquerunt* Or-lat | οτι] *et* 𝔏$^{b}$: om t | στειρα] pr η qt | η—τεκνοις] *cui erant fili* 𝔏$^{b}$ | η πολλη] *fecunda* Or-lat: *feta* 𝔏$^{v}$

II 2 πλην σου] σ′ ει μη συ *b*m
3 (υπεροχην)] σ′ υπερβολην *b*m | και 2°—αυτου] σ′ και ουκ εισι παρ αυτω προφασεις *b*mz(sine nom *b*m)
5 πληρεις] σ′ κεχορτασμενοι *b*m | ηλαττωθησαν] εμισθαρνησαν z | παρηκαν γην] ανενδεεις εγενοντο *b*m: σ′ ενδεεις εγενοντο z

B 6 Κύριος θανατοῖ καὶ ζωογονεῖ, 6
κατάγει εἰς ᾅδου καὶ ἀνάγει·
7 Κύριος πτωχίζει καὶ πλουτίζει, 7
ταπεινοῖ καὶ ἀνυψοῖ.
8 ἀνιστᾷ ἀπὸ γῆς πένητα, 8
καὶ ἀπὸ κοπρίας ἐγείρει πτωχόν·
καθίσαι μετὰ δυναστῶν λαῶν,
καὶ θρόνον δόξης κατακληρονομῶν αὐτοῖς.
διδοὺς εὐχὴν τῷ εὐχομένῳ,
καὶ εὐλόγησεν ἔτη δικαίου.
9 ὅτι οὐκ †ἐν ἰσχύι† δυνατὸς ἀνήρ· 9
10 Κύριος ἀσθενῆ ποιήσει ἀντίδικον αὐτοῦ· 10
Κύριος ἅγιος.
10a μὴ καυχάσθω ὁ φρόνιμος ἐν τῇ φρονήσει αὐτοῦ, 10a
καὶ μὴ καυχάσθω ὁ δυνατὸς ἐν τῇ δυνάμει αὐτοῦ,
καὶ μὴ καυχάσθω ὁ πλούσιος ἐν τῷ πλούτῳ αὐτοῦ·
10b ἀλλ' ἢ ἐν τούτῳ καυχάσθω ὁ καυχώμενος, 10b
συνίειν καὶ γινώσκειν τὸν κύριον,
καὶ ποιεῖν κρίμα καὶ δικαιοσύνην ἐν μέσῳ τῆς γῆς.
10c Κύριος ἀνέβη εἰς οὐρανούς, καὶ ἐβρόντησεν· 10c
αὐτὸς κρινεῖ ἄκρα γῆς.
καὶ δίδωσιν ἰσχὺν τοῖς βασιλεῦσιν ἡμῶν,
§καὶ ὑψώσει κέρας χριστοῦ αὐτοῦ.¶

𝔅†ℭ$^{s}$𝔏$^{es}$

8 εγειρι A | 9 εν ισχυι] ενισχυει B | 10 ασθενην A
10 a φρονησι B* | δυναμι B* | 10 c χριστου B$^{b}$] χρειστου B$^{a}$ (ρειστο sup ras)

AMNa–im–qst(v)w–c$_2$e$_2$𝔄𝔅$^{l}$ℭ$^{sw}$𝔈𝔏$^{bes(v)}$

6 ⟨om καταγει—(7) πλουτιζει 242⟩ | om καταγει—αναγει 𝔏$^{e}$ | καταγει] καταγη c: καταξει a: *deducet* 𝔏$^{bs}$ | αδου] pr πυλας Chr: ⟨+πυλας 44⟩ | αναγει] αναγη ce$_2$: *reducet* 𝔏$^{b}$: *adducet* 𝔏$^{s}$

7, 8 cf Lc i 52 καθειλεν δυναστας απο θρονων και υψωσεν ταπεινους

7 πλουτιζη c | ταπινη c | om και 2° b'd

8 ανιστα] pr και b'𝔏$^{b}$: pr *qui* 𝔏$^{s}$ | πενητα] πτωχον pqt: *pauperem* 𝔏$^{bs}$ | εγειρει πτωχον] *exaltat pauperem* 𝔏$^{e}$: *exaltat inopem* 𝔏$^{bs}$: ανιστα πενητα qt: ανυψων πενητα p | εγειρη i | hab καθισαι—(10 c) γης 𝔏$^{v}$ | καθισαι BMgiya$_2$b$_2$ Eus] pr του aqt: *ut sederet* 𝔏$^{b}$: *ut collocet eum* 𝔏$^{e}$: *et sedere eum facit* 𝔏$^{v}$: + αυτον Ah𝔄-codd𝔅(uid)ℭ𝔈(uid): + *eos* 𝔄-ed: του καθισαι αυτον N rell Thdt | μετα δυναστων λαων] *cum principibus cum principibus populi sui* 𝔏$^{e}$: *inter potentibus* 𝔏$^{b}$ | δυναστου g | λαων BAiya$_2$] λαου MN rell 𝔄ℭ$^{w}$𝔈𝔏$^{sv}$ Thdt Eus: *populi eius* 𝔅ℭ$^{s}$𝔖$^{j}$ | και θρονον] *in tribunal* 𝔏$^{v}$ | θρονον] θρονων a$_2$: θρονου cdfnpxz Thdt | κατακληρονομων] *haereditabit* 𝔏$^{s}$: *hereditabat* 𝔏$^{b}$: *et hereditatem dat* 𝔏$^{v}$: *decernens* 𝔏$^{e}$ (+ *dat* 𝔏$^{e*}$) | αυτοις] αυτω fqst𝔏$^{ev}$: αυτον cdpxz*𝔈(uid)𝔖$^{j}$(uid): αυτων h$^{b}$a$_2$ | διδους] *dat* 𝔏$^{e}$: *Dominus dat* 𝔏$^{v}$ | και 3°] *qui* 𝔏$^{b}$ | ευλογησεν ετη] *benedicet annos* 𝔏$^{v}$: *benedicet anime* 𝔏$^{e}$ | δικαιων Aqtyz*a$_2$𝔄𝔅ℭ𝔈𝔏$^{bs}$𝔖$^{j}$

9 εν—ανηρ] *sua ui ualet uir ualidus* 𝔄𝔅(om *sua*) | εν ισχυι] ενισχυει BAb'fimwxz*: *uirtute sua* 𝔏$^{b}$ | δυνατος ανηρ] *potens est homo* 𝔏$^{e}$: ανηρ δυνατος εν τη ισχυι (δυναμη c) αυτου bcoe$_2$: + εν τη ισχυι αυτου adeghnpxza$_2$$^{b}$c$_2$: ⟨+ εν τη δυναμει αυτου 74: + εν ισχυι σου 244⟩

10 κυριος 1°] *Deus* 𝔏$^{e}$ | ποιησει] ποιηση ah: ποιησαι b'x: *facit* 𝔄𝔏$^{esv}$ | αντιδικον BAM*b*ge$_2$] pr τον Nb' rell Thdt | κυριος 2°—(10 b) γης sub ÷ M | αγιος] *sapiens est* 𝔏$^{e}$

10 a, b cf Jer ix 22, 23 μη καυχασθω ο σοφος εν τη σοφια αυτου και μη καυχασθω ο ισχυρος εν τη ισχυι αυτου και μη καυχασθω ο πλουσιος εν τω πλουτω αυτου αλλ η εν τουτω καυχασθω ο καυχωμενος συνιειν και γινωσκειν οτι εγω ειμι κυριος ο ποιων ελεος και κριμα και δικαιοσυνην επι της γης: 1 Cor i 31 ο καυχωμενος εν κυριω καυχασθω

10 a μη 1°] pr μη καυχασθω ο σοφος εν τη σοφια αυτου και a$_2$ | φρονιμος] σοφος bdopc$_2$e$_2$𝔏$^{bev}$𝔖$^{j}$ Thdt | φρονησει] σοφια bdopc$_2$e$_2$𝔏$^{bev}$𝔖$^{j}$ Thdt | om και 1°—αυτου 2° p𝔏$^{e}$ | om και 1° z Cyr-cod | om καυχασθω 2° z | ο δυνατος] ο ισχυρος boc$_2$e$_2$𝔖$^{j}$ Thdt: *diuis* 𝔏$^{b}$ | δυναμει] ισχυι boc$_2$e$_2$𝔖$^{j}$ Thdt | om αυτου 2° z | om και 2°—αυτου 3° c*x | om και 2° z𝔏$^{b}$ | om καυχασθω 3° z𝔏$^{e}$ | om αυτου 3° z

10 b αλλ—καυχωμενος] *set aut gloriatur in Dm̄o glorietur* 𝔏$^{b}$ | om η Ny Thdt | εν τουτω] *in Domino* ℭ$^{w}$: om εν q | συνιειν και γινωσκειν] *scire et intellegere* 𝔏$^{b}$: *cognoscere et intelligere* 𝔏$^{e}$ | συνιειν] pr εν τω a–fi$^{a}$m–pswxzc$_2$e$_2$𝔖$^{j}$(uid) Thdt | γινωσκει o | om και 2° 𝔏$^{b}$ | εν μεσω] επι *b*oc$_2$e$_2$𝔖$^{j}$ Thdt-ed | της γης] αυτου b'

10 c κυριος—γης] δικαιος ων c* | ανεβη] *ascendet* 𝔏$^{v}$ | om εις 𝔏$^{b}$ | εβροντησεν] *tonat* 𝔏$^{v}$ | αυτος] pr *et* 𝔄𝔈𝔏$^{ev}$: αυτους e$_2$: + *iustus est* 𝔅 | κρινη c$^{a?}$ | ακρα γης] *terram omnem* ℭ: *orbem terrarum* 𝔏$^{e}$ | ακρα] ακραν x: *usque ad extrema* 𝔏$^{b}$ | γης BAi 𝔏$^{es}$ Eus] + αυτου δικαιος ων z: + δικαιος ων MNc$^{a?}$ rell 𝔄𝔈𝔏$^{b}$𝔖$^{j}$ Thdt | και διδωσιν] *dans* 𝔏$^{e}$ | om και 2° 𝔄 | διδωσιν] δωσει Mbcdgoptxza$_2$c$_2$e$_2$𝔅ℭ𝔏$^{s}$ Thdt Eus ⅔ | ισχυν] ισχυει M: om N | om και 3°—αυτου v* | και 3°] εως v$^{b}$ | υψωση c | κερας] ραξ N | χριστου] χρηστου ce$_2$: χριστων M(mg)d

10 c ακρα] περατα M

11 ¹¹Καὶ κατέλιπεν αὐτὸν ἐκεῖ ἐνώπιον Κυρίου, ⁽¹¹⁾ καὶ ἀπῆλθεν εἰς Ἁρμαθάιμ· καὶ τὸ παιδάριον B
ἦν λειτουργῶν τῷ προσώπῳ Κυρίου ἐνώπιον Ἠλεὶ τοῦ ἱερέως.
12 ¹²Καὶ υἱοὶ Ἠλεὶ τοῦ ἱερέως υἱοὶ λοιμοί, οὐκ εἰδότες τὸν κύριον ⁽¹³⁾ καὶ τὸ δικαίωμα τοῦ ἱερέως
13 παρὰ τοῦ λαοῦ παντὸς τοῦ θύοντος. ¹³καὶ ἤρχετο τὸ παιδάριον τοῦ ἱερέως ὡς ἂν ἡψήθη τὸ κρέας,
14 καὶ κρεάγρα τριόδους ἐν τῇ χειρὶ αὐτοῦ· ¹⁴καὶ ἐπάταξεν αὐτὴν εἰς τὸν λέβητα τὸν μέγαν ἢ εἰς τὸ
χαλκίον ἢ εἰς τὴν κύθραν· πᾶν ὃ ἐὰν ἀνέβῃ ἐν τῇ κρεάγρᾳ ἐλάμβανεν ἑαυτῷ ὁ ἱερεύς· κατὰ τάδε
15 ἐποίουν παντὶ Ἰσραήλ, τοῖς ἐρχομένοις θῦσαι Κυρίῳ ἐν Σηλώμ. ¹⁵καὶ πρὶν θυμιαθῆναι τὸ στέαρ
ἤρχετο τὸ παιδάριον τοῦ ἱερέως καὶ ἔλεγεν τῷ ἀνδρὶ τῷ θύοντι Δὸς κρέας ὀπτῆσαι τῷ ἱερεῖ, καὶ
16 οὐ μὴ λάβω παρὰ σοῦ ἑφθὸν¶ ἐκ τοῦ λέβητος. ¹⁶καὶ ἔλεγεν ὁ ἀνὴρ ὁ θύων Θυμιαθήτω πρῶτον ¶ 𝔏$^b$
ὡς καθήκει τὸ στέαρ, καὶ λάβε σεαυτῷ ἐκ πάντων ὧν ἐπιθυμεῖ ἡ ψυχή σου. καὶ εἶπεν Οὐχί, ὅτι
17 νῦν δώσεις· καὶ ἐὰν μή, λήμψομαι κραταιῶς. ¹⁷καὶ ἦν ἡ ἁμαρτία ἐνώπιον Κυρίου τῶν παιδαρίων
18 μεγάλη σφόδρα, ὅτι ἠθέτουν τὴν θυσίαν Κυρίου. ¹⁸καὶ Σαμουὴλ ἦν λειτουργῶν ἐνώπιον Κυρίου,
19 παιδάριον περιεζωσμένον ἐφοὺδ βάρ. ¹⁹καὶ διπλοίδα μικρὰν ἐποίησεν αὐτῷ ἡ μήτηρ αὐτοῦ, καὶ
ἀνέφερεν αὐτῷ ἐξ ἡμερῶν εἰς ἡμέρας ἐν τῷ ἀναβαίνειν αὐτὴν μετὰ τοῦ ἀνδρὸς αὐτῆς θῦσαι τὴν

11 λιτουργων B*A    12 θυ|οντος A    16 θυμειαθητω A | επιθυμι A    18 λιτουργων B*    19 διπλοειδαν A | μεικραν B*

AMNa–im–qstv–c$_2$e$_2$𝔄ℭ$^w$𝔈(𝔏$^{bv}$)

**11** om και 1°—αρμαθαιμ M | κατελιπεν Bp𝔈𝔏] κατελειπεν cxb$_2$: κατελειπον ANaghiovya$_2$e$_2$: κατελιπον rell 𝔄ℭ𝔖$^j$ | αυτον εκει] *ibi puerum* 𝔏: *ibi Samuel* 𝔖$^j$: αννα εκει τον σαμουηλ cx | αυτον] τον σαμουηλ g: *puerulum* ℭ | εκει ενωπιον κυριου] ενωπιον $\overline{κυ}$ εκει και προσεκυνησαν(-σεν o) τω $\overline{κω}$ bgoc$_2$e$_2$: om εκει a: + και προσεκυνησαν τω $\overline{κω}$ z | απηλθεν Bcxb$_2$𝔈𝔏] απηλθον AN rell 𝔄ℭ𝔖$^j$ | αρμαθαιμ] αρμαθαιμ εις τον οικον αυτων Abcd gopqtxzc$_2$e$_2$𝔄 ⟦αρμαθεμ cgx | οι|※κον c$_2$ | αυτων] αυτου c$_2$e$_2$: αυτης cx⟧ | το] pr ras (3) o | παιδαριον] δαριο sup ras M$^{a?}$: + σαμουηλ bhoc$_2$e$_2$𝔄 | λειτουργουν dfpqtzc$_2$(uid) | τω προσωπω] προ προσωπου Nv$^b$ | προσωπω κυριου] $\overline{κω}$ boc$_2$e$_2$𝔏 | ενωπιον] προ προσωπου Mabegnoz$^{a?}$b$_2$c$_2$e$_2$𝔏

**12** υιοι 1° BNg Cbr] pr οι AM rell Or-gr | om ηλει e | om του ιερεως 1° 𝔏 Or-gr Chr(uid) | hab υιοι 2°—ιερεως 2° 𝔏$^v$ | λοιμοι] *pestilentiae* 𝔏 Or-lat | ουκ ειδοτες] *et non nouerant* 𝔄𝔈$^s$ | ουκ] pr και boc$_2$e$_2$𝔏$^b$ Chr | ειδοτες] ειδοντες c: ιδοντες a*: εγνωσαν Or-gr | τον κυριον] *Deum* 𝔏$^v$: om τον p | και 2°] *nec* ℭ𝔈𝔏$^v$ | του ιερεως 2°] τω παρ αυτου και cx(om τω): + *erat* 𝔄 | παντος του λαου bo(ναου)c$_2$e$_2$ | om παντος του p | θυοντος] + ην bhoc$_2$e$_2$

**13** om και 1° 𝔄 | om το 1° c | ηψηθη] εψηθη deh$^b$: εψων cx | το κρεας] το sup ras v$^b$: ⟨το κερας 242⟩: τα κρεα cx | hab και 2°—αυτου 𝔏$^v$ | και κρεαγρα τριοδους] μετα τριοδοντος c | om και 2° dp | τριοδους] τριοδος v: τριοδοντος x | om τη dpt | αυτου] *eorum* 𝔏$^v$: om y

**14** και επαταξεν] κεκρατηκεν dpqt | επαταξεν] επαταξαν y: επατασσεν cx: καθηκεν MNaefhmnsvwzb$_2$: καθηκαν g: καθιει boc$_2$e$_2$𝔄𝔈𝔖$^j$ Thd: *mittebat* 𝔏: + και καθηκεν a$_2$ | αυτον cgx | εις 1°—μεγαν] pr εις τον λουτηρα η εις τον η A: pr εις τον λουτηρα η c$_2$: εις τον λουτηρα η εις τον λεβητα cx: εν τω λουτηρι b: *in lauacrum* 𝔄 | τον μεγαν] *uel in peluim* 𝔖-ap-Barh: om Eus | om η 1° v | το χαλκιον] *ollam magnam aheneam* 𝔄: την χυτραν Ab c$_2$e$_2$ Thd: την χυθραν o | την κυθραν B] την κυτραν a$_2$: την χυθραν b$_2$: τον χαλκον A: το χαλκιον boc$_2$e$_2$ Thd: την χυτραν MN rell | hab παν—ιερευς 𝔏$^v$ | παν—ανεβη] *et carnem quamcumque ascendebat* 𝔏$^v$ | παν] pr και bovxb$_2$c$_2$e$_2$𝔄ℭ𝔈 Thd | εαν] αν Mae–hm$^a$ns$^{a?}$wb$_2$: om m*v Thd | ανεβη εν] ανεβεν c* | ανεβη] αναβη Na$_2$b$_2$: ανεβαινεν boc$_2$e$_2$𝔄𝔏$^b$ Thd | ελαμβανεν—ιερευς] *sumebant sibi sacerdotes* 𝔏$^v$ | εαυτω] post ιερευς Acx: αυτω ah: αυτο b′ | om κατα—σηλωμ z | ταδε] ταυτα δε AM$^{b?}$v: ταυτα h | παντι] παντα x: *omni populo* 𝔏: *omnibus filiis* 𝔄-codd | ισραηλ] + εν σηλω b(σ ex τ b′$^a$)oc$_2$e$_2$ | ⟨τω ερχομενω 74⟩ | θυσαι post κυριω v | κυριω] pr τω MNbd–hm–wc$_2$e$_2$: *in domum Domini* 𝔄 | εν σηλωμ] εν σιλωμ gv: εν σηλω c𝔄ℭ: om boc$_2$e$_2$

**15** πριν] + η cdpqtvz | ⟨om το 1° 242⟩ | στεαρ BAcixya$_2$𝔄ℭ𝔈] + ενωπιον $\overline{κυ}$ MN rell 𝔏 | hab το 2°—ιερεως 𝔏$^v$ | κρεα aa$_2$ | οπτησαι] οπτησω y: hab *quam assem* 𝔏$^v$ | ου—σου] *non accipio* 𝔏 | λαβω] + κρεας bgoc$_2$e$_2$ | παρα] απο a$_2$ | εφθον] pr κρεας AMNc–fbmnp–wzb$_2$𝔄: pr κρεα a: *coct..* 𝔏: κρεας x

**16** om και ελεγεν A | om ο 1° d | ανηρ] αος A | θυμιαθητω] + δη Ndfmp–wzb$_2$ | πρωτον ως καθηκει post στεαρ 𝔖$^j$ | πρωτον] post καθηκει i: προτερον boc$_2$e$_2$ | το στεαρ ως καθηκει boc$_2$e$_2$𝔄𝔈 | και 2°] + τοτε Nbfmosvwzc$_2$e$_2$𝔄 | λαβε] ληψη boc$_2$e$_2$𝔄 | σεαυτον c | επιθυμει] επεθυμει c$_2$: επιθυμη ag: αν επιθυμη fms w | ειπεν] ειπον c: ελεγεν boxc$_2$e$_2$𝔄(pr *is*)𝔖$^j$ | οτι] pr *sed* 𝔄: τι A: αλλ η bozc$_2$: αλλα e$_2$: *sed* ℭ𝔖$^j$ | δωσεις] δωσης g: δωσω σε c | και 4°—(28) ισραηλ 2° ualde mutila in ℭ | και εαν] και ει yz$^{a?}$: ει δε boc$_2$e$_2$𝔖$^j$(uid) | μη] *non das* 𝔄: + νυν δωσεις x | λημψομαι κραταιως] λειψομαι κρεατος h

**17** om ην a$_2$ | η—σφοδρα] *illud peccatum magnum ualde puerorum coram Domino* 𝔄 | om η acfmsw | ενωπιον—σφοδρα] των παιδαριων μεγαλη σφοδρα ενωπιον πιπι c | ενωπιον—μεγαλη] των παιδαριων μεγαλη εναντιον του $\overline{θυ}$ e$_2$: των παιδαριων κατενωπιον $\overline{κυ}$ c$_2$ | ενωπιον—παιδαριων] των παιδαριον εναντιον $\overline{κυ}$ N | ενωπιον κυριου By] post σφοδρα Ax: post μεγαλη bo: post παιδαριων M rell (om κυριου a*) 𝔈 | om οτι—κυριου 2° x𝔄 | om την Nd | κυριου 2°] πιπι c

**18** σαμουηλ] pr το παιδαριον x: + *puer* 𝔄 | om ην o | om λειτουργων x | κυριου] lac uel ras (3—4) c | παιδαριον] pr και ην y𝔈(uid): om x𝔄 | hab περιεζωσμενον—(19) εποιησεν 𝔏$^v$ | περιεζωσμενος c | φουδ b′ | βαρ] ρ ex corr N$^a$ uid: βαρα c: αρ v: βαδ i(δ sup ras i$^a$): *lini* 𝔖$^j$: om boc$_2$e$_2$𝔄𝔈𝔏

**19** μικραν εποιησεν] *habebat pusillam* 𝔏 | εποιησεν] *faciebat* 𝔄 | om αυτω 1° c | ανεφερεν αυτω] εγενετο x | αυτω 2°] αυτον b′: om dpqt | εξ—ημερας post αυτην x | om την x

12 λοιμοι] α′ αποστασιας σ′ ανυποτακτοι z    14 επαταξεν] α′ επλησεν z | εις 1°—μεγαν] α′ εν τω λουτηρι z
15 θυμαθηναι] ητ[οι] καηναι z    16 κραταιως] βια z    17 ηθετουν] α′ διεσυρον z
18 εφουδ βαρ] α′ επενδυμα εξαιρετον M(+ η μοναχον)z: σ′ εφουδ λινουν Mz: θ′ εφωδ βαρ z
19 και διπλοιδα μικραν] σ′ και εφεστριδα μικραν·θ′ και επενδυτην μικρον z | διπλοιδα] σ′ εφεστριδα θ′ επιδυτη M

B θυσίαν τῶν ἡμερῶν. 20 καὶ εὐλόγησεν Ἠλεὶ τὸν Ἐλκανὰ καὶ τὴν γυναῖκα αὐτοῦ λέγων Ἀποτίσαι 20
σοι Κύριος σπέρμα ἐκ τῆς γυναικὸς ταύτης ἀντὶ τοῦ χρέους οὗ ἔχρησας τῷ Κυρίῳ· καὶ ἀπῆλθεν
ὁ ἄνθρωπος εἰς τὸν τόπον αὐτοῦ. 21 καὶ ἐπεσκέψατο Κύριος τὴν Ἄνναν, καὶ ἔτεκεν ἔτι τρεῖς υἱοὺς 21
καὶ δύο θυγατέρας· καὶ ἐμεγαλύνθη τὸ παιδάριον Σαμουὴλ ἐνώπιον Κυρίου. 22 Καὶ Ἠλεὶ 22
πρεσβύτης σφόδρα, καὶ ἤκουσεν ἃ ἐποίουν οἱ υἱοὶ αὐτοῦ τοῖς υἱοῖς Ἰσραήλ· 23 καὶ εἶπεν αὐτοῖς Ἵνα 23
τί ποιεῖτε κατὰ τὸ ῥῆμα τοῦτο ὃ ἐγὼ ἀκούω ἐκ στόματος παντὸς τοῦ λαοῦ Κυρίου; 24 μή, τέκνα, 24
ὅτι οὐκ ἀγαθὴ ἡ ἀκοὴ ἣν ἐγὼ ἀκούω· μὴ ποιεῖτε οὕτως, ὅτι οὐκ ἀγαθαὶ αἱ ἀκοαὶ ἃς ἐγὼ ἀκούω,
τοῦ μὴ δουλεύειν λαὸν θεῷ. 25 ἐὰν ἁμαρτάνων ἁμάρτῃ ἀνὴρ εἰς ἄνδρα, καὶ προσεύξονται ὑπὲρ 25
αὐτοῦ πρὸς Κύριον· καὶ ἐὰν τῷ κυρίῳ ἁμάρτῃ, τίς προσεύξεται ὑπὲρ αὐτοῦ; καὶ οὐκ ἤκουον τῆς
φωνῆς τοῦ πατρὸς αὐτῶν, ὅτι βουλόμενος ἐβούλετο Κύριος διαφθεῖραι αὐτούς. 26 καὶ τὸ παιδάριον 26
Σαμουὴλ ἐπορεύετο, καὶ ἀγαθὸν καὶ μετὰ Κυρίου καὶ μετὰ ἀνθρώπων. 27 Καὶ ἦλθεν ἄνθρωπος 27
θεοῦ πρὸς Ἠλεὶ καὶ εἶπεν Τάδε λέγει Κύριος Ἀποκαλυφθεὶς ἀπεκαλύφθην πρὸς οἶκον πατρός
σου, ὄντων αὐτῶν ἐν γῇ Αἰγύπτῳ δούλων τῷ οἴκῳ Φαραώ· 28 καὶ ἐξελεξάμην τὸν οἶκον τοῦ πατρός 28

20 αποτεισαι B* | χρεους ου] ras aliq in ς ου B? 21 εμαιγαλινθη A 25 αμαρταννων A

AMNa–im–qstv–c$_2$e$_2$𝔄ℭ$^w$𝔈(𝔏$^v$)

**20** αποτισαι] ανταποδωσει boc$_2$: ανταποδω z(mg)e$_2$ Chr | σοι κυριος] πιπι σι c | σοι] post κυριος AMNadgpqtz(txt)b$_2$: om bo | σπερμα] + ετερον boz(mg)c$_2$e$_2$ Chr | εκ] απο Chr: om z(mg) | της] γης w | αντι—ου] hab *pro quo modo* 𝔏$^v$ | κυριω] πιπι c | τοπον] οικον Nb

**21** κυριος] πιπι c | αννα sx | και 2°] pr και συνελαβεν AN cdpqtxz𝔄 | ετεκεν ετι] συνελαβεν ετι και ετεκεν boc$_2$e$_2$ | om ετι c | δυο] post θυγατερας fmsw: *tres* 𝔄 | ⟨ενωπιον] εν οικω 71⟩ | κυριου] pr του N

**22** πρεσβιτερος ahi*nb$_2$ | ηκουσεν] ⟨ηκουσαν 242⟩: *audiebat omnia* 𝔄: + συν παντα c: + συμπαντα Adpqtxz: + *omnia* 𝔖$^j$ | om αυτου τοις υιοις a* | ισραηλ] + και ως εκοιμιζον τας γυναικας τας παρεστωσας παρα την θυραν της σκηνης του μαρτυριου Acdp qt(sub ※)xz(txt)𝔄 ⟦εκοιμιζον] εκομιζον A: εκοσμιζον c | τας παρεστωσας] *uotiuas* 𝔄 | παρεστωτας cx | om παρα την θυραν c | τας θυρας x⟧: + και ως εκοιμωντο μετα των γυναικων των παρεστηκυιων παρα την θυραν της σκηνης του μαρτυριου N: + παντα και οτι συνεκοιμωντο οι υιοι αυτου μετα των γυναικων των παρεστηκυιων παρα τας θυρας της σκηνης του μαρτυριου bgho z(mg)c$_2$(sub ※)e$_2$ℭ(uid) ⟦om παντα z(mg)ℭ(uid) | om οι *b* z(mg) | τας] της z(mg) | θυρας] θυγατερας g⟧: + και ως εκοιμωντο συν ταις γυναιξι ταις παρεωρωσαις (παρεστηκυιαις f) παρα την θυραν της σκηνης του μαρτυριου fm(sub ※)w: + οτι συνεκοιμωντο ταις γυναιξι ταις εστηκυιαις επι ταις θυραις της σκηνης του μαρτυριου i(sub ※) ⟨246(om της σκηνης)⟩: + *et quomodo concumbebant cum mulieribus* 𝔈$^a$(mg): + *et quod dormire faciebant*... 𝔖-ap-Barh

**23** τι] om a*: + τουτο N | ποιητε acgc$_2$ | om κατα Mgy 𝔈 | τα ρηματα ταυτα α bioc$_2$e$_2$ | om τουτο f | ακουω] ακουω (om b') καταλαλουμενα καθ (περι i) υμων bioc$_2$e$_2$: + ρηματα cx 𝔄: + ρηματα πονηρα A | στοματος παντος] παντος του στοματος x | om παντος Aboc$_2$e$_2$ | κυριου] + τουτου Acdpqtxz

**24** om τεκνα οτι 𝔈$^s$ | τεκνα] + μη Nefmsvwy𝔈$^a$: + μη ποιειτε (-ητε c$_2$) ουτως boc$_2$e$_2$ Chr | ⟨om οτι ουκ αγαθη 236⟩ | om οτι 1° a$_2$ Chr $\frac{2}{4}$ | om η f | ακοη] + ταυτη x | om εγω 1° cf | ακουω 1°] + περι υμων MNbefgmnosvwc$_2$e$_2$ Chr | om μη 2°—ακουω 2° bo c$_2$e$_2$𝔄𝔈 Chr | om μη 2° i* | ποιητε ag | om οτι 2°—ακουω 2° dx | οτι 2°] ετι N | hab ουκ 2°—(25) αυτους 𝔏$^v$ | ακουω 2°] + περι υμων z | του—θεω] *ne prohibueritis populum seruire Domino* 𝔈(om *Domino* 𝔈$^a$) | του] τω c: + ποιειν bdoqtzc$_2$e$_2$ Chr | μη δουλευειν λαον] τον λαον μη δουλευειν z: τον λαον μη λατρευειν boc$_2$e$_2$ Chr: μη λατρευειν x | δουλευειν] + ποιειν p | λαω cen | θεω] pr τω z: θ̅υ̅ c: κ̅ω̅ na$_2$c$_2$: κ̅υ̅ e: τω κ̅ω̅ boe$_2$ Chr

**25** εαν 1°] pr *quod* 𝔄 | αμαρτανων] αμαρτων bnovyc$_2$e$_2$ Chr: om Or-lat $\frac{1}{2}$ | αμαρτη 1°] αμαρτανη A(-αννη)cfz Or-gr-ed $\frac{1}{4}$ | ανηρ] α̅ν̅ο̅ς̅ b𝔏 Or-lat-cod $\frac{1}{2}$ Chr $\frac{3}{6}$: τις Or-lat-ed $\frac{1}{2}$ Chr $\frac{2}{6}$ | εις ανδρα] εις ανθρωπον 𝔏 Or-lat $\frac{1}{2}$ Chr $\frac{2}{6}$: om Chr $\frac{1}{6}$ | ανδρα—αυτου 1°] *murmurabunt prosacerdos eo* Cyp-cod $\frac{1}{2}$ | om και 1° 𝔄𝔈𝔏 Or-lat $\frac{1}{2}$-codd $\frac{1}{2}$ Chr $\frac{4}{6}$ Cyp | προσευξονται υπερ αυτου] *stabunt pro eo sacerdotes* 𝔏 | προσευξονται] προσευξωνται en: προσευξεται Or-lat $\frac{1}{2}$ Chr $\frac{1}{6}$: προσευξηται Or-gr-cod $\frac{1}{4}$: ο ιερευς προσευξεται Chr $\frac{1}{6}$ | υπερ 1°] περι bcdfimo–tw–a$_2$c$_2$e$_2$ Or-gr Chr | αυτου 1°] + ο ιερευς Or-lat $\frac{1}{2}$ Chr $\frac{1}{6}$ | προς κυριον] προς θ̅ν̅ p: om Or Chr $\frac{4}{6}$ | και εαν] εαν δε bozc$_2$e$_2$𝔏𝔖$^j$ Or (om δε gr-codd $\frac{1}{4}$) Chr Cyp | τω κυριω] pr εν x: τω πιπι c: τω θ̅ω̅ en: εις κυριον Or-gr-lat $\frac{1}{2}$-cod $\frac{1}{2}$: εις τον θεον Chr $\frac{1}{4}$: εις θεον Chr $\frac{1}{4}$: *in Deum* 𝔏 Or-lat-ed $\frac{1}{2}$ Cyp-ed: *in Deo* Or-lat-codd $\frac{1}{2}$ Cyp-cod $\frac{1}{2}$: *ad Deum* Cyp-cod $\frac{1}{2}$: om Cyp-cod $\frac{1}{2}$ | αμαρτη 2°] αμαρτανη Or-gr $\frac{1}{4}$: + α̅ν̅ο̅ς̅ bozc$_2$e$_2$ Chr $\frac{1}{4}$ Cyp: + *sacerdos* 𝔏 | om τις—αυτων a* | προσευξηται s | υπερ 2° B*b*ehoc$_2$$^a$] περι AMNa$^{a?}$b'c$_2$* rell Or-gr Chr | ηκουον της φωνης] *audierunt uocem* 𝔏 | του πατρος αυτων] ⟨pr αυτου 246⟩: αυτου x | οτι βουλομενος] βουλομενος γαρ boc$_2$e$_2$ | ⟨οτι] ετι 242⟩ | βουλομενος εβουλετο] *cogitabat* 𝔏 | εβουλετο κυριος] ο κ̅ς̅ εβουλετο e$_2$

**26** cf Lc ii 52 και ιησους προεκοπτεν τη σοφια και ηλικια και χαριτι παρα θεω και ανθρωποις ‖ om το a* | επορευετο Bya$_2$𝔈] pr εμεγαλυνετο και i: + μεγαλυνομενον Acdpqtxz: + και εμεγαλυνετο MN rell 𝔄(+ ※) | αγαθον] pr ην bgozb$_2$c$_2$e$_2$: *gratus erat* 𝔄: + ην cx | και 3° BAdpqz𝔖$^j$] om MN rell 𝔄𝔈 | κυριου] θ̅υ̅ cx𝔄 | om μετα 2° bchoxyc$_2$e$_2$

**27** ηλθεν] ειπεν a$_2$ | ανθρωπος] pr ο Adfmsw: *angelus* 𝔄 | θεου] pr του Nbdfhmo–wza$_2$c$_2$e$_2$: om g* | και ειπεν] λεγων a$_2$: + προς αυτον N: + αυτω bozc$_2$e$_2$: + *ei* 𝔈 | κυριος] + κυριος Eus | ⟨om αποκαλυφθεις 44⟩ | προς οικον] pr *tibi et* 𝔈$^a$: *omni domui* 𝔄 | οικον πατρος σου] σοι και προς c: σοι και π̅ρ̅ς̅ x | οικον] pr τον Nbfmoswzc$_2$e$_2$ | πατρος] pr του Nbefmnoswza$_2$c$_2$e$_2$ | ⟨οντων] pr και εκ 242⟩ | om αυτων cx | γη αιγυπτω] γη αιγ sup ras m$^a$ | γη] τη Acx | αιγυπτω] εγυπτω g: αιγυπτον foc$_2$e$_2$ | om δουλων d | τω οικω] ω 1° et 2° ex corr uid m: om οικω y*𝔈

**28** επελεξαμην Acdpqtxz | ⟨om του 1° 246⟩ | εκ—

21 εμεγαλυνθη] σ' ηυξησεν M 24 δουλευειν] λατρευειν M

σου ἐκ πάντων τῶν σκήπτρων Ἰσραὴλ ἐμοὶ ἱερατεύειν, καὶ ἀναβαίνειν ἐπὶ θυσιαστήριόν μου καὶ B
θυμιᾶν θυμίαμα καὶ αἴρειν ἐφούδ· καὶ ἔδωκα τῷ οἴκῳ τοῦ πατρός σου τὰ πάντα τοῦ πυρὸς υἱῶν
29 Ἰσραὴλ εἰς βρῶσιν. [29]καὶ ἵνα τί ἐπέβλεψας ἐπὶ τὸ θυμίαμά μου καὶ εἰς τὴν θυσίαν μου ἀναιδεῖ
ὀφθαλμῷ; καὶ ἐδόξασας τοὺς υἱούς σου ὑπὲρ ἐμὲ ἐνευλογεῖσθαι ἀπαρχῆς πάσης θυσίας Ἰσραὴλ
30 ἔμπροσθέν μου; [30]διὰ τοῦτο τάδε εἶπεν Κύριος ὁ θεὸς Ἰσραήλ Εἶπα Ὁ οἶκός σου καὶ ὁ οἶκος τοῦ
πατρός σου διελεύσεται ἐνώπιόν μου ἕως αἰῶνος. καὶ νῦν φησὶν Κύριος Μηδαμῶς ἐμοί, ὅτι ἀλλ᾽
31 ἢ τοὺς δοξάζοντάς με δοξάσω, καὶ ὁ ἐξουθενῶν με ἀτιμωθήσεται. [31]ἰδοὺ ἡμέραι ἔρχονται καὶ
32 ἐξολεθρεύσω τὸ σπέρμα σου καὶ τὸ σπέρμα οἴκου πατρός σου, [32]καὶ οὐκ ἔσται σου πρεσβύτης
33 ἐν οἴκῳ μου πάσας τὰς ἡμέρας.| [33]καὶ ἄνδρα οὐκ ἐξολεθρεύσω ἀπὸ τοῦ θυσιαστηρίου μου, ἐκλιπεῖν
τοὺς ὀφθαλμοὺς αὐτοῦ καὶ καταρρεῖν τὴν ψυχὴν αὐτοῦ· καὶ πᾶς περισσεύων οἴκου σου πεσοῦνται
34 ἐν ῥομφαίᾳ ἀνδρῶν. [34]καὶ τοῦτό σοι τὸ σημεῖον ὃ ἥξει ἐπὶ τοὺς δύο υἱούς σου τούτους, Ὀφνεὶ καὶ
35 Φεινεές, ἐν ἡμέρᾳ μιᾷ ἀποθανοῦνται ἀμφότεροι. [35]καὶ ἀναστήσω ἐμαυτῷ ἱερέα πιστόν, ὃς πάντα
τὰ ἐν τῇ καρδίᾳ μου καὶ τὰ ἐν τῇ ψυχῇ μου ποιήσει· καὶ οἰκοδομήσω αὐτῷ οἶκον πιστόν, καὶ

28 ιερεα|ψευειν A* 30 ατειμωθησεται B* 31 εξολοθρευσω B$^b$A
33 εξολοθρευσω B$^b$A | καταρριν A 34 φινεες A

AMNa–im–qstv–c$_2$e$_2$𝔄ℭ$^w$𝔈(𝔏$^v$)

σκηπτρων] *ex omni domo* 𝔈 | εκ] pr και en | παντων των σκηπτρων] πασων των φυλων M(mg)boz(mg)c$_2$e$_2$ | om των Av | σκηπτρων] οικων y | ισραηλ 1°] pr του boc$_2$e$_2$ | ιερατευειν εμοι boc$_2$(μοι)e$_2$(pr του)𝔄𝔖$^j$ | hab και 2°—μου 𝔏$^v$ | και αναβαινειν B𝔄𝔈] om c: om και Adipqtxya$_2$: του αναβαινειν MN rell 𝔏(uid)𝔖$^j$(uid) | επι] *ad* 𝔄𝔏 | θυσιαστηριον Bcx] pr το AMN rell | om και 3° 𝔄 | εφουδ] + ενωπιον μου A(εμου)bcdopqtxzc$_2$e$_2$ 𝔄𝔖$^j$ | εδωκα] pr ※ c$_2$(ad init lin) | τω οικω] του οικου e$_2$*: τοις υιοις v | τα] post παντα b: om a | παντα] πυρεια fmsw | του πυρος] pr ※ c$_2$: om ah: ⟨om του 236⟩: + των θυσιων bdopqtz c$_2$e$_2$ | υιων BAcixya$_2$] pr των MN rell | ισραηλ 2°] pr των Mg: om a$_2$ | εις βρωσιν] pr ※ 𝔄: om 𝔈

**29** hab και 1°—οφθαλμω 𝔏$^v$ | επεβλεψας—οφθαλμω] *malo oculo spectasti super sacrificium meum et super incensum meum* 𝔈 | επεβλεψας] επεβλεψατε A: ⟨εβλεψας 242⟩ | επι—μου 2°] *super sacrificium meum et super incensum meum* ℭ | επι] pr επι το θυσιαστηριον μου και i: *in* 𝔄: *ad* 𝔏 | om και 2°—μου 2° ova$_2$ | εις] επι MNabghib$_2$c$_2$e$_2$ Thdt: *ad* 𝔏 | om μου 2° A | ⟨αναιδει] pr αναιδη 246⟩ | σου] μου x | hab ενευλογεισθαι—μου 3° 𝔏$^v$ | ενευλογεισθαι—θυσιας] *ut benediceres a primordio in omnibus sacrificiis* 𝔏 | ενευλογηθης cx | απαρχην MNabdfhmo–wzb$_2$c$_2$e$_2$ Thdt | ισραηλ—(30) σου 1° mutila in ℭ | ισραηλ] pr του Maghb$_2$: pr τω N: pr εν dpqtvz | μου 3°] + και εσθιειν τας απαρχας N

**30** δια] pr και s | om ταδε a𝔈$^a$ | ειπεν] λεγει MNabeghno ya$_2$–e$_2$ Thdt | om ο θεος b | ειπα] ειπας AN: ειπον boc$_2$e$_2$ Thdt: om cx | σου 1°—πατρος] του π̄ρ̄ς σου και ο οικος i | om σου 1°—οικος 2° g | σου 1°] μου a$_2$ | διελευσεται] pr ου b$_2$: διελευσονται bcefim–pswxc$_2$e$_2$𝔄ℭ Thdt: *sedebitis* 𝔈 | om ενωπιον μου f | μου] εμου Nbioa$_2$e$_2$: σου x | νυν] + ουχ ουτως bgoc$_2$e$_2$𝔖$^j$ Thdt | μηδαμως φησιν κυριος h | om μηδαμως a*b$_2$ | om εμοι Maeghnva$_2$b$_2$ℭ | οτι] post η b$_2$: ουχ ουτως fmsw: om t𝔄𝔈 Thdt | δοξασω] δοξαζω A | hab και 3°—(33) ανδρων 𝔏$^v$ | και ο εξουθενων] οι δε εξουθενουντες Or-gr: *spernentes* Or-lat | ο 4°—ατιμωθησεται] *qui spernit me spernetur* Cyp: *quia pro nihilo habebant me ad nihilum redigentur* 𝔏 | ο εξουθενων] οι εξουθενουντες bcoxc$_2$(-δεν-)e$_2$𝔖$^j$ Chr Thdt | εξουδενων Cyr $\frac{2}{8}$ | ατιμωθησεται] ατιμασθησεται ANdeghpqtz: ατιμασθησονται cx Or-gr: εξουδενωθησεται Cyr $\frac{2}{8}$: εξουθενωθησεται ⟨246⟩ Cyr $\frac{1}{8}$: εξουθενηθησεται Cyr $\frac{1}{8}$: εξουδενωθησονται oc$_2$: εξουθενωθησονται be$_2$ Chr $\frac{1}{2}$ Thdt $\frac{1}{2}$-ed $\frac{1}{2}$: εξουθενηθησονται Chr $\frac{1}{2}$ Thdt-codd $\frac{1}{2}$: *spernentur* Or-lat

**31** ιδου] pr και bcoxc$_2$e$_2$𝔈𝔏: pr και νυν ουχ ουτως φησι κ̄ς̄ z: ⟨ιδε 74⟩ | ερχονται ημεραι y𝔈 | ερχονται] αρχονται x: + λεγει κ̄ς̄ N | om σου 1°—σπερμα 2° y | οικου] pr του bfoc$_2$e$_2$ Thdt: ⟨του 64⟩ | πατρος] pr του MNbd–hm–twz–e$_2$ Thdt | σου 2°] + και ουκ εσται σου πρεσβυτης εν οικω μου Acx Thdt (om μου): + *et non erit senex in domo tua* 𝔄

**32** και 1°] pr και επιβλεψει κραταιωμα μαων εν πασιν οις αγαθυνει τον ισραηλ Abcghoxc$_2$e$_2$𝔄(sub ※) Thdt ⟦επιβλεψει] επιβλεψη Ag*: ει sup ras (4) *b*$^a$ | μαων] μουων A: ναων b′: νωων *b* (ω 1° ex corr): λαων c$_2$: ων o: ον Thdt: *moerens* 𝔄: om chx | εν] επι b | τον ισραηλ] *Dominus Deus Israel* 𝔄: + και ουκ εσται πρεσβυτης εν τω οικω σου bgc$_2$(sub ※)e$_2$⟧: pr *et attendit fideliter manens in omnibus quibus benefacit Israel et non erit senex in domo tua* 𝔏 | εστι p | σου By] om ANcx𝔄ℭ Eus Thdt: σοι M rell 𝔈𝔏 | εν—ημερας] πασας τας ημερας εν τω οικω σου Thdt | εν οικω μου] *in domo tua* 𝔄𝔈 | οικω] pr τω ANbn ozc$_2$e$_2$ Eus | μου] σου Acx

**33** ουκ] pr ον bdopqtvzc$_2$e$_2$: om MNae–insb$_2$𝔏 | εξολεθρευσω] εξολοθρευσωσιν b′cpx: + σοι A*b*defhmnoqstwzc$_2$e$_2$𝔏 | απο] εκ Ng | μου] om cdpqtx: + πασας τας ημερας b$_2$ | εκλιπειν] pr ποιησω ve$_2$: εκλειπειν AMae–nswa$_2$b$_2$: ποιησω εκλειπειν boc$_2$: *et faciam ut deficiant* 𝔏: εκλειπειν ποιησω dpqtz | τους οφθαλμους αυτου] *oculos meos* 𝔄-codd | καταιρειν cx | πας περισσευων] παν περισσευον Acqtxz*: παν το περισσευον πληθος bg(πληθος ext lin g$^a$)o(πληθους)c$_2$e$_2$ | οικου] pr του bgoc$_2$e$_2$: οικω a*: οικος M: εν οικω a$^{a?}$i: εν τω οικω N: *in domo* ℭ | om σου e$_2$ | πεσουνται] πεσειται bozc$_2$e$_2$: *decidat* 𝔏 | ανδρος aw*(uid)

**34** om και 1° y | om ο a | ηξει] ηξη m*(uid): ηξαι A | τουτους] pr ※ c$_2$: om 𝔄ℭ(uid)𝔈 | οφνει] pr προς cx: προς εφνει A | αμφοτεροι] αμφοτεραι A: + εν ρομφαια z: + εν ρομφαια ανδρων Nboc$_2$e$_2$

**35** ος] οστις dfmp–twz | τα 1°—μου 1°] *in corde suo* 𝔄-ed | om τη 1° g | om μου 1° d | om και 2°—μου 2° y Cyp | om τα 2° cgno𝔄 | εν 2°—μου 2°] *in anima sua* 𝔄-ed | αυτω]

29 επεβλεψας—μου 1°] αποΛακτιζετε την θυσιαν μου z | εδοξασας] σ′ προετιμησας z | ενευλογεισθαι] προαπολαβειν z

B διελεύσεται ἐνώπιον χριστοῦ μου πάσας τὰς ἡμέρας. 36καὶ ἔσται ὁ περισσεύων ἐν οἴκῳ ἥξει 36
προσκυνεῖν αὐτῷ ὀβολοῦ ἀργυρίου λέγων Παράριψόν με ἐπὶ μίαν τῶν ἱερατειῶν σου φαγεῖν
ἄρτον.
1Καὶ τὸ παιδάριον Σαμουὴλ ἦν λειτουργῶν τῷ κυρίῳ ἐνώπιον Ἠλεὶ τοῦ ἱερέως· καὶ ῥῆμα 1 III
Κυρίου ἦν τίμιον ἐν ταῖς ἡμέραις ἐκείναις, οὐκ ἦν ὅρασις διαστέλλουσα. 2καὶ ἐγένετο ἐν τῇ ἡμέρᾳ 2
ἐκείνῃ καὶ Ἠλεὶ ἐκάθητο ἐν τῷ τόπῳ αὐτοῦ, καὶ οἱ ὀφθαλμοὶ αὐτοῦ ἤρξαντο βαρύνεσθαι καὶ οὐκ
ἠδύνατο βλέπειν· 3καὶ ὁ λύχνος τοῦ θεοῦ πρὶν ἐπισκευασθῆναι, καὶ Σαμουὴλ ἐκάθευδεν ἐν τῷ 3
ναῷ οὗ ἡ κιβωτὸς τοῦ θεοῦ. 4καὶ ἐκάλεσεν Κύριος Σαμουὴλ Σαμουήλ· καὶ εἶπεν Ἰδοὺ ἐγώ. 4
5καὶ ἔδραμεν πρὸς Ἠλεὶ καὶ εἶπεν Ἰδοὺ ἐγώ, ὅτι κέκληκάς με· καὶ εἶπεν Οὐ κέκληκά σε· ἀνά- 5
στρεφε, κάθευδε. καὶ ἀνέστρεψεν καὶ ἐκάθευδεν. 6καὶ προσέθετο Κύριος καὶ ἐκάλεσεν Σαμουὴλ 6
Σαμουήλ· καὶ ἐπορεύθη πρὸς Ἠλεὶ τὸ δεύτερον καὶ εἶπεν Ἰδοὺ ἐγώ, ὅτι κέκληκάς με· καὶ εἶπεν
Οὐ κέκληκά σε· ἀνάστρεφε, κάθευδε. 7καὶ Σαμουὴλ πρὶν γνῶναι θεὸν καὶ ἀποκαλυφθῆναι αὐτῷ 7
ῥῆμα Κυρίου. 8καὶ προσέθετο Κύριος καλέσαι Σαμουὴλ ἐν τρίτῳ· καὶ ἀνέστη καὶ ἐπορεύθη πρὸς 8
Ἠλεὶ καὶ εἶπεν Ἰδοὺ ἐγώ, ὅτι κέκληκάς με. καὶ ἐσοφίσατο Ἠλεὶ ὅτι Κύριος κέκληκεν τὸ παι-

36 παραρειψον B* | ιερετιων A  III 1 λιτουργων B*  2 εκαθητο] εκαθευδεν B$^{ab}$
3 κειβωτος A  6 καθευδε] pr και (suprascr) B$^{ab}$  8 κεκληκας] κεκλημαι|ς A*

AMNa–im–qstv–c$_2$e$_2$𝔄ℭ$^{w}$𝔈(𝔏$^{v}$)

αυτον a: εμαυτω b$_2$ | οικον—μου 3°] *thronum meliorem* Cyp-cod | χριστου] χρηστου cx: κυ y: των χριστων boz$^{a?}$c$_2$e$_2$ ⟨64$^{txt}$ (om των)⟩𝔖$^{j}$(mg) Thdt Cyp-ed: ras v? | ημερας] + μου A

36 hab και—αρτον 𝔏$^{v}$ | om και A | om εσται ℭ | ο περισσευων] *qui remanserit* Cyp | ο] pr πας Abcdopqtxzc$_2$e$_2$𝔄 Eus: + πλεονα a$_2$ | περισσευων] υπολελειμμενος MNabgoz(mg)b$_2$c$_2$e$_2$ | εν οικω Bya$_2$ Eus] εν τω οικω σου befmosvwc$_2$e$_2$: εκ του οικου σου h𝔈: + σου AMN rell: *in domo tua* 𝔄ℭ𝔏 Cyp-ed: *in domo una* Cyp-codd | ηξαι a (αι sup ras) | προσκυνειν] προσκυνων Eus: προσκυνησαι Abcoxc$_2$e$_2$ | αυτω] εν τω b': om Cyp | οβολου] βολου dp: εν οβολω bovz$^{a?}$c$_2$e$_2$ℭ(uid)𝔏 Cyp: *in quadrante uno* 𝔖$^{j}$ (txt): *propter quadrantem unum* 𝔖$^{j}$ (mg) | αργυριου] + και εν αρτω i: + και αρτω ενι o𝔏Cyp-cod: + και εν αρτω ενι (εν A) Abdfgmpqtwxzc$_2$e$_2$ℭ(uid)𝔈$^{a}$(mg)𝔖$^{j}$(txt) Eus Cyp-ed: + *et propter placentam unam* 𝔖$^{j}$ (mg): + ενος και εν αρτω ενι c𝔄(※ ante και) | παραριψατε Mg | με επι μιαν] εναντιον e$_2$ | με] μοι b' | επι—σου] *in uno sacrario tuo* 𝔏 | επι] εις v: *in* 𝔄𝔈 | μια b$^{a?}$ | φαγειν] pr του bc$_2$e$_2$ | αρτον] αρτω m*: + $\overline{κυ}$ Nbozc$_2$e$_2$𝔏

III 1 λειτουργων] λειτουργον a$^{a?}$g: λειτουργουν bc$_2$ | κυριω] προσωπω $\overline{κυ}$ h | εναντιον fmsvw | hab ρημα—διαστελλουσα 𝔏$^{v}$ | τιμιον] εντιμον a$_2$: + εν αυτω c | ουκ] pr και t𝔄𝔈

2 και ηλει εκαθητο] *dormiebat Heli* 𝔄 | om και 2° c$_2$ | εκαθητο B*c] εκαθευδεν B$^{ab}$AMN rell ℭ𝔈𝔖$^{j}$ | βαρυνεσθαι] αμαυρουσθαι bz(mg) | hab και 4°—(3) επισκευασθηναι 𝔏$^{v}$ | ηδυναντο Naden-qtyzb$_2$

3 και ο λυχνος] *lucernam* 𝔏 | πριν] + η bfmosvwyzc$_2$e$_2$ Thdt | επισκευασθηναι] επισκευασθεν cx: κατασκευασθηναι boc$_2$e$_2$ Thdt | om και 2° q | σαμουηλ εκαθευδεν] *sedebat Samuel* 𝔈 | ναω] οικω $\overline{κυ}$ Ac: + $\overline{κυ}$ bdopqtxzc$_2$e$_2$𝔄 | η] pr ην bozc$_2$e$_2$: pr *erat* 𝔄: ην N

4 hab και 1°—(5) καθευδε 𝔏$^{v}$ | και 1°] pr εκατεστει g: pr και κατεστη M(εκατ-)Nbhosvc$_2$e$_2$ | εκαλεσεν κυριος] *astitit ei Dominus et clamabat* 𝔏 | ⟨εκαλεσεν] ελαλησε 64 txt⟩ | κυριος] + *et dicit* 𝔄𝔈$^{s}$: + *Samuel dicens* ℭ𝔈$^{a}$ | σαμουηλ 1°] pr τον cx | om σαμουηλ 2° Ma*o*x | εγω] + ο δουλος σου c

5 om και 1°—εγω A | ειπεν 1°] + *Samuel* 𝔏 | οτι] τι v𝔏: ⟨om 44⟩ | κεκληκας] κεκληκα A | και 3°] ο δε hoze$_2$ | ειπεν 2°] + ηλει yb$_2$ℭ𝔈𝔏𝔖$^{j}$ | καθευδε] pr και acehnxb$_2$𝔄: και καθευδε τεκνον Mbgmosvwzc$_2$e$_2$𝔏: + τεκνον Nf | om και 4°—εκαθευδεν cex𝔈 | απεστρεψεν Mg

6 om totum comma 𝔈$^{a}$ | κυριος και εκαλεσεν] *Dominus iterum uocare* 𝔄(+ *et dicit*)ℭ: *iterum Dominus uocare eum et dixit ei* 𝔈$^{s}$ | κυριος] ετι y: ετι $\overline{κς}$ καλεσαι τον σαμουηλ MNag (ετι int lin g$^{a}$)hb$_2$: + ετι i: + ετι (επι b*) καλεσαι τον σαμουηλ befmnosvwc$_2$e$_2$ | om και εκαλεσεν σαμουηλ g | εκαλεσεν] + ετι Acdpqtxz | om σαμουηλ 2° M*ag𝔈$^{s}$ | και 3°] ⟨pr και ανεστη 44⟩: pr και ανεστη σαμουηλ Acdpqtxzc$_2$𝔄𝔈$^{s}$ | επορευθη] απηλθε dpqtz | το δευτερον] εκ δευτερου MNabe–hmnosvwb$_2$c$_2$e$_2$ | οτι] τι ev | με] μ sup ras A$^{1}$ | και ειπεν 2°] om c$_2$*: + *Heli ei* ℭ | ⟨ου κεκληκα σε] ουχι 44⟩ | σε Biya$_2$ℭ𝔈$^{s}$] ⟨τεκνον 244⟩: + υιε μου Acdpqtxz𝔄: + τεκνον MN rell | καθευδε] pr και B$^{ab}$MNabce–hmnosvwxz–e$_2$𝔄

7 hab και 1°—(8) τριτω 𝔏$^{v}$ | σαμουηλ] + εδουλευε b𝔏 | πριν Ba$_2$] + η AMN rell | θεον] pr τον Abcdfmo–twxzc$_2$e$_2$: ⟨κυριον 71⟩ | αποκαλυφθηναι] pr πρην p$^{b?}$: pr πριν η MNabe–hmnosvwb$_2$c$_2$e$_2$𝔄(uid): pr πριν η και i: *antequam adaperiret* 𝔏 | αυτω ρημα κυριου] ρημα $\overline{κυ}$ προς αυτον boc$_2$e$_2$

8 κυριος 1°] + ετι b$_2$𝔄𝔏 | καλεσαι σαμουηλ] *et clamauit* 𝔏 | καλεσαι] pr του Nfmsw: λαλησαι cx | σαμουηλ] pr τον a: pr επι Acx: pr ετι dpqtz: pr ετι τον fmsw: + σαμουηλ (-ην b') Nbgoc$_2$e$_2$ | εν τριτω] εν τω τριτω ta$_2$: εκ τριτου cvx: τριτον a: + *dicens Samuel* ℭ | και ανεστη] ⟨om 44⟩: + σαμουηλ boc$_2$e$_2$ | om εγω c* | οτι 1°] τι x | εσοφισατο] συνηκεν M(mg)h | om κυριος 2° c* | κεκληκεν] *uocat* 𝔄-ed | τω παιδαριω o

36 οβολου αργυριου] α' εις συλλογην αργυριου σ' ινα μησθαρνηση M: σ' ινα μισθαρνηση αργυριου η κολλυρας αρτου z (in textu post αρτον $\overline{κυ}$)
III 1 τιμιον] σ' σπανιον M | διαστελλουσα] προερχομενη M
3 πριν επισκευασθηναι] α' πριν σβεσθηναι ουκ εσβεσθη M | επισκευασθηναι] σ' εσβεσθη z | (ην)] α' κατεστη z
7 πριν γνωναι] σ' ουπω εγνωκει z | και αποκαλυφθηναι] σ' ουδε απεκαλυφθη z
8 εσοφισατο] σ' συνηκε z

9 δάριον. ⁹καὶ εἶπεν Ἀνάστρεφε, κάθευδε, τέκνον· καὶ ἔσται ἐὰν καλέσῃ σε, καὶ ἐρεῖς Λάλει, ὅτι B
10 ἀκούει ὁ δοῦλός σου. καὶ ἐπορεύθη Σαμουὴλ καὶ ἐκοιμήθη ἐν τῷ τόπῳ αὐτοῦ. ¹⁰καὶ ἦλθεν Κύριος
καὶ κατέστη, καὶ ἐκάλεσεν αὐτὸν§ ὡς ἅπαξ καὶ ἅπαξ· καὶ εἶπεν Σαμουὴλ Λάλει, ὅτι ἀκούει ὁ § 𝔏$^{b}$
11 δοῦλός σου. ¹¹καὶ εἶπεν Κύριος πρὸς Σαμουὴλ Ἰδοὺ ἐγὼ ποιῶ τὰ ῥήματά μου ἐν Ἰσραήλ· παντὸς
12 ἀκούοντος αὐτά, ἠχήσει ἀμφότερα τὰ ὦτα αὐτοῦ. ¹²ἐν τῇ ἡμέρᾳ ἐκείνῃ ἐπεγερῶ ἐπὶ Ἠλεὶ πάντα
13 ὅσα ἐλάλησα εἰς τὸν οἶκον αὐτοῦ, ἄρξομαι καὶ ἐπιτελέσω. ¹³καὶ ἀνήγγελκα αὐτῷ ὅτι ἐκδικῶ ἐγὼ
τὸν οἶκον αὐτοῦ ἕως αἰῶνος ἐν ἀδικίαις υἱῶν αὐτοῦ, ὅτι κακολογοῦντες θεὸν υἱοὶ αὐτοῦ, καὶ οὐκ
14 ἐνουθέτει αὐτοὺς ⁽¹⁴⁾καὶ οὐδ' οὕτως. ¹⁴ὤμοσα τῷ οἴκῳ Ἠλεὶ Εἰ ἐξιλασθήσεται ἀδικία οἴκου Ἠλεὶ
15 ἐν θυμιάματι καὶ ἐν θυσίαις ἕως αἰῶνος. ¹⁵καὶ κοιμᾶται Σαμουὴλ ἕως πρωί, καὶ ὤρθρισεν τὸ
πρωὶ καὶ ἤνοιξεν τὰς θύρας οἴκου Κυρίου· καὶ Σαμουὴλ ἐφοβήθη ἀπαγγεῖλαι τὴν ὅρασιν Ἠλεί.
16 17 ¹⁶καὶ εἶπεν Ἠλεὶ πρὸς Σαμουὴλ Σαμουὴλ τέκνον· καὶ εἶπεν Ἰδοὺ ἐγώ. ¹⁷καὶ εἶπεν Τί τὸ ῥῆμα
τὸ λαληθὲν πρὸς σέ; μὴ δὴ κρύψῃς ἀπ' ἐμοῦ· τάδε ποιήσαι σοι ὁ θεός, ἐὰν κρύψῃς ἀπ' ἐμοῦ
18 ῥῆμα ἐκ πάντων λόγων τῶν λαληθέντων σοι ἐν τοῖς ὠσίν σου. ¹⁸καὶ ἀπήγγειλεν Σαμουὴλ πάντας
τοὺς λόγους, καὶ οὐκ ἔκρυψεν ἀπ' αὐτοῦ· καὶ εἶπεν Ἠλεί Κύριος αὐτός· τὸ ἀγαθὸν ἐνώπιον αὐτοῦ
19 ποιήσει. ¹⁹Καὶ ἐμεγαλύνθη Σαμουήλ, καὶ ἦν Κύριος μετ' αὐτοῦ, καὶ οὐκ ἔπεσεν ἀπὸ πάντων

11 ραιματα A* 14 εξειλασθησεται B* | αδικεια A 17 ποιησε A
19 παντων B$^{a?}$ (part ext lin)] om B*(uid)

AMNa–im–qstv–$c_2e_2$𝔄ℭ$^{w}$𝔈(𝔏$^{bv}$)

**9** ειπεν] +αυτω Nen𝔈(uid): +τω σαμουηλ d: +*Heli ei* ℭ: +ηλει τω σαμουηλ Abc(σαμαουηλ)opqtxz$c_2e_2$𝔄 | αντιστρεφε v | καθευδε BAiqt] pr και MN rell 𝔄𝔈 | εαν] αν o | καλεσει b'cdg ipvx | σε] +ετι cx: +ο καλων MNabfghmosvwz$b_2c_2e_2$ Thdt | om και 3° $a_2$𝔄ℭ𝔈(uid) Thdt | λαλει] pr *Domine* ℭ: om 𝔈$^{s}$: +κε̅ AMNa$^{a?}$b–gm–wx$^{a}$z$c_2e_2$𝔄𝔈$^{a}$: +κυριε μου Thdt | ακουει] pr ακοη e: ακουη hx | και 5°] +ειπεν $b_2$*

**10** και κατεστη] και κατεβη e: *ad eum* ℭ | om αυτον cx | ως—απαξ 2°] σαμουηλ σαμουηλ d | και απαξ] και δις M(mg)𝔏: σαμουηλ σαμουηλ cx: και δις σαμουηλ σαμουηλ bo$c_2$(σαμουηλ σαμουηλ sub ※ uid)$e_2$: +σαμουηλ σαμουηλ Apqtz𝔄 | om σαμουηλ d | λαλει] +κε̅ bcm$^{b}$vxz$c_2e_2$𝔄 | ακουη c | σου] +και επορευθη σαμουηλ και ειπεν ουτως d

**11** ⟨om κυριος προς 236⟩ | om κυριος a* | προς σαμουηλ] τω σαμουηλ e: om d | ποιησω vℭ | τα ρηματα μου] *uocem* 𝔈 | τα 1°] pr παντα cx | εν] προς y | παντος ακουοντος] *et omnes audientes* 𝔏 | παντος By$a_2$] ωστε παντα cx: pr ωστε AMN rell 𝔄'.𝔈 | ⟨ακουσαντος 236 uid⟩ | αυτα] αυτου dpqt: ⟨ταυτα 244⟩ | ηχησει] ηχηση n: ηχησαι $c_2e_2$: ηχησω $a_2$: ηλησει w: *uenient* 𝔏 | om τα 2° q

**12** επεγερω] pr η z𝔏: επεγειρω cx$a_2$: ⟨υπεγερω 236⟩: εγερω h | επι] εν $a_2$ | ηλει] ιη̅λ v | εις τον οικον] *de domo* 𝔏 | εις] επι a$^{a?}$en𝔄ℭ: και επι bo$c_2e_2$𝔈 | αρξομαι] pr *et* 𝔏𝔖$^{j}$: αρξωμαι q | και επιτελεσω] και συντελεσω o$c_2e_2$: συντελεσω b: om a*

**13** ανηγγελκα BNhiy$a_2b_2$] ανηγγελικα v: ανηγγειλα boz$c_2e_2$: ανηγγελη dpqt: αναγγελει cx: απηγγελκα M rell: ανηνεγκα A: *praedixi* 𝔏 | αυτω] αυτα x | hab οτι 1°—ουτως 𝔏$^{v}$ | εκδικω—οικον] *ego faciam uindicta de domo* 𝔏$^{b}$ | εκδικω] post εγω 𝔏$^{v}$: ⟨εκδικιω 123⟩: εκδιωκω a: εκδικησω Abcx𝔄ℭ | om εγω A𝔄 | τον] pr επι ANbdfgmo–wz$c_2e_2$ | αιωνος] pr του co*(uid) | αυτου 2°] *quas ipse sciuit* 𝔏$^{b}$: +ας εγνω Nb'dfh–np–w$b_2$ Chr(uid): +αις εγνω bz$c_2$(εγνω ex εγω $c_2$$^{a}$)$e_2$: +ας εγνων e: +εν αις εγνω o: +*quas ego scio* 𝔏$^{v}$ | κακολογουντες θεον] *contemnentes Deum male loquuti sunt de Deo* 𝔏$^{v}$ | κακολογουντες] κακολογουντος p(uid): εκακολογουν cx𝔄(uid)𝔏$^{b}$: κακολογουσι f: καταρωμενοι z$^{a?}$ | υιοι BANc$c_2e_2$] pr οι Mo(υιοι ext lin o$^{a}$) rell Chr | ενουθετει] *monuit* 𝔈𝔏$^{v}$ | om αυτους fms | και ουδ ουτως] *nec castigauit illos* 𝔏$^{v}$: *et propterea* 𝔈$^{a}$ | ουδ BAcxy$a_2$] ουχ MN rell Chr: *ideo* 𝔏$^{b}$

**14** ωμοσα] pr *sed* 𝔄: ωμωσω cx | τω] pr εν $a_2$ | om οικω c | ηλει 1°] ιηλι p: ιη̅λ v: αυτου hy𝔈 | ει] η Ncx$e_2$*: *non enim* 𝔏 | αδικια] αδικιας v: εν αδικιαις $a_2$: αμαρτια bo$c_2e_2$ | οικου] τω οικω h𝔏: υιω v | θυμιαματι] θυμιαμασιν vy$b_2$: θυματι en | και] η bo$c_2e_2$ | εν θυσιαις] εμεθυσαν v | om εν 2° cdpqtxz𝔏 | θυσιαις] pr ταις fmsw: +αυτου y | αιωνος] pr του bo$c_2e_2$

**15** κοιμαται] *dormiuit* 𝔏 | ⟨εως] ως 74⟩ | πρωι] ωι sup ras (6) b' | το πρωι] *temerate* 𝔏 | το] τω acgvz$b_2$ | οικου] pr του bcfmoqstwxz$c_2e_2$ | κυριου] θυ̅ cx | σαμουηλ 2°] post ηλει bo$c_2e_2$: om cdx | αναγγειλαι Abcdhopqtxz$a_2c_2e_2$𝔏 | ηλει By$a_2$] pr τω AMN rell

**16** προς σαμουηλ] προς σαμοηλ q: ⟨om 71⟩: om προς $a_2$ | om σαμουηλ 2°—(17) ειπεν cx | om σαμουηλ 2° Nabdiopv$c_2e_2$ | ειπεν 2°] pr *ille* 𝔏 | εγω] pr *hic sum* 𝔏

**17** ειπεν] +*Eli* ℭ𝔏 | ρημα] +κυ̅ boz$c_2e_2$ | το λαληθεν] *quod factum est* 𝔏 | σε] +την νυκτα τεκνον boz$c_2e_2$ | δη κρυψης] διακρυψης A | ⟨om δη 244 uid⟩ | κρυψης 1°] κρυψεις b'cx | εμου 1°] +εκ παντων των λογων των λαληθεντων εν τοις ωσι σου z: +*uerbum et omnibus uerbis quae dicta sunt ad aures tuas* 𝔏 | ταδε—ρημα 2° post σου bo$c_2e_2$ | om ταδε—εμου 2° chy | ποιησει eno | ⟨σοι 1°] και ταδε ποιησαι 246⟩ | θεος B$a_2$ℭ𝔏] +και ταδε προσθειη AMNx(+σοι) rell 𝔄: +*et ita ueniat tibi* 𝔈 | κρυψης 2°] κρυψεις x | om απ εμου 2° $a_2$ | om ρημα 2°—σου 𝔏 | εκ] εν A | λογων BA$a_2$] om cx$b_2e_2$𝔈(uid): pr των MN rell | σοι 2°] προς σε y: om MNabe–hmnosvwz$b_2c_2e_2$𝔄ℭ

**18** απηγγειλεν] ανηγγειλεν αυτω p: +αυτω Abcdoqtxz$c_2e_2$ 𝔄 | σαμουηλ] +τω ηλει MNae–nsvw$b_2$ℭ𝔈𝔏 | ⟨παντας—αυτου 1°] ταυτα 44⟩ | λογους] +τουτους b' | ουκ] *nihil* 𝔏 | αυτου 1°] +ρημα boz$c_2e_2$: +*aliquid* ℭ𝔖$^{j}$ | hab κυριος—(19) σαμουηλ 𝔏$^{v}$ | κυριος αυτος] κυριος εστι Thdt: ⟨κυριος ο θεος 71⟩: om y*𝔈$^{a}$: om αυτος 𝔄𝔈$^{s}$ | το—αυτου 2°] *quod placuerit in conspectu suo* 𝔏$^{b}$ | αγαθον] αρεστον bioz$^{a?}$$a_2c_2e_2$ Chr Thdt | ενωπιον] εναντιον y: εν οφθαλμοις Nen | ποιησει] pr αυτο i: pr αυτος Adpqz𝔄: ποιηση c: *faceret* 𝔏$^{b}$: ποιειτω t

**19** κυριος ην Acdpqtxz | κυριος] pr ο b$c_2e_2$ | om και 3° bo$c_2e_2$ | ουκ] *nihil* 𝔏 | γην] +ουδε εν ρημα boz$c_2e_2$

10 απαξ και απαξ] α' καθοδον εν καθοδω' z

13 ενουθετει αυτους] α' θ' ημαυρωσεν εν αυτοις z

B τῶν λόγων αὐτοῦ ἐπὶ τὴν γῆν. [20]καὶ ἔγνωσαν πᾶς Ἰσραὴλ ἀπὸ Δὰν καὶ ἕως Βηρσάβεε ὅτι 20
πιστὸς Σαμουὴλ εἰς προφήτην τῷ κυρίῳ. [21]καὶ προσέθετο Κύριος δηλωθῆναι ἐν Σηλώμ, ὅτι 21
ἀπεκαλύφθη Κύριος πρὸς Σαμουήλ· καὶ ἐπιστεύθη Σαμουὴλ προφήτης γενέσθαι τῷ κυρίῳ εἰς
πάντα Ἰσραὴλ ἀπ' ἄκρων τῆς γῆς καὶ ἕως ἄκρων. καὶ Ἠλεὶ πρεσβύτης σφόδρα, καὶ οἱ υἱοὶ αὐτοῦ
πορευόμενοι ἐπορεύοντο, καὶ πονηρὰ ἡ ὁδὸς αὐτῶν ἐνώπιον Κυρίου.
[1]Καὶ ἐγενήθη ἐν ταῖς ἡμέραις ἐκείναις καὶ συναθροίζονται ἀλλόφυλοι εἰς πόλεμον ἐπὶ Ἰσραήλ· 1 IV
καὶ ἐξῆλθεν Ἰσραὴλ εἰς ἀπάντησιν αὐτοῖς εἰς πόλεμον, καὶ παρεμβάλλουσιν ἐπὶ Ἀβενέζερ, καὶ
οἱ ἀλλόφυλοι παρεμβάλλουσιν ἐν Ἀφέκ. [2]καὶ παρατάσσονται οἱ ἀλλόφυλοι εἰς πόλεμον ἐπὶ 2
Ἰσραήλ· καὶ ἔκλινεν ὁ πόλεμος, καὶ ἔπταισεν ἀνὴρ Ἰσραὴλ ἐνώπιον ἀλλοφύλων, καὶ ἐπλήγησαν
ἐν τῇ παρατάξει ἐν ἀγρῷ τέσσαρες χιλιάδες ἀνδρῶν. [3]καὶ ἦλθεν ὁ λαὸς εἰς τὴν παρεμβολήν, καὶ 3
εἶπαν οἱ πρεσβύτεροι Ἰσραήλ Κατὰ τί ἔπταισεν ἡμᾶς Κύριος σήμερον ἐνώπιον ἀλλοφύλων;
λάβωμεν τὴν κιβωτὸν τοῦ θεοῦ ἡμῶν ἐκ Σηλώμ, καὶ ἐξελθέτω ἐκ μέσου ἡμῶν καὶ σώσει ὑμᾶς ἐκ
χειρὸς ἐχθρῶν ἡμῶν. [4]καὶ ἀπέστειλεν ὁ λαὸς εἰς Σηλώμ, καὶ αἴρουσιν ἐκεῖθεν τὴν κιβωτὸν Κυρίου 4
καθημένου χερουβείμ· καὶ ἀμφότεροι οἱ υἱοὶ Ἠλεὶ μετὰ τῆς κιβωτοῦ, Ὀφνεὶ καὶ Φεινεές. [5]καὶ 5

IV 2 εκλεινεν B* | χειλιαδες B* 3 επτεσεν A 4 φινεες A

AMNa-im-qstv-$c_2e_2$𝔄ℭ$^{w}$𝔈𝔏$^{b(v)}$

**20** hab και 1°—ισραηλ 𝔏$^{v}$ | εγνω i𝔄𝔏$^{b}$ | ισραηλ] ο λαος a*: pr *populus* 𝔏$^{b}$ | δαν] δαμ m: + *regionem* 𝔏 | om και 2° e$a_2$ 𝔄ℭ𝔈𝔏 | βηρσαβεε] βηρσαβεαι A*b*o$c_2e_2$: βηρσαβαιε i: βηρσαβε qℭ𝔏: βιρσαβεε m | τω κυριω] *Dm̄i* 𝔏: τω θω̄ dpqtzℭ
**21** hab και 1°—κυριου 𝔏$^{v}$ | προεθετο e | κυριος] + ετι z$^{a?}$ | δηλωθηναι] του δηλωθηναι αυτω M(mg)bo$c_2e_2$: + αυτω z$^{a?}$ | om εν σηλωμ 𝔈 | εν] εις en | σηλωμ] σιλωμ gv𝔏$^{v(1)}$: σηλων $a_2$: σηλω bdi$^{a?}$opqt$c_2e_2$𝔄ℭ: *Silo* 𝔏$^{v(2)}$ | οτι] και boz$^{a?}c_2e_2$ | απεκαλυφθη] απεκαλυψεν y: *locutus est* 𝔏$^{v}$ | προς] τω cx𝔏$^{b}$ | σαμουηλ 1°] + *in Selo secundum uerbum Domini* 𝔄 | επιστευθη σαμουηλ] επιστευον b: om σαμουηλ o$c_2e_2$ | προφητης γενεσθαι] γενεσθαι προφητης MNg$b_2$𝔈𝔏$^{v}$: του γενεσθαι εις προφητην bfh(om του)mosvwz$^{a?}c_2e_2$𝔄: *et factum est profetam* 𝔏$^{b}$ | προφητης post κυριω a | γενεσθαι] pr γε a | τω κυριω BNmy$a_2$] κ̄υ bho$c_2e_2$: *Dm̄i* 𝔈𝔏$^{b}$𝔖$^{j}$: θ̄υ x: om c: om τω Mag$b_2$: του κ̄υ A rell | εις παντα] εν παντι N𝔄-codd: *in omnem populum* 𝔏$^{b}$ | ακρων 1°] + οριων bgoz(mg)$c_2e_2$ (ακρων ex ακκαρων) | της γης] om g: om της $a_2$ | και 3° Bbo$c_2e_2$] om AMN rell 𝔄ℭ𝔈𝔏 | ακρων 2°] + της γης $e_2$𝔄-codd 𝔏$^{b}$ | ηλει] pr ην $e_2$𝔏$^{b}$ | πρεσβυτης] πρεσβιτερος cfmx: + *erat* 𝔏$^{v}$ | om οι cn* | om αυτου x | πορευομενοι—αυτων] *abierunt in uiam iniquam* 𝔏$^{v}$ | om πορευομενοι ℭ | επορευοντο] *abierunt* 𝔏$^{b}$ | om και 6°—κυριου z | και 6°] *erant enim* 𝔏$^{b}$ | πονηρια $a_2$ | αυτων] αυτου o* | om ενωπιον κυριου 𝔄ℭ
**IV 1** εγενηθη] ⟨post εκειναις 44⟩: εγενετο bo$c_2e_2$ | om εκειναις $c_2$* | συναθροιζονται] συνηθροιζοντο ⟨74⟩ 𝔄: *congregarentur* 𝔏 | αλλοφυλοι 1°] pr οι abdfmo-twz$c_2e_2$ | εις πολεμον 1°] post ισραηλ 1° y𝔈: om p𝔄 | επι 1°] προς ehn$a_2$: *aduersus* 𝔏 | om και 3°—πολεμον 2° v | ισραηλ 2° post αυτοις A | αυτοις] αυτης i*: αυτων cx | om εις 3° a* | παρεμβαλλουσιν 1°] παρεμβαλουσιν Aab'do*pv$a_2$: *castra posuerunt* 𝔏 | επι 2°—παρεμβαλλουσιν 2°] om e: οι αλλοφυλοι o | επι 2°] bis scr b': ⟨εν 123⟩: *in* 𝔄𝔈𝔏 | αβενεζερ Bdpqtz 𝔄-codd ℭ On] *Abinezer* 𝔄-ed: αβεναζερ cx: αβενναεζερ v: αβεννεζερ AMN rell: *Abenneser* 𝔏 | παρεμβαλλουσιν οι αλλοφυλοι b$c_2e_2$ | om οι Ng | om παρεμβαλλουσιν 2°—(2) αλλοφυλοι cx | παρεμβαλλουσιν 2°] παρεμβαλουσιν A*av$a_2$: *castra habuerunt* 𝔏: om dp | εν 2°] επι bo$c_2e_2$ | *Apheac* 𝔏
**2** ⟨om και 1°—αλλοφυλοι 44⟩ | παρατασσονται—ισραηλ 1°] *constituerunt pugnam aduersus Israel commiserunt* 𝔏 | οι αλλοφυλοι] om e: om οι Ny$b_2$ | εις πολεμον επι] *contra* 𝔄 | ⟨επι] εν 71⟩ | ισραηλ 1°] + και συνεβαλον b$c_2$(α 2° ex corr uid)$e_2$: + και συνεβαλλον o | εκλινεν ο πολεμος] *conserta est pugna* 𝔄 | εκλινεν] + *super Israel* ℭ | επταισεν] επαισεν bq$^{a?}$: επαισσεν v (π ex ππ, αι ex corr uid): επεσεν aceh$^{b}$px$a_2$ | ⟨ισραηλ 2°] pr εν 64⟩ | ενωπιον αλλοφυλων] εις απαντησιν αυτοις εις πολεμον και παρεμβαλουσιν επι αβενεζερ και οι αλλοφυλοι εν αφεκ και παρατασσονται p | αλλοφυλων] pr των boz$c_2e_2$ | επληγησαν—παραταξει] *uulneratus est et exercitus* 𝔏 | επληγησαν] επληρωσαν e | om εν αγρω cx𝔄 | αγρω] πεδιω M(mg): τω πεδιω bfmosw$c_2e_2$ | τεσσαρες] pr ως c: pr ωσει x: post ανδρων d: τεσσαρω A: τεσσαρακοντα $e_2^{b?}$
**3** ηλθεν] ηλθον M* | ο λαος] pr πας v: *exercitus* 𝔄: ι̅η̅λ a: om $a_2$ | hab και 2°—αλλοφυλων 𝔏$^{v}$ | ειπαν abdefo$c_2c_2$ ⊣ κατα τι επταισεν] δια τι εθραυσεν αρα z(mg) | κατα τι] δια τι αρα bo$c_2e_2$𝔄ℭ | επταισεν] εν ex corr m$^{a}$: επτασσεν v*: επτωσσεν v$^{b}$(uid): επαισεν h: επεσεν acx$^{a?}$: εθραυσεν bo$c_2e_2$: *percussit* 𝔏$^{b}$ | κ̄ς ημας g | ⟨υμας 123⟩ | κυριος] pr ο env | om σημερον d | ενωπιον] και παρεδωκεν ημας εις χειρας v | αλλοφυλων] pr των boz$c_2e_2$ | λαβωμεν] + προς ημας bcox$c_2$(sub ※ uid)$e_2$𝔖$^{j}$: ⟨+ προς υμας 123⟩: + προς ημας εκ σηλω Adpqtz𝔄(σηλωμ Az) | την κιβωτον] της διαθηκης $e_2$*(uid): + της διαθηκης Abcdopqtx(om της)z$c_2$(sub ※)$e_2^{a?}$𝔄 | του θεου] pr κ̄υ o$c_2e_2$: κ̄υ θ̄υ cx: *Domini Dei* 𝔄-cod: κ̄υ b | om εκ σηλωμ dpqtz𝔄 | εκ 1°] εις Ae: εν Nb$e_2$: ⟨επι 71⟩ | σηλωμ] σιλωμ ag: *Selon* 𝔏: σηλω bo$c_2c_2$ℭ | εκ μεσου Beiy$a_2$] ενωπιον b': om g: εν μεσω A(εμμεσω) MN*b* rell 𝔄𝔏 | ων και σωσει ex corr M | σωσατω cx | υμας B$a_2$ℭ] ημας AMN rell 𝔄𝔈𝔏 | om χειρος b'𝔄-cod | εχθρων] pr των bcox$c_2e_2$
**4** εξαπεστειλεν cx | εις] εν abdeghopqtz$e_2$: *ad* 𝔏 | σηλωμ] σιλωμ g: *Selon* 𝔏: σηλωθ $a_2$: σηλω bdopqtz$c_2e_2$𝔄ℭ | αιρουσιν—κυριου κα sup ras m$^{a}$ | αιρουσιν] ηραν M(mg)bo$c_2e_2$𝔏 | om εκειθεν g* | κιβωτον] + της διαθηκης Aa-dopqtxz$c_2$(sub ※ uid)$e_2$ (om της a*b*o$c_2e_2$)𝔄𝔖$^{j}$ | κυριου] pr του ehi: του θ̄υ $b_2$: + κ̄υ $a_2$: + του θ̄υ cx: + των δυναμεων Abdopqtz$c_2e_2$𝔄𝔖$^{j}$ | om καθημενου—κιβωτου cx | καθημενου χερουβειμ] ου επεκαθητο τα χερουβιμ (-βημ b) boz$^{a?}c_2e_2$: *super quam erat Chaerubin* ℭ: *ubi sedebat in Cherubin* 𝔏 | χερουβειμ] pr επι v: χαιρουβημ g: χερουβειν AMNy$a_2$ | om οι Ahmwz | ηλει] ⟨ι̅η̅λ 74⟩: εισι e | κιβωτου] + *Domini* ℭ: + του θ̄υ MNaeghnv$b_2$: + *Dei ibant* 𝔏: + της διαθηκης του θ̄υ (κ̄υ b') Abdopqtz$c_2$(sub ※ uid)$e_2$𝔄 | φεινεες] + *ierunt* 𝔄ℭ

21 δηλωθηναι] α' σ' ορα θηναι *b*m
IV 1 αβενεζερ] οι γ' λιθον της βοηθειας M: θ' τον λιθον της βοηθειας *b*m 2 επταισεν] α' εθραυσθη M

ἐγενήθη ὡς ἦλθεν κιβωτὸς Κυρίου εἰς τὴν παρεμβολήν, καὶ ἀνέκραξεν πᾶς Ἰσραὴλ φωνῇ μεγάλῃ, B
6 καὶ ἤχησεν ἡ γῆ. [6]καὶ ἤκουσαν οἱ ἀλλόφυλοι τῆς κραυγῆς, καὶ εἶπον οἱ ἀλλόφυλοι Τίς ἡ κραυγὴ
ἡ μεγάλη αὕτη ἐν παρεμβολῇ τῶν Ἐβραίων; καὶ ἔγνωσαν ὅτι κιβωτὸς Κυρίου ἥκει εἰς τὴν
7 παρεμβολήν. [7]καὶ ἐφοβήθησαν οἱ ἀλλόφυλοι καὶ εἶπον Οὗτοι οἱ θεοὶ ἥκασιν πρὸς αὐτοὺς εἰς
τὴν παρεμβολήν· οὐαὶ ἡμῖν· ἐξελοῦ ἡμᾶς, Κύριε, σήμερον, ὅτι οὐ γέγονεν τοιαύτη ἐχθὲς καὶ
8 τρίτην. [8]οὐαὶ ἡμῖν, τίς ἐξελεῖται ἡμᾶς ἐκ χειρὸς τῶν θεῶν τῶν στερεῶν τούτων; οὗτοι οἱ θεοὶ
9 οἱ πατάξαντες τὴν Αἴγυπτον ἐν πάσῃ πληγῇ καὶ ἐν τῇ ἐρήμῳ. [9]κραταιοῦσθε καὶ γίνεσθε εἰς
10 ἄνδρας καὶ πολεμήσατε αὐτούς. [10]καὶ ἐπολέμησαν αὐτούς· καὶ πταίει ἀνὴρ Ἰσραήλ, καὶ ἔφυγεν
ἕκαστος εἰς σκήνωμα αὐτοῦ· καὶ ἐγένετο πληγὴ μεγάλη σφόδρα, καὶ ἔπεσαν ἐξ Ἰσραὴλ τριάκοντα
11 χιλιάδες ταγμάτων. [11]καὶ κιβωτὸς θεοῦ ἐλήμφθη, καὶ ἀμφότεροι υἱοὶ Ἠλεὶ ἀπέθανον, Ὀφνεὶ καὶ
12 Φεινεές. [12]Καὶ ἔδραμεν ἀνὴρ Ἰεμειναῖος ἐκ τῆς παρατάξεως καὶ ἦλθεν εἰς Σηλὼμ ἐν τῇ
13 ἡμέρᾳ ἐκείνῃ, καὶ τὰ ἱμάτια αὐτοῦ διερρηγότα καὶ γῆ ἐπὶ τῆς κεφαλῆς αὐτοῦ. [13]καὶ ἦλθεν, καὶ
ἰδοὺ Ἠλεὶ ἐπὶ τοῦ δίφρου παρὰ τὴν πύλην σκοπεύων τὴν ὁδόν, ὅτι ἦν καρδία αὐτοῦ ἐξεστηκυῖα
περὶ τῆς κιβωτοῦ τοῦ θεοῦ· καὶ ὁ ἄνθρωπος εἰσῆλθεν εἰς τὴν πόλιν ἀπαγγεῖλαι, καὶ ἀνεβόησεν ἡ

5 κειβωτος A     6 κειβωτος A     7 χθες $B^b$     9 κραταιουσθαι A | γινεσθαι A
10 πτιει A | χειλιαδες B*     11 φινεες A     13 δειφρου B*

AMNa–im–qstv–$c_2e_2$𝔄$ℭ^w$𝔈$𝔏^{b(v)}$

5 εγενηθη] εγεννηθη v: εγενετα bcox$c_2e_2$: om ⟨44⟩ 𝔈 | κιβωτας B] η κιβωτας διαθηκης Adqtz: η κιβωτας της διαθηκης bop$c_2$(της διαθηκης sub ⁜ uid)$e_2$: *arca testamenti* 𝔄$𝔈^s$: pr η MN rell | κυριου] pr του bio$c_2e_2$: του $\overline{θυ}$ h: om cvx | om και 2° 𝔄(uid)𝔈𝔏 | ανεκραξαν y𝔈 | ισραηλ] pr ο λαος x: ο λαος ac | φωνην μεγαλην v | φωνη] κραυγη en𝔏 | ηχη v

6 της] pr την φωνην Abcdiopqtxz$c_2e_2$𝔄𝔏 | ⟨κραυγης] φωνης 244⟩ | ειπαν AMNcghmnswx$a_2b_2$ | om οι αλλαφυλαι 2° MNa–egin–qtvxz$b_2c_2e_2$ℭ𝔏 | τι e | η 1°—αυτη] η φωνη του αλαλαγματος του μεγαλου b′: *uox magni clamoris huius* 𝔄 | κραυγη η μεγαλη] μεγαλη κραυγη $a_2$ | κραυγη] φωνη o$e_2$: φωνη ⁜ του αλαλαγμου $c_2$: φωνη του αλαλαγματος *b*: + του αλαλαγμου Acdpqtxz | η μεγαλη] post αυτη fm: om gℭ | αυτη] της v: + η i | παρεμβολη BAiy$b_2$] pr τη MN rell | εβραιων] ιερεων m*: υιων $\overline{ιηλ}$ $a_2$ | hab και 3°—παρεμβαλην $𝔏^v$ | εγνωσθη N | κιβωτος κυριου ηκει] ηκη η κιβωτας $\overline{κυ}$ c | κιβωτος] pr η MNbefg$h^a$imops–$a_2c_2e_2$: ⟨post κυριου 246⟩ | κυριου] pr του bioy$c_2e_2$ | ηκει] post παρεμβολην h: ⟨om 44⟩

7 εφοβηθησαν] εβοησαν $a_2$: + σφοδρα Nfmswℭ | αλλοφυλοι] + σφαδρα bo$c_2e_2$ | ειπαν MNghny$b_2$ | ουτοι—ηκασιν] ουτος ο $\overline{θς}$ αυτων ηκει bo$c_2e_2$ (ουτως): ουτας ο θεος ηκε $z^{a?}$ | αυτοι οι θεαι] αυτος ο $\overline{θς}$ v: *dii Hebraeorum* 𝔏 | αυτοι] ατι cx𝔈(uid) | οι θεαι] *dei eorum* 𝔄 | om πρας αυτους 𝔄 | ουαι ημιν] post σημερον A𝔄: om cx | om εξελου—(8) ημιν g | κυριε] post σημερον p: om i | om οτι—τριτην cx | ου—εχθες] ουκ εγενηθη εχθες αυτως $e_2$ | ου γεγονεν τοιαυτη] ουκ εγενηθη ουτως bo$c_2$ (om ουκ b | εγενηθη o) | γεγονεν] + *nobis* 𝔄 | τοιαυτη] τοιαυτα v: ουτως $z^{a?}$𝔏 | χθες $B^b$defpz | τριτην] τριτης Abdopqtz$c_2e_2$: πρωτην e

8 cf Apoc xi 6 παταξαι την γην εν παση πληγη || om ουαι—τουτων d | om ημιν τις εξελειται $c_2$ | ⟨ημιν] ημας 74⟩ | ημας] + σημερον $a_2$ | hab εκ—τουτων $𝔏^v$ | των 1°—τουτων] του $\overline{θυ}$ του στερεου (ετερου v) τουτου bov$z^{a?}c_2e_2$ Thdt | ⟨θεων των στερεων] στερεων θεων 246⟩ | στερεωτερων y | τουτων] τουτω A | ουτοι—παταξαντες] ουτος (+ εστιν $z^{a?}$) ο $\overline{θς}$ ο παταξας bo$z^{a?}c_2e_2$ Chr(uid) Thdt | ουτοι] + εισιν Acdpqtxyz* | οι θεοι] ⟨οι υιοι 44⟩: om 𝔏 | οι 2°] bis scr q*: om es* | την αιγυπτον] γην αιγυπτου y: om την fnisw$a_2$ | om και 𝔏 | τη] pr παση i𝔄ℭ

9 κραταιουσθε] pr *sed* 𝔏 | ⟨om και 1° 244⟩ | εις ανδρας Bvy$a_2$𝔈] εις ανδρας αλλοφυλοι μη ποτε δουλευσητε τοις εβραιοις καθως εδουλευσαν ημιν και εσεσθε (-θαι A) εις ανδρας AMN rell 𝔄ℭ𝔏 ⟦εις ανδρας 1°] εις ανδρες s: ανδρες b′ | αλλοφυλοι] pr ⁜ 𝔄: om MNae–nsw$b_2$ | μη ποτε δουλευσητε] *quia non seruietis* ℭ | μη ποτε] οπως μη MNabe–osw$z^{a?}b_2c_2e_2$ | δουλευσετε d | τους εβραιους cx | υμιν qt𝔄 | om και—ανδρας 2° d⟧ | και πολεμη sup ras $A^?$ (uid) | πολεμησετε Nfimosvw$c_2e_2$ | αυτοις f

10 om και επολεμησαν αυτους eo | επολεμησαν] + οι αλλοφυλοι bz$c_2e_2$ | αυτους] pr προς bz$c_2e_2$: αυτοις f: om 𝔏 | πταιει—εφυγεν] *fugit uir Israel* 𝔄 | πταιει ανηρ] *defecert uiri* 𝔏: ηττηθη cx | παιει e | ισραηλ 1°] + ενωπιον (+ των bdopz$c_2e_2$) αλλοφυλων MNabd–psvwz$b_2c_2e_2$𝔈𝔏 | om και εφυγεν o | εφυγον Maghi𝔈 | σκηνωμα] pr το Nabcefhimosw–z$b_2c_2e_2$ | επεσαν Bioy] επεσεν gh$a_2$: επεσον AMN rell | ταγματων] *uirorum* 𝔈𝔏

11 κιβωτος Be] pr η AMN rell Eus | θεου By] $\overline{κυ}$ cx: pr του AMN rell Eus | υιοι BNb′cip] οι f: pr οι AM*b* rell Eus | ηλει] ηδει A*(uid): om g: + του ιερεως cx | απεθανον] post φεινεες bcox$c_2e_2$: ⟨om 246⟩ | αφνη v

12 hab και 1°—παραταξεως $𝔏^v$ | εδραμεν] εφυγεν M(mg) bo$z^{a?}c_2e_2$ | ιεμειναιος] ιεμηναιος Nfhmx: ηεμηναιος a*: ιεμεναιος d: ιεμοναιος c (uid): ιεμμιναιος A: *Iemneus* $𝔏^b$: *Geminaeus* $𝔏^v$: απο βενιαμιν $z^{a?}$ | εκ της παραταξεως] *de castris* 𝔄: *de praelio* $𝔏^v$: *de acieb' Eli* $𝔏^b$: + του πολεμου Nbfm$n^b$osvw$c_2e_2$ | εισηλθεν bo$c_2e_2$ | εις] εν Mg | σηλωμ] σιλωμ gv: σηλω bdlpqtz$c_2e_2$𝔄ℭ: ηλω o | om εν $b_2$ | διερρηγοτα] διερρωγοτα MNae–nsvwz$b_2$ Eus: διερρηγμενα bcox$c_2e_2$ Thdt | και 4°] pr ⁜ 𝔄 | γη] ⟨γαρ 242⟩: *ferebat* 𝔏

13 om και ηλθεν dℭ Eus | ηλθεν και] οτε ηλθεν bo$c_2e_2$ | ηλθεν] ειπεν y | ηλει By$a_2$ Eus] + εκαθητο AMN rell 𝔄ℭ𝔈𝔏 | επι του διφρου] *in sellam suam* 𝔏: om του c: + αυτου Nb$b_2c_2e_2$𝔄 | παρα] περι sw | την πυλην] ⟨της πυλης 242⟩: την θυραν της πυλης y𝔈 | διοδον Eus | om ην cx | καρδια By] pr η AMN rell Eus | ⟨om αυτου 44⟩ | εξεστηκυια] αγωνιωσα o$z^{a?}$ $c_2e_2$ | περι] υπερ bo$c_2e_2$ | του θεου] του bis scr o: *Domini* ℭ: om cx | ⟨ο] πας 44⟩ | ηλθεν cgx | εις—απαγγειλαι] αναγγειλαι εις την πολιν bcdopqtxz$c_2e_2$ | εις την πολιν post απαγγειλαι A 𝔄𝔏 | πολιν] πυλην fmsw | αναγγειλαι MNaeghnv$b_2$ | η BA

10 ταγματων] α′ σ′ παιζων *b*: σ′ θ′ πεζων m     12 τα ιματια] α′ αι μανδυαι z
13 εξεστήκυια] α′ εκπεπληγμενη σ′ εκθαμβος z

B πόλις. [14]καὶ ἤκουσεν Ἠλεὶ τὴν φωνὴν τῆς βοῆς καὶ εἶπεν Τίς ἡ βοὴ τῆς φωνῆς ταύτης; καὶ ὁ 14
ἄνθρωπος σπεύσας εἰσῆλθεν καὶ ἀπήγγειλεν τῷ Ἠλεί. [15]καὶ Ἠλεὶ υἱὸς ἐνενήκοντα ἐτῶν, καὶ 15
οἱ ὀφθαλμοὶ αὐτοῦ ἐπανέστησαν καὶ οὐκ ἔβλεπεν· καὶ εἶπεν Ἠλεὶ τοῖς ἀνδράσιν τοῖς περιεστη-
κόσιν αὐτῷ Τίς ἡ φωνὴ τοῦ ἤχους τούτου; [16]καὶ ὁ ἀνὴρ σπεύσας προσῆλθεν Ἠλεὶ καὶ εἶπεν 16
αὐτῷ Ἐγώ εἰμι ὁ ἥκων ἐκ τῆς παρεμβολῆς, κἀγὼ πέφευγα ἐκ τῆς παρατάξεως σήμερον. καὶ
εἶπεν Τί τὸ γεγονὸς ῥῆμα, τέκνον; [17]καὶ ἀπεκρίθη τὸ παιδάριον καὶ εἶπεν Πέφευγεν ἀνὴρ Ἰσραὴλ 17
ἐκ προσώπου ἀλλοφύλων, καὶ ἐγένετο πληγὴ μεγάλη ἐν τῷ λαῷ, καὶ ἀμφότεροι οἱ υἱοί σου τεθνή-
κασιν, καὶ ἡ κιβωτὸς τοῦ θεοῦ ἐλήμφθη. [18]καὶ ἐγένετο ὡς ἐμνήσθη τῆς κιβωτοῦ τοῦ θεοῦ, καὶ 18
ἔπεσεν ἀπὸ τοῦ δίφρου ὀπισθίως ἐχόμενος τῆς πύλης, καὶ συνετρίβη ὁ νῶτος αὐτοῦ καὶ ἀπέθανεν,
• 𝔏$^b$ ὅτι πρεσβύτης ὁ ἄνθρωπος καὶ βαρύς·¶ καὶ αὐτὸς ἔκρινεν τὸν Ἰσραὴλ εἴκοσι ἔτη. [19]Καὶ 19
• M νύμφη αὐτοῦ γυνὴ Φεινεὲς συνειληφυῖα τοῦ τεκεῖν· καὶ ἤκουσεν¶ τὴν ἀγγελίαν ὅτι ἐλήμφθη ἡ
κιβωτὸς τοῦ θεοῦ καὶ ὅτι τέθνηκεν ὁ πενθερὸς αὐτῆς καὶ ὁ ἀνὴρ αὐτῆς, καὶ ἔκλαυσεν καὶ ἔτεκεν,
ὅτι ἐπεστράφησαν ἐπ' αὐτὴν ὠδῖνες αὐτῆς· [20]καὶ ἐν τῷ καιρῷ αὐτῆς ἀποθνήσκει. καὶ εἶπον αὐτῇ 20
αἱ γυναῖκες αἱ παρεστηκυῖαι αὐτῇ Μὴ φοβοῦ, ὅτι υἱὸν τέτοκας· καὶ οὐκ ἀπεκρίθη, καὶ οὐκ ἐνόησεν

17 κειβωτος A | 18 δειφρου A | βαρυς sup ras B$^{ab}$ | εκρεινεν B*
19 φινεες A | κειβωτος A | ωδεινες B*A | 20 παρεστηκυαι A

A(M)Na–im–qstv–c$_2$c$_2$𝔄ℭ$^w$𝔈(𝔏$^{bv}$)

cxya$_2$𝔄ℭ𝔈𝔏] pr ολη M rell : pr πασα N | πολις] + φωνη μεγαλη efmnsw : + *cum audiret* ℭ

14 ηκουσεν] pr ras (4) i : σ ex ε h$^a$ : *audiens* 𝔏 | την—βοης] *ibi uocem clamans* 𝔏 | ⟨της φωνης την βοην 246⟩ | την φωνην post βοης i | φωνην της βοης] βοην της φωνης o : βοην cx | om και 2°—φωνης N | βοη της φωνης] φωνη της βοης AMabefgimn q–wyzb$_2$c$_2$e$_2$𝔄 : φωνη της ακοης o | ταυτης] αυτη b' | σπευσας] εσπευσεν και b$_2$ | ηλθε p | και απηγγειλεν] απαγγιλε g : *nuntiare* ℭ | ανηγγειλεν N | om τω a$_2$

15 ηλει 1°] pr ην b | υιος] ως c Eus : ωσει x : ην h$^b$ : *erat* 𝔄 : om y𝔏 : + ων A | ενενηκοντα] ⟨post ετων 44⟩ : π' i : ως ενενηκοντα ην dpqtz : + οκτω b' Eus : + και οκτω A*b*cgoxc$_2$e$_2$𝔄 𝔈$^a$(mg) | αυτου] αυτω dpqtyz* : αυτων A : om c* | επανεστησαν —εβλεπεν] *intenti nihil uidebant* 𝔏 | επανεστησαν] εβαρυνθησαν M(mg)bgoz$^{a?}$c$_2$e$_2$ℭ(uid) | εβλεπεν] ex corr M$^{a?}$ : επεβλεπεν cx | και 4°—τουτου] sub ÷ c$_2$ : ⟨om 71⟩ | om ηλει 2°—(16) ειπεν 1° av | ηλει 2°] ειλι e$_2$ : om cx | ⟨om τοις περιεστηκοσιν αυτω 44⟩ | περιεστηκοσιν BAMiya$_2$b$_2$𝔄𝔏] παρεστηκοσιν N rell ℭ(uid) 𝔈𝔖$^j$ | αυτω] αυτον cy : om 𝔏 | τις] τι εστιν cx | om η—(16) ηλει cx | του ηχους τουτου] *et sonitus* 𝔏 | ηχους Bhiya$_2$b$_2$] ηχου AMN rell

16 και ο ανηρ] *qui uenit homo* 𝔏 : om d | ο 1°—προσηλθεν] απεκριθη ο ανηρ ο εληλυθως boc$_2$e$_2$ | ⟨om ο 1° 236⟩ | ⟨προσηλθεν προς ηλει] προς ηλει εισηλθεν 242⟩ | προσηλθεν] προηλθεν m* : εισηλθεν Neg𝔄(uid)𝔈(uid)𝔏 : ⟨ηλθε 71⟩ | ηλει Biy] pr τω z : om boc$_2$e$_2$ : pr προς AMN rell 𝔄𝔈𝔏𝔖$^j$ | αυτω] om boc$_2$e$_2$ : + ο ανηρ a$^{a?}$ | εγω—ηκων] ο ανηρ ο ελθων cx | ηκως Naein | om εκ 1°—πεφευγα N | εκ 1°] απο w | καγω] και εγω AMac ghnpqtvzb$_2$ Eus : εγω boc$_2$e$_2$ : και d : om cx | πεφευγα] post σημερον d : post παραταξεως Acpqtxz Eus : ⟨εκ της παρεμβολης και 242⟩ | om εκ της παραταξεως d | εκ 2°] εις s : om h | της παραταξεως] του πολεμου h : + του πολεμου Nefmnsw | και ειπεν 2°] om a$_2$ : + ηλει MNace–hmnsv–yb$_2$ℭ𝔏 : + αυτω ηλει boc$_2$e$_2$ 𝔈(uid) | τι] pr και cx : om b'*b** : + εστι Eus | το γεγονος ρημα] το ρημα το γεγονος pv : *factum est* 𝔏 : om ρημα e$_2$ | τεκνον] pr αναγγειλον μοι h : αναγγειλον δη μοι m* : απαγγειλον μοι τεκνον απαγγειλον μοι o : + απαγγειλον μοι bc$_2$e$_2$𝔄 : + απαγγειλον δη μοι Nf : + αναγγειλον δη μοι m$^a$sw ⟨244 (om δη)⟩

17 om και 1°—παιδαριον d | ειπεν] + αυτω boc$_2$e$_2$ : + *ei* ℭ𝔈 | ανηρ] pr πας cx | εκ] απο boc$_2$e$_2$𝔏(uid) | προσω c | αλλοφυλων] pr των boc$_2$e$_2$ | και 3°—λαω] εν πληγη μεγαλη ωσει λ' χιλιαδες πεσοντων εκ του λαου cx | εγενετο πληγη μεγαλη] πληγη μεγαλη γεγονεν Mbghovc$_2$e$_2$ Eus : πληγη γεγονεν μεγαλη a | εγενετο post μεγαλη Adpqtzb$_2$𝔄 | om οι b'che$_2$ | σοι a$_2$ | τεθνηκασιν] + οφνει και φινεες Acdfmp–twxz𝔄𝔈$^c$ | του θεου] *Domini* ℭ

18 εμνησθη] + ηλι Ncx | του θεου] *Domini* ℭ : om d | om και 2° cx𝔄(uid)𝔏 | hab επεσεν—ετη 𝔏$^v$ | επεσεν] + *Heli* 𝔄 | απο—πυλης] *supinus contra portam* 𝔏$^b$ | απο] επι b'ℭ | οπισθιως] οπισθιος cx : οπισθιων b$_2$ : οπισθως a$_2$ : εις τα οπισθεν boc$_2$ e$_2$ | εχομενος] pr και e : εχομενα bfmoswzc$_2$e$_2$ | om της πυλης y | πρεσβυτης—βαρυς] πρεσβυτερος και ανος βαρυ x : ανος βαρυς και πρεσβυτερος c | πρεσβυτης ο ανθρωπος] *homo senex* 𝔏$^b$ : *uir senex erat* 𝔄 | πρεσβυτης] + ην boc$_2$e$_2$ | ο 2°—βαρυς] *erat et grauis uir et honorificus* 𝔏$^v$ | ⟨ανθρωπος] + ην 242⟩ | βαρυς] + και ενδοξος bhozc$_2$e$_2$ | εικοσι ετη] ⟨ετη εικοσι 44⟩ : τεσσαρακοντα ετη fmqtwy$^{b?}$z𝔈 : ετη τεσσαρακοντα e$_2$

19 νυμφη BAdhpqy Eus] pr η MNa (η νυμφη sup ras a$^a$) rell | γυνη] pr η cfmswxz | απαγγελιαν Eus | ⟨om αυτης 1° 44⟩ | om και 4°—αυτης 2° cx𝔈 | hab εκλαυσεν—(20) αποθνησκει 𝔏$^v$ | εκλαυσεν] εστεναξεν boz$^{a?}$c$_2$e$_2$ : *plorauit et suspirauit* 𝔏 | εστραφησαν bcoxa$_2$c$_2$e$_2$ | επ αυτην] post αυτης 3° e Eus : επ αυτης sa$_2$ : ⟨om 236.242⟩ | ωδινες BAdpqtx] pr αι N rell Eus

20 ⟨om και 1°—αποθνησκει 74⟩ | αυτης 1°] αυτω cx : αυτο *b*$^{a?}$(uid) : *partus sui* 𝔏 | ⟨om αποθνησκει—γυναικες 242⟩ | αποθνησκει] *moriebatur* 𝔄𝔏 | ειπαν Ndeghinpqtvyz | αυτη 2°] αυτην g | ⟨υιον] pr τον 64⟩ | και 3°] + αυτη boc$_2$e$_2$ | om η a

15 επανεστησαν] επεσταθησαν *b* : σ' απεσταθησαν m

18 οπισθιως] εις τα οπισω *b*m(uid) | νωτος] α' τενων mz : σ' σπονδυλος *b*mz

19 συνειληφυια του τεκειν] σ' επιτοκος ην z | εκλαυσεν] α' εκαμψεν z (indice ad επεστραφησαν posito) : σ' ωκλασεν *b*mz (indice ad επεστραφησαν posito *b*z) | επεστραφησαν] επεπεσον z (int lin) : σ' επεπεσον m : θ' επεπεσεν *b*

20 και 1°—αποθνησκει] σ' εν δε τω καιρω του αποθνησκειν αυτην mz

21 ἡ καρδία αὐτῆς. [21]καὶ ἐκάλεσεν τὸ παιδάριον Οὐαὶ βαρχαβώθ, ὑπὲρ τῆς κιβωτοῦ τοῦ θεοῦ καὶ B
22 ὑπὲρ τοῦ πενθεροῦ αὐτῆς καὶ ὑπὲρ τοῦ ἀνδρὸς αὐτῆς. [22]καὶ εἶπαν Ἀπῴκισται δόξα Ἰσραήλ, ἐν
τῷ λημφθῆναι τὴν κιβωτὸν Κυρίου.
V 1 [1]Καὶ ἀλλόφυλοι ἔλαβον τὴν κιβωτὸν τοῦ θεοῦ καὶ εἰσήνεγκαν αὐτὴν ἐξ Ἀβεννὴρ εἰς Ἄζωτον.
2 [2]καὶ ἔλαβον ἀλλόφυλοι τὴν κιβωτὸν Κυρίου καὶ εἰσήνεγκαν αὐτὴν εἰς οἶκον Δαγών, καὶ παρέστησαν
3 αὐτὴν παρὰ Δαγών. [3]καὶ ὤρθρισαν οἱ Ἀζώτιοι καὶ εἰσῆλθον εἰς οἶκον Δαγών, καὶ εἶδον καὶ ἰδοὺ
Δαγὼν πεπτωκὼς ἐπὶ πρόσωπον αὐτοῦ ἐνώπιον κιβωτοῦ τοῦ θεοῦ· καὶ ἤγειραν τὸν Δαγὼν καὶ
κατέστησαν εἰς τὸν τόπον αὐτοῦ. καὶ ἐβαρύνθη χεὶρ Κυρίου ἐπὶ τοὺς Ἀζωτίους καὶ ἐβασάνισεν
4 αὐτούς, καὶ ἐπάταξεν αὐτοὺς εἰς τὰς ἕδρας αὐτῶν, τὴν Ἄζωτον καὶ τὰ ὅρια αὐτῆς. [4]καὶ ἐγένετο ὅτε
ὤρθρισαν τὸ πρωί, καὶ ἰδοὺ Δαγὼν πεπτωκὼς ἐπὶ πρόσωπον †αὐτοῦ† ἐνώπιον κιβωτοῦ διαθήκης
Κυρίου· καὶ κεφαλὴ Δαγὼν καὶ ἀμφότερα τὰ ἴχνη χειρῶν αὐτοῦ ἀφῃρημένα ἐπὶ τὰ ἐμπρόσθια
ἀμαφὲθ ἕκαστοι, καὶ ἀμφότεροι οἱ καρποὶ τῶν χειρῶν αὐτοῦ πεπτωκότες ἐπὶ τὸ πρόθυρον, πλὴν

21 κειβωτου A     22 απωκειστακ A     V 3 του θεου] ου $θ\bar{υ}$ sup ras $B^{ab}$ | ορεια B*
4 αυτου 1°] αυτων B | κειβωτου A | ιχνει A | εμπροσθεια B*A | ραχεις A

ANa–im–qstv–$c_2e_2$𝔄ℭ$^w$𝔈(𝔏$^v$)

**21** εκαλεσεν] εκαλεσαν adehinp–twz𝔄𝔈 Jos(uid): *mulieres nominauerunt* ℭ | το παιδαριον] pr ονομα z: ονομα τω παιδαριω bo(pr τω)$c_2e_2$ | ουαι—και 2°] ουκ (ου x) εχαωθ και ειπεν cx | ουαι βαρχαβωθ] ουαιβ βαρχαβωδ g: ουλι βαρυ βαρχαβωθ i⟨246(-μωθ)⟩ | βαρχαβωθ B$ya_2$] χαβωθ A𝔄: βαρχαβωδ a: βαριωχαβηλ $bc_2e_2$: βαριοχαβηλ $z^{a?}$: *Beriochabel* Anon¹: βαρωιχαβηλ o: βαρ..αρχαδωβ z* (ras υ β inter ρ 1° et α 2°): βαρυ βαρχαμωθ h (θ ex δ uid $h^a$): βαρυ βαρχαβωδ N rell: *Barcebod quod est interpretatum* ℭ | υπερ 1°—αυτης 2° sub ÷ $c_2$ | υπερ 1°] pr και ειπον df: pr και ειπαν $Amn^b$pqwz: pr και ειπαν και t | του θεου] *Domini* 𝔖$^j$ | ⟨om υπερ 2° 44⟩ | om και 3°—αυτης 2° dp | om υπερ 3° cx | αυτης 2°] + οτι απεθανεν (-ναν b) $boc_2e_2$: + και απεθανεν h: + απωκειστακ δοξα απο $\overline{ισλ}$ εν τω λημφθηναι την κιβωτον $\overline{κυ}$ και δια το τεθνηκεναι τον πενθερον αυτης και τον ανδρα αυτης A

**22** και ειπαν] *propter hoc dixit* 𝔖$^j$: om cx | ειπαν] ειπον adef: ειπεν $Aboc_2e_2$ | απωκισται—κυριου sub ※ tz | δοξα] pr η f | ισραηλ] pr απο $Abcdopqtxzc_2$(pr ※)$e_2$ | εν—κυριου] οτι (διοτι $boc_2e_2$) εληφθη η κιβωτος του $θ\bar{υ}$ $Abcoxc_2e_2$ | om την κιβωτον p | κυριου] του $θ\bar{υ}$ y𝔖$^j$: του $\overline{κυ}$ και δια το τεθνηκεναι τον πενθερον αυτης και τον ανδρα αυτης και ειπεν απωκισται δοξα απο $\overline{ιηλ}$ οτι εληφθη η κιβωτος του $θ\bar{υ}$ dpqtz𝔄 ⟦om του 1° qtz | και 1°—ειπεν sub ※ tz | om και 3°—$θ\bar{υ}$ 𝔄 | δοξα] pr η z | η] pr ※ z⟧

**V 1** αλλοφυλοι] pr οι bcefmnos–$yc_2e_2$: post ελαβον $b_2$𝔈 | του θεου] $\overline{κυ}$ $b_2$ℭ: διαθηκης $\overline{κυ}$ cx | και 2°—αζωτον] *ex Abenezer* 𝔈$^a$: om 𝔈$^s$ | και 2°—αβεννηρ] *ex Abenezer et intulerunt eam* ℭ | εισηνεγκαν] εισηνεγ※καν z: εξηνεγκαν acfmoswx: ηνεγκαν y𝔄(uid)𝔖$^j$(uid): εισηγαγον v | ⟨αυτην] + εις οικον δαγων και παρεστησαν αυτην 246⟩ | om εξ—(2) αυτην 1° ep | αβεννηρ By] αβερνι $a_2$: αβενεζ t: αβενεζερ dgqz On: *Abinezer* 𝔄: αβεναζερ cx: αβεννεζερ ANm(εν ex corr $m^a$)n(ερ int lin $n^b$) rell: ⟨αναβεζερ 71⟩

**2** ⟨om και 1°—δαγων 1° 71⟩ | om και 1°—κυριου cvx𝔈 | αλλοφυλοι—κυριου] αυτην οι αλλοφυλοι $boc_2e_2$ | αλλοφυλοι BA$a_2b_2$] pr οι N rell Eus | ⟨την κιβωτον κυριου] αυτην 44⟩ | κυριου] pr του Ad: του $θ\bar{υ}$ n Or-lat: om y: + του $θ\bar{υ}$ $b_2$ | ηνεγκαν cx 𝔄(uid) | αυτην 1°] αυτων την κιβωτον o: om ⟨44⟩ 𝔄: + την κιβωτον $e_2$: + την κιβωτον του $θ\bar{υ}$ $bc_2$ | οικον] pr τον $boc_2e_2$ | δαγων 1°] *dei eorum* ℭ | om και 3°—δαγων 2° b'm*w | παρεστησαν] κατεστησαν $fm^a$s: εστησαν cx | παρα δαγων] ⟨εις τον οικον δαγων 71⟩: εκει cx

**3** ωρθρισαν] + το πρωι i | αζωτιοι] αζωτοι $a_2$: αλλοφυλοι y: + τη επαυριον Acdpqtxz𝔄 | εισηλθαν ANi | οικον] pr τον bcio$xc_2e_2$ | δαγων 1°] + τη επαυριον $boc_2e_2$ | om και ειδον y 𝔈(uid) | ειδον] ειδαν A(ιδαν)gn: ιδοσαν N | δαγων 2°] δαγως $a_2$ | πεπτωκος bgmo | αυτου 1°] + επι την γην $Abdfmn^bo$–t$wzc_2e_2$𝔄𝔈$^s$ Or-lat | κιβωτου] pr της b–egos$vxc_2e_2$ | του θεου] του κυριου ⟨244⟩ 𝔄-ed: om d: om του a: + επι την γην cx | ηγειραν] ηραν $a_2$ | τον δαγων] αυτον cx | κατεστησαν] εστησαν αυτον $boc_2e_2$: + αυτον ANcdfhmp–$twxz^a$𝔄ℭ𝔈(uid) | εις 2°] επι $boc_2e_2$ | hab και 7°—(4) πρωι 𝔏$^v$ | om και 7°—αυτης $boc_2e_2$𝔈 | ⟨εβαρυνθη post κυριου 44⟩ | χειρ] pr η cdipqtxyz | εβασανισεν] εβασανισαν g: *sagittauit* 𝔏: *dissipabat* Or-lat | om και επαταξεν αυτους m* | εις τας εδρας] *in domibus* 𝔏 | την] pr και f | το οριον Aaeghn$vb_2$

**4** ⟨om εγενετο οτε 44⟩ | εγενετο] εγενοντο h: om 𝔄-cod ℭ(uid) | οτε—πρωι] *cum ante lucem uigilarent post triduum Azotum* 𝔏 | οτε] ως $bcoxc_2e_2$ | ωρθρισαν] ωρθρισεν y: + τη επαυριον $bc_2$ | το πρωι] τη επαυριον οι αζωτιοι $e_2$ | το 1°] τω agq$vzb_2$ | πρωι] + τη επαυριον Acdpqtxz𝔄: + οι αζωτιοι $bc_2$: + τη επαυριον οι αζωτιοι o | δαγων] δ ex γ $c^{a?}$ | πεπτωκως] πεπτωκος gmn: ⟨επιπεπτωκως 64⟩ | ⟨προσωπου 236⟩ | αυτου 1°] + επι την γην (κην A*) Acfmqstwx$zc_2$𝔄 | ενωπιον—κυριου] επι την κιβωτον ενωπιον d | κιβωτου] pr της bfmops$wc_2e_2$: om cx | διαθηκης] pr της p: om $boe_2$ | κυριου] pr του $oc_2^ae_2$: του $θ\bar{υ}$ b: + *Dei Israel* 𝔖$^j$ | hab και 3°—υπελειφθη 𝔏$^v$ | κεφαλη B$ya_2$] pr ην η $b_2$: pr η AN rell | δαγων 2°] γαδων x: αυτου dv | αμφοτερα—εκαστοι] *ambae plantae pedum eius confractae et sparsae per medium solum* 𝔄: *ambae manus eius abscissae et proiectae ante Amefic earum cuiusque* 𝔈 | αμφοτερα—χειρων 1°] *ambae palmae manuum eius et ambo uestigia* 𝔏 | ⟨om αμφοτερα 44⟩ | om τα 1° $a_2$ | χειρων 1°] pr των Nv: ποδων g: των ποδων bcdfmo–t$wxzb_2c_2e_2$ | ⟨αυτου 2°] + και ποδων 71⟩ | επι 2°—εκαστοι] *per partes centum* 𝔏 | επι 2°—αμαφεθ] *super angulum domus* ℭ | αμαφεθ] αμαφεκ y: μαφεθ c: μαφεθαμ aeh*inz*$b_2$: ⟨μαφεθαν 236: αμαφεθαμ 244⟩: αφεθαν fmw: αφεθαμ $h^{b?}$s: μαθαιφαμ N: των σταθμων bdopqt$z^{a?}c_2e_2$: μαφ των σταθμων εθαμ g: om v | εκαστοι B$a_2$] om bdopqtv$zc_2e_2$: εκαστον AN rell | αμφοτεροι] αμφοτερα dp: ⟨om 44⟩ | των χειρων] post

**V 1** κιβωτον] α' γλωσσοκομον z | εξ αβεννηρ] α' (θ' b) απο λιθου της βοηθειας bmz

B ἡ ῥάχις Δαγὼν ὑπελείφθη. ⁵διὰ τοῦτο οὐκ ἐπιβαίνουσιν οἱ ἱερεῖς Δαγὼν καὶ πᾶς ὁ εἰσπορευό- 5
μενος εἰς οἶκον Δαγὼν ἐπὶ βαθμὸν οἴκου Δαγὼν ἐν Ἀζώτῳ ἕως τῆς ἡμέρας ταύτης, ὅτι ὑπερ-
βαίνοντες ὑπερβαίνουσιν. ⁶καὶ ἐβαρύνθη χεὶρ Κυρίου ἐπὶ Ἄζωτον καὶ ἐπήγαγεν αὐτοῖς, καὶ 6
ἐξέζεσεν αὐτοῖς εἰς τὰς ναῦς, καὶ μέσον τῆς χώρας αὐτῆς ἀνεφύησαν μύες· καὶ ἐγένετο σύνχυσις
θανάτου μεγάλη ἐν τῇ πόλει. ⁷καὶ εἶδον οἱ ἄνδρες Ἀζώτου ὅτι οὕτως, καὶ λέγουσιν ὅτι Οὐ 7
καθήσεται κιβωτὸς τοῦ θεοῦ μεθ' ἡμῶν, ὅτι σκληρὰ χεὶρ αὐτοῦ ἐφ' ἡμᾶς καὶ ἐπὶ Δαγὼν θεὸν
ἡμῶν. ⁸καὶ ἀποστέλλουσιν καὶ συνάγουσιν τοὺς σατράπας τῶν ἀλλοφύλων πρὸς αὐτοὺς καὶ 8
λέγουσιν Τί ποιήσωμεν κιβωτῷ θεοῦ Ἰσραήλ; καὶ λέγουσιν οἱ Γεθθαῖοι Μετελθέτω κιβωτὸς
τοῦ θεοῦ πρὸς ἡμᾶς· καὶ μετῆλθεν κιβωτὸς τοῦ θεοῦ εἰς Γέθθα. ⁹καὶ ἐγενήθη μετὰ τὸ μετελθεῖν 9
αὐτὴν καὶ γίνεται χεὶρ Κυρίου τῇ πόλει, τάραχος μέγας σφόδρα· καὶ ἐπάταξεν τοὺς ἄνδρας τῆς
πόλεως ἀπὸ μικροῦ ἕως μεγάλου, καὶ ἐπάταξεν αὐτοὺς εἰς τὰς ἕδρας αὐτῶν. καὶ ἐποίησαν ἑαυτοῖς
οἱ Γεθθαῖοι ἕδρας, ¹⁰καὶ ἐξαποστέλλουσιν τὴν κιβωτὸν τοῦ θεοῦ εἰς Ἀσκάλωνα. καὶ ἐγενήθη ὡς 10
εἰσῆλθεν κιβωτὸς θεοῦ εἰς Ἀσκάλωνα, καὶ ἐβόησαν οἱ Ἀσκαλωνεῖται λέγοντες Τί ἀπεστρέψατε

4 υπελιφθη B* | 5 οικον] οιγον A | υπερβαινονταις υπερβεννουσιν A | 6 επι] επ A | συγχυσις B$^{?}$ | 7 ιδον A | καθη|θησεται A | θεου] + ιη̅λ B$^{ab}$ (suprascr) | 8 κιβωτος 1°] κειβωτος A | 9 γεινεται B* | μεικρου B* | 10 ασκαλωνιται B$^{b}$A

ANa-im-qstv-$c_2e_2$𝔄ℭ$^{w}$𝔈(𝔏$^{v}$)

αυτου 3° y: om των $b_2$ | αυτου 3°] αυτων a | δαγων 3°] δεγων o: ⟨αυτου 44⟩

5 δαγων 1°] + *limen domus Dagon* 𝔄-ed | και—δαγων 2° bis scr p | βαθμον] pr τον a: βαθμων g: αθ ex corr h$^{b}$: τον σταθμον bo$c_2e_2$: βαθμων πλην η ραχις (+ γαζαιου x) cx: + πλην η ραχεις γαζεε A | om οικου δαγων ℭ(uid) | οικου] lac (10) c | εν] επ $a_2$ | om οτι υπερβαινοντες υπερβαινουσιν d | οτι] αλλ bo$c_2e_2$𝔄ℭ𝔈𝔖$^{j}$ | υπερβαινοντες] υποβαινοντες x: επιβαινοντες c | επιβαινουσιν cx

6 ⟨εβαρυνθη—αζωτον] εβασανισε κυριος τους αζωτιους και επαταξεν αυτους εις τας εδρας αυτων την αζωτον και το οριον αυτης 44⟩ | χειρ] pr η a–eopqtyz$c_2e_2$: ⟨om 71⟩ | αζωτον] + και εβασανισεν (-νιζε h) τους αζωτιους και επαταξεν αυτους εις τας εδρας αυτων την αζωτον και το οριον αυτης bdhop$c_2e_2$ | hab και 2°—πολει 𝔏$^{v}$ | και 2°—μυες] *afflixit eos destruxit naues eorum et terram eorum et ager eorum produxit mures* ℭ | αυτοις 1°] αυτους qt: επ αυτους μυας (μυιας dp) dopz$c_2e_2$𝔏: + μυας bh | και εξεζεσεν αυτοις] *plagas* 𝔄: om h | εξεζεσεν] εξεζεσαν c(ε 3° ex α c$^{a}$)mxz*: εξεβρασεν o: εξεβρασαν bz$^{a?}c_2e_2$: *ebullierunt* 𝔏 | αυτοις 2°—ναυς] εις τας ναυς αυτων boz$c_2e_2$𝔏 | αυτοις 2°] pr εν i: αυτους t: αυτοι cx | ναυς] εδρας Aci(mg)x𝔄𝔖-ap-Barh 𝔖$^{j}$: ⟨μυας 242⟩: + αυτων h | μεσον—μυες] *ebullire fecit mures in agris eorum* 𝔄 | μεσον] pr εις bo$c_2e_2$𝔏 | της χωρας αυτης] *ciuitatis* 𝔈 | αυτης] αυτων Nbco$b_2c_2e_2$𝔏: om a | ανεφυησεν q | μυες] μυιες dp: μυιαις cx | και 5°—πολει sub ÷ $c_2$ | συνχυσις] pr η c: χυσις A | θανατου] post μεγαλη en𝔄𝔖$^{j}$: om y𝔈 | μεγαλη] post πολει p: ⟨μεγαλου 44⟩

7 ⟨ανδρες αζωτου] αζωτιοι 44⟩ | αζωτου] ras (2) ante α, ου sup ras m$^{a}$: αζωτιοι d: οι αζωτιοι p | οτι ουτως] ⟨τουτο 44⟩: + γεγονεν αυτοις bdghopz$c_2$(sub ÷ uid)$e_2$ | om και 2° A𝔄(uid) | ⟨λεγουσιν] ειπον 44⟩ | om οτι 2° boy$c_2e_2$𝔄𝔈 | om ου a* | ⟨καθησεται] σταθησεται 44⟩ | κιβωτος] pr η Nabcefgm–psvwxz$c_2e_2$ | om του ghi$a_2b_2$ | θεου B*𝔄] + ισραηλ B$^{ab}$AN omn ℭ𝔈 | χειρ] pr η Nabcefhiovxz$a_2c_2e_2$ | εφ ημας] μεθ ημων v | θεον] pr τον bdfmo–twz$c_2e_2$: θω̅ n

8 hab τους—αλλοφυλων 𝔏$^{v}$ | τους σατραπας] *omnes reguli* 𝔏 | τους] pr παντας cx: *omnes* 𝔄: + παντας Adpqtz | αλλοφυλων] + οι αζωτιοι bo$c_2e_2$: + γεθθ c | προς αυτους] προς εαυτους bfoz(+ αζωτιοι)$a_2c_2$: ⟨om 71⟩ | λεγουσιν 1°] + οι αζωτιοι bo$c_2e_2$ | ποιησομεν cefn$^{a?}$qz | κιβωτω] pr τη Nb–fmopsv$^{b?}$wxz$c_2e_2$ | θεου 1°] pr του Nb–fhmopswxz$c_2$: θω̅ n: του $e_2$ | om και λεγουσιν 2° a* | λεγουσιν 2°] ειπαν Nghv$b_2$: ⟨ειπον 44⟩ | γεθθαιοι] γετθαιοι a(τθαι sup ras 6 litt)fmsw: + με|οι A | μετελθετω] + δη bo$c_2e_2$ | ⟨om κιβωτος του θεου 1° 71⟩ | κιβωτος 1°] pr η Nb–gh$^{b}$mo–tv$^{b?}$wxz–$e_2$ | του θεου 1° Bbgyℭ] θυ̅ ισραηλ Aav$b_2$: θυ̅ θυ̅ ιη̅λ i: ⟨om 44⟩: om του n$a_2$: + ιη̅λ N rell 𝔄 | προς ημας] εφ ημας g: om y: + γεθ N: + εις γεθ bhp–tz$c_2e_2$𝔖$^{j}$: + εν γεθ d | om και 5°—θεου 3° fmow | κιβωτος 2°] pr η A(κειτος)Nb–egh$^{b}$ip–vxz$c_2e_2$ Eus | του θεου 2°] του κυριου Eus: om d: om του aehn$a_2b_2$: + ιη̅λ Nbehp–t$c_2e_2$ | εις] εν cx | γεθθα BAx$a_2$ Eus On] γεθα c: γεθθι y: γετθ m: γεθ N rell 𝔄ℭ𝔈𝔖$^{j}$

9 εγενηθη] εγεννηθη av: εγενετο bo$c_2e_2$ Eus: ⟨om 44⟩ | μετα το] εν τω bo$c_2e_2$ | μετελθειν] κατελθειν $a_2$: απελθειν cxy | αυτην] την κιβωτον προς γεθ b': την κιβωτον προς τους γεθθαιους *b*o$c_2e_2$ | om και 2° ⟨44⟩ 𝔄(uid) | χειρ] pr η $e_2$ | τη πολει B] pr εν AN omn 𝔈 Eus: *super ciuitatem* 𝔄: *super eos* ℭ | ταραχος μεγας] pr και $a_2$𝔄: pr *et fuit* 𝔈: ταραχος μεγαλη x: κρατος μεγα Eus: εν πληγη μεγαλη b'*b*(txt)dopz$^{a?}c_2e_2$ | σφοδρα] + *factus est in ciuitate* ℭ | εως] pr και A$c_2e_2$ | om και επαταξεν αυτους bo$c_2e_2$ | om αυτων bo$c_2e_2$ | hab και 5°—εδρας 2° 𝔏$^{v}$ | εαυτοις οι γεθθαιοι] *ipsi sibi Gethaei* 𝔏: οι γετθαιοι εαυτοις a(ετθ ex corr)$c_2$: οι γεθθαιοι αυτοις v: οι γεθθαιοι επ αυτοις y | εαυτοις] post γεθθαιοι Aeghinqtz$b_2e_2$𝔄: αυτοις N: om bdop | γετθαιοι fmsw Thdt | εδρας 2°] + χρυσας hsz$a_2$ Thdt: + χρυσας και εξεβρασαν εν αυτοις μυες bdgop$c_2e_2$𝔏 ⟦εξεβρασεν dgp | εν αυτοις] εαυτοις d: εν αυταις b': om εν p | μυιες d⟧

10 εξαποστελλουσιν] εξαποστελουσι g(ε 1° ex α g$^{a}$): αποστελλουσι c: + οι γεθθαιοι boz$c_2e_2$ | θεου 1°] + ιη̅λ bio$c_2e_2$ | om και 2°—ασκαλωνα 2° Abcegvyzℭ Eus | εγενηθη] εγενετο ot$c_2e_2$: ⟨om 44⟩ | ηλθεν Namnox | κιβωτος B$b_2$] pr η N rell | θεου 2° B] του θυ̅ ισραηλ Nin$b_2$: pr του rell | ασκαλωνα 2°] *Accaron* Or-lat | και 3°] pr και ανεβοησαν οι ασκαλωνα *b** | εβοησαν] ανεβοησαν Nbeghnovz$b_2c_2e_2$: ⟨ανεβησαν 71⟩ | οι ασκαλωνειται] *Accaronenses* Or-lat(uid) | τι] + οτι N | απεστρεψατε] επεστρε-

6 επηγαγεν] α' θ' εφαγεδαινησεν m

9 ταραχος] α' φαγεδενα m | και 4°—αυτων] α' και περιελυθησαν αυτων αι εδραι z | εις τας εδρας] κατα κρυπτων *b*(uid): σ' κατα των κρυπτων m: σ' εις τα κρυπτα z | εδρας 2°] περισσον το χρυσας z

11 πρὸς ἡμᾶς τὴν κιβωτὸν τοῦ θεοῦ Ἰσραήλ,¶ θανατῶσαι ἡμᾶς καὶ τὸν λαὸν ἡμῶν; ¹¹καὶ ἐξαπο- B
στέλλουσιν καὶ συνάγουσιν τοὺς σατράπας τῶν ἀλλοφύλων καὶ εἶπον Ἐξαποστείλατε τὴν ¶ m
κιβωτὸν τοῦ θεοῦ Ἰσραήλ, καὶ καθισάτω εἰς τὸν τόπον αὐτῆς, καὶ οὐ μὴ θανατώσῃ ἡμᾶς καὶ τὸν
λαὸν ἡμῶν· ὅτι ἐγενήθη σύγχυσις ἐν ὅλῃ τῇ πόλει βαρεῖα σφόδρα, ὡς εἰσῆλθεν κιβωτὸς θεοῦ
12 Ἰσραὴλ ἐκεῖ. ¹²καὶ οἱ ζῶντες καὶ οὐκ ἀποθανόντες ἐπλήγησαν εἰς τὰς ἕδρας· καὶ ἀνέβη ἡ κραυγὴ
VI 1 τῆς πόλεως εἰς τὸν οὐρανόν. ¹Καὶ ἦν ἡ κιβωτὸς ἐν ἀγρῷ τῶν ἀλλοφύλων ἑπτὰ μῆνας,
2 καὶ ἐξέζεσεν ἡ γῆ αὐτῶν μύας. ²καὶ καλοῦσιν ἀλλόφυλοι τοὺς ἱερεῖς καὶ τοὺς μάντεις καὶ τοὺς
ἐπαοιδοὺς αὐτῶν λέγοντες Τί ποιήσωμεν §κιβωτῷ Κυρίου; γνωρίσατε ἡμῖν ἐν τίνι ἀποστελοῦμεν § ℭᵐ
3 αὐτὴν εἰς τὸν τόπον αὐτῆς. ³καὶ εἶπαν Εἰ ἐξαποστέλλετε ὑμεῖς τὴν κιβωτὸν διαθήκης θεοῦ
Κυρίου Ἰσραήλ, μὴ δὴ ἐξαποστείλητε αὐτὴν κενήν, ἀλλὰ ἀποδιδόντες ἀπόδοτε αὐτῇ §τῆς βασάνου, § 𝔏ᵇ
4 καὶ τότε ἰαθήσεσθε, καὶ ἐξιλασθήσεται ὑμῖν· μὴ οὐκ ἀποστῇ ἡ χεὶρ αὐτοῦ ἀφ' ὑμῶν; ⁴καὶ
λέγουσιν Τί τὸ τῆς βασάνου ἀποδώσομεν αὐτῇ; καὶ εἶπαν Κατ' ἀριθμὸν τῶν σατραπῶν τῶν
ἀλλοφύλων πέντε ἕδρας χρυσᾶς, ὅτι πταῖσμα ἓν ὑμῖν καὶ τοῖς ἄρχουσιν ὑμῶν καὶ τῷ λαῷ·

11 κειβωτος A
VI 2 κιβωτω] pr τη B$^{ab}$(suprascr): τη κειβωτω A
3 κειβωτον A | ιαθησεσθαι A | εξειλασθησεται B*
4 κατα A | πτεσμα A

ANa–i(m)n–qstv–c$_2$e$_2$𝔄ℭ$^{(m)w}$𝔈𝔏$^{(bv)}$

ψατε Nv: απεσταλκατε boc$_2$e$_2$ℭ | ⟨προς—ισραηλ] την κιβωτον του θεου εις ασκαλωνα 44⟩ | προς ημας] post ισραηλ bcdfmopsv wc$_2$e$_2$𝔄: om Aagqtxzb$_2$ Eus | om ισραηλ Eus | ⟨θανατωσαι] pr του 123⟩ | om ημας και c | ημας 2°] + ras (13) w

11 αποστελλουσιν Abcdgopqtzc$_2$e$_2$ | τους] pr παντας Abcd opqtxzc$_2$e$_2$𝔄ℭ Or-lat | ειπον] ειπαν ANchinp–xzb$_2$: λεγουσιν boc$_2$e$_2$ | εξαποστειλατε] + δη v | om του n | καθισατω] καθησαται c: καθισατε xa$_2$: ⟨κατασταθηναι 246⟩: αποκαταστητω bo z$^{a?}$c$_2$e$_2$: αποκατασταθητω agvb$_2$: αποκατασταθηναι i | μη θανατωση] θανατωσει cx | θανατωσει ghv | εγενηθη] εγεννηθη h: εγενετο aboc$_2$e$_2$ | συγχυσις Bya$_2$𝔈(uid)] + μεγαλη θανατου cx: + *magna* ℭ$^w$: + θανατου AN rell 𝔄 Eus | om ολη vya$_2$𝔈 | βαρεια] pr και ex: βιας y | ηλθεν s | κιβωτος] pr η Nb–ho–t v$^{b?}$w–zc$_2$e$_2$ | θεου 2°] pr του Nbce–hoswxc$_2$e$_2$ Eus: om dp | om ισραηλ 2° Acfx Eus | om εκει Nboyc$_2$e$_2$

12 ⟨om και 1°—εδρας 44⟩ | ουκ] pr οι i: αι bdopvyc$_2$e$_2$𝔈 Eus: om a | αποθανοντες] αποθανουντες vc$_2$: αποθνησκοντες b | επληγησαν] επληχθησαν Eus: ⟨επληγη 242⟩ | εις τας εδρας] επι ταις εδραις b: εν ταις εδραις oc$_2$e$_2$: ⟨om εις 242⟩: + αυτων i𝔄 𝔈(uid) | om η gib$_2$ | εις τον ουρανον] εως του ουνου boc$_2$e$_2$

VI 1 και ην] ⟨ην δε 44⟩: και εγενετο oc$_2$e$_2$ Thdt | κιβωτος] + κυ Acdpqtxz𝔄-codd: + του θυ Nbhob$_2$(om του)c$_2$e$_2$ Thdt 𝔄-ed | αγρω] τω πεδιω oc$_2$e$_2$ Thdt | των bis scr A | μηνας επτα boc$_2$e$_2$ Thdt | hab και 2°—(2) αυτων 𝔏$^v$ | εξεζεσεν] εξεβρασεν oz$^{a?}$c$_2$e$_2$: εβρασεν b | μυας] μυιας cdfnopxz: μυες y

2 καλουσιν] λαλουσιν g: *conuocauerunt* 𝔏 | αλλοφυλοι BAdq tya$_2$] pr οι N rell | ιερεις] + αυτων eℭ | και 3°—αυτων sub ÷ c$_2$ | om και 3° 𝔏 | αυτων] αυτους a$_2$* | λεγοντες] και λεγουσι o: και λεγουσιν αυτοις bc$_2$e$_2$ | τι—αυτης] εξαποστελλουμεν αυτην τιν του κυ κιβωτον g | ποιησομεν efnwz Or-lat | κιβωτω B*] την κιβωτον av: pr τη B$^{ab}$AN rell | κυριου] pr του Aaq: του θυ benoc$_2$e$_2$ 𝔄-codd: om Nℭ$^m$(uid): + θυ ιηλ cx | γνωρισατε ημιν post αυτης cx | ⟨γνωρισατω 44⟩ | om εν—αυτης f | εν] pr και Acdpq txz𝔈 | αποστελουμεν] αποστελλουμεν Aa*: αποστειλωμεν dp q(-λομεν)tz: εξαποστελουμεν Nehnb$_2$: ⟨εξαποστελλουμεν 242⟩: εξαποστειλωμεν b(-λομεν b)oc$_2$e$_2$: αποστρεψωμεν v: *remittemus* Or-lat (*-imus* codd: *-amus* codd) | τοπον] ποτον c(uid)

3 ειπαν] ειπον Aad–g: ειπον αυτοις εκεινοι boc$_2$e$_2$ | om ει cx𝔈 | εξαποστελλετε] εξαποστειλετε ipv: εξαποστειλατε cx | υμεις] ημεις c*g$^a$: ημιν g*: om 𝔄ℭ$^m$𝔈 | om την a | διαθηκης—σραηλ] *Dei Israel testamenti Domini* 𝔄 | διαθηκης] pr της beo pc$_2$e$_2$: om b$_2$ Or-lat ℭ$^w$ | θεου κυριου] κυ του θυ boc$_2$e$_2$ | θεου B] om f: post κυριου AN rell ℭ𝔈 Or-lat | om δη bfoswc$_2$e$_2$ | εξαποστειλητε] εξαποστειλετε v: εξαποστελειτε o: αποστειλητε Adpqtz: αποστειλετε x: αποστηλαται c | κενην] καινην Ab'gx: om a$_2$ | αλλα] αλλ η bc$_2$e$_2$ | hab αποδοτε—υμων 𝔏$^v$ | αποδοτε] αποδωτε a*v: αποδωσετε Ncx𝔄 Or-lat | αυτη] αυτην z$^{a?}$e$_2$ | της βασανου] *honorem pro tormento* 𝔏$^v$ | της] pr υπερ bdgopz$^{a?}$ c$_2$e$_2$𝔏$^b$ Or-lat: pr το fn$^b$qstwy$^b$z*: pr τα b$_2$ | βασανου] πλημμελειας z$^{b?}$: + δωρα bdgopz$^{a?}$c$_2$e$_2$: + *donum* 𝔏$^b$ | om ιαθησεσθε και z$^{a?}$ | ιαθησεσθε] σθ ex τ N$^a$ | om και 3° 𝔏$^v$ | εξιλασθησεται υμιν] *propter quod in uos erit* 𝔏$^b$ | εξιλασθησεται] εξιλαθησεται c*eq: εξηλασθησεσθαι g: *innotescet* Or-lat: *dimittet Dominus* ℭ | υμιν] ημιν cgp*(uid): + *Deus* 𝔏$^v$ | μη ουκ αποστη] *ne a uobis rediet* 𝔏$^b$: *sin autem non discedet* 𝔈𝔏$^v$ Or-lat | μη ουκ] οπως c: η πως x | ουκ] ου μη boc$_2$e$_2$ | αποστης N* | om η Ac xy | αυτου] κυ cxℭ | αφ υμων] αφ ημων af*xe$_2$: εφ υμας g

4 και λεγουσιν] *et dixer͞t* 𝔏: om g | το—αποδωσομεν] *pro tormento itaq'ae hoc* (*hi* int lin) *redamus* 𝔏 | της] pr υπερ bdop c$_2$e$_2$ | αποδωσομεν] pr ο *b*efhswb$_2$c$_2$e$_2$𝔈: pr αποδωμα και c: αποδωσωμεν Nb'vy: ο αποδωσωμεν agno: αποδομα αποδωσωμεν x | αυτη] αυτω c$_2$$^{a?}$: om c𝔈 | και ειπαν] *dixerunt uates eis* ℭ: om g | ειπαν] ειπον adef: λεγουσι cx: *responderunt dicentes* 𝔏: ειπον αυτοις εκειναι boc$_2$e$_2$ | hab κατ—(5) γην 𝔏$^v$ | των σατραπων] *maiorum* 𝔏$^b$ | σατραπιων Na$^{a?}$bd–np–twyzb$_2$𝔈 | πεντε] pr ποιησατε boc$_2$e$_2$ | χρυσας] + *faciamus* 𝔏$^b$: + *secundum uestrarum* 𝔏$^{v(2)}$: + *facite similes sedibus uestris* 𝔏$^{v(1)}$: + ομοιωμα των εδρων υμων bgoc$_2$e$_2$: + και πεντε μυας χρυσους ANcdehpqtvxz⟨236⟩[[om και 236 | μυς N: μυιας cdpxz | χρυσας cpx]]: + *facite et quinque mures aureos* 𝔄 | om οτι—λαω 𝔏$^{v(1)}$ | πταισμα—λαω] *tormentum fecit super nos et principes nostros et populum* 𝔏$^b$ | εν υμιν και] υμιν εν cx | τοις αρχουσιν υμων] *in principibus uestris* 𝔄𝔏$^{v(2)}$ | υμων] ημων g*: υμιν b'cdc$_2$ | om και τω λαω e | τω λαω] pr εν bc$_2$e$_2$𝔄: *in populo uestro* 𝔏$^{v(2)}$: + *uestro* ℭ$^m$

11 συγχυσις] α' φαγεδαινα z

VI 4 πταισμα] πληγη *b*

B [5]καὶ μῦς χρυσοῦς ὁμοίωμα τῶν μυῶν ὑμῶν τῶν διαφθειρόντων τὴν γῆν. καὶ δώσετε τῷ κυρίῳ 5
δόξαν, ὅπως κουφίσῃ τὴν χεῖρα αὐτοῦ ἀφ' ὑμῶν καὶ ἀπὸ τῶν θεῶν ὑμῶν καὶ ἀπὸ τῆς γῆς ὑμῶν.
[6]καὶ ἵνα τί βαρύνετε τὰς καρδίας ὑμῶν, ὡς ἐβάρυνεν Αἴγυπτος καὶ Φαραὼ τὴν καρδίαν αὐτῶν; 6
οὐχὶ ὅτε ἐνέπαιξεν αὐτοῖς, ἐξαπέστειλαν αὐτοὺς καὶ ἀπῆλθον; [7]καὶ νῦν λάβετε καὶ ποιήσατε 7
ἅμαξαν καινὴν καὶ δύο βόας πρωτοτοκούσας ἄνευ τῶν τέκνων· καὶ ζεύξατε τὰς βόας ἐν τῇ ἁμάξῃ,
καὶ ἀπαγάγετε τὰ τέκνα ἀπὸ ὄπισθεν αὐτῶν εἰς οἶκον. [8]καὶ λήμψεσθε τὴν κιβωτὸν καὶ θήσετε 8
αὐτὴν ἐπὶ τὴν ἅμαξαν, καὶ τὰ σκεύη τὰ χρυσᾶ ἀποδώσετε αὐτῇ τῆς βασάνου καὶ οὐ θήσετε ἐν
θέματι βερεχθὰν ἐκ μέρους αὐτῆς, καὶ ἐξαποστελεῖτε αὐτὴν καὶ ἀπελάσατε αὐτήν, καὶ ἀπελεύ-
σεσθε. [9]καὶ ὄψεσθε, εἰ εἰς ὁδὸν ὅριον αὐτῆς πορεύσεται κατὰ Βαιθσάμυς, αὐτὸς πεποίηκεν ἡμῖν 9
τὴν κακίαν ταύτην τὴν μεγάλην· καὶ ἐὰν μή, καὶ γνωσόμεθα ὅτι οὐ χεὶρ αὐτοῦ ἧπται ἡμῶν,
ἀλλὰ σύμπτωμα τοῦτο γέγονεν ἡμῖν. [10]καὶ ἐποίησαν οἱ ἀλλόφυλοι οὕτως, καὶ ἔλαβον δύο βόας 10

5 διαφθιροντων A | δωσεται A 6 ενεπεξεν A 7 λαβαιτε A | ανευ] αν;ου A
8 λημψεσθαι A | θησεται A(bis) | βερσεχθαν B$^{ab}$ 9 οψεσθαι A | συμπτωμα B$^{ab}$A

ANa–in–qstv–c$_2$e$_2$ℭ$^{mw}$𝔈𝔏$^{b(v)}$

5 και 1°] pr *sel* 𝔏$^b$: om v𝔏$^{v(1)}$ | μυς—γην] ποιησετε ομοιωμα τουτων d | μυς χρυσους] pr *facite* 𝔏$^{v(1)}$: ποιησετε ομοιωμα των εδρων υμων και Acfn$^b$pqt–xz𝔄𝔖$^j$ [ποιησετε] ποιησεται A: ποιησατε cz: *nunc facite* 𝔄: om v | ομοιωματα f$^a$n$^b$w𝔄 | ημων p*]: πεντε μυας (μυιας o) χρυσους ποιησατε boc$_2$e$_2$𝔏$^{v(2)}$: μυς χρυσους ομοιωμα των εδρων υμων και Naghn*sb$_2$ [[μυς] μυας ahs b$_2$: μυιας n*: ε' μυας g | ομοιωματα an*]]: om e: +*facietis* ℭ | ομοιωμα των μυων] *similes muribus* 𝔏$^v$: *aequales muribus* 𝔏$^b$ | ομοιωμα] ομοιωματα afhn: om cx | μυιων cefgnpxz | om υμων 1° ciℭ𝔏$^{bv(2)}$𝔖$^j$ | διαφθειροντων] διαφεροντων cx: καταφθειροντων f | γην] + υμων boc$_2$e$_2$ℭ𝔈(uid)𝔏$^{v(2)}$𝔖$^j$: + *et similitudinem anuum uestrarum facite* 𝔏$^b$ | δωσετε] δωτε c: δοτε x𝔄𝔏 | om τω a | κυριω] + θω̄ ιη̄λ bo(θω̄ ext lin o$^a$)e$_2$: + τω θω̄ ιη̄λ c$_2$ | ⟨om δοξαν 71⟩ | κουφιση] κουφισει ANa*cgiox: κουφισηται y: κουφισεται v | αφ υμων] υμιν d | om και 3°—(6) υμων v | om των 3° b' | υμων 3°] ημων c$^{a?}$go*

6 βαρειτε dpqt | τας καρδιας] τας διας g: *cor* 𝔄-ed𝔈𝔏 | ως] καθως Chr | εβαρυνεν] εβαρυναν vℭ𝔈: ⟨εβαρυνον 242⟩: εβαρυνθη A | om την καρδιαν αυτων Chr | την καρδιαν] τας καρδιας dfhn$^b$p–tw𝔄ℭ Thdt | αυτων] αυτου co*x | hab ουχι—αυτοις 𝔏$^v$ | ουχ z | οτι h*(uid) | ενεπαιξεν αυτοις] *percussit eos* 𝔏$^b$ | ενεπαιξεν] ενεπαιξαν bivy: ενεπεζεν c: ενεπαιζον e | αυτοις] αυτους wx: αυτον c | εξαπεστειλαν] εξαπεστειλεν ANacdegnopt vwb$_2$c$_2$e$_2$𝔄-codd𝔈 Chr (pr τοτε) Thdt: *dereliquer̄t* 𝔏 | αυτους] τον λαον o: τον λαον αυτου bc$_2$e$_2$ Chr Thdt: *filios Israel* ℭ | απηλθον] απηλθαν h: απηλθεν o: + *uenit ira Dei super eos* ℭ$^m$

7 hab και 1°—(9) βαιθσαμυς 𝔏$^v$ | ⟨ποιησετε 44⟩ | αμαξαν καινην] *plaustrum unum nouum* 𝔄 | αμαξαν] pr μιαν boc$_2$e$_2$𝔏$^v$ | καινην] κενην aeh*ovy$^a$: μιαν t*: κενην μιαν pt$^a$: + μιαν Acdq xz | δυο] pr λαβετε boc$_2$e$_2$𝔏$^v$ | βοας 1°] + εν τη αμαξη και απαγαγετε dpqtz | πρωτοτοκουσας—τεκνων] *quae primum pepererunt uitulum super quas non iacuit iugum* 𝔏$^v$ | πρωτοτοκουσας] πρωτοτοκους fh$^{b?}$a$_2$$^{a?}$𝔄: *foetas* Or-lat | ανευ των τεκνων] *adsumite quibus iugum non est impositum* Or-lat | τεκνων] τετεγμενων (τεταγ- bo) εφ ας ουκ επετεθη ζυγος boc$_2$e$_2$: + αυτων cxℭ𝔈(uid) 𝔏$^v$: + εφ οις (αις p$^{a?}$ 44: ας g) ουκ επετεθη (ετεθη 44) ζυγος dgp ⟨44⟩ | om και 4° 𝔏 | ζευξεται c | τας βοας] αυτας boc$_2$e$_2$ℭ$^m$: om 𝔏$^b$ | τας] τους aep: om x | απαγαγετε—αυτων] *foetus earum retro abducite* Or-lat | απαγαγετε τα τεκνα] τα τεκνα αυτων απαγαγετε boc$_2$e$_2$ | απαγαγετε] αποστρεψατε a$_2$: *reducite* 𝔏$^b$: *adducite* 𝔏$^v$ | τεκνα] + αυτων Ndefhnp–twzb$_2$𝔈(uid)𝔏 | om απο οπισθεν ⟨244⟩ ℭ | om απο A | οπισθεν] ιησθεν a$_2$: om 𝔏 | om αυτων aa$_2$

8 om και 1° 𝔏$^v$ | λημψεσθε] ληψεται b': *accipite* 𝔏$^v$: *adsumite* Or-lat | κιβωτον] + κυ Abcdopqtxzc$_2$c$_2$𝔄𝔏$^v$ Or-lat | θησετε 1°] ⟨θησεσθε 246: επιθησετε 123⟩: *imponite* 𝔏$^v$ Or-lat: καθισατε b' | om αυτην 1°—θησετε 2° d | om επι την N | αποδωσετε (10) ελαβον mutila in ℭ$^m$ | αποδωσετε—αυτης] *quae obtulistis ei pro delicto simul ponite super carrum et omnia sancta eius* Or-lat | αποδωσετε—και 4°] της βασανου αποδοτε αυτη cx | αποδωσετε] pr α efginswb$_2$𝔄𝔈: αποδοτε boc$_2$e$_2$𝔏 | αυτη] ⟨pr αυτα 123⟩: αυτα A: om 𝔏$^v$ | της βασανου] pr υπερ bg opc$_2$e$_2$𝔏$^b$: *in honorem pro tormento* 𝔏$^v$ | om και 4° 𝔏$^v$ | ου—μερους] *ponite praemium bercas ad latus* 𝔏$^b$ | ου θησετε] *imponite illam* 𝔏$^v$ | ου BAy*a$_2$𝔈$^s$] om Ny$^{a?}$ rell 𝔄ℭ$^w$𝔈$^a$ | θησετε 2°] + αυτα oz$^{a?}$c$_2$e$_2$: + αυτην bp | om εν θεματι 𝔏$^v$ | αναθεματι i | βερεχθαν B*] βερσεχθαν B$^{ab}$y𝔈$^a$: βερσεκθαν a$_2$: βερσεκαθαν efs w: *Bersachathan* 𝔈$^s$: βαεργας h𝔏$^v$: βαεργατ a: βοεργαζ Thdt: ⟨βηεργαζ 74$^b$: βηερ 74*⟩: εργαζ i: αργοζ A: αργωξ cx: *Argob* 𝔄: βαεργαζ N rell: *currus* ℭ$^w$ | εκ] + πλαγιων boz$^{a?}$c$_2$e$_2$ | om και 5°—(9) αυτης y* | εξαποστελειτε] εξαποστελλειτε c: εξαποστειλατε Ana$_2$: αποστελειτε y$^b$: *remittite* 𝔏$^v$: *dimittite* Or-lat: *praemitte* 𝔏$^b$ | και απελασατε αυτην Bcxa$_2$𝔄ℭ$^w$(uid)] και απελευσεται oc$_2$e$_2$: om ANy$^b$ rell 𝔈𝔏 Or-lat | om και απελευσεσθε a$_2$ | απελευσεσθε] απελευσεται ANabd–np–twy$^b$z* b$_2$𝔄𝔈𝔏: ⟨εξελευσεται 44.64⟩: *uadat* Or-lat

9 οψεσθε] *uidete* Or-lat | ει] η o: εις A: om Nb'dhpa$_2$ | εις οδον] εν οδω fn$^b$(uid)swy$^b$: *in ingressum* 𝔄 | om εις egin*qt vz*𝔏 | οδον οριον] οριου οδον i: ⟨οριων οδον 246⟩ | οριον Ba$_2$] οριων Acdpqtxz*𝔄: οριους c$_2$:ποριου h: *orbitae* 𝔏: om a*: οριου Na$^{a?}$y$^b$z$^{a?}$ rell 𝔈 | αυτης] ⟨post πορευσεται 71⟩: αυτη e | πορευεται Nacivxz$^{a?}$ | κατα] pr και Acx𝔈(uid) | βαιθσαμυς] βεθσαμυς Ne–hy: βεθσαμοις i: ⟨βαιθσαμους 74⟩: βεθσαμους cx: βεθθαμυς A: βεσσαμυς a$_2$: βαινουσαμυς v | αυτος] *ipsa* Or-lat: αυτης cx: *ipse enim Dm̄s* 𝔏 | ημιν 1°] υμιν b'efn$^b$oswa$_2$c$_2$e$_2$𝔈 𝔏 | ταυτην post μεγαλην ANa–eghn–qtvxzb$_2$c$_2$e$_2$𝔄 | μη] + *abierint* 𝔏 | και 3°] κ ex corr g$^a$: om bcoxa$_2$c$_2$e$_2$𝔄ℭ$^w$𝔏 Or-lat | γνωσωμεθα agvxa$_2$ | ου BAioya$_2$] ουχι η bc$_2$: η ce$_2$: ουχ η N n(uid) rell | αυτου] om g: + ην a$_2$ | ημων] ημιν cgxa$_2$ | αλλα] αλλ η Nae–hnswb$_2$ | om τουτο 𝔏 | ημιν 2°] pr εν owz𝔄

10 ουτως οι αλλοφυλοι z | om και 2°—αμαξη a* | πρωτοτο-

7 πρωτοτοκουσας] α' λοχευομενας σ' γαλουχουσας z
8 και 4°—αυτης] σ' θετε εν τω λαρνακιω απο πλαγιου αυτου z | εν θεματι βερεχθαν] α' εν υφη κουριας z | θεματι] α' λαρνακι b
9 συνπτωμα] σ' συγκυρια z

πρωτοτοκούσας καὶ ἔζευξαν αὐτὰς ἐν τῇ ἁμάξῃ, καὶ τὰ τέκνα αὐτῶν ἀπεκώλυσαν εἰς οἶκον.¶ B
11 [11]§καὶ ἔθεντο τὴν κιβωτὸν ἐπὶ τὴν ἅμαξαν, καὶ τὸ θέμα ἐργὰβ καὶ τοὺς μῦς τοὺς χρυσοῦς. ¶ $\mathfrak{C}^{m}$ § $\mathfrak{C}^{c}$
12 [12]καὶ κατεύθυναν αἱ βόες ἐν τῇ ὁδῷ εἰς ὁδὸν Βαιθσάμυς, ἐν τρίβῳ ἑνὶ ἐπορεύοντο καὶ ἐκοπίων,
καὶ οὐ μεθίσταντο δεξιὰ οὐδὲ ἀριστερά· καὶ οἱ σατράπαι τῶν ἀλλοφύλων ἐπορεύοντο ὀπίσω
13 αὐτῆς ἕως ὁρίων Βαιθσάμυς.¶ [13]καὶ οἱ ἐν Βαιθσάμυς ἐθέριζον θερισμὸν πυρῶν ἐν κοιλάδι, καὶ • h
ἦραν ὀφθαλμοὺς αὐτῶν καὶ εἶδον κιβωτὸν Κυρίου, καὶ ηὐφράνθησαν εἰς ἀπάντησιν αὐτῆς.
14 [14]καὶ ἡ ἅμαξα εἰσῆλθεν εἰς ἀγρὸν Ὡσῆε τὸν ἐν Βαιθσάμυς, καὶ ἔστησαν ἐκεῖ παρ' αὐτῇ λίθον
μέγαν· καὶ σχίζουσιν τὰ ξύλα τῆς ἁμάξης, καὶ τὰς βόας ἀνήνεγκαν εἰς ὁλοκαύτωσιν τῷ κυρίῳ.
15 [15]καὶ οἱ Λευεῖται ἀνήνεγκαν τὴν κιβωτὸν τοῦ κυρίου καὶ τὸ θέμα ἐργὰβ μετ' αὐτῆς καὶ τὰ ἐπ'
αὐτῆς σκεύη τὰ χρυσᾶ, καὶ ἔθεντο ἐπὶ τοῦ λίθου τοῦ μεγάλου· καὶ οἱ ἄνδρες Βαιθσάμυς ἀνή-
16 νεγκαν ὁλοκαυτώσεις καὶ θυσίας ἐν τῇ ἡμέρᾳ ἐκείνῃ τῷ κυρίῳ. [16]καὶ οἱ πέντε σατράπαι τῶν
17 ἀλλοφύλων ἑώρων, καὶ ἀνέστρεψαν εἰς Ἀσκάλωνα τῇ ἡμέρᾳ ἐκείνῃ. [17]καὶ αὗται αἱ ἕδραι αἱ

12 κατηυθυναν A | σκοπιων A* 13 ευφρανθησαν A
15 κειβωτον A | και 4°] pr α $B^{ab}$(suprascr)

AN$a$-g(h)$in$-qstv-$c_2e_2\mathfrak{A}\mathfrak{C}^{(cm)w}\mathfrak{E}\mathfrak{L}^{b(v)}$

κουσας] hab $\mathfrak{L}^{v}$: πρωτοτοκους $fh^{b?}o\mathfrak{A}$ | απεκωλυσαν BAiqtyz] απεκλυσαν dp: απεκλεισαν N rell: *incluserunt* $\mathfrak{L}$: *miserunt* $\mathfrak{C}$ | οικον] pr τον g

**11** hab και 1°—(12) αυτης $\mathfrak{L}^{v}$ | και 1°] pr και ελαβον $a_2$ | εθεντο] εθετο g*: επεθηκαν $boc_2e_2$: *inposuerunt* $\mathfrak{L}$ | om την 1°—και 2° $\mathfrak{L}^{v}$(uid) | κιβωτον] + κ̅υ̅ Adpqtz$\mathfrak{A}\mathfrak{L}^{b}\mathfrak{S}^{j}$ Or-lat: + του θ̅υ̅ $bhoc_2e_2$ | επι την αμαξαν] εν τη αμαξη cx$\mathfrak{A}$-codd$\mathfrak{E}$: *in uehiculum* $\mathfrak{L}^{b}$ | om και 2°—εργαβ $boc_2e_2$ | το θεμα εργαβ] *impositionem Baergas* $\mathfrak{L}^{v}$: *praemium Bercas* $\mathfrak{L}^{b}$ | εργαβ] *Argab* $\mathfrak{E}$: *Argob* $\mathfrak{A}$: ερραβ $a_2$: εργαζ Naefgh(ζ ex corr uid)insvw: αργοζ A: αργωξ cx: εργαζ και τα ομοιωματα των εδρων αυτων $b_2$: + *et sedes aureas* $\mathfrak{C}^{w}$ | om και 3° cx | τους 1°—χρυσους] *sedes aureas posuerunt in tabernaculo* $\mathfrak{C}^{c}$ | μυς] μυας $boz^{a?}b_2c_2e_2$: μυιας cx: μυεις g | τους 2° bis scr A | χρυσους] + και τας εδρας τας χρυσας g: + και τας εικονας των εδρων αυτων Acdpqtx(εδραιων)z*$\mathfrak{A}$: + και τα ομοιωματα των εδρων αυτων N: + *posuerunt in theca eius* $\mathfrak{C}^{w}$: + *et cathedras aureas posuerunt in positionem* $\mathfrak{L}^{v}$: + και τας εδρας τας χρυσας εθηκαν εν θεματι βαεργαζ (θεμα εργαζ $wy^{b}$) εκ πλαγιων αυτης $bhn^{b}$(uid)$owy^{b}z^{a?}c_2e_2$

**12** κατευθυναν—εκοπιων] *duxert uaccas in uiam Betsamis rectam et in orbitam uiderunt et ingrediebant* $\mathfrak{L}^{b}$ | κατευθυναν—επορευοντο 1°] *ibant in orbita una* $\mathfrak{L}^{v}$ | κατευθυναν] *ierunt* $\mathfrak{C}$ | αι βοες post οδω a | αι] οι Ncesx | εις οδον] *ingressus* $\mathfrak{A}$: om v | om εις a | οδον] pr την $boc_2e_2$ | βαιθσαμυς 1°] βεθσαμυς ANe-ixy: βεθσαμης c: βαιθσαμοις q: βαιθσαμυ d: βεσσαμυς $a_2$ | ενι BANaginy] εν ω b′: η fw: μια $cxc_2e_2$: ευθεια o: εν η *b* rell | επορευοντο 1°] επορευετο a | om και 2°—επορευοντο 2° c | και 2°—αριστερα] πορευομεναι και βοωσαι p | om και εκοπιων $\mathfrak{C}$(uid)$\mathfrak{E}$ | om και 2° $boc_2e_2$ | εκοπιων] pr ουκ xy$\mathfrak{L}^{v}$: εκοινουν $a_2$: μυκωμεναι $z^{b?}$ | ου μεθισταντο] ου μεθιστατο g: ουκ εμεθισταντο v: ουκ εξεκλιναν bo Or-lat: ουκ εξεκλινον $z^{a?}c_2e_2$ | δεξια ουδε αριστερα] δεξιαν η αριστεραν v: δεξιαν ουδε (+ επορευοντο o) αριστεραν εν οδω μια επορευοντο πορευομεναι και βοωσαι $boz^{a?}c_2e_2$ | ουδε] η $adfn^{b}$(uid)swx | αριστερα] + εν οδω μια επορευοντο πορευομεναι και βοωσαι dgh: ⟨+ εν οδω μια επορευοντο βοωσαι 44⟩ | επορευοντο 2°] *abierunt* $\mathfrak{L}^{b}$ | αυτης] αυτων $be_2$ | οριων] οριου $c_2$: οδον o | βαιθσαμυς 2°] βεθσαμυς e-iy$a_2$: βεθσαμους c: βεθθαμυς Ax

**13—VII 1** om h

**13** ⟨και 1°—κοιλαδι] εθεριζον θερισμον πυρων εν κοιλαδι οι ανδρες βεθσαμυς 246⟩ | om και 1°—βαιθσαμυς $\mathfrak{C}^{c}$ | εν 1°] ανδρες i$\mathfrak{E}$(uid) | βαιθσαμυς] βεθσαμυς Nacefixy$a_2$: βαιθσαμοις g: βαιθσαμυσε b′: βεθθαμυς A | εθεριζον θερισμον πυρων] *meterunt triticum* $\mathfrak{L}$ | om θερισμον—ειδον a*(hab ras 4 litt) | πυρος gv | κοιλαδι BAcixy$a_2$] pr τη $Na^{b}$ rell | οφθαλμους] pr τους $Na^{b}$be-osvw$a_2$-$e_2$ | ειδον] ειδαν y: ιδαν A | κιβωτον BAgvy$a_2$] pr την N rell | κυριου] pr του $oe_2$: θ̅υ̅ c: του θ̅υ̅ x: *Dei* $\mathfrak{A}$-codd | ηυφρανθησαν] εχαρησαν και επορευθησαν $bozc_2e_2$: + και εδραμον cx Jos(uid): + και ηλθοσαν i

**14** εισηλθεν η αμαξα $e_2\mathfrak{E}$ | om η q | αμαξα ex corr a | ηλθεν cx | αγρον] pr τον a | ωσηε] ωσιε v: οσιε g: ιωσηε $boc_2e_2$: αυση Just: ιησου Acdpqtxz* Or-gr | τον εν βαιθσαμυς] *qui erat Batsamis* $\mathfrak{L}$ | τον] του $Na^{a?}$befnosvw$c_2e_2\mathfrak{A}$ | εν] εκ $bc_2e_2$: om No$\mathfrak{E}$ | βαιθσαμυς] βεθσαμυς ANce-ixy$a_2$: βεδσαμυς a | εστησαν—μεγαν] *stetit eam ibi circa lapidem magnum* $\mathfrak{L}$ | εστη $boc_2e_2\mathfrak{E}^{a}$ | εκει παρ αυτη] αυτην εκει παρα v | εκει] *boues ibi et statuerunt* $\mathfrak{C}$ | παρ—μεγαν] *et ibi fuit lapis magnus* $\mathfrak{E}^{a}$ | παρ αυτη] αυτην παρα en: παρα $abgoc_2e_2\mathfrak{S}^{j}$: om $\mathfrak{E}^{s}$ | αυτη] αυτην Adfip-twz$a_2$: αυτω cx | μεγα Ncox$e_2$ | σχιζουσιν] εσχισαν $boc_2e_2$: *consciderunt* $\mathfrak{L}$ | αμαξης] + ⲁⲧⲥⲁⲣⲟⲥ $\mathfrak{C}^{w}$ | τας] τους ev | ανηνεγκαν] ανηνεγκεν g: *super eum* $\mathfrak{L}$ | om εις 2° Abx$c_2e_2$ | ολοκαρπωσιν A

**15** ανηνεγκαν οι λευειται fsw | ανηνεγκαν 1°] εισηνεγκαν N | ⟨om την κιβωτον 64⟩ | om του 1° ANc-np-tw-z$b_2$ | κυριου] + του θ̅υ̅ ι̅η̅λ̅ c | και 2°—χρυσα] *quae cum arca erant uasa aurea quae cum ea erant et praemium Bercas* $\mathfrak{L}$(uid) | εργαβ] *Argob* $\mathfrak{A}$: εργαζ Nae-nsvw$b_2$: αργοζ A: αργωξ cx: βαεργαζ $bozc_2e_2$ | μετ] pr το $bzc_2e_2$ | επ αυτης] *in ea* $\mathfrak{A}$: μετ αυτης y: om bcovx$c_2e_2$ | om τα 2° f | και 4°] pr α $B^{ab}$y | εθεντο] εθετο g*: εθετο αυτα b′: + αυτα $boc_2e_2\mathfrak{S}^{j}$ | του 2°—μεγαλου] τω λιθω τω μεγαλω $boc_2e_2$: om του μεγαλου cx | και 5°—θυσιας] *in holocaustum et sacrificia fecerunt uiri autem Betsamis* $\mathfrak{L}$ | ⟨om ανδρες 44⟩ | βαιθσαμυς] pr οι εν $boc_2e_2$: βεθσαμυς Ncegixy$a_2$: βεθθαμυς A: οι εν βεθσαμυς f | ολοκαυτωμα cx$\mathfrak{E}$ | om και θυσιας $\mathfrak{C}^{c}$ | θυσιας Bya$_2\mathfrak{C}^{w}$(uid)] pr εθυσαν Nabegn*ov$b_2c_2e_2\mathfrak{A}$: *sacrificium* $\mathfrak{E}$: εθυσαν θυσιαν $Ab'n^{b}$ rell: ⟨εθυσαν σωτηριαν 44⟩ | εν—εκεινη post κυριω $boc_2e_2\mathfrak{E}$ | om εν $a_2$ | ⟨om εκεινη 246⟩

**16** αι πεντε σατραπειαι a(part ex corr)egnv$b_2$ | οι] αι i | om πεντε cdpqtx | εωρων και] *uiderunt* $\mathfrak{L}$ | εωρων] εθεωρων i | ανεστρεψαν] α 2° ras A: απεστρεψαν $c_2$: επεστρεψαν v | ασκαλωνα] ασκολωνα a: ακκαρων Ac(κ 2° int lin)qtxz*$\mathfrak{A}$-ed | τη ημερα εκεινη] pr εν bcfos-x$c_2e_2\mathfrak{L}$(uid): om $\mathfrak{A}$-ed

**17** hab και 1°—μιαν 1° $\mathfrak{L}^{v}$ | αυται] *githeae* $\mathfrak{L}^{b}$: om $\mathfrak{A}$ |

· 11 (θεματι)] το λαρνακιον *b*

B χρυσαῖ ἃς ἀπέδωκαν οἱ ἀλλόφυλοι τῆς βασάνου τῷ κυρίῳ· ¶ τῆς Ἀζώτου μίαν, τῆς Γάζης μίαν,
•𝔏$^b$ τῆς Ἀσκάλωνος μίαν, τῆς Γὲθ μίαν, τῆς Ἀκκαρὼν μίαν. [18]καὶ μῦς οἱ χρυσοῖ κατ' ἀριθμὸν πασῶν 18
πόλεων τῶν ἀλλοφύλων τῶν πέντε σατραπῶν ἐκ πόλεως ἐστερεωμένης καὶ ἕως κώμης τοῦ Φερε-
ζαίου καὶ ἕως λίθου τοῦ μεγάλου, οὗ ἐπέθηκαν ἐπ' ⸆αὐτοῦ⸆ τὴν κιβωτὸν διαθήκης Κυρίου, τοῦ ἐν
ἀγρῷ Ὡσῆε τοῦ Βαιθσαμυσείτου. [19]Καὶ οὐκ ἠσμένισαν οἱ υἱοὶ Ἰεχονίου ἐν τοῖς ἀνδράσιν 19
Βαιθσάμυς, ὅτι εἶδαν κιβωτὸν Κυρίου· καὶ ἐπάταξεν ἐν αὐτοῖς ἑβδομήκοντα ἄνδρας καὶ πεντή-
κοντα χιλιάδας ἀνδρῶν. καὶ ἐπένθησεν ὁ λαός, ὅτι ἐπάταξεν Κύριος ἐν τῷ λαῷ πληγὴν μεγάλην
σφόδρα. [20]καὶ εἶπαν οἱ ἄνδρες οἱ ἐκ Βαιθσάμυς Τίς δυνήσεται διελθεῖν ἐνώπιον τοῦ ἁγίου τούτου; 20
καὶ πρὸς τίνα ἀναβήσηται κιβωτὸς Κυρίου ἀφ' ἡμῶν; [21]καὶ ἀποστέλλουσιν ἀγγέλους πρὸς τοὺς 21
κατοικοῦντας Καριαθιαρεὶμ λέγοντες Ἀπεστρόφασιν ἀλλόφυλοι τὴν κιβωτὸν Κυρίου· κατάβητε
καὶ ἀναγάγετε αὐτὴν πρὸς ἑαυτούς. [1]καὶ ἔρχονται οἱ ἄνδρες Καριαθιαρεὶμ καὶ ἀνάγουσιν τὴν 1 VII
κιβωτὸν διαθήκης Κυρίου, καὶ εἰσάγουσιν αὐτὴν εἰς οἶκον Ἀμειναδὰβ τὸν ἐν τῷ βουνῷ· καὶ
§h τὸν Ἐλεαζὰρ υἱὸν αὐτοῦ ἡγίασαν φυλάσσειν τὴν κιβωτὸν διαθήκης Κυρίου. §[2]Καὶ 2

18 φερεζεου A | αυτου] αυτους B | κειβωτον A 19 εσμενισαν A | χειλιαδας B*
20 κειβωτος A 21 καριαθειαρειμ A | απεστραφησαν B$^{a?}$ | κειβωτον A | καταβηται A
VII 1 αμιναδαβ A

AN a–g(h)in–qst v–$c_2e_2$𝔄ℭ$^{cw}$𝔈(𝔏$^{bv}$)

om εδραι A | αι 2°—αλλοφυλοι post βασανου c | ας—αλλοφυλοι post βασανου x | om ας w | επεδωκαν cx | om οι g | της βασανου] pr υπερ bdgopz$c_2e_2$𝔏$^v$: *pro tormento donū* 𝔏$^b$ | om τω κυριω 𝔄-cod | ⟨ασωτου 71⟩ | μιαν 1°] pr τω κ̅ω̅ b' | της 3°—μιαν 5°] *et Geth unam et Accaron unam et Gazae unam et Ascalon unam* 𝔈$^s$: *et Geth unam et Ascalon unam et Gazae unam* 𝔈$^a$ | της γαζης μιαν] pr και o$c_2e_2$𝔄: pr και της γεθ μιαν και b: και b': om f | της γαζης] *Arasa* ℭ$^c$ | της ασκαλωνος μιαν post μιαν 4° ℭ | της 4°] pr και bo$c_2e_2$𝔄 | της γεθ μιαν] pr και o$e_2$𝔄: και γης γεθ μιαν $c_2$: om b$a_2$ | γεθ] γαιθ v: ⟨γεθμι 74⟩ | της 6°] pr και beo$e_2$𝔄: και γης $c_2$ | ακκαρων] ακαρρων s: ασκαρων g$a_2$: ακαρων e | om μιαν 5° gv

18 μυς] μυες bgoz$^{a?}b_2c_2e_2$: μυιες cx | οι] αι cx: om Nabeosvwz$^{a?}b_2c_2e_2$ | χρυσοι] χρυσαι cx$e_2$: χρυς N: χρυσους fsw: om Aa | κατ—πολεων] κατα αριθμων πας πολεως v | κατ] κατα τον fsw | πολεων πασων y | πολεων] pr των ANbdosw$a_2c_2e_2$ | om των αλλοφυλων bv | om των 2° a | om πεντε v | σατραπων Bcy$a_2c_2$𝔄ℭ(uid) σατραπιων AN rell 𝔈𝔖$^j$ | εκ] εις $e_2$ | εστερεωμενης—κωμης mutila in ℭ$^w$ | εστερεωμενης] *magnae* ℭ$^c$ | hab και 2°—(19) βαιθσαμυς 𝔏$^v$ | εως 2°—μεγαλου] *ad lapidem magnum ualde* 𝔏 | λιθου] pr του Nbfosw$c_2e_2$ | του μεγαλου] om 𝔄: om του a | om ου y | επεθηκαν] απεθηκαν b': επεθεσαν A: εθηκαν f | επ αυτου] επ αυτω v$a_2$: ⟨επ αυτον 246⟩: om cx | διαθηκης κυριου] εως της ημερας ταυτης d: om v | διαθηκης] pr της bcfopx$c_2e_2$ | κυριου] om $a_2$: +εως (pr και A) της ημερας ταυτης Acpqtxz𝔄 | του 3°—βαιθσαμυσειτου mutila in ℭ$^w$ | του 3°] τον cx: om 𝔄 | om αγρω $e_2$ | ωσηε του βαιθσαμυσειτου] *Ioseph qui est fili Iechoniae qui est ex Bethsamis* 𝔏 | ωσηε] pr του a: ωσιε v: ιωσηε bo$c_2e_2$: ιησου Acdpqtxz* | βαιθσαμυσειτου] βεθσαμυσιτου ae–iy$a_2$: βεθθαμυσιτου A: ⟨βαιθσαμυτου 242⟩: βεθσαμιτου cx: βαιθσαμιτου p: ⟨βεσαμιτου 44⟩: βαθσαμι εως της ημερας ταυτης o: βαιθσαμυς του εως της ημερας ταυτης $c_2$: +εως της ημερας ταυτης b$e_2$

19 ησμενισαν] εχαρησαν p(mg)𝔄-codd(uid): *sustinuerunt* 𝔏 | om οι Ao$a_2$ Thdt | ιεχονιου] ιεχωνιου b'nvx: ιεχονια $a_2$: εχονιου e: *Bochonias* ℭ$^c$ | βαιθσαμυς] ⟨pr και 242⟩: βεθσαμυς ae–iy$a_2$: βαιθσαμοις q*: βεθσαμοις Thdt: βυθσαμυς cx: βεθθαμυς A | οτι 1°] οτε Nadfinp–vz$b_2$𝔈 | ειδαν Bin*$a_2$] ειλον $c_2$: ειδον ANn$^b$ rell: *non gauisi sunt* 𝔖-ap-Barh(uid) | κιβωτον] pr την Nb–fn$^b$o–xz$c_2e_2$ Thdt | κυριου] pr του bo$c_2e_2$ Thdt: pr διαθηκης vy𝔈 | επαταξεν 1°] επαταξαν v: +*Dominus* ℭ$^c$ | εν αυτοις] om εν z: +κ̅ς̅ g | εβδομηκοντα—ανδρων] χιλιαδας ν' ανδρων και ο' d: ⟨ανδρων χιλιαδας πεντηκοντα και εβδομηκοντα 44⟩: *quinquaginta millia et septuaginta uiros* 𝔄𝔈 | εβδομηκοντα] pr εις Naegnv$b_2$: post ανδρας cx | ⟨om και 3° 246⟩ | πεντηκοντα χιλιαδας ανδρων] πεντε χιλιαδων cx | χιλιαδας ανδρων] ανδρων (ω ex ος) χιλιαδας εκ του λαου b': +εκ του λαου b$c_2e_2$ Thdt: +εκ λαου op | λαος] +*omnis* ℭ$^c$

20 ειπον abdefosvw$c_2e_2$ | om οι εκ vℭ𝔈 | εκ] εν Nabos yz$c_2e_2$𝔖$^j$ Thdt: om $a_2$ | βαιθσαμυς] βεθσαμυς ANacefiy$a_2$: βεθσαμοις g Thdt: βυθσαμυς x | δυνησηται acx | διελθειν] απελθειν v: ⟨εξελθειν 123⟩: παραστηναι boz$^{a?}c_2e_2$ Thdt | του By𝔈] pr του κ̅υ̅ i: pr κ̅υ̅ θ̅υ̅ cx: pr κ̅υ̅ του θ̅υ̅ Adpqtz$c_2$𝔄: pr κ̅υ̅ N rell ℭ Thdt | τουτο v | αναβησηται B] αναβησεται AN omn | κιβωτος] pr η Nbcdopvxz$c_2e_2$: +διαθηκης fsw𝔈$^a$ | κυριου] pr του boz$c_2e_2$

21 αποστελουσιν Ap | καριαθιαρειμ] ras (3) inter α 1° et ρ 1° a: *Cariatharim* 𝔄: καριαθιρειμ b': *Cararim* ℭ$^c$ | λεγοντας b' | απεστροφασιν B*Acfw*x] απεστραφασιν N*(uid)ipw$^{a?}$: απεστραφησαν B$^{a?}$ae$a_2$: ⟨απεστρεφησαν 242⟩: απεστρεψαν bovz$c_2e_2$: απεστρεφασιν N$^a$ rell | αλλοφυλοι] pr οι b–gnopswxz$c_2e_2$ | κυριου] pr του bf*go$c_2e_2$: pr *testamenti* ℭ$^w$(uid) | καταβητε] pr και bf𝔈$^a$: και αναβητε v | αναγαγετε] αναγαγητε adno$a_2$: απαγαγεται v | εαυτους] ⟨αυτους 74⟩: υμας bo$c_2e_2$

VII 1 ανδρες] αρχοντες cx | καριαθιαρειμ] ι 2° ex α A$^?e_2^a$: *Cariatharim* 𝔄: καριαθιρειμ b' | αναγουσιν] αναγαγουσι o: αιρουσι cx | διαθηκης 1°] pr της b'dop$a_2$ | om και 3°—κυριου 2° $a_2$ | εισαγουσιν] εισηγαγον b | αυτην] αυτον a | οικον] pr τον fs w | αμειναδαβ] αμιναδαμ a*(uid)b'cnsvx*(uid): αβιναδαβ f*: αβιναδαμ e | τον 1°] του dopv$c_2e_2$: τω b: την c: ⟨om 44⟩ | τον 2°—ηγιασαν] ηγιασεν τον υιον αυτου ελεαζαρ bo$c_2e_2$: *unxerunt Eleazar* 𝔈 | ελεαζαρ τον cx | ελιαζαρ N𝔄 | υιον] pr τον fn$^b$swy | ηγιασαν] ηγιασεν Nagℭ: ηνεγκαν cx: ηναγκασαν A | φυλαττειν fv | διαθηκης 2°] pr της ab'dop

17 βασανου] πλημμελειας *b* 18 εστερεωμενης] τετηχειμενης *b*
19 οτι ειδαν κιβωτον] α' *quia inspexerunt in capsam* (ܒܓܠܘܣܩܡܐ) 𝔖-ap-Barh

ἐγενήθη ἀφ' ἧς ἡμέρας ἦν ἡ κιβωτὸς ἐν Καριαθιαρείμ, ἐπλήθυναν αἱ ἡμέραι, καὶ ἐγένοντο εἴκοσι ἔτη· B
3 καὶ ἐπέβλεψεν πᾶς οἶκος Ἰσραὴλ ὀπίσω Κυρίου. ³καὶ εἶπεν Σαμουὴλ πρὸς πάντα οἶκον Ἰσραὴλ
λέγων Εἰ ἐν ὅλῃ καρδίᾳ ὑμῶν ὑμεῖς ἐπιστρέφετε πρὸς Κύριον, περιέλετε θεοὺς ἀλλοτρίους ἐκ
μέσου ὑμῶν καὶ τὰ ἄλση, καὶ ἑτοιμάσατε τὰς καρδίας ὑμῶν πρὸς Κύριον καὶ δουλεύσατε αὐτῷ
4 μόνῳ· καὶ ἐξελεῖται ὑμᾶς ἐκ χειρὸς ἀλλοφύλων. ⁴καὶ περιεῖλον οἱ υἱοὶ Ἰσραὴλ τὰς Βααλεὶμ καὶ
5 τὰ ἄλση Ἀσταρώθ, καὶ ἐδούλευσαν Κυρίῳ μόνῳ. ⁵Καὶ εἶπεν Σαμουὴλ Ἀθροίσατε πάντα
6 Ἰσραὴλ εἰς Μασσηφάθ, καὶ προσεύξομαι περὶ ὑμῶν πρὸς Κύριον. ⁶καὶ συνήχθησαν εἰς Μασση-
φάθ, καὶ ὑδρεύονται ὕδωρ καὶ ἐξέχεαν ἐνώπιον Κυρίου ἐπὶ τὴν γῆν καὶ ἐνήστευσαν ἐν τῇ ἡμέρᾳ
ἐκείνῃ καὶ εἶπαν Ἡμαρτήκαμεν ἐνώπιον Κυρίου· καὶ ἐδίκαζεν Σαμουὴλ τοὺς υἱοὺς Ἰσραὴλ εἰς
7 Μασσηφάθ. ⁷καὶ ἤκουσαν οἱ ἀλλόφυλοι ὅτι συνηθροίσθησαν πάντες οἱ υἱοὶ Ἰσραὴλ εἰς Μασ-
σηφάθ, καὶ ἀνέβησαν σατράπαι ἀλλοφύλων ἐπὶ Ἰσραήλ· καὶ ἀκούουσιν οἱ υἱοὶ Ἰσραήλ, καὶ
8 ἐφοβήθησαν ἀπὸ προσώπου ἀλλοφύλων. ⁸καὶ εἶπαν οἱ υἱοὶ Ἰσραὴλ πρὸς Σαμουήλ Μὴ παρα-
σιωπήσῃς ἀφ' ἡμῶν τοῦ μὴ βοᾶν πρὸς Κύριον θεόν σου, καὶ σώσει ἡμᾶς ἐκ χειρὸς ἀλλοφύλων.
9 ⁹καὶ ἔλαβεν Σαμουὴλ ἄρνα γαλαθηνὸν ἕνα καὶ ἀνήνεγκεν αὐτὸν ὁλοκαύτωσιν σὺν παντὶ τῷ λαῷ

2 καρειαθιαρειμ A 3 αιτοιμασατε A 7 ακουουσιν] ακουσιν A

ANa-in-qstv-c$_2$e$_2$𝔄ℭ$^{cw}$𝔈(𝔏$^{v}$)

2 εγενηθη] εγεννηθη a: εγενετο boc$_2$e$_2$ | ην ημερας f | κιβωτος] + του θ̅υ̅ boc$_2$e$_2$ | καριαθιαρειμ] καριαθηαριμ q: *Cariatharim* 𝔄: καριaαθιαρειμ a | hab επληθυναν—κυριου 𝔏$^{v}$ | επληθυναν] επληθυνθησαν Nabe-hnosvwb$_2$c$_2$e$_2$ ⟨71 (+σφοδρα)⟩: *repleti sunt* 𝔏 | εγενοντο] εγενετο bopqtyzc$_2$e$_2$: εγενηθησαν a(εγενν- a*) | ετη εικοσι d𝔄𝔏 | επεβλεψεν] επεβλεψαν enp-twyz*(uid, corr z$^{?}$)𝔄-codd: απεβλεψαν a: επεστρεψεν *b*oz$^{a?}$c$_2$e$_2$𝔈: επεστρεψαν iℭ: επεψε b' | οικος] pr ο ANa*b*cioxye$_2$: pr ο λαος ο b' | om οπισω—(3) ισραηλ cxy* | οπισω] pr *ire* 𝔏 | κυριου] αυτου v: + εν ειρηνη boc$_2$e$_2$𝔏

3 ειπεν] + αυτοις z | om λεγων ℭ | εν—προς 2° mutila in ℭ$^{w}$ | om υμων 1° g | επιστρεφετε] επιστραφητε a$_2$: επεστρεψατε bc$_2$e$_2$𝔈 Spec-codd: ⟨επιστρεψητε 123⟩: επιστρεψε t: εστρεψατε o | περιελετε] περιελεσθε bcdfhn$^{b}$p-twxz*: εξαρατε oz$^{a?}$c$_2$e$_2$ Thdt | θεους B] τους θεους τους AN omn Thdt: + *hos* ℭ$^{c}$: + *uestros* ℭ$^{w}$ | αλλοτριους] αλλοφυλους d* | εκ μεσου] εκ μεσω g: εν μεσω v | υμων 2°] + ras (6) c | hab και 2°—ετοιμασατε 𝔏$^{v}$ | τα αλση] *excidite lucos eorum* Spec | τας καρδιας] *cor* 𝔈 | υμων 3°] ημων x | δουλευσετε y | ημας agio | αλλοφυλων] pr των Nboc$_2$e$_2$: pr υιων c

4 περιειλον] περιειλαν cx: περιιλαν A: περιειλαντο v: εξηραν boz$^{a?}$c$_2$e$_2$ | om οι ao | τας] τους fn$^{b}$sw: τα bioz$^{a?}$c$_2$e$_2$ | βααλειμ] βααλημ cgx: βαλειμ e: βαλλειμ o: ⟨βααλλιμ 74⟩ | και 2°] + εξηραν N: + *auerterunt* Spec | ασταρωμ N | hab και 3°—μονω 𝔏$^{v}$ | κυριω Baiya$_2$b$_2$] τω θ̅ω̅ v: pr τω AN rell: *ei* 𝔄: + *Deo* 𝔏 Spec-codd | μονω] + και ευηρεστουν αυτω (+ μονω e$_2$) bhoz c$_2$e$_2$𝔏

5 αθροισατε] συναθροισατε boc$_2$e$_2$: + προς με Nfsw | παντα Bcixya$_2$] pr τους h$^{b?}$(uid): pr τον ANh* rell: + ανδρα Cyr | ισραηλ] λαον a | μασσηφαθ] μασηφαθ dei𝔄 Cyr: μασιφαθ gv: *Massefat* ℭ$^{c}$: μασηφατ A(uid)ℭ$^{w}$: μασσηφα bc$^{a?}$fops$^{a}$wa$_2$c$_2$e$_2$ 𝔈: μασηφα c*s*x | om και 2°—(6) μασσηφαθ 1° d | προσευξομαι] προσευξωμαι v: προσευξονται a$_2$: προσευξον b' | περι—κυριον] προς κ̅ν̅ υπερ υμων (ημων oe$_2$) boc$_2$e$_2$ℭ𝔈 | ⟨περι] υπερ 123⟩ | ημων i

6 συνηχθησαν BAcixya$_2$𝔄𝔈] ⟨συνηχθη 244⟩: συνηχθη ο λαος N rell Cyr: + *omnes* ℭ | μασσηφαθ 1°] μασηφαθ ei𝔄 Cyr: μασιφαθ v: *Massefat* ℭ$^{c}$: μασηφατ Aℭ$^{w}$: μασσηφα bcfopswx a$_2$c$_2$e$_2$𝔈 | hab και 2°—κυριου 2° 𝔏$^{v}$ | υδρευονται υδωρ] *impleuerunt aquam educentes* 𝔏$^{v(1)}$ | υδρευονται] υδρευοντο ch*vx: υδρευοντας A: ⟨υδρευον 242⟩: *immolauerunt* 𝔏$^{v(2)}$ | εξεχεαν] εξεχεον i: *effudit* 𝔄: εκχεουσιν boc$_2$e$_2$ | om επι o | και 4°—κυριου 2° sub ※ t | ειπον abdefoc$_2$e$_2$ | ημαρτηκαμεν] ημαρτισαμεν x: ημαρτομεν bhoc$_2$e$_2$ | ενωπιον κυριου 2°] τω κ̅ω̅ Nabcfh ovb$_2$c$_2$e$_2$ Cyr | εδικαζεν] εδικασεν Neghnvb$_2$𝔄ℭ𝔈 Cyr: εδιδαξεν o: εδιδασκεν a | σαμουηλ—ισραηλ] *eos Samuel* 𝔈$^{a}$ | ⟨σαμουηλ] ισραηλ 246⟩ | om τους υιους ισραηλ e | τους υιους] τοις υιοις v: om ℭ$^{c}$ | εις 2°] εν a$_2$ | μασσηφαθ 2°] μασηφαθ ei*𝔄 Cyr: μασιφαθ v: μασηφατ Aℭ$^{w}$: μασσηφα bcfh$^{b?}$opswxa$_2$c$_2$e$_2$𝔈

7 om και 1°—μασσηφαθ a$_2$ | om οι 1° A | αλλοφυλοι] + παντες boc$_2$e$_2$ | συνηθροισθησαν—υιοι 1°] συνηθροισθη πας cx | συνηθροισθησαν] συνηχθησαν boc$_2$e$_2$ | παντες—μασσηφαθ] οι υιοι ι̅η̅λ̅ εις μασσηφα παντες boc$_2$e$_2$ | om παντες v𝔄ℭ$^{c}$ | om εις μασσηφαθ d | μασσηφαθ] μασηφαθ e𝔄: μασιφαθ v: *Massefat* ℭ$^{c}$: μασηφατ Aℭ$^{w}$: μασσηφα cfh$^{b?}$pswx𝔈 | σατραπαι] pr οι bcoxc$_2$e$_2$ | αλλοφυλων 1°] pr των Nbcdfo-zc$_2$e$_2$: αλλοφυλοι a | επι ισραηλ] επ αυτους d: om ℭ$^{c}$ | επι] εν a$_2$ | om και 3°—ισραηλ 3° ca$_2$ | ακουουσιν] ηκουσαν boxc$_2$e$_2$ Cyr | οι 2°] οτι A | αλλοφυλων 2°] pr των befotc$_2$e$_2$

8 ειπον abdefoc$_2$e$_2$ | om οι υιοι ισραηλ d | om οι co | hab μη 1°—σου 𝔏$^{v}$ | μη 1°—βοαν] *ne desieris clamare propter nos* 𝔄 | μη 1°] + δη h | παρασιωπησεις cx | αφ ημων] *pro nobis* 𝔈𝔏 | αφ] υφ Cyr | υμων z* | του μη βοαν] *sed clama* 𝔏: *et clama* 𝔈 | om μη 2° Nhde$_2$ | θεον] pr τον Nbcdfosvxzb$_2$c$_2$e$_2$ | σου] om s: + υπερ ημων bozc$_2$e$_2$ | ⟨σωσεις 71⟩ | αλλοφυλων] pr των boc$_2$e$_2$: pr υιων a$_2$: + και ειπεν σαμουηλ μη μοι γενοιτο αποστηναι απο κ̅υ̅ θ̅υ̅ μου του μη βοαν περι υμων προσευχομενον *b*(mg)dfghi(sub ※)n$^{b}$(part illeg)p-wy$^{b}$zb$_2$⟨74⟩ℭ𝔖$^{j}$ ⟦om και ειπεν σαμουηλ y$^{b}$ | om μοι fℭ$^{c}$ | αποστησαι *b*(mg)fswy$^{b}$ | θ̅υ̅ μου] του θ̅υ̅ pqtz: om d: om μου 74 | βοαν] + *ad eum* ℭ | περι] υπερ v | προσευχομενον] προσευχομενος z$^{a?}$b$_2$: προς κ̅ν̅ v: om ℭ⟧

9 γαλαθηνον] αγαθην v𝔄-codd | hab και 2°—κυριω 𝔏$^{v}$ | ανηνεγκαν v | αυτον] αυτων g: αυτο a$_2$: αυτω a | ολοκαυτωσιν] pr εις dxa$_2$𝔄-codd Cyr: εις ολοκαρπωσιν c | om συν—(10) ολοκαυτωσιν a$_2$ | συν—λαω] post κυριω boc$_2$e$_2$𝔄𝔈: *pro omni populo* 𝔖$^{j}$ | συν παντι] συμπαντι acx: om συν N | om τω 1° a |

VII 3 αλση] ασταρωθ *b* 4 τα αλση ασταρωθ] α' τα της ασταρτης αγαλματα φησιν z · 6 εδικαζεν] α' θ' εκρινεν *b*

B τῷ κυρίῳ· καὶ ἐβόησεν Σαμουὴλ πρὸς Κύριον περὶ Ἰσραήλ, καὶ ἐπήκουσεν αὐτοῦ Κύριος. [10]καὶ 10
ἦν Σαμουὴλ ἀναφέρων τὴν ὁλοκαύτωσιν, καὶ ἀλλόφυλοι προσῆγον εἰς πόλεμον ἐπὶ Ἰσραήλ· καὶ
ἐβρόντησεν Κύριος ἐν φωνῇ μεγάλῃ ἐν τῇ ἡμέρᾳ ἐκείνῃ ἐπὶ τοὺς ἀλλοφύλους, καὶ συνεχύθησαν
καὶ ἔπταισαν ἐνώπιον Ἰσραήλ. [11]καὶ ἐξῆλθαν ἄνδρες Ἰσραὴλ ἐκ Μασσηφὰθ καὶ κατεδίωξαν 11
τοὺς ἀλλοφύλους, καὶ ἐπάταξαν αὐτοὺς ἕως ὑποκάτω τοῦ Βαιθχόρ. [12]καὶ ἔλαβεν Σαμουὴλ λίθον 12
ἕνα καὶ ἔστησεν αὐτὸν ἀνὰ μέσον Μασσηφὰθ καὶ ἀνὰ μέσον τῆς παλαιᾶς, καὶ ἐκάλεσεν τὸ ὄνομα
αὐτοῦ Ἀβενέζερ, Λίθος τοῦ βοηθοῦ, καὶ εἶπεν Ἕως ἐνταῦθα ἐβοήθησεν ἡμῖν Κύριος. [13]καὶ 13
ἐταπείνωσεν Κύριος τοὺς ἀλλοφύλους, καὶ οὐ προσέθεντο ἔτι προσελθεῖν εἰς ὅριον Ἰσραήλ· καὶ
ἐγενήθη χεὶρ Κυρίου ἐπὶ τοὺς ἀλλοφύλους πάσας τὰς ἡμέρας τοῦ Σαμουήλ. [14]καὶ ἀπεδόθησαν αἱ 14
πόλεις ἃς ἔλαβον οἱ ἀλλόφυλοι παρὰ τῶν υἱῶν Ἰσραήλ, καὶ ἀπέδωκαν αὐτὰς τῷ Ἰσραὴλ ἀπὸ
Ἀσκάλωνος ἕως Ἀζόβ, καὶ τὸ ὅριον Ἰσραὴλ ἀφείλαντο ἐκ χειρὸς ἀλλοφύλων· καὶ ἦν εἰρήνη ἀνὰ
μέσον Ἰσραὴλ καὶ ἀνὰ μέσον τοῦ Ἀμορραίου. [15]καὶ ἐδίκαζεν Σαμουὴλ τὸν Ἰσραὴλ πάσας τὰς 15
ἡμέρας τῆς ζωῆς αὐτοῦ· [16]καὶ ἐπορεύετο κατ' ἐνιαυτὸν ἐνιαυτὸν καὶ ἐκύκλου Βαιθὴλ καὶ τὴν 16
Γάλγαλα καὶ τὴν Μασσηφάθ, καὶ ἐδίκαζεν τὸν Ἰσραὴλ ἐν πᾶσι τοῖς ἡγιασμένοις τούτοις. [17]ἡ δὲ 17

10 επι 1°] πι sup ras $B^{ab}$ 12 μεσον 1°] βεσον A 13 εταπινωσεν A 16 πασιν A

ANa-in-qstv-$c_2e_2$𝔄ℭ$^{cw}$𝔈(𝔏$^v$)

τω κυριω] om cx: om τω v Cyr ½ | ανεβοησεν $oc_2$ | om προς—ισραηλ d | προς κυριον] τω κω h | περι ισραηλ] *super Israel omnem* ℭ$^c$ | περι] υπερ του $boc_2e_2$ | κυριος] pr ο b: κ ex corr $o^a$

10 hab και 1°—ολοκαυτωσιν 𝔏$^v$ | om και 1°—ολοκαυτωσιν d | ην—προσηγον] *dum offerebat Samuel holocaustum accesserunt alienigenae* 𝔄𝔈 | αναφερων] προσφερων f: φερων o | ολοκαυτωσιν] + *Domino* 𝔏 | αλλοφυλοι] pr οι $bcdfhopvxc_2e_2$ | προσηγον] προηγον z: προσηγαγον avy: προσηγαγοντο $a_2$ | εις πολεμον] om v: om εις i* | επι 1°] πι sup ras $B^{ab}$: εν dpqt | κυριος] pr ο f | εν φωνη μεγαλη] post αλλοφυλους ℭ$^c$: post εκεινη ℭ$^w$ | om εν 1° $bioa_2c_2e_2$ | φωνη μεγαλη post εκεινη $bc_2e_2$ | εν 2°—εκεινη] post αλλοφυλους 𝔈: om o | ⟨om εν 2° 71⟩ | επι 2°] προς Cyr-ed | αλλοφυλους] + και εξεστισεν αυτους g | om και 4°—(11) αλλοφυλους A | hab και 4°—ισραηλ 2° 𝔏$^v$ | ⟨om και συνεχυθησαν 44⟩ | συνεχυθησαν] συνηχυθησαν y: συνηχθησαν $da_2$ Cyr | επταισαν] επαισαν ev: επεσαν ab'cpx: επεσον d Cyr: ⟨εστησαν 246⟩: εφυγον $a_2$: *dementati sunt* 𝔏 | ενωπιον] *coram filiis* ℭ$^c$ | ισραηλ 2°] pr του c

11 και 1°—ισραηλ] *ascenderunt* ℭ$^c$: om y | εξηλθαν Bn*] εξηλθον $Nn^b$ rell | ανδρες] pr οι $cxc_2$: *filii* ℭ$^w$𝔖$^j$: om 𝔈 | om ισραηλ $c_2$ | εκ] εις $vye_2$𝔄-edℭ$^c$𝔈$^s$ | μασσηφαθ] μασηφαθ e𝔄: μασιφαθ gv: μασσηθφαθ $a_2$: *Massefat* ℭ$^c$: *Masefat* ℭ$^w$: μασσηφα $bcfh^{b?}opstwxzc_2e_2$𝔈: μασηφα d | επαταξαν] επαταξεν A $ye_2$: κατεδιωξαν $fn^bsw$ | om υποκατω ⟨44⟩ ℭ | του] το sup ras $A^?$: om $bcoxa_2c_2e_2$ | βαιθχορ] βα ex corr uid $c_2^a$: βεθχορ $a_2$: βαιθχωρ $enpqtzb_2$𝔄: βεθχωρ f: βηθχωρ On-gr: *Bethchur* On-lat: βαιθχθορ $h^b$: βεθχορι i: βαιχθωρ d: βεχθωρ cx: ⟨βεχθορι 246⟩: βαιχωρ a: *Bechor* 𝔈: βεκχορ y: βελχορ A: βεεχορ v: ⟨βαιχεωρ 44: βιεχωρ 242⟩: *Baechroth* ℭ$^w$: *Chebron* ℭ$^c$

12 ελαβον a* | λιθον] + μεγαν gvz | om ενα v | εστησαν $a_2$ | αυτον] αυτο A: om 𝔄 | hab και 1°—κυριος 𝔏$^v$ | ανα μεσον 1°] εις μεσον $a_2$: εν c | om μασσηφαθ—μεσον 2° oy*𝔈 | μασσηφαθ] μασηφαθ e: μασιφαθ v: *Masphath* 𝔏: μασσηφα bc $dfh^{b?}pstwxzc_2e_2$: μασηφα $Ay^b$𝔄: μασσιφων $a_2$: *Masefon* ℭ$^w$ | ανα 2°—παλαιας] *inter...nouae et ueteris* 𝔏: *inter Bethsan antiquam* 𝔄-codd | ⟨om ανα μεσον της 44⟩ | εκαλεσαν $a_2$ | το ονομα αυτου] αυτον $b_2$𝔈 | ⟨αβενεζερ—κυριος] λιθος του βοητου αβεννεζερ 236⟩ | αβενεζερ] ⟨αβινεζερ 74⟩: αβεννεζερ Nbfhinosw $yb_2c_2e_2$𝔏: om a | om λιθος του βοηθου en* | λιθος] pr ο σημαινει $fwy^b$: pr *quod est* ℭ$^w$: pr *hoc est* 𝔏 | του βοηθου] *adiutorii* 𝔈𝔏: του βουνου i: + μου $bhozc_2e_2$ | εως ενταυθα] *usque ad hunc lapidem* 𝔏 | εβοησεν a* | κυριος] pr ο $bfosvwc_2e_2$: ο θ̅ς̅ h

13 om και 2°—αλλοφυλους 2° acx | προσεθετο w | ετι] επι o | προσελθειν $Bya_2$] επερθει A: του επελθειν $hoc_2e_2$: ελθειν i: επελθειν N rell: *ascendere* 𝔄 | εις] προς en: *super* 𝔄ℭ | οριον] pr το $boc_2e_2$ | εγενετο $ANboc_2e_2$ | χειρ] pr η e | om του Abd $fhopswc_2e_2$

14 ⟨om και 1°—αλλοφυλων 44⟩ | απεδοθησαν] επεδοθησαν e: om ℭ | αι] pr απασαι y | παρα] απο $Naegnvb_2$ | om και 2°—ισραηλ 2° $a_2$ℭ | απεδωκεν v(uid) | om αυτας—αφειλαντο dp | αυτα A | τω] τον v | ασκαλωνος] ακκαρων ANbcf-osvwx $z^{a?}b_2c_2e_2$: ακαρων e: ακρων a | αζοβ] σζοβ $ai^*n^*v$: εζοβ N: αζωβ g: αξοβ e: ⟨ιαζοβ 244⟩: ζοβ $i^{a?}$: ασαζοβ $a_2$: γεθ $Abcfn^b$ $oqtwxzc_2e_2$𝔄ℭ𝔈: αζεβεγεθ b | το—αφειλαντο] αφειλατο (-αντο b) το οριον αυτον ι̅η̅λ̅ $boc_2e_2$ | τα οριον ισραηλ post αφειλαντο 𝔈 | οριον] ορειον x: ορει c | αφειλοντο Nefiqstwz | εκ χειρος] απο y𝔈 | αλλοφυλων] pr των $boyc_2e_2$ | ανα 1°—αμορραιου] *inter Amorrhaeum et inter Israel* 𝔈 | om ισραηλ 4°—μεσον 2° yℭ$^c$ | ισραηλ 4°] pr του $Ncefhnsvwxa_2b_2$: pr *filiorum* ℭ$^w$ | om ανα μεσον 2° do | om του g | αμορραιου] αμμοραιου A: αμμορραιου b: αμοραιου e: αμορεου g: αμωραιου x

15 εδικαζεν] καζ sup ras $a^b$: εκρινεν $boz(mg)c_2e_2$: *iudicauit* 𝔄ℭ𝔈 | ⟨σαμουηλ] pr ο 242⟩ | ισραηλ] λαον h

16 επορευετο—εκυκλου] *iudicauit Samuel Israel in circuitu* ℭ$^w$ | επορευθη e | κατ ενιαυτον] ενιαυτον κατ v: εφ (αφ $e_2$) ικανου ενιαυτον κατ $boc_2e_2$ | ενιαυτον 1°] το sup ras (3) $A^?$ | ενιαυτον 2°] ενιαυτου $fn^ssw$: om cdexy | εκυκλου] εκυκλω v: εκυκλουν Ac | βαιθηλ] βεθηλ cx: την βεθηλ v | om και 3° d | om την 1° g | γαλγαλα] γαλγαλ $bdopqtzc_2e_2$: ⟨γαλγα 74⟩: γαλαλα $n^b$: γαλααδ cx𝔄ℭ$^c$ | ⟨om την 2° 44⟩ | μασσηφαθ] μασηφαθ $ea_2$𝔄: μασιφαθ v: *Massefat* ℭ$^c$: *Masefat* ℭ$^w$ Anon$^I$: μασσηφα $bcdfh^{b?}oqstwxc_2e_2$𝔈: μασηφα Ap | hab και 5°—τουτοις 𝔏$^v$ | εδικαζεν] καζ sup ras $a^b$: εκρινε σαμουηλ $fn^bsw$: ⟨+ ÷ σαμουηλ 64 mg⟩ | τον] ⟨τους υιους 74⟩: *populum* 𝔏 | ισραηλ] λαον c*(uid) | υγιασμενοις b' | τουτοις] αυτοις c

10 συνεχυθησαν] θ' εξεστησαν bz(sine nom): εφαγεδαινισαν z 11 κατεδιωξαν] σ' επαταξαν b
12 της παλαιας] σ' του ακρωτηριου bz(sine nom) 16 εν—τουτοις] εις παντας τους τοπους τουτους οις ησαν οι αγιοι z

ἀποστροφὴ αὐτοῦ εἰς Ἁρμαθάιμ, ὅτι ἐκεῖ ἦν ὁ οἶκος αὐτοῦ, καὶ ἐδίκαζεν ἐκεῖ τὸν Ἰσραήλ· καὶ B
ᾠκοδόμησεν ἐκεῖ θυσιαστήριον τῷ κυρίῳ.

III 1 [1]Καὶ ἐγένετο ὡς ἐγήρασεν Σαμουήλ, καὶ κατέστησεν τοὺς υἱοὺς αὐτοῦ δικαστὰς τῷ Ἰσραήλ.
2 [2]καὶ ταῦτα τὰ ὀνόματα τῶν υἱῶν αὐτοῦ· πρωτότοκος Ἰωήλ, καὶ ὄνομα τοῦ δευτέρου Ἀβιά,
3 δικασταὶ ἐν Βηρσάβεε. [3]καὶ οὐκ ἐπορεύθησαν οἱ υἱοὶ αὐτοῦ ἐν ὁδῷ αὐτοῦ, καὶ ἐξέκλιναν ὀπίσω
4 τῆς συντελείας· καὶ ἐλάμβανον δῶρα καὶ ἐξέκλινον δικαιώματα. [4]καὶ συναθροίζονται ἄνδρες
5 Ἰσραὴλ καὶ παραγίνονται εἰς Ἁρμαθάιμ πρὸς Σαμουήλ, [5]καὶ εἶπαν αὐτῷ Ἰδοὺ σὺ γεγήρακας,
καὶ οἱ υἱοί σου οὐ πορεύονται ἐν τῇ ὁδῷ σου· καὶ νῦν κατάστησον ἐφ᾽ ἡμᾶς βασιλέα δικάζειν
6 ἡμᾶς καθὰ καὶ τὰ λοιπὰ ἔθνη. [6]καὶ πονηρὸν τὸ ῥῆμα ἐν ὀφθαλμοῖς Σαμουήλ, ὡς εἶπαν Δὸς ἡμῖν
7 βασιλέα δικάζειν ἡμᾶς· καὶ προσηύξατο Σαμουὴλ πρὸς Κύριον. [7]καὶ εἶπεν Κύριος πρὸς Σαμουήλ
Ἄκουε τῆς φωνῆς τοῦ λαοῦ καθὰ ἂν λαλήσωσίν σοι· ὅτι οὐ σὲ ἐξουθενήκασιν, ἀλλ᾽ ἢ ἐμὲ ἐξου-
8 δενώκασιν τοῦ μὴ βασιλεύειν ἐπ᾽ αὐτῶν. [8]κατὰ πάντα τὰ ποιήματα ἃ ἐποίησάν μοι ἀφ᾽ ἧς
ἡμέρας ἀνήγαγον αὐτοὺς ἐξ Αἰγύπτου ἕως τῆς ἡμέρας ταύτης, καὶ ἐγκατέλιπόν με καὶ ἐδούλευον
9 θεοῖς ἑτέροις, οὕτως αὐτοὶ ποιοῦσιν καὶ σοί. [9]καὶ νῦν ἄκουε τῆς φωνῆς αὐτῶν· πλὴν ὅτι διαμαρ-
τυρόμενος διαμαρτύρῃ αὐτοῖς, καὶ ἀπαγγελεῖς αὐτοῖς τὸ δικαίωμα τοῦ βασιλέως ὃς βασιλεύσει

VIII 3 εξεκλειναν B* | εξεκλεινον B*     4 παραγεινονται B*

ANa–in–qstv–c$_2$e$_2$ℑℭ$^{cw}$𝔈(𝔏$^{v}$)

**17** *αυτου* 1°] + *ην* a*b*cehoxzc$_2$e$_2$𝔄(uid) | *εις*] *εν* boc$_2$e$_2$ | *αρμαθαιμ*] *αρμαθεμ* cg: *Armaten* Anon$^1$ | *οτι εκει*] *και εκει* bo e$_2$: ⟨*εκει γαρ* 44⟩ | om *ο* aen* | *εδικαζεν εκει*] *εκει εδικαζεν* Nc hpvx𝔄𝔈: *εκει εδικασε* dgqtz: om *εκει* Ab$_2$ | hab *και* 2°—*κυριω* 𝔏$^{v}$ | ⟨om *και* 2°—*κυριω* 242⟩ | *ωκοδομησαν* e$_2$ | om *εκει* 3° 𝔏 | *του* $\overline{κυ}$ a$_2$𝔏

**VIII 1** om totum comma ⟨242⟩ ℭ$^{c}$ | ⟨*και* 1°—*και* 2°] *ως δε εγηρασε σαμουηλ* 44⟩ | om *και* 2°—*ισραηλ* c | om *και* 2° dxa$_2$ 𝔄(uid)ℭ$^{w}$𝔈$^{s}$ | *τω*] *του* y

**2** ⟨*και* 1°—*βηρσαβεε*] *τον ιωηλ και αβια* 44⟩ | *πρωτοτοκος*] pr *ο* abozc$_2$e$_2$: om d | *ιωηλ*] $\overline{ιηλ}$ cx | hab *ονομα*—*αβια* 𝔏$^{v}$ | *ονομα του δευτερου*] *ο δευτερος* boc$_2$e$_2$ℭ$^{w}$: om d | *ονομα*] pr *το* p | *του δευτερου*] *το δευτερω* c: *τω δευτερω αυτου* qtz: + *αυτου* A | *αβια*] *αβιγα* h*: *αβειρα* iob$_2$c$_2$e$_2$𝔏𝔖$^{j}$(mg): *αβηρα* b: *Abiathar* Anon$^1$ | *δικασται*] *δικασταις* h*(uid): *δικαστας* Acvx | *βηρσαβεε*] *βηρσαβεαι* *b*oa$_2$c$_2$e$_2$: *βηρσαβαιε* i: *βιρσαβεε* v: *βερσαβεε* h*(uid)ℭ Thdt: *Bedsabee* 𝔄-codd

**3** om *ουκ* cg* | om *οι* g | *εν οδω*] *την οδον* v | *οδω*] pr *τη* Nboc$_2$e$_2$ | *αυτου* 2°] *αυτων* cx | hab *εξεκλιναν*—*συντελειας* 𝔏$^{v}$ | *εξεκλιναν*] pr *ουκ* x: ⟨*εξεκλινον* 74⟩: *εκλιναν* s | *οπισω της συντελειας*] *post diuitias* 𝔏 | *συντελειας*] pr *πλεονεξιας* dp: *πλεονεξιας* *b*(mg)hoz(mg)c$_2$e$_2$𝔄-ed: + *πλεονεξιας* g𝔄-cod | *ελαμβανον*] pr *ουκ* x: *ελαμβαναν* A: *ελαβον* ⟨123⟩ 𝔈 | *εξεκλινον*] *εξεκλιναν* ANab′c–gh$^{b}$npsvwa$_2$b$_2$𝔈: *ουκ εξεκλιναν* x | *δικαιωματα*] pr *τα* N: *δικαιωμα* cdpqtxzℭ$^{w}$𝔈

**4** *συναθροιζονται*—*παραγινονται*] *παραγινονται παντες ανδρες* $\overline{ιηλ}$ d ⟨44 (om *ανδρες*)⟩ | *ανδρες*] pr *παντες* A*b*hopqtc$_2$e$_2$𝔄: *παντες* b′: *filii* ℭ$^{w}$: *παντες οι υιοι* cxz* | *παραγινονται*] *ερχονται* cfx | *προς σαμουηλ εις αρμαθαιμ* (-*θεμ* cg) ANa–dfgho–xzb$_2$c$_2$e$_2$𝔄

**5** *ειπαν*] *ειπον* acdepvxa$_2$: *λεγουσιν* bfhoswc$_2$e$_2$ | *συ*] *σοι* g: om v | om *ου* cx | om *εν* h Cyr⅓ | om *τη* n | *σου* 2°] *αυτων* c | *κατηστον* g | om *εφ* a | *ημας* 1°] *η* N* | *δικαζειν*] pr *του* cepx Cyr⅓: *δικαζον* v | om *καθα*—(6) *ημας* e | *καθα*] *καθως* bosc$_2$e$_2$ Cyr⅓ | om *και* 4° boc$_2$e$_2$𝔈 | *τα λοιπα*] *παντα τα* boc$_2$e$_2$𝔈

**6** *και* 1°—*ημας* post (12) *εαυτω* o | *πονηρον* By] + *εφανη* a$_2$ 𝔄(uid): pr *ην* AN rell ℭ𝔈 Cyr | *εν οφθαλμοις*] *ενωπιον* Abdo c$_2$e$_2$: *εναντιον* y | *ειπαν*] *ειπον* abfoc$_2$e$_2$: *ειπε* Cyr | *δος*—*ημας*] *τουτο* d | *δως* cgn*vx | *βασιλεα*] + *super nos* ℭ | om *δικαζειν ημας* ℭ$^{c}$ | *δικαζειν*] pr *του* Nboc$_2$e$_2$: *δικαζον* v | *ημας*] pr *εφ* A pqtz: + *καθως παντα τα εθνη* boc$_2$e$_2$ | ⟨*ηυξατο* 242⟩ | *σαμουηλ* 2° post *κυριον* fv

**7** *ειπεν κυριος* sup ras a$_2^{b}$ | ⟨*κυριος προς σαμουηλ*] *αυτω κυριος* 44⟩ | *προς σαμουηλ*] ⟨*τω σαμουηλ* 74⟩: om da$_2$ | *ακουσον* fn$^{b}$sw | *του λαου*] *αυτων* b$_2$ (*ων* ex corr b$_2^{a}$): + *σου* ae | om *καθα*—*σοι* e Thdt | *καθα*] *καθ ο* dpqtz: *καθως* Cyr½: *κατα παντα οσα* bhoc$_2$e$_2$ | *λαλησωσιν*] *λαλησουσιν* ya$_2$: *λαλωσι* fnsw | *σοι*] *προς σε* N abfghnosvwyb$_2$c$_2$e$_2$ Cyr | *οτι*] *διοτι* boc$_2$e$_2$ Thdt | *ου σε*] *ους* g: om *ου* ℭ$^{c}$ | *εξουθενηκασιν*] *εξουθενωκασιν* oc$_2$: *εξουδενωκασιν* ab cgnvb$_2$ Thd: *spernunt* Spec | om *αλλ*—*εξουδενωκασιν* p*ℭ Cyr⅓ | om *η* Nep$^{a?}$s*a$_2$ Thdt½-ed½ Eus Thd | *εξουδενωκασιν*] *εξουθενωκασιν* h: *εξουθενηκασιν* ANc–finp$^{a?}$qstw–a$_2$ Cyr⅓: *εξουθενωσαν* *b*oc$_2$e$_2$: *εξουθενησαν* b′ Thdt | *του* 2°] *τω* Cyr½ | *εφ εαυτων* i | *αυτων*] *αυτους* Ay Thdt: *αυτοις* cvx

**8** *κατα*] *και* e | om *παντα* ci | *τα ποιηματα*] *τα εργα* fsw: *τα εργα αυτων* boc$_2$e$_2$ Thdt: hab *τα εργα* Jos: om Aa$_2$ℭ(uid)𝔈: om *τα* z$^{a?}$: ⟨+ *αυτων* 246⟩ | *α*] *οσα* Nb′ | *εποιησαν μοι*] *εποιησαμην* cx | *μοι*] *με* d: *eis* ℭ$^{c}$ | om *ημερας* y | *ανηγαγον*] pr *ης* N: *συνηγαγον* f: *εξηγαγον* b𝔈 Jos(uid) Thdt | *αυτους*] *τους πρας αυτων* defnp–twz | *εξ*] *εκ γης* Nℭ | *εγυπτου* g | *εως*] pr *και* A bdopqtzc$_2$e$_2$ Thdt | *εγκατελειπον* Aabchovxya$_2$b$_2$e$_2$ | *εδουλευον* BAghia$_2$] *εδουλευσαν* N rell ℑℭ𝔈 | *ετεροις*] ⟨*αλλοτριοις* 74⟩: + *ους* b*: + *ους αυτοι ποιουσιν και γε ελατρευσαν αυτοις* bgozc$_2$e$_2$ | om *αυτοι* ⟨44⟩ ℭ𝔈 | *ποιησουσι* e | om *και σοι* Acx | *σοι*] *συ* bv

**9** *και* 1°] pr ※ c$_2$: + *συ* Acx | *ακουσον* z(uid) | *της φωνης*] *την φωνην* dpqt: om *της* a | *αυτων*] *αυτου* z* | hab *πλην*—*αυτοις* 1° 𝔏$^{v}$ | *πλην*—*διαμαρτυρη*] *sed hoc testato testare* 𝔏 | om *οτι* N𝔄ℭ(uid)𝔈 | *διαμαρτυρομενος*] *διαμαρτυρουμενος* cx: *διαμαρτυραμενος* a$_2$: om q | *διαμαρτυρη*] *διαμαρτυραι* a$_2^{a?}$ (ex corr) | *αυτοις* 1°] *υ* sup ras A$^1$: *αυτους* c | om *και απαγγελεις αυτοις* dp | *απαγγελεις*] *απαγγελει* cx: *αναγγελεις* a: *αναγγελει* a$_2$: *απεγγιεις* q(uid) | *αυτοις* 2°] *εαυτοις* a$_2$ | hab *το*—*βασιλεως* 𝔏$^{v}$ | *τα δικαιωματα* v | *ος*] *ως* g | *βασιλευσει*] *βασιλευση* b′f: *βασιλευει* A | *αυτους*] *αυτοις* aboz$^{a?}$b$_2$c$_2$e$_2$

VIII 3 *οπισω της συντελειας*] α′ θ′ [*post*] *auaritiam* 𝔖$^{m}$     7 *εξουθενηκασιν*] σ′ *απεδοκιμασαν*

B ἐπ' αὐτούς. 10 Καὶ εἶπεν Σαμουὴλ πᾶν τὸ ῥῆμα τοῦ κυρίου πρὸς τὸν λαὸν τοὺς αἰτοῦντας 10
παρ' αὐτοῦ βασιλέα, 11 καὶ εἶπεν Τοῦτο ἔσται τὸ δικαίωμα τοῦ βασιλέως ὃς βασιλεύσει ἐφ' ὑμᾶς· 11
τοὺς υἱοὺς ὑμῶν λήμψεται, καὶ θήσεται αὐτοὺς ἐν ἅρμασιν αὐτοῦ καὶ ἱππεῦσιν αὐτοῦ καὶ προ-
τρέχοντας τῶν ἁρμάτων αὐτοῦ, 12 καὶ θέσθαι αὐτοὺς ἑαυτῷ χιλιάρχους καὶ ἑκατοντάρχους, καὶ 12
θερίζειν θερισμὸν αὐτοῦ καὶ τρυγᾶν τρυγητὸν αὐτοῦ, καὶ ποιεῖν σκεύη πολεμικὰ αὐτοῦ καὶ σκεύη
ἁρμάτων αὐτοῦ· 13 καὶ τὰς θυγατέρας ὑμῶν λήμψεται εἰς μυρεψοὺς καὶ εἰς μαγειρίσσας καὶ εἰς 13
πεσσούσας· 14 καὶ τοὺς ἀγροὺς ὑμῶν καὶ τοὺς ἀμπελῶνας ὑμῶν καὶ τοὺς ἐλαιῶνας ὑμῶν τοὺς 14
ἀγαθοὺς λήμψεται καὶ δώσει τοῖς δούλοις αὐτοῦ· 15 καὶ τὰ σπέρματα ὑμῶν καὶ τοὺς ἀμπελῶνας 15
ὑμῶν ἀποδεκατώσει, καὶ δώσει τοῖς εὐνούχοις αὐτοῦ καὶ τοῖς δούλοις αὐτοῦ· 16 καὶ τοὺς δούλους 16
ὑμῶν καὶ τὰς δούλας ὑμῶν καὶ τὰ βουκόλια ὑμῶν καὶ τὰ ἀγαθὰ καὶ τοὺς ὄνους ὑμῶν λήμψεται
§ ℭ$^{l}$ καὶ §ἀποδεκατώσει εἰς τὰ ἔργα αὐτοῦ, 17 καὶ τὰ ποίμνια ὑμῶν ἀποδεκατώσει· καὶ ὑμεῖς ἔσεσθε 17
αὐτῷ δοῦλοι. 18 καὶ βοήσεσθε ἐν τῇ ἡμέρᾳ ἐκείνῃ ἐκ προσώπου βασιλέως ὑμῶν οὗ ἐξελέξασθε 18
ἑαυτοῖς· καὶ οὐκ ἐπακούσεται Κύριος ὑμῶν ἐν ταῖς ἡμέραις ἐκείναις, ὅτι ὑμεῖς ἐξελέξασθε ἑαυτοῖς
βασιλέα. 19 Καὶ οὐκ ἠβούλετο ὁ λαὸς ἀκοῦσαι τοῦ Σαμουήλ, καὶ εἶπαν αὐτῷ Οὐχί, ἀλλ' ἢ 19
βασιλεὺς ἔσται ἐφ' ἡμᾶς, 20 καὶ ἐσόμεθα καὶ ἡμεῖς κατὰ πάντα τὰ ἔθνη· καὶ δικάσει ἡμᾶς 20
βασιλεὺς ἡμῶν, καὶ ἐξελεύσεται ἔμπροσθεν ἡμῶν, καὶ πολεμήσει τὸν πόλεμον ἡμῶν. 21 καὶ 21

10 αιτουν] A     12 χειλιαρχους B*
13 μαγειρισσας] μαγιρισσας B* : μαγιρεισας A | πεσσουσας] παισσουσας A$^{1}$ : παισουσας A*
17 εσεσθαι BA     18 βοησεσθαι A | εξελεξασθαι (bis) A     19 εβουλετο A

ANa–in–qstv–c$_2$e$_2$𝔄ℭ$^{c(l)w}$𝔈(𝔏$^{v}$)

**10** παν το ρημα] παντας τους λογους Nabe–hnosvwb$_2$c$_2$e$_2$𝔄 | om παν cx | του κυριου Bia$_2$] om y : om του AN rell | τον] pr παντα boc$_2$e$_2$ | αιτησαντας boc$_2$e$_2$𝔄(uid)𝔈(uid)

**11** ειπεν] + αυτοις bdopzc$_2$e$_2$𝔈(uid) Did syr | εσται] εστιν bdgpa$_2$ℭ𝔈 : om cx | ος βασιλευσει] του βασιλευοντος boc$_2$e$_2$ | ος] ως a* | βασιλευση a | υμας] υ ex corr n$^{a}$ : ημας d*a$_2$e$_2$ | υιους υμων] ο, υ 3° sup ras A$^{1}$ | ημων x | λημψεσθαι a$_2$ | θησει abdsyz$^{a?}$c$_2$e$_2$ | om αυτους o𝔄 | εν αρμασιν] αρματηλατας boc$_2$ (αρ|※ματηλατας)e$_2$𝔄(uid) Jos(uid) : εις αρματιλατας N : εν αρματηλαταις aehinvb$_2$ | om αυτου 1° cdx𝔄 | om και ιππευσιν αυτου 𝔈 Did-syr | ιππευσιν] pr εν Nabce–osvwxb$_2$c$_2$e$_2$ | om αυτου 2° a$_2$𝔄 | om και 4°—αυτου 3° 𝔈$^{s}$ | και 4°] + αξει αυτους c : + εξει αυτους x : + *faciet eos* 𝔈$^{a}$ : + *faciet ex eis* Did-syr | προτρεχοντας] προτρεχοντες v : προστρεχοντας e* : αποτρεχοντας a$_2$ | ⟨om αυτου 3° 64⟩

**12** θεσθαι] θησει boxc$_2$𝔄𝔈 : θηση ce$_2$ : εθετο N | om αυτους g*x | εαυτω] αυτω N : εαυτου v : εαυτοις x : om c | εκατονταρχους και χιλιαρχους y | ⟨χιλιαρχας 242⟩ | om και εκατονταρχους esa$_2$ | και 3°—αυτου 1° post αυτου 2° 𝔖-ap-Barh | και 3°] pr και αροτριαν την αροτριασιν αυτου bozc$_2$e$_2$𝔈$^{s}$ | θερισμον] pr τον o | om αυτου 2° o | om πολεμικα—σκευη 2° Did-syr | αυτου πολεμικα boc$_2$e$_2$ | αυτου 3°] ⟨αυτων 242⟩ : om e | om και 6°—αυτου 4° ci | αυτου 4°] αυτων a : om dpqt

**13** om και 1° cx | τας θυγατερας υμων post λημψεται ⟨44⟩ 𝔈 | υμων] αυτων A | μυρεψας cxa$_2$ | om εις 2° boc$_2$e$_2$ | και εις πεσσουσας] hab *et paniqueguas* 𝔏$^{v}$ : om aa$_2$ : om εις boc$_2$e$_2$

**14** τους 1°—λημψεται] *eripiet nobis quod bonum agrorum uestrorum* 𝔈 | ⟨om υμων και τους 1° 44⟩ | υμων 1°] ημων g : om d | om και 2°—υμων 3° y | om τους 2° d | om υμων 2° A d | om και 3°—(15) υμων 2° z(txt)a$_2$ | om τους 3° dz(mg) | om τους 4° z(mg) | om λημψεται—(15) υμων 2° ℭ$^{c}$ | om λημψεται—αυτου z(mg) | εαυτου pqt

**15** και 1°—υμων 2°] ταυτα d | το σπερμα Acfopqstwxℭ$^{w}$𝔈 | και 2°—υμων 2°] post αποδεκατωσει boc$_2$e$_2$ : om z(mg) | ⟨om υμων 2° 71⟩ | om και δωσει Na$_2$ | τοις ευνουχοις] *seruis* ℭ$^{w}$ Did-syr | om αυτου 1° d | om και 4°—αυτου 2° h$^{b}$s | τοις δουλοις] τους δουλους c* : *spadonibus* ℭ$^{w}$ Did-syr

**16** ⟨om και 1°—και 3° 44⟩ | om και 1°—υμων 1° b* | τους δουλους] τοις δουλοις o | υμων 1°] αυτου h$^{b}$ : om d | om υμων και 2° d | υμων 2°] αυτου h | om υμων 3°—αγαθα d | και 4° B ya$_2$𝔈] om AN rell 𝔄ℭ Did-syr | om τα αγαθα ℭ$^{c}$ | τους ονους] τας ονους z : *oues* ℭ(uid) | ⟨om και 6°—αυτου 44⟩ | αποδεκατωσει] + και δωσει cx | om εις—(17) αποδεκατωσει eyℭ$^{c}$ | om εις—αυτου dv

**17** om και 1° t | ⟨αποδεκατωσει τα ποιμνια υμων 246⟩ | τα] το A | om αποδεκατωσει d | ⟨om και 2°—δουλοι 44⟩ | υμεις] ημεις c* : om dq | αυτω] post δουλοι cx : αυτου ov | δουλοι] εις δουλους Nabegin*ovb$_2$c$_2$e$_2$ Did-syr

**18** βοησεσθε] βοησετε bcoxc$_2$e$_2$ : βοηθησεσθε Na*(uid) | ⟨om εν 1° 44⟩ | ⟨om τη 74⟩ | βασιλεως] pr του Nbcefhoswxc$_2$e$_2$ | υμων 1°] ημων e | om ου εξελεξασθε εαυτοις d | ου] ουκ N : ους g : ον fsw | εξελεξασθε 1°] pr ητισασθε p : εξελεξεσθε y : ηρετισασθε boz(mg)c$_2$e$_2$ | ουκ επακουσεται] ουκετι ακουσεται a : ου μη ακουσετε N | om ουκ e | εισακουσεται fn$^{b}$sw | κυριος υμων] υμιν κ̅ς̅ o | κυριος] post υμων 2° bc$_2$e$_2$𝔄 : ⟨+ ο θεος 74⟩ | υμων 2°] υμιν v : om c | εν 2°—εκειναις] εν τη ημερα εκεινη fn$^{b}$swℭ : ⟨om 44⟩ | οτι—βασιλεα sub ÷ c$_2$ | ημεις g | εξελεξασθε 2°] pr ητησασθε dp : *uoluistis eligere* 𝔖$^{j}$ : ητησασθε boc$_2$e$_2$ Anon$^{1}$ : ηγησασθε z$^{a?}$ | εαυτοις 2°] αυτοις g : εν αυτοις o

**19** ηβουλετο] εβουλεται t : εβλεπετο v | ακουσαι] pr του Apqtz | του] pr της φωνης boc$_2$e$_2$ : τω v : ⟨τον 44⟩ : om gp | ειπαν] ειπον a–dfioxc$_2$e$_2$ : ειπεν e | ουχι] ουχ A | αλλ η] pr οτι hsy : ⟨αλλα 44⟩ | βασιλευς εσται] pr οτι Acdfpqtwz : pr οτε x : βασιλευσεται bn*𝔄(uid)

**20** εσωμεθα cgv | υμεις c | κατα] καθα Nadgpqtvzb$_2$ : καθως boyc$_2$e$_2$ : καθα και ehn : καθως και Cyr : om a$_2$ | παντα τα] τα λοιπα 𝔄 Cyr | δικαση co* | ημας] υμας a$_2$ : ημων c$^{a}$ : υμων c* | βασιλευς] pr ο Nbcdfo–xza$_2$c$_2$e$_2$ : ⟨βασιλευσει 71⟩ | ημων 1°] υμων c* | και 4° bis scr b$_2$ | εξελευσεται] πορευσεται dℭ | εμπροσθεν] προ προσωπου Cyr | πολεμηση c

13 πεσσουσας] φουρναριας i : μαγκιπισσας z     15 σπερματα] σ' σποριμα bz(sine nom)

22 ἤκουσεν Σαμουὴλ πάντας τοὺς λόγους τοῦ λαοῦ, καὶ ἐλάλησεν αὐτοὺς εἰς τὰ ὦτα Κυρίου. 22 καὶ B
εἶπεν Κύριος πρὸς Σαμουὴλ Ἄκουε τῆς φωνῆς αὐτῶν καὶ βασίλευσον αὐτοῖς βασιλέα. καὶ εἶπεν
Σαμουὴλ¶ πρὸς ἄνδρας Ἰσραὴλ Ἀποτρεχέτω ἕκαστος εἰς τὴν πόλιν αὐτοῦ. ¶ ℭ$^{l}$
IX 1 1 Καὶ § ἀνὴρ ἐξ υἱῶν Βενιαμείν, καὶ ὄνομα αὐτῷ Κείς, υἱὸς Ἀβειὴλ υἱοῦ Ἀρὲδ υἱοῦ Βαχεὶ υἱοῦ § 𝔏$^{q}$
2 Ἀφὲκ υἱοῦ ἀνδρὸς Ἰεμειναίου, ἀνὴρ δυνατός. 2 καὶ τούτῳ υἱός, καὶ ὄνομα αὐτῷ Σαούλ, εὐμεγέθης,
ἀνὴρ ἀγαθός, καὶ οὐκ ἦν ἐν υἱοῖς Ἰσραὴλ ἀγαθὸς ὑπὲρ αὐτόν, ὑπερωμίαν καὶ ἐπάνω ὑψηλὸς ὑπὲρ
3 πᾶσαν τὴν γῆν. 3 καὶ ἀπώλοντο αἱ ὄνοι Κεὶς πατρὸς Σαούλ· καὶ εἶπεν Κεὶς πρὸς Σαοὺλ τὸν υἱὸν
αὐτοῦ Λάβε μετὰ σεαυτοῦ ἓν τῶν παιδαρίων, καὶ ἀνάστητε καὶ πορεύθητε καὶ ζητήσατε τὰς ὄνους.
4 4 καὶ διῆλθον δι' ὄρους Ἐφράιμ καὶ διῆλθον διὰ τῆς γῆς Σελχά, καὶ οὐχ εὗρον· καὶ διῆλθον διὰ
5 τῆς γῆς Ἐασακέμ, καὶ οὐκ ἦν· καὶ διῆλθον διὰ τῆς γῆς Ἰακείμ, καὶ οὐχ εὗρον. 5 αὐτῶν ἐλθόντων
εἰς τὴν Σεὶφ καὶ Σαοὺλ εἶπεν τῷ παιδαρίῳ αὐτοῦ τῷ μετ' αὐτοῦ Δεῦρο καὶ ἀναστρέψωμεν,
6 μὴ ἀνεὶς ὁ πατήρ μου τὰς ὄνους φροντίζει περὶ ἡμῶν. 6 καὶ εἶπεν αὐτῷ τὸ παιδάριον Ἰδοὺ δὴ

21 $\overline{κυ}$ sup ras B$^{?ab}$ 22 και ειπεν 1°] και ει sup ras B$^{?ab}$ | ανδρας] ανορας A IX 1 αβιηλ A

ANa-in-qstv-c$_2$e$_2$𝔄ℭ$^{c(l)w}$𝔈(𝔏$^{qsv}$)

21 ⟨σαμουηλ—λαου] ταυτα σαμουηλ 44⟩ | απαντας v | λογους] +τουτους cx | αυτους] αυτοις Ax: ⟨αυτος 246⟩: αυτα e | om τα n

22 ⟨σαμουηλ 1°—και 2°] αυτον 44⟩ | ακουσον bcfoswxa$_2$c$_2$e$_2$ | αυτοις] αυτους h*(uid) | ανδρας] pr τους bcdi$^{a}$opxzc$_2$e$_2$: ανδρα g: *filios* 𝔖$^{j}$: +*omnes* ℭ | αποτρεχετω] αποτρεχετε be-hnosvwb$_2$e$_2$ 𝔈: αποτρεχε c$_2$ | εις—αυτου] *in domos uestras* 𝔈 | εις] προς i | την πολιν] τας πολεις e: τον οικον cx: τον τοπον ⟨244⟩ ℭ$^{c}$ | αυτου] υμων e

IX 1 ανηρ 1° B] pr ην AN omn 𝔄(uid)ℭ𝔈𝔖$^{j}$ | εξ] εκ των boc$_2$e$_2$ | υιων] οικου N | βενιαμειν] βενιαμην i: βενιαμειμ b$_2$: $\overline{ιηλ}$ cx | υιος] pr ο e | αβειηλ] σαβιηλ e$_2$: σαμιηλ v: *Achiel* 𝔄-ed | αρεδ BAefa$_2$] αρεα y*: αρε g: σαρεδ cx: σαρα boc$_2$e$_2$: ισαρα i: ιαρεδ Ny$^{a?}$(uid) rell: *Sararae* 𝔏: *Abeg* 𝔄-ed: *Sabeg* 𝔄-codd: *Aseg* 𝔄-codd: *Adel* 𝔈: *Athel* ℭ$^{w}$: *Altheti* ℭ$^{c}$ | υιου 2°] υιος y* (uid): ⟨om 44⟩ | βαχει B] βααχει a$_2$: αχει y: αβαχειρ en: μαχειρ boc$_2$e$_2$: βαρειχ v: *Bachith* ℭ (*Achith* ℭ$^{w*}$): *Iaachi* 𝔈: ...*hir* 𝔏: βεχωραθ Acdpqtxz𝔄: ⟨βεχωρα 44⟩: βαχειρ N rell | υιου 3°] υιος y*: ⟨om 44⟩ | αφεκ] ⟨αφαικ 74⟩: αφεχ gb$_2$: αφιχ A$^{1?}$: αφαχ A*: αφεχει cx: ⟨αβεχ 71⟩: *Iafec* ℭ$^{c}$: *Afc* 𝔄(uid): *Safec* 𝔈: *Aret* 𝔏 | om υιου 4° bioc$_2$e$_2$ | ιεμειναιου] ιεμηναιου Niovxa$_2$: ιεμινναιου A: ιεμεναιου bf: ιεμονεου c: ⟨ιαμιναιου 242⟩: *Iamenaei* 𝔈: ..*mnaei* 𝔏 | δυνατος] +ισχυι bdfin$^{b}$o-twzc$_2$e$_2$: ⟨+εν ισχυι 123⟩

2 ⟨και 1°—αγαθος 1° post επανω 44⟩ | υιος] +αυτω c | ονομα] pr το f | αυτω] αυτου Npa$_2$ | σαμουηλ g* | ανηρ αγαθος] *ualidus uir et fortis* 𝔈 | om αγαθος 1°—αυτον cx | αγαθος 1°] δυνατος iy: om oc$_2$e$_2$ | om και 3° abeghin*ovb$_2$c$_2$e$_2$𝔏 | εν—υψηλος] ..*r nemo melior* ..... *hunc in filiis Is*...... *neque longior* ....... *meros eius* 𝔏 | εν—αγαθος 2°] ανηρ αγαθος (+ουθεις oc$_2$e$_2$: +ουδεις Thdt) εν υιοις $\overline{ιηλ}$ boc$_2$e$_2$ Thdt | υιοις] pr ras (2) a | αγαθος 2°] pr ανηρ fn$^{b?}$sw𝔄: +ουθεις i: ⟨+ουδεις 246⟩ | αυτον] αυτου g | hab υπερωμιαν—γην 𝔏$^{v}$ | υπερωμιαν—υψηλος] *neque longior super humeros eius* 𝔏$^{v}$ | υπερωμιαν] υπερωμιας h$^{a?}$iy$^{b}$: απο ωμου *b*(mg)z$^{a?}$: υπερ a* | υψηλος] pr και fsw: ⟨υψηλου 71⟩ | υπερ 2°] επι v Thdt | πασαν την γην] παντα τον λαον *b*(mg)i𝔄-codd: παντα $\overline{ανον}$ cx

3 ⟨om και 1° 242⟩ | απωλοντο] απωλλοντο b′: ⟨απωλοτο 242⟩ | αι] οι Acdpxc$_2$ | κεις 1°] pr του Nad-hnp-wyzb$_2$: post σαουλ 1° 𝔏: ⟨του κυς 236⟩: om cx𝔄 | πατρος] pr του bcdiopqtxza$_2$c$_2$e$_2$: του πρες A | σαουλ 1°] σαλουλ a: αυτου b′co | ⟨ειπεν—ονους] ανεστη σαουλ και παρελαβεν εν των παιδαριων του πατρος αυτου μετ αυτου και επορευθη ζητειν τους ονους του πατρος αυτου 44⟩ | κεις 2°] +*pater Saul* ℭ | om μετα σεαυτου 𝔏(uid) | σεαυτου] σου h | εν των παιδαριων] το παιδαριον fn$^{b}$sw | om και αναστητε d | ⟨om και πορευθητε 246⟩ | ονους] +και ανεστη σαουλ και παρελαβεν εν των παιδαριων του $\overline{πρς}$ αυτου μετ αυτου και επορευθη ζητειν τας ονους κεις του $\overline{πρς}$ αυτου bd(om κεις) gh(om μετ αυτου)iopc$_2$e$_2$

4 και 1°] pr *et abierunt* 𝔄 | διηλθον 1°] διηλθαν A: διηλθεν aℭ$^{w}$: απηλθον h: ηλθον c$_2$ | δι ορους] δι ορου b′*: δια του ορους cx: *per fines* 𝔈 | εφρεμ g | και 2°—ευρον 1° bis scr w* | om και 2°—σελχα va$_2$ | διηλθον 2°] διηλθεν a: ηλθον dc$_2$ | δια της γης 1°] *per montem* 𝔄-ed: *in monte* ℭ$^{c}$: om της γης cx | σελχα] *Seliha* 𝔏: ελχα Nben*ye$_2$: *Echol* 𝔈: σαληγα c: σεγαλιμ a*: σαλισσα A: σαλησσα x: σαλισα q On: [illegible] 𝔖-ap-Barh: σααλισα dptz: *Sarisa* 𝔄(uid) | om και 3°—εασακεμ dpqtz | om και 4°—ην v | om και 4° a* | ⟨διηλθον 3°] διηλθε 71⟩ | δια της γης 2°] *in monte* ℭ$^{c}$: om γης a | εασακεμ B] σεασακεμ y: ελσακειμ a$_2$: *Esacim* ℭ$^{w}$: *Fascim* 𝔈: *Sace* ℭ$^{c}$: σεγαλειμ Nefnswb$_2$: σεγαλημ g: σεγαλλειμ h: ⟨εγαλειμ 244⟩: σααλειμ A On-lat: σαλειμ x𝔄: σαλημ c: *Sa*....*n* 𝔏: [illegible] 𝔖-ap-Barh: σααμιν a(uid): ⟨ιαμιν 242: βενιαμιν 246: σααλισα 44⟩: γαδδει της πολεως i: γαδδει της πολεως σεγαλειμ (εγ- e$_2$) boc$_2$e$_2$ | om και 5°—ιακειμ a | ⟨om ουκ—γης 3° 71⟩ | ⟨om ουκ—δια 3° 44⟩ | ουκ ην] ουχ ευρον Nbe-oswb$_2$c$_2$e$_2$ℭ𝔏(uid) | om και 6°—ιακειμ ℭ | om διηλθον 4° a$_2$ | ιακειμ Bya$_2$] ⟨ιαβειμ 71⟩: ιαβειν boc$_2$e$_2$: ιαμην v: ιαμεγ N: ιεμιν e: βενιομειν i: *Lamin* 𝔏: του ιεμειναιου Adpqtz(om του dp)𝔄: του ιεμηναιου x: του ιεμοναιου c: ιαμειν rell 𝔈: ⟨σεγαλειμ 242⟩

5 hab αυτων σειφ 𝔏$^{s}$ | αυτων ελθοντων] και αυτοι ηλθον boc$_2$e$_2$: *et ubi uenerunt* 𝔄𝔈: *et intrauerunt* 𝔏$^{q}$ | αυτων] pr και f: +δε Acdin$^{b}$pqtvxza$_2$ℭ𝔏$^{s}$ | την] τον c: γην Aib$_2$: *terram* ℭ𝔏$^{s}$: ⟨om 44⟩: +γην boc$_2$e$_2$ | σειφ] σηφ cefgvxy: εσιφ N: σειφα bioc$_2$e$_2$𝔏$^{q}$: [illegible] 𝔖$^{j}$: *Sefa* 𝔈$^{a}$: ζειφα h$^{b?}$: σιν a$_2$: *Massefa* 𝔈$^{s}$: *Suph et non inuenissent* 𝔏$^{s}$ | om και 1° f𝔄ℭ𝔈𝔏 | ειπεν σαουλ boyc$_2$e$_2$𝔄𝔈 | ⟨παιδαριω—αυτου 2°] μετ αυτου παιδαριω 44⟩ | om αυτου 1° cdfix𝔈 | om τω μετ αυτου v | μετ αυτου] μεθ αυτου swb$_2$: μεθ εαυτου Nf | om και 2° 𝔏 | αναστρεψωμεν Bboyc$_2$e$_2$] αποστρεψομεν Nch: υποστρεψωμεν e: αποστρεψωμεν A rell | μη] +ποτε Ni | ανεις—φροντιζει] *releuatus pater meus neglegat de asinis et sollicitus sit* 𝔏 | ανεις] ανεισοι y: αφεις cox: ⟨ανηρ 246⟩: +*curare* ℭ | μου] ημων y𝔄 | τας ονους] φροντιδας v: τας περι τας ονους φροντιδας bioc$_2$e$_2$ | τας] pr τα περι Nahnswb$_2$: pr τας περι g: ⟨τους 44⟩: τα περι τους ef | ονους] +αυτου c | φροντιζει περι ημων] *et de nobis curet* 𝔄 | φροντιζει] pr και y$^{b}$: φροντιζη Acfostwe$_2$ | περι] pr τα Ncdiqtvxz: om y

6 το παιδαριον αυτω z | ⟨om το 246⟩ | παιδαριον] +αυτου

IX 5 ανεις—ονους] α′ κοπαση ο $\overline{πηρ}$ μου περι των ονων *b* | ανεις] α′ κοπωσας z

B ἄνθρωπος τοῦ θεοῦ ἐν τῇ πόλει ταύτῃ, καὶ ὁ ἄνθρωπος ἔνδοξος, πᾶν ὃ ἐὰν λαλήσῃ παραγινόμενον
παρέσται· καὶ νῦν πορευθῶμεν, ὅπως ἀπαγγείλῃ ἡμῖν τὴν ὁδὸν ἡμῶν ἐφ' ἣν ἐπορεύθημεν ἐπ'
αὐτήν. [7]καὶ εἶπεν Σαοὺλ τῷ παιδαρίῳ αὐτοῦ τῷ μετ' αὐτοῦ Καὶ ἰδοὺ πορευσόμεθα, καὶ τί οἴσομεν 7
τῷ ἀνθρώπῳ τοῦ θεοῦ; ὅτι οἱ ἄρτοι ἐκλελοίπασιν ἐκ τῶν ἀγγίων ἡμῶν, καὶ πλεῖον οὐκ ἔστιν μεθ'
ἡμῶν, εἰσενεγκεῖν τῷ ἀνθρώπῳ τοῦ θεοῦ τὸ ὑπάρχον ἡμῖν. [8]καὶ προσέθετο τὸ παιδάριον ἀποκρι- 8
• 𝔏$^q$ θῆναι τῷ Σαοὺλ καὶ εἶπεν Ἰδοὺ εὕρηται¶ ἐν τῇ χειρί μου τέταρτον σίκλου ἀργυρίου, καὶ δώσεις
τῷ ἀνθρώπῳ τοῦ θεοῦ, καὶ ἀπαγγελεῖ ἡμῖν τὴν ὁδὸν ἡμῶν. [9]καὶ ἔμπροσθεν ἐν Ἰσραὴλ τάδε 9
ἔλεγεν ἕκαστος ἐν τῷ πορεύεσθαι ἐπερωτᾷν τὸν θεόν Δεῦρο πορευθῶμεν πρὸς τὸν βλέποντα· ὅτι
τὸν προφήτην ἐκάλει ὁ λαὸς ἔμπροσθεν Ὁ βλέπων. [10]καὶ εἶπεν Σαοὺλ πρὸς τὸ παιδάριον αὐτοῦ 10
Ἀγαθὸν τὸ ῥῆμα, δεῦρο καὶ πορευθῶμεν· καὶ ἐπορεύθησαν εἰς τὴν πόλιν οὗ ἦν ἐκεῖ ὁ ἄνθρωπος ὁ
τοῦ θεοῦ. [11]αὐτῶν ἀναβαινόντων τὴν ἀνάβασιν τῆς πόλεως, καὶ αὐτοὶ εὑρίσκουσιν τὰ κοράσια 11
ἐξεληλυθότα ὑδρεύεσθαι ὕδωρ, καὶ λέγουσιν αὐταῖς Εἰ ἔστιν ἐνταῦθα ὁ βλέπων; [12]καὶ ἀπεκρίθη 12
τὰ κοράσια αὐτοῖς καὶ λέγουσιν αὐτοῖς Ἔστιν, ἰδοὺ κατὰ πρόσωπον ὑμῶν· νῦν διὰ τὴν ἡμέραν
ἥκει εἰς τὴν πόλιν, ὅτι θυσία σήμερον τῷ λαῷ ἐν Βαμά. [13]ὡς ἂν εἰσέλθητε τὴν πόλιν, οὕτως 13
εὑρήσετε αὐτὸν ἐν τῇ πόλει πρὶν ἀναβῆναι αὐτὸν εἰς Βαμὰ τοῦ φαγεῖν· ὅτι οὐ μὴ φάγῃ ὁ λαὸς

6 παραγειvομενον B* 7 αγγειων B$^{ab}$

ANa-in-qstv-$c_2e_2$𝔄ℭ$^{cw}$𝔈(𝔏$^{qv}$)

bio$c_2e_2$ | om δη v𝔏 | ανθρωπος 1°] pr ο A*(uid)Nacdeg-np-t wxz$b_2$𝔖$^j$(uid): ο κς θς A$^?$ | om του $bc_2$ | om ταυτη b' | και ο ανθρωπος] ⟨om 44⟩: om και ο 𝔄 | om ο 1° c | ανθρωπος 2°] + του θυ i | ενδοξος] pr μεγας και bo$c_2e_2$: pr μεγας h | παν] pr και beioz$c_2e_2$𝔄ℭ𝔈𝔏 | αν ον | λαλησει Nbdghivx$a_2$ | παραγινομενον παρεσται] *contingct* 𝔏 | παραγινομενον] παραγενομενον cdepwx: om ℭ | πορευθωμεν By$a_2$] + προς αυτον $e_2$ℭ: + εκει Adpqtz𝔄(uid)𝔈: + δη προς αυτον bo$c_2$: + εκει προς αυτον cx: + δει εκει προς αυτον g: + δη εκει N rell | om οπως—την $a_2$ | οπως] ει πως $c_2$ | απαγγειλη] απηγγειλη A: απαγγελει actx: αναγγειλη bo$c_2e_2$ | ημων] ημερων $a_2$ | εφ—αυτην] *in qua profecti sumus* 𝔏: *et abeamus* 𝔄 | ⟨ην] ης 242⟩ | επορευθημεν] πορευθωμεν boy$c_2$𝔈: πορευσομεθα $e_2$ℭ | επ αυτην] εν αυτη cx: προς αυτην $e_2$

7 σαουηλ c | om τω 1°—αυτου 2° d | ⟨om παιδαριω 246⟩ | om αυτου 1° cipqtxz𝔄𝔈 | om τω μετ αυτου $a_2$𝔏 | μετ αυτου] μεθ αυτου sw$b_2$: μεθ εαυτου fv | και ιδου] om d: om και iv𝔄(uid) ℭ𝔈𝔏 | πορευσωμεθα agpt*v$a_2$ | οισομεν] οισωμεν agvy$a_2$: αποισομεν i$c_2$ Thdt: αποισωμεν b: α ποιησωμεν o: αποιθομεν $e_2$(txt): εισοισομεν Adqtz$e_2$(mg): εισοισωμεν cpx | τω 3°—θεου] *ei* 𝔏 | om οι Aa-dopqtxz$a_2c_2e_2$ | εκ—ημων 2°] pr ημιν $e_2$: *nobis* 𝔏$^q$ | αγγιων] αναγγειων x: αιτιων A | ημων 1°] υμων N: ⟨+ την οδον η 74⟩ | ⟨om και 4°—(8) σαουλ 44⟩ | hab και 4°—ημιν 𝔏$^v$ | om και 4°—ημων 2° d | om πλειον p | ουκ εστιν] ουκετι n | μεθ ημων εισενεγκειν] *nobis quod offeramus* 𝔏$^v$ | μεθ ημων] καθ ημων $a_2$: εν ημιν A | εισενεγκειν] pr του Abcefio-twxz$c_2e_2$: εισενεγκαι $a_2$ | τω 4°—ημιν] αυτο d | om το υπαρχον ημιν ℭ | το υπαρχον] pr η τουτο boz$c_2e_2$: pr χωρις cx: pr κατα e: *quam sufficiat* 𝔏$^v$ | ημιν] ημων c

8 προσεθετο—ειπεν] ειπε το παιδαριον d | προσεθετο—αποκριθηναι] *respondit puer* 𝔏 | προσεθετο] + ετι g | αποκριθηναι] pr του bio$c_2e_2$ | σαουλ] σαουηλ c: + ηα $c_2$ | και ειπεν] om $a_2$ℭ: + αυτω cx | ευρηται] ευρηνται b*(uid)v: ευρηκα $a_2$ℭ(uid): ευρεθη a: *inuē*... 𝔏 | om τη $a_2$ | σικλου] hab 𝔏$^v$: pr του a*(uid): σιτλου cx | δωσεις] δω'σειε A: δωσης g: δωσωμεν d | τω 2°—θεου] αυτω d | απαγγελει] απαγγελη p*: απαγγελλει qt: απαγγειλη h (ει ex ε)i: αναγγελει N: αναγγειλη $e_2$ | ημιν] υμιν p*$a_2$*: ⟨om 44⟩

9 ⟨om totum comma 44⟩ | om και iℭ$^c$ | εμπροσθεν 1°] + ημων i | εν ισραηλ] pr και b': *omni Israel* 𝔈: om εν ANa$^{a?}$cen*v$e_2$ | τοδε g | ελεγεν] ελεγον Nabdgin*opqtvz$b_2c_2e_2$: ελεγαν A: λεγων e | εκαστος] + θυ ανηρ bh*io$c_2e_2$ | εισπορευεσθαι i | επερωταν] και ερωταν N: επερωτησαι Aacdpqtxz: ⟨ερωτησαι 74⟩ | om τον 1° Acdpqtxz | δευρο] δευτε και Abcdiopqtxz$c_2e_2$ | om τον 3° cx | καλει Ncx | om εμπροσθεν 2° i | ⟨om ο 2° 246⟩

10 σαουλ—αυτου] σαμουηλ d | ⟨om αγαθον—και 2° 44⟩ | ρημα] + σου bio$c_2e_2$: + ο ειπας cxℭ(pr *tuum* ℭ$^c$) | δευρο] δευτε dhp: om cx | om και 2° Nd$a_2$𝔄ℭ𝔈 | πορευθωμεν] πορευσομεθα cx | om και 3°—θεου d | om την v | εκει post θεου bo$c_2e_2$ | om ο 1° e | ο 2° B] om AN rell

11 hab αυτων—υδωρ 𝔏$^v$ | αυτων αναβαινοντων] αναβαινοντων δε d | αυτων] pr και v𝔏𝔖$^j$: pr *et* 𝔄𝔈: + δε bcfiopx-$a_2c_2e_2$ ℭ$^c$ | την αναβασιν] pr εις abioz$c_2e_2$𝔈: την βασιν f: *ascensum suum* 𝔏 | και αυτοι] *ecce* ℭ: om d𝔈$^a$𝔏𝔖$^j$(uid) | αυτοι] pr ιδου boz$c_2e_2$: om 𝔈$^s$ | ευρισκουσιν—εξεληλυθοτα] *conueniunt duas puellas exeuntes* 𝔏 | om τα bioz$c_2e_2$ | om εξεληλυθοτα cx | υδρευεσθαι B] ⟨υδρευσεσθαι 236⟩: υδρευσαι cvx: υδρευσασθαι A (part sup ras)N rell | om και 2° N | αυταις] αυτοις g | ει] ⟨η 236⟩: μη b: om efswyℭ$^c$ | ενταυθα] ενθαδε ahv$b_2$

12 απεκριθη—αυτοις 1°] ειπον d | απεκριθη] απεκριθησαν Ncfixy: αποκριθεντα $a_2$ | αυτοις τα κορασια bio$a_2c_2e_2$𝔄 | om αυτοις 1° cfhswxℭ | om και λεγουσιν αυτοις dpqtyzℭ$^w$ | om και 2° $a_2$ | λεγουσιν] ειπον bo: ειπεν $c_2e_2$ | om αυτοις 2° Aabio v$a_2c_2e_2$𝔄 | ⟨εστιν] ναι 44⟩ | κατα προσωπον] προ προσωπου bo $c_2e_2$ | υμων] ημων i$b_2$: om a*: + *uir* 𝔄-codd | νυν] pr και $a_2$: pr ταχυνον A: pr ταχυνων x: pr ταχυνατε dpqtz Jos(uid): pr ταχυνον οτι $c_2e_2$: pr ταχυνατε οτι *b*: ταχυνον ουν c: ταχυνον οτι o: ταχυνατε νυν οτι b': + *festinate* ※ *quod* 𝔄 | δια την ημεραν post πολιν bo$c_2e_2$ | hab θυσια—βαμα 𝔏$^v$ | θυσια] + *est Domino* 𝔏 | σημερον post λαω av𝔈 | τω λαω] pr εν b$e_2$: post βαμα 𝔏: τω θω cx

13 ως] εως cx | ελθητε cx | την πολιν] pr εις Nabcfhin$^b$op v-y$c_2e_2$𝔄(uid)𝔈: ⟨om 71⟩ | om ουτως di𝔈 | ευρησετε 1°] ευρησητε acx: ευρησειται $e_2$ | om εν—αυτον 3° v | εν τη πολει] εις την πολιν b'fsw$e_2$: om di | om αυτον 2° i | εις] εν dgp | βαμα]

6 ενδοξος] σ' εντιμος *b* 7 πλειον—ημων 2°] υποστασιν ουκ εχομεν z | το υπαρχον ημιν] τι εχομεν $e_2$ 8 σικλου] στατηρος *b*
9 εμπροσθεν 1°] σ' το παλαι *bz* | βλεποντα] σ' θ' οροντα *b* | εμπροσθεν 2°] εν τοις πρωτοις χρονοις *b* | βλεπων] σ' ορων z$e_2$(sine nom)
11 κορασια] νεανιδας $e_2$ 12 βαμα] υψηλη *b*

ἕως τοῦ εἰσελθεῖν αὐτόν, ὅτι οὗτος εὐλογεῖ τὴν θυσίαν, καὶ μετὰ ταῦτα ἐσθίουσιν οἱ ξένοι· καὶ B
14 νῦν ἀνάβητε, ὅτι διὰ τὴν ἡμέραν εὑρήσετε αὐτόν. [14]καὶ ἀναβαίνουσιν τὴν πόλιν· αὐτῶν εἰσπο-
ρευομένων εἰς μέσον τῆς πόλεως, καὶ ἰδοὺ Σαμουὴλ ἐξῆλθεν εἰς ἀπάντησιν αὐτῶν, τοῦ ἀναβῆναι
15 εἰς Βαμά. [15]Καὶ Κύριος ἀπεκάλυψεν τὸ ὠτίον Σαμουὴλ ἡμέρᾳ μιᾷ ἔμπροσθεν τοῦ ἐλθεῖν
16 πρὸς αὐτὸν Σαοὺλ λέγων [16]Ὡς ὁ καιρὸς αὔριον ἀποστελῶ πρὸς σὲ ἄνδρα ἐκ τῆς Βενιαμείν, καὶ
χρίσεις αὐτὸν εἰς ἄρχοντα ἐπὶ τὸν λαόν μου Ἰσραήλ, καὶ σώσει τὸν λαόν μου ἐκ χειρὸς ἀλλο-
17 φύλων· ὅτι ἐπέβλεψα ἐπὶ τὴν ταπείνωσιν τοῦ λαοῦ μου, ὅτι ἦλθεν βοὴ αὐτῶν πρὸς μέ. [17]καὶ
Σαμουὴλ εἶδεν τὸν Σαούλ, καὶ Κύριος ἀπεκρίθη αὐτῷ Ἰδοὺ ὁ ἄνθρωπος ὃν εἶπά σοι Οὗτος ἄρξει
18 ἐν τῷ λαῷ μου. [18]καὶ προσήγαγεν Σαοὺλ πρὸς Σαμουὴλ εἰς μέσον τῆς πόλεως καὶ εἶπεν Ἀπάγ-
19 γειλον δὴ ποῖος ὁ οἶκος τοῦ βλέποντος. [19]καὶ ἀπεκρίθη Σαμουὴλ τῷ Σαοὺλ καὶ εἶπεν Ἐγώ εἰμι
αὐτός· ἀνάβηθι ἔμπροσθέν μου εἰς Βαμὰ καὶ φάγε μετ' ἐμοῦ σήμερον, καὶ ἐξαποστελῶ σε πρωὶ
20 καὶ πάντα τὰ ἐν τῇ καρδίᾳ σου ἀπαγγελῶ σοι. [20]καὶ περὶ τῶν ὄνων σου τῶν ἀπολωλυιῶν σήμερον
τριταίων, μὴ θῇς τὴν καρδίαν σου αὐταῖς, ὅτι εὕρηνται· καὶ τίνι τὰ ὡραῖα τοῦ Ἰσραήλ, οὐ σοὶ καὶ
21 τῷ οἴκῳ τοῦ πατρός σου; [21]καὶ ἀπεκρίθη §Σαοὺλ καὶ εἶπεν Οὐχὶ ἀνδρὸς υἱὸς Ἰεμειναίου ἐγώ εἰμι § 𝔏$^b$
τοῦ μικροῦ σκήπτρου φυλῆς Ἰσραήλ; καὶ τῆς φυλῆς τῆς ἐλαχίστης ἐξ ὅλου σκήπτρου Βενιαμείν;

13 ταυτα sup ras B$^{ab}$ | αναβηται A | ευρησεται A 16 χρεισεις B* | ταπινωσιν B*A
20 απολωλυειων A | τριτεων A 21 ιεμιναιου A | μεικρου B*

ANa-in-qstv-c$_2$e$_2$𝔄ℭ$^{cw}$𝔈(𝔏$^{bv}$)

βανα A: μα a$_2$ | om οτι 1°—αυτον 3° i | εισελθειν] ελθειν AN cxa$_2$ℭ(uid): παραγενεσθαι boc$_2$e$_2$ | οτι 2°] επειδη boc$_2$e$_2$ | ουτος] ουτως a*gqv: αυτος boc$_2$e$_2$𝔄(uid)ℭ$^c$𝔈 | την θυσιαν] pr τον θν̄ και a$_2$: τον λαον cx | hab και 1°—ξενοι 𝔏$^v$ | εσθιουσιν] *edentes* 𝔏 | om και 2°—αυτον 4° d | οτι 3°—ημεραν] *et* ℭ$^c$ | οτι 3°] οντι o | ημεραν] θυσιαν a$_2$ | ευρησετε 2°] ευρησητε ab'cix | αυτον 4°] + εν τη πολει bozc$_2$e$_2$

**14** και αναβαινουσιν] και ανεβησαν cx: om i: ⟨om και 236⟩ | την] pr εις Na$^{b?}$bce-osvwxz-e$_2$𝔄(uid): ⟨εις 236⟩ | αυτων εισπορευομενων] *et ubi intrauerunt ii* 𝔄𝔈(om *ii*) | αυτων 1°] pr και eiv𝔖$^j$: + δε a$^{a?}$bcfxza$_2$ℭ | εις μεσον] εμμεσω a$_2$: *in portam* ℭ | om εις 1° d | μεσον της πολεως] μεσην την πολιν boc$_2$e$_2$ | om και 2° a$^{a?}$ℭ𝔈 | om εις 2°—αυτων 2° ℭ$^c$ | απαντησιν] pr την ANgnvb$_2$: συναντησιν boc$_2$e$_2$ | om του a

**15** om totum comma A*(uid) | απεκαλυψεν] απεστειλ + spat (3) f | το ωτιον] pr αυτου g: τω ωτιω i | ημεραν (-ρα x) μιαν bioxc$_2$e$_2$ | ημερα] pr εν b$_2$: sup ras (3) a$^{a?}$ | εμπροσθεν] προ a$_2$ | εισελθειν b$_2$ | σαουλ (σαμουηλ g*) προς αυτον A$^{a?}$Nd-hnp-wza$_2$b$_2$𝔄 | σαουλ] pr τον bcioxc$_2$e$_2$ | λεγων] λεγον v: om i𝔄(uid)

**16** om ο cx | καιρος Bya$_2$] + ουτως a*gq: + ουτος ANa$^{a?}$ rell 𝔄(uid)ℭ𝔖$^j$ | αυριον bis scr A | αποστελλω Agvy | προς σε] post ανδρα b': om e$_2$ | της B] φυλης dfp-twz: + φυλης ehn: γης AN rell 𝔄ℭ𝔈 | βενιαμειν] βενιαμην x: βενιαμειμ b$_2$ | χρισεις] ει ex corr h$^{b?}$: χρισης cg: ⟨χριση 244⟩ | εις αρχοντα] βασιλεα v: om εις adefhiosa$_2$𝔄ℭ(uid) | λαον μου 1°] om cx𝔈: om μου ℭ | σωσει] σωση c: σωσεις b$_2$e$_2$ | τον λαον μου 2°] αυτον d: ⟨αυτος 44⟩: om μου ℭ: + ιηλ̄ bioe$_2$: + τον ιηλ̄ c$_2$ | αλλοφυλων] pr των b' | om μου 3° q | οτι 2°] διοτι bozc$_2$e$_2$ | βοη αυτων] αυτων η βοη p | βοη BAdqtyz] η i(txt): η ακοη i(mg): pr η N rell | ⟨προς με] εμπροσθεν μου 44⟩

**17** απεκριθη] ειπεν fsw𝔄ℭ𝔈 | αυτω] + λεγων boc$_2$e$_2$ℭ$^w$ om ο Act | ον] ο N | ειπον Nbcefn$^b$oswxc$_2$e$_2$ | ουτως a*g | καταρξει bioc$_2$e$_2$ | εν τω λαω] επι τον λαον bioc$_2$e$_2$ℭ: ⟨om εν 44⟩

**18** προσηγαγεν] προσηλθεν bdopz$^{a?}$c$_2$e$_2$ | σαμουηλ προς σαουλ e$_2$ | ειπεν] + αυτω n$^b$ℭ𝔈(uid): + αυτω σαουλ e$_2$ | om απαγγειλον δη ℭ$^c$𝔈$^a$ | δη Bya$_2$] pr μοι c: μοι dpqtz𝔄(uid)ℭ$^w$(uid)𝔈$^s$(uid): + μοι AN rell | ποιος] που b'𝔈 Thdt | ο—βλεποντος] *uidens* 𝔈$^a$ | om ο Adepqt

**19** om τω—ειπεν d | τω σαουλ] post ειπεν 𝔄ℭ$^w$: om yℭ𝔈 | σαου s | ειπεν] + αυτω bic$_2$e$_2$ℭ$^c$𝔈(uid) | αναβηθι] pr και i | βαμα] σαβα b' | om και 3°—σημερον d | φαγετε en | σημερον μετ εμου i | εξαποστελω σε πρωι] αυριον (+ πρωι cx𝔈) εξαποστελω σε cixℭ(uid)𝔈 | εξαποστελλω Ag | πρωι] pr το f | ⟨om τα 242⟩ | σου] μου ⟨74⟩ 𝔈

**20** σου των απολωλυιων B𝔈] των απολωλυιων σου Adpqtyz: των απολωλοτων σοι ceixe$_2$ ⟨236 (om των)⟩: των απολωλυκων σοι v: των απολεσμενων σοι a$_2$: των απολωλυιων σοι Nc$_2$ (pr ras 3 litt) rell: om σου 𝔄ℭ$^c$ | τριταιον iz | μη θης] μνησθητι εις b: + τι εις ioc$_2$e$_2$ | την καρδιαν] τη καρδια x: την διανοιαν g | αυταις] pr επ Nae-nswb$_2$: pr εν v: αυτοις y: περι αυτων boc$_2$e$_2$: om cx𝔄𝔈 | ευρηνται] + αυται cx | και 2°—σοι] *nonne tibi omnes fines Israel* 𝔈 | ωραια] ορια i | om του 1° i | ου σοι] ουαι dp | ου] ουχι biob$_2$c$_2$e$_2$ | σοι] συ b'c: *domui patris tui* ℭ$^c$ | τω οικω] pr παντι Acdpqtxz𝔄: του οικου a$_2$ | om του πατρος ℭ$^c$ | του 2°] σου A | σου 3°] + αναβηθι εμπροσθεν μου bioc$_2$e$_2$

**21** ⟨om και 1° 242⟩ | ειπεν] + *eis* 𝔏: + *Samueli* ℭ | om ουχι ℭ$^c$ | ανδρος υιος ιεμειναιου] *uir Iamenaeus* 𝔈 | ανδρος] post ιεμειναιου Thdt: post υιος boc$_2$e$_2$ℭ: ανδρες v: om 𝔏 | υιος ιεμειναιου] ιεμηναιου υιος i | υιος] post ειμι a: om y𝔄 | ιεμειναιου] ιεμηναιου Ncx: ιεμεναιου f: *Iemenei* 𝔏: *Iimenaei* 𝔄-ed: *Iaminaei* 𝔄-codd: εμιναιου e | ειμι εγω cx𝔄 | του—φυλης 1°] *et de minima tribu* 𝔏 | μικρου Bfswya$_2$] σμικροτερου c Thdt: εκ μικροτερου e$_2$*: μικροτερου ANe$_2$$^{a?}$(uid) rell | φυλης 1°] εκ των φυλων boc$_2$e$_2$ Thdt | ισραηλ] pr του boc$_2$e$_2$ Thdt: *Beniamin* ℭ$^w$ | hab και 3°—βενιαμειν 𝔏$^v$ | της 1°—σκηπτρου 2°] η πατρια μου ολιγοστη παρα (υπερ o) πασας (+ τας o Thdt) πατριας boc$_2$e$_2$ Thdt: *patria mea minima est prae omnibus ciuitatibus* 𝔏$^v$: *cognatio mea minima est omnibus cognationibus cognatio* 𝔏$^b$ | ολου σκηπτρου] ολης φυλης h | βενιαμειν] pr του boc$_2$e$_2$(βαιν-) Thdt: βενιαμην cvx: *Israel* ℭ$^w$: + και η πατρια μου ελαχιστη

13 ξενοι] κεκλημενοι *b*z: κλιτοι e$_2$ 14 βαμα] υψηλην z
15 ημερα μια] σ' προ μιας *b*: σ' προ μιας ημερας z 16 ο καιρος] θ' η ωρα *b*
20 τριταιων] σ' τριημερων *b*(sine nom)z | μη—σου 2°] μη μεριμνησης *b* | τα ωραια] α' παν επιθυμητον a: τα επιθυμητα z
'21 (εκ των φυλων)] ευγενης *b*

B καὶ ἵνα τί ἐλάλησας πρὸς ἐμὲ κατὰ τὸ ῥῆμα τοῦτο; 22 καὶ ἔλαβεν Σαμουὴλ τὸν Σαοὺλ καὶ τὸ 22
παιδάριον αὐτοῦ καὶ εἰσήγαγεν αὐτοὺς εἰς τὸ κατάλυμα, καὶ ἔθετο αὐτοῖς ἐκεῖ τόπον ἐν πρώτοις
τῶν κεκλημένων ὡσεὶ ἑβδομήκοντα ἀνδρῶν. 23 καὶ εἶπεν Σαμουὴλ τῷ μαγείρῳ Δός μοι τὴν μερίδα 23
ἥν ἔδωκά σοι, ἥν εἶπά σοι θεῖναι αὐτὴν παρὰ σοί. 24 καὶ ἥψησεν ὁ μάγειρος τὴν κωλέαν καὶ 24
παρέθηκεν αὐτὴν ἐνώπιον Σαούλ· καὶ εἶπεν Σαμουὴλ τῷ Σαοὺλ Ἰδοὺ ὑπόλιμμα, παράθες αὐτὸ
ἐνώπιόν σου καὶ φάγε, ὅτι εἰς μαρτύριον τέθειταί σοι παρὰ τοὺς ἄλλους· ἀπόκνιζε. καὶ ἔφαγεν
Σαοὺλ μετὰ Σαμουὴλ ἐν τῇ ἡμέρᾳ ἐκείνῃ. 25 καὶ κατέβη ἐκ τῆς Βαμὰ ἐν τῇ πόλει· καὶ διέστρωσαν 25
τῷ Σαοὺλ ἐπὶ τῷ δώματι, (26) καὶ ἐκοιμήθη. 26 καὶ ἐγένετο ὡς ἀνέβαινεν ὁ ὄρθρος, καὶ ἐκάλεσεν 26
Σαμουὴλ τὸν Σαοὺλ ἐπὶ τῷ δώματι λέγων Ἀνάστα, καὶ ἐξαποστελῶ σε· καὶ ἀνέστη Σαούλ, καὶ
ἐξῆλθεν αὐτὸς καὶ Σαμουὴλ ἕως ἔξω. 27 αὐτῶν καταβαινόντων εἰς μέρος τῆς πόλεως, καὶ Σαμουὴλ 27
εἶπεν τῷ Σαοὺλ Εἰπὸν τῷ νεανίσκῳ καὶ διελθέτω ἔμπροσθεν ἡμῶν, καὶ σὺ στῆθι ὡς σήμερον καὶ
ἄκουσον ῥῆμα θεοῦ. 1 καὶ ἔλαβεν Σαμουὴλ τὸν φακὸν τοῦ ἐλαίου καὶ ἐπέχεεν ἐπὶ τὴν κεφαλὴν 1 X
αὐτοῦ, καὶ ἐφίλησεν αὐτὸν καὶ εἶπεν αὐτῷ Οὐχὶ κέχρικέν σε Κύριος εἰς ἄρχοντα ἐπὶ τὸν λαὸν
αὐτοῦ, ἐπὶ Ἰσραήλ; καὶ σὺ ἄρξεις ἐν λαῷ Κυρίου, καὶ σὺ σώσεις αὐτὸν ἐκ χειρὸς ἐχθρῶν αὐτοῦ

24 υπολειμμα $B^a$(uid)A  25 τη] την B*  26 ανεβενεν A
27 στηθει A  X 1 εφειλησεν A

ANa–in–qstv–$c_2e_2$𝔄$ℭ^{cw}$𝔈$𝔏^{b(sv)}$

παρα πασας τας πατριας βενιαμειν $a_2b_2$(βενιαμειμ bis) | ινα τι] *in quid* 𝔏 | εμε Ben*$a_2$] με $ANn^b$ rell | om κατα $ga_2$𝔈

22 τον—αυτου] αυτους d | om τον b′ | om παιδαριον—το 2° $ℭ^c$ | om αυτου a | om αυτους do𝔏 | καταλυμα] + αυτου $bozc_2e_2$𝔄$ℭ^c$ | εθετο] *dedit* 𝔄: εταξεν boz(mg)$c_2e_2$: *constituit* 𝔏 | αυτοις] αυτους wx | εκει B] om AN omn 𝔄ℭ𝔈𝔏 | εν πρωτοις τοπον b′y | hab ωσει—ανδρων $𝔏^v$ | ωσει] εις y | εβδομηκοντα] λ′ i𝔄 | ανδρων] *homines* $𝔏^v$

23 ⟨σαμουηλ ειπεν 244⟩ | om μοι y𝔈 | om ην εδωκα σοι i $ℭ^w$𝔈 | δεδωκα $fn^b$svw | om ην ειπα σοι $Na_2$ | ην 2°] και bcox $c_2e_2$𝔏 | ειπον $bfoc_2e_2$ | σοι 2°] *uiro* 𝔏: om 𝔄

24 ηψησεν—κωλεαν] *leuauit coliphium coctum* 𝔏 | ηψησεν] ηρεν be–osvw$z^{a?}b_2c_2e_2$: *adtulit* 𝔈: ⟨ηγειρεν 246⟩: + και ηρεν N | κωλεαν] + και το επ αυτης Abcdiopqtx$zc_2$(sub ※)$e_2$𝔄𝔖-ap-Barh$𝔖^j$(mg) | αυτην] αυτοις cx: om o𝔈 | σαουλ 1°] σαμουηλ bcex$a_2$: + *et manducauit Saul* 𝔏 | om και 3°—σαουλ 2° s | σαμουηλ τω σαουλ] ⟨σαμουηλ σαμουηλ 236: αυτω 44⟩: om f: om σαμουηλ d: om τω σαουλ 𝔏: om τω en | υπολιμμα] pr το dpqtz: μαρτυριον bi(mg)$oc_2e_2$(txt)$𝔖^j$(mg) Thdt | αυτο] αυτω Naghiov: om cx𝔈𝔏 | hab οτι—αποκνιζε $𝔏^v$ | εις μαρτυριον τεθειται] *testimonium fiat* 𝔄 | μαρτυριαν A | τεθειται] τεθεσται A: τεθηκα *b*: παρατεθηκα b′ | παρα τους αλλους] *a populis* 𝔄 | παρα τους] παρ αυτοις cx | τους αλλους] του ανου A: του λαου Nabe–osvwyz(mg)$b_2c_2e_2$(txt)$𝔏^b𝔖^j$(mg) Thdt | αποκνιζε] αποκνιζει $Ae_2$: υποκνιζε g: om v | σαουλ 2°] σαμουηλ c*: ⟨om 242⟩ | μετα σαμουηλ post εκεινη v | σαμουηλ 2°] pr του g

25 hab και 1°—(26) λεγων $𝔏^v$ | κατεβη] *descenderunt* $𝔈^s$ $𝔏^b$: *exierunt* $ℭ^c$(uid) | βαμα] βαμαν N: αμα a* | εν τη πολει] εις την πολιν Nabe–osvw$b_2c_2e_2$𝔄ℭ𝔏(uid) | hab και 2°—εκοιμηθη $𝔏^s$ | διεστρωσαν—δωματι] *deduxit Saul in domo* $𝔏^b$ | διεστρωσαν] διεστρωσεν eh$ℭ^c$(pr *Samuel*)𝔈$𝔏^s$: εστρωσαν $bioc_2$ $e_2$ | επι—εκοιμηθη] *et dormiuit in solario* $𝔏^s$ | επι τω δωματι] *in domum* $𝔏^v$ | επι] εν $fn^b$sw: *in* 𝔄𝔈 | ⟨om τω 2° 244⟩ | δωματι] δωματος v: δοματιον b′ | και εκοιμηθη sub ÷ uid $c_2$

26 και εγενετο] pr *et proxima die* $𝔏^b$: και εγενηθη en: om 𝔄-cod: om εγενετο ⟨44⟩ ℭ𝔈 | ως—ορθρος] *ante lucem* $𝔏^v$ | om και 2° $de_2$𝔄(uid)𝔈$𝔏^b$ | εκαλεσεν σαμουηλ τον] ελαλησε σαμουηλ τω b | επι τω δωματι] επι του δωματος f: απο του δωματος cx 𝔄𝔈: *in domum* 𝔏 | λεγων] και ειπεν dpqtz: om y | αναστα] αναστηθι $fn^b$sw: + *ueni* 𝔄 | εξαποστελλω g𝔏 | σε] σοι h* | σαουλ 2°] post εξηλθεν A: om d | εξηλθεν—σαμουηλ 2°] εξηλθον d | εξηλθεν] *exierunt ambo* 𝔈 | om αυτος $ℭ^c$ | εως εξω] *inde* 𝔏: om $ℭ^c$: om εως t𝔄(uid)$ℭ^w$

27 αυτων—μερος] *et descenderunt in loco summo* 𝔏 | αυτων] pr και bi$𝔖^j$: pr *et* 𝔄𝔈: + δε cxzℭ: + των $a_2$ | om καταβαινοντων a | μερος] ακρον b′*b*(txt)oz(mg)$c_2e_2$𝔄 | σαμουηλ ειπεν] ειπεν σαμουηλ $oc_2e_2$𝔄𝔈𝔏: εξειπε σαμουηλ b | om τω σαουλ o | τω νεανισκω] pr τω παιδαριω pqtz: τω παιδαριω d: *iuueni tuo* $ℭ^w$: τω παιδαριω τω μετα σου cx | και διελθετω] *ut transeat* 𝔏 | διελθετω] διελθατω y: διεθετω a: παρελθετω d: εθετο g: πορευετω $a_2$ | ημων] + και διηλθεν Acx𝔄 | και συ] συ δε $boc_2e_2$ | στηθι ως] *persiste in hora hoc* 𝔏(uid) | ως σημερον] *hodie hic* 𝔄: *hic nunc* $ℭ^w$: *hic* $ℭ^c$: *mecum* 𝔈 | ως] εως $ya_2$: ωδε b: ⟨om 244⟩ | ακουσον] ⟨ακουστον 242⟩: ακουε $a_2$: ακουστον σοι ANacde*ghn*pqtvx$zb_2$: ακουστον σοι ποιησω $e^a$$fn^b$sw | θεου] $\overline{κυ}$ fstw𝔄𝔏(uid): + και ειπεν σαουλ τω παιδαριω αυτου και διηλθεν εμπροσθεν αυτων $bhoc_2e_2$

X 1 ⟨σαμουηλ] pr ο 74⟩ | τον 1°] το $e_2$ | του] pr μετα cx | ελαιου] ε ex λ $c^a$: λαου b′ | κατεχεεν $boc_2e_2$ Jos(uid) | αυτου 1°] *Saul* ℭ | κατεφιλησεν y Thdt | αυτον 1°] αυτω cx | ουχι] οτι bfhiosw$b_2c_2e_2$$ℭ^w$: ιδου αν$ℭ^c$: νυν c: om 𝔈𝔏 | κεκρικε t | ⟨σε] + σημερον 244⟩ | κυριος—(2) σε sub — $c_2$ | κυριος] + σημερον v: + *super haereditatem suam* 𝔄 | εις αρχοντα] om y: om εις a 𝔄 | επι 2°] pr *et* 𝔄 | τον λαον] των λαων c | om επι 3° bcfo stwx$c_2e_2$𝔄ℭ$𝔈^s$𝔏$𝔖^j$ | ισραηλ] pr τον Naboy$c_2e_2$ | συ 1°] σοι g: om cx | αρξης g | εν λαω] *super populum* $ℭ^w$ | om εν A | λαω] pr τω Nbcox$c_2e_2$ | κυριου] *Israel* ℭ | συ 2° Bfsw$a_2$𝔈] om AN rell 𝔄ℭ𝔏$𝔖^j$ | σωσης g | εχθρων αυτου κυκλοθεν] των κυκλωθεν εχθρων αυτου cx | εχθρων] pr των $boa_2c_2e_2$: ⟨post αυτου 3° 246⟩: εχθρου dpqtvz | αυτου 3°] αυτων $ac_2$$ℭ^c$𝔈: om dpqtz |

22 καταλυμα] α′ γαζοφυλακιον *b*(sine nom)z: σ′ εξεδραν θ′ σκηνην z

24 κωλεαν] α′ κνημην a*b*: ωμοπλα ... i: λ̊ κνημην z | υπολιμμα] ο δε σ′ αντι του μαρτυριον το υπολειφθεν εξεδωκε και αντι του οτι εις μαρτυριον τεθειται σοι οτι επιτηδες τετηρηται σοι τοδε παρα του λαου θ′ εξεδωκεν οτι ελεχθη τον λαον εκαλεσα α′ δε τω λεγειν τον λαον κεκληκα z | υπολιμμα] το αφωρισμενον μερος z | αποκνιζε] αποτρεφου i

25 διεστρωσαν] ελαλησαν $e_2$  27 εις μερος] θ′ σ′ εν τελευταιω *b*  X 1 ουχι κεχρικεν] ορα οτι κεχρικε z

2 κυκλόθεν. ²καὶ τοῦτό σοι τὸ σημεῖον ὅτι ἔχρισέν σε Κύριος ἐπὶ κληρονομίαν αὐτοῦ εἰς ἄρχοντα· B
(2) ὡς ἂν ἀπέλθῃς σήμερον ἀπ' ἐμοῦ, καὶ εὑρήσεις δύο ἄνδρας πρὸς τοῖς τάφοις Ῥαχὴλ ἐν τῷ ὄρει
Βενιαμεὶν ἁλλομένους μεγάλα, καὶ ἐροῦσίν σοι Εὕρηνται αἱ ὄνοι ἃς ἐπορεύθητε ζητεῖν· καὶ ἰδοὺ
ὁ πατήρ σου ἀποτετίνακται τὸ ῥῆμα τῶν ὄνων, καὶ ἐδαψιλεύσατο δι' ὑμᾶς λέγων Τί ποιήσω ὑπὲρ
3 τοῦ υἱοῦ μου; ³καὶ ἀπελεύσει ἐκεῖθεν καὶ ἐπέκεινα ἥξεις ἕως τῆς δρυὸς Θαβώρ, καὶ εὑρήσεις ἐκεῖ
τρεῖς ἄνδρας¶ ἀναβαίνοντας πρὸς τὸν θεὸν εἰς Βαιθήλ, ἕνα αἴροντα τρία αἰγίδια καὶ ἕνα αἴροντα • ℭ$^c$
4 τρία ἀγγεῖα ἄρτων καὶ ἕνα αἴροντα ἀσκὸν οἴνου· ⁴καὶ ἐρωτήσουσίν σε τὰ εἰς εἰρήνην, καὶ δώσουσίν
5 σοι δύο ἀπαρχὰς ἄρτων καὶ λήμψῃ ἐκ τῆς χειρὸς αὐτῶν. ⁵καὶ μετὰ ταῦτα εἰσελεύσῃ εἰς τὸν
βουνὸν τοῦ θεοῦ, οὗ ἐστιν ἐκεῖ τὸ ἀνάστεμα τῶν ἀλλοφύλων, ἐκεῖ Νασεὶβ ὁ ἀλλόφυλος· καὶ ἔσται
ὡς ἂν εἰσέλθητε ἐκεῖ εἰς τὴν πόλιν, καὶ ἀπαντήσεις χορῷ προφητῶν καταβαινόντων ἐκ τῆς Βαμά,
6 καὶ ἔμπροσθεν αὐτῶν νάβαλ καὶ τύμπανον καὶ αὐλὸς καὶ κινύρα, καὶ αὐτοὶ προφητεύοντες· ⁶καὶ
ἐφαλεῖται ἐπὶ σὲ πνεῦμα Κυρίου καὶ προφητεύσεις μετ' αὐτῶν, καὶ στραφήσῃ εἰς ἄνδρα ἄλλον.

2 εχρεισεν B* | εδαψιδευσατο A | τι] τει A    3 απελευση B$^{ab}$A | τρις A | αιγειδια B* | ενα 2°] αινα A | αγγια A
5 νασιβ A    6 εφαλειτε A | στραφησει A

ANa–in–qstv–$c_2e_2$𝔄ℭ$^{(c)w}$𝔈𝔏$^{b(v)}$

κυκλοθεν] pr των h𝔈𝔏𝔖$^j$

2 και τουτο] *hoc erit* 𝔏: +*erit* 𝔄ℭ | ⟨om σοι 1° 44⟩ | εχρισεν σε post κυριος 𝔄 | εχρισεν Bfswy] εχρικεν $a_2$: κεκρηκε t: κεχρικεν AN rell | σε] σοι cx | om κυριος $a_2$ | επι—αρχοντα] εις αρχοντα επι την κληρονομιαν αυτου $boc_2e_2$ℭ: om 𝔄 | επι κληρονομιαν αυτου] εις αρχοντα επι τον λαον αυτου επι ιη͞λ p | κληρονομιαν αυτου] κληρονομιας αυτων cx: om αυτου $a_2$ | ως αν απελθης] *cum abieras* 𝔏 | ως] εως b': ⟨ω 242⟩ | αν] εαν $boc_2e_2$: om $a_2$ | απελθης] ⟨επελθης 44⟩: απελθη a: απηλθες $a_2$: +συ N | απ] ⟨επ 44⟩: εξ c* | om και 2° $boc_2e_2$𝔄ℭ𝔈$^a$𝔏 | ευρησης g | προς τοις ταφοις] *iuxta sepulcrum* 𝔄: *ad monumentum* 𝔏: *apud fines* 𝔈 | τοις ταφοις] ⟨τω ταφω 44⟩: τον ταφον cx𝔄(uid)ℭ | ραχηλ] ραχιηλ hx: βαιθηλ y𝔈 | hab εν—ζητειν 𝔏$^v$ | εν τω ορει] *in finibus* 𝔈$^a$𝔏$^b$ | τω ορει] τω οριω gv: τοις οριοις $bioe_2$: οριοις $c_2$ | βενιαμειν] pr του Adpqtz: pr τω Nefhnsw: τω βενιαμην cx: βαινιαμειν g: βενιαμην v: βενιαμειμ $b_2$ | αλλομενους μεγαλα] *reluctantes hic et salientes magnum* 𝔏$^b$ | αλλομενους] pr εν σηλω εν βακαλαθ Ndefhnp–$twzb_2$ ⟨123⟩ [[σηλωμ $fb_2$ | om εν 2° $b_2$ | βακαλαθ] βακαλλαθ h: βακαγαθ 123: βακαλα $b_2$ | αλομενους z*]]: pr *et in Selom in Bacallat* 𝔏$^v$: pr μεσημβριας $bioc_2e_2$ 𝔖$^j$ | μεγαλα] μεγαλως cx: *magnas fossas* 𝔏$^v$ | ευρηνται] ευρην q* | αι ονοι] οι ονοι cx: *asinae tuae* 𝔏$^b$ | ⟨ας] ους 44⟩ | επορευθητε] επορευθης $cdoxc_2e_2$𝔄𝔏$^v$: *et ieras* 𝔏$^b$ | ζητειν] pr και w*: *quaesiere* 𝔏$^v$ | και ιδου] bis scr c: om ιδου 𝔄ℭ𝔈: +οτι x | αποτετινακται ο π͞η͞ρ σου Acdpqtxz(txt) | αποτετινακται το ρημα] *multi sollicitus in uerba* 𝔏 | το ρημα] post ονων cx: την φροντιδα b(pr απο b')oz(mg)$c_2e_2$ℭ(uid)𝔈 | εδαψιλευσατο δι υμας] μεριμνα περι υμων boz(mg)$c_2e_2$: φροντιζει περι υμων hi: *sollicitus est de nobis* 𝔄ℭ𝔈𝔏: φροντιζειν εδαψιλευσατο περι υμας (υμων c: ημας x*) cx | υμας] ημας A | υπερ] υπ ex μεν v$^a$: περι boz(mg)$c_2e_2$𝔏

3 επελευσει g | επεκεινα—δρυος] *ueniers inde ad arborem* 𝔏 | επεκεινα] απεκεινα $c_2$: om ℭ(uid) | hab ηκεις—θαβωρ 𝔏$^v$ | ηξεις] pr και $bcoxc_2e_2$𝔄𝔏$^v$: ηξει a: ποιησης g | εως—θαβωρ] *usque ad quercum illam electam et magnam* 𝔖$^j$: *ad arborem proceram* 𝔈 | εως] επι cx | θαβωρ] δαβωρ y: *Debor* 𝔄: βαθωρ c: της εκλεκτης boz(mg)$c_2e_2$𝔏$^v$: +της εκλεκτης i: +*alectae* 𝔏$^b$ | ευρησης g | om εκει 𝔏 | ανδρας τρις $e_2$ | om προς τον θεον y | om τον cx | ⟨εις] εν 74⟩ | βεθηλ cgvx | om τρια 1°—αιροντα 2° i | τρια αιγιδια] τρεις εριφους $bgoz^{a?}c_2e_2$: *tres hedos* 𝔏: εριφον Jos | και 4°—αρτων post οινου $bozc_2e_2$ | ενα αιροντα 2°] ετερον d | hab τρια 2°—(4) αρτων 𝔏$^v$ | om τρια 2° g*$a_2$ | αγγεια] αιτια z$^{a?}$ | ενα αιροντα 3°] ετερον d: ⟨αιροντα τον ετερον 242⟩ | ασκον] ⟨pr τον 246⟩: ασ sup ras A$^1$

4 ερωτησουσιν] ερωτησωσιν N: ερωτωσιν v: ερωτησοντε g | σε] σοι g: om $e_2$ | τα εις ειρηνην] *in pace* 𝔏$^v$: *pace* 𝔏$^b$ | εις] pr ras (3) q: προς cx | δωσουσιν σοι] δωσουσοι c$^a$: om σοι c* | δωσωσιν $va_2$ | σοι] σε gx | om δυο $boc_2e_2$𝔏$^v$ Thdt | απαρχας αρτων] αρτων απαρχας z: αρτους απαρχων dpqt: *trium panum* 𝔏$^b$ | αρτων] αυτων b | λημψη] +*ea* 𝔏

5 ⟨om μετα ταυτα 44⟩ | ελευση cx | βουνον] οικον fn$^b$sw | hab ου—αλλοφυλος 𝔏$^v$ | ου] ο N | εστιν—αλλοφυλος] *consistunt Allophyli et ibi sunt insidiae Allophylorum* 𝔏$^v$ | om εκει 1° A $e_2$𝔏$^b$ | το αναστεμα] *resuscitatio* 𝔏$^b$ | αναστεμα] αναστημα AN bcdipqtxyz*$a_2$: αναστεμμα a*(uid) | om εκει 2°—αλλοφυλος x 𝔄𝔏$^b$ | νασειβ] νασειμ fns(uid)w: νασημ e: νασειφ o: νασσιβ b: εν ασειβ i: ⟨εν ασειμ 246⟩: ασειβ v | om εσται ℭ(uid) | ⟨ως αν εισελθητε] ερχομενων υμων 44⟩ | ως] ος b' | om αν a | εισελθης Nabce–osvw$xb_2c_2e_2$𝔄𝔈$^a$𝔏 | om εκει 3° cx𝔄 | και απαντησεις χορω] *obuiam ires cohortem* 𝔏: *inuenietis chorum* 𝔈 | om και 3° ⟨44⟩ 𝔄ℭ | απαντησεις] απαντησης *b*: απαντησει aiv: απαντηση $eghnb_2$ | χορω] χορων $e_2$: χορον cx: χορος $b_2$ | εκ της βαμα] *de collo* 𝔏 | εκ της] απο d: ⟨om της 242⟩ | hab ναβαλ—κινυρα 𝔏$^v$ | ναβαλ B] ναβλα A$ya_2$𝔏$^v$: ναβαιαι $e_2$: ναυλαι de Thdt(uid): αβλαι Nvw: αυλαι b': αυλοι cx: ναβλαι *b* rell: *tibia* 𝔄: *citharae* ℭ: *cimbala* 𝔏$^b$ | τυμπανον B$ya_2$𝔄] *tymphano* 𝔏$^v$: τυμπανα AN rell ℭ𝔏$^b$ Thdt | και αυλος] *et tybiae* ℭ𝔏$^v$: hab αυλοις Thdt: om cx | κινυρα] κιννυρα denpv: κινυραι cx 𝔏$^v$: κιθαρα $a_2$ | αυτοι προφητευοντες] *ipsi hi prophetauerunt* 𝔏: *dum ii ita* 𝔈

6 om και 1° 𝔈 | εφαλειται] εφαλητε g: εφαλλειτε c: αφελειται b': αλειται Cyr½ | επι σε post κυριου e Or-lat | προφητευσεις] προφητευσης abcgp: +*et tu* 𝔄 | μετ] επ A | στραφηση] στραφησεις c: ⟨στραφης 74⟩: επιστραφιση v: *conuertera:* 𝔏

2 αλλομενους μεγαλα] εν σκια δια το καυμα *b*: εν σκιωδι υ.. το καυμα z: εν σηλω σμαακαλαθ *b* (σ 2° et α 1° ex corr) | αποτετινακται] θ' αφηκεν *b*

3 θαβωρ] σ' θαβωρ *b* | αγγεια] α' κολυρα *b*: α' περιμετρα σ' κολλυρας z | ασκον] α' αμφορεα σ' νεβελ z

4 δυο απαρχας αρτων] α' δυο αρτους z

5 το αναστεμα] σ' τοπος υψηλος z | χορω] σ' σχηνισματι συνοδω z | κινυρα] σ' κιθαρα *b*

B 7καὶ ἔσται ὅταν ἥξει τὰ σημεῖα ταῦτα ἐπὶ σέ, ποίει πάντα ὅσα ἐὰν εὕρῃ ἡ χείρ σου,¶ ὅτι θεὸς 7
¶ 𝔏ᵇ μετὰ σοῦ. 8καὶ καταβήσῃ ἔμπροσθεν τῆς Γαλαάδ, καὶ ἰδοὺ καταβαίνω πρὸς σὲ ἀνενεγκεῖν 8
ὁλοκαυτώσιν καὶ θυσίας εἰρηνικάς· ἑπτὰ ἡμέρας διαλείψεις ἕως τοῦ ἐλθεῖν με πρὸς σέ, καὶ
γνωρίσω σοι ἃ ποιήσεις. 9Καὶ ἐγενήθη ὥστε ἐπιστραφῆναι τῷ ὤμῳ αὐτοῦ ἀπελθεῖν ἀπὸ 9
Σαμουήλ, μετέστρεψεν αὐτῷ ὁ θεὸς καρδίαν ἄλλην· καὶ ἦλθεν πάντα τὰ σημεῖα ἐν τῇ ἡμέρᾳ
ἐκείνῃ. 10καὶ ἔρχεται ἐκεῖθεν εἰς τὸν βουνόν, καὶ ἰδοὺ χορὸς προφητῶν ἐξ ἐναντίας αὐτοῦ· καὶ 10
ἥλατο ἐπ' αὐτὸν πνεῦμα θεοῦ καὶ ἐπροφήτευσεν ἐν μέσῳ αὐτῶν. 11καὶ ἐγενήθησαν πάντες οἱ 11
εἰδότες αὐτὸν ἐχθὲς καὶ τρίτην, καὶ εἶδον καὶ ἰδοὺ αὐτὸς ἐν μέσῳ τῶν προφητῶν· καὶ εἶπεν ὁ λαὸς
ἕκαστος πρὸς τὸν πλησίον αὐτοῦ Τί τοῦτο τὸ γεγονὸς τῷ υἱῷ Κείς; ἢ καὶ Σαοὺλ ἐν προφήταις;
12καὶ ἀπεκρίθη τις αὐτῶν καὶ εἶπεν Καὶ τίς πατὴρ αὐτοῦ; διὰ τοῦτο ἐγενήθη εἰς παραβολήν *Η 12
καὶ Σαοὺλ ἐν προφήταις; 13καὶ συνετέλεσεν προφητεύων, καὶ ἔρχεται εἰς τὸν βουνόν. 14Καὶ 13 14
εἶπεν ὁ οἰκεῖος αὐτοῦ πρὸς αὐτὸν καὶ πρὸς τὸ παιδάριον αὐτοῦ Ποῦ ἐπορεύθητε; καὶ εἶπαν Ζητεῖν
τὰς ὄνους· καὶ εἴδαμεν ὅτι οὐκ εἰσίν, καὶ εἰσήλθομεν πρὸς Σαμουήλ. 15καὶ εἶπεν ὁ οἰκεῖος πρὸς 15
Σαοὺλ Ἀπάγγειλον δή μοι τί εἶπέν σοι Σαμουήλ. 16καὶ εἶπεν Σαοὺλ πρὸς τὸν οἰκεῖον αὐτοῦ 16
§ 𝔏ᵇ Ἀπήγγειλεν ἀπαγγέλλων μοι ὅτι §εὕρηνται αἱ ὄνοι· τὸ δὲ ῥῆμα τῆς βασιλείας οὐκ ἀπήγγειλεν
αὐτῷ.

8 κα|καταβαινω A | ειρηνεικας A | διαλιψεις B*A 10 εμμεσω A 11 εχθες] εκθες A: χθες Bᵇ | ιδον A | εμμεσω A 13 συνετελεσεν] + εν A 14 οικιος A 15 οικιος A 16 οικιον A

ANa-in-qstv-c$_2$e$_2$𝔄ℭʷ𝔈(𝔏ᵇᵛ)

7 και—ηξει] *cum uenerint ergo* 𝔏 | om εσται d | οταν] οτε h | ηξει] ηξη a(η 2° ex corr)enstz: ηξαι w: ελθη boc$_2$e$_2$ | ταυτα τα σημεια d | ⟨om ταυτα 71⟩ | σε] σοι N | ποιησει cvx | εαν BAya$_2$] αν N rell | η χειρ σου] *in manus tuas* 𝔏 | om οτι cdx | θεος] pr ο Nbe–ovya$_2$–e$_2$: κ̅ς̅ d: om cx | μετα σου] επι σε b'

8 καταβηθι boc$_2$e$_2$ | της] μου z: μου εις boc$_2$e$_2$𝔄ℭ Jos(uid): om dpqt | γαλααδ Bya$_2$𝔈ᵃ] γαλγαλα Abcdopqtxz(txt)c$_2$e$_2$𝔄ℭ𝔈ˢ Jos: γαλγαλ Nz(mg) rell | ιδου Bdya$_2$ℭ𝔈] + εγω AN rell 𝔄 | αναβαινω a | hab ανενεγκειν—ειρηνικας 𝔏ᵛ | ανενεγκειν] pr του bozc$_2$e$_2$: ανενεγκαι i | ολοκαυτωσιν] ολοκαυτωσεις aha$_2$𝔄𝔏𝔖ʲ: ολοκαυτωμα y | om και 3° 𝔏 | θυσιας ειρηνικας] θυσαι ειρηνικας θυσιας boc$_2$e$_2$ | θυσιας] pr θυσαι Acdegin*pqtvxzb$_2$: pr σαι N: θυσιασεις a$_2$ | ειρηνικας] pr και nᵇsw𝔄 | διαλειψεις] ⟨pr περιμενεις 246⟩: διαληψης g: περιμενεις διαλειψης i: + εαυτω cx | om με c$_2$ | γνωρισαι boc$_2$(αι ex corr c$_2$ᵃ)e$_2$ | σοι] σε v | ποιησης g

9 εγενηθη] εγενετο bcoc$_2$e$_2$ | ωστε] ⟨ως οτε 242⟩: εν τω cx𝔄(uid) | επιστραφηναι] αποστραφηναι acgxb$_2$: + τον (τω e$_2$) σαουλ bozc$_2$e$_2$𝔖ʲ | τω ωμω αυτου] αυτω c | σαμουηλ] pr του a: *Saul* ℭ | hab μετεστρεψεν—αλλην 𝔏ᵛ | μετεστρεψεν] pr και boa$_2$–e$_2$𝔈 | αυτω ο θεος] *Deus in Saul* 𝔏 | αυτω] post θεος e$_2$: αυτον b | καρδιαν] pr εις b | αλλην] λαλην v: ετεραν boz(mg)c$_2$e$_2$ Thdt | ηλθεν] + επ αυτω cx𝔄𝔖ʲ | om τα N* | σημεια] + ταυτα bfnᵇos wz(mg)c$_2$e$_2$ℭ𝔈 | om εν cx

10 om εκειθεν t* | εις] pr εις τον βαμα h* | βουνον] pr βαμα boz(mg)c$_2$e$_2$: + των προφητων Acdpqtxz(txt): + εις οικον κ̅υ̅ nᵇ | om και 2°—προφητων c | ηλατο] ηλλατο a?c: εφηλατο goc$_2$e$_2$: εφηλλετο b | επ] προς i | αυτον] αυτων g | θεου] pr του boa$_2$c$_2$: κ̅υ̅ Na | επροφητευσεν] επροεφητευσεν v: προεφητευσεν Abcdeᵃ fgo–tw–zc$_2$e$_2$

11 εγενηθησαν—και 5°] ως ειδον αυτον προφητευοντα d εγενηθησαν—και 4°] *factum est ubi agnouerunt eum omnes qui heri et nudiustertius uiderant eum quod* 𝔄 | εγενηθησαν] εγενηθη Naef*hnsvw: εγενετο ως ειδον αυτον boc$_2$e$_2$: om ℭ(uid): + ως ειδον αυτον z | απαντες Acpqtxz | ειδοτες] ιδοντες Aacefgi nsv–ya$_2$b$_2$e$_2$ | χθες Bᵇbcefpxz | τριτης Aabgiopqtvz–e$_2$ | om και 3° b'ℭ | ιδου αυτος] αυτος ην boc$_2$e$_2$ | αυτος] pr *et* 𝔄 | των προφητων] αυτων προφητευων b': + προφητευων A*b*cghopqt xzc$_2$e$_2$𝔄 | om και 5° 𝔄 | ειπεν] ειπαν A: ειπον *b*dghiovb$_2$c$_2$ e$_2$: *dixerunt* 𝔈 | om ο λαος d | γεγονος] γενος y | ⟨om τω 74⟩ | hab η και σαουλ 𝔏ᵛ | η] ει Nbdᵃeᵃgin*pqs*txz: ⟨μη 123⟩ | ⟨σαουλ] pr αυτου 242⟩ | προφηταις] pr ου d

12 απεκριθη] pr προεφη g* | αυτων] pr εξ boc$_2$e$_2$ | om και ειπεν ℭ | hab και 3°—προφηταις 𝔏ᵛ | πατηρ] pr ο bdeᵃfoswxz c$_2$e$_2$ | αυτου] + ου κεις ANae–nwxya$_2$b$_2$𝔄𝔈𝔏: + ο κεις sv | δια] pr και z𝔏 | εγενετο boc$_2$e$_2$ | παραβολην] + αυτου v | om η—(13) προφητευων d | η] ει Naᵃ?begh*in*p–vx–a$_2$𝔄: *sic* 𝔏

13 om totum comma x | hab και 2°—(14) επορευθητε 𝔏ᵛ | ερχεται] + εκειθεν fnᵇswz | ⟨om εις—(14) αυτου 1° 242⟩ | εις] προς eny | βουνον] + βαμα b

14 om και 1°—αυτον x | ειπεν—αυτον] λεγει αυτω ο οικειος (πατραδελφος b) αυτου boc$_2$e$_2$ | ειπεν ο οικειος] *dicunt domestici* 𝔄-codd | ειπεν] pr ερχεται h*: + αυτω a$_2$ | ο οικειος] *auunculus* 𝔄-codd: *Cis pater* ℭ | αυτου 1°—αυτου 2°] *Saul* 𝔏 | om και 2° b | προς το παιδαριον] τω παιδαριω boc$_2$e$_2$ | προς 2°] ηρωτησαν x | επορευθητε] πορευθηται a$_2$: *ibatis* 𝔏 | ⟨και 3°—ονους] ζητειν τους ονους και ειπον 44⟩ | ειπαν] ειπον ac–fopqtzc$_2$e$_2$: ειπεν b g(uid)nᵇswxa$_2$ℭ | ζητησαι a$_2$ | ⟨om και 4° 44⟩ | ειδαμεν Baa$_2$b$_2$] οιδαμεν x(οι ex corr)y: ιδωμεν v: ειδομεν AN rell | εισιν] ησαν bo(σ ex ν oᵃ)c$_2$e$_2$ | εισηλθομεν] εισηλθαμεν aa$_2$b$_2$: ηλθομεν dx 𝔈(uid) | προς 3°] εις x | σαμουηλ] pr τον ex: ⟨αυτον 242⟩

15 ⟨om και 1°—σαουλ 242⟩ | ειπεν ο οικειος] ειπαν οι οικειοι αυτου v | hab ο οικειος 𝔏ᵛ | ο οικειος] *Cis* ℭ: ο οικος αυτου w: + αυτου Neg–nsb$_2$𝔈(uid): + αυτω f | προς] τω b'o: του *b*c$_2$e$_2$: om a | σαουλ] αυτον en*𝔈 | αναγγειλον f | δη] δε d*pqtz | ειπεν σοι] ειπειν σοι A: σοι απηγγειλεν a | σαμουηλ] σαουλ d*

16 om προς—αυτου d | τον οικειον αυτου] *patrem eius* ℭ: ⟨αυτον 71: om τον 242⟩ | απαγγελλων (-ελων x) απηγγειλεν N bx𝔄ℭ | απαγγελλων] απαγγελων a*cgn: om oc$_2$e$_2$ | om μοι a$_2$ | ευρηνται] ... *tae sunt* 𝔏: ευρονται c | αι] οι px | ουκ απηγγειλεν] ουκ ανηγγειλεν b: om x | αυτω] + ο (οτι c) ειπεν σαμουηλ Abcfhnᵇo–twxzc$_2$(sub ※)c$_2$: + ※ *quod dixit ei Samuel* 𝔄

8 διαλειψεις] α' υπομενης *b* 9 ωστε—αυτου] θ' ως εκλινεν τον ωμον αυτου *bz*(sine nom) 12 παραβολην] α' παροιμια *b*: παροιμιαν z | η και σαουλ] σ' μη ετι και σαουλ z 14 ο οικειος] α' ο πατραδελφος ze$_2$(sine nom)

17 18 [17]Καὶ παρήγγειλεν Σαμουὴλ παντὶ τῷ λαῷ πρὸς Κύριον εἰς Μασσηφά, [18]καὶ εἶπεν πρὸς B
υἱοὺς Ἰσραὴλ Τάδε εἶπεν Κύριος ὁ θεὸς Ἰσραὴλ λέγων Ἐγὼ ἀνήγαγον τοὺς υἱοὺς Ἰσραὴλ ἐξ
Αἰγύπτου, καὶ ἐξειλάμην ὑμᾶς ἐκ χειρὸς Φαραὼ βασιλέως Αἰγύπτου καὶ ἐκ πασῶν τῶν βασιλειῶν
19 τῶν θλιβουσῶν ὑμᾶς. [19]καὶ ὑμεῖς σήμερον ἐξουθενήκατε τὸν θεόν, ὃς αὐτός ἐστιν ὑμῶν σωτὴρ ἐκ
πάντων τῶν κακῶν ὑμῶν καὶ §θλίψεων ὑμῶν, καὶ εἴπατε Οὐχί, ἀλλ' ἢ ὅτι βασιλέα στήσεις ἐφ' § M
ἡμῶν. καὶ νῦν κατάστητε ἐνώπιον Κυρίου κατὰ τὰ σκῆπτρα ὑμῶν καὶ κατὰ τὰς φυλὰς ὑμῶν.
20 [20]καὶ προσήγαγεν Σαμουὴλ πάντα τὰ σκῆπτρα Ἰσραήλ, καὶ κατακληροῦται σκῆπτρον Βενιαμείν·
21 [21]καὶ προσάγει σκῆπτρον Βενιαμεὶν εἰς φυλάς, καὶ κατακληροῦται φυλὴ Ματταρεί· καὶ προσ-
άγουσιν τὴν φυλὴν Ματταρεὶ εἰς ἄνδρας, καὶ κατακληροῦται Σαοὺλ υἱὸς Κείς. καὶ ἐζήτει αὐτόν,
22 καὶ οὐχ εὑρίσκετο. [22]καὶ ἐπηρώτησεν Σαμουὴλ ἔτι ἐν Κυρίῳ Εἰ ἔρχεται ὁ ἀνὴρ ἐνταῦθα; καὶ
23 εἶπεν Κύριος Ἰδοὺ αὐτὸς κέκρυπται ἐν τοῖς σκεύεσιν. [23]καὶ ἔδραμεν καὶ λαμβάνει αὐτὸν ἐκεῖθεν,
καὶ κατέστησεν ἐν μέσῳ τοῦ λαοῦ· καὶ ὑψώθη ὑπὲρ πάντα τὸν λαὸν ὑπερωμίαν καὶ ἐπάνω.

18 εξιλαμην A | θλειβουσων B* 19 στησεις] καταστησεις $B^{ab}$(η sup ras $B^b$)
22 επερωτησεν A | εντευθα A 23 εμμεσω A

A(M)Na–in–qstv–$c_2e_2$𝔄$ℭ^w$𝔈$𝔏^{b(v)}$

17 παρηγγειλεν—λαω] *praecepit Samuel omni populo conuenire* 𝔏 | παρηγγειλεν] παρηγγει N: συνηγαγεν bfg$n^b$osw$z^{a?}$ $c_2e_2$𝔄 | παντι τω λαω] pr εν v: παντα τον λαον bfg$n^b$(uid)osw $z^{a?}c_2e_2$𝔄 | προς] pr ελθειν x: om b' | κυριον] πιπι c | ⟨om εις 44⟩ | μασσηφα] μασηφα Acex: μασσηφαθ agh: *Masscpat* 𝔏: μασηφαθ v𝔄ℭ

18 ειπεν 1°] +σαμουηλ fswℭ | υιους 1° BAdqtz$a_2$] pr τους N rell: ⟨om 44⟩ | ειπεν 2°] λεγει bdho$a_2c_2e_2$ℭ(uid) | κυριος] πιπι c | om ο θεος bh | om λεγων b'dhℭ𝔈𝔏 | ανηγαγον] *adduxi* 𝔏 | τους υιους ισραηλ] αυτους x: ⟨om 44⟩ | τους υιους] pr τους π̅ρ̅ας υμων $b_2$: τον Ac: om dpqtz𝔈 | εξ αιγυπτου] λεγων a | αιγυπτου 1°] εγυπτου g | om και 2°—αιγυπτου 2° w𝔈 | om και εξειλαμην υμας d | om εξειλαμην υμας x | εξειλομην befgn p–tz$c_2e_2$ | om φαραω g | om αιγυπτου 2° d | εκ 2°—θλιβουσων] *ex hominibus omnibus qui affligunt* ℭ: *de manu omnium regum qui tribulauerunt* 𝔏 | εκ 2°] +χειρος b: +χειρων o$c_2e_2$ | των βασιλειων] βασιλεων $c_2$: om x: om των bfosw$e_2$ | βασιλειων—υμας 2°] θλιβουσων υμας βασιλειων i | βασιλεων h* | θλιβουσων] θλιβοντων c: εκθλιβουσων Abo$c_2e_2$ | υμας 2°] υ ras A?: ημας p* w$a_2$: αυτους x

19 hab και 1°—θεον $𝔏^v$ | και υμεις] *sed uos hic* $𝔏^v$ | ημεις d*p* | σημερον—ημων] αιτησατε βασιλεα d | εξουθενηκατε Beg n*x] εξουδενωκατε ANhi$n^b$svwy$a_2$: εξουθενωσατε o$c_2e_2$: εξουδενωσατε bf: εξουδενηκατε rell | om τον c | θεον] κ̅ν̅ ημων p: +ημων b'o*: +υμων b$o^a c_2e_2$ | om ος—υμων 3° p | ος] ως a*h | om αυτος xy𝔄𝔈𝔏 | υμων σωτηρ] ο σ̅η̅ρ̅ υμων qtz: σ̅η̅ρ̅ και ρυστης x: *uester liberator et saluator* 𝔏 | υμων 1°] post σωτηρ Ac𝔄: ημων g(η ex corr) | εκ—υμων 3°] *ex omnibus qui circa uos sunt et opprimunt uos* 𝔄 | υμων 2°] pr των $a_2$: ημων gx* | και θλιψεων—υμων] *et de tribulationibus uestris* 𝔏: om $a_2𝔈^a$ | θλιψεων] pr των box$c_2e_2$: ...ψεων M: θλιψεως v | υμων 3°] ημων gx* | οτι αλλ η fw | om οτι Abcosx$a_2c_2e_2$ℭ𝔈𝔏 | βασιλεα post ημων 𝔄 | στησεις B*A(ε sup ras A?)x] στησης c: καταστησης g$a_2$: καταστησεις $B^{ab}$MN rell: *constitue* 𝔏 | εφ] αφ i: om $a_2$ | ημων] ημιν x: ημας botv$c_2e_2$ | κυριου] πιπι c | κατα 1°] pr και pqtz: και xy | τα σκηπτρα] τας φυλας z(mg): φυλας M(mg)bo$c_2e_2$: *tribus* 𝔏 | υμων 4°] pr αυτων c: ⟨om 71⟩ | om και 5°—υμων 5° e* | hab και 5°—φυλας $𝔏^v$ | om και 5° Mgy ℭ | κατα 2°—υμων 5°] *secundum familias uestras* $𝔏^b$ | κατα τας φυλας] *secundum militiam* $𝔏^v$ | om τας bfosw$c_2e_2$ | φυλας] χιλιαδας Abcd$e^a$f$n^b$o–twxz$c_2e_2$: ⟨χιλιας 74⟩: χιλιαδας φυλων $a_2$ ℭ | υμων 5°] ημων gp*: +*et secundum millia uestra* 𝔄

20 σαμουηλ] ισραηλ A$a_2$ | παντα τα σκηπτρα] παντα σκηπτρον d: πασας τας φυλας MNabeginovz(mg)$b_2c_2e_2$𝔏(uid): om τα qt | ισραηλ] pr του MNabeginov$b_2c_2e_2$: σαμουηλ A | κατακληρουται σκηπτρον] *sortiti sunt et exiit sors tribus* 𝔏 | κατακληρουται] κατακληρουνται o: κατεκληρουντο x | om σκηπτρον—(21) κατακληρουται 1° v | σκηπτρον] σκηπτρα c: τα σκηπτρα x: φυλη bo$z^{a?}c_2e_2$ | βενιαμειν] βενιαμην x: βενιαμειμ $b_2$

21 om και 1°—βενιαμειν Nde*gy | προσαγει σκηπτρον] *accessit tribus* 𝔏 | προσαγει] προσαγη c: προσηγαγεν boz(mg) $c_2e_2$ | σκηπτρον] φυλην z(mg): την φυλην bo$c_2$: τη φυλη $e_2$ | βενιαμειν] βενιαμην x: βενιαμειμ $b_2$ | εις φυλας] κατα πατριας (-αν b) boz(mg)$c_2e_2$𝔏: *secundum tribus eorum* ℭ | κατακληρουται φυλη] *exiit sors cognationis* 𝔏 | φυλη] pr σκηπτρον βενιαμειν και $a_2$: πατρια bo$z^{a?}c_2e_2$ Jos(uid) | ματταρει 1°] ματαρει c*(uid) e: ματαρρει v: ματταρα ⟨236.242⟩ 𝔄-codd: *Mattarin* ℭ: *Matharin* 𝔏: βατταρει a: αματταρει bo$c_2e_2$𝔄-ed | προσαγουσιν] προσαγει f: προσηγαγεν boz(mg)$c_2e_2$𝔏: *stare fecit* 𝔈 | τη φυλη c | φυλην] πατριαν boz(mg)$c_2e_2$𝔏: om h* | ματταρει 2°] ματαρι e: ματαρρει v: ⟨ματταρα 242⟩: ματταρειτ A: *Mattarin* ℭ: *Matharin* 𝔏: βατταρει a: αματταρει boz(mg)$c_2e_2$𝔄 | εις ανδρας] κατ ανδρα Jos: *per singulos uiros* 𝔏: κατα ανδρα ενα boz(mg) $c_2e_2$ | εις 2°] τρεις c | κατακληρουται 2°] *exiit sors* 𝔏 | σαουηλ $b_2$ | υιος] pr ο cd | εζητει] *quaerebant* 𝔏: *quaesiuerunt* ℭ | ευρισκετο] *inueniebant* 𝔏: *inuenerunt* ℭ

22 hab και 1°—(23) εκειθεν $𝔏^v$ | επηρωτησεν] *interrogabat* $𝔏^v$ | σαμουηλ] pr ετι A: post ετι bo$c_2e_2$𝔄 | ετι] ⟨οτι 71.74⟩: om 𝔈$𝔏^v$ | εν κυριω] *Dominum Deum* $𝔏^v$ | κυριω] pr τω a: πιπι c: +λεγων f$h^b n^b$sw: +και ειπεν b$c_2e_2$: +και ειπειν o | ει—ενταυθα] ει ετι ερχεται ενθαδε ο ανηρ Phil: *si homo ueniet huc* ℭ: *an uenturus esset illo Saul* $𝔏^b$: *an uenisset Saul istuc* $𝔏^v$ | ει ερχεται] εισερχεται Aa* | ει] pr ※ (ad init lin) $c_2$: pr *et* 𝔄: ⟨om 74⟩ | ο ανηρ ενταυθα By$a_2$] ενταυθα ο ανηρ c(om ο)o vx$b_2$𝔄$𝔖^j$: ετι ο ανηρ g: ο ανηρ ετι ενταυθα en: ⟨ενταυθα ετι ο ανηρ 44⟩: +ετι Nfsw: ετι ενταυθα ο ανηρ AM rell (om ο Aqt): *uir ibi* 𝔈 | κυριος] πιπι c | αυτος] *illic* $𝔏^v$: om b'𝔄ℭ$𝔏^b$ | κεκρυπται] κρυπτεται en𝔈: +ενταυθα N: +ενθαδε boz(mg)$c_2$ $e_2$: +*hic* $𝔏^b𝔖^j$: +*Saul* $𝔏^v$ | om τοις g

23 εδραμεν] *excurrit Samuel* $𝔏^b$: +σαμουηλ bhox$b_2c_2e_2$ℭ $𝔏^v$ | λαμβανει] λαμβανη c: ελαβεν bo$c_2e_2$𝔏 | κατεστησεν] *ecce stetit* 𝔏: κατεστη MNaef$h^{b?}$insvw$b_2$: ⟨κατεστιν 242⟩: εστησεν x: κατεστη σαουλ bo$c_2e_2$: +αυτον y𝔄ℭ𝔈(uid) | εν μεσω] μεσον g | om του c | om και 4°—λαον e | υπερ—λαον] υπερανω του λαου x: υπερ παντας d

20 σκηπτρον] σ' σκηπτρον b 21 κατακληρουται 2°] α' κατεληφθη z 23 υπερωμιαν] απο ωμου εαυτου z

B 24 καὶ εἶπεν Σαμουὴλ πρὸς πάντα τὸν λαόν Εἰ ἑοράκατε ὃν ἐκλέλεκται ἑαυτῷ Κύριος, ὅτι οὐκ 24
ἔστιν αὐτῷ ὅμοιος ἐν πᾶσιν ὑμῖν; καὶ ἔγνωσαν πᾶς ὁ λαὸς καὶ εἶπαν Ζήτω ὁ βασιλεύς. 25 Καὶ 25
§ m εἶπεν §Σαμουὴλ πρὸς τὸν λαὸν τὸ δικαίωμα τοῦ βασιλέως, καὶ ἔγραψεν ἐν βιβλίῳ καὶ ἔθηκεν
ἐνώπιον Κυρίου· καὶ ἐξαπέστειλεν Σαμουὴλ πάντα τὸν λαόν, καὶ ἀπῆλθεν ἕκαστος εἰς τὸν τόπον
αὐτοῦ. 26 καὶ Σαοὺλ ἀπῆλθεν εἰς τὸν οἶκον αὐτοῦ εἰς Γαβαά· καὶ ἐπορεύθησαν υἱοὶ δυνάμεων ὧν 26
ἥψατο Κύριος καρδίας αὐτῶν μετὰ Σαούλ. 27 καὶ υἱοὶ λοιμοὶ εἶπαν Τίς σώσει ἡμᾶς οὗτος; καὶ 27
ἠτίμασαν αὐτόν, καὶ οὐκ ἤνεγκαν αὐτῷ δῶρα.

1 Καὶ ἐγενήθη ὡς μετὰ μῆνα (1) καὶ ἀνέβη Ναὰς ὁ Ἀμμανείτης καὶ παρεμβάλλει ἐπὶ Ἰαβεὶς 1 XI
Γαλαάδ· καὶ εἶπον πάντες οἱ ἄνδρες Ἰαβεὶς πρὸς Ναὰς τὸν Ἀμμανείτην Διάθου ἡμῖν διαθήκην
καὶ δουλεύσομέν σοι. 2 καὶ εἶπεν πρὸς αὐτοὺς Ναὰς ὁ Ἀμμανείτης Ἐν ταύτῃ διαθήσομαι ὑμῖν 2
διαθήκην, ἐν τῷ ἐξορύξαι ὑμῶν πάντα ὀφθαλμὸν δεξιόν, καὶ θήσομαι ὄνειδος ἐπὶ Ἰσραήλ. 3 καὶ 3
λέγουσιν αὐτῷ οἱ ἄνδρες Ἰαβεὶς Ἄνες ἡμῖν ἑπτὰ ἡμέρας καὶ ἀποστελοῦμεν ἀγγέλους εἰς πᾶν
ὅριον Ἰσραήλ· ἐὰν μὴ ᾖ ὁ σώζων ἡμᾶς, ἐξελευσόμεθα πρὸς ὑμᾶς. 4 καὶ ἔρχονται οἱ ἄγγελοι εἰς 4
Γαβαὰ πρὸς Σαούλ, καὶ λαλοῦσιν τοὺς λόγους εἰς τὰ ὦτα τοῦ λαοῦ· καὶ ἦραν πᾶς ὁ λαὸς τὴν

24 εορακατε] εωρακατε B$^{ab}$: ορακατε A(uid)
XI 1 επι] επ A    2 ονιδος A    3 ειαβεις A

AMNa–i(m)n–qstv–c$_2$e$_2$𝔄ℭ$^{w}$𝔈𝔏$^{b(sv)}$

24 nonnulla perier in A | παντα τον λαον] τον λαον απαντα x | παντα] απαντα Ac: om dgpqtz𝔈 | τον λαον] om o: + το δικαιωμα της βασιλειας p | om ει Nac–fh$^{b?}$np–xzb$_2$ | εκλελεκται] εκλεξατω c | εαυτω] post κυριος e$_2$: αυτω adpqtz: om 𝔈$^{a}$𝔏 | κυριος] pr ο dpqtz: πιπι c | οτι] pr και e: et 𝔈$^{a}$ | αυτω ομοιος Bfosw] ομοιος (-ως v) αυτου cva$_2$: ομοιος (..οιος A) αυτω AMN rell 𝔄ℭ𝔏𝔖$^{j}$ | πασιν υμιν] μεσω υμων παντων c | ημιν s$^{a}$ | hab και 2°—λαος 𝔏$^{v}$ | εγνωσαν] εγνω boc$_2$e$_2$𝔏𝔖$^{j}$: ⟨εβοησαν 71⟩ | ειπαν ζητω] ζη...ιπαν A | ειπαν] ειπον ac–foz$^{a?}$c$_2$e$_2$: ειπεν b

25 ειπεν] ελαλησεν bhoc$_2$e$_2$𝔏 | σαμουηλ 1°] σαουλ g* | τον 1°] pr παντα bℭ | hab το—βασιλεως 𝔏$^{v}$ | ⟨το] pr εωρακατε 44⟩ | του βασιλεως] της βασιλειας MNabdgi$^{a}$opqtxzc$_2$e$_2$ℭ𝔏 | εν βιβλιω] εν βιβλω efmnb$_2$: εις βιβλιον boc$_2$e$_2$ | κυριου] πιπι c | σαμουηλ 2°] σαουλ g* | παντα] απαντα cdpqtvz: om h | om και απηλθεν εκαστος 𝔈$^{a}$ | απηλθεν] απηλθον ab𝔄-codd𝔈$^{s}$: ηλθεν o: ηλθον c$_2$e$_2$ | ⟨om εκαστος 44⟩ | ⟨αυτων 44⟩

26 om και 1°—αυτου di | σαουλ απηλθεν εις] salutauit 𝔏 | om εις 1°—αυτου 𝔈$^{a}$ | om τον msw | οικον] τοπον z*a$_2$: + του πρ̄ς x | εις γαβαα] Gabaon 𝔈 | εις 2°] εν gvya$_2$ | γαβαα] γαβαθα ca$_2$ On ½: γαβααθα A: τον βουνον M(mg)boz$^{a?}$c$_2$e$_2$𝔏 | hab και 2°—(27) ειπαν 𝔏$^{v}$ | επορευσαντο c | υιοι] pr οι MNabcegisa$_2$b$_2$: homines ℭ: οι x | δυναμεων] δυναμεως ye$_2$𝔄-ed𝔈: δυναμενοι Acdpqtxz*a$_2$: potentium 𝔏$^{v}$ | om κυριος d | καρδιας] pr τας fa$_2$: καρδιαν i* | om αυτων μετα σαουλ 𝔏 | σουουλ d

27 και υιοι λοιμοι] fili pestilentiae et 𝔏$^{b}$ | υιοι] pr οι Aacefg nosvwxa$_2$e$_2$: υι ex οι m$^{a}$: homines ℭ | λοιμοι] pestilentiae 𝔏$^{v}$: λοιμων v: ασιμοι a$_2$: ισσαχαρ c | ειπαν] pr και x: ειπον a–fo c$_2$e$_2$ | τις—ουτος] quemadmodum hic nos saluos faciet 𝔏 | τις] pr οτι y: τι a$^{a?}$g | ουτος] αυτως a*gv: om x | ητιμασαν] ητοιμασαν d*ov*x: ητιμωσαν Mghc$_2$e$_2$: ητοιμωσαν b: ητιμασαντω c: spernantes contempserunt 𝔏 | αυτον] αυτω a*p | δωρα] δωρον a: + και εγενηθη ως κωφευων bho(κωφευγων)zc$_2$e$_2$: + και εγενηθη κωφευων dp

XI 1 hab και 1°—ναας 𝔏$^{v}$ | hab και 1°—μηνα 𝔏$^{s}$ | ⟨και εγενηθη] εγενετο δε 44⟩ | εγενηθη] εγενετο bdhopvz(mg)c$_2$e$_2$: om z(txt) | ως μετα μηνα] ωσει ωρα x | om ως bozc$_2$e$_2$𝔄ℭ𝔈𝔖$^{j}$ | μηνα] + ημερων boc$_2$e$_2$𝔄𝔖$^{j}$ | om και 2° ⟨44⟩ 𝔄(uid)ℭ𝔏 | ναας 1°] καας f | ο αμμανειτης] ο αμανιτης Acmℭ𝔏: Amonita 𝔄: θαμανιτης e: ο μανιτης v | και 3°—ιαβεις 1°] επι ιαβης και παρεμβαλλει d: επι ιαβεις και παρεμβαλει p | παρεμβαλλει—γαλααδ] pug[nauit aduersus Iabes Galaditum] 𝔏 | παρεμβαλλει] παρεμβαλει ANagq: παρεμβαλη a$_2$: παραλαμβαλει c(λαμ ex corr c$^{a}$): παρενεβαλεν bhoc$_2$e$_2$ | ιαβεις 1°] ιαβης mx | om και 4°—ιαβεις 2° v | ειπαν ANm(uid)np–twy–b$_2$ | om παντες ⟨44⟩ 𝔄-cod | ιαβεις 2°] ιαβης b*(uid)x: οιαβεις my: + Galaditum 𝔏 | ⟨ναας τον αμμανειτην] αυτον 71⟩ | τον αμμανειτην] τον αμανιτην A acms*vℭ𝔏: Amonitam 𝔄: ⟨om 44⟩ | hab διαθου—σοι 𝔏$^{v}$ | υμιν c | δουλευσωμεν acgovxa$_2$b$_2$c$_2$

2 προς—αμμανειτης] αυτοις x | ο αμμανειτης] ο αμανιτης Ac ℭ𝔏: Amonita 𝔄: ο μανιτης N | εν ταυτη] εν τουτω boyc$_2$e$_2$: in hoc 𝔏: om ℭ: + τη διαθηκη Acdpqtxz ⟨74 (om τη)⟩ | διαθησωμαι cg | υμιν] ημιν g | om διαθηκην Acdpqtxz | om εν 2° g | υμων παντα] nobis omnibus 𝔏: om υμων A | δεξιον οφθαλμον Nb'en | θησωμαι g | ονειδος] pr αυτο (-τω o) εις bozc$_2$e$_2$: in obprobrium 𝔏 | επι] εν y: in 𝔏 | ισραηλ] pr τον N: pr παντα Acdfmn$^{b}$pqtwxz𝔄: τον ιη̄λ παντα boc$_2$e$_2$

3 λεγουσιν] ειπον v𝔏 | αυτω—ιαβεις] uiri Iabis ad Naas 𝔄-ed | om αυτω 𝔄-cod | οι] pr παντες o: om a$_2$ | ιαβεις] ιαβης x: οιαβεις v: + γαλααδ b$_2$ | ανες] sustinere 𝔏 | ημιν] υμιν c*: ημας boz$^{a?}$c$_2$e$_2$ℭ | αποστελουμεν] αποστελλουμεν A$^{?}$a* b: αποστελλωμεν A* | αγγελους post ισραηλ f | ⟨εις] επι 123⟩ | παν] pr το o | εαν] pr και bcoxza$_2$c$_2$e$_2$ℭ𝔈𝔏 | η] ει b'cx: om Ag* | ο σωζων] quid reget 𝔏: om ο N* | εξελευσομεθα] pr και AMNaeinpqtb$_2$: εξελευσωμεθα ma$_2$: και εξελευσωμεθα gv | ⟨om προς υμας 44⟩ | υμας] ημας o*: σε cx𝔄

4 και 1°] pr και απεστειλαν αγγελους οι ανδρες ιαβεις (οιαβεις o) της γαλααδειτιδος boc$_2$e$_2$ | ερχονται] ηλθον boc$_2$e$_2$𝔏: exierunt ℭ | om οι cx | αγγελοι] + ιαβεις boc$_2$e$_2$ℭ | ⟨om εις γαβαα 44⟩ | εις 1°] προς cdvx | γαβαα] γαβα m: γαβααθα A*: γααθα A$^{a?}$: βαα sa$_2$: τον βουνον bo(om τον)c$_2$e$_2$𝔏 | προς] εις cdx: om 𝔏 | λαλουσιν] ελαλησαν boc$_2$e$_2$𝔏: ⟨λεγουσιν 74⟩: + προς αυτον w | τους λογους BAcxya$_2$𝔄ℭ] om dpqtz: + τουτους MN rell 𝔈𝔏 | εις 2°] ad 𝔏 | του λαου] κῡ cx | ηραν] ηρον e$_2$: ηρεν o | πας

24 εγνωσαν] σ' ηλαλαξαν b    26 υιοι δυναμεων] α' η ευπορια bmz: σ' η δυναμις z
27 λοιμοι] θ' παρανομιας bm | ητιμασαν] α' εξουθενησαν z
XI 2 εν ταυτη] α' εν τουτο m    3 ανες] ενδος z | ο σωζων] σ' υπερμαχων bm

5 φωνὴν αὐτῶν καὶ ἔκλαυσαν. ⁵καὶ ἰδοὺ Σαοὺλ ἤρχετο μετὰ τὸ πρωὶ ἐξ ἀγροῦ· καὶ εἶπεν Σαοὺλ B
6 Τί ὅτι κλαίει ὁ λαός; καὶ διηγοῦνται αὐτῷ τὰ ῥήματα τῶν υἱῶν Ἰαβείς. ⁶καὶ ἐφήλατο πνεῦμα
Κυρίου ἐπὶ Σαούλ, ὡς ἤκουσεν τὰ ῥήματα ταῦτα, καὶ ἐθυμώθη ἐπ' αὐτοὺς ὀργὴ αὐτοῦ σφόδρα.
7 ⁷καὶ ἔλαβεν δύο βόας καὶ ἐμέλισεν αὐτάς, καὶ ἀπέστειλεν εἰς πᾶν ὅριον Ἰσραὴλ ἐν χειρὶ ἀγγέλων
λέγων Ὃς οὐκ ἔστιν ἐκπορευόμενος ὀπίσω Σαοὺλ καὶ ὀπίσω Σαμουήλ, κατὰ τάδε ποιήσουσιν τοῖς
βουσὶν αὐτοῦ· καὶ ἐπῆλθεν ἔκστασις Κυρίου ἐπὶ τὸν λαὸν Ἰσραήλ, καὶ ἐβόησαν ὡς ἀνὴρ εἷς.
8 ⁸καὶ ἐπισκέπτεται αὐτοὺς Ἀβιέζεκ ἐν Βαμὰ †πάντα† ἄνδρα Ἰσραὴλ ἑξακοσίας χιλιάδας καὶ
9 ἄνδρας Ἰούδα ἑβδομήκοντα χιλιάδας· ⁹καὶ εἶπεν τοῖς ἀγγέλοις τοῖς ἐρχομένοις Τάδε ἐρεῖτε τοῖς
ἀνδράσιν Ἰαβείς Αὔριον ὑμῖν ἡ σωτηρία διαθερμάναντος τοῦ ἡλίου. καὶ ἦλθον οἱ ἄγγελοι εἰς τὴν
10 πόλιν καὶ ἀπαγγέλλουσιν τοῖς ἀνδράσιν Ἰαβείς, καὶ εὐφράνθησαν. ¹⁰καὶ εἶπαν οἱ ἄνδρες Ἰαβεὶς
πρὸς Ναὰς τὸν Ἀμμανείτην Αὔριον ἐξελευσόμεθα πρὸς ὑμᾶς, καὶ ποιήσετε ἡμῖν τὸ ἀγαθὸν
11 ἐνώπιον ὑμῶν. ¹¹καὶ ἐγενήθη μετὰ τὴν αὔριον καὶ ἔθετο Σαοὺλ τὸν λαὸν εἰς τρεῖς ἀρχάς, καὶ
εἰσπορεύονται μέσον τῆς παρεμβολῆς ἐν φυλακῇ τῇ ἑωθινῇ, καὶ ἔτυπτον τοὺς υἱοὺς Ἀμμὼν ἕως
διεθερμάνθη ἡ ἡμέρα· καὶ ἐγενήθησαν, οἱ ὑπολελιμμένοι διεσπάρησαν, καὶ οὐχ ὑπελείφθησαν ἐν

8 επισκεπεται B | παντα] παν B | χειλιαδας (bis) B* 9 ειαβεις (bis) A | ηυφρανθησαν A 10 ειαβεις A 11 υπολελειμμενοι B$^{ab}$ | ουχ B$^{ab}$] ουκ B* | υπελιφθησαν B*

AMNa–im–qstv–c$_2$e$_2$𝔄ℭ$^{w}$𝔈𝔏$^{b(v)}$

ο λαος] om a$_2$: om πας 𝔄 | αυτου dptz𝔈𝔏 | om και εκλαυσαν y

5 hab και 1°—αγρου 𝔏$^{v}$ | om ιδου ℭ | ηρχετο—πρωι] πρωι ηρχετο ακολουθων βουσιν f | ηρχετο] *ibat* 𝔏$^{v}$ | μετα το πρωι] πρωι ακολουθων βουσιν msw: πρωι κατοπισθεν των βοων bozc$_2$e$_2$ 𝔏$^{v}$: om μετα το c𝔈(uid)𝔏$^{b}$𝔖$^{j}$: +κατοπισθεν των βοων h | εξ αγρου] *ab agro* 𝔏$^{b}$: *in agro et uidit omnes plorantes* 𝔏$^{v}$ | σαουλ 2°] ⟨σαμουηλ 71⟩: om d | τι] post οτι y: *quid est illic* 𝔏: om n* | οτι—λαος] ⟨ο λαος ετι κλαιει 44⟩: εστιν τω λαω οτι κλαιουσιν boc$_2$e$_2$ | οτι κλαιει post λαος Acdqtxz | om οτι a$_2$ | κλαιει ο λαος] *plorantur* 𝔏 | κλαιει] post λαος p: κλαιη i | διηγουνται] διηγουντω c: διηγησαντο boc$_2$e$_2$: *locuti sunt* 𝔏 | ρηματα] +ταυτα mn$^{b}$sw: +*omnia* ℭ | om των—(6) ρηματα A | υιων] sup ras m$^{a}$: ανδρων MNbceghin*opqtxzb$_2$c$_2$e$_2$𝔈𝔏𝔖$^{j}$ | ιαβης cx𝔏

6 εφηλατο] εφηλλατο a$^{b}$i: εφιλλετο b: αφυλατο c$^{a?}$: αφηκε c*x | πνευμα] pr το cqx | επι σαουλ] επ αυτον z | om ως—ταυτα dz | om τα ρηματα Mafgimnswb$_2$ | om επ αυτους 𝔄ℭ | om οργη ga$_2$ | αυτου] μεγαλη v𝔏: om MNa–eghin*oa$_2$–e$_2$ | om σφοδρα 𝔏

7 hab και 1°—αυτας 𝔏$^{v}$ | αυτας] αυτους cx | απεστειλεν] εξαπεστειλεν cx: +αυτας b'ℭ | εν χειρι] *per manus* 𝔏 | αγγελων] pr των boc$_2$e$_2$: ⟨pr αυτου 44⟩: αγγελου eh$^{a?}$v: +αυτου cx: +αυτων Adpqtz | ος ουκ εστιν bis scr A | εστιν εκπορευομενος] *prodierit* 𝔏 | εσται abefh–osvwb$_2$c$_2$e$_2$ | και οπισω σαμουηλ] om o: om οπισω d | ποιησουσιν] ποιησωσιν a$_2$e$_2$: ποιουσιν a* | τοις βουσιν αυτου] αυτω h$^{b?}$: αυτον cx | τοις] ταις boz$^{a?}$c$_2$e$_2$ | αυτου] αυτων t* | επηλθεν] απηλθεν a$_2$: επεσεν b: επεπεσεν o z$^{a?}$c$_2$e$_2$: *cecidit* 𝔄: *decidit* 𝔏 | εκστα|※σις c$_2$ | τον λαον] *omnem populum* 𝔄: om g(uid): om λαον MNa$^{1}$hinovb$_2$e$_2$𝔈$^{a}$ | hab και 6°—(8) χιλιαδας 2° 𝔏$^{v}$ | εβοησαν] εβοησεν o: ανεβοησαν M eg(uid)in*v: εγενοντο cx: +*omnes simul* ℭ

8 επισκεπτεται] επισκεπτηται b$_2$: επισκεπται o: επισκεπτει v: επεσκεπται cx: *inspicuit* 𝔏$^{b}$: *inspexit* 𝔏$^{v}$ | αυτους] αυτου o: om 𝔏$^{v}$ | αβιεζεκ εν βαμα] εν ρημα z$^{a?}$ | αβιεζεκ] pr εν h: αβιεζερ y: αβεζεκ cx: *Abimesec* ℭ: εν βεεζεκ MNaein*vb$_2$: εν βεζεκ Ag𝔄: *Abi* 𝔈$^{s}$: σαουλ b'*b*(txt)oc$_2$e$_2$𝔏$^{v}$: om 𝔈$^{a}$𝔏$^{b}$ | om εν βαμα AMNacgh*ivx𝔄 | βαμα] βααμα e: ραμα oc$_2$e$_2$ | παντα ανδρα] *omnes uiros* 𝔏$^{v}$ | παντα] pr κατα v: παν By | ανδρα] υιον c: om p | εξακοσιας] pr εις z: εξακοσιους c | χιλιαδας 1°] +*uirorum* 𝔏$^{v}$ | om και 2°—χιλιαδας 2° s | ανδρας] ανδρες c$^{a}$x: ανδρα aen*: ⟨om 44⟩ | ιουδας d | εβδομηκοντα] post χιλιαδας 2° d: *triginta* 𝔈𝔏$^{b}$: εξακοσιας a* | χιλιαδας 2°] χιλιαδες x

9 ειπεν] ειπαν v𝔖$^{j}$(uid): +σαουλ bozc$_2$e$_2$ | ερχομενοις] pr ras (2) m: αρχομενοις a: ελθουσιν bcoxc$_2$e$_2$ℭ𝔈𝔏 | ιαβεις 1°] pr τοις εν y: ιαβης γαλααδ cx: +γαλααδ Adpqtzc$_2$𝔄𝔈$^{s}$(int lin) 𝔖$^{j}$(uid) | om αυριον—ιαβεις 2° b' | αυριον] +εσται Acdpqtxz 𝔄ℭ(uid)𝔈 | υμιν] ημιν Nx*a$_2$*: υμων v$^{a?}$: ημων v*: +εσται *b*oc$_2$(sub ※)e$_2$𝔏 | η σωτηρια] σ̄ρ̄ιαν i: om η cdpqtxz | διαθερμαναντος] διαθερμαινοντος adfmp–wzb$_2$𝔄(uid)ℭ(uid)𝔏: διαθερμανθεντος cx | ⟨om του 74⟩ | om και 2° cx | ηλθαν A | εις την πολιν] *a ciuitatem* 𝔏: om την n* | απαγγελλουσιν] απαγγελουσιν ANa*cfgnpsvxa$_2$: ανηγγειλαν *b*oc$_2$e$_2$𝔏 | ανδρασιν 2°] εν y | ιαβεις 2°] ιαβης cx: ⟨ιαβει 242: ταυτα 44⟩

10 ειπον abd–hopqtzc$_2$e$_2$ | ιαβεις] ιαβης cx: ⟨om 246⟩ | om προς 1°—αμμανειτην 𝔏 | προς 1° bis scr x | νααας a$_2$ | τον αμμανειτην] τον αμανιτην Acmvℭ: *Amonitam* 𝔄: om 𝔈 | εξελευσομεθα] εξελευσωμεθα gmva$_2$: *exietis* 𝔏 | υμας] ημας o*: *Naas* 𝔏 | ποιησετε] ποιησεται A*b*cgh: ποιησητε iv: ποιησατε dpqtze$_2$ | ημιν] υμιν abdpc$_2$𝔏: om yℭ | το] pr παν *b*oc$_2$e$_2$𝔏 | αγαθον] αρεστον b'*b*(txt)oc$_2$e$_2$ | ενωπιον] εν οφθαλμοις cx | υμων] ημων cfhx

11 εγενηθη] εγενετο boc$_2$e$_2$: ⟨om 44⟩ | om και 2° ⟨44⟩ ℭ𝔏 | εθετο] διεθετο Nehz(mg)b$_2$: διεταξεν boz(txt)c$_2$e$_2$: *constituit* 𝔏: *diuisit* 𝔄 | om εις 𝔈 | αρχας τρεις cx | εισπορευονται] εισπορευεται *b*$^{a?}$(uid)efmnsvw: *intrauerit* 𝔏 | μεσον] pr εις MNabc e–mos(εις μεσον bis scr s*)vwxb$_2$c$_2$e$_2$𝔄𝔏: pr εις το n: ⟨εν μεσω 123⟩ | παρεμβολης] φυλακης h: +των υιων αμμων bozc$_2$e$_2$ | om εν 1° a$_2$ | φυλακη τη εωθινη] τη πρωινη φυλακη boc$_2$e$_2$ | φυλακη] pr τη en* | om τη Mgw | εωθινη B] πρωτη v: πρωινη A(-ειvη) MN rell | ετυπτον] τυπτουσιν bc$_2$e$_2$: τυπτωσι o: επληξαν cx: επληξεν Adpqtz(txt)𝔏 | αμμων] αμων ⟨44⟩ 𝔄: αμμαν xℭ: αμαν c | εως διεθερμανθη] *usque dum calesceat* 𝔏 | εως] ως dv: +ου boc$_2$e$_2$ | διεθερμανθη] διεθερμανεν a$_2$: διαθερμανη a | om η gv e$_2$ | εγενηθησαν BAxya$_2$] εγεννηθησαν c: εγενηθη g𝔏: εγενοντο boc$_2$e$_2$: επενθησαν και v: εγενηθη και MN rell: om ℭ | οι bis scr A | διεσπαρησαν] pr και cx: διεσπαρμενοι boc$_2$e$_2$𝔄 | om και 6° boc$_2$c$_2$ | υπελειφθησαν] +υπολελειμμενοι cx | ⟨om εν 2°—

7 επηλθεν] επιε m | εκστασις] θ' ο φοβος m | ως ανηρ εις] ομοθυμαδον *b*mz 8 αβιεζεκ] ραμα M: λ̥ εν βεζεκ m 10 το—υμων] σ' παν ο εαν αρεση(-σει *b*) υμιν *b*m 11 αρχας] σ' κεφαλας *b*: α' κεφαλας mz

B αὐτοῖς δύο κατὰ τὸ αὐτό. [12]καὶ εἶπεν ὁ λαὸς πρὸς Σαμουήλ Τίς ὁ εἴπας ὅτι Σαοὺλ οὐ βασιλεύσει 12
• 𝔏ᵇ ἡμῶν; παράδος τοὺς ἄνδρας καὶ θανατώσομεν αὐτούς. [13]καὶ εἶπεν Σαμουήλ¶ Οὐκ ἀποθανεῖται 13
οὐδεὶς ἐν τῇ ἡμέρᾳ ταύτῃ, ὅτι σήμερον Κύριος ἐποίησεν σωτηρίαν ἐν Ἰσραήλ.
[14]Καὶ εἶπεν Σαμουὴλ πρὸς τὸν λαὸν λέγων Πορευθῶμεν εἰς Γάλγαλα καὶ ἐγκαινίσωμεν ἐκεῖ 14
τὴν βασιλείαν. [15]καὶ ἐπορεύθη πᾶς ὁ λαὸς εἰς Γάλγαλα, καὶ ἔχρισεν Σαμουὴλ ἐκεῖ τὸν Σαοὺλ 15
εἰς βασιλέα ἐνώπιον Κυρίου ἐν Γαλγάλοις, καὶ ἔθυσεν ἐκεῖ θυσίας καὶ εἰρηνικὰς ἐνώπιον Κυρίου·
καὶ εὐφράνθη Σαμουὴλ καὶ πᾶς Ἰσραὴλ ὥστε λίαν. [1]Καὶ εἶπεν Σαμουὴλ πρὸς πάντα 1 XII
Ἰσραὴλ Ἰδοὺ ἤκουσα φωνῆς ὑμῶν εἰς πάντα ὅσα εἴπατέ μοι, καὶ ἐβασίλευσα ἐφ' ὑμᾶς βασιλέα.
[2]καὶ νῦν ἰδοὺ ὁ βασιλεὺς διαπορεύεται ἐνώπιον ὑμῶν, κἀγὼ γεγήρακα καὶ καθήσομαι, καὶ οἱ υἱοί 2
μου ἰδοὺ ἐν ὑμῖν· κἀγὼ ἰδοὺ διελήλυθα ἐνώπιον ὑμῶν ἐκ νεότητος καὶ ἕως τῆς ἡμέρας ταύτης.
[3]ἰδοὺ ἐγώ, ἀποκρίθητε κατ' ἐμοῦ ἐνώπιον Κυρίου καὶ ἐνώπιον χριστοῦ αὐτοῦ· μόσχον τίνος 3
εἴληφα ἢ ὄνον τίνος εἴληφα, ἢ τίνα κατεδυνάστευσα ὑμῶν ἢ τίνα ἐξεπίεσα, ἢ ἐκ χειρὸς τίνος
εἴληφα ἐξίλασμα καὶ ὑπόδημα; ἀποκρίθητε κατ' ἐμοῦ καὶ ἀποδώσω ὑμῖν. [4]καὶ εἶπαν πρὸς 4

13 σαμουηλ] σαουλ B$^{a}$(mg) 14 πορευθωμων A*(ω 2° improb A?) | εγκενισωμεν A
15 εχρεισεν B* | ειρηνεικας A | λειαν BA XII 3 εξειλασμα B*A

AMNa–im–qstv–c$_2$e$_2$𝔄ℭ$^{w}$𝔈(𝔏$^{br}$)

αυτο 74⟩ | om εν αυτοις a$_2$ | om εν 2° b$_2$ | αυτοις] τοις n | δυο—αυτο] *tantum duo* 𝔏 | om δυο cx | κατα το αυτο] ομου z$^{a?}$ | κατα] επι benoc$_2$e$_2$

**12** ειπεν] ειπαν hinvxb$_2$: ειπον e: *dixerunt* 𝔈 | om προς σαμουηλ z | σαμουηλ] *Saul* 𝔈 | τις] *quis es* 𝔏: + γαρ q | ειπας] ειπων bcefh$^{b?}$imn$^{b}$o–svwxb$_2$$^{a?}$c$_2$e$_2$ | om οτι dfmo–twc$_2$e$_2$𝔈 | σαουλ] post ημων 𝔄𝔈: post βασιλευσει dpqt | hab ου βασιλευσει ημων 𝔏$^{v}$ | βασιλευσει] βασιλευση b: βασιλευς a$_2$ | ημων] pr εφ N: υμων d: ημιν g𝔏: εφ ημας bfmoswc$_2$e$_2$ℭ | παραδος] παραδως qvxa$_2$: *afferte nobis* 𝔈: + *nobis* 𝔏 | ανδρας] α̅ν̅ο̅υ̅ς̅ bo c$_2$e$_2$(uid)𝔏 | θανατωσωμεν abgmoxa$_2$𝔈

**13** om totum comma y* | σαμουηλ B*Nioa$_2$𝔄] σαμουλ q*: σαουλ B$^{a}$AMq$^{a?}$y$^{b}$ rell ℭ𝔈𝔏: ⟨+ προς τον λαον λεγων 246⟩ | αποθανειται] + *hodie* 𝔈 | ουθεις a$_2$ | om σημερον κυριος 𝔈 | σημερον] post εποιησεν f: post κυριος a$_2$ | εποιησεν κ̅ς̅ AMNa–dghiopqtvxzb$_2$c$_2$e$_2$𝔄 | σωτηριαν] + μεγαλην dpqtz | εν 2°] om N𝔄𝔈: + τω b': + οικω f

**14** σαμουηλ] σαουλ b'f*: om d | om λεγων d𝔈 | πορευθωμεν] pr δευτε be$_2$𝔈 | om και 2°—(15) γαλγαλα ce | hab και 2°—βασιλειαν 𝔏$^{v}$ | εγκαινισωμεν] εγκαινισομεν h: εκκαινησωμεν a$_2$ | εκει] post βασιλειαν Nℭ: om 𝔄 | τον βασιλεα x

**15** ⟨επορευθη—λαος] επορευθησαν παντες 44⟩ | επορευθη] *ierunt* 𝔈 | εις γαλγαλα] εν γαλγαλοις dpqtz: + ras (uid) 2 linn m | εκει σαμουηλ MNabe–osvwb$_2$c$_2$e$_2$𝔄 | om εκει 1° ⟨44⟩ 𝔈 | τον σαουλ post βασιλεα Acdpqtxz | om ενωπιον κυριου 1° s | εν γαλγαλοις] εν γαλγαλα f: om dv | εθυσαν Ma$^{a?}$be–mosvwa$_2$–e$_2$𝔄 | θυσιας και] *et obtulit* 𝔈: om y | om και 4° b–gopqtza$_2$c$_2$e$_2$𝔄ℭ | ενωπιον κυριου 2°] τω κ̅ω̅ fmn$^{b}$sw: ⟨om 44⟩ | hab και 5°—λιαν 𝔏$^{v}$ | ευφρανθη] *epulatus* 𝔏: *cum epulatus fuisset* Spec: *gauisi sunt* 𝔈: ηυφρανθησαν εκει c: + εκει dpqtxz𝔄-ed | σαμουηλ 2°] σαουλ fmswe$_2$𝔈$^{a}$: + εκει A | και πας] *cum omnibus uiris* Spec | πας] παντες οι ανδρες (+ οι a) Naehinb$_2$e$_2$: παντες ανδρες *b*oc$_2$: *omnes uiri* 𝔏: παντες οι υιοι v𝔖$^{j}$ | ισραηλ] *populus* 𝔄𝔈 | ωστε λιαν] εως σφοδρα *b*oz(mg)c$_2$e$_2$𝔏: μετ αυτου σφοδρα b': *perfecte* 𝔈: *usque ad satietatem* Spec: om cdx | ωστε] εως τε A: om b$_2$$^{a?}$

**XII 1** και ειπεν] ⟨ειπε δε 44⟩: om και Spec | om σαμουηλ Spec | om προς παντα ισραηλ e | παντα 1° Bb cx𝔈] ανδρα ⟨123⟩ Spec-cod: + ανδρα AMN*b* rell 𝔄ℭ Spec-ed | ισραηλ] ιεραηλ o: *populum* 𝔈 | φωνης] pr της b–en–qtxzc$_2$e$_2$ Chr | υμων] ημων g | om εις—μοι Chr | εις] κατα boc$_2$e$_2$ | οσα] α fmsw: + αν gh | om μοι 𝔈 | om και 2°—βασιλεα c | υμας] ημας mo*: υμων dpqtz

**2** om και 1° c | ιδου νυν x | om ιδου ο c | ο βασιλευς] pr *quia* Spec: + μου a$_2$: + *uester* ℭ | διαπορευεται] διαπεπορευται a$_2$: *praecedit* Spec | ενωπιον 1°] οπισω a$_2$: ⟨εμπροσθεν 246⟩ | om καγω 1°—υμων 2° cx | hab καγω 1°—καθησομαι 𝔏$^{v}$ | καγω 1°] και εγω AMNabdghiopqtvyzb$_2$c$_2$e$_2$: *ego* 𝔄 | γεγηρακα] + και πεπολιωμαι bhoz(mg)c$_2$e$_2$ | και καθησομαι] *oportet ut requiescam* Spec: *ibo sedebo* 𝔄 | καθησομαι] καθησωμε gv: καθισωμαι m: θησομαι A* (pr κα suprascr A$^{a?}$): + εκ του νυν b'(καθισωμαι)*b*(καθισομαι)oz(mg)c$_2$e$_2$𝔈(uid)𝔏 | και οι υιοι] *filii autem* Spec | οι υιοι μου post ιδου 2° b(om οι b')hoc$_2$e$_2$ℭ𝔈 | om οι n* | om ιδου 2° Spec | εν υμιν] *uobiscum* 𝔈 Spec (pr *sunt* cod: + *sunt* ed): εν ημιν εισιν o: + εισιν bzc$_2$e$_2$ | καγω ιδου] και ιδου εγω v: *quoniam* Spec-ed: *quia* Spec-codd | καγω 2°] και εγω MNa*b*ghio b$_2$c$_2$e$_2$ Chr: και b' | om ιδου 3° a$_2$𝔄 Iren Spec | διεληλυθα] δη εληλυθα m: εληλυθα y: ανεστραμμαι b(pr εγω b')oz(mg)c$_2$e$_2$ Chr Iren Spec | om υμων 2° Spec-cod | νεοτητος By] της νεοτητος μου cx: + μου AMN rell 𝔄ℭ𝔈(uid) Chr Iren Spec | om και 4° Nafg𝔄ℭ𝔈 Iren Spec | om εως a* | ημερας] ωρας h

**3** ιδου εγω] pr και Nen𝔈: *ecce sum paratus* Spec-cod: om ⟨44⟩ Chr Iren | hab αποκριθητε 1°—υμιν 𝔏$^{v}$ | αποκριθητε 1°] απεκριθητε p(uid): ⟨+ δη 44⟩ | κατ εμου 1°] μετ εμου e: om Spec-codd | om ενωπιον 1°—αυτου c | κυριου] pr του Chr: *Dei* Iren | χριστου] pr του boc$_2$: του χρηστου e$_2$ | μοσχον] pr η b: pr *si* 𝔄 | τινος 1°] + υμων bhoc$_2$e$_2$ℭ Chr Thdt Iren | ειληφα 1°] pr ει c | om η 1°—ειληφα 2° cvxy* Thdt | ⟨η 1° post ονον 44⟩ | om τινος ειληφα 2° dpqtz𝔈𝔏 Iren | ⟨om ειληφα η τινα 44⟩ | τινα 1°] pr ει cx: τινας y: ⟨τινος 242⟩ | κατεδυναστευσα υμων] υμων κατεδυναστευσα bo Chr: υμων καταδεδυναστευκα c$_2$e$_2$ Thdt: *uestrum per potentiam nocui* 𝔏 | κατεδυναστευσα] κατεδυναστευκα ah* b$_2$: καταδεδυναστευκα Mgi | ⟨om υμων—εξιλασμα 44⟩ | om υμων Aacivx Iren Spec | om η τινα εξεπιεσα d𝔈(uid) | τινα 2°] pr ει x: ει τινος c: + *uestrum* 𝔏 | εξεπιεσα] εξεπιασα AMNac e*ghin*vxyb$_2$: εξεπισασα a$_2$: εξεπιασα υμων boc$_2$e$_2$ Chr: + υμων Thdt | η 4°] *aut si* 𝔏 | εκ χειρος] om dpqt: om χειρος cx | τινος 3°] + υμων bozc$_2$e$_2$ Chr Thdt | εξιλασμα] pr η a$_2$: *munus* 𝔏 | και 2°] pr η e: η AMNabghiovya$_2$–e$_2$𝔄ℭ𝔏 Chr Thdt Iren Spec: + παροψομαι οφθαλμους εν αυτω η fmn$^{b}$sw | υποδημα] υποδυμα c$^{txt}$ (υ 2° ex ω corr uid): υποδομα c(mg): *corrigiam calciamentorum* Spec: ⟨+ τινος ειληφα 44⟩: + και απεκρυψα τους οφθαλμους μου εν αυτω oz(om μου)c$_2$e$_2$ Chr Thdt | αποκριθητε 2°] ειπατε bozc$_2$e$_2$ Chr Thdt Iren Spec: *et abscondam oculos meos in quo dicitis* 𝔏 | κατ εμου 2°] καμοι Thdt | αποδωσω] δωσω ad: ανταποδωσω a$_2$ | υμιν] αυτο b'

XII 2 (και πεπολιωμαι)] και καθησωμαι *b* | διεληλυθα] ⅄ ανεστραφην m 3 αποκριθητε 1°] σ' φθεγξασθε *b*m

Σαμουήλ Οὐκ ἠδίκησας ἡμᾶς §καὶ οὐ κατεδυνάστευσας καὶ οὐκ ἔθλασας ἡμᾶς, καὶ οὐκ εἴληφας B
5 ἐκ χειρὸς οὐδενὸς οὐδέν. [5]καὶ εἶπεν Σαμουὴλ πρὸς τὸν λαόν Μάρτυς Κύριος ἐν ὑμῖν καὶ μάρτυς § 𝕮$^s$
χριστὸς αὐτοῦ σήμερον ἐν ταύτῃ τῇ ἡμέρᾳ, ὅτι¶ οὐχ εὑρήκατε ἐν χειρί μου οὐθέν· §καὶ εἶπαν ¶ 𝕮$^s$ § 𝕮$^m$
6 Μάρτυς. [6]καὶ εἶπεν Σαμουὴλ πρὸς τὸν λαὸν λέγων Μάρτυς Κύριος ὁ ποιήσας τὸν Μωυσῆν καὶ
7 τὸν Ἀαρών, ὁ ἀναγαγὼν τοὺς πατέρας ἡμῶν ἐξ Αἰγύπτου. [7]καὶ νῦν κατάστητε καὶ δικάσω ὑμᾶς
ἐνώπιον Κυρίου, καὶ ἀπαγγελῶ ὑμῖν τὴν πᾶσαν δικαιοσύνην Κυρίου, ἃ ἐποίησεν ἐν ὑμῖν καὶ ἐν
8 τοῖς πατράσιν ὑμῶν· [8]ὡς εἰσῆλθεν Ἰακὼβ καὶ οἱ υἱοὶ αὐτοῦ εἰς Αἴγυπτον, καὶ ἐταπείνωσεν
αὐτοὺς Αἴγυπτος· καὶ ἐβόησαν οἱ πατέρες ἡμῶν πρὸς Κύριον, καὶ ἀπέστειλεν Κύριος τὸν Μωυσῆν
καὶ τὸν Ἀαρών, καὶ ἐξήγαγον τοὺς πατέρας ἡμῶν ἐξ Αἰγύπτου, καὶ κατῴκισεν αὐτοὺς ἐν τῷ τόπῳ
9 τούτῳ.¶ [9]καὶ ἐπελάθοντο Κυρίου τοῦ θεοῦ αὐτῶν, καὶ ἀπέδοτο αὐτοὺς εἰς χεῖρας Σεισαρά, ἀρχι- ¶ 𝕮$^m$
στρατήγῳ Ἰαβεὶς βασιλέως Ἀσώρ, καὶ εἰς χεῖρας ἀλλοφύλων καὶ εἰς χεῖρας βασιλέως Μωάβ,
10 καὶ ἐπολέμησεν ἐν αὐτοῖς. [10]καὶ ἐβόησαν πρὸς Κύριον καὶ §ἔλεγον Ἡμάρτομεν, ὅτι ἐγκατελίπομεν § 𝕮$^s$
τὸν κύριον καὶ ἐδουλεύσαμεν τοῖς Βααλεὶμ καὶ τοῖς ἄλσεσιν· καὶ νῦν ἐξελοῦ ἡμᾶς ἐκ χειρὸς
11 ἐχθρῶν ἡμῶν, καὶ δουλεύσομέν σοι. [11]καὶ ἀπέστειλεν τὸν Ἰεροβοὰμ καὶ τὸν Βαρὰκ καὶ τὸν
Ἰεφθάε καὶ¶ τὸν Σαμουήλ, καὶ ἐξείλατο ὑμᾶς ἐκ χειρὸς ἐχθρῶν ὑμῶν τῶν κυκλόθεν· καὶ κατῳκεῖτε ¶ 𝕮$^s$

4 ηδεικησας A     8 κατωκησεν A     9 σισαρα A | ειαβεις A

AMNa–im–qstv–c$_2$e$_2$𝔄𝕮$^{(cm)w}$𝕰(𝕷$^v$)

**4** και 1°—σαμουηλ] *responderunt ad Samuhel dicentes* Spec | ειπον abdefoc$_2$e$_2$ | προς σαμουηλ] pr *omnes* 𝕮: ⟨παντες 44⟩ | om ουκ 1°—και 2° boc$_2$e$_2$ Spec | ημας 1°] ⟨υμας 242⟩: om d | και ου] ουδε d: om και cx | ου κατεδυναστευσας] ου κατεδυναστευκας h*b$_2$: ου καταδεδυναστευκας i: ουκ εδυναστευσας a: *neminem nocuisti per potentiam* Spec: + ημας boc$_2$e$_2$𝔄𝕰(uid) | ⟨om και 3°—ουδεν 44⟩ | και ουκ εθλασας] pr ουδε εκπεπιακας b$_2$: ουδε εκπεπιακας boc$_2$e$_2$: om Acdpqtxz | εθλασας] εθηλασας a$_2$: εθλιψας fmn$^b$sw𝔄 | om και 4° cx | ειληφας] ελαβες a$_2$ | ουδενος] τινος cgx: υμων b: om d: + ημων oc$_2$e$_2$

**5** hab μαρτυς 1°—υμιν 𝕷$^v$ | om εν 1°—(6) κυριος d | ημιν v 𝔄-ed 𝕮$^s$(uid) | om και 2°—αυτου v | ⟨om και 2° 74⟩ | χριστος] pr ο biozc$_2$ Ath Cyr: χρηστος cx: ο χρηστος e$_2$ | σημερον—τη] εν τη σημερον f Spec(uid) | om σημερον aboa$_2$–e$_2$ Iren | εν 2°—ημερα bis scr e* | ταυτη post ημερα abhiovb$_2$c$_2$e$_2$𝔄 Iren(uid) | hab οτι—ουθεν 𝕷$^v$ | ευρηκατε] ευρισατε g*: ⟨ευρηκα 236.242⟩ | χειρι] pr τη Nbcein*ovc$_2$e$_2$: χερσι fmn$^b$sw𝕮 Cyr(pr ταις) | ουδεν AM abcf–mopqtvxzb$_2$c$_2$e$_2$ Cyr | ειπαν] pr *illi* Spec: ειπον af: ειπεν ο λαος bozc$_2$e$_2$: *dixit ei* 𝕰$^s$: + *ei* 𝕰$^a$ Iren-ed: + *omnes* 𝕮

**6** om λεγων cx𝕰 | om μαρτυς cx𝕮 | κυριος] + ο θ̄ς̄ boe$_2$𝕮 | ⟨om τον 2° 44⟩ | μωυσην] μωυση n*: μωσην Aboqtzc$_2$: μωση e$_2$ | om τον 3° hp | αρων a$_2$ | om ο 2°—αιγυπτου d | ο 2°] pr και AMNaeghin*pqtzb$_2$: και cvx | αναγαγων] αναγων h: αγαγων c | υμων befg(uid)hmwzc$_2$e$_2$ | εξ] εκ γης N | αιγυπτου] εγυπτου g: + αυτος μαρτυς bhozc$_2$e$_2$

**7** hab και 1°—υμων 𝕷$^v$ | ⟨καταστητε—υμας post κυριου 1° 74⟩ | καταστητε] + ras (15) m | δικασω] δικαιωσω Ae | και 3°—κυριου 2°] *in omni iustitia* 𝕷 | απαγγελω] απαγγελλω M: αναγγελω ay | υμιν 1°] υμας g(uid) | την—εποιησεν] *omnes iustitias quas fecit Dominus* 𝔄-ed | τας πασας δικαιωσυνας A 𝔄-codd | πασαν την boc$_2$e$_2$ | κυριου 2°] κ̄ω̄ v | α] ας A: ην bcoxzc$_2$e$_2$𝕷 | om εν 1° ANbdfhmosvwc$_2$e$_2$𝕮𝕰 | υμιν 2°] ημιν boxyc$_2$e$_2$ | εν 2°—υμων] *propter peccata nostra* 𝕰 | εν 2°] om abdfhmoswa$_2$c$_2$e$_2$𝕮𝕷: ⟨+ πασι 74⟩ | ημων Noxya$_2$c$_2$e$_2$

**8** ⟨εισηλθεν—αυτου] εισηλθον 44⟩ | om και 1°—αυτου d | om οι 1° M | αυτου] ιακωβ v | αιγυπτον] pr την cx | εταπεινωσαν cx𝕰 | αυτους αιγυπτος] η αιγυπτος αυτους a$_2$ | αιγυπτος] εγυπτος v: οι αιγυπτιοι cx | ημων 1°] υμων Ncdgh | om και 4°—(9) αυτων 𝕰$^a$ | om και 4°—αιγυπτου 𝕰$^s$ | εξαπεστειλεν c$_2$ | om κυριος dy | om τον 1° d | μωυσην] μωσην Ac$_2$: μωσιν *b*: μωση e$_2$ | om και 5°—ημων 2° a$_2$ | om τον 2° adbib$_2$ | εξηγαγον Ba*(uid)𝕮] εξηγαγεν AMNa$^?$ rell 𝔄 | τους πατερας ημων] αυτους d | ημων 2°] υμων MN*b*eghmnb$_2$ | αυτους 2°] om d𝔄: + *Dominus* 𝕮 | om τω e*a$_2$

**9** om και 1°—αυτων y | και 1°] + μετα ταυτα cx | κυριου του θεου] κ̄ω̄ τω θ̄ω̄ a$_2$: κ̄ω̄ θ̄ω̄ v | κυριου] post του A: om cx | om του Naib$_2$ | απεδοτο] απεδετο v: απεδοντο a$_2$: απεδο p | αυτους] + κ̄ς̄ v𝕮 | σεισαρα] σισσαρα cg: σαρα y*(uid) | om αρχιστρατηγω—ασωρ d | αρχιστρατηγω B] του αρχιστρατηγου b′: αρχιστρατηγου AMN*b* rell | ιαβεις] ιαβης cx: ιαβειν boc$_2$e$_2$𝔄 𝔖$^j$ | ασωρ] ασουρ a$_2$: ασσωρ nx𝕮(ex corr): ασσων c | και 3°] pr ※ 𝔄 | εις χειρας 2°] om d: om εις a | αλλοφυλων] pr των a$_2$ | εις χειρας 3°] ⟨om 44⟩: om χειρας d | μωαβ και] part sup ras m$^a$: om και a | επολεμησεν] επολεμησαν AMbcf–mosv–yb$_2$c$_2$e$_2$𝔄𝕰$^s$: + αυτοις και εβοησεν c | εν αυτοις] αυτους dpqtz: om εν Acnx

**10** nonnulla perier in A | ελεγον] ειπον beoc$_2$e$_2$: ειπαν n* | ημαρτομεν] + ημεις cx | εγκατελιπομεν] εγκατελειπομεν MNaghos$^{a?}$vya$_2$b$_2$e$_2$: εγκαταλελοι..μεν A: κατελιπαμεν x: κατελοιπαμεν c: + σε b | om τον κυριον a$_2$ | hab και 3°—ημας 𝕷$^v$ | τοις βααλειμ] *Baali* 𝕷 | βααλειμ] βααλημ g: βααλειν o*: βαλημ c | ⟨om και 4° 246⟩ | εξελου] *respice et educ* 𝕷 | ημας] + κ̄ε̄ h𝕷 | χειρος] των b: + των coc$_2$e$_2$ | δουλευσωμεν cghmnovxa$_2$b$_2$e$_2$

**11** ⟨om και 1°—βαρακ 242⟩ | απεστειλεν B] εξαπεστειλεν κ̄ς̄ boc$_2$e$_2$ Chr: + κ̄ς̄ AMN rell 𝔄𝕮𝕰 | ιεροβοαμ Bya$_2$] ιεροβοαλ b: ιεροβωαλ x𝔄: ιεροβολα o: ....βααλ A: ιεροβααλ MN rell 𝕮$^w$: *Robeam* 𝕰: ιεροβααλ και τον γεδεων Chr | ⟨om και 2° 44⟩ | βαρακ] βαρεκ s𝕰: βαλακ p*(uid)y: λακ a$_2$ | ⟨om και 3° 44⟩ | ιεφθαε] *Iefiha* 𝕮$^s$: εφθαε x: + και τον σαμψων N | σαμουηλ] σαμψων bc𝔄 | εξειλατο] εξειλετο M*b*dfgh$^{b?}$mp–twz Chr: εξιλασατο en* | υμας] ημας acdpqtx*z: ημας κυκλωθεν o: + κυκλοθεν Chr: + κ̄ς̄ κυκλοθεν bc$_2$e$_2$ | om χειρος ca$_2$ | εχθρων] pr των Nbcoa$_2$c$_2$e$_2$ Chr | ημων acdo*pqtxze$_2$ | των κυκλοθεν] om boc$_2$e$_2$ Chr: om των afmsw𝔄 | om και κατωκειτε πεποιθοτες d | κατωκειτε] κατοικειτε

7 και 1°—κυριου 1°] σ′ και νυν παραστητε και διακρινω προς υμας εμπροσθεν κ̄ῡ z | δικασω υμας] θ′ διακριθησομαι (-σωμε m) υμιν *b*m
10 αλσεσιν] σ′ ασταρωθ ασταρτη *b*: α′ ασταρωθ σ′ ασταρταις m

B πεποιθότες. 12 καὶ εἴδετε ὅτι Ναὰς βασιλεὺς υἱῶν Ἀμμὼν ἦλθεν ἐφ' ὑμᾶς, καὶ εἴπατε Οὐχί, ἀλλ' 12
ἢ ὅτι βασιλεὺς βασιλεύσει ἐφ' ἡμῶν. 13 καὶ νῦν ἰδοὺ ὁ βασιλεὺς ὃν ἐξελέξασθε, καὶ ἰδοὺ δέδωκεν 13
Κύριος ἐφ' ὑμᾶς βασιλέα. 14 ἐὰν φοβηθῆτε τὸν κύριον καὶ δουλεύσητε αὐτῷ καὶ ἀκούσητε τῆς 14
φωνῆς αὐτοῦ καὶ μὴ ἐρίσητε τῷ στόματι Κυρίου, καὶ ἦτε καὶ ὑμεῖς καὶ ὁ βασιλεὺς ὁ βασιλεύων
ἐφ' ὑμῶν ὀπίσω Κυρίου πορευόμενοι· 15 ἐὰν δὲ μὴ ἀκούσητε τῆς φωνῆς Κυρίου καὶ ἐρίσητε τῷ 15
στόματι Κυρίου, καὶ ἔσται χεὶρ Κυρίου ἐπὶ ὑμᾶς καὶ ἐπὶ τὸν βασιλέα ὑμῶν. 16 καὶ νῦν κατάστητε 16
καὶ ἴδετε τὸ ῥῆμα τὸ μέγα τοῦτο ὃ ὁ κύριος ποιήσει ἐν ὀφθαλμοῖς ὑμῶν. 17 οὐχὶ θερισμὸς πυρῶν 17
σήμερον; ἐπικαλέσομαι Κύριον καὶ δώσει φωνὰς καὶ ὑετόν, καὶ γνῶτε καὶ ἴδετε ὅτι ἡ κακία ὑμῶν
¶ A μεγάλη ἣν ἐποιήσατε ἐνώπιον Κυρίου αἰτήσαντες ἑαυτοῖς βασιλέα.¶ 18 Καὶ ἐπεκαλέσατο 18
Σαμουὴλ τὸν κύριον, καὶ ἔδωκεν Κύριος φωνὰς καὶ ὑετὸν ἐν τῇ ἡμέρᾳ ἐκείνῃ· καὶ ἐφοβήθησαν πᾶς
ὁ λαὸς τὸν κύριον σφόδρα καὶ τὸν Σαμουήλ. 19 καὶ εἶπαν πᾶς ὁ λαὸς πρὸς Σαμουὴλ Πρόσευξαι 19
ὑπὲρ τῶν δούλων σου πρὸς Κύριον θεόν σου, καὶ οὐ μὴ ἀποθάνωμεν· ὅτι προστεθείκαμεν πρὸς
πάσας τὰς ἁμαρτίας ἡμῶν κακίαν, αἰτήσαντες ἑαυτοῖς βασιλέα. 20 καὶ εἶπεν Σαμουὴλ πρὸς τὸν 20

12 ημων] + και κ̅ς ο θ̅ς ημων βασιλευς ημων B$^{ab}$(mg) 13 εξελεξασθαι A
14 πορευομενων B* 15 ερεισητε A

(A)MNa–im–qstv–c$_2$e$_2$𝔄ℭ$^{n}$𝔈(𝔏$^{v}$)

Ma$^{a?}$e*fg(uid)mnpqtz Chr : κατωκισατε b' : κατωκηκατε *b* : *habitastis* 𝔄𝔈 : κατωκησε c | πεποιθοτες] πεποιθωτας c : πεποιθως A

**12** ειδετε] ιδετε ANab'cdginpqtvx–b$_2$ : ειδατε oc$_2$ : οιδατε e$_2$ : ειδε m | om οτι 1° b𝔈(uid) | βασιλευς υιων αμμων] *Amonita* 𝔄 | υιων] υιος e : om b'd | αμμων] αμμωνα x : ⟨αμων 44⟩ | υμας] ημας co*x* | ειπατε] + μοι boc$_2$e$_2$𝔈$^{s}$ | ουχι] ουχ o : ⟨om 44⟩ | αλλ—ημων] κ̅ς ο θ̅ς ημων βασιλευς ημων d | αλλ η] post οτι 2° boc$_2$e$_2$ : om pqt : om η v | om οτι 2° Afmn$^{b}$swya$_2$𝔈(uid) | βασιλευς] om b : + υιων αμμων v* | βασιλευσει] βασιλευση ya$_2$* : βασιλευσατω bhoc$_2$e$_2$ | om εφ 2° a$_2$ | ημων B*y𝔈] ημων και κ̅ς ο θ̅ς ημων βασιλευς ημων B$^{ab}$AMN rell 𝔄ℭ ⟦ημων 1°] ημας a$^{a?}$b cioxc$_2$ : υμας a*e$_2$ | ημων 2°] υμων i : om b'pva$_2$ | βασιλευς ημων] εξαπεστειλεν βασιλεα cx : om Ma*g | βασιλευς] βασιλευσει va$_2$⟧

**13** νυν post ιδου 1° d | om ιδου 1° a$_2$ | om ο c | εξελεξασθε] ητησασθε d : ηρετισασθε και ον ητησασθε boc$_2$e$_2$ : + ον ητησασθε A(ητισασθαι)cpqtxz : + και ον ητησασθε Ne$^{a}$fhmn$^{b}$(uid)svwb$_2$𝔄 | om και 2°—βασιλεα cx | om και 2° fmswℭ(uid)𝔈 | om ιδου 2° d | κυριος εφ υμας] *uobis Dominus* 𝔄 : τουτον υμιν κ̅ς εις d : υμιν a$_2$ | ημας g

**14** εαν] pr και cx : pr οπως *b*zc$_2$e$_2$ : οπως αν b'o : οπως Nai n*v | φοβηθητε] φ ex βο c$^{a}$ : φοβησθε *b*vc$_2$e$_2$ : φοβεισθε b'o | τον κυριον] κ̅ν τον θ̅ν a$_2$ | om και 1° da$_2$ | δουλευσητε] δουλευσετε x : δουλευσαται c : δουλευητε oc$_2$ | om αυτω και ακουσητε s | ακουσητε] ακουητε boc$_2$ : εισακουσετε cx | της ex corr c$^{a}$ | αυτου] ου ex corr a$^{a?}$ | hab και 3°—κυριου 1° 𝔏$^{v}$ | ερισητε τω στοματι] *contemnatis aduersus os* 𝔏 | ερισητε] ερεισετε cx : εριζητε bc$_2$e$_2$ : εριζετε o | στοματι] inter στομα et τι ras 4 linn m | κυριου 1°] pr του eg : + και ουκ εσται (+ η x) χειρ κ̅υ εφ υμας (ημας x*) cx | ητε] pr εαν v : εστε N | om και 5° e𝔄 | ημεις g | ο 1°—υμων] αυτος d | ο βασιλευς] om cwx : + ras (4) a : + υμων ei*yℭ : + ημων i$^{a}$ | υμων] ημων n* : υμας abcio$^{a}$xc$_2$e$_2$ : ημας o* | οπισω κυριου πορευομενοι B$^{ab}$ANa*cxy*a$_2$] οπισω κ̅υ πορευομενων B* : πορευομενοι οπισω κ̅υ θ̅υ υμων εξελειται υμας boz(mg)c$_2$e$_2$ ⟦ημων b'o*z(mg)e$_2$ | εξελειται] pr και bo⟧ : οπισω κ̅υ πορευομενοι ουκ εσται χειρ κ̅υ εφ υμας Ma$^{b}$y$^{b}$z(txt) rell ⟨244⟩ ⟦πορευομενοι] πορευομενος t : πορευσομενοι i | ουκ] pr και 244 : και i⟧ : *euntes post Dominum non erit manus Domini super uos et super regem uestrum* 𝔄 : + *non ueniet manus Domini super uos neque super regem uestrum* 𝔈 : ⟨om 246⟩

**15** εαν—υμων post (17) υετον 𝔈 | om μη d | ακουσητε] ακουητε o : εισακουσητε AMipqtvzb$_2$ : εισακουσετε cx | om κυριου 1° o | om και 1°—και 2° d | hab και 1°—κυριου 2° 𝔏$^{v}$ | ερισητε] pr *non* 𝔏 : ερεισετε cx | το στομα g$^{a}$ | κυριου 2°] pr του g$^{a}$ : αυτου bfhoa$_2$c$_2$e$_2$𝔈 : + *Dei* 𝔏 | om και 2°—κυριου 3° y* | om και 2° 𝔄ℭ | χειρ] pr η cx | om κυριου 3° n* | hab επι 1°—υμων 𝔏$^{v}$ | επι 1°] εις Adpqtz | ημας e$_2$* | ⟨om και 3°—(16) ρημα 242⟩ | επι 2°] εις dpqtz | υμων] + εξολοθρευσαι υμας bgho(ημας)zc$_2$e$_2$

**16** και 1°] + γε Or-gr | νυν] + ετι bozc$_2$e$_2$ | om καταστητε και d | στητε Or-gr | om και ιδετε Or-gr-codd-omn | ιδε N | om το 1° a* | το μεγα] post τουτο ca$_2$𝔄(uid) : om h | ⟨om τουτο 44⟩ | ο κυριος ποιησει] ποιησει (+ ο c$_2$) κ̅ς boc$_2$𝔄𝔈 : ποίηση κ̅ς e$_2$ : om ο e | ποιει Or-gr | εν οφθαλμοις] κατ οφθαλμους Or-gr : + τε a* | ημων p*e$_2$

**17** πυρων] ⟨πυρρων 242⟩ : πυρω N : πυρου Or-gr : πυρος v | επικαλεσομαι] pr και bnozc$_2$e$_2$ : pr *ecce* 𝔈 : επικαλεσωμαι cgv : *ecce inuoco* ℭ | κυριον] pr τον AMNacdghipqtvx–b$_2$ | om και 2° q | om και ιδετε d | η κακια υμων post μεγαλη boc$_2$e$_2$𝔄 | om η a | ημων gx* | μεγαλη] pr η y | om εποιησατε b$_2$* | om κυριου A (sed ενωπιον adfecit uirgula super ν 2° A?) | εαυτοις] εαυτους c : om dg* | βασιλεα] βασι... A

**18** επεκαλεσατε t | τον 1°] προς ga$_2$ Or-gr | κυριον 1°] + *Deum* Spec | εδωκεν] εποιησε Thdt | om κυριος cdfgqvy Spec | εν—εκεινη] εν ημερα θερισμου Clem Eus : ⟨και γνωτε και ιδετε 71 : om εν 244⟩ | om και 4° Spec-cod | εφοβηθη bdoc$_2$e$_2$ 𝔄 Chr | πας ο λαος] *omnes populi* Spec : πας ι̅η̅λ y | τον κυριον 2°] post σφοδρα MNace–nswxyb$_2$𝔄𝔈 : + *Deum* Spec | σφοδρα] post σαμουηλ 2° a$_2$ : om dpqtvz Chr | om τον 3° cx

**19** ειπαν BMNghy] ειπον d : ειπεν rell 𝔄 | πας ο λαος] om d : om πας cx | σαμουηλ] pr τον dpqtza$_2$ | hab προσευξαι—σου 1° 𝔏$^{v}$ | προσευξαι] ευξαι b : *memorare* 𝔏 | υπερ] περι dpqtz | om κυριον cx | θεον σου] pr τον Nbcfgmnoswxb$_2$c$_2$e$_2$ : *Deum nostrum* ℭ : om v | και ου] ινα boc$_2$e$_2$𝔄-codd ℭ(uid) 𝔈 | αποθανωμεν] θανωσιν a$_2$ | om οτι—βασιλεα d | προς 3°—αιτησαντες] *in omnia peccata nostra et in mala et rogauimus* 𝔄 | προς 3°] επι bcoc$_2$e$_2$𝔈 : om x | om τας h | αμαρτιας] + και κακιας boc$_2$e$_2$ | κακιαν] *et super mala nostra* ℭ : om boc$_2$e$_2$

**20** om προς τον λαον d | φοβησθε as | υμεις] οτι a : + *quia*

11 πεποιθοτες] μετα ασφαλιας *b*m 15 επι τον βασιλεα] ʎ εν τοις πατρασιν m | βασιλεα] π̅ρ̅ασιν *b*

λαόν Μὴ φοβεῖσθε· ὑμεῖς πεποιήκατε τὴν πᾶσαν κακίαν ταύτην, πλὴν μὴ ἐκκλίνητε ἀπὸ ὄπισθεν B
21 Κυρίου, καὶ δουλεύσατε τῷ κυρίῳ ἐν ὅλῃ καρδίᾳ ὑμῶν· [21]καὶ μὴ παραβῆτε ὀπίσω τῶν μηθὲν
22 ὄντων, οἳ οὐ περανοῦσιν οὐθὲν καὶ οἳ οὐκ ἐξελοῦνται, ὅτι οὐθέν εἰσιν. [22]ὅτι οὐκ ἀπώσεται Κύριος
τὸν λαὸν αὐτοῦ διὰ τὸ ὄνομα αὐτοῦ τὸ μέγα, ὅτι †ἐπιεικῶς† Κύριος προσελάβετο ὑμᾶς αὐτῷ εἰς
23 λαόν. [23]καὶ ἐμοὶ μηδαμῶς τοῦ ἁμαρτεῖν τῷ κυρίῳ ἀνιέναι τοῦ προσεύχεσθαι περὶ ὑμῶν· καὶ
24 δουλεύσω τῷ κυρίῳ, καὶ δείξω ὑμῖν τὴν ὁδὸν τὴν ἀγαθὴν καὶ τὴν εὐθεῖαν. [24]πλὴν φοβεῖσθε τὸν
κύριον καὶ δουλεύσατε αὐτῷ ἐν ἀληθείᾳ καὶ ἐν ὅλῃ καρδίᾳ ὑμῶν, ὅτι εἴδετε ἃ ἐμεγάλυνεν μεθ'
25 ὑμῶν· [25]καὶ ἐὰν κακίᾳ κακοποιήσητε, καὶ ὑμεῖς καὶ ὁ βασιλεὺς ὑμῶν προστεθήσεσθε.
XIII 2 [2]Καὶ ἐκλέγεται Σαοὺλ ἑαυτῷ τρεῖς χιλιάδας ἀνδρῶν ἐκ τῶν ἀνδρῶν Ἰσραήλ· καὶ ἦσαν μετὰ
Σαοὺλ δισχίλιοι ἐν Μαχεμὰς καὶ ἐν τῷ ὄρει Βαιθήλ, χίλιοι ἦσαν μετὰ Ἰωναθὰν ἐν Γαβεὲ τοῦ
3 Βενιαμείν· καὶ τὸ κατάλοιπον τοῦ λαοῦ ἐξαπέστειλεν ἕκαστον εἰς τὸ σκήνωμα αὐτοῦ.¶ [3]καὶ ¶ h

20 εκκλειντε B*  22 επιεικως] επει και ως B  XIII 2 χειλιαδας B* | δισχειλιοι B* | χειλιοι B*

MNa-g(h)im-qstv-$c_2e_2$𝔄ℭ$^w$𝔈(𝔏$^v$)

ℭ | εποιησατε h | πασαν την b$c_2e_2$ | om πασαν o | om ταυτην ℭ | om πλην h | εκκλινητε] εκκλινατε $e_2$: εγκλινητε ab' | κυριου] pr του Nbo$c_2e_2$ | om και 2°—υμων d | τω κυριω] om $e_2$: ⟨om τω 244⟩ | καρδια] pr τη beo$e_2$

**21** hab και 1°—εισιν 𝔏$^v$ | μη—εξελουνται] *nolite ire retro ad illos qui nihil sunt et non sanant et non liberant* 𝔏 | παραβητε] εκκλινητε bio$c_2e_2$(-νειτε)𝔖$^j$ | μηθεν] μη θεων cvx | om οντων v | οι 1°] ο z: α MNa(ex corr)cefg(uid)h-nsvwx$a_2b_2$ | om ου dpqt | παρανουσιν w | ουθεν 1°] ουδεν Mbc*(uid)gv: ουθενι $c_2$ | om οι 2° MNabce-osvwx$b_2c_2e_2$𝔄 | om ουκ f | ⟨οτι] οτε 236⟩ | ουθεν εισιν] ουκ εισιν ουθεν y | ουθεν 2°] ουδεν bo$c_2e_2$: ου θεοι MNdeg(uid)in*pqtvz$b_2$𝔄𝔈: θεοι ουκ aℭ

**22** cf Rom xi 1 sq μη απωσατο ο θεος τον λαον αυτου ... ουκ απωσατο ο θεος τον λαον αυτου || om totum comma d | οτι 1°] διοτι MNabeghinov$b_2c_2e_2$ | απωσεται] απωσατο y: απολεσεται e | αυτου 1°] εαυτου pq$t^a$z | μεγα] αγιον y𝔈 | επιεικως] επιεικεως a (ε 3° ex corr): επιεικαιως Mgv: επιεικες N: επεικειως $a_2$: επει και ως B: επει και ο x: επει ον και c: *sicut* ℭ: δικαιος i: om b'*b**oy$c_2e_2$𝔈 | κυριος 2°] post υμας 𝔄𝔈: post προσελαβετο bo$c_2e_2$: om y | ⟨προσελαβετε 242⟩ | ημας x* | αυτω εις λαον B y$a_2$] pr εν a: εαυτω λαον c𝔄(uid): ποιησαι εις λαον αυτω b(εαυτω)o$c_2e_2$𝔈(uid): εαυτω εις λαον MN rell: *sibi propter magnum suum nomen in populum sibi* ℭ

**23** hab και 1°—υμων 𝔏$^v$ | και εμοι μηδαμως] εμοι δε μη γενοιτο bo$c_2e_2$𝔏 Chr | om εμοι y* | μηδαμως] pr μη γενοιτο z: + γενοιτο $a_2$ | του 1°] το $a_2$: om f Chr | αμαρτειν] ⟨αμαρτανειν 64 txt⟩: διαμαρτειν Chr ¼ | τω κυριω 1°] εν $\overline{κω}$ a: ενωπιον (+ του 74) $\overline{κυ}$ dpqtz ⟨74⟩: om Chr ¾: om τω en | om ανιεναι—κυριω 2° cxy* | ανιεναι του προσευχεσθαι] του διαλιπειν (-λειπ- bo) προσευχομενον boz(mg)$c_2e_2$ Chr ¾: του διαλειπειν ευχομενω Chr ¼: διαλιποντα ευχομενον Chr ¼: *ut non deficiens orem* 𝔏: om d | ανειναι MNaefgimnsvwy$^b$$b_2$ | om του 2° s | προσευχεσθαι] προσευξασθαι aen*s$h_2$: + ενωπιον (+ του 74) $\overline{κυ}$ pqtz(txt) ⟨74⟩ | περι] υπερ bo$c_2e_2$ Chr | υμων] ημων τω $\overline{κω}$ o: + τω $\overline{κω}$ $c_2e_2$𝔏 Chr ¼ | om και δουλευσω b | δουλευσω] δουλευσαι $y^b$: δουλευσωμεν o$c_2e_2$: δουλευσατε z𝔄𝔈(uid) | τω κυριω 2°] τον $\overline{κν}$ b': om τω en* | δειξω] δειξαι cy: δηλωσω bo$c_2e_2$: *is indicabit* 𝔈 | την οδον] την γην $e_2$: om cpx | ⟨om και την ευθειαν 44⟩ | om την 3° d | ευθειαν] θυσιαν v: + ταυτην $a_2$

**24** πλην] + ras (3) q | ⟨και 1°] πλην 44⟩ | αυτω—υμων 1°] εν ολη καρδια υμων αυτω d | ⟨αυτω—και 2°] τω κυριω 44⟩ | αυτω] αυτον g: om c | om και 2° pqt$a_2$𝔄 | ⟨καρδια] pr τη 244⟩ | ⟨om ειδετε α 44⟩ | ειδετε] ιδετε Nab'cdgipqtxyz$b_2$: ιδε $a_2$ | α] οσα boz$c_2e_2$𝔖$^j$(uid): οτι dpqt | εμεγαλυνεν] + $\overline{κς}$ bov$a_2c_2e_2$𝔖$^j$: + ποιησαι $b_2$ | υμων 2°] ημων aeh*(uid)x*$a_2$*: + $\overline{κς}$ z

**25** hab και 1°—προστεθησεσθε 𝔏$^v$ | εαν] εν $a_2$ | κακια] κακοποιουντες boz(mg)$c_2e_2$𝔏: om g | κακοποιησητε] κακα ποιησητε e: κακοποιησετε cdx: κακοποιειται $a_2$ | ημων x* | προστεθησεσθε] *apponemini in plaga* 𝔏: απολεισθε bo$c_2e_2$𝔄: απολεσθαι g: *moriemini* 𝔈: *Dominus ducet super nos inimicos uestros* ℭ

XIII **1** υιος ενιαυτου σαουλ εν τω βασιλευειν αυτον και δυο ετη εβασιλευσεν εν $\overline{ιηλ}$ bcfgm(sub ※)oxz$c_2e_2$𝔄𝔏$^v$ Thdt [[ενιαυτου] pr ενος m𝔏: pr λ' και ενος f: τριακοντα ετων *b*(mg)goe$_2$: + και εγενετο εν τω ενιαυτω cx | εν 1°—εβασιλευσεν] *in quo regnauit* 𝔏 | εβασιλευσεν post $\overline{ιηλ}$ Thdt | εν 2°] επι fgmoz$c_2e_2$𝔄 Thdt]]

**2** om και 1°—ισραηλ cx | ⟨εκλεγεται σαουλ εαυτω] σαουλ εκλεγεται αυτω 242⟩ | εκλεγεται] κ int lin a: εξελεξατο bo$c_2e_2$ | σαουλ εαυτω Ben] αυτω σαουλ adpqtz$e_2$: om σαουλ v: εαυτω σαουλ MN rell 𝔄𝔈 | ανδρων 2°] υιων Nbo$c_2e_2$: ⟨+ εκ των υιων 246⟩ | μετα σαουλ] σαου ex corr m: μετα του σαουλ y: *cum eo* 𝔄: om d | δισχιλιοι] pr και d | εν 1°] pr οι dpqtz: om $a_2$ | μαχεμας Bch$^{b?}$n*y𝔈] μαχαιμας N$a_2$: μαχας m*: μαχμας Mh*(uid)$m^{a?}n^b$ rell 𝔄ℭ On | om και 3° b | ⟨om τω 44⟩ | βεθηλ cdpvx | χιλιοι] pr και MNabe-osvw$b_2c_2e_2$ℭ𝔈: post ιωναθαν 𝔄: post ησαν 2° cx: ⟨οι 44⟩ | γαβεε] γαβεαι N: ⟨γαβει 236: γαβετ 242: γαβαις 71⟩: γαβααι $a_2$: γαβαα dpqtz𝔄ℭ: βουνω γαβαα cx: τω βουνω επι (+ τω o) γαβαα o$c_2e_2$: τω βουνω οπου ο οικος σαουλ επι γαβαα b | ⟨om του 1° 44⟩ | βενιαμειν] βενιαμην gx: βενιαμειμ $b_2$: μενιαμειν a | το 1°] pr επι dpqt | καταλειπον o$a_2$ | εξαπεστειλεν] εξαπεστειλαν p: απεστειλεν cfmswx | εκαστον] ν sup ras q: στον ex corr uid x: εκαστος e*t

**3** om και 1°—(xiv 1) ημερα h | hab και 1°—(4) γαλγαλοις

20 μη εκκλινητε] μη σκληρυν.τε *b*

21 μηθεν οντων] σ' ματαιων *b*m: α' θ' καινων m: α' κενων z | ου περανουσιν] σ' ουκ ωφελησουσιν *b*m(λ̥ pro σ')z(sine nom) | οτι ουθεν εισιν] αλλ. οτι ου θεοι εισιν α' οτι καινα εισιν *b*

22 οτι 2°—προσελαβετο] οτι ενηρξατο $\overline{κς}$ *b* | επιεικως κυριος προσελαβετο] α' θ' ενηρξατο $\overline{κς}$ ποιησαι m

23 μηδαμως] ιλεος μοι *b*: σ' θ' ... m | ανιεναι] διαλιπειν M | δειξω] α' θ' φωτιω m

25 προστεθησεσθε] σ' συναπολεισθε m: α' συνσυρησεσθε σ' απολεισθε z

XIII 1 υιος ενιαυτου σαουλ] α'(uid) υιος ων ενιαυσιαιος σαουλ *b* Thdt(σ' pro α'): σ' υιος ως ενιαυσιος σαουλ z | υιος ενιαυτου] σ' $\overline{ιν}$ ενιαυτου ενος m

2 εν γαβεε] εν βουνω m

B ἐπάταξεν Ἰωναθὰν τὸν Νασεὶβ τὸν ἀλλόφυλον τὸν ἐν τῷ βουνῷ, καὶ ἀκούουσιν οἱ ἀλλόφυλοι·
καὶ Σαοὺλ σάλπιγγι σαλπίζει εἰς πᾶσαν τὴν γῆν λέγων Ἠθετήκασιν οἱ δοῦλοι. [4]καὶ πᾶς Ἰσραὴλ 4
ἤκουσεν λεγόντων Πέπαικεν Σαοὺλ τὸν Νασεὶβ τὸν ἀλλόφυλον, καὶ ᾐσχύνθησαν Ἰσραὴλ ἐν τοῖς
ἀλλοφύλοις· καὶ ἀνέβησαν οἱ υἱοὶ Ἰσραὴλ ὀπίσω Σαοὺλ ἐν Γαλγάλοις. [5]καὶ οἱ ἀλλόφυλοι 5
συνάγονται εἰς πόλεμον ἐπὶ Ἰσραήλ, καὶ ἀναβαίνουσιν ἐπὶ Ἰσραὴλ τριάκοντα χιλιάδες ἁρμάτων
καὶ ἓξ χιλιάδες ἱππέων καὶ λαὸς ὡς ἡ ἄμμος ἡ παρὰ τὴν θάλασσαν τῷ πλήθει· καὶ ἀναβαίνουσιν
καὶ παρεμβάλλουσιν ἐν Μαχεμὰς ἐξ ἐναντίας Βαιθωρὼν κατὰ νώτου. [6]καὶ ἀνὴρ Ἰσραὴλ εἶδεν 6
ὅτι στενῶς αὐτῷ μὴ προσάγειν αὐτόν, καὶ ἐκρύβη ὁ λαὸς ἐν τοῖς σπηλαίοις καὶ ἐν ταῖς μάνδραις
καὶ ἐν ταῖς πέτραις καὶ ἐν τοῖς βόθροις καὶ ἐν τοῖς λάκκοις. [7]καὶ οἱ διαβαίνοντες διέβησαν τὸν 7
Ἰορδάνην εἰς γῆν Γὰδ καὶ Γαλαάδ· καὶ Σαοὺλ ἔτι ἦν ἐν Γαλγάλοις, καὶ πᾶς ὁ λαὸς ἐξέστη ὀπίσω
αὐτοῦ. [8]Καὶ διέλιπεν ἑπτὰ ἡμέρας τῷ μαρτυρίῳ, ὡς εἶπεν Σαμουήλ· καὶ οὐ παρεγένετο 8
Σαμουὴλ εἰς Γάλγαλα, καὶ διεσπάρη ὁ λαὸς αὐτοῦ ἀπ' αὐτοῦ. [9]καὶ εἶπεν Σαοὺλ Προσαγάγετε 9
¶ g ὅπως ποιήσω ὁλοκαύτωσιν καὶ εἰρηνικάς· καὶ ἀνήνεγκεν τὴν¶ ὁλοκαύτωσιν. [10]καὶ ἐγένετο ὡς 10

5 χειλιαδες (bis) B* | βαιθσωρων $B^{ab}$(σ suprascr)

MNa–f(g)im–qstv–$c_2e_2$𝔄$ℭ^w$𝔈($𝔏^v$)

$𝔏^v$ | ⟨επαταξαν 242*⟩ | ιωναθαν] ιωναθαμ $a_2$: *Ionatha* 𝔏 | τον 1°—τον 3°] το υποστεμα (-ημα Thdt: -εμμα $oe_2$) των αλλοφυλων το (om το $b'e_2$) $boc_2e_2$ Thdt: *substantiam Allophylorum qui erant* 𝔏 | om τον 1° $a_2$ | νασειβ] νασηβ $fa_2$𝔈: νασειμ n: νaασειβ y: ασειβ aiv: ασηβ x: ⟨ασειμ 242⟩: ασημ e: ασουβ $c^{a?}$: ασουφ c* | om τον 3° fmsvw | ακουουσιν] ηκουσαν $boc_2e_2$ 𝔏 | σαλπιγγι—γην] σαλπιζει εις την γην εν σαλπιγγι cx | σαλπιγγι σαλπιζει] σαλπιζει σαλπιγγι fmswy: *tuba cecinit* 𝔏: εσαλπισεν σαλπιγγι $boc_2e_2$ℭ: σαλπιζει εν σαλπιγγι MNagiv$b_2$ | ⟨σαλπιγγι] σαλπιγξι 242⟩ | εις] επι y | om λεγων e$𝔈^a$ | ηθετηκασιν] ηθετηκασαν b: *audiant Hebraei dereliquerunt* 𝔏 | οι δουλοι] *Ebraei* 𝔄-mg

4 ηκουσεν Bn*$oc_2e_2$𝔄-codd 𝔏] ηκουσαν MN$n^b$ rell 𝔄-ed ℭ𝔈 | λεγοντων] *dicens* 𝔏: om ℭ | πεπαικεν Bdpqty] πεπεχεν $a_2$: πεπεικε x: πεποικε c: οτι εκοψεν $boc_2e_2$: *quoniam percussit* 𝔏: pr οτι MN rell 𝔄(uid)ℭ | τον 1°—αλλοφυλον] το υποστεμα (-εμμα o) των αλλοφυλων $boc_2e_2$𝔏 | om τον 1° d | νασειβ τον αλλοφυλον] αλλοφυλον ασηβ c | νασειβ] νασηβ $d^a$f𝔈: νασειφ N: νασηφ $a_2$: νασειμ n: ασειβ aivy: ασηβ d*x: ασημ e | αλλοφυλον] αλλοφυλων m | ησχυνθησαν—αλλοφυλοις] *pudefecit Israel alienigenas* 𝔄 | ησχυνθησαν] ησχυνθη M(mg)$a_2$: ισχυσεν y: *inualuerunt* 𝔈: ⟨εξουδενωσαν 244⟩: εξουδενωσεν M(txt)Na* $be^a$f–$mn^b$oswz(mg)$b_2c_2e_2$𝔏: εξουδενουσεν v | ισραηλ 2°] pr οι υιοι cx: σαουλ a*: om ℭ | εν τοις αλλοφυλοις] τους αλλοφυλους boz(mg)$c_2e_2$𝔏 | εν 1°] επι ⟨246⟩ 𝔈(uid) | ανεβησαν] ανεβοησαν $cxa_2$ℭ𝔈: ανεβοησεν dpqtyz𝔄: ανεβη bfmosvw$c_2e_2$𝔏 | οι υιοι ισραηλ B] πας ο λαος $a_2$: om cx: ο λαος MN rell 𝔄ℭ𝔈𝔏 | εν γαλγαλοις] εις γαλγαλα $boc_2e_2$𝔏(uid): + και πας ο λαος εξεστη οπισω αυτου N

5 συνηγοντο cx | επι 1°] εν g: προς $boc_2e_2$ | ισραηλ 1°] pr τον $boc_2e_2$: + εν γαλγαλοις cx | om και 2°—ισραηλ 2° di𝔈 | om επι ισραηλ 2° $a_2$ | om επι 2° cx | ισραηλ 2°] pr τον $boc_2e_2$: + εις πολεμον pqtz | τριακοντα] τρεις $boc_2e_2$ | χιλιαδες 1°] χιλιαδας c*(uid)$a_2$* | αρματων] αρματα cx: ταγματων v | εξ 1°] εξηκοντα $a_2$ | λαος] pr ο Nacen*svx: pr πας ο y𝔈 | ως η] ωσει abcgnvx$a_2e_2$: ⟨ωσει η 123⟩ | την θαλασσαν] το χειλος της θαλασσης bcdopqtxz $c_2e_2$𝔄 | παρεμβαλουσιν a*b'cdvx* | εν] pr εις πολεμον dpqtz: εις N | μαχεμας Ben*$b_2$𝔈] μαχαιμας $ya_2$: μαχμας MN$n^b$ rell 𝔄ℭ | hab εξ 2°—νωτου $𝔏^v$ | εναντιας] + απο ανατολων dp | βαιθωρων κατα νωτου] κατα νοτου βαιθωρων $e_2$: *contra taurum in Bethoron* 𝔏 | βαιθωρων] post νωτου $boc_2$: βαιθωρον e*: βαιθορων m: βεθωρων iv: βεθαιρων $a_2$: βαιθωρρων g: βαιθωρνων a: βεθωρ cx $𝔈^s$ | νωτου] νοτου MNg–np–wy–$b_2$𝔄ℭ𝔈$𝔖^j$: νωτον cx: νοτον f

6 hab ανηρ—(8) γαλγαλα $𝔏^v$ | ανηρ—αυτον] *ut uiderunt se esse in angustiis recessit populus* 𝔏 | ανηρ ισραηλ ειδεν] *ubi uiderunt uiri Israel* 𝔈 | ανηρ ισραηλ post ειδεν 𝔄 | ειδεν ιηλ p | στενως—αυτον] εκθλιβονται και ανεχωρησεν boz(mg)$c_2e_2$ | στενος cdp$a_2$ | om μη 𝔄𝔈 | προσαγειν] προσαγει N: προσηγγισεν $z^{a?}$ | αυτον] ⟨pr προς 244⟩: ο ex ω $s^a$: αυτω cx: *ad eum* 𝔄: *ad eos* 𝔈 | και εκρυβη] post λαος boz(mg)$c_2e_2$: *se celauerunt* 𝔈 | εκρυβη post λαος 𝔏 | ο λαος] post σπηλαιοις cx: + *Israel* ℭ | εν 2°—λακκοις] *cauis et foueis et lucis* 𝔏 | om εν 2° $c_2$ | om και 4°—πετραις dℭ(uid) | ⟨om και 5°—βοθροις 242⟩ | om και 6°—λακκοις d

7 διεβησαν] διεβαινον i | ιωρδανην m | ⟨εις] pr και 236.242⟩ | γην] ⟨pr την 123⟩: την acvx$e_2$ | om γαδ και cx | om και 2°—ην g | γαλααδ] pr εις την sw: pr εις την γην fm: ⟨γααδ 242⟩ | και σαουλ ετι bis scr x | ⟨ετι] οτι 236⟩ | om ην my$a_2$ | οις και πας ex corr $e^a$ | γαργαλοις o | ⟨om και 4°—λαος 236.242⟩ | ο λαος post αυτου e (ο λαος ex corr $e^a$) | εξεστη] *surrexit* 𝔏: εξεστησαν $boc_2e_2$𝔄-ed𝔈(uid) | οπισω αυτου] απο οπισθεν αυτου $boc_2e_2$𝔈(uid): *ab eo* 𝔄

8 διελιπεν Befqwx*$c_2$𝔄𝔈𝔏$𝔖^j$ Thdt] διειλεν dy: διελειπεν MN$x^a$ rell | ως] ω $oc_2$𝔏 | σαμουηλ 1°] σαουλ a | om και 2°—αυτου 2° ℭ | om ου y | σαμουηλ 2°] pr ο n | εις] εν vy | γαλγαλα] γαλγαλοις y: + και ειπεν σαουλ ουκ ηλθεν σαμουηλ εις γαλγαλα $bc_2e_2$ | διεσπαρθ. g | om αυτου 1° a𝔈 | απ αυτου] επ αυτω c: επ αυτο x

9 σαουλ] σαμουηλ Nx*$a_2$* | προσαγαγετε] προσαγετε Mg: προσαγαγε y: + *mihi* 𝔈 | om και 2°—ολοκαυτωσιν 2° s | om και 3°—ολοκαυτωσιν 2° d𝔈 | ανηνεγκεν] pr *Saul* ℭ: ανηνεγκαν cv$x^a$ | om την v

10 om και 1°—ολοκαυτωσιν cx | om εγενετο dℭ | συνετε-

3 τον 1°—αλλοφυλον] ⅄ θ' την εκστασιν των αλλοφυλων m: α' το υποστημα των αλλοφυλων z | τον νασειβ] τους(uid) αρχοντας σ' εκστασιν *b* | ηθετηκασιν οι δουλοι] α' ακουσατωσαν οι εβραιοι *b*(sine nom) Thdt: α' ακουσατωσαν οι δουλοι $ze_2$(sine nom)

4 τον νασειβ] την φρουραν *b* | ησχυνθησαν] κατισχυναν *b*: θ' κατισχυνεν m

6 στενως αυτω] εκθλιβη εκθλιβονται M 7 οι διαβαινοντες] σ' οι εκ του περαν z | εξεστη] α' εξεπλαγη σ' ηκολουθη *b*mz

8 διελιπεν] α' περιεμεινεν σ' υπερεθετο M | τω μαρτυριω] α' εις την συνταγην *b*: α' εις τον καιρον σ' εις την συνταγην mz(θ' pro α', α' σ' pro σ')

συνετέλεσεν ἀναφέρων τὴν ὁλοκαύτωσιν, καὶ Σαμουὴλ παραγίνεται· καὶ ἐξῆλθεν Σαοὺλ εἰς B
11 ἀπάντησιν αὐτῷ εὐλογῆσαι αὐτόν. [11]καὶ εἶπεν Σαμουήλ Τί πεποίηκας; καὶ εἶπεν Σαοὺλ Ὅτι
εἶδον ὡς διεσπάρη ὁ λαὸς ἀπ' ἐμοῦ, καὶ σὺ οὐ παρεγένου ὡς διετάξω ἐν τῷ μαρτυρίῳ τῶν ἡμερῶν,
12 καὶ οἱ ἀλλόφυλοι συνήχθησαν εἰς Μαχεμάς, [12]καὶ εἶπα Νῦν καταβήσονται οἱ ἀλλόφυλοι πρὸς μὲ
εἰς Γάλγαλα, καὶ τοῦ προσώπου τοῦ κυρίου οὐκ ἐδεήθην· καὶ ἐνεκρατευσάμην καὶ ἀνήνεγκα τὴν
13 ὁλοκαύτωσιν. [13]καὶ εἶπεν Σαμουὴλ πρὸς Σαούλ Μεματαίωταί σοι, ὅτι οὐκ ἐφύλαξας τὴν ἐντολήν
μου ἣν ἐνετείλατό σοι Κύριος· ὡς νῦν ἡτοίμασεν Κύριος τὴν βασιλείαν σου ἕως αἰῶνος ἐπὶ
14 Ἰσραήλ. [14]καὶ νῦν ἡ βασιλεία σου οὐ στήσεται, καὶ ζητήσει Κύριος ἑαυτῷ ἄνθρωπον κατὰ τὴν
καρδίαν αὐτοῦ, καὶ ἐντελεῖται Κύριος αὐτῷ εἰς ἄρχοντα ἐπὶ τὸν λαὸν αὐτοῦ, ὅτι οὐκ ἐφύλαξας ὅ
15 τι ἐνετείλατό σοι Κύριος. [15]Καὶ ἀνέστη Σαμουὴλ καὶ ἀπῆλθεν ἐκ Γαλγάλων εἰς ὁδὸν
αὐτοῦ· καὶ τὸ κατάλιμμα τοῦ λαοῦ ἀνέβη ὀπίσω Σαοὺλ εἰς ἀπάντησιν ὀπίσω τοῦ λαοῦ τοῦ
πολεμιστοῦ. αὐτῶν παραγενομένων ἐκ Γαλγάλων εἰς Γαβαὰ Βενιαμείν, καὶ ἐπεσκέψατο Σαοὺλ
16 τὸν λαὸν τὸν εὑρεθέντα μετ' αὐτοῦ ὡς ἑξακοσίους ἄνδρας. [16]καὶ Σαοὺλ καὶ Ἰωναθὰν υἱὸς αὐτοῦ
καὶ ὁ λαὸς καὶ οἱ εὑρεθέντες μετ' αὐτῶν ἐκάθισαν ἐν Γαβεὲ Βενιαμεὶν καὶ ἔκλαιον, καὶ οἱ ἀλλό-
17 φυλοι παρεμβεβλήκεισαν εἰς Μαχεμάς. [17]καὶ ἐξῆλθεν διαφθείρων ἐξ ἀγροῦ ἀλλοφύλων τρισὶν

10 παραγεινεται B* 14 ενετιλατο B* 15 καταλειμμα B$^{ab}$ 16 ιωναθαν B$^{ab}$] ιωαθαν B* | παρεμβεβληκισαν B*

MNa–fim–qstv–c$_2$𝔄ℭ$^{w}$𝔈(𝔏$^{sv}$)

λεσεν αναφερων] ετελεσεν αναφερην v: om αναφερων dy | την ολοκαυτωσιν] ταυτην d | και 2°] + ιδου bozc$_2$e$_2$𝔈$^{s}$ | om παραγινεται—σαουλ s | παρεγενετο Nbovc$_2$e$_2$ | υπαντησιν cx Jos(uid) | αυτω] αυτου Nacen*x: του (τω o) σαμουηλ boc$_2$e$_2$

**11** σαμουηλ] + προς σαουλ cx | πεποιηκας] εποιησας oc$_2$e$_2$: εποιησας ημιν b | ⟨σαουλ] σαμουηλ 74⟩ | οτι] διοτι boc$_2$e$_2$ | ως 1°] οτι bcioxc$_2$e$_2$ | ο λαος διεσπαρη e$_2$ | om ο e | λαος] + μου e𝔄 | ⟨om απ εμου 236⟩ | hab και 3°—ημερων 𝔏$^{v}$ | και 3°] + *quia* 𝔏 | παρεγινου Maib$_2$𝔏 | ως 2°—ημερων] εν τω μαρτυριω των ημερων ως διεταξας boc$_2$e$_2$(om εν): *secundum statutum dierum sicut testificasti mihi* ℭ | διεταξω] διεταξου a$_2$: ⟨διεταξεν 242*: διεταξεμεν 242$^{b}$: διεταξατο 236⟩ | om εν a | ⟨om οι 244⟩ | εις] εν Naeinvb$_2$ | μαχεμας BMen*ya$_2$b$_2$𝔈] ⟨μαχαιμας 236⟩: μαχμα d: μαχμας Nn$^{b}$ rell 𝔄ℭ

**12** ειπον bcdfoxzc$_2$e$_2$ | καταβητωσαν v | οι αλλοφυλοι] post με efny: om a$_2$ | προς με] επ εμε oc$_2$e$_2$𝔄 | εις γαλγαλα] εν γαλγαλοις cx | ⟨του 1°—εδεηθην] εδεηθην του προσωπου κυριου 44⟩ | το προσωπον cx | om του 2° MNabce–osvwxa$_2$–e$_2$ | om ουκ d | και 3°] αλλα boc$_2$e$_2$: om 𝔄 | ηνεγκα o*

**13** om προς σαουλ dv | σαουλ] pr τον en | hab μεματαιωται—(14) αυτου 2° 𝔏$^{v}$ | μεματαιωται] μεματαιω cx: μεμαται N | om μου cx | σοι] σε cx: om 𝔄 | ως] ος cx(+ ras 1 lit): εως a$_2$ | ητοιμασεν] + αν boc$_2$e$_2$: + σοι avy | κυριος 2°] ⟨pr ο 123⟩: om bcx | εως αιωνος post ισραηλ bcdopqtxzc$_2$e$_2$𝔄 | επι] εν cx

**14** cf Acta xiii 22 ευρον δαυειδ ... [ανδρα] κατα την καρδιαν μου || και 1°] *sed* 𝔄𝔏 | την βασιλειαν cx | στησεται] + ετι zb$_2$: + σοι a$^{b}$efmnsw | ζητηση av | κυριος εαυτω] εαυτω (αυτω N) $\overline{κς}$ Nva$_2$𝔄𝔈 Thdt: ⟨κυριος αυτω 74⟩ | ⟨εαυτω—αυτου 1°] κατα την καρδιαν αυτου ανθρωπον 246⟩ | εαυτω ανθρωπον] εν τω $\overline{ανω}$ τουτω y* | ανθρωπον] ανδρα Acta(uid) Clem-R | αυτου 1°] αυτων y* | om και 3° y* | εντελειται κυριος αυτω] εντελει αυτον κυριος Thdt | κυριος αυτω] αυτω $\overline{κς}$ Nboc$_2$e$_2$𝔏: $\overline{κς}$ εαυτω ai$^{a}$a$_2$: om c: om κυριος 𝔄: om αυτω dpqtxz | om αυτου 2° ℭ | ο τι B] ο a$_2$: οσα MN rell Thdt: *omne quod* 𝔈$^{s}$: *nocem eius quam* 𝔈$^{a}$: *mandata quae* ℭ

**15** hab και 1°—ανδρας 𝔏$^{v}$ | ανεστη] εξηλθε cx | απηλθεν] επορευθη b' | εκ γαλγαλων 1°] ⟨εν γαλγαλων 236⟩: *a Galgalis* 𝔏: εν γαλγαλοις cexy𝔈 | εις 1°—βενιαμειν sub ÷ c$_2$ | οδον] pr την boc$_2$e$_2$ | hab και 3°—βενιαμειν 𝔏$^{s}$ | ανεβη] ανεστη o: απηλθεν fmn$^{b}$sw: om a* | εις 2°—παραγενομενων] *in* (om 𝔏$^{s}$) *obuiam populo qui* (*quem* 𝔏$^{v}$) *expugnabant eos* (*illos* 𝔏$^{v}$) *uenientes* 𝔏 | απαντησιν] υπαντησιν cx: + ras (17) c$_2$ | οπισω 2°] ⟨αυτου και 44⟩: om 𝔄𝔈 | om του 2° a$_2$ | πολεμικου a | αυτων] αυτου cx*: + δε bioc$_2$e$_2$𝔄𝔈(uid) | παραγινομενων Madipqtvza$_2$b$_2$𝔄(uid) | εκ γαλγαλων 2°] post βενιαμειν boc$_2$e$_2$: εν γαλγαλων a$_2$: εν γαλγαλοις ey𝔈: om cx | γαβαα] γαβαλ a$_2$: γαβεε y: *Gabee in colle* 𝔏$^{v}$: + βουνον bozc$_2$e$_2$: + *in colle* 𝔏$^{s}$ | βενιαμειν] pr ras (3) o: pr *terram* ℭ: βενιαμην cx: βενιαμειμ b$_2$: βεννιαμιν m | om και 4° 𝔄𝔏 | σαουλ 2°] σαμουηλ a*: om 𝔄-cod | om τον ευρεθεντα cx | ως] ωσει cx | εξακοσιους ανδρας] *sex millia hominum* 𝔏 | εξακοσιους] χ' + ras (4) z: χιλιους a$_2$

**16** om και 1°—εκαθισαν 𝔈$^{a}$ | om και σαουλ d | ιωναθ o | υιος] pr ο MNce–osvwxb$_2$c$_2$e$_2$: ⟨μετ 64⟩ | αυτου] + μετ αυτου fmn$^{b}$sw | om και ο λαος dq | om και 4° MNbce–oswxb$_2$c$_2$e$_2$𝔄ℭ𝔈$^{s}$𝔖$^{j}$ | αυτων] αυτου Nao*v𝔈$^{s}$ | hab εκαθισαν—εκλαιον 𝔏$^{v}$ | εκαθισαν] pr *et* 𝔏(uid): post βενιαμειν boc$_2$e$_2$𝔖$^{j}$: om a$_2$ | γαβεε] γαβεαι a$_2$(uid): γαβαε N: γαβαα Ma–dfiopqtvxzb$_2$c$_2$e$_2$𝔄ℭ | βενιαμειν] pr της oc$_2$e$_2$: pr τοις b: pr *terra* ℭ: βενιαμην x: βαινιαμειν am: βενιαμειμ b$_2$ | και εκλαιον] *et plorauerunt* 𝔈𝔏𝔖$^{j}$: om a$_2$𝔄 | παρεμβεβληκεισαν] παραβεβληκεισαν a: παρεμβεβληκασιν b$^{a†}$: παρεμβεβηκασιν b'b* | εις BMya$_2$ℭ] εν N rell | μαχεμας BMen*ya$_2$b$_2$𝔈] μαχμας Nn$^{b}$ rell 𝔄ℭ

**17** hab και—αρχαις 𝔏$^{v}$ | εξηλθον διαφθειροντες cxℭ𝔈(uid) | εξηλθεν] *exibat* 𝔄 | εξ αγρου] ου ex corr d$^{a}$: εκ της παρεμβολης των e$_2$𝔈$^{s}$ | τρισιν αρχαις] pr εν bfozc$_2$e$_2$𝔏: *tria agmina* 𝔈 |

12 και 2°—ολοκαυτωσιν] σ' και πριν η το προσωπον $\overline{κυ}$ λιτανευσω και βιασθεις ανηνεγκα την ολοκαυτωσιν z | και ενεκρατευσαμην] αλλα ανεσχον (ην- uid e$_2$) Me$_2$: σ' και βιασθεις Mbm
13 μεματαιωται σοι] α' ηγνωμονησας bmz: σ' ηφρονευσω m: σ' ηφρονησας z | μου] $\overline{κυ}$ του $\overline{θυ}$ σου M | ητοιμασεν] σ' ηδρακει z
14 και ζητησει] εζητησε γαρ e$_2$ 15 γαβαα] γαβαα δε την εν σαβαιν γαιαν την εν τη κοιλαδι των δορκαδων α' ηρμηνευσεν z
17 και—αλλοφυλων] σ' και εξηλθον οι διαφθειροντες εκ της παρεμβολης των φυλιστιαιων z | εξ αγρου] εκ παρεμβολης M: λ̥ εκ της παρεμβολης bm | τρισιν] η τριτη M

B ἀρχαῖς· ἡ ἀρχὴ ἡ μία ἐπιβλέπουσα ὁδὸν Γοφερὰ ἐπὶ τὴν Σωγάλ, [18]καὶ ἡ μία ἀρχὴ ἐπιβλέπουσα 18
ὁδὸν Βαιθωρών, καὶ ἡ ἀρχὴ ἡ μία ἐπιβλέπουσα ὁδὸν Γαβεὲ τὴν εἰσκύπτουσαν ἐπὶ Γαὶ τὴν Σαμείν.
[19]καὶ τέκτων σιδήρου οὐχ εὑρίσκετο ἐν πάσῃ γῇ Ἰσραήλ, ὅτι εἶπον οἱ ἀλλόφυλοι Μὴ ποιήσωσιν 19
οἱ Ἑβραῖοι ῥομφαίαν καὶ δόρυ. [20]καὶ κατέβαινον πᾶς Ἰσραὴλ εἰς γῆν ἀλλοφύλων χαλκεύειν 20
ἕκαστος τὸ θέριστρον αὐτοῦ καὶ τὸ σκεῦος, καὶ ἕκαστος τὴν ἀξίνην αὐτοῦ καὶ τὸ δρέπανον αὐτοῦ.
[21]καὶ ἦν ὁ τρυγητὸς ἕτοιμος τοῦ θερίζειν· τὰ δὲ σκεύη ἦν τρεῖς σίκλοι εἰς τὸν ὀδόντα, καὶ τῇ ἀξίνῃ 21
καὶ τῷ δρεπάνῳ ὑπόστασις ἦν ἡ αὐτή. [22]καὶ ἐγενήθη ἐν ταῖς ἡμέραις τοῦ πολέμου Μαχεμάς, καὶ 22
οὐχ εὑρέθη ῥομφαία καὶ δόρυ ἐν χειρὶ παντὸς τοῦ λαοῦ τοῦ μετὰ Σαοὺλ καὶ μετὰ Ἰωναθάν, καὶ
εὑρέθη τῷ Σαοὺλ καὶ τῷ Ἰωναθὰν υἱῷ αὐτοῦ. [23]καὶ ἐξῆλθεν ἐξ ὑποστάσεως τῶν ἀλλοφύλων τὴν 23
ἐν τῷ πέραν Μαχεμάς· καὶ τῷ πατρὶ αὐτοῦ οὐκ ἀπήγγειλεν.
§h [1]Καὶ γίνεται ἡμέρα §καὶ εἶπεν Ἰωναθὰν υἱὸς Σαοὺλ τῷ παιδαρίῳ τῷ αἴροντι τὰ σκεύη αὐτοῦ 1 XIV
Δεῦρο καὶ διαβῶμεν εἰς Μεσσὰβ τῶν ἀλλοφύλων τὴν ἐν τῷ πέραν ἐκείνῳ· καὶ τῷ πατρὶ αὐτοῦ

20 αξεινην B* 21 αξεινη B* 22 ουκ B*b XIV 1 γεινεται B*

MNa–f(h)im–qstv–$c_2e_2$𝔄ℭ$^w$𝔈(𝔏$^{vr}$)

om γοφερα—(18) οδον 1° a*𝔈$^s$ | γοφερα] τοφεγαλ $a_2$: *Tofyron* ℭ: [Armenian] 𝔄: οφρα On: του οφρα cx: βαιθωρων $a^b$ | την] γην MN$a^b$d–m$n^b$pqtw$b_2$: γης v: πηγην oz$c_2$$^a$$e_2$𝔄: *terram* ℭ On-lat: + γην $bc_2$* | σωγαλ] σογαλ e: *Sogol* 𝔄: *Sogar* ℭ: σωβαλ dpqtz: σοαλ On: συαλ cx

18 om και 1°—βαιθωρων $a^b$dep | μια αρχη By] αρχη μια cx: αρχη η μια MNin*qtv$a_2b_2$: αρχη η δευτερα $n^b$ rell | βαιθωρων] pr γαβεε n*: βεθωρων $ca_2$: βεθορων x: *Bothoron* 𝔄ℭ: καιθωρων o | hab και 2°—σαμειν 𝔏$^v$ | η 2°—μια 2°] *aliud agmen* 𝔏 | μια 2°] τριτη M(mg)bfm$n^b$oswz$c_2e_2$𝔖$^j$ | om οδον γαβεε n* | οδον 2°] επι την $boc_2e_2$ | γαβεε] γαβεαι $a_2$: γαβεθ c: γαβαε N d𝔄: γεβεε e: γαβαα $boc_2e_2$ℭ Thdt: ιαβειν y | την 1°—σαμειν] *quae tendit in conuallem capricarum in terra Saba quod est desertum* 𝔏 | την 1°] pr επι c* | εισκυπτουσαν] εκκυπτουσαν M Nabimoswb$_2c_2e_2$: εγκυπτουσαν f: εκκοπτουσαν vz$^{a?}$ | επι] αιπη dp | γαι] γε $ea_2b_2$: γαιαν bcoxz: γααν $c_2e_2$: γην a(ex corr) Thdt(uid): γαβεε y | την σαμειν] [Syriac] 𝔖$^j$ | την 2°] τη y: του cx | σαμειν $Ba_2$] σαμειμ M: σαβειν vy: σαβειμ Nein$b_2$ On: *Sabi* 𝔈: ασειβ a: σαβαειν την ※ ερημον $c_2$: σαβιμ (σαβαειμ z) την ερημον dpqtz: *Sabain deserti* 𝔄: σαλημ την επι την ερημον cx: σαβαιν rell Thdt

19 γη] pr τη Nbefmnoswz$a_2c_2e_2$: om a*(uid) | hab οτι—(21) αυτη 𝔏$^v$ | ειπαν MNinv$b_2$ | μη] + ποτε bo$^a$z$c_2e_2$ | ποιησουσιν Nevy$a_2$ | om οι 2° e | αιβραιοι a | ρομφαιας cx | και δορυ] σιδηρου $a_2$ | και 2°] *aut* 𝔏 | δορατα M(τα sup ras)

20 κατεβαινεν bcoxz$a_2c_2e_2$𝔏 | ⟨om εις—θεριστρον 246⟩ | γην] + χαλκευειν $b_2$* | εκαστος 1°] pr εις dpqtz: + την αξινην αυτου και v | το θεριστρον αυτου] *messoriam suam* 𝔏 | ⟨om το 1° 71⟩ | θεριστρον BNcenxy] θεριστηριον M rell 𝔄: υνιν Jos(uid) | ⟨om αυτου 1° 44⟩ | σκευος B] + αυτου MN omn 𝔄ℭ𝔏 | om και 3°—αυτου 2° v | ⟨om εκαστος 2° 71⟩ | ⟨om αυτου 2° 71⟩ | om και 4°—αυτου 3° Ms | δρεπανον] δικελλαν Jos(uid) | om αυτου 3° d

21 hab και 1°—αυτη 𝔏$^s$ | ετοιμος] pr αυτος $a_2$: ετοιμως m: ετοιμοι d | om του θεριζειν 𝔏$^s$ | τα δε] εις δε τα $boc_2e_2$: και τα cx: om δε s*y | ην 2°] ησαν $boc_2e_2$ | τρεις σικλοι] *tribus siclis* 𝔏 | σιτλοι cx | εις—αυτη] *in bidentem et securem et falx in substantiam erat eis* 𝔏$^s$: *in dentem et securis et falcis in substantia erat eis* 𝔏$^v$ | om τον w* | ⟨om και τη αξινη 44⟩ | ⟨om και 3° 236⟩ | τω δρεπανω] ⟨τη δρεπανω 236⟩: τη δρεπανη f: + και του κατορθωσαι το βουκεντρον boz$c_2e_2$ | υποστασις] pr η $b_2$ | om ην 3° a | om η m*o$a_2$

22 εγενηθη] εγεννηθη a: εγενετο $boc_2e_2$ | ημεραις] + εκειναις e | μαχεμας BMn$a_2b_2$𝔈] μαχαιμας y: εν μαχμας cx𝔄: μαχμας N rell ℭ | ⟨και 3°] η 44⟩ | εν χειρι] μετα $a_2$ | om του λαου f$e_2$ | ⟨om του 3° 44⟩ | om μετα 1° e$e_2$ | σαουλ 1°] σουουλ d | om μετα 2° bceoxy$c_2e_2$𝔈 | ιωναθαν 1°] ιωναθαμ $a_2$: + υιου αυτου ⟨246⟩ 𝔄ℭ | om και 5°—αυτου cx | και 5°—ιωναθαν 2° post αυτου i | ερεθη z | om τω 1° b | τω 2°] post ιωναθαν 2° Nb: om $b_2$ | ιωναθαν 2°] post αυτου d: ιωναθαμ $a_2$: νιωναθαν v | υιω] pr τω n$a_2$

23 εξηλθεν] εξηλθον N: + *Ionathan* 𝔈$^s$: + σαουλ και ιωναθαν cx | εξ υποστασεως] *in castra* 𝔄: *in fines* 𝔈 | την] της cx: om MNabe–osvwb$_2c_2e_2$𝔄 | εν τω] εις το Mafimsvw$b_2$ | μαχεμας BMen$a_2b_2$𝔈] μαχαιμας y: μαχμας N$c_2$ (pr ※ ad init lin) rell 𝔄ℭ | και 2°—απηγγειλεν By$a_2$(ου κατηγγειλεν)𝔄ℭ𝔈] om MN rell

XIV 1 om και γινεται ημερα MNaℭ | γινεται] εγενηθη cd pqtxz𝔖$^j$ | ημερα] pr η pqz: ⟨om 71⟩ | και ειπεν] ⟨ειπε δε 44⟩: και λεγει $boc_2e_2$ | ιωναθαμ $a_2$ | υιος] pr ο x | τω παιδαριω] τω παιδι y: om $e_2$: + αυτου fmsw(αυ ex τω $w^a$)ℭ: + τω μετ αυτου cx | om τω 2° $a_2$ | διαβωμεν] αναβωμεν q: ⟨μεταβωμεν 246⟩ | hab εις—εκεινω 𝔏$^v$ | εις μεσσαβ] *in angustias* 𝔄 | om εις b′ | μεσσαβ BMahqtb$_2$ On-lat] pr την s: την μεσαβ fnw: μασαβ v: μασεβ ⟨71⟩ 𝔈: μεσων c: μεσον x: μεσσαμα $a_2$: την υποστασιν boz(mg)$c_2e_2$𝔏: μεσαβ Nz(txt) rell ℭ | τον αλλοφυλον v | om την—εκεινω cx | την] pr των απεριτμητων n: των befmoswa$_2c_2$ $e_2$: τω b′ | εκεινω] om ℭ: + εν τω βουνω v | om και 4°—απηγγειλεν ℭ | απηγγειλεν] ειπεν $boc_2e_2$

17 η 1°—σωγαλ] *unus cuneus pergebat contra Ephraim ad terram Saul* p | η μια] η δευτερα M | επι την] πηγην επι πηγην M
18 γαι την σαμειν] α′ την φαραγγα των υαινων θ′ την κοιλαδα των δορκαδων M: την εν τη κοιλαδι των δορκαδων των εν τη ερημω b$e_2$(om την et των εν): α′ την εν τη κοιλαδι των δορκαδων Thdt
20 το θεριστρον κ.τ.λ.] σ′ την υννιν και το σκαφειον αυτου και το αξιναριον και την δικελλαν α′ ταλλα μεν ωσαυτως αντι δε του δρεπανου τριωδοντα φησι θ′ το θεριστρον βουκεντρον εξεδωκε z | το θεριστρον] α′ θ′ το αροτρον bm: σ′ υνιν b | σκευος] αροτρον M: υνην i: α′ σ′ υνιν εχετλην σ′ σκαφιον m | δρεπανον] σ′ θ′ δικελλαν m
21 ο τρυγητος κ.τ.λ.] α′ η προσβολοσις στομωματα τοις αροτροις και .... ωσαι τω βουκεντρων m | εις τον οδοντα] εις το αροτρον $e_2$ | τον οδοντα] σ′ την υνην α′ το αροτρον b: σ′ το αροτρον z
XIV 1 μεσσαβ] α′ την υποστασιν σ′ το συστημα M

2 οὐκ ἀπήγγειλεν. ²καὶ Σαοὺλ ἐκάθητο ἐπ' ἄκρου τοῦ βουνοῦ ὑπὸ τὴν ῥόαν τὴν ἐκ Μαγών, καὶ B
3 ἦσαν μετ' αὐτοῦ ὡς ἑξακόσιοι ἄνδρες. ³καὶ Ἀχιὰ υἱὸς Ἀχιτὼβ ἀδελφοῦ Ἰωχαβὴλ υἱοῦ Φεινεὲς
υἱοῦ Λευεὶ ἱερεὺς τοῦ θεοῦ ἐν Σηλὼμ αἴρων ἐφούδ· καὶ ὁ λαὸς οὐκ ᾔδει ὅτι πεπόρευται Ἰωναθάν.
4 ⁴καὶ ἀνὰ μέσον τῆς διαβάσεως οὗ ἐζήτει Ἰωναθὰν διαβῆναι ὑπόστασιν τῶν ἀλλοφύλων καὶ
ἀκρωτήριον πέτρας ἔνθεν καὶ ἀκρωτήριον πέτρας ἔνθεν, καὶ ὀδοὺς πέτρας ἐκ τούτου· ὄνομα τῷ
5 ἑνὶ Βαζὲς καὶ ὄνομα τῷ ἄλλῳ Σενναάρ· ⁵ἡ ὁδὸς ἡ μία ἀπὸ βορρᾶ ἐρχομένῳ Μαχμάς, καὶ ἡ ὁδὸς
6 ἡ ἄλλη ἀπὸ νότου ἐρχομένῳ Γαβαέ. ⁶καὶ εἶπεν Ἰωναθὰν πρὸς τὸ παιδάριον τὸ αἶρον τὰ σκεύη
αὐτοῦ Δεῦρο διαβῶμεν εἰς Μεσσὰφ τῶν ἀπεριτμήτων τούτων, εἴ τι ποιήσαι ἡμῖν Κύριος· ὅτι οὐκ
7 ἔστιν τῷ κυρίῳ συνεχόμενον σώζειν ἐν πολλοῖς ἢ ἐν ὀλίγοις. ⁷καὶ εἶπεν αὐτῷ ὁ αἴρων τὰ σκεύη
αὐτοῦ Ποίει πᾶν ὃ ἐὰν ἡ καρδία σου ἐκκλίνῃ· ἰδοὺ ἐγὼ μετὰ σοῦ, ὡς ἡ καρδία σοῦ καρδία μοῦ.
8 ⁸καὶ εἶπεν Ἰωναθάν Ἰδοὺ ἡμεῖς διαβαίνομεν πρὸς τοὺς ἄνδρας, καὶ κατακυλισθησόμεθα πρὸς

7 εκκλεινη B*

MNa–fhim–qstv–$c_2e_2$𝔄ℭ$^w$𝔈(𝔏$^v$)

**2** hab και 1°—μαγων 𝔏$^v$ | εκαθητο] εκαθισεν εν τω βουνω a: +εν τω βουνω MNefimnsvw$b_2$𝔏 | επ ακρου] επανω bcox$c_2e_2$: επανω του ακρου y | om υπο—μαγων d | υπο] pr την a: επι p: επ ακρον επι c: επ ακρου επι x(o ex corr x$^a$) | ροαν] ροαμ $a_2$: ροαβ y | εκ B] om y: εν MN rell 𝔄𝔏 | μαγων B] μαγεδων f: μαγεδδων z(mg): *Magedon* 𝔈: μαγεδδω bo$c_2e_2$𝔖$^j$: μαγδων MNz(txt) rell ℭ: μαγδων η μαγρων On: ⟨μαγδω 244⟩: *Magdol* 𝔄: *Magdolis* 𝔏 | ησαν] ο λαος ο boz(pr ην)$c_2e_2$: om cx | ως] ωσει o: εις w: om Macsx𝔈 | εξακοσιοι] χιλιοι $a_2$ | ανδρες] +*ex populo* 𝔄

**3** αχια] αχιας Mh: αχιαβ $a_2$: *Achib* ℭ | υιος] pr ο cnx | αχιτωβ] αχιτοβ v: αχετωβ o: χιτωβ s | ιωχαβηλ Bya$_2$ℭ] ιωχαβηδ Miv$^a$$b_2$𝔈(uid): ιωχαβηα v*: ιωχαβεδ Nh: [illegible] 𝔖$^j$: ιωχαβηθ efmsw: ιωχαβηβ n: ιωχαβε bo$c_2e_2$: υιω χαβηδ a: ιωαβηδ dpqtz: ⟨ιωβηδ 44 74⟩: *Chabiel* 𝔄: χαβωθ cx | λευει Bya$_2$] ηλει MN rell 𝔄ℭ𝔈 | ιερεως bo$^{a?}$z$c_2e_2$𝔄 | του θεου] του $\overline{κυ}$ bo$c_2e_2$: om cx$a_2$ | σηλωμ] σιλωμ v: σιλων $a_2$: σηλω bdem p–tz$c_2e_2$𝔄ℭ: σιλω o | hab και 2°—(5) γαβαε 𝔏$^v$ | ιωναθαν] ιωναθαμ $a_2$: ναθαν b'

**4** και 1°] om cx𝔄𝔏: +ην boz$c_2e_2$ | ανα—υποστασιν] *in medium transitum quod quaerebat Ionathan transire in agmen substantiae* 𝔏$^{(2)}$: *in medium transire in substantia* 𝔏$^{(1)}$ | διαβασεως] αναβασεως boz$^{a?}$$c_2e_2$: δυναμεως e | ου—διαβηναι] και ιωναθαν διεβη cx | ου] δι ης boz$c_2e_2$: om efmsw | διαβηναι] αναβηναι vℭ(uid) | υποστασιν By] pr εις $a_2$: pr εις την MN rell: *in castra* 𝔄: *in multitudinem* ℭ: *in fines* 𝔈 | αλλοφυλων] +*in angustiis* 𝔄 | και 2°—τουτου] *uia erat per praeductum rupis hinc et proripium petrae illinc* 𝔏$^{(2)}$: *uiae in eo loco rupis* 𝔈 | om και 2°—ενθεν 2° a$^{a?}$cdnpv$a_2$ | και 2°] pr ※ z: om bo xz$^{mg}$(uid)$c_2e_2$ | ακρωτηριον 1°—ενθεν 2°] οδους πετρας ην εκ τουτου MNa*e–mqstwxyz(txt)$b_2$𝔄 ⟦οδος efhmswyz(txt) | om ην qtxyz(txt)$b_2$𝔄 | εκ] pr εκ του περαν x: +του περαν qtz(txt)⟧ | ακρωτηριον 1°] *erat proprium* 𝔏$^{(1)}$ | ενθεν 1°] εντευθεν boz(mg) $c_2e_2$ | om και 3°—τουτου b'o | om ακρωτηριον πετρας 2° ℭ | ακρωτηριον 2°] *proprium* 𝔏$^{(1)}$ | ενθεν 2°] εντευθεν *b*z(mg)$c_2e_2$: *illuc* 𝔏$^{(1)}$ | και 4°—τουτου] sup ras w$^b$: om *b*i$c_2e_2$ℭ𝔏$^{(1)}$ | om και 4° c | οδους] οδος a$^{a?}$d–hmnpsw$^b$yz: οδοι δυο v | πετρας 3°] της πετρας εκ του περαν dpqtz: +ην fw$^b$: +εκ του περαν cx | om εκ dpqtxz | τουτου] pr του s | ⟨om ονομα 1°—βαζες 246⟩ | ονομα 1°] pr και MNabinv$b_2$𝔏$^{(2)}$ | τω 1°] pr ※ z: των y(uid) | βαζες] *Bezes* 𝔄-codd: βαζεε i: βαζεθ o$e_2$: [illegible] 𝔖$^j$: *Bezed* 𝔏$^{(2)}$: ⟨βαζε 244: ζαβεε 236.242⟩: ζαβε efmsw: βασης ⟨123⟩ ℭ: ζεθ b: βωσης dpqtz On: βωσσης c$^{uid}$(ex corr)x: βλησθ $c_2$ | ονομα 2° post αλλω 𝔏$^{(2)}$ | σεννααρ Bhoa$_2c_2e_2$] *Senaar* 𝔏$^{(2)}$: σεννααρα n: *Sanaor* 𝔈: *Senara* 𝔄: σενναας y: ⟨σεναβ 244⟩: σινναβ fsw: σιναβ em: *Senebe* ℭ: σεννα MNacivx$b_2$ On-lat: σενα dhpqtz: [illegible] 𝔖$^j$: ⟨ενα 74⟩: *Sednaas* 𝔏$^{(1)}$

**5** η 1°—μια] το ακρωτηριον το εν b(om εν)oz$^{mg}$(om το 1°)$c_2e_2$: *propium unum* 𝔏 | η οδος 1°] pr και i: *et dens* 𝔄 | απο βορρα ερχομενω] ερχομενων απο βορρα $a_2$ | ερχομενω μαχμας] *quod est iuxta Magmas* 𝔏$^{(2)}$: *quod habet magnus* 𝔏$^{(1)}$ | ερχομενω 1°] ερχομενων MNaf–nsvw$b_2$: ερχομενον b': ερχομενη ey: εχομενον *b*oz(mg)$c_2e_2$: εχομενη z(txt) | μαχμας] pr της b(μαχμα b')o $c_2e_2$: μαχιμας v: μαχεμας Mh$^{b?}$i$b_2$𝔈: απο μαχαιμας y | η 3°—αλλη] *alter dens* 𝔄: το ακρωτηριον το αλλο boz(mg)$c_2e_2$: *propium aliud* 𝔏 | αλλη] μια efmsw | ερχομενω απο νοτου y𝔄 | νωτου Nb'cx | ερχομενω γαβαε] *quod iuxta collem Gabeae* 𝔏$^{(2)}$: *quod habet collem* 𝔏$^{(1)}$ | ερχομενω 2°] ερχομενων MN(χ ex corr N$^a$)ae(uid)fhinsvw$b_2$: ερχομενη x*$a_2$: εχομενον boz(mg)$c_2e_2$: εχομενη z(txt) | γαβαε BN𝔄] γαβαα z(txt): της γαβαα boz(mg) $c_2e_2$ℭ(uid): γαβεθ a: γαβεε M rell: *Gabaon* 𝔈

**6** om το 2°—σκευη d | το αιρον] τω αιροντι bctvx: τον αιροντα a* | διαβωμεν] pr και Nc–hmp–twxz$b_2$: και αναβωμεν v: ⟨μεταβωμεν 246⟩: λαβομεν $e_2$ | εις μεσσαφ] *in angustias* 𝔄 | εις] εκ v | μεσσαφ B] *Mesaf* ℭ: μεσσαβ M(txt)Nahqstw$b_2$: μασαβ i: *Maseb* 𝔈: βασαβ cx: την υποστασιν M(mg)bo$c_2e_2$ Thdt: μεσαβ rell | απεριτμητων] αλλοφυλων n | ει—κυριος] ει πως ποιησει (-ση q$^a$t) τι (om τι dpqtz) $\overline{κς}$ ημιν bdopqtz$c_2e_2$ Thdt | ⟨ει τι] ετι 71⟩ | ει] η hv: ειπειπων c: +πως x | ποιησαι] ποιησι N: ποιησει efmswxy𝔄(uid): ποιησοι c | ημιν κυριος] ημων $\overline{κς}$ N*: $\overline{κς}$ εν ημιν cx | ⟨κυριος] pr ο 244⟩ | συνεχομενον σωζειν post πολλοις a* | συνεχομενον] συνεχομενος y: συνεχομενους v: om cx | εν 1°] pr η dpqtz | om η εν ολιγοις i | om εν 2° b | ολιγαις $a_2$

**7** αυτω] αυτου v | om ο 1°—αυτου d | παν ο] παντα ο p: ο τι c: om παν ov$c_2e_2$𝔈 | εαν] αν MNcnv: om x | εκκλινη] εκκλινει dz: εκλινη a*: κλινει cx: θελη h: θελησῃ M(mg)*b*$c_2e_2$ 𝔖$^j$: θελησει b'o | σου 2° BMahi$b_2$] +ειμι N rell 𝔄(uid)ℭ(uid) 𝔈𝔖$^j$ | ως] pr η a* | καρδια 3°] pr η abefimoswz$c_2e_2$ | μου] +εκκλινον σεαυτον b(εγκ-)o$c_2e_2$

**8** ιωναθαμ $a_2$ | διαβαινωμεν acmtvx$a_2$ | om και 2°—αυτους v | om και 2° M

3 αιρων εφουδ] α' φερων επενδυτην z

4 ακρωτηριον 1°] σ' ακρωτηριου εξοχας M: ακροτιριον και ακροτιριον μαλλον ταυτα εν τω εξαπλω ηστερισται ως εκ θ' προστεθεντα m  5 οδος 1°] ακρωτηριον M

6 ει τι] λ' ει πως m | συνεχομενον] σ' εποχη *b*mz: α' επισυνχυσεις m: α' επισχεσις z

8 κατακυλισθησομεθα] θ' α' αποκαλυφθησομεθα z

B αὐτούς· 9ἐὰν τάδε εἴπωσιν πρὸς ἡμᾶς Ἀπόστητε ἐκεῖ ἕως ἂν ἀπαγγείλωμεν ὑμῖν, καὶ στησόμεθα 9
§ A ἐφ' ἑαυτοῖς §καὶ οὐ μὴ ἀναβῶμεν ἐπ' αὐτούς· 10καὶ ἐὰν τάδε εἴπωσιν πρὸς ἡμᾶς Ἀνάβητε πρὸς 10
ἡμᾶς, καὶ ἀναβησόμεθα, ὅτι παραδέδωκεν αὐτοὺς Κύριος εἰς τὰς χεῖρας ἡμῶν· τοῦτο ἡμῖν τὸ
σημεῖον. 11καὶ εἰσῆλθον ἀμφότεροι εἰς Μεσσὰφ τῶν ἀλλοφύλων· καὶ λέγουσιν οἱ ἀλλόφυλοι 11
Ἰδοὺ οἱ Ἐβραῖοι ἐκπορεύονται ἐκ τῶν τρωγλῶν αὐτῶν, οὗ ἐκρύβησαν ἐκεῖ. 12καὶ ἀπεκρίθησαν 12
οἱ ἄνδρες Μεσσὰφ πρὸς Ἰωναθὰν καὶ πρὸς τὸν αἴροντα τὰ σκεύη αὐτοῦ καὶ λέγουσιν Ἀνάβητε
§ 𝔏$^{b}$ πρὸς ἡμᾶς, καὶ γνωριοῦμεν ὑμῖν §ῥῆμα. καὶ εἶπεν Ἰωναθὰν πρὸς τὸν αἴροντα τὰ σκεύη αὐτοῦ
Ἀνάβηθι ὀπίσω μου, ὅτι παρέδωκεν αὐτοὺς Κύριος εἰς χεῖρας Ἰσραήλ. 13καὶ ἀνέβη Ἰωναθὰν ἐπὶ 13
τὰς χεῖρας αὐτοῦ καὶ ἐπὶ τοὺς πόδας αὐτοῦ, καὶ ὁ αἴρων τὰ σκεύη αὐτοῦ μετ' αὐτοῦ· καὶ ἐπέβλεψαν
κατὰ πρόσωπον Ἰωναθάν, καὶ ἐπάταξεν αὐτούς, καὶ ὁ αἴρων τὰ σκεύη αὐτοῦ ἐπεδίδου ὀπίσω
αὐτοῦ. 14καὶ ἐγενήθη ἡ πληγὴ ἡ πρώτη ἣν ἐπάταξεν Ἰωναθὰν καὶ ὁ αἴρων τὰ σκεύη αὐτοῦ ὡς 14
εἴκοσι ἄνδρες, ἐν βολίσι καὶ κόχλαξιν τοῦ πεδίου. 15καὶ ἐγενήθη ἔκστασις ἐν τῇ παρεμβολῇ καὶ 15
ἐν ἀγρῷ, καὶ πᾶς ὁ λαός, οἱ ἐν Μεσσὰφ καὶ οἱ διαφθείροντες, ἐξέστησαν, καὶ αὐτοὶ οὐκ ἤθελον
ποιεῖν· καὶ ἐθάμβησεν ἡ γῆ, καὶ ἐγενήθη ἔκστασις παρὰ Κυρίου. 16καὶ εἶδον οἱ σκοποὶ τοῦ Σαοὺλ 16
ἐν Γαβεὲ Βενιαμείν, καὶ ἰδοὺ ἡ παρεμβολὴ τεταραγμένη ἔνθεν καὶ ἔνθεν. 17καὶ εἶπεν Σαοὺλ τῷ 17

10 αναβηται A 14 βολισῑ A | παιδιου A 15 εκστασις 1°] εκστασεις A 16 ιδον A

(A)MNa–fhim–qstv–c$_2$e$_2$𝔄ℭ$^{n}$𝔈(𝔏$^{bsv}$)

9 ⟨εαν] pr και 123⟩ | om ταδε 𝔄ℭ𝔈 | om προς cx | ημας] υμας d* | om αποστητε—(10) ημας 2° cx | om αν Mdpqvza$_2$ | αναγγειλωμεν dnpqtz | om και 1° 𝔄ℭ | στησωμεθα ehv | εφ εαυτοις] εφ εαυτους MNdhpqtzb$_2$: καθ εαυτους b'b*oc$_2$e$_2$: επι του τοπου ημων b$^{a?}$m(mg) | αν] ex corr m: om h | om μη a | διαβωμεν MNainvb$_2$ | επ] προς o𝔄𝔈

10 om ταδε d𝔄ℭ𝔈 | om προς ημας 1° MNad–nsvwb$_2$𝔄 | om αναβητε προς ημας oa$_2$ | διαβητε v | om και 2° d𝔄ℭ | αναβησωμεθα hva$_2$ | ⟨om οτι 236⟩ | παρεδωκεν MNbe–osvwya$_2$–e$_2$ Thdt | αυτους] αυτον e$_2$ | om κυριος c | om τας AMNacdhim*npqtvx–b$_2$ | om το c

11 αμφοτεροι] pr αλλοφυλοι b$_2$ | εις μεσσαφ] *in angustias* 𝔄 | μεσσαφ Bn] μεσαφ a$_2$ℭ: μεσσαβ MNahqstwb$_2$: *Maseb* 𝔈: βασαβ cx: την υποστασιν boc$_2$e$_2$: μεσαβ A rell | λεγουσιν] ειπον boc$_2$e$_2$ | οι αλλοφυλοι] om d: om οι a$_2$ | ιδου] ι ex o d$^{a}$ | οι εβραιοι] post εκπορευονται boc$_2$e$_2$: οι αιβραιοι a: οι υιοι ιη̅λ a$_2$: om οι qv | ου] ουκ a$_2$c$_2$

12 hab και 1°—μου 𝔏$^{v}$ | απεκριθησαν] *dixerunt* 𝔏 | om οι ανδρες μεσσαφ d | μεσσαφ Bna$_2$] *Mesaf* ℭ: μεσαβ efpvyz: της μεσαβ A: *Maseb* 𝔈: της βεσαβ cx: *angustiarum* 𝔄: *substantiae* 𝔏: της υποστασεως των αλλοφυλων boc$_2$e$_2$𝔖$^{j}$: μεσσαβ MN rell | προς 1°] πρωτον A: + τον pqtz | ⟨ιωναθαν 1°] ιωναθαμ 64$^{a?}$: ιωαθαμ 64*⟩ | om και 2°—λεγουσιν d | τον αιροντα 1°] το παιδαριον το αιρον y𝔈 | om τα 1° c* | om και λεγουσιν 𝔏 | γνωρισωμεν c$_2$ | υμιν] ημιν x: om c | ρημα] ...*bat uerbum* 𝔏$^{b}$: ρηματα e𝔄(uid): om a$_2$ | ιωναθαν 2°] *Ionatam* 𝔏$^{b}$ | προς 4°—σκευη 2°] τω παιδαριω d | οτι] ο a* | παραδεδωκεν aemsw | αυτους] post κυριος 𝔏: αυτον e$_2$ | χειρας] pr τας Aboc$_2$e$_2$: *manum* 𝔈𝔏 | ισραηλ] μου n

13 ιωναθαν 1°] *Ionatha* 𝔏 | ταις χερσιν i | om αυτου 1° d | om επι 2° d | τοις ποσιν i | om και 3°—αυταυ 4° f | om αυτου 3° e$_2$ | μετ αυτου] οπισω αυτου bemoswc$_2$e$_2$ℭ𝔏: om M | hab και 4°—(16) βενιαμειν 𝔏$^{v}$ | hab και 4°—ιωναθαν 2° 𝔏$^{s}$ | επεβλεψαν κατα προσωπον] *respexerunt faciem* 𝔏$^{bv}$: *cum uidissent faciem* 𝔏$^{s}$ | επεβλεψαν] επεβλεψα a$_2$: επεβλεψεν Ni𝔈: απεβλεψαν f: + οι αλλοφυλοι bhoc$_2$e$_2$ℭ | ιωναθαν 2°] *Ionathae* 𝔏: ιωναθι e$_2$: + οι αλλοφυλοι z | επαταξεν αυτους] *percussi sunt* 𝔏$^{b}$ | om αυτους—(14) επαταξεν cx | αυτους] αυτοις ve$_2$: εν αυτοις MNabefmnoswb$_2$c$_2$: + *Ionathan* ℭ: + *Ionatha* 𝔏$^{v}$ | αυτου 5°] om 𝔄𝔏$^{v}$: + μετ αυτου a$_2$ | επεδιδου οπισω αυτου] *tradebat ei a retro facie eius* 𝔏$^{b}$: *porrigebat ei iacula a retro* 𝔏$^{v}$

14 εγενηθη] εγεννηθη a: εγενετο boc$_2$e$_2$ | om η 1° Nbob$_2$c$_2$e$_2$ | ην—ανδρες] *fere hominum XX quas percussit Ionatha et qui portabat arma eius* 𝔏$^{b}$ | om ην—αυτου d | επαταξεν] επηξεν a$_2$ | *Ionatha* 𝔏$^{v}$ | ως] ωσει nqte$_2$: om cx𝔈 | ανδρες] ανδρας AMNbcdhipqtvxa$_2$c$_2$e$_2$𝔏$^{v}$: χιλιαδες ανδρων b$_2$ | εν bis scr v | βολισι By𝔄] βελεσι a$_2$: πετροβολισι και εν πετροβολοις z: *bolidis et petrobolis* 𝔏$^{v(1)}$: *sagittis et petrobolis* 𝔏$^{v(2)}$: *sagittis et in fundibolis* 𝔏$^{b}$: + και εν πετροβολοις AMN rell ℭ 𝔖-ap-Barh 𝔖$^{j}$ | κοχλαξιν Bdy] κοχλασι a$_2$: εν κοχλασιν A: εν κολλαξιν i: pr εν MN rell 𝔖-ap-Barh 𝔖$^{j}$: *in saxis* 𝔏$^{v}$: *in muculis* 𝔏$^{b}$

15 εγενηθη 1°] εγεννηθη a: εγενετο boc$_2$e$_2$ | εκστασις 1°] *timor grandis* 𝔏$^{b}$ | om και 2° cx | αγρω] pr τω MNace–nsvwxb$_2$: τω πεδιω boc$_2$e$_2$𝔖$^{j}$: + *alienigenarum* 𝔏$^{b}$ | οι 1°—και 6°] *qui in exercitu erat intimescant qui exterminabant Israel expauer̄t quia* 𝔏$^{b}$ | οι εν μεσσαφ] *qui in substantia erat in Messabet* 𝔏$^{v}$ | οι 1°] ο Aabdehpqtxzc$_2$𝔄-coddℭ(uid)𝔈: om coe$_2$ | εν μεσσαφ] *in angustiis* 𝔄 | μεσσαφ Bna$_2$] *Mesaf* ℭ: μεσσαβ MNahqstwb$_2$: μασαβ p: *Maseb* 𝔈: μειαβ A: τη υποστασει boc$_2$e$_2$: μεσαβ rell | om και 4° N | αυτοι] αυτον v: om 𝔄𝔈 | ουκ ηθελον] pr και bdefmo–twc$_2$e$_2$𝔖$^{j}$: *et noluerunt* 𝔏$^{v(2)}$ | ποιειν Bya$_2$] πονειν AMNabhinovb$_2$c$_2$e$_2$𝔄ℭ𝔏$^{v(1)}$: πολεμειν rell 𝔈𝔏$^{v(2)}$ 𝔖$^{j}$ | εθαμβησεν η γη] εθαμβηθησαν εν τη γη εκεινη a$_2$ | εθαμβησεν] εθαμβηθη bdopqtyzc$_2$e$_2$: εξεθαμβησεν v | om η γη 𝔏$^{v}$ | om και 7°—κυριου d | εγενηθη 2°] εγεννηθη a: εγενετο befmoswc$_2$e$_2$ | εκστασις 2°] pr εις M: εις εκστασιν aib$_2$ | παρα κυριου] εν τη παρεμβολη και εν αγρω εις τους αλλοφυλους a$_2$: om παρα cxℭ𝔏$^{v}$

16 ειδον] *respexerunt* 𝔏$^{b}$: ⟨ιδου 64⟩ | om του cnx | λαουλ A | εν γαβεε] *in colle* 𝔏 | γαβεε] ⟨γαβες 71⟩: γαβε ia$_2$: γαβαε Ny: γαβαα Abcdopqtxzc$_2$e$_2$𝔄ℭ | βενιαμειν] βενιαμην x: βενιαμειμ b$_2$ | ιδου—τεταραγμενη] *uiderunt castra conturbata* 𝔏 | τεταραγμενη] pr των αλλοφυλων hozc$_2$e$_2$: των αλλοφυλων b: ⟨+ η 236⟩ | om και 3° b'*𝔄(uid)

9 αποστητε—υμιν] α' σιωπησατε εως του εγγισαι ημας προς υμας bm 11 εις μεσσαφ] εις το πληθας z
13 αιρων τα σκευη 1°] σ' οπλοφορος bm | επεβλεψαν] επεσαν e$_2$ | επεδιδου] εθανατου Me$_2$: σ' ανηρει bm
14 εν—πεδιου] θ' ως επι ημισυ αυλακος ζευγος αγρου bm 15 εκστασις 1°] α' σ' εκπληξις b(om σ')m

λαῷ τῷ μετ' αὐτοῦ Ἐπισκέψασθε δὴ καὶ ἴδετε τίς πεπόρευται ἐξ ὑμῶν· καὶ ἐπεσκέψαντο, καὶ B
18 ἰδοὺ οὐχ εὑρίσκετο Ἰωναθὰν καὶ § ὁ αἴρων τὰ σκεύη αὐτοῦ. 18 καὶ εἶπεν Σαοὺλ τῷ Ἀχειά Προσάγαγε § 𝕮$^{m}$
19 τὸ ἐφούδ· ὅτι αὐτὸς ἦρεν τὸ ἐφοὺδ ἐν τῇ ἡμέρᾳ ἐκείνῃ ἐνώπιον Ἰσραήλ. 19 καὶ ἐγενήθη ὡς ἐλάλει
Σαοὺλ πρὸς τὸν ἱερέα, καὶ ὁ ἦχος ἐν τῇ παρεμβολῇ τῶν ἀλλοφύλων ἐπορεύετο πορευόμενος καὶ
20 ἐπλήθυνεν· καὶ εἶπεν Σαοὺλ πρὸς τὸν ἱερέα Συνάγαγε τὰς χεῖράς σου. 20 καὶ ἀνέβη Σαοὺλ καὶ
πᾶς ὁ λαὸς ὁ μετ' αὐτοῦ, καὶ ἔρχονται ἕως τοῦ πολέμου· καὶ ἰδοὺ ἐγένετο ῥομφαία ἀνδρὸς ἐπὶ
21 τὸν πλησίον αὐτοῦ, σύγχυσις μεγάλη σφόδρα. 21 καὶ οἱ δοῦλοι οἱ ὄντες ἐχθὲς καὶ τρίτην ἡμέραν
μετὰ τῶν ἀλλοφύλων, οἱ ἀναβάντες εἰς τὴν παρεμβολήν, ἀνεστράφησαν καὶ αὐτοὶ εἶναι μετὰ
22 Ἰσραὴλ τῶν μετὰ Σαοὺλ καὶ Ἰωναθάν. 22 καὶ πᾶς Ἰσραὴλ οἱ κρυπτόμενοι ἐν τῷ ὄρει Ἐφράιμ,
καὶ ἤκουσαν ὅτι πεφεύγασιν ἀλλόφυλοι, καὶ συνάπτουσιν καὶ αὐτοὶ ὀπίσω αὐτῶν εἰς πόλεμον.
23 23 καὶ ἔσωσεν Κύριος ἐν τῇ ἡμέρᾳ ἐκείνῃ τὸν Ἰσραήλ· καὶ ὁ πόλεμος διῆλθεν τὴν Βαμώθ, καὶ πᾶς
ὁ λαὸς ἦν μετὰ Σαοὺλ ὡς δέκα χιλιάδες ἀνδρῶν· καὶ ἦν ὁ πόλεμος διεσπαρμένος εἰς ὅλην πόλιν
24 ἐν τῷ ὄρει τῷ Ἐφράιμ. 24 καὶ Σαοὺλ ἠγνόησεν ἄγνοιαν μεγάλην ἐν τῇ ἡμέρᾳ ἐκείνῃ, καὶ ἀρᾶται
τῷ λαῷ λέγων Ἐπικατάρατος ὁ ἄνθρωπος ὃς φάγεται ἄρτον ἕως ἑσπέρας καὶ ἐκδικήσω τὸν

17 επισκεψασθαι A | ουκ B* 18 αχια B$^{b}$A
21 δυλοι A | εχθες] εκθες A: χθες B$^{b}$ | αλ'αλλοφυλων A 23 χειλιαδες B*

AMNa–fhim–qstv–c$_2$e$_2$𝕬𝕮$^{(m)w}$𝕰𝕷$^{b(sv)}$

**17** μετ αυτου] μεθ αυτου mswb$_2$: μεθ εαυτου ef | om δη ve$_2$𝕷 | ιδατε N | τις] τι ο A | πεπορευται] πορευεται e: ⟨εκπεπορευται 44⟩ | εξ υμων] εξ ημων MNabce–osvwxa$_2$–e$_2$𝕬: *ex nobis at alienigenas* 𝕷 | και επεσκεψαντο] και επεσκεψατο adpqtyze$_2$: ⟨om 44⟩ | om ιδου 𝕬𝕰𝕷 | ευρισκεται A | ιωναθαν] pr o e | και 5° bis scr c | οι αιροντες a$_2$ | ⟨σκευη] οπλα 242⟩

**18** αχεια] αχιαβ y: *Achib* 𝕮 | om προσαγαγε—ισραηλ cx | προσαγαγε το] προσαγαγεις v | το 1°] τω dmpq | εφουδ 1°] + *Domini* 𝕮$^{m}$ | om οτι—εφουδ 2° v | ⟨οτι αυτος ηρεν] και προσηγαγε 244⟩ | αυτος—εφουδ 2°] ην η κιβωτος (κειβ- A) του θ̅υ̅ Adpqt ⟨74 (om του)⟩ | om αυτος 𝕮$^{m}$ | το εφουδ 2°] *instrumenta eius* 𝕮$^{m}$: + *Saul* 𝕷: + *quod erat arca Dei* 𝕬 | om εν—ισραηλ v* (spat relict) | εν—εκεινη] *hoc die* 𝕷 | εκεινη] + οτι ην η κιβωτος εν τη ημερα εκεινη z | ενωπιον] *ante populum* 𝕷 | ισραηλ] pr του a$_2$

**19** om totum comma cx | ⟨om και 1°—ιερεα 44⟩ | εγενηθη] εγεννηθη a: εγενετο boc$_2$e$_2$: om 𝕷 | σαουλ ως ελαλει efmsw | λαλει dpqt𝕷 | και 2°—πορευομενος] *factus est sonus et clamor in castris alienigenarum et tendebat usque ad coelum* 𝕷 | om και 2° 𝕮 | εν τη παρεμβολη] της παρεμβολης boc$_2$e$_2$𝕾$^{j}$ | hab επορευετο—σου 𝕷$^{v}$ | επορευετο—επληθυνεν] *magnus ualde* 𝕮 | επορευετο] pr *et* 𝕷$^{v}$: post πορευομενος boc$_2$e$_2$𝕬 | πορευομενος] προπορευομενος p: ⟨om 44⟩ | επληθυνεν] επληθυνετο boc$_2$e$_2$: *repletus est* 𝕷$^{v}$ | συναγαγε] pr και M: συναγαγετε N

**20** ανεβη] ανεβοησεν A: εβοησεν cx: *exclamauit* 𝕷 | σαουλ] pr o cx | om πας h | o 2°] αυτου a$_2$: om Nnq𝕷 | ερχονται] *uenerunt* 𝕷: + μετ αυτου cx | om του a | om εγενετο 𝕷 | ρομφαια] pr η MNahnvb$_2$ | ανδρες c$_2$ | επι—αυτου 2°] *super alienigenas* 𝕷 | πλησιον] μηρον h$^{b}$s: + μηρον e | hab συγχυσις—(21) ισραηλ 𝕷$^{v}$

**21** οι δουλοι] οι εβραιοι M(mg)z$^{a?}$e$_2$(mg): σαουλ και v: + *refugae* 𝕷$^{v(?)}$ | om οι 2° x | εχθες—αλλοφυλων] μετα των αλλοφυλων χθες και τριτης ημερας cdpqtz(mg) ⟨44⟩ [[om μετα 44 | εχθες qt | τριτην ημεραν c]] | εχθες—ημεραν post αλλοφυλων Ax𝕬 | εχθες] pr προ της i: χθες B$^{b}$befz(txt) | τριτην ημεραν] pr την a: τριτης ημερας z(txt): τριτης boc$_2$e$_2$ | om μετα των αλλοφυλων z(txt) | om οι 3° s | αναβαινοντες ANacdpqtxz𝕷$^{b}$ | εις την] ⟨προς την 246⟩: μεσην v: om εις cx | ανεστραφησαν B] απεστραφησαν a$_2$e$_2$: επεστραφησαν AMN rell | ειναι] pr *et coeperunt* 𝕷$^{v}$: pr *et coeperit* 𝕷$^{b}$: om h | ισραηλ] pr ※ ad init lin c$_2$: του λαου cx | των 2°] pr *et* 𝕷: τον dp: του cx: *et* 𝕬 | και 4°] pr ※ ad init lin c$_2$ | ιωναθαν] + *filio eius* 𝕮$^{m}$

**22** ισραηλ] pr ανηρ Acqtxz | οι κρυπτομενοι] ο κρυπτομενος efmsw: *qui absconsi erant* 𝕷: om οι c | εν] + ras (8) M | και 2° BAemwyc$_2$] om MN rell 𝕮𝕰𝕷 | ηκουσαν] *audiebant* 𝕷 | πεφευγασιν] post αλλοφυλοι y: *fugiunt* 𝕷 | αλλοφυλοι By] pr οι AMN rell | συναπτουσιν] συναγουσι cx: *ascendiderunt* 𝕷 | ⟨και 4°] + την 242⟩ | οπισω αυτων] *ad eos* 𝕷

**23** ⟨om και 1°—ισραηλ 44⟩ | εσωσεν] *salutauit* 𝕷 | εν 1°—ισραηλ] τον ι̅η̅λ̅ εν τη ημερα εκεινη εκ χειρος αλλοφυλων boc$_2$e$_2$𝕾$^{j}$ | om εν 1° e | τον] *populum* 𝕷: om dqt | ισραηλ] + εκ χειρος (+ των z) αλλοφυλων hz | hab και 2°—(26) λαλων 𝕷$^{v}$ | om και 2°—βαμωθ 𝕮$^{m}$ | διηλθεν την βαμωθ] *transit Bethoron* 𝕷$^{v}$: *hoc erat in Bethom* 𝕷$^{b}$ | την βαμωθ] *usque ad Bothoron* 𝕮$^{w}$ | την] τη A(uid)a: επι y: om bcdn–qtxzc$_2$e$_2$ | βαμωθ] καμωθ N: βηθαιν dpqtz: *Bethauan* 𝕬: βηθαυ x: βοθαυ c: ⟨βηθαιμ 74⟩: θαυν A(uid): βαιθωρων boc$_2$e$_2$𝕾$^{j}$(mg) | hab και 3°—ανδρων 𝕷$^{s}$ | πας—ην 1°] *erant* 𝕷$^{s}$ | πας ο λαος] πας ισραηλ c$_2$: ι̅η̅λ̅ boe$_2$𝕷$^{b}$: *ex Israel* 𝕷$^{v}$ | μετα] *cum populo* 𝕮$^{m}$ | ως] ωσει boa$_2$c$_2$e$_2$ | δωδεκα e𝕷$^{v}$ | χιλιαδας q | ην 2°] ηδη o | εις—ορει] *in omni monte* 𝕾$^{j}$ | εις ολην πολιν] *tota ciuitate* 𝕷$^{v}$ | πολιν B] την γην cx: pr την AMN rell 𝕰 | ⟨om εν 2°—τω 2° 44⟩ | τω 2° Ba$_2$] om AMN rell

**24** ηγνοησεν] *ignoratur* 𝕷$^{b}$ | αραται—λεγων] *maledicens populum dixit* 𝕷$^{v}$ | αραται] pr *Saul* 𝕮: *maledixit* 𝕷$^{b}$ | επικαταρατος] οτι καταρατος cx | ο ανθρωπος] bis scr f: om ο Mcot xe$_2$ | ος] ως a | φαγεται] φαγη cx: *manducauerit* 𝕰𝕷 | αρτον εως] α̅ν̅ο̅ς̅ d | αρτον] αρτων m: αρτου c: αρτους c$_2$: κρεας i*: om o | ⟨εσπερας] + η αλλο τι 44⟩ | ⟨om και 3°—μου 242⟩ | και εκδικησω] *donec ulciscar* 𝕬-ed 𝕷$^{v}$: *donec uindicem modo* 𝕷$^{b}$ | τον

18 προσαγαγε κ.τ.λ.] α' σ' προσελθε τη κιβωτω του θ̅υ̅ ην γαρ συν τοις υιοις ι̅η̅λ̅ εν τη παρεμβολη M | προσαγαγε το εφουδ] α' (?) αντι του εγγισαι το γλωσσοκομον του θ̅υ̅ *b*: θ' εγγισον τη κιβωτω m | το εφουδ 1°] θ' τη κιβοτω *b* | οτι—ισραηλ] θ' οτι ην η κιβωτος του θ̅υ̅ εν τη ημερα εκεινη ενωπιον ι̅η̅λ̅ M

19 συναγαγε] συναξον m

20 συγχυσις] α' φαγεδενα *b*m

22 συναπτουσιν] προσεκολυθησαν *b*m(-λιθ-)

24 εκδικησω] σ' τιμωρισωμαι *b*m: τιμωρησομαι z

B ἐχθρόν μου· καὶ οὐκ ἐγεύσατο πᾶς ὁ λαὸς ἄρτον, (25) καὶ πᾶσα ἡ γῆ ἠρίστα. [25]καὶ Ἰάαλ δρυμὸς 25
ἦν μελισσῶνος κατὰ πρόσωπον τοῦ ἀγροῦ. [26]καὶ εἰσῆλθεν ὁ λαὸς εἰς τὸν μελισσῶνα, καὶ ἰδοὺ 26
¶ M ἐπορεύετο λαλῶν· καὶ ἰδοὺ¶ οὐκ ἦν ἐπιστρέφων τὴν χεῖρα αὐτοῦ εἰς τὸ στόμα αὐτοῦ, ὅτι ἐφοβήθη
ὁ λαὸς τὸν ὅρκον Κυρίου. [27]καὶ Ἰωναθὰν οὐκ ἀκηκόει ἐν τῷ ὁρκίζειν τὸν πατέρα αὐτοῦ τὸν λαόν· 27
καὶ ἐξέτεινεν τὸ ἄκρον τοῦ σκήπτρου αὐτοῦ τοῦ ἐν τῇ χειρὶ αὐτοῦ καὶ ἔβαψεν αὐτὸ εἰς τὸ κηρίον
τοῦ μέλιτος, καὶ ἐπέστρεψεν τὴν χεῖρα αὐτοῦ εἰς τὸ στόμα αὐτοῦ, καὶ ἀνέβλεψαν οἱ ὀφθαλμοὶ
αὐτοῦ. [28]καὶ ἀπεκρίθη εἷς ἐκ τοῦ λαοῦ καὶ εἶπεν Ὁρκίσας ὥρκισεν ὁ πατήρ σου τὸν λαὸν λέγων 28
Ἐπικατάρατος ὁ ἄνθρωπος ὃς φάγεται ἄρτον σήμερον· καὶ ἐξελύθη ὁ λαός. [29]καὶ ἔγνω Ἰωναθὰν 29
καὶ εἶπεν Ἀπήλλαχεν ὁ πατήρ μου τὴν γῆν· ἴδε διότι εἶδον οἱ ὀφθαλμοί μου, ὅτι ἐγευσάμην
βραχὺ τοῦ μέλιτος τούτου. [30]ἀλλ' ὅτι ἔφαγεν ἔσθων ὁ λαὸς σήμερον τῶν σκύλων τῶν ἐχθρῶν 30
αὐτῶν ὧν εὗρεν, ὅτι νῦν ἂν μείζων ἡ πληγὴ ἡ ἐν τοῖς ἀλλοφύλοις. [31]καὶ ἐπάταξεν ἐν τῇ ἡμέρᾳ 31
§ l ἐκείνῃ ἐκ τῶν ἀλλοφύλων ἐν Μαχεμάς, καὶ ἐκοπίασεν ὁ λαὸς σφόδρα. [32]καὶ §ἐκλίθη ὁ λαὸς εἰς 32
¶ ℭm τὰ σκῦλα· καὶ ἔλαβεν ὁ λαὸς ποίμνια καὶ βουκόλια καὶ τέκνα βοῶν, καὶ ἔσφαξεν ¶ἐπὶ τὴν γῆν·
καὶ ἤσθιεν ὁ λαὸς σὺν τῷ αἵματι. [33]καὶ ἀπηγγέλη Σαοὺλ λέγοντες Ἡμάρτηκεν ὁ λαὸς τῷ 33

27 κηριον B$^{a}$] σκηπτρον B* | 28 φαγετε A | 29 ιδον A | 30 μειζων] + ην B$^{ab}$ (suprascr)

A(M)Na–fhi(l)m–qstv–c$_2$e$_2$𝔄ℭ$^{(m)w}$𝔈𝔏$^{b(v)}$

εχθρον] pr εις boc$_2$e$_2$: την εχθραν n | εγευσαντο x | λαος] + ο μετ αυτου h | om και 5°—ηριστα cx | πασα η γη] πας ο λαος qa$_2$: om πασα ℭ$^{m}$ | ηριστα] *non pranuit* 𝔈

**25** ιααλ—μελισσωνος] *erat examen apium* 𝔏$^{v}$: (*erat apiaria*) *et non carpserant* 𝔏$^{b}$ | ιααλ Bya$_2$] ιααρ On: ιαρ A: *ibi* 𝔄: om bcoxc$_2$e$_2$ℭ𝔖$^{j}$: ιδου MN rell 𝔈 | δρυμος ην μελισσωνος] *alueare mellis* 𝔈 | ην] εν c | μελισσων a𝔄 | του αγρου] *uillae* 𝔏$^{b}$: *agri illius* 𝔏$^{v}$ | αγρου] λαου bozc$_2$e$_2$

**26** om ο 1° c | εις 1°] προς ⟨44⟩ 𝔈 | om και 2°—λαλων s𝔈 | om ιδου 1° ⟨71⟩ 𝔄ℭ𝔏$^{b}$ Chr | επορευετο] διεπορευετο boc$_2$e$_2$𝔄(uid) Chr: *abierat* 𝔏$^{b}$: + *populus* ℭ (+ *omnis* ℭ$^{m}$) | om ιδου 2° Abcdopqtxzc$_2$e$_2$𝔄ℭ𝔈𝔏 | επιστρεφων] pr ο Nabce–osvwxz b$_2$c$_2$e$_2$: *qui conuertebant* 𝔏 | om αυτου 1° abx | εις 2°] *ad* 𝔏: om i | αυτου 2°] + τις a$_2$ | οτι—κυριου sup ras p$^{a}$ | ⟨τον 2°] pr εις 242⟩ | κυριου] pr του p$^{a}$

**27** ακηκοει] ηκηκοει fc$_2$: ηκουει e$_2$: ακουει v: ηκουεν y𝔏: *nouit* ℭ$^{m}$ | εν 1°—αυτου 1°] *patrem suum adiurantem* 𝔏 | ορκωζειν A | τον λαον] τους υιους ιηλ boc$_2$e$_2$ | εξετεινεν] *extendens* 𝔏: + *Ionathan* ℭ | του σκηπτρου αυτου] *uirgae regulare* 𝔏: om αυτου b'chvx𝔖$^{j}$(uid) Chr | om του 2° Naden𝔈 | εβαψεν] ενεβαψεν bc$_2$e$_2$: εβαπτισεν Chr: *unxit* 𝔏 | om αυτο b'cvx𝔄𝔈𝔏 Chr | ⟨om και 4° 236⟩ | επεστρεψεν] *adplicuit in* 𝔏 | εις το στομα] εν τω στοματι Chr | εις 2°] *ad* 𝔏 | το στομα] τομα N* | om και 5°—αυτου 6° e$_2$ | ανεβλεψαν] *uisi sunt* 𝔏

**28** ⟨απεκριθη—σου] ειπεν αυτω εις εκ του λαου ο πατηρ σου ορκισε 44⟩ | απεκριθη—ειπεν] *dixit ei unus e populo* 𝔈 | om απεκριθη ℭ$^{w}$ | om και 2° ℭ$^{w}$ | ορκισας—λαον] *iuratione iurauit pater tuus populo* 𝔏 | ορκωσας ωρκωσεν Chr | τον λαον ο πηρ σου dpqtz | om σου N* | τον λαον] pr επι e: τω λαω A | om ο 2° cefhmowxy | om αρτον cx | εξελυθη] *defecerit* 𝔏

**29** εγνω—ειπεν] ειπεν ιωναθαν 𝔏 Chr | ναθαν a$_2$ | hab απηλλαχεν—μου 2° 𝔏$^{v}$ | απηλλαχεν] απηλλαξεν s: *perdidit* 𝔄𝔏$^{b}$ | om μου 1° q | την γην] *populum* ℭ$^{m}$ | ιδε διοτι ειδον] *ecce quomodo respirauerunt* 𝔏$^{v}$ | ιδε] ειδε ova$_2$: ιδετε n: om 𝔏$^{b}$ | διοτι] δη οτι i | ειδον—τουτου] εγευσαμην βραχυ τι μελιτος τουτου ου ειδον οι οφθαλμοι μου z(mg) | om ειδον—οτι a | ειδον—μου 2° post τουτου boc$_2$e$_2$ | om μου 2° A | οτι] pr και cx: *ubi* 𝔈: om boc$_2$e$_2$ | βραχυ] + τι Ndefmp–twyz(txt)

**30** αλλ οτι] *et si* 𝔖$^{j}$: *si* 𝔄ℭ | οτι εφαγεν εσθων] *et manducauerit* 𝔏 | ⟨οτι 1°] η 244 txt⟩ | εφαγεν BAchx] pr και o*: pr ει και bo$^{a}$zc$_2$e$_2$: ει εφαγον v: pr ει N rell | εσθων—σημερον] ο λαος σημερον εσθιων boc$_2$e$_2$ | εσθων ο λαος] ο λαος (+ ος n) εσθιων (εσθων y) Nahinvyb$_2$ | εσθων] εστω dp | σημερον ο λαος Acdpqtxz𝔄 | των σκυλων] pr απο f: των κυκλων c*: om e | αυτων—αλλοφυλοις] *suo(rum .... nonne plaga maior fuisset) alienigenarum* 𝔏 | αυτων] αυτου Nabeh$^{a}$i–oswzb$_2$c$_2$e$_2$: ημῶν h*: om f | ων ευρεν] ων ευρον b$_2$𝔄𝔖$^{j}$: om dpqt𝔈 | ⟨om οτι 2°—αλλοφυλοις 44⟩ | οτι 2°] ras (6) a: om bozc$_2$e$_2$𝔄ℭ𝔖$^{j}$ | om νυν Nnp𝔄 | αν μειζων B*] αν μειζον ην chx: μειζων αν ην p: μιζων ην αν N: om αν n: + εγεγονει boc$_2$e$_2$: + γεγονει b': + ην B$^{ab}$A rell ℭ(uid)𝔖$^{j}$(uid) | η 2° By] την a$_2$: om AN rell 𝔄ℭ | om εν dipqtz

**31** επαταξεν] επαταξαν v𝔈: + αν z: + ο λαος b'e$_2$: + αν ο λαος boc$_2$ | εκεινη] ταυτη boc$_2$e$_2$𝔏: ταυτη ο λαος z: om N | εκ] ⟨απο 236⟩: om boc$_2$e$_2$ | εν 2°] pr πλειους η bdhopqtzc$_2$e$_2$𝔖$^{j}$: εκ a𝔏 | μαχεμας Bh$^{b?}$nva$_2$b$_2$𝔈] μαχαιμας y: ⟨μαχιμας 242⟩: μαχαμας q: μαχμας ANh* rell 𝔄ℭ𝔏 | εκοπιασεν] εκοπασεν bc$^{a?}$dpqt: εξελυθη z$^{a?}$: (*in*)*trauit* 𝔏 | ⟨om σφοδρα 44⟩

**32** εκλιθη] εκληθη acixy: εκεκλιθη A: ωρμησεν bdl(....σεν) opqtz$^{a?}$c$_2$e$_2$𝔄(uid)𝔖$^{j}$(uid): (*con*)*spectum erat* 𝔏 | ο λαος 1°] om z: + *omnis* ℭ$^{m}$: + σφοδρα c* | εις] επι boc$_2$e$_2$ | ελαβεν ο λαος] ελαβον d: om ο e | ποιμνια—βοων] *greges eorum oues et uitulos* 𝔏 | ⟨om και 3° 44⟩ | εσφαξεν] εσφαξαν deflmp–twzℭ𝔈𝔏: *mactabat* 𝔄: εσφαζον Nbhiovc$_2$e$_2$: + ο λαος a$_2$ | ησθιεν ο λαος] *manducauerunt uitulos* 𝔏: om ο λαος a$_2$ | συν] εν N

**33** om και 1°—αιματι e | απηγγειλαν boc$_2$e$_2$𝔏 | σαουλ 1° Ba$_2$] τω λαουλ c*: pr τω ANc$^{a?}$ rell | λεγοντες] λεγοντων οτι cx: ⟨om 44⟩: + οτι Adlpqtz | ημαρτηκεν] post λαος Acdlpqtxz

24 αρτου] αρτον M | 26 λαλων] το μελι e$_2$
27 σκηπτρου] σ' ραβδου *b*m: α' βακτηριαν ραβδου z | το κηριον] σ' την απορρωην *b*m | ανεβλεψαν] α' εφωτισθησαν *b*mz
28 εξελυθη] εκοπιασεν z
29 απηλλαχεν] α' σ' θ' εταραξεν *b*m(om σ')z(sine nom) | διοτι] σ' γαρ... α' θ' δη... m
30 αλλ οτι] σ' ποσω μαλλον θ' πλην οτι *b*(om οτι)m | 31 εκοπιασεν] λ̥ εξελυθη...τρυνθη m
32 εκλιθη] σ' ετραπη θ' ωρμησε m: σ' ετραπη του αρπαζειν z | συν τω αιματι] επι του εματος n

κυρίῳ, φαγὼν σὺν τῷ αἵματι· καὶ εἶπεν Σαοὺλ Ἐν Γεθθάιμ κυλίσατέ μοι λίθον ἐνταῦθα μέγαν. B
34 [34]καὶ εἶπεν Σαοὺλ Διασπάρητε ἐν τῷ λαῷ, καὶ εἴπατε αὐτοῖς προσάγειν ἐνταῦθα ἕκαστος τὸν
μόσχον αὐτοῦ καὶ ἕκαστος τὸ πρόβατον ἑαυτοῦ, καὶ σφαζέτω ἐπὶ τούτου,¶ καὶ οὐ μὴ ἁμάρτητε ¶ 𝔏$^{b}$
τῷ κυρίῳ τοῦ ἐσθίειν σὺν τῷ αἵματι· καὶ προσῆγεν πᾶς ὁ λαὸς ἕκαστος τὸ ἐν τῇ χειρὶ αὐτοῦ, καὶ
35 ἔσφαζον ἐκεῖ. [35]καὶ ᾠκοδόμησεν ἐκεῖ Σαοὺλ θυσιαστήριον τῷ κυρίῳ· τοῦτο ἤρξατο Σαοὺλ
36 οἰκοδομῆσαι θυσιαστήριον τῷ κυρίῳ. [36]Καὶ εἶπεν Σαοὺλ Καταβῶμεν ὀπίσω τῶν ἀλλοφύλων
τὴν νύκτα, καὶ διαρπάσωμεν ἐν αὐτοῖς ἕως διαφαύσῃ ἡμέρα, καὶ μὴ ὑπολίπωμεν ἐν αὐτοῖς ἄνδρα·
καὶ εἶπαν Πᾶν τὸ ἀγαθὸν ἐνώπιόν σου ποίει· καὶ εἶπεν ὁ ἱερεύς Προσέλθωμεν ἐνταῦθα πρὸς τὸν
37 θεόν. [37]καὶ ἐπηρώτησεν Σαοὺλ τὸν θεόν Εἰ καταβῶ ὀπίσω τῶν ἀλλοφύλων; εἰ παραδώσεις
38 αὐτοὺς εἰς χεῖρας Ἰσραήλ; καὶ οὐκ ἀπεκρίθη αὐτῷ ἐν τῇ ἡμέρᾳ ἐκείνῃ. [38]καὶ εἶπεν Σαοὺλ
Προσαγάγετε ἐνταῦθα πάσας τὰς γωνίας τοῦ Ἰσραήλ, καὶ γνῶτε καὶ ἴδετε ἐν τίνι γέγονεν ἡ
39 ἁμαρτία αὕτη σήμερον· [39]ὅτι ζῇ Κύριος ὁ σώσας τὸν Ἰσραήλ, ὅτι ἐὰν ἀποκριθῇ κατὰ Ἰωναθὰν
40 τοῦ υἱοῦ μου, θανάτῳ ἀποθανεῖται. καὶ οὐκ ἦν ὁ ἀποκρινόμενος ἐκ παντὸς τοῦ λαοῦ. [40]καὶ εἶπεν
παντὶ Ἰσραήλ Ὑμεῖς ἔσεσθε εἰς δουλείαν, καὶ ἐγὼ καὶ Ἰωναθὰν ὁ υἱός μου ἐσόμεθα εἰς δουλείαν·
41 καὶ εἶπεν ὁ λαὸς πρὸς Σαούλ Τὸ ἀγαθὸν ἐνώπιόν σου ποίει. [41]καὶ εἶπεν Σαοὺλ Κύριε ὁ θεὸς

34 ε|σθειν A 36 υπολειπωμεν B$^{ab}$ 37 αυτους B$^{ab}$] αυτου B*
40 ισραηλ] pr ανδρι B$^{ab}$ (suprascr) | εσεσθαι A | δουλιαν (bis) A

ANa-fhil-qstv-c$_2$e$_2$𝔄ℭ$^{w}$𝔈(𝔏$^{bv}$)

(ημαρτε): ν sup ras (3) m: *peccauerit* 𝔏 | om τω κυριω y𝔈 | hab φαγων—γεθθαιμ 𝔏$^{v}$ | φαγων—αιματι] *manducauit enim sanguinem uitulis* 𝔏$^{b}$ | φαγων] post αιματι cx: φαγως A: του φαγειν boc$_2$e$_2$: *quod ederunt* 𝔄𝔈 | συν] εν b𝔏$^{v}$ | om και ειπεν σαουλ 𝔏$^{v}$ | om εν—(34) σαουλ a$_2$ | om εν γεθθαιμ 𝔏$^{b}$ | εν] εκ cdlpqtxzℭ | γεθθαιμ] γεθθεμ lqtv: γεθθαμ N: γετθαιμ fmsw: γετθεμ e: γεθαιμ a$^{a?}$c$^{a}$nx: γεθεμ Ac*dp𝔏$^{v}$: *Gthaim* ℭ: ⟨γετθαιμειμ 236.242⟩: γεθθεμ ημαρτετε e$_2$: γεθεμ ημαρτετε (-ατε z) b′z: + ημαρτετε *b*oc$_2$𝔄 | κυλισατε] + δη boc$_2$ | μοι λιθον post ενταυθα 𝔏 | ⟨μοι] με 236⟩ | ενταυθα λιθον Abcdlopqtxzc$_2$e$_2$𝔄 | μεγαν (-γα h*) ενταυθα h𝔈 | ⟨om ενταυθα 74⟩ | μεγα b′ox

**34** διασπαρητε] διεσπαρητε dl(uid)p: διασπαριτω c: *sparcite nos* 𝔏 | ⟨λαω] + και ειπε σαουλ 242⟩ | ειπετε b* | αυτοις] εαυτοις m | προσαγειν B] προσαγαγετε boc$_2$e$_2$𝔈𝔏: προσαγαγειν AN rell | ενταυθα post αυτου 1° y | εκαστος 1°—αυτου 1°] τον μοσχον αυτου εκαστος υμων lp(om τον)qtz | εκαστος 1°] εκαστον ce-imswxy: om d: + *uestrum* ℭ | om τον dn | om και 3° d | εκαστος 2°] εκαστον cefhmswx: om ⟨71⟩ ℭ: + υμων d | εαυτου B] αυτου AN omn | om και 4° d | σφαζετω] σφαζετε boc$_2$e$_2$𝔄𝔈𝔏: σφαξατω Ac-flmp-tw-z | επι τουτου] *super lapidem hoc* 𝔏: om e | τουτου] pr του λιθου ⟨244⟩ ℭ: τουτω y: τω λιθω τουτω a$_2$: τουτο (-τω x*) και φαγετοι (-τω x) αυτα cx: του λιθου τουτου και φαγετε boc$_2$e$_2$𝔖$^{j}$ ⟦και φαγετε sub ※ c$_2$ | φαγεται o⟧: + του λιθου και φαγετε αυτα dlpqtz ⟨74⟩ ⟦om τουτου 74 | φαγεται dlp⟧: + και φαγεται αυτα A: + *et edite haec* 𝔄 | και 5°—αμαρτητε] *super peccata uestra* ℭ | αμαρτη f | τω 2°] εν n | om του px | εσθειν f | προσηγεν] προσηγαγεν ANabce-imosv-ya$_2$-e$_2$𝔄: *adtulerunt* 𝔈 | om πας dlpqtvza$_2$𝔄 | om εκαστος 3° b𝔈 | hab το 2°—αυτου 2° 𝔏$^{v}$ | om τη A | αυτου 2°] + την νυκτα (-ταν A) Ac-flmp-twxz𝔄 | εσφαζον] εσφαζεν Nbn*(uid)ota$_2$-e$_2$: εσφαξαν c*xℭ𝔈: εσφαξεν Ac$^{a?}$(uid)n$^{a}$ | εκει] + την νυκτα bhoc$_2$(sub ※)e$_2$

**35** και ωκοδομησεν] και ω bis scr b′ | om εκει boc$_2$e$_2$𝔈 | θυσιαστηριον 1° post κυριω 1° b | om τουτο—κυριω 2° c*fmosvx a$_2$ | om τω 2° c$^{a}$y

**36** σαουλ] ⟨om 44⟩: + *populo* ℭ𝔖$^{j}$ | των αλλοφυλων] του θυσιαστηριου εις τους αλλοφυλους b′ | εν αυτοις 1°] εαυτοις N: αυτους boya$_2$c$_2$e$_2$𝔈(uid): om εν ac | εως διαφαυση ημερα] *usque ad horam matutinam* ℭ | διαφαυση] διαφαυσει defipsvx: διαφωση A: διαφωτιση (-σει b) boc$_2$e$_2$ | ημερα BNva$_2$] το πρωι boc$_2$e$_2$: pr η A rell | υπολειπωμεν B$^{ab}$ANabchinq-vy-c$_2$ | εν αυτοις 2°] εαυτοις b′: om εν *b*oc$_2$e$_2$ | om ανδρα—ποιει v | ειπαν] ειπον a*b*c-fozc$_2$e$_2$: ειπεν A | παν] πας c: om dlpqty | αγαθον] αρεστον boz$^{a?}$c$_2$e$_2$𝔄(uid) | ενωπιον] εν οφθαλμοις efmsw𝔄(uid) | ο] pr αχια Nchx | om προσελθωμεν ενταυθα m | ελθωμεν a$_2$ | om ενταυθα Chr | θεον] + *interrogemus eum* ℭ

**37** ει καταβω] *descendemus* 𝔄 | καταβω] καταβωμεν x: καταλαβω a$_2$ | ει 2°] pr και bfovzc$_2$e$_2$ Chr: *et* ℭ | παραδωσεις] ⟨παραδωσης 242⟩: παραδωσει x | εις χειρας] *in manum* 𝔈 | χειρας ισραηλ] τας χειρας μου Chr | om ουκ d* | αυτω] post εκεινη a$_2$: + κ̅ς̅ (pr ο f) Nae-imnsvwb$_2$𝔄ℭ𝔈 | ⟨om εν 44⟩ | εκεινη] + κ̅ς̅ (pr ο Chr) bozc$_2$e$_2$ Chr

**38** προσαγαγε ANdlnpqt | om τας efmnsw | γωνιας] αγωνιας vz*: φυλας bhoz$^{a?}$c$_2$e$_2$𝔄 | om του efmsw | ισραηλ] λαου boz$^{a?}$c$_2$e$_2$ | ⟨om και γνωτε 44⟩ | τινι] τι c | αυτης b$_2$

**39** κυριος] ο θ̅ς̅ v | οτι 2°] διοτι Nahinvb$_2$: om c | εαν] ος αν cx | αποκριθη κατα ιωναθαν] *inuentum fuerit super Ionathan* 𝔈 | αποκριθητε y | του υιου μου] τω υιω μου v: om x | αποθανηται N(-τε)ca$_2$* | ⟨ανταποκρινομενος 123⟩

**40** hab και 1°—δουλειαν 2° 𝔏$^{v}$ | ειπεν 1°] + σαουλ boc$_2$e$_2$ ℭ𝔏 | ισραηλ] pr ανδρι B$^{ab}$Abd-oqstwa$_2$b$_2$c$_2$𝔄ℭ𝔏: *populo* 𝔈 | εις δουλειαν 1°] *serui* 𝔈: *in unam partem* 𝔄-codd | ⟨δουλειαν 1°—δουλειαν 2°] δουλους καγω και ιωναθαν 44⟩ | om και 3° o | ιωναθα c | om ο υιος μου e𝔈 | εσομεθα] εσωμεθα c: om t | εις δουλειαν 2°] *serui* 𝔈: *in unam partem* 𝔄-codd | δουλειαν 2°] δουλους Nacefh*imnsvwxb$_2$: δηλους h$^{b}$ | om και 4°—ποιει x | ειπεν 2°] *dixerunt* 𝔈 | ο 2°] pr πας ⟨64⟩ 𝔈 | ⟨om προς σαουλ 44⟩ | αγαθον] αρεστον boyz*a$_2$c$_2$e$_2$𝔄(uid) | ενωπιον] εν οφθαλμοις aefmsw𝔄(uid) | ποιει] ⟨om 44⟩: + και ειπεν σαουλ προς τον λαον υμεις εσεσθε εις εν μερος και εγω και ιωναθαν εσομεθα εις εν μερος bhozc$_2$e$_2$ ⟦και ειπεν σαουλ bis scr b′ | και 2°—μερος 2° in mg c$_2$$^{a}$ | om και 3° o* | om εσομεθα h⟧

**41** και 1°—οσιοτητα sub ÷ c$_2$ | om και ειπεν σαουλ h | om

38 τας κ.τ.λ.] α′ εις τας γωνιας το κλητος ειπε σ′ δε τους μεγαλους και γνωτε εν τινι γεγονεν η αμαρτια σημερον z | τας γωνιας] α′ τους μεγαλους θ′ το κλιτος *b*m (σ′ pro α′) | γωνιας] σ′ γωνιας *b*

B Ἰσραήλ, τί ὅτι οὐκ ἀπεκρίθης τῷ δούλῳ σου σήμερον; ἢ ἐν ἐμοὶ ἢ ἐν Ἰωναθὰν τῷ υἱῷ μου ἡ
ἀδικία; Κύριε ὁ θεὸς Ἰσραήλ, δὸς δήλους· καὶ ἐὰν τάδε εἴπῃ, δὸς δὴ τῷ λαῷ σου Ἰσραήλ, δὸς δὴ
ὁσιότητα. καὶ κληροῦται Ἰωναθὰν καὶ Σαούλ, καὶ ὁ λαὸς ἐξῆλθεν. [42]καὶ εἶπεν Σαοὺλ Βάλετε 42
ἀνὰ μέσον ἐμοῦ καὶ ἀνὰ μέσον Ἰωναθὰν τοῦ υἱοῦ μου· ὃν ἂν κατακληρώσηται Κύριος, ἀποθανέτω.
καὶ εἶπεν ὁ λαὸς πρὸς Σαοὺλ Οὐκ ἔστιν τὸ ῥῆμα τοῦτο. καὶ κατεκράτησεν Σαοὺλ τοῦ λαοῦ, καὶ
βάλλουσιν ἀνὰ μέσον αὐτοῦ καὶ ἀνὰ μέσον Ἰωναθὰν τοῦ υἱοῦ αὐτοῦ, καὶ κατακληροῦται Ἰωναθάν.
§ g [43]καὶ εἶπεν Σαοὺλ πρὸς Ἰωναθάν Ἀπάγγειλόν μοι §τί πεποίηκας· καὶ ἀπήγγειλεν αὐτῷ Ἰωναθὰν 43
καὶ εἶπεν Γευόμενος ἐγευσάμην ἐν ἄκρῳ τῷ σκήπτρῳ τῷ ἐν τῇ χειρί μου βραχὺ μέλι, ἰδοὺ ἐγὼ
ἀποθνήσκω. [44]καὶ εἶπεν αὐτῷ Σαοὺλ Τάδε ποιήσαι μοι ὁ θεὸς καὶ τάδε προσθείη, ὅτι θανάτῳ 44
ἀποθανῇ σήμερον. [45]καὶ εἶπεν ὁ λαὸς πρὸς Σαοὺλ Εἰ σήμερον θανατωθήσεται ὁ ποιήσας τὴν 45
σωτηρίαν τὴν μεγάλην ταύτην ἐν Ἰσραήλ; ζῇ Κύριος, εἰ πεσεῖται τριχὸς τῆς κεφαλῆς αὐτοῦ ἐπὶ
τὴν γῆν· ὅτι ὁ λαὸς τοῦ θεοῦ ἐποίησεν τὴν ἡμέραν ταύτην. καὶ προσηύξατο ὁ λαὸς περὶ Ἰωναθὰν
ἐν τῇ ἡμέρᾳ ἐκείνῃ, καὶ οὐκ ἀπέθανεν. [46]καὶ ἀνέβη Σαοὺλ ἀπὸ ὄπισθεν τῶν ἀλλοφύλων· καὶ οἱ 46
ἀλλόφυλοι ἀπῆλθον εἰς τὸν τόπον αὐτῶν. [47]Καὶ Σαοὺλ ἔλαχεν τοῦ βασιλεύειν, κατακληροῦται 47

41 και 4° sup ras (4) B$^{ab}$(uid) 42 κατακληρωσητε A

ANa-f(g)hil-qstv-c$_2$e$_2$𝔄ℭ$^w$𝔈(𝔏$^{sv}$)

σαουλ 1° z | hab κυριε 1°—(42) ιωναθαν 3° 𝔏$^v$ | κυριε 1°] κ̅ς̅ cox | hab τι—οσιοτητα 𝔏$^s$ | om τι Acdvx | απεκριθη Acx | η 1°] ει benoswzc$_2$e$_2$ℭ(uid)𝔈𝔏$^s$𝔖$^j$: aut si 𝔏$^v$: om y* | η 2°] aut si 𝔏$^v$ | εν 2°—μου] in filio meo Ionatha 𝔏$^v$ | ιωναθα c𝔏$^s$ | τω υιω] ω 1° et 2° ex corr a | η αδικια] haec iniquitas est 𝔏$^s$: om η d | om κυριε 2°—ισραηλ 2° y𝔄𝔈𝔏$^s$ | κυριε 2°] κ̅ς̅ s | om ο θεος ισραηλ 2° d | δος δηλους] loquere 𝔈 | δηλους] η ex corr s$^a$: δηλοις p: δηλος v: δηδους c$_2$: δηλωσιν z$^{a?}$: ostensionem 𝔏: signum nobis ℭ | και 2°—ισραηλ 3°] aut si ita est in populo tuo haec iniquitas 𝔏$^s$: quae est iniquitas in populo tuo Israel dic 𝔏$^v$ | εαν] αν m$^a$: εν m*: ει boc$_2$e$_2$ | om ταδε ειπη 𝔄 | ειπη B] ειποις boc$_2$: ειπης AN rell ℭ𝔈𝔖$^j$ | δος 2°—οσιοτητα] da signum Domine populo tuo Israel ℭ | δος δη 1° Ba$_2$] om δη cdlpqtxz: om AN rell 𝔄𝔖$^j$ | τω 3°] pr εν Nabe-imnosvwyb$_2$c$_2$e$_2$𝔄𝔖$^j$ | λαω] δουλω v𝔈 | σου ισραηλ] η αδικια bc$_2$e$_2$𝔖$^j$: om o: +η αδικια Nae-imnsvwb$_2$𝔄 | δος δη 2°] δος δε p: om 𝔈: om δη boc$_2$e$_2$𝔏𝔖$^j$: οσιοτητα] θειοτητα a$_2$: +και ει ταδε ειποις εν τω λαω η αδικια δος οσιοτητα z | om και 3°—εξηλθεν d | κληρουται] κατακληρουται Nabe-imnosvwzb$_2$c$_2$e$_2$: κατακληρουνται Chr: sortiti sunt 𝔏 | σαουλ και ιωναθαν bov$^b$c$_2$e$_2$ Chr | ιωναθαν 2°] ιωναθαμ a$_2$: Ionatha 𝔏 | om και 4°—εξηλθεν v* (spat relict) | om και σαουλ x | ο λαος] post εξηλθεν bov$^b$c$_2$e$_2$𝔄𝔈: omnis populus 𝔏

42 om σαουλ 1° 𝔏 | βαλετε] βαλατε i*: λαβετε Adlpqta$_2$: +κληρον behowb$_2$c$_2$e$_2$⟨123⟩𝔄ℭ Chr (βαλε be: βαλλε 123) | om εμου—μεσον 2° m*c$_2$ | om ανα μεσον 2° v𝔏 | ιωναθαν 1°] ιωναθαμ a$_2$: om x | του υιου μου] του bis scr e$_2$*: τω υιω μου v: om ⟨44⟩ 𝔈: +κληρον cxz𝔏 | ον—αυτου 2° sub ※ m | ον—τουτο sub ÷ c$_2$(uid) | ον] pr και bcoxzc$_2$e$_2$𝔄ℭ𝔈𝔏𝔖$^j$: και ο v | εαν boyc$_2$e$_2$ | κατακληρωσηται] ωσηται sup ras (9) a: κατακληρωσεται (-τε a$_2$$^{a?}$) chxa$_2$e$_2$: κατακληρωση n: κληρωσηται o* | om κυριος a$_2$ | αποθανειτω d | ⟨om προς σαουλ 44⟩ | εσται bdefſlmotwzc$_2$e$_2$𝔄ℭ𝔖$^j$ | το] pr κατα boc$_2$e$_2$ | om τουτο f | εκρατησεν n | τω λαω v | βαλλουσιν] βαλουσιν a$_2$: βαλουσι κληρους pe$_2$: +κληρους (-ρον o Chr) bdhloqtzc$_2$ℭ Chr | ανα μεσον 3°] ενωπιον a | αυτου 1°] Saul 𝔏 | ⟨om ανα μεσον 4° 44.71⟩ | ιωναθαν 2°] post αυτου 2° 𝔖$^j$: om cx | του υιου αυτου] τω υιω αυτου v: om boc$_2$e$_2$: +sortem 𝔏 | κατακληρουται] in sorte ostensus est 𝔏

43 om και 1°—πεποιηκας dp* | ιωναθαν 1°] ιοναθαν p$^{a?}$: ⟨αυτον 71⟩ | απαγγειλον] αναγγειλον p$^{a?}$: +δη Nbefſhmnoswh$_2$c$_2$e$_2$ | εποιησας efmp$^{a?}$sw Chr | om και 2°—ιωναθαν 2° dp | και ειπεν 2°] λεγων boc$_2$e$_2$ℭ Chr: om v: +τω πρ̅ι̅ αυτου d: +ιωναθαν προς σαουλ p(ιω ex σα p$^a$) | γευομενος B] γευσαμενος AN omn Chr | om εν 1°—βραχυ v | hab εν 1°—μου 𝔏$^v$ | ακρω] pr τω a: αγρω h | τω σκηπτρω] του σκηπτρου bcoxc$_2$e$_2$: om τω y | om τω 2°—χειρι ℭ | τω 2°] του boyc$_2$e$_2$: om a*cx | βραχυ] μικρον boc$_2$e$_2$ Chr | μελι] μελιτος befſmosvwc$_2$e$_2$: εκ του μελιτος Chr | ιδου εγω] pr και Nbefſmoswzb$_2$c$_2$e$_2$𝔄ℭ𝔈 Chr: και ενεκεν τουτο v | αποθνησκω] moriar propter hoc ℭ

44 om totum comma v | αυτω σαουλ] ο λαος προς σαμουηλ b′: ⟨om αυτω 71⟩ | ποιησει N | ⟨ο θεος] κυριος 71⟩ | και ταδε προσθειη] om d𝔈: +μοι cxℭ | ⟨om θανατω 244⟩ | αποθανη] ανη sup ras (5) a: αποθανης g | σημερον] +ιωναθαν bozc$_2$e$_2$

45 ει 1°] η g: om a | θανατωθησεται] αποθανειται efmsw𝔄(uid)𝔈: αποθανειται θανατω dlpqtz | om την 1° y | την 2°—ισραηλ] εν ιλ̅η̅μ̅ την μεγαλην ταυτην A | ταυτην την μεγαλην g𝔄(uid) | ισραηλ] pr τω boc$_2$ | ζη] pr ιλεως Abdlopqtzc$_2$e$_2$: pr ιλεος cx | ει 2°] η g: ου d | πεσηται c | τριχος—αυτου Ba$_2$] pr εκ της v: pr απο της Acxc$_2$: capillus unus a capite eius ℭ: απο της κεφαλης αυτου θριξ dlpqtz: της τριχος αυτου της κεφαλης αυτου b′: pr της N(uid)b rell | επι] εις v: in 𝔄𝔈 | ο 3°—ταυτην 2°] σ̅ρ̅ι̅α̅ν̅ εποιησεν εν τη ημερα ταυτη εν τω λαω του θ̅υ̅ cx | ο λαος 2° BAa$_2$𝔄𝔈] ελεον boc$_2$e$_2$: ελεος Nl (part ex corr l$^a$) rell | του θεου] om N: om του boc$_2$e$_2$ | εποιησεν] εισηλθεν v | την ημεραν ταυτην BA] την αμαρτιαν (+magnam ℭ) ταυτην a$_2$𝔄ℭ𝔈: εν τη ημερα ταυτη N rell ⟨44 (om εν)⟩ | hab και 2°—απεθανεν 𝔏$^v$ | προσηυξατο] precati sunt 𝔈 | λαος 3°] +ad Dominum 𝔄: +ad Deum ℭ | περι—εκεινη] in illa die pro Ionatha 𝔏 | ιωναθαν] +ad Deum 𝔖$^j$ | om εν 2°—απεθανεν c | om εν 2°—εκεινη z(txt) | om εν 2° Adelmqstwxyz(mg)a$_2$

46 ανεβη] απηλθεν vℭ(uid): rediit 𝔄 | απο οπισθεν] κατοπισθεν boc$_2$e$_2$: om απο vℭ(uid) | om των a$_2$ | απηλθον] απηλθωσαν cx: ηλθον i: ⟨om 44⟩ | om τον Nc$_2$

47 hab και 1°—ισραηλ 𝔏$^v$ | om και σαουλ ελαχεν h | σαουλ—ισραηλ] stetit Saul rex Israel et dedit opus Israel 𝔈 | ελαχεν—εργον] κατακληρουται το εργον του βασιλευειν boz(mg)c$_2$e$_2$ | του] τω v: om cx | κατακληρουται εργον B] pr και a$_2$: factum est magnum opus ℭ: et sortitus est 𝔄: +του βασιλευειν

42 ον—αυτου 2°] ταυτα εν μονη κειται τη εκδωσει θ′ διο ειστερησα αυτα ως εν μια η δευτερα ζυγη των ο′ κειμενα ου μην εν τω εβραηκω η λουκιανου m 45 ει 1°] α′ σ′ αρα bm | ζη] pr βεβηλον λ̥ ιλε.. m

ἔργον ἐπὶ Ἰσραήλ· καὶ ἐπολέμει κύκλῳ πάντας τοὺς ἐχθροὺς αὐτοῦ, εἰς τὸν Μωὰβ καὶ εἰς τοὺς B
υἱοὺς Ἀμμὼν καὶ εἰς τοὺς υἱοὺς Ἐδὼμ καὶ εἰς τὸν Βαιθεὼρ καὶ εἰς βασιλέα Σουβὰ καὶ εἰς τοὺς
48 ἀλλοφύλους· οὗ ἂν ἐστράφη ἐσώζετο. [48]καὶ ἐποίησεν δύναμιν αὐναγείν, καὶ †ἐπάταξεν† τὸν
49 Ἀμαλήκ, καὶ ἐξείλατο τὸν Ἰσραὴλ ἐκ χειρὸς τῶν καταπατούντων αὐτόν. [49]Καὶ ἦσαν υἱοὶ
Σαοὺλ Ἰωναθὰν καὶ Ἰεσσιοὺλ καὶ Μελχεισά· καὶ ὀνόματα τῶν δύο θυγατέρων αὐτοῦ, §ὄνομα τῇ § j
50 πρωτοτόκῳ Μερόβ, καὶ ὄνομα τῇ δευτέρᾳ Μελχόλ. [50]καὶ ὄνομα τῇ γυναικὶ αὐτοῦ Ἀχινόομ,
51 θυγάτηρ Ἀχεινάας· καὶ ὄνομα τῷ ἀρχιστρατήγῳ Ἀβεννήρ, υἱὸς Νηρεὶ υἱοῦ οἰκείου Σαούλ. [51]καὶ
52 Κεὶς πατὴρ Σαούλ, καὶ Νὴρ πατὴρ Ἀβεννὴρ υἱὸς Ἰαμεὶν υἱοῦ Ἀβειήρ. [52]Καὶ ἦν ὁ πόλεμος
κραταιὸς ἐπὶ τοὺς ἀλλοφύλους πάσας τὰς ἡμέρας Σαούλ· καὶ ἰδὼν Σαοὺλ πάντα ἄνδρα δυνατὸν
καὶ πάντα ἄνδρα υἱὸν δυνάμεως, καὶ συνήγαγεν αὐτοὺς πρὸς αὐτόν.
XV 1 [1]Καὶ εἶπεν Σαμουὴλ πρὸς Σαοὺλ Ἐμὲ ἀπέστειλεν Κύριος χρίσαι σε εἰς βασιλέα ἐπὶ Ἰσραήλ,
2 καὶ νῦν ἄκουε τῆς φωνῆς Κυρίου. [2]τάδε εἶπεν Κύριος σαβαώθ Νῦν ἐκδικήσω ἃ ἐποίησεν Ἀμαλὴκ

47 αν εστραφη] ανεστραφη B$^c$    48 επαταξεν] εποιησεν B | εξιλατο A    50 αχεινοομ A
51 ειαμειν A    XV 1 χρισαι] χρεισαι B*: χρισε A | σαι A

ANa–i(j)l–qstv–c$_2$e$_2$𝔄ℭ*𝔈(𝔏$^v$)

y: om ANz(txt) rell 𝔏 | επι] *in* 𝔏 | κυκλω] post εχθρους ℭ: κυκλοθεν dlpqtz: ⟨om 246⟩ | om παντας ga$_2$ | om αυτου a$_2$ | om εις 1°—και 3° y | τον 1°] την bozc$_2$c$_2$ | om και 3°—αμμων a | om εις 2° lpqtza$_2$𝔈(uid) | αμμων] αμμαν x: αμων ⟨44⟩ 𝔄 | om και 4°—εδωμ oc$_2$ | ⟨om και 4°—υιους 2° 44.71⟩ | εις τους υιους 2°] om d: om εις 𝔈(uid) | αιδωμ e$_2$ | εις τον 2°] *homines* 𝔈: om εις d | βαιθεωρ Bfa$_2$] βεθεωρ Nemswb$_2$: βεθαιωρ i: βεθωρ Acx: *Bethor* 𝔄: *Thaebor* ℭ: βαιβαιθωρ g: ⟨βαιθηρ 44⟩: *Be'or* 𝔈: βαιθωρων ay: βαιθροωβει boc$_2$e$_2$𝔖$^j$(uid): βαιθωρ rell | ⟨om εις βασιλεα 44⟩ | om εις 5° b'𝔈(uid) | βασιλεα] pr τον abcovxc$_2$e$_2$: βασιλεις y𝔈 | σουβα] σουμα efmw: σαβα cx𝔈$^s$ | om εις 6° 𝔈(uid) | hab ου—(48) αυτον 𝔏$^v$ | ου αν εστραφη] pr *et* 𝔄𝔈: *et ubicumque repererat* 𝔏 | εαν ab'e–ims–wyb$_2$e$_2$ | εστραφη] ⟨στραφη 71⟩: απεστραφη x: επεστραφη c: επιστραφη a$_2$: επεβλεψεν befmo(επε ex corr o$^a$)swz(mg)c$_2$e$_2$ | εσωζετο] *superabat* 𝔈

**48** om και 1°—αυναγειν d | εποιησεν δυναμιν αυναγειν] *faciebat potentias ualidas* 𝔄 | εποιησαν a | αυναγειν B] spat (5) b$_2$: ατναγειν Nny: ατταγειν a$_2$ (ει ex corr a$_2^a$ uid): ατναιν z: *Atnan* 𝔈: *duram* ℭ: om A rell 𝔏 | τον αμαληκ] τον αμαλικ h: om a$_2$: om τον N | εξειλατο τον ισραηλ] *exiit Israel* 𝔏 | εξειλετο bdefh$^{b?}$lmpqtwz | των καταπατουντων] pr παντων i: ⟨των απατουντων 44⟩: *diripientium* 𝔈$^s$ | αυτον] αυτων dlpq*: αυτους acghina$_2$b$_2$𝔄-edℭ𝔈𝔏

**49** ησαν] ηλθαν N | υιοι] pr οι ANbcefhilnp–ya$_2$c$_2$e$_2$ | ιεσσιουλ By] *Iesiul* Anon$^1$: ιεσσιουδ a$_2$: ιεσιουδ z: ιεσσιου bh(ιου ex corr h$^a$)c$_2$e$_2$: ιεσσηου o: [Syriac] 𝔖$^j$: ιεσσουι Nanb$_2$: ιεσουι v: *Iesul* ℭ: ιεσσου fimsw: ιεσου e: ισουει Acx: εσουι g: ιησουι dlpqt: ⟨ιησουε 74⟩: *Iessur* 𝔄: ⟨ιασουρ 71⟩: ιεσους Jos-cod: ιησους Jos-ed: *Asahel* 𝔈 | μελχεισα Bh$^a$y*ℭ] *Melchis* 𝔈: μελχισος Jos: μελχισουε Aadh*(uid)ilnpqtvb$_2$: μελχοσουε N: *Melchisaue* 𝔄: ⟨μελχισουι 44⟩: μελχισαδ a$_2$: μελχισουε και ισβααλ g: μελχισουε (-χυσ- c* uid) και ιεσφααλ (-φαλ c) cx: μελχεισεδδε (-σεδδι b: -σεδεκ o) και εισβααλ boc$_2$e$_2$: *Esbal Memfibos* Anon$^1$: +και ιεσβααλ efmsw: +και ιεσφααλ y$^b$: μελχισεδεκ και εισβααν και ιησουι και μελχισουε z | ⟨ονοματα—πρωτοτοκω] θυγατερες αυτω 44⟩ | ονοματα] pr τα Nabghinovb$_2$c$_2$e$_2$: ονομα cxya$_2$ | om δυο cdfpvxy𝔈 | om ονομα τη πρωτοτοκω d | ονομα 1°] .νομα j: om cx | τη πρωτοτοκω] της πρεσβυτερας boc$_2$e$_2$: +αυτου efmsw𝔈(uid) | om μεροβ—δευτερα A | μεροβ] μερωβ cfxℭ: μερομ o: μερογ y: *Nerob* 𝔄 | om ονομα τη δευτερα d | τη δευτερα] της δευτερας b: της νεωτερας oc$_2$e$_2$ | μελχολ] μελχωλ fℭ: μελχον w: μεχολ b'

**50** ονομα τη γυναικι] ονομα της γυναικος boc$_2$e$_2$: ⟨η γυνη 44⟩: om ονομα d | αυτου] σαουλ boc$_2$e$_2$ | αχινοομ] αχινοωμ cfx: *Achinoam* 𝔄: αχινοεμ p: αχιναam bc$_2$e$_2$: *Achinaom* 𝔈: *Achinoob* ℭ: αχιναaβ o | θυγατηρ bis scr w* | αχειναας BNgh$^{b?}$na$_2$b$_2$ℭ𝔈] αχιμας i𝔄: *Achima* Anon$^1$: αχιναβας y: αχιμαας Ah* rell | τω αρχιστρατηγω] των αρχιστρατηγων h*: του αρχιστρατηγου αυτου boc$_2$e$_2$: +αυτου efgh$^a$jmnswza$_2$b$_2$𝔄ℭ𝔈(uid) | αβεννηρ Ab'cefgx | ⟨om υιος νηρει 71⟩ | om νηρει—(51) υιος cx | νηρει B] νιρ f: νηρ AN rell ℭ𝔈: ⟨γηρ 44⟩ | ⟨om υιου—(51) αβειηρ 44⟩ | υιου οικειου] ουκειου n: ras υιου a: om υιου befh$^{b?}$(uid)moswza$_2$c$_2$e$_2$

**51** om σαουλ—αβεννηρ a* | σαουλ] +αδελφου g | νηρ] νιρ f: νις e$_2$: κηρ h$^b$(uid): ανηρ n*(uid) | αβεννηρ] αβεννιρ p: αβηνvηρ h: αβεννη a$_2$: αβενηρ efgo𝔄: αβαινηρ A: βεννηρ b: βευηρ b' | υιος—αβειηρ] υιοι αβελιου Jos | υιος] υιου a$_2$: *et filii* 𝔄 | ιαμειν] non liquet g: ιαμην v*: ιαμων e: ιαμμιν h: ⟨ιαμμων 242⟩: αμιν d: αμην xa$_2$: αμμην c: ιαβειν bc$_2$e$_2$ℭ: αβιν b'𝔈: ααβειν o: αβειρ y | om υιου αβειηρ e | αβειηρ Byℭ] *Abiar* 𝔈: αβιειλ o: ιαβιηλ b: αβεικ a$_2$: αβιηλ AN rell: *Abiel triginta et octo* 𝔄

**52** om ο doc$_2$e$_2$ | κραταιος] +σφοδρα boc$_2$e$_2$ | επι τους αλλοφυλους] εν αλλοφυλοις d | ιδων] ειδεν efmnw | παντα 1°] απαντα b | om ανδρα 1° 𝔄 | om και 3°—δυναμεως av | παντα ανδρα 2°] om d: om ανδρα 𝔄 | om υιον cs*x | om και 4° abdjob$_2$c$_2$e$_2$𝔄𝔈 | συνηγαγεν] *colligebat* 𝔈𝔖$^j$: συνηθροισεν boc$_2$e$_2$ | αυτον] εαυτον Nabefgijmosvwb$_2$c$_2$e$_2$

XV **1** ⟨και ειπεν] ειπε δε 44⟩ | σαμουηλ post σαουλ b$_2$ | om προς σαουλ a*y*𝔄-cod | εμε post απεστειλεν Luc | απεστειλεν] non liquet g: απεσταλκεν boc$_2$e$_2$ | κυριος] post σε d: ο θς boc$_2$e$_2$ | χρισαι] pr του boa$_2$c$_2$e$_2$ | om σε n | εις βασιλεα] post ισραηλ j Luc: om εις efmnwy Or-lat | επι] pr επι τον λαον αυτου Acdlpqtxz: *super populum suum* 𝔄 Or-lat | ισραηλ] pr τον i: pr τον οικον a: τον λαον αυτου o: +τον λαον αυτου bc$_2$e$_2$ | ακουσον Acdlopqtxz | φωνης] +των λογων Aclpqtxz𝔄 Or-lat: +του ρηματος boc$_2$e$_2$ Luc | κυριου] αυτου cx

**2** hab ταδε—οδω 𝔏$^v$ | ειπεν] λεγει Ndh𝔏 Or-lat Luc | σαβαωθ] *Sabbaoth* ℭ: παντοκρατωρ boc$_2$e$_2$𝔏 Luc: *potestatum* 𝔄: *uirtutum* Or-lat | νυν εκδικησω] *recogitaui omnia* Or-lat | εκδικησω] *defendam* Luc: εγω εκδικω boc$_2$e$_2$ | α εποιησεν post αμαληκ ℭ𝔈𝔖$^j$ | α] ο cdlpqtxz | αμαληκ] αμ ex corr c: λ sup

50 οικειου] λ̥ πατραδελφου jmze$_2$(sine nom jze$_2$)    52 δυναμεως] ευποριας j
XV 2 σαβαωθ] στρατιων j | εκδικησω] α' επεσκεψαμην bmz: α' λ̥ επεσκεψαμην j

B τῷ Ἰσραήλ, ὡς ἀπήντησεν αὐτῷ ἐν τῇ ὁδῷ ἀναβαίνοντος αὐτοῦ ἐξ Αἰγύπτου. ³καὶ νῦν πορεύου 3
καὶ πατάξεις τὸν Ἀμαλὴκ καὶ Ἰερεὶμ καὶ πάντα τὰ αὐτοῦ, καὶ οὐ περιποιήσῃ ἐξ αὐτοῦ καὶ
ἐξολεθρεύσεις αὐτόν· καὶ ἀναθεματιεῖς αὐτὸν καὶ πάντα τὰ αὐτοῦ, καὶ οὐ φείσῃ ἀπ' αὐτοῦ· καὶ
ἀποκτενεῖς ἀπὸ ἀνδρὸς καὶ ἕως γυναικὸς καὶ ἀπὸ νηπίου ἕως θηλάζοντος καὶ ἀπὸ μόσχου ἕως
προβάτου καὶ ἀπὸ καμήλου ἕως ὄνου. ⁴Καὶ παρήγγειλεν Σαοὺλ τῷ λαῷ, καὶ ἐπισκέπτεται 4
αὐτοὺς ἐν Γαλγάλοις τετρακοσίας χιλιάδας ταγμάτων, καὶ τὸν Ἰούδαν τριάκοντα χιλιάδας
ταγμάτων. ⁵καὶ ἦλθεν Σαοὺλ ἕως τῶν πόλεων Ἀμαλήκ, καὶ ἐνήδρευσεν ἐν τῷ χειμάρρῳ. ⁶καὶ 5 6
εἶπεν Σαοὺλ πρὸς τὸν Κειναῖον Ἄπελθε καὶ ἔκκλινον ἐκ μέσου τοῦ Ἀμαληκείτου, μὴ προσθῶ σε
μετ' αὐτοῦ, καὶ σὺ ἐποίησας ἔλεος μετὰ τῶν υἱῶν Ἰσραὴλ ἐν τῷ ἀναβαίνειν αὐτοὺς ἐξ Αἰγύπτου·
καὶ ἐξέκλινεν ὁ Κειναῖος ἐκ μέσου Ἀμαλήκ. ⁷καὶ ἐπάταξεν Σαοὺλ τὸν Ἀμαλὴκ ἀπὸ Εὑειλὰτ ἕως 7
Ἀσσοὺρ ἐπὶ προσώπου Αἰγύπτου. ⁸καὶ συνέλαβεν τὸν Ἀγὰγ βασιλέα Ἀμαλὴκ ζῶντα, καὶ πάντα 8

3 *περιποιησει* A | *εξολοθρευσεις* B$^{?}$A | *φιση* A 4 *επισκεπεται* B | *χειλιαδας* (bis) B*
5 *ενεδρευσεν* A | *χειμαρρω*] *χιμαρρω* B*: *χειμαρω* A
6 *κιναιον* A | *εκκλεινον* B* | *αμαληκιτου* A | *ελαιος* A | *εξεκλεινεν* B* | *κιναιος* A

A N a–j l–q s t v–$c_2 e_2$ 𝔄 ℭ$^{w}$ 𝔈 (𝔏$^{v}$)

ras (2) n$^{a}$: *αμαληχ* A: *αμαλικ* h | *τω ισραηλ*] *aduersum Istrahel* Or-lat: *tibi Israel* Luc | *τω*] *τον* gv | *ως*] *εως* $a_2$ | *απηντησεν αυτω*] *percussit eum* Or-lat | *αυτω*] *αυτον* x: *tibi* 𝔏 Luc | *οδω*] + *αυτου* cx | *αναβαινοντος αυτου*] *αναβαινοντι* bo$c_2e_2$: *quam ascendisti* Luc | *εξ*] *εκ γης* h | *εγυπτου* g

**3** *και νυν*] *nunc ergo* Or-lat-ed: *nunc autem* Or-lat-codd | *παταξεις*] *παταξης* cg: *παταξον* v Or-lat | *αμαλικ* h | om *και* 3°—*αυτον* 1° Or-lat | om *και ιερειμ* bo$c_2e_2$ Luc | *ιερειμ*] pr *τον* c: *ιεερειμ* A: *ερειμ* y$a_2$: *ιαρειμ* Nf–jmnsvw$b_2$𝔄: *ιαρεμ* e𝔈 (uid): *ιαρειν* a | om *τα* 1° Acx | *αυτου* 1°] *εν αυτω* g$^{uid}$(*ω* ex *ου*) | om *και* 5°—*αυτου* 3° dlpy𝔈$^{a}$ | hab *ου* 1°—*αυτον* 2° 𝔏$^{v}$ | *περιποιηση*—*και* 6°] *concupisces ex illius* (*illis* Luc) *aliquid sed* 𝔏 Luc | *αυτου* 2°] *αυτων* $a_2$𝔄-edℭ(+ *nihil*): + *ουθεν* bgoz$c_2e_2$𝔖$^{j}$ | *και* 6°—*αυτου* 4° sub ÷ $c_2$ | om *και* 6° $a_2$ | *αυτον* 1°] *αυτους* v: + *και παντα τα αυτου* b$c_2e_2$ | om *και* 7°—*αυτου* 4° 𝔄 | om *και αναθεματιεις αυτον* No | *αναθεματιεις*] *αναθεματεις* m: *αναθεματισεις* j$a_2$: *αναθεματισης* g: *αναθεματιει* A: *anathematiza* Or-lat | om *αυτον και* 2° Or-lat | om *και* 8° a*(uid) | om *τα* 2° v | om *και* 9°—*αυτου* 4° $b_2$ | om *και* 9° efmsw | *ου* 2°] + *μη* boz $c_2e_2$ | *απ αυτου*] *αυτον* $e_2$: *illi* Luc: om Or-lat: om *απ* bdefh moswz$c_2$ | om *και αποκτενεις* z | *και* 10°] *sed* Or-lat | *αποκτενεις*] *αποκτενης* g: *αποκτηνης* v: *interfice omnes* Or-lat: + *αυτον* $a_2$: + *omnia illius* Luc | om *και* 11° Nacefmoswxy$a_2$ 𝔄ℭ Or-lat Luc | hab *και* 12°—*ονου* 𝔏$^{v}$ | om *και* 12° ahijnv$b_2$ | *απο* 2°—*ονου*] *paruulos et lactantes et tauros et greges ouium et camelos et asinos* Or-lat | *εως* 2°] pr *και* b$c_2e_2$ | om *και* 13° v | *εως* 3°] pr *και* v | ⟨*απο καμηλου εως*] *καμηλου και* 44⟩ | ⟨*ονον* 242⟩

**4** *σαουλ*] *σαμουηλ* j | *τω*] pr *παντι* j | *επισκεπτεται*] *επεσκεπται* cx: *επεσκεψατο* bo$c_2e_2$: *inspexit* Or-lat | *αυτους*] *αυτοις* g: om dlpqtz | *εν*] *εως* g: om ⟨44⟩ 𝔄-codd | *γαλγαλοις*] *Galaad* Or-lat: *Gabaa* ℭ: *Alim* 𝔄-ed | hab *τετρακοσιας*—*χιλιαδας* 2° 𝔏$^{v}$ | *τετρακοσιας*] pr *Israel* ℭ: *τετρακοσιαις* g: *διακοσιας* dlpq tz Or-lat: *δεκα* A | *χιλιαδας* 1°] *χιλιαδες* g | *ταγματων* 1°] *peditum* Or-lat: + *Israel* 𝔈𝔏 | om *και* 3°—*ταγματων* 2° bnos y$a_2$ | *τον*—*ταγματων* 2°] *τριακοντα χιλιαδας* (-*δος* x) *ταγματων του* (*τον* em) *ιουδα* cemx𝔄(uid): *δεκα χιλιαδας ταγματων ιουδα* A: *δεκα χιλιαδας ταγματων τον ιουδαν* dlpqtz: ⟨*δεκα χιλιαδας τον ιουδα* 44⟩: *tria millia uiros ex Iuda* Or-lat | *τον ιουδαν*] post *ταγματων* 2° fw: *Iuda* 𝔏 | *τριακοντα*] ⟨*τριακοσιας* 244⟩: + *και δυο* g(uid) | *χιλιαδας* 2°] *χιλιαδες* g

**5** *απηλθεν* v | *σαουλ*] *σαμουηλ* h | *εως των πολεων*] *usque ad ciuitatem* Or-lat (om *usque*) Luc | *των πολεων*] pr *των ταγματων και* dlpqtz: *των πολεμων* A: *τον πολεμον* a: ⟨*ταγματων* 44⟩ | *αμαληχ* A | *ενηδρευσεν*] *insidiati sunt* 𝔄: *ενιδρευσεν* a$^{a?}$z$^{a?}$: *ενεαρευσεν* $b_2$: *ενεδρευθη* c: *accessit et obsedit Amalec* Luc | om *εν* ai

**6** *ειπεν*] *ηλθεν* g* | ⟨om *σαουλ* 44⟩ | om *τον* n | *κινναιον* bnz*ℭ | *απελθε*] *επελθε* e: *uade tu* Or-lat | ⟨*εκκλινε* 236⟩ | *εκ μεσου* 1°] *εις μεσον* x: *εμμεσω* $a_2$: *οπισω* h* | *μεσου* 1°] ⟨pr *του* 44⟩: *μεσων* c(*ων* ex corr) | *του αμαληκειτου*] ⟨*αμαληκ* 71⟩: *et declina ab Amalec* Luc | *αμαληκειτου*] *αμαλικιτου* i: *αμαληκ του* $a_2$: *αμαληλ του* g: *αμαληκ* bopz(mg)$c_2e_2$ℭ𝔈(uid) Or-lat | *μη προσθω σε*] pr *ινα* v: *και ου προστεθηση* boz(mg)$c_2e_2$: *ne forte et tu adiciaris* Or-lat ½: *et noli apponere te* Luc: *ne occidant uos* 𝔈: *et non percutiam te* Or-lat ½ | om *μετ αυτου* Or-lat ½ | *και συ*] *quoniam tu* Luc: *quia tu* Or-lat ½: *tu enim* Or-lat ½: *επειδη* boz(mg)$c_2e_2$𝔖$^{j}$ | *ελεος*] *ελως* c: *ελεον* bo$c_2e_2$ | *μετα των υιων*] *in* Or-lat ½ | *των υιων*] pr *παντων* Acdj(mg)lpq txz(txt)𝔄 Or-lat ½: om f | ⟨*εν*] pr *και* 44⟩ | *αναβηναι* v | *αυτους*] *αυτον* cgi Or-lat ½ | *εξ*] *de terra* Or-lat ½ | *αιγυπτου*] *εγυπτου* g: *αιγυπτω* v | *κινναιος* bℭ | *εκ μεσου* 2°] *εκ μεσω* v: *εμμεσω* $a_2$: *οπισω* a: *τον* f | *αμαληκ*] pr *του* bo$a_2c_2e_2$: *αμαληκιτου* cx (pr *του*)

**7** om *και*—*αμαληκ* a* | *αμαληκ*] + *και επαταξεν αυτον* bo$c_2e_2$ | *ευειλατ*] *λ* sup ras y$^{b?}$, *τ* add y$^{b}$: *ειλατ* v: *ευιλα* A𝔄-ed Or-lat: *ευιλαλ* c$^{a?}$x: *εωλευιλαλ* c*(uid) | *ασσουρ* B$a_2$𝔈] non liquet g: *ασουρ* N: *ασσου* y: *σουρι* cx: *σουδ* b𝔖$^{j}$: *σουρδ* $e_2$: *σουρ* A rell 𝔄ℭ Or-lat Luc | *επι προσωπου*] *quae est contra faciem* Or-lat Luc | *επι*] pr *η* Aefg(uid)mw: pr *της* abhijnovz$b_2c_2e_2$𝔄(uid)𝔈(uid)𝔖$^{j}$(uid): ⟨pr *η εστιν* 242: pr *ο εστιν* 236⟩: *τη εις* N | *προσωπον* Nacg(uid)hijvx$h_2$ | *αιγυπτω* v

**8** *συνελαβεν*] *συνελαβον* ny𝔈: + *Saul* Luc | om *τον* 1° g | *αγαγ*] *αγαβ* n: ⟨*αγαλ* 44⟩ | *αμαληκ*] pr *του* bo$c_2e_2$ | *ζωντα*] *τον*

2 *απηντησεν*] *σ' επεθετο* jz: *θ' επαταξεν* j
4 *εν γαλγαλοις*] *εν αρμασιν* j | *τετρακοσιας*] ƛ *διακοσιας* j | *ταγματων* 1°] ƛ *πεζων* j
5 *τω χειμαρρω*] *α' τη φαραγγι* bjmz (sine nom jz)
6 *προσθω σε*] *α' συνευρω σε* jz | *προσθω*] *α' συσσυρω* m(uid) | *εξεκλινεν*] *α' απεστη* bj(ƛ pro *α'*)m(sine nom)z

9 τὸν λαὸν Ἰερεὶμ ἀπέκτεινεν ἐν στόματι ῥομφαίας. [9]καὶ περιεποιήσατο Σαοὺλ καὶ πᾶς ὁ λαὸς τὸν B
Ἀγὰγ ζῶντα, καὶ τὰ ἀγαθὰ τῶν ποιμνίων καὶ τῶν βουκολίων καὶ τῶν ἐδεσμάτων καὶ τῶν
ἀμπελώνων καὶ πάντων τῶν ἀγαθῶν, καὶ οὐκ ἐβούλετο αὐτὰ ἐξολεθρεῦσαι· καὶ πᾶν ἔργον
10 ἠτιμωμένον καὶ ἐξουδενωμένον ἐξωλέθρευσαν. [10]§Καὶ ἐγενήθη ῥῆμα Κυρίου πρὸς Σαμουὴλ § 𝔏q
11 λέγων [11]Παρακέκλημαι ὅτι ἐβασίλευσα τὸν Σαοὺλ εἰς βασιλέα, ὅτι ἀπέστρεψεν ἀπὸ ὄπισθέν μου
καὶ τοὺς λόγους μου οὐκ ἐτήρησεν. καὶ ἠθύμησεν Σαμουήλ, καὶ ἐβόησεν πρὸς Κύριον ὅλην τὴν
12 νύκτα. [12]καὶ ὤρθρισεν Σαμουὴλ καὶ ἐπορεύθη εἰς ἀπάντησιν Ἰσραὴλ πρωΐ· καὶ ἀπηγγέλη τῷ
Σαοὺλ λέγοντες Ἥκει Σαμουὴλ εἰς Κάρμηλον, καὶ ἀνέστακεν αὐτῷ χεῖρα. καὶ ἐπέστρεψεν τὸ
13 ἅρμα καὶ κατέβη εἰς Γάλγαλα [13]πρὸς Σαούλ, καὶ ἰδοὺ αὐτὸς ἀνέφερεν ὁλοκαύτωσιν τῷ κυρίῳ, τὰ
πρῶτα τῶν σκύλων ὧν ἤνεγκεν ἐξ Ἀμαλήκ. [(13)]καὶ παρεγένετο Σαμουὴλ πρὸς Σαούλ, καὶ εἶπεν
14 αὐτῷ Σαοὺλ Εὐλογητὸς σὺ τῷ κυρίῳ· ἔστησα ὅσα ἐλάλησεν Κύριος. [14]καὶ εἶπεν Σαμουὴλ Καὶ

9 αιδεσματων B* | εξολοθρευσαι B† | εξωλοθρευσαν B†

ANa–jl–qstv–c$_2$e$_2$𝔄ℭ$^w$𝔈(𝔏$^{qv}$)

οντα N | λαον] + εξωλεθρευσεν A: + αυτου (+ και 74) εξωλεθρευσεν και dlpqtz ⟨74⟩ | ιερειμ] ηρειμ A: ιαρειμ efhmnsw𝔄𝔈(uid): ιαρειν g(uid): ⟨ιαριβ 236⟩: ιαβειν Naijz$^{a?}$b$_2$: ιαβεις v: ⟨ιαβριειμ 64⟩: αυτου bcoxc$_2$e$_2$ℭ Or-lat Luc | απεκτεινεν] pr εξολοθρευσε και cx: απεκτενεν s: *occiderunt* 𝔄𝔈: εξωλοθρευσεν boc$_2$e$_2$: *anathematizauit* Or-lat | ρομφαιας] μαχαιρας ad

9 περιεποιησατο—ζωντα] *pepercit Saul et populus regi Agag* Or-lat | περιεποιησατο] *accepit* Luc | πας ο λαος] παντα τον λαον αυτου και a$_2$: + *eius* ℭ(uid) Luc | ⟨αγαλ 44⟩ | ζωντα] *regem* Luc: om bozc$_2$e$_2$ | τα αγαθα] *seruauit omne quod bonum erat* Or-lat | των ποιμνιων] *regum* Luc-cod-unic | ποιμνιων—βουκολιων] βουκολιων και των ποιμνιων (+ ζωντα d) dlpqtz𝔈 | και των βουκολιων post εδεσματων o | και 5°—αγαθων] *sed* (om codd) *et quae fecunda erant ex omnibus pecoribus bonis* Or-lat | om και 5°—αμπελωνων d | ⟨om και 5° 242*⟩ | om και 7°—και 8° 𝔈 | om παντων g | om και 8° cx | ουκ εβουλετο BAcnxya$_2$𝔄ℭ𝔈] ουκ εβουλοντο N rell: *noluerunt* Or-lat Luc | αυτα εξολεθρευσαι] ras (3) post αυτα a: εξολεθρευσαι αυτα Acdlpqtxz𝔄: *disperdere omnia bona* Luc | hab και 9°—εξωλεθρευσαν 𝔏$^v$ | om και 9°—εξωλεθρευσαν d | και παν] παν δε boc$_2$e$_2$𝔖$^j$ | και 9°] pr *sed* Luc: *sed* Or-lat | παν—εξωλεθρευσαν] *omne bene operatum et pretiosum quod autem spretum perdidit* 𝔈: *omne opus pretiosum reseruauerunt et omnia superuacua disperdiderunt* 𝔏 Luc (om *omnia*): *omne quod fuit contemptibile et despectum hoc anathematizauerunt* Or-lat | και εξουδενωμενον] και απεγνωσμενον boz(mg)c$_2$e$_2$: om q | εξωλεθρευσαν] pr αυτο bo(-τω)c$_2$e$_2$: εξωλεθρευσεν Alpqtyℭ𝔈: ουκ εξωλοθρευσεν a$_2$

10 εγενηθη—λεγων] ειπε κ̅ς̅ προς σαμουηλ z(txt) | εγενετο befmoswc$_2$e$_2$ | ρημα] pr ras (2) a: λογος befmoswc$_2$e$_2$ | κυριου] θ̅υ̅ a | λεγον jnqz(mg)

11 παρακεκλημαι BA*b*(mg)xe$_2$(mg)] παρακεκληκαιμε c: μεμεταμελιμαι v: μεταμεληλμαι Nh*: μεταμελομαι dlpqtz Jos(uid): *paenitet me* 𝔏 Or-lat Luc: εν αλλω παρακεκληται μεταμεμεληλμαι w: μεταμεμεληλμαι b'*b*(txt)h$^b$v$^b$(sup ras)e$_2$(txt) rell 𝔄(uid)ℭ(uid) 𝔈(uid) Or-gr Thdt | om οτι εβασιλευσα A | εβασιλευσα—βασιλεα] *constitui Saul regem* 𝔏: *constituerim regem Saul* Luc⅔ | εβασιλευσα] εχρισα Nad–np–wzb$_2$ℭ Or Thdt Luc⅓ | τον σαουλ post βασιλεα Luc⅓ | οτι 2°] διοτι boc$_2$e$_2$ | απεστρεψεν] απεστραφη boc$_2$e$_2$: *auersus est* 𝔏 Luc | απο οπισθεν μου] *a me* 𝔏 Luc⁚ | τους—ετηρησεν] ουκ εστησεν τους λογους μου boc$_2$e$_2$ | μου 2°] αυτου a$_2$ | ετηρησεν] εστησεν A𝔏 Luc: εφυλαξεν cefms wxy | om και ηθυμησεν σαμουηλ 𝔄-cod | σαμουηλ] σαουλ d*h | om και 3°—(12) σαμουηλ 1° c | εβοησεν] + *Samuel* 𝔄 | κυριον] *Deum* Luc½

12 ωρθρισεν—πρωι] *ante lucem* (+ *et* Luc) *Samuel abiit in obuiam* (+ *Israel* Luc) 𝔏 Luc | ωρθρισας v | om σαμουηλ και επορευθη d | σαμουηλ 1°] + πρωι v | υπαντησιν cx | ισραηλ] pr τω Aboc$_2$e$_2$ | πρωι] pr ras (1) o: pr το Ncefhjmnswxz: pr τω gh$_2$: om v | απηγγελη—λεγοντες] λεγουσιν αυτω d | απηγγελη] απηγγειλεν A: ανηγγειλαν b: *renuntiarunt* 𝔏 | om τω p | σαουλ] σαμουηλ ANabch*ijln–qtvxzb$_2$c$_2$e$_2$𝔄𝔏 | λεγοντων bcoxc$_2$e$_2$ | ηκει] *abiit* 𝔏 | σαμουηλ 2°] σαουλ ANa–dh*ijln–qtv$^a$xzb$_2$c$_2$e$_2$𝔄𝔏 | καρμηλον] pr τον boc$_2$e$_2$: καρμιλον g: *Carmellum* 𝔏: ⟨καμηλον 74⟩ | om και 4°—χειρα 𝔈 | και 4° Bcsy a$_2$𝔄𝔏] + ιδου AN rell ℭ | ανεστακεν αυτω] *Samuel adduxit ad se* 𝔏 | ανεστακεν] ⟨ανεστηκεν 44⟩: ανεσταλκεν pa$_2$: ανεστρεψεν y: + σαουλ jℭ | εαυτω Nbgijnovz–e$_2$ | και 5°—αρμα post (13) σαουλ 1° 𝔈 | επεστρεψεν] απεστρεψεν bcfjoxzb$_2$c$_2$: *circumegit* 𝔏: + αυτω N | αρμα] + αυτου bozc$_2$e$_2$ℭ𝔖$^j$ | κατεβη] ανεστρεψεν cx: + *Samuel* 𝔈

13 προς σαουλ 1°] pr και ηλθεν σαμουηλ befh$^b$jmnoswb$_2$c$_2$e$_2$ 𝔄ℭ𝔏 Luc: προς σαμουηλ και ηλθεν σαμουηλ g: + και ηλθεν σαμουηλ N | και 1°—αμαληκ sub ÷ c$_2$(uid) | αυτος] post ανεφερεν z: ουτως v: *Saul* ℭ𝔏 Luc | ανεφερεν] ανεφερον y: εφερεν n | ολοκαυτωσιν] ολοκαυτωσεις av: ολοκαυτωμα b'oc$_2$e$_2$: ολοκαυτωματα *b*: *holocausta* 𝔄 | τω κυριω 1°] om N𝔈: om τω ghjnb$_2$ | τα πρωτα] τας απαρχας boz(mg)c$_2$e$_2$𝔖$^j$: *initia* 𝔏 Luc (pr *et*) | πρωτα] προβατα A: καλλιστα N𝔈(uid) | σκυλων] σκηνων a$_2$ | ηνεγκεν] ηνεγκαν aix: εξηνεγκεν efmsw | ⟨σαμουηλ προς σαουλ] σαουλ προς σαμουηλ 242⟩ | προς σαουλ 2°] om d: + και ιδου αυτος ανεφερεν ολοκαυτωσιν p | om και 3°—σαουλ 3° v | αυτω] τω d: ⟨om 71⟩ | σαουλ 3°] σαμουηλ d$^a$ | ευλογημενος boc$_2$e$_2$ | συ] pr *es* Luc: σοι Nm: ⟨ει 242⟩: κ̅ς̅ σοι f: om g*a$_2$ | om τω 2° g* | εστησα] pr και ειπε σαουλ d: εστηξα c: εστησας v: *statuit* 𝔏: om a$_2$ | οσα Bya$_2$𝔄] pr παντα ANb (απαντα) rell 𝔈𝔏𝔖$^j$(mg) Luc

8 απεκτεινεν] λ̥ ανεθεματισεν σ' εξολοθρευσεν j

9 εξολεθρευσαι] αναθεματισαι jz | ητιμωμενον] σ' ευτελες jz: α' τετηγμενον θ' εξουδενωμενον j: α' τεταπεινωμενον z

11 παρακεκλημαι οτι εβασιλευσα] σ' *transgressus* (?) *sum* ([illegible]) *quod unxi* 𝔖-ap-Barh | παρακεκλημαι] θ' παρακεκλημαι σ' μετεμεληθην j: εν αλλω παρακεκλημε m | απο οπισθεν μου] α' το εσω σ' ακολουθειν μοι j | ηθυμησεν] σ' ελυπηθη: σ' θ' οργιλον j

13 τω κυριω 2°] απο κ̅υ̅ w | εστησα] εκυρωσα *b*j(pr σ')mz(pr α')

B τίς ἡ φωνὴ τοῦ ποιμνίου τούτου ἐν τοῖς ὠσίν μου, καὶ φωνὴ τῶν βοῶν ἣν ἐγὼ ἀκούω; [15]καὶ εἶπεν 15
Σαοὺλ Ἐξ Ἀμαλὴκ ἤνεγκα αὐτά, ἃ περιεποιήσατο ὁ λαός, τὰ κράτιστα τοῦ ποιμνίου καὶ τῶν
βοῶν, ὅπως τυθῇ τῷ κυρίῳ θεῷ σου· καὶ τὰ λοιπὰ ἐξωλέθρευσα. [16]καὶ εἶπεν Σαμουὴλ πρὸς 16
Σαοὺλ Ἄνες, καὶ ἀπαγγελῶ σοι ἃ ἐλάλησεν Κύριος πρὸς μὲ τὴν νύκτα· καὶ εἶπεν αὐτῷ Λάλησον.
[17]καὶ εἶπεν Σαμουὴλ πρὸς Σαοὺλ Οὐχὶ μικρὸς σὺ εἶ ἐνώπιον αὐτοῦ, ἡγούμενος σκήπτρου φυλῆς 17
𝔏^q Ἰσραήλ; καὶ ἔχρισέν σε Κύριος εἰς βασιλέα ἐπὶ Ἰσραήλ. [18]καὶ ἀπέστειλέν¶ σε Κύριος ἐν ὁδῷ 18
καὶ εἶπέν σοι Πορεύθητι καὶ ἐξολέθρευσον· ἀνελεῖς τοὺς ἁμαρτάνοντας εἰς ἐμέ, τὸν Ἀμαλήκ, καὶ
πολεμήσεις αὐτοὺς ἕως συντελέσῃς αὐτούς. [19]καὶ ἵνα τί οὐκ ἤκουσας φωνῆς Κυρίου, ἀλλ' ὥρμησας 19
τοῦ θέσθαι ἐπὶ τὰ σκῦλα καὶ ἐποίησας τὸ πονηρὸν ἐνώπιον Κυρίου; [20]καὶ εἶπεν Σαοὺλ πρὸς 20
Σαμουὴλ Διὰ τὸ ἀκοῦσαί με τῆς φωνῆς τοῦ λαοῦ· καὶ ἐπορεύθην τῇ ὁδῷ ᾗ ἀπέστειλέν με Κύριος,
καὶ ἤγαγον τὸν Ἀγὰγ βασιλέα Ἀμαλήκ, καὶ τὸν Ἀμαλὴκ ἐξωλέθρευσα. [21]καὶ ἔλαβεν ὁ λαὸς 21
τῶν σκύλων ποίμνια καὶ βουκόλια, τὰ πρῶτα τοῦ ἐξολεθρεύματος, ἐνώπιον Κυρίου θεοῦ ἡμῶν ἐν
Γαλγάλοις. [22]καὶ εἶπεν Σαμουὴλ Εἰ θελητὸν τῷ κυρίῳ ὁλοκαυτώματα καὶ θυσίας ὡς τὸ ἀκοῦσαι 22

15 εξωλοθρευσα B? 17 μεικρος B* | εχρεισεν B* 18 εξολοθρευσον B?A 20 εξωλοθρευσα B? 21 εξολοθρευματος B?

ANa–jl–qstv–$c_2e_2$𝔄ℭ*𝔈(𝔏^{qv})

**14** και 2°—του] οσα ελαλησεν τω $\overline{κω}$ $a_2$ | φωνη 1°] + αυτη $bozc_2e_2$ | τουτου του ποιμνιου f𝔏(uid) | τουτου] τουτο v: αυτη A𝔈(uid) | φωνη 2°] pr η bdeflm(post φωνη ras 1 lin et 7 litt)otwz$c_2e_2$: φωνην y | ην By^a𝔏 Luc] αν c: om dpy*$a_2$: ων ANg (uid)q^a (ex corr) rell

**15** om και ειπεν σαουλ w | αμαληλ c | αυτα] bis scr d: ⟨ταυτα 44⟩ | περιεποιησατο] περιεποιησα N: *praedauit* 𝔏 Luc | των ποιμνιων hgo$c_2e_2$𝔄(uid)ℭ(uid) | ⟨om και 2° 71⟩ | των βοων] των βουκολιων bo$c_2e_2$: του λαου $a_2$ | om οπως 𝔏 | τυθη] στηθη g: τυπωθη $a_2$: ⟨om 236⟩ | τω] post κυριω Ahcdfnopxyz$c_2e_2$: om $a_2$ | κυριω] τω t | θεω] pr τω lq: θ$\overline{υ}$ mv: του θ$\overline{υ}$ $a_2$ | σου] + *regi* Luc | om και 3°—εξωλεθρευσα i | και τα] τα δε Nabfgh jnov$b_2c_2e_2$𝔈(uid)𝔏 Luc | εξωλεθρευσα] εξωλοθρευσαι $c_2$: *disperdidi et exterminaui* 𝔏 Luc

**16** om totum comma $a_2$ Luc | ανες] *expecta* 𝔏: *audi* 𝔄𝔈 | απαγγελω] απαγγειλω cx: *indico* 𝔏 | α] ο cx: οσα bo$c_2e_2$ | εμε n | την νυκτα] τη νυκτι ταυτη d𝔄(uid)𝔈(uid) | om αυτω—(17) σαουλ d | αυτω] + σαουλ v𝔏

**17** hab ουχι—βασιλεα 𝔏^v | μικρος] μικρον $a_2c_2$: σμικρος Thdt: *minimus* 𝔏 Luc | συ ει By] ει συ Acdlnpqtxz(txt)𝔄: om ει Nz(mg) rell Thdt: *eras* 𝔏(+ *tu* ext lin 𝔏^q)𝔖^j Luc | ενωπιον—σκηπτρου] *coram multitudine* ℭ | ενωπιον] post αυτου dlp: εναντιον efmsw | αυτου] εαυτου g: σεαυτου boz(mg)$c_2e_2$ 𝔏𝔖^j: om Luc | ηγουμενος σκηπτρου φυλης] *caput tribus* (ܕܫܒܛܐ) *quae minima in omnibus gentibus* (ܫܪ̈ܒܬܐ) 𝔖^j | ηγουμενος] εις ηγουμενον boz(mg)$c_2e_2$ Thdt | σκηπτρου φυλης] *sceptrorum* (*spectorum* 𝔏^q) *de tribu* 𝔏^q Luc: *sceptrorum Beniamin de minima tribu* 𝔏^v | σκηπτρου] ⟨σκηπτρον 242⟩: εκ (εν b: om N) σκηπτρου (-ρω b') βενιαμειν της (τις N) ελαχιστοτερας Nboz (mg)$c_2e_2$ Thdt | ισραηλ 1°] pr του boz(mg)$c_2e_2$ Thdt: βενιαμειν (-μην x) cx | και 2°—(18) οδω bis scr e* | κυριος] ο θ$\overline{ς}$ c𝔏^v | om εις f𝔄 | om επι ισραηλ d | επι] εις b | ισραηλ 2°] pr παντα bm (txt)ow$c_2e_2$ Thdt: pr παντα τον efs: pr παντα τον λαον Nm(mg)

**18** απεστειλεν] *immisit* Luc | σε] σοι gn: om dlpqtz | κυριος] post οδω bo$c_2e_2$: om cdx | om εν οδω s* | σοι] συ h | ανελεις—αμαληκ] τον αμαληκ και ανελεις τους αμαρτανοντας εις εμε dlpqtz | ανελεις B] pr και yℭ𝔈: αναιλων $a_2$: om AN rell 𝔄 Luc | τους—αμαληκ] τον αμαληκ (αμεληκ 236) τον ημαρτηκοτα εις εμε efmsw ⟨236⟩ | τους—εμε post αμαληκ Nabg–jov $b_2c_2e_2$ | τους αμαρτανοντας] *peccantem* 𝔄 | ⟨τους] αυτους 44⟩ | ημαρτηκοτας bo$c_2e_2$𝔈𝔖^j(uid) | πολεμησης y | αυτους 1°] αυτοις o: om d | om εως συντελεσης αυτους s | συντελεσης] pr αν *b*oz$c_2$: συντελεσεις Aac–hi?mpqx: αν συντελεσεις b': συντελειτε i?(uid)

**19** ηκουσας] ακηκοας f | φωνης] pr της ANabce–hjmostwx $a_2c_2e_2$ | κυριου 1°] μου $a_2$: + κατα παντα οσα ελαλησεν σοι Nbe fgmnosw$c_2e_2$𝔖^j | ⟨αλλ] και 44⟩ | ωρμησας—επι] *impetiuisti ad* Luc | om του θεσθαι Nabg–jov$b_2c_2e_2$ | θεσθαι επι] φεισθαι x: φειδεσθαι c

**20** σαουλ] σαμουηλ $a_2$*$e_2$ | προς σαμουηλ] προς σαουλ $e_2$: om av Luc | hab δια—λαου 𝔏^v | το] του v | om της φωνης Luc | του λαου] του $\overline{κυ}$ $c_2$(mg): *populi huius* 𝔏 | ⟨om και 2°—και 3° 44⟩ | om και 2° 𝔈 Luc | επορευθην] pr ουκ iy: επορευθη A* (-θην A?)a**b*c$a_2$ | τη οδω] pr εν ANa–dg–ln–qtvxz$b_2c_2e_2$𝔄(uid): την οδον f | η] pr εν bdlopqtz$c_2e_2$: ⟨ην 74⟩: *quam* Luc | απεσταλκεν Acx | om με 2° a | κυριος] *Deus* Luc | ηγαγεν n | om τον 1° g | αγαγ] ⟨αγαλ 44⟩: + ras (1) a | αμαληκ 1°] + ζωντα boz$c_2e_2$ℭ | και τον] τον δε Nag–jnv$b_2$𝔈(uid) | αμαληκ 2°] αμαληλ c* | εξωλαθρευσαν $e_2$

**21** των σκυλων ποιμνια] *praedam gregis* Luc | των] pr εκ cx | σκυλων] κυκλων A | τα πρωτα] τα προβατα g: τας απαρχας boz(mg)$c_2e_2$𝔖^j: hab *primaria illorum* 𝔏^v: om τα cx | εξολεθρευματος] αναθεματος boz(mg)$c_2e_2$ | ενωπιον By$a_2$𝔄𝔈] pr θυσαι Acdlpqtxz(txt): pr του θυσαι Nz(mg) rell: pr *ut sacrificem* Luc: *offerre ea sacrificium* ℭ | om κυριου 𝔄-ed | om θεου ημων h | θεου] pr του Nbfgnov$c_2e_2$ | ημων] ι$\overline{η}$λ efmsw: *sacrificare* 𝔄

**22** σαμουηλ] + προς σαουλ Nbe–hmsw$c_2e_2$𝔈𝔖^j | ει—κυριου] μη ολοκαυτωματα και θυσιαν θελει ο θεος η τα υπακουειν αυτω Chr | ει—κυριω] ιδου ου θελει $\overline{κς}$ boz(mg)$c_2e_2$ Thdt Did-gr: *non uult Deus* Iren: *numquid uult Dominus* Luc Spec (*Deus* ed) | ει] η g: μη h*: ου c | θελητον] θελη v | om ολοκαυτωματα και Did-gr | ολοκαυτωματα] ολοκαυτωμα Aacfxy𝔄: ολοκαυτωσεις boz (mg)$c_2e_2$ Thdt | om και θυσιας iℭ | θυσιας] θυσιαν x Did-gr:

15 α περιεποιησατο] θ' ων εφισατο *b*: α' ων εφεισατο jz: λ ων εφισατω m
16 ανες και] α' σ' αφες εως j | ανες] α' σ' αφες σεαυτω (-του m) *b*m
21 τα—εξολεθρευματος] λ απαρχην του αναθεματος jm | τα πρωτα] α' κεφαλαιον j
22 ει θελητον] σ' μη θελει j

23 φωνῆς Κυρίου; ἰδοὺ ἀκοὴ ὑπὲρ θυσίαν ἀγαθήν, καὶ ἡ ἐπακρόασις ὑπὲρ στέαρ κριῶν. [23]ὅτι B
ἁμαρτία οἰώνισμά ἐστιν, ὀδύνη καὶ πόνος θεραπείαν ἐπάγουσιν· ὅτι ἐξουδένωσας τὸ ῥῆμα Κυρίου,
24 καὶ ἐξουδενώσει σε Κύριος μὴ εἶναι βασιλέα ἐπὶ Ἰσραήλ. [24]καὶ εἶπεν Σαοὺλ πρὸς Σαμουήλ
Ἡμάρτηκα· ὅτι παρέβην τὸν λόγον Κυρίου καὶ τὸ ῥῆμά σου, ὅτι ἐφοβήθην τὸν λαὸν καὶ ἤκουσα
25 τῆς φωνῆς αὐτῶν. [25]καὶ νῦν ἆρον δὴ τὸ ἁμάρτημά μου, καὶ ἀνάστρεψον μετ᾽ ἐμοῦ καὶ προσκυνήσω
26 κυρίῳ τῷ θεῷ σου. [26]καὶ εἶπεν Σαμουὴλ πρὸς Σαοὺλ Οὐκ ἀναστρέφω μετὰ σοῦ, ὅτι ἐξουδένωσας
27 τὸ ῥῆμα Κυρίου, καὶ ἐξουδενώσει σε Κύριος τοῦ μὴ εἶναι βασιλέα ἐπὶ τὸν Ἰσραήλ. [27]καὶ
ἐπέστρεψεν Σαμουὴλ τὸ πρόσωπον αὐτοῦ τοῦ ἀπελθεῖν, καὶ ἐκράτησεν Σαοὺλ τοῦ πτερυγίου τῆς
28 διπλοΐδος αὐτοῦ καὶ διέρρηξεν αὐτό. [28]καὶ εἶπεν πρὸς αὐτὸν Σαμουήλ Διέρρηξεν Κύριος τὴν
βασιλείαν σου ἀπὸ Ἰσραὴλ ἐκ χειρός σου σήμερον, καὶ δώσει αὐτὴν τῷ πλησίον σου τῷ ἀγαθῷ
29 ὑπὲρ σέ· [29]καὶ διαιρεθήσεται Ἰσραὴλ εἰς δύο, καὶ οὐκ ἀποστρέψει οὐδὲ μετανοήσει, ὅτι οὐχ ὡς

22 επακρασις B* | κρειων B* 23 το] τα B* 27 διπλοειδος A

ANa–jl–qstv–c$_2$e$_2$𝔄ℭ$^w$𝔈(𝔏$^v$)

θυσιαι Nae–hjmnsvwb$_2$: θυσια Ac𝔄 | ως—κυριου] *sed uult exaudiri uocem suam* Iren | ως το ακουσαι] *magis quam exaudire* Luc Spec | ως το] ωστε y | ως] εις dlp | το] τω c: ⟨αυτω 244⟩: om a$_2$ | ακουσαι φωνης] εισακουειν Did-gr | φωνης] pr της bhoc$_2$e$_2$ Thdt: φωνην y | κυριου] αυτου boc$_2$e$_2$𝔈 Thdt Did-gr Spec | hab ιδου—(23) ισραηλ 𝔏$^v$ | ιδου] pr και a$_2$𝔈𝔏 Luc: *quia* Spec: om ℭ: +γαρ boc$_2$e$_2$ Thdt | ακοη—κριων] *obedientiam malo quam sacrificium et dicto audientiam magis quam holocausta* Or-lat | ακοη—αγαθην] αγαθη ακοη υπερ θυσιαν Did-gr: *dicto audientia* (*obed*-𝔏) *melior est quam sacrificium* 𝔏 Luc Spec | ακοη] pr *melior est* 𝔄: ακουη a*(uid)c: υπακοη Cyr½: ⟨+υπερ στεαρ κριων 242⟩ | υπερ θυσιαν αγαθην] αγαθη υπερ θυσιαν boc$_2$e$_2$ Chr Thdt Iren (om αγαθη cod) | αγαθη efhijswxzb$_2$𝔈 Cyr | η επακροασις] η ακροασις x: ακροασις bcoc$_2$e$_2$ Thdt: ακροαμα Did-gr: *obedientia* 𝔏: *audientia mandatorum* Spec: το προσεχειν z$^{a?}$: om η a$_2$ Cyr½ | κριων] αρνων Cyr½

**23** αμαρτια] post οιωνισμα boz(mg)c$_2$e$_2$𝔄𝔖$^j$ Thdt Did-gr: αμαρτιας cx: αμαρτημα d | οιωνισμα] υιων ισμαηλ v: *abominatio* 𝔏 Luc: *inproperium* Spec | εστιν] +*tibi* 𝔏: +παραπικρασμος bh(-κρισμος)oz(mg)c$_2$e$_2$𝔖$^j$(uid) Thdt | οδυνη—επαγουσιν] *dolori et aerumnae medelam quaerunt* 𝔈: *dolores* (*dolor* Spec) *et gemitus ad te adducentur* (*adduxisti* Luc½) 𝔏 Luc Spec: *iniquitas et imitationes iniuriam et dolorem adferunt* 𝔖$^j$ | οδυνη—θεραπειαν] αδικια και θεραφειν (-φιμ Thdt) οδυνην και πονους boz(mg)c$_2$e$_2$ Thdt: αδικιας οδυνη και πονους (-νος h*) θεραφιμ (-φιν h*) h | οδυνην a$^{a?}$efgm(ην ex corr m$^a$ uid)nsvw𝔄 | πονος] πονους aefgmnsw𝔄: πονον v | θεραπειαν Bvy] θεραπειν i: θεραφην l: θεραφιμ cm: σεραφιμ x: θεραφειν ANa(φειν sup ras)z(txt) rell 𝔄(uid) | επαγουσιν] επαυγουσιν a$_2$: επαγουσα c | οτι 2°] ανθ ων boz(mg)c$_2$e$_2$𝔏 Thdt Luc Spec | εξουδενωσας] εξουθενησας d | om και 2° boz(mg)c$_2$e$_2$𝔄𝔈 Thdt Luc Spec | εξουδενωσει σε] *faciet* 𝔏 | εξουδενωσει] εξουδενωση c: εξουδενωσε Thdt | σε] σοι c | μη—ισραηλ] *ne regnes* Luc | μη] pr του Na*b*e–jmnosvw b$_2$c$_2$e$_2$ Thdt | ειναι βασιλεα] βασιλευειν boc$_2$e$_2$𝔈𝔏 Thdt Spec | ειναι] +σε a | ⟨βασιλεα] pr εις 71.74⟩ | επι] εν cefmswx: *in* 𝔏 Spec | ισραηλ] pr τον Na

**24** σαμουηλ] σαουλ g* | ημαρτηκα] +ενωπιον κ̅υ̅ bhoc$_2$e$_2$ | om οτι 1° d | τον λογον] το ρημα boc$_2$e$_2$: την εντολην gna$_2$ | ηκουσα] pr ουκ A

**25** om αρον δη το q | αρον] ras (2) inter ρ et ο a | om δη Luc | και 2°] bis scr j: om Luc | om και 3° Luc | om κυριω av𝔈 | om τω Alqy | σου] μου c$_2$

**26** om totum comma Luc½ | om προς σαουλ ad𝔄-codd | ουκ] pr οτι a$_2$ | αναστρεφω] αναστρεψω ANcdghlnpqtxze$_2$𝔄: αναστρεφομαι i: αποστρεφω y | εξουδενωσας] εξουδενωκας en: +γαρ a$_2$ | om και 2°—ισραηλ d | εξουδενωσει] εξουθενωσει o: εξουδενοι x: εξουδενη c | κυριος] *Deus* Luc½ | ειναι βασιλεα] βασιλευειν o | ειναι] +σε n | βασιλεα] pr εις lpqtz | επι] εν cefm$^a$swx: om m* | τον BANgia$_2$b$_2$] om rell

**27** om totum comma Luc | επεστρεψεν Ba$_2$] υπεστρεψε e$_2$*(uid): απεστρεψεν ANe$_2$$^a$ rell | σαμουηλ] σαουλ f*: om d | om του απελθειν sw | του 1°] bis scr x: το v: om fby | hab και 2°—αυτο 𝔏$^v$ | εκρατησεν—πτερυγιου] *retinuit Saul pinnam* 𝔏 | εκρατησεν] επελαβετο bzc$_2$e$_2$$^a$: απελαβετο oe$_2$*: ελλαμβανεται Jos (επιλ- cod) | σαουλ] σαμουηλ w | του πτερυγιου] post διπλοιδος y: το πτερυγιον agv: του πτεριου a$_2$ | διπλοιδος] διπλοης f: περιβολαιου z$^{a?}$ | αυτου 2°] +και επεσχεν bgozc$_2$e$_2$ | αυτο] αυτην cxa$_2$: ⟨om 244⟩

**28** προς αυτον] post σαμουηλ c Luc: ⟨om 44.244⟩ | ⟨σαμουηλ] σαουλ 244⟩ | διερρηξεν] *disrumpet* Luc | κυριος] ο θ̅ς̅ a | om σου 1°—σημερον a* | om σου απο ισραηλ N | om σου απο a$^{b?}$gjnvb$_2$ | om σου 1° efmsw𝔄(uid) | απο—σου 2° post σημερον cx | απο ισραηλ post σου 2° 𝔄 | hab δωσει—(29) αυτος 𝔏$^v$ | δωση q* | τω αγαθω] το αγαθον g: om αγαθω q | ⟨om υπερ σε 71⟩

**29** διαιρεθησεται] σχισθησεται boz(mg)c$_2$e$_2$𝔏: hab διασχισθηναι Jos | ισραηλ] pr εις z | om ουκ m* | αποστρεψει] επιστρεψει befjmoswyzc$_2$e$_2$ Thdt: *poenitebit* 𝔏 | ουδε] και ου Acdlpqtxz(txt) | μετανοησει] *conuertetur* 𝔏: +*Dominus* 𝔄ℭ:

22 υπερ θυσιαν αγαθην] σ′ βελτιων θυσιας *b*j(sine nom)m | η επακροασις] το προσεχειν *b*j: λ̥ τω προσεχην m

23 οτι 1°—επαγουσιν] σ′ οτι αμαρτια της μαντειας το προσεριζειν η δε ανομια των ειδωλων το απειθειν z | οιωνισμα—επαγουσιν] α′ μαντιων προσερισμος και ανοφελεις και μορφωματων εκβιβασμος θ′ το απειθειν μαντεια παραπικρασμος αδικεια θεραφιν ανθυφαιρεσις m | οιωνισμα—θεραπειαν] σ′ της μαντειας το προσεριζειν και (η δε j) ανομια των ειδωλων j(sine nom)m | θεραπειαν επαγουσιν] α′ θεραπεια ανθυφαιρεσις *b* | θεραπειαν] σ′ των ειδωλων a: η τεραφιμ ουχι σεραφιμ c

25 δη] σ′ αξιω j 26 εξουδενωσας] θ′ απωσω j | εξουδενωσει σε] σ′ απεβαλετο σε j

27 του πτερυγιου] σ′ του ακρου του κρασπεδου jz | διπλοιδος] σ′ ενδυματος θ′ περιβολαιου ιματιου *b*: α′ ενδυματος σ′ περιβολαιου θ′ ιματιου jm 28 πλησιον] α′ σ′ εταιρω j

29 αποστρεψει ουδε μετανοησει] α′ ψευσεται ουδε μεταμεληθησεται *b*jm(sine nom j) | μετανοησει] το ο αγιος του ι̅η̅λ̅ παρ ουδενι κειται εν τω εξαπλω j

B ἄνθρωπός ἐστιν τοῦ μετανοῆσαι αὐτός. 30καὶ εἶπεν Σαοὺλ Ἡμάρτηκα, ἀλλὰ δόξασόν με δὴ 30
ἐνώπιον πρεσβυτέρων Ἰσραὴλ καὶ ἐνώπιον λαοῦ μου, καὶ ἀνάστρεψον μετ' ἐμοῦ καὶ προσκυνήσω
τῷ κυρίῳ θεῷ σου. 31καὶ ἀνέστρεψεν Σαμουὴλ ὀπίσω Σαούλ, καὶ προσεκύνησεν τῷ κυρίῳ. 31
32Καὶ εἶπεν Σαμουὴλ Προσαγάγετέ μοι τὸν Ἀγὰγ βασιλέα Ἀμαλήκ· καὶ προσῆλθεν πρὸς αὐτὸν 32
Ἀγὰγ τρέμων. καὶ εἶπεν Ἀγάγ Εἰ οὕτως πικρὸς ὁ θάνατος; 33καὶ εἶπεν Σαμουὴλ πρὸς Ἀγάγ 33
Καθότι ἠτέκνωσεν γυναῖκας ἡ ῥομφαία σου, οὕτως ἀτεκνωθήσεται ἐκ γυναικῶν ἡ μήτηρ σου· καὶ
ἔσφαξεν Σαμουὴλ τὸν Ἀγὰγ ἐνώπιον Κυρίου ἐν Γαλγάλ. 34Καὶ ἀπῆλθεν Σαμουὴλ εἰς 34
Ἀρμαθάιμ· καὶ Σαοὺλ ἀνέβη εἰς τὸν οἶκον αὐτοῦ εἰς Γαβαά. 35καὶ οὐ προσέθετο Σαμουὴλ ἔτι 35
ἰδεῖν τὸν Σαοὺλ ἕως ἡμέρας θανάτου αὐτοῦ, ὅτι ἐπένθει Σαμουὴλ ἐπὶ Σαούλ· καὶ Κύριος μετεμελήθη
ὅτι ἐβασίλευσεν τὸν Σαοὺλ ἐπὶ Ἰσραήλ.

§ 𝔅ˡ 1Καὶ εἶπεν Κύριος πρὸς Σαμουὴλ Ἕως πότε σὺ πενθεῖς ἐπὶ Σαούλ, κἀγὼ ἐξουδένωκα αὐτὸν 1 XVI
μὴ βασιλεύειν ἐπὶ Ἰσραήλ; πλῆσον τὸ κέρας σου ἐλαίου, καὶ δεῦρο ἀποστείλω σε πρὸς Ἰεσσαὶ
ἕως εἰς Βηθλέεμ, ὅτι ἑόρακα ἐν τοῖς υἱοῖς αὐτοῦ ἐμοὶ βασιλεύειν. 2καὶ εἶπεν Σαμουὴλ Πῶς 2
§ ℭᵛ πορευθῶ; καὶ ἀκούσεται Σαοὺλ καὶ ἀποκτενεῖ με. καὶ §εἶπεν Κύριος Δάμαλιν βοῶν λάβε ἐν τῇ
χειρί σου καὶ ἐρεῖς Θῦσαι ἥκω τῷ κυρίῳ· 3καὶ καλέσεις τὸν Ἰεσσαὶ εἰς τὴν θυσίαν, καὶ γνωριῶ 3
σοι ἃ ποιήσεις, καὶ χρίσεις ὃν ἐὰν εἴπω πρὸς σέ. 4καὶ ἐποίησεν Σαμουὴλ πάντα ἃ ἐλάλησεν αὐτῷ 4
Κύριος, καὶ ἦλθεν εἰς Βηθλέεμ. καὶ ἐξέστησαν οἱ πρεσβύτεροι τῆς πόλεως τῇ ἀπαντήσει αὐτοῦ

32 προσαγαγεται A XVI 1 εωρακα B$^b$ 2 δαμαλι A 3 χρεισεις B* | εαν] θαν A

ANa–jl–qstv–c$_2$e$_2$𝔄(𝔅ˡ)ℭ$^{(v)w}$𝔈(𝔏ᵛ)

+ο αγιος του ιηλ bhoz(mg)c$_2$e$_2$ Thdt | εστιν] επι b' | του μετανοησαι αυτος] *ut poeniteat eum* 𝔏 | om του b* | αυτος] *quia is iratus est* 𝔈: αυτος απειλησει και ουκ εμμενει Nae–jmnsvwy$^b$zb$_2$ ⟨71⟩ [[αυτος] om Nav: +αυτος z | απειλησῃ 71]]: hab εμμενειν Jos: om boc$_2$e$_2$ Thdt: +*minabitur* 𝔄: +*irascetur* ℭ

30 σαουλ] +*ad Samuel* ℭ | ημαρτηκα] +*domine* ℭ | δοξασον] hab τιμησαι Jos | om δη bcoxc$_2$e$_2$ | πρεσβυτερων] pr των Nabefgijmnosvwb$_2$c$_2$e$_2$: pr σου των h | ισραηλ] λαου μου Adlpqtz: του λαου μου bcoxc$_2$e$_2$: *populi mei* 𝔄 | λαου μου] pr του fin: ισραηλ Abcdlopqtxzc$_2$e$_2$(pr του boc$_2$e$_2$)𝔄: om μου ℭ | τω post κυριω Ab–hmnosv–a$_2$c$_2$e$_2$ | om κυριω q

31 οπισω] μετα cdlpqtxz(txt)ℭ𝔈 | ⟨σαουλ] λαου 71⟩ | προσεκυνησεν] +σαουλ A | om τω fmsw

32 προσαγαγε b'efmnswe$_2$ | αγαγ 1°] γαγ a$_2$: +ras (1) a (uid) | om βασιλεα—αγαγ 3° m* | hab και 2°—θανατος 𝔏ᵛ | προσηλθεν] *adductus est* 𝔏 | αγαγ 2°] +*rex* 𝔏: +εξ αναθωθ boz(mg)c$_2$e$_2$ | αγαγ 3°] pr ο bc$_2$e$_2$: ο γαγ o | ει] sup ras a: ⟨οτι 64⟩ | πικρος post ο a$_2$ | om ο A

33 προς αγαγ] *ei* ℭ: om d | προς] +αυτον jb$_2$ | καθοτι] καθως bozc$_2$e$_2$: και ως τι v: ανθ ων Cyr | γυναικας] γυναικα Cyr | om η 1° j | ρομφαια σου] ρομφαισα g | hab ουτως—σου 2° 𝔏ᵛ | ατεκνωθησεται] *relinquetur* 𝔏 | σου 2°] om q: +υιου ασηρ b: +υς ασερ h*: +υιου σασειρ z(mg): +υιου σασερ c$_2$e$_2$: +*filius doloris* 𝔏 | σαμουηλ 2°] σαουλ h | γαλγαλοις b–hlmo–twxzc$_2$e$_2$𝔄(uid)ℭ(uid)𝔈(uid) Jos

34 ⟨εις 1°] προς 71⟩ | αρμαθεσιμ g | σαουλ] ⟨σαμουηλ 71⟩: om f | ανεβη] απηλθεν boc$_2$e$_2$ | om τον Acdlnpqtxza$_2$ | om εις γαβαα y | εις 3°] εν chx | γαβαα] γαβααι a$_2$: γαβεε v: τον βουνον boz(mg)c$_2$e$_2$

35 om ου w* | σαμουηλ 1° post ετι deflmp–wz𝔈 | om ετι boc$_2$e$_2$ | om εως—σαουλ 2° g | επενθει] εταπεινωθη y | ⟨σαμουηλ 2°—ισραηλ] επ αυτον 44⟩ | om σαμουηλ 2° d | ⟨κυριος] +εβασιλευσε τον σαουλ επι τον ισραηλ 246⟩ | τον σαουλ 2°] αυτον c | ισραηλ] pr τον Nadg–jovb$_2$c$_2$e$_2$

XVI 1 εως 1°—ισραηλ periere in 𝔅 | ⟨εως ποτε] ιδου 236: om 242⟩ | συ πενθεις] πενθεις συ bc$_2$e$_2$𝔈 Luc: συ πενθης hv: πενθης συ b'o: om συ af𝔄 | καγω] και εγω ANacdghilpqtxzb$_2$: και v: *ecce ego* Luc⅔: *ecce* Luc⅓ | εξουδενωκα] απωσμαι boz(mg)c$_2$e$_2$ Chr: *expello* Luc | μη] pr του Nbdjnozc$_2$e$_2$ | βασιλευειν 1°] +αυτον o | ισραηλ] pr τον N | πλησον] pr *et* Luc: pr και ειπεν κς προς σαμουηλ bhoc$_2$e$_2$: +ουν cxℭ(uid) | σου] του c: om 𝔈 | αποστειλω] αποστελω Nadjlnpqtvxzc$_2$e$_2$: αποστελλω c𝔄 | προς ιεσσαι post βηθλεεμ boc$_2$e$_2$ | προς 2°] *in domo* Luc½ | ιεσαι m (ιεσ ex εστ m$^a$) | om εως 2° dlpqtz𝔈 | om εις abefmosvwya$_2$c$_2$e$_2$𝔄(uid) | βιθλεεμ c | εορακα] pr εκει y: *audiui* Luc½: +αυτον g | υιοις] ποιμνιοις g | αυτου] ιεσσαι boa$_2$(pr του)c$_2$e$_2$ℭ Luc | εμοι βασιλευειν] *regnare mihi in regem* 𝔄 | βασιλευειν 2°] βασιλεα am: εις βασιλεα Nbe–jnosvwb$_2$c$_2$e$_2$ Luc

2 σαμουηλ] om a$_2$: +*Domino* ℭ | πως] pr και N𝔈: ως v | πορευθω] *ibo* Luc | και ακουσεται] *ne audiat* Luc½: om και Luc½ | ⟨εισακουσεται 71⟩ | αποκτενη cg Luc½ | δαμαλιν—σου] *cape tu mihi* (om *mihi* codd) *uitulum unum de bobus* 𝔄 | δαμαλιν βοων post σου bdlopqtzc$_2$e$_2$𝔈 Thdt | εν—σου] *tecum* ℭ$^w$ | εν τη χειρι] εις την χειρα bdlopqtzc$_2$e$_2$ Thdt: ⟨εις τας χειρας 44⟩ | θυσον g | ⟨ηκω τω κυριω] τω κυριω ηκα 246⟩ | ηκω Bnya$_2$𝔈] om e$_2$: post κυριω AN rell 𝔄 Thdt | om τω Nav

3 καλεσεις] καλεσης giova$_2$*: λαλησεις c | ιεσσαι BAya$_2$𝔄ℭ$^w$] +και τους υιους αυτου N rell 𝔅ℭᵛ𝔈: ⟨+και τον υιον αυτου 242⟩ | om εις—ποιησεις ℭᵛ | om την Aefgm | και 2°] καγω s: +εγω Nae–jmvwzb$_2$ | γνωρισω ANcefhmswxy | σοι] σε x | ποιησεις] +αυτοις c | χρισεις] χρισης v: χρεισης μοι e$_2$: +μοι boz(mg)c$_2$ℭᵛ: +και ποιησεις dlpqtz(txt) | ον] ο z(txt) | εαν] αν Nb–gl–twxzb$_2$c$_2$e$_2$ | ειπω] pr σοι v

4 παντα] απαντα v | α] οσα Na–dhln–qtxzc$_2$e$_2$ | αυτω] post κυριος cefmswx: om boc$_2$e$_2$ | ηλθεν] εισηλθεν N: απηλθεν d: om p | βιθλεεμ cgv | hab και 3°—πολεως 𝔏ᵛ | εξανεστησαν q | om τη απαντησει αυτου 𝔅 | ⟨τη] pr και 246⟩ | απαντησει] απατησει a* | αυτου] αυτω v | και ειπαν] και ειπον abcefj$^{a?}$moswx

29 μετανοησαι] θ' παρακληθηναι α' μεταμεληθηναι j 30 δοξασον] σ' τιμησον j
32 τρεμων] σ' αβρος α' απο τρυφεριας jmz 33 εσφαξεν] α' σ' διεσπασεν θ' εβασανισεν j
35 επι 1°] ο' τον θ' επι j XVI 1 εξουδενωκα] σ' απεδοκιμασα j 3 εις] ο' θ' χω j
4 εξεστησαν] α' σ' εξεπλαγησαν j | τη απαντησει αυτου] σ' απαντησαντες αυτω j

5 καὶ εἶπαν Ἡ εἰρήνη ἡ εἴσοδός σου, ὁ βλέπων; [5]καὶ εἶπεν Εἰρήνη· θῦσαι τῷ κυρίῳ ἥκω, ἁγιάσθητε B
καὶ εὐφράνθητε μετ᾽ ἐμοῦ σήμερον. καὶ ἡγίασεν τὸν Ἰεσσαὶ καὶ τοὺς υἱοὺς αὐτοῦ, καὶ ἐκάλεσεν
6 αὐτοὺς εἰς τὴν θυσίαν. [6]καὶ ἐγενήθη ἐν τῷ αὐτοὺς εἰσιέναι καὶ εἶδεν τὸν Ἐλιάβ, καὶ εἶπεν Ἀλλὰ
7 καὶ ἐνώπιον Κυρίου χριστὸς αὐτοῦ. [7]καὶ εἶπεν Κύριος πρὸς Σαμουήλ Μὴ ἐπιβλέψῃς ἐπὶ τὴν
ὄψιν αὐτοῦ μηδὲ εἰς τὴν ἕξιν μεγέθους αὐτοῦ, ὅτι ἐξουδένωκα αὐτόν· ὅτι οὐχ ὡς ἐμβλέψεται
ἄνθρωπος, ὄψεται ὁ θεός· ὅτι ἄνθρωπος ὄψεται εἰς πρόσωπον, ὁ δὲ θεὸς ὄψεται εἰς καρδίαν.
8 [8]καὶ ἐκάλεσεν Ἰεσσαὶ τὸν Ἀμειναδάβ, καὶ παρῆλθεν κατὰ πρόσωπον Σαμουήλ· καὶ εἶπεν Οὐδὲ
9 τοῦτον ἐξελέξατο ὁ θεός. [9]καὶ παρήγαγεν Ἰεσσαὶ τὸν Σαμά· καὶ εἶπεν Καὶ ἐν τούτῳ οὐκ ἐξελέξατο
10 Κύριος. [10]καὶ παρήγαγεν Ἰεσσαὶ τοὺς ἑπτὰ υἱοὺς αὐτοῦ ἐνώπιον Σαμουήλ· καὶ εἶπεν Σαμουήλ
11 Οὐκ ἐξελέξατο Κύριος ἐν τούτοις. [11]καὶ εἶπεν Σαμουὴλ πρὸς Ἰεσσαί Ἐκλελοίπασιν τὰ παιδάρια;
καὶ εἶπεν Ἔτι ὁ μικρός· ἰδοὺ ποιμαίνει ἐν τῷ ποιμνίῳ· καὶ εἶπεν Σαμουὴλ πρὸς Ἰεσσαί Ἀπόστειλον
12 καὶ λάβε αὐτόν, ὅτι οὐ μὴ κατακλιθῶμεν ἕως τοῦ ἐλθεῖν αὐτόν. [12]καὶ ἀπέστειλεν καὶ εἰσήγαγεν
αὐτόν· καὶ οὗτος πυρράκης μετὰ κάλλους ὀφθαλμῶν, καὶ ἀγαθὸς ὁράσει Κυρίῳ· καὶ εἶπεν Κύριος
13 πρὸς Σαμουὴλ Ἀνάστα καὶ χρίσον τὸν Δαυείδ, ὅτι οὗτος ἀγαθός ἐστιν. [13]καὶ ἔλαβεν Σαμουὴλ τὸ

6 εισειεναι A | ιδεν A | χρειστος B* 7 αιξιν A | εμβλεψετε A
8 αμιναδαβ A 11 μεικρος B* 12 ορασι B* | χρεισον B*

ANa–jl–qstv–$c_2e_2$𝔄𝔅[l]ℭ[vw]𝔈(𝔏[v])

$c_2e_2$: ⟨om 71⟩ | η 1° B] ⟨ει 44⟩: om AN omn 𝔄𝔈 | ειρηνη] ⟨+η 236⟩: +ειη e | η εισοδος] ησοδος g: om ℭ[v] | σου] *tibi* ℭ[v]

5 om ειρηνη ℭ[v] | κυριω] θ̅ω̅ $oc_2$ | hab αγιασθητε—σημερον 𝔏[v] | αγιασθητε] pr και o𝔏: ηγιασθητε $a_2$ | om και ευφρανθητε o | ευφρανθητε—σημερον] *state mecum hodie et iocundamini* 𝔏 | ευφρανθητε] ανακλιθητε *b*: ανακληθητε $b'c_2e_2$ | om μετ εμου y | σημερον] εις την θυσιαν $e_2$: +εις την θυσιαν $boc_2$ | και 3°—θυσιαν periere in ℭ[v] | ιεσαι m | om και 5°—(6) εισιεναι c | αυτους] τους υιους αυτου efmsw | om την $fa_2$

6 εγενετο Nabe–jmnośvw$b_2c_2e_2$ | εν τω] ⟨post αυτους 246⟩: om $e_2$ | αυτους εισιεναι] εισιεναι αυτους Adlpqtxz: ελθειν αυτους $boc_2e_2$ | ειπεν] +*Samuel* ℭ[v] | om αλλα και 𝔈 | αλλα] αλλ η abdln–qtz$c_2e_2$: *ecce* ℭ | om και 4° bdlopqtz$c_2e_2$ℭ | ενωπιον—αυτου] *unctus est Domini* (+*coram eo* ℭ[w]) ℭ | κυριου] ⟨αυτου 74⟩: om $a_2$ | χριστος] ⟨pr οτι 242⟩: pr ο befhimoswz$c_2$: χρηστος acx: ο χρηστος $e_2$

7 επιβλεψης] επιβλεψεις chq: εμβλεψης Ngijnv$b_2$: εμβλεψεις a: επιστρεψης A: προσχης $bc_2e_2$: προσεχης o: προσχες Chr | επι] εις bhoc$_2$e$_2$ Clem Chr | την οψιν] το προσωπον A | αυτου 1°] αυτων $e_2$ | om μηδε—αυτου 2° cdx | μηδε—εξιν] και το υψος Clem | την εξιν] την αξιν $c_2$: δεξιαν $a_2$: om την f | μεγεθους] pr του boz$c_2e_2$ Clem Chr | εξουδενωκα] εξουδενηκα dlpqt: απωσμαι Clem | om οτι 2°—θεος 1° Clem | om οτι 2° N | εμβλεψεται ανθρωπος] α̅ν̅ο̅ς̅ επιβλεψεται msw: ανθρωπος ορα Thdt Cyp | εμβλεψεται] εμβλεψαι n: οψεται Chr ½: αν ιδη boz(mg)$c_2e_2$: *uidet* Spec: om ef Chr ½ | ανθρωπος 1°] pr ο o | οψεται 1°] pr ουτως boz(mg)$c_2$ Spec: pr ουτος $e_2$: ουτως ορα Thdt: επιβλεψεται ef: ⟨εμβλεψεται 71⟩ | ο 1°—οψεται 2°] bis scr h*: om z(txt) | om ο 1° ane$_2$ Chr ½ | οτι 3°—προσωπον] ανθρωπος μεν γαρ εις οφθαλμους οψεται Clem | ανθρωπος 2°] pr ο bcx | οψεται 2°] *uidet* Spec: εμβλεψεται a: om Thdt | προσωπον] pr το Chr ⅓ | ο δε θεος] ο θ̅ς̅ δε b: θ̅ς̅ δε Acdlpqtxz Thdt-ed: και κυριος Clem | οψεται 3°] post καρδιαν $da_2$: om bcgxz(mg) Clem Chr Thdt Spec

8 εκαλεσεν] παρηγαγεν efmsw | ιεσαι N | τον αμειναδαβ] μ ex β e: τον αμιναδαμ gs: *secundum filium eius* ℭ[v] | hab και 2°—σαμουηλ 𝔏[v] | κατα προσωπον σαμουηλ] *coram eo* ℭ[v] (uid) | ειπεν] +*Samuel* ℭ | ουδε—θεος] mutila in ℭ[v]: ⟨ουκ εξελεξατο κυριος εν τουτω 44⟩ | τουτον] τουτο $e_2$: εν τουτω v | ο θεος] κ̅ς̅ ANabd–gi–wz$b_2c_2e_2$(pr ο *b*goc$_2$e$_2$)𝔄𝔅ℭ𝔖[j]

9 και 1°—(11) ετι periere in ℭ[v] | hab και 1°—(10) σαμουηλ 1° 𝔏[v] | om totum comma ce*oxz(txt) | παρηγαγεν ιεσσαι τον] παρηλθε e[a] | ⟨απηγαγεν 71⟩ | ιεσαι m | σαμα Byℭ[w]] σαμαι $a_2$: σαμμα Adlpqt: σαμμαα av: [Syriac] 𝔖[j]: σαβαα s: *Saba'* 𝔈[a]: *Sabec* 𝔈[s]: σαμαα Ne[a]z(mg) rell 𝔄𝔅𝔏 | om και 2°—κυριος e[a] | ⟨om ειπεν—(10) ιεσσαι 44⟩ | ειπεν] +*Samuel* ℭ[w] | και 3°—ουκ] *et non hunc* 𝔄 | και 3°] ουδε bfmsvwz(mg)$c_2e_2$𝔏 | εν τουτω] post ουκ d: τουτο $e_2$: τουτον fmsw𝔏 | om ουκ bfmsvwz(mg)$c_2e_2$𝔏 | κυριος] pr ο bdlpq$c_2e_2$

10 om ενωπιον σαμουηλ d | om και 2°—τουτοις ab'cv | σαμουηλ 2° Bghiya$_2$𝔅ℭ[w]] ⟨om 71⟩: +προς ιεσσαι AN*b* rell 𝔄𝔈𝔖[j] | om ουκ—(11) ιεσσαι 2° 𝔈 | ⟨ουκ] ουδ 44⟩ | ⟨εξελεξατο κυριος post τουτοις 44⟩ | κυριος εν τουτοις] *e.* *his Dominus* 𝔄: om κυριος $a_2$

11 εκλελοιπασιν] pr *si* ℭ[w]: εκλελοιπεν efmosw: ει εκλελοιπεν (-πει Thdt-ed) $c_2e_2$ Thdt: μη εκλελοιπε b(λοι pm int lin b') | παιδαρια] +σου b𝔅(uid)ℭ[w]𝔈(uid) | ειπεν 2°] +ιεσσαι befmoswz$c_2e_2$ℭ𝔖[j] | ετι] ⟨οτι 74⟩: om 𝔈 | ο μικρος] pr εστιν $c_2e_2$𝔈: post ιδου ℭ[v]: ο μικροτερος iy: μικρον v: εστιν σμικρος o: εστιν ο μικροτερος b: om ο m*: +εστι zℭ[w](uid) | ιδου] pr και boz$c_2e_2$ℭ[w]: *et* 𝔄 | εν τω ποιμνιω] *in agro* 𝔅ℭ[v] | ⟨om σαμουηλ προς ιεσσαι 2° 71⟩ | προς ιεσσαι 2°] *ei Si minor his in agro* ℭ[v]: om d | ιεσσαι 2°] pr τον o | ⟨αυτον 1°] +ενταυθα 123⟩ | κατακλιθωμεν] ⟨κατακριθωμεν 242⟩: ανακλιθωμεν $boc_2e_2$ | αυτον 2°] +ενταυθα Abcdhlopqtxz$c_2e_2$𝔄

12 απεστειλεν] +ιεσσαι boz$c_2e_2$ℭ[v] | εισηγαγεν] εισηγαγον $c_2$𝔈: ηγαγεν o | αυτον] +ενωπιον σαμουηλ Nbeg(om αυτον g*) ow$c_2e_2$ℭ[v] | hab και 3°—κυριω 𝔏[v] | om και 3°—κυριω ℭ[v] | ουτος 1°] ουτως c: αυτος Nae–hjmnsvw$b_2$𝔅𝔈: αυτος ην bioc$_2$e$_2$ 𝔄(uid)𝔏(uid) | ορασει] pr τη boz$c_2e_2$: *in aspectu* 𝔏 | κυριω] κ̅υ̅ boz$c_2e_2$𝔅𝔏𝔖[j]: κ̅ς̅ w: om 𝔈[a] | αναστηθι $boc_2e_2$ | om και 6° Acdlpqtxz𝔄(uid)𝔅(uid) | τον δαυειδ] αυτον $boc_2e_2$ | ουτος 2°] αυτος Nae–jmnsvw$b_2$𝔅𝔈: om $a_2$ | αγαθος 2°] post εστιν Acdlpqtxz𝔄: om $boc_2e_2$

6 αλλα και] α' σ' θ' πλην αρα *b*: α' θ' πλην σ' αρα m
7 εξιν μεγεθους] α' θ' του υψους μετεωροτητα *b*m(σ' pro α')
8 εκαλεσεν] εκαλεσαν m
9 παρηγαγεν] εκαλεσεν *b*
11 εκλελοιπασιν] α' θ' ετελειωθησαν *b*(om θ')j(sine nom)m | κατακλιθωμεν] α' αναπεσωμεν *b*m

B κέρας τοῦ ἐλαίου καὶ ἔχρισεν αὐτὸν ἐν μέσῳ τῶν ἀδελφῶν αὐτοῦ· καὶ ἐφήλατο πνεῦμα Κυρίου
• 𝔅$^{l}$ ἐπὶ Δαυεὶδ ἀπὸ τῆς ἡμέρας ἐκείνης⌝ καὶ ἐπάνω· καὶ ἀνέστη Σαμουὴλ καὶ ἀπῆλθεν εἰς Ἀρμαθάιμ.
14 Καὶ πνεῦμα Κυρίου ἀπέστη ἀπὸ Σαούλ, καὶ ἔπνιγεν αὐτὸν πνεῦμα πονηρὸν παρὰ Κυρίου. 14
15 καὶ εἶπαν οἱ παῖδες Σαοὺλ πρὸς αὐτόν Ἰδοὺ δὴ πνεῦμα Κυρίου πονηρὸν πνίγει σε· 16 εἰπάτωσαν 15 16
δὴ οἱ δοῦλοί σου ἐνώπιόν σου, καὶ ζητησάτωσαν τῷ κυρίῳ ἡμῶν ἄνδρα εἰδότα ψάλλειν ἐν κινύρᾳ·
καὶ ἔσται ἐν τῷ εἶναι πνεῦμα πονηρὸν ἐπὶ σοὶ καὶ ψαλεῖ ἐν τῇ κινύρᾳ αὐτοῦ, καὶ ἀγαθόν σοι ἔσται
καὶ ἀναπαύσει σε. 17 καὶ εἶπεν Σαοὺλ πρὸς τοὺς παῖδας αὐτοῦ Ἴδετε δή μοι ἄνδρα ὀρθῶς ψάλλοντα, 17
καὶ εἰσαγάγετε αὐτὸν πρὸς ἐμέ. 18 καὶ ἀπεκρίθη εἷς τῶν παιδαρίων αὐτοῦ καὶ εἶπεν Ἰδοὺ ἑόρακα 18
υἱὸν τῷ Ἰεσσαὶ Βηθλεεμείτην καὶ αὐτὸν εἰδότα ψαλμόν, καὶ ὁ ἀνὴρ συνετὸς καὶ ὁ ἀνὴρ πολεμιστὴς
‡ ℭ$^{v}$ καὶ σοφὸς⌝ λόγῳ, καὶ ἀνὴρ ἀγαθὸς τῷ εἴδει, καὶ Κύριος μετ᾽ αὐτοῦ. 19 καὶ ἀπέστειλεν Σαοὺλ 19
ἀγγέλους πρὸς Ἰεσσαὶ λέγων Ἀπόστειλον πρὸς μὲ τὸν υἱόν σου Δαυεὶδ τὸν ἐν τῷ ποιμνίῳ σου.
20 καὶ ἔλαβεν Ἰεσσαὶ γόμορ ἄρτων καὶ ἀσκὸν οἴνου καὶ ἔριφον αἰγῶν ἕνα, καὶ ἐξαπέστειλεν ἐν 20
χειρὶ Δαυεὶδ τοῦ υἱοῦ αὐτοῦ πρὸς Σαούλ. 21 καὶ εἰσῆλθεν Δαυεὶδ πρὸς Σαούλ, καὶ παριστήκει 21
ἐνώπιον αὐτοῦ· καὶ ἠγάπησεν αὐτὸν σφόδρα, καὶ ἐγενήθη αὐτῷ αἴρων τὰ σκεύη αὐτοῦ. 22 καὶ 22

13 εχρεισεν B* 14 επνειγεν B* 15 πνειγει B$^{a}$
18 εωρακα B$^{b}$ 20 αινα A 21 παρειστηκει B$^{ab}$A

ANa-jl-qstv-$c_2e_2$𝔄(𝔅$^{l}$)ℭ$^{(v)w}$𝔈(𝔏$^{v}$)

13 αυτον] *Dauid* ℭ | εν μεσω] ενωπιον boc$_2$e$_2$ℭ$^{v}$(uid) | om των—(14) σαουλ ℭ$^{v}$ | αυτου] ο p m ex ω b′ | εφηλατο] εφηλλατο cioxc$_2$e$_2$: εφηλλετο b: αφηλατο v: *apparuit siue illuxit* Or-lat | κυριου] *Dei* Or-lat | δαυειδ] pr τον g | επανω] επεκεινα bgoc$_2$e$_2$: *deinceps* Or-lat | om και 5°—αρμαθαιμ z | ανεστη—απηλθεν] απηλθε σαμουηλ ⟨44⟩ ℭ | απηλθεν] επορευθη y | αρμαθεμ g

14 κυριου 1°] θῡ y | hab και 2°—(16) σε 𝔏$^{v}$ | και 2°—κυριου 2°] *post haec autem spiritus malus suffocauit Saul uexauit eum ualde* ℭ$^{v}$ | και 2°] pr και συνεχει αυτον g | επνιγεν—κυριου 2°] πνευμα θεου πονηρον επνιγεν αυτον Or-gr | επνιγεν] συνειχεν b′*b*(txt)oa$_2$c$_2$e$_2$𝔖$^{j}$: *comprehendit* 𝔏 Spec: *obstupefecit* Or-lat ½ | κυριου 2°] + και επνιγεν αυτον boc$_2$e$_2$𝔏𝔖$^{j}$ Spec

15 om και—κυριου a$_2$ | ειπαν] ειπον abdefh$^{b?}$lopqt$^{a}$zc$_2$e$_2$: ειπεν t*v | σαουλ] αυτου A𝔄ℭ$^{v}$ | ιδου] pr *domine noster* ℭ$^{v}$ | om δη bcoc$_2$e$_2$𝔏𝔖$^{j}$ | κυριου πονηρον] pr παρα Ng–jzb$_2$ℭ$^{w}$: πονηρον παρα κ̅υ̅ bcefmnswxc$_2$e$_2$𝔄𝔈𝔖$^{j}$: om κυριου ov$^{a?}$(uid)ℭ$^{v}$ | πνιγει] pr και g: πνιγη chv

16 ειπατωσαν—ημων] *quaeramus* ℭ$^{v}$ | ειπατωσαν] εστατωσαν cx | δη] om cx: + κυριε boc$_2$e$_2$𝔖$^{j}$ | οι δουλοι σου] *pueri tui* 𝔏 | σου 2°] + κ̅ε̅ z | ζησατωσαν dpq* | τω κυριω ημων] *domino suo* 𝔏 | ανδρα] ⟨pr ευρομεν 44⟩: om b′ | ιδοντα Av | ψαλλειν] ψαλειν c: + τω κω bgozc$_2$e$_2$: + *Deo* 𝔏 | om εν 1°—ψαλει a$_2$ℭ$^{v}$ | om εν 1° v | κινυρα 1°] κιννυρα denpxz: κιθαρα b: + αυτου y | om και 2°—αυτου y* | εσται 1°] ⟨pr αγαθον σοι 242⟩: εστω c: om ⟨44⟩ ℭ$^{w}$ | πνευμα—σοι 1°] επι σοι π̅ν̅α̅ θ̅υ̅ πονηρον x: επι σοι π̅ν̅α̅ πονηρον παρα θ̅υ̅ z𝔄 | πνευμα πονηρον B] pr το m: post σοι 1° Acdlpqt: το πονηρον v: το π̅ν̅α̅ το πονηρον Ny$^{b}$ rell 𝔈 | επι] εν An𝔏(uid) | σοι 1°] + παρα θ̅υ̅ boc$_2$e$_2$ | om και 3° cx𝔄(uid)ℭ$^{w}$ | ψαλει—αυτου] *citharizabit de manu sua* 𝔏 | ψαλει] ψαλλει Nagve$_2$: ψαλειν c: ψαλλειν Ajxb$_2$ | om τη e | κινυρα 2°] κιννυρα denpxz | om αυτου ⟨44⟩ 𝔄𝔈 | om και 4°—εσται 2° ℭ𝔈 | σε] + *in uexatione tua* ℭ$^{v}$

17 ⟨ειπεν] απεκριθη 64⟩ | ιδετε—εμε] *facite secundum uerbum hoc* ℭ$^{v}$ | ειδετε ova$_2$b$_2$ | om δη Nv | om μοι A | om ανδρα w | ορθως] αγαθως boc$_2$e$_2$ℭ$^{w}$(uid) | ψαλοντα p | εισαγαγετε] εισαγαγε oe$_2$: ⟨αγαγετε 74⟩ | αυτον] + ωδε y | εμε B] με AN omn

18 ⟨απεκριθη—ειπεν] ειπεν αυτω εις των παιδαριων 44⟩ | απεκριθη] *dixit ei* ℭ$^{v}$ | εις] εν cx | παιδων Nabe–jmnosvwb$_2$c$_2$e$_2$ | και ειπεν] *domine noster* ℭ$^{v}$: om Acx | om ιδου ℭ$^{v}$𝔈 | υιον] pr τον cx | τω 1°] του cgh$^{b}$ivxa$_2$ | βηθλεεμειτην] pr τον x: βηθλεμητην w: τον βιθλεεμητην c: εκ βηθλεεμ (βιθ- gh) Nag–jnb$_2$: εις βηθλεεμ v: εν (+ τη b) βηθλεεμ boc$_2$e$_2$ Jos(uid) | και αυτον] om boc$_2$e$_2$ℭ$^{v}$: om και cx | ειδοτα] ιδοντα N: επισταμενον boc$_2$e$_2$ | ψαλμον] ψαλλειν ANabdlnoqtx–a$_2$c$_2$e$_2$ℭ(uid) Jos: ψαλειν p: om c | om ο 1° g(uid) | συνετος—πολεμιστης] πολεμιστης συνετος a$_2$ | ⟨συνετος] δυνατος 242⟩ | om και ο ανηρ 2° ⟨44⟩ ℭ$^{v}$ | ο ανηρ 2° BAlqty𝔄𝔈$^{s}$] ο α̅ν̅ο̅ς̅ Nabg(om ο)hinovb$_2$c$_2$e$_2$: om rell 𝔈$^{a}$ | πολεμιστης] + δυνατος ισχυι b | και 6°] bis scr t: ⟨om 44⟩ | om σοφος—ανηρ 3° cx | σοφος λογω] *uir sapiens et eloquens* 𝔄 | σοφος] συνετος A | λογω] pr εν Nbe–hmnoswb$_2$c$_2$e$_2$ | ⟨om και ανηρ 44⟩ | ανηρ 3°] pr ο Naefhijmnsvwzb$_2$𝔈$^{s}$: om bdoc$_2$e$_2$𝔈$^{a}$ | τω ειδει] τω ιδειν A: λογω a

19 om σαουλ Aa$_2$ | αποστειλον] εξαποστειλον Nabgijnovb$_2$c$_2$e$_2$: + δη h | προς 2°—δαυειδ] δ̅α̅δ̅ τον υιον σου προς με dlpqtz | τον 1°—δαυειδ] τον δ̅α̅δ̅ υιον σου Ngib$_2$: δ̅α̅δ̅ τον υιον σου Aabch(pr τον)ovxc$_2$e$_2$: *Dauid filium tuum* 𝔄 | δαυειδ] pr τον n | εν τω] εποι c | om σου 2° Nbcghoxc$_2$e$_2$

20 hab και 1°—αρτων 𝔏$^{v}$ | ιεσσαι] + ονον (α̅ν̅ο̅ν̅ g$^{uid}$) και επεθηκεν αυτω bghoc$_2$e$_2$: + *asinum et imposuit super* 𝔏 | γομορ—(xvii 11) σφοδρα post xvii 31 h | γομορ] pr και ελαβεν ιεσσαι h: ο 2° ex α, ρ ex ν w(uid): γομον b′oxz(txt): γομαρον v | αρτων] αρτον q: αρτου cex𝔏(uid) | εριφος c | αιγων] pr εξ Acx | om ενα boc$_2$e$_2$ | απεστειλεν cx | του υιου] ⟨τον υιον 242⟩: om του g*

21 om και 1°—σαουλ ci | εισηλθεν—παριστηκει] δ̅α̅δ̅ παρειστηκει εισελθων προς σαουλ z | ⟨om προς σαουλ 44⟩ | παριστηκει] παρεστηκει N: εστη boc$_2$e$_2$𝔈(uid) | ενωπιον] εμπροσθεν v | ⟨αυτου 1°] σαουλ 44⟩ | αυτον] + σαουλ boc$_2$e$_2$ | εγενετο bg(uid)oc$_2$e$_2$ | αυτω—αυτου 2°] *eius armiger* 𝔄 | αυτω] δ̅α̅δ̅ z: om b$_2$: + δ̅α̅δ̅ bg(uid)hoc$_2$e$_2$ | αιρων τα σκευη] hab οπλοφορον Jos | αιρων] + σαουλ z | om τα Aac–fj–np–twxa$_2$

13 εφηλατο] α′ ενηυλισθη σ′ ωρμησεν θ′ επεφανεν j
14 επνιγεν] α′ εθαμβει j: σ′ συνειχεν j(sine nom)z
16 δη] + ※ σ′ ⅄ κυριε ημων j | κινυρα 1°] α′ ψαλτηριω (-ον j) *b*(sine nom)jm: σ′ θ′ κιθαρα jm
17 ορθως] α′ θ′ καλως *b*: σ′ καλως θ′ αγαθως jm
18 βηθλεεμειτην] εν βιθλεεμ m | πολεμιστης] δυνατος ισχυι *b*
20 γομορ] ⅄ γομον j: ⅄ ονον m
21 αιρων τα σκευη] σ′ οπλοφορος *b*jm(sine nom *b*m)

ἀπέστειλεν Σαοὺλ πρὸς Ἰεσσαὶ λέγων Παριστάσθω δὴ Δαυεὶδ ἐνώπιον ἐμοῦ, ὅτι εὗρεν χάριν ἐν B
23 ὀφθαλμοῖς μου. [23]καὶ ἐγενήθη ἐν τῷ εἶναι πνεῦμα πονηρὸν ἐπὶ Σαοὺλ καὶ ἐλάμβανεν Δαυεὶδ τὴν
κινύραν καὶ ἔψαλλεν ἐν τῇ χειρὶ αὐτοῦ, καὶ ἀνέψυχεν Σαοὺλ καὶ ἀγαθὸν αὐτῷ, καὶ ἀφίστατο ἀπ'
αὐτοῦ τὸ πνεῦμα τὸ πονηρόν.
XVII 1 [1]Καὶ συνάγουσιν ἀλλόφυλοι τὰς παρεμβολὰς αὐτῶν εἰς πόλεμον, καὶ συνάγονται εἰς Σοκχὼθ
2 τῆς Ἰδουμαίας, καὶ παρεμβάλλουσιν ἀνὰ μέσον Σοκχὼθ καὶ ἀνὰ μέσον Ἀζηκὰ Ἐφερμέμ. [2]καὶ
Σαοὺλ καὶ οἱ ἄνδρες Ἰσραὴλ συνάγονται καὶ παρεμβάλλουσιν ἐν τῇ κοιλάδι· αὐτοὶ παρατάσσονται
3 εἰς πόλεμον ἐξ ἐναντίας ἀλλοφύλων. [3]καὶ ἀλλόφυλοι ἵστανται ἐπὶ τοῦ ὄρους ἐνταῦθα, καὶ Ἰσραὴλ
4 ἵσταται ἐπὶ τοῦ ὄρους ἐνταῦθα, κύκλῳ ἀνὰ μέσον αὐτῶν. [4]καὶ ἐξῆλθεν ἀνὴρ δυνατὸς ἐκ τῆς
παρατάξεως τῶν ἀλλοφύλων, Γολιὰθ ὄνομα αὐτῷ, ἐκ Γέθ· ὕψος αὐτοῦ τεσσάρων πήχεων καὶ
5 σπιθαμῆς. [5]καὶ περικεφαλαία ἐπὶ τῆς κεφαλῆς αὐτοῦ, καὶ θώρακα ἁλυσιδωτὸν αὐτὸς ἐνδεδυκώς,
6 καὶ ὁ σταθμὸς τοῦ θώρακος αὐτοῦ πέντε χιλιάδες σίκλων χαλκοῦ καὶ σιδήρου· [6]καὶ κνημῖδες
7 χαλκαῖ ἐπάνω τῶν σκελῶν αὐτοῦ, καὶ ἀσπὶς χαλκῆ ἀνὰ μέσον τῶν ὤμων αὐτοῦ· [7]καὶ ὁ κοντὸς

22 παρειστασθω B* XVII 5 χειλιαδες B* 6 χαλκαι] χαλκε A

ANa–jl–qstv–c$_2$e$_2$𝔄ℭ$^{w}$𝔈(𝔏$^{v}$)

**22** σαουλ] + αγγελους dhlp | λεγων] + αποστειλον δᾱδ τον υιον σου προς με τον εν τω ποιμνιω σου και ελαβεν ιεσσαι γομορ αρτων l* | om δη dlnpqtz | ⟨om δαυειδ 44⟩ | εμου] μου Nbcefg(uid)hmosv–ya$_2$c$_2$e$_2$ | ευρον e$_2$ | ⟨μου] σου 242⟩

**23** εγενηθη] εγενετο bnoc$_2$e$_2$: *fiebat* 𝔄 | εν 1°—πονηρον 1°] *cum esset spiritus malus* (om *malus* codd) *Dei* Or-lat-codd | om εν τω ειναι a$_2$ | πνευμα πονηρον] pr παρα θ̅υ̅ es: παρα θ̅υ̅ πονηρον π̅ν̅α̅ boc$_2$e$_2$: το π̅ν̅α̅ το πονηρον a$_2$𝔈 | om και 2°—σαουλ 2° p* | om και 2° ⟨44⟩ 𝔄(uid)ℭ(uid) Or-lat | ελαβεν sw Or-lat | δαυειδ] λᾱδ p$^{a?}$ | κιννυραν denxyz | εψαλλεν] εψαλεν *b*gp$^{a?}$: + ενωπιον αυτου y𝔈 | εν 2°—αυτου 1°] *in manibus suis* Or-lat | om τη Aad–gi–np$^{a?}$q–wy–b$_2$ | ανεψυχεν σαουλ] *percutiebat* Or-lat | ανεψυχεν] ανεψυξεν oa$_2$: ενεψυχε b'x | αγαθον] pr *erat* Or-lat: + ην bd–gjlmo–twzc$_2$e$_2$𝔖$^{j}$(uid) | ⟨αυτω] pr εν 74⟩

**XVII 1** ⟨και συναγουσιν] συναγουσιν δε 44⟩ | αλλοφυλοι] pr οι Nb–fi–mopqt–xzc$_2$e$_2$ | om και 2°—ιδουμαιας cx | om και συναγονται dn | ⟨εις 2°] εκ 236.242⟩ | σοκχωθ 1°] σοκχοθ v: σοχχωθ N: ⟨σακχωθ 236: σοκαχωθ 246: σοχωθ 71⟩: σοκχω lpqtz𝔄: ⟨σωκχω 74⟩: σακωχ o: *Assochoth* ℭ: ασακχακ a$_2$: ακχωθ mny: ακχω d: σγχω A | om της—σοκχωθ 2° gw | ιδουμαιας Bya$_2$ℭ𝔈$^{s}$] ιουδαιας AN rell 𝔄 | παρεμβαλλουσιν] παρεμβαλουσιν b'c*mpv: om ℭ | hab ανα 1°—εφερμεμ 𝔏$^{v}$ | ⟨ανα 1°—μεσον 2°] εις 44⟩ | om μεσον 1° b | σοκχωθ 2°] pr του j: ⟨σοκαχωθ 246⟩: σοχωθ v: σακχω dlpqt𝔄: ⟨σωκχω 74⟩: σαγχω A: *Saocho* 𝔏: *Assochoth* ℭ: χωθ a$_2$: σοχχω της ιουδαιας cx | om ανα μεσον 2° d | αζηκα] αζηκαι t(uid): αζικα e: *Azicha* 𝔏: αζυκα p: αζαηλ a | εφερμεμ B] εν αφερμιν b': εν σαφερμαιμ a$^{a?}$jnz(-μειμ)b$_2$: εν σαφερμειν *b*oc$_2$e$_2$: εν σεφερμαειμ efhmsw: εν σαφαρμειν v (σαν αζηκα εν σαφαρ sup ras): *in Sefermem* 𝔈: [illegible] 𝔖$^{j}$: εν σεφερνεμ a$_2$: εν σεφερμε y: *in Sefarmem* ℭ: εν σαφεσμαημ g: εν σαφεσμαμ N: εν σαφαισμαιμ a*(uid)i: ⟨εν σεθερμαειμ 242⟩: εν αφεσδομμειν Aq𝔄-ed: εν αφεσδομμιμ lt: *in Afesdumin* 𝔄-codd: *in Efesdomin* 𝔄-codd: εν αφεσδομιμ d On: ⟨εν αφεσδομιν 123⟩: εν αφεσλωμιμ x: ⟨εν ασερφεμεν 71⟩: εν ασφελωμιμ c: και εν αφεσδομιμ p: *in Ramoam in Sepherme* 𝔏

**2** σασυλ c(uid) | συναγονται] συνηγοντω c: συνηχθησαν boc$_2$e$_2$ | παρεμβαλλουσιν] παρεμβαλουσιν Acpva$_2$: παρενεβαλον boc$_2$e$_2$: *ii* 𝔄 | κοιλαδι] + της δρυος bdglopqtz(txt)c$_2$e$_2$: + της (των j) τερεβινθου jz(mg)b$_2$ | αυτοι BAcxya$_2$ℭ] αυτοι και o: ουτοι και ουτοι (αυτοι 74) και bdglpqtzc$_2$e$_2$⟨74⟩𝔖$^{j}$ (+ *ii*): και ουτοι N rell: *et* 𝔄𝔈 | παρετασσοντε e$_2$ (ε 2° ex corr e$_2^{a}$) | εξ] pr και w | αλλοφυλων] pr των bdlopqtzc$_2$e$_2$

**3** αλλοφυλοι] pr οι a–ehlopqtvxzc$_2$e$_2$ | ιστανται] pr παρατασσονται και boc$_2$e$_2$: ισταντο N𝔄(uid) | ενταυθα 1°] εντευθεν bovb$_2$c$_2$e$_2$ | om και 2°—ενταυθα 2° cdjvy𝔈 | ισραηλ] pr ο x | ισταται] ιστατο a$_2$𝔄(uid): ιστανται g | επι 2°] εκ boc$_2$e$_2$ | ενταυθα 2°] εντευθεν boc$_2$e$_2$ | hab κυκλω—αυτων 𝔏$^{v}$ | κυκλω—αυτων] *et inter eos tibicen* 𝔈 | κυκλω B] και ζαβουλων p: και ο αυλων AN rell 𝔄ℭ𝔖-ap-Barh Jos(uid): *et prospectus erat* 𝔏 | ανα μεσον] εν μεσω e

**4** εκ 1°] + παντος του λαου bovc$_2$e$_2$ | om της n | γολιαθ] γολιαδ fs𝔄𝔈: + ην bc$_2$e$_2$ | εκ 2°] εν Nahna$_2$: om cx | γαιθ s* | hab υψος—(5) ενδεδυκως 𝔏$^{v}$ | αυτου] αυτο g: αυτω bi* | τεσσαρων] πεντε Nae–jmnswyb$_2$: εξ Acdlpqtx𝔄𝔈$^{s}$𝔏 | σπιθαμης] *decem palmarum latitudo illius* 𝔏

**5** περικεφαλαια] περικεφαλαιαν Acdlpqtx: + χαλκη bghozc$_2$e$_2$𝔈$^{s}$ Jos(uid) | om επι—αυτου 2° v$^{txt}$ (ras 8 litt ante πεντε) | om επι της w | αυτου 1°] + χαλκη v(mg) | θωρακα—ενδεδυκως] *lorica catenata uestiuit* 𝔏 | αλυσιδωτον] pr και e | αυτος] αυτον b'*: om cdx𝔄 | ενδεδυκως] εκδεδυκως s: ⟨ενδεδυμενος 242⟩ | και 3° bis scr v(mg) | ο] pr ην bozc$_2$e$_2$: om c | χωρακος A | χιλιαδες] χιλιαδας c: χιλιαδων dlpqt | σικλων] σιτλων cxa$_2$: ⟨σικλου 242⟩

**6** hab και 1°—(7) υφαινοντων 𝔏$^{v}$ | κνημιδες χαλκαι] *tibialia erant ei aerea* 𝔏 | κνημιδες] αι κνημιδες (κνημαις b': κνιμες *b*) αυτου boc$_2$e$_2$ | χαλκαι] και v | επανω] pr και N: επι b'dlpqtz: αι επι *b*oc$_2$e$_2$𝔖$^{j}$: ανα μεσον h: + των σκευων αυτου και a$_2$ | ⟨σκελων] μηρων 74 uid⟩ | ασπις χαλκη] *serpentes aheneae* 𝔈: *scutum eius aereum et baltheus* 𝔏: om χαλκη j(txt) | ανα—αυτου 2°] επανω των ωμων αυτου ανα μεσον y: *super humeros eius* 𝔄𝔏: hab επι των ωμων Jos | om των 2° jb$_2$

**7** ο κοντος] ο ογκος N: το ξυλον boc$_2$e$_2$: *hasta* 𝔏 | om αυτου

23 πονηρον 1°] ϡ θ̅υ̅ j | κινυραν] α' κιθαραν j: θ' ψαλτηριον jz | ανεψυχεν] α' ανεπνεεν *b*jmz(sine nom jz) | αγαθον] α' ευφορα$^{s}$ εγενετο *b*m: σ' ευφορας εγενετο (εγιν- z) jz
XVII 1 εφερμεμ] α' εν περατι δομμειν (*Dommim* lat) On
3 (ο αυλων)] ϡ η φαραγξ *b*jm
4 δυνατος] α' μεσαζων (pr ο j) *b*j(indice ad (3) αυλων posito)m: αμεσσαιος e$_2$ | τεσσαρων ϡ σ' εξ j
5 περικεφαλαια] + ※ϡ χαλκη j | αλυσιδωτον] α' φολιδωτον *b*jmz: σ' θ' λεπιδωτον *b*(sine nom)m: σ' θ' ασπιδωτον jz(om θ')

B τοῦ δόρατος αὐτοῦ ὡσεὶ μέσακλον ὑφαινόντων, καὶ ἡ λόγχη αὐτοῦ ἑξακοσίων σίκλων σιδήρου·
καὶ ὁ αἴρων τὰ ὅπλα αὐτοῦ προεπορεύετο αὐτοῦ. [8]καὶ ἀνέστη καὶ ἀνεβόησεν εἰς τὴν παράταξιν 8
Ἰσραὴλ καὶ εἶπεν αὐτοῖς Τί ἐκπορεύεσθε παρατάξασθαι πολέμῳ ἐξ ἐναντίας ἡμῶν; οὐκ ἐγώ εἰμι
ἀλλόφυλος, καὶ ὑμεῖς Ἐβραῖοι καὶ Σαούλ; ἐκλέξασθε ἑαυτοῖς ἄνδρα καὶ καταβήτω πρός μέ·
[9]καὶ ἐὰν δυνηθῇ πρὸς ἐμὲ πολεμῆσαι καὶ ἐὰν πατάξῃ με, καὶ ἐσόμεθα ὑμῖν εἰς δούλους· ἐὰν δὲ 9
ἐγὼ δυνηθῶ καὶ πατάξω αὐτόν, ἔσεσθε ἡμῖν εἰς δούλους καὶ δουλεύσετε ἡμῖν. [10]καὶ εἶπεν ὁ 10
ἀλλόφυλος Ἰδοὺ ἐγὼ ὠνείδισα τὴν παράταξιν Ἰσραὴλ σήμερον ἐν τῇ ἡμέρᾳ ταύτῃ· δότε μοι
ἄνδρα καὶ μονομαχήσομεν ἀμφότεροι. [11]καὶ ἤκουσεν Σαοὺλ καὶ πᾶς Ἰσραὴλ τὰ ῥήματα τοῦ 11
ἀλλοφύλου ταῦτα, καὶ ἐξέστησαν καὶ ἐφοβήθησαν σφόδρα. [32]Καὶ εἶπεν Δαυεὶδ πρὸς Σαούλ 32

8 εκπορευεσθαι A | εκλεξασθαι A 9 εσομαιθα A | εσεσθαι A 10 ωνιδισα A

ANa–jl–qstv–c$_2$e$_2$𝔄(𝔅$^l$)ℭ$^w$𝔈(𝔏$^v$)

1° q | ως boc$_2$e$_2$ | μεσακλον] μεσακνον a$^{a?}$hijusvwz(mg)b$_2$: μεσαυλον e: μεσαντιον dlpqt: αντιον boz(txt)c$_2$e$_2$: αντιον μεσακνον g: *scapum* 𝔏 | υφαινοντων] pr των a$_2$: υφαινοντος Acdlpqtxz | λογχη] ολκη o | αυτου 2°] η επ αυτω bozc$_2$e$_2$ | εξακοσιοι A | σιτλων cx | οπλα] σκευη bt: θυρεον z$^{a?}$ | προεπορευετο] προσπορευετο A: προσεπορευετο N: ⟨παρεπορευετο 44⟩ | αυτου 4°] pr εμπροσθεν b′: αυτω cvx: εμπροσθεν o: + εμπροσθεν *b*c$_2$e$_2$

8 εστη ANa–dg–ln–vxzb$_2$c$_2$e$_2$𝔄(uid)ℭ(+ *Goliath*)𝔈 | ανεβοησεν] εβοησεν boc$_2$e$_2$: ⟨ανεβη 74⟩ | εις] προς Acdlpqtxz: *contra* 𝔖$^j$ | ⟨την] πρωτην 74⟩ | παραταξιν] παραταγην v | ισραηλ] pr του efmw: ⟨αυτου 44⟩: om N | τι] pr ινα befhmoswzc$_2$e$_2$𝔄(uid): ετι A | εκπορευεσθε] επορευεσθε a*: εκπορευεται v: om h | παραταξασθαι] post πολεμω cx: παραταξεσθαι eh | πολεμω] pr εν v: πολεμον Naefgmnsw: εις πολεμον bdlopqtzc$_2$e$_2$𝔄 | om ειμι cx | ημεις b′*z | αιβραιοι g | και 5° B] του Abdlopqtvzc$_2$e$_2$𝔈: *serui* 𝔄ℭ: om cx: τω N rell | εαυτοις] αυτοις ANchlpqxz: ⟨εαυτους 242⟩ | με] + και πολεμησει μετ εμου cx

9 om και 1° 𝔄 | ⟨εαν 1°] αν 236 uid⟩ | δυνηθη] δυνηται boc$_2$e$_2$ | προς—παταξη] παταξαι cx | προς εμε πολεμησαι] πολεμησαι προς με dlpqtz: πολεμησαι μετ εμου boc$_2$e$_2$𝔄(uid)ℭ(uid) | εμε Bn] με AN rell | ⟨πολεμησαι—παταξη] του παταξαι 44⟩ | εκπολεμησαι e | εαν παταξη] *ferire* 𝔄 | om εαν 2° boa$_2$c$_2$e$_2$ℭ𝔈 | παταξη] ras (2) inter α 1° et τ e: παταξει gm | om και 3° bcoxza$_2$c$_2$e$_2$𝔄(uid)𝔈 | εσωμεθα bv | εαν 3°] ει cx | om δε A | om δυνηθω και a$_2$ | δυνηθω] καταδυναστευσω αυτου boc$_2$e$_2$: *uincam* 𝔄 | και παταξω] παταξαι cx: om και g* | εσεσθε] pr και j: + υμεις cx 𝔄(uid) | ημιν 1°] υμιν go | om και δουλευσετε ημιν cxℭ | δουλευσετε] δουλευσητε N: δουλευσατε Aga$_2$: ⟨δουλευσεσθε 246⟩

10 ⟨και 1°—αλλοφυλος] om 44: om ειπεν ο αλλοφυλος 71⟩ | ιδου εγω ωνειδισα] ωνειδον v | εγω] + ειμι y | ωνειδισα] εξευτελισα z$^{a?}$ | ⟨την παραταξιν ισραηλ post ταυτη 246⟩ | om σημερον Nbe–jmnosvwb$_2$c$_2$e$_2$𝔄ℭ(uid) | om εν—ταυτη a | δοτε] + ουν boc$_2$ | μονομαχησωμεν Aafginopq*(uid)vxa$_2$c$_2^a$e$_2$

11 ⟨πας] + ο λαος 246⟩ | τα—ταυτα] το ρημα τουτω του αλλοφυλου c | του αλλοφυλου] pr αυτου A: των αλλοφυλων av | om ταυτα ⟨44.242⟩ 𝔄 | και εξεστησαν] om d: om και c$_2$ | εφοβησαν c

hab 12—31 Ab(c)d–jlm(sub θ′ ⍜ ※)opqstw(x)za$_2$c$_2$e$_2$𝔄(𝔅)ℭ(𝔏$^v$)

12 και ειπεν δᾱδ υιος αν̅ο̅υ̅ εφραθαιου ουτος εκ βηθλεεμ ιουδα και ονομα αυτω ιεσσαι και αυτω οκτω υιοι και ο ανηρ εν ταις ημεραις σαουλ πρεσβυτερος εληλυθως εν ανδρασιν ⟦και 1°—(17) ιεσσαι sup ras i (script ras est ut uid uersuum 32 seqq) | ειπεν A𝔄-codd] ην cefmswx 𝔄-ed 𝔖$^j$: om rell ℭ | δᾱδ] αν̅ο̅ς̅ cx: *uir unus* 𝔄-ed: + *iuuenis quidam* 𝔖$^j$ | om υιος—ουτος cx | αν̅ο̅υ̅] ανδρος bgoa$_2$c$_2$e$_2$𝔄(uid): om hi | εφραθαιου] εφρεθαιου e: εφραθαι a$_2$: εφρανθα g | ουτος] pr και efm$^{a?}$osw: και αυτος m*(uid) 𝔄: om iℭ | βηθλεεμ] βιθλεεμ w: ⟨βηθλειμ 236⟩ | om και 2° efmwℭ | και 3° bis scr c$_2$ | υιοι οκτω cx𝔄 | υιοι] pr οι g | om ο e | εν 1°—πρεσβυτερος] ⟨πρεσβυτερος και εν ημεραις σαουλ 246⟩: πρεσβυτης εν ημεραις σαουλ a$_2$ | εν 1°—σαουλ post πρεσβυτερος bghioc$_2$e$_2$ | om ταις bghioc$_2$e$_2$ | om εληλυθως εν ανδρασιν cx | εληλυθως] pr η h | ⟨om εν 2° 74⟩ | ανδρασιν] ετεσιν bdg–jlopqtza$_2$c$_2$e$_2$⟧

13 και επορευθησαν οι τρεις υιοι ιεσσαι οι μειζονες επορευθησαν οπισω σαουλ εις πολεμον και ονομα των υιων αυτου των πορευθεντων εις τον πολεμον ελιαβ ο πρωτοτοκος αυτου και ο δευτερος αυτου αμιναδαβ και ο τριτος αυτου σαμμα ⟦υιοι] pr οι gxe$_2$ | ιεσσαι] αυτου cx | οι 2°] bis scr s: om c$_2$ | επορευθησαν 2° A] *euntes* 𝔄: om omn ℭ(uid) | πολεμον 1° A] pr τον omn | om και 2°—πολεμον 2° cdgx | ονομα] ονοματα ⟨123⟩ 𝔄: ταυτα τα ονοματα befhimoswa$_2$c$_2$e$_2$ | υιων] pr τριων bhioa$_2$c$_2$e$_2$ℭ | om των πορευθεντων b′ | ηλιαβ h* | om ο 1° h | om αυτου 2°—αυτου 3° d | om αυτου 2° cxℭ | om αυτου 3° bce–imoswxa$_2$c$_2$e$_2$ ℭ | αμιναδαβ] αμιναδαμ g: αβιναδαβ e | ο τριτος αυτου] om d: om αυτου be–imoswa$_2$c$_2$e$_2$ 𝔄-codd ℭ | σαμμα] σαμα l*: σμμα c: *Sammaa* ℭ: σαμαα befhimoswc$_2$e$_2$𝔄: αμαα g: σαμααδ a$_2$⟧

14 και δᾱδ αυτος εστιν ο νεωτερος και οι τρεις οι μειζονες (μιζ- A) επορευθησαν οπισω σαουλ ⟦om totum comma cx | και δᾱδ] δᾱδ δε efmsw | αυτος εστιν] *erat* 𝔄: om b′efmsw: om αυτος ℭ: om εστιν *b*ghioa$_2$c$_2$e$_2$ | om ο a$_2$ | νεωτερος] νεωτατος *b*ghozc$_2$e$_2$: μικροτερος efmsw | om οι μειζονες d | ⟨οπισω] μετα 44⟩⟧

15 και δᾱδ απηλθεν και ανεστρεψεν απο του σαουλ ποιμαινων τα προβατα του πατρος αυτου εν βηθλεεμ ⟦και 1°] ο δε d | δᾱδ] pr ο c | απηλθεν και ανεστρεψεν] ανεστρεψε και απηλθεν cx: ⟨om απηλθεν και 44⟩: om και ανεστρεψεν 𝔄-codd ℭ | του 1°] προσωπου cx: om bghim*oa$_2$c$_2$e$_2$ | ποιμαινων] pr και ην cx: ποιμαινειν bf–joza$_2$c$_2$e$_2$𝔄 | εν] εις ga$_2$⟧

16 (§𝔅$^l$) και προηγεν ο αλλοφυλος ορθριζων και οψιζων και εστηλωθη τεσσερακοντα ημερας ⟦hab και 1°—ημερας 𝔏$^v$ | προηγεν Ajo] προσηγαγεν ie$_2$: προσηει efmsw: προσηγεν rell 𝔄(uid) 𝔅(uid)𝔖$^j$(uid): *exiit* 𝔏 | ορθριζων και οψιζων] *ante lucem usque ad uesperum* 𝔏 | οψι|※ζων c$_2$ | και εστηλωθη] om ℭ(uid): + εναντιον ι̅η̅λ̅ bghi(-ντι)oz$^{a?}$a$_2$c$_2$e$_2$𝔖$^j$: + ενωπιον ι̅η̅λ̅ djlpqtz*: + *in conspectu Israel* 𝔏 | τεσσερακοντα] post ημερας d𝔄𝔏: τ 1° ex σ c$^a$: σαρακοντα p: μη′ z⟧

17 και ειπεν ιεσσαι προς δᾱδ λαβε δη τοις αδελφοις σου οιφει

7 μεσακλον] α′ θ′ αντιον a(om θ′)jm: σ′ ιστος jz | λογχη] α′ θ′ φλοξ δορατος αιχμη j | σικλων] α′ σικλων στατηρων j | τα οπλα] σ′ ασπιδα θ′ θυρεων *b*: α′ θ′ ασπιδα σ′ τον θυραιον j: θ′ ασπιδα σ′ θυρεον m

8 πολεμω] ⍜ πολεμον j | εβραιοι] ⍜ δουλοι *b*(sine nom)jm | και καταβητω] σ′ εις το μονομαχησαι j

9 δυνηθη προς εμε] σ′ περιγενηται μου j

10 ωνειδισα] υβρισα εξευτελισα j | εν—ταυτη] σ′ σημερον j | αμφοτεροι] α′ ομου θ′ αμα j

Ab–jlmopqstwxza$_2$c$_2$e$_2$𝔄𝔅$^{l}$ℭ$^{w}$(𝔏$^{v}$)

τουτου και δεκα αρτους τουτους και διαδραμε εις την παρεμβολην και δος τοις αδελφοις σου ⟦προς δαδ A] δαδ τω (τω δαδ i: δαβιδ τω c) υιω αυτου omn 𝔄𝔅ℭ | ⟨om δη 44⟩ | οιφει] pr το *b*giozc$_2$e$_2$: pr τω b'h: υφι f: υφη cx: ιφι p: του υφει a$_2$ | τουτου A] τω αλφιτου τουτο h: τον αλευρου efmsw: +του αλφιτου cx: pr του αλφιτου rell 𝔄𝔅ℭ𝔖-ap-Barh | δεκα] pr τους bcghioxza$_2$c$_2$e$_2$: ⟨τους δωδεκα 246⟩ | om τουτους dj(txt) | δραμε bcghioxa$_2$c$_2$e$_2$ | και 4°—αδελφοις 2°] προς τους αδελφους bghioa$_2$c$_2$e$_2$ℭ | ⟨τοις αδελφοις σου 2°] αυτοις εις την παρεμβολην 44⟩⟧

18 και τας δεκα τρυφαλιδας (στρυφ- A*: στρυνφ- A¹) του γαλακτος τουτου εισοισεις τω χιλιαρχω (χειλεαρχω A) και τους αδελφους σου επισκεψη εις ειρηνην και οσα αν χρηζωσιν γνωση ⟦και 1°—εισοισεις sup ras m$^a$ | hab *decem caseos molles* 𝔏$^v$ | δεκα] πεντε dp | τρυφαλιας cx | ⟨γαλακτος τουτου] γαλακτα ταυτα 246⟩ | τουτου] του c: ταυτας bghioc$_2$e$_2$𝔅(uid)ℭ(uid): om efm$^a$swa$_2$𝔄 | εισοισεις] εισοισης g: εισεις a$_2$: ⟨προσοισεις 246⟩: *dabis* 𝔄-ed: ⟨δος 44⟩ | επισκεψη] επισκεψε cx: επισκεψαι emsw | και 3°] pr και το ερσουβα αυτων ληψη και εισοισεις μοι την αγγελιαν αυτων (ταυτην z*) z | οσα—γνωση] το ερσουβα (σερουβα c$_2$: εσουβα hioa$_2$: ευσουβα g) αυτων λημψη και εισοισεις (-σης gh) μοι (με h*: om o*) την αγγελιαν αυτων bghioa$_2$c$_2$e$_2$: hab και το εσουβ αυτων λημψη Chr: hab το ερσουβα αυτων ληψη Thdt | οσα] οσω c: ⟨οσων 123⟩ | ⟨εαν 123⟩ | ⟨χρηζουσι 236⟩ | γνωση] +και το σαββατον ποιησεις μετ εμου efmsw: +*feres nuntium eorum mihi* ℭ⟧

19 και σαουλ αυτος και πας ανηρ ιηλ εν τη κοιλαδι της δρυος πολεμουντες μετα των αλλοφυλων ⟦και σαουλ] σαουλ δε efmsw | και 1°] pr και ηλθε δαδ x: +ηλθε c | σαουλ] pr *ecce ii et* 𝔅 | αυτος] pr και h: και αυτοι bgioa$_2$c$_2$e$_2$: om cfx𝔄𝔅ℭ | ανηρ] ο λαος cefmswx: om ℭ | om ιηλ efmsw | τη] τω d | της] του cx | πολεμουνται c$_2$⟧

20 και ωρθρισεν δαδ το πρωι και αφηκεν τα προβατα φυλακι (-κει A) και ελαβεν και απηλθεν καθα ενετειλατο αυτω ιεσσαι και ηλθεν εις την στρογγυλωσιν και δυναμιν την εκπορευομενην εις την παραταξιν και ηλαλαξαν εν τω πολεμω ⟦το] τω cghosxa$_2$ | φυλακι] pr επι gioc$_2$: φυλακη cx: επι φυλακη ba$_2$: επι φυλακην e$_2$: επι φυλακα h: *super custodes* 𝔖$^j$ | αυτω] pr αυτο q*: ⟨αυτου 242⟩: om h | ιεσσαι] +*pater eius* 𝔅 | εις την στρογγυλωσιν] *in planitiem* 𝔄 | στρογγυλωσιν] παρεμβολην bghioz$^{a?}$a$_2$c$_2$e$_2$: καμπην efm(txt)sw | ⟨δυναμιν—ηλαλαξαν] ειδεν 44⟩ | δυναμιν A] pr την dejlmpqstw: pr ειδε την cx: pr εις την rell 𝔄𝔅ℭ𝔖$^j$ | εισπορευομενην e | την παραταξιν] τον (την c) πολεμον bcghioxz$^{a?}$a$_2$c$_2$e$_2$ℭ𝔖$^j$ | ηλαλαξαν] ηλλαξαν a$_2$e$_2$: ηλαξαν g⟧

21 και παρεταξαντο ισλ και οι αλλοφυλοι παραταξιν εξ εναντιας παραταξεως ⟦ισλ] pr οι υιοι bia$_2$: *Israelitae* 𝔄: οι υιοι ιηλ παραταξιν ghoc$_2$e$_2$ | και οι αλλοφυλοι] om ia$_2$: ⟨om οι 236⟩ | παραταξιν] παραξιν b': ⟨om 44⟩⟧

22 και αφηκεν δαδ τα σκευη αυτου αφ εαυτου επι χειρα φυλακος και εδραμεν εις την παραταξιν και ηλθεν και ηρωτησεν τους αδελφους αυτου εις ειρηνην ⟦και αφηκεν] αποθεμενος δε efmsw | αφηκεν] απεθετο bghia$_2$c$_2$e$_2$: επεθετο o | om δαδ cf*msw | om αυτου 1° 𝔄𝔅 | om αφ εαυτου h𝔅ℭ | αφ] εφ a$_2$ | χειρας cgx | φυλακος A] του σκευοφυλακος bghioa$_2$c$_2$e$_2$𝔄𝔅ℭ𝔖$^j$: pr του rell | om και 2° efmsw | εδραμεν] εδραξεν d: +εις την παρεμβολην και bghioa$_2$c$_2$e$_2$ | παραταξιν] +του πολεμου bghioa$_2$c$_2$e$_2$ | και ηλθεν] και ηθελε e*: om bghioa$_2$c$_2$e$_2$𝔅 | om αυτου 2° i* | εις 2°] pr τα bghioza$_2$c$_2$e$_2$⟧

23 και αυτου λαλουντος μετ αυτων ιδου ανηρ ο αμεσσαιος αναβαινεν (-βενεν A) γολιαθ ο φιλιστιαιος ονομα αυτω εκ γεθ εκ των παραταξεων των αλλοφυλων και ελαλησεν κατα ρηματα ταυτα και ηκουσεν δαδ ⟦⟨και αυτου λαλουντος] λαλουντος δε αυτου 246⟩ | και αυτου] αυτου δε i: om και bghoa$_2$c$_2$e$_2$ | μετ αυτων] μετ αυτου c*m*(uid): προς αυτους h: om 𝔄-ed | ιδου] pr και bce–imoswx a$_2$c$_2$e$_2$𝔄-codd | ανηρ] pr ο ijlo$^a$pqtxza$_2$c$_2$: post ο 1° efmsw | ⟨ο 1°—γεθ] γολιαθ ο αμεσαιος ανεβαινεν 44⟩ | ο αμεσσαιος] *Aminaeus* 𝔄-codd: *Iaminaeus* 𝔄-ed | αμεσσαιος] αμασσαιος o: εμεσσαιος z: αμεσαιως g: μεσσαιος b: μεσαιος cx: μεσσεθε a$_2$: μεσηλιξ efmsw | ανεβη c | γολιαθ—αυτω] ονομα (om a$_2$) αυτω (+ο a$_2$) γολιαθ ο φυλιστιαιος (φιλ- b': -ταιος a$_2$) bghioa$_2$c$_2$e$_2$ | γολιαθ] post αυτω ℭ: γολιαδ f𝔄 | ο φιλιστιαιος post αυτω 𝔄𝔅 | φιλιστιαιος Ae] φιληστιναιος cx: φυλιστιαιος rell ℭ: ⟨φυλισταιος 123⟩ | εκ γεθ] εν γεθ a$_2$: ⟨om 246⟩: om εκ cx | των παραταξεων] bis scr q: της παραταξεως bghioa$_2$c$_2$e$_2$ | ρηματα A] pr τα omn | ταυτα] αυτου cx | δαδ] σαουλ e$_2$𝔅ℭ⟧

24 και πας ανηρ ιηλ εν τω ιδειν αυτους τον ανδρα και εφυγον εκ προσωπου αυτου και εφοβηθησαν σφοδρα ⟦om ανηρ b'a$_2$𝔄 | ⟨om ιηλ 242⟩ | εν] pr και bghiozc$_2$e$_2$𝔅ℭ | om αυτους e | και 2°—αυτου post σφοδρα bghioa$_2$c$_2$e$_2$ | om και 2° 𝔄𝔅ℭ | εκ] απο efimsw | om και 3° bghioa$_2$c$_2$e$_2$⟧

25 και ειπεν ανηρ ιηλ ει εορακατε τον ανδρα τον αναβαινοντα τουτον οτι ονειδισαι (ονιδισεν A) τον ισλ ανεβη και εσται ανηρ ος αν παταξη αυτον πλουτισει αυτον ο βασιλευς πλουτον μεγαν και την θυγατερα αυτου δωσει αυτω και τον οικον του πρς αυτου ποιησει ελευθερον εν τω ιηλ ⟦ιηλ 1°] pr εξ bhioa$_2$c$_2$e$_2$: εξ ησδραηλ g | om ει a$_2$ | om τον ανδρα h | τον αναβαινοντα τουτον] τουτον τον αναβαινοντα ⟨44.246⟩𝔄(uid)𝔅(uid): τουτον αναβαινοντα g | ονειδισαι] pr εις goe$_2$: pr εις το ic$_2$: ονειδισεν Acxa$_2$: *super* ℭ | ανεβη] pr και a$_2$: αναβαινει g𝔄: om cx | om και εσται 𝔅ℭ | ανηρ 2°] pr ο bghioxa$_2$c$_2$e$_2$ | ος] ως gm | αν] εαν e$_2$: om t* | παταξη αυτον] παραταξη αυτον και παταξη a$_2$ | παταξει gx | πλουτιει bghioa$_2$c$_2$e$_2$ | πλουτον μεγαν] πλουτον μεγα sx: πλουτω μεγαλω bghioza$_2$c$_2$e$_2$: ⟨μεγα 44⟩ | του πρς] *patrum* 𝔖$^j$ | ποιησει] pr και e: ποιηση i$^a$ | ελευθεριαν cx | om εν τω ιηλ h⟧

26 και ειπεν δαδ προς τους ανδρας τους συνεστηκοτας μετ αυτου λεγων η ποιηθησεται τω ανδρι ος αν παταξει τον αλλοφυλον εκεινον και αφελει ονειδισμον (ονιδ- A) απο ιηλ οτι τις αλλοφυλος ο απεριτμητος αυτος οτι ωνειδισεν (ωνιδ- A) παραταξιν θυ ζωντος ⟦τους 2°—λεγων] τουτους d | συνεστηκοτας μετ αυτου] παρεστωτας (-στηκοτας c$_2$) αυτω bghioa$_2$c$_2$e$_2$: ⟨προεστωτας αυτω 246⟩ | συνεστωτας efmsw | μετ αυτου] μεθ αυτου mw: μεθ εαυτου es: αυτω cx | η A] τι omn 𝔄𝔅ℭ Chr | ποιηθησεται] ποιησεται cxa$_2$e$_2$: ποιησητε g | ος αν] ως εαν g | παταξει Acgmx] παταξη rell | αφελη be–jlqstwzc$_2$e$_2$ | ονειδισμον] ονειδος bghioa$_2$c$_2$e$_2$ | οτι 1°] *et* 𝔄-codd | αλλοφυλος—αυτος] ο απεριτμητος ουτος ο αλλοφυλος cx | αλλοφυλος A] pr εστιν ο *b*ghioza$_2$c$_2$e$_2$ℭ(uid): εστιν b': pr ο rell: om Chr | αυτος A] ουτος rell 𝔄ℭ Chr: ⟨ουτως 242⟩: om 𝔅 | οτι 2°] ος bhioa$_2$c$_2$e$_2$ℭ Chr: ως g⟧

27 και ειπεν αυτω ο λαος κατα το ρημα τουτο λεγων ουτως ποιηθησεται τω ανδρι ος αν παταξει (-ξι A) αυτον ⟦⟨ειπαν 246⟩ | ⟨om κατα—λεγων 44⟩ | τα ρηματα ταυτα cx | λεγοντες djlpq tz𝔖$^j$ | ος] ως g | εαν bga$_2$c$_2$e$_2$ | παταξει Acgx] παραταξη a$_2$: παταξη rell⟧

28 και ηκουσεν ελιαβ ο αδελφος αυτου ο μειζων (μιζ- A) εν τω λαλειν αυτον προς τους ανδρας και ωργισθη θυμω ελιαβ εν τω δαδ και ειπεν ινα τι τουτο κατεβης και επι τινα αφηκας τα μικρα προβατα εκεινα εν τη ερημω εγω οιδα την υπερηφανιαν σου και την κακιαν της καρδιας σου οτι ενεκεν του ιδειν τον πολεμον κατεβης ⟦ελιαβ ο αδελφος] β, ο 1°, α 2° sup ras A$^{a?}$ | ελιαβ 1°] ελιαμ g: ελιαφ a$_2$: ηλια h*(uid) | ⟨μειζων] +αυτου 44⟩ | om θυμω h | ελιαβ 2°] ελιαμ g: ελιαφ h*: ⟨ελιας 236⟩ | εν τω δαδ] ⟨om 44⟩: om εν f | ⟨τουτο] ταυτα 236⟩ | κατεβης 1°] καταβης h | τινα] τι Chr | αφηκες ioc$_2$e$_2$ | προβατα εκεινα] εκεινα προβατια

18 τρυφαλιδας] τεμαχη *bm* | γαλακτος] τυρου *bm* | και 3°—γνωση] ο' και οσα αν χρηζωσι γνωση θ' και ο εαν χρηζωσι γνωση α' και την συμμιξιν αυτων ληψη σ' και την μισθοφοριαν αυτων ληψη j: α' και το εσουβα αυτων ληψη z | οσα—γνωση] σ' οσα χρηζουσ γνωση *b*

28 του—πολεμον] τον πολεμησαι *b*

B Μὴ δὴ συμπεσέτω καρδία τοῦ κυρίου μου ἐπ' αὐτόν· ὁ δοῦλός σου πορεύσεται καὶ πολεμήσει
μετὰ τοῦ ἀλλοφύλου τούτου. 33καὶ εἶπεν Σαοὺλ πρὸς Δαυεὶδ Οὐ μὴ δύνῃ πορευθῆναι πρὸς τὸν 33
§ $ℭ^c$ ἀλλόφυλον τοῦ πολεμεῖν μετ' αὐτοῦ, ὅτι παιδάριον εἶ σύ, καὶ αὐτὸς ἀνὴρ πολεμιστὴς ἐκ §νεότητος
αὐτοῦ. 34καὶ εἶπεν Δαυεὶδ πρὸς Σαοὺλ Ποιμαίνων ἦν ὁ δοῦλός σου τῷ πατρὶ αὐτοῦ ἐν τῷ ποιμνίῳ· 34
καὶ ὅταν ἤρχετο ὁ λέων καὶ ἡ ἄρκος καὶ ἐλάμβανεν πρόβατον ἐκ τῆς ἀγέλης, 35καὶ ἐξεπορευόμην 35
ὀπίσω αὐτοῦ καὶ ἐπάταξα αὐτὸν καὶ ἐξέσπασα ἐκ τοῦ στόματος αὐτοῦ· καὶ εἰ ἐπανίστατο ἐπ'
ἐμέ, καὶ ἐκράτησα τοῦ φάρυγγος αὐτοῦ καὶ ἐπάταξα καὶ ἐθανάτωσα αὐτόν. 36καὶ τὴν ἄρκον 36
ἔτυπτεν ὁ δοῦλός σου καὶ τὸν λέοντα, καὶ ἔσται ὁ ἀλλόφυλος ὁ ἀπερίτμητος ὡς ἓν τούτων· οὐχὶ
πορεύσομαι καὶ πατάξω αὐτόν, καὶ ἀφελῶ σήμερον ὄνειδος ἐξ Ἰσραήλ; διότι τίς ὁ ἀπερίτμητος
οὗτος ὃς ὠνείδισεν παράταξιν θεοῦ ζῶντος; 37Κύριος ὃς ἐξείλατό με ἐκ χειρὸς τοῦ λέοντος καὶ ἐκ 37
χειρὸς τῆς ἄρκου, αὐτὸς ἐξελεῖταί με ἐκ χειρὸς τοῦ ἀλλοφύλου τοῦ ἀπεριτμήτου τούτου. καὶ εἶπεν
Σαοὺλ πρὸς Δαυεὶδ Πορεύου, καὶ ἔσται Κύριος μετὰ σοῦ. 38καὶ ἐνέδυσεν Σαοὺλ τὸν Δαυεὶδ 38

32 συμπεσετω $B^b$ | 35 εεξεσπασα A | 36 ουχει A | ονιδος A | ωνιδισεν A | 37 εξελειτε A

A N a–j l–q s t v–$c_2 e_2$ 𝔄 $𝔅^l$ $ℭ^{(c)w}$ 𝔈 ($𝔏^{sv}$)

$e_2$ | προβατια io$a_2c_2$𝔄-codd | om εκεινα 𝔄𝔅ℭ | εγω οιδα] ημεις οιδαμεν Chr | om σου 1°—κακιαν c𝔅(uid) | om σου 1° Chr | σου 2°] + και την πανουργιαν σου cw | ενεκα c | ιδειν] + σε Chr]]

**29** και ειπεν δᾱδ τι εποιησα νυν ουχι ρημα εστιν

**30** και επεστρεψεν παρ αυτου εις εναντιον (αιν- A) ετερου και ειπεν κατα το ρημα τουτο και απεκριθη αυτω ο λαος κατα το ρημα του πρωτου [[⟨om totum comma 44⟩ | om και 1° s | επεστρεψεν Acx] απεστρεψεν rell | παρ] απ be–imoswz$a_2c_2e_2$ | εναντιον ετερου] μερος ετερον (-ρου $g^b$) bghioz(mg)$a_2c_2e_2$𝔄 Chr(uid): τοπον ετερον efmsw | om και 2°—πρωτου i | κατα 1°—τουτο] ουτως bghoz(mg)$a_2c_2e_2$ | απεκριθη—λαος] απεκριθησαν αυτω bghoa$_2$c$_2$e$_2$ | απεκρινατο efmsw | om αυτω efmsw | ο λαος] *alius* 𝔅 | του πρωτου] το προτερον bghoz$a_2c_2e_2$ℭ]]

**31** και ηκουσθησαν οι λογοι ους ελαλησεν δᾱδ και ανηγγελησαν οπισω σαουλ και παρελαβεν αυτον [[λογοι] + ουτοι cx | ους ελαλησεν post δᾱδ bghio$a_2c_2e_2$ (ε 2° ex α $e_2^a$) | ανηγγελησαν—αυτον] *duxerunt eum ad Saul* 𝔅 | ανηγγελησαν] ανηγγελη efmsw: ⟨απηγγελη 236⟩ | οπισω A] ενωπιον omn 𝔄ℭ | om και παρελαβεν αυτον b | παρελαβεν αυτον A𝔄] pr *Saul* ℭ: παρεστησαν αυτον ενωπιον σαουλ cx: παρελαβον αυτον και εισηγαγον (+ αυτον jlqtz$e_2$) προς (εις e) σαουλ rell: ⟨ανηγαγεν αυτον προς σαουλ 44⟩]]

**32** om και 1°—σαουλ m(txt) | hab μη—αυτον $𝔏^v$ | om δη bcgovx$a_2c_2e_2$𝔏 Chr | συμπεσατω N$a_2$ | καρδια B] pr η AN omn Chr | τω κ̅ω̅ v | μου] + *regis* 𝔅 | επ αυτον post πορευσεται 𝔈 | επ] εις a: προς efmsvw𝔏 | αυτω $a_2$ | ο] pr οτι bgio$c_2e_2$$𝔖^j$ Chr | πορευεται cdlp | ⟨και πολεμησει] του πολεμησαι 123⟩ | πολεμη c | τουτο v

**33** om προς δαυειδ d | δυνη] δυνηση a–dglopqtxz$e_2$ Chr: δυνηθη $c_2$: δυνηθης y: δυνηθηση A | ⟨om πορευθηναι—αλλοφυλον 44.246⟩ | om πορευθηναι b′ | προς 2° ext lin post ras (15) $m^b$ | τον αλλοφυλον] *eum* 𝔅: + τουτον Nabfgoyz$c_2e_2$𝔈 | om του Naf | πολεμησαι Nabe–jmnosvwz$b_2c_2e_2$ | μετ αυτου] προς αυτον Abdlopqtz$c_2e_2$ | συ παιδαριον ει (ην g) bgoc$_2$e$_2$𝔄 Chr (semel) | παιδιον Aadilpqtz | ει] post συ d: om v | και αυτος] αυτος δε bo$c_2e_2$ Chr: *et hic alienigena ipse* 𝔅: + δε g | πολεμιστης] pr εστιν b$c_2e_2$: + εστιν g | αυτου 2°] εως της ημερας ταυτης a

**34** om προς σαουλ f | ην] ημην Chr | τω 1°—ποιμνιω] εν τω ποιμνιω του π̅ρ̅ς̅ αυτου (μου Chr) b′ Chr: *oues patris sui* (*mei* ℭ) 𝔄𝔅ℭ | τω πατρι αυτου post ποιμνιω bgoz$c_2e_2$ | αυτω v | om εν τω N | ερχετο s (ο ex corr $s^a$) | om ο 2° bgoz$c_2e_2$ Chr½ | και 3°] η $a_2$: om bgoz$c_2e_2$𝔄 Eus Chr½ | αρκτος ns* Chr | ελαμβανον cv | προβατον—αγελης] εκ της αγελης προβατων $a_2$ | προβατον] + εν efmsw

**35** και 1°] εγω o: om $a_2$𝔄(uid)ℭ(uid)𝔈 Chr | εξεπορευομην] εξηρχομην bgoz$^{a?}$$c_2e_2$ Chr½ | οπισω] κατοπισθεν bgo$c_2e_2$ Chr½ | αυτου 1°] αυτων o | om και 2°—αυτου 2° b′ | om και επαταξα αυτον Chr½ | επαταξα 1°] επατασσα cx: επατασσον bgoz$c_2e_2$𝔄𝔈 Chr½ | αυτον 1°] αυτο N | εξεσπασα] εξεσπα h*: εξεσπων bcgoxz$c_2e_2$𝔄𝔈 Chr½: εξεπετασα $a_2$: εξηρπασα v Jos(uid) | ⟨εκ] απο 44⟩ | αυτου 2°] αυτων Chr½: om n: + το προβατον c | και 4°—εμε] sup ras $e^a$: om Chr | om ει cvx Eus | επανιστατο] επανισταντο v: *surrexit* 𝔈 | και 5°—επαταξα 2° ext lin $e^a$ | om και 5° bgop$a_2c_2e_2$𝔄(uid)𝔅ℭ(uid)𝔈 | εκρατουν bgo$c_2e_2$𝔄𝔈 Chr | του 2°] της Adp | φαρυγγος] πωγωνος $z^{a?}$ | ⟨om και 6°—αυτον 2° 44⟩ | om και επαταξα 2° cx Chr | επαταξα 2°] *scriebam* 𝔄: επατασσον αυτον bgo$c_2e_2$: *strangulabam eum* 𝔈 | και εθανατωσα post αυτον 2° a | εθανατωσα] εθανατωσαν s: εθανατουν bgo$c_2e_2$𝔄𝔈

**36** και 1°—σου post λεοντα ANa–dg–lopqtvxz$b_2c_2e_2$𝔄𝔅ℭ𝔈 𝔖-ap-Barh Eus Chr | ⟨την—λεοντα] λεοντα και αρκτον ετυπτεν ο δουλος σου 44⟩ | αρκτον dn Chr | ετυπτον cgx | εσται] εστιν v | αλλοφυλος] + ουτος bgoz$c_2e_2$ℭ Chr Thdt | ο 3°] και Chr | απεριτμητος 1°] + ουτος Nc | εν] εις Eus | om ουχι—ουτος Eus | ουχι] ου v: om ℭ(uid)$𝔖^j$ | πορευσωμε gv | hab και 5°—ουτος $𝔏^s$ | σημερον] post ισραηλ $d^a$$ℭ^c$: post ονειδος Acd*glpqtxz𝔅$𝔖^j$: om 𝔏 | ονειδος] ονειδισμον ajnvy$b_2$ | εξ ισραηλ] *populi* 𝔏 | εξ] απο bgo$c_2e_2$ Thdt: + υιων ey | om διοτι—ζωντος d$ℭ^c$ | διοτι—ος] ον v | διοτι τις] *quid est* 𝔈 | διοτι] και οτι b: οτι i$e_2$ Thdt | τις] + εστιν bgoz$c_2e_2$ Thdt: + *est* 𝔏 | ο απεριτμητος ουτος] *iste Philistaeus incircumcisus* 𝔏: ουτως g | ος] οτι go$c_2e_2$𝔈 Chr Thdt | παραταξει Eus

**37** om κυριος 1°—τουτου d | κυριος 1°] pr και ειπεν δᾱδ Abce–h$j^{mg}$(sub ※)lmo–t$v^b$(in spat relict)wxz$c_2e_2$𝔄$ℭ^w$ Eus: pr και ειπεν αυτω παλιν $a_2$ (παλιν sup ras): *Deus* $ℭ^c$ | ος] pr *Deus* 𝔄: ως lqt: ο θ̅ς̅ b: om cx | εξειλατο] εξειλετο bf$h^{b?}$lmp–twz Thdt: εξηγαγε e | om εκ 1°—με 2° p* | χειρος του λεοντος] του λεοντος της χειρος cx | χειρος 1°] στοματος bghoz(pr του) $c_2e_2$$ℭ^w$ Thdt: om $ℭ^c$ | om του 1° ago Thdt | om εκ χειρος 2° ⟨74⟩ ℭ | χειρος 2°] pr της c | της] του s | αρκτου n Thdt | αυτος] υτος sup ras $m^a$: ουτος Acx Eus: ουτως l$p^{a?}$qt | εκ 3°] pr και cx | om του αλλοφυλου f | αλλοφυλου του απεριτμητου] απεριτμητου και αλλοφυλου $a_2$ | του απεριτμητου] post τουτου cx: om b′i$ℭ^c$ | τουτου] τουτο v: om 𝔅ℭ | om προς δαυειδ cx𝔄 | δαυειδ] pr τον b′z | om και εσται Chr | εσται] post κυριος 2° Adlpqtz𝔄: om cx𝔈 | κυριος 2°] pr ο b Chr

**38** om τον $e_2$ | om δαυειδ A | μανδυαν] pr τον dlpqt: τον

35 φαρυγγος] ⋋ πωγωνος j

37 χειρος 1°] θ′ στοματος j

39 μανδύαν καὶ περικεφαλαίαν χαλκῆν περὶ τὴν κεφαλὴν αὐτοῦ, [39]καὶ ἔζωσεν τὸν Δαυεὶδ τὴν B
ῥομφαίαν αὐτοῦ ἐπάνω τοῦ μανδύου αὐτοῦ· καὶ ἐκοπίασεν περιπατήσας ἅπαξ καὶ δίς. καὶ εἶπεν
Δαυεὶδ πρὸς Σαοὺλ Οὐ μὴ δύνωμαι πορευθῆναι ἐν τούτοις, ὅτι οὐ πεπείραμαι· καὶ ἀφαιροῦσιν
40 αὐτὰ ἀπ' αὐτοῦ. [40]καὶ ἔλαβεν τὴν βακτηρίαν αὐτοῦ ἐν τῇ χειρὶ αὐτοῦ, καὶ ἐξελέξατο ἑαυτῷ πέντε
λίθους τελείους ἐκ τοῦ χειμάρρου καὶ ἔθετο αὐτοὺς ἐν τῷ καδίῳ τῷ ποιμενικῷ τῷ ὄντι αὐτῷ εἰς
συλλογήν, καὶ σφενδόνην αὐτοῦ ἐν τῇ χειρὶ αὐτοῦ· καὶ προσῆλθεν πρὸς τὸν ἄνδρα τὸν ἀλλόφυλον.
42 [42]καὶ εἶδεν Γολιὰδ τὸν Δαυεὶδ καὶ ἠτίμασεν αὐτόν, ὅτι αὐτὸς ἦν παιδάριον καὶ αὐτὸς πυρράκης
43 μετὰ κάλλους ὀφθαλμῶν. [43]καὶ εἶπεν ὁ ἀλλόφυλος πρὸς Δαυεὶδ Ὡσεὶ κύων ἐγώ εἰμι, ὅτι σὺ ἔρχῃ
ἐπ' ἐμὲ ἐν ῥάβδῳ καὶ λίθοις; καὶ εἶπεν Δαυεὶδ Οὐχί, ἀλλ' ἢ χείρω κυνός. καὶ κατηράσατο ὁ
44 ἀλλόφυλος τὸν Δαυεὶδ ἐν τοῖς θεοῖς ἑαυτοῦ. [44]καὶ εἶπεν ὁ ἀλλόφυλος πρὸς Δαυεὶδ Δεῦρο πρὸς μὲ
45 καὶ δώσω τὰς σάρκας σου τοῖς πετεινοῖς τοῦ οὐρανοῦ καὶ τοῖς κτήνεσιν τῆς γῆς. [45]καὶ εἶπεν
Δαυεὶδ πρὸς τὸν ἀλλόφυλον Σὺ ἔρχῃ πρὸς μὲ ἐν ῥομφαίᾳ καὶ ἐν δόρατι καὶ ἐν ἀσπίδι, κἀγὼ

39 πεπειραμε A    40 ληθους A | χιμαρρου B* | ποιμαινικω A    42 ιδεν A

ANa–jl–qstv–$c_2e_2$𝔄𝔅$^l$ℭ$^{cw}$𝔈(𝔏$^v$)

μανδυαν αυτου bgoyz$c_2e_2$𝔄𝔅: + αυτου A | περικεφαλαιαν] pr *cinxit eum lorica* ℭ$^c$: ras (4) inter ι 1° et κ a | om χαλκην 𝔅ℭ$^c$ | περι] επι Acdlpqtxℭ$^c$: *in* 𝔄𝔈: επεθηκεν (εθηκεν N) επι Nbgoz $c_2e_2$𝔅(uid)ℭ$^w$ | αυτου] + *imposuit ei* 𝔈: + και εζωσεν τον (om A) δαδ θωρακα (-καν A) Acefj$^{mg}$(θωρακα sub ※)lmp–twx: + και εζωσεν αυτον θωρακα dz(txt): + και ενεδυσεν αυτον θωρακα bgoz (mg)$c_2e_2$𝔄(uid)ℭ$^w$(uid): hab θωρακα Jos

39 εζωσεν—αυτου 1°] την ρομφαιαν αυτου περιεζωσατο d | εζωσεν] εζωσατο bgo$c_2e_2$: ενεζωσεν $a_2$: περιεζωσατο Acefj$^{mg}$(και περιεζωσατο δαδ sub ※)lmp–twxz𝔄: hab περιζωσας Jos | τον δαυειδ BNhij(txt)nv] αυτον ⟨71⟩ 𝔅𝔈: om ℭ$^c$: om τον Aj(mg) rell 𝔄 | ρομφαιαν] μαχαιραν bgo$a_2c_2e_2$ | om αυτου 1° yℭ$^c$𝔈 | hab επανω—δις 𝔏$^v$ | επανω—αυτου 2°] *super mensuram suam* 𝔏 | μανδυου] μανδυος anvy$a_2$: θωρακος bgoz(mg)$c_2e_2$ℭ(uid) | om αυτου 2° 𝔄 | και 2°] pr *et claudicauit* (?) *Dauid cum temptaret ire in eis quia non experiebatur ea* ℭ$^w$: pr *claudicauit Dauid cum iret in eis* ℭ$^c$ | εκοπιασεν—δις] *claudicare coepit ambulans sub armis quoniam numquam temptauerat uti* 𝔏 | εκοπιασεν περιπατησας] εχωλαινεν (-λανεν gz(mg): -λευεν o) δαδ εν τω βαδιζειν εν αυτοις bgoz(mg)$c_2e_2$ | εκοπιασεν] εποκασεν A: *lapsus est* 𝔄: + δαδ cx𝔈(uid) | περιπατησαι Av | απαξ] pr και b': pr ως efjmsw: απας A | δις] + οτι απειρος ην Nabe–jmnosvwy$^b$z(mg) $b_2c_2e_2$𝔅(uid): hab ουκ εγεγυμναστο γαρ Jos | om δαυειδ 2° d | om προς σαουλ ⟨44.71⟩ ℭ$^c$ | σαουλ] pr τον i | om μη z$^{a?}$ | δυνωμαι] δυναμαι dz$^{a?}$: δυνησομαι cx | εν τουτοις πορευθηναι A | hab οτι—αυτου 3° 𝔏$^v$ | om οτι ου πεπειραμαι ℭ$^c$ | ου πεπειραμαι] *insuetus sum* 𝔏: ουκ ειθισμαι εν τουτοις Cyr: + αυτων boz*$c_2$(πεπειρομαι)$e_2$ℭ$^w$: + αυτον g: + αυτοις z$^{a?}$ | αφαιρουσιν] απερουσιν $a_2$: *abstulerunt* 𝔏: διαφερουσιν A: περιειλατο b(-λετο) goz$^{a?}c_2e_2$𝔈: *abstulit Dauid* ℭ | αυτα απ αυτου] *ab illo arma* 𝔏 | αυτα] αυτο b': om 𝔈

40 ελαβεν] + δαδ bcgoxz$c_2e_2$𝔈 | βακτηριαν] ραβδον bgio $a_2c_2e_2$ | om εν 1°—αυτου 2° cx | εαυτω] αυτω a: ⟨εαυτον 242⟩: εαυτους b' | πεντε—χειμαρρου] λιθου εκ του χειμαρρου τρεις $a_2$ | πεντε] τρεις cx$^a$ | λιθους τελειους B] λειους λιθους cdlpqtxz: om τελειους Avy*𝔈 Jos: λιθους λειους Ny$^b$ rell 𝔄𝔅ℭ(uid) | εκ του χειμαρρου] *in ualle* ℭ$^w$: om ℭ$^c$ | εθεντο h* | om αυτους v𝔈 | καδιω] καδδιω cxz$^{a?}$: καδω s: hab πηραν Jos | τω 2°—συλλογην] *eius* ℭ$^c$ | om τω 3° $a_2$ | om εις συλλογην ℭ$^w$ | ⟨λογην 242⟩ | σφενδονην] σφενδονη deflmpstw: η σφενδονη bcgoxz$c_2e_2$ | om αυτου 3° v𝔄𝔈 | om εν 3°—(42) οφθαλμων ℭ$^c$

41 και επορευθη ο αλλοφυλος πορευομενος και εγγιζων (εγγι- A) προς δαδ και ανηρ ο αιρων τον θυρεον (-ραιον A) εμπροσθεν αυτου Ab–gjlmopqstwxz$c_2$ (sub ※ uid)$e_2$𝔄ℭ$^w$ [[om πορευομενος και dℭ$^w$ | εγγει g | ανηρ A] pr ο omn | om ο 2° f | θυρεον] + αυτου boz$c_2e_2$ℭ$^w$𝔖$^j$ | om εμπροσθεν g]]

42 και 1°] pr και επεβλεψεν j: pr και επεβλεψεν ο αλλοφυλος Ab–glmo–twxz$c_2e_2$⟨236⟩𝔄ℭ$^w$ [[ο] pr γολιαθ dlpqtz: om 236 | αλλοφυλος] + γολιαθ cgx]] | ειδεν] ειλεν h: ειπε q | γολιαδ Bafv𝔈] om cdglpqtxz𝔄ℭ$^w$: γολιαθ ANs (θ ex corr s$^a$) rell 𝔅 Thdt | ητιμασεν] ητοιμασεν i: εξουδενωσεν bdglopqtz*$c_2e_2$ Thdt | αυτος 1°] ⟨pr και 246⟩: om bcdox$c_2e_2$𝔄ℭ$^w$𝔖$^j$(uid) Thdt | ην] post παιδαριον d: om Nahijnvb$_2$ | om και 3°—οφθαλμων cx | ⟨και αυτος πυρρακης] πυρρακες 44⟩ | om και αυτος d𝔄 | αυτος 2°] αυτο v: om ℭ$^w$: ⟨+ ην 74⟩ | οφθαλμου v

43 δαυειδ 1°] ⟨pr τον 246⟩: ιηλ e | ωσει κυων εγω] ω συ κυων (-ον c) cx | ωσει] μη boz$^{a?}c_2e_2$ℭ$^c$: *quomodo* 𝔄: om 𝔈$^a$ | ειμι εγω o$c_2e_2$𝔄 | om οτι ℭ$^c$ | συ ερχη] ερχη συ c$^a$x: εσοι ερχει g: συ εξερχη biv: συνεξερχη a: εξηλθες bo$c_2e_2$ | om συ fm𝔄ℭ$^c$𝔈 | ερχη επ εμε post λιθοις 𝔄 | επ εμε] post λιθοις bo$c_2e_2$: προς με ANace–jmnsv–y$b_2$: *ad eum* ℭ$^w$ | λιθοις] pr εν N: λιθω A𝔈(uid) | om και 3°—κυνος Abcox$c_2e_2$ | δαυειδ 2°] pr ο n: ⟨om 71⟩ | αλλ η] αλλα b: αλλα και deflmp–twz Jos | χειρω] χειρων a*d–gh$^b$n$^{a?}$ pqsy$^b$: χειρον a$^{a?}$n*(uid) | κατηρασατο] ελοιδορει z$^{a?}$ | τον] τω v: om a | δαυειδ 3°] ιηλ e | om εν 2°—(44) δαυειδ ℭ$^c$ | θεοις] ειδωλοις A | εαυτου B] αυτων a: αυτου AN rell

44 ο—δαυειδ] προς τον αλλοφυλον ο δαδ c: ⟨αυτω 44: om 71⟩ | παραδωσω A | om του ουρανου j | κτηνεσιν] θηριοις ANb–hj–twzb$_2c_2e_2$𝔄𝔅ℭ𝔈𝔖$^j$

45 om και 1°—αλλοφυλον c | om δαυειδ $a_2$ | ⟨om προς τον αλλοφυλον 44⟩ | om εν 2° b'dlopqtz𝔅ℭ | και εν ασπιδι] om ℭ$^c$𝔈: om εν ⟨44.74⟩ 𝔅ℭ$^w$ | καγω] και εγω cx: εγω δε Nabg–jovb$_2c_2e_2$𝔅

38 μανδυαν] θωρακα η βαρβαρικον περιβολαιον *b*: α' ενδυτην jz
39 εζωσεν] ⅄ ενεδυσεν j | εκοπιασεν—δις] σ' εσκαζεν απειρος ων j | εκοπιασεν] εχωλαινε σ' εσκαζεν z | οτι ου πεπειραμαι] αγυμναστος γαρ ειμι j
40 χειμαρρου] σ' θ' φαραγγος jz(sine nom) | εν τω καδιω] α' εν τω αναλεκτηριω j: σ' εν τη πηρα *b*(sine nom)j | καδιω] ⅄ σκευει j
42 ητιμασεν] ⅄ εξουδενωσεν j    43 κατηρασατο] σ' ελοιδορει j

B πορεύομαι πρὸς σὲ ἐν ὀνόματι Κυρίου θεοῦ σαβαὼθ παρατάξεως Ἰσραὴλ ἣν ὠνείδισας (46) σήμερον·
[46]καὶ ἀποκλείσει σε Κύριος σήμερον εἰς τὴν χεῖρά μου, καὶ ἀποκτενῶ σε καὶ ἀφελῶ τὴν κεφαλήν 46
σου ἀπὸ σοῦ, καὶ δώσω τὰ κῶλά σου καὶ τὰ κῶλα παρεμβολῆς ἀλλοφύλων ἐν ταύτῃ τῇ ἡμέρᾳ
τοῖς πετεινοῖς τοῦ οὐρανοῦ καὶ τοῖς θηρίοις τῆς γῆς· καὶ γνώσεται πᾶσα ἡ γῆ ὅτι ἔστιν θεὸς ἐν
Ἰσραήλ. [47]καὶ γνώσεται πᾶσα ἡ ἐκκλησία αὕτη ὅτι οὐκ ἐν ῥομφαίᾳ καὶ δόρατι σώζει Κύριος· 47
ὅτι τοῦ Κυρίου ὁ πόλεμος, καὶ παραδώσει Κύριος ὑμᾶς εἰς χεῖρας ἡμῶν. [48]καὶ ἀνέστη ὁ ἀλλό- 48
φυλος καὶ ἐπορεύθη εἰς συνάντησιν Δαυείδ. [49]καὶ ἐξέτεινεν Δαυεὶδ τὴν χεῖρα αὐτοῦ εἰς τὸ 49
κάδιον καὶ ἔλαβεν ἐκεῖθεν λίθον ἕνα καὶ ἐσφενδόνησεν καὶ ἐπάταξεν τὸν ἀλλόφυλον ἐπὶ τὸ
μέτωπον αὐτοῦ, καὶ διέδυ ὁ λίθος διὰ τῆς περικεφαλαίας εἰς τὸ μέτωπον αὐτοῦ, καὶ ἔπεσεν
ἐπὶ πρόσωπον αὐτοῦ ἐπὶ τὴν γῆν. [51]καὶ ἔδραμεν Δαυεὶδ καὶ ἐπέστη ἐπ' αὐτόν, καὶ ἔλαβεν 51
τὴν ῥομφαίαν αὐτοῦ καὶ ἐθανάτωσεν αὐτὸν καὶ ἀφεῖλεν τὴν κεφαλὴν αὐτοῦ· καὶ εἶδον οἱ ἀλλό-
φυλοι ὅτι τέθνηκεν ὁ δυνατὸς αὐτῶν, καὶ ἔφυγον. [52]καὶ ἀνίστανται ἄνδρες Ἰσραὴλ καὶ Ἰούδα 52
καὶ ἠλάλαξαν, καὶ κατεδίωξαν ὀπίσω αὐτῶν ἕως εἰσόδου Γὲθ καὶ ἕως τῆς πύλης Ἀσκάλωνος· καὶ
ἔπεσαν τραυματίαι τῶν ἀλλοφύλων ἐν τῇ ὁδῷ τῶν πυλῶν καὶ ἕως Γὲθ καὶ ἕως Ἀκκαρών. [53]καὶ 53

45 ωνιδισας A | 46 αποκλισει A | παρενβολης A

ANa–jl–qstv–c$_2$e$_2$𝔄𝔅$^l$ℭ$^{cw}$𝔈(𝔏$^v$)

Chr: εγω Thdt | πορευομαι προς σε] προς σε πορευσομαι d | πορευομαι] ⟨post σε 44⟩: πορευσομαι y: προσαγω Nae–jmsvwb$_2$: ερχομαι b'oc$_2$e$_2$𝔄𝔈 Chr Thdt: ερχωμε b | εν 4°] επ a$_2$ | θεου σαβαωθ] των δυναμεων θεου Or-gr | θεου] post σαβαωθ ANbd filo$^{a1}$pqtzc$_2$e$_2$𝔅ℭ$^w$ Thdt: om acg*vxy𝔄ℭ$^c$𝔈 Chr | σαβαωθ] σαωθ x: *potestatum* 𝔄 | om παραταξεως ισραηλ Chr | παραταξεως] pr θυ̅ jmo*wb$_2$: θυ̅ των παραταξεων s: *regis* ℭ$^c$ | om ην ωνειδισας σημερον ℭ$^c$ | ην] ον Chr Thdt

**46** αποκλεισει] ει 2° ex corr w$^a$: αποκλειση chiv: αποκλεισαι e: συνκλεισει boc$_2$e$_2$ Thdt | κυριος] *Deus* 𝔅: om ℭ$^c$ | σημερον] post μου Afℭ$^c$: om ag | εις την χειρα] εις τας χειρας bovyc$_2$e$_2$ 𝔄ℭ Thdt: εν τη χειρι A | om και αποκτενω σε ℭ$^c$ | αποκτεινω A | σε 2°] +σημερον cx | om απο σου ℭ$^w$ | om και 4°—(47) οτι 1° ℭ$^c$ | om και 4°—γης d | και 5°] ως b$_2$ | τα κωλα 2°] την πτωσιν a$_2$ | παρεμβολης] της παρεμβολης των bozc$_2$e$_2$ Thdt | τη ημερα ταυτη Abclopqtxzc$_2$e$_2$𝔄 Thdt | ⟨ημερα] ωρα 71⟩ | θηριοις] +*omnibus* 𝔅 | και 7°—ισραηλ bis scr p | γνωσεται] *scient* 𝔈 | ⟨οτι—(47) αυτη] και η εκκλησια αυτη οτι κυριος ο θεος ισραηλ 44⟩ | εστιν] εστη cmx: om a$_2$ | θεος] pr ο Nc: pr κ̅ς̅ ο dflmnptwz: om e$_2$ | εν 2°] εξ e$_2$: om N*d𝔖$^j$

**47** γνωσεται] *scient* 𝔈 | πασα] pr οτι d | ρομφαια και δορατι] δορατι ουδε εν μαχαιρα boc$_2$e$_2$ Thdt | δορατι] pr εν N | σωζη c | hab οτι 2°—πολεμος 𝔏$^v$ | ο πολεμος] *est haec pugna* 𝔏 | και 3°—ημων] *faciet quod placet ei* ℭ$^c$: ⟨om 44⟩ | κυριος 2°] post υμας a$_2$𝔄: om boc$_2$e$_2$ℭ$^w$ Thdt | υμας] ημας m: +*hodie* 𝔖$^j$ | εις χειρας] *in manum* 𝔈 | χειρας] pr τας boc$_2$e$_2$ | υμων g h*c$_2$*

**48** και 1°—δαυειδ] *iuit alienigena ad eum* ℭ$^c$ | αλλοφυλος] αλλος m | επορευθη] +και ηγγισεν Ab–elm$^{mg}$(sub ※ λ̥)opqtwxzc$_2$(sub ※)e$_2$𝔄 | συναντιν b' | δαυειδ] τω δα̅δ̅ και εταχυνεν δα̅δ̅ και εδραμεν εις την παραταξιν εις απαντησιν του αλλοφυλου Ab–eghj(mg)lm(mg)opqtwxzc$_2$e$_2$⟨44·74⟩𝔄ℭ$^w$ ⟦om τω Acehj(mg)m(mg) wx | και 1°—αλλοφυλου] sub ※ j(mg)c$_2$: sub ※ θ' m(mg) | δα̅δ̅ εταχυνεν bghoc$_2$e$_2$ℭ$^w$ | εδραμεν] *exiit* ℭ$^w$: εξηλθεν και αυτος bghoc$_2$e$_2$ | om εις την παραταξιν cx | om εις απαντησιν A | απαντησιν] απαντην 74: συναντησιν bghoc$_2$e$_2$ | του αλλοφυλου] αυτου 44⟧

**49** hab εξετεινεν—αυτου 4° 𝔏$^v$ | εξετεινεν] *misit* 𝔏 | δαυειδ] om cx𝔏: +και εδραμεν εις την παραταξιν εις απαντησιν του αλλοφυλου και εξετεινε δα̅δ̅ d | την χειρα αυτου] om ℭ$^c$: om αυτου 𝔏 | καδδιον cxz | om εκειθεν A | λιθον ενα] λιθους τρεις c | εσφενδονησεν] *misit in fundibulum circumducens in girum manum suam inuocauit nomen Domini Domine Deus mitte nuntium tuum qui praecedat lapidem fundibuli huius* 𝔏 | τον αλλοφυλον] *eum* 𝔅 | επι 1°] εις boc$_2$e$_2$ Jos(uid): *in* 𝔈𝔏 | το 2°] τον lqt | om και 5°—αυτου 3° cgy𝔅ℭ$^c$ | δια—αυτου 3°] επι το (τον lqt) μετωπον αυτου δια της περικεφαλαιας (+αυτου z) dlpqtz | om δια c$_2$* | περικεφαλαιας] +αυτου boc$_2$e$_2$𝔏 | om εις 2°—αυτου 3° 𝔏 | εις 2°] επι Ax | om αυτου 3° 𝔄 | προσωπον] pr το ANltz | om αυτου 4° g

**50** και εκραταιωσεν δα̅δ̅ υπερ τον αλλοφυλον εν τη σφενδονη και εν τω λιθω και επαταξεν τον αλλοφυλον και εθανατωσεν αυτον και ρομφαια ουκ ην εν χειρι δα̅δ̅ Ab–eghj$^{mg}$(sub ※ θ' λ̥)lopqtwxz c$_2$(sub ※)e$_2$𝔄ℭ ⟦⟨εκραταιωσεν—αλλοφυλον 1°] εθανατωσεν αυτον δα̅δ̅ 44⟩ | εκραταιωθη bceghowxzc$_2$e$_2$𝔖$^j$(uid) | om δα̅δ̅ 1° ℭ$^c$ | υπερ] επι dlpqtz(txt) | αλλοφυλον 1°] +και εθανατωσεν αυτον dlpqtz(txt) | om εν 1°—αυτον cx | om εν 1°—αλλοφυλον 2° ℭ$^c$ | εν 1°] και dp: om bghoz(mg)c$_2$e$_2$ | om εν 2° bghoz(mg)c$_2$e$_2$ | λιθω] +※𝔄: +εν τη ημερα εκεινη bghoz(mg)c$_2$e$_2$ | om τον 2°—εθανατωσεν d | om και εθανατωσεν αυτον lpqtz(txt) | ρομφαια] pr η e | χειρι] pr τη b'cghoxc$_2$e$_2$ | δα̅δ̅ 2°] αυτου cx𝔄⟧

**51** om δαυειδ ℭ | om και 2°—αυτον 1° ℭ$^c$𝔈 | om και επεστη e | επεστη] απεστη a$_2$: επεσεν e$_2$ | επ αυτον] *super alienigenam* ℭ$^w$ | ⟨ελαβεν—αυτου 1°] εξεσπασεν αυτην απο του κολεου αυτης 236⟩ | αυτου 1°] του αλλοφυλου cx: *alienigenae et extraxit eam e uagina eius* ℭ$^c$: +και εξεσπασεν (εξεπ- A) αυτην εκ (απο c) του κολεου (κολαιου A: κολπου q) αυτης Abdejlopqtzc$_2$(sub ※) e$_2$𝔄ℭ$^w$ | και εθανατωσεν αυτον] om ⟨44⟩ ℭ$^c$: +*in ea* 𝔈 | αφειλεν] +εν αυτη Ahdlopqtxzc$_2$e$_2$ℭ: +αυτη τη ωρα c | αυτου 2°] pr απ a | ειδον] ιδαν Ah*inb$_2$ | om οι e$_2$ | εφυγον] pr *clamauerunt* ℭ: εφυγαν A

**52** om totum comma ℭ$^c$ | ανιστανται] ανισταντο g: ανεστησαν bcoxc$_2$e$_2$ | ανδρες] pr οι cx | om και ιουδα b | ηλλαξαν a$_2$ | και κατεδιωξαν post γεθ 1° y | κατεδιωκον boc$_2$e$_2$ | αυτων] των αλλοφυλων boc$_2$e$_2$ℭ$^w$ | om εως 1°—και 5° o | εως εισοδου] *usque ad mare et ingressum* 𝔅 | εισοδου γεθ] εις σιδωνα c | εισοδου] pr της bfc$_2$e$_2$: οδου ⟨74⟩ 𝔈 | γεθ 1°] γαιθ g: γαι Ax | om και 5° f | om της Ny | επεσαν BNya$_2$] επεσεν ve$_2$: διεπεσον n: επεσον A rell | τραυματια v | om τη ya$_2$ | των 2°—εως 3°] *usque ad portas* 𝔄 | πυλων] πολεων c | om και 7° cxa$_2$ℭ$^w$ | εως 3°] εις A | γεθ 2°] γαιθ gx | om εως 4° 𝔄 | ακκαρων] ακαρων ceg: ακαρρων m: ⟨ακκαρωνος 244⟩

45 παραταξεως] σ' των ... j | 46 κωλα 2°] σ' σωματα j

ἀνέστρεψαν ἄνδρες Ἰσραὴλ ἐκκλίνοντες ὀπίσω τῶν ἀλλοφύλων, καὶ κατεπάτουν τὰς παρεμβολὰς B
54 αὐτῶν. [54]καὶ ἔλαβεν Δαυεὶδ τὴν κεφαλὴν τοῦ ἀλλοφύλου καὶ ἤνεγκεν αὐτὴν εἰς Ἰερουσαλήμ, καὶ
τὰ σκεύη αὐτοῦ ἔθηκεν ἐν τῷ σκηνώματι αὐτοῦ.
XVIII 6 [6]Καὶ ἐξῆλθον αἱ χορεύουσαι εἰς συνάντησιν Δαυεὶδ ἐκ πασῶν πόλεων Ἰσραὴλ ἐν τυμπάνοις

53 εκκλεινοντες B*

ANa-jl-qstv-c$_2$𝔄𝔅$^l$ℭ$^{cw}$𝔈(𝔏$^v$)

**53** om totum comma ℭ$^c$ | hab και 1°—αυτων 𝔏$^v$ | ανεστρεψαν] ανεστρεψεν ga$_2$e$_2$: απεστρεψαν A | ανδρες] pr οι cx: ανδρας g*: πας a$_2$ | εκκλινοντες] ⟨εκκλιναντες 44⟩: *comburentes* 𝔏 | οπισω] sup ras m$^a$: απο jb$_2$ | κατεπατουν] *conculcauerunt* 𝔄𝔈: *conculcantes* 𝔏: προενομευσαν boz(mg)c$_2$e$_2$ℭ$^w$(uid): hab διαρπαζει Jos

**54** om δαυειδ fc$_2$* | om και ηνεγκεν αυτην ℭ$^c$ | ηνεγκεν] ανηνεγκεν Nabe-jmnosvwyzb$_2$c$_2$e$_2$: ηγαγεν cx | εθηκεν τα σκευη αυτου f | εθετο bcoxc$_2$e$_2$ | om αυτου 2° ℭ$^w$𝔈

hab **55—XVIII 5** Ab(c)d-jlmopqstw(x)zc$_2$e$_2$𝔄(𝔏$^v$) (sub ※ mc$_2$)

om **55, 56** cx

**55** και ως ειδεν σαουλ τον δᾱδ εκπορευομενον εις απαντησιν του αλλοφυλου ειπεν προς αβεννηρ τον αρχοντα της δυναμεως υιος τινος ο νεανισκος ουτος και ειπεν αβεννηρ ζη η ψυχη σου βασιλευ ει οιδα ⟦και 1°] +εγενετο bghioc$_2$e$_2$ | σαουλ τον δᾱδ] δᾱδ τον σαουλ l*p | πορευομενον fg | συναντησιν efmsw | του αλλοφυλου] τω αλλοφυλω fimsw: των αλλοφυλων e: +ειπεν προς βενειρ και απεκριθη αβενειρ και ειπεν g* | ειπεν 1°] pr και fw | αβεννηρ Ae(εν ex corr uid)fhl] βεννειρ g: αβεννηρ rell 𝔄 | ⟨om τον 2° 44⟩ | δυναμεως] +αυτου bghiozc$_2$e$_2$ | νεανιας be-imoswc$_2$e$_2$ | ουτος] αβεννηρ bioc$_2$e$_2$: αβεννειρ g: αβενηρ h: τινος αβεννηρ d: ⟨om 44⟩: +αβεννηρ jlmpqstwz𝔄: +αβενηρ ef | om και ειπεν αβεννηρ m(txt) | ειπεν αβεννηρ] απεκριθη αβεννηρ (αβεννειρ g: αβενηρ h) και ειπεν bghoc$_2$e$_2$ | αβεννηρ] αβενηρ f: ο αβενηρ e: om di | βασιλευ] pr κυριε b′: pr κυριε μου *b*ghioz(mg)c$_2$e$_2$: βασιλευς s: om d | ει] ουκ bghioz(mg)c$_2$e$_2$⟧

**56** και ειπεν ο βασιλευς επερωτησον (επηρ- A) συ υιος τινος ο νεανισκος ουτος ⟦συ] σοι g: om 𝔄 | om υιος goq | ⟨om ο νεανισκος ουτος 44⟩ | νεανιας beghioc$_2$e$_2$ | om ουτος djlpqt𝔄⟧

**57** και ως επεστρεψεν δᾱδ του παταξαι τον αλλοφυλον και παρελαβεν αυτον αβαιννηρ και εισηγαγεν αυτον ενωπιον σαουλ και η κεφαλη του αλλοφυλου εν τη χειρι αυτου ⟦om ως l* | υπεστρεψεν chx | του παταξαι] μετα το παταξαι cx: παταξας bghiozc$_2$e$_2$ | ⟨om και 2°—και 3° 44⟩ | om και 2° bcdghioxc$_2$e$_2$𝔄 | παρεβαλεν e$_2$* | αβαιννηρ A] αβενηρ c(ras 1 lit inter ε et ν)fh: αβεννειρ g: αβενηρ αρχων δυναμεως σαουλ cx: αβεννηρ rell 𝔄 | εισηνεγκεν f | om αυτον 2° d | σαουλ] pr του βασιλεως i⟧

**58** και ειπεν προς αυτον σαουλ υιος τινος ει παιδαριον και ειπεν δᾱδ υιος δουλου σου ιεσσαι του βηθλεεμειτου ⟦om totum comma cx | ⟨om προς αυτον 44⟩ | ⟨τινος υιος 44⟩ | παιδαριον] νεανια bghioc$_2$e$_2$ | δουλου] pr του bdg-jlopqtzc$_2$e$_2$ | ιεσσαι] pr του b′i: ισσαι h* | βηθλεεμειτου] βιθλεεμιτου qe$_2$: βεθλεεμιτου h$^{b?}$: βιθλεεμμιτου *b*: βιθεμμιτου g: βεθλεεμι h*⟧

**XVIII 1** και εγενετο ως συνετελεσεν λαλων προς σαουλ και η ψυχη ιωναθαν συνεδεθη τη ψυχη δᾱδ και ηγαπησεν αυτον ιωναθαν κατα την ψυχην αυτου ⟦⟨και εγενετο ως] ως δε 44⟩ | ως] +εισηλθεν (ηλθε z$^{mg}$) δᾱδ προς σαουλ και bghioz(mg)c$_2$e$_2$ | συνετελεσεν λαλων προς] εστη δᾱδ ενωπιον cx | προς σαουλ] αυτω bghioz(mg)c$_2$e$_2$ | και 2°—ηγαπησεν] ειδεν i | και 2°] pr ειδεν αυτον ιωναθαν bghozc$_2$e$_2$: om e* | η—τη] συνεδεθη η (τη b′) ψυχη αυτου τη (η b′) bghozc$_2$e$_2$: hab συνεδεθη αυτω η ψυχη αυτως Chr | ιωναθαν 1°] +του υιου σαουλ cx | αυτον] αυτω g*⟧

**2** και ελαβεν αυτον σαουλ εν τη ημερα εκεινη και ουκ εδωκεν αυτον επιστρεψαι εν τω οικω του πρς αυτου ⟦⟨εν 1°—εκεινη] κατα την ημεραν εκεινην 44⟩ | και 2°—(6) (αλλοφυλον) post (29) ετι g | εδωκεν] αφηκεν bghioc$_2$e$_2$ | αυτον 2°] αυτω efmsw𝔄 | εις τον οικον bghioc$_2$e$_2$𝔄⟧

**3** και διεθετο ιωναθαν και δᾱδ εν τω αγαπαν αυτον κατα την ψυχην αυτου ⟦hab και 1°—(4) αυτου 3° 𝔏$^v$ | om totum comma d | διεθετο] ⟨διεθεντο 242⟩: εθετο h | ιωναθαν και δᾱδ] *Ionathan ad Dauid testamentum* 𝔏: *cum eo Ionathan foedus* 𝔄: δᾱδ και ιωναθαν διαθηκην cx: +διαθηκην e-hmsw: +ο βασιλευς διαθηκην boz(mg)c$_2$e$_2$: +και ο βασιλευς διαθηκην i | εν—αυτου] *in dilectione illius et animae ipsius* 𝔏: οτι ηγαπησεν αυτον ψυχην αγαπωντος αυτον bghioz$^{mg}$(ψυχη)c$_2$: ψυχην αγαπωντος αυτον e$_2$ | αυτον] +αυτον qt⟧

**4** και εξεδυσατο ιωναθαν τον επενδυτην τον επανω και εδωκεν αυτον τω δᾱδ και τον (το A) μανδυαν αυτου και εως της ρομφαιας αυτου και εως του τοξου αυτου και εως της ζωνης αυτου ⟦τον 1°—επανω] *tunicam quae erat super ipsum* 𝔏 | τον επενδυτην] την χλαμυδα w: om τον o | τον επανω A] τον επ αυτω jqt𝔄(uid): τον επ αυτον bghioc$_2$e$_2$: επ αυτω dlp: αυτου cx: αυτου τον επ αυτω z: om efm(ras 2 litt)sw | επεδωκεν p | αυτον] αυτω m: om bdghioc$_2$e$_2$ | τω] τον cme$_2$ | εως 1°—αυτου 3°] *usque arcum et sagittam* 𝔏 | om αυτου 2° d | om και 5°—αυτου 3° t | om εως 2° bdghiozc$_2$e$_2$ | om αυτου 3° bdghioc$_2$e$_2$ | om εως 3° bdghioc$_2$e$_2$ | ζωης m* | αυτου 4°] +*et ad pharetram suam* 𝔄-ed⟧

**5** και εξεπορευετο δᾱδ εν πασιν οις απεστειλεν αυτον σαουλ συνηκεν και κατεστησεν αυτον σαουλ επι τους ανδρας του πολεμου και ηρεσεν εν οφθαλμοις παντος του λαου και γε εν οφθαλμοις δουλων σαουλ ⟦om και 1°—συνηκεν bghioz(txt)c$_2$e$_2$ | εν 1°] και efmsw | απεστειλεν] απεστελεν cm: απεστελλεν efs$^a$(uid)w𝔄 | αυτον 1°] αυτω c$^{a?}$: αυτος c*(uid) | συνηκεν] ⟨συνιων 123⟩: *et sapienter agebat* 𝔄: om cdjlpqtxz(mg) | και 2°—σαουλ 2° bis scr j* | ⟨αυτον 2°] αυτω 242⟩ | σαουλ 2°] δᾱδ d: ⟨om 44⟩ | πολεμου] +και εξεπορευετο δᾱδ και εισεπορευετο (+και 246) συνιων εν πασιν οις αν (om i 246) απεστελλεν (-ηλεν g) αυτον σαουλ bghioz(txt)c$_2$e$_2$⟨246⟩ | εν οφθαλμοις 1°] ενωπιον bghioc$_2$e$_2$ | λαου] σαουλ e$_2$ | γε] εγενετο h: ⟨om 44⟩ | εν 3°] pr και bge$_2$ | οφθαλμοις 2°] pr τοις h | δουλων] pr των bghioze$_2$: om c$_2$⟧

**6** και 1°—κυμβαλοις] *post haec exiit populus omnis ante faciem eius* ℭ$^c$ | και 1°] pr και εγενηθη εν τω εισπορευεσθαι αυτους εν τω επιστρεφειν δᾱδ απο του παταξαι τον αλλοφυλον Ab-fg(v adnot ad comma 2)h-mo-twxzc$_2$e$_2$𝔄 ⟦εγενετο bghioc$_2$e$_2$ | αυτους] αυτον is | εν τω επιστρεφειν] εν τω επιστρεψαι e: επιστρεφοντος cx: οτε επεστρεψεν (απ- b′) bghioc$_2$e$_2$: *ubi rediit* 𝔄 | απο του παταξαι] παταξε g: παταξας bhioc$_2$e$_2$: απο του πολεμου μετα το παταξαι cx⟧: ⟨+εγενηθη εν τω επιστρεφειν δαυιδ 44⟩ | χορευουσαι] +και αδουσαι bgzc$_2$e$_2$: +και αι αδουσαι o | hab εις συναντησιν δαυειδ 𝔏$^v$ | απαντησιν bcgoe$_2$ | δαυειδ] αυτου a$_2$: σαουλ του βασιλεως boe$_2$: +και εις απαντησιν σαουλ του (om g) βασιλεως gc$_2$ | πολεων Bmswya$_2$] pr των AN rell | ισραηλ] +αδειν και χορευειν c$_2$: +αδειν και χορευουσαι εις απαντησιν του βασιλεως σαουλ cx: +αδουσαι (om A) και χορευουσαι εις απαντησιν σαουλ του βασιλεως Adjlpqtz𝔄 | om εν 1°—κυμβαλοις d | τυμπανοις] +και εν ναβλαις h (ναβ ex

53 εκκλινοντες] σ′ απο του διωγμου j | κατεπατουν] λ̥ διηρπασαν j
54 τα σκευη] σ′ τα οπλα jz | αυτου 2°] λειπονται μην πολλαι στιχοι a(uid)
XVIII 3 κατα—αυτου] α′ κατα την ψυχην αυτου *b*

B καὶ ἐν χαρμοσύνῃ καὶ ἐν κυμβάλοις· 7 καὶ ἐξῆρχον αἱ γυναῖκες καὶ ἔλεγον 7
Ἐπάταξεν Σαοὺλ ἐν χιλιάσιν αὐτοῦ,
καὶ Δαυεὶδ ἐν μυριάσιν αὐτοῦ.
8 καὶ πονηρὸν ἐφάνη τὸ ῥῆμα ἐν ὀφθαλμοῖς Σαοὺλ περὶ τοῦ λόγου τούτου, καὶ εἶπεν Τῷ Δαυεὶδ 8
ἔδωκαν τὰς μυριάδας, καὶ ἐμοὶ ἔδωκαν τὰς χιλιάδας. 9 καὶ ἦν Σαοὺλ ὑποβλεπόμενος τὸν Δαυεὶδ 9
¶ 𝔅$^{l}$ ἀπὸ τῆς ἡμέρας ἐκείνης¶ καὶ ἐπέκεινα. 12 καὶ ἐφοβήθη Σαοὺλ ἀπὸ προσώπου Δαυείδ, 13 καὶ 12 13
ἀπέστησεν αὐτὸν ἀπ' αὐτοῦ καὶ κατέστησεν αὐτὸν ἑαυτῷ χιλίαρχον· καὶ ἐξεπορεύετο καὶ εἰσεπο-
ρεύετο ἔμπροσθεν τοῦ λαοῦ. 14 καὶ ἦν Δαυεὶδ ἐν πάσαις ταῖς ὁδοῖς αὐτοῦ συνιῶν, καὶ Κύριος μετ' 14
¶ ℭ$^{c}$ αὐτοῦ.¶ 15 καὶ εἶδεν Σαοὺλ ὡς αὐτὸς συνίει σφόδρα, καὶ εὐλαβεῖτο ἀπὸ προσώπου αὐτοῦ. 15
16 καὶ πᾶς Ἰσραὴλ καὶ Ἰούδας ἠγάπα τὸν Δαυείδ, ὅτι αὐτὸς εἰσεπορεύετο καὶ ἐξεπορεύετο πρὸ 16

XVIII 7 χειλιασιν B* 8 χειλιαδας B* 13 χειλιαρχον B* 15 ιδεν A

ANa–jl–qstv–c$_2$e$_2$𝔄(𝔅$^{l}$)ℭ$^{(c)w}$𝔈(𝔏$^{v}$)

αυ): + και εν ναυλαις z: + και εν ναβλαις και εν κινυραις c$_2$ | και εν χαρμοσυνη post κυμβαλοις ℭ$^{w}$ | om εν 2° A | χαρμοσυνη] χαρμονη c$_2$: αυλοις b: αβλαις e$_2$: ναβλαις o | και εν κυμβαλοις] om c$_2$: + και εν κιννυραις h: + και εν κινυραις (κινν- b'z) και εν χαρμονη boze$_2$

7 εξηρχον αι γυναικες] *mulieres omnes Israel cantantes gaudentes* ℭ$^{c}$ | εξηρχον] εξηρχοντο Nabcjv–ya$_2$: εξηλθον A: *cecinerunt* 𝔈: *sederunt cantantes ludentes* ℭ$^{w}$ | γυναικες] ⟨pr χορευουσαι 71⟩: χορευουσαι y: χορευουσαι λεγουσαι h: + απασαι cx: + χορευουσαι n: + αι χορευουσαι Nbefgmoswz(mg)c$_2$e$_2$: + αι παιζουσαι Alpqtz(txt)𝔄(uid): + αι παιζουσαι εν τυμπανοις και κυμβαλοις d: ⟨+ αι παιζουσαι εν κυμβαλοις και τυμπανοις 44⟩ | επαταξεν—αυτου 2°] *Dauid percussit myriadas Saul percussit millia* ℭ$^{c}$ | σαουλ—μυριασιν] δᾱδ εν μυριασιν αυτου και σαουλ εν χιλιασιν v | om αυτου 1° cx𝔄𝔈 Or-lat | δαυειδ] + *percussit* 𝔅𝔈$^{a}$ | om αυτου 2° cx𝔄𝔈 Or-lat

8 και 1°] pr και ωργισθη σαουλ bozc$_2$e$_2$ | πονηρον—οφθαλμοις] *irritatus est* 𝔄 | πονηρον] ⟨pr δᾱδ 242⟩: post εφανη bo c$_2$e$_2$ | ρημα] + τουτο g: + σφοδρα Nabhijnovb$_2$c$_2$e$_2$𝔅: + *hoc ualde* ℭ | εν οφθαλμοις] ενωπιον hoc$_2$e$_2$ | om περι—τουτου ℭ$^{c}$𝔈 | περι] υπερ Nahijnb$_2$ | om του λογου cx | τουτο v | και ειπεν] *quod dixerunt et* 𝔈: *quod dixerunt dicentes* ℭ$^{w}$: *quia* ℭ$^{c}$: + σαουλ bhoc$_2$e$_2$ | εδωκαν τω δᾱδ Abcdlopqtxzc$_2$e$_2$(om τω b'cx) 𝔈 | εδωκον 1°] pr σοι y$^{b}$: pr συ y*: εδωκεν a: δεδωκαν n: + συ b$_2$$^{a?}$ | εμοι εδωκαν] *Saul* 𝔈 | εδωκαν τας χιλιαδας] χιλιαδας (pr τας z) εδωκαν (-κεν l*) και τι αυτω πλην η βασιλεια dlpqtz | om εδωκαν 2° cvx | ⟨om τας 2° 74⟩ | χιλιαδας] + και τι αυτω πλην η βασιλεια Abcghjoxc$_2$e$_2$𝔄𝔖$^{j}$

9 hab και 1°—επεκεινα 𝔏$^{v}$ | om σαουλ cgxℭ$^{c}$ | υποβλεπομενος τον δαυειδ] *suspectus in Dauid* 𝔏 | ⟨υποβλεψαμενος 242 (α ex ασαο)⟩ | om τον δαυειδ 𝔄 | απο] υπο o | om και επεκεινα ℭ$^{c}$ | ⟨επεκεινα] επεκεινας 246: επανω 123⟩

10 και εγενηθη απο της επαυριον και επεσεν πν̄α θ̄υ πονηρον επι σαουλ και προεφητευσεν εν μεσω οικου αυτου και δᾱδ εψαλλεν εν χειρι αυτου ως καθ εκαστην ημεραν και το δορυ εν τη χειρι (-ρει A) σαουλ Ab–hjlm(sub ※)opqstwxy$^{b}$zc$_2$(sub ※)e$_2$𝔄ℭ ⟦εγενηθη] εγεννηθη t*: ⟨om 44⟩ | απο της επαυριον] επι την αυριον cx𝔄(uid): *post haec* ℭ$^{c}$ | επεσεν—επι] πνευμα πονηρον επαισε τον Thdt | επεπεσε efmsw | θ̄υ] pr παρα befgmowy$^{b}$c$_2$𝔄: om cl$^{a?}$(uid)sxℭ | om και 3°—αυτου 1° ℭ$^{c}$ | προεφητευσεν] ⟨επροφητευσεν 64⟩: *uaticinabatur* 𝔄: ενοχλητω c | om και 4°—αυτου 2° ℭ | οικου A] τω οικω jlqt: pr του rell Thdt | εψαλεν gps* (uid) | ⟨om εν χειρι αυτου 44⟩ | εν χειρι] εν τη χειρι be–hmops wy$^{b}$c$_2$e$_2$: τη χειρι Chr: εμπροσθεν cx | om τη o | σαουλ 2°] *eius* ℭ$^{c}$⟧

11 και ηρεν σαουλ το δορυ και ειπεν παταξω εν δᾱδ και εν τω τοιχω και εξεκλινεν δᾱδ απο προσωπου αυτου δις (δεις A) Ab–hjl mopqstwxy$^{b}$zc$_2$(sub ※)e$_2$𝔄ℭ ⟦om και 1°—δορυ b𝔄ℭ$^{c}$ | ηρεν] *uidit* ℭ$^{w}$ | om σαουλ h | και ειπεν] om c: + *Saul* ℭ$^{c}$ | παταξαι c | εν 1°] τον c: om x | και 3°—δᾱδ 2°] *in hac cum autem proiceret eam aduersus Dauid auersus est* ℭ | και 3°] + επαταξεν e$^{a?}$s Chr-ed | τοιχω] + καθηκε cx: + *et tetendit Saul* 𝔄 | αυτου] *Saul* ℭ | δις] om c: *infixa est in muro* ℭ⟧

12 hab και—δαυειδ 𝔏$^{v}$ | ⟨om προσωπου 236⟩ | δαυειδ] δᾱδ οτι ην κ̅ς μετ αυτου και απο σαουλ απεστη Ab–hj(mg)lmo–twxz c$_2$e$_2$⟨242⟩𝔄 ⟦δᾱδ] αυτου 242 | οτι—απεστη sub ※ j(mg)mc$_2$ | κ̅ς] πιπι j(mg) | μετ αυτου] μετα δᾱδ cx | om και—απεστη dh | απο] + προσωπου g⟧

13 hab απεστησεν—(16) δαυειδ 𝔏$^{v}$ | απεστησεν] μετεστησεν oz$^{a?}$c$_2$e$_2$ Jos(uid) | αυτον 1°] post αυτου a$_2$: σαουλ τον δᾱδ cx: + σαουλ Ablopqtzc$_2$e$_2$𝔄 | απ αυτου] αφ αυτου fsw: αφ εαυτου beoc$_2$e$_2$: απο προσωπου αυτου dℭ(uid) | om αυτον 2° j | εαυτω χιλιαρχον] *tribunum suum* 𝔏 | εαυτω] post χιλιαρχον boc$_2$e$_2$: om adgℭ$^{c}$𝔈 | χιλιαρχον] pr εις av | εξεπορευετο και εισεπορευετο] *intrabat et exibat* 𝔈 | εξεπορευετο] + δᾱδ bzc$_2$e$_2$ | om και εισεπορευετο goa$_2$

14 εν—αυτου 1°] post συνιων hoc$_2$e$_2$𝔄ℭ𝔈 Chr Thdt: *in omnibus suis* 𝔏 | om εν y | ⟨ταις οδοις αυτου post συνιων 242⟩ | συνιων] συνων v: *sapiens* 𝔏 Luc | κυριος] + ην dlpqtz𝔈: + *erat* 𝔏 Luc: + παντοκρατωρ hoc$_2$e$_2$ Chr Thdt

om 15—29 ℭ$^{c}$

15 ειδεν] οιδε c | ως αυτος συνιει] *quoniam sapiens erat* 𝔏 | ως] οτι efmswa$_2$ | αυτος] + *Dauid* ℭ$^{w}$ | συνιει] συνιεις cdeop: συνεις a$_2$ | σφοδρα post ευλαβειτο 𝔈 Luc | ευλαβειτο] *ueritus est* 𝔏 | αυτου] δᾱδ b

16 ιουδας] ιουδα Ny* Eus: *Iuda* 𝔏 Luc | ηγαπα] ηγαπων Nbghjnovb$_2$c$_2$e$_2$ℭ𝔈𝔏 Chr Luc: αγαπων a | τον] + θ̄ν και a$_2$ | εισεπορευετο και εξεπορευετο Bpyℭ𝔈] om εισεπορευετο και cwx: om και εξεπορευετο a*(uid): εξεπορευετο και εισεπορευετο AN a$^{b}$ rell 𝔄 Chr | προ προσωπου] ⟨προσωπω 242⟩: ενωπιον f | του] ⟨pr σαουλ και 244⟩: om g | λαου] + και εγενετο σαουλ εχθραινον τ. δᾱδ πασας τας ημερας και εξηλθων οι αρχοντες των αλλοφυλων και εγενετο αφ ηκανου (υ ex corr) της εξοδου αυτων και δᾱδ συνηκεν παρα παντας τους δουλους σαουλ και ετιμηθει το ονομα αυτου σφοδρα g

17—19] sub ※ c$_2$: sub ※ λ̥ θ' m(mg)

17 και ειπεν σαουλ προς δᾱδ ιδου η θυγατηρ μου η μειζων μεροβ αυτην δωσω σοι εις γυναικα και πλην γινου μοι εις υιον δυναμεως και πολεμει τους πολεμους κ̅υ και σαουλ ειπεν μη εστω χειρ μου επ αυτω και εσται επ αυτον χειρ αλλοφυλων Ab–ejlm

7 γυναικες] + ※ λ̥ αι χορευουσαι παιζουσαι j | εν χιλιασιν] σ' ιδια j | εν μυριασιν] σ' ιδια j
8 και 1°] pr ωργισθη σαουλ σφοδρα j 14 συνιων] α' επιστημων σ' συνετος j
15 ευλαβειτο] α' σ' υπεστελλετο j

20 προσώπου τοῦ λαοῦ. [20]καὶ ἠγάπησεν Μελχὸλ ἡ θυγάτηρ Σαοὺλ τὸν Δαυείδ, καὶ ἀπηγγέλη Σαοὺλ B
21 καὶ ηὐθύνθη ἐν τοῖς ὀφθαλμοῖς αὐτοῦ. [21]καὶ εἶπεν Σαοὺλ Δώσω αὐτὴν αὐτῷ, καὶ ἔσται αὐτῷ εἰς
22 σκάνδαλον. καὶ ἦν ἐπὶ Σαοὺλ χεὶρ ἀλλοφύλων. [22]καὶ ἐνετείλατο Σαοὺλ τοῖς παισὶν αὐτοῦ λέγων
Λαλήσατε ὑμεῖς λάθρα τῷ Δαυεὶδ λέγοντες Ἰδοὺ ὁ βασιλεὺς θέλει ἐν σοί, καὶ πάντες οἱ παῖδες
23 αὐτοῦ ἀγαπῶσίν σε, καὶ σὺ ἐπιγάμβρευσον τῷ βασιλεῖ. [23]καὶ ἐλάλησαν οἱ παῖδες Σαοὺλ εἰς τὰ
ὦτα Δαυεὶδ τὰ ῥήματα ταῦτα· καὶ εἶπεν Δαυείδ Κοῦφον ἐν ὀφθαλμοῖς ὑμῶν ἐπιγαμβρεῦσαι
24 βασιλεῖ; κἀγὼ ἀνὴρ ταπεινὸς καὶ οὐχὶ ἔνδοξος. [24]καὶ ἀπήγγειλαν οἱ παῖδες Σαοὺλ αὐτῷ κατὰ
25 τὰ ῥήματα ταῦτα ἃ ἐλάλησεν Δαυείδ. [25]καὶ εἶπεν Σαοὺλ Τάδε ἐρεῖτε τῷ Δαυείδ Οὐ βούλεται
ὁ βασιλεὺς ἐν δόματι ἀλλ' ἢ ἐν ἑκατὸν ἀκροβυστίαις ἀλλοφύλων, ἐκδικῆσαι ἐχθροὺς τοῦ βασιλέως.
26 καὶ Σαοὺλ ἐλογίσατο αὐτὸν ἐμβαλεῖν εἰς χεῖρας τῶν ἀλλοφύλων. [26]καὶ ἀπαγγέλλουσιν οἱ παῖδες

20 ευθυνθη A | τοις οφθαλμοις B$^{ab}$] τοιοφθαλμοις B* 21 εισκανδαλον A | χερ A
23 κουφον] pr ει B$^{ab}$(suprascr) 25 δοματι] δοτι A | ακροβυστειαις B*

ANa–jl–qstv–c$_2$e$_2$𝔄ℭ$^w$𝔈(𝔏$^v$)

(mg)opqtwxzc$_2$e$_2$𝔄ℭ ⟦μεροβ] μερωβ cd$^{a?}$(uid)xz*𝔄 : ⟨βεροβ 242⟩: μελχολ b | αυτην δωσω σοι] και δωσω σοι αυτην boc$_2$e$_2$ | αυτην post δωσω 𝔄ℭ | σοι δωσω djlpqtz | και 2° A] om omn 𝔄ℭ | γενου bo | τους πολεμους] τους πολεμιους l: *cum hostibus* ℭ | εστω] εσται d | χειρ 1° A] pr η omn Thdt | ⟨μου 2°] σου 236. 242⟩ | επ αυτω] επ αυτον cx Thdt: *in eum* 𝔄 | om και 5°—αλλοφυλων ℭ | και εσται] αλλ εσται e$_2$𝔄(uid): αλλ εστω bozc$_2$ Thdt: om εσται cx | επ αυτον χειρ] χειρ επ αυτω m(mg) | επ αυτον] επ αυτω ewc$_2$: εν αυτω boze$_2$ Thdt: *in eum* 𝔄 | χειρ 2°] η χειρ των bozc$_2$e$_2$ Thdt⟧

**18** και ειπεν δᾱδ προς σαουλ τις εγω ειμι και τις η ζωη της συγγενειας του (σου A) πρ̄ς μου εν ιη̄λ οτι εσομαι γαμβρος του βασιλεως Ab–ejlm(mg)opqtwxzc$_2$e$_2$𝔄ℭ ⟦om προς σαουλ ℭ | ειμι εγω bcox c$_2$e$_2$𝔄𝔖$^j$ | τις 2° Abozc$_2$e$_2$ℭ] om rell 𝔄 | ζωη της συγγενειας] συγγενεια boc$_2$e$_2$ℭ | ζωη] συγγε deletum m(mg) | ⟨ευγενειας 74⟩ | του πρ̄ς] ⟨pr μου και 44⟩: τ ex μ m$^a$(mg): τ ex corr w$^a$: om ec$_2$ | ⟨om εν 236.242⟩ | εσωμαι m(mg)w | γαμβρος] εις γαμβρον d⟧

**19** και εγενηθη εν τω καιρω του δοθηναι την μεροβ θυγατερα σαουλ τω δᾱδ και αυτη εδοθη τω ιη̄λ τω μοουλαθειτη εις γυναικα Ab–elm(mg)opqtwxzc$_2$e$_2$𝔄ℭ ⟦εγενετο hoc$_2$e$_2$ | καιρω] κληρω c$_2$ | μεροβ] μερωβ cm(mg)xz$^{a?}$𝔄: μερουβ o: ⟨βεροβ 242⟩: μελχολ b | δᾱδ] +γυναικα b: +εις γυναικα ozc$_2$e$_2$ | αυτη] ετι o | εδοθη] pr εφοβηθη τον δᾱδ και boz(mg)c$_2$e$_2$𝔖$^j$ | ⟨om τω 3° 44⟩ | ιη̄λ A] εσριηλ cx: εδριηλ em(mg)w𝔄: εσδριηλ dlpqtz(txt): εχριηλ bz(mg) c$_2$e$_2$: αχριηλ o: ܡܟܪܝܐܝܠ 𝔖$^j$: *Machriel* ℭ | τω μοουλαθειτη] του μαολλαιου c$_2$: του μαολλεου *b*: του μαολεου b': του μαθλλαιου o: του μαθαλαιου e$_2$: του μαυελαιου z(mg): *Molathitae* 𝔄-ed: *Molothitae* 𝔄-codd: *filio Maollaes* ℭ | μοουλαθειτη] μουουλαθητι cx: μυουλαθιτη em(mg): μηουλαθητη w: ⟨μολαθιτη 74.123⟩⟧

**20** μελχολ] pr η cx: μελχωλ fs: μελχουλ a$_2$: μολχολ v: μελχον w: ⟨μελχω 44⟩ | om η v | τον] τω c | δαυειδ] δᾱδ sup ras w$^a$: δαυιθ l* | om και απηγγελη σαουλ o | απηγγειλε e | σαουλ 2°] pr τω Nabce–hjmnsv–zb$_2$c$_2$e$_2$ | hab και 3°—αυτου 𝔏$^v$ | ηυθυνθη—αυτου] *placuit palam ipse* 𝔏: *uerbum placuit ei* ℭ | ηυθυνθη] ηθυνθη Nh*y: ηυθυνεν a$_2$: ηρεσεν boc$_2$e$_2$: ηυθυνθη (ηνθυνθη w: ιθυνθη 242) το ρημα Ac–fjlmpqtwxz⟨242⟩𝔄 | om εν a$_2$ | τοις Ba$_2$] om AN rell | αυτου] +το ρημα boc$_2$e$_2$

**21** om σαουλ 1° cx | αυτην post αυτω 1° n | αυτω 1°] +εις γυναικα e$_2$𝔄ℭ | ⟨om και 2°—αλλοφυλων 244⟩ | εστω an | om αυτω 2° ce$_2$ | σκανδαλον] pr το c | ην] εσται boz(mg)c$_2$e$_2$ Thdt | επι σαουλ] επ αυτω b: επ αυτον op(αυτον ex corr p$^a$)z(mg)c$_2$e$_2$ Thdt | χειρ] pr η Thdt | αλλοφυλων] pr των Thdt: +και ειπεν σαουλ προς τον δᾱδ εν ταις δυσιν επιγαμβρευσεις μοι σημερον Ab–elopqtwxzc$_2$(sub ※)e$_2$𝔄(𝔏$^v$) ⟦σαουλ] δᾱδ e$_2$*(uid) | τον A] om omn | δᾱδ] +εφ αιρεσει εση γαμβρος μοι (μου w) σημερον ew | hab εν—σημερον 𝔏$^v$ | εν ταις δυσιν] *in uirtute* 𝔏 | εν] επι ew | δυσιν] δυναμεσιν bdlopqtzc$_2$e$_2$ | επιγαμβρευσης dop | μοι σημερον] νυμφευσεις εν εμοι ew⟧

**22** παισιν] πασιν v | λαλησεται c | om υμεις 𝔈 | λαθρα] post δαυειδ Adlpqtz𝔖$^j$: om cx | τω 1°] τον A | ο βασιλευς post σοι Acdlpqtxz | θελη be$_2$ | εν] ετι c | και 2°—αυτου 2° bis scr c | οι παιδες] *uiri* 𝔄𝔈 | αυτου 2°] αυτω va$_2$ | συ] σοι dgip: ⟨om 44⟩ | επιγαμβρευων v

**23** ελαλησαν—ρηματα] ειπον αυτω d | τα ρηματα ταυτα (+τα e$_2$) εις τα ωτα δᾱδ boc$_2$e$_2$ | εις τα ωτα] τω cx𝔈(uid): *cum* ℭ: ⟨προς 71⟩ | τα ρηματα] pr παντα h: pr κατα ANcefl mnp–twxzℭ: pr *secundum omnia* 𝔄: ⟨om 71⟩ | hab κουφον—ενδοξος 𝔏$^v$ | κουφον B*fimℭ(uid)] ει κουφον εστιν bozc$_2$e$_2$𝔏 Chr: pr ει B$^{ab}$AN rell | om εν 𝔏 | ημων gh*mc$_2$*e$_2$ | επιγαμβρευσαι βασιλει] *esse me generum regis* 𝔏 | βασιλει] pr τω bcg hoxzc$_2$e$_2$: pr με τω Chr | καγω] και εγω Ne–jmnswb$_2$: εγω δε boc$_2$e$_2$𝔏 Chr | ανηρ] ανθρωπος A: ⟨ειμι 244⟩ | ουχι ενδοξος] ουκ ενδοξος a$_2$: ουκ εντιμος boc$_2$e$_2$ Chr: *sine honore* 𝔏

**24** απηγγειλαν] απηγγιλεν g*: ανηγγειλαν oz$^{a?}$c$_2$ | οι—δαυειδ] ταυτα (αυτα 44) τω σαουλ d⟨44⟩ | οι—αυτω] τω σαουλ οι παιδες αυτου boc$_2$e$_2$𝔄-ed: *ei serui eius* 𝔄-codd | σαουλ αυτω] αυτου τω σαουλ z | αυτω] τω σαουλ xℭ: om p | ⟨om κατα—δαυειδ 71⟩ | om κατα ℭ𝔈 | τα] pr παντα bozc$_2$e$_2$ | om ταυτα bozc$_2$e$_2$ | om α ελαλησεν δαυειδ x | δαυειδ] δαβιδ t$^b$: σαουλ t*

**25** και 1°] pr ου a$_2$ | ⟨om ταδε—δαυειδ 244⟩ | ταδε ερειτε] ειπατε boc$_2$e$_2$𝔈 | βουλεται ο βασιλευς] βουλομαι εγω y | εν δοματι] τιμηματι a$_2$: εδνα boz(mg)c$_2$e$_2$𝔄 Chr: hab εδνων Jos | αλλ] pr οτι boc$_2$e$_2$ | om η Na$_2$ | εν εκατον ακροβυστιαις] εκατον ακροβυστιας bdlopqtz(txt)c$_2$e$_2$𝔄 Chr | εν εκατον] ενεκα των εν n | om εκδικησαι—αλλοφυλων 2° A | hab εκδικησαι—βασιλεως 𝔏$^v$ | εκδικησαι εχθρους] *ut defendas eum in ultionem inimicorum* 𝔏 | ⟨εκδικησεται 246⟩ | εχθρους B] pr τους cx: pr εις N rell: pr εις τους Chr | αυτον εμβαλειν] εμβαλειν αυτον cdlptx𝔄ℭ: εμβαλειν τον δᾱδ bgn: του εμβαλειν τον δᾱδ Nahijvb$_2$: εμβαλειν αυτον τον (το e$_2$) δᾱδ ozc$_2$e$_2$: om αυτον q | ενβαλλειν a$_2$ | εις χειρας] *in manum* 𝔈 | χειρας] pr τας bozc$_2$e$_2$ | om των acefmswxa$_2$

**26** απαγγελλουσιν] απαγγελουσιν acfgnqxya$_2$: επαγγελουσιν s: αναγγελλουσιν t: απηγγειλαν boc$_2$e$_2$ | οι παιδες σαουλ] post

20 ηυθυνθη] σ' ηδυ εγενετο jz(sine nom)

21 αλλοφυλων] +και ειπεν σαουλ προς δᾱδ εφ αιρεσει εση γαμβρος μοι σημερον j(sub ※)m | (εν—επιγαμβρευσεις)] θ' επι ταις δυσιν επιγαμβρευσεις jz | (επιγαμβρευσεις μοι)] α' νυμφευσεις εν εμοι jz 22 θελει] θ' ευδοκει j

23 κουφον] σ' μη ελαφρον jz(sine nom) | ταπεινος] α' σ' απορος θ' πενης jz(om σ') | ουχι ενδοξος] σ' ατιμος α' ευτελης j

25 εν δοματι] α' *in dote* 𝔖-ap-Barh | εκδικησαι] σ' ωστε τισασθαι jz

B Σαοὺλ τῷ Δαυεὶδ τὰ ῥήματα ταῦτα, καὶ εὐθύνθη ὁ λόγος ἐν ὀφθαλμοῖς Δαυεὶδ ἐπιγαμβρεῦσαι τῷ
βασιλεῖ· [27]καὶ ἀνέστη Δαυεὶδ καὶ ἐπορεύθη αὐτὸς καὶ οἱ ἄνδρες αὐτοῦ, καὶ ἐπάταξεν ἐν τοῖς 27
ἀλλοφύλοις ἑκατὸν ἄνδρας, καὶ ἀνήνεγκεν τὰς ἀκροβυστίας αὐτῶν τῷ βασιλεῖ, καὶ ἐπιγαμβρεύεται
τῷ βασιλεῖ, καὶ δίδωσιν αὐτῷ τὴν Μελχὸλ θυγατέρα αὐτοῦ αὐτῷ εἰς γυναῖκα. [28]καὶ εἶδεν Σαοὺλ 28
§ℭ$^{d}$ ὅτι Κύριος §μετὰ Δαυείδ, καὶ πᾶς Ἰσραὴλ ἠγάπα αὐτόν, [29]καὶ προσέθετο εὐλαβεῖσθαι ἀπὸ 29
§ℭ$^{c}$ Δαυεὶδ ἔτι. §[1]Καὶ ἐλάλησεν Σαοὺλ πρὸς Ἰωναθὰν τὸν υἱὸν αὐτοῦ καὶ πρὸς πάντας τοὺς 1 XIX
παῖδας αὐτοῦ θανατῶσαι τὸν Δαυείδ. [2]καὶ Ἰωναθὰν υἱὸς Σαοὺλ ᾑρεῖτο τὸν Δαυεὶδ σφόδρα· [(2)]καὶ 2
ἀπήγγειλεν Ἰωναθὰν τῷ Δαυεὶδ λέγων Σαοὺλ ζητεῖ θανατῶσαί σε· φύλαξαι οὖν αὔριον πρωί,
καὶ κρύβηθι καὶ κάθισον κρυβῇ· [3]καὶ ἐγὼ ἐξελεύσομαι καὶ στήσομαι ἐχόμενος τοῦ πατρός μου 3
ἐν ἀγρῷ οὗ ἐὰν ᾖς ἐκεῖ, καὶ ἐγὼ λαλήσω περὶ σοῦ πρὸς τὸν πατέρα μου· καὶ ὄψομαι ὅ τι ἐὰν ᾖ,
καὶ ἀπαγγελῶ σοι. [4]καὶ ἐλάλησεν Ἰωναθὰν περὶ Δαυεὶδ ἀγαθὰ πρὸς Σαοὺλ τὸν πατέρα αὐτοῦ, 4
καὶ εἶπεν πρὸς αὐτόν Μὴ ἁμαρτησάτω ὁ βασιλεὺς εἰς τὸν δοῦλόν σου Δαυείδ, ὅτι οὐχ ἡμάρτηκεν
εἰς σέ, καὶ τὰ ποιήματα αὐτοῦ ἀγαθὰ σφόδρα· [5]καὶ ἔθετο τὴν ψυχὴν αὐτοῦ ἐν τῇ χειρὶ αὐτοῦ καὶ 5
ℭ$^{c}$ ἐπάταξεν τὸν ἀλλόφυλον,¶ καὶ ἐποίησεν Κύριος σωτηρίαν μεγάλην, καὶ πᾶς Ἰσραὴλ εἶδον καὶ

28 ιδεν A XIX 4 ουκ B*

ANa-jl-qstv-$c_2e_2$𝔄ℭ$^{(cd)w}$𝔈(𝔏$^{v}$)

δαυειδ 1° 𝔄: om d | τα ρηματα] pr κατα eflmp-twz: om d | hab και 2°—βασιλει 𝔏$^{v}$ | ευθυνθη] ηνθυνθη w: ⟨ιθυνθη 242⟩ | ο λογος post δαυειδ 2° cx | εν οφθαλμοις] ενωπιον efmswy | δαυειδ 2°] δᾱδ sup ras (5) i$^{a}$: δαβιδ l | επιγαμβρευσαι] pr και e | βασιλει] + και ουκ επληρωθησαν αι ημεραι Abclopqtxz$c_2$(sub ※)$e_2$𝔄

**27** om και επορευθη $b_2$ | ανδρες] παιδες y$a_2$ | hab και 3°—ανδρας 𝔏$^{v}$ | εν τοις αλλοφυλοις] τους αλλοφυλους g: *alienigenarum* 𝔏: om εν v | εκατον] *CC* 𝔏: om A | ανηνεγκεν] ηνεγκεν ANabdg-ln-qtvxz*$b_2c_2e_2$: ηνεγκαν cz$^{a?}$(uid) | om τας A | τω 1°] pr και επληρωσεν αυτας Abclopqtxz$c_2$(sub ※)$e_2$𝔄 | om και 6°—βασιλει 2° b′giy$a_2$ | και 6°] + δω s | επιγαμβρευεται] επιγαμβρευσαι d: + δᾱδ cx | τω βασιλει 2°] αυτω d | διδωσιν] δωσουσιν s | αυτω 1°] αυτων N*: αυτον a: *Saul* 𝔄-ed: + σαουλ Acd$^{a}$lopqtxz: + ο σαουλ b$c_2e_2$: + *Saul* 𝔄-codd: + ιη̅λ d* | ⟨om την 44⟩ | μελχολ] μελχωλ f: μελχαλ n: μελχω N$^{a?}$d | om αυτου 2° inz | om αυτω 2° Nabce-hjmosvwx$b_2c_2e_2$ | om εις in

**28** σαουλ] + και εγνω Acdlpqtxz$c_2$(sub ※)𝔄 | κυριος] ⟨pr ο 123⟩: om q | μετα δαυειδ] pr ras (2) o: *cum eo* 𝔄 | om και 2°—αυτον d | και 2°] pr και μελχολ η θυγατηρ αυτου (σαουλ Chr) bho$c_2e_2$ Chr | ηγαπα] ⟨post αυτον 244⟩: αγαπα Nae-ilmnp-w𝔄-codd ℭ(uid)

**29** και—ετι sub ※ j | προσεθετο] προεθετο $a_2$: + σαουλ bho$c_2e_2$ℭ$^{w}$ Luc | ευλαβεισθαι] pr του efmsw: post δαυειδ v: φοβεισθαι boz(mg)$c_2e_2$: *timere* Luc | απο δαυειδ] αυτον dℭ$^{d}$ | απο] + προσωπου Nbo$c_2e_2$ Luc | δαυειδ] σαουλ j | ετι] + και εγενετο σαουλ εχθρευων τον δᾱδ πασας τας ημερας Ab-ehjlopqtwxy$^{b}$z$c_2e_2$ 𝔄 Eus (sub ※ j$c_2$) ⟦σαουλ] δᾱδ lqt Eus | εχθρευων A] εχθρος ew Eus: εχθραινων rell | τον] του Eus: τω beowy$^{b}$z$c_2e_2$: om h | δᾱδ] σαουλ d*lqt Eus | ημερας] + *eius* 𝔄-ed⟧

**30** και εξηλθον οι αρχοντες των αλλοφυλων και εγενετο αφ ικανου εξοδιας αυτων συνηκεν δᾱδ παρα παντας τους δουλους σαουλ και ετιμηθη το ονομα αυτου σφοδρα Ab-ehj(και 1°—αυτων sub ※) lopqtwxy$^{b}$z$c_2$(sub ※)$e_2$𝔄 ⟦εξηλθον] ηρχοντο h | αφ] εφ dlpqtz (txt) | εξοδιας] της εξοδου bhjoz(mg)$c_2e_2$ | ⟨αυτων] αυτου 74⟩ | συνηκεν δᾱδ Ay$^{b}$] pr και cx: και δᾱδ συνηκεν bhjo$c_2e_2$ Chr (om δᾱδ : και (om ew) συνετος ην δᾱδ delpqtwz𝔄(uid): ⟨και ην δαυιδ συνετος 44⟩ | ⟨om παρα—σαουλ 44⟩ | παρα] υπερ ew | αυτου] + ετι o⟧

**XIX 1** και 1°—αυτου 2°] *Saul autem praecepit filiis eius et seruis eius* ℭ$^{c}$: *Ionathan autem filius Saul dixit pater eius ei* ℭ$^{d}$ | om σαουλ $a_2$ | θανατωσαι] pr του bdeflmo-twz$c_2e_2$ | τον δαυειδ] αυτον A: om τον c

**2** ιωναθαν 1°] ιωναθας e | υιος σαουλ] pr ο Alnpqxz: ο υιος αυτου efmsw: om dℭ$^{d}$ | ηρειτο] ηγαπα boz(mg)$a_2c_2e_2$ℭ: hab αγαπων Jos | τον] τω g | ⟨απηγγειλεν—λεγων] ειπεν αυτω 44⟩ | απηγγειλεν] απηγγελεν c: ανηγγειλεν b | ιωναθαν 2°] *Ionatha* Luc: om dv | τω δαυειδ] τον δᾱδ a*(uid): αυτω d | σαουλ ζητει] ζητει σαουλ ο πη̅ρ μου Adlpqtz: ζητει ο πη̅ρ μου cx | σαουλ 2°] *pater meus* 𝔄: + ο πη̅ρ μου bio$c_2e_2$ℭ$^{cd}$ | ζητη N*(uid)g | φυλαξαι ουν] *et custodi teipsum* 𝔈: και νυν φυλαξαι (-ξον o*$e_2$)bo$c_2e_2$ ℭ: om ουν A𝔄 | πρωι] pr το efmnsw: pr τω g | om και κρυβηθι zℭ$^{c}$ | κρυβηθι] pr ras (1) A: κρυβηθητω g(uid) | κρυβη] κρυφη Ab-filmo-xy$^{a?}$z$c_2e_2$

**3** εξελευσομαι] εξελευσωμαι gm: εξελευσο x | στησωμαι go εχομενος] εχομενα l$^{a?}$(uid): ⟨ευχομενος 44⟩: ενωπιον $e_2$ | ⟨του] pr μετα 244⟩ | ου—εκει] hab *ubicumque tu fueris* 𝔏$^{v}$ | εαν 1°] αν o | ης] η $a_2$: + συ bo$^{a}$(sup ras)$c_2e_2$𝔄 | om προς o* | οψωμαι gv | ο τι] ου v: ⟨οταν 44: ει τι 244⟩ | εαν 2°] αν bd-gmnosw $c_2e_2$ | η] ει chvx

**4** ιωναθαν] *Ionatha* Luc: ⟨om 244⟩ | περι δαυειδ] post αγαθα 1° v: om cx | om αγαθα 1° $a_2$ | om σαουλ ⟨74⟩ ℭ$^{cd}$(uid) | τον 1°] pr προς $a_2$ | om και 2°—αυτον o | προς αυτον] αυτω cx: om d | μη] + δη bo$c_2$ | αμαρτησατω] αμαρτησα g: αμαρτη bo$c_2$: διαμαρτη $e_2$ | ⟨om ο 74⟩ | σου] αυτου abcox$c_2e_2$𝔄ℭ: ⟨om 71⟩ | δαυειδ 2°] pr τον bo$c_2e_2$ | ημαρτηκεν] ημαρτησεν y: ημαρτεν Nb cox$c_2e_2$ | εις σε] εν σοι N: om ℭ$^{d}$ | om και 3° f | ποιηματα] εργα boz$^{a?}$$c_2e_2$ | αγαθα 2°] καλα bo$c_2e_2$: + σοι Acdj$^{mg}$(sub ※) lpqtxz𝔄

**5** ⟨om και 1°—αυτου 1° 236⟩ | εθεντο w | τη ψυχη $e_2$ | ψυχην—αυτου 2°] ην—αυτου 2° ex corr e$^{a}$ | om εν—αυτου 2° av | τη χειρι] ταις χερσιν bo$c_2e_2$ℭ$^{dw}$ Luc: om τη Ne$^{a}$fmswy$a_2$ | κυριος] pr o n: om 𝔄-ed: + δι αυτου bgoz$c_2e_2$ | μεγαλην] *in Israel* Luc: + *per eum* 𝔈: + *Israel* ℭ$^{w}$ | om πας ισραηλ ℭ$^{w}$ | ειδον] ειδεν Nbfoyz

26 βασιλει] + ※ α′ θ′ και ουκ επληρωθησαν αι ημεραι σ′ και μη διελθουσων ημερων j
27 εκατον] ὃ διακοσιους j | τω 1°] pr ※ α′ θ′ και επληρωσεν αυτας j | αυτω 1°] + ※ ὃ σαουλ j
28 σαουλ] + ※ ὃ και εγνω j XIX 5 εθετο] σ′ εξεδωκεν j

6 ἐχάρησαν· καὶ ἵνα τί ἁμαρτάνεις εἰς αἷμα ἀθῷον θανατῶσαι τὸν Δαυεὶδ δωρεάν; [6]καὶ ἤκουσεν B
7 Σαοὺλ τῆς φωνῆς Ἰωναθάν, καὶ ὤμοσεν Σαοὺλ λέγων Ζῇ Κύριος, εἰ ἀποθανεῖται. [7]καὶ ἐκάλεσεν
Ἰωναθὰν τὸν Δαυεὶδ καὶ ἀπήγγειλεν αὐτῷ πάντα τὰ ῥήματα ταῦτα· καὶ εἰσήγαγεν Ἰωναθὰν τὸν
8 Δαυεὶδ πρὸς Σαούλ, καὶ ἦν ἐνώπιον αὐτοῦ ὡσεὶ ἐχθὲς καὶ τρίτην ἡμέραν. [8]Καὶ προσέθετο
ὁ πόλεμος γενέσθαι πρὸς Δαυείδ· καὶ κατίσχυσεν Δαυεὶδ καὶ ἐπολέμησεν τοὺς ἀλλοφύλους, καὶ
9 ἐπάταξεν ἐν αὐτοῖς πληγὴν μεγάλην σφόδρα, καὶ ἔφυγον ἐκ προσώπου αὐτοῦ. [9]καὶ ἐγένετο
πνεῦμα θεοῦ πονηρὸν ἐπὶ Σαούλ, καὶ αὐτὸς ἐν οἴκῳ καθεύδων, καὶ δόρυ ἐν τῇ χειρὶ αὐτοῦ, καὶ
10 Δαυεὶδ ἔψαλλεν ταῖς χερσὶν αὐτοῦ. [10]καὶ ἐζήτει Σαοὺλ πατάξαι τὸ δόρυ εἰς Δαυείδ, καὶ ἀπέστη
Δαυεὶδ ἐκ προσώπου Σαούλ, καὶ ἐπάταξεν τὸ δόρυ εἰς τὸν τοῖχον· καὶ Δαυεὶδ ἀνεχώρησεν καὶ
11 διεσώθη. [11]καὶ ἐγενήθη ἐν τῇ νυκτὶ ἐκείνῃ [(11)]καὶ ἀπέστειλεν Σαοὺλ ἀγγέλους εἰς οἶκον Δαυεὶδ
φυλάξαι αὐτόν, τοῦ θανατῶσαι αὐτὸν πρωί· καὶ ἀπήγγειλεν τῷ Δαυεὶδ Μελχὸλ ἡ γυνὴ αὐτοῦ
12 λέγουσα Ἐὰν μὴ σὺ σώσῃς τὴν ψυχὴν σαυτοῦ τὴν νύκτα ταύτην, αὔριον θανατωθήσῃ. [12]καὶ
13 κατάγει ἡ Μελχὸλ τὸν Δαυεὶδ διὰ τῆς θυρίδος, καὶ ἀπῆλθεν καὶ ἔφυγεν καὶ σώζεται. [13]καὶ ἔλαβεν
ἡ Μελχὸλ τὰ κενοτάφια καὶ ἔθετο ἐπὶ τὴν κλίνην, καὶ ἧπαρ τῶν αἰγῶν ἔθετο πρὸς κεφαλῆς

5 δωραιαν A  7 εκθες A  9 χιρι A  11 πρωει A | νυκταν A  12 καταγι A  13 καινοταφια A | κλειωην B*A

ANa–jl–qstv–c$_2$𝔄ℭ$^{dw}$𝔈(𝔏$^v$)

c$_2$: ειδοσαν ag–jnvb$_2$ | ινα] δια N | αμαρτανης ghvc$_2$e$_2$ | θανατωσαι] pr του z: pr *et* Luc-ed: pr *et uis* al m in cod-unic Luc | om δωρεαν cx

**6** και 1°—ιωναθαν bis scr N* | om της φωνης ιωναθαν d | ⟨φωνης] ψυχης 242*⟩ | ιωναθαν] + *filii sui* ℭ$^w$ Luc | σαουλ 2°] post λεγων cx: om d: + ναθαν b′ | ⟨om λεγων 71⟩ | αποθανειται] ⟨θανειται 44⟩: + δᾱδ cxℭ Luc

**7** αυτω] + ιωναθαν Alqtz𝔄-ed | ⟨παντα τα ρηματα] pr κατα 123: om 44·71⟩ | om ιωναθαν 2° d | ⟨τον δαυειδ 2°] αυτον 44⟩ | ⟨προς] εις 74⟩ | σαουλ] + *patrem suum* ℭ$^d$𝔖$^j$ | εναντιον cx | ωσει] ως Aac–filmp–twxze$_2$: καθως boc$_2$ | εχθες] χθες c–fhnp vxe$_2$: om c$_2$ | τριτης ημερας boc$_2$e$_2$

**8** προσετεθη boz(mg)c$_2$(part ex corr)e$_2$ Luc | ο] ετι h𝔄𝔖$^j$ (uid): om Nbdlopqtzc$_2$e$_2$ Eus | γενεσθαι πολεμος boz(mg)c$_2$e$_2$ 𝔄 | γινεσθαι Acdlpqtxz(txt) | προς δαυειδ Bya$_2$] ετι (om bz$^{mg}$) επι (προς z$^{mg}$c$_2$e$_2$) τους αλλοφυλους boz(mg)c$_2$e$_2$: om Acdlpqtxz(txt) 𝔄ℭ𝔈 Eus Luc: προς σαουλ N rell | om και κατισχυσεν δαυειδ ya$_2$ | εν αυτοις] εν εαυτοις s: επ αυτους dlpqt: αυτους Aabcovx zc$_2$e$_2$ℭ𝔈(uid) Eus½ Luc: om εν fm | πληγη μεγαλη v | πληγην] πλην o* | σφοδρα μεγαλην boe$_2$ | om σφοδρα Eus½ Luc | εκ] απο t Luc | αυτου] *Dauid* Luc

**9** πνευμα] pr το s | θεου πονηρον] πονηρον παρα θῡ g: *malum a Domino* 𝔄 | θεου Bemwy] pr απο f: κῡ Acl*qtxz: ⟨παρα κυριου 123⟩: om Nl$^{a?}$(uid) rell ℭ𝔈 Eus Luc | σαουλ] + παρα θῡ bho c$_2$e$_2$ | hab και 2°—αυτου 2° 𝔏$^v$ | εν οικω καθευδων] *sedebat in domo* 𝔄 | οικω] pr τω o: τω οικω αυτου bc$_2$e$_2$: + αυτου Nae–jmnsvwb$_2$ℭ𝔈(uid)𝔏 Luc | καθευδων] *dormiebat* 𝔏 Luc: εκαθητο boc$_2$e$_2$: om a$_2$ | δορυ] pr το Nae–jmnosvwa$_2$–e$_2$𝔈$^s$(uid) | εν τη χειρι] post αυτου 1° e: εν ταις χερσιν dlpqtz | ⟨αυτου 1°] + εχων 74⟩ | om και 4°—αυτου 2° dlpqt | δαυειδ εψαλλεν] ιδου εψαλλεν δᾱδ c | δαυειδ] pr ιδου Abozc$_2$e$_2$𝔏 Eus: ιδου x Luc | εψαλεν g | ταις χερσιν B] τη χειρι c: εν τη χερσι a: εν τη χειρι gh*xℭ$^d$ (uid): pr εν ANh$^a$ rell ℭ$^w$(uid)𝔏 Eus Luc

**10** παταξαι] pr του bozc$_2$e$_2$ Chr | το 1°—δαυειδ 1°] *Dauid in ea hasta* 𝔈: *Dauid in hasta quae erat in manu* (*manibus* ℭ$^d$) *eius* ℭ: hab αυτον εν τω δορατι Chr | το δορυ εις] εν τω δορατι τον b(om τω)ozc$_2$e$_2$ Luc (om εν) | δαυειδ 1°] + και επαταξεν bz c$_2$e$_2$ Chr Luc: + και εν τω τοιχω Adglpqt𝔄: + εκ δευτερου και εν τω τοιχω παλιν καθηκε cx | om και απεστη δαυειδ a* | απεστη] εξεκλινεν boz(mg)c$_2$e$_2$ Jos Chr Luc | om δαυειδ 2° 𝔄 | εκ προσωπου] *a facie* Luc | om και 3°—τοιχον cx | επαταξεν] + *Saul* ℭ$^w$ | δορυ 2°] + αυτου ⟨244⟩ ℭ$^w$ | εις τον τοιχον] εν τω τοιχω g Chr: om τον n | om δαυειδ 3° cx | ανεχωρησεν] απεχωρησεν afgiyb$_2$: *fugit* Luc | διεσωθη] εξεσπασθη Aefmnswa$_2$: + *et hasta extracta est e muro* ℭ$^w$

**11** om και εγενηθη 𝔈 | εγενηθη] εγενετο boc$_2$e$_2$: ⟨om 44⟩ | νυκτι] ημερα y | om και 2° ⟨44⟩ 𝔄(uid) | σαουλ] post αγγελους f: om Eus | om αγγελους a* | εις] *ad* Luc | οικον] pr τον bno c$_2$e$_2$ | δαυειδ 1°] αυτου a$_2$: om s | ⟨om αυτον 1° 244⟩ | πρωι] pr το x: pr τω cv: pr εις το Nbgijoz(mg)b$_2$c$_2$e$_2$: sup ras (10) a: om ℭ$^d$ | om και 3° q | απηγγειλεν] απηγγελει c: ανηγγειλε Eus | τω δαυειδ] post αυτου y: post μελχολ boc$_2$e$_2$: αυτω dlpq tz | μελχολ] μελχωλ f: μελχω N$^{a?}$(uid): μελχον w: μελχοζ a$_2$ | om η γυνη αυτου ℭ$^d$ | om συ p𝔄ℭ$^d$ | σωσης] σωσεις Aab′cgh ovxya$_2$: σωθης Eus | σαυτου B] σεαυτου Adlpqtz Eus: σου N rell | θανατωθηση] pr συ boc$_2$e$_2$

**12** και καταγη c(ex corr)gve$_2$ | om η abinoc$_2$e$_2$ | μελχολ] μελχωλ f: μελχω N$^{a?}$: μελχον w | και απηλθεν] λθ cx γγ uid c: om ⟨44⟩ ℭ$^d$ | om και εφυγεν cx | σωζεται] σωσεται b: εσωθη cx

**13** hab και 1°—αυτου 𝔏$^v$ | η μελχολ] *Michol* 𝔏 | om η N befhimoswa$_2$c$_2$e$_2$ | μελχολ] μελχωλ fc$_2$: μελοχολ h*(uid): μελχω N$^{a?}$: μελχον w | τα κενοταφια] τα κενοταφα n: *effigiem* 𝔄: *indumenta mortalia* 𝔏$^{(?)}$ | εθετο 1°] εθηκεν Abcdlopqtxzc$_2$e$_2$: ⟨επεθηκεν 44⟩: *strauit ea* 𝔏$^{(?)}$ | επι την κλινην] *in lecto* 𝔈𝔏 | των αιγων] και στρωγυλομα τριχων το αιγων g: om των bciox c$_2$e$_2$: + και στρογγυλωμα τριχων y$^b$𝔄𝔖-ap-Barh: + *et ligamentum capilli* 𝔏$^{(?)}$ | εθετο 2°] εθηκεν Nboc$_2$e$_2$ | προς] επι της v |

5 αθωον] σ′ αναιτιον j | δωρεαν] σ′ ματην j
7 ωσει—ημεραν] ως προ μιας και πριν j
9 δαυειδ—αυτου 2°] α′ δᾱδ εχειρονομησεν i
13 τα κενοταφια κ.τ.λ.] α′ τα κενοταφια μορφωματα φησι (ηρμηνευσεν l) και το (το δε l) ηπαρ των αιγων το παν πληθος και στρογγυλωμα (+ των l) τριχων lz | κενοταφια] α′ μορφωματα *b*j: σ′ ειδωλα θ′ θεραφιν j | και ηπαρ] και στρογγυλωμα τριχων *b* | ηπαρ] το παν στρογγυλομα i: το παν πληθος θ′ χοβερ j

B αὐτοῦ, καὶ ἐκάλυψεν αὐτὰ ἱματίῳ. [14]καὶ ἀπέστειλεν Σαοὺλ ἀγγέλους λαβεῖν τὸν Δαυείδ, καὶ 14
λέγουσιν ἐνοχλεῖσθαι αὐτόν. [15]καὶ ἀποστέλλει ἐπὶ τὸν Δαυεὶδ λέγων Ἀγάγετε αὐτὸν ἐπὶ τῆς 15
κλίνης πρός με τοῦ θανατῶσαι αὐτόν. [16]καὶ ἔρχονται οἱ ἄγγελοι, καὶ ἰδοὺ τὰ κενοτάφια ἐπὶ τῆς 16
κλίνης, καὶ ἧπαρ τῶν αἰγῶν πρὸς κεφαλῆς αὐτοῦ. [17]καὶ εἶπεν Σαοὺλ τῇ Μελχόλ Ἵνα τί οὕτως 17
παρελογίσω με, καὶ ἐξαπέστειλας τὸν ἐχθρόν μου καὶ διεσώθη; καὶ εἶπεν Μελχὸλ τῷ Σαούλ
Αὐτὸς εἶπεν Ἐξαπόστειλόν με· εἰ δὲ μή, θανατώσω σε. [18]Καὶ Δαυεὶδ ἔφυγεν καὶ διεσώθη, 18
καὶ παραγίνεται πρὸς Σαμουὴλ εἰς Ἁρμαθάιμ, καὶ ἀπαγγέλλει αὐτῷ πάντα ὅσα ἐποίησεν αὐτῷ
Σαούλ· καὶ ἐπορεύθη Δαυεὶδ καὶ Σαμουήλ, καὶ ἐκάθισεν ἐν Ἀνὰθ ἐν Ῥαμά. [19]καὶ ἀπηγγέλη τῷ 19
Σαοὺλ λέγοντες Ἰδοὺ Δαυεὶδ ἐν Ἀνὰθ ἐν Ῥαμά. [20]καὶ ἀπέστειλεν Σαοὺλ ἀγγέλους λαβεῖν τὸν 20
Δαυείδ· καὶ εἶδαν τὴν ἐκκλησίαν τῶν προφητῶν, καὶ Σαμουὴλ εἱστήκει καθεστηκὼς ἐπ' αὐτῶν.
καὶ ἐγενήθη ἐπὶ τοὺς ἀγγέλους τοῦ Σαοὺλ πνεῦμα θεοῦ, καὶ προφητεύουσιν. [21]καὶ ἀπηγγέλη τῷ 21
Σαούλ, καὶ ἀπέστειλεν ἀγγέλους ἑτέρους, καὶ ἐπροφήτευσαν καὶ αὐτοί· καὶ προσέθετο Σαοὺλ ·
ἀποστεῖλαι ἀγγέλους τρίτους, καὶ ἐπροφήτευσαν καὶ αὐτοί. [22]καὶ ἐθυμώθη ὀργῇ Σαούλ, καὶ 22
ἐπορεύθη καὶ αὐτὸς εἰς Ἁρμαθάιμ, καὶ ἔρχεται ἕως τοῦ φρέατος τοῦ ἅλω τοῦ ἐν τῷ Σεφεί, καὶ

15 αγαγεται A | κλεινης B* 16 καινοταφια A | κλεινης B* 17 τη] η sup ras B$^1$ | με 1°] μαι B | σαι A
18 παραγεινεται B* 19 απηγγελλη A 20 ιστηκει A

AN a–jl–qstv–c$_2$e$_2$𝔄ℭ$^{dw}$𝔈(𝔏$^{sv}$)

κεφαλην a | αυτου] αυτων c$^a$i: om 𝔄(uid) | αυτα] αυ int lin o$^a$: *eum* ℭ: om n | ιματιω] pr τω n: pr εν efmsw: ιματιοις h𝔈 (uid)

14 απεστειλεν] αποστελλει dlpqtz: αποστελει A | om σαουλ cx | λαβειν] pr του ozc$_2$e$_2$: ⟨συλλαβειν 123⟩ | λεγουσιν] ειπεν μελχολ bioz(mg)c$_2$e$_2$ℭ$^d$𝔖$^j$ | ηνωχλησθαι dlpqtz(txt)

15 αποστελλει—λεγων] ειπε σαουλ cx | αποστελλει] αποστελει Aa*hs: απεστειλεν σαουλ αγγελους bioc$_2$e$_2$ℭ | om επι 1°—λεγων ℭ$^d$ | om επι τον δαυειδ i | επι 1°] pr του ιδειν Adj$^{mg}$ (sub ※)lpqtz: ιδειν boc$_2$: του λαβειν e$_2$ | δαυειδ] + *iterum* 𝔄 | λεγων] post αυτον 1° e$^{a?}$: om e* | αγαγετε] pr ras (2—3) o: απαγαγεται v | αυτον 1°] + προς με w | επι 2°—με] προς με μετα της κλινης cx | om προς με gi | του θανατωσαι] και θανατωσω cx𝔄ℭ(uid): *et occidite* 𝔈

16 ιδου] ιδον v | τα κενοταφια] *effigies* 𝔄 | ηπαρ] pr το Nag–jnovb$_2$ | om των ie$_2$ | αιγων] + και το στρογγυλωμα των τριχων y$^b$𝔄 | αυτου] αυτων i: om 𝔄(uid): + και ανηγγειλαν (απ· fmsw) τω σαουλ bfm(+ ras 15 litt)oswzc$_2$e$_2$

17 σαουλ 1°] σαολ N* | τη] την dp: προς την cx: προς Nag–jnvb$_2$ | μελχολ 1°] μελχωλ d*f: μελχω N$^{a?}$ | ουτως] *igitur* 𝔖$^j$: om ℭ$^d$ | εξαπεστειλες A | εσωθη e | om και 4°—(18) διεσωθη b' | μελχολ 2°] μελχωλ f: μολχολ A: μελχω N$^{a?}$ | om τω σαουλ d𝔄-cod | τω] προς *b*oc$_2$e$_2$ | σαουλ 2°] ext lin i$^a$: + *patri eius* ℭ | ειπεν 3°] + μοι Nag–jnvb$_2$ℭ𝔈(uid): + προς με A*b*cdlopqtxzc$_2$e$_2$ | αποστειλον N | με 2°] μοι a | θανατωσω] θανατωσαι a$_2$: θανατω Ai𝔄(uid)

18 εφυγε δαδ cx | ⟨om εφυγεν—και 3° 44⟩ | om εφυγεν και d | εσωθη Aez | εις] προς d | αρμαθαιμ] αρμαθεμ g: *Armathen* Luc | απαγγελλει] απαγγελλη h: απαγγελει Ab'c(uid) gxc$_2$: απαγγελη o: απηγγειλεν adeflmp–wz: *renuntiauit* Luc | αυτω 2°] post σαουλ a$_2$: om A Luc | ⟨σαουλ] pr ο 244⟩ | επορευθησαν Nabe–hjmnosvwzb$_2$c$_2$e$_2$𝔄ℭ𝔈 | om δαυειδ 2°—εκαθισεν b | σαμουηλ (σαουλ i*) και δαδ i𝔄 | om και εκαθισεν 𝔈 | εκαθισεν Bv] εκαθισαν AN rell 𝔄ℭ | αναθ εν] *Authe* 𝔈 | αναθ Bi a$_2$b$_2$c$_2$ℭ] αβαθ bgo: αναθα e$_2$: αβιωθ cdpx: ναβαθ e: ναναθαν v: νανα y: ܒܢܘܝܘܬ 𝔖$^j$: ναυιωθ Alqtz* On: ναυαθ N(uid)z$^{a?}$ rell 𝔄 | om εν 2° v𝔄ℭ | ραμα] ραμμα ⟨74⟩ ℭ: + *et habitauerunt ibi* 𝔈$^a$

19 om totum comma cdelpvxℭ$^d$ | απαγγελη a*(uid) | λεγοντων bioz(mg)c$_2$e$_2$ | ιδου] + δη A | εν 1°] εις Or-gr | αναθ εν] *Authe* 𝔈 | αναθ Boa$_2$c$_2$ℭ$^w$] αβαθ h: αυωθ Or-gr: αναθα e$_2$: ναυθ g: νανα y: ܒܢܘܝܘܬ 𝔖$^j$: ναιωθ Aqtz*: ναυαθ Nz$^{a?}$ rell 𝔄 | om εν 2° 𝔄ℭ$^w$ | *Ramma* ℭ$^w$

20 λαβειν] pr του a$_2$ | hab και 2°—αυτων 𝔏$^v$ | και ειδαν] εις c | ειδαν BAy*a$_2$] ελθοντες (+ και i) ειδον befimoswy$^b$zc$_2$e$_2$ ℭ$^d$: ειδον N rell: ειδοσαν Or-gr | προφητων] προφητευοντων cdx: + προφητευοντων lopqtz(mg)c$_2$e$_2$𝔄: + των προφητευοντων Abi | καθεστηκως] *instanter* 𝔏: om d𝔄ℭ𝔈 | επ] επανω dlpqtz(txt): *in medio* ℭ$^d$𝔈 | αυτους efmsw | εγενετο boc$_2$e$_2$ | τους αγγελους] om g*: + spat uel ras (7) a | του σαουλ] ⟨om 242⟩: om του begova$_2$c$_2$e$_2$ Or-gr | θεου] κυριου Or-gr | προφητευουσιν] προεφητευσαν (επροεφ· o) και αυτοι boc$_2$e$_2$ Or-gr: ⟨+ αυτοι 246⟩: + και αυτοι cdilpqtxz𝔄ℭ: + και γε αυτοι A

21 απηγγελη—απεστειλεν] προσεθετο σαουλ αποστειλαι cx | απηγγειλαν e$_2$ | om τω b' | απεστειλεν] *addidit Saul mittere* 𝔄-ed | om ετερους b' | επροφητευσαν 1° BNh*a$_2$b$_2$] επροεφητευσαν ovy: προφητευουσι n: προεφητευσαν Ah$^b$ rell Or-gr | om και 5°—αυτοι 2° e*𝔈 Or-gr | σαουλ 2°] pr ο ho: om jm*b$_2$ℭ$^d$ | αποστειλαι] post τριτους y: om gm*: + σαουλ b' | αγγελους τριτους] *alios nuntios* 𝔄 | τριτους] εκ τριτου vℭ (pr *alios*): τρεις c$_2$ | επροφητευσαν 2° BNh*na$_2$b$_2$] επροεφητευσαν oy: προεφητευσαν Ae$^{a?}$h$^b$ rell

22 hab και 1°—σεφει 𝔏$^v$ | hab και 1°—σαουλ 𝔏$^s$ | σαουλ οργη bioa$_2$c$_2$e$_2$ | και αυτος] om Or-gr: om και cx*𝔄𝔈𝔏 | αρμαθεμ c*gv | ερχονται A | om του 1° Nabjovb$_2$c$_2$e$_2$ | ⟨φρεατος] ευφρατου 44⟩ | του αλω] *populi* 𝔈 | του 2°] της boz(mg)c$_2$e$_2$ | αλω] pr μεγαλου h: μεγαλου ANacdgijlnpqtvxz(txt)b$_2$𝔄 Or-gr | ⟨om του 3°—σεφει 242⟩ | του εν τω] και εν τη οδω Or-gr: om ⟨44⟩ ℭ$^d$ | του 3°] τω vz(mg$^2$): της boz(mg$^1$)c$_2$e$_2$: ⟨om 246⟩ | εν τω σεφει] εντος εφειν a | τω σεφει] *Sefir* ℭ$^w$: *Sefa* 𝔈$^a$: *Masefa* 𝔈$^s$ | om τω Ab–filmo–twxz(txt, mg$^1$)c$_2$e$_2$ | σεφει] σειφι y: σεφειν efgh$^{b?}$msvw: σεφιειν h*: σεφεειν n: σεφιην N:

14 ενοχλεισθαι] α' αρρωστειν j
16 τα κενοταφια] α' αι προτομαι σ' ειδωλον θ' θεραφιν j | και ηπαρ] σ' και το στρογγυλωμα των τριχων *b* | ηπαρ των αιγων] το παν πληθος το της δορας της αιγειας j
17 ει δε] ο' σ' ινα θ' το εσω j 18 εν 1°—ραμα] σ' διαιτωμενοι jz 19 εν αναθ] σ' ενδιαιτωμενος j
20 εκκλησιαν] α' ομιλον θ' συστημα jz: σ' συστροφην j | επ αυτων] θ' επανω αυτων j | προφητευουσιν] + ※ λ̣ και γε αυτοι j

23 ἠρώτησεν καὶ εἶπεν Ποῦ Σαμουὴλ καὶ Δαυείδ; καὶ εἶπεν Ἰδοὺ ἐν Ἀυὰθ ἐν Ῥαμά. [23]καὶ ἐπο- B
ρεύθη ἐκεῖθεν ἐν Ἀυὰθ ἐν Ῥαμά, καὶ ἐγενήθη καὶ ἐπ' αὐτῷ πνεῦμα θεοῦ, καὶ ἐπορεύετο προφητεύων
24 ἕως τοῦ ἐλθεῖν αὐτὸν εἰς Ἀυὰθ ἐν Ῥαμά. [24]καὶ ἐξεδύσατο τὰ ἱμάτια αὐτοῦ καὶ ἐπροφήτευσεν
ἐνώπιον αὐτῶν, καὶ ἔπεσεν γυμνὸς ὅλην τὴν ἡμέραν ἐκείνην καὶ ὅλην τὴν νύκτα· διὰ τοῦτο ἔλεγον
Εἰ καὶ Σαοὺλ ἐν προφήταις;

XX 1 [1]Καὶ ἀπέδρα Δαυεὶδ ἐξ Ἀυὰθ ἐν Ῥαμά, καὶ ἔρχεται ἐνώπιον Ἰωναθὰν καὶ εἶπεν Τί πεποίηκα,
καὶ τί τὸ ἀδίκημά μου, καὶ τί ἡμάρτηκα ἐνώπιον τοῦ πατρός σου ὅτι ἐπιζητεῖ τὴν ψυχήν μου;
2 [2]καὶ εἶπεν αὐτῷ Ἰωναθάν Μηδαμῶς σοι, οὐ μὴ ἀποθάνῃς· ἰδοὺ οὐ μὴ ποιήσῃ ὁ πατήρ μου ῥῆμα
μικρὸν καὶ οὐκ ἀποκαλύψει τὸ ὠτίον μου· καὶ τί ὅτι κρύψει ὁ πατήρ μου τὸ ῥῆμα τοῦτο; οὐκ
3 ἔστιν τοῦτο. [3]καὶ ἀπεκρίθη Δαυεὶδ τῷ Ἰωναθὰν καὶ εἶπεν Γινώσκων οἶδεν ὁ πατήρ σου ὅτι
εὕρηκα χάριν ἐν ὀφθαλμοῖς σου, καὶ εἶπεν μὴ γνῶναι τοῦτο Ἰωναθάν, μὴ οὐ βούληται· ἀλλὰ ζῇ
4 Κύριος καὶ ζῇ ἡ ψυχή σου, ὅτι καθὼς εἶπον ἐμπέπλησται ἀνὰ μέσον μου καὶ τοῦ θανάτου. [4]καὶ

22 ειπεν 2°] ειπαν B$^{ab}$ 24 νυκταν A XX 2 μεικρον B* | ο πατηρ 2°] ο πατ sup ras B$^{ab}$ 3 γεινωσκων B*

ANa–jl–qstv–c$_2$e$_2$𝔄ℭ$^{dw}$𝔈(𝔏$^v$)

σεφιειμ jz(mg$^?$)b$_2$: ⟨εφιειμ 71: ορει σεφειν 123⟩: εσσωφειν Or-gr: σοχω cdp: σωχω lqtz(txt): σοκχω A𝔄: σογχω x | ηρωτησεν] επηρωτησεν Or-gr: +σαουλ bioc$_2$e$_2$ℭ𝔖$^j$ | om και δαυειδ ℭ$^w$ | ειπεν 2° B*N𝔖$^j$ Or-gr-cod] ειπαν B$^{ab}$Abj*mnsvwya$_2$b$_2$: ειπον j$^{a?}$ rell Or-gr-ed: *dixerunt* 𝔄ℭ𝔈 | om ιδου a𝔄ℭ$^d$ | εν 2°] εις Or-gr | αυαθ εν] *Authe* 𝔈 | αυαθ Bg$^b$hoa$_2$c$_2$ℭ] αβαθ b: αυωθ Or-gr: αυαθα e$_2$: αβιωθ cpx: αναυθ g*: ⟨νβαθ 242*⟩: ναβαθ e: ναυα y: ναυαθαν v: ܢܘܝܬ 𝔖$^j$: ναυιωθ Alqtz: ναβιωθ d: ναυαθ N rell 𝔄 | εν ραμα] ερραμα b: αιμραμα a$_2$ | om εν 3° v𝔄ℭ Or-gr | ραμα] *Ramma* ℭ: αραρμα g

**23** om totum comma cx | om και 1°—ραμα 1° Naivℭ$^d$ | επορευθη] +σαουλ e$_2$ℭ$^w$ | om εκειθεν bozc$_2$e$_2$𝔄-codd ℭ$^w$ | om εν αυαθ e$_2$ | εν 1°] εις behjmoswzb$_2$c$_2$ℭ$^w$ Or-gr | αυαθ εν 1°] *Authe* 𝔈 | αυαθ 1° Bboa$_2$c$_2$ℭ$^w$] αβαθ b': αυωθ Or-gr: αβιωθ p: ναβαθ e: ναυα y: ܢܘܝܬ 𝔖$^j$: ναυιωθ Alqtz: ναβιωθ d: ναυαθ rell 𝔄 | εν 2°] εις beoc$_2$e$_2$: om 𝔄ℭ$^w$ Or-gr | ραμα 1°] *Ramma* ℭ$^w$: ιαμα d: ναρααρμα g | εγενετο bozc$_2$e$_2$ | ⟨και επ αυτω post θεου 242⟩ | om και 3° abijnovzc$_2$e$_2$𝔄 Or-gr | πνα θυ επ αυτω (-τον b') b'n | επ] εν ya$_2$ | αυτω] αυτον bgiozc$_2$e$_2$ Or-gr | επορευετο] επορευθη Ab𝔈 | προφητευων Bya$_2$ℭ] *et uaticinabatur* 𝔄-cod: πορευομενος και προεφητευεν b𝔄-ed: *et dum ibat uaticinabatur* 𝔈: pr πορευομενος και AN rell Or-gr | ⟨om εως—ραμα 2° 71⟩ | του ελθειν αυτον] ελθων Or-gr | εις] εν ANadefhj–npvwyb$_2$ | αυαθ εν 2°] *Authe* 𝔈 | αυαθ 2° Bboc$_2$ℭ] αβαθ b': αυωθ Or-gr: αυαθα e$_2$: αβιωθ dp: ναβαθ e: ναυαθαν v: ܢܘܝܬ 𝔖$^j$: ναυιωθ Alqtz: ναυαθ N rell 𝔄 | εν 3°] εις boc$_2$: om v𝔄ℭ Or-gr | ραμα 2°] *Ramma* ℭ: αρραμα g

**24** εξεδυσατο] +και αυτος A: +και γε αυτος cdlpqtxzc$_2$ | το ιματιον cx𝔄 | αυτου] +*ipsius* 𝔄 | επροφητευσεν BNh*jna$_2$b$_2$] επροεφητευσεν aoy: προεφητευσεν bcgh$^b$ivxe$_2$ Or-gr: προεφητευσεν ※ και γε και αυτος c$_2$: προεφητευσεν (επροεφ- A) και γε (om p) αυτος A rell: +*etiam is* 𝔖$^j$ | αυτων] σαμουηλ boc$_2$e$_2$ℭ Or-gr | επεσεν] εποιησεν i: ειπε o | ολην 1°] ⟨pr εις 71⟩: om ℭ$^d$ | om ημεραν—την 2° i | ⟨εκεινην—νυκτα] και νυκτα εκεινην 44⟩ | om εκεινην 𝔄 | om και 4°—νυκτα e$_2$ | νυκτα] +εκεινην boc$_2$𝔈(uid) | δια] pr και fm𝔈 | τουτο] του a* | ελεγον] ⟨ελεγεν 71⟩: ερεθη v: om a | ει και] ηκε v | ει] η Afb$_2$: ειη w | σαουλ] σαμουηλ w*

**XX 1** απεδρα] απηλθε cx: ανεχωρησε b'b(txt)oc$_2$e$_2$ | δαυειδ] ιηλ A | εξ Bbcoxc$_2$e$_2$] εν Aaya$_2$𝔄-codd: εκ Nb' rell: ⟨om 71⟩ | αυαθ εν] *Authe* 𝔈 | αυαθ Bboa$_2$c$_2$ℭ] αυαθα e$_2$: σαβαθ b': αβιωθ x: αμιωθ c: ναβαθ e: ννααθ w: ναυαθαν v: ܢܘܝܬ 𝔖$^j$: ναυιωθ Alqtz: ναβιωθ dp: ναυαθ N rell 𝔄 | ⟨om εν ραμα 44⟩ | εν] εκ bdeflmoqstzc$_2$e$_2$: om cgivx𝔄ℭ | ραμα] *Ramma* ℭ: ραρμα g | και ειπεν ενωπιον ιωναθαν Adlp(om ενωπιον)qt | ενωπιον 1°] pr *locutus est* 𝔄: εις προσωπον boz(mg)c$_2$e$_2$: προς cx𝔈: ⟨+του πρ̄ς 242*⟩ | ειπεν] λεγει bozc$_2$e$_2$: +προς αυτον ⟨71⟩ 𝔈(uid) | εποιηκα g | και 4°] η boc$_2$e$_2$ | το αδικημα μου] *peccaui* 𝔈 | αδικημα] αμαρτημα g | και 5°] η boc$_2$e$_2$ℭ$^w$: om i | om τι 3° x | ημαρτηκα] ημαρτον boc$_2$e$_2$: το αμαρτημα sℭ(uid)𝔈: εδικησα g | σου] μου b* | επιζητει] εζητει abg*: ζητει coxya$_2$c$_2$e$_2$

**2** αυτω] post ιωναθαν a$_2$: om b'l*ℭ$^w$ | σοι—αποθανης] *non morieris tu* 𝔈 | σοι] συ Ab'cdghlpqtvxyze$_2$ | om ου μη 1° dh*lpqt | ιδου] pr *quod* 𝔄: *quod* 𝔈: +γαρ biozc$_2$e$_2$ℭ$^d$ | ⟨om μη 2° 244⟩ | ποιησει a–dghmoxa$_2$ | ρημα μικρον] μεγα ρημα η μικρον b | μικρον B] pr η c: pr μεγα η A*(uid)Negijovxzb$_2$c$_2$e$_2$𝔄ℭ: pr μεγα η ρημα A$^1$ rell: +*neque magnum* 𝔈 | και 2°] ο bozc$_2$e$_2$𝔄𝔈 | ουκ αποκαλυψει] ου μη αποκαλυψη Na$_2$ | αποκαλυψει] αποκαλυψαι cx: *reuelat* 𝔄 | το ωτιον] τω ωτιω i: *in aurem* 𝔄 | τι] ⟨pr τις 246⟩: om cxℭ | κρυψει] κρυψη N$^{a?}$(uid)i: αποκρυψει bj(-ψη)zc$_2$e$_2$: αποκαλυψει o | ο 2°—τουτο 1°] το ρημα τουτο ο πη̄ρ μου απ εμου h | ο πατηρ μου 2°] pr απ εμου p𝔈: απ εμου g: +απ εμου Nabdijloq–xzb$_2$c$_2$e$_2$𝔄 | τουτο 1°] +απ εμου cfmnℭ | om ουκ εστιν τουτο Ne–hmnswyb$_2$

**3** απεκριθη—ειπεν 1°] *Dauid dixit Ionathan* ℭ$^d$: ⟨ειπεν αυτω δαυιδ 44⟩ | om τω a$_2$ | γινωσκων] γινωσκω οτι cx: om ℭ | οιδεν] ειδεν csx: ουδεν a* | ευρον boc$_2$e$_2$ | εν οφθαλμοις] ενωπιον A𝔈 | και ειπεν 2°] om c*: +ο πη̄ρ συυ Nbnoc$_2$e$_2$ℭ | hab μη 1°—βουληται 𝔏$^v$ | γνωναι Bya$_2$] γνω eg: γνωτω AN rell 𝔄ℭ(uid)𝔈(uid)𝔏: ⟨γνωσθητω 44⟩ | τουτο] ταυτα bioz(mg)c$_2$e$_2$𝔏: om cx 𝔄 | μη ου βουληται] ⟨μη ποτε διαπονηθη 242⟩: οπως μη αναγγειλη (-ελλη 246) τω δᾱδ bioz(mg)c$_2$e$_2$⟨246⟩ℭ𝔏𝔖$^j$(uid) | ου] ο c: om y* | βουληται] βουλεται ANcefhmnswxya$_2$: μη βουλεται dlpqtz(txt): βουλεται και αναγγελει το δᾱδ g | αλλα] πλην Nabg–jovb$_2$c$_2$e$_2$ | σου 3°] μου e* | hab οτι 2°—θανατου 𝔏$^v$ | om οτι 2° a$_2$ | om καθως ειπον bioe$_2$𝔏 | ειπον] ειπεν ya$_2$ | εμπεπλησται—θανατου] *consummauit occidere me* 𝔈 | εμπεπλησται] εμπεπλησαι s: πεπλεισται i: πεπληρωται (+δη lpqtz) Abcdlopqtxzc$_2$e$_2$ | μου και του B] εμου και του a$_2$: εμου και σου εως y: εμου και ανα μεσον σου εως c: ⟨εμου και του πατρος σου εως 44⟩: εμου και ανα μεσον του πρ̄ς σου (+του a* uid) εως ANa rell 𝔄ℭ$^d$𝔏𝔖$^j$

22 εν αυαθ] σ' εν ταις οικησεσι j 24 εξεδυσατο] +※(uid) λ̣ και γε αυτος j | ει] σ' οτι α' μη j
XX 2 μηδαμως σοι] σ' θ' ιλεως σοι α' βεβηλον j | και 2°—μου 2°] σ' εαν μη δηλωση εις ακοην μου j
3 εμπεπλησται—θανατου] α' σ' οσον βημα μεταξυ εμου και του θανατου j

B εἶπεν Ἰωναθὰν πρὸς Δαυεὶδ Τί ἐπιθυμεῖ ἡ ψυχή σου, καὶ τί ποιήσω σοι; [5]καὶ εἶπεν Δαυεὶδ 5
πρὸς Ἰωναθάν Ἰδοὺ δὴ νεομηνία αὔριον, καὶ ἐγὼ καθίσας οὐ καθήσομαι φαγεῖν, καὶ ἐξαποστελεῖς
με καὶ κρυβήσομαι ἐν τῷ πεδίῳ ἕως δείλης. [6]ἐὰν ἐπισκεπτόμενος ἐπισκέψηταί με ὁ πατήρ σου, 6
καὶ ἐρεῖς Παραιτούμενος παρῃτήσατο ἀπ' ἐμοῦ Δαυεὶδ δραμεῖν ἕως εἰς Βηθλέεμ τὴν πόλιν αὐτοῦ,
ὅτι θυσία τῶν ἡμερῶν ἐκεῖ ὅλῃ τῇ φυλῇ. [7]ἐὰν τάδε εἴπῃ Ἀγαθῶς, εἰρήνη τῷ δούλῳ σου· καὶ ἐὰν 7
σκληρῶς ἀποκριθῇ σοι, γνῶθι ὅτι συντετέλεσται ἡ κακία παρ' αὐτοῦ. [8]καὶ ποιήσεις ἔλεος μετὰ 8
τοῦ δούλου σου, ὅτι εἰσήγαγες εἰς διαθήκην Κυρίου τὸν δοῦλόν σου μετὰ σεαυτοῦ· καὶ εἰ ἔστιν
ἀδικία ἐν τῷ δούλῳ σου, θανάτωσόν με σύ· καὶ ἕως τοῦ πατρός σου ἵνα τί οὕτως εἰσάγεις με;
[9]καὶ εἶπεν Ἰωναθάν Μηδαμῶς σοι, ὅτι ἐὰν γινώσκων γνῶ ὅτι συντετέλεσται ἡ κακία παρὰ τοῦ 9
πατρός μου τοῦ ἐλθεῖν ἐπὶ σέ, καὶ ἐὰν μὴ ᾖ εἰς τὰς πόλεις σου, ἐγὼ ἀπαγγέλλω σοι. [10]καὶ εἶπεν 10
Δαυεὶδ πρὸς Ἰωναθάν Τίς ἀπαγγείλῃ μοι ἐὰν ἀποκριθῇ ὁ πατήρ σου σκληρῶς; [11]καὶ εἶπεν 11
Ἰωναθὰν πρὸς Δαυεὶδ Πορεύου καὶ μένε εἰς ἀγρόν· καὶ ἐκπορεύονται ἀμφότεροι εἰς ἀγρόν.
[12]Καὶ εἶπεν Ἰωναθὰν πρὸς Δαυεὶδ Κύριος ὁ θεὸς Ἰσραὴλ οἶδεν ὅτι ἀνακρινῶ τὸν πατέρα μου 12
ὡς ἂν ὁ καιρὸς τρισσῶς, καὶ ἰδοὺ ἀγαθὸν ᾖ περὶ Δαυείδ, καὶ οὐ μὴ ἀποστείλω πρὸς σὲ εἰς ἀγρόν·

5 παιδιω B*A    9 γεινωσκων B*    12 ανακρεινω B* | τρεισεως A

ANa-jl-qstv-$c_2e_2$𝔄ℭ$^{dw}$𝔈(𝔏$^{v}$)

4 προς] τω i | επιθυμη go | om και 2° nℭ$^{d}$ | om τι 2° AN a-dg-ln-qtx-$e_2$𝔄ℭ𝔈 Chr

5 δαυειδ προς ιωναθαν] *Ionathan ad Dauid* ℭ$^{d}$: om προς ιωναθαν d | ιωαναθαν a* | hab ιδου—δειλης 𝔏$^{v}$ | om δη $a_2$𝔏 | νουμηνια $boc_2e_2$ | εγω] *tu* ℭ$^{d}$ | om καθισας dlpqtz𝔈𝔏 | om ου $bioc_2e_2$ | καθησομαι φαγειν B𝔈] καθησομαι (καθησωμαι gm: *sedeam* 𝔏: *sedebis* ℭ$^{d}$uid) μετα του βασιλεως φαγειν AN omn ℭ$^{d}$𝔏: + *cum rege* ℭ$^{w}$: + *panem cum rege* 𝔄 | και 3°] *sed tu* 𝔏𝔖$^{j}$: *dixit Dauid ad Ionathan* ℭ$^{d}$ | εξαποστελης v | ⟨με] μοι 123.236⟩ | και κρυβησομαι] *ut abscondam me* 𝔏: om y | κρυβησομαι] κρυβησωμε gv: πορευσομαι A: ποιησω p | δειλης] + της τριτης Acdlpqtxz𝔄

6 εαν] pr και $cxya_2$ℭ𝔈 | om επισκεπτομενος 𝔈 | επισκεψεται $begova_2$ | om με n | om και $bozc_2e_2$𝔄(uid)ℭ𝔈 | ερης v | om παραιτουμενος ⟨44⟩ 𝔈 | παρητησατο] παρητηται $bc_2e_2$: παραιτειται o | απ εμου] απο του A: παρ εμου $bdlopqtzc_2e_2$ | δαυειδ] post δραμειν e: om $e_2$ℭ𝔈 | om δραμειν a*iy* | om εως A𝔈 | εις $BANghixa_2$𝔈] om rell 𝔄(uid)ℭ(uid) | βηθλεεμ] βιθλεεμ cgv: βηθεεμ a* | της πολεως $bozc_2e_2$ | ⟨οτι] επι 236⟩ | om ημερων $a_2$ | ⟨εκει] αυτου 44⟩ | ολη] pr εν $c_2$

7 εαν 1°] pr και $biozc_2e_2$: + δε Naefmswyℭ$^{w}$ | om ταδε $Nabioyc_2e_2$𝔄ℭ𝔈 | ειπη] pr ο π̅η̅ρ σου i: ⟨ειπε 242⟩: ειπης $Ab_2$: + ο π̅η̅ρ σου $boc_2e_2$ | αγαθος cmo | του δουλου $a_2$ | om και—(8) σεαυτου ℭ$^{d}$ | και εαν] εαν δε $boc_2e_2$𝔄(uid)𝔖$^{j}$: + δε A | σκληρως] σκληρος $cga_2$: σκληρα $bhoc_2e_2$ | αποκριθη σοι] αποκριθηση (-σει x) dx: om σοι 𝔄-ed 𝔈 | γνωσει h | συνετελεσθη $a_2$ | παρ αυτου] απ αυτου $e_2$: παρα του π̅ρ̅ς σου dlpqtz

8 ποιησεις] ποιησης gm: ποιησον l | ελεον $boc_2e_2$ | hab οτι—σεαυτου 𝔏$^{v}$ | εισηγαγες—κυριου] εις διαθηκην κ̅υ̅ ηγαγες dlpqtz | εισηγαγες] post κυριου $ANabcg\text{-}jovxb_2c_2e_2$𝔄𝔏: εισηγαγον y: ⟨ηγαγες 74⟩ | σεαυτου] σου h | ει] η g: om a* | αδικια] post σου 3° dlpqtz: om A | om εν ce𝔄-ed | συ] σοι gm: ⟨om 44⟩ | και 3°—με 2°] *ne duxeris me ad patrem tuum* ℭ$^{d}$𝔈 (pr *et*): om cx | εως—με 2°] ινα τι τουτο εισαγεις (εισαγης $e_2$: εισαγαγεις b) με ουτως εως του π̅ρ̅ς σου $boz(mg)c_2e_2$ℭ$^{w}$ | om του πατρος σου dlp | ινα] pr και g | om τι a* | ουτως] post με 2° $Nag\text{-}jnvb_2$: om 𝔄 | εισαγεις] εισαγης msz(txt): εισαγαγης $da_2$ (-γη): απαγεις $Najyb_2$: απαγης g: απαγαγης iv

9 ιωναθαν] ιωναθας y: + προς δ̅α̅δ ej$^{mg}$(sub ※)w | μηδαμως] pr ιλεως σοι ew | σοι 1°] συ $AN^{*}covxya_2$: *mihi* ℭ$^{w}$ | γινωσκων] γινωσκω $ce_2$: om $a_2$𝔈 | om παρα cix | ⟨om του 2° 44⟩ | εαν 2°—εγω] *nuntiabo tibi et si non fueris in ciuitate tua ueniam ad te ego et* 𝔈$^{s}$: om 𝔈$^{a}$ | μη] μοι b' | η 2° BAℭ] om N omn 𝔄𝔖$^{j}$ | εις—σου post σοι 2° $boc_2e_2$𝔖$^{j}$ | om σου n | om εγω $boc_2e_2$𝔄 | απαγγελλω B] απαγγειλω ef*msw: αναγγελω y: αποστελω cx: αποστειλω f$^{a}$(uid): απαγγελω AN rell 𝔄ℭ | σοι 2°] σε cf$^{a}$x

10 δαυειδ] pr ο i | ⟨om προς ιωναθαν 71⟩ | τις] pr και A: τι s | απαγγειλη $Ba_2$] απαγγελη hv: αναγγελει gy: απαγγελει AN rell 𝔄ℭ(uid)𝔈(uid) | om μοι fm | αποκριθη] μηοκριθη A | σκληρως] σκληρος c: σκληρον y: σκληρα $bhioc_2e_2$

11 om totum comma 𝔈$^{s}$ | ιωναθαν] ιωναθας y: ιωαναθαν a: ιωθαν $c_2^{*}$ | om προς—και 3° o | προς δαυειδ] *ei* 𝔈$^{a}$: om d | και 2°—αγρον 1°] *exspecta me usque in cras* 𝔈$^{a}$ | μενε] εξελθωμεν $biz(mg)c_2e_2$ℭ | om και 3°—αγρον 2° adlpqtz(txt)𝔈$^{a}$ | εκπορευονται αμφοτεροι] αμφοτεροι πορευονται $a_2$ | εκπορευονται] + αμα n | αμφοτεροι] pr οι c

12 om totum comma dlpqtz(txt) | hab κυριος—(13) σου 1° 𝔏$^{v}$ | om κυριος b' | θεος] + σου e* | οιδεν] pr ο ιδως v: ειδεν $cxa_2$ | οτι] *si non* 𝔄 | ανακρινω] pr εαν $Nbg\text{-}jnosz(mg)b_2c_2e_2$𝔏 | μου] + και αυριον και εις την τριτην efmsw | ως—καιρος] κατα καιρον $boz(mg)c_2e_2$𝔏 | εως cjx𝔈 | om αν a* | ο καιρος] ει καιρως v | τρισσως] sub σ' z$^{mg}$(uid): τρισσος $cgb_2$(uid) | και 2°—η] *optimum erit* 𝔏 | ιδου] *si* 𝔄ℭ𝔈 | αγαθον η] pr αν *b*: pr εαν b': εαν ην αγαθον A | η] ην $ie_2$: *locutus sit* 𝔈: om cvx | περι δαυειδ] *de te* ℭ$^{d}$𝔈 | περι] υπερ $bcoxz(mg)c_2e_2$: *super* 𝔏 | και 3°] *sed si* 𝔏: om oℭ𝔈: + *si malum* 𝔄 | ου μη αποστειλω] αποστελω $boz(mg)c_2e_2$𝔄ℭ | αποστειλω] ει ex corr N: αποστελλω A | εις αγρον] εις το πεδιον $Nabhijovz(mg)b_2c_2e_2$: εν τω παιδιω g: *in campestri* 𝔏: om εις s*

5 εως δειλης] εως εσπερας της τριτης i    6 παραιτουμενος παρητησατο] α' θ' αιτουμενος ητησατο j | παρητησατο] α' ητησατο z
7 σκληρως αποκριθη σοι] θ' οργιζομενος ο' οργισθη j | συντετελεσται] σ' απηρτισται j    8 θανατωσον] σ' χω j
9 συντετελεσται η κακια] σ' δεδοκται το κακον j
11 πορευου—(12) αγρον] *Ueni et egrediemur foras in agrum cumque exissent ambo foras* (ex corr) *in agrum ait Ionatas ad Dauit D̅n̅e̅ D̅s̅ Israel si inuestigauero sententiam patris mei crastino uel perendie et aliquid boni fuerit super Dauit et statim misero at te et notum fecero tibi* p
12 ανακρινω] α' εξερευνησω σ' εξιχνιασω θ' εξακριβασομαι j | τρισσως] επιμελως jz(uid): ※αυριον και εις τριτην j | εις αγρον] ※ σ' και ακουστον σοι ποιησω και αποκαλυψω το ους σου j

13 13 τάδε ποιήσαι ὁ θεὸς τῷ Ἰωναθὰν καὶ τάδε προσθείη, ὅτι ἀνοίσω τὰ κακὰ ἐπὶ σὲ καὶ ἀποκα- B
λύψω τὸ ὠτίον σου, καὶ ἐξαποστελῶ σε καὶ ἀπελεύσῃ εἰς εἰρήνην· καὶ ἔσται Κύριος μετὰ σοῦ
14 καθὼς ἦν μετὰ τοῦ πατρός μου. 14 καὶ μὲν ἔτι μου ζῶντος, καὶ ποιήσεις ἔλεος μετ' ἐμοῦ· καὶ ἐὰν
15 θανάτῳ ἀποθάνω, 15 οὐκ ἐξαρεῖς ἔλεός σου ἀπὸ τοῦ οἴκου μου ἕως τοῦ αἰῶνος· καὶ εἰ μή, ἐν τῷ
16 ἐξαίρειν Κύριον τοὺς ἐχθροὺς Δαυεὶδ ἕκαστον ἀπὸ προσώπου τῆς γῆς, 16 εὑρεθῆναι τὸ ὄνομα τοῦ
17 Ἰωναθὰν ἀπὸ τοῦ οἴκου Δαυείδ· καὶ ἐκζητῆσαι Κύριος ἐχθροὺς τοῦ Δαυείδ. 17 καὶ προσέθετο ἔτι
18 Ἰωναθὰν ὀμόσαι τῷ Δαυείδ, ὅτι ἠγάπησεν ψυχὴν ἀγαπῶντος αὐτόν. 18 καὶ εἶπεν Ἰωναθάν Αὔριον
19 νουμηνία, καὶ ἐπισκεπήσῃ ὅτι ἐπισκεπήσεται καθέδρα σου. 19 καὶ τρισσεύσεις καὶ ἐπισκέψῃ καὶ
ἥξεις εἰς τὸν τόπον σου οὗ κρυβῇς ἐν τῇ ἡμέρᾳ τῇ ἐργασίμῃ, καὶ καθήσῃ παρὰ τὸ ἐργὰβ ἐκεῖνο.
20 21 20 καὶ ἐγὼ τρισσεύσω ταῖς σχίζαις ἀκοντίζων, ἐκπέμπων εἰς τὴν Ἁρματταρεί. 21 καὶ ἰδοὺ ἀπο-

14 και 1°] καν B$^{ab}$ 15 ελαιος A 19 τρεισσευσεις A

ANa–jl–qstv–$c_2e_2$𝔄ℭ$^{dw}$𝔈(𝔏$^{sv}$)

13 ταδε 1°—κακα] *sed ita faciat mihi Deus si malum locutus sit* 𝔈 | ταδε 1°] pr και εαν κακον η bgiov(om η)z(mg)$c_2e_2$ | ποιησει g | ο—ιωναθαν] *mihi Dominus* 𝔏 | ο θεος] pr κ̅ς̅ dlpqtz(txt): κ̅ς̅ Acx𝔄 | ιωναθαν] ιωθαν N*: ναθαν c | οτι] εαν μη boz(mg)$c_2e_2$𝔄 | ανοισω—και 2°] *malum adhuc* ℭ$^d$ | ανοισω] *nuntiabo* ℭ$^w$: *inuestigabo* 𝔄𝔖$^j$ | ⟨επι σε τα κακα 242⟩ | επι σε] προς σε egℭ$^w$(uid)𝔏: *propter te* 𝔄 | και 2°—σου 1°] *nisi dixero tibi* 𝔈 | τω ωτιω i | εξαποστελω] εξαποστελλω A: εξαποστειλω y: αποστελω befmoswc$_2e_2$ | και απελευση] και πορευση fvy: om d | εν ειρηνη nyℭ(uid) | εστω d𝔈 | κυριος] pr ο v | om του y | μου] σου $a_2$

14 hab και 1°—(16) δαυειδ 2° 𝔏$^v$ | om και 1°—(15) αιωνος d | και 1°—εμου] *aut si non fecero Dominus me uiuente non faciat mecum misericordiam* 𝔏 | και 1°] καν B$^{ab}$cnxa$_2$: +εαν Nabemo–wzb$_2c_2e_2$ | μεν] με A: μη cx: om blopqtzc$_2e_2$ | ετι] οτι v | μου ζωντος] ζωντος εμου z(txt) | μου] εμου Nabgjvz(mg)a$_2$–e$_2$ | om ζωντος και ποιησεις g | om και 2° boz(mg)$c_2e_2$𝔄(uid)ℭ | ποιησεις] ποιησης b: ποιησει i | ελεος μετ εμου] μετ εμου ελεος κ̅υ̅ ANabcijlopqtvxzb$_2c_2e_2$𝔄ℭ [[ελεον boz$^{mg}$(uid)$c_2e_2$ | om κ̅υ̅ Naijv b$_2$𝔄ℭ]]: εν εμοι ελεος h: om μετ εμου g | εαν] +δε av | om θανατω ℭ$^d$𝔈𝔏 | αποθανης x

15 ουκ—σου] *auferat a me Dominus misericordiam suam* 𝔏 | ουκ] pr και cx: ει boc$_2e_2$ | εξαρης bvxa$_2$ | ελεον boc$_2e_2$ | om σου Afhlmpqtvz(txt)ℭ$^d$ | om του 1° $a_2$ | μου] σου b' | om του 2° boz(mg)$a_2c_2e_2$ | και—κυριον] *aut si non fecero cum ambulauerit Dominus* 𝔏$^v$: hab *aut si non fecero quando* 𝔏$^s$ | ει μη] ημι g: om bovz(mg)$c_2e_2$ℭ | τους εχθρ ex corr d$^a$ | om εκαστον —γης ℭ$^d$ | εκαστον απο προσωπου] *qui fuerint in facie* 𝔏 | om εκαστον g

16 hab ευρεθηναι—δαυειδ 2° 𝔏$^s$ | ευρεθηναι—δαυειδ 1°] *auferat Ionathan de domo sua* 𝔏$^s$: *auferat Ionathan cum domo Saul* 𝔏$^v$ | ευρεθηναι] ευρεθειη jb$_2$𝔈(pr *et*)𝔖$^j$(uid): εξαρθηναι Ac–flmpqtwxz(txt)$a_2$: ει εξαρθησεται bi(om ει)o(ras 4 litt inter ρ et θ)z(mg)$c_2e_2$ℭ(uid) | το ονομα του] τω boz(mg)$c_2e_2$: om $ia_2$: om του Ac–hmpswx | απο του οικου] *in domo* 𝔄𝔈 | απο] επι av: εκ f: μετα bioz(mg)$c_2e_2$ | ⟨του οικου δαυειδ] προσωπου της γης 44⟩ | om του 2° g | δαυειδ 1°] σαουλ bioz(mg)$c_2e_2$ | om και bioz(mg)$c_2e_2$𝔄 | εκζητησαι] εκζητησει Acdlpqtxz(txt)$a_2$𝔄: ⟨εκζησαι 236⟩ | κυριος] κ̅ν̅ hy | εχθρους] pr τους a: εκχθρους ex corr q$^a$: εκ χειρος εχθρου A𝔏$^v$: εκ χειρος εχθρων bioz(mg)$c_2e_2$𝔄𝔏$^s$𝔖$^j$: +εκ χειρος dlpqtz(txt)ℭ: +σου εκ χειρος cx | του 3°] τω $a_2$: om abcefimoswxz(mg)$c_2e_2$ | δαυειδ 2°] +ευρεθηναι το ονομα ιωναθαν i

17 om totum comma v | ετι] post ιωναθαν cx: επι g: ⟨τω 74⟩: om boc$_2e_2$𝔄ℭ$^d$ | ιωναθας y | ομοσαι] ονομασαι dlpqtz | ⟨om τω 44.74⟩ | δαυειδ] +δια το αγαπαν αυτον boc$_2$(sub ※)$e_2$ℭ: +εν τω ηγαπηκεναι αυτον Acdlpqtxz: +*ad amorem eius* 𝔄 | ⟨οτι—αυτον] εν τω ηγαπηκεναι αυτον 44⟩ | ηγαπησεν] ηγαπηκεν Acx: +αυτον Thdt | ⟨αυτου 71⟩

18 ειπεν] +αυτω ANbcdg–ln–qtx–$e_2$𝔄ℭ𝔈(uid) | ιωναθαν] ιωναθας y: om dℭ$^d$𝔖$^j$ | νεομηνια Aac–ilmnp–xz | om και 2° dlpqtz(txt) | επισκεπηση οτι] επισκεπη σοι οτι ci: επισκοπη boz(mg)$c_2e_2$: om am*n | επισκεπησεται] επισκοπης εσται v: επισκεφθησεται boc$_2e_2$: επισκεπη i | καθεδρα] pr η bcefhijmoswz $a_2c_2e_2$: καθεδρας v

19 τρισσευσεις] τρισσευσης xa$_2$*: τρισσευση y: τρισσευεις e$_2$ ℭ$^d$ | om και 2° ⟨246⟩ ℭ | επισκεψη] επισκεπηση Ne–hjmnswy b$_2$𝔄(uid): επισκεπη σοι i: *sedens* ℭ | ηξεις] ηξης g: εξεις p | om τον c | om σου bcioxyc$_2e_2$ℭ$^d$ | om ου—εργασιμη 𝔈 | κρυβης B] εκρυβης Acdlpqtxyza$_2$ 𝔄ℭ$^w$: εαν κρυβης εκει a: +εκει f: εκρυβης εκει N rell: *sedebis* ℭ$^d$ | om εν bfoyc$_2e_2$ | τη εργασιμη] τη εργασιμω c: της εργασιας bl(mg)oz$^{a?}$c$_2e_2$ | om και καθηση a | om και 4° $b_2$ | καθηση] καθισεις Aclpqtxz: καθισης d | hab παρα—(21) σοι 𝔏$^v$ | παρα—εκεινο] *iuxta lapidem Argabel tu* 𝔏 | παρα] επι z(txt) | το εργαβ εκεινο] τω εργαβ εκεινω cgi(txt)x: τω λιθω εκεινω bi(mg)oz(mg)$c_2e_2$ | εργαβ] εργον A

20 τρισσευσω—αρματταρει] *post tertium diem scizan mittam in Matharimeae* 𝔏 | τρισσευω f | ταις σχιζαις] pr εν bozc$_2e_2$: ⟨τας σχιζας 242⟩ | ακοντιζων] pr θηρα Acxc$_2$(sub ※): pr ωσει θηραν g | εκπεμπων] pr και bdilopqtzc$_2$𝔄: ει πεμπων A: εκ πεμπτου cx: ⟨και επιπεμπων 44⟩: και εκπεμριων e$_2$: om efmw | την αρματταρει] *Armator* 𝔈: [Armenian] 𝔄: τον καυπον αματαρι g | αρματταρει B] *Armattarim* ℭ$^d$: *Armaddarim* ℭ$^w$: ⟨αμαραρι 242⟩: αματταρειν a: αματταρην v: ⟨αματαρην 71⟩: αματταραν bioc$_2e_2$: λααρματταραι A: *Lamattara* On-lat: λεματταρα On-gr: λαμματαρα cx: λαμματαραν dl(txt)pqtz: ⟨λαματαραν 74: λαβαταραν 44⟩: αματταρι Nl(mg) rell

21 om και 1° 𝔏 | om ιδου 𝔄 | αποστελλω BANgjya$_2$]

15 εξαρεις] σ' εκκοψεις j | ει—τω] α' θ' ουκ εν τω j
16 εχθρους] ※ εκ χειρος εχθρων j
17 ομοσαι] σ' ορκω θ' του ορκισαι j
18 επισκεπηση] σ' ζητηθηση α' κατα την ψυχην σου j
19 και τρισσευσεις] α' εις το και τρισσευσεις αντι του τρεις ημερας αναμενεις z | τρισσευσεις και επισκεψη] λ̷ τη τριτη καταβηση j | τρισσευσεις και] α' τρισσευσας j | τρισσευσεις] τρεις ημερας αναμενεις l | τη εργασιμη] α' εις το τη εργασιμη του εργου z | παρα το εργαβ] α' εχομεν[α] του νοτιου οι δε λ̷ λιθον ηρμηνευσαν l | το εργαβ εκεινο] α' τω λιθω εκεινω a | εργαβ] σ' θ' λιθον j
20 τρισσευσω ταις σχιζαις] σ' αφησω τρια βελη jz | εις την αρματταρει] α' εις τον σκοπον η φυλακην σ' εις τον συντεταγμενον z | την αρματταρει] α' θ' φυλακην α' σκοπον σ' τον συντεταγμενον j: εβρ. (*Graecus* cod) ܐܡܛܪܐ (ܕܐܡܛܪܐ codd) 𝔖-ap-Barh | αρματταρει] πεδιαδα i

B στέλλω τὸ παιδάριον λέγων Δεῦρο εὑρέ μοι τὴν γοῦζαν· ἐὰν εἴπω λέγων τῷ παιδαρίῳ Ὧδε ἡ
σχίζα ἀπὸ σοῦ καὶ ὧδε, λάβε αὐτήν, παραγίνου· ὅτι εἰρήνη σοι καὶ οὐκ ἔστιν λόγος Κυρίου, ζῇ
Κύριος. 22 ἐὰν τάδε εἴπω τῷ νεανίσκῳ Ὧδε ἡ σχίζα ἀπὸ σοῦ καὶ ἐπέκεινα, πορεύου, ὅτι ἐξαπέ- 22
σταλκέν σε Κύριος. 23 καὶ τὸ ῥῆμα ὃ ἐλαλήσαμεν ἐγὼ καὶ σύ, ἰδοὺ Κύριος μάρτυς ἀνὰ μέσον ἐμοῦ 23
καὶ σοῦ ἕως αἰῶνος. 24 Καὶ κρύπτεται Δαυεὶδ ἐν ἀγρῷ, καὶ παραγίνεται ὁ μὴν καὶ ἔρχεται 24
ὁ βασιλεὺς ἐπὶ τὴν τράπεζαν τοῦ φαγεῖν. 25 καὶ ἐκάθισεν ἐπὶ τὴν καθέδραν αὐτοῦ ὡς ἅπαξ καὶ 25
ἅπαξ ἐπὶ τῆς καθέδρας παρὰ τοῖχον, καὶ προέφθασεν τὸν Ἰωναθάν, καὶ ἐκάθισεν Ἀβεννὴρ ἐκ
πλαγίων Σαούλ, καὶ ἐπεσκέπη ὁ τόπος Δαυείδ. 26 καὶ οὐκ ἐλάλησεν Σαοὺλ ἐν τῇ ἡμέρᾳ ἐκείνῃ, 26
ὅτι εἴρηκεν Σύμπτωμα φαίνεται μὴ καθαρὸς εἶναι, ὅτι οὐ κεκαθάρισται. 27 καὶ ἐγενήθη τῇ ἐπαύριον 27
τοῦ μηνὸς τῇ ἡμέρᾳ τῇ δευτέρᾳ καὶ ἐπεσκέπη ὁ τόπος τοῦ Δαυείδ, καὶ εἶπεν Σαοὺλ πρὸς Ἰωναθὰν
τὸν υἱὸν αὐτοῦ Τί ὅτι οὐ παραγέγονεν ὁ υἱὸς Ἰεσσαὶ καὶ ἐχθὲς καὶ σήμερον ἐπὶ τὴν τράπεζαν;
28 καὶ ἀπεκρίθη Ἰωναθὰν τῷ Σαοὺλ καὶ εἶπεν αὐτῷ Παρῄτηται Δαυεὶδ παρ' ἐμοῦ ἕως εἰς Βηθλέεμ 28
τὴν πόλιν αὐτοῦ πορευθῆναι, 29 καὶ εἶπεν Ἐξαπόστειλον δή με, ὅτι θυσία τῆς φυλῆς ἡμῖν ἐν τῇ 29
πόλει καὶ ἐνετείλαντο πρὸς μὲ οἱ ἀδελφοί μου· καὶ νῦν εἰ εὕρηκα χάριν ἐν ὀφθαλμοῖς σου, διασωθή-
σομαι δὴ καὶ ὄψομαι τοὺς ἀδελφούς μου· διὰ τοῦτο οὐ παραγέγονεν ἐπὶ τὴν τράπεζαν τοῦ

21 παραγεινου B* 24 παραγεινεται B* 26 συ|πτωμα A
27 εκθες A 28 παρητηται] παρη|τε A

ANa–jl–qstv–$c_2e_2$𝔄ℭ[dw]𝔈(𝔏[v])

αποστελω rell 𝔄ℭ𝔏: ⟨αποστειλω 242⟩ | το παιδαριον] παιδαριω c | δευρο ευρε] βαδισας ανελου boz(mg)$c_2e_2$𝔖[j](uid): *ambula collige* 𝔏 | δευρο] *i* 𝔄 | om μοι 𝔄ℭ[d] | την γουζαν B] τας σχιζας boz(mg)$c_2e_2$ℭ: την σχιζαν ANz(txt) rell 𝔄𝔈(uid)𝔏 | εαν] pr και bcoxz$c_2e_2$𝔄ℭ𝔈𝔏: αν N: εως αν d | λεγων 2°] post παιδαριω aℭ: om boy$c_2e_2$𝔈𝔏 | τω παιδαριω] το παιδαριον bv$e_2$ | ωδε 1°] ιδου boz$c_2e_2$𝔏 | απο—ωδε 2°] *ad te est* 𝔏 | λαβων boz $c_2e_2$ | παραγινου] pr *et* 𝔈𝔏 | οτι] pr γινωσκε boz$c_2e_2$ | εστιν] ⟨εσται 71⟩: + σοι j$b_2$𝔖[j] | λογος] δολος j(txt)z[a?]$b_2$: ουδεν efmsw | κυριου B$a_2$] πονηρος bioz$c_2e_2$ℭ𝔈: om AN rell 𝔄

22 εαν BAgy$a_2$] pr και cvx: *quodsi* 𝔄𝔈: + δε N rell ℭ | ταδε] pr ουτως dlpqtz: ουτως Nae–jmnsw$b_2$: om 𝔄𝔈: + ουτως v | τω νεανισκω] του νεανισκου $a_2$: τω νεανια bo$c_2e_2$ | ωδε By $a_2$𝔈] ιδε Acdlpqtxz: εκεινη n: εκει N rell 𝔄(uid) | σχιζα] + εκει A | απεσταλκεν o | κυριος] pr o f

23 το—ελαλησαμεν] περι του ρηματος ου λελαληκαμεν b$c_2e_2$ ℭ[w]: περι του κριματος ου ελαληκαμεν o | ελαλησαμεν post συ d | συ] σοι bg | om κυριος g | ⟨εμου και σου] ημων 71⟩ | σου] pr ανα μεσον Nacg–jnvx$b_2$𝔄ℭ𝔈: pr ανα μεσον του σπερματος $c_2$: + και ανα μεσον του σπερματος μου (σου h$e_2$) και του σπερματος σου (μου h$e_2$) bho$e_2$ | αιωνος] pr του efmsw

24 κρυπτεται] κρυπται t: κεκρυπται bc | αγρω] pr τω Adv: τω πεδιω bo$c_2e_2$ | om και 2°—μην $b_2$ | παραγινεται—ερχεται] εγενετο νουμηνια και εισηλθεν bo$c_2e_2$𝔄(uid)ℭ(uid)𝔈(uid): hab νεομηνια Jos | ο μην] νουμηνια i | om την g | om του f

25 εκαθισεν 1° Bd] + ο βασιλευς AN rell 𝔄ℭ𝔈 | καθεδραν] τραπεζαν v | om ως—καθεδρας d | ως—απαξ 2°] καθως ειωθει (-θε $e_2$) bo$c_2e_2$ Jos(uid) | και απαξ] και δις i: om $a_2$ | επι 2°—τοιχον] παρα την καθεδραν του τοιχου a | om επι της καθεδρας bo$c_2e_2$ | επι 2°] παρα h | καθεδρας] τραπεζης $a_2$ | παρα] επι efhmsw | τοιχον BAdlpqt] τυχων cx: pr τον N rell | hab και 3°—σαουλ 𝔏[v] | τον] αυτον bio$c_2e_2$𝔏 | και εκαθισεν 2° bis scr A | αβεννηρ] αβενηρ cefx: αβενειρ g[a?]: *et Abner erat* 𝔏: αβενηρ ενωπιον αυτου A: om g* | εκ πλαγιων] ⟨εκ πλαγιου 71⟩: εις πλαγιον v: *ad latus* 𝔏: εναντιον i | σαουλ] pr του bcox$c_2e_2$: *regis* ℭ[w]: *eius* ℭ[d] | om και 5°—(26) σαουλ y* | δαυειδ] pr του bоz$c_2e_2$

26 ουκ ελα sup ras A[?] | σαουλ Bev$a_2$] pr ουδεν f: + ουδεν ANy[b] rell 𝔄ℭ Thdt | ⟨om εν—εκεινη 64 (hab mg sub ÷)⟩ | οτι 1°] διοτι Nag–jnv$b_2$ | ειρηκεν By$a_2$] ειπον o$c_2e_2$: ειπεν AN rell Thdt | συμπτωμα] ουν πτωμα $a_2$: + τι boz$c_2e_2$𝔄(uid)𝔖[j] Thdt | καθαρος] καθαρως h*n: καθαρον cx | οτι 2°] διοτι boz $c_2e_2$ Thdt: *et* 𝔄 | κεκαθαρισται] κεκαθερισται ah*vy: κεκαθαρται bo$c_2e_2$ Thdt: καθαιρισται N(αι 1° ex ε)

27 εγενηθη] εγεννηθη a: εγενετο bo$c_2e_2$: om d | του μηνος post δευτερα cxℭ | om τη ημερα A | ημερα τη δευτερα] δευτερα ημερα i | om και 2° bo$c_2e_2$𝔄(uid)ℭ(uid) | ⟨απεσκεπη 74⟩ | om του 2° abdefhil–wz$a_2c_2e_2$ | ιωναθαν] pr τον lqtz | om τον υιον αυτου dℭ[d] | om τι w | οτι] οτε s | om ου a* | παρεγενετο Thdt | om ο 2° Ab Thdt | ιεσσαι] ιεσαι q: εσσαι z | om και 4° adivy$a_2$𝔄ℭ𝔈 | χθες c–fhpx Thdt

28 hab και 1°—βηθλεεμ 𝔏[v] | om ιωναθαν—αυτω d | *Ionatha* 𝔏 | τω σαουλ] *regi* ℭ[d]: ⟨om 71⟩ | και ειπεν αυτω] om 𝔈[s]: om αυτω Nabg–jnov$b_2c_2e_2$ℭ𝔏 | παρητηται—βηθλεεμ] *excusauit se et petiit a me Dauid commeatum ut iret usque Bethlem* 𝔏 | παρητηται] τ 2° ex σ w[a](uid): παρητησατο f: ⟨παρησε 236⟩ | δαυειδ] pr τω a: post εμου y: om bm*ov$c_2e_2$𝔄 | εμου] + σημερον a: + δραμειν bo$c_2e_2$: + *ire* 𝔄ℭ𝔈𝔖[j] | om εως 𝔄𝔈 | om εις ab h[b?]im*os$c_2e_2$ | βηθλεεμ] βιθλεεμ g: βηθλεμ c | της πολεως bo $c_2e_2$ | αυτου] αυτω $a_2$ | om πορευθηναι bo$c_2e_2$𝔄ℭ𝔈𝔖[j]

29 ειπεν] + μοι bo$c_2e_2$ℭ[w]𝔈𝔖[j] | δη 1°] post με 1° Acdlpqt xz: ⟨δε 246⟩ | ημιν By$a_2$] υμων dl*(uid): μου $e_2$𝔈[s]: ημων Nl[a?] rell 𝔄: ειμι A: *est* ℭ[d]: *erit* ℭ[w]: om 𝔈[a] | εν τη] ολη τη h[a] (sup ras) | πολει] + ημων $e_2$ | ενετειλαντο] ενετειλατο Acx: εντεταλται dpqt: εντεταλκε l | προς με post μου 1° fm | οι αδελφοι] ο αδελφος Acdlpqtx | νυν ει] νυνι A | ⟨νυν] δη 71: om 44⟩ | ει] η N*(uid)gv: om cx | ευρον bo$c_2e_2$ | εν οφθαλμοις] ενωπιον a | διασωθησομαι] διασωθησωμαι gv: ⟨διασωθησεται 44⟩: διαθησομαι c: διαβησομαι y$a_2$: απελευσομαι bioz[a?]$c_2e_2$𝔄ℭ(uid): *eam* 𝔈 | δη 2°] post οψομαι $e_2$: νυν a: om cvx | οψωμε gv | αδελφους] οφθαλμους $e_2$ | παρεγενετο gv

21 γουζαν] βελος j | λογος κυριου] σ' ουδεν j 22 ωδε] ο' σ' ιδε j
25 ως—απαξ 2°] σ' ωσπερ ειωθει j | και προεφθασεν] σ' παρεστη δε j | επεσκεπη] σ' υστερησεν jz
26 συμπτωμα φαινεται] α' συναντησις εστι σ' συγκυριμα j
29 εξαποστειλον] σ' απολυσον j | της φυλης] α' θ' συγγενειας σ' πανδημος jz(om θ')

30 βασιλέως. [30]καὶ ἐθυμώθη ὀργῇ Σαοὺλ ἐπὶ Ἰωναθὰν σφόδρα καὶ εἶπεν αὐτῷ Υἱὲ κορασίων αὐτο- B
μολούντων, οὐ γὰρ οἶδα ὅτι μέτοχος εἶ σὺ τῷ υἱῷ Ἰεσσαὶ εἰς αἰσχύνην σου καὶ εἰς αἰσχύνην
31 ἀποκαλύψεως μητρός σου; [31]ὅτι πάσας τὰς ἡμέρας ἃς ὁ υἱὸς Ἰεσσαὶ ζῇ ἐπὶ τῆς γῆς οὐχ
ἑτοιμασθήσεται ἡ βασιλεία σου· νῦν οὖν ἀποστείλας λάβε τὸν νεανίαν, ὅτι υἱὸς θανάτου οὗτος.
32 33 [32]καὶ ἀπεκρίθη Ἰωναθὰν τῷ Σαοὺλ Ἵνα τί ἀποθνήσκει; τί πεποίηκεν; [33]καὶ ἐπῆρεν Σαοὺλ τὸ
δόρυ ἐπὶ Ἰωναθὰν τοῦ θανατῶσαι αὐτόν, καὶ ἔγνω Ἰωναθὰν ὅτι συντετέλεσται ἡ κακία αὕτη παρὰ
34 τοῦ πατρὸς αὐτοῦ θανατῶσαι τὸν Δαυείδ. [34]καὶ ἀνεπήδησεν Ἰωναθὰν ἀπὸ τῆς τραπέζης ἐν ὀργῇ
θυμοῦ, καὶ οὐκ ἔφαγεν ἐν τῇ δευτέρᾳ τοῦ μηνὸς ἄρτον, ὅτι συνετέλεσεν ἐπ' αὐτὸν ὁ πατὴρ
35 αὐτοῦ. [35]Καὶ ἐγενήθη πρωὶ καὶ ἐξῆλθεν Ἰωναθὰν εἰς ἀγρόν, καθὼς ἐτάξατο εἰς τὸ μαρτύριον
36 Δαυείδ, καὶ παιδάριον μικρὸν μετ' αὐτοῦ. [36]καὶ εἶπεν τῷ παιδαρίῳ Δράμε, εὑρέ μοι τὰς σχίζας
ἐν αἷς ἐγὼ ἀκοντίζω· καὶ τὸ παιδάριον ἔδραμε, καὶ αὐτὸς ἠκόντιζε τῇ σχίζῃ, καὶ παρήγαγεν αὐτήν.
37 [37]καὶ ἦλθεν τὸ παιδάριον ἕως τοῦ τόπου τῆς σχίζης οὗ ἠκόντιζεν Ἰωναθάν· καὶ ἀνεβόησεν Ἰωναθὰν
38 ὀπίσω τοῦ νεανίου καὶ εἶπεν Ἐκεῖ ἡ σχίζα ἀπὸ σοῦ καὶ ἐπέκεινα· [38]καὶ ἀνεβόησεν Ἰωναθὰν
ὀπίσω τοῦ παιδαρίου αὐτοῦ λέγων Ταχύνας σπεῦσον καὶ μὴ στῇς· καὶ ἀνέλεξεν τὸ παιδάριον

31 ουκ B* 35 μεικρον B* 36 εδραμεν A (ρα sup ras A¹) | ηκοντιζεν A | σχιζει A

ANa–jl–qstv–c$_2$e$_2$𝔄ℭ$^{dw}$𝔈(𝔏$^v$)

**30** εθυμωθη οργη] *factus est iratus* Luc: om οργη bgo𝔄ℭ$^d$ | σφοδρα επι ιωναθαν v𝔄-codd | σφοδρα κα sup ras A¹ | om σφοδρα 𝔄-ed 𝔈$^a$ | hab και 2°—σου 2° 𝔏$^v$ | om αυτω cx | υιε κορασιων αυτομολουντων] *nothe sui proditor* 𝔄 | κορασιων αυτομολουντων] κορασιου αυτομολουντος γυναικοτραφη i: *puellarum uagantium quae se passim coinquinant esca mulierum* 𝔏 | αυτομολουντων] αυτομολουσων γυναικοτραφη (-φες z$^{mg}$ Chr)oz(mg)c$_2$e$_2$ Chr 𝔖$^j$(uid): + γυναικοτραφη bh*y$^b$: + γυναικοτραφης jb$_2$ | οιδα] *nouisti* 𝔈 | om οτι g | μετοχος—υιω] *transfiguratus es tu pro filio* 𝔏 | συ μετοχος ει b | om συ iℭ$^d$ | εις 1°—αποκαλυψεως] *in confusionem denudationum* 𝔏 | om εις 1° A | ⟨αισχυνην 1°] pr την 123⟩ | om σου 1°—αισχυνην 2° dlpqt | σου και sup ras A¹ | om εις 2° cx | μητρος] pr της i

**31** οτι 1°] διοτι boc$_2$e$_2$ | om ας va$_2$ | ο υιος ιεσσαι] post ζη cx𝔈: ⟨om ιεσσαι 44⟩ | om επι της γης 𝔄ℭ$^d$𝔈 | ετοιμασθησεται] ετοιμασθηση συ ουδε boc$_2$e$_2$ℭ$^w$(uid): *confirmabitur* 𝔄 | η] εις g | om ουν c | αποστειλας] αποστειλον (-λε b') και boc$_2$e$_2$: *mitte* 𝔄 | λαβε τον νεανιαν] τον νεανιαν λαβε αυτον a$_2$ | om οτι 2°—ουτος b' | ουτος] pr εστιν efmsw: ουτως gv: εστιν boc$_2$e$_2$ℭ$^d$𝔈(uid) Luc: + εστι z

**32** απεκριθη—σαουλ] ειπεν (+ αυτω p) ιωναθαν dp | απεκριθη] *dixit* 𝔈 | ιωθαν e$_2$* | τω σαουλ] *patri suo* Luc: *dicens patri eius* ℭ | om τω cx | σαουλ Bya$_2$(σαο ex δᾱδ) 𝔈] + και ειπεν efmsw: + π̄ρ̄ι (τω π̄ρ̄ι z) αυτου και ειπεν lqtz: + τω π̄ρ̄ι αυτου και ειπεν προς αυτον A(om τω)cx𝔄𝔖$^j$: π̄ρ̄ι αυτου και ειπεν N rell | αποθνησκη c$_2$

**33** επηρεν] απηρε s: επηρατο N*ahjnob$_2$c$_2$e$_2$: επειρατο N$^{a?}$ bi: επιρατο gv | ιωναθαν 1°] ιωναθ o | om του 1°—ιωναθαν 2° A | εγνων a | αυτη] επι δᾱδ i: om ae–hjmnsvwb$_2$𝔄ℭ | om παρα w | θανατωσαι 2°] pr του Nabcghjnovz–e$_2$ | τον δαυειδ] pr αυτον a: αυτον i: ⟨om τον 71⟩

**34** om και ανεπηδησεν ιωναθαν a | ανεπηδησεν] απεπηδησεν ANchjnxa$_2$b$_2$: απεδημησεν g: ανεχωρησεν i | θυμω Av | εν 2°—αρτον] αρτον εν τη δευτερα ημερα (+ ras 5 litt o) του μηνος οτι εθραυσθη επι τον δᾱδ boc$_2$e$_2$𝔈(om ημερα) | om εν 2° cix | τη] pr τη (om Adlpqtz) ημερα Acdhlnpqtvxz𝔄 | δευτερα του μηνος] ημερα του μηνος τη δευτερα Nagjb$_2$ | δευτερα] + ημερα i | αρτον B] + οτι εθραυσθη (εθραυσεν v: διεπονηθη 242) επι τον (του h) δᾱδ AN rell ⟨242⟩ 𝔄ℭ | hab οτι—αυτου 𝔏$^v$ | om οτι—αυτου d | συνετελεσεν—αυτου] εβουλευσατο ο π̄η̄ρ αυτου (του o*) συντελεσαι αυτον bozc$_2$e$_2$ | συνετελεσεν επ] ⟨ενετρεψεν 242⟩: *uulnerauit* 𝔏 | επ αυτον] om av: om επ b$_2$ | ο πατηρ] *malitia patris* ℭ

**35** ⟨om και εγενηθη πρωι 71⟩ | εγενηθη] εγεννηθη a: εγενετο boc$_2$e$_2$ | om εις αγρον e$_2$ | αγρον] pr τον cxz: το πεδιον boc$_2$ Jos | καθως εταξατο post μαρτυριον boc$_2$e$_2$ | καθα a$_2$ | διεταξατο cx | εις 2°—δαυειδ] δᾱδ (τω δᾱδ z) εις το (om p) μαρτυριον Adlpqtz𝔄𝔈: δᾱδ εν τω μαρτυριω cxℭ | om το hiosya$_2$c$_2$ | δαυειδ] pr τω befmoswyc$_2$e$_2$: pr *cum* 𝔈

**36** ειπεν] + ιωναθαν boc$_2$e$_2$ℭ | δραμε] ⟨+ συ 74⟩: + συ και bozc$_2$e$_2$ | εν αις] ας boc$_2$e$_2$ | εγω] post ακοντιζω a$_2$𝔈: om efmswz 𝔄ℭ | το παιδαριον] τω παιδαριω x | αυτος] *Ionathan* ℭ | ηκοντιζε] ηκοντισεν abefhjmnosvwb$_2$c$_2$e$_2$𝔄ℭ$^d$𝔈$^s$: ακοντιζη (α ex η c$^a$) cx | τη σχιζη] pr εν Naefhjmnsvwb$_2$: pr τα βελη εν i: τα βελη boz(mg)c$_2$e$_2$ | παρηγεν a$_2$ | αυτην] ην ex corr d$^a$: αυτης f: αυτον bioz(mg)c$_2$: αυτο e$_2$

**37** ⟨απηλθε 74⟩ | το bis scr c | om του τοπου y | της σχιζης ου] των βελων ων bioz(mg)c$_2$e$_2$ | ου] ης Na$^b$ghjnvb$_2$𝔄: om a* | ηκοντιζεν BNchxya$_2$] ηκοντισεν A rell 𝔄ℭ𝔈 | om και 2°—επεκεινα boc$_2$e$_2$ | om και ανεβοησεν ιωναθαν A | ανεβοησεν] ε 2° ex corr N$^a$ | οπισω του νεανιου] επι τον νεανιαν dlpqtz: om ⟨44⟩ ℭ | οπισω bis scr g | νεανιου] νεανισκου cgisvxy: παιδαριου ahjn | και ειπεν] λεγων ⟨44⟩ ℭ | εκειθεν i | om απο σου i

**38** om και 1°—λεγων i | εβοησεν Adeflmp–twza$_2$ | ιωναθαν 1°] ιωθαν N*: ⟨om 44⟩ | om οπισω—αυτου 1° d | του παιδαριου] του νεανιου b$_2$: om 𝔈 | om αυτου 1° cx𝔄ℭ$^d$ | λεγων] και ειπεν b | σπευσον] πορευου boz$^{a?}$c$_2$e$_2$ | στης] + διοτι (οτι o) εκει η σχιζα απο σου και επεκεινα bozc$_2$e$_2$ | ανελεξεν] ανεξελεξεν N: ανεδειξε b: ⟨εξελεξατο 44⟩ | το παιδαριον ιωναθαν] ιωναθαν το

30 κορασιων αυτομολουντων] α' εφεστηκυας παιδειας γυναικοτραφης a: σ' απαιδευτων αποστατουντων θ' μετακινουμενων j | μετοχος—υιω] σ' προαιρει τον υιον j | αποκαλυψεως] σ' ασχημοσυνης j
31 ουχ ετοιμασθησεται] ου κατορθωσεις b | ετοιμασθησεται] σ' εδρασθησεται jz
34 (εθραυσθη)] α' διεπονηθη jz: σ' ωδυνηθη bjm: θ' ελυπηθη j | συνετελεσεν επ] α' ενετρεψεν θ' κατησχυνεν j
35 καθως—δαυειδ] εις καιρον δᾱδ j | καθως—μαρτυριον] α' σ' κατα συνταγην bm: α' θ' κατα την συνταγην j
36 τας σχιζας] α' θ' τα βελη bjm | σχιζας] σ' ακοντια jm | παρηγαγεν] θ' υπερεβη bjm

B Ἰωναθὰν τὰς σχίζας πρὸς τὸν κύριον αὐτοῦ. [39]καὶ τὸ παιδάριον οὐκ ἔγνω οὐθὲν παρὲξ Ἰωναθὰν 39
καὶ Δαυείδ. [40]καὶ Ἰωναθὰν ἔδωκεν τὰ σκεύη αὐτοῦ ἐπὶ τὸ παιδάριον αὐτοῦ, καὶ εἶπεν τῷ παιδαρίῳ 40
αὐτοῦ Πορεύου, εἴσελθε εἰς τὴν πόλιν. [41]καὶ ὡς εἰσῆλθεν τὸ παιδάριον, καὶ Δαυεὶδ ἀνέστη ἀπὸ 41
τοῦ ἀργὰβ καὶ ἔπεσεν ἐπὶ πρόσωπον αὐτοῦ καὶ προσεκύνησεν αὐτῷ τρίς, καὶ κατεφίλησεν ἕκαστος
τὸν πλησίον αὐτοῦ, καὶ ἔκλαυσεν ἕκαστος τῷ πλησίον αὐτοῦ ἕως συντελείας μεγάλης. [42]καὶ εἶπεν 42
Ἰωναθὰν Πορεύου εἰς εἰρήνην, καὶ ὡς ὀμωμόκαμεν ἡμεῖς ἀμφότεροι ἐν ὀνόματι Κυρίου λέγοντες
Κύριος ἔσται μάρτυς ἀνὰ μέσον ἐμοῦ καὶ σοῦ, καὶ ἀνὰ μέσον τοῦ σπέρματός σου ἕως αἰῶνος.
[43]καὶ ἀνέστη Δαυεὶδ καὶ ἀπῆλθεν, καὶ Ἰωναθὰν εἰσῆλθεν εἰς τὴν πόλιν. 43 (1) (XXI)
[1]Καὶ ἔρχεται Δαυεὶδ εἰς Νόμβα πρὸς Ἀβιμέλεχ τὸν ἱερέα· καὶ ἐξέστη Ἀβειμέλεχ τῇ 1 (2) XXI
ἀπαντήσει αὐτοῦ καὶ εἶπεν αὐτῷ Τί ὅτι σὺ μόνος καὶ οὐθεὶς μετὰ σοῦ; [2]καὶ εἶπεν Δαυεὶδ τῷ 2 (3)
ἱερεῖ Ὁ βασιλεὺς ἐντέταλταί μοι ῥῆμα σήμερον καὶ εἶπέν μοι Μηδεὶς γνώτω τὸ ῥῆμα περὶ οὗ
ἐγὼ ἀποστέλλω σε καὶ ὑπὲρ οὗ ἐντέταλμαί σοι· καὶ τοῖς παιδαρίοις διαμεμαρτύρημαι ἐν τῷ

38 σχιζας] + και ηνεγκεν τας σχιζας B$^{ab\,mg}$ 41 τρεις A 42 ομωμοκαμεν B$^{a}$] ομωμεκαμεν B* : ωμωμοκαμεν A
XXI 1 αβειμελεχ] αβιμελεχ A 2 εντεταλμε B*

ANa–jl–qstv–c$_2$e$_2$𝔄ℭ$^{dw}$𝔈(𝔏$^{v}$)

παιδαριον και ηνεγκεν i | ιωναθαν 2°] om d𝔈 : + και ηνεγκεν Nae–hjmns(ιωαναθαν)vwb$_2$ | σχιζας] ⟨+ ηνεγκε 44⟩ : + και ηνεγκεν bcdoxzc$_2$e$_2$𝔄 : + και ηνεγκεν αυτας ya$_2$ℭ : + και ηνεγκεν τας σχιζας B$^{ab}$Alpqt | τον κυριον αυτου] ιωναθαν d

39 om το παιδαριον d | om ουκ—(40) παιδαριον A | εγνω] εινῳν | ουδεν bhoc$_2$e$_2$ | παρεξ] πλην boc$_2$e$_2$ | δαυειδ Bya$_2$𝔈] + εγνωσαν (εγνω m : ηδεισαν Nabghjnovb$_2$c$_2$e$_2$ : ειδωσαν i) το ρημα N rell 𝔄ℭ$^{w}$

40 hab και 1°—αυτου 2° 𝔏$^{v}$ | ιωναθαν εδωκεν] εδωκεν ιωναθαν Nac–jmsvwxb$_2$𝔄𝔈 : επεθηκεν ιωναθαν boc$_2$e$_2$ : *posuit Ionatha* 𝔏 | εδωκεν] *imposuit* ℭ | επι το παιδαριον] ⟨pr και 242⟩ : τω παιδαριω d | αυτου 2°] εαυτου goc$_2$e$_2$ : αυτω v : om cdx𝔄 | ειπεν—εισελθε] ανηνεγκεν d | τω παιδαριω αυτου] αυτω bhovc$_2$e$_2$ℭ : om cix | εισελθε] pr και Alpqtxz𝔈 : και εισηλθε c : om boc$_2$e$_2$

41 om και 1°—παιδαριον d | om ως Abclopqtxzc$_2$e$_2$𝔄 | το παιδαριον εισηλθεν Alpqtz | απηλθεν Nae–jmnsvwb$_2$ | παιδαριον] + εις την παλιν boc$_2$e$_2$ℭ | ανεστη δᾱδ i𝔄𝔈 | απα του αργαβ] *e loco ubi erat* ℭ | om του c | αργαβ B𝔄] αργοβ bioz* c$_2$e$_2$ : σεργαβ g : γαβ w : ανεγβ dlpqt On-gr : *Anneqeb* On-lat : εργαβ Nz$^{a?}$ rell 𝔈 : αργουν Thdt : υπνου A | και 3°—τρις] *adorauit super faciem eius Ionathan* ℭ$^{d}$ | ⟨επεπεσεν 71⟩ | επι προσωπον αυτου] επι την γην cx : αυτου επι προσωπον επι την γην e$_2$ : + επι την γην Abd(om αυτου)lopqtzc$_2$𝔄 Thdt | αυτου 1°] εαυτου N | αυτω] αυτον dlpqtz(txt) | τρις] τριτον boc$_2$e$_2$ : ⟨om 246⟩ | κατεφιλησεν—αυτου 2°] κατεφιλησαν αλληλοις dℭ(uid)𝔈(uid) | εφιλησεν boc$_2$e$_2$ | τον] τω cx | hab και 6°—μεγαλης 𝔏$^{v}$ | om και 6°—αυτου 3° y* | εκλαυσαν Nc*dit*vℭ𝔈 | εκαστος 2°—αυτου 3°] *semet ipsos* ℭ$^{w}$ : om dℭ$^{d}$ | τω πλησιον αυτου] *ad proximum suum* 𝔏 | τω Bcix] τον Alopqtz : επι τον bc$_2$e$_2$𝔄(uid) : pr εν Na(uid)y$^{b}$ rell | συντελειας] pr της q

42 ιωναθαν] + τω δᾱδ Aclpqtxz𝔄(uid)ℭ : + προς δᾱδ bdoc$_2$e$_2$ | ⟨εν ειρηνη 74⟩ | om και 2° 𝔈$^{a}$ | ομωμοκαμεν] ωμοκαμεν a$^{a?}$o : ωμοσαμεν in | ημεις] post αμφοτεροι Aclpqtxz : om d | om εν—λεγοντες d | κυριος εσται] εστω κ̅ς̅ d : και εστω e : om κυριος ℭ$^{d}$ | μαρτυς] ⟨pr κυριος 242⟩ : μαρ sup ras A$^{1}$ | om ανα 1° o | και σου] και ανα μεσον σου cx𝔄𝔈 : om a | σπερματος σου Bszc$_2$𝔈] pr σπερματος μου και του bdioe$_2$ : σπερματος μου m* : ⟨σπερματος ημων 44.71⟩ : + και του σπερματος μου a$_2$ : + και ανα μεσον του σπερματος μου hℭ$^{w}$ : pr σπερματος μου και ανα μεσον του ANm$^{a?}$ rell 𝔄ℭ$^{d}$ | εως αιωνος] εως του αιωνος cx : ⟨om 44⟩ : + *erit adhuc testis* ℭ$^{w}$

43 ανεστη—απηλθεν] απηλθε δᾱδ d | εισηλθεν] απηλθεν gi* (uid)

XXI 1 δαυειδ] pr ο Eus | εις νομβα post ιερεα b$_2$𝔈 | νομβα] νομβαν a$_2$ : νοββα v : νομμαν Or-gr : νοβα Adlpqt Eus : νομα b′ : *Noema* ℭ : νοβαβ x : νουβαβ c : ομβα N | αβιμελεχ] αμιμελεχ A : αχιμελεχ Nabfj–oq–wzc$_2$e$_2$𝔄ℭ𝔈 Or-gr Eus : αχιμ εις g | ⟨αρχιερεα 71⟩ | hab και 2°—αυτω 𝔏$^{v}$ | εξεστη αβειμελεχ] *haesitauit Abimelech et surrexit* 𝔏 | om αβειμελεχ τη m* | αβειμελεχ] αχιμελεχ Nabfgjlm$^{a?}$nq–wz𝔄ℭ𝔈 Or-gr Eus : ο αχειμελεχ oc$_2$e$_2$ | ⟨απαντη 74⟩ | αυτου] δᾱδ boc$_2$e$_2$𝔈$^{a}$𝔏 | om αυτω abcoxc$_2$e$_2$ | om τι cx | συ] post μονος boc$_2$e$_2$ : om Aℭ(uid) | ουθεις] ουδεις ANa–dg–lopqtvxb$_2$c$_2$e$_2$ Or-gr Eus : ουδεις αλλος z𝔖$^{j}$

2 ειπεν 1°] ει b$_2$ | δαυειδ τω ιερει] αυτω δᾱδ p Or-gr | τω ιερει] pr τω αβιμελεχ A : pr τω αχιμελεχ lqtz𝔄 : om cx : + αβιμελεχ o : + αχειμελεχ bc$_2$e$_2$ | εντεταλται] εντεταλμαι b′c* | om μοι 1° t | ρημα 1°] post σημερον Abefmsw Or-gr : om e$_2$ | μοι 2°] προς με Nabg–jnovb$_2$c$_2$e$_2$ : om cefmswx | μηδεις γνωτω] μη γνωτω μηδεις Acdlpqtxz Or-gr | μηθεις y | γνω aefgimsw | το ρημα περι] μηδεν περι του ρηματος boc$_2$e$_2$ | ρημα 2°] + τουτο efimsw𝔈(uid) | om ου 1° n* | om εγω ⟨44⟩ 𝔄 | αποστελλω] αποστελω Aacvxℭ : εξαπεστειλα boc$_2$e$_2$𝔄 | om σε—εντεταλμαι g | υπερ] οπερ dlpqt : περι bozc$_2$e$_2$ Or-gr | εντεταλμαι] pr εγω efjmoqswa$_2$ Or-gr : εντελλομαι Anv𝔈 : εγω εντελλομαι a | hab και 4°—(3) σου 𝔏$^{v}$ | τοις παιδαριοις διαμεμαρτυρημαι] *pueros per me testificatus sum* 𝔏 | διαμεμαρτυρημαι] διαμεμαρτυρομαι c : διαμαρτυρομαι y : διαμεμαρτυρηται p𝔄-codd : μεμαρτυρημαι i Or-gr :

41 απα του αργαβ] α′ πλησιον του νοτου *b*j(sine nom)m : απο του λιθαυ εχομενα του νοτιου *b* : α′ εχομενα του νοτου z : προ του αματαρατ j | πλησιον 2°] α′ ετερος *b* : α′ ετερω θ′ αδελφω jz : α′ εταιρω m | εως συντελειας μεγαλης] σ′ δᾱδ δε υπερεβαλεν *b*(sine nom) m : σ′ δᾱδ δε υπερεβαλλεν εμεγαλυνεν j

42 ιωναθαν] + ※ σ′ α′ τω δᾱδ j | του σπερματος σου] των σπερματων ημων z

XXI 1 εξεστη] α′ εξεπλαγη j

2 διαμεμαρτυρημαι] σ′ συνεταξαμην *b*jmz

(4) 3 τόπῳ τῷ λεγομένῳ Θεοῦ πίστις, Φελλανεὶ Μαεμωνεί. 3 καὶ νῦν εἰσὶν ὑπὸ τὴν χεῖρά σου B
(5) 4 πέντε ἄρτοι; δὸς εἰς χεῖρά μου τὸ εὑρεθέν. 4 καὶ ἀπεκρίθη ὁ ἱερεὺς τῷ Δαυεὶδ καὶ εἶπεν Οὐκ
εἰσὶν ἄρτοι βέβηλοι ὑπὸ τὴν χεῖρά μου, ὅτι ἀλλ' ἢ ἄρτοι ἅγιοί εἰσιν· εἰ πεφυλαγμένα τὰ
(6) 5 παιδάριά ἐστιν ἀπὸ γυναικός, καὶ φάγεται. 5 καὶ ἀπεκρίθη Δαυεὶδ τῷ ἱερεῖ καὶ εἶπεν αὐτῷ
Ἀλλὰ ἀπὸ γυναικὸς ἀπεσχήμεθα ἐχθὲς καὶ τρίτην ἡμέραν· ἐν τῷ ἐξελθεῖν με εἰς ὁδὸν γέγονε
πάντα τὰ παιδάρια ἡγνισμένα. καὶ αὐτὴ ἡ ὁδὸς βέβηλος; διότι ἁγιασθήσεται σήμερον διὰ
(7) 6 τὰ σκεύη μου. 6 καὶ ἔδωκεν αὐτῷ Ἀβειμέλεχ ὁ ἱερεὺς τοὺς ἄρτους τῆς προθέσεως, ὅτι οὐκ ἦν
ἐκεῖ ἄρτοι, ὅτι ἀλλ' ἢ ἄρτοι τοῦ προσώπου, οἱ ἀφῃρημένοι ἐκ προσώπου Κυρίου παρατεθῆναι
(8) 7 ἄρτον θερμὸν ᾗ ἡμέρᾳ ἔλαβεν αὐτούς. 7 καὶ ἐκεῖ ἦν ἓν τῶν παιδαρίων τοῦ Σαοὺλ ἐν τῇ ἡμέρᾳ
ἐκείνῃ συνεχόμενος Νεεσσαρὰν ἐνώπιον Κυρίου, καὶ ὄνομα αὐτῷ Δωὴκ ὁ Σύρος, νέμων τὰς
(9) 8 ἡμιόνους Σαούλ. 8 καὶ εἶπεν Δαυεὶδ πρὸς Ἀβειμέλεχ Ἴδε εἰ ἔστιν ἐνταῦθα ὑπὸ τὴν χεῖρά σου

5 εχθες] εκθες A: χθες B$^b$ | γεγονε] γεγονενεν A    6 αβιμελεχ A    8 ιδε B$^{ab}$] ειδε B*A | χειραν A

ANa–jl–qstv–c$_2$𝔄ℭ$^{dw}$𝔈(𝔏$^{sv}$)

*impero* 𝔈 | om τω 2° bdilopqta$_2$c$_2$e$_2$ | om τω 3° bcdlopqta$_2$c$_2$e$_2$ | λεγομενου a$_2$ | ⟨θεου—μαεμωνει] εμανιειμ θεου πιστις 71⟩ | om θεου πιστις efm(txt)sw | πιστις] πιστεις gc$_2$: πιστει c | φελλανει B] φελλωνι dlpqtz: φελλονι cx: φελωνι ⟨44⟩ 𝔄-cod: φελλανειμ yℭ: φελλαμιν a$_2$: φελμωνι A𝔄-ed On: φιλμωνι Or-gr: om N rell 𝔏 Eus | μαεμωνει B] μεμωνιμ a$_2$: *Nemonim* ℭ$^w$: *Nemmonim* ℭ$^d$: λεμωνειμ y: εμμωνειμ efsw: εμμονιμ m: ⟨αμ..νι 74⟩: ελμωνι 𝔄 On½: αλμωνι Adlpqtz Or-gr On½: αλμονι cx: αλμονειμ h$^{mg}$(uid): om Nh(txt) rell 𝔏 Eus

3 και νυν] νυν ουν i: om και ⟨246⟩ 𝔏 | εισιν] pr ει ANa$^{a?}$bcf–jmo$^a$s–wyzb$_2$c$_2$e$_2$𝔄ℭ𝔈𝔖$^j$ Or-gr Eus: *si abundant* 𝔏 | σου] μου a$_2$ | om πεντε 𝔈 Eus | δως g | χειρα 2°] pr την Nabg–jnovzb$_2$c$_2$e$_2$: χειρας Ace*(uid)fmswxya$_2$ Eus | om μου o | το ευρεθεν] η ο εαν ευρης boc$_2$e$_2$

4 απεκριθη—ειπεν] ειπεν ο ιερευς dℭ$^d$(+*Dauid*) | ιερευς] αρχιερευς Or-gr: +*Dei* 𝔄 | τω δαυειδ] post ειπεν lpqtze$_2$𝔄𝔖$^j$: om ℭ$^w$ Or-gr | hab ουκ—αγιοι 𝔏$^v$ | αρτοι 1°—μου] υπο την χειρα μου βεβηλοι αρτοι e(om την)fmsw | αρτοι βεβηλοι] post μου N𝔈: om αρτοι a$_2$ | υπο—μου] *in manu mea* Cyp | οτι] +η A: om bdnoz(mg)c$_2$e$_2$𝔄𝔏 Or-gr Cyp | αλλ η] ει μη boz(mg)c$_2$e$_2$𝔏 Cyp | αρτοι αγιοι εισιν] αρτος αγιος (+εστιν A) Adlpqtz(txt): ο αρτος ο αγιος boz(mg)c$_2$e$_2$: *panis sanctus unus* Cyp | αρτοι 2°] post αγιοι efmsw: οι αρτοι οι v | om αγιοι g* | om εισιν 2° 𝔄𝔈 Or-gr | om ει—παιδαρια h* | ει] pr *et* 𝔄𝔈: *et* Cyp-cod: ⟨om 71⟩ | πεφυλαγμενα—εστιν] εστιν τα παιδαρια πεφυλαγμενα boc$_2$e$_2$𝔖$^j$ Or-gr: εισι πεφυλαγμενα τα παιδαρια dlpqtz𝔄: *obseruati sunt pueri* Cyp: *mundi sunt pueri maxime* Or-lat | εστι (εισιν c) τα παιδαρια cx𝔖-ap-Barh | παιδια A | εστιν] εισιν ANagjvyb$_2$: υπαρχουσιν i: om efhmsw𝔈 | απο γυναικος] pr πλην ANadhj–np–wb$_2$𝔖-ap-Barh: *a mulieribus* Cyp-cod | om και 3° e$_2$𝔄ℭ𝔈 Cyp-ed | φαγεται] φαγετε 𝔖-ap-Barh Eus: φαγονται Nab'f–jmnosvwz–e$_2$ℭ(uid) Cyp(uid): φαγωνται be𝔄(uid)𝔈

5 υπεκριθη x | om δαυειδ q | τω 1°—αυτω] *dicens sacerdoti* ℭ: om d | τω ιερει] τω bis scr q: τω αρχιερει Or-gr: om v | om αυτω hia$_2$𝔄-ed | αλλα] αλλ η a$_2$: πλην i: οτι πλην bghozc$_2$e$_2$: om 𝔄ℭ$^d$𝔈𝔖$^j$: +και deflmp–tw | απεσχημεθα] απεσχομεθα d: αποσχημεθα y: αποσχωμεθα p: εσχηκαμεθα cx: αποσχημεθα ημεις a: απεσχειμεθου ημεις g: απεσχισμεθα ημεις N (ισ 1° ex corr)i: +ημεις hjnvb$_2$ | εχθες] pr απο της boc$_2$e$_2$𝔄ℭ: χθες B$^b$c–fhip Or-gr | τριτης ημερας boc$_2$e$_2$𝔄ℭ | εν τω] εν γαρ τω z: om g: +γαρ boc$_2$e$_2$ | με εξελθειν a | με] om efmsw: +ras (3) o | οδον] pr την boc$_2$e$_2$ | γεγονασιν Nag–jnvb$_2$ | παντα] post παιδαρια cx: *et* 𝔄: om boc$_2$e$_2$ Eus | om τα Or-gr | παιδια dlpqz | om και 4°—μου i | αυτη—διοτι] οτι (ετι o) ει (η oc$_2$) βεβηλος η οδος αυτη (αυτων z$^{mg}$) boz(mg)c$_2$e$_2$ Thdt | om αυτη ℭ(uid) | διοτι αγιασθησεται] *sanctificabitur autem* ℭ | διοτι] pr και t: *et propter hoc* 𝔄: *et* 𝔈 | αγιασθησεται σημερον] *hodie sanctificaui* 𝔄-ed | αγιασθησεται] post σημερον bdlopqtxzc$_2$e$_2$ 𝔄-codd Or-gr Eus Thdt: *sanctificata est* 𝔈: ηγιασθητε Na | om σημερον c | om μου Or-gr

6 cf Mt xii 4, Mc ii 26, Lc vi 4 τους αρτους της προθεσεως || και εδωκεν αυτω bis scr b' | αβειμελεχ] αβιμελεκ a$_2$: αχειμελεχ Nabfgjl–oq–wzc$_2$𝔄ℭ𝔈 Or-gr Eus | om ο ιερευς doa$_2$𝔈 | τους—προθεσεως] αρτον προσωπου bc$_2$e$_2$: αρτον απο προσωπου κ̅υ̅ o | om τους y | ουκ ην εκει] εκει ουκ ην ejmnsw: εκει ουκ εισιν y | εκει αρτοι] αρτος εκει 𝔈 Or-gr: αρτος παρ αυτω i | om εκει d Eus | αρτοι 1° Bhya$_2$] αρτος ετερος bozc$_2$e$_2$: αρτος AN rell Eus | om οτι 2°—αυτους cx | om οτι 2° bioyza$_2$c$_2$e$_2$𝔄(uid) Or-gr Eus | η] +ras (2) a | αρτοι 2°] pr οι N$^a$abdh–lnopqtvzb$_2$c$_2$e$_2$ Or-gr | του προσωπου] *praepositionis* 𝔖-ap-Barh | προσωπου 1°] προφητου A: +κ̅υ̅ jb$_2$ℭ | om οι—προσωπου 2° av𝔈(uid) | om εκ προσωπου κυριου b$_2$ | κυριου] pr του ya$_2$: *eius* ℭ | παρατεθηναι] pr του Nabdg–lopqtvzb$_2$c$_2$e$_2$ Or-gr Eus | αρτον θερμον] αρτους θερμους bz$^{a?}$𝔖$^j$: αρτους ωμους e$_2$: αυτους θερμους ioc$_2$: ⟨αυτους αρτους 246⟩ | η ημερα] εν ημερα η boc$_2$e$_2$ | ημερας g

7 εκει—παιδαριων] ην τις εκει των δουλων boc$_2$e$_2$ | εκει post ην ⟨246⟩ 𝔈 | ⟨om ην εν 44⟩ | om του bdgoptc$_2$e$_2$ | συνεχομενος νεεσσαραν] *prope Nesera* 𝔈: *intra tentorium* 𝔄-codd | συνεχομενον ava$_2$ | νεεσσαραν] νεσσαραν Aefmsw: νεεσσαρα dlpqt: ⟨νεεσαρα 74⟩: նեեսսարայ 𝔄-ed: νεεσσαρ biozc$_2$ Or-gr: νεεσαρ e$_2$: ⟨νεεοσαρα 44⟩: νεασαρ Thdt: [illegible] 𝔖-ap-Barh: νοσερος c: νοσερως x: ⟨επισχεθη 242⟩: πυρετω g | om ενωπιον κυριου g | ενωπιον] bis scr w: ⟨προ προσωπου 242⟩ | om και 2°—σαουλ 2° v | om και 2° boc$_2$e$_2$ | αυτου o | δωηκ] κ ex corr a$^a$: δοηκ te$_2$ | hab ο—σαουλ 2° 𝔏$^v$ | ο συρος] *natione Syrus* 𝔏: ο ιδουμαιος boz$^{a?}$c$_2$e$_2$ℭ Or-gr | hab νεμων—σαουλ 2° 𝔏$^s$ | νεμων] *hic pascebat* 𝔏$^s$ | ημιονους] ονους b' | σαουλ 2°] pr του b$_2$

8 om δαυειδ προς v | προς] τω cx | αβειμελεχ] αχειμελεχ Nabfgi–oqstv(+spat 8 litt)wzc$_2$e$_2$𝔄ℭ𝔈: αχιμελεκ A | om ιδε 𝔄 | ει] ex τε (uid) m$^{a?}$: om cx | ενταυθα] ενθα N*: om aj |

2 εν—μαεμωνει] σ' εις τον δεινα τοπον jz(sine nom) | τω 3°—μαεμωνει] α' τον δεινα τουδε τινος j
4 βεβηλοι] σ' θ' λαικοι (-κος j) bjm: α' ουχι βεβηλον αλλα λαικον ειπε j | εστιν] ο' εστιν j
5 αλλα απο] ει μεν πε.. j | απεσχημεθα] θ' α' συνεσχεθη j | παντα τα παιδαρια] α' θ' τα σκευη των παιδαριων j | και 4°—διοτι] η μεντοι οδος λαικη αλλ ομως j    6 τους—προθεσεως] ⅄ αγια j
7 συνεχομενος νεεσσαραν] α' συνεσχεθη j: σ' ενκεκλημενος b: σ' εγκεκλεισμενος jm: εβρ. νεσαρ m | νεεσσαραν] ριγοπυρετω i | συρος] ⅄ ιδουμαιος jm | νεμων τας ημιονους] α' (σ' j) αρχων των νομεων (νεμων b) bjm

B δόρυ ἢ ῥομφαία, ὅτι τὴν ῥομφαίαν μου καὶ τὰ σκεύη οὐκ εἴληφα ἐν τῇ χειρί μου, ὅτι ἦν τὸ
ῥῆμα τοῦ βασιλέως κατὰ σπουδήν. [9]καὶ εἶπεν ὁ ἱερεύς Ἰδοὺ ἡ ῥομφαία Γολιὰθ τοῦ ἀλλοφύλου, 9 (10)
ὃν ἐπάταξας ἐν τῇ κοιλάδι Ἠλά· καὶ αὐτὴ ἐνειλημένη ἦν ἐν ἱματίῳ· εἰ ταύτην λήμψῃ σεαυτῷ
λάβε, ὅτι οὐκ ἔστιν ἑτέρα παρὲξ ταύτης ἐνταῦθα. καὶ εἶπεν Δαυεὶδ Ἰδοὺ οὐκ ἔστιν ὥσπερ
αὐτή, δός μοι αὐτήν. [10]καὶ ἔδωκεν αὐτὴν αὐτῷ· καὶ ἀνέστη Δαυεὶδ καὶ ἔφυγεν ἐν τῇ ἡμέρᾳ 10 (11)
ἐκείνῃ ἐκ προσώπου Σαούλ. Καὶ ἦλθεν Δαυεὶδ πρὸς Ἀγχοὺς βασιλέα Γέθ· [11]καὶ εἶπαν 11 (12)
οἱ παῖδες Ἀγχοὺς πρὸς αὐτόν Οὐχὶ οὗτος Δαυεὶδ ὁ βασιλεὺς τῆς γῆς; οὐχὶ τούτῳ ἐξῆρχον
αἱ χορεύουσαι λέγουσαι

Ἐπάταξεν Σαοὺλ ἐν χιλιάσιν αὐτοῦ,
καὶ Δαυεὶδ ἐν μυριάσιν αὐτοῦ;

[12]καὶ ἔθετο Δαυεὶδ τὰ ῥήματα ἐν τῇ καρδίᾳ αὐτοῦ, καὶ ἐφοβήθη σφόδρα ἀπὸ προσώπου 12 (13)
Ἀγχοὺς βασιλέως Γέθ. [13]καὶ ἠλλοίωσεν τὸ πρόσωπον αὐτοῦ ἐνώπιον αὐτοῦ καὶ προσεποιή- 13 (14)
σατο ἐν τῇ ἡμέρᾳ ἐκείνῃ, καὶ ἐτυμπάνιζεν ἐπὶ ταῖς θύραις τῆς πόλεως καὶ παρεφέρετο ἐν ταῖς
χερσὶν αὐτοῦ καὶ ἔπιπτεν ἐπὶ τὰς θύρας τῆς πύλης, καὶ τὰ σίελα αὐτοῦ κατέρρει ἐπὶ τὸν
πώγωνα αὐτοῦ. [14]καὶ εἶπεν Ἀγχοὺς πρὸς τοὺς παῖδας αὐτοῦ Ἰδοὺ ἴδετε ἄνδρα ἐπίλημπτον· 14 (15)

9 λημψη] λημ sup ras B$^{a}$ 11 ουχι 2°] ουχει A | χειλιασιν B* 13 παρεφετο A | κατερει A

AN a–jl–qstv–c$_2$e$_2$𝔄ℭ$^{dw}$𝔈(𝔏$^{v}$)

om δορυ w | ρομφαια] μαχαιρα boc$_2$e$_2$ | om οτι 1°—μου 1° a$_2$ | οτι 1°] τι c* | ρομφαιαν] μαχαιραν boc$_2$e$_2$ | σκευη Bemsw] + μου AN rell 𝔄ℭ𝔈(uid) | οτι 2°] διοτι boc$_2$e$_2$ | ην—σπουδην] *uerbum regis pressit me* 𝔄 | ην post βασιλεως Nabdghjlopqtvz b$_2$c$_2$e$_2$ | τα ρηματα dp | κατα σπουδην] κατασπευδον Aefjmsw: επισπευδων cx

9 ο ιερευς] αβιμελεχ d | om ιδου 1° 𝔈$^{a}$ | om η g | γολιαδ 𝔄𝔈 | αλλοφυλου] φιλισταιου Eus: + *Filistaei* 𝔄 | ον] ην c | επαταξας εν] επαταξεν c$_2$ | εν 1°—ηλα] *in hoc loco Emath* ℭ$^{w}$: *in loco Nemath* ℭ$^{d}$: om cx | ηλα] ηαλα w: ηλατ a | ενειλημενη—ιματιω] εν ιματιω ενειλημμενη aijpv: εν ιματιω ενειλημενη οπισω της επωμιδος z$^{a?}$ | ενειλημενη Bfmsw] ενειλημμενη e(-λιμ-) hnya$_2$ Eus: ειλημενη cxc$_2$: ηλημενη be$_2$: ειλημμενη Ao: post ιματιω Nz* rell | ην BAcxa$_2$] *est* 𝔄: om Nz* rell ℭ(uid) Eus | om εν 2° cx Eus | ιματιω] ιματιοις h: + οπισω της επωμιδος Ab coxc$_2$(sub ※)e$_2$𝔄𝔖$^{j}$𝔖$^{m}$ | ει] η g: + ras (1) s | ταυτην λημψη] ταυτη μη ληψει g: λημψε a$_2$ | σεαυτω] σαυτω Eus: εαυτω a: om ℭ𝔈 | λαβε] + δη αυτην boc$_2$e$_2$ | hab οτι—(10) αυτω 𝔏$^{v}$ | om οτι—ενταυθα d | ⟨om οτι 64⟩ | ετερα] αλλη a: om ve$_2$𝔄 | ενταυθα παρεξ ταυτης v𝔄ℭ$^{w}$ | ταυτης] ταυτη i: αυτης bcefmos wxyc$_2$e$_2$ Eus: + *acutior* 𝔏 | ενταυθα] ωδε boc$_2$e$_2$: om Eus | ιδου 2°] *si* ℭ𝔈𝔏: om bdopc$_2$e$_2$𝔄 | ωσπερ αυτη] pr *alius* 𝔏: ωσπερ αυτην c: *praeter eam* ℭ𝔈 | αυτη 2°] αυτην c | δος μοι αυτην] *hunc mihi da* 𝔏: ⟨om 71⟩ | δως g | αυτην] ταυτην v

10 αυτην αυτω] *illi illum* 𝔏: αυτω ταυτην ⟨71⟩ 𝔄(uid) | αυτην] bis scr q: αυτη e$_2$ | ανεστη] ανεβη d | om και εφυγεν ℭ$^{w}$ | om εν—εκεινη ℭ$^{d}$ | om εν t | ⟨εκεινη] ταυτη 74⟩ | εκ] απο b$_2$ | απηλθεν boc$_2$e$_2$ | om δαυειδ 2° dℭ$^{d}$ | αγχους] ακχους bo(uid)c$_2$(pr ras 1 lit)e$_2$: αχους cxℭ | αγεθ o

11 ειπον a–foxc$_2$e$_2$ | αγχους] ακχους boc$_2$e$_2$: αχους cxℭ: αυτου g | αυχι 1°] ουχ boc$_2$e$_2$ | ουτος] ουτως a*gm: αυτος εστι dlpqtz: + εστιν boc$_2$e$_2$ | δαυειδ 1° post γης o | om ο cs | τουτω εξηρχον] *propter eum exierunt* 𝔈 | τουτω] ω ex corr N: τουτο di mnpe$_2$: ⟨τουτον 246⟩: ουτω v: ουτως a*(uid) | εξηρχον αι χορευουσαι] εξηλθον (εξηρχοντο z) εις απαντησιν αι χορευουσαι και εξηρχον bozc$_2$e$_2$ | εξηρχον] εξηρχοντο adglpqt: ηρχον Acx | ⟨χορευτριαι 71⟩ | σαουλ—αυτου 2°] *Dauid in decem milibus eius et Saul in milibus eius* ℭ$^{d}$: *Dauid myriada et Saul mille* 𝔈

12 εθετο] post δαυειδ i: εθηκεν Acx: om a* | ρηματα] + ras (5) m: + ταυτα boza$_2$c$_2$e$_2$ℭ𝔈: + αυτου g | εφοβηθησαν a$_2$ | om σφοδρα cx | om απο—γεθ d | om προσωπου y | αγχους] ακχους boc$_2$e$_2$: αχχους m: αχους cxℭ

13 hab και 1°—(14) επιλημπτον 𝔏$^{v}$ | το προσωπον] τον τροπον A𝔖-ap-Barh | ενωπιον αυτου] *ab eo* 𝔈: *coram ipso Achis rege* 𝔏$^{(2)}$: om c–fmwx | ενωπιον] εναντιον y: απο προσωπου a | αυτου 2°] αυτων boz$^{a?}$c$_2$e$_2$𝔏$^{(1)}$ | και 2°—εκεινη] post πολεως ℭ: *in illa die et affectabat* 𝔏$^{(1)}$ | προσεποιησατο] εισεποιησατω c: *effugit* 𝔈: + δᾱδ N | ετυμπονιζεν] *pulsauit tympanum* 𝔈: ⟨προσεκρουεν 242⟩: *effudit saliuam* ℭ$^{d}$ | επι 1°—πολεως] *ostiatim per ciuitatem* 𝔏$^{(2)}$ | επι ταις θυραις] εν ταις πυλαις Eus | ταις θυραις] τας θυρας cxy: της θυρας a$_2$𝔖-ap-Barh(uid): + *portae* ℭ | πολεως] πυλης y*(uid) | και 4°—πυλης] sub ÷ c$_2$: om y* | και 4°—αυτου 3°] post αυτου 5° 𝔄: om d | παρεφερετο] *portauit* 𝔈 | εν 2°—αυτου 3°] *coram eis* ℭ | om και 5°—πυλης 𝔄 | επιπτεν—θυρας] *procidebat ad ostia* 𝔏$^{(1)}$: *irruebat in ianuas* 𝔏$^{(2)}$: *cecidit ad ostia* 𝔏$^{(3)}$ | επιπτεν] ετυπτεν cx: επεπιπτεν adghilnpqtzb$_2$: *cucurrit* 𝔈 | τας θυρας BAcghx] της θυρας a$_2$: ταις θυραις Ny$^{b}$ rell: om ℭ$^{d}$ | της πυλης] *portae ciuitatis* 𝔏$^{(1)}$: om 𝔈(uid) | πυλης] ⟨αυλης 71⟩: πολεως abefmosvwy$^{b}$zc$_2$e$_2$𝔏$^{(3)}$ | κατερρει τα σιελα αυτου Acx𝔖-ap-Barh Eus | ⟨om τα 74⟩ | σιαλα boc$_2$e$_2$ | ⟨om αυτου 4° 71⟩

14 αγχους] ακχους boc$_2$e$_2$: αχους cxℭ: *Achis* 𝔏 | προς 1° bis scr b′ | ιδου] om g: + δη f* | ιδετε] ειδετε a(ει sup ras 3 litt)ef jmqwc$_2$: *uideratis* 𝔏: *inuenistis* 𝔈: ιδε y | ανδρα] pr τον g | επι-

9 ηλα] της δρυος *b*: του τερεβινθου j: α′ της τερεβινθου mz(sine nom) | ιματιω] + ※ θ′ οπισω της επωμιδος σ′ εφουδ α′ επενδυματος j

11 εξηρχον] σ′ κατελεγον *b*jmz

13 ηλλοιωσεν] σ′ ενηλλαξεν *b*m: α′ ενηλλαξεν jz: σ′ μετεβαλεν j | προσεποιησατο... και ετυμπανιζεν] α′ παριετο και προσεκρουεν z | επιπτεν] σ′ θ′ εψοφει *b*(om θ′)jm

14 επιλημπτον] α′ παραπληκτευομενον jz: σ′ παραφρονα *b*jm: εκφρονα *b*

(16) 15 ἵνα τί εἰσηγάγετε αὐτὸν πρὸς μέ; [15]ἐλαττοῦμαι ἐπιλήμπτων ἐγώ, ὅτι εἰσαγιόχατε αὐτὸν B
ἐπιλημπτεύεσθαι πρὸς μέ; οὗτος οὐκ εἰσελεύσεται εἰς οἰκίαν.
XXII 1 [1]Καὶ ἀπῆλθεν ἐκεῖθεν Δαυεὶδ καὶ διεσώθη, καὶ ἔρχεται εἰς τὸ σπήλαιον τὸ Ὀδολλάμ· καὶ
ἀκούουσιν οἱ ἀδελφοὶ αὐτοῦ καὶ ὁ οἶκος τοῦ πατρὸς αὐτοῦ, καὶ καταβαίνουσιν πρὸς αὐτὸν ἐκεῖ.
2 [2]καὶ συνήγοντο πρὸς αὐτὸν πᾶς ἐν ἀνάγκῃ καὶ πᾶς ὑπόχρεως καὶ πᾶς κατώδυνος ψυχῇ, καὶ ἦν
3 ἐπ' αὐτῶν ἡγούμενος· καὶ ἦσαν μετ' αὐτοῦ ὡς τετρακόσιοι ἄνδρες. [3]Καὶ ἀπῆλθεν Δαυεὶδ
ἐκεῖθεν εἰς Μασσηφὰ τῆς Μωάβ, καὶ εἶπεν πρὸς βασιλέα Μωάβ Γινέσθωσαν δὴ ὁ πατήρ μου
4 καὶ ἡ μήτηρ μου παρὰ σοί, ἕως ὅτου γνῶ τί ποιήσει μοι ὁ θεός. [4]καὶ παρεκάλεσεν τὸ πρόσωπον
τοῦ βασιλέως Μωάβ, καὶ κατῴκουν μετ' αὐτοῦ πάσας τὰς ἡμέρας ὄντος τοῦ Δαυεὶδ ἐν τῇ περιοχῇ.
5 [5]καὶ εἶπεν Γὰδ ὁ προφήτης πρὸς Δαυείδ Μὴ κάθου ἐν τῇ περιοχῇ, πορεύου καὶ ἥξεις εἰς γῆν
6 Ἰούδα. καὶ ἐπορεύθη Δαυείδ, καὶ ἦλθεν καὶ ἐκάθισεν ἐν πόλει Σαρείκ. [6]Καὶ ἤκουσεν Σαοὺλ
ὅτι ἔγνωσται Δαυεὶδ καὶ οἱ ἄνδρες οἱ μετ' αὐτοῦ· καὶ Σαοὺλ ἐκάθητο ἐν τῷ βουνῷ ὑπὸ τὴν
ἄρουραν τὴν ἐν Βαμά, καὶ τὸ δόρυ ἐν τῇ χειρὶ αὐτοῦ, καὶ πάντες οἱ παῖδες αὐτοῦ παρειστήκεισαν
7 αὐτῷ. [7]καὶ εἶπεν Σαοὺλ πρὸς τοὺς παῖδας αὐτοῦ τοὺς παρεστηκότας αὐτῷ.¶ καὶ εἶπεν αὐτοῖς ¶ ℭ^d
Ἀκούσατε δή, υἱοὶ Βενιαμείν· εἰ ἀληθῶς πᾶσιν ὑμῖν δώσει ὁ υἱὸς Ἰεσσαὶ ἀγροὺς καὶ ἀμπελῶνας,

15 εισαγιοχατε] εισαγειοχατε B*: εισαγηοχατε B^ab | οικια| A 3 και 2°—μωαβ 2° bis scr B* | γεινεσθωσαν B* XXII 2 και 1° sup ras B^ab | αυτου ως] ου ω sup ras B 7 αμπωλωνας A

ANa–jl–qstv–c$_2$e$_2$𝔄ℭ^(d)w𝔈(𝔏^v)

λημπτον] επιλημπτικον c$_2$: *arrepticium* 𝔏 | ινα] pr και biozc$_2$e$_2$ 𝔄 | εισηγαγετε] pr *non* 𝔈: εισαγιοχατε h | om αυτον g*

15 om ελαττουμαι—με c𝔈 | ελαττουμαι επιλημπτων] η επιλημπτων ελαττουμαι i | ελαττουμαι Bx] pr ει a$_2$: pr μη eflmsw 𝔄ℭ^d: η προσδεομαι b(hab ελλαττομε *b*^mg)oz^a?c$_2$e$_2$: pr η ANz* rell ℭ^w | επιλημπτον ghva$_2$e$_2$ | εισαγιοχατε] εισηγειοχατε jsa$_2$b$_2$: εισηγιαχατε A: ⟨εισαγκαχατε 236 uid⟩: εισηνεγκατε (εισεν- b' z^a?) boz^a?c$_2$e$_2$ | αυτον] + προς με oℭ^w | επιλημπτευεσθαι] post με.i: επιληπτεσθαι b | προς με] επ εμε boz^a?c$_2$e$_2$: *ante me* 𝔄 | ⟨om ουτος—οικιαν 44⟩ | ουτος ουκ BAc^a?xya$_2$𝔄(uid)ℭ^w(uid)𝔖^j] ουτως ουκ c*(uid): ει ουτως a*moq: η ουτος gv: ει ουτος Na^a? rell: om ουτος ℭ^d | οικιαν] την οικιαν μου Abgozc$_2$e$_2$(om την Ag) 𝔄-codd: *portam domus meae* ℭ^d

XXII 1 ⟨om και 1° 44⟩ | απηλθεν] απηλλαγη A𝔖^m(uid) Eus | εκειθεν δαυειδ] δαυιδ εντευθεν Eus | εκειθεν] post διεσωθη g: post δαυειδ Abcoxc$_2$e$_2$: εκει e | δαυειδ] post διεσωθη dlp: om ℭ^d | ερχεται και διεσωθη Acx𝔄 Eus | εσωθη aiv | om το 2° b'cfnx | οδολλαμ] οδολλαμι n: οδολααμ v: οδολαμ Acdmxe$_2$: ⟨οδωλαμ 242⟩: *Odolom* 𝔄: ⟨οδολαν 71⟩: δολαμ g: ολοδαμ e | ακουουσιν] *conuenerunt* ℭ^d | οι] pr παντες Eus | αδελφοι] ⟨αλλοφυλοι 74⟩: οφθαλμοι h* | ο] pr πας Abcj^mg(sub ※)oxzc$_2$e$_2$𝔄 Eus: om b$_2$ | αναβαινουσιν a$_2$

2 συνηγοντο] συνηγαγοντο aa$_2$: συνηθροιζοντο boz(mg)c$_2$e$_2$: συναθροιζωντος g | προς αυτον] παρ αυτω Eus | εν] pr ο efg mow | αναγκη] + ων bdlopqtzc$_2$e$_2$ Eus | om και πας υποχρεως A | υποχρεως] pr ο eg | πας 3°] πασα Eus: om A | ψυχη] pr τη Ae: pr επι h: ψυχης a$_2$ | om ην a | αυτων] αυτον agwy | και ησαν] ησαν δε Eus: και εγενοντο boc$_2$e$_2$ | om μετ αυτου Eus | αυτου] αυτω v | ως] ωσει bcoxc$_2$e$_2$ Jos-ed

3 επηλθεν v | δαυειδ εκειθεν] εκειθεν δᾱδ Nacghipqtvxzb$_2$𝔄: ⟨εκει δαυιδ 246⟩: om d: om δαυειδ boc$_2$e$_2$ | μασσηφα] ⟨μασσιφα 246⟩: μασηφα Aeℭ^w: μασσηφαθ Nadhjlpqtyzb$_2$: μασηφαθ v𝔄: μασιφαθ g: ματσηφατ a$_2$ | της] ⟨την 242⟩: *in terra* ℭ | μωαβ 1°] μοαβ g: μωβ N* | om και 2°—μωαβ 2° e | ειπεν] + δᾱδ boc$_2$e$_2$ | βασιλεα] pr τον bcosxc$_2$e$_2$: βασιλεως h: ⟨αυτον βασιλευς 246⟩ | μωαβ 2°] μοαβ g | γινεσθωσαν] γενεσθωσαν cqxz: τεινεσθωσαν N(ει ex corr) | om δη iv | ⟨μου 1°] σου 246⟩ | om και 3°—μου 2° m(txt) | μου 2°] ⟨σου 246⟩: om ax | παρα σοι] μετα σου boc$_2$e$_2$ | οτου γνω] του γνωναι cx | τι] ο τι Ana$_2$ | ποιησει] ποιηση b'hv: ⟨εποιησε 71⟩ | ο θεος] κ̅ς̅ av

4 παρεκαλεσα o | το—μωαβ] αυτον d | τω προσωπω cx | om του 1° b'cx | μοαβ g | κατωκουν] *habitauerunt* 𝔄𝔈 | οντος] οντως ma$_2$: om A | om του 2° Nadeghilpqtvb$_2$

5 om και 1°—περιοχη g | γαγ o | προς] τω o: ⟨om 246⟩ | δαυειδ 1°] αυτον efmsw | καθεζου boc$_2$e$_2$ | om τη c | ηξεις] ηξης cg: εξεις d: απελθε *b*oc$_2$e$_2$: απεθε b' | γην] την h*: om 𝔈 | ιουδα] pr του A | και ηλθεν] και απηλθε e$_2$: om d | ⟨om και 5° 44⟩ | εκαθισεν] εκαλεσεν q*(uid): κατωκει boc$_2$e$_2$ | εν πολει] εν τη πολει A: εις πολιν z^a? | σαρεικ Ba$_2$] σαρηχ f𝔈: σαρειχα y^a?: αρειχα y*(uid): αριθ cx On: σαρειχ N rell ℭ: [illegible] 𝔖^j(mg): *Sarith* 𝔄: σαριν Jos (-ην codd): αριαθ A

6 ηκουσται ev | εγνωται cx | om και 2°—αυτου 1° d | hab και 3°—αυτου 2° 𝔏^v | om σαουλ 2° d | εκαθησεν g | εν τω] υπο των g | υπο την αρουραν] *sub desertum* 𝔏^(2) | αρουραν] θυραν a$_2$ | εν βαμα] εραμα dp | βαμα] *Bamaa* ℭ^d: *Baema* ℭ^w: ⟨βανα 236⟩: ραμα Nacgilqtvxb$_2$𝔏: ραμμα A | ⟨om και 5°—αυτω 44⟩ | οι παιδες αυτου post αυτω efmsw | αυτου 3°] αυτω v: om d | om παρειστηκεισαν—(7) αυτου g | παρειστηκεισαν αυτω] μετ αυτου a$_2$

7 τους 1° bis scr b' | om αυτου c^bxe$_2$ | τους παρεστηκοτας αυτω] om d: om αυτω c*: + *Accedite ad sacerdotes Domini* ℭ^d | τους παρεστηκοτας bis scr g* | και ειπεν αυτοις BAya$_2$𝔄] + σαουλ boc$_2$: om N rell ℭ𝔈 | ακουετε boc$_2$e$_2$ | om δη sw | υιοι] pr οι Nbegha$_2$ | βενιαμειν] βενιαμην g: βενιαμειμ b$_2$: βεννιαμιν m: ιεμενι c: ιεμηνι x: ιεμεννι A | ει] η g: om y | υμιν] ημην g | om ο s | ιεσσαι] ιεσαι a*: εσσαι z: om x | και

15 ελαττουμαι] θ' δεομαι j(sine nom)m | επιλημπτων] σ' μαινομενων j | επιλημπτευεσθαι] σ' μαινεσθαι α' παραπληκτευεσθαι j

XXII 2 πας 1° κ.τ.λ.] α' και πας περιερχομενος πας επαιτων και πας υποχρεως j | εν αναγκη] α' θ' συνεχομενος σ' στενοχωρουμενος j | κατωδυνος] α' πικρος jz 3 μασσηφα] σκοπιαν jz

4 παρεκαλεσεν το προσωπον] α' ⅄ εθετο αυτους προ προσωπου j | εν τη περιοχη] σ' εν ωχειρωματι *b*: α' σ' εν οχυρωματι εν τη επιβουλη m 5 εν τη περιοχη] α' εν οχυρωματι σ' εν τη επιβουλη θ' καταφυγην j

6 εγνωσται] σ' εφανη j | την αρουραν] α' το δενδρωμα το φυτον jz 7 ει αληθως] μη τι *b*jm

B καὶ πάντας ὑμᾶς τάξει ἑκατοντάρχους καὶ χιλιάρχους; [8]ὅτι σύγκεισθε πάντες ὑμεῖς ἐπ' ἐμέ, καὶ 8
οὐκ ἔστιν ὁ ἀποκαλύπτων τὸ ὠτίον μου ἐν τῷ διαθέσθαι τὸν υἱόν μου διαθήκην μετὰ τοῦ υἱοῦ
Ἰεσσαί, καὶ οὐκ ἔστιν πονῶν περὶ ἐμοῦ ἐξ ὑμῶν καὶ ἀποκαλύπτων τὸ ὠτίον μου, ὅτι ἐπήγειρεν ὁ
h υἱός μου τὸν δοῦλόν μου ἐπ' ἐμὲ εἰς ἐχθρόν, ὡς ἡ ἡμέρα αὕτη.¶ [9]καὶ ἀποκρίνεται Δωὴκ ὁ Σύρος 9
ὁ καθεστηκὼς ἐπὶ τὰς ἡμιόνους Σαοὺλ καὶ εἶπεν Ἑόρακα τὸν υἱὸν Ἰεσσαὶ παραγινόμενον εἰς
Νόμβα πρὸς Ἀβειμέλεχ υἱὸν Ἀχιτὼβ τὸν ἱερέα· [10]καὶ ἠρώτα αὐτῷ διὰ τοῦ θεοῦ, καὶ ἐπισιτισμὸν 10
ἔδωκεν αὐτῷ, καὶ τὴν ῥομφαίαν Γολιὰδ τοῦ ἀλλοφύλου ἔδωκεν αὐτῷ. [11]καὶ ἀπέστειλεν ὁ βασιλεὺς 11
καλέσαι τὸν Ἀβειμέλεχ υἱὸν Ἀχιτὼβ καὶ πάντας τοὺς υἱοὺς τοῦ πατρὸς αὐτοῦ τοὺς ἱερεῖς τοὺς
ἐν Νόμμα· καὶ παρεγένοντο πάντες πρὸς τὸν βασιλέα. [12]καὶ εἶπεν Σαοὺλ Ἄκουε δή, υἱὲ Ἀχιτώβ· 12
καὶ εἶπεν Ἰδοὺ ἐγώ· λάλει, κύριε. [13]καὶ εἶπεν αὐτῷ Σαοὺλ Ἵνα τί συνέθου κατ' ἐμοῦ σὺ καὶ ὁ 13
υἱὸς Ἰεσσαί, δοῦναί σε αὐτῷ ἄρτον καὶ ῥομφαίαν, καὶ ἐρωτᾶν αὐτῷ διὰ τοῦ θεοῦ, θέσθαι αὐτὸν ἐπ'
ἐμὲ εἰς ἐχθρόν, ὡς ἡ ἡμέρα αὕτη; [14]καὶ ἀπεκρίθη τῷ βασιλεῖ καὶ εἶπεν Καὶ τίς ἐν πᾶσιν τοῖς 14
δούλοις σου ὡς Δαυεὶδ πιστός, καὶ γαμβρὸς τοῦ βασιλέως καὶ ἄρχων παντὸς παραγγέλματός σου
καὶ ἔνδοξος ἐν τῷ οἴκῳ σου; [15]ἡ σήμερον ἦργμαι ἐρωτᾶν αὐτῷ διὰ τοῦ θεοῦ; μηδαμῶς· μὴ δότω 15
ὁ βασιλεὺς κατὰ τοῦ δούλου αὐτοῦ λόγον καὶ ἐφ' ὅλον τὸν οἶκον τοῦ πατρὸς αὐτοῦ, ὅτι οὐκ ᾔδει

7 χειλιαρχους B*A 8 συνκεισθαι A
9 αποκρειεται B* | εωρακα B$^{a?b}$ | παραγεινομενον B* 10 επισειτισμον B* | ρομφαια A
14 παραγελματος A 15 κατα του δουλου] και τα | θουλου A | αυτου 2°] μου B$^{ab\,mg}$

ANa–g(h)ijl–qstv–c$_2$e$_2$𝔄ℭ$^{w}$𝔈(𝔏$^{v}$)

4°] η boc$_2$e$_2$ | παντες g | ημας gw | om ταξει s | χιλιαρχους και εκατονταρχους Abcfmxc$_2$e$_2$𝔄ℭ | om εκατονταρχους και o | om και χιλιαρχους a*

8 συγκεισθε—εμε 1°] *habitetis mecum omnes uos* 𝔈$^{s}$ | συγκεισθε] ⟨συγκλεισθε 44-236⟩: συνοικεισθαι a$_2$: ου συγκεισεται v | om υμεις N | επ εμε 1°] απ εμου cx | om ο 1° A | αποκαλυπτων 1°] αποκαλυπτω c | το ωτιον 1°] τω ωτιω i | διατιθεσθαι boa$_2$c$_2$e$_2$ | διαθηκην τον υιον μου cefmswx | om διαθηκην 𝔈(uid) | μετα του υιου] μετ αυτου υιου A: τω υιω av: om υιου bx | ιεσαι a* | πονων περι εμου post υμων 𝔄𝔈𝔖$^{j}$ | πονων] pr ο b(πονων bis scr *b*)chozc$_2$e$_2$ | εξ υμων περι εμου Acgvx | om και 3°—μου 3° cx | ⟨και 3°] ουδε 242⟩ | αποκαλυπτων 2°] pr ο n | επηγειρεν] επηρεν cx | om ο 2° A | εις εχθρον] εις bis scr c$_2$*: ως εχθρον v: om io*: +μου cx𝔈(uid) | ως] ωσει x | om η o*x

9—XXIV 17 om h

9 και αποκρινεται] και απο int lin i$^{a}$ | αποκρινεται] απεκρινετο *b*: απεκρινατο b'e | δωηκ] δοηκ e$_2$𝔖$^{j}$(mg): δωηγ A: δοηγ x | ο συρος] pr ο ιδουμαιος g: ο ιδουμαιος boc$_2$e$_2$𝔄(mg)ℭ | om ο 2°—ειπεν d | καθεστηκως] καθεσταμενος *b*oc$_2$e$_2$: καθισταμενος b' | επι τας ημιονους] μετα v | τας] τους i | σαουλ] αυτου efmsw | ειπεν] λεγει boc$_2$e$_2$ | ⟨εωρακατε 236⟩ | ιεσαι a* | παραγενομενον bcd*fgovxc$_2$e$_2$ℭ(uid)𝔈(uid) Eus | νομβα] ⟨νομμα 236⟩: νοββα i: νομα e: *Noema* ℭ: νοβα Acx: νοβαν Eus: *Nobya* 𝔈$^{a}$ | αβειμελεχ] αμιμελεχ A: αχειμελεχ Nabf–oq–wzb$_2$c$_2$e$_2$𝔄ℭ𝔈 | υιον αχιτωβ] pr τον Eus: υιον αχιτων a$_2$: om cdxz | ιερεα] +και παντας τους υιους του πατρος αυτου Eus

10 ηρωτα] ηρωτησεν cxzℭ(uid)𝔈: επηρωτα boc$_2$e$_2$ | αυτω 1°] αυτον Nbcgotxa$_2$c$_2$e$_2$: αυ q | δια του θεου] *a Domino* 𝔄 | τον $\overline{θν}$ cj(mg) | επισιτισμον post αυτω 2° ⟨44⟩ 𝔄 | om και 3°—αυτω 3° y* Eus | την bis scr f | γολιαδ Bafjs*v𝔄𝔈] γολιαθ ANs$^{a}$y$^{b}$ rell ℭ | om εδωκεν αυτω 2° d

11 om και 1° q | ο] pr σαουλ A | καλεσαι] και εκαλεσεν Ncx𝔄-ed ℭ: +εκει v | αβειμελεχ] αχειμελεχ abf–oq–wzb$_2$c$_2$e$_2$𝔄ℭ𝔈: αχιμελεκ A | υιον αχιτωβ] pr *sacerdotem* 𝔖$^{j}$: τον ιερεα cx Eus: om d: +τον ιερεα A(ιερεαν)boa$_2$(αχιτων)c$_2$e$_2$𝔄 | υιους] ιερεις v: +αυτου και παντας τους υιους N | om του πατρος a$_2$ | τους ιερεις] και τους υιους αυτου v: +του $\overline{κυ}$ Ac$_2$ Eus: +του $\overline{θυ}$ cx | εν] εκ y | νομμα B] νομα b: *Noema* ℭ: νοβα cvx: νο[illegible] Eus: νοβαμ a$_2$: *Nobya* 𝔈$^{a}$: νοβαθ A: νοβακ y: ομβα o: ονβα g: νομβα N rell 𝔄𝔈$^{s}$ Anon$^{1}$ | παρεγενοντο] παρεγινοντο dlp: ⟨παραγινονται 44⟩ | τον 2°] pr σαουλ cx

12 σαουλ] αυτοις cx | om ακουε—(13) σαουλ v | ακουσον c | υιε] υιος g: om b' | κυριε] +ras (3) j

13 αυτω σαουλ] σαουλ προς αυτον cx: om αυτω d | συνεθου] *conspirastis* 𝔄 | κατ εμου] post ιεσσαι 𝔄ℭ: post συ A | συ] *uos* 𝔄-codd | om ο ο | ιεσαι a* | δουναι] pr του Nabdg–ln–qtvzb$_2$c$_2$e$_2$ | om σε b'𝔄 | αυτω 2°] ω ex corr z$^{a}$: αυτον AN*g | om αρτον A | ερωταν] επερωταν Acx: +σε boc$_2$e$_2$ℭ(uid) | αυτω 3°] αυτον Adt: om ℭ(uid) | δια του θεου] *a Domino* 𝔄-codd | θεσθαι] pr του boc$_2$: του θεσθαι σε e$_2$ | om αυτον d | επ εμε εις] εις εμε a$_2$: *mihi* 𝔄 | επ εμε post εχθρον acxℭ | εις] ως emsw | ως η] ωσει cx

14 απεκριθη] pr *sacerdos* ℭ: +αβιμελεχ cdepx: +αχιμελεχ Abflmoqstwzc$_2$e$_2$𝔄𝔈 | om τω 1°—ειπεν d | πιστος ως δᾱδ boc$_2$e$_2$𝔄ℭ | πιστως c | ⟨om και 4°—σου 2° 44⟩ | παραγγελματος] pr του b'cx | σου 3°] +*omni* ℭ

15 η 1°] ει cdpx𝔄ℭ(uid): ως A: om 𝔈 | αυτω] αυτον c: ⟨om 44⟩ | hab μηδαμως—μεγα 𝔏$^{v}$ | μηδαμως] *omnino* 𝔏: om d | μη—βασιλευς] *noli dare rex* 𝔏 | ⟨om μη 71⟩ | δοτω] θετω ⟨242⟩ 𝔄 | αυτου 1°] σου boc$_2$e$_2$ℭ𝔏 | εφ] *aduersus* 𝔏 | ολον] οδον b: ον g: om 𝔄 | αυτου 2° B*𝔈] σου a$_2$: μου B$^{ab}$AN rell 𝔄ℭ𝔏 |

8 συγκεισθε] α' συνεδησατε jz: σ' συνεθεσθε *b*jmz(sine nom *b*m): θ' συνδεσμος j: συνεστραφητε j | εν—μου 2°] σ' συντιθεμενου του υιου μου j | πονων] σ' συμπαθων συμπασχων j | αποκαλυπτων 2°] φανερον ποιει j | εχθρον] σ' ενεδρευτην j

9 τας ημιονους] τους δουλους j 11 ιερεις] + ※ ο' του $\overline{κυ}$ j 12 ιδου εγω] σ' παρειμι *b*jm

13 συνεθου] α' συνεδησατε θ' συνεστραφητε j | θεσθαι—εμε] θ' α' επαναστηναι μοι *b*: σ' ωστε επαναστηναι μοι jm (om ωστε) | ως η ημερα] α' θ' κατα την ημεραν jm

14 γαμβρος] α' σ' νυμφιος j | παντος παραγγελματος σου] θ' του υπακουειν σου *b*jmz(sine nom jz)

15 μηδαμως μη δοτω] σ' ελεον μη υπολαμβανετω *b*m(ελεων) | μηδαμως] σ' θ' ιλεως α' βεβηλον j | μη δοτω] μη υπολαμβανετω j

16 ὁ δοῦλος ὁ σὸς ἐν πᾶσιν τούτοις ῥῆμα μικρὸν ἢ μέγα. [16]καὶ εἶπεν ὁ βασιλεὺς Σαοὺλ Θανάτῳ B
17 ἀποθανῇ, Ἀβειμέλεχ, σὺ καὶ πᾶς ὁ οἶκος τοῦ πατρός σου. [17]καὶ εἶπεν ὁ βασιλεὺς τοῖς παρατρέ-
χουσιν τοῖς ἐφεστηκόσιν πρὸς αὐτόν Προσαγάγετε καὶ θανατοῦτε τοὺς ἱερεῖς τοῦ κυρίου, ὅτι ἡ
χεὶρ αὐτῶν μετὰ Δαυείδ, καὶ ὅτι ἔγνωσαν ὅτι φεύγει αὐτὸς καὶ οὐκ ἀπεκάλυψαν τὸ ὠτίον μου·
καὶ οὐκ ἐβουλήθησαν οἱ παῖδες τοῦ βασιλέως ἐπενεγκεῖν τὰς χεῖρας αὐτῶν ἁμαρτῆσαι εἰς τοὺς
18 ἱερεῖς Κυρίου. [18]καὶ εἶπεν ὁ βασιλεὺς τῷ Δωὴκ Ἐπιστρέφου σὺ καὶ ἀπάντα εἰς τοὺς ἱερεῖς· καὶ
ἐπεστράφη Δωὴκ ὁ Σύρος καὶ ἐθανάτωσεν τοὺς ἱερεῖς Κυρίου ἐν τῇ ἡμέρᾳ ἐκείνῃ, τριακοσίους καὶ
19 πέντε ἄνδρας, πάντας αἴροντας ἐφούδ. [19]καὶ τὴν Νόμβα τὴν πόλιν τῶν ἱερέων ἐπάταξεν ἐν
στόματι ῥομφαίας ἀπὸ ἀνδρὸς ἕως γυναικός, ἀπὸ νηπίου ἕως θηλάζοντος, καὶ μόσχου καὶ ὄνου
20 καὶ προβάτου. [20]Καὶ διασώζεται υἱὸς εἷς τῷ Ἀβειμέλεχ υἱῷ Ἀχειτώβ, καὶ ὄνομα αὐτῷ
21 Ἀβιαθάρ, καὶ ἔφυγεν ὀπίσω Δαυείδ. [21]καὶ §ἀπήγγειλεν Ἀβιαθὰρ τῷ Δαυεὶδ ὅτι ἐθανάτωσεν § ℭ$^{c}$
22 Σαοὺλ πάντας τοὺς ἱερεῖς τοῦ κυρίου. [22]καὶ εἶπεν Δαυεὶδ τῷ Ἀβιαθάρ Ἤδειν ὅτι ἐν τῇ ἡμέρᾳ
ἐκείνῃ ὅτι Δωὴκ ὁ Σύρος ὅτι ἀπαγγέλλων ἀπαγγελεῖ τῷ Σαούλ· ἐγώ εἰμι αἴτιος τῶν ψυχῶν οἴκου
23 τοῦ πατρός σου. [23]κάθου μετ᾽ ἐμοῦ, μὴ φοβοῦ· ὅτι οὗ ἐὰν ζητῶ τῇ ψυχῇ μου τόπον, ζητήσω καὶ
τῇ ψυχῇ σοῦ, ὅτι πεφύλαξαι σὺ παρ᾽ ἐμοί.

15 μεικρον B* 18 εροντας A 20 αχιτωβ A | εφυγεν] εφυ| A 23 ζητω] ζη|ζητω A | φεφυλαξαι A

ANa–gijl–qstv–$c_2e_2$𝔄ℭ$^{(c)w}$𝔈(𝔏$^{v}$)

ηδει] *nouit* 𝔄 | ο σος BAcnx$a_2$] σου N rell | εν πασιν τουτοις] post μεγα $a_2$: ⟨post ρημα 44⟩: om y | ρημα] post μεγα e: ⟨om 236.242⟩ | μεγα η μικρον p𝔄𝔖$^{j}$

**16** om totum comma o | ειπεν] + αυτω n | ο βασιλευς] post σαουλ n: om dp𝔄-ed | om σαουλ efmsw Luc | αποθανης cx | αβειμελεχ] αχιμελεχ ANabfgilmnq–wz$b_2c_2e_2$𝔄ℭ𝔈: *Acimelech* Luc-cod | συ] pr *et* Luc: om ⟨44⟩ ℭ | om πας yℭ | ⟨σου] αυτου 44⟩

**17** hab και 1°—παρατρεχουσιν 𝔏$^{v}$ | τοις 1°—αυτον] *cursoribus et stantibus sibi* Luc | τοις παρατρεχουσιν] *praecursoribus* 𝔏: om dℭ𝔈 | αφεστηκοσιν cx | προς αυτον B𝔈(uid)] μετ αυτον v: επ αυτον N rell: επ αυτω A | θανατουτε] ου ex ω (uid)l$^{a}$: θανατωσατε *b*c*o$c_2e_2$: θανατωσετε b′c$^{a}$px | om του 1° bcjx$c_2e_2$ | κυριου 1°] θυ̅ g | χειρ] + ην f | αυτων 1°] αυτου *b**v | και οτι] διοτι bo$c_2$𝔖$^{j}$(uid): om και gv𝔄 Luc: om οτι $a_2$ℭ𝔈 | φευγει αυτος] *Dauid fugeret* Luc | φευγη v$a_2$ | αυτος] ο λαος $a_2$ | om ουκ 1° $e_2$ | απεκαλυψαν] απεκαλυψεν n*: ανεκαλυψαν N | το ωτιον μου] τω οτιω μου i: ⟨μοι 44⟩ | om και 5°—(22) σαουλ 𝔈$^{a}$ | εβουληθησαν] ηδυνηθησαν av | οι bis scr a* | παιδες] δουλοι v | του βασιλεως] αυτου d | υπενεγκειν cx | τας χειρας αυτων] *manum suam* 𝔈$^{s}$ | αυτων 2°] αυτου o*: om g | αμαρτησαι εις] *aduersus* Luc | αμαρτησαι BAa(mg)gny$a_2$] pr και cx 𝔄𝔈$^{s}$: του απαντησαι o$^{a}$: om d: απαντησαι Na(txt)o* rell ℭ(uid) | om εις A | κυριου 2°] pr του Ndefil–twyz$c_2$

**18** τω δωηκ] *ad Doeg* Luc | δωηκ 1°] δοηκ v: δοηγ x: + *Idumaeo* ℭ | επιστρεφου] επιστραφου cx: επιστρεφε befmno sw$c_2e_2$ | om συ dlpqtz Luc | hab και απαντα 𝔏$^{v}$ | απαντα εις] απαντες εις e*: αφανιεις $a_2$: *occide* 𝔈$^{s}$ | ιερεις 1°] + κυ̅ $e_2$𝔄 Luc | ⟨επεστραφη—εθανατωσεν] εθανατωσε δωηκ ο συρος 44⟩ | επεστραφη] απεστραφη A: επεστρεψεν b$c_2e_2$: απεστρεψεν o | δωηκ 2°] δοηκ cv: δοηγ x: *Doeg* Luc | ο συρος] ο ιδουμαιος bo$c_2e_2$: om $a_2$ | τους ιερεις κυριου] post εκεινη v: *eos* ℭ: om d | τους 2°] pr αυτους b: pr αυτος o(s ex corr o$^{a}$)$c_2e_2$ Luc | κυριου] pr του Nbeflmqstwyz Eus | εν—εκεινη] pr και a: pr και εθανατωσεν Aj$^{mg}$(sub ※): pr και απεκτεινεν bgo$c_2$(και—εκεινη sub ※)$e_2$ 𝔄ℭ Luc: pr και επαταξεν z: om cx Eus | hab τριακοσιους—(19) θηλαζοντος 𝔏$^{v}$ | τριακοσιους και πεντε] πεντηκοντα και τριακοσιους Thdt | τριακοσιους] pr ωσει cx | και πεντε ανδρας] ανδρας και πεντηκοντα b′ | om και 5° *b*defmosw$c_2e_2$𝔏 Luc | πεντε] πεντηκοντα *b*oy*$c_2e_2$𝔏 Anon$^{1}$: εξ a | παντας] pr και ⟨74⟩ 𝔈$^{s}$(uid) Luc: om efmswy Eus | φεροντας Eus | εφουδ] *ephod* 𝔏 Luc: + λινον Acx𝔄

**19** την νομβα] *in Nombam* 𝔏: *Noema* ℭ: *Nobama* 𝔈$^{s}$ | νομβα] νονβα g: νομβαν N*b*i$b_2$: νοββα On-gr-ed-lat: νομαν b′: ⟨νοεμαν 71⟩: νοβα Ae*vx: νοβαν c* Eus: ννοβαν c$^{a}$(uid) | om την 2° d Eus | επαταξαν $a_2$ | om εν v | ρομφαιας] μαχαιρας fmsw: μαχαιρης e | om απο 1°—προβατου ℭ | εως 1°] pr και bo$c_2e_2$ | om γυναικος—εως 2° Luc | απο 2°] pr και cf𝔏 | εως 2°] pr και *b*o$c_2e_2$: και b′ | om και 2° ⟨44⟩ 𝔄 | μοσχου] pr απο bo$a_2c_2e_2$𝔄 | και ονου] post προβατου e$^{a?}$: om e*: ⟨om και 44: om ονου 236⟩ | προβατου] + εν στοματι ρομφαιας Acx$e_2$𝔄: + επαταξεν εν στοματι ρομφαιας bo$c_2$

**20** τω] του a(υ ex corr)bcx$c_2e_2$ℭ(uid): των g: om y | αχιμελεχ ANabf–oq–wz$b_2c_2e_2$𝔄ℭ𝔈$^{s}$ | om υιω αχειτωβ cx | υιου bgo$c_2e_2$ℭ(uid) | om και 2° bo$c_2e_2$

**21** om και—δαυειδ Ao | αβιαθαρ] αβιαθ a: om d$a_2$ | τω δαυειδ] αυτω d | σαουλ] pr ο g | παντας] απαντας $a_2$: om a𝔈$^{s}$ | του κυριου] om b$a_2$: om του Ncdgox$c_2e_2$

**22** ηδειν] pr ει gℭ$^{w}$: ⟨ηδει 71⟩ | οτι 1° Bcny$a_2$] εγω bo$c_2e_2$: om AN rell 𝔄ℭ𝔈$^{s}$ | οτι 2°] om n$a_2$: + εκει ην Nabdg–lo–vz $b_2c_2e_2$ℭ(uid) | δοηκ vx | συρος] ιδουμαιος bo$c_2e_2$ℭ | οτι 3°] pr *et* ℭ: και bo$c_2e_2$: om Acefmnwx𝔄𝔈$^{s}$ | απαγγελλων] απαγγελων Ncgoqsx: απαγγειλων v: om dℭ𝔈$^{s}$ | απαγγελει] απαγγελλει AN$b_2$𝔄: απηγγελει vy | ειμι—ψυχων] *peccaui super animam* 𝔈 | αιτιος] pr ο Nbo$a_2$: μεταιτιος $c_2$ | των ψυχων] om o: om των y: + εκεινων A | οικου] pr ολου του bo$c_2e_2$ℭ$^{w}$ Chr: pr του οικου του f | om του $a_2$

**23** hab καθου—εμοι 𝔏$^{v}$ | καθου] καθησο *b*$e_2$: καθησον o$c_2$: καθισον b′: + δη y: + *igitur* 𝔈: + *nunc* 𝔏 | μη] pr και bo$c_2e_2$ 𝔄ℭ𝔈 | om οτι 1° 𝔏 | om ου $a_2$ | αν g | ζητω] ζητησω N | τη ψυχη 1°] την ψυχην b$a_2$𝔏 | om τοπον bo$c_2e_2$𝔏 | ζητησω—σου] *et animam tuam quaeram* 𝔏 | ζητησω] ζητω o | τη ψυχη 2°] την ψυχην $a_2e_2$ | σου] + τοπον b$c_2e_2$ | πεφυλαξαι] *tutus eris* 𝔏 | συ] σοι Nb′$a_2$ | εμοι] εμου y$a_2$

17 εφεστηκοσιν] ο′ παρεστηκοσιν j

18 επιστρεφου] α′ θ′ κυκλωσον *b*(om α′)jm: σ′ μεταστραφητι j | απαντα] θ′ αψαι j | τριακοσιους] λ̥ ογδοηκοντα j | αιροντας εφουδ] α′ φεροντας επενδυμα εξερετον *b*m 20 διασωζεται] σ′ εφυγεν jz

B [1]Καὶ ἀπηγγέλη τῷ Δαυεὶδ λέγοντες Ἰδοὺ οἱ ἀλλόφυλοι πολεμοῦσιν ἐν τῇ Κεειλά, καὶ αὐτοὶ 1 XXIII
διαρπάζουσιν· καταπατοῦσιν τοὺς ἅλω. [2]καὶ ἐπηρώτησεν Δαυεὶδ διὰ τοῦ κυρίου λέγων Εἰ 2
πορευθῶ καὶ πατάξω τοὺς ἀλλοφύλους τούτους; καὶ εἶπεν Κύριος Πορεύου, καὶ πατάξεις ἐν τοῖς
ἀλλοφύλοις τούτοις καὶ πατάξεις τὴν Κεειλά. [3]καὶ εἶπαν οἱ ἄνδρες τοῦ Δαυεὶδ πρὸς αὐτόν Ἰδοὺ 3
ἡμεῖς ἐνταῦθα ἐν τῇ Ἰουδαίᾳ φοβούμεθα, καὶ πῶς ἔσται ἐὰν πορευθῶμεν εἰς Κεειλά; εἰς τὰ σκῦλα
τῶν ἀλλοφύλων εἰσπορευσόμεθα; [4]καὶ προσέθετο Δαυεὶδ ἐρωτῆσαι ἔτι διὰ τοῦ κυρίου· καὶ 4
ἀπεκρίθη αὐτῷ Κύριος καὶ εἶπεν πρὸς αὐτόν Ἀνάστηθι καὶ κατάβηθι εἰς Κεειλά, ὅτι ἐγὼ παρα-
δίδωμι τοὺς ἀλλοφύλους εἰς χεῖράς σου. [5]καὶ ἐπορεύθη Δαυεὶδ καὶ οἱ ἄνδρες οἱ μετ' αὐτοῦ εἰς 5
Κεειλὰ καὶ ἐπολέμησεν ἐν τοῖς ἀλλοφύλοις· καὶ ἔφυγον ἐκ προσώπου αὐτοῦ, καὶ ἀπήγαγεν τὰ
κτήνη αὐτῶν, καὶ ἐπάταξεν ἐν αὐτοῖς πληγὴν μεγάλην· καὶ ἔσωσεν Δαυεὶδ τοὺς κατοικοῦντας
Κεειλά. [6]Καὶ ἐγένετο ἐν τῷ φυγεῖν Ἀβιαθὰρ υἱὸν Ἀβειμέλεχ πρὸς Δαυείδ, καὶ αὐτὸς μετὰ 6
Δαυεὶδ εἰς Κεειλὰ κατέβη, ἔχων ἐφοὺδ ἐν τῇ χειρὶ αὐτοῦ. [7]καὶ ἀπηγγέλη τῷ Σαοὺλ ὅτι ἥκει 7
˹Δαυεὶδ˺ εἰς Κεειλά, καὶ εἶπεν Σαοὺλ Πέπρακεν αὐτὸν ὁ θεὸς εἰς χεῖράς μου, ὅτι ἀποκέκλεισται
εἰσελθὼν εἰς πόλιν θυρῶν καὶ μοχλῶν. [8]καὶ παρήγγειλεν Σαοὺλ παντὶ τῷ λαῷ εἰς πόλεμον 8
καταβαίνειν εἰς Κεειλά, συνέχειν τὸν Δαυεὶδ καὶ τοὺς ἄνδρας αὐτοῦ. [9]καὶ ἔγνω Δαυεὶδ ὅτι οὐ 9
παρασιωπᾷ Σαοὺλ περὶ αὐτοῦ τὴν κακίαν, καὶ εἶπεν Δαυεὶδ πρὸς Ἀβιαθὰρ τὸν ἱερέα Προσάγαγε

XXIII 7 δαυειδ] pr ο B$^{ab}$: σαουλ B* | μοκλων B*

ANa-gijl-qstv-c$_2$𝔄ℭ$^{cw}$𝔈(𝔏$^{v}$)

XXIII 1 απηγγελη] απαγγελη c: απηγγειλαν N(-λεν N*) boc$_2$e$_2$ | δαυειδ] σαουλ dlp*q*t | λεγοντων cx | om οι Nav | κεειλα] κεηλα N$^{a?}$(uid)fj: καιιλα g: κηλα c* | om αυτοι ⟨44⟩ 𝔄𝔈 | διαρπαζουσιν] διαρπαζωσι d: αρπαζουσιν N: *corripuerunt* 𝔄 | καταπατουσιν τους αλω] τας (τους b') αλωνας και καταπατουσιν boz(mg)c$_2$e$_2$ℭ | καταπατουσιν B] pr και avy𝔈: και καταπατωσιν a$_2$: om ANz(txt) rell 𝔄 Jos(uid) | τους αλω] τω σαλω a$_2$b$_2$ | τους] τας i | αλωνας d

2 om λεγων ℭ$^{c}$ | ει] η g: + και ba$_2$ | om και 2° Ncx𝔈 | om τουτους ℭ𝔈$^{a}$ | om και 3°—τουτοις 𝔈 | κυριος] om g: + προς δᾱδ Abc(δαβιδ)oxc$_2$e$_2$𝔄ℭ𝔖$^{j}$ | om πορευου A | παταξεις 1°] παταξης c: παταξον v | εν—τουτοις] εν τους αλλοφυλους τουτους p*: τους αλλοφυλους τουτους vz: τους αλλοφυλους boc$_2$e$_2$𝔄ℭ: αυτους d | παταξεις 2° Bya$_2$] εως εις cx: σωσης j: σωσεις ANa(sup ras) rell 𝔄ℭ𝔈 | κεειλα] κεηλα fjv*(uid): καιιλα g: κηλα e: ⟨κειλαν 246⟩

3 ειπαν a-gj$^{a?}$oxzc$_2$e$_2$ | ανδρες] + *omnes* ℭ$^{c}$ | του] τω v | om προς a* | ενταυθα—ιουδαια] *sumus in Iuda et* 𝔈 | ενταυθα] + οντες bozc$_2$e$_2$ 𝔖$^{j}$(uid) | τη ιουδαια] τη ιδουμαια acxya$_2$: ⟨γη ιουδα 242⟩ | ⟨εις 1°] εν 44⟩ | κεειλα] pr την boc$_2$e$_2$: κεηλα fj: καιιλα g: κηλα e | εις 2°—εισπορευσομεθα] *et intrauerimus in spolia alienigenarum* 𝔈 | εις τα σκυλα] *in bellum* (ܠܩܪܒܐ) 𝔖$^{j}$ | τα—αλλοφυλων] αλλοφυλους d | τα σκυλα BAy𝔄ℭ] τα σκωλα x: τα κωλα c: τας κοιλαδας bgioc$_2$e$_2$: τας κοιλιας N rell: ⟨τας παραταξεις 242⟩ | om των αλλοφυλων a$_2$ | εισπορευσομεθα Bxy] εισπορευσωμεθα a$_2$: εισπορευομεθα efmsw: ει πορευομεθα A: πορευσομεθα c: om N rell 𝔄

4 προσεθετο] εθετο o* | δαυειδ ερωτησαι ετι Bemswa$_2$] ετι δᾱδ ερωτησαι A: δᾱδ ετι ερωτησαι f: δᾱδ επερωτησαι ετι n: δᾱδ ετι επερωτησαι y: ετι δᾱδ επερωτησαι N rell 𝔄: om ετι ℭ$^{c}$ | om δια a$_2$ | απεκριθη—αυτον] ειπεν αυτω $\overline{κς}$ dℭ$^{c}$ | om αυτω Acefm swxℭ$^{w}$ | προς αυτον] post αναστηθι A: αυτω y: om cxa$_2$ | ⟨om αναστηθι και 44⟩ | καταβηθι] + προς αυτους cx | κεειλα] pr την o: κεηλα fi*j: καιηλα g: κηλα e | χειρας] pr τας bdlopqtz c$_2$e$_2$: χειρα g𝔈

5 οι μετ] om cxℭ: om οι v | κεειλα 1°] pr την b: κεηλα fjv: καιηλα g: κηλα e | επολεμησαν Ncdeglnpqtxza$_2$ℭ$^{w}$ | εν τοις αλλοφυλοις] τους αλλοφυλους bozc$_2$e$_2$: om εν y | εφυγον] pr *alienigenae* ℭ: εφυγαν a$_2$ | εκ] απο Nadg-lpqtvzb$_2$ | αυτου 2°] αυτων a$_2$e$_2$ℭ$^{w}$ | και 5°—αυτων post μεγαλην 𝔖$^{j}$ | απηγαγεν—μεγαλην] επαταξεν αυτους πληγην μεγαλην (+ σφοδρα b) και απηλασεν (-σαν e$_2$) τα κτηνη αυτων boc$_2$e$_2$ | απηγαγεν] pr ουκ A: pr *Dauid* ℭ: απηγαγον a: ουκ επηγαγε cx | εν αυτοις] αυτους dℭ: om εν acx | κεειλα 2°] pr εν c$_2$ℭ(uid): γεειλα a$_2$: κεηλα fj: καιιλα g: κηλα e

6 om εγενετο ⟨44⟩ ℭ | φευγειν Nbd-mo-twyzb$_2$ | αβιαθαρ] pr τον c | om υιον αβειμελεχ ℭ$^{c}$ | υιον] pr τον boc$_2$e$_2$ | αβειμελεχ] αχιμελεχ ANabfgj-os-wzb$_2$c$_2$e$_2$𝔄ℭ$^{w}$𝔈: αχιμελ q | προς] pr και ελθειν cxℭ$^{c}$(uid) | om και 2°—δαυειδ 2° boc$_2$e$_2$ | αυτος] ουτος cx: om 𝔈 | μετα—κεειλα post κατεβη 𝔈 | ⟨μετα δαυειδ] post κεειλα 244: om 44⟩ | κατεβη εις κεειλα N𝔄 | κεειλα] κεηλα fj: καιιλα g: κηλα e | κατεβη εχων εφουδ] εφουδ κατεβη εχων A: εφουδ κατεχων cx | κατεβη] om z: + ras (1) a | εχων] + ras (4) a | εφουδ] pr το v

7 απηγγελη] ανηγγελη y: απηγγειλαν boc$_2$e$_2$ | om τω d | σαουλ 1°] + λεγοντες boc$_2$e$_2$ | om οτι 1°—σαουλ 2° A | ηκει] ηκη g: ηλθεν y: om z | κεειλα] κεηλα fj: καιιλα g: κηλα e | ⟨om σαουλ 2° 74⟩ | πεπρακεν] pr οτι efmsw: *tradidit* 𝔄(mg): *dedit* ℭ | ο θεος] ⟨ο κυριος 64⟩: $\overline{κς}$ efmsw: om ο b | χειρας] pr τας Nabdg-lopqtvyzb$_2$c$_2$e$_2$: *manum* 𝔈 | αποκεκλι|ται A | ⟨om εισελθων 44⟩ | θυρων] σχυρων c (ν ex corr c$^{a}$)

8 παρηγγειλεν] παραγγελλει *b*c$_2$e$_2$: παραγγελει b'o | παντα τον λαον g | εις πολεμον] post καταβαινειν efmswa$_2$𝔄: om ℭ$^{c}$ | καταβηναι boc$_2$e$_2$ | εις 2°] επι boc$_2$e$_2$ | κεειλα] κεηλα fj: καιιλα g: κηλα e | συνεχειν] pr του bozc$_2$e$_2$ | τον] τω dpv | αυτου] pr τους μετ bozc$_2$e$_2$ℭ(pr *omnes* ℭ$^{c}$)𝔈

9 hab και 1°—κακιαν 𝔏$^{v}$ | οτι—κακιαν] *de Saul quod non quiescit a malitia* 𝔄 | ου—κακιαν] την κακιαν περι (om ε) αυτου ου παρασιωπα σαουλ efmsw: *et non tacuit Saul de eo malitiam suam* 𝔏$^{(2)}$: *Saul praeparat malitiam suam* 𝔏$^{(1)}$ | ου—αυτου] περι αυτου σαουλ ου παρεσιωπα A | ου παρασιωπα σαουλ] σαουλ ου παρασιωπησει cxℭ(uid): σαουλ περι αυτον γινεται και ου (om o) παρασιωπα (παρεσ- bo) ο(om e$_2$) σαουλ boc$_2$e$_2$ | παρεσιωπα b$_2$ | περι αυτου] post κακιαν a: om cx | om δαυειδ 2° d | om τον ιερεα efmswa$_2$ | προσαγαγετε xc$_2$ | το] τω *b*cdopq:

XXIII 1 διαρπαζουσιν] α' προνομευσουσιν j
3 τα σκυλα] α' θ' τας παραταξεις jz(om θ'): σ' τα στρατοπεδα *b*jmz: σ' σκυλα j: εβρ. τα σκυλα m
5 απηγαγεν] απηλασε z
7 πεπρακεν] σ' εξεδωκεν *b*jmz
8 συνεχειν] λ̥ πολιορκειν *b*(sine nom)jm
9 οτι] + ※ περι αυτου j | προσαγαγε το εφουδ] α' εγγισον το ενδυμα j

10 τὸ ἐφοὺδ Κυρίου. [10]καὶ εἶπεν Δαυείδ Κύριε ὁ θεὸς Ἰσραήλ, ἀκούων ἀκήκοεν ὁ δοῦλός σου ὅτι B
11 ζητεῖ Σαοὺλ ἐλθεῖν ἐπὶ Κεειλὰ διαφθεῖραι τὴν πόλιν δι' ἐμέ. [11]εἰ ἀποκλεισθήσεται; καὶ νῦν εἰ
καταβήσεται Σαοὺλ καθὼς ἤκουσεν ὁ δοῦλός σου; Κύριε ὁ θεὸς Ἰσραήλ, ἀπάγγειλον τῷ δούλῳ
13 σου. [(12)]καὶ εἶπεν Κύριος Ἀποκλεισθήσεται. [13]καὶ ἀνέστη Δαυεὶδ καὶ οἱ ἄνδρες οἱ μετ' αὐτοῦ ὡς
τετρακόσιοι καὶ ἐξῆλθον ἐκ Κεειλά, καὶ ἐπορεύοντο οὗ ἐὰν ἐπορεύθησαν· καὶ τῷ Σαοὺλ ἀπηγγέλη
14 ὅτι διασέσωσται Δαυεὶδ ἐκ Κεειλά, καὶ ἀνῆκεν τοῦ ἐξελθεῖν. [14]Καὶ ἐκάθισεν ἐν τῇ ἐρήμῳ ἐν
Μασερὲμ ἐν τοῖς στενοῖς, καὶ ἐκάθητο ἐν τῇ ἐρήμῳ ἐν τῷ ὄρει¶ Ζείφ, ἐν τῇ γῇ τῇ αὐχμώδει· καὶ ¶ 𝕮
ἐζήτει αὐτὸν Σαοὺλ πάσας τὰς ἡμέρας, καὶ οὐ παρέδωκεν αὐτὸν Κύριος εἰς τὰς χεῖρας αὐτοῦ.
15 [15]καὶ εἶδεν Δαυεὶδ ὅτι ἐξέρχεται Σαοὺλ τοῦ ζητεῖν τὸν Δαυείδ· καὶ Δαυεὶδ ἐν τῷ ὄρει τῷ αὐχμώδει
16 ἐν τῇ καινῇ Ζείφ. [16]καὶ ἀνέστη Ἰωναθὰν υἱὸς Σαοὺλ καὶ ἐπορεύθη πρὸς Δαυεὶδ εἰς Καινήν, καὶ

11 αποκλισθησεται (bis) A | 13 τετρακοσιοι] υ' A | σαουλ] δαυειδ B*(uid) | διασεσωται B* | 14 αυχμωδες B* | 15 ζειφ] + τη καινη B*(om B[1(uid)ab])

ANa-gijl-qstv-$c_2e_2$𝔄𝕮[(c)w]𝔈(𝔏[v])

⟨την 44⟩ | om κυριου dlpqty

**10** om δαυειδ $da_2$ | κυριε] κ̅ς̅ a*$bc_2$ | ⟨om ακουων 44⟩ | ακηκοεν] ακηκοα $e_2$: ακουει y | ζητη v | om σαουλ o | ⟨εισελθειν 242⟩ | επι] εις Ny𝔈: επ εμε εις $boc_2e_2$ | κεειλα] pr την p: κεηλα fj: καιιλα g: κηλα e | διαφθειραι] pr και $c_2$𝔈: διαφθει|ρειν A: om 𝕮[c]

**11** om νυν $b_2$ | ει 2°] pr ※ m: η g: *ecce* 𝕮[c] | om σαουλ cx𝔈 | ηκουσεν] ακηκοεν j | om κυριε—ισραηλ d | κυριε] κ̅ς̅ a* | om ισραηλ $va_2$ | απαγγειλον] απηγγειλον $a_2$: αναγγειλον Av (+ δη) | τω δουλω σου] του δουλου σου $a_2$: μοι d | hab και 2°—(13) επορευθησαν 𝔏[v] | αποκλεισθησεται 2°] pr καταβησεται g: pr καταβησεται και ειπε κ̅ς̅ b'*b*(txt): αποκλεισθη c: καταβησεται *b*(mg)c: + και ειπε κ̅ς̅ καταβησεται $e_2$

**12** και ειπεν δ̅α̅δ̅ ει παραδωσουσιν παρα της κεειλα εμε και τους ανδρας μου εις χειρας σαουλ και ειπεν κ̅ς̅ παραδωσουσιν ANbcegj[mg](sub ※)m[mg](sub ※ ⅄)ow(ponit post (11) αποκλεισθησεται 1°)$xzc_2$(και 1°—σαουλ sub ※)$e_2$𝔄𝔖[j](uid) Jos(uid) ⟦om και 1° mw | om ει z | παραδωσουσιν 1°] συγκλεισουσιν N | παρα—εμε] *me Ceilitae* 𝔄 | παρα της] pr οι ejmw: απο της g: οι απο της $bozc_2e_2$: οι της cx: ανδρες N | κεειλα] κεηλα j: καιιλα gm: κηλα e | εις χειρας] *in manum* 𝔄-ed: εν χειρι N | κ̅ς̅] πιπι j | παραδωσουσιν 2°] δωσουσι c: συγκλεισουσιν N⟧

**13** απεστη i | ⟨ανδρες—αυτου] μετ αυτου ανδρες 246⟩ | ανδρες] + *omnes* 𝕮[c] | om οι μετ $bcovxc_2e_2$𝕮[w]𝔏 | ως] ωσει $cxe_2$: om 𝔈𝔏 | εξηλθεν lopqt | εκ 1°] εν $ca_2$𝔈 | κεειλα 1°] κεηλα fj: καιιλα g: κηλα e | om και 4°—κεειλα 2° a*cx | επορευοντο—επορευθησαν] *abierunt unde profecti fuerant* 𝔏: *sequebantur (secuti sunt* 𝔈[a]*) eum ubicumque iuit* 𝔈 | επορευοντο] *ierunt* 𝔄𝕮 | ου] ο v | αν ANdfsgnoc$_2e_2$ | επορευθησαν] επορευοντο befmoswc$_2e_2$𝔖[j] Thdt | om και 5°—εξελθειν 𝕮[w] | απηγγελη τω σαουλ $boc_2e_2$𝔄𝔈 | διασεσωσται] διασεσωται B*N*$ia_2$: *abiit* 𝕮[c]: *exiit* 𝔈𝔖[j] | δαυειδ 2°] σαουλ mw: om q | κεειλα 2°] κεηλα fj: καιιλα g: κηλα e | ανηκεν] ανηνεγκεν a: + ετι efmnsw: + σαουλ cx | om του $bnoc_2e_2$ | ελθειν y𝕮[c](uid)

**14** hab και 1°—αυχμωδει 𝔏[v] | και εκαθισεν] *Dauid uero sedit* 𝔏 | εκαθισεν B] + δ̅α̅δ̅ AN omn 𝔄𝕮𝔈 Eus Thdt | εν τη ερημω 1° post μασερεμ e(μεσαρεμ)fmsw | om εν 2°—ερημω 2° g𝕮[w] | εν 2°] εις y: om c𝔈(uid) Eus | μασερεμ] μασεραιμ jn: μασαιρεμ $b_2$: μασεραμ v: μεσεραμ z Thdt: ⟨μασσερεμ 236.242.244⟩: μασσεραιμ N: μεσσεραμ $boc_2e_2$: μασερεθ $Aa_2$𝔄𝔈 On: *Masseret* 𝔏: *Messarat* 𝕮[c]: μασσενεθ Eus½: μασεδεκ Eus½: σαραθ cx | εν τοις στενοις] *et in ipsis angustiis* 𝔏 | εν 3°] pr η o | om και 2°—ερημω 2° v | και εκαθητο] *et sedit* 𝔈𝔏: om d | εν 4°—ορει] *in monte deserti* 𝔄 | εν τη ερημω 2° post ορει $Aboc_2e_2$ Eus | om εν τω ορει cx | ζειφ] ζ, φ sup ras A[a]: ζηφ cdfp: ζιφα ⟨242⟩ 𝔈: ζειβ On-gr½: + εν τη καινη bo(ζηφ)$zc_2e_2$ | εν 6°—αυχμωδει] εις το (om 246) ορος το αυχμωδες (αχμ- bo 246) bo $c_2e_2$ ⟨246⟩: *in monte Auchmodes* 𝔈: *in monte caloris* 𝔖[j]: *in monte αυχμωδει in subsidiis* 𝔏: *in monte combusto in monte duro* 𝕮: om Eus | εν τη γη] τω αυχμωδες (-δε c) cx | εν 6° Bd] pr εις το (om Aaivya$_2$) ορος το αυχμωδες (αχμ- g) AN rell: pr *in obscuro monte* 𝔄 | τη 3° BN] om A rell | τη 4° BN] εν cx: om A rell | αχμωδει gv | αυτον 1°—ημερας] σαουλ (om $c_2$*) πασας τας ημερας τον δ̅α̅δ̅ $boc_2e_2$ | αυτον 1°] αυτω g | om αυτον 2° q | τας χειρας] *manum* 𝔈: om τας $a_2$

**15** om και 1°—δαυειδ 2° s | ειδεν] *nouit* 𝕮𝔈: ιδον A: ειπε o | εξερχεται] εξεχεται o*: ερχεται $Ab_2$𝔈: εξεχεται αυτου z(mg)$c_2e_2$: + αυτου *b* | om του Acfvxy | τον δαυειδ $BAa_2$𝔄𝔈] αυτον N rell 𝕮 | δαυειδ 3° $BAxya_2$] ην d: + ην N rell 𝕮𝔈: + *sedebat* 𝔄: + *manebat* 𝔖[j] | εν 1°] pr *in deserto* 𝔄-cd: pr *in silua* 𝔄-codd | τω 1°—αυχμωδει] τη ερημω d | τω ορει τω] τη ερημω τη Nabg-ln-qtvzb$_2c_2e_2$𝔖-ap-Barh 𝔖[j](uid): om τω ορει 𝔈 | αχμωδει bgv | εν 2°—ζειφ] ζειφ εν τη καινη A𝔄(uid)𝔖-ap-Barh(uid): ζειφ εν τη κενη x𝔖[j](uid) | καινη ζειφ] ζειφ τη καινη n𝔈[uid] (*Zifa*) | καινη] και sup ras a: κενη Ncvy: κινι $a_2$ | ζειφ] ζηφ f: om $bcoc_2e_2$

**16** om ανεστη i | υιος] pr ο nx: ⟨ο υ̅ς̅ ο 242⟩ | hab και 2°—καινην 𝔏[v] | ⟨om και 2° 246⟩ | προς—καινην] εις κενην (καινην x) προς δ̅α̅δ̅ cxy | δαυειδ] pr τον $c_2$ | εις καινην] *in nouis* 𝔏 | και-

11 ει 1°—αποκλεισθησεται 2°] *Si tradiderint me uiri Ceile in manus eius et si descendet Saul sicut audiuit seruus tuus Dn̄e Ds̄ Israel indica seruo tuo et ait Dn̄s Descendet dixitque Dād rursum Si tradent me uiri Ceile et uiros qui sunt mecum in manus Saul et ait Dn̄s Tradent* p | ει 2°] pr ※ εις χειρας αυτου j | αποκλεισθησεται 2°] ⅄ καταβησεται jm
12 (ει—κεειλα)] θ' μη παραδωσουσιν οι εχοντες κεηλα (κειλα m) jm
13 και 4°—εαν] σ' και ερεμεοντο οπου δηποτε j | ανηκεν] α' επαυσατο j
14 εν 2°—στενοις] α' εν ωχυρα... *b*(indice ad (13) επορευοντο posito): α' εν οχυρωμασιν j: α' εν οχυρωματι m(indice ad (13) και 4° posito): σ' εν καταφυγαις j: θ' (⅄ z) εν τοις σπηλαιοις τοις οχυροις jz
15 εν τη καινη] α' εν τη υλη *b*(sine nom)jm | καινη] σ' θ' δρυμω *b*(sine nom)j(om θ')m
16 εις καινην] α' εις τον δρυμον z | καινην] α' δρυμον a: α' την υλην ⅄ τον δρυμον j

B ἐκραταίωσεν τὰς χεῖρας αὐτοῦ ἐν Κυρίῳ. [17]καὶ εἶπεν πρὸς αὐτόν Μὴ φοβοῦ· ὅτι οὐ μὴ εὕρῃ σε 17
ἡ χεὶρ Σαοὺλ τοῦ πατρός μου, καὶ σὺ βασιλεύσεις ἐπὶ Ἰσραὴλ καὶ ἐγὼ ἔσομαί σοι εἰς δεύτερον·
καὶ Σαοὺλ ὁ πατήρ μου οἶδεν οὕτως. [18]καὶ διέθεντο ἀμφότεροι διαθήκην ἐνώπιον Κυρίου· καὶ 18
ἐκάθητο Δαυεὶδ ἐν Καινῇ, καὶ Ἰωναθὰν ἀπῆλθεν εἰς οἶκον αὐτοῦ. [19]Καὶ ἀνέβησαν οἱ Ζειφαῖοι 19
ἐκ τῆς αὐχμώδους πρὸς Σαοὺλ ἐπὶ τὸν βουνὸν λέγοντες Οὐκ ἰδοὺ Δαυεὶδ κέκρυπται παρ' ἡμῖν ἐν
Νεσσαρὰ ἐν τοῖς στενοῖς ἐν τῇ καινῇ ἐν τῷ βουνῷ τοῦ Ἐχελὰ τοῦ ἐκ δεξιῶν τοῦ Ἰεσσαιμού;
[20]καὶ νῦν πᾶν τὸ πρὸς ψυχὴν τοῦ βασιλέως εἰς κατάβασιν καταβαινέτω πρὸς ἡμᾶς· κεκλείκασιν 20
αὐτὸν εἰς τὰς χεῖρας τοῦ βασιλέως. [21]καὶ εἶπεν αὐτοῖς Σαοὺλ Εὐλογημένοι ὑμεῖς τῷ κυρίῳ, ὅτι 21
ἐπονέσατε περὶ ἐμοῦ· [22]πορεύθητε δὴ καὶ ἑτοιμάσατε ἔτι, καὶ γνῶτε τὸν τόπον αὐτοῦ οὗ ἔσται ὁ 22
ποὺς αὐτοῦ ἐν τάχει ἐκεῖ οὗ εἴπετε, μή ποτε πανουργεύσηται. [23]καὶ ἴδετε καὶ γνῶτε, καὶ πορευσόμεθα 23
μεθ' ὑμῶν· καὶ ἔσται εἰ ἔστιν ἐπὶ τῆς γῆς, καὶ ἐξερευνήσω αὐτὸν ἐν πάσαις χιλιάσιν Ἰούδα.
[24]καὶ ἀνέστησαν οἱ Ζειφαῖοι καὶ ἐπορεύθησαν ἔμπροσθεν Σαούλ· καὶ Δαυεὶδ καὶ οἱ ἄνδρες αὐτοῦ 24

17 και εγω] και ε sup ras B$^a$(uid) 19 ζιφαιοι A | ουχ B$^*$A | στενωs A 22 αιτοιμασατε A | πανουργευσητε A 23 γνωται B$^*$ | χειλιασιν B$^*$ 24 ζιφαιοι A | εμπροσθε B$^a$

ANa-gijl-qstv-c$_2$e$_2$𝔄ℭ$^w$𝔈(𝔏$^v$)

νην] pr την boc$_2$e$_2$: αινην sup ras a: κενην Nvw𝔖$^j$ | τας] pr εις c$_2$

**17** om οτι oℭ | om ου n$^*$ | ευρη] post σε befmoswa$_2$c$_2$e$_2$: ευρησει cx | ⟨om σε 236⟩ | σαουλ 1°] post μου 1° d𝔈: om e$_2$ | συ] σοι g | βασιλευσεις] βασιλευσης gv: βασιλευσει y$^*$: ⟨βασιλευει 242⟩ | ⟨επι] εν 244⟩ | ισραηλ] pr τον Nabdg-lopqtvz b$_2$c$_2$e$_2$: ⟨pr τω 74⟩ | om εγω cx | εσωμαι gv | om σοι a$_2$ | οιδεν] ειδεν cx: εγνω boz(mg)c$_2$e$_2$

**18** διεθεντο] συνεθεντο Eus: εθεντο bgn | διαθηκην αμφοτεροι acgx𝔄 | δᾱδ εκαθητο Acx Eus | om εν καινη Eus | καινη] pr τη joc$_2$e$_2$: αινη sup ras a: κενη Ncgy𝔖$^j$: καιη q: τη κενη v: τη καινη τη αχμωδη b | οικον BAnvya$_2$] pr τον N rell Eus

**19** hab και 1°—βουνον 𝔏$^v$ | ζηφαιοι cdgiopvxa$_2$ | εκ της αυχμωδους] *qui erant de opacis* 𝔏: ⟨om 44⟩ | αχμωδους b'go | επι τον βουνον] post λεγοντες i: ⟨om 44⟩ | επι] εις o: *in* 𝔄𝔈𝔏 𝔖$^j$ | τον βουνον] τον βωμον d: εργαβαθ *b*$^b$ | ουκ ιδου] ουχι agv Thdt: om ουκ b'ℭ𝔈 Eus½ | ⟨κεκρυπται δαυιδ 246⟩ | κρυπτεται o𝔈 | παρ—νεσσαρα] εν μεσσεραμ (μεσσαραμ *b*) παρ ημιν *b*oc$_2$e$_2$ | ημιν] υμιν e: ημων v | εν 1°] εις y | νεσσαρα B] μεσσαρα ya$_2$: μεσσερα w: μεσαρα Acvx Eus: μεσερα Nefms𝔄-codd: *Mesera* 𝔈: μασαιρα jb$_2$: *Massara* ℭ: ⟨μασαρα 71⟩: μεσσαραμ b': μεσσεραμ z: [illegible] 𝔖$^j$: μασαραιμ n: μασεραμ a: μασερα rell 𝔄-ed | στενοις] καινοις g$^*$(uid) | om τη jb$_2$ | κενη Ncvy𝔖$^j$ | om εν 4° c | του 1°] τω boc$_2$e$_2$ | εχελα] αχελα g: χελα ab'$^{a?}$: εχελαθ efmsw: εχελατ ⟨123⟩ 𝔄: ⟨εχεα 242⟩: *Iechellad* ℭ | του 2°] τω boc$_2$e$_2$ | εκ δεξιων του] om e$_2$: om του j | ιεσσαιμου BAcvxya$_2$ℭ] ιεσσεβου On-gr-cod-unic: ⟨ιεσεβου 246⟩: *Iyasem* 𝔈: ιεσσαιμουν jnb$_2$: ιεσεμουν g: ιεσαιμουν a: *Iesemon* 𝔄: [illegible] 𝔖$^j$: ⟨ισσεμουν 236⟩: *Isimuth* On-lat: ιεσκουν e: ιεσσεμουν N rell On-gr-ed

**20** παν—καταβαινετω] *si uis rex descendere descende* 𝔈 | παν το] παντα y: παντι c | προς 1°] εις cx | ψυχην] pr την boc$_2$e$_2$ | υμας g | κεκλεικασιν αυτον Bya$_2$] κεκληκασιν αυτον cx: και κεκλικασιν αυτον A: *quia clausit eum* 𝔈: αποκεκλεισμενοι γαρ εισιν bovzc$_2$e$_2$: αποκεκλεισμενοι εισιν N rell: + *serui tui* ℭ | εις τας χειρας] εν ταις (om e$_2$) χερσιν bozc$_2$e$_2$: *in manum* 𝔈: om τας d | του βασιλεως 2°] σου d

**21** σαουλ] ο βασιλευς c (txt) | ⟨om τω κυριω 246⟩ | επονεσατε περι εμου] *benefecistis super me* 𝔈 | επονεσατε] επονισατε x: εποιησατε c | περι εμου] υπερ εμε cx

**22** δη] δε g | ετοιμασατε] ετοιμασετε g: + τοπον cx | και γνωτε] om g$^*$: + και ιδετε Abcoxc$_2$e$_2$𝔄 | om αυτου 1° A𝔄ℭ | ⟨om ου 1°—ειπετε 44⟩ | ου 1°—ταχει] *celeriter ubi est* 𝔈 | ου 1°] ος b: ει N (ex corr) | εσται] εστιν abgoc$_2$e$_2$𝔄(uid)ℭ(uid)𝔖-ap-Barh: εσταθη v | πους] τοπος efmswa$_2$ | αυτου 2°] αυτων o | εν ταχει] pr *peruenite* 𝔄 | om εκει e$_2$ | ου 2°] και b' | ειπετε B] ειπατε AN omn: *dicitis* 𝔖$^j$ | hab μη—(23) ιουδα 𝔏$^v$ | μη] pr οτι ειπεν ο (om ο) σαουλ boc$_2$e$_2$: pr *quoniam dixit* 𝔏 | πανουργευσηται BAcgxy𝔄𝔈] pr πανουργευσαμενος ουτος boc$_2^a$e$_2$: πανουργευσεται d: πανουργευσατε a$_2$: πανουργευσαμενος πανουργευεται v: pr πανουργευσαμενος Nc$_2^*$ rell 𝔖-ap-Barh 𝔖$^j$(uid): *uersute tergiuersetur ibi* 𝔏

**23** ιδετε και γνωτε] γνωτε και ιδετε εκ παντων των τοπων οπου κεκρυπται εκει και επιστρεψατε προς με εις ετοιμον Acx𝔄 ⟦ειδετε A | εκ] pr ※ 𝔄 | των τοπων] τουτων τον τοπον cx | κεκρυπται] κρυπτεται x: κρυβεται A | αιτοιμον A⟧ | ιδητε a$_2$ | γνωτε] + εκ παντων των τοπων οπου κρυβησεται εκει και επιστρεψατε προς με εις ετοιμον bej(mg)m(mg)owzc$_2$e$_2$(sub ※ j$^{mg}$ m$^{mg}$c$_2$)𝔖$^j$(uid) ⟦om των em(mg)w | κρυβησεται] αυτος κρυπτεται bozc$_2$e$_2$ | επιστρεψεται j(mg) | om εις ετοιμον w⟧ | om και 3°—υμων f | om και 3° 𝔈 | πορευσομεθα BAy𝔄𝔈𝔖$^j$(uid)] πορευσωμεθα a$_2$: πορευσωμε gv: πορευσομαι N rell ℭ𝔏 | om εσται gℭ𝔈 | επι της γης] *in terra* 𝔄𝔏: *in ea terra* 𝔈 | ⟨της] pr πασης 246⟩ | om και 5° bozc$_2$e$_2$𝔄ℭ(uid)𝔈 | εξεραυνησω ANdmqyb$_2$ | αυτον] *eam* 𝔈: om t$^*$ | εν πασαις χιλιασιν] *in omnibus limitibus* 𝔏 | πασιν Abye$_2$ | χιλιασιν] pr ταις N: σχισμασιν cx | ιουδαν d$^*$

**24** οι 1°—επορευθησαν] και επορευθησαν οι ζηφαιοι cx | οι ζειφαιοι By𝔈] post επορευθησαν A𝔄𝔖$^j$: οι ζηφαιοι a$_2$: οι ζειφαιοι (ζηφ- dgopv) εκ της αυχμωδους (αχμ- b'o) N rell | και 4°] bis

16 εκραταιωσεν] σ' εθαρσησε *b*m: σ' εθρασυνεν jz
18 καινη] την καινην δρυμον ο α' ηρμηνευσεν την δε βαδε βουνον l
19 επι τον βουνον] ⅄ εις γαβαθ j: ⅄ εργαβαθ m | νεσσαρα—στενοις] α' σ' τοις οχυρωμασιν θ' τοις σπηλαιοις j | καινη] α' καινη υλη ⅄ δρυμω j | του ιεσσαιμου] α' της ηφανισμενης jm
20 παν—αυτον] σ' κατα πασαν (+ την m) επιθυμιαν σου βασιλευ καταβηναι καταβηθι ημετερον δε συγκλεισαι αυτον jm
21 επονεσατε] α' θ' εφεισασθε *b*(om θ')jm: θ' σπλαγνισθητε *b*: σ' σπλαγχνισθητε m: εσπλαγχνισθητε jz
23 (εις ετοιμον)] σ' επι βεβαιω j

25 ἐν τῇ ἐρήμῳ τῇ Μαὰν καθ' ἑσπέραν ἐκ δεξιῶν τοῦ Ἰεσσαιμού. [25]καὶ ἐπορεύθη Σαοὺλ καὶ οἱ B
ἄνδρες αὐτοῦ ζητεῖν αὐτόν· καὶ ἀπήγγειλαν τῷ Δαυείδ, καὶ κατέβη εἰς τὴν πέτραν τὴν ἐν τῇ
26 ἐρήμῳ Μαάν· καὶ ἤκουσεν Σαούλ, καὶ κατεδίωξεν ὀπίσω Δαυεὶδ εἰς τὴν ἔρημον Μαάν. [26] §καὶ § 𝔅$^{l}$
πορεύονται Σαοὺλ καὶ οἱ ἄνδρες αὐτοῦ ἐκ μέρους τοῦ ὄρους τούτου, καὶ ἦν Δαυεὶδ καὶ οἱ ἄνδρες
αὐτοῦ ἐκ μέρους τοῦ ὄρους τούτου· καὶ ἦν Δαυεὶδ σκεπαζόμενος πορεύεσθαι ἀπὸ προσώπου Σαούλ,
καὶ Σαοὺλ καὶ οἱ ἄνδρες αὐτοῦ παρενέβαλον ἐπὶ Δαυεὶδ καὶ τοὺς ἄνδρας αὐτοῦ συλλαβεῖν αὐτούς.
27 [27]καὶ ἄγγελος πρὸς Σαοὺλ ἦλθεν λέγων Σπεῦδε καὶ δεῦρο, ὅτι ἐπέθεντο οἱ ἀλλόφυλοι ἐπὶ τὴν γῆν.
28 [28]καὶ ἀνέστρεψεν Σαοὺλ μὴ καταδιώκειν ὀπίσω Δαυείδ, καὶ ἐπορεύθη εἰς συνάντησιν τῶν ἀλλο-
XXIV 1 φύλων· διὰ τοῦτο ἐπεκλήθη ὁ τόπος ἐκεῖνος Πέτρα ἡ μερισθεῖσα. [1]καὶ ἀνέστη Δαυεὶδ ἐκεῖθεν καὶ
ἐκάθισεν ἐν τοῖς στενοῖς Ἐνγάδδει.

2 [2]Καὶ ἐγενήθη ὡς ἀνέστρεψεν Σαοὺλ ἀπὸ ὄπισθεν τῶν ἀλλοφύλων, καὶ ἀπηγγέλη αὐτῷ
3 λεγόντων ὅτι Δαυεὶδ ἐν τῇ ἐρήμῳ Ἐνγάδδει. [3]καὶ ἔλαβεν μεθ' ἑαυτοῦ τρεῖς χιλιάδας ἀνδρῶν
ἐκλεκτοὺς ἐκ παντὸς Ἰσραήλ, καὶ ἐπορεύθη ζητεῖν τὸν Δαυεὶδ καὶ τοὺς ἄνδρας αὐτοῦ ἐπὶ πρόσωπον

26 *του ορους 2°*] om B$^{b}$: om *ορους* B$^{a}$

XXIV 3 *χειλιαδας* B* | *ζετειν* A

ANa–gijl–qstv–c$_2$e$_2$𝔄(𝔅$^{l}$)ℭ$^{w}$𝔈(𝔏$^{sv}$)

scr N* : om g* | *τη 2°*] *της* e$_2$ : om f | *μααν* Bjya$_2$b$_2$ℭ] *μαιων* cx : *μαω* v : *ναων* i : *επηκοω* bgoz(mg)c$_2$e$_2$ Thdt : *μαων* ANz (txt) rell 𝔄𝔈 | *εκ δεξιων*] pr *και* a : *εγγυς* efmsw | *ιεσσαιμου* BAcvxya$_2$] ⟨*ιεσεβοιου* 246⟩ : *Iyasem* 𝔈 : *ιεσσαιμουν* jnob$_2$e$_2$ : *ιεσεμουν* fg : *ιεσαιμουν* a : *Iesemon* 𝔄 : [illegible] 𝔖$^{j}$ : ⟨*ιεσσεμους* 44⟩ : *μαεσεμουν* e : ⟨*μαεσσεβουν* 236⟩ : *ιεσσεμουν* N rell ℭ

25 *επορευθησαν* eℭ𝔈 | *σαουλ 1°*] *σ* sup ras A$^{?}$(uid) | om *οι* b* | *ζητειν*] pr *του* bezc$_2$e$_2$ | *αυτον* BAcxya$_2$𝔈] *τον δᾱδ* N rell ⟨244 (om *τον*)⟩ 𝔄 | om *και 3°—δαυειδ 1°* s | ⟨*απηγγειλαν—και 4°*] *δαυιδ* 44⟩ | *απηγγειλαν*] *απηγγελη* ANa$^{a?}$bcdg–lopqtv xzb$_2$c$_2$e$_2$𝔖$^{j}$ : *απαγγελει* a*(uid) | *τω δαυειδ*] *σαουλ* c | *εις 1°*] *επι* cx | om *την 1°* a$_2$ | om *την 2°* b | om *τη* fmsw | *ερημω μααν*] *σιμωνος ερημω* Jos | *μααν 1°* Bd$^{a}$jya$_2$b$_2$ℭ] *ναων* i : *τη επηκοω* bgoc$_2$e$_2$ : *μαων* ANd* rell 𝔄𝔈 : + *quod dicitur obediens* 𝔖$^{j}$ | om *και 5°—μααν 2°* ep | *ηκουσεν*] *πορευεται* cx | *κατεδιωξεν*] *κατεδιωκεν* jb$_2$𝔖$^{j}$ : *οι ανδρες αυτου μετ αυτου καταδιωκοντες* cx | *οπισω—μααν 2°*] *εις την ερημον την επηκοον* (*-οων* o) *οπισω δᾱδ* boc$_2$e$_2$ | *δαυειδ 2°—μααν 2°*] *αυτου* d | om *την 3°* g* (uid) | *μααν 2°*] *μαων* Acfimsvwx𝔄𝔈 Eus : *την επικοων* g : om a

26 hab *και 1°—αυτου 1°* 𝔏$^{s}$ | *πορευονται*] *πορευεται* bgoa$_2$–e$_2$ : *επορευοντο* N𝔖$^{j}$ : *ibat* 𝔄𝔏 : *επορευθη* v𝔅 : om cx | ⟨*ανδρες 1°*] *μετ* 44⟩ | *μερους 1°*] *μετρους* i* : *μεσου* Ajb$_2$ | om *του ορους 1°* be$_2$ | *τουτου 1°*] pr *εκ* ANae–nq–wyzb$_2$𝔅(uid) : *εν τουτω* a$_2$ | om *και 3°—τουτου 2°* dem(txt)npa$_2$ Eus | om *ην 1°* bcovxc$_2$e$_2$ 𝔄𝔅𝔖$^{j}$ | ⟨*και 4°—πορευεσθαι*] *σκεπαζομενος εκ μερους του ορους εκ τουτου* 71⟩ | *μερους 2°*] pr *του* cx : *μεσου* A | *του ορους 2°*] om B$^{b}$b'cx : om *ορους* B$^{a}$ | *τουτου 2°* BAc$_2$] *του ετερου* bcoxe$_2$ 𝔖$^{j}$(uid) : pr *εκ* Nm(mg) rell 𝔅(uid) | *ην 2°*] post *δαυειδ 2°* boc$_2$e$_2$ : *εγενετο* Acx𝔄 Eus | *σκεπαζομενος πορευεσθαι απο προσωπ* sup ras m$^{a}$ | om *και 6°—αυτους* d | ⟨*και 6°*] *ο δε* 71⟩ | *παρενεβαλον επι δαυειδ*] *circumibant festinanter post Dauid* 𝔖$^{j}$ | *παρενεβαλον*] *παρενεβαλλον* amn Eus : *παρεπλαγιαζον* bgoc$_2$e$_2$ | *τους*] pr *επι* jb$_2$ | *αυτου 4°—(27) ηλθεν*] *σαουλ* g | *συλλαβειν*] pr *του* boc$_2$e$_2$ | *αυτους*] *αυτον* boc$_2$e$_2$𝔄-codd

27 *αγγελος—ηλθεν*] *ηλθεν αγγελος προς σαουλ* y𝔄𝔅𝔈 : ⟨*προς σαουλ ηλθεν αγγελος κυριου* 74⟩ | *αγγελος*] pr *ο* a | *προς σαουλ ηλθεν* Befmsw] *παρεγενετο προς σαουλ* boc$_2$e$_2$ : *ηλθεν προς σαουλ* AN rell ℭ Eus | *σπευσον* i | *δευρο*] *ηκε* boc$_2$e$_2$ | *επεθεντο οι αλλοφυλοι*] *οι αλλοφυλοι επεθεντο* e : *αλλοφυλοι επεθεντο* fmsw : ⟨*επεσε το αλλοφυλον* 246⟩ : om *επεθεντο οι* y : om *οι* ANadg–lnqtva$_2$b$_2$ Eus

28 *επεστρεψεν* aiv | *μη*] pr *του* bozc$_2$e$_2$ : ⟨om 74⟩ | *καταδιωκειν*] *καταδιωκων* p : *διωκειν* fv | *επορευθη*] + *Saul* ℭ | om *εις* c*(uid) | *συναντησιν*] *αναντησιν* c*(uid) : *απαντησιν* Nadg–lnpqtvzb$_2$ | *εκληθη* befmoswc$_2$e$_2$ | *η μερισθεισα*] *σκεπασθησα* a$_2$ : om *η* g

XXIV 1 om totum comma b' | *και ανεστη*] *και ανεβη* boc$_2$e$_2$ℭ Eus : ⟨*ανεστη δε* 44⟩ | om *και εκαθισεν* A | *στενοις*] *σπηλαιοις τοις οχυροις* Eus | *ενγαδδει*] *ενγααδδει* a$_2$ : *ηνγαδδι* On$\frac{1}{2}$ : *ενγαδδιοις* cx : *γαδδει* boyc$_2$e$_2$𝔈𝔖$^{j}$ : [illegible] 𝔄

2 om totum comma s | *εγενηθη*] *εγεννηθη* a : *εγενετο* bcox c$_2$e$_2$ Eus : om d | *επεστρεψε* Eus$\frac{1}{2}$ | *σαουλ*] pr *ο* Eus$\frac{1}{2}$ : *δᾱδ* x | *απο—αλλοφυλων*] *post alienigenas* Luc | *απο οπισθεν*] *οπισω* a$_2$ : om *απο* Eus$\frac{1}{2}$ : om *οπισθεν* ⟨242⟩ 𝔄ℭ | om *και 2°* d𝔄(uid) | *απηγγελη* BAnya$_2$ Eus$\frac{1}{2}$] *ανηγγελη* cefmwx : *ανηγγειλαν* o Eus$\frac{1}{2}$ : *απηγγειλαν* N rell : *renuntiauerunt* Luc | *αυτω*] *αυτον* g : *δᾱδ* e$_2$ : om c | *λεγοντων* Bcxya$_2$] *λεγοντες* N rell Eus$\frac{1}{2}$ Luc : *λεγων* A : om Eus$\frac{1}{2}$ | *οτι* BAcxa$_2$] *ιδου δη* o : + *ιδου* y𝔅 Eus$\frac{1}{2}$ : *ιδου* N rell 𝔄ℭ(uid)𝔈 Eus$\frac{1}{2}$ Luc | om *δαυειδ* e$_2$ | *ενγαδδει*] part ex corr p$^{a}$ : *ενγααδδει* a$_2$ : *ενγαδει* ag : *γαδδει* bceoxyc$_2$e$_2$ℭ𝔈𝔖$^{j}$ Eus$\frac{1}{2}$ (pr *τη*) Luc : [illegible] 𝔄 : *ελλαδι* d

3 *εαυτου*] *εαυτω* v : *εαυτους* A : *εαυτων* g : + *Saul* 𝔈 | *τρεις χιλιαδας ανδρων*] *,γ' ανδρας* d | *χιλιαδες* i | *εκλεκτων* bgoc$_2$e$_2$ 𝔄ℭ Eus$\frac{1}{2}$ Luc | *παντος*] *παντας* p : *του* Eus$\frac{1}{2}$ : + *του* boc$_2$e$_2$ | hab *και 2°—(4) παρασκευασασθαι* 𝔏$^{v}$ | *επορευθη*] *ierunt* 𝔄-codd | *ζητειν*] pr *του* Eus$\frac{1}{2}$ : *ζητων* i Eus$\frac{1}{2}$ | om *και 3°—εδδαιεμ* d | *αυτου*] pr *τους μετ* cxℭ Eus$\frac{1}{2}$ | *επι προσωπον εδδαιεμ*] *in terram Satem quod est locus uenationis ceruorum* ℭ : *ad locum uenationis* (+ *bestiarum et* 𝔈$^{a}$) *ceruorum* 𝔈 | *επι*]

24 *καθ εσπεραν*] *α' εν ομαλη* j : *σ' εν τη πεδιαδι* bjm | *του ιεσσαιμου*] *α' της ηφανισμενης* j | *ιεσσαιμου*] *σ' αοικητου* b(sine nom)jm
26 *εκ 2°—τουτου 2°*] *του ορους του ετερου εκ του ετερου μερους* z | *σκεπαζομενος*] *α' θαμβουμενος* a : *περιστελομενος* bm : *α' θ' θαμβουμενος κρυπτομενος σ' περιστελλομενος* j | *παρενεβαλον*] ⅄ *περιστεφανουντες* jm
28 *η μερισθεισα*] *θ' των διαιρεσεων* bm
XXIV 1 *τοις στενοις*] *οχυρωμασιν αποφυγαις τοις σπηλαιοις* j

B Ἐδδαιέμ. [4]καὶ ἦλθεν εἰς τὰς ἀγέλας τῶν ποιμνίων τὰς ἐπὶ τῆς ὁδοῦ, καὶ ἦν ἐκεῖ σπήλαιον, καὶ 4
Σαοὺλ εἰσῆλθεν παρασκευάσασθαι· καὶ Δαυεὶδ καὶ οἱ ἄνδρες αὐτοῦ ἐσώτερον τοῦ σπηλαίου
ἐκάθηντο. [5]καὶ εἶπον οἱ ἄνδρες Δαυεὶδ πρὸς αὐτόν Ἰδοὺ ἡ ἡμέρα αὕτη ἣν εἶπεν Κύριος πρὸς σέ, 5
παραδοῦναι τὸν ἐχθρόν σου εἰς τὰς χεῖράς σου· καὶ ποιήσεις αὐτῷ ὡς ἀγαθὸν ἐν ὀφθαλμοῖς σου.
καὶ ἀνέστη Δαυεὶδ καὶ ἀφεῖλεν τὸ πτερύγιον τῆς διπλοΐδος τῆς Σαοὺλ λαθραίως. [6]καὶ ἐγενήθη 6
μετὰ ταῦτα καὶ ἐπάταξεν καρδία Δαυεὶδ αὐτόν, ὅτι ἀφεῖλεν τὸ πτερύγιον τῆς διπλοΐδος αὐτοῦ.
[7]καὶ εἶπεν Δαυεὶδ πρὸς τοὺς ἄνδρας αὐτοῦ Μηδαμῶς μοι παρὰ Κυρίου, εἰ ποιήσω τὸ ῥῆμα τοῦτο 7
τῷ χριστῷ Κυρίου, ἐπενέγκαι χεῖρά μου ἐπ᾽ αὐτόν· ὅτι χριστὸς Κυρίου ἐστὶν οὗτος. [8]καὶ ἔπεισεν 8
Δαυεὶδ τοὺς ἄνδρας αὐτοῦ ἐν λόγοις, καὶ οὐκ ἔδωκεν αὐτοῖς ἀναστάντας θῦσαι τὸν Σαούλ· καὶ
ἀνέστη Σαοὺλ καὶ κατέβη τὴν ὁδόν. [9]καὶ ἀνέστη Δαυεὶδ ὀπίσω αὐτοῦ ἐκ τοῦ σπηλαίου· καὶ 9
ἐβόησεν Δαυεὶδ ὀπίσω Σαοὺλ λέγων Κύριε βασιλεῦ· καὶ ἐπέβλεψεν Σαοὺλ εἰς τὰ ὀπίσω αὐτοῦ,
καὶ ἔκυψεν Δαυεὶδ ἐπὶ πρόσωπον αὐτοῦ ἐπὶ τὴν γῆν καὶ προσεκύνησεν αὐτῷ. [10]καὶ εἶπεν Δαυεὶδ 10

3 εδδαιεμ] της θηρας των ελαφων B$^{a\,mg}$ 5 διπλοειδος A 8 επισεν A

ANa–gijl–qstv–$c_2e_2$𝔄𝔅$^l$ℭ$^w$𝔈(𝔏$^v$)

κατα boz(mg)$c_2e_2$𝔏: *ante* Luc | εδδαιεμ B*] σαδδαιεμ y: σαδδαιμ v: ⟨σαδαιεμ 244⟩: σαδεεμ fms: σαδεμ Naijnb$_2$𝔅: σαδεν pqtz(txt): αειμειν A*: αειαμειν A$^s$: αιαλιμ On-gr-cd-lat: ααλιμ On-gr-cod-unic: αιλειν Eus½: αβιαλειμ cx: της θηρας των ελαφων B$^a$boz(mg)$a_2c_2e_2$ Eus½ Luc: των πετρων σαδιεμ e ⟨236 (σαδεεμ)⟩: της θηρας των ελαφων σαδεμ g ⟨242 (σαδεεμ)⟩: των πετρων των ελαφων σαδεεμ w: *Elim* (*Alim* codd) *uenationis ceruorum* 𝔄: *bestiae ceruorum* 𝔏

4 ηλθεν] ηλθον qt Eus½ | εις] επι Nabdgilopqtvzb$_2c_2e_2$ℭ: *ad* 𝔈𝔏 Luc | αγελας] μανδρας Eus½ | των ποιμνιων] *pastorum ouium* 𝔏 | ποιμνιων] ποιμενων iℭ𝔈: προβατων Eus½ | τας 2°] των boc$_2$e$_2$: om Eus½ | την οδον Eus½ | της] τας t | ην εκει] επι το Eus½ | σαουλ εισηλθεν] εισηλθε δᾱδ x: εισηλθε σαουλ εις το σπηλαιον 𝔈 Eus½ | σαουλ] post παρασκευασασθαι c: post εισηλθεν Aboc$_2$e$_2$𝔄𝔏 Eus½ Chr Thdt Luc | εισηλθεν παρασκευασασθαι] παρεσκευασται d: om εισηλθεν p | παρασκευασασθαι] παρασκευασθηναι y: *requiescere* 𝔏: ανασκευασασθαι εις το σπηλαιον Thdt: αποκοινωσαι τους ποδας αυτου Eus½ | ⟨om και 4° 242$^b$⟩ | οι ανδρες] *pueri* Luc | αυτου] pr μετ 𝔅 Eus½ | εσωτερον του σπηλαιου] post εκαθηντο 𝔄ℭ𝔖$^j$: εσσωτεροι εν τω σπηλαιω e$_2$: εν τω σπηλαιω εσωτεροι (οι ex ω c$_2^{uid}$: -ρον b)boc$_2$: εν τω σπηλαιω τω εσωτερω Chr | εσωτερον] εσωτεροι Eus½: εσωθεν j: εν μερεσι τοις εσωτεροις Eus½: *ad dextram* ℭ | εκαθηντο] pr *ibi* 𝔄-codd: εκαθητο εν αυτω b′: + εν αυτω *b*oc$_2$e$_2$

5 ειπον] ειπαν ANijlnpqtvzb$_2$ Eus | ⟨ανδρες] + του σπηλαιου 242⟩ | om η Abgv | αυτη ην] καθως Chr | ειπεν] εποιησεν g | κυριος] pr ο cx | om προς σε Chr | παραδουναι] *trado* 𝔈: *dabo* 𝔅 Luc: ιδου εγω παραδιδωμι n: ιδου εγω διδωμι Nabgiovz(mg) b$_2$c$_2$e$_2$ℭ: hab διδωμι Chr | εις—σου 2°] *in manum tuam* 𝔈: om N | om τας ad–ilmp–twz(txt) | ποιησης g | ως αγαθον] το αρεστον bgoc$_2$e$_2$ Chr: *quae placita sunt* Luc: om ως c | οφθαλμοις] pr τοις bc$_2$ | σου 3°] αυτου Chr | hab και 4°—σαουλ 𝔏$^v$ | om της 2°—(6) διπλοιδος cx | της 2°] του efms(pr ras 2 litt)wz: om Nbdinopvc$_2$e$_2$𝔈 Eus Chr | σαουλ] αυτου i(txt)nℭ(uid)𝔈

6 εγενηθη] εγενετο boc$_2$e$_2$: om ⟨44⟩ Chr | om και 2° ⟨44⟩ 𝔄(uid)Chr | καρδια δαυειδ αυτον] τον δᾱδ η καρδια αυτου boz(mg) c$_2$e$_2$𝔄 Chr Thdt | καρδια δαυειδ] ⟨pr η 242⟩: δᾱδ τη καρδια f | ⟨αυτον] pr επ 244⟩ | om οτι—αυτου d | αφειλεν] αφειλετο b | αυτου] σαουλ ivℭ𝔈: om Chr Thdt Luc

7 om δαυειδ defmsw | ανδρας] παιδας a$_2$ Luc | μοι] εμοι hoc$_2$e$_2$ Thdt: μη cx | κυριου 1°] κ̅ω̅ ANab$_2$ | ει ποιησω] ποιησαι Chr | ει] η a$_2$* | ⟨το ρημα τουτο] τω κυριω μου το ρημα 44⟩ | τω—αυτον] *et tollam manum meam super dominum meum christum Domini* 𝔈 | τω B] pr τω (om emsw) κυριω μου AN omn 𝔄𝔅ℭ(om μου) Jos(uid) Eus Chr Thdt Luc | χρηστω cxe$_2$ | κυριου 2°] κ̅ω̅ a*b*oe$_2$: om a$_2$ | om επενεγκαι—ουτος ℭ | επενεγκαι] αι sup ras a: επενεγκειν ANb′*b*$^{a?}$dg–ln–qty–e$_2$ Eus Chr Thdt: απενεγκειν *b**(uid) | χειρα] pr την efmsw Chr Thdt: χειρας i | om μου cx | επ] προς y | αυτον] αυτω e | om οτι—ουτος d | χρηστος acxc$_2$*(uid) | κυριου 3°] κ̅υ̅ (υ sup ras A$^a$) A: ⟨κυριος 242⟩ | ουτος εστιν b Luc | ουτος] ουτως a*g: om ovc$_2$e$_2$ 𝔈 Chr Thdt

8 om δαυειδ g | om αυτου Ath | λογω fℭ (+ *hoc*) | ¯εδωκεν] εν N*(uid): ην N$^{a?}$ | αυτοις] αυτους Acx Eus | αναστantας] αναστantες dg: αναστηναι και boz$^{a?}$c$_2$e$_2$𝔄(uid) Chr | θυσαι B] κτειναι a$_2$: θανατωσαι AN rell 𝔄𝔅ℭ𝔈𝔖$^j$ Eus Ath Luc: αποκτειναι Chr | ανεστη σαουλ] σαουλ ανεστη εκ του σπηλαιου Acx 𝔄 | κατεβη την οδον] *iuit uiam* (+ *suam* 𝔈$^s$) *et descendit* 𝔈 | κατεβη] εξηλθεν boc$_2$e$_2$ℭ | την Ba$_2$] pr εις AN rell 𝔄𝔅ℭ Luc | οδον] + αυτου y𝔅ℭ𝔈$^s$(uid): + εκ του σπηλαιου *b*oc$_2$e$_2$

9 om και 1°—αυτου 1° b′ | ανεστη δαυειδ] δαυιδ εξηλθεν ⟨44⟩ ℭ | ανεστη BAcxya$_2$𝔄𝔈] εξηλθεν N*b* rell 𝔅 Chr Luc | om οπισω 1°—δαυειδ 2° c$_2$* Luc | οπισω 1°—σπηλαιου] εκ του σπηλαιου οπισω σαουλ Chr | om οπισω αυτου 1° o𝔅 | αυτου 1°] σαουλ *b*gz*c$_2^a$e$_2$ | εκ του σπηλαιου] pr και εξηλθεν Acx𝔄: ⟨om 244⟩ | om και εβοησεν δαυειδ o𝔅 | ανεβοησε c | δαυειδ 2°] pr ο c$_2^a$: σαουλ p*: om dya$_2$ Chr | om οπισω σαουλ N | σαουλ 1°] δᾱδ p*: αυτου ay𝔄 Chr | λεγων] pr ουτω Chr: om d | κυριε] + μου Acefmwx𝔄𝔅ℭ Chr | επεβλεψεν] απεβλεψεν fgmw: ανεβλεψε Chr | om εις τα Aabcovxc$_2$e$_2$ Chr | αυτου 2°] ⟨δαυιδ 244⟩: om dℭ | εκυψεν] εκρυψεν A: επεσε o: *cecidit* 𝔄: ειδε τον δᾱδ και εκαλυψεν cx | om δαυειδ 3° j* | om αυτου 3° g | om επι την γην efmw | αυτω] αυτον a: om d

10 δαυειδ προς σαουλ] om d: ⟨om προς σαουλ 71⟩ | ⟨ακουσης

3 εδδαιεμ] pr ※ ⅄̥ των πετρων j: των πετρων ⅄̥ των ελαφων m

4 των ποιμνιων] ⅄̥ των ελαφων jz(sine nom) | παρασκευασασθαι] θ′ αποκενωσαι τους ποδας αυτου σ′ απατησαι *b*m: α′ του διευθυναι αποκενωσαι τους ποδας αυτου αποπατησαι j: α′ κενωσαι z

5 το—διπλοιδος] σ′ το ακρον της χλαμυδος *b*jmz(om σ′ το jz): το κρασπεδον του ιματιου jz | της διπλοιδος] σ′ του ενδυματος j

6 επαταξεν] α′ επληξεν j 7 ει] σ′ ινα *b*(sine nom)jm

8 επεισεν] α′ συνεκαλεσεν σ′ περιεσπασεν θ′ ηπατησεν j | ουκ εδωκεν] σ′ ουκ επετρεψεν θ′ ουκ αφηκεν j

9 εκυψεν] σ′ ωκλασεν j

πρὸς Σαούλ Ἵνα τί ἀκούεις τῶν λόγων τοῦ λαοῦ λεγόντων Ἰδοὺ Δαυεὶδ ζητεῖ τὴν ψυχήν σου; B
11 [11]ἰδοὺ ἐν τῇ ἡμέρᾳ ταύτῃ ἑοράκασιν οἱ ὀφθαλμοί σου ὡς παρέδωκέν σε Κύριος σήμερον εἰς χεῖρά
μου ἐν τῷ σπηλαίῳ, καὶ οὐκ ἠβουλήθην ἀποκτεῖναί σε, καὶ ἐφεισάμην σου καὶ εἶπα Οὐκ ἐποίσω
12 χεῖρά μου ἐπὶ κύριόν μου, ὅτι χριστὸς Κυρίου οὗτός ἐστιν. [12]καὶ ἰδοὺ τὸ πτερύγιον τῆς διπλοΐδος
σου ἐν τῇ χειρί μου· ἐγὼ ἀφῄρηκα τὸ πτερύγιον καὶ οὐκ ἀπέκτανκά σε· καὶ γνῶθι καὶ ἴδε
σήμερον ὅτι οὐκ ἔστιν κακία ἐν τῇ χειρί μου οὐδὲ ἀσέβεια καὶ ἀθέτησις, καὶ οὐχ ἡμάρτηκα εἰς σέ·
13 καὶ σὺ δεσμεύεις τὴν ψυχήν μου λαβεῖν αὐτήν. [13]δικάσαι Κύριος ἀνὰ μέσον ἐμοῦ καὶ σοῦ, καὶ
14 ἐκδικήσαι με Κύριος ἐκ σοῦ· καὶ χείρ μου οὐκ ἔσται ἐπὶ σοί· [14]καθὼς λέγεται ἡ παραβολὴ ἡ
15 ἀρχαία Ἐξ ἀνόμων ἐξελεύσεται πλημμελία· καὶ ἡ χείρ μου οὐκ ἔσται ἐπὶ σέ. [15]καὶ νῦν ὀπίσω
τίνος σὺ ἐκπορεύῃ, βασιλεῦ Ἰσραήλ; ὀπίσω τίνος καταδιώκεις σύ; ὀπίσω κυνὸς τεθνηκότος καὶ
16 ὀπίσω ψύλλου ἑνός. [16]γένοιτο Κύριος εἰς κριτὴν καὶ δικαστὴν ἀνὰ μέσον ἐμοῦ καὶ ἀνὰ μέσον σοῦ·
17 ἴδοι Κύριος καὶ κρίναι τὴν κρίσιν μου καὶ δικάσαι μοι ἐκ χειρός σου. [17]καὶ ἐγένετο ὡς συνετέ-
λεσεν Δαυεὶδ τὰ ῥήματα ταῦτα λαλῶν πρὸς Σαούλ, καὶ εἶπεν Σαοὺλ Ἡ φωνή σου αὕτη, τέκνον
18 Δαυείδ; καὶ ἦρεν τὴν φωνὴν αὐτοῦ Σαοὺλ καὶ ἔκλαυσεν. §[18]καὶ εἶπεν Σαοὺλ πρὸς Δαυεὶδ Δίκαιος § h
19 σὺ ὑπὲρ ἐμέ, ὅτι σὺ ἀνταπέδωκάς μοι ἀγαθά, ἐγὼ δὲ ἀνταπέδωκά σοι κακά. [19]καὶ σὺ ἀπήγγειλάς

11 εωρακασιν B$^{ab}$ | εβουληθην A | αποκτεινε A | εφισαμην B*A
12 απεκταγκα B$^{ab}$ A | γνωθει A 14 πλημμελεια B$^{ab}$ 16 κρειναι B*

ANa–g(h)ijl–qstv–c$_2$e$_2$𝔄𝔅$^l$ℭ$^w$𝔈(𝔏$^v$)

74⟩ | τον λογον ga$_2$ | λαου] + *huius* 𝔅 | ιδου] *quod* 𝔄𝔅: + δη y | δαυειδ 2°] pr ο Thdt: post ζητει av | ζητει] ⟨ζητειν 242⟩: om f*

11 ιδου] pr και Chr Luc: και γε boc$_2$e$_2$ Thdt: om d | om εν 1°—ταυτη Chr | ημερα] ωρα a$_2$ | om οι a$^{a?}$(uid) | σου 1°] μου a$_2$ | ως—κυριος post σημερον Chr | σε 1°] σοι a | κυριος] post σημερον Ae$_2$: + ο θεος Thdt | om σημερον avy𝔈 Thdt | εις χειρα] *in manus* 𝔄𝔅: *in manibus* Luc: εν τη χειρι cx | χειρα 1° B𝔈] χειρας Aaivza$_2$: τας χειρας N rell Chr Thdt | om εν τω σπηλαιω Thdt | ειπον bdefoc$_2$e$_2$ Chr Thdt | ⟨επεισοισω 246⟩ | χειρα 2°] pr την Chr Thdt: χειρας g𝔅 | επι κυριον μου] ενωπιον σου e | κυριον] pr τον bcfoxc$_2$e$_2$ Chr Thdt | χρηστος Aacpe$_2$ | κυριου] $\overline{κς}$ A | ουτος] post εστιν cfix𝔄 Thdt: ουτως a*g: om A𝔈 Chr Luc

12 και ιδου] *qui accepi* Luc | και 1°] pr και π̅η̅ρ (π̅ε̅ρ A: π̅ρ̅ε e$_2$) μου Aboze$_2$ Thdt: pr και π̅ε̅ρ μου ιδε cxc$_2$(sub ※ uid, ιδε ext lin c$_2^a$): *et uide pater meus* 𝔄 | ιδου] ιδε dlpqtz: ⟨ιδετε 64⟩ | om σου boc$_2$ Chr | om εν 1°—πτερυγιον 2° a*f𝔅 | om τη 1° j | om εγω—σε 1° d | εγω—πτερυγιον 2°] ο εγω αφηρηκα N: ο εγω αφειλον Chr: ο εγω αφειλον της διπλοιδος σου z (mg): om a$^b$jvb$_2$ | εγω] pr και lpqtz(txt) Luc: *et* 𝔈 | αφηρηκα] αφειλον boc$_2$e$_2$: + και e | το πτερυγιον 2° Bya$_2$] ⟨τουτο 71⟩: *id* ℭ: + του ιματιου Ax: + του ιματιου σου c𝔄: hab την πτερυγα του ιματιου Jos: + της διπλοιδος σου εν τη χειρι μου i: + της διπλοιδος σου z(txt) rell ⟨244 (om σου)⟩𝔈(uid) Luc | απεκτεινα bilopqtzc$_2$e$_2$ Chr | και γνωθι] post σημερον d: om και Luc | ⟨om και ιδε 44⟩ | σημερον post μου 2° 𝔈 | εστη m | κακια] post μου 2° Abcoxc$_2$e$_2$𝔄 Chr Thdt Luc: κακα i: om a$_2$ | ασεβεια και αθετησις] αθετησις (-σεις Ace$_2$: -σης x) ουδε ασεβεια Abcox c$_2$e$_2$𝔄 Thdt: *iniustitia* Luc: om ασεβεια και Chr | και 5°] ουδε g𝔅ℭ𝔈 | om και 6°—σε 2° Chr | ημαρτον boc$_2$e$_2$ Thdt | εις] προς cx | συ] σοι g | δεσμευεις] δεσμευσεις t: συνδεσμευεις bo c$_2$e$_2$: ⟨ενεδρευεις 242⟩ | λαβειν] pr του bgozc$_2$e$_2$ Chr | om αυτην Luc

13 δικασαι] κριναι boc$_2$e$_2$ Chr Thdt: κρινει g | σου 1°] pr ανα μεσον boc$_2$e$_2$𝔄-ed(uid)𝔈 | εκδικησει aa$_2$ Luc | με] μοι bgil opqtvxzb$_2$c$_2$e$_2$: μου m: om a$_2$ | om κυριος 2° ⟨244⟩ 𝔈 Luc | και 3° By] ει δε a: + η Aefmswa$_2$: η δε N rell 𝔅(uid) Thdt Luc | εστιν ainvb$_2$ | σοι BAaxy] συ c: σε N rell Thdt

14 om totum comma a$_2$ | λεγει efgmsw𝔄 | η 1°] εν boc$_2$e$_2$: om p | παρεμβολη v | om η 2° bm*oc$_2$e$_2$ | ⟨om και—σε 44⟩ | και η χειρ] *manus autem* Luc: om και N | εστιν v | σε] σοι xy: συ c

15 om και 1°—ισραηλ Luc | οπισω 1°—καταδιωκεις ext lin et sup ras e$^{a?}$ | συ 1°] post εκπορευη ae$^{a?}$fmsw: om e$_2$𝔈 | εκπορευη] εκπορευεις c$_2$: ⟨εκπορευση 44⟩: καταδιωκεις (-κης b′) boc$_2$𝔈 | βασιλευς cgxb$_2$ | ισραηλ] pr του boc$_2$e$_2$: om v | om οπισω 2°—συ 2° g | οπισω τινος 2°] *et quem* 𝔄: om οπισω d | καταδιωκεις] καταδιωκης q*: εκπορευη boc$_2$: *exiisti* 𝔈 | om συ 2° Ab–fmnoswxyc$_2$e$_2$𝔄𝔅𝔈 | hab οπισω 3°—(16) σου 2° 𝔏$^v$ | οπισω 3°] *post manum* 𝔏 | και 2°] η efjmsw𝔈𝔏 | φυλλου N

16 om γενοιτο—σου 1° d | ⟨om κυριος 1° 242⟩ | εις—κυριος 2°] *in iudicio* 𝔏 | om και δικαστην cx | δικαστην] pr εις g: *in uindicem* Luc | ⟨εμου—σου 1°] ημων 71⟩ | om ανα μεσον 2° bcoc$_2$e$_2$𝔅 | ιδοι] pr και boc$_2$e$_2$𝔈: ιδει cx: ειδοι a$_2$ | om και κριναι vy | om και 3° c$_2$ | κριναι] κρινει ca$_2$: κρινοι de: κρινη b′ | κρισιν] δικην bgoz$^{a?}$c$_2$e$_2$ | δικασαι μοι] *iustificet me* Luc | δικασαι] δικαση y: ⟨δικαιωσαι 244⟩: δικαιωσον g: *iustificetur* 𝔏 | μοι] εμοι i: με cdlpqtz*: σοι c$_2$: $\overline{κς}$ a$_2$: + $\overline{κς}$ b$_2$

17 ⟨om και 1°—σαουλ 1° 44⟩ | om εγενετο dℭ | ετελεσε e | λαλων τα ρηματα ταυτα Abcoxc$_2$e$_2$𝔄ℭ | om λαλων προς σαουλ d | λαλην v | om και 2° dℭ Luc | om η c | om σου cx | αυτη] ταυτη o | δαυειδ 2°] + και ειπεν δ̅α̅δ̅ δουλος σος κυριε μου βασιλευ bgozc$_2$e$_2$ ⟦om και ειπεν δ̅α̅δ̅ b′ | δουλος] pr ο b | σος] σου b′e$_2$ | βασιλευς g⟧ | επηρεν boc$_2$e$_2$ | την φωνην αυτου Bya$_2$𝔅] post σαουλ 3° AN rell (om την g*) 𝔄ℭ𝔈

18 σαουλ προς δαυειδ] δ̅α̅δ̅ προς σαουλ h*: om d: om σαουλ boc$_2$e$_2$ℭ Thdt Luc | hab δικαιος—εμε 𝔏$^v$ | om συ 1° a$_2$ | συ 2°] om i: + μεν bozc$_2$e$_2$ℭ(uid) Chr Thdt | εγω δε] λεγω δε A: και εγω e | απεδωκα cx

19 συ] σοι N*(uid): om y𝔅ℭ Chr Luc | απηγγελκας bo

10 την ψυχην] λ̥ την κακιαν j
12 και 1°] + ※ π̅ε̅ρ μου j | το 1°] pr ※ και ιδου j | της διπλοιδος] α′ του ενδυματος θ′ του επιβολαιου σ′ του εφεστριδος j | εν 2°—μου 2°] σ′ παρ εμοι j | δεσμευεις] λ̥ σ′ θηρας *b*jm(om λ̥ *bm*)
14 παραβολη] σ′ παροιμια *b*(sine nom)jmz

B μοι σήμερον ἃ ἐποίησάς μοι ἀγαθά, ὡς ἀπέκλεισέν με Κύριος σήμερον εἰς χεῖράς σου καὶ οὐκ
ἀπέκτεινάς με· [20]καὶ ὅτι εἰ εὕροιτό τις τὸν ἐχθρὸν αὐτοῦ ἐν θλίψει καὶ ἐκπέμψαι αὐτὸν ἐν ὁδῷ 20
ἀγαθῇ, καὶ Κύριος ἀνταποτίσει αὐτῷ ἀγαθά, καθὼς πεποίηκας σήμερον. [21]καὶ νῦν ἰδοὺ ἐγὼ 21
§𝔈ᶜ γινώσκω ὅτι βασιλεύων §βασιλεύσεις, καὶ στήσεται ἐν χερσίν σου βασιλεία Ἰσραήλ. [22]καὶ νῦν 22
ὄμοσόν μοι ἐν Κυρίῳ ὅτι οὐκ ἐξολεθρεύσεις τὸ σπέρμα μου ὀπίσω μου, καὶ οὐκ ἀφανιεῖς τὸ ὄνομά
μου ἐκ τοῦ οἴκου τοῦ πατρός μου. [23]καὶ ὤμοσεν Δαυεὶδ τῷ Σαούλ· καὶ ἀπῆλθεν Σαοὺλ εἰς τὸν 23
ℭ 𝔅ˡ τόπον αὐτοῦ, καὶ Δαυεὶδ καὶ οἱ ἄνδρες αὐτοῦ ἀνέβησαν εἰς τὴν Μεσσαρὰ στενήν.¶

[1]Καὶ ἀπέθανεν Σαμουήλ, καὶ συναθροίζονται πᾶς Ἰσραὴλ καὶ κόπτονται αὐτόν, καὶ 1 XXV
θάπτουσιν αὐτὸν ἐν οἴκῳ αὐτοῦ ἐν Ἀρμαθάιμ. καὶ ἀνέστη Δαυεὶδ καὶ κατέβη εἰς τὴν ἔρημον
Μαάν. [2]Καὶ ἦν ἄνθρωπος ἐν τῇ Μαάν, καὶ τὰ ποίμνια αὐτοῦ ἐν τῷ Καρμήλῳ· καὶ ὁ ἄνθρωπος 2
μέγας σφόδρα, καὶ τούτῳ ποίμνια τρισχίλια καὶ αἶγες χίλιαι· καὶ ἐγενήθη ἐν τῷ κείρειν τὸ
ποίμνιον αὐτοῦ ἐν τῷ Καρμήλῳ. [3]καὶ ὄνομα τῷ ἀνθρώπῳ Ναβάλ, καὶ ὄνομα τῇ γυναικὶ αὐτοῦ 3
Ἀβειγαία· καὶ ἡ γυνὴ αὐτοῦ ἀγαθὴ συνέσει καὶ ἀγαθὴ τῷ εἴδει σφόδρα, καὶ ὁ ἄνθρωπος σκληρὸς
καὶ πονηρὸς ἐν ἐπιτηδεύμασιν, καὶ ὁ ἄνθρωπος κυνικός. [4]καὶ ἤκουσεν Δαυεὶδ ἐν τῇ ἐρήμῳ ὅτι 4

19 απεκλισεν A | 20 θλειψει B* | ανταποτεισει B* | 21 γεινωσκω B* | 22 εξολοθρευσεις B[1]
XXV 1 αυτον 2°] αυτου B* | 2 τρεισχειλια B* | χειλιαι B* | 3 ειδι A

ANa–jl–qstv–c$_2$e$_2$𝔄(𝔅ˡ)ℭ$^{(c)w}$𝔈(𝔏ᵛ)

c$_2$e$_2$ | μοι 1°] ⟨μου 242⟩: om boc$_2$e$_2$ | σημερον 1°] post αγαθα 𝔈: post μοι 2° d | α εποιησας μοι] ⟨om 44⟩: om μοι v | om σημερον 2° cdgjvxa$_2$e$_2$ℭ Luc | χειρας] pr τας bnovc$_2$e$_2$ Chr: *manum* 𝔈 | om και 2°—με 2° o | ουκ] ως e

**20** οτι ει ευροιτο] *sicut inueniat* Luc | οτι] οτε gx: om 𝔅ℭ | ει] η e$_2$ᵃ: om Acnoxa$_2$e$_2$* | ευροιτο Bjya$_2$b$_2$] ⟨ευρατο 71⟩: ευρη c: ευροι N rell Chr: ευρων A | om τις a* | τον εχθρον] *amicum* Luc | om εν θλιψει Luc | εκπεμψαι] εκπεμψει Aabdghᵇ?lmo–twyzc$_2$ Chr: εκπεμψη e$_2$: πεμψει cx | αυτον] αυτω a | om εν 2° y | αγαθη] pr ουκ y | om και 3° ⟨44⟩ ℭ | ανταποτισει αυτω] *retribuat tibi* 𝔈 Luc | ανταποτισει] ανταποτισαι y: ανταποδωσει ANbjova$_2$c$_2$e$_2$: ανταποδω Chr | ⟨om αυτω 246⟩ | om αγαθα A𝔈 | καθως] *pro quibus* Luc | πεποιηκας BA*b**ya$_2$] εποιησας cx: συ πεποιηκας μοι N: +συ b′*b*ᵃoc$_2$e$_2$𝔅𝔈 Chr: pr συ rell 𝔄ℭ: +*mihi* Luc

**21** ιδου εγω] om 𝔄: om εγω ⟨44.71⟩ ℭ | ⟨γινωσκων 71⟩ | ⟨βασιλευων] pr συ 242: om 44⟩ | βασιλευεις aa$_2$ | στησεται] pr οτι i | εν—ισραηλ] η βασιλεια ιηλ εν χειρι σου boc$_2$e$_2$ Chr Thdt | χερσιν BAcnxya$_2$𝔄ℭʷ] χειρι N rell (pr τη g) 𝔅𝔈 Luc | βασιλεια Ba$_2$] pr η N rell: βασιλεα A | ισραηλ] pr του s

**22** ⟨om νυν 44⟩ | εν—ουκ 1°] κατα του κυ ινα μη boc$_2$e$_2$ Chr Thdt | εξολεθρευσεις] εξολεθρευσης giovc$_2$e$_2$ Chr Thdt: εξουδενωσεις a$_2$ | ⟨οπισω—αφανιεις] και το σπερμα μου ουκ αφανιεις οπισω μου 44⟩ | οπισω μου] post μου 3° d: οπισω σου e$_2$: om a Chr ⅓ | ουκ 2°] μη boc$_2$e$_2$ Chr Thdt | αφανιεις] αφανισεις b′j: αφανισης *b*oc$_2$e$_2$ Chr | ονομα] σπερμα a: προσωπον i | μου 3°] σου g*

**23** και 1°—σαουλ 1° bis scr z | τοπον] οικον boc$_2$e$_2$ | δαυειδ και] om da$_2$: ⟨om και 242⟩ | ανεβησαν] *uenerunt* 𝔄 | hab εις 2°—στενην 𝔏ᵛ (*in Maserat angusta*) | την μεσσαρα] μεσσαρα την boze$_2$: μεσσερα την c$_2$: μεσιρα εις την g | την] τον c | μεσσαρα Bℭʷ] μεσσαρ a$_2$: μεσσαραν yb$_2$: μεσσαραμ j: [illegible] 𝔖ʲ: μεσαρα cᵃ?(ex corr)mnswx: μεσαραν e: μεσαρας A: μεσερα hᵇ?: μεσηρα v: μασαρα f𝔄: μασερα h*: μεσσηρα N rell 𝔅: *Amessarat* ℭᶜ | στενην] pr την jv: στελην cx

**XXV 1** ⟨και απεθανεν] απεθανε δε 44⟩ | σαμουηλ απεθανεν boc$_2$e$_2$ | συναθροιζονται] συναθροιζωντε g: συναθροιζεται bco a$_2$c$_2$e$_2$ | om πας d | om και θαπτουσιν αυτον v | οικω] pr τω boc$_2$e$_2$ | εν 2°] εις v: om fℭᶜ | αρμαθαιμ] αρμαθεμ g: ραμα Azᵃ?: ραμα εις αρμαθαιμ c(αι ex ε)x: ⟨+και θαπτουσιν αυτον εν οικω αυτου 242⟩ | ανεστη—κατεβη] κατεβη δαδ cxℭʷ | μααν] μααθ a$_2$: μαων i𝔄𝔈𝔖ʲ(mg): μαναан e: φαραν Ac: φαρραν x: την επηκοον (-οων gc$_2$) bgoc$_2$e$_2$𝔖$^{j\,txt}$(uid)

**2** ανος ην Nadgilpqtvzb$_2$ | εν τη] om A: ⟨om τη-244⟩ | μααν] pr ερημω Nav: μαων Acx𝔄𝔈: μαναан e: ερημω μαων i: ερημω bdglopqtzc$_2$e$_2$𝔖ʲ | τα ποιμνια] pr ην n: η εργασια bgoz(mg)a$_2$(om η)c$_2$e$_2$𝔖ʲ: om τα N | τω 1°] τη cx | καρμηλω 1°] καρμειλω g | ⟨om ο 246⟩ | τουτω] τουτου c*: *eius* 𝔄 | ποιμνια 2° BAxya$_2$] pr τα c: προβατα N rell 𝔄𝔈 | αιγες] post χιλιαι Acx: αιγαι N | χιλιαι] τρισχιλιαι Nhja$_2$ℭʷ | εγενηθη—αυτου 2°] *facta est tonsura gregum* 𝔄 | εγενηθη] εγενετο bjoc$_2$e$_2$: om ⟨44⟩ ℭ | κειρειν] ⟨αιρειν 44⟩: +αυτον b′: +αυτους *b*goc$_2$e$_2$ | το ποιμνιον] τα ποιμνια Abopc$_2$e$_2$: *oues* ℭ𝔈 | om αυτου 2° c$_2$* | τω 3°] τη x | καρμηλω 2°] καρμιλω g

**3** τω ανθρωπω] pr αυτω c: αυτω g: *eius* 𝔄 | αβαλ g*a$_2$ | ονομα 2°] post αυτου 1° bc$_2$e$_2$: om o | om τη N* | αβειγαια] αβιγεα va$_2$: αβιραια A | και 3°] +ην bozc$_2$e$_2$ | αυτου 2° BAcnxya$_2$𝔄𝔈(uid)] om N rell ℭ | hab αγαθη 1°—κυνικος 𝔏ᵛ | αγαθη συνεσει] *bono sensu* 𝔏 | συνεσει] pr τη Acx | αγαθη τω ειδει] *bona specie* 𝔏 | αγαθη 2° Ba$_2$] καλη AN rell 𝔄 | om και 5°—επιτηδευμασιν 𝔏(uid) | και ο 1°] ο δε boc$_2$e$_2$ | πονηρος και σκληρος Acx | σκληρος] +ras (8) v: +σφοδρα a | και πονηρος post επιτηδευμασιν a$_2$ | om και 6° e | εν] τοις Jos: om no | om και 7°—κυνικος cxℭᶜ | om ο 2° boc$_2$e$_2$ | κυνικος] κοινικος n: κυνηγος h

**4** εν τη ερημω] *in die illo* 𝔄 | κειρη i | αβαλ a$_2$ | ο καρμη-

19 αγαθα] σ′ αμοιβην (-βον *b*) *b*m | σημερον 2°] ※ ο′ ζ′ α′ σημερον j
20 αγαθα] σ′ αμοιβην j
23 την μεσσαρα στενην] σ′ α′ το οχυρομα *b*(om α′)m: σ′ θ′ το οχυρωμα την κορυφην jz(sine nom)
XXV 1 αρμαθαιμ] ο′ ραμα θ′ το εσω j
3 αγαθη συνεσει] σ′ ευδιανοητος *b*jm | σκληρος] σ′ κακογνομον *b* | πονηρος εν επιτηδευμασιν] σ′ κακογνωμων jm | κυνικος] αναιδης και ταχυς και πονηρος εν επιτηδευμασιν j

5 κείρει Ναβὰλ ὁ Καρμήλιος τὸ ποίμνιον αὐτοῦ· [5]καὶ Δαυεὶδ ἀπέστειλεν δέκα παιδάρια, καὶ εἶπεν B
τοῖς παιδαρίοις Ἀνάβητε εἰς Κάρμηλον καὶ ἀπέλθατε πρὸς Ναβὰλ καὶ ἐρωτήσατε αὐτὸν ἐπὶ τῷ
6 ὀνόματί μου εἰς εἰρήνην, [6]καὶ ἐρεῖτε τάδε Εἰς ὥρας· καὶ σὺ ὑγιαίνων, ὁ οἶκός σου καὶ πάντα τὰ
7 σὰ ὑγιαίνοντα. [7]καὶ νῦν ἰδοὺ ἀκήκοα ὅτι κείρουσίν σοι νῦν οἱ ποιμένες σου οἳ ἦσαν μεθ' ἡμῶν ἐν
τῇ ἐρήμῳ, καὶ οὐκ ἀπεκωλύσαμεν αὐτοὺς καὶ οὐκ ἐνετειλάμεθα αὐτοῖς οὐθὲν πάσας τὰς ἡμέρας
8 ὄντων αὐτῶν ἐν Καρμήλῳ. [8]ἐρώτησον τὰ παιδάριά σου, καὶ ἀπαγγελοῦσίν σοι· καὶ εὑρέτωσαν
τὰ παιδάριά σου χάριν ἐν ὀφθαλμοῖς σου, ὅτι ἐφ' ἡμέραν ἀγαθὴν ἥκομεν· δὸς δὴ ὃ ἐὰν εὕρῃ ἡ
9 χείρ σου τῷ υἱῷ σου τῷ Δαυείδ. [9]καὶ ἔρχονται τὰ παιδάρια καὶ λαλοῦσιν τοὺς λόγους τούτους
10 πρὸς Ναβὰλ καὶ πάντα τὰ ῥήματα ταῦτα ἐν τῷ ὀνόματι Δαυείδ· καὶ ἀνεπήδησεν [10]καὶ ἀπεκρίθη
Ναβὰλ τοῖς παισὶν Δαυεὶδ καὶ εἶπεν Τίς ὁ Δαυεὶδ καὶ τίς ὁ υἱὸς Ἰεσσαί; σήμερον πεπληθυμμένοι
11 εἰσὶν οἱ δοῦλοι ἀναχωροῦντες ἕκαστος ἐκ προσώπου τοῦ κυρίου αὐτοῦ. [11]καὶ λήμψομαι τοὺς
ἄρτους μου καὶ τὸν οἶνόν μου καὶ τὰ θύματά μου ἃ τέθυκα τοῖς κείρουσίν μου τὰ πρόβατα, καὶ
12 δώσω αὐτὰ ἀνδράσιν οἷς οὐκ οἶδα πόθεν εἰσίν; [12]καὶ ἀπεστράφησαν τὰ παιδάρια Δαυεὶδ εἰς ὁδὸν
13 αὐτῶν, καὶ ἀνέστρεψαν καὶ ἦλθον καὶ ἀνήγγειλαν τῷ Δαυεὶδ κατὰ τὰ ῥήματα ταῦτα. [13]καὶ εἶπεν

6 ο] pr και B$^a$ (suprascr) 11 ληψομαι A

ANa-jl-qstv-c$_2$e$_2$𝔄ℭ$^{cw}$𝔈(𝔏$^{sv}$)

λιος] ο καρμηλος a*: om n | το ποιμνιον] τα ποιμνια boc$_2$e$_2$𝔄 (uid): *oues* ℭ𝔈 | om αυτου a$_2$

**5** δαυειδ] post απεστειλεν ANabdg-lopqtzb$_2$c$_2$e$_2$𝔄𝔈: om cvx | δεκα] pr πεντε κε c: ÷πεντε x | ειπεν] + δᾱδ A𝔄ℭ | τοις παιδαριοις] προς τα παιδαρια boc$_2$e$_2$: αυτοις cx | ανεβητε o | εις 1°] προς f | καρμηλον] pr τον boc$_2$e$_2$: ⟨pr το 246⟩: καρμιλον N*(uid): το καρμηλιον a$_2$ | απελθατε] απελθετε efh$^{b?}$lmqstwxz: απιτε j: ηκατε b: ηκετε oc$_2$e$_2$ | ναβαλ] pr τον b: β ex θ (uid) c$^a$ | και 4° euan v | ερωτησατε] επερωτησατε N: ασπασασθε boz(mg)c$_2$e$_2$ | αυτον] αυτω ap: *cum eo* ℭ | επι] pr τα v | εις ειρηνην] pr τα Naf-jmsvwy$^b$b$_2$: ⟨pr το 242⟩: εν ειρηνη boc$_2$e$_2$: om εις c

**6** ερειτε] + αυτω bozc$_2$e$_2$ℭ𝔈(uid) | hab εις—υγιαινοντα 𝔏$^{sv}$ | εις—υγιαινοντα] *ex multis annis saluos facies tuos et omnia tua* 𝔏$^s$ | εις ωρας] επ ετη πολλα Jos: *multis annis* 𝔏$^v$: om 𝔈 | ωρας] ωρακας cx | και συ υγιαινων] *saluus sis et tu* 𝔏$^v$ | om και 2° 𝔄𝔈 | υγιαινων] υγιαινωντα e$_2$ | ο—υγιαινοντα] και παντα τα σα (om b) υγιαινοντα και ο οικος σου boc$_2$ | ο B*] pr και πας e$_2$ℭ𝔏$^v$: pr και B$^a$AN rell 𝔄𝔈 | σου] + *saluus tecum* ℭ$^c$ | om και 3°—υγιαινοντα e$_2$ℭ$^c$ | σα] συ v | om υγιαινοντα d

**7** om ιδου dlp-tz𝔈 | ακηκοα—ερημω] *homines locuti sunt mihi qui fuerunt nobiscum in deserto quod tondent* (+ *nunc* 𝔈$^a$) *oues tuas* 𝔈 | κειρουσιν—σου] *tonsura est gregum tuorum* 𝔄 | ⟨σοι] σου 244⟩ | om νυν 2° adlpqtzℭ | om οι 1° c$_2$* | οι 2°] οτι i | ⟨εκωλυσαμεν 242⟩ | και ουκ 2°] ουδε boc$_2$e$_2$ | αυτοις] + κακα c | ουθεν] post ημερας cx: ουδεν abdg-lopqtvyzb$_2$c$_2$e$_2$: om N | om πασας τας ημερας d | αυτων] + *nobiscum* 𝔄ℭ𝔖$^j$ | om εν καρμηλω ℭ | καρμηλω BAanva$_2$] pr τη h: καρμιλω g: τη ερημω cxy: pr τω N rell

**8** ερωτησον] pr και ⟨244⟩ 𝔈 | om σου 1° Aa$_2$ | απαγγελουσιν] ερουσι c | om και 2° o | ευρετωσαν] ευρετω boc$_2$e$_2$ Thdt | om σου 2° ANbcdg-lopqtxz-e$_2$𝔄 Thdt | om οτι—ηκομεν 𝔈 | εφ ημεραν αγαθην] *in bono die* 𝔄 | εφ] εις a$_2$ | ηκομεν] pr ημεις Thdt: ηκωμεν b'a$_2$: ηκαμεν v: *uenerunt* 𝔄 | δος] pr δι ου c | δη] δε Thdt | ο] ως N$^{a?}$ | αν AN$^{a?}$gijnb$_2$ Thdt | ευρη] ερη g: ευρησει c$^{a?}$x: ευρεθη c* | om η χειρ σου a* | τω υιω] pr τοις παισιν bcozc$_2$e$_2$: pr τοις παισιν σου Ax: pr τοις παισιν σου και efj$^{mg}$(sub ※)msw𝔄: τοις παισι του υιου Thdt | σου τω δαυειδ] ιεσσαι c (ε ex αι): om σου τω x: om τω AN*boza$_2$c$_2$e$_2$ Thdt

**9** ερχονται] ερχεται boc$_2$e$_2$: om ℭ$^w$ | παιδαρια Biya$_2$b$_2$] + δᾱδ AN rell 𝔄ℭ𝔈: ⟨+ δαυιδ απο ναβαλ 71⟩ | om και 2°—τουτους ib$_2$ | και λαλουσιν post ναβαλ j | om και 2° ℭ$^w$ | λαλουσιν] λαλει oc$_2$e$_2$: λεγουσι cx | τους λογους τουτους] om Abcjoxc$_2$e$_2$: om τουτους 𝔄 | προς] τω Acx | ναβαλ] λαβαν x: ⟨δαυιδ 71⟩ | ⟨om και 3°—δαυειδ 44⟩ | om και 3°—ταυτα a$_2$ℭ | και 3° By] om cx𝔈: κατα AN rell 𝔄 | om ταυτα jny | εν] επι bgoc$_2$e$_2$ | om τω cx

**10** και 1°—ειπεν] *Nabal dixit seruis* ℭ$^c$ | ναβαλ και απεκριθη bdoc$_2$e$_2$ℭ$^w$𝔖$^j$ | απεκριθη] ειπεν A | om ναβαλ 𝔄𝔈 | om τοις—ειπεν d | παισιν] παιδαριοις y | ⟨δαυειδ 1°] αυτου 71⟩ | ειπεν] απεκριθη A | τις ο δαυειδ] δᾱδ τις εστιν h: om ο Abcoxc$_2$e$_2$ Thdt | om και 3°—ιεσσαι a*v | και 3°] *uel* 𝔄 | om ο 2° Abcoxc$_2$e$_2$ Thdt | αναχωρουντες] pr οι cefimswx: αποδιδρασκοντες oz(mg)a$_2$: οι αποδιδρασκοντες bc$_2$e$_2$ Thdt: οι διαδιδρασκοντες g | εκ] απο bgoa$_2$c$_2$e$_2$ Thdt | προσωπου] pr του v | του κυριου] των κυριων Thdt: om του b$_2$ | αυτων fℭ$^w$ Thdt

**11** λειψωμε g | τον αρτον f | hab και 2°—μου 2° 𝔏$^v$ | ⟨om και 2° 44⟩ | οινον] οικον N | θυμιαματα a$_2$ | om μου 3° g | om α—προβατα d | τεθυκα] τεθηκα ghope$_2$: εθυσα cx | μου 4°] post προβατα cv: μοι x: om g | ⟨προβατα] + μου 246⟩ | om αυτα c𝔄𝔈 | ανδρασιν] pr τοις b' | οις] ους a$^{a?}$oc$_2$e$_2$

**12** απεστραφη bfgoc$_2$e$_2$ | δαυειδ 1°] om b': + *ad Dauid* ℭ | εις] επ i: om cx | οδον] pr την bopv$^b$c$_2$e$_2$ | om και 2°—ηλθον da$_2$ℭ | και ανεστρεψαν] και .πεστρεψαν c: om v𝔄 | ηλθον] ηλθαν Agz: ανηλθον lp: + προς αυτον boc$_2$e$_2$ | απηγγειλαν Nabdg-ln-qtvzb$_2$c$_2$e$_2$ | τω δαυειδ] *ei* ℭ: om τω n | om κατα τα ρηματα d | om κατα cxyℭ𝔈 | τα 2°] pr παντα ANbcefgj$^{mg}$(sub ※)moswxc$_2$e$_2$ℭ

4 ο καρμηλιος] ο καρμηλιτης *b*
5 και ερωτησατε αυτον] σ' και ασπαζεσθαι αυτον *b* | ερωτησατε] ασπασασθε προσειπατε j: σ' ασπασασθαι m
6 εις ωρας] αντι του πολλοι σοι χρονοι j
7 απεκωλυσαμεν] α' ενετρεψαμεν θ' κατησχυναμεν σ' ενωχλησαμεν j | ενετειλαμεθα] ενωχλησαμεν *b*: σ' ηνωχλησαμεν m
9 ανεπηδησεν] λ̥ επαυσαντο j
10 αναχωρουντες] θ' αποδιδρασκοντες jm

13 Δαυεὶδ τοῖς ἀνδράσιν αὐτοῦ Ζώσασθε ἕκαστος τὴν ῥομφαίαν αὐτοῦ· καὶ ἀνέβησαν ὀπίσω Δαυεὶδ
ὡς τετρακόσιοι ἄνδρες, καὶ οἱ διακόσιοι ἐκάθισαν μετὰ τῶν σκευῶν. [14]καὶ τῇ Ἀβειγαίᾳ γυναικὶ 14
Ναβὰλ ἀπήγγειλεν ἓν τῶν παιδαρίων λέγων Ἰδοὺ Δαυεὶδ ἀπέστειλεν ἀγγέλους ἐκ τῆς ἐρήμου
εὐλογῆσαι κύριον ἡμῶν, καὶ ἐξέκλινεν ἀπ᾽ αὐτῶν. [15]καὶ οἱ ἄνδρες ἀγαθοὶ ἡμῖν σφόδρα· οὐκ 15
ἀπεκώλυσαν ἡμᾶς οὐδὲ ἐνετείλαντο ἡμῖν πάσας τὰς ἡμέρας ἃς ἤμεν παρ᾽ αὐτοῖς· [16]καὶ ἐν τῷ 16
εἶναι ἡμᾶς ἐν ἀγρῷ [(16)] ὡς τεῖχος ἦσαν περὶ ἡμᾶς καὶ τὴν νύκτα καὶ τὴν ἡμέραν πάσας τὰς ἡμέρας
ἃς ἤμεθα παρ᾽ αὐτοῖς ποιμαίνοντες τὸ ποίμνιον. [17]καὶ νῦν γνῶθι καὶ ἴδε τί σὺ ποιήσεις, ὅτι 17
συντετέλεσται ἡ κακία εἰς τὸν κύριον ἡμῶν καὶ εἰς τὸν οἶκον αὐτοῦ· καὶ οὗτος υἱὸς λοιμὸς καὶ
οὐκ ἔστιν λαλῆσαι πρὸς αὐτόν. [18]καὶ ἔσπευσεν Ἀβειγαία καὶ ἔλαβεν διακοσίους ἄρτους καὶ δύο 18
ἀγγεῖα οἴνου καὶ πέντε πρόβατα πεποιημένα καὶ πέντε οἰφὶ ἀλφίτου καὶ γόμορ ἓν σταφίδος καὶ
διακοσίας παλάθας, καὶ ἔθετο ἐπὶ τοὺς ὄνους· [19]καὶ εἶπεν τοῖς παιδαρίοις αὐτῆς Προπορεύεσθε 19
ἔμπροσθέν μου, καὶ ἰδοὺ ἐγὼ ὀπίσω ὑμῶν παραγίνομαι. καὶ τῷ ἀνδρὶ αὐτῆς οὐκ ἀπήγγειλεν.
[20]καὶ ἐγενήθη αὐτῆς ἐπιβεβηκυίης ἐπὶ τὴν ὄνον καὶ καταβαινούσης ἐν σκέπῃ τοῦ ὄρους, καὶ ἰδοὺ 20
Δαυεὶδ καὶ οἱ ἄνδρες αὐτοῦ κατέβαινον εἰς συνάντησιν αὐτῆς· καὶ ἀπήντησεν αὐτοῖς. [21]καὶ Δαυεὶδ 21

13 ζωσασθαι A 14 αβιγαια A | εξεκλεινεν B*A 16 ποιμανοντες B* 17 γνωθει A
18 αβιγαια A | αγγια A | οιφει A | αλφειτου A 19 προπορευεσθαι A 20 επιβεβηκυεις A

ANa-jl-qstv-$c_2e_2$𝔄ℭ[cw]𝔈(𝔏[v])

**13** δαυειδ 1°—αυτου 1°] *eis* ℭ[c] | ζωσεσθε s | ρομφαιαν] μαχαιραν boz$c_2e_2$ | αυτου 2°] + και περιεζωσαντο ανηρ την μαχαιραν αυτου και περιεζωσατο και δᾱδ την μαχαιραν αυτου ANbc efgmoswxy[b]z$c_2$(sub ※)$e_2$⟨244[b]⟩𝔄 ⟦om και 1°—αυτου 1° cxy[b] | περιεζωσαντο] περιεζωσατο cfmsw 244[b] | ανηρ—αυτου 1°] τας μαχαιρας αυτων boc$_2$e$_2$ | ανηρ] εκαστος z: + *unusquisque* 𝔄 | om και 2°—αυτου 2° eg | περιεζωσατο και δᾱδ] δᾱδ και αυτος εζωσατο (-αντο z*) boz$c_2e_2$ | περιεζωσατο] περιεζωσαντο N* | και 3°] om cfmwxy[b]: + γε N 244[b] | om την 2° 244[b] | μαχαιραν 2°] ρομφαιαν cx⟧: + *etiam Dauid accinxit gladium suum* (+ *et ipse* 𝔈[a]) 𝔈 | om οπισω x* | δαυειδ 2°] αυτου a | ως] εως ad: om boy$c_2e_2$𝔈 | om οι befmoswz$c_2e_2$ | μετα] επι Nabdghiln–qtvz(txt)$b_2c_2e_2$

**14** αβειγαια] αβιγεα $a_2$: αβειαια $e_2$ | αβαλ g | παιδαριων] + απο των παιδων bo$c_2e_2$ | λεγον N[a?]efl[a?]qsz$c_2$[a] | δαυειδ απεστειλεν] απεστειλεν δᾱδ ANabcvx: απεσταλκεν δᾱδ dg–lopqtz $b_2c_2e_2$: *misit Dauid* 𝔄𝔈 | ⟨απεσταλκεν 74⟩ | αγγελους post ερημου ⟨236⟩ ℭ[w] | εκ της ερημου] εν τη ερημω g | κυριον Ba] pr τον AN rell | ημων] μου $e_2$ | ⟨εξεκλινεν απ αυτων] ωτρυνθη εν αυτοις 242⟩

**15** ημιν 1°] υμιν p*: ημων c* | ουκ] pr οτι p: pr και beovy $a_2c_2e_2$𝔄𝔈 Thdt | απεκωλυσαν ημας] εποιησαν ημιν ουδεν κακον v | om ουδε—αυτοις d | hab ουδε ενετειλαντο ημιν 𝔏[v] | ουδε] και ουκ y | ενετειλαντο ημιν] *interminauerunt nos* 𝔏 | ενετειλαντο] επιτεταχαν $a_2$: επιτεταχασιν boz(mg)$c_2e_2$ Thdt | ημιν 2° Boy$a_2$ Thdt] + ουθεν x: + ουθεν κακον c: + ουδεν AN rell (ουδε—ουδεν sub ※ $c_2$)ℭ𝔈(uid) | πασας—(16) ημας 1°] *quamdiu eramus cum iis* 𝔄 | ⟨ημερας] + ουδεν 242⟩ | αυτοις] αυτων g

**16** εν αγρω] εν τω αγρω dy: εις αγρων g | ως] pr *et* 𝔄: ωσει bdov$c_2e_2$ Thdt: εις c | τοιχος d | ημας 2°] υμας g: ημων a: ⟨+ φυλασσοντες 244⟩ | om και 2°—ποιμνιον d | και την νυκτα] post ημεραν bo$c_2e_2$𝔈 Thdt: om και 𝔄ℭ | om πασας—ποιμνιον cx | πασας] pr και $e_2$ | ας—ποιμαινοντες] οντων ημων μετ αυτων εν αγρω ποιμαινοντων Nabg–ln–qtvz$b_2c_2e_2$ℭ Thdt ⟦οντων—αυτων sup ras i[a] | om οντων a | om μετ αυτων aℭ | εν αγρω] και bo$c_2e_2$ Thdt: om v: + και z | ποιμαινων N*⟧ | ημεθα B$Aa_2$] ημεν efmswy | το ποιμνιον] τα ποιμνια ημων bo$c_2e_2$𝔈(uid) Thdt

**17** om γνωθι και d | om και ιδε 𝔄-codd | om τι συ ποιησεις a | συ τι efgmswℭ | συ] σοι $a_2$: om bcox$b_2c_2e_2$𝔄 | ποιησεις] ποιησης g: ποιεις hv$a_2$ | εις τον κυριον] του κυριου b′ | εις 1°] επι *b*o$c_2e_2$𝔄ℭ𝔈: προς a | εις 2°] επι bo$c_2e_2$𝔄ℭ𝔈 | τον 2°] pr παντα Acx𝔄 | αυτου] om cx: + παντα bo$c_2e_2$ | και 4°—λοιμος om v (spat relict) | ουτος] pr ο κ̅ς̅ ημων c(ουτος ex ουτως) x: ουτως a*g: αυτος bo$c_2e_2$𝔄𝔈 | om υιος $a_2$ | hab λοιμος—αυτον 𝔏[v] | λοιμος] *pestilentiae* 𝔏 | ⟨om και 5° 44⟩ | ουκ εστιν] ουκετι o

**18** εσπευσεν] εταχυνεν cx | αβιγεα v$a_2$ | αρτους διακοσιους av | hab και 4°—παλαθας 𝔏[v] | om και 4°—πεποιημενα n | προβατα πεποιημενα] *pecora optima* 𝔏 | οιφι] υφι N[a?]e*fgv$a_2$ Thdt: κορους cx | αλφιτου—εν σταφι bis scr N* | αλφιτων bz | γομορ εν σταφιδος] σταπιδας γομαν εν cx | γομορ] γιωμωρ v: γομον ⟨236⟩ 𝔄(uid) | om εν 𝔏 | σταφιδος] σταπιδος v: σταφιδας p: σταφιδων b$a_2c_2$: σταφιλων o$e_2$ | διακοσιας] διακοσιους Abcs*(uid)x | πελαθας w$a_2$ | επι τους ονους] ⟨pr παντας 246⟩: *super asinum* 𝔄-ed | τους] τας Aacfmx

**19** πορευεσθε Nbcfgox$c_2e_2$ | om ιδου 𝔄 | ημων g$e_2$ | και τω] τω δε bo$c_2e_2$ | αυτης 2°] αυτου n*(uid): + ναβαλ Abcefmos wx$c_2e_2$𝔄ℭ[w]

**20** εγενετο bcox$c_2e_2$ | επιβεβηκυιης BA(-κυεις)Nah*o$a_2$] επιβεβηκυιας αυτης $e_2$: επιβεβηκυιας h[b?](uid) rell | om επι $a_2$ | την ονον] τον ονον cefims(uid)wy$a_2$: της ονου a | καταβαινουσης] καταβαινουσιν h*(uid): + αυτης $a_2$ | εν σκεπη] post ορους h: εν σκειvι v | του] pr επι h | ανδρες] παιδες y: μετ d | om αυτου v | κατεβαινον] κατεβαιναν A: καταβαινοντες Ncixy$a_2$: ανεβαινον b$c_2e_2$: αναβαινον o: αναβαινοντες efmsw | αυτης 2°] αυτοις s* | και απηντησεν αυτοις] και ειπεν αυτοις χαιρετε $a_2$: om d | απηντησεν] pr αυτη b$c_2$: υπηντησεν c (ε corr ex uel in α)lpqtx: αυτη υπηντησεν z$e_2$

**21—XXVI 2** multa restaurauit a[b]

**21** δαυειδ post ειπεν c(δαβιδ)dlpqtxz𝔄𝔈 | ειπεν] pr και w |

14 εξεκλινεν] α′ ωτρυνθη *b*jm: σ′ απεστραφη θ′ εξουδενωσεν j 15 ενετειλαντο] σ′ ενετηλατο *b*
17 εις τον οικον] σ′ κατα του οικου j | λοιμος] σ′ ανομος *b*jm: α′ αποστασιας θ′ αφροσυνης j
18 αγγεια] σ′ ασκους *b*jm: α′ αμφορεις jz: θ′ νεβελ j | οιφι] α′ σατα *b*z | αλφιτου] φρυκτου *b*m: α′ φρυκτων κεκομμενης κριθης j | και γομορ εν] και ρ′ *b*: σ′ και εκατον ενδεσμους j(sine nom)m𝔖-ap-Barh
19 αυτης 2°] + ※ λ̥ ναβαλ j 20 σκεπη] α′ αποκρυφη(-φοι *b*) *b*jmz

εἶπεν Ἴσως εἰς ἄδικον πεφύλακα πάντα τὰ αὐτοῦ ἐν τῇ ἐρήμῳ καὶ οὐκ ἐνετειλάμεθα λαβεῖν ἐκ B
22 πάντων τῶν αὐτοῦ οὐθέν, καὶ ἀνταπέδωκέν μοι πονηρὰ ἀντὶ ἀγαθῶν· [22]τάδε ποιήσαι ὁ θεὸς τῷ
Δαυεὶδ καὶ τάδε προσθείη, εἰ ὑπολείψομαι ἐκ πάντων τῶν τοῦ Ναβὰλ ἕως πρωὶ οὐροῦντα πρὸς
23 τοῖχον. [23]καὶ εἶδεν Ἀβειγαία τὸν Δαυεὶδ καὶ ἔσπευσεν καὶ κατεπήδησεν ἀπὸ τῆς ὄνου, καὶ
24 ἔπεσεν ἐνώπιον Δαυεὶδ ἐπὶ πρόσωπον αὐτῆς, καὶ προσεκύνησεν αὐτῷ ἐπὶ τὴν γῆν [24]ἐπὶ τοὺς
πόδας αὐτοῦ καὶ εἶπεν Ἐν ἐμοί, κύριέ μου, ἡ ἀδικία μου· λαλησάτω δὴ ἡ δούλη σου εἰς τὰ ὦτά
25 σου, καὶ ἄκουσον τῆς δούλης σου λόγον. [25]μὴ δὴ θέσθω ὁ κύριός μου καρδίαν αὐτοῦ ἐπὶ τὸν
ἄνθρωπον τὸν λοιμὸν τοῦτον, ὅτι κατὰ τὸ ὄνομα αὐτοῦ οὗτός ἐστιν· Ναβὰλ ὄνομα αὐτῷ καὶ
26 ἀφροσύνη μετ' αὐτοῦ· καὶ ἐγὼ ἡ δούλη σου οὐκ εἶδον τὰ παιδάριά σου ἃ ἀπέστειλας. [26]καὶ νῦν,
κύριε, ζῇ Κύριος καὶ ζῇ ἡ ψυχή σου, καθὼς ἐκώλυσέν σε Κύριος τοῦ μὴ ἐλθεῖν εἰς αἷμα ἀθῷον καὶ
σώζειν τὴν χεῖρά σού σοι· καὶ νῦν γένοιντο ὡς Ναβὰλ οἱ ἐχθροί σου καὶ οἱ ζητοῦντες τῷ κυρίῳ
27 μου κακά. [27]καὶ νῦν λάβε τὴν εὐλογίαν ἣν ἐνήνοχεν ἡ δούλη σου τῷ κυρίῳ μου, καὶ δώσεις τοῖς
28 παιδαρίοις τοῖς παρεστηκόσιν τῷ κυρίῳ μου. [28]ἆρον δὴ τὸ ἀνόμημα ¶ τῆς δούλης σου· ὅτι ποιῶν ¶ ℭ
ποιήσει Κύριος τῷ κυρίῳ μου οἶκον πιστόν, ὅτι πόλεμον κυρίου μου ὁ κύριος πολεμεῖ, καὶ κακία
29 οὐχ εὑρεθήσεται ἐν σοὶ πώποτε. [29]καὶ ἀναστήσεται ἄνθρωπος καταδιώκων σε καὶ ζητῶν τὴν

22 υπολιψομαι B* | πρωει A 23 ιδεν A | αβιγαια A 25 ουχ ιδον A | παιδιαρια A 29 ανθρωπος] αος A | σε] σει A

ANa–jl–qstv–c$_2$e$_2$𝔄ℭ$^{(c)w}$𝔈(𝔏$^v$)

ισως εις] *saluabisne* 𝔈 | ισως] ισος cwx: ⟨πλην 242⟩ | εις] ει e* | ⟨αδικον] ματην 242⟩ | πεφυλακα BAcnxya$_2$] εφυλαξας b′: εφυλαξα N*b* rell | αυτου 1° BAcxyℭ] του ναβαλ N rell 𝔄𝔈 | ενετειλαμεθα λαβειν] *rogauimus eum* ℭ$^w$: *rogaui eum* ℭ$^c$ | ενετειλαμεθα BAcxya$_2$𝔄𝔈] ητησαμην boc$_2$e$_2$: ενετειλαμην N rell | ουδεν Nabdghjlopqtvzb$_2$c$_2$e$_2$

**22** ποιησαι] ποιησει y: + μοι clqtza$_2$ | τω] τοις εχθροις bfhj$^{mg}$(sub ※)mosc$_2$e$_2$ℭ | ει] η v | υπολειψομαι] υποληψωμε g: υπολημψομαι Nv | om εκ o | των του ναβαλ] om c$_2$*: om των q | εως πρωι ουρουντα] hab *usque ad canem mingentem* 𝔏$^v$ | ουραντα b | τοιχον] pr τον we$_2$

**23** αβειγαια] pr η n: αβιγεα va$_2$ | εσπευσεν και] σπευσασα boc$_2$: σπευσας e$_2$: om cdxℭ$^c$ | κατεπηδησεν] κατεβη boc$_2$e$_2$𝔈(uid) | της] του efmsw | om και 4°—αυτης b′ | επεσεν] εσπευσεν n: ⟨ενεπεσε 246⟩ | ενωπιον δαυειδ] post προσωπον d: om ⟨44⟩ 𝔈 | δαυειδ 2°] αυτου cℭ$^c$ | om επι 1°—αυτω f | επι 1°] pr και e | om αυτης—γην d | ⟨αυτης] αυτου 246⟩ | om αυτω b′𝔄-cod ℭ$^c$ | γην] + ενωπιον αυτου y

**24** om επι—αυτου ⟨74⟩ ℭ$^c$ | επι] pr και boc$_2$e$_2$: pr και επεσεν Acgx𝔄(pr ※) | αυτου] ⟨δάυιδ 44⟩: + επεσεν boc$_2$e$_2$ | om μου 1° e$_2$𝔄 | μου 2° BAcexya$_2$𝔄] om N rell ℭ𝔈 | λαλειτω cx | om δη acefmswxa$_2$e$_2$ | ⟨om και 2°—λογον 44⟩ | της—λογον Bnya$_2$] pr λογον i* : τον λογον της δουλης σου A*b*dhlopqtzc$_2$e$_2$: λοιπον της δουλης σου v: λογον της δουλης σου Nb′i$^{a?}$ rell: *uerbum seruae tuae* 𝔈: των λογων της δουλης σου ⟨74⟩ 𝔄(uid) ℭ(uid)𝔖$^j$

**25** μη—ο sup ras A′ | δη θεσθω] διαθεσθω x: διαθεσθαι c | om δη n | ⟨θεσθω—ανθρωπον] γενεσθω η καρδια του κυριου μου επι τον ανδρα 44⟩ | θεσθω] θεισθω g: γενεσθω d | καρδιαν] pr την Nbozc$_2$e$_2$ | om αυτου 1° b | ανθρωπον] ανδρα boc$_2$e$_2$𝔄(uid) | τουτον] + τον ναβαλ cx𝔄: + επι ναβαλ Aboc$_2$e$_2$ | om οτι y | αυτου 2°] + και αφροσυνη μετ αυτου Aℭ | ουτος εστιν] *ita amentia eius quae super eum* 𝔈 | ουτος] ουτως Na–dhilnpqtxzb$_2$c$_2$: αυτος Acfmsw: *et ipse* 𝔄: *Nabal* ℭ$^w$: om ℭ$^c$ | om εστιν—αυτω cx | εστιν] om a$_2$: + αυτος boc$_2$(+ ras 2—3 litt)e$_2$ | om ονομα 2°—αυτου 3° ℭ$^c$ | ονομα αυτω] αυτω ονομα a: om A | ονομα 2°] pr το a$_2$ | αυτω] ω sup ras z$^a$: αυτου boya$_2$c$_2$e$_2$ | και αφροσυνη] *secundum amentiam quae* ℭ$^w$ | αφροσυνη] pr η cx | μετ αυτου] εν αυτω x: om μετ c | η δουλη σου post ειδον cx | σου 2° BAcxya$_2$𝔄𝔈] του κυριου μου N rell ℭ𝔖$^j$ | απεστειλες oc$_2$

**26** κυριε BAcxya$_2$𝔈] om 𝔄ℭ$^c$: + μου N rell ℭ$^w$ | καθως] και ως o | εκωλυσεν σε] ελαλησεν σοι a$_2$: om σε f | του—αθωον] *effundere sanguinem* (+ *nostrum* ℭ$^c$) ℭ | ελθειν] εισελθειν b′hnpta$_2$: εισελθειν σε Thdt: + σε o | om αθωον 𝔈 | και 3°] αλλα Ncefimwx𝔄ℭ𝔈: + μη bnb$_2$e$_2$ | τας χειρας Thdt | σου σοι] αυτου a$^b$ | σοι] συ ch$^{b?}$im: *mundam* ℭ: om n | om και 4° s* | νυν 2°] + *domine mi* ℭ | γενοιτο a–dlpqtz | ο ζητων boc$_2$e$_2$ | οι 2°] ου a$^b$

**27** om νυν d | ευλογιαν Bdb$_2$𝔈] + ταυτην AN rell 𝔄ℭ | ο δουλος i* | om τω 1°—(28) σου d | μου 1°] + λαβε Acefmwx𝔖$^j$ | om και 2°—μου 2° l | om και 2° i | τοις παιδαριοις] om a$_2$: + σου bozc$_2$e$_2$ℭ | τοις παρεστηκοσιν] τοι ευηρεστηκοσιν a$^b$ | τω κυριω μου 2°] σοι ⟨71⟩ ℭ$^c$

**28** δη] δε ⟨246⟩ 𝔄(uid)𝔈(uid) | om ποιων A | ποιησει] ⟨post κυριος 1° 246⟩: ποιηση c$^{a?}$ | κυριος 1°] pr ο boa$_2$c$_2$e$_2$ | πιστον] πιστου a: om A | οτι 2°] και boc$_2$e$_2$𝔈 | πολεμον] pr τον boc$_2$e$_2$: *proelia* Or-lat | κυριου] pr του befmnoswc$_2$e$_2$: $\overline{κω}$ v: τω κυριω a$_2$: $\overline{κε}$ cx | om μου 2° gqc$_2$* Or-lat | ο κυριος πολεμει] πολεμησει $\overline{κς}$ g | om ο efmpsvw | κυριος 2°] + μου Acx Or-lat | πολεμησει Nbdefhj–twzb$_2$c$_2$e$_2$ℭ Or-lat | om και ο | σεται εν—(36) ναβαλ 1° om v* (spat relict) | πωποτε] ποτε v$^b$: om ℭ

**29** αναστησεται] pr *non* 𝔄: pr εσται οταν d: εαν αναστη bhov$^b$zc$_2$e$_2$ℭ𝔈: ⟨+ σοι 71⟩ | καταδιωκων σε] pr και d: καταδιωκοντες a | ζητω A | ψυχην 1°] ζωην c | και 3°—ενδεδε-

21 ισως εις αδικον] α′ πλην ματην z | ισως] α′ θ′ πλην *b*(sine nom)jm: σ′ ουτως j | αδικον] α′ ψευδος σ′ ανοητον j | ουκ ενετειλαμεθα] σ′ ου διεφωνησεν θ′ ουκ ητησαμεν j
22 προς τοιχον] εν τριγχω j
25 μη δη θεσθω] σ′ μη προσχης αξιω jm | δη] σ′ αξιω *b*
28 αρον] σ′ αφελου (-λον m) jm | κακια] σ′ πονηρια *b*jm

B ψυχήν σου, καὶ ἔσται ψυχὴ κυρίου μου ἐνδεδεμένη ἐν δεσμῷ τῆς ζωῆς παρὰ Κυρίῳ τῷ θεῷ, καὶ
ψυχὴν ἐχθρῶν σου σφενδονήσεις ἐν μέσῳ τῆς σφενδόνης. 30 καὶ ἔσται ὅτι ποιήσει Κύριος τῷ 30
κυρίῳ μου πάντα ὅσα ἐλάλησεν ἀγαθὰ ἐπὶ σέ, καὶ ἐντελεῖταί σοι εἰς ἡγούμενον ἐπὶ Ἰσραήλ, 31 καὶ 31
οὐκ ἔσται σοι τοῦτο βδελυγμὸς καὶ σκάνδαλον τῷ κυρίῳ μου, ἐκχέαι αἷμα ἀθῷον δωρεὰν καὶ
σῶσαι χεῖρα κυρίου μου αὐτῷ· καὶ ἀγαθῶσαι Κύριος τῷ κυρίῳ μου, καὶ μνησθήσῃ τῆς δούλης σου
ἀγαθῶσαι αὐτῇ. 32 καὶ εἶπεν Δαυεὶδ τῇ Ἀβειγαίᾳ Εὐλογητὸς Κύριος ὁ θεὸς Ἰσραὴλ ὃς ἀπέστειλέν 32
§ M σε εἰς ἀπάντησίν μου. 33 καὶ εὐλογητὸς ὁ τρόπος σου, καὶ §εὐλογημένη σὺ ἡ ἀποκωλύσασά με 33
σήμερον ἐν ταύτῃ μὴ ἐλθεῖν εἰς αἵματα καὶ σῶσαι χεῖρά μου ἐμοί. 34 πλὴν ὅτι ζῇ Κύριος ὁ θεὸς 34
Ἰσραὴλ ὃς ἀπεκώλυσέν με σήμερον τοῦ κακοποιῆσαί σε, ὅτι εἰ μὴ ἔσπευσας καὶ παρεγένου εἰς
ἀπάντησίν μοι, τότε εἶπα Εἰ ὑπολειφθήσεται τῷ Ναβὰλ ἕως φωτὸς τοῦ πρωὶ οὐρῶν πρὸς τοῖχον.
35 καὶ ἔλαβεν Δαυεὶδ ἐκ χειρὸς αὐτῆς πάντα ἃ ἔφερεν αὐτῷ, καὶ εἶπεν αὐτῇ Ἀνάβηθι εἰς εἰρήνην 35
εἰς οἶκόν σου· βλέπε, ἤκουσα τῆς φωνῆς σου καὶ ᾑρέτισα τὸ πρόσωπόν σου. 36 καὶ παρεγενήθη 36
Ἀβειγαία πρὸς Ναβάλ· καὶ ἰδοὺ αὐτῷ πότος βασιλέως καὶ ἡ καρδία Ναβὰλ ἀγαθὴ ἐπ' αὐτόν,

31 δωραιαν A 32 αβιγαια A 34 πρωει A
35 αναβηθει A 36 αβιγαια A | ποτος] + εν οικω αυτου ως ποτος $B^{ab}$(mg)

A(M)Na–jl–qstv–$c_2e_2$𝔄$ℭ^w$𝔈($𝔏^{sv}$)

μενη] ενδεδυμενη η ψυχη σου d | ⟨om εσται 246⟩ | ψυχη κυριου μου] *anima tua* 𝔈 | ψυχη By] pr η $ANv^b$ rell | κυριου] pr του $Nabefhl–tv^bwzc_2e_2$: om y | om μου $c_2$ | hab ενδεδεμενη—σφενδονης $𝔏^v$ | ενδεδεμενη] ενδεδυμενη cgpx: δεδεμενη b′ | om εν 1° efmsw | om της 1° a | ⟨ζωης] + σου 44⟩ | παρα—θεω] *Domini Dei* 𝔄 | κυριω τω θεω] κ̅υ̅ του θ̅υ̅ $bov^bc_2e_2$𝔏: κ̅υ̅ θ̅υ̅ d: ⟨+ σου 242⟩ | om και 4°—σφενδονης d | ψυχην 2°] pr την $Nabg–ln–qtv^bzb_2c_2e_2$: *anima* 𝔏 | εχθρων] pr των $ANbchlopqtv^bxzc_2$(εχθρων part ex corr)$e_2$: εκ χειρων a | σφενδονησεις] σφενδονησης g(uid): σφενδονησει $ov^bc_2e_2$ℭ𝔏: εκσφενδονησεις $a^b$ | της σφενδονης] om $v^b$: ⟨om της 244 uid⟩: + σου cx

30 om εσται dℭ | οτι $Bnya_2$] οτε Acx: οταν $Nv^b$ rell: *ubi* 𝔄: *et* 𝔈: om ℭ: ⟨+ αν 244: + εαν 242⟩ | ποιησει] ποιηση $N^{a?}efjlmq^{a?}swzc_2$: ποιησοι c | κυριος] pr ο $hc_2e_2$: ο θ̅ς̅ a | om τω κυριω μου f | παντα] pr κατα $bgov^bc_2e_2$: + αγαθα a𝔄ℭ | οσα] α $bov^bc_2e_2$ | ελαλησα e* | αγαθα] post σε w𝔈: *afferre* 𝔄: om oℭ | om επι 1° a | hab και 2°—ισραηλ $𝔏^v$ | om και 2° d | εντελειται σοι] *constituet te* 𝔈 | εντελειται] εντειληται efmsw: *mandauit* 𝔏 | σοι Bℭ(uid)] σε ⟨44⟩ 𝔄(uid): σε κ̅ς̅ df: + κ̅ς̅ AN a(σοι sup ras)$v^b$ rell 𝔏 | εις ηγουμενον] *in regem* 𝔏: om εις ⟨74⟩ 𝔄𝔈 | επι 2°] εν τω cx: ⟨+ τον 74⟩

31 om και 1° 𝔄 | om ουκ e* | σοι τουτο] om 𝔄: om τουτο Thdt | ⟨om βδελυγμος και 44⟩ | βδελυγμος] βδελυγμα y: ολυγμος h*(uid): λυγμος $ij^{a?}n$: ⟨θρηνος $246^{a?}$⟩ | σκανδαλον] + καρδιας $Abcefmnosv^bwxc_2e_2$ℭ𝔈 Thdt | τω κυριω μου 1°] *in corde domini mei* 𝔄: om d: om μου a | σωσαι] pr μη g: σωσει a | κυριου] κυριω $dh^{b?}lqtz$ | om μου 2° e* | αυτω] εαυτω $bov^bzc_2e_2$: αυτου g | om και 4°—μου 3° d𝔈 | αγαθωσαι 1°] αγαθωσει Ncgh*(uid)jlqtz(txt)$b_2$ℭ: αγαθωση p: ⟨αγαθυναι 242⟩: αγαθυνει $bov^bz$(mg)$c_2e_2$ | τη δουλη n | hab αγαθωσαι αυτη $𝔏^s$ | αγαθωσαι 2°] pr του z(txt): αγαθως $a_2$: ⟨αγαθυναι 242⟩: του καλως ποιησαι $bov^bz$(mg)$c_2e_2$: *et tu benefacies* 𝔏 | αυτη] αυτην $Acdgilpqtv^bxyz$

32 ⟨om τη αβειγαια 44⟩ | αβειγαια] αβιγεα $a_2$: αβηγαια g | ευλογητος] pr και a*: βαρουχ b′*b*(txt)j(mg)oz(mg)$c_2e_2$ Thdt: αρουχ $v^b$ | ισραηλ] pr του g | os] ως g | σε B] σοι σημερον εν ταυτη g: σημερον εν ταυτη y: + σημερον d𝔄-codd ℭ𝔈: + σημερον ενταυθα cx𝔄-ed: + σημερον εν ταυτη τη ημερα $v^b$: + σημερον εν ταυτη AN rell: hab σημερον Jos | μου] μοι $Nbdfh–lm^aoqstwyzb_2c_2$: εμοι A

33 ο τροπος] η γνωμη $z^{a?}$ | ευλογημενη] ...μενη M: ευλογημενος o | συ] σοι $v^b$ | η] ει ⟨71⟩ Thdt: om fy | om με cxy | om σημερον εν ταυτη d | om εν—(34) σημερον i | εν ταυτη] om cxℭ(uid): + τη ημερα 𝔈 Thdt | μη] pr του f Thdt: ⟨om 44⟩ | ελθειν] post αιματα d: εισελθειν cnx Thdt: + με $bov^bc_2e_2$ | αιμα N | σωσαι] pr μη $bov^bzc_2e_2$: σωζειν Thdt | χειρα] pr την $c_2$ Thdt: χειρας cx | μου] μοι N | εμοι] pr εν b′*b**

34 πληην οτι] *et* ℭ | πληην] pr και cx𝔈(uid) | om οτι 1° $bov^bc_2e_2$𝔄𝔈 | os] ως g | με] μοι cx: om y | om του 1° cefmsw | κακοποιησαι] pr μη cx | σε] σοι bc*: με o: om de*lpqt | οτι 2° post μη g | ει μη εσπευσας sup ras $e^a$(uid) | παρεγινου ch*(uid) | απαντην A | μοι] μου $Ab–gmopsv^bwxyc_2e_2$ | τοτε—υπολειφθησεται] ουκ αν υπελειφθη $hov^bz$(mg)$c_2e_2$ℭ(uid): ουχ υπελειπετο d | τοτε] οτι $a_2$𝔄 | ειπας y | ει 2°] η M: ουχ $a_2$𝔄(uid) | υπολειφθησομαι h | τω] του h* | ναβελ $v^b$ | om φωτος του cx | φωτος] pr του $a_2$ | του 2°] το $dfhpqtza_2$: τω l | ουρων] ουροιντα Ndhlpqtz: ουρωντος b

35 εκ—παντα] παντα τα εκ της χειρος αυτης $bov^bc_2e_2$ | om εκ χειρος αυτης d | χειρος] pr της Acx | α] οσα cdx | εφερεν] ⟨εφερον 242⟩: ηνεγκεν $bov^bc_2e_2$𝔄𝔈 | αυτη ειπεν A | αυτη] + δ̅α̅δ̅ $bov^bc_2e_2$ | εν ειρηνη $bov^bc_2e_2$ | εν οικω cx | οικον] pr τον $bijov^bza_2c_2e_2$ | βλεπε] pr και efmsw: pr *et ecce* 𝔈: ⟨+ δε 123⟩: + δη $bov^bz$(mg)$c_2e_2$ | ηκουσα] pr οτι $bov^bz$(mg)$c_2e_2$𝔄𝔈: + *enim* ℭ | ηρετισα] ενετραπην M(mg)bgi(mg)$ov^ba_2c_2e_2$: ανετραπην z(mg) | om το y | σου 3°] μου g

36 παρεγενετο $bciov^bxc_2e_2$ | αβειγαια] ⟨pr η 246⟩: αβιγεα $v^b$ | ιδου αυτω] *erat* 𝔄 | αυτω 1°] pr ην $boc_2e_2$: αυτου $a_2$*: om A | ποτος B*] + ως ο ποτος $bc_2e_2$: + ωσει ποτος o: ποτος εν οικω αυτου ως ποτος $B^{ab}$AMN rell 𝔄ℭ𝔈 ⟦ποτος 1°] τοπος aqt | οικω] pr τω Adefmsw | ποτος 2°] pr ο i: τοπος ο a(uid)⟧ | βασιλεως] pr του Acx: των βασιλεων εν τω οικω αυτου $boc_2e_2$ | hab και 3°—αυτον $𝔏^v$ | om η 1°—αυτος d | η 1°—αυτον] *cor*

29 ενδεδεμενη] σ′ πεφυλαγμενη *b*j(indice ad εν μεσω posito)m | μεσω της σφενδονης] α′ ταρσω. πλαγειω j(indice ad ενδεδεμενη posito) 31 βδελυγμος] α′ θ′ λυγμος *b*mz(om θ′ *b*z): βδελυγμος α′ θ′ το εσω j | αθωον] σ′ αναιτιον jz(sine nom)
33 ο τροπος] α′ η γνωμη j | σωσαι] σ′ εκδικησαι j
34 πληην οτι] pr ※ α′ θ′ και j: επι τι γε *b*: σ′ επει (επι m) τοιγε jm | τοτε—υπολειφθησεται] σ′ ουκ αν υπελειφθη M | τοτε ειπα ει] σ′ ουκ αν j
35 βλεπε] ιδε j | ηρετισα] σ′ ετιμησα α′ ηρα α′ ειληφα θ′ ελαβον σ′ ενετραπην j

καὶ αὐτὸς μεθύων ἕως σφόδρα· καὶ οὐκ ἀπήγγειλεν αὐτῷ ῥῆμα μικρὸν ἢ μέγα ἕως φωτὸς τοῦ πρωί. B
37 [37]καὶ ἐγένετο πρωὶ ὡς ἐξένηψεν ἀπὸ τοῦ οἴνου Ναβάλ, ἀπήγγειλεν ἡ γυνὴ αὐτοῦ τὰ ῥήματα ταῦτα,
38 καὶ ἐναπέθανεν ἡ καρδία αὐτοῦ ἐν αὐτῷ, καὶ αὐτὸς γίνεται ὡς λίθος. [38]καὶ ἐγένετο ὡσεὶ δέκα
39 ἡμέραι καὶ ἐπάταξεν Κύριος τὸν Ναβάλ, καὶ ἀπέθανεν. [39]καὶ ἤκουσεν Δαυεὶδ καὶ εἶπεν Εὐλογητὸς
Κύριος ὃς ἔκρινεν τὴν κρίσιν τοῦ ὀνειδισμοῦ μου ἐκ χειρὸς Ναβάλ, καὶ τὸν δοῦλον αὐτοῦ περιε-
ποιήσατο ἐκ χειρὸς κακῶν· καὶ τὴν κακίαν Ναβὰλ ἀπέστρεψεν Κύριος εἰς κεφαλὴν αὐτοῦ. καὶ
40 ἀπέστειλεν Δαυεὶδ καὶ ἐλάλησεν περὶ Ἀβειγαίας λαβεῖν αὐτὴν ἑαυτῷ εἰς γυναῖκα. [40]καὶ ἦλθον
οἱ παῖδες Δαυεὶδ πρὸς Ἀβειγαίαν εἰς Κάρμηλον καὶ ἐλάλησαν αὐτῇ λέγοντες Δαυεὶδ ἀπέστειλεν
41 ἡμᾶς πρὸς σὲ λαβεῖν σε αὐτῷ εἰς γυναῖκα. [41]καὶ ἀνέστη καὶ προσεκύνησεν ἐπὶ τὴν γῆν ἐπὶ
42 πρόσωπον καὶ εἶπεν Ἰδοὺ ἡ δούλη σου εἰς παιδίσκην νίψαι πόδας τῶν παίδων σου. [42]καὶ ἀνέστη
Ἀβειγαία καὶ ἐπέβη ἐπὶ τὴν ὄνον, καὶ πέντε κοράσια ἠκολούθουν αὐτῇ, καὶ ἐπορεύθη ὀπίσω τῶν
43 παίδων Δαυείδ, καὶ γίνεται αὐτῷ εἰς γυναῖκα. [43]καὶ τὴν Ἀχεινάαν ἔλαβεν Δαυεὶδ ἐξ Ἰσραήλ,
44 καὶ ἀμφότεραι ἦσαν αὐτῷ γυναῖκες. [44]καὶ Σαοὺλ ἔδωκεν Μελχὸλ τὴν θυγατέρα αὐτοῦ τὴν γυναῖκα
Δαυεὶδ τῷ Φαλτεὶ υἱῷ Ἀμεὶς τῷ ἐκ Ῥομμά.

36 μεικρον B* | πρωει A 37 πρωει A | γεινεται B* 39 εκρεινεν B* | ονιδισμου A
41 ναιψαι A 42 αβιγαια A | γεινεται B* 44 φαλτι A

AMNa–jl–qstv–$c_2e_2$𝔄ℭ[w]𝔈(𝔏[v])

*Nabal in se bonum erat* 𝔏 | αυτον] αυτω abo$c_2e_2$ | om εως 1° bciox$c_2e_2$𝔄𝔈 | και 5°] + *Abicia* ℭ | ανηγγειλεν o$c_2e_2$ | αυτω 2° BAcxy$a_2$𝔄𝔈] τω ανδρι αυτης d: αβειγαια (-γεα v) τω ναβαλ MN rell | μικρον η μεγα] μεγα η μικρον bop$c_2e_2$𝔄: om ℭ(uid) | hab εως 2°—πρωι 𝔏[v] | om φωτος του cvx | του] το h[b?]n | πρωιου i

**37** εγενετο] pr ως Nℭ: om d | πρωι ως εξενηψεν] ως εξενηψεν το πρωι cx | ⟨πρωι] pr το 74⟩ | ως 1°] pr και bo$c_2e_2$: εως A: om ℭ | εξενηψεν] ⟨ανενηψεν 74: αναvηψεν 44⟩: ενηψεν dlpqtz Jos(uid) | απο—ναβαλ] ναβαλ απο του υπνου cx | απο του οινου post ναβαλ 𝔄 | om του d | οινου] υνου g (ν ex corr) | om ναβαλ ℭ | απηγγειλεν BAcxy] ⟨pr και 123⟩: και απηγγειλεν αυτω efmsvwℭ: ανηγγειλεν αυτω j: + αυτω MN rell 𝔄𝔈 | om αυτου 1° $a_2$ | τα ρηματα ταυτα] pr παντα MNabg–ln–qtvz$b_2c_2e_2$: παντα d | hab και 2°—αυτου 2° 𝔏[v] | ⟨απεθανεν 244⟩ | η καρδια αυτου] post αυτω bo$c_2e_2$: *corde suo* 𝔏: om η y | εν αυτω] om fn𝔄-codd: om εν bo$c_2e_2$ℭ(uid) | om αυτος cdvxy𝔄-ed | γινεται] εγενετο cefmswx: εγενηθη v | ως 2°] ωσει Acx: om t*

**38** εγενοντο befimoswz$c_2e_2$𝔄-ed | ⟨ως 246⟩ | ⟨ημερας 246⟩ | om και 2° dℭ | εταξεν a*(uid) | τον] τω hx | αβαλ N*g

**39** δαυειδ 1°] + οτι απεθανεν bho$e_2$: + οτι απεθανεν ναβαλ Acgx$c_2$(sub ※ uid)𝔄𝔈[s] | ⟨και ειπεν] ειπε δε 246⟩ | ευλογητος] βαρουχ bio$c_2e_2$ | κυριος] + ο θ̅ς̅ b$e_2$𝔄𝔖[j]: + βαρουχ g | om ος $e_2$ | εκρινεν] εκρυψεν cx | την κρισιν] εν τη κρισει $e_2$ | μου] εμου A: om cnwx | ναβαλ 1°] pr του A: + και τον ναβαλ cx | om και 3°—αυτου 2° d | τον] και a | ναβαλ 2°] ναβελ y* | απεστρεψεν BAb′oxy*] επεστρεψεν MNby[a] rell | ⟨om κυριος 2° 64 txt⟩ | εις 1°] επι vℭ𝔈(uid)𝔖[j] | κεφαλην] pr την biov$c_2e_2$ | περι αβειγαιας] *cum Abigea* 𝔄 | αβειγαιας] αβιγεας $a_2$: αβιγαια A | αυτην εαυτω] αυτω αυτην b′ | αυτην post γυναικα g | εαυτω] αυτω MNaghjnv$b_2$ | om εις 2° acx

**40** om totum comma $e_2$ | ηλθον] ηλθαν gn: απηλθον v | δαυειδ 1°—καρμηλον] ι̅η̅λ̅ v | προς 1°—αυτη] και ελαλησεν περι αβιγεας εις καρμηλον $a_2$ | ⟨προς 1°] εις 74⟩ | αβιγαια A | καρμηλον] pr τον bio$c_2$: το καρμηλιον c | αυτη] αυτην c: την g | λεγοντες—γυναικα] ταυτα d | απεσταλκεν bco$c_2$ | om ημας N | om σε 2° M | αυτω] εαυτω Mi | om εις 2° f*

**41** και 1°] pr και ηλθεν αβιγεα εις εαυτην $a_2$ | ανεστη και] αναστασα bo$c_2e_2$ | επι την γην post προσωπον Abcfoxy$c_2e_2$𝔄ℭ(uid) | om επι προσωπον di* | om ιδου o | εις παιδισκην] εις δουλην efmsw: *in ministerium* 𝔄: και παιδισκη σου v𝔈 | νιψαι] pr του MNadijlnpqtz$b_2$: νιψω g: νιπτειν bo$c_2e_2$ | ποδας] pr τους Nbhio$c_2e_2$ | ⟨των παιδων σου] του κυριου μου 246⟩ | των] pr σου και $e_2$: om acefmsw | παιδων] ποδων i𝔈 | σου 2°] του κυριου μου A$e_2$𝔄: + του κυριου μου bciowx$c_2$: + του κυριου σου e

**42** και 1°] pr και εταχυνεν Abcefimosw(bis scr)x$c_2$(sub ※) 𝔄 | ανεστη αβειγαια] εταχυνεν αμειγαια και ανεστη $e_2$ | αβειγαια] αβιγεα v: βιγαια h* | την] τον cfmqsy | πεντε] *septem* 𝔄-codd: *uiginti* 𝔄-codd: *quinquaginta* 𝔈[s] | κορασια] + αυτης bi$c_2e_2$ℭ | ηκολουθουν] ⟨ηκολουθη 246⟩: ηκολουθησαν bceox𝔄ℭ𝔈: ηκολουθησεν $c_2e_2$ | αυτη] αυτην m | δ̅α̅δ̅ των παιδων i | παιδων] αγγελων bgo$c_2e_2$ | δαυειδ] αυτου f$b_2$*

**43** την αχειναan] *Achinaom* 𝔈: *Achinoam* 𝔄 | αχειναaν Bgjny$b_2$] αχιναaβ do(uid)ℭ: αχαναaμ e: αχιμαδ v: αχιναaμ AMN (bis scr N*) rell: ⟨αχιαν 246⟩ | ελαβεν] + εαυτω bio$c_2e_2$ℭ | ισραηλ] ισραελ j$b_2$: ιεσραελ p: ⟨ιζραηλ 123⟩: ιεζραηλ $c_2$: ιεζδραηλ o: ιεζραελ Mdfh[b]ilmnqstwz𝔄(uid): ιεζραερ c (ρ 1° ex corr): ιζιαελ A | αμφοτεραι] post αυτω bo$c_2e_2$𝔄: post ησαν Acx: αμφωτεροι v | γυναικες] εις γυναικας bovz$c_2e_2$

**44** μελχολ] pr την cnsv: pr τη x: μελχωλ f: μελχηλ m[b]: μελχω N[a?] | om την 1°—την 2° cx | om την 1° v | τω 1°—ρομμα] εις ανδρα v | ⟨τω φαλτει] φαλιηλ 44⟩ | φαλτει] φελτει nz(mg)$a_2$: φαλτιηλ dlpqtz(txt)𝔄𝔖[j](mg) | hab υιω—ρομμα 𝔏[v] | αμεις] *Iames* 𝔈: ναμεις y: [illegible] 𝔄: λαις Acx: ιωας befim*(uid)oswz(mg)$c_2e_2$𝔏: [illegible] 𝔖[j]: ιας m[b] | τω εκ ρομμα] [illegible] 𝔄 | om τω 2° $a_2$ | ρομμα] ρομμαι m[b]𝔈(uid): ρωμμα g: *Ramma* ℭ: ραμα e: κρομμα q: *Gallim* On-lat: γαλλημ c[a?]x: γαλλυμ c*: [illegible] 𝔖[j]: γαλλει A (γαδδει forte A*) On-gr: γολιαθ bioz(mg)$c_2e_2$𝔏 Jos-lat: hab γεθλας Jos-gr

39 περιεποιησατο] α′ εξειλετο(-ατο j)bjm 41 σου 2°] + ※ α′ του κ̅υ̅ μου m
42 και 1°] pr ※ α′ και εταχυνε m

B [1]Καὶ ἔρχονται οἱ Ζειφαῖοι ἐκ τῆς αὐχμώδους πρὸς τὸν Σαοὺλ εἰς τὸν βουνὸν λέγοντες Ἰδοὺ 1 XXVI
Δαυεὶδ σκεπάζεται μεθ' ἡμῶν ἐν τῷ βουνῷ τῷ Χελμὰθ τοῦ κατὰ πρόσωπον τοῦ Ἰεσσαιμού. [2]καὶ 2
ἀνέστη Σαοὺλ καὶ κατέβη εἰς τὴν ἔρημον Ζείφ, καὶ μετ' αὐτοῦ τρεῖς χιλιάδες ἀνδρῶν ἐκλεκτοὶ ἐξ
Ἰσραήλ, ζητεῖν τὸν Δαυεὶδ ἐν τῇ ἐρήμῳ Ζείφ. [3]καὶ παρενέβαλεν Σαοὺλ ἐν τῷ βουνῷ τοῦ Ἐχελὰ 3
ἐπὶ προσώπου τοῦ Ἰεσσαιμοὺ ἐπὶ τῆς ὁδοῦ· καὶ Δαυεὶδ ἐκάθισεν ἐν τῇ ἐρήμῳ, καὶ εἶδεν Δαυεὶδ
ὅτι ἥκει Σαοὺλ ὀπίσω αὐτοῦ εἰς τὴν ἔρημον. [4]καὶ ἀπέστειλεν Δαυεὶδ κατασκόπους, καὶ ἔγνω ὅτι 4
ἥκει Σαοὺλ ἕτοιμος ἐκ Κεειλά. [5]καὶ ἀνέστη Δαυεὶδ λάθρα καὶ εἰσπορεύεται εἰς τὸν τόπον οὗ 5
ἐκάθευδεν ἐκεῖ Σαούλ, καὶ ἐκεῖ Ἀβεννὴρ υἱὸς Νὴρ ἀρχιστράτηγος αὐτοῦ· καὶ Σαοὺλ ἐκάθευδεν
ἐν λαμπήνῃ, καὶ ὁ λαὸς παρεμβεβληκὼς κύκλῳ αὐτοῦ. [6]καὶ ἀπεκρίθη Δαυεὶδ καὶ εἶπεν πρὸς 6
Ἀβειμέλεχ τὸν Χετταῖον καὶ πρὸς Ἀβεσσὰ υἱὸν Σαρουίας ἀδελφὸν Ἰωὰβ λέγων Τίς εἰσελεύσεται
μετ' ἐμοῦ πρὸς Σαοὺλ εἰς τὴν παρεμβολήν; καὶ εἶπεν Ἀβεισά Ἐγὼ εἰσελεύσομαι μετὰ σοῦ. [7]καὶ 7
εἰσπορεύεται Δαυεὶδ καὶ Ἀβεισὰ εἰς τὸν λαὸν τὴν νύκτα, καὶ ἰδοὺ Σαοὺλ καθεύδων ὕπνῳ ἐν

XXVI 1 ζιφαιοι A | ειεσσαιμου A    2 χειλιαδες B*    3 ειεσσαιμου A    4 αιτοιμος A
5 παρενβεβληκως A    6 αβειμελεχ B*] αβιμελεχ A : αχειμελεχ B$^a$

AMNa-jl-qstv-c$_2$e$_2$𝔄ℭ$^w$𝔈(𝔏$^v$)

XXVI 1 ζειφαιοι] ζηφαιοι cdfgopxa$_2$* : ⟨ζεφαιοι 44.246⟩ | εκ—σαουλ post βουνον boc$_2$e$_2$ | αχμωδους gnovx | προς bis scr A | om τον 1° b-fjlmo-xzb$_2$c$_2$e$_2$ | om εις τον βουνον g | ιδου] pr ουκ MNdg-lpqtzb$_2$ : ουχι n | δαβιδ c | σκεπαζεται] κρυπτεται M(mg)oc$_2$e$_2$ : κεκρυπται b'b(txt)iz(mg)𝔄(uid)ℭ(uid) | μεθ ημων] παρ ημιν Abioc$_2$e$_2$𝔄(uid) : om ℭ | hab εν—ιεσσαιμου 𝔏$^v$ | τω 2°] του ANcjvxa$_2$b$_2$ : *in* ℭ : om oc$_2$ | χελμαθ Ba$_2$] *Chelmenthe* 𝔈 : *Chedmath* ℭ : μελχαθ y : εχελαθ efh$^{b?}$msw : εχελλατ t : εχελα boc$_2$e$_2$ : αχιλα Acx : [illegible] 𝔖$^j$ : εχεα v : εχελατ MNh* rell 𝔄𝔏 | του 1°] τω afilpqtzc$_2$e$_2$ : το bdhoa$_2$ : om cx𝔄𝔏 | om του 2° bfioc$_2$e$_2$ | ιεσσαιμου BAN*cxya$_2$] *Iasemu* 𝔈 : ιεσσαιμουν Mahjm nvb$_2$ : ιεσεμουν efi : [illegible] 𝔖$^j$ : ⟨ιεσσαμουν 71⟩ : *Iesemon* 𝔄 : ιεσσεμουν N$^{a?}$ rell ℭ𝔏 : ⟨ιεσσεβουν 246⟩

2 ανεστη] κατεβη A | κατεβη] επορευθη A | hab εις—ζειφ 1° 𝔏$^v$ | εις] *et* 𝔏 | ζειφ 1°] ζηφ cfh*v : την αυχμωδη (αχ· o) bgioz(mg)c$_2$e$_2$𝔏 Luc : ⟨αχμωδην 246⟩ | και 3°—ζειφ 2° post (3) οδου z | εκλεκτοι Bnya$_2$] εκλεκτων AMN rell 𝔄 Luc | ⟨om εξ 246⟩ | om ζητειν—ζειφ 2° d | ζητειν] pr του bioc$_2$e$_2$ : ζητων c | ζειφ 2°] ζηφ cf : ζειθ a$_2$ : τη αυχμωδει bgic$_2$e$_2$ : τη αχμωδη o

3 παρενεβαλεν] παρ·※·ενεβαλεν c$_2$* : παρεγενετο cx | om σαουλ 1° d | του 1°] τω MNbdgh$^{b?}$ilopqtyza$_2$c$_2$e$_2$ : om efmsw | εχελα] [illegible] 𝔖$^j$ : *Achel* 𝔈$^s$ : εχελαν e$_2$ : εχελαμ a : εχελατ MNdgijlnpqtvzb$_2$𝔄 : εχελαθ efh$^{b?}$m$^a$sw : εχελαχ m* : ⟨εχελαζ 71⟩ : *Chella* ℭ : σικελλα Jos(uid) : αχιμα cx | om επι 1°—ιεσσαιμου a | επι προσωπου] *qui contra faciem* 𝔈 | επι 1° Bb h$^{b?}$oc$_2$e$_2$𝔄] pr το cxa$_2$ : pr τω MNefimnsvwyz : pr του Ah*(uid) rell | προσωπου BAhs] ⟨pr του 123⟩ : προσωπω Memnw : προσωπων v : προσωπον Np(uid) rell | του 2°] τω M : om boc$_2$e$_2$ | ιεσσαιμου BAcxya$_2$] *Iasemu* 𝔈 : ιεσσαιμουν MN*hjnvb$_2$ : ιεσεμουν efi : ιεσοαμουν g : ⟨ιεσαμουν 71⟩ : *Iesemon* 𝔄 : εσσεμουν b' : ιεσσεμουν N$^{a?}$b rell ℭ : ⟨ιεσσεβουν 246⟩ | επι της οδου] pr τω N : pr του bioc$_2$e$_2$𝔈 : εν τη οδω cx : om a$_2$ | δαυειδ 1°] pr ο bioc$_2$e$_2$ | εκαθητο biozc$_2$e$_2$𝔄ℭ(uid)𝔈 | ερημω] ρη ex δω c$^a$ | ειδεν] ειπεν A | om δαυειδ 2° d | οτι] διοτι n | εικει b | οπισω αυτου post ερημον cx | om εις την ερημον d

4 δαυειδ] om da$_2$ : + οπισω αυτου a | ⟨εγνωσε 246⟩ | ηκει] εικη i | ετοιμος] post κεειλα ℭ : ετοιμως cx𝔄 : οπισω αυτου M(mg)boc$_2$e$_2$ : om efgimswya$_2$ Luc | εκ κεειλα BAya$_2$ℭ] εις κεειλα cx𝔄(uid) : *in Ce'ala* 𝔈$^s$ : *in Acila* 𝔈$^a$ : εις σεκελαγ befm oswc$_2$ : εις σεκελακ M(mg) : ⟨εις σηκελα 71⟩ : *in Sicelet* Luc : εις εχελατ g : εις την ερημον e$_2$ : ⟨εις την ερημον εις σεκελαν 244⟩ : om i : εκει M(txt)N rell

5 λαθραιως hoc$_2$e$_2$ | εισπορευεται] πορευεται AMcxy : επορευθη boc$_2$e$_2$ Luc | ου] ον boc$_2$e$_2$ | εκαθευδεν 1°] pr *sedebat et* 𝔈$^a$ : εκαθησεν cx : *sedebat* 𝔄 | om εκει 1° boc$_2$e$_2$𝔄(uid) Luc | om σαουλ και εκει a* | σαουλ 1°] + και ειδεν δ̄ᾱδ̄ τον τοπον ου εκοιμηθη εκει σαουλ bcefimoswxzc$_2$e$_2$𝔄(sub ※ c$_2$𝔄) [[ειδεν] ειπε b'b* | δ̄ᾱδ̄ post τοπον z | κοιμαται cx | om εκει fime$_2$𝔄]] | εκει 2°] post αυτου 1° boc$_2$e$_2$ : om Luc | αβεννηρ] αβενηρ cefgx : *Abner* Luc | υιος νηρ] ανηρ b' : om cdx | νηρ] νιρ f : ⟨om 74⟩ | αρχιστρατηγος] pr ο cdxy | hab σαουλ 2°—λαμπηνη 𝔏$^v$ | εκαθευδεν 2°] καθευδων efmsw : εκαθητο hx | εν λαμπηνη] *in stragulis* (*-latis* 𝔏) *praeclaris* 𝔏 Luc | om εν v | λαμπηνη] pr τη a$_2$ : λαπηνη b : τη λαπινη i | παρεμβεβληκως] παραβεβληκως a : παρεμβεβλημενος i(txt) : ⟨παραβεβλημενος 246⟩ : απηρεν εμβεβληκως a$_2$ : *erat* Luc : om d : + ην fmsw

6 απεκριθη—ειπεν 1°] ειπε δ̄ᾱδ̄ d : *Dauid dixit* Luc | hab και 2°—υιον 𝔏$^v$ | om και ειπεν 1° cgo | om αβειμελεχ—προς 2° s | αβειμελεχ B*Adgpa$_2$𝔄𝔏 Jos(uid)] αχειμελεχ B$^a$MN rell ℭ𝔈 Thdt : *Amalec* Luc | τον χετταιον] *Cethaeum* 𝔏 Luc : τον γετθαιον f | om προς 2° 𝔏 Luc | αβεσσα] αβισσα ⟨244⟩ ℭ : αβισσαι x : αβεσα deg Thdt : αβησα a$_2$ : *Abesa* 𝔏 : αβισαι Ac Jos(uid) : αμεσσα p | σαρουιας Baℭ Jos(uid)] σερουια f : αρουια e$_2$ : σαουιλ c$_2$ : σαρουια A(-εια)M rell Thdt : ⟨σαρουιλ 74⟩ : σαρουι N | ιωαβ] ιοαβ g : ιωβ t*ℭ | om λεγων h* | ελευσεται cx | μετ εμου προς] προς με εις g | προς 3°—παρεμβολην] εις την παρεμβολην σαουλ a$_2$ | προς σαουλ post παρεμβολην boc$_2$e$_2$ℭ Thdt Luc | αβεισα Ba$_2$] αβισαι Ac : αβισσαι x : αβεσα eg : αβεσσα MN rell 𝔄ℭ Luc (+*ad Dauid*) | εγω] + ειμι N | εισελευσομαι] εισελευσωμαι gv : ελευσομαι d : εισπορευσομαι cx : εισπορευομαι A : *ibo* Luc

7 εισπορευεται] εισπορευονται MNabdg-ln-qtvzb$_2$c$_2$e$_2$ : *intrauerunt* 𝔄ℭ𝔈 Luc | om δαυειδ και αβεισα d | αβεισα Ba$_2$] αβισαι Ac : αβισσαι x : αβεσα eg : αβεσσα MN rell 𝔄ℭ Luc | ⟨om τον 242*⟩ | υπνω B] υπνωσεν boc$_2$ : γυμνος e$_2$ : om AMN

XXVI 1 σκεπαζεται] σ' κρυπτεται jm | του ιεσσαιμου] α' της ηφανισμενης σ' ερημου j
3 του ιεσσαιμου] α' της ηφανισμενης σ' ερημου z | εις την ερημον] εις εκελαγ z
4 ετοιμος εκ κεειλα] σ' ετοιμα bm
5 δαυειδ] αβεσσα z | εν λαμπηνη] εν αρμαμαξη b : σ' εν τη στρογγυλωσει j | λαμπηνη] α' τη στρογγυλωσει a(uid)z : σ' σκηνη (-νην m) bjm : α' καμπη j

λαμπήνῃ, καὶ τὸ δόρυ αὐτοῦ§ ἐνπεπηγὸς εἰς τὴν γῆν πρὸς κεφαλῆς αὐτοῦ, καὶ Ἀβεννὴρ καὶ ὁ λαὸς B
8 αὐτοῦ ἐκάθευδεν κύκλῳ αὐτοῦ. [8]καὶ εἶπεν Ἀβεισὰ πρὸς Δαυεὶδ Ἀπέκλεισεν σήμερον Κύριος τὸν § ℭ$^{m}$
ἐχθρόν σου εἰς τὰς χεῖράς σου· καὶ νῦν πατάξω αὐτὸν τῷ δόρατι εἰς τὴν γῆν ἅπαξ, καὶ οὐ
9 δευτερώσω αὐτῷ. [9]καὶ εἶπεν Δαυεὶδ πρὸς Ἀβεισά Μὴ ταπεινώσῃς αὐτόν, ὅτι τίς ἐποίσει χεῖρα
10 αὐτοῦ ἐπὶ χριστὸν Κυρίου καὶ ἀθῳωθήσεται; [10]καὶ εἶπεν Δαυείδ Ζῇ Κύριος, ἐὰν μὴ Κύριος
παιδεύσῃ αὐτόν, ἢ ἡ ἡμέρα αὐτοῦ ἔλθῃ καὶ ἀποθάνῃ, ἢ εἰς πόλεμον καταβῇ καὶ προστεθῇ,
11 [11]μηδαμῶς μοι παρὰ Κυρίου ἐπενεγκεῖν χεῖρά μου ἐπὶ χριστὸν Κυρίου. καὶ νῦν λάβε δὴ τὸ
12 δόρυ ἀπὸ πρὸς κεφαλῆς αὐτοῦ καὶ τὸν φακὸν τοῦ ὕδατος, καὶ ἀπέλθωμεν καθ' ἑαυτούς. [12]καὶ
ἔλαβεν Δαυεὶδ τὸ δόρυ καὶ τὸν φακὸν τοῦ ὕδατος ἀπὸ πρὸς κεφαλῆς αὐτοῦ, καὶ ἀπῆλθον καθ'
ἑαυτούς· καὶ οὐκ ἦν ὁ βλέπων καὶ οὐκ ἦν ὁ γινώσκων καὶ οὐκ ἦν ὁ ἐξεγειρόμενος· πάντες
13 ὑπνοῦντες, ὅτι θάμβος Κυρίου ἔπεσεν ἐπ' αὐτούς. [13]καὶ διέβη Δαυεὶδ εἰς τὸ πέραν καὶ ἔστη ἐπὶ
14 τὴν κορυφὴν τοῦ ὄρους μακρόθεν, καὶ πολλὴ ἡ ὁδὸς ἀνὰ μέσον αὐτῶν. [14]καὶ προσεκαλέσατο
Δαυεὶδ τὸν λαόν, καὶ τῷ Ἀβεννὴρ ἐλάλησεν λέγων Οὐκ ἀποκριθήσει, Ἀβεννήρ; καὶ εἶπεν Τίς

7 εμπεπηγος B$^{b}$ 8 απεκλισεν A 9 αθοωθησεται B*A 12 γεινωσκων B* 14 αποκριθηση B$^{ab}$A

AMNa–jl–qstv–c$_2$e$_2$𝔄ℭ$^{(m)w}$𝔈(𝔏$^{v}$)

rell 𝔄𝔈𝔖-ap-Barh Thdt Luc | εν λαμπηνη] *in stragulis pretiosis* Luc | λαμπηνη] pr τη cx: λαπινη *b*i | om και 4°—αυτου 2° cx | το—αυτου 2°] *lancea fixa ad caput eius praeclara* Luc | om το yc$_2$ | αυτου 1° Bℭ𝔈(uid)] om AMN rell 𝔄 | ενπεπηγος] εκπεπηγος v: πεπηγος aya$_2$: πιπιγος g: εμπεπηγμενον e | εις την γην] om iy: om την a | και αβεννηρ post λαος o | αβεννηρ] αβενηρ cefgsxc$_2$: *Abner* Luc: αβερνη a$_2$ | om και 6°—αυτου 3° Luc | om αυτου 3° bgoc$_2$e$_2$𝔄-ed | εκαθευδεν] εκαθευδον bh𝔄ℭ𝔈: καθευδων efmsw: om cx | αυτου 4°] αυτων b

8 αβεισα Ba$_2$] αβισαι Ac: αβισσαι x: αβεσα eg: αβεσσα MN rell 𝔄ℭ$^{w}$ Luc: *Ioab* ℭ$^{m}$ | σημερον BMefmsw] post σου 2° ℭ: post σου 1° b: om aivya$_2$: post κυριος AN rell 𝔄𝔈𝔖$^{j}$ Luc | κυριος] ο θς a | τας χειρας] χειρα c𝔈: om τας Aabefmn oswxc$_2$ | om και 2° 𝔄 | παταξω—απαξ] *occidam de lancea semel in terram figens* Luc | παταξω] ⟨παταξον 44⟩: + δη *b*ic$_2$e$_2$ | τω δορατι] pr εν i: post γην a: εν δορατι c | εις 2°—απαξ] απαξ και εις την γην boc$_2$e$_2$(om και b'*b*$^{a?}$) | εις 2°] pr *et* 𝔖$^{j}$ | om την c | δευτερω o | αυτω] αυτον Nbcxe$_2$': *illam* Luc: om 𝔄

9 om totum comma ja$_2$b$_2$ | om προς αβεισα d | αβεισα B] αβισσα N: αβισαι Ac: αβισσαι x: αβεσα eg: αβεσαι Or-gr: αυτον boc$_2$e$_2$: αβεσσα M rell 𝔄ℭ$^{w}$ Luc: *Ioab* ℭ$^{m}$ | μη ταπεινωσης αυτον] *nequaquam* ℭ$^{m}$ | μη ταπεινωσης] *ne occideris* ℭ$^{w}$𝔈: *non continges* Luc | ταπεινωσης Blpq$^{a?}$z(txt)] ταπεινωσεις dq*ty: διαφθηρεις g: διαφθειρης AMNz(mg) rell 𝔄(uid) Or-gr Thdt | οτι] lac 6—7 c: ω e* | εποισει] pr η c: ενεγκει i | χειρα] pr την f | χριστον] χρηστον ap*e$_2$: χῡ g

10 om και ειπεν δαυειδ ℭ$^{m}$𝔖$^{j}$ | ⟨om ειπεν—κυριος 1° 44⟩ | εαν μη Begb$_2$ Ath] οτι εαν b': *sed si* 𝔄: pr οτι AMN*b* rell ℭ𝔈𝔖$^{j}$ Luc | κυριος 2°] pr ο Ath: post αυτον b': om t | παιδευση αυτον] αυτον παιση Ath | παιδευση BM(mg)Nhnya$_2$𝔄ℭ] παιδευσει cx: παισει g: πλιση v: παιση AM(txt) rell 𝔈 Thdt Luc | η 1°] και h | η 2°—αποθανη] ελθη ημερα του θανατου αυτου Ath | η ημερα] *nisi hora* Luc: om η AMNb'dfgj–np–b$_2$ | η 3°] και g: om v | καταβη εις πολεμον Ath | πολεμον] pr τον h | καταβη] pr και v | προστεθη] αποθανη i(txt): *ibi moriatur* 𝔈

11 μηδαμως μοι] εμοι δε μη γενοιτο boz(mg)c$_2$e$_2$ℭ(uid) Luc: om μοι Acx | om παρα κυριου ℭ$^{m}$ | επηνεγκεν A | om μου d | χρηστον cxe$_2$ | κυριου 2°] + μου N | λαβε post δη efmsw | om δη dlpqtz Luc | το δορυ] post αυτου a$^{b}$v: om a*: ⟨om το 74⟩ | απο] το bioc$_2$e$_2$ℭ Luc | προς] της cxa$_2$ | om αυτου cx | hab και 2°—υδατος 𝔏$^{v}$ | om και 2°—υδατος o | om και 2° a* | υδατος] + απο του προς κεφαλης αυτου bia$_2$c$_2$e$_2$ ⟨242⟩ ⟦om απο i | του προς] της a$_2$: om του 242 | om αυτου 242⟧ | καθ εαυτους] pr ημεις N: ημεις Mbdg–ln–qtvzb$_2$c$_2$e$_2$ Luc: υμεις a: ⟨om 44: + ημεις 242⟩

12 και ελαβεν δαυειδ] ελαβον ουν a$_2$ | ελαβεν—αυτου] ελαβον ταυτα d | om δαυειδ p | τον φακον του υδατος και το δορυ i | δορυ] + *regis* ℭ$^{m}$ | om του υδατος A | om απο—αυτου a$_2$ | απο] το iℭ | προς] προσωπου N: της cx: om y Luc(uid) | om αυτου A | απηλθεν c | καθ εαυτους] αυτοι bioc$_2$e$_2$ Luc: om a$_2$ℭ | om και 4°—βλεπων ℭ$^{m}$ | ⟨ουκ ην 1°] ουδεις 44⟩ | και ουκ ην 2°] ουδ d𝔄(uid) Luc: η y | επιγινωσκων y | και ουκ ην 3°] η yℭ$^{w}$ | εξεγειρομενος] ⟨εξεγχομενος 246⟩: εξαιρουμενος efm(txt)swya$_2$𝔈 | παντες υπνουντες] *omnes enim dormiebant* Luc | παντες] pr *quod* 𝔄𝔈: ⟨παντα 246⟩ | υπνουντες] υπνουν a$_2$: υπνω κατειχοντο i | επεσεν BAa$_2$] επεπεσεν MN rell Thdt Luc(uid)

13 εις] εν M | την κορυφην] της κορυφης boc$_2$e$_2$: om ℭ$^{m}$ | om μακροθεν ℭ | om και 3°—αυτων ℭ$^{m}$ | ⟨om η 246⟩ | αυτων ανα μεσον i | αυτων] + ην efmsw

14 προσεκαλεσαντο a$_2$ | om δαυειδ ℭ$^{m}$ | τον—λεγων] *populum et Abner et dixit eis* 𝔈 | τον—ελαλησεν] τω αβεννηρ και τω λαω d(τω 1° ex corr) | om τον λαον cx | και 2°] + γε c | τω] τον cjx Luc: ⟨om 246⟩ | αβεννηρ 1°] ε ex η h: αβενηρ cefgx: *Abner* Luc: αβερνη a$_2$ | ελαλησεν λεγων] pr *et* Luc: om ℭ$^{m}$ | αποκρινη N𝔄(uid) Luc | αβεννηρ 2°] αβενηρ cefgx: *Abner* Luc: αβερνη a$_2$ | και 3°] ⟨pr και απεκριθη 71⟩: pr και απεκριθη αβεννηρ (αβενηρ efg: *Abner* Luc: αβερνη a$_2$) MNa*b*e–np–wy$^{b}$z–e$_2$ℭ$^{w}$𝔈 Luc | ειπεν] απεκριθη d: + *Abenner* ℭ$^{m}$ | τις ει συ]

7 λαμπηνη] θ' μαγαλ *b*m: α' τη καμπη θ' σκηνη σ' μαγαλ j
9 αθωωθησεται] θ' καθαρηθη *b*: θ' καθαρισθη m
10 παιδευση] α' θραυσει j | προστεθη] σ' συνσυρη *b*m
11 φακον] α' αγγος σ' νυκτοποτιον jz
12 φακον] α' αγγος σ' νυκτοποτιον *b*m | θαμβος] θ' εκστασις *b*jmz: α' καταφορα σ' καρος jz
14 προσεκαλεσατο δαυειδ] ⅄ εβοησεν δ̄ᾱδ̄ προς j | αβεννηρ 1°] + ※ ⅄ νιω νηρ j

B εἶ σὺ ὁ καλῶν; [15]καὶ εἶπεν Δαυεὶδ πρὸς Ἀβεννὴρ Οὐκ ἀνὴρ σύ; καὶ τίς ὡς σὺ ἐν Ἰσραήλ; καὶ 15
διὰ τί οὐ φυλάσσεις τὸν κύριόν σου τὸν βασιλέα; ὅτι εἰσῆλθεν εἷς ἐκ τοῦ λαοῦ διαφθεῖραι τὸν
βασιλέα κύριόν σου. [16]καὶ οὐκ ἀγαθὸν τὸ ῥῆμα τοῦτο ὃ πεποίηκας· ζῇ Κύριος, ὅτι υἱοὶ θανα- 16
τώσεως ὑμεῖς οἱ φυλάσσοντες τὸν βασιλέα κύριον ὑμῶν τὸν χριστὸν Κυρίου· καὶ νῦν ἴδε δὴ τὸ
δόρυ τοῦ βασιλέως καὶ ὁ φακὸς τοῦ ὕδατος, ποῦ ἐστιν τὰ πρὸς κεφαλῆς αὐτοῦ. [17]καὶ ἐπέγνω 17
Σαοὺλ τὴν φωνὴν τοῦ Δαυεὶδ καὶ εἶπεν Ἡ φωνή σου, τέκνον, αὕτη, Δαυείδ; καὶ εἶπεν Δαυείδ
Δοῦλός σου, κύριε βασιλεῦ. [18]καὶ εἶπεν Ἵνα τί τοῦτο καταδιώκει ὁ κύριος ὀπίσω τοῦ δούλου 18
αὐτοῦ; ὅτι τί ἡμάρτηκα, καὶ τί εὑρέθη ἐν ἐμοὶ ἀδίκημα; [19]καὶ νῦν ἀκουσάτω ὁ κύριός μου ὁ 19
βασιλεὺς τὸ ῥῆμα τοῦ δούλου αὐτοῦ· εἰ ὁ θεὸς ἐπισείει σε ἐπ' ἐμέ, ὀσφρανθείη θυσίας σου· καὶ
εἰ υἱοὶ ἀνθρώπων, ἐπικατάρατοι οὗτοι ἐνώπιον Κυρίου, ὅτι ἐξέβαλόν με σήμερον μὴ ἐστηρίσθαι
ἐν κληρονομίᾳ Κυρίου, λέγοντες Πορεύου, δούλευε θεοῖς ἑτέροις. [20]καὶ νῦν μὴ πέσοι τὸ αἷμά 20
μου ἐπὶ τὴν γῆν ἐξ ἐναντίας προσώπου Κυρίου· ὅτι ἐξελήλυθεν ὁ βασιλεὺς Ἰσραὴλ ζητεῖν
ψυχήν μου, καθὼς καταδιώκει ὁ νυκτικόραξ ἐν τοῖς ὄρεσιν. [21]καὶ εἶπεν Σαοὺλ Ἡμάρτηκα· 21

19 επισιει A

AMNa–jl–qstv–$c_2e_2$𝔄ℭ$^{mw}$𝔈(𝔏$^{v}$)

hab *quid est tibi* 𝔏$^{v}$: om σv b | καλων B] λαλων με z: λαλων με προς τον βασιλεα cx: +με τις ει σv $boc_2e_2$: +*me quid est* Luc: +με προς τον βασιλεα A𝔄: +*me a rege quis es* 𝔖$^{j}$: +με MN rell ℭ𝔈

15 om δαυειδ προς y* | om προς αβεννηρ dℭ$^{m}$ | αβεννηρ] αβενηρ cfg: *Abner* Luc: αβερνηρ $a_2$: τον αβενηρ cx | ουκ ανηρ σv] *uir tu es* Luc | ουκ] ουχι $boc_2e_2$ | ανηρ] αβενηρ cf: +δυναμεως iℭ: +δυναμεως ει ⟨246⟩𝔄(uid) | om σv 1° c | τις] τι y* | ως σv] post ισραηλ b: ⟨om ως 74⟩ | ισραηλ] +*omni* ℭ$^{m}$ | om και 3°—βασιλεα 1° z | om και 3° $ga_2$ℭ$^{m}$ Luc | δια τι ου] ουτως i | δια] ινα $boc_2e_2$ | φυλασσεις] φυλασσης $bcgivc_2$: +σv efmsw | om τον κυριον σου dp | σου 1°] μου $a_2$ | om οτι—σου 2° a*dhlpv | εις] τις i Thdt | om εκ $efmoswc_2e_2$ Thdt | διαφθειραι—σου 2°] προς τον κυριον σου τον βασιλεα του διαφθειραι αυτον i | διαφθειραι] αποκτειναι Thdt | τον βασιλεα 2° post σου 2° $Mbfgjmoqstwyzb_2c_2e_2$𝔄ℭ$^{w}$𝔈 Luc | βασιλεα κυριον σου] κυριον μου τον βασιλεα Thdt | om βασιλεα 2° $a_2$ℭ$^{m}$ | κυριον σου 2°] pr τον $AMbfgjmoqstwyzb_2c_2e_2$: om Ncex

16 om και 1°—πεποιηκας ℭ$^{m}$ | om και 1° $boc_2e_2$𝔄 Luc | om το ρημα Luc | τουτο] post πεποιηκας fm: om $dlpqtzc_2$𝔄 | ο πεποιηκας] ο εποιησας y: ⟨πεποιηκας και 71⟩ | om ζη κυριος cx | θανατου $bcoxz^{a?}c_2e_2$ Thdt | οι φυλασσοντες] *qui non custodistis* Luc | φυλασσοντες] pr μη $Mbovc_2e_2$ℭ Thdt: φυλασσον c | om τον 1°—υμων ℭ$^{m}$ | τον βασιλεα] post υμων bo$c_2e_2$𝔄-ed ℭ$^{w}$ Thdt: post κυριον Luc: om βασιλεα t | κυριον] pr τον ANb–fhlmo–$swxzc_2e_2$ Thdt: ⟨om 246⟩ | ημων dglp | χρηστον $ace_2$ | κυριου] ras $\overline{κυ}$ A$^{?}$(uid) seq ras pl litt in A | ειδε ch | δη] νυν ty: *ubi est* Luc: om $bcoxc_2e_2$ | το 2°—υδατος post εστιν $boc_2e_2$ | και 3°—υδατος post εστιν ℭ | om που εστιν Luc | εστιν] εισι n | τα] το cℭ𝔈 Luc

17 επεγνω] ⟨επεγνωσε 246⟩: εγνω cx | σαουλ] pr *rex* Luc | ⟨φωνην post δαυειδ 1° 246⟩ | om του AN*b–flmo–$a_2c_2e_2$ | η—τεκνον post αυτη 𝔄 | τεκνον B] post αυτη AMN omn ℭ𝔈 Thdt Luc | om και ειπεν δαυειδ Luc | ⟨δαυειδ δουλος] ναι κυριε μου δουλου 246⟩ | δαυειδ 3°] post σου 2° $a_2$: +*Saul* ℭ$^{m}$: +φωνη μου κυριε μου $bioc_2e_2$ Thdt½ | δουλος] pr ο N$^{a?}$(uid)$a_2$ | σου 2°] σος $MNbhjnovyc_2$ Thdt | κυριε] +μου efmnwz𝔄ℭ𝔈(uid) Chr Thdt½-ed½ | βασιλευ] ⟨βασιλευς 74⟩: om ℭ$^{m}$

18 και ειπεν] *et adiecit Dauid* Luc: om efmswℭ$^{m}$: om ειπεν cx: +δᾱδ $Abnoc_2e_2$ | om τουτο n | καταδιωκει ο κυριος] ο $\overline{κς}$ μου καταδιωκει cx: *domine mi quod intrasti* 𝔄 | καταδιωκει] post κυριος A: καταδιωκη $gc_2$: καταδιωκεις ot* | κυριος] +μου q$^{a?}$zℭ𝔈(uid) Luc: +μου ο βασιλευς $bioc_2e_2$ Thdt | om του g | αυτου] pr μου $a_2$: σου m*(uid)𝔄 | om οτι—(19) αυτου x | οτι] *et* 𝔈: om $bcovc_2e_2$𝔄ℭ$^{m}$ Thdt | om τι 2° ANaefmsw | ημαρτον $boc_2e_2$ Thdt | και 2°—αδικημα] η τις εν εμοι κακια ευρεθη $boc_2e_2$ Thdt: *et quae est a me malitia* Luc | και 2°] η c | ⟨τι 3°] τις 44⟩ | εμοι] οφθαλμοις μου y | αδικημα] αδικια m*: αμαρτημα v: +*aut quid malum* ℭ

19 και νυν] *nunc igitur* 𝔖$^{j}$ | ακουσατω Bd Luc] +δη AMN rell Thdt | om ο 2°—ρημα d | τα ρηματα Mabghjln–$qtvzb_2c_2e_2$ 𝔄(uid)ℭ Thdt Luc | ο θεος] pr *Dominus* Luc: κυριος Chr | επισειει] επισειη gh: επισειεις $ve_2$: επισεισει Na(uid)fi: *adduxit* 𝔈 | om σε $die_2$ | επ—σου] *in meum dolorem et uictimam immolationis* Luc | επ] εις Ag$^{b}$h: προς $b_2$: om g* | εμε] με $gb_2^{*}$ | οσφρανθειη θυσιας σου] *accipiatur oblatio tua* 𝔈 | οσφρανθειη] οσφρανθη hx(ωσ-)$e_2$: ευφρανθειη $b_2$ | θυσιας B] η θυσια AMN omn (om η AMg) 𝔖-ap-Barh Chr Thdt | και ει BA] και οι x: η δε g: υι δε b'c: *hi autem* 𝔈: ει δε οι $ee_2$: ει δε MN*b* rell Thdt Luc | υιοι] υπο g | ανθρωπων] +ουτοι n | επικαταρατοι] επικαταγαγοι A | ουτοι] *ii* 𝔈: om $Acxza_2$ℭ$^{m}$ | om ενωπιον κυριου z | εναντιον ah | κυριου 1°] $χ\bar{υ}$ M | om οτι—ετεροις ℭ$^{m}$ | ⟨om οτι—λεγοντες 246⟩ | εξεβαλλον N* | om σημερον z | μη] pr του i | εστηρισθαι BAbcx] στερεισθαι $a_2$: στηριχθηναι dlpqt: εστηριχθαι MN rell Thdt | εν κληρονομια] *in testamentum* Luc: ενωπιον z$^{a?}$ | ⟨κληρονομια] pr τη 242⟩ | ⟨om κυριου 2° 44⟩ | δουλευε] pr και $boc_2e_2$ Thdt: δουλε dp

20 μη πεσοι] μη πεση adpx: *non cadet* Luc: om μη $e_2$ | αιμα] ονομα $a_2$ | επι την γην] om $e_2$: om γην x | hab εξ—κυριου 𝔏$^{v}$ | εξ—κυριου] *coram Domino* ℭ$^{w}$ | εξ εναντιας προσωπου] *ex aduerso contra faciem* 𝔏: *ante conspectum* Luc | προσωπου] pr $\overline{κυ}$ $b_2^{*}$: pr προ $chyza_2$: ⟨pr εκ 244⟩ | εξηλθεν v | om ισραηλ i | ψυχην μου $Ba_2$] ψυλλον ενα boz(mg)$c_2e_2$ Luc: pr την AMNz(txt) rell: +*sicut pulicem unum* ℭ$^{w}$ | καθως—νυκτικοραξ] *ego canis mortuus ego pulex errans* ℭ$^{m}$ | καθως] ως cx | καταδιωκει] καταδιωκη g: διωκει j | hab ο 2°—ορεσιν 𝔏$^{v}$ | ο νυκτικοραξ] *nycticorus* 𝔏 | ⟨om ο 2° 44⟩ | νυκτικοραξ] νυκτοκοραξ $ia_2$: περδιξ z$^{a?}$

21 om totum comma ℭ$^{m}$ | ημαρτον $boc_2e_2$ | επιστρεφε]

14 καλων(με)] +※προς τον βασιλεα j | καλων] σ' καταβοων του βασιλεως *b*jm
16 υιοι] σ' αξιοι *b*jmz
17 δουλος σου] λ̥ φωνη μου j
19 επισειει] α' ανα... j | θυσιας] α' σ' δωρον j | εστηρισθαι] α' απτεσθαι σ' συνδυαζεσθαι j | εν κληρονομια] ο' ενωπιον λ̥ το εσω j | ετεροις] σ' αλλοκοτοις j
20 νυκτικοραξ] λ̥ περδιξ *b*(sine nom)jm

ἐπίστρεφε, τέκνον Δαυείδ· ὅτι οὐ κακοποιήσω σε, ἀνθ' ὧν ἔντιμος ψυχή μου ἐν ὀφθαλμοῖς σου· B
22 καὶ ἐν τῇ σήμερον μεματαίωμαι καὶ ἠγνόηκα πολλὰ σφόδρα. [22]καὶ ἀπεκρίθη Δαυεὶδ καὶ εἶπεν
23 Ἰδοὺ τὸ δόρυ τοῦ βασιλέως, διελθέτω εἷς τῶν παιδαρίων καὶ λαβέτω αὐτό. [23]καὶ Κύριος ἐπι-
στρέψει ἑκάστῳ τὰς δικαιοσύνας αὐτοῦ καὶ τὴν πίστιν αὐτοῦ· ὡς παρέδωκέν σε Κύριος σήμερον
24 εἰς χεῖράς μου, καὶ οὐκ ἠθέλησα ἐπενεγκεῖν χεῖρά μου ἐπὶ χριστὸν Κυρίου. [24]καὶ ἰδοὺ καθὼς
ἐμεγαλύνθη ἡ ψυχή σου σήμερον ἐν ταύτῃ ἐν ὀφθαλμοῖς μου, οὕτως μεγαλυνθείη ἡ ψυχή μου
25 ἐνώπιον Κυρίου, καὶ σκεπάσαι με· καὶ ἐξελεῖταί με ἐκ πάσης θλίψεως. [25]καὶ εἶπεν Σαοὺλ πρὸς
Δαυείδ Εὐλογημένος σύ, τέκνον, καὶ ποιῶν ποιήσεις καὶ δυνάμενος δυνήσει. καὶ ἀπῆλθεν Δαυεὶδ
εἰς τὸν τόπον αὐτοῦ, καὶ Σαοὺλ ἀνέστρεψεν εἰς τὴν ὁδὸν αὐτοῦ¶. • ℭ$^{m}$

XXVII 1 [1]Καὶ εἶπεν Δαυεὶδ ἐν τῇ καρδίᾳ αὐτοῦ λέγων Νῦν προστεθήσομαι ἐν ἡμέρᾳ μιᾷ εἰς χεῖρας
Σαούλ, καὶ οὐκ ἔστιν μοι ἀγαθὸν ἐὰν μὴ σωθῶ εἰς γῆν ἀλλοφύλων καὶ ⸆ἀνῇ⸆ Σαοὺλ τοῦ ζητεῖν
2 με εἰς πᾶν ὅριον Ἰσραήλ, καὶ σωθήσομαι ἐκ χειρὸς αὐτοῦ. [2]καὶ ἀνέστη Δαυεὶδ καὶ οἱ τετρα-
3 κόσιοι ἄνδρες μετ' αὐτοῦ πρὸς Ἀγχοὺς υἱὸν Ἀμμὰχ βασιλέα Γέθ. [3]καὶ ἐκάθισεν Δαυεὶδ μετὰ
⸀Ἀγχούς, αὐτὸς καὶ οἱ ἄνδρες αὐτοῦ ἕκαστος καὶ ὁ οἶκος αὐτοῦ, καὶ Δαυεὶδ καὶ ἀμφότεραι αἱ

21 εντειμος B$^{*}$A | και 2° B$^{*b}$] om B$^{a}$(uid) 24 με 1°] μαι A | θλειψεως B$^{*}$ 25 δυνηση B$^{a?b?}$A
XXVII 1 δαυειδ B$^{ab}$] δαυ B$^{*}$ | λεγων νυν sup ras B$^{a}$ | ανη] εαν η B

AMNa–jl–qstv–c$_2$e$_2$𝔄ℭ$^{(m)w}$𝔈(𝔏$^{v}$)

επιστρεψαι e: ⟨επιστρεψαν 44. 236⟩: επιστραφη a$_2$ | ου] + μη v | σε] + ετι Abcefmowxc$_2$e$_2$: + *iam* Luc | εντιμας ψυχη μαυ] *anima mea accepta est* Luc | εντιμος] εντιμαν c: ετοιμος o | ψυχη] pr η acefhmswx: pr γεγενηται (γεγενν- *b*) η bioc$_2$e$_2$: pr γεγονεν η v | μου] σου cg$^{*}$x | και 2° B$^{*b}$y𝔄] om B$^{a}$(uid)AMN rell ℭ$^{w}$𝔈 Luc | εν τη σημερον] *in diem hunc in quo* Luc | τη] ταυτη q | σημερον BAy] pr ημερα ταυτη cx: + ημερα efmsw: ημερα ταυτη MN rell: ⟨+ ταυτη 44⟩ | μεματαιωμαι] μη ματαιωμαι dp | ηγνοηκα] ηγνοησα Acx: ηγνοημαι c$_2$ | om πολλα efmsw𝔄(uid)

22 om και 1°—ειπεν ℭ$^{m}$ | και ειπεν] *dicens* Luc: om dℭ$^{w}$: om και w | βασιλεως] + και ο φακος του υδατος c Jos(uid) | διελθετω] διελθατω y: *ueniat* 𝔈: *accedat* Luc: και ελθετω c: και ελθετω δη x: + δη ab | εις BAMNagnva$_2$] εν rell | τω παιδαριω e | αυτο] αυτω dgov: αυτα c

23 επιστρεψη oc$_2$$^{*}$𝔈 Luc | εκαστω post αυτου 1° a$_2$ (αυτου ex αυτω) | τας δικαιοσυνας] pr κατα Ndhjlpqtz𝔄(uid)ℭ$^{m}$𝔖$^{j}$: *secundum iustitiam* 𝔈 | αυτου 1°] αυτω c: om Luc | om και 2°—αυτου 2° y | om ως—(24) με 1° ℭ$^{m}$ | παραδεδωκεν a$_2$ | σε] σοι ag | κυριος 2°] post σημεραν yz: om Luc | σημεραν] post μαυ 1° efmsw𝔈: om Aava$_2$ | χειρας] pr τας Nhi: *manum* 𝔈 | χειρα μαυ] χειρας μου n: om d | χρηστον cxe$_2$

24 om και 1° n Luc | ιδαυ] νυν boc$_2$e$_2$: om 𝔄ℭ$^{w}$𝔈 | εμεγαλυνθη] εμεγαλυν※θη m: μεγαλυνθει g | η 1°—ταυτη] εν τη ημερα ταυτη η ψυχη σου boc$_2$e$_2$ | η 1°] pr εν τη ημερα ταυτη i | om σου—ψυχη 2° fi | ⟨σαυ] μου 236⟩ | σημερον εν ταυτη] *in diem hunc* Luc | εν ταυτη] εν τη ημερα ταυτη z: om gℭ$^{w}$𝔈 | μου 1°] σου cvxb$_2$ | μεγαλυνθειη] μεγαλυνθει c (γ ex λ): μεγαλυνθη v$^{a?}$e$_2$: εμεγαλυνθη v$^{*}$a$_2$: *significetur* Luc | ενωπιον] εναντιον abjob$_2$c$_2$e$_2$: εν οφθαλμοις i | om και 2°—θλιψεως d | σκεπασαι] σκεπασει x: σκεπαση c: εσκεπασοι A: εκσπασαι boe$_2$: *abripiat* Luc | με 1°] μοι a: + κς e | εξελειται Binya$_2$] εξελει cx: εξελαιτα AMN rell ℭ(uid)𝔈 Luc | εκ πασης θλιψεως] *e manibus tuis* ℭ$^{m}$: om εκ Mg

25 om προς δαυειδ ad | ευλαγημενον A | συ] ⟨pr ει 242⟩: ει dp | τεκνον] + δᾱδ Abcioxc$_2$e$_2$𝔄𝔖$^{j}$ | ποιησεις] ποιησης gl: ποιηση p | και απηλθεν] *et rediit* 𝔈: απηλθε δε e | om εις 1° d𝔄(uid) | ταν τοπον By] την οδον AMN rell 𝔄ℭ$^{w}$𝔈: *tabernaculum* ℭ$^{m}$ | om και 5°—αυτου 2° 𝔈 | ανεστρεψεν Bcnxya$_2$] απεστρεψεν Ab': υπεστρεψεν d: επεστρεψεν MN*b* rell: ⟨om 44⟩ | την οδον Ba$_2$] τον οικον yℭ$^{m}$: τον (την t) ταπον AMN rell 𝔄ℭ$^{w}$𝔖$^{j}$

XXVII 1 ⟨και ειπεν] ειπε δε 44: και σαουλ ειπε 242⟩ | om λεγων o | προστεθησαμαι] προστεθησωμαι gv$^{a?}$: προστεθησωμεν v$^{*}$: προσθησαμαι c$_2$: *incidam* 𝔄: *ibo* ℭ: *moriar* 𝔈 | εις χειρας] *in manum* 𝔄-ed: *manu* 𝔈 | σαουλ 1°] pr ras (2) a(uid) | hab και 2°—αλλοφυλων 𝔏$^{v}$ | εσται bioc$_2$e$_2$ | αγαθαν] pr εις boc$_2$e$_2$: om h | εαν] αν c$^{*}$ | μη] μοι c | σωθω] διασωθω MNbd–twz b$_2$c$_2$e$_2$: *reuertar* 𝔄 | εις γην] εν γη a$_2$: εις χειρας o | αλλοφυλων] *Filistaeorum* 𝔄 | ανη—με] *si sit quaeret me Saul* 𝔄-ed: *si quaerat me Saul* 𝔄-codd | ανη dy] αν ει x: εαν η Bca$_2$: ηλθεν A: *si uenerit* 𝔈: αινη απ εμαυ g: + επ εμε v: + απ εμου MN rell ℭ(uid) | ⟨σαουλ 2°] + απ εμου 244⟩ | om του i | om και 4°—αυτου 2° d | om και 4° 𝔄(uid) | σωθησομαι] σωθησωμε cv: σωθησω g

2 δαυειδ] + αυτος cx: + και διεβη αυτος Abioz(mg)c$_2$e$_2$𝔄: ⟨+ και ανεβη αυτος 246⟩ | hab αι—γεθ 𝔏$^{v}$ | τετρακοσιοι ανδρες μετ] παιδες cx | τετρακοσιοι By(txt)a$_2$ℭ𝔈𝔏] εξακοσιοι AMNy(mg) rell 𝔄 Jos: ⟨εξακισχιλιαι 246⟩ | μετ] pr οι AMNadefhil mp–wzc$_2$e$_2$𝔄ℭ𝔈: om a$_2$ | προς Bya$_2$𝔏] pr και επορευθησαν f𝔈: pr και επορευθη AMN rell 𝔄ℭ𝔖$^{j}$ | om αγχους—(3) μετα i | αγχους] ακχους boe$_2$: αχους cxℭ: *Achis* 𝔏 | αμμαχ B Or-gr (uid)] αμμακ y: αμαχ e: *Amech* 𝔈: αμααχ h$^{b?}$: μααχ h$^{*}$ℭ: *Moach* 𝔄-ed: αμαχαν a$_2$: αχιμαα b': αχειμααν M(mg)*b*oz(mg) c$_2$e$_2$: *Achimanaac* 𝔏: [illegible] 𝔖$^{j}$: μωαβ Acx𝔄-codd: αμμοαχ M(txt)Nz(txt) rell | γεθ] γ ex σ o$^{a}$

3 και 1°—αγχαυς sup ras A$^{1}$ | ⟨εκαθητα 123⟩ | ⟨δαυειδ μετα αγχους] εκει 71⟩ | δαυειδ 1°] σαουλ A$^{1}$: om dℭ | μετα] πρας bgo c$_2$e$_2$ | αγχους Bya$_2$𝔈] αχους εν γεθ xℭ: ακχους (αγχους c$_2$$^{*}$) βασιλεα εν γεθ boc$_2$e$_2$: αχους υιον μωαβ βασιλεα γεθ και εκαθησε δᾱδ μετα αχους εν γεθ c: + βασιλεα γεθ g: + εν γεθ Ad: + εις γεθ MN rell 𝔄 | om αυτος adv | αυτου 1°] pr οι μετ bozc$_2$e$_2$𝔈: ⟨pr αυτου οι μετ 123⟩ | om εκαστος—αυτου 3° e | om εκαστος—αυτου 2° iz(txt) | εκαστας] hab *unusquisque sibi* 𝔏$^{v}$ | om αυτου 2° N | δαυειδ και αμφοτεραι] om d: ⟨om και 71⟩ | om αι a |

21 μεματαιωμαι] σ' ηφρονευσαμην *b*jm: α' ηγνοησα j
23 επιστρεψει] α' αποδωσει *b*j(σ' pro α')m
24 εν ταυτη] ※ ο' θ' χω j | μεγαλυνθειη] σ' λογισθειη *b*jm
XXVII 1 προστεθησομαι—μια] σ' παραπεσουμαι ποτε j | προστεθησομαι] σ' παραπεσουμαι *b*(sine nom)m | ανη] σ' αποσχηται *b*(sine nom)jm: α' απογνωσεται j

B γυναῖκες αὐτοῦ Ἀχεινάαμ ἡ Ἰσραηλεῖτις καὶ Ἀβειγαία ἡ γυνὴ Ναβὰλ τοῦ Καρμηλίου. [4]καὶ 4
ἀνηγγέλη τῷ Σαοὺλ ὅτι πέφευγεν Δαυεὶδ εἰς Γέθ· καὶ οὐ προσέθετο ἔτι ζητεῖν αὐτόν. [5]καὶ εἶπεν 5
Δαυεὶδ πρὸς Ἀγχοὺς Εἰ δὴ εὕρηκεν ὁ δοῦλός σου χάριν ἐν ὀφθαλμοῖς σου, δότωσαν δή μοι τόπον
ἐν μιᾷ τῶν πόλεων τῶν κατ' ἀγρὸν καὶ καθήσομαι ἐκεῖ· καὶ ἵνα τί κάθηται ὁ δοῦλός σου ἐν πόλει
βασιλευομένῃ μετὰ σοῦ; [6]καὶ ἔδωκεν αὐτῷ ἐν τῇ ἡμέρᾳ ἐκείνῃ τὴν Σεκελάκ· διὰ τοῦτο ἐγενήθη 6
Σεκελὰκ τῷ βασιλεῖ τῆς Ἰουδαίας ἕως τῆς ἡμέρας ταύτης. [7]Καὶ ἐγενήθη ὁ ἀριθμὸς τῶν 7
ἡμερῶν ὧν ἐκάθισεν Δαυεὶδ ἐν ὁδῷ τῶν ἀλλοφύλων τέσσαρας μῆνας. [8]καὶ ἀνέβαινεν Δαυεὶδ 8
καὶ οἱ ἄνδρες αὐτοῦ καὶ ἐπετίθεντο ἐπὶ πάντα τὸν Γεσειρὶ καὶ ἐπὶ τὸν Ἀμαληκείτην· καὶ ἰδοὺ
ἡ γῆ κατῳκεῖτο ἀπὸ ἀνηκόντων ἡ ἀπὸ Γελαμψοὺρ τετειχισμένων καὶ ἕως τῆς Αἰγύπτου. [9]καὶ 9
ἔτυπτε τὴν γῆν, καὶ οὐκ ἐζωογόνει ἄνδρα καὶ γυναῖκα· καὶ ἐλάμβανεν ποίμνια καὶ βουκόλια καὶ
ὄνους καὶ καμήλους καὶ ἱματισμόν, καὶ ἀνέστρεψαν καὶ ἤρχοντο πρὸς Ἀγχούς. [10]καὶ εἶπεν 10
Ἀγχοὺς πρὸς Δαυεὶδ Ἐπὶ τίνα ἐπέθεσθε σήμερον; καὶ εἶπεν Δαυεὶδ πρὸς Ἀγχοὺς Κατὰ νότον

3 αχιναaμ A | αβιγαια A    4 φευ|γεν A    5 εκει και sup ras $B^a$    8 τετιχισμενων A    9 ετυπτεν A

AMNa–jl–qstv–$c_2e_2$𝔄ℭ$^w$𝔈(𝔏$^v$)

αχειναaμ] αχιναιαμ $m^b$: αχειναaβ $h^b$oℭ: αχιναaν y: *Achinaom* 𝔈: *Achinoam* 𝔄: αχιναμ ⟨246⟩ Jos-lat: αχινοομ MNgh*j$b_2$: αχινοεμ dlpqt: αχινουμ a: αχινοουμ v: αγχινοομ n: αχιμαν Jos-gr: και αχιναaβ $a_2$ | η ισραηλειτις part sup ras c | ισραηλειτις] ησραηλιτις b'**b*: ιζραηλιτις N: ειζραηλειτις A: ιεζραηλειτις fms $c_2c_2$𝔄: εζραηλιτις i: εξισραηλιτης o: ισμαλιτης c | αβειγαια] γ ex ζ N: αβιγεα v | om η 2° i | om του καρμηλιου d | καρμηλιου] καρμηλου N*a*: καρμηλιτου b'*b*(mg)

4 απηγγελη MNabg–ln–qtvz$c_2e_2$ | σαουλ] δᾱδ b'

5 αγχους] ακχους bo$c_2e_2$: αχους cxℭ | ει δη] ει ηδη i: επειδη efmsw: om δη Ncdx | ευρηκεν] ευρηκα cvxℭ: ευρεν efmsw | ο 1°—χαριν] χαριν ο δουλος σου MNbcgijovx$b_2c_2e_2$𝔈: χαριν ο παις σου a | ⟨om εν οφθαλμοις σου 236⟩ | δοτωσαν δη] *det* 𝔈$^s$: *da* 𝔈$^a$: *dabis* 𝔄 | om μοι cx | om τοπον e | αγρων cgivx | καθησομαι] καθησωμαι gv: καθισον με A: κληθησομαι $a_2$: καταβησομαι d | om ινα τι ℭ | σου 4°] σε i

6 εδωκαν v | αυτω] αυτον v: +αγχους Az𝔄: +ακχους bo$c_2e_2$: +αχους cx | om εν—εκεινη d | εν τη ημερα] om f*: ⟨om εν 74⟩ | εκεινη] pr ※ ad init lin $c_2$ | σεκελακ 1° BNo$a_2$ℭ𝔈] *Secelec* On-lat: *Sicelac* 𝔄: σεκελαγ bef$h^{b?}$msw$c_2e_2$: σικελαχ c (σ ex ε): σεκελατ a: σικελατ v: σεκελα y: σικελα i: σικαιλαν g: hab σεκελλαν Jos(uid): σικελαγ AMh* rell Qn-gr | δια—ταυτης] εως της ημερας ταυτης δια τουτο εγενηθη τω βασιλει της ιουδαιας η σικελαγ z | om δια—ιουδαιας d | om δια—σεκελακ 2° Aa*iv 𝔈$^a$ | δια τουτο] pr και y: bis scr j*: *et* 𝔈$^s$ | εγενετο bjo$c_2e_2$ | σεκελακ 2°—ιουδαιας] τω βασιλει της ιουδαιας σικελαγ lpqt | σεκελακ 2° BN$a_2$𝔈$^s$] pr η o: *Sicelac* 𝔄: *Secellac* ℭ: σικελαχ c: η σεκελαγ b$c_2$: σικελαγ h*nx$b_2$: σηκαιλαγ g: η σικελαγ j: η σελαγ $e_2$: σεκελατ $a^b$: σεκελα y: σικελα M: σεκελαγ $h^{b?}$ rell | ημερας ταυτης] σημερον ημερας efmsw

7 εγενετο bo$c_2e_2$ | δᾱδ ων εκαθισεν A | ⟨ων] ας 74⟩ | οδω By] αγρω AMN rell 𝔄ℭ𝔈 | τεσσαρας μηνας] μηνας δ' i: τεσσαρες μηνες MN(ες 2° ex ας)fghjlnpqtyz: μηνες τεσσαρες bdo$c_2e_2$: ωσει τεσσαρες μηνες cx: ημερας τεσσαρες μηνας A: *dies quatuor* (*duorum* mg) *mensium* 𝔄 | τεσσαρεις v

8 ανεβαινεν] *ascendit* 𝔈 | αυτου] pr οι μετ o𝔄𝔈 | hab και 3°—ανηκοντων 𝔏$^v$ | επετιθεντο—τετειχισμενων] *impugnauerunt omnem regionem Geseri et Amalec et inuenerunt eos habitantes et qui in Gelamsur et qui Anecontou et urbes munitas* 𝔈 | επετιθεντο] επετιθοντο ab$a_2$: ⟨επετιθετο 44⟩ | επι 1°—γεσειρι] *super omnem Geseraeum et Gizeraeum* 𝔄: *super omnem appropinquantem et extendebant se super Gesur et super Gezreon* 𝔏 | γεσειρι] pr οικον $a_2$: γεσειρη j: ⟨γεσηρι 71: γεσερι 123⟩: γεσσιρι dl: γεσσηρει ap: γεσιριμ N: ⟨γεσσιρειμ 244⟩: γεσσερειμ fms: γεσειθ y: γεσεριν $h^{b?}$: γεσερει και τον γεζραιον A: γεσσερει και τον γεσραιον x: γερει και τον γεσρεον c: γεσεριμ τον ζεγρι e: ⟨γεσσεριμ τον ζεγρι 236⟩: γεσσαριμ απο ανηκοντων τετειχισμενων w: εγγιζοντα και εξετεινον επι τον γεσουραιον και τον ιεξραιον bgioz(mg)$c_2e_2$ ⟨246⟩ ⟦εξετεινεν i 246 | γεσουραιον] γεσσουραιον b$c_2$: γεβουσαιον i: ιεβουσαιον 246 | om και τον ιεξραιον b' | τον 2°] pr επι i 246 | ιεξραιον] ιεξαιραιον g: ιεσραιον z(mg): ιεζαιον 246⟧ | και 4°] pr ※ m | om επι 2° cx𝔄ℭ | τον αμαληκειτην] pr παντα N: *Amalichiten* 𝔏 | αμαληκειτην] αμαλικιτην ghiq: αμαλακιτην A: αμαλικην c: ⟨αλικητην 246⟩ | και ιδου] οτι boz(mg)$c_2e_2$𝔏 | η γη post κατωκειτο Ab(κατωκει)coxyz(mg) $c_2e_2$𝔄𝔏 | κατωκειτο] εκατοικειτο i: κατοκει g: ⟨+τε 244 mg⟩ | απο 1°—τετειχισμενων] απο γελαμψουρ fmw: απο τελαμψουρ MNa(ουρ ex ου)de(mg)ghlnp–vz(txt): απο τελαψουρ $b_2$: ⟨απο τελαμψουν 74⟩: απο τεγεσουρ i: απο γεσουρ z(mg)$c_2$: απο γεσσουρ o$e_2$: η απο γεσουρ *b*: η απο γεσσουρ b' | om απο ανηκοντων η ℭ(uid) | απο ανηκοντων] απο νεανισκων $a_2$: *a iuuenibus ordinariis* 𝔏 | ανηκοντων—γελαμψουρ] γελαμσουρ (τελαψουρ 242) απο ανηκοντων Acx⟨242⟩𝔄 | om η απο γελαμψουρ e(txt) | om η 2° jy$a_2$ | γελαμψουρ] γελαψουρ y: γελαμσουρ On: *Lampsura* ℭ | om και 6° i𝔄ℭ | ⟨εως] ως 74⟩ | της] γης AMNa–df–il–qt–x$b_2c_2e_2$𝔈: om z(mg) | εγυπτου g

9 ετυπτε] ετυπτον bi$c_2e_2$: *occiderunt* 𝔈: +δᾱδ Acx𝔄 | εζωογονυ b' | και 3°] η MNad–np–wz$a_2$: ουδε $b_2$ℭ | ελαμβανεν] ελαμβανον MNabd–ilmnp–twz$b_2$𝔖$^j$: *ceperunt* 𝔈 | om και 5° 6° d | και καμηλους] om a*: om και d | ιματισμους N(υ ex ν $N^a$) | ανεστρεψαν και ηρχοντο] εφερον v | ανεστρεψαν B] ανεστρεψε x: ανεστρεφαν $a_2$: ανεστρεφεν c𝔄: ανεστρεφον MN rell 𝔖$^j$: επεστρεψαν A | ηρχοντο] ηρχετο cx𝔄: *uenerunt* 𝔈: ⟨ετρεχον 74⟩ | αγχους] ακχους bo$c_2e_2$: αχους cxℭ

10 om και 1°—αγχους 2° b' | ⟨αγχους προς] προς τον αγχους 242⟩ | αγχους 1°] ακχους *b*o$c_2e_2$: αχους c(uid)xℭ: ο ανχους g | επεθεσθε] sup ras $a^b$: επιθεσθε N: επεσθε n: επελευσεσθαι v: *inuasisti* 𝔄-ed | προς αγχους] *ei* ℭ: om d𝔄-ed | αγχους 2°] ανχους g: ακχους *b*o$e_2$: αχους cx | κατα 1°] pr και n | νοτον 1°]

5 βασιλευομενη] σ' της βασιλειας *b*m    7 τεσσαρας] pr ※ λ̥ ημεραι και j

8 επετιθεντο] α' παρεταχθησαν *b*m | γεσειρι] + ※ λ̥ α' τον ζεγρι m | απο 1°—τετειχισμενων] απο αιωνος εως ερχομενων εις σουρ M: ※ ο' απο ανηκοντων τετιχησμενων m

11 τῆς Ἰουδαίας καὶ κατὰ νότον Ἰεσμεγὰ καὶ κατὰ νότον τοῦ Κενεζεί. [11]καὶ ἄνδρα καὶ γυναῖκα οὐκ B
ἐζωογόνησα τοῦ εἰσαγαγεῖν εἰς Γέθ, λέγων Μὴ ἀναγγείλωσιν εἰς Γὲθ καθ' ἡμῶν λέγοντες Τάδε
Δαυεὶδ ποιεῖ. καὶ τόδε τὸ δικαίωμα αὐτοῦ πάσας τὰς ἡμέρας ἃς ἐκάθητο Δαυεὶδ ἐν ἀγρῷ τῶν
12 ἀλλοφύλων. [12]καὶ ἐπιστεύθη Δαυεὶδ ἐν τῷ Ἀγχοὺς σφόδρα, λέγων Ἤσχυνται αἰσχυνόμενος ἐν
τῷ λαῷ αὐτοῦ, ἐν Ἰσραήλ· καὶ ἔσται μοι δοῦλος εἰς τὸν αἰῶνα.
XXVIII 1 [1]Καὶ ἐγενήθη ἐν ταῖς ἡμέραις ἐκείναις καὶ συναθροίζονται ἀλλόφυλοι ἐν ταῖς παρεμβολαῖς
αὐτῶν ἐξελθεῖν πολεμεῖν μετὰ Ἰσραήλ· καὶ εἶπεν Ἀγχοὺς πρὸς Δαυείδ Γινώσκων γνώσει ὅτι
2 μετ' ἐμοῦ ἐξελεύσει εἰς πόλεμον σὺ καὶ οἱ ἄνδρες σου. [2]καὶ εἶπεν Δαυεὶδ πρὸς Ἀγχούς Οὕτω
νῦν γνώσει ἃ ποιήσει ὁ δοῦλός σου· καὶ εἶπεν Ἀγχοὺς πρὸς Δαυείδ Οὕτως ἀρχισωματοφύλακα
θήσομαί σε πάσας τὰς ἡμέρας.
3 [3]§Καὶ Σαμουὴλ ἀπέθανεν, καὶ ἐκόψαντο αὐτὸν πᾶς Ἰσραήλ, καὶ θάπτουσιν αὐτὸν ἐν § ℭ$^m$
Ἁρμαθάιμ ἐν πόλει αὐτοῦ. καὶ Σαοὺλ περιεῖλεν τοὺς ἐνγαστριμύθους καὶ τοὺς γνώστας ἀπὸ
4 τῆς γῆς. [4]καὶ συναθροίζονται οἱ ἀλλόφυλοι καὶ ἔρχονται καὶ παρεμβάλλουσιν εἰς Σωμάν·
5 καὶ συναθροίζει Σαοὺλ πάντα ἄνδρα Ἰσραήλ, καὶ παρεμβάλλουσιν εἰς Γελβουέ. [5]καὶ εἶδεν
6 Σαοὺλ τὴν παρεμβολὴν τῶν ἀλλοφύλων, καὶ ἐφοβήθη καὶ ἐξέστη ἡ καρδία αὐτοῦ σφόδρα. [6]καὶ
ἐπηρώτησεν Σαοὺλ διὰ Κυρίου, καὶ οὐκ ἀπεκρίθη αὐτῷ Κύριος ἐν τοῖς ἐνυπνίοις καὶ ἐν τοῖς

XXVIII 1 γεινωσκων B* | γνωση B$^{ab}$A | εξελευση B$^{ab}$A   2 γνωση B$^{ab}$A   3 εγγαστριμυθους B$^{ab}$   5 ιδεν A

AMNa–jl–qstv–$c_2e_2$𝔄ℭ$^{(m)w}$𝔈(𝔏$^v$)

νωτον a*b'c | ιουδαιας] ιδαιας b'* : ιδουμαιας Nefmw | hab κατα 2°—κενεζει 𝔏$^v$ | κατα νοτον 2°] κατα νωτον b'c : *in latera* 𝔄 : ⟨om 44⟩ | ιεσμεγα] ⟨pr της 242⟩ : ιεσμαγα N : ιεζμεγα Magh* : *Iebemega* ℭ : ιεζμετα lqtz(txt) : ιερμετα dp : της ιεσμετα y : του ιεσμεγαρ j : ιεζμενα v : *Iasemet* 𝔈 : ιεζραελ i : [illegible] 𝔖$^j$ : [illegible] 𝔄 : εραμαλει cx : *Heremiel* 𝔏 : ισραμηλει A : αερμων b'oz(mg)$c_2e_2$ : αερμον *b* | κατα νοτον 3°] *in latera* 𝔄 : om d | νατον του κενεζει] *Genezy* 𝔏 | νοτον του] νοτου g | νοτον 3°] νωτον b'c | κενεζει] κενεζη v : καινεζι g : κενιζι mℭ(uid) : κενεζιν jlpqtz : [illegible] 𝔖$^j$ : κενεβιν d : κεζει i : κηνει AcxOn

11 ανδρα] pr παντα bo$c_2e_2$ℭ(uid) | εζωογονησα] εζωογανησαν N : εζωογονησαμεν efmswℭ𝔈 : εζωογονει (-νυ b') δᾱδ bgioz$c_2e_2$ | om του g | om λεγων—γεθ 2° a*$a_2$ | om λεγων 𝔈 | μη] + ποτε boz$c_2e_2$ | αναγγειλωσιν] αναγγελωσιν h : απαγγειλωσιν b$c_2e_2$ : απαγγειλω σοι o | εις γεθ 2°] post ημων h𝔄ℭ : om bo$c_2e_2$𝔈 | ⟨γεθ 2°] γεεθ 242⟩ | δαυειδ ποιει] ποιει δᾱδ bjoz$a_2c_2e_2$𝔄 : εποιει δᾱδ Av𝔖$^j$ : επαιησε δᾱδ cx𝔈 | ποιει] ⟨pr τι 242⟩ : επαιει ay | om και 3°—αυτου v* (spat relict) | τοδε] ταδε A : τουτο biov$^b$ $c_2e_2$ : om $a_2$ | om το Mg | αυτου] δᾱδ cx𝔈 | om ας Nv* | εκαθισεν o$c_2e_2$𝔄ℭ(uid)𝔈(uid) | om δαυειδ 2° cx | αγρω] pr τω c | αλλαφυλων] + εδιδει $a_2$

12 επιστευθη—αγχους] *confisus est Anchus Dauid* 𝔄 | ενεπιστευθη oz$c_2e_2$ | δαυειδ—αγχαυς] αχους (αγχ- A) εν τω δᾱδ Acxℭ | ακχους bo$c_2e_2$ | om σφοδρα cq*x𝔈 | λεγων] και ειπεν ακχαυς (αγχ- i) io$c_2$ : και ειπεν ο ακχους (αγχ- z) bz$e_2$ | hab ησχυνται—ισραηλ 𝔏$^v$ | ησχυνται αισχυνομενος] *ualde confusus est confusione* 𝔏 | ⟨ησχυνται] ει αισχυνται 246⟩ | αισχυνομενος] αισχυνομενοι o : εμενος $a_2$ | om εν 3° ⟨74⟩ ℭ𝔈(uid)𝔏𝔖$^j$ | ισραηλ] pr τω *b*oz$c_2e_2$ | μου A*b*o$c_2c_2$

XXVIII 1 και εγενηθη] και εγενετο Abo$c_2e_2$ : ⟨εγενηθη δε 44⟩ | om εκειναις s | συναθροιζονται] συναθροιζωνται g : συναθροιζουσιν bo$c_2e_2$ Thdt | αλλοφυλοι] pr οι bcdioxz$c_2e_2$ Thdt | εν ταις παρεμβολαις] *cum castris* 𝔈 : τας παρεμβολας bo$c_2e_2$ Thdt | om αυτων y | εξελθειν] pr του boz$c_2e_2$ Thdt : om Acxℭ | παλεμειν] πολεμησαι i : εις πολεμον befmosw$c_2e_2$ Thdt | μετα] επι Abho$c_2e_2$ Thdt | ισραηλ] pr τον bo$c_2e_2$ : των αλλοφυλων g | ειπεν post δαυειδ o | αγχους] ακχους bo$c_2e_2$ : αχους cxℭ | δαυειδ] pr τον bo$c_2e_2$ | γνωσει] γνωσιν g | εξελευσει μετ εμου h | πολεμον] pr τον Abchoxz$c_2e_2$

2 ειπεν 1°] post αγχους 1° a$^b$ : om a* | om προς αγχους d | αγχους 1°] ακχους bo$c_2e_2$ : αχους cxℭ | ουτω] ουτος m : om v | νυν—ποιησει] ποιησω i | νυν] pr και e : ουν h | παιησει] ποιει σοι g : ⟨εποιησεν 71⟩ | αγχους 2°] ακχους bo$c_2e_2$ : αχους acxℭ | om προς δαυειδ d | αρχισωματοφυλακα] αρχης (-εις x) σωματοφυλακα cx : ⟨αρχισωματαφυλακας 242⟩ | θησαμαι σε] σε θησω e | θησομαι] θησωμε gv : ⟨καθησομαι 44⟩ | ⟨om σε 246⟩ | ημερας] + ου v

3 om και 1°—αυτου di | σαμουηλ—αυτου] εγενετο εν τω αποθανειν τον σαμουηλ cx | απεθανον h | εκοψατο Thdt | om αυτον 1° b | πας] πασαι φυλαι o | αρμαθαιμ] αρμαθεμ g Thdt : ραμα AM(mg) | om εν 2° hℭ Thdt | πολει] pr τη bo$c_2e_2$ Thdt | ⟨σαουλ] σαμουηλ 74⟩ | περιειλεν] εξηρεν bo$c_2e_2$ | hab τους 1°—γης 𝔏$^v$ | τους 1°] τας v | και 5°] + εξηρεν i | τους γνωστας] *eos qui respondebant* 𝔏 | γνωστας] συγνωστας g : πλωστας A

4 συναθροιζωνται g | οι—παρεμβαλλουσιν 1° bis scr f | om οι AMNdeghj–np–wy$a_2b_2$ | εξερχονται Thdt | παρεμβαλλουσιν 1°] παρεμβαλουσιν a*b'dgp$a_2$ : συναγονται v | εις 1°] εν Mg–j$b_2$ | σωμαν] σωμαμ z : σωναμ MNad–hj–np–twx$b_2$ On Cyr Thdt : ⟨σοναμ 44 : σωνα 71⟩ : αναμ cv : γωναμαν A | συναθροιζη bcv | om ανδρα vy | παρεμβαλλαυσιν 2°] παρεμβαλουσιν a*b'cdpvz$a_2$ | εις 2°] εν glı | γελβουε] γελβους $c_2$ : γεβουε *b** : γεβους $a_2$

5 παρεμβολην] + *omnem* ℭ$^w$ | om των v | ⟨om και εφοβηθη 246⟩ | om και 3°—σφοδρα d | om σφοδρα e$e_2$

6 om και 1°—κυριος e | om σαουλ d | κυριου] pr του bciox$b_2c_2e_2$ Thdt | αυτω] αυτοις a | om κυριος ⟨44⟩ ℭ$^w$𝔈 | εν 1°] pr και bo$c_2e_2$ Thdt : pr ουτε i | ενυπνιοις] υπνοις ijo$c_2e_2$ Thdt |

10 ιεσμεγα] αερμων ιεραμελι M | κενεζει] α' θ' κιναιου jz(om θ')
11 εζωαγονησα] + ※ λ̥ δᾱδ j   12 ησχυνται κ.τ.λ.] εντραπησεται εντρεπομενος και ου μι στραφη ετη εν ησραηλ *b*
XXVIII 2 αρχισωματοφυλακα] λ̥ φυλακα της κεφαλης μου jz(σ' pro λ̥)
3 αρμαθαιμ] λ̥ ραμα j | γνωστας] α' μαγους j : σημειοσκοπους jz   5 εξεστη] α' εξεπλαγη σ' επτηξεν j
6 εν τοις δηλοις] α' εν φωτισμοις σ' δια των δηλων j |· τοις δηλαις] α' τοις φωτισμοις z

B δήλοις καὶ ἐν τοῖς προφήταις. [7]καὶ εἶπεν Σαοὺλ τοῖς παισὶν αὐτοῦ Ζητήσατέ μοι γυναῖκα 7
ἐνγαστρίμυθον, καὶ πορεύσομαι πρὸς αὐτὴν καὶ ζητήσω ἐν αὐτῇ· καὶ εἶπαν οἱ παῖδες αὐτοῦ πρὸς
αὐτόν Ἰδοὺ γυνὴ ἐνγαστρίμυθος ἐν Ἀελδώρ. [8]καὶ συνεκαλύψατο Σαοὺλ καὶ περιεβάλετο ἱμάτια 8
ἕτερα, καὶ πορεύεται αὐτὸς καὶ δύο ἄνδρες μετ᾽ αὐτοῦ, καὶ ἔρχονται πρὸς τὴν γυναῖκα νυκτός·
καὶ εἶπεν αὐτῇ Μάντευσαι δή μοι ἐν τῷ ἐνγαστριμύθῳ καὶ ἀνάγαγέ μοι ὃν ἐὰν εἴπω σοι. [9]καὶ 9
εἶπεν ἡ γυνὴ πρὸς αὐτόν Ἰδοὺ δὴ σὺ οἶδας ὅσα ἐποίησεν Σαούλ, ὡς ἐξωλέθρευσεν τοὺς ἐνγαστρι-
μύθους καὶ τοὺς γνώστας ἀπὸ τῆς γῆς· καὶ ἵνα τί σὺ παγιδεύεις τὴν ψυχήν μου θανατῶσαι
αὐτήν; [10]καὶ ὤμοσεν αὐτῇ Σαοὺλ λέγων Ζῇ Κύριος, εἰ ἀπαντήσεταί σοι ἀδικία ἐν τῷ λόγῳ 10
τούτῳ. [11]καὶ εἶπεν ἡ γυνή Τίνα ἀναγάγω σοι; καὶ εἶπεν Τὸν Σαμουὴλ ἀνάγαγέ μοι. [12]καὶ εἶδεν 11 12
ἡ γυνὴ τὸν Σαμουήλ, καὶ ἀνεβόησεν φωνῇ μεγάλῃ· καὶ εἶπεν ἡ γυνὴ πρὸς Σαούλ Ἵνα τί παρε-
λογίσω με; καὶ σὺ εἶ Σαούλ. [13]καὶ εἶπεν αὐτῇ ὁ βασιλεύς Μὴ φοβοῦ, εἰπὸν τίνα ἑόρακας· καὶ 13
εἶπεν αὐτῷ Θεοὺς ἑόρακα ἀναβαίνοντας ἐκ τῆς γῆς. [14]καὶ εἶπεν αὐτῇ Τί ἔγνως; καὶ εἶπεν αὐτῷ 14
Ἄνδρα ὄρθιον ἀναβαίνοντα ἐκ τῆς γῆς, καὶ οὗτος διπλοΐδα ἀναβεβλημένος. καὶ ἔγνω Σαοὺλ
ὅτι Σαμουὴλ οὗτος, καὶ ἔκυψεν ἐπὶ πρόσωπον αὐτοῦ ἐπὶ τὴν γῆν καὶ προσεκύνησεν αὐτῷ. [15]καὶ 15

7 εγγαστριμυθον B$^{ab}$ | εγγαστριμυθος B$^{ab}$ 8 παρευετε A | εγγαστριμυθω B$^{ab}$ 9 εξωλοθρευσεν B$^{?}$ | εγγαστριμυθοις B$^{ab}$ | γνωτας A*(σ suprascr A$^{?}$) | πακιδευεις B* 12 ιδεν A 13 εωρακας B$^{b}$ | εωρακα B$^{b}$ 14 διπλοειδα A

AMNa–jl–qstv–c$_2$e$_2$𝔄ℭ$^{mw}$𝔈(𝔏$^{v}$)

om και 3°—προφηταις g | και 3°] ⟨η 44⟩: ουτε i | om εν 2° a$_2$ | ⟨και 4°] η 44⟩ | εν τοις 3°] om i: om τοις a

7 παισιν] παιδαριοις i | ⟨μοι] με 236⟩ | om γυναικα oc$_2$e$_2$ | hab ενγαστριμυθον 𝔏$^{v}$ | πορευσομαι] πορευσωμαι gv: πορευομαι a$_2$ | προς αυτην] εν αυτη c | ζητησω] ζησω d: εκζητησω boc$_2$e$_2$ | ειπαν] ειπον Aabdefiozc$_2$e$_2$ | om προς αυτον d | γυνη] γυναικα c | ενγαστριμυθος] γαστριμυθος x: om 𝔄-ed | αελδωρ B] *Aeddor* ℭ$^{m}$: *Aeldor* ℭ$^{w}$: ναενδωρ n: ηνδωρ c𝔈 On: ινδωρ x: νηνδωρ A: ⟨αενδωψ 71⟩: αερδων y: δωρ a$_2$: αενδωρ MN rell 𝔄𝔖$^{j}$ Cyr

8 συνεκαλυψατο] συνεκαλυψαντο m: περιεκαλυψατο Acx: ηλλοιωθη M(mg)bioz(mg)c$_2$e$_2$ℭ | περιεβαλετο] αλ ex corr v$^{a}$: περιεβαλλετο Na*bm | ⟨πορευονται 236⟩ | δυο] pr οι y | ερχονται] ερχεται adhilpqtvzb$_2$: ηλθον *b*oc$_2$e$_2$: ηλθε b′: *uenit* 𝔈 | γυναικα] + αυτου g* | om νυκτος a$_2$ | αυτη] + σαουλ bioc$_2$e$_2$𝔈 | μαντευσαι δη μοι] μαντευσωμαι v | μαντευσον bc | γαστριμυθω o* | αναγαγε] αγαγε s: αναγγειλον b: + δη n | ⟨μοι 2°] με 236: om 64⟩ | ον] ων a: ο b′cvxa$_2$ | εαν] αν defjmswb$_2$: ⟨om 246⟩ | σοι ειπω aefmsw

9 η—αυτον] αυτω η γυνη dlpqtz Cyr | om προς αυτον 𝔄 | om ιδου δη ℭ$^{w}$𝔈 | δη] *etiam* 𝔖$^{j}$: om Nbioc$_2$e$_2$ | συ 1°] σοι h*o | οσα] α boc$_2$e$_2$ℭ(uid): ο cx | om σαουλ ως εξωλεθρευσεν o | ως] pr *et* 𝔈: ος a: ⟨και 44⟩: om v | εξωλεθρευσεν] εξολοθρευσαι xe$_2$: + σαουλ fmsw: + δᾱδ e | τους 1°] τας v𝔈 | γνωστας] αποφθεγγομενους (-φεγγ- *b*) bioz(mg)c$_2$e$_2$ | συ τι c | om συ 2° ⟨246⟩ 𝔄 | παγιδευεις] παγιδευης os: ⟨παγιδευσεις 44: παγιδευσης 246⟩: παιδευεις e | την] pr εις f* | θανατωσαι] pr του ai | αυτην] με bioc$_2$e$_2$

10 αυτην m | σαουλ] + εν κ̅ω̅ Acx𝔄: + κατα του θ̅υ̅ boc$_2$e$_2$ℭ | om ζη κυριος ℭ$^{m}$ | ει] η gv | απαντησεται] αναντησεται A: απαντησει MNabefhlmo–twzb$_2$c$_2$e$_2$: απαντηση dgi: συναντησει v | om σοι g

11 γυνη BAcxya$_2$𝔄 Or-gr] + τω (του v*) σαουλ MN rell Cyr: + *ei* ℭ𝔈(uid) | αναγαγω σοι] αναγαγωσι c*: αγαγω σοι j*a$_2$ | ⟨om και 2°—μοι 71⟩ | και ειπεν τον sup ras e | και ειπεν 2°] ⟨om 236⟩: + σαουλ boc$_2$e$_2$ | τον σαμουηλ] post μοι a$^{b?}$: om a*: om τον Or-gr | αγαγε j* | μοι] μαι g: + ωδε a$_2$

12 ⟨om η 1° 44⟩ | τον σαμουηλ] μ, η sup ras M: τον σαουλ adeh$^{b?}$jlnp*qtwz: ⟨οτι ο σαουλ εστι 71: εν τη μαντεια οτι σαουλ εστι 44⟩ | ανεβοησεν] εβοησεν b′cnx: εβοησεν η γυνη *b*oc$_2$e$_2$ Or-gr: ⟨+ η γυνη 74⟩ | om φωνη μεγαλη d | μεγαλην A | om και 3°—σαουλ 1° ℭ$^{m}$ | ⟨om και 3°—γυνη 2° 44⟩ | και ειπεν post γυνη 2° h′ℭ$^{w}$ | ⟨om η 2°—σαουλ 1° 71⟩ | om η γυνη 2° diy Or-gr | σαουλ 1°] αυτον d | με] μοι a$^{a?}$

13 και 1°—βασιλευς bis scr v*(uid) | om αυτη dj(txt) | ο βασιλευς] σαουλ acefmswx: + τι γαρ εστιν Or-gr | ειπον τινα εορακας] τι (τινα b) εωρακας ειπε boc$_2$e$_2$ | ειπαν] ειπε Acx: και ειπεν a: om ⟨236⟩ Or-gr | τινα] τι Or-gr | αυτω] η γυνη προς (+ τον Or-gr) σαουλ bem(mg sub ※)owc$_2$e$_2$ℭ$^{w}$ Or-gr: om fm(txt)s: + η γυνη Njb$_2$𝔄ℭ$^{m}$ Cyr | εορακα] *uideo* 𝔄: ειδον Or-gr ⅓: εγω ειδον Or-gr ⅔: ειδον εγω boc$_2$e$_2$ | εκ] απο Or-gr ⅔

14 om και 1°—γης a$_2$ | αυτη] αυτω σαουλ o: *Saul* ℭ$^{m}$: + σαουλ bc$_2$e$_2$ℭ$^{w}$ | εγνως] τα ειδος αυτοις Or-gr | om αυτω 1° dℭ | hab ανδρα—αναβεβλημενος 𝔏$^{v}$ | ανδρα ορθιον αναβαινοντα] ανηρ πρεσβυτερος αναβαινων Or-gr | ανδρα] pr *uideo* ℭ: + *uidi* 𝔏 | ορθιον αναβαινοντα] αναβαινοντα ορθριον b′ | ορθιον] ι ex corr q$^{a}$: ορθριον AN*b*ghm(ριο part ras)ye$_2$: θειον c$_2$ | om εκ της γης d Or-gr | εκ] απο bc$_2$e$_2$ | και 3°—αναβεβλημενος] αναβεβλημενον διπλοιδα boc$_2$e$_2$ | om και ουτος dℭ$^{m}$ | ουτος 1°] ουτως a*hmv: αυτος Or-gr: om 𝔈 | διπλοιδα αναβεβλημενος] αναβεβλημενος διπλοιδα AMNacdg–lpqtvxzb$_2$𝔏: περιβεβλημενος διπλοιδα εφουδ Or-gr | ⟨περιβεβλημενος 123⟩ | σαμουηλ ουτος] ουτος σαμουηλ efmsw Cyr: ουτως σαμουηλ a$_2$ | ουτος 2°] pr εστιν boyc$_2$e$_2$: ουτως aq: *is* 𝔄𝔈: εστιν Or-gr: *est* ℭ | εκυψεν] επεσεν f Or-gr | επι προσωπον αυτου] om ⟨44⟩ ℭ$^{m}$: om αυτου bdoc$_2$e$_2$ Or-gr | om και προσεκυνησεν αυτω a* | αυτω 2°] α ex corr c$_2$$^{a}$: αυτον c: om Or-gr: + σαουλ a$_2$

7 ενγαστριμυθον] α′ εχουσαν μαγον j
8 συνεκαλυψατο] σ′ μετεσχηματισατο jz | περιεβαλετο] ενεδυσατο *b*(indice ad συνεκαλυψατο posito) | ενγαστριμυθω] α′ μαγω jz
9 ενγαστριμυθους—γνωστας] α′ μαγους θελητας και σημειοσκοπους jz | παγιδευεις] α′ εγκρουεις jz
10 αδικια] σ′ θ′ κακωσις j 12 παρελογισω με] α′ επεθου μοι σ′ ενηδρευσας μοι j
14 ορθιον] λ̥ πρεσβυτην M(sine nom)j𝔖-ap-Barh (α′ pro λ̥) | διπλοιδα] α′ ενδυμα j

εἶπεν Σαμουήλ Ἵνα τί παρηνώχλησάς μοι ἀναβῆναί με; καὶ εἶπεν Σαούλ Θλίβομαι σφόδρα, B
καὶ οἱ ἀλλόφυλοι πολεμοῦσιν ἐν ἐμοί, καὶ ὁ θεὸς ἀφέστηκεν ἀπ' ἐμοῦ καὶ οὐκ ἐπακήκοέν μοι ἔτι
καὶ ἐν χειρὶ τῶν προφητῶν καὶ ἐν τοῖς ἐνυπνίοις· καὶ νῦν κέκληκά σε γνωρίσαι μοι τί ποιήσω.
16 [16]καὶ §εἶπεν Σαμουήλ Ἵνα τί ἐπερωτᾷς με, καὶ Κύριος ἀφέστηκεν ἀπὸ σοῦ καὶ γέγονεν μετὰ τοῦ § 𝔈c
17 πλησίον σου; [17]καὶ πεποίηκεν Κύριός σοι καθὼς ἐλάλησεν Κύριος ἐν χειρί μου, καὶ διαρρήξει
18 Κύριος τὴν βασιλείαν σου ἐκ χειρός σου καὶ δώσει αὐτὴν τῷ πλησίον σου τῷ Δαυείδ. [18]διότι
οὐκ ἤκουσας φωνῆς Κυρίου καὶ οὐκ ἐποίησας θυμὸν ὀργῆς αὐτοῦ ἐν Ἀμαλήκ, διὰ τοῦτο τὸ ῥῆμα
19 ἐποίησεν Κύριός σοι τῇ ἡμέρᾳ ταύτῃ. [19]καὶ παραδώσει Κύριος τὸν Ἰσραὴλ μετὰ σοῦ εἰς χεῖρας
ἀλλοφύλων, καὶ αὔριον σὺ καὶ οἱ υἱοί σου μετὰ σοῦ πεσοῦνται, καὶ τὴν παρεμβολὴν Ἰσραὴλ
20 δώσει Κύριος εἰς χεῖρας ἀλλοφύλων. [20]καὶ ἔσπευσεν Σαοὺλ καὶ ἔπεσεν ἑστηκὼς ἐπὶ τὴν γῆν, καὶ
ἐφοβήθη σφόδρα ἀπὸ τῶν λόγων Σαμουήλ· καὶ ἰσχὺς ἐν αὐτῷ οὐκ ἦν ἔτι, οὐ γὰρ ἔφαγεν ἄρτον
21 ὅλην τὴν ἡμέραν καὶ ὅλην τὴν νύκτα ἐκείνην. [21]καὶ εἰσῆλθεν ἡ γυνὴ πρὸς Σαούλ, καὶ εἶδεν ὅτι
ἔσπευσεν σφόδρα· καὶ εἶπεν πρὸς αὐτόν Ἰδοὺ δὴ ἤκουσεν ἡ δούλη σου τῆς φωνῆς σου, καὶ ἐθέμην
22 τὴν ψυχήν μου ἐν τῇ χειρί μου, καὶ ἤκουσα τοὺς λόγους οὓς ἐλάλησάς μοι. [22]καὶ νῦν ἄκουσον δὴ

15 θλειβομαι B*  17 διαρηξει A  21 ιδεν A

AMNa–jl–qstv–$c_2e_2$𝔄𝔈(c)mw𝔈(𝔏v)

**15** σαμουηλ] ⟨pr αυτω 71 : προς σαουλ 242⟩: +*ei* 𝔈𝔈(uid) : +προς σαουλ AN(σαμουηλ ex σαουλ)cx𝔄 Or-gr | παρηνωχλησας] παρηνοχληκας v: παρωργισας Or-gr | om μοι αναβηναι c | μοι 1°] με AMdg–jnv$a_2b_2$ Or-gr: om a | αναβηναι] pr του boz$c_2$: του αναγαγειν $e_2$𝔈m(uid)𝔈 Or-gr | om με efjmnswb$_2$𝔈w | σαουλ] σαμουηλ $e_2$* | θλιβομαι σφοδρα και] σφοδρα Or-gr: om d | hab πολεμουσιν εν εμοι 𝔏v | πολεμουσιν] *rebellant* 𝔏 | ο θεος] κυριος Chr | αφεστηκεν] απεστη Or-gr Chr | επακηκοεν] επακηκοη x: επακουη c: επηκουσεν $a_2$: απεκριθη Or-gr | μοι 2°] μου Abcef jmnosvwxb$_2c_2e_2$ Cyr | om ετι 𝔄-ed | και 6°] ουτε boz$c_2e_2$: *neque* 𝔈𝔈: *non* 𝔄: om cx: +γε Or-gr | και 7°] ουτε boz$c_2e_2$: *neque* 𝔄𝔈𝔈 | om ταις boz$c_2e_2$ | ενυπνιοις] υπνοις cx: +ουτε εν δηλοις boz$c_2e_2$: +και εν ταις δηλοις MNa$^b$efgmnsw | και 8°—γνωρισαι] εκαλεσα του δηλωσαι Or-gr | κεκληκα σε] κεκλησε N*: βεβληκα σε g(β 2° ex corr uid) | ⟨σε⟩ σοι 242⟩ | γνωρισαι] pr του bo$e_2$: ινα γνωρισης N$c_2$ | μοι 3°] με bc$^{a?}$v

**16** σαμουηλ] σαουλ $a_2$: +*Saul* 𝔈m | ινα] pr και Or-gr | επερωτας] επερωτησας A: επηρωτησας Or-gr: ερωτας c: ερωτησας x | ⟨om και 2° 236⟩ | αφεστηκεν] απεστη Or-gr | om και 3°—(17) μου 𝔈m | γεγονεν—πλησιον] εγενηθη κατα Or-gr | πλησιον] εταιρου lqz: ετερου dpt

**17** πεποιηκεν] pr α av: εποιησεν boc$_2e_2$ Or-gr | κυριος σοι] αυτω boc$_2e_2$: αλλον αυτω Or-gr | κυριος 1°] post σοι ev𝔄: om f: +ο θς $a_2$ | σοι] σος m(restaur): αυτω z: om cg*x | καθως] καθα p: ον τροπον Or-gr | ελαλησεν] ελαλησα e*: λελαληκεν Or-gr½ | κυριος 2°] Ba$_2$ Cyr] ras (3) g: *et dixit* 𝔈c: om MN rell 𝔄𝔈w𝔈 Or-gr: +σοι A | χειρι] pr τη dp | και διαρρηξει] και διερρηξεν ah: *sustulit* 𝔈m | om κυριος 3° 𝔈m Or-gr½ | om σου 1° Mabghjlnpqtzb$_2c_2e_2$𝔄 Or-gr | αυτην] αυτη qt: αυτω A | om τω 2° d

**18** om totum comma 𝔈m | διοτι] καθοτι Or-gr: ⟨οτι 246⟩ | ουκ ηκουσας] ουκ εισηκουσας d: ουχ υπηκουσας b: ουχ υπηκουσες (-σε o*) oc$_2e_2$ | φωνης] pr της Ab–fhlmo–twxza$_2e_2$: φωνην g*(uid)y: την φωνην Or-gr | κυριου] pr του Or-gr | hab και—αμαληκ 𝔏v | om και Or-gr | εποιησας θυμον οργης] *satisfecisti furori* 𝔏 | εποιησας] εποιησω c: επλησας MNabefgijmnosvw z$^{a?}$b$_2c_2e_2$: ⟨ενεπλησας 242⟩: επληθυνας h: επληρωσας Cyr | θυμον οργης] οργην θυμου Or-gr: om οργης t𝔈(uid) | αυτου] σου $a_2$ | αμαληκ] pr τω boc$_2e_2$: αμαλεικ c: ιηλ $a_2$* | om δια—ταυτη d | δια] pr και 𝔈 Or-gr | τουτο post ρημα MNabg–lopqtvz b$_2c_2e_2$ | ρημα] +τουτο Aefmswxy$^b$ Or-gr: +τουτω c | κυριος σοι] σοι κς ουτως bc$_2e_2$𝔄𝔖j | κυριος] post σοι Acj(mg)nx Or-gr om j(txt) | σοι—ταυτη] τη ημερα ταυτη εν σοι $a_2$ | σοι] om o: +ουτως z | τη] pr εν Nhlnpqtz Or-gr Cyr

**19** παραδωσει] δωσει Or-gr | τον—σου 1°] *te* 𝔈cm | τον ισραηλ] pr και γε Or-gr: ⟨post σου 1° 44⟩ | om μετα σου 1° Or-gr | εις χειρας 1°] *in manum* 𝔈: εν χειρι Or-gr | και 2°—αλλοφυλων 2°] post (20) εκεινην 𝔈: om y*$a_2$ | om και 2°—πεσουνται Or-gr | αυριον] pr *dixit ei Samuel* 𝔈 | συ] σοι N*gi: +απαθανη Thdt | οι υιοι] ιωναθαν ο υιος boz(mg)$c_2e_2$ Thdt (om o) | om οι Nagjm*z(txt) | υιοι] pr *duo* 𝔈m: ι 2° ex corr a | μετα σου πεσουνται] μετ εμου M(mg)bz(mg)$c_2e_2$ Jos(uid): om o: om πεσουνται Thdt | om και 4°—αλλοφυλων 2° d𝔈m | και 4°] +γε Or-gr | ισραηλ 2°] ⟨om 71⟩: +και σε boc$_2e_2$ Thdt | δωσει] παραδωσει o𝔈(uid) Or-gr: *tradam* 𝔈a | κυριος 2°] om f𝔈: +μετα σου n | εις χειρας 2°] *in manum* 𝔈: αυτην εν χειρι Or-gr | αλλοφυλων 2°] pr των Thdt: +ταχυνον δε σαουλ αυριον και συ και οι υιοι σου μετ εμου Or-gr

**20** εστηκως] απο της στασεως αυτου M(mg)boc$_2e_2$𝔈cw(uid): om d | ισχυς—ετι] ουκ ην εν (om d) αυτω ισχυς ετι (ετι ισχυς boc$_2e_2$) MNabdg–lopqtvzb$_2c_2e_2$ | εν αυτω] post ην Acx𝔄: om εν n | ου γαρ] οτι ουκ MNabdg–ln–qtvzb$_2c_2e_2$ | αρτον *b* | om ολην 1° 𝔈cw | και 5°—νυκτα] post εκεινην Abcoxc$_2e_2$: om 𝔈c | om ολην 2° d𝔈w | om εκεινην 𝔄

**21** εισηλθεν—αυτον] ειπεν η γυνη προς σαουλ d | om προς 1° $c_2$* | σαουλ] αυτον g | εσπευσεν] εσπευδεν Acx: εσπευκεν σαουλ bo$e_2$: +σαουλ $c_2$ | om ιδου 𝔈c | δη] *ego* 𝔈: om bgijnov $a_2$–$e_2$ | ηκουσεν] post σου 1° na$_2$: *audiui* 𝔈cw: om A | om την N | om εν e | om τη cj*x | μου 2°] σου efmswye$_2$ | ηκουσα] ηκα q | λογους] +σου MNbefgmnoqsvwb$_2c_2e_2$𝔈w𝔈(uid)

**22** om ακουσον—και 2° d𝔈m | δη] και συ boc$_2e_2$𝔈c: *et tu* 𝔄(om *et* cod): om $a_2$: +και συ es: +και συ οτι πορευη w |

15 παρηνωχλησας] α' εκλονησας σ' εταραξας θ' παρωργισας j | θλιβομαι] α' σ' στενα j | γνωρισαι] σ' θ' δηλωσαι j
16 μετα—σου 2°] α' θ' κατα σου σ' αντιζηλος σου j
17 πλησιον] α' ετερω j
19 και 3°—σου 2°] και ιωναθαν M
20 εσπευσεν] σ' ταχυ jz | εστηκως] σ' καθ ολον (καθολου z) το μηκος αυτου jz
21 εσπευσεν] εταραχθη M  22 δη] + ※α' και συ jm

B φωνῆς τῆς δούλης σου, καὶ παραθήσω ἐνώπιόν σου ψωμὸν ἄρτου, καὶ φάγε· καὶ ἔσται ἐν σοὶ
ἰσχύς, ὅτι πορεύσῃ ἐν ὁδῷ. [23]καὶ οὐκ ἐβουλήθη φαγεῖν· καὶ παρεβιάζοντο αὐτὸν οἱ παῖδες αὐτοῦ 23
καὶ ἡ γυνή, καὶ ἤκουσεν τῆς φωνῆς αὐτῶν, καὶ ἀνέστη ἀπὸ τῆς γῆς καὶ ἐκάθισεν ἐπὶ τὸν δίφρον.
[24]καὶ τῇ γυναικὶ ἦν δάμαλις νομὰς ἐν τῇ οἰκίᾳ· καὶ ἔσπευσεν καὶ ἔθυσεν αὐτήν, καὶ ἔλαβεν 24
ἄλευρα καὶ ἐφύρασεν καὶ ἔπεψεν ἄζυμα, [25]καὶ προσήγαγεν ἐνώπιον Σαοὺλ καὶ ἐνώπιον τῶν 25
¶ ℭ$^m$ παίδων αὐτοῦ, καὶ ἔφαγον· καὶ ἀνέστησαν καὶ ἀπῆλθον τὴν νύκτα ἐκείνην¶.
[1]Καὶ συναθροίζουσιν ἀλλόφυλοι πάσας τὰς παρεμβολὰς αὐτῶν εἰς Ἀφέκ, καὶ Ἰσραὴλ παρ- 1 XXIX
ενέβαλεν ἐν Ἀεδδὼν τὴν ἐν Ἰσραήλ. [2]καὶ σατράπαι ἀλλοφύλων παρεπορεύοντο εἰς ἑκατοντάδας 2
καὶ χιλιάδας, καὶ Δαυεὶδ καὶ οἱ ἄνδρες αὐτοῦ παρεπορεύοντο ἐπ' ἐσχάτων μετὰ Ἀγχούς. [3]καὶ 3
εἶπον οἱ σατράπαι τῶν ἀλλοφύλων Τίνες οἱ διαπορευόμενοι οὗτοι; καὶ εἶπεν Ἀγχοὺς πρὸς τοὺς
στρατηγοὺς τῶν ἀλλοφύλων Οὐχ οὗτος Δαυεὶδ ὁ δοῦλος Σαοὺλ βασιλέως Ἰσραήλ; γέγονεν μεθ'
ἡμῶν ἡμέρας τοῦτο δεύτερον ἔτος, καὶ οὐχ εὕρηκα ἐν αὐτῷ οὐθὲν ἀφ' ἧς ἡμέρας ἐνέπεσεν πρὸς μὲ
καὶ ἕως τῆς ἡμέρας ταύτης. [4]καὶ ἐλυπήθησαν ἐπ' αὐτῷ οἱ στρατηγοὶ τῶν ἀλλοφύλων καὶ λέγουσιν 4
αὐτῷ Ἀπόστρεψον τὸν ἄνδρα εἰς τὸν τόπον αὐτοῦ οὗ κατέστησας αὐτὸν ἐκεῖ, καὶ μὴ ἐρχέσθω
μεθ' ἡμῶν εἰς τὸν πόλεμον καὶ μὴ γινέσθω ἐπίβουλος τῆς παρεμβολῆς· καὶ ἐν τίνι διαλλαγή-

XXIX 2 χειλιαδας B* | ανδες B* 4 γεινεσθω B*

AMNa–jl–qstv–$c_2e_2$𝔄ℭ$^{c(m)w}$𝔈(𝔏$^v$)

φωνης B] φωνην emsw$a_2$: την φωνην c: om h: pr της AMN rell | om της $a_2$ | παραθησω] παραθησωμαι g: παραθησομαι Ndhlnpqtz | φαγε] φαγει y: φαγεσαι bgo$c_2c_2$ | om και 4°—ισχυς ℭ$^m$ | om εν 1° Nv$a_2$𝔄ℭ$^{cw}$ | om οτι πορευση sw | πορευση B$e_2$𝔄(uid)ℭ] πορευη AMN rell | εν οδω] *in uia tua* ℭ$^c$: *uiam tuam* 𝔄

23 και 1°] pr και ηπειθησεν b'$^{a?}$(uid)bo$c_2e_2$: pr και ουκ ηπειθησε b'* | εβουληθη BAcxy$a_2$𝔄ℭ𝔈] εβουλετο MN rell 𝔖$^j$ | παρεβιασαντο Nbcox$c_2e_2$𝔄ℭ𝔈𝔖$^j$ | om αυτον n$a_2$ | και 4°—διφρον] *donec surgeret* ℭ$^m$ | om και 5°—γης g | απεστη b | om απο της γης d | hab και 6°—διφρον 𝔏$^v$ | επι τον διφρον] *in sella* 𝔏 | τον διφρον] το διφρον oy: *terram* ℭ$^c$: om τον $a_2$

24 και τη] τη τε v: τη δε MNabdg–ln–qtz$b_2c_2e_2$ | om ην efmsw | δαμαλις νομας] μοσχαριον γαλαθηνον bi(mg)oz(mg)$c_2e_2$ ℭ𝔖$^j$: hab *uitulum lactantem* 𝔏$^v$: μοσχαριον απαλον y: hab μοσχον Jos: om νομας v | om και 2°—αυτην ℭ$^c$ | om και εσπευσεν d | αυτην] αυτο Ab'oy$c_2e_2$: αυτω *b* | αλευρον cnx | εφυρασεν] εσφυραις o | hab και επεψεν αζυμα 𝔏$^v$ | επεψεν] επεζεν f: επεμψεν ANcgox: ⟨εψησεν 44⟩ | αζυμα] *focazias* 𝔏

25 προσηγαγεν] προσηνεγκεν MNabdg–ln–qtvz$b_2c_2e_2$ Thdt: + αζυμα $a_2$ | ενωπιον σαουλ] *coram eo* ℭ$^c$ | ⟨σαουλ] pr του 244⟩ | om ενωπιον 2° dℭ$^{cm}$ | παιδαριων n | εφαγεν y | ανεστησαν και] αναστραντες bo$c_2e_2$ Thdt: om ℭ$^m$ | ανεστησεν $a_2$* | και 5°—εκεινην] την νυκτα εκεινην και απηλθεν $a_2$ | απηλθον] απηλθεν a$^a$: απηλθαν a*(uid): απηλθοσαν y

XXIX 1 συναθροιζονται A | αλλοφυλοι BANa$a_2$] pr οι M rell | om πασας hℭ | αυτου $a_2$ | εις] επι $e_2$ | αφεκ] αφεκα Ndeglpqtz: αφεκκα Ma(uid)fhijmnsvw$b_2$: *Safec* 𝔈: ⟨φεκας 74⟩: *Massefac* ℭ$^c$ | hab ισραηλ 1°—(2) χιλιαδας 𝔏$^v$ | παρενεβαλεν—ισραηλ 2°] *uenit in Ezechel* 𝔏 | παρενεβαλεν] *castra posuerunt* 𝔈: παρεβαλεν c | om εν 1° $e_2$ | αεδδων B] αεδδωμ y: *Aeldom* ℭ$^w$: αεδων cx: αεδωρ a*g: αδωμ $a_2$: ναενδωρ d: *Endor* 𝔈: αιν o$c_2e_2$: ναιν M(mg)b: αενδωρ AM(txt)Na$^{a?}$ rell 𝔄 On: *Ellom* ℭ$^c$ | την] της N𝔄(uid): τη Ma–gijmopsvwx$b_2e_2$ | om εν 2° Nq𝔄𝔈(uid) | ισραηλ 2° Bbjy$a_2b_2$𝔈] pr *terra* ℭ: ιεσραελ p: ιεζραηλ $c_2e_2$: ιεζδραηλ o: ιζραελ AMNgi: ιζαραελ cx: ιεζραελ rell 𝔄 On

2 σατραπαι] pr οι bcoxyz$c_2e_2$: σατραπιαι v: *sic reguli* 𝔏 | αλλοφυλων Biy$a_2$] pr των AMN rell | παρεπορευοντο 1°] *ibant* 𝔏: om 𝔄 | om εις—παρεπορευοντο 2° dpv | ⟨om και 2° 246⟩ | χιλιαδας] pr εις MNhjlnqtz$^a$$a_2b_2$𝔈(uid)𝔖$^j$(uid) | om και 4° t* | ⟨ανδρες] παιδες 74⟩ | ⟨αυτω 242⟩ | εσχατων] εσχατον g: εσχατω Alnqv$b_2$: εσχατου N | αγχους] ακχους bo$c_2e_2$: αχους cxℭ

3 ειπον] ειπαν MNh–lnqtvz$b_2$ | σατραπαι] σατραπιαι v: + και οι στρατηγοι o$c_2e_2$: hab στρατηγοι Jos | των αλλοφυλων 1°] ⟨om 44⟩: + και οι στρατηγοι b | διαπορευομενοι] ⟨διαπορευονται 44⟩: παραπορευομενοι boyz(mg)$c_2e_2$ | αγχους] ακχους bo$c_2e_2$: αχους cxℭ | προς 1°—αλλοφυλων 2°] προς αυτους p: om d | στρατηγους] σατραπας MNabg–lnoqtvz–$e_2$𝔄 | ουχ ουτος δαυειδ] *Dauid is* 𝔈 | ουχ ουτος] ουτος (-τως g) εστιν hgo$c_2e_2$ ℭ𝔖$^j$ | ουτος] ουτως a*m: ⟨+ εστι 44⟩ | δαυειδ] pr ο o | om ο Nadhlnpqtvz | βασιλεως] pr του bo$c_2e_2$: φυλης A | om ισραηλ dℭ$^c$ | hab γεγονεν—ετος 𝔏$^v$ | γεγονεν] pr ος Abcgoxz$c_2e_2$𝔈(uid)𝔏𝔖-ap-Barh | μεθ ημων] μετ εμου bo$c_2e_2$𝔏 | ημερας 1°—ετος] ηδη δευτερον ετος ημερων (σημερον b) bo$c_2e_2$: *nunc his diebus per biennium* 𝔏 | ημερας 1°] om $a_2$: + *omnes* ℭ | τουτου z | ευρηκα] ευρηκαμεν a: ευρον ho$c_2e_2$ | εν αυτω ουθεν] ουδεν εν αυτω a | ουδεν AMNbcg–joxy$h_2c_2e_2$ | ενεπεσεν] ενεπεσα a (α sup ras 2 litt): επεσεν cxy: εισηλθεν M(mg)bo$c_2e_2$ℭ$^c$: *uenit* 𝔈 | προς με] *in nos* 𝔄 | om και 4° bio$c_2e_2$𝔄ℭ𝔈

4 ελυπηθησαν] εθυμωθησαν boz(mg)$c_2e_2$𝔄(uid)𝔈 Chr | επ—στρατηγοι] οι σατραπαι επ αυτω $e_2$ | επ] εν y | αυτω 1°] αυτον cx | στρατηγοι BAcivxℭ(uid)] σατραπαι MN rell 𝔄𝔈 Chr | ⟨om των αλλοφυλων 71⟩ | εις 1° Bdy$a_2$𝔈] pr και αποστραφητω AMN$c_2$(sub ※) rell ℭ𝔖$^j$ Chr: pr *et cat* 𝔄 | om αυτου 1° Chr | om ου—εκει d | υμων go | om τον 3° Ndgilpqtx–$a_2$ Chr | hab και 4°—εκεινων 𝔏$^v$ | και 4°—παρεμβολης] *ne forte insiator existat exercitus nostri* 𝔏$^{v(2)}$ | και μη γινεσθω] οπως μη γενοιται cx | γενεσθω vwz | επιβουλος της παρεμβολης] *consiliarius in castris nostris* 𝔏$^{v(1)}$ | της παρεμβολης] τη παρεμβολη Mabdg–lopqtvz$b_2c_2e_2$ Chr: ⟨εν τη παρεμβολη 71⟩: om ℭ$^c$ | διαλλαγη-

23 τον διφρον] ϟ την κλινην jz (sine nom)
24 νομας] σ' πεφιλοτροφημενη θρεπτη jz
XXIX 1 εν αεδδων] οι γ' εν τη πηγη Mj(sine nom)
3 διαπορευομενοι] εβραιοι j | ουθεν] α' οτιουν τι j | ενεπεσεν προς με] σ' προσεφυγεν μοι j
4 ελυπηθησαν] α' παροξυνθησαν σ' ωργισθησαν θ' εθυμωθησαν j | επιβουλος της παρεμβολης] ϟ σαταν εν πολεμω j | διαλλαγησεται ουτος] α' ευδοκηθησεται ουτος jz

5 σεται οὗτος τῷ κυρίῳ αὐτοῦ; οὐχὶ ἐν ταῖς κεφαλαῖς τῶν ἀνδρῶν ἐκείνων; 5 οὐχ οὗτος Δαυεὶδ ᾧ B
ἐξῆρχον ἐν χοροῖς λέγοντες

Ἐπάταξεν Σαοὺλ ἐν χιλιάσιν αὐτοῦ,
καὶ Δαυεὶδ ἐν μυριάσιν αὐτοῦ;

6 6 καὶ ἐκάλεσεν Ἀγχοὺς τὸν Δαυεὶδ καὶ εἶπεν αὐτῷ Ζῇ Κύριος, ὅτι εὐθὴς σὺ καὶ ἀγαθὸς ἐν ὀφθαλ-
μοῖς μου, καὶ ἡ ἔξοδός σου καὶ ἡ εἴσοδός σου μετ' ἐμοῦ ἐν τῇ παρεμβολῇ· καὶ ὅτι οὐχ εὕρηκα
κατὰ σοῦ κακίαν ἀφ' ἧς ἡμέρας ἥκεις πρὸς μὲ ἕως τῆς σήμερον ἡμέρας, καὶ ἐν ὀφθαλμοῖς τῶν
7 σατραπῶν ἀγαθὸς σύ. 7 καὶ νῦν ἀνάστρεφε καὶ πορεύου εἰς εἰρήνην, καὶ οὐ μὴ ποιήσεις κακίαν
8 ἐν ὀφθαλμοῖς τῶν σατραπῶν τῶν ἀλλοφύλων. 8 καὶ εἶπεν Δαυεὶδ πρὸς Ἀγχούς Τί πεποίηκά σοι
καὶ τί εὗρες ἐν τῷ δούλῳ σου ἀφ' ἧς ἡμέρας ἤμην ἐνώπιόν σου καὶ ἕως τῆς ἡμέρας ταύτης, ὅτι οὐ
9 μὴ ἔλθω πολεμῆσαι τοὺς ἐχθροὺς τοῦ κυρίου μου τοῦ βασιλέως; 9 καὶ ἀπεκρίθη Ἀγχοὺς πρὸς
Δαυείδ Οἶδα ὅτι ἀγαθὸς σὺ ἐν ὀφθαλμοῖς μου, ἀλλ' οἱ σατράπαι τῶν ἀλλοφύλων λέγουσιν Οὐχ
10 ἥξει μεθ' ἡμῶν εἰς πόλεμον. 10 καὶ νῦν ὄρθρισον τὸ πρωὶ σὺ καὶ οἱ παῖδες τοῦ κυρίου σου οἱ
ἥκοντες μετὰ σοῦ, καὶ πορεύεσθε εἰς τὸν τόπον οὗ κατέστησα ὑμᾶς ἐκεῖ· καὶ λόγον λοιμὸν μὴ θῇς
ἐν καρδίᾳ σου, ὅτι ἀγαθὸς σὺ ἐνώπιόν μου· καὶ ὀρθρίσατε ἐν τῇ ὁδῷ καὶ φωτισάτω ὑμῖν, καὶ
11 πορεύθητε. 11 καὶ ὤρθρισεν Δαυεὶδ αὐτὸς καὶ οἱ ἄνδρες αὐτοῦ ἀπελθεῖν καὶ φυλάσσειν τὴν γῆν
τῶν ἀλλοφύλων, καὶ οἱ ἀλλόφυλοι ἀνέβησαν πολεμεῖν ἐπὶ Ἰσραήλ.

4 ουχει A    5 χειλιασιν B*A    8 ευρες] συρες A    9 οτι] στι A    10 πορευεσθαι A

AMNa-jl-qstv-c$_2$e$_2$𝔄ℭ$^{cw}$𝔈(𝔏$^v$)

σεται—αυτου 2°] *in gratiam reuertetetur cum domino suo* 𝔏 | διαλαγηθησεται a | ουτος] ουτως a*v*c$_2$: αυτος cx | om ουχι—(5) αυτου 1° c | ουχι] pr η bc$_2$e$_2$ Chr: *si non* 𝔄ℭ | εν ταις κεφαλαις] *in capite* 𝔄-codd 𝔏 | ανδρων] αλλοφυλων a$_2$

**5** ουτος BAnxya$_2$] ουτως εστιν av: +εστιν MN rell ℭ𝔖$^j$ | ω] sup ras (3) a: ως Nv: ον jx | εξηρχον] εξηρχοντο adlpqtvyz (txt): εξηλθον N𝔈: *ierunt* ℭ$^w$ | εν χοροις λεγοντες] αι χορευουσαι λεγουσαι boyz(mg)c$_2$e$_2$ℭ(uid)𝔈 | εν χοροις] οι χοροι d: αι χορευουσαι x | om αυτου 1° g𝔄𝔈 | om δαυειδ εν t* | om αυτου 2° 𝔄𝔈

**6** εκαλεσεν] ελαλησεν c | αγχους] αχχους o: ακχους bc$_2$e$_2$: αχους cxℭ | τον] τω cx | om αυτω cx | ευθης—αγαθος] αγαθος (αγ ex συ c$^a$) συ και ευθυς c | ευθης] ευθυς ab*eine$_2$: ⟨ευθυς ει 71⟩ | om και αγαθος d | αγαθος εν οφθαλμοις sup ras 4 linn m$^a$ | εξοδος—εισοδος] εισοδος σου και η εξοδος d𝔄ℭ$^c$𝔈 | om η 2° o*t* | om σου 2° 𝔄 | μετ—παρεμβολη] *benedicta* ℭ$^c$ | μετ εμου] post παρεμβολη ⟨246⟩ 𝔄: εν εμοι efmsw: om da$_2$ | om οτι 2° boc$_2$e$_2$ 𝔄ℭ$^c$𝔈 | ευρον boc$_2$e$_2$ | κατα σου] εν σοι Acx𝔄ℭ𝔈(uid) | om αφ—με d | ηκες N$^{a?}$ | om της c | σημερον ημερας] ημερας της σημερον Acx: ημερας ταυτης boc$_2$e$_2$ | ημερας 2°] η a$_2$ | hab και 7°—συ 2° 𝔏$^v$ | και εν οφθαλμοις] *sed sub oculis* 𝔏 | σατραπων] +*alienigenarum* ℭ$^c$𝔈 | αγαθος 2° By*a$_2$] pr ουκ AMNy$^b$ rell 𝔄ℭ𝔈 Jos(uid): pr *uisus es non* 𝔏

**7** ⟨om και 1° 71⟩ | αναστρεφε] αναστραφε Aa$_2$: +συ v | εν ειρηνη b(εν bis scr *b**)oc$_2$e$_2$ | om και 3°—αλλοφυλων d | hab ου—κακιαν 𝔏$^v$ | ποιησης N$^{a?}$*b*efi-nqstwyzb$_2$c$_2$e$_2$ | om εν οφθαλμοις e | ⟨om των αλλοφυλων 71⟩

**8** om προς αγχους d | αγχους] ακχους *b*oc$_2$e$_2$: εκχους b': αχους cgxℭ | εποιησα boc$_2$e$_2$ | om σοι h | om και 2°—σου 1° ℭ$^c$ | και 2°] η boc$_2$e$_2$ | om εν b' | om ημερας 1° o | ημην] ημεν y: ηλθον ⟨44⟩ 𝔄-codd ℭ𝔈: om dp | om και 3° 𝔄ℭ𝔈 | om της bo | ημερας ταυτης] σημερον ημερας cx | επελθω d | om του 2° w

**9** απεκριθη] ειπεν ⟨44.71⟩ ℭ$^c$𝔈 | αγχους προς δαυειδ] δᾱδ αγχους a$_2$: ⟨αυτω αγχους 71⟩ | αγχους] ακχους boc$_2$e$_2$: αχους cxℭ | προς δαυειδ] pr και ειπεν ANboxc$_2$e$_2$𝔄ℭ$^w$: και ειπε τω δᾱδ c: om d | συ αγαθος b' | om συ a | μου] +καθως αγγελος θῡ Abc$_2$𝔄: +καθως αγγελος κῡ cx: ⟨+ως αγγελος θεου 242⟩ | αλλ] +η MNd-mp-twzb$_2$: ⟨+η οτι 123⟩ | σατραπαι] στρατηγοι Nabdhl$^a$(sup ras)opqtvze$_2$ℭ | ηξεις a$_2$ (ς ex corr) | πολεμον] pr τον cefmswx

**10** hab και 1°—μου 𝔏$^v$ | om και 1°—σου 2° c | om ορθρισον—και 3° d | ορθρισον το πρωι] *ante lucem surge* 𝔏 | ⟨ορθρισον] +μεθ ημων 246⟩ | om το πρωι a$_2$ | το] τω agjb$_2$ | πρωει sup ras A$^1$ | συ 1°] pr και a: σοι *b*: om A𝔄-cod | του κυριου σου] om a$_2$: om του κυριου boxc$_2$e$_2$𝔏 | om οι 2°—σου 2° ℭ$^c$ | om οι 2° x | ηκοντες] οντες e$_2$ | πορευσεσθε M | ου] ον boc$_2$e$_2$: *in quo* 𝔄 | κατεστησα] +ras (1) a | υμας] ημας c*o: *nobis* 𝔏 | om εκει Acdx𝔄𝔏 | λογον—θης] μη λοιπηθης v | λοιμον] *pestilentiorum* 𝔏$^{v(1)}$: *pestilens uerbum diaboli* 𝔏$^{v(2)}$: +ras (5—6) o | θης] θεις b'gioy: θη cx | om εν καρδια σου A (aliq deesse ind A$^{a?}$)cx | καρδια By] pr τη MN rell | om οτι—μου ℭ$^c$ | συ ενωπιον μου] ενωπιον εμου συ y | om ενωπιον μου a$_2$ | ενωπιον] εν οφθαλμοις bioz(mg)c$_2$e$_2$𝔈(uid) | μου] εμου AMN aegmnswb$_2$: +ως αγγελος θῡ bhoz(mg)c$_2$c$_2$ | om και 5°—πορευθητε cx | και 5°] εν οδω boz(mg)c$_2$e$_2$ | διορθρισατε A | om και 6° boz(mg)c$_2$e$_2$ | φωτισατε e* | υμιν] υμων o | πορευθητε] πορευεσθαι v

**11** ⟨ωρθρισεν] +το πρωι 246⟩ | om αυτος d𝔄-ed ℭ𝔈 | ⟨αυτου] pr οι μετ 44⟩ | απελθειν] pr του Mdg-lnpqtzb$_2$: του απελθειν το πρωι boc$_2$e$_2$: +το (τω c) πρωι (-ει A) Acx𝔄𝔖$^j$ | om και φυλασσειν a*ℭ$^c$ | την γην] *ad terram* ℭ$^c$: την οδον cx𝔈: τας πολεις a$_2$ | ⟨om και 4°—ισραηλ 71⟩ | πολεμειν] pr του d: post ισραηλ boc$_2$e$_2$: πολεμον N*(uid) | επι Bboyc$_2$e$_2$] εν efhimswa$_2$: προς AMN rell 𝔖$^j$: *cum* 𝔄ℭ𝔈 | ⟨ιεζραηλ 123⟩

6 ευθης] σ' αρεστος j | αγαθος συ] σ' ουκ αρεσκεις jz    7 και 3°—κακιαν] σ' ινα μη ποιησης αηδες j
9 προς] pr ※ λ̣ και ειπεν j | αγαθος—μου] σ' αρεσκεις συ μοι j    10 και φωτισατω] σ' οταν διαφαυση j

B [1]Καὶ ἐγενήθη εἰσελθόντος Δαυεὶδ καὶ τῶν ἀνδρῶν αὐτοῦ εἰς Κεειλὰ τῇ ἡμέρᾳ τῇ τρίτῃ, καὶ 1 XXX
Ἀμαλὴκ ἐπέθετο ἐπὶ τὸν νότον καὶ ἐπὶ Σεκελάκ, καὶ ἐπάταξεν τὴν Σεκελὰκ καὶ ἐνεπύρισεν αὐτὴν
ἐν πυρί· [2]καὶ τὰς γυναῖκας καὶ πάντα τὰ ἐν αὐτῇ ἀπὸ μικροῦ ἕως μεγάλου, οὐκ ἐθανάτωσαν 2
ἄνδρα καὶ γυναῖκα ἀλλ' ᾐχμαλώτευσαν· καὶ ἀπῆλθον εἰς τὴν ὁδὸν αὐτῶν. [3]καὶ ἦλθεν Δαυεὶδ 3
καὶ οἱ ἄνδρες αὐτοῦ εἰς τὴν πόλιν, καὶ ἰδοὺ ἐνπεπύρισται ἐν πυρί, αἱ δὲ γυναῖκες αὐτῶν καὶ οἱ
υἱοὶ αὐτῶν καὶ αἱ θυγατέρες αὐτῶν ᾐχμαλωτευμένοι. [4]καὶ ἦρεν Δαυεὶδ καὶ οἱ ἄνδρες αὐτοῦ τὴν 4
φωνὴν αὐτῶν καὶ ἔκλαυσαν, ἕως ὅτου οὐκ ἦν ἐν αὐτοῖς ἰσχὺς ἔτι κλαίειν. [5]καὶ ἀμφότεραι αἱ 5
¶ ℭᶜ §ℭ γυναῖκες Δαυεὶδ ᾐχμαλωτεύθησαν, Ἀχεινόομ ἡ Ἰσραηλεῖτις καὶ Ἀβειγαία ἡ γυνὴ Ναβὰλ¶ §τοῦ
Καρμηλίου. [6]καὶ ἐθλίβη Δαυεὶδ σφόδρα, ὅτι εἶπεν ὁ λαὸς λιθοβολῆσαι αὐτόν, ὅτι κατώδυνος 6
ψυχὴ παντὸς τοῦ λαοῦ ἑκάστου ἐπὶ τοὺς υἱοὺς αὐτοῦ καὶ ἐπὶ τὰς θυγατέρας αὐτοῦ· καὶ ἐκρα-
ταιώθη Δαυεὶδ ἐν Κυρίῳ θεῷ αὐτοῦ. [7]καὶ εἶπεν Δαυεὶδ πρὸς Ἀβιαθὰρ τὸν ἱερέα υἱὸν Ἀχειμέλεχ 7
Προσάγαγε τὸ ἐφούδ. [8]καὶ ἐπηρώτησεν Δαυεὶδ διὰ τοῦ κυρίου λέγων Εἰ καταδιώξω ὀπίσω τοῦ 8
γεδδοὺρ τούτου, εἰ καταλήμψομαι αὐτούς; καὶ εἶπεν αὐτῷ Καταδίωκε, ὅτι καταλαμβάνων κατα-

XXX 2 μεικρου B*A  3 εμπεπυρισται $B^a$  4 αυτου $B^{ab}$] αυτων B*
5 αβιγαια A  6 εθλειβη A

AMNa-jl-qstv-$c_2e_2$𝔄$ℭ^{(cl)w}$𝔈($𝔏^v$)

XXX 1 ⟨και εγενηθη εισελθοντος] εξελθοντων δε 44⟩ | εγεννηθη a | εισελθοντος—ανδρων] *ubi intrauerunt Dauid et uiri* 𝔈 | εισελθοντος BAiy$a_2$𝔄] εξελθοντων dlpqtz(txt): προ του ελθειν cx$ℭ^c$: εν τω παραγενεσθαι boz(mg)$c_2e_2$: εξελθοντος MN rell | και 2°—κεειλα] εις σικελαγ (-λα c) μετα των ανδρων αυτου cx | τους ανδρας boz(mg)$c_2e_2ℭ^c$ | εις] την MNad-hj-np-wz(txt)$b_2$ | κεειλα] κειλαγ *b*: *Secelac* ℭ: σικελακ N: *Sicilac* 𝔄: σεκελαγ ef$h^{b?}$msw: σικελαγ AMadgh*jlnpqtz(txt)$b_2$: σικελατ v: ⟨σικελα 71⟩: σικελλαν Jos(uid) | τη 1°—τριτη] *in die secundo* 𝔄-ed | τη 1°] pr εν cx | επεθετο—επι 2°] *uenerunt ex austro in* 𝔈 | επεθετο] επεθεντο n: ⟨υπεθετο 71⟩ | om τον v | νωτον b' | om και επι σεκελακ $ℭ^c$ | om και 4° cgx | σεκελακ 1° B$a_2ℭ^w$𝔈] σικελακ N: *Sicilac* 𝔄: τον σικελαχ c: σεκελαγ ef$h^{b?}$mswy: σικαιλαγ g: την σικελαγ Adx: σκελαγ Mh*: σικελατ v: σικελλαν Jos(uid): σεκελαγ (σικελαγ *bi*: σικειλα b') εξελθοντος (+του i) δᾱδ και των ανδρων αυτου εκ σεκελαγ (σικ- i) τη ημερα τη τριτη bio$c_2e_2$: σικελαγ rell | om και 5°—σεκελακ 2° aefmqsvwy$𝔈^a$ | επαταξεν] επαταξαν bd$h^{b?}$lnptz$c_2e_2𝔈^s$: επεταξεν $a_2$ | την] τον c | σεκελακ 2° B$a_2$ℭ$𝔈^s$] σικελακ N: *Sicilac* 𝔄: σικελαχ c: σεκελαγ b$h^{b?}$o$c_2e_2$: σικαιλαγ g: σικελαγ AMh* rell | ενεπυρισεν BN gimy$a_2$] ενεπρησεν Acx: ενεπυρισαν M rell 𝔈 | αυτην] αυτον c: ⟨om 246⟩ | om εν $a_2$

2 om totum comma $ℭ^c$ | και τας] τας δε bo$c_2e_2$ | και 1°] ⟨pr και τους ανδρας 246⟩: pr και ηχμαλωτευσεν A: +ηχμαλωτευσεν cx𝔄 | om και παντα N | παντα τα] παντας τους Mabdg-ln-qtvz$b_2c_2e_2$ | τα] τας $N^{a?}$: τους N* | εως] pr και A | ουκ] pr και y𝔄 | εθανατωσεν A(εθανωτ-)cmnx$a_2$ | om ανδρα και γυναικα a | ανδρα] + ουδενα d | και 3°] η e-hmsw: ουτε cx: ουδε MNdijl pqtvz$b_2ℭ^w$ | αλλ] και o$c_2e_2$ | ηχμαλωτευσαν] η αιχμαλωτευσαν $b_2$: η αιχμαλωτευθησαν $a_2$: + αυτους bo$c_2e_2ℭ^w$ | ⟨om και 4°—(3) αυτου 246⟩ | απηλθον] ανεβησαν $a_2$

3 ηλθεν] εγενετο εισελθοντος bo$c_2e_2$: ⟨ιδου 242⟩ | δαυειδ] pr του o$c_2e_2$ | οι ανδρες] των ανδρων των μετ bo$c_2e_2$: ⟨οι μετ 44.71⟩ | πολιν] σεκελαγ τη ημερα τη τριτη bo$c_2e_2$ | ιδε v | ενπεπυρισται εν πυρι] *succensa erat ciuitas* 𝔄 | ενπεπυρισται BAb'y] ενεπυρισται $a_2$: εμπεπρησται cx: ενεπεπυριστο M$b_2$: ενεπυριστο adjlpqtvz: ενπεπυριστο $N^{uid}$(ν corr in μ uid $N^{a?}$)*b* rell | om εν bcnox$c_2e_2$ | αι δε] και αι cx | και 4°—αυτων 2° post αυτων 3° bo$c_2e_2$ | om αυτων 2° d𝔄 | om και 5°—αυτων 3° a$ℭ^c$ | ηχμαλωτευμενοι] ηχμαλωτευμεναι Nachntxy: αιχμαλωτευμενοι A$bo^a c_2e_2$: αιχμαλωτευσαμενοι o*: ⟨οι ηχμαλοτευομενοι 246⟩

4 επηρεν bo$c_2e_2$ | ⟨αυτων] μεγαλως 44⟩ | hab εκλαυσαν—κλαιειν $𝔏^v$ | εκλαυσαν] α 2° sup ras $A^?$ | οτου] ου v(+ras 1 lit): om y | ουκ—κλαιειν] *uires non haberent plorandi* 𝔏 | ισχυς εν αυτοις Mb(om εν b')gjo$c_2e_2$ | om ισχυς c | ετι κλαιειν] ετι του κλαιειν dlpqtz: του κλαιειν ετι bo$c_2e_2$: του κλαιειν $a_2$

5 ⟨om αι 246⟩ | om ηχμαλωτευθησαν $e_2$ | om αχεινοομ—καρμηλιου d | αχεινοομ By$b_2$] *Achinoam* 𝔄: *Achinoom* 𝔈: αχιναμ e: αχινααν n: αχιμααμ h: αχιναaβ o$a_2$ℭ: νααμ i(pr και)$e_2$(uid): αχιναaμ A(αμ sup ras $A^?$)MNa(pr και) rell | η ισραηλειτις] ησδραηλιτης g | ισραηλειτις] ιζραηλειτις AMN: ιεζραηλειτις efimsw$c_2e_2$𝔄: εζδραηλιτης o: ισμαηλιτης v | αβειγαια] αβιγεα $a_2$: αυγαια f | om η γυνη cx | καρμηλιτου b'

6 δαυειδ 1°] pr ο $e_2$ | σφοδρα] pr εως efmsw: om a | ειπεν] ειπαν v𝔈: om c | λιθοβολησαι] λιθοβολησοι c: ⟨λιθοβολησατε 242⟩ | οτι 2°] διοτι bo$c_2e_2$: *et* 𝔄-ed | ⟨κατωδυνος post λαου 44⟩ | ψυχη] pr η $c_2$: om dp | om παντος o* | om του $e_2$ | εκαστου] εκαστος N: om cx𝔈 | om επι 1° o | τους υιους] τοις υιοις boz $c_2e_2$: του υιου dlpqt | αυτου 1°] αυτων cvx$a_2$𝔈: om 𝔄 | om επι 2° 𝔄 | ταις θυγατρασιν boz$c_2e_2$ | αυτου 2°] αυτων cvx$a_2$𝔄𝔈 | om κυριω o | θεω αυτου] pr τω no: om 𝔈

7 om δαυειδ p | αρχιερεα cd Jos(uid) | om υιον αχειμελεχ di$ℭ^l$ | υιον] pr τον cx$a_2$ | αχειμελεχ] αχιμελεκ Ao: αβιμελεχ cepxy | hab προσαγαγε το εφουδ $𝔏^v$ | το εφουδ] *ephod et adduxit* 𝔏 | το] τω cdopv: om e | εφουδ] + *Domini* $ℭ^l$: + και προσηγαγεν αβιαθαρ το (τω c) εφουδ προς δᾱδ Abcox$c_2e_2$𝔄

8 om του 1° y | ⟨κυριου] θεου 246⟩ | om λεγων $ℭ^l$ | hab ει 1°—τουτου $𝔏^v$ | ει 1°] η g: om 𝔄 | οπισω—τουτου] *post praedones istos* 𝔏 | του 2°] τον c*: των $c^{a?}$(uid) | γεδδουρ] γεδουρ eg: *gedud* 𝔖-ap-Barh On-lat: ⟨δεγουρ 71⟩: συστρεμματος M(mg)i(mg)o$c_2e_2$: συστρευματος *b*: στρεμματος z(mg): στρατευματος b' | ει 2°] pr και bz$c_2e_2𝔈^a$: και Ao℃ | καταλειψωμαι g | αυτους] αυτον yℭ | αυτω] ⟨κυριος 71⟩: +$\overline{κς}$ MNa-dg-ln-qtxz $b_2c_2e_2$𝔄ℭ: + ο $\overline{κς}$ v | καταδιωκε] ⟨διωκε 71⟩: om $ℭ^l$ | οτι] *et* 𝔄 | ⟨om καταλαμβανων 44⟩ | καταλημψη BAcxy$a_2$𝔄] + αυτους MN

XXX 1 νοτον] σ' μεσημβριαν jz  2 αλλ ηχμαλωτευσαν] α' αλλ ηλασαν j
6 εθλιβη] α' ελυπηθη θ' ηπορειτο j | κατωδυνος] πικρα j | εκραταιωθη] α' ενισχυσεν σ' εθαρσησεν j
7 προσαγαγε το εφουδ] α' σ' στησον προς με την επωμιδα α' προσεγγισον δη μοι το επενδυμα j: α' εγγισον μοι την επωμιδα z
8 γεδδουρ] α' μονοζωνου az: α' ευζωνου j𝔖 ap-Barh: σ' λοχου j: σ' ܣܘܠܒܐ 𝔖-ap-Barh: θ' συστρεμματος jz(sine nom)

9 λήμψῃ καὶ ἐξαιρούμενος ἐξελῇ. 9 καὶ ἐπορεύθη Δαυεὶδ αὐτὸς καὶ οἱ τετρακόσιοι ἄνδρες μετ' B
10 αὐτοῦ, καὶ ἔρχονται ἕως τοῦ χειμάρρου Βοσόρ· καὶ οἱ περισσοὶ ἔστησαν. 10 καὶ οἱ περισσοὶ
ἐδίωξαν ἐν τετρακοσίοις ἀνδράσιν, ὑπέστησαν δὲ διακόσιοι ἄνδρες οἵτινες ἐκάθισαν πέραν τοῦ
11 χειμάρρου τοῦ Βοσόρ. 11 Καὶ εὑρίσκουσιν ἄνδρα Αἰγύπτιον ἐν ἀγρῷ, καὶ λαμβάνουσιν αὐτὸν
καὶ ἄγουσιν αὐτὸν πρὸς Δαυεὶδ ἐν ἀγρῷ· καὶ διδόασιν αὐτῷ ἄρτον καὶ ἔφαγεν, καὶ ἐπότισαν
12 αὐτὸν ὕδωρ· 12 καὶ διδόασιν αὐτῷ κλάσμα παλάθης καὶ ἔφαγεν, καὶ κατέστη τὸ πνεῦμα αὐτοῦ ἐν
13 αὐτῷ, ὅτι οὐ βεβρώκει ἄρτον καὶ οὐ πεπώκει ὕδωρ τρεῖς ἡμέρας καὶ τρεῖς νύκτας. 13 καὶ εἶπεν
αὐτῷ Δαυεὶδ Τίνος σὺ εἶ, καὶ πόθεν εἶ; καὶ εἶπεν τὸ παιδάριον τὸ Αἰγύπτιον Ἐγώ εἰμι δοῦλος
ἀνδρὸς Ἀμαληκείτου, καὶ κατέλιπέν με ὁ κύριός μου, ὅτι ἠνωχλήθην ἐγὼ σήμερον τριταῖος.
14 14 καὶ ἡμεῖς ἐπεθέμεθα ἐπὶ νότον τοῦ Χολθεὶ καὶ ἐπὶ τὰ τῆς Ἰουδαίας μέρη καὶ ἐπὶ τὸν Γελβουέ,
15 καὶ τὴν Σεκελὰκ ἐνεπυρίσαμεν ἐν πυρί. 15 καὶ εἶπεν πρὸς αὐτὸν Δαυείδ Εἰ κατάξεις με ἐπὶ τὸ
γεδδοὺρ τοῦτο; καὶ εἶπεν ˇὈμοσον δή μοι κατὰ τοῦ θεοῦ μὴ θανατώσειν με καὶ¶ μὴ παραδοῦναί ¶

AMNa–j(l)m–qstv–c$_2$e$_2$𝔄ℭ$^{lw}$𝔈(𝔏$^{v}$)

rell ℭ(uid)𝔈(uid) | om και εξαιρουμενος εξελη ⟨44⟩ ℭ$^{l}$ | εξελουμενος Mcgxy (ελου sup ras uid y$^{a}$) | εξελη] εξαιρη efmoswc$_2$: εξαιρει be$_2$: ⟨εξαρη 123⟩

9 δαβιδ c | om αυτος Adg𝔄ℭ$^{l}$𝔈 | τετρακοσιοι By*a$_2$𝔄ℭ$^{w}$𝔈] εξακοσιοι AMNy$^{b}$ rell Jos: om ℭ$^{l}$ | ανδρες] +*eius* 𝔄-codd | μετ αυτου] pr οι abc$^{a}$fovxzc$_2$e$_2$ 𝔄-ed ℭ$^{w}$𝔈: ⟨om 71⟩: om μετ a$_2$ℭ$^{l}$ | ερχεται Aboc$_2$e$_2$ | του] post χειμαρρου Nlnqtz: om dp | βοσορ] pr του Mabg–joya$_2$–e$_2$: βοσωρ N$^{a?}$cx: του βοσωρ v: *Besor* On-lat: βασωρ 𝔈 On-gr: βοσσορ f$^{a}$l | om και 4°—(10) βοσορ ℭ$^{l}$ | hab και 4°—εστησαν 𝔏$^{v}$ | om και 4°—εστησαν g | οι περισσοι εστησαν] καταλειπει (-πη o) εκει διακοσιους ανδρας bo c$_2$e$_2$ | οι περισσοι] *plures* 𝔏: οι σ$^{-οι}$ c | om εστησαν—(10) εδιωξαν a$_2$

10 και—ανδρασιν] *quadringenti autem uiri ierunt cum Dauid* ℭ$^{w}$: *et illi quadringenti uiri persecuti sunt* 𝔈 | οι περισσοι εδιωξαν By] εδιωξε δαδ cx: κατεδιωξαν fv: κατεδιωκεν o: εξεδιωκεν δαδ A: κατεδιωξεν MNj(+ δαδ mg sub ※) rell: *persecutus est Dauid* 𝔄 | εν] συν Ax: συν τοις c | om ανδρασιν v | διακοσιοι] pr οι bcgozc$_2$e$_2$: δι sup ras (4) a: διακοσιοις q: τετρακοσιοι a$_2$ | ανδρες] ανδρασι q*: + του φυλασσειν bozc$_2$e$_2$: + και καταλειψει εκει διακοσιους ανδρας του φυλασιν g | om του 2° cdgnpvx | βοσορ] ras (1) post ο 1° z: βοσωρ N$^{a?}$cvx: βωσορ q*(uid): βοσσορ df

11 εγυπτιον g | και λαμβανουσιν αυτον] ⟨om 44⟩: om αυτον d | και αγουσιν αυτον] om a$_2$: om αυτον f𝔄 | εν αγρω 2° BAya$_2$𝔈$^{s}$] *in agrum* 𝔄: om MN rell ℭ𝔈$^{a}$ | διδωσιν Maga$_2$ | αυτω] αυτον b'cgte$_2$ | om αρτον—(12) αυτω 1° a$_2$ | εφαγεν] φα sup ras (3—4) A$^{1}$: εφαγον a* | ⟨και 6°—υδωρ post (12) εφαγεν 74⟩ | υδωρ εποτισαν αυτον boc$_2$e$_2$ | εποτισεν g

12 hab και 1°—αυτω 2° 𝔏$^{v}$ | ⟨om διδοασιν αυτω 71⟩ | διδοασιν] διδωσιν ag: εδωκαν boc$_2$e$_2$𝔏 | κλασμα] κλασματα fo: om a | παλαθης] παλαθη και δυο σταπηδας x: παλαθου και δυο σταπιδας c: + και δυο σταφιδας bozc$_2$e$_2$ 𝔄𝔖-ap-Barh: + και διακοσιους σταφιδας A | om και 2°—αυτω 2° ℭ$^{l}$ | om και εφαγεν v | ⟨om εν αυτω 44⟩ | εν] επ AacgjvX𝔈 | αυτω 2°] αυτου c*: αυτον ag | οτι ου] ουχι γαρ a$^{b}$: ουχι a* | διοτι bo c$_2$e$_2$ | ου βεβρωκει] ουκ εβρωκει o: ουκ αιβεβρωκει g: ου βεβρωκεν i | και ου] ουδε a | ου πεπωκει] ουκ επεπωκει ge$_2$ | πεπωκει] πεπωκεν iv: ⟨om 44⟩ | τρισιν ημεραις boc$_2$e$_2$ | και τρεις νυκτας] και τρισιν νυξιν boc$_2$e$_2$: om b'

13 om αυτω e$_2$ | τινος—ει 2° BAcn(+ συ)xy(συ post ει 1°) a$_2$𝔄(= y)ℭ$^{w}$𝔈] ποθεν ει συ και τινος v: ποθεν ει (εις c$_2$) και τινος ει συ (συ ει p) MN rell: ⟨ποθεν συ και τινος συ ει 242⟩: om τινος—και 2° ℭ$^{l}$ | ειπεν 2°] + αυτω Nℭ$^{l}$𝔈(uid) | το 1°—αιγυπτιον] οτι παιδαριον αιγυπτιον ⟨71⟩ ℭ$^{w}$: ⟨om 44⟩ | το 2°—ειμι] *Aegyptius sum ego* 𝔄ℭ$^{l}$(uid) | το αιγυπτιον] το εγυπτειον g: om d | εγω ειμι δουλος] εγω δουλος ειμι z(mg): δουλος ειμι εγω boc$_2$e$_2$: ⟨δουλος ειμι 44⟩ | om ανδρος z(txt) | αμαληκειτου] αμαλεικιτου e$_2$: αμαλικιτου a$_2$: αμαλικητου h | om και 4° a | κατελιπεν] κατελειπεν AMNaghisvx$^{a}$ya$_2$b$_2$: εγκατελιπεν bzc$_2$: εγκατελειπεν oc$_2$ | hab οτι—(14) μερη 𝔏$^{v}$ | οτι ηνωχληθην εγω] *ideo quoniam senseram mihi* 𝔏 | οτι] διοτι oc$_2$e$_2$: και b' | om εγω 2° ℭ$^{l}$ | ⟨om σημερον 246⟩ | τριταιος] τριταιως v: + και ημεις την σικελαγ ενεπυρισαμεν εν πυρι z

14 και 1°—μερη] *nos autem ad austrum partis Iudae* 𝔏 | και ημεις] ημεις δε bc$_2$e$_2$: om ℭ$^{l}$: om και o | νοτον] pr τον ya$_2$: νοτου *b*: νωτου b' | του χολθει] *Cheleth* 𝔈: [Armenian] 𝔄-ed: [Armenian] 𝔄-codd | om του 1° a$_2$ | χολθει B] χελθει def lmp–twyz(txt)a$_2$ℭ$^{w}$: χελουθι h$^{b}$(uid): χερεθει M(mg)x: χερηθει A: χερεθθει c: χορρει M(txt)Nh*z(mg) rell 𝔖$^{j}$: ⟨χωρι 246⟩: *Cholti* ℭ$^{l}$ | om και 2°—μερη ℭ$^{l}$ | ⟨om τα 246⟩ | ⟨της ιουδαιας μερη] μερη ιουδαιας 71⟩ | ιουδαιας] ιδουμαιας acdi(txt)vx𝔈 | ⟨om και 3° 44⟩ | om επι 3° dpℭ$^{l}$ | τον By] νωτον b': + νοτον a$_2$: νοτον AMN*b* rell 𝔄ℭ𝔈 | γελβουε] γελβουαι a$_2$: *Gelabuhe* 𝔈: χελουβ MNh*ijz(mg)b$_2$: του χελουβ bovc$_2$e$_2$𝔖$^{j}$(uid): χαιλουβ g: ⟨χελουβον 246⟩: χαλεβ Acx𝔄: χερουβ an | σεκελακ Bya$_2$ℭ] pr *super* 𝔈: σικελακ N: *Sicilac* 𝔄: σικελαχ c: σεκελαγ bh$^{b?}$ c$_2$e$_2$: ⟨συκελαγ 71⟩: σελαγ o: σικελατ v: σικελα A: σικαιλαν g: σικελλαν Jos(uid): σικελαγ Mh* rell | ενεπυρισαμεν] pr και ⟨123⟩ 𝔈: ενεπρησαμεν bcoxc$_2$e$_2$ | ⟨om εν 246⟩

15 προς αυτον] αυ sup ras A$^{1}$: αυτω deflmp–twz | ⟨om δαυειδ 246⟩ | ει] η g | καταξεις] καταξης c: καταδιωξεις ea$_2$: καταδιωξης v | om με 1° a | επι 1°] *ad* 𝔈 | το 1°] τω x: τον v | γεδδουρ 1°] ⟨γεδδορ 44⟩: γεδουρ ev: ⟨γεδερ 71⟩: συστρεμμα boz(mg)c$_2$e$_2$ Thdt: συνγραμμα a$_2$ | τουτο 1°] τουτω x: τουτον cv | om και 2°—τουτο 2° ℭ$^{l}$ | ειπεν 2°] + *ei Aegyptius* 𝔄: + *seruus ei* ℭ$^{w}$ | μοι δη Nv𝔖$^{j}$(uid) | κατα του θεου] om 𝔄: ⟨+ μου 242⟩ | θανατωσειν BAvya$_2$] θανατωσεις x: θανατωσης c: αδικησειν a:

10 υπεστησαν] σ' επτωματιθησαν j (σ ras inter ι et θ uid): α' ητονησαν του διαβηναι θ' απεναρκησαν παρελθειν z | διακοσιοι] οι περισσοι M | οιτινες εκαθισαν] α' οι ητονησαν σ' ηδυνατησαν θ' απεναρκησαν παρελθειν j | εκαθισαν] εναρκησαν M | χειμαρρου] σ' φαραγγος j

12 παλαθης] + ※ α' και δυο σταφιδας σ' ενδεσμους σταφιδων j | κατεστη] σ' ανεκτησατο jz(sine nom)

13 οτι ηνωχληθην κ.τ.λ.] α' ηρρωστησα σ' ενοσησα θ' εμαλακισθην α' τρις α' ηνωχληθη σημερον τρεις ημερας οτι ηρρωστησα εγω σημερον τριτην ημεραν j | ηνωχληθην] α' ηρρωστησα θ' εμαλακισθην z

15 ει καταξεις με] σ' αρα ει καταξεις με z: σ' αρα ... j | γεδδουρ 1°] κουρσον συστημα i: α' ευζωνον σ' λοχον j

B με εἰς χεῖρας τοῦ κυρίου μου, καὶ κατάξω σε ἐπὶ τὸ γεδδοὺρ τοῦτο. [16]καὶ κατήγαγεν αὐτὸν ἐκεῖ, 16
καὶ ἰδοὺ οὗτοι διακεχυμένοι ἐπὶ πρόσωπον πάσης τῆς γῆς, ἐσθίοντες καὶ πίνοντες καὶ ἑορτά-
ζοντες ἐν πᾶσι τοῖς σκύλοις τοῖς μεγάλοις οἷς ἔλαβον ἐκ γῆς ἀλλοφύλων καὶ ἐκ γῆς Ἰούδα.
[17]καὶ ἦλθεν ἐπ᾽ αὐτοὺς Δαυείδ, καὶ ἐπάταξεν αὐτοὺς ἀπὸ ἑωσφόρου ἕως δείλης καὶ τῇ ἐπαύριον, 17
καὶ οὐκ ἐσώθη ἐξ αὐτῶν ἀνὴρ ὅτι ἀλλ᾽ ἢ τετρακόσια παιδάρια ἃ ἦν ἐπιβεβηκότα ἐπὶ τὰς καμή-
λους καὶ ἔφυγον. [18]καὶ ἀφείλατο Δαυεὶδ πάντα ἃ ἔλαβον οἱ Ἀμαληκεῖται, καὶ ἀμφοτέρας τὰς 18
γυναῖκας αὐτοῦ ἐξείλατο. [19]καὶ οὐ διεφώνησεν αὐτοῖς ἀπὸ μικροῦ ἕως μεγάλου καὶ ἀπὸ τῶν 19
σκύλων καὶ ἕως υἱῶν καὶ θυγατέρων καὶ ἕως πάντων ὧν ἔλαβον αὐτῶν, καὶ πάντα ἐπέστρεψεν
Δαυείδ. [20]καὶ ἔλαβεν πάντα τὰ ποίμνια καὶ τὰ βουκόλια καὶ ἀπήγαγεν ἔμπροσθεν τῶν σκύλων, 20
καὶ τοῖς σκύλοις ἐκείνοις ἐλέγετο Ταῦτα τὰ σκῦλα Δαυείδ. [21]Καὶ παραγίνεται Δαυεὶδ πρὸς 21
τοὺς διακοσίους ἄνδρας τοὺς ἐκλυθέντας τοῦ πορεύεσθαι ὀπίσω Δαυείδ, καὶ ἐκάθισεν αὐτοὺς ἐν
τῷ χειμάρρῳ τῷ Βεανά, καὶ ἐξῆλθον εἰς ἀπάντησιν Δαυεὶδ καὶ εἰς ἀπάντησιν τοῦ λαοῦ τοῦ μετ᾽
§ 𝔈$^s$ αὐτοῦ, καὶ προσήγαγεν Δαυεὶδ §ἕως τοῦ λαοῦ, καὶ ἠρώτησαν αὐτὸν τὰ εἰς εἰρήνην. [22]καὶ ἀπε- 22
κρίθη πᾶς ἀνὴρ λοιμὸς καὶ πονηρὸς τῶν ἀνδρῶν τῶν πολεμιστῶν τῶν πορευθέντων μετὰ Δαυεὶδ

15 σαι A 16 διακεχχυμενοι A | αισθιοντες A | πασιν A 18 εξιλατο A 19 μεικρου B* 21 παραγεινεται B*

AMNa–jm–qstv–$c_2c_2$𝔄ℭ$^{l(s)w}$𝔈(𝔏$^v$)

θανατωσαι MN rell | ⟨με 2°] μοι 242⟩ | om μη 2° y | εις χειρας] *in manum* 𝔈 | om μου A | καταξω] καταδιωξω e*v$a_2$ | ⟨om το γεδδουρ 2° 44⟩ | το 2°] τω x: τον c* | γεδδουρ 2°] γεδδωρ i: γεδουρ ev: συστρεμμα boz(mg)$c_2e_2$ | τουτο 2°] τουτω x: τουτον c: και ωμοσεν αυτω i𝔄: + και ωμοσεν αυτω (αυτον $c_2$: + δᾱδ $y^b a_2$) Mbgo$y^b$z$a_2c_2e_2$

**16** κατηγαγεν] κατηγαγον Mag: κατηγεν A | αυτον] αυτους biоz$c_2e_2$𝔖$^j$ | om εκει bo$c_2e_2$ | αυτοι bio$c_2e_2$𝔄(uid)ℭ𝔈(uid) | διακεχυμενοι] διατεταγμενοι y | προσωπον] προσωπου x: om ℭ$^l$ | om πασης Najnvz$b_2$ | om της defmpsw | ⟨εσθοντες 123⟩ | om και πινοντες A | εν] pr και $a_2$: επι bcox$c_2e_2$: om t | om πασι ℭ$^l$ Or-lat | om τοις σκυλοις cx | om τοις μεγαλοις $e_2$ℭ𝔈 Or-lat | ελαβον] εφερον g | om εκ 1°—και 5° ℭ$^l$ | γης 1°] της i | ⟨αλλοφυλων] pr των 246⟩ | γης 2°] της i

**17** επ] προς j$b_2$ | δαυειδ post αυτους 2° A | αυτους 2°] + δᾱδ c𝔄 | εως] pr και bo$c_2e_2$ | δειλης] εσπερας M(mg)bgo$c_2e_2$ Jos(uid) | και τη επαυριον] *in crastinum* Or-lat: και της επαυριον και εθανατωσεν bo$c_2$𝔖$^j$: + και εθανατωσε $e_2$ | om και 4° $a_2$ | ουκ εσωθη By$a_2$] ου περιεσωθη Ax: ου περιεστιν c: ου διεσωθη MN rell | εξ αυτων] επ αυτων g: om ℭ$^l$ | οτι] ⟨post η 242⟩: om bcgiovx$c_2e_2$ℭ(uid) | αλλ] λ 2° sup ras A$^1$ | τετρακοσια παιδαρια] α π ex οι ανδρες $g^a$ | τετρακοσια] τετρακοσιοι A: *quatuor* ℭ$^l$ | παιδαρια] παιδια $c_2$: + και εφυγο N* | om α y𝔄 | ην επιβεβηκοτα] επεβησαν b′: επεβη bo$c_2e_2$ | τας] τους Na*(uid) $b_2$: om bo$c_2e_2$ | καμηλων bo$c_2e_2$ | εφυγον] εφυγαν A: εφυγεν bo$c_2e_2$

**18** totum comma ext lin et sup ras $e^a$ | αφειλατο] αφειλετο Mde$^a$fgh$^{b?}$mp–twz(txt): εκομισατο boz(mg)$c_2e_2$ | παντα δᾱδ z | ⟨om παντα—εξειλατο 236⟩ | om παντα—αμαληκειται ℭ$^l$ | α] οσα bo$c_2e_2$ | ελαβον οι αμαληκειται] *ceperunt Amalec* 𝔈: ελαβεν ο αμαληκ bo$c_2e_2$ | αμαληκειται] αμαλικιται $a_2$: αμαλικηται i: αμαλιται g | ⟨om αμφοτερας 71⟩ | om τας x* | αυτου] *Dauid* ℭ$^w$ | εξειλατο] εξειλετο Mbe$^a$fgh$^{b?}$mp–tz: αφειλατο $a_2$: εξειλετο συνεχρησατο w: ⟨om 71⟩: + δᾱδ Acx𝔄𝔖$^j$

**19** om totum comma ℭ$^l$ | ου διεφωνησεν] ουκ εφονευθη i | διεφωνησαν v | αυτοις] pr εν i: *ex iis* 𝔄: om cx | εως 1°] pr και boz$c_2e_2$𝔖$^j$ | και 2°—σκυλων post θυγατερων Acx𝔖$^j$(uid) | om και 2° bo$c_2e_2$ | απο—και 5°] *e filiis et e filiabus et ex praeda* 𝔄 | om των c | σκυλων] ⟨σκευων 74⟩: om o*: + *omnium* ℭ$^w$ | om και 3° n | om εως 2° ℭ$^w$ | θυγατερων] + και απο των σκυλων bo$c_2e_2$ | om εως 3° ⟨44⟩ ℭ$^w$ | ελαβεν v | αυτων] pr απ N: αυτοι b′: om cxℭ$^w$𝔈 | και 6° BAq$a_2$] *quia* 𝔈: om cx𝔄ℭ$^w$: τα MN rell | παντα] παντας A | επεστρεψεν] απεστρεψεν fg: υπεστρεψε q

**20** ελαβεν By$a_2$𝔈$^a$] *ceperunt* 𝔈$^s$: + δᾱδ AMN rell 𝔄ℭ | om παντα ℭ$^l$ | ποιμνια] + αυτων boz$c_2e_2$ℭ | ⟨om τα 2° 44⟩ | απηγαγεν] *abegerunt* 𝔈: απηγεν c(ε ex α uid $c^a$)𝔄 | σκυλων] + και ειπεν αυτη προνομη δᾱδ N | ⟨om και 4°—δαυειδ 71⟩ | ταυτα] παντα e | om τα 3° AMNabdghim–vyz$b_2c_2$

**21** om και 1° e | om δαυειδ 1° d$a_2$ | om διακοσιους A | om ανδρας 𝔄 | εκλυθεντας BAcxy$a_2$𝔄ℭ𝔈] απολειφθεντας bo$c_2$: υπολειφθεντας MN rell | του 1°—δαυειδ 2°] οπισω δᾱδ του πορευθηναι a | του πορευεσθαι οπισω] οπισω του πορευεσθαι μετα y | om του πορευεσθαι b′h | πορευεσθαι BAn$a_2$] πορευθηναι MN*b* rell | δαυειδ 2°] αυτου ⟨71⟩ ℭ$^l$ | και εκαθισεν αυτους] ους εκαθισεν bio$c_2e_2$ | και 2°] ους gh | εκαθισεν αυτους] τους διακοσιους ανδρας dp: ⟨τους διακοσιους τους 44⟩ | om εν dp | τω 2°] του adefjmp–twz: om bcox$a_2c_2e_2$ | βεανα Bℭ$^w$] βαιανα y: *Baina* 𝔈$^s$: *Benea* ℭ$^l$: *Bebaina* 𝔈$^a$: βεενα βοσωρ $a_2$: βοσωρ N$^{a?}$cix: βοσσορ af: βοσορ MN* rell 𝔄: βεχωρ A | om και 3°—αυτου ℭ$^l$ | εξηλθεν M$a_2e_2$ | om δαυειδ 3°—απαντησιν 2° $a_2$ | δαυειδ 3°] pr του n | και εις απαντησιν] ⟨om 44⟩: om εις απαντησιν di𝔈 | του λαου του] των cx | του 3°] αυτου $a_2$: om M | μετ αυτου bis scr i* | om και 5°—λαου 2° i | προσηγαγεν] προσηλθεν boz(mg)$c_2e_2$ | δαυειδ 4°—λαου 2°] ο λαος του δᾱδ $a_2$ | ⟨λαου 2°] + του μετ αυτου 71⟩ | ηρωτησαν αυτον] ηρωτησεν αυτους bo$c_2e_2$: *locutus est cum eis* ℭ: *interrogauit de ualetudine eius* 𝔄 | αυτον] αυτω cx: αυτους z | τα εις] om A: om τα cx𝔄ℭ

**22** hab και 1°—πονηρος 𝔏$^v$ | απεκριθη] απεκριθησαν o$e_2$: *respondens* 𝔏 | πας—πονηρος] πασιν προθυμως ειπον προς v | λοιμος και πονηρος] πονηρος και λοιμος bo$c_2e_2$ℭ𝔏: om λοιμος

16 διακεχυμενοι] α′ εκτεταμενοι σ′ αναπεπτωκοτες θ′ εσκορπισμενοι jz | εορταζοντες] σ′ ως εν πανηγυρει jz | τοις μεγαλοις] σ′ τοις πολλοις j

17 απο εωσφορου] σ′ αφ ου συνεσκοτασεν jz | εωσφορου] α′ σκοτομηνης jz 19 διεφωνησεν] συνεχρησατο m

21 τους εκλυθεντας] α′ οι επτωματισθησαν j | εκλυθεντας] σ′ ατονησαντας θ′ απονορκησαντας j | ηρωτησαν αυτον] σ′ ησπασαντο αυτους j

22 λοιμος] α′ αποστατης σ′ παρανομος j

καὶ εἶπαν "Οτι οὐ κατεδίωξαν¶ μεθ' ἡμῶν, οὐ δώσομεν αὐτοῖς ἐκ τῶν σκύλων ὧν ἐξειλάμεθα, ὅτι B ¶ℭ
ἀλλ' ἢ ἕκαστος τὴν γυναῖκα αὐτοῦ καὶ τὰ τέκνα αὐτοῦ ἀπαγέσθωσαν καὶ ἀποστρεφέτωσαν.
23 ²³καὶ εἶπεν Δαυεὶδ Οὐ ποιήσετε οὕτως §μετὰ τὸ παραδοῦναι τὸν κύριον ἡμῖν καὶ φυλάξαι ἡμᾶς, §ℭ
24 καὶ παρέδωκεν Κύριος τὸν γεδδοὺρ τὸν ἐπερχόμενον ἐφ' ἡμᾶς εἰς χεῖρας ἡμῶν. ²⁴καὶ τίς ὑπ-
ακούσεται ὑμῶν τῶν λόγων τούτων¶; ὅτι οὐχ ἧττον ὑμῶν εἰσιν¶· διότι κατὰ §τὴν μερίδα τοῦ ¶ℭ ¶ℭ[l]
καταβαίνοντος εἰς πόλεμον οὕτως ἔσται μερὶς καθημένου ἐπὶ τὰ σκεύη· κατὰ τὸ αὐτὸ μεριοῦνται. §ℭ[m]
25 ²⁵καὶ ἐγενήθη ἀπὸ τῆς ἡμέρας ἐκείνης καὶ ἐπάνω, καὶ ἐγένετο εἰς πρόσταγμα καὶ δικαίωμα τῷ
26 Ἰσραὴλ ἕως τῆς σήμερον. ²⁶Καὶ ἦλθεν Δαυεὶδ εἰς Σεκελάκ, καὶ ἀπέστειλεν τοῖς πρεσβυτέ-
ροις τῶν σκύλων Ἰούδα καὶ τοῖς πλησίον αὐτοῦ λέγων Ἰδοὺ ἀπὸ τῶν σκύλων τῶν ἐχθρῶν
27 28 Κυρίου· ²⁷τοῖς ἐν Βαιθσοὺρ καὶ τοῖς ἐν Ῥαμὰ νότου καὶ τοῖς ἐν Γεθθὸρ ²⁸καὶ τοῖς ἐν Ἀροὴρ καὶ
29 τοῖς Ἀμμαδεὶ καὶ τοῖς ἐν Σαφεὶ καὶ τοῖς ἐν Ἐσθεῖε ²⁹καὶ τοῖς ἐν Γὲθ καὶ τοῖς ἐν Κειμὰθ καὶ τοῖς

22 γυναικαν A 24 μεριδαν A

AMNa–jm–qstv–c$_2$e$_2$𝔄ℭ$^{(lms)w}$𝔈(𝔏$^v$)

και 𝔈: om και πονηρος c* | ⟨om των ανδρων 44⟩ | ειπαν] ειπον a–fj$^{a?}$oxc$_2$e$_2$: ειπεν A | οτι 1°] διοτι Abcoxc$_2$e$_2$: ⟨om 44⟩ | ου κατεδιωξαν] ου κατεδιωξεν g*: ουκ απεδιωξαν o: *non uenerunt* 𝔈 | δωσωμεν b′ghnvxye$_2$ | εξειλαμεθα] εξειλομεθα Md–gmp–twz: εξηρημεθα (ηξ- b′)boc$_2$e$_2$ | om οτι 2° bova$_2$c$_2$e$_2$ℭ𝔈 | αλλ η] αλλα boc$_2$e$_2$ | αυτου 1°] εαυτου o$^a$c$_2$e$_2$$^a$ | αυτου 2°] εαυτου M: om o | απαγεσθωσαν] απαγαγεσθωσαν b: απαγεσθω a: επαγεσθωσαν AMdgmp–twz: επαγαγεσθωσαν jxb$_2$: επαγαγετωσαν c | αποστρεφετωσαν] απο sup ras j$^a$: αποστρεφητωσαν y: αποστραφετωσαν d: αποστραφητωσαν bhoc$_2$e$_2$: αποστρεφεσθωσαν g: επιστρεφετωσαν Acx: αποτρεχετωσαν a$_2$

**23** ποιησετε] ποιησεται a*b′cova$_2$𝔄: ποιησητε g | ουτως] pr αδελφοι μου boc$_2$e$_2$: + αδελφοι μου Acx𝔄𝔖$^j$(uid) | το] του dge$_2$ | τον 1°] με a$_2$: om boc$_2$e$_2$ | ημιν] ημων Nv: ημιν (υμιν oe$_2$) τους υπεναντιους (εναντ- o) boz(mg)c$_2$e$_2$: om f | φυλασσειν y | ημας 1°] υμας e$_2$ | παρεδωκεν κυριος] παραδουναι bioz(mg)c$_2$e$_2$: om κυριος ⟨246⟩ℭ: + ημιν v | τον γεδδουρ τον] το συστρεμμα το bioz(mg)c$_2$e$_2$ | γεδδουρ] γαιδδουρ a$_2$: γεδουρ e: γεδουρον v: + *hunc* ℭ | τον 3°] τουτον cx | επερχομενον BAcxya$_2$] επελθον boz(mg)c$_2$e$_2$: επελθοντα Mz(txt) rell ℭ: απελθοντα N | χειρας] pr τας ie$_2$: *manum* 𝔈

**24** hab και—σκευη 𝔏$^v$ | υπακουσεται] επακουσεται Acxy: εισακουσεται a: ακουσεται boc$_2$e$_2$ | υμων 1°] post λογων boc$_2$e$_2$𝔄ℭ: ημων cix: om 𝔏 | των λογων τουτων] τον λογον τουτον dva$_2$𝔈(uid): τους λογους τουτους i: om cx | τον λογον g | ⟨om τουτων 71⟩ | ⟨ουχ] ου μη 71⟩ | ηττους befimoswzc$_2$e$_2$𝔏𝔖$^j$ | υμων 2°] ημων b–eh(ex corr uid)imo–twx*za$_2$c$_2$e$_2$𝔏: υμιν v: ⟨om 236⟩ | εισιν] εστιν v: om Acx𝔖$^j$ | διοτι] διο z: οτι v: δια τουτο boc$_2$e$_2$ | του καταβαινοντος] του καταβαντος boc$_2$e$_2$ℭ: *eorum qui ierunt* 𝔈 | πολεμον BAb′ya$_2$] pr τον MN*b* rell | εσται] ⟨εστω 44-246⟩: ποιησεται a$_2$: om 𝔈𝔏 | μερις B] pr και η bcoxc$_2$e$_2$𝔏: pr η AMN rell | καθημενου B] pr του AMN omn 𝔏: ⟨του καταβαινοντος 64⟩ | επι τα σκευη] *seruare uasa* 𝔏 | ⟨επι] εις 74⟩ | κατα 2°—μεριουνται] και μεριουνται κατα το αυτο boc$_2$e$_2$: om ℭ$^m$𝔈 | κατα 2°] pr και z

**25** εγενηθη] εγενετο boyc$_2$e$_2$ | om απο—εγενετο fℭ | απο—επανω post ισραηλ h | εκεινης—σημερον] ταυτης N | επανω] επεκεινα boc$_2$e$_2$ | και εγενετο] και εγενηθη aei(om και)jmq–wzb$_2$: τουτο dh: om pa$_2$𝔄: om και boc$_2$e$_2$ | δικαιωμα Bo𝔄(uid)ℭ(uid)] pr εις AM rell | σημερον BAcxya$_2$𝔈(uid)] ημερας ταυτης M rell

**26** ⟨εις σεκελακ] εισελαγ 242⟩ | σεκελακ Byℭ𝔈] σικελακ Nb$_2$: *Sicilac* 𝔄: σικελαχ c: σεκελαγ aboc$_2$e$_2$: σικαιλαγ g: ⟨συκελαγ 71⟩: σεκελαθ a$_2$: σικελατ v: σικελαγ AM rell | hab και 2°—(31) αυτου 𝔏$^v$ | τοις 1°—σκυλων 1°] των σκυλων τοις πρεσβυτεροις Acx𝔄ℭ: *cum senioribus praedam* 𝔈$^a$: *e Sacilac praedam* 𝔈$^s$ | των σκυλων 1°] post αυτου bhoz$^{mg}$(+ αυτου)c$_2$e$_2$: post ιουδα MNad–gi–np–wz(txt)b$_2$𝔏 | om και 3°—σκυλων 2° N | και τοις] των defmpqs(των—σκυλων 2° bis scr)twz*(txt) | και 3°] om Mag–jnvz$^{a?}$(txt)b$_2$e$_2$: + *omnibus* ℭ | λεγων] λεγοντων f: ⟨om 236⟩ | ιδου] + υμιν ευλογια AMcefmnp–xz𝔄ℭ𝔈(uid): + ευλογια υμιν boc$_2$e$_2$: + *nobis benedictionem* 𝔏: + ημιν ευλογια d: + ημιν ευλογια ιδου ημιν ευλογια g: + ημιν σκυλα a | απο] εκ boc$_2$e$_2$ | σκυλων 2°] + ευλογια n | κυριου] + ευλογια υμιν jb$_2$

**27** τοις 1°] pr και boc$_2$e$_2$: om 𝔏 | om εν 1° n | βαιθσουρ BM(txt)agjnb$_2$] βαιοσουρ v: βεθσουρ Nhiy: βαιθσορ mqswz: βεθσορ dep: βεθσωρ f: *Bethsor* 𝔈$^a$: *Bethosor* 𝔈$^s$: βαιθουρ o: βεθουρ e$_2$: βαιθορ t: *Bethor* 𝔏: βεεσσουρ a$_2$: ⟨βασορ 246⟩: βαιθηλ AM(mg)bc$_2$: βεθηλ x: *Bethel* 𝔄: ܒܝܬ ܐܘܪܝܠ 𝔖$^j$: βιθλ..μ c | om και 1°—ραμα ℭ$^m$ | om και 1° 𝔏 | om τοις 2° 𝔄 | ραμα] *Ramma* ℭ$^w$𝔏: ραμμθ 𝔖$^j$(mg): ραμαθ Acx 𝔄-ed: *Remath* 𝔄-codd: ραμααθ c$_2$: ραβαθ o | νοτου] pr *et* 𝔏: νωτου b′ | om και 2°—(28) εσθειε 𝔈 | om και 2° p | om εν 3° a | γεθθορ By] γεθωρ a$_2$ℭ: ιοθορ emsw: ιωθωρ f: ιε.θερ c: ιεθερ A(ειεθερ)MNg(θ ex ρ g$^a$) rell 𝔖$^j$ On: *Ether* 𝔄: *Iezthar* 𝔏

**28** om και 1° p | om τοις 1° 𝔄 | αροηρ BAya$_2$𝔄] αρωηρ c(uid)x: αρουηλ h$^{b?}$c$_2$e$_2$ℭ$^w$: ܥܪܘܥܐܠ 𝔖$^j$: *Areuel* 𝔏: *Arona* ℭ$^m$: ρουηλ o: ραγουηλ b: αρουηρ MNh* rell | om και τοις αμμαδει Aach*ivx𝔄 On(uid) | αμμαδει B] αμαδει ya$_2$: *in Ammad* 𝔏: ⟨εν αμαδ 242⟩: εν ναμαδι Mgh$^b$jb$_2$: εν ναμαδ N: ⟨εν ναφαδι 71⟩: εν αρικαιν boc$_2$e$_2$: *in Ericen* 𝔖$^j$: εν αμαδι rell: *in Arucain* ℭ$^w$: *in Arucim* ℭ$^m$ | om και 3° p | om εν 2° cx | σαφει] σαφη Ngb*: *Safin* ℭ: *Salet* 𝔏: σεφειμωθ b𝔖$^j$: σεφεινμωθ oc$_2$e$_2$: σαφαμως A: σαφαμωθ cx On-gr(uid): *Sofamoth* On-lat(uid): *Efthamoth* 𝔄: ⟨σαφεις και τοις εν καρμηλω 246⟩ | om και 4°—(29) σαφεκ ℭ | om και 4° p | εσθειε—(29) θειμαθ] ονθομ oc$_2$e$_2$: νοθωμ b | εσθειε] ασθιε h$^{b?}$: εσειε a$_2$: εσοιε v: εσθεμα A: εσθαμα x𝔄 On: εσταμα c: ܐܫܬܡܘܥ 𝔖$^j$

**29** om και 1°—θειμαθ 𝔏 | om και 1°—γεθ h*insv | om και 1° p | εν 1°—σαφεκ] εκιναν a | γεθ—καρμηλω] ραχηλ A: ραχελ cx On(uid): *Erachel* 𝔄: *Nonthom* 𝔖$^j$ | γεθ] γεθθει N: ⟨γελ 242⟩ | om και 2°—κειμαθ y | om και 2° p | εν κειμαθ] ενγκειναν g: εκ κειναν v: ⟨εκιναν 246⟩: εικιναν i | κειμαθ Ba$_2$]

22 εξειλαμεθα] α′ ερρυσαμεθα j | απαγεσθωσαν] α′ και ελασατωσαν λαβετωσαν j
25 προσταγμα και δικαιωμα] σ′ ορον και κρισιν j
27 νοτου] σ′ προς μεσημβριαν j

B ἐν Σαφὲκ καὶ τοῖς ἐν Θειμὰθ (29)καὶ τοῖς ἐν Καρμήλῳ καὶ τοῖς ἐν ταῖς πόλεσιν τοῦ Ἰσραὴλ καὶ
τοῖς ἐν ταῖς πόλεσιν τοῦ Κενεζεὶ [30]καὶ τοῖς ἐν Ἱερειμοὺθ καὶ τοῖς ἐν Βηρσάβεε καὶ τοῖς ἐν Νοὸ 30
[31]καὶ τοῖς ἐν Χεβρών, καὶ πάντας τοὺς τόπους οὓς διῆλθεν Δαυεὶδ ἐκεῖ, αὐτὸς καὶ οἱ ἄνδρες 31
αὐτοῦ.

§ ℭ$^{n}$ [1]Καὶ οἱ ἀλλόφυλοι ἐπολέμουν ἐπὶ Ἰσραήλ, καὶ ἔφυγον οἱ ἄνδρες Ἰσραὴλ ἐκ προσώπου τῶν 1 XXXI
ἀλλοφύλων καὶ πίπτουσιν τραυματίαι ἐν τῷ ὄρει τῷ Γελβοῦε. [2]καὶ συνάπτουσιν ἀλλόφυλοι τῷ 2
Σαοὺλ καὶ τοῖς υἱοῖς αὐτοῦ, καὶ τύπτουσιν ἀλλόφυλοι τὸν Ἰωναθὰν καὶ τὸν Ἰωναδὰβ καὶ τὸν
Μελχεισὰ υἱὸν Σαούλ. [3]καὶ βαρύνεται ὁ πόλεμος ἐπὶ Σαούλ, καὶ εὑρίσκουσιν αὐτὸν οἱ ἀκοντι- 3
σταί, ἄνδρες τοξόται, καὶ ἐτραυματίσθη εἰς τὰ ὑποχόνδρια. [4]καὶ εἶπεν Σαοὺλ πρὸς τὸν αἴροντα 4
τὰ σκεύη αὐτοῦ Σπάσαι τὴν ῥομφαίαν σου καὶ ἀποκέντησόν με ἐν αὐτῇ, μὴ ἔλθωσιν οἱ ἀπερί-
τμητοι οὗτοι καὶ ἀποκεντήσωσίν με καὶ ἐμπαίξωσίν μοι. καὶ οὐκ ἐβούλετο ὁ αἴρων τὰ σκεύη
αὐτοῦ, ὅτι ἐφοβήθη σφόδρα· καὶ ἔλαβεν Σαοὺλ τὴν ῥομφαίαν καὶ ἐπέπεσεν ἐπ' αὐτήν. [5]καὶ 5
εἶδεν ὁ αἴρων τὰ σκεύη αὐτοῦ ὅτι τέθνηκεν Σαούλ, καὶ ἐπέπεσεν καὶ αὐτὸς ἐπὶ τὴν ῥομφαίαν
αὐτοῦ καὶ ἀπέθανεν μετ' αὐτοῦ· [6]καὶ ἀπέθανεν Σαοὺλ καὶ οἱ τρεῖς υἱοὶ αὐτοῦ καὶ ὁ αἴρων τὰ 6
σκεύη αὐτοῦ ἐν τῇ ἡμέρᾳ ἐκείνῃ κατὰ τὸ αὐτό. [7]καὶ εἶδον οἱ ἄνδρες Ἰσραὴλ οἱ ἐν τῷ πέραν τῆς 7

30 και 3° sup ras B$^{1}$ (πα B$^{*}$ uid) XXXI 1 πειπτουσιν B$^{*}$ 4 εμπεξωσιν A 5 ιδεν A 7 ιδον A

AMNa–jm–qstv–$c_2e_2$𝔄ℭ$^{m(n)w}$𝔈(𝔏$^{v}$)

*Cenathe* 𝔈$^{a}$: *Ceneth* 𝔈$^{s}$: κειναν MN rell | om και 3° p | σαφεις i | om και 4°—θειμαθ Nh$^{*}$iny | om και 4° p | θειμαθ Bah$^{b}a_2$] θημαθ j$b_2$𝔈: θιμας M: θημας g: θειμα v: κιμαθ rell: *Othon* ℭ$^{w}$: *Athom* ℭ$^{m}$ | om και 5° p | om τοις 5° 𝔏 | καρμηλω] καρμιλω dg: καρπηλω o | om και 6°—ισραηλ abi | τοις 6°] ταις o | του ισραηλ] *Ieremelitae* 𝔄 | ισραηλ BM(mg)oy$a_2c_2e_2$𝔈] ιερεμεηλ Nhj$b_2$: ιραμεηλ p: ιεραμηλει Ax On-lat: ισαμηλει c: ιεραμεηλ M(txt) rell 𝔏: [illegible] 𝔖$^{j}$ | om ταις 2° o | του κενεζει] [illegible] 𝔄: *Genezei* 𝔏: [illegible] 𝔖$^{j}$ | κενεζει] καινεζει gi: *Cenizi* 𝔈$^{a}$: κενεζειθ $a_2$: κενεζ ⟨123⟩ 𝔈$^{s}$: ⟨κεζι 242⟩: κειναιου A: κηναιου c(uid)x

**30** om και 1° 𝔄 | ιερειμουθ] ιερημουθ j: ιερεμουθ N: ιριμουθ $a_2$: ⟨ιεριμεθ 242⟩: ιεριθουρ e$^{*}$: ερμα $bc_2e_2$: [illegible] 𝔖$^{j}$: αρμα On: *Eremiam* 𝔏: ραμα cox𝔄: ραμμα A | τοις 2°] pr εν b' | εν βηρσαβεε] [illegible] 𝔄 | βηρσαβεε] βηρσαβεαι $boc_2e_2$: βηρσαβε $a_2$: βωρασαν A On: βορασαν cx | om και 3°—νοο iy ℭ𝔏 | νοο B] νομ n: νωθ $a_2$: νομβε h$^{b}$j$b_2$: *Nomba* 𝔈$^{a}$: *Nobama* 𝔈$^{s}$: εγβε M(txt): εκβαι a: αισβε N: ⟨εγκε 71⟩: βε g: ναγεβ $boc_2e_2$𝔖$^{j}$: αθαγ A: αθαχ M(mg)c(uid)x𝔄-codd On-lat: *Anathach* 𝔄-ed: εκβε h$^{*}$ rell

**31** τοις] pr εν b': ⟨om 242⟩ | χεβρων] χευρων cdp: χεβρω ave$_2$ | παντας—εκει] *eis qui in omnibus locis quibus introiuit Dauid* 𝔏 | παντας By$a_2$] pr τοις εις ⟨71⟩ 𝔄: pr εις AMN rell ℭ𝔈(uid) | om τους chv | ⟨ους] εν οις 64⟩ | εκει] post αυτου cx: om ⟨44⟩ 𝔄 | om αυτος ℭ$^{m}$

**XXXI 1** και οι αλλοφυλοι] pr θανατος του βασιλεως σαουλ και των γ' αυτου υιων c: ⟨οι αλλοφυλοι δε 44⟩ | επι] εν $boa_2c_2e_2$ | και 2°—ισραηλ 2°] *fugit populus* ℭ$^{n}$: om y$^{*}$ | εφυγεν A | om οι ανδρες ισραηλ ⟨71⟩ ℭ$^{m}$ | οι 2° BAacvx$a_2$] om MNy$^{b}$(uid) rell | ⟨εκ] απο 123⟩ | om των hn | και 3°—(2) σαουλ 2°] *occiderunt Ionathan filium Saul* ℭ$^{n}$ | πιπτουσιν] τυπτουσιν $a_2$: περιπιπτουσι c: *cadebant* 𝔄 | ⟨τραυματιαι] + των αλλοφυλων 71⟩ | om τω 1° o | om τω 2° abciovxy$a_2c_2e_2$

**2** αλλοφυλοι 1°] pr οι b–fmo–twxz$a_2c_2e_2$ | ⟨om τω—σαουλ 2° 236⟩ | αλλοφυλοι 2°] pr οι MNbcdfgmopxz$a_2c_2e_2$: om ⟨44⟩ ℭ$^{m}$ | τον 1°] pr τον σαουλ και n | ιωναθαν] σαουλ y$^{b}$(uid) | om και τον ιωναδαβ y$^{*}$ | ιωναδαβ B] αμηναδαβ $a_2$: αμιναδαμ ceghx: αμιναδαβ AMNy$^{b}$ rell 𝔄ℭ$^{mw}$𝔈 Jos(uid) | μελχεισα By$^{*}$(ℭ$^{mw}$] *Melchis* 𝔈: hab μελχισος Jos: αμελκησα $a_2$: μελχισαυε h$^{b?}$𝔄: μελχεισουε MNh$^{*}$y$^{b}$ rell: μελχιρουε A | υιον B$a_2$𝔈] υιους AMN rell 𝔄ℭ$^{mw}$

**3** επι σαουλ bis scr A | και 2°—τοξοται] *obuiam iuit sagittariis* ℭ$^{n}$ | om αυτον p$c_2$ | hab και 3°—υποχονδρια 𝔏$^{v}$ | ετραυματισθη] ετραυματισαν αυτον $bc_2e_2$𝔏$^{v(2)}$𝔖$^{j}$ | εις τα υποχονδρια] *in congressione illa* 𝔏$^{v(1)}$

**4** ειπεν] ⟨επεσε 236⟩: εφησε e | αιροντα τα σκευη] οπλοφορον Jos | σπασον ghoy | ρομφαιαν 1°] μαχαιραν $bc_2e_2$ | σου] μου b' | αποκεντησον] εκκεντησον $bc_2e_2$ | om εν—μοι ℭ$^{n}$ | μη] + ποτε befmsw$c_2e_2$ | ⟨ουτοι οι απεριτμητοι 44⟩ | om οι c | om ουτοι $a_2$𝔄 | αποκεντησωσιν] αποκεντησουσιν ANaj(txt)x$a_2$: αποκτεινωσιν $bc_2e_2$ℭ$^{mw}$ | εμπαιξουσιν achvx$a_2c_2$ | μοι BAy] με cx$a_2$: εν εμοι MN rell | εβουληθη ⟨64⟩ 𝔄(uid)𝔈(uid) | αιρων τα σκευη] οπλοφορος Jos | αυτου 2°] ⟨+ σπασαι την ρομφαιαν αυτου και εκκεντησαι αυτον 44⟩: + *occidere eum* ℭ$^{mw}$: + *inferre manum suam super eum occidere eum* ℭ$^{n}$ | om οτι εφοβηθη σφοδρα ℭ$^{n}$ | οτι] διοτι $bc_2e_2$: om $a_2$ | ρομφαιαν 2° BAcxy] μαχαιραν αυτου bi(mg)$c_2e_2$: + αυτου MNi(txt) rell 𝔄ℭ𝔈(uid) | επεπεσεν] επεσεν bcefmo–swxz(txt)$a_2^{a?}e_2$: επαισεν d$a_2^{*}$ | om επ—(5) επεπεσεν n | επ αυτην] εν αυτη z(mg)

**5** om οτι τεθνηκεν σαουλ $a_2$ | επεπεσεν] επεπεν gv: επεσεν Na(uid)b'ceopqwx$a_2^{a?}$: επαισεν $a_2^{*}$ | και αυτος] om 𝔄-cod ℭ$^{n}$: ⟨om και 246⟩ | ρομφαιαν] μαχαιραν $bc_2e_2$

**6** om και απεθανεν σαουλ g | και 2°—αυτου 1° post αυτου 2° i | οι—αυτου 2°] *Ionatham filius eius et duae myriades uirorum* ℭ$^{n}$ | υιοι] pr οι g$a_2e_2$ | ο—σκευη] παντες οι ανδρες h | οι αιροντες b | αυτου 2°] + και παντες οι ανδρες αυτου Abcefmwx $c_2e_2$𝔄𝔖$^{j}$(uid): + *et uiri omnes qui cum eo mortui sunt* ℭ$^{mw}$ | om εν—εκεινη $a_2$ | εν τη ημερα] κατα την ημεραν c | om κατα το αυτο ℭ | κατα το] επι τω c | αυτο] + και ο αιρων τα σκευη αυτου εν τη ημερα εκεινη κατα το αυτο h

**7** om totum comma ℭ$^{n}$ | ειδαν v | om οι 1° Nabhj$b_2c_2e_2$ | ανδρες 1°] παιδες c | οι 2°—και 2° bis scr M | οι 2°] pr και y: om co$^{*}$x: ⟨+ ησαν 71.244⟩ | ⟨εν τω περαν 1°] αντι περας 123⟩ |

**XXXI 2** συναπτουσιν] α' εκολληθησαν j

3 ακοντισται] α' ροιζουντες jz: θ' τοξοται j | εις τα υποχονδρια] ⅄ σφοδρα απο των ροιζουντων σ' ακοντιστων θ' τοξων η το μερος το εγγυς του ηπατος j

4 εμπαιξωσιν] α' εναλλαξουσιν j: α' εναλαλαξωσιν z | αιρων τα σκευη] σ' οπλοφορος j 6 κατα το αυτο] α' ομου j

κοιλάδος καὶ οἱ ἐν τῷ πέραν τοῦ Ἰορδάνου ὅτι ἔφυγον οἱ ἄνδρες Ἰσραήλ, καὶ ὅτι τέθνηκεν Σαοὺλ B
καὶ οἱ υἱοὶ αὐτοῦ, καὶ καταλείπουσιν τὰς πόλεις αὐτῶν καὶ φεύγουσιν· καὶ ἔρχονται οἱ ἀλλό-
8 φυλοι καὶ κατοικοῦσιν ἐν αὐταῖς. [8]Καὶ ἐγενήθη τῇ ἐπαύριον, ἔρχονται οἱ ἀλλόφυλοι ἐκδι-
δύσκειν τοὺς νεκρούς· καὶ εὑρίσκουσιν Σαοὺλ καὶ τοὺς τρεῖς υἱοὺς αὐτοῦ πεπτωκότας ἐπὶ τὰ ὄρη
9 Γελβουέ. [9]καὶ ἀποστρέφουσιν αὐτὸν καὶ ἐξέδυσαν τὰ σκεύη αὐτοῦ, καὶ ἀποστέλλουσιν αὐτὰ εἰς
10 γῆν ἀλλοφύλων κύκλῳ, εὐαγγελίζοντες τοῖς εἰδώλοις αὐτῶν καὶ τῷ λαῷ. [10]καὶ ἀνέθηκαν τὰ
11 σκεύη αὐτοῦ εἰς τὸ Ἀσταρτεῖον, καὶ τὸ σῶμα αὐτοῦ κατέπηξαν ἐν τῷ τείχει Βαιθέμ. [11]καὶ
12 ἀκούουσιν οἱ κατοικοῦντες Ἰαβεὶς τῆς Γαλααδείτιδος ἃ ἐποίησαν οἱ ἀλλόφυλοι τῷ Σαούλ. [12]καὶ
ἀνέστησαν πᾶς ἀνὴρ δυνάμεως καὶ ἐπορεύθησαν ὅλην τὴν νύκτα, καὶ ἔλαβον τὸ σῶμα Σαοὺλ καὶ
τὸ σῶμα Ἰωναθὰν τοῦ υἱοῦ αὐτοῦ ἀπὸ τείχους Βαιθσάμ, καὶ φέρουσιν αὐτοὺς εἰς Ἰαβεὶς καὶ
13 κατακαίουσιν αὐτοὺς ἐκεῖ. [13]καὶ λαμβάνουσιν τὰ ὀστᾶ αὐτῶν καὶ §θάπτουσιν ὑπὸ τὴν ἄρουραν § l
τὴν Ἰαβείς, καὶ νηστεύουσιν ἑπτὰ ἡμέρας. καὶ ἐγένετο μετὰ τὸ ἀποθανεῖν Σαοὺλ καὶ Δαυεὶδ
ἀνέστρεψεν τύπτων τὸν Ἀμαλήκ· καὶ ἐκάθισεν Δαυεὶδ ἐν Σεκελὰκ ἡμέρας δύο.

7 καταλιπουσιν A | πολις A 10 ασταρτιον A | τιχει A 11 ειαβεις A | γαλααδιτιδος A 12 ολη A* | τιχους A | ειαβεις A | κατακεουσιν A | αυτους 2°] αυτου A 13 ειαβεις A

AMNa-j(l)m-qstv-c$_2$e$_2$𝔄ℭ$^{mnw}$𝔈(𝔏$^{v}$)

om της—περαν 2° A | ⟨om οι 3°—του 44⟩ | om οι 3° cx | ⟨om του 74⟩ | om εφυγον—οτι 2° f | om οι 4° MNbeghj-twzb$_2$c$_2$e$_2$ | om οι 5° ego | υιοι] pr τρεις n | ⟨om και 5° 246⟩ | καταλειπωσιν a$_2$ | τας πολεις] την πολιν v*(uid) | φευγωσιν v | om και 8°—(8) αλλοφυλοι d | και 8°—(8) επαυριον bis scr x | αυτοις a

8 εγενηθη] εγεννηθη c: om bℭ$^{n}$ | τη] ⟨pr εν 123⟩: pr και e$_2$ | ερχονται Bbya$_2$] και αρχονται e: pr και AMN rell | om οι n | εκδιδυσκειν] εκδυσκειν c (ει ex κ uid c$^{a}$): εκδυσαι bic$_2$e$_2$ | ⟨om τους 1° 244⟩ | νεκρους] τραυματιας bic$_2$e$_2$ | om και 2°—υιους A | σαουλ Bya$_2$] pr τον MN rell | τους τρεις υιους] *Ionatham filium* ℭ$^{n}$ | τρεις] δυο *b**: om a$_2$c$_2$𝔈 | υιους] παιδας c | αυτου] +*et populum qui cum eo* ℭ$^{n}$ | om πεπτωκοτας i | επι τα ορη] εν τω ορει bc$_2$e$_2$𝔄ℭ𝔈: +τα c

9 και αποστρεφουσιν αυτον] pr και αποκοπτουσιν την κεφαλην αυτου b$_2$: hab αποτεμνουσιν αυτων τας κεφαλας Jos: om ℭ$^{n}$ | αποστρεφουσιν] αποκεφαλιζουσιν M(mg)biz(mg)c$_2$e$_2$ | om αυτον—αποστελλουσιν a$_2$ | αυτον] αυτους v𝔈 | hab και 2°—λαω 𝔏$^{v}$ | εξεδυσαν—αυτου] *exarmauerunt eum* 𝔏 | εξεδυσαν] εκδιδυσκουσιν αυτον biz(mg)c$_2$e$_2$: +αυτους και d | αυτου] αυτων v𝔈: +και αποκοπτουσιν την κεφαλην αυτου MNa(mg)d-gm-twz𝔄ℭ$^{m}$ | αποστελλουσιν] εξαποστελλουσιν MNhijnovb$_2$: εξαποστελουσιν g: *miserunt* 𝔏 | om αυτα MNabd-im-wzc$_2$e$_2$𝔄ℭ$^{w}$𝔈𝔏 | om εις γην αλλοφυλων 𝔏 | om κυκλω—(10) ασταρτειον ℭ$^{n}$ | ευαγγελιζοντες BAcxya$_2$] non liquet a: ευαγγελιζομενοι MN rell: *triumphantes* 𝔏$^{(1)}$: *nuntios* 𝔄 | τοις] pr εν g | και 4° usque ad fin libri om v* (spat relict) | και 4° bis scr N* | τω λαω B𝔄] του λαου αυτων a$_2$: +αυτων AMNv$^{b}$ rell ℭ$^{mw}$𝔈(uid)𝔏

10 ⟨om και 1°—ασταρτειον 246⟩ | ανεθηκαν] αν 1° sup ras y$^{b}$: απεθεικαν g | αυτου 1°] αυτων N: του σαουλ bv$^{b}$c$_2$e$_2$ | σταρτειον oe$_2$ | το σωμα] τα στομα e*(uid): *corpora* 𝔄 | αυτου 2°] *eorum* 𝔄𝔈$^{s}$: *Saul et Ionatham filii eius et armigeri eius abstulerunt in urbem* ℭ$^{n}$ | κατεπηξαν] pr και s: κατεπτηξαν o | om τω a$_2$ | τειχω d | βαιθεμ B] βαιθαμ a*: βαιθσαμ M(txt)a$^{b?}$ghm(+ras 2 litt)swz: *Betsam* ℭ$^{w}$: βαισαιμ N: *domus Som* 𝔈: βοηθοαμ a$_2$: *Bythsames* ℭ$^{n}$: βαιθσαμυς n: βαιθσαμαν o: βαιθσαν bjv$^{b}$b$_2$c$_2$e$_2$: βιθσαν c: βηθσαν Ax Jos(uid): *Bethsan* 𝔄: ܒܝܬ ܫܐܢ 𝔖$^{j}$: βασαν M(mg): *Bethleem* ℭ$^{m}$: βαιθηλ y: βεθσαμ rell

11 ακουουσιν] ακουοντες a$_2$: +περι αυτου Abcv$^{b}$xc$_2$e$_2$: +*de eis* 𝔄 | οι 1°] pr *uiri Israel* ℭ$^{n}$ | *Abis* ℭ$^{w}$ | γαλατιδος cx | α] οσα bov$^{b}$c$_2$e$_2$ | εποιησαν] α sup ras A$^{1}$

12 και 1°—δυναμεως] *acceperunt uiri ualidi in ui eorum* ℭ$^{n}$ | om και 1° a$_2$ | ανεστη Acx | hab πας ανηρ δυναμεως 𝔏$^{v}$ | πας ανηρ] παντες (+οι b) ανδρες bov$^{b}$c$_2$e$_2$𝔏 | ανηρ] ιηλ y | δυναμεως] δυνατος i | om ολην h | σαουλ] pr του cx | om το σωμα 2° ℭ$^{n}$ | απο—(13) δυο] *tulerunt eos a terra alienigenarum tulerunt eos in terram Israel sepelierunt eos ibi* ℭ$^{n}$ | τειχους BAacj*x] του τειχου g*: pr του MNg$^{b}$j$^{a}$v$^{b}$ rell | βαιθσαμ] βεθσαμ defiqwℭ$^{w}$: βιθσαμ g: *domus Som* 𝔈: βαιθσαν abh$^{b?}$(uid)oc$_2$e$_2$: βεθσαν v$^{b}$a$_2$: *Bethsan* 𝔄: βηθσαν Ax Jos(uid): βιθσαν c: ܒܝܬ ܫܐܢ 𝔖$^{j}$: βαιθσαμυς ny: *Bythsames* ℭ$^{m}$ | φερουσιν] ερουσιν a$_2$: ηνεγκαν boc$_2$e$_2$: απηνεγκαν v$^{b}$ | αυτους 1°] αυτα cx: om j$^{a?}$ | εις] ως o: om A | ιαβεις] ⟨ιαβης 242⟩: *Abis* ℭ$^{w}$ | κατακαιουσιν] κατακλαιουσιν cx: κατεκαυσαν ov$^{b}$c$_2$: κατευκαυσαν e$_2$: κατεκλαυσαν b: hab κλαυσαντες Jos

13 om και 1°—αυτων ℭ$^{mw}$ | ελαβον bov$^{b}$c$_2$e$_2$ | θαπτουσιν] ...ουσιν l: εθαψαν bov$^{b}$c$_2$e$_2$: +*eu* 𝔄ℭ$^{w}$𝔈(uid)𝔖$^{j}$ | υπο] επι a$_2$ | την 2°] της a$_2$: om bcov$^{b}$xc$_2$e$_2$ | ιαβεις] pr εν MN*b*d-np-tv$^{b}$wzb$_2$c$_2$e$_2$𝔈: *Abis* ℭ$^{w}$ | ενηστευσαν bov$^{b}$c$_2$e$_2$ | om και 4°—δυο Abcop$^{a?}$v$^{b}$xyc$_2$e$_2$𝔄ℭ$^{mnw}$ | σαουλ] pr τον s | ανεστρεψεν] επεστρεψεν M: υπεστρεψε f | και 6°—δυο BMgna$_2$𝔈] om Np* rell | σεκελακ] σικελαγ Mn: σικαιλαγ g: σεκηλα a$_2$

Subscr βασιλειων α′ BANghstwc$_2$: βασιλειων πρωτης q: τελος του πρωτου βασιλειου a$_2$: τελος της πρωτης των βασιλειων efv$^{b}$: τελος βασιλειων του πρωτου βιβλιου d: τελος βασιλειων πρωτης του σαουλ c (+ λειπει βασιλειων α′ c$^{b}$): βασιλειων α′ στιχοι ͵βχνγ′ τελος βασιλειων πρωτης i: βασιλειων α′ στιχοι ͵βφ′ α′ συναπτει μη προεπιγραψης βασιλειων πρωτης αλλα καθεξης εως του τελους της δευτερας n: τελος συν θω̄ της πρωτης των βασιλειων ο δε α′ εβραιοις επομενος ου διειλεν αλλα μιαν τας δυο πεποιηκεν z

9 αποστρεφουσιν αυτον] σ′ εκοψαν την κεφαλην αυτου jz | σκευη] σ′ οπλα j
10 εις το ασταρτειον] εις το ειδωλειον *b*: α′ εν οικω ασταρωθ j | κατεπηξαν] κατεθεντο i | βαιθεμ] η νυν σκυθοπολις καλειται *b*
12 δυναμεως] σ′ ισχυρος α′ ευπορος j | σωμα 2°—υιου] [σωμα]τα των [υιων] j | αυτους 2°] τα οστα αυτων z
13 την αρουραν] α′ τον (om z) δενδρωνα θ′ τας δρυς σ′ φυτον jz | ημερας 1°] εως ωδε το εβραικον και λ̥ j

# ΒΑΣΙΛΕΙΩΝ Β

ΚΑΙ ἐγένετο μετὰ τὸ ἀποθανεῖν Σαοὺλ καὶ Δαυεὶδ ἀνέστρεψεν τύπτων τὸν Ἀμαλήκ· καὶ 1 I
ἐκάθισεν Δαυεὶδ ἐν Σεκελὰκ ἡμέρας δύο. ²καὶ ἐγενήθη τῇ ἡμέρᾳ τῇ τρίτῃ καὶ ἰδοὺ ἀνὴρ ἦλθεν 2
ἐκ τῆς παρεμβολῆς ἐκ τοῦ λαοῦ Σαούλ, καὶ τὰ ἱμάτια αὐτοῦ διερρωγότα καὶ γῆ ἐπὶ τῆς κεφαλῆς
αὐτοῦ· καὶ ἐγένετο ἐν τῷ εἰσελθεῖν αὐτὸν πρὸς Δαυεὶδ καὶ ἔπεσεν ἐπὶ τὴν γῆν καὶ προσεκύνησεν
αὐτῷ. ³καὶ εἶπεν αὐτῷ Δαυεὶδ Πόθεν σὺ παραγίνῃ; καὶ εἶπεν πρὸς αὐτόν Ἐκ τῆς παρεμβολῆς 3
Ἰσραὴλ ἐγὼ διασέσωσμαι. ⁴καὶ εἶπεν αὐτῷ Δαυείδ Τίς ὁ λόγος οὗτος; ἀπάγγειλόν μοι. καὶ 4
εἶπεν ὅτι Ἔφυγεν ὁ λαὸς ἐκ τοῦ πολέμου, καὶ πεπτώκασι πολλοὶ ἐκ τοῦ λαοῦ καὶ ἀπέθανον· καὶ
ἀπέθανεν καὶ Σαούλ, καὶ Ἰωναθὰν ὁ υἱὸς αὐτοῦ ἀπέθανεν. ⁵καὶ εἶπεν Δαυεὶδ τῷ παιδαρίῳ τῷ 5
ἀπαγγέλλοντι αὐτῷ Πῶς οἶδας ὅτι τέθνηκεν Σαοὺλ καὶ Ἰωναθὰν ὁ υἱὸς αὐτοῦ; ⁶καὶ εἶπεν τὸ 6
παιδάριον τὸ ἀπάγγελλον αὐτῷ Περιπτώματι περιέπεσαν ἐν τῷ ὄρει τῷ Γελβοὺε, καὶ ἰδοὺ Σαοὺλ
ἐπεστήρικτο ἐπὶ τὸ δόρυ αὐτοῦ, καὶ ἰδοὺ τὰ ἅρματα καὶ οἱ ἱππάρχαι συνῆψαν αὐτῷ. ⁷καὶ ἐπέ- 7
βλεψεν ἐπὶ τὰ ὀπίσω αὐτοῦ καὶ εἶδεν καὶ ἐκάλεσέν με, καὶ εἶπα Ἰδοὺ ἐγώ. ⁸καὶ εἶπέν μοι Τίς 8

I 2 ειματια A | 3 παραγεινη B* | διασεσωμαι B* | 4 πεπτωκασιν A | 7 ιδεν A

AMNa-jl-qstv-$c_2e_2$𝔄ℭ$^{mnw}$𝔈

Inscr βασιλειων β' BAMNabghjmnoq-y$c_2$] βασιλειων δευτερα ei$e_2$(uid): βασιλειων δευτερας f: βασιλειων δευτερου $a_2$: εις την δευτεραν των βασιλειων z: βασιλειων δευτερον βιβλιον δεκατον dp: βασιλειων δευτερας του δᾱδ βασιλεια c

I 1 om totum comma 𝔈 | om και 1° defl(uid)mp-tw | σαουλ] pr τον acx | και 2°—αμαληκ] *ascendit David pugnauit cum Amalec* ℭ$^n$ | ανεστρεπται c | τυπτων τον αμαληκ] *a perculiendo Amalec* 𝔄: *postquam cecidit Amalech* Or-lat | om και 3°—δυο ℭ$^n$ | om και 3° p | δᾱδ εκαθησε c | om δαυειδ 2° d | εν] εκ a: ⟨εις 244⟩ | σεκελακ BMNℭ$^w$] σικελακ i$b_2$𝔄: σικαιλακ g: σικελεχ c: σεκελαγ abh$^{b?}$o$c_2e_2$: σεκελαθ $a_2$: σεκελα vy Thdt: ⟨σικελα 71⟩: σικελαγ Ah* rell

2 και 1°—σαουλ] *ecce uir ascendit in castra post tres dies* ℭ$^n$ | εγενηθη] εγενετο bo$c_2e_2$ Thdt: om dℭ$^{mw}$ | τη 1°] pr εν Abcx$c_2e_2$ Thdt | ημερα τη τριτη] τριτη ημερα Thdt | om και 2° dℭ$^{mw}$ | ανηρ ιδου b | ηλθεν ανηρ y𝔈 | ηλθεν] ηρχετο fm: om A | om εκ του λαου g*𝔄-codd | εκ 2°] απο i: om bdefhl mo-wz$c_2e_2$𝔄-ed Thdt | om λαου v | σαουλ] pr του f: pr του μετα bo$c_2e_2$𝔖$^j$ Thdt | om τα c | ⟨om αυτου 1° 98⟩ | διερρωγοτα] διερραγοτα v$a_2$: διερρηγοτα Ai | γη] pr η N | και 5°—αυτον] *ingressus est* ℭ$^n$ | και εγενετο] εγενετο δε bo$c_2e_2$: om εγενετο dℭ$^{mw}$ | ελθειν cxy | αυτον] + προθυμως a | om και 6° dℭ | επεσεν] επεπεσεν gm: + επι προσωπον Abo$c_2$: + επι προσωπον αυτου (-των $e_2$) cx$e_2$𝔖$^j$(uid) | αυτω] αυτον c

3 αυτω] προς αυτον bo$c_2e_2$: om j$a_2b_2$ | συ] σοι c*: om bo$c_2e_2$ℭ$^{nw}$𝔈 | παραγινη] παραγινου A: παρεγενου bo$c_2e_2$: παραγεγονας f: *uenisti* 𝔈: ηκεις v: hab ηκοι Jos | προς αυτον] προς δᾱδ d: ⟨om 71.125⟩ | om ισραηλ cℭ$^m$ | om εγω—(10) ωδε v* (spat relict) | om εγω διασεσωσμαι $a_2$ | εγω] λεγων y: om bco v$^b$x$c_2e_2$ℭ$^m$ | σεσωσμαι v$^b$

4 αυτω δαυειδ] δᾱδ προς αυτον bov$^b$$c_2e_2$ | αυτω] bis scr A: om cdx | ουτος] ουτως c | απαγγειλον] αναγγειλον Aacx$a_2$: + δη MNg | om οτι—και 3° A | om οτι bov$^b$$c_2e_2$𝔄𝔈 | εφυγεν Bay$a_2$] πεφυγεν x: πεφευγεν MNv$^b$ rell | ⟨om εκ 1°—πεπτωκασι 242⟩ | πολεμου] + εκ της παρεμβολης bho$c_2e_2$ | πεπτωκασι] post πολλοι Acx: επεσαν v$^b$: επεσον bo$c_2e_2$: om ℭ$^m$ | πολλοι—λαου] λαοι πολλοι $a_2$ | om πολλοι y | και απεθανον] om Abcov$^b$ x$c_2e_2$𝔈$^s$: om και ℭ$^m$ | και απεθανεν BAcx$a_2$ℭ$^m$𝔈$^s$] om MNv$^b$ rell 𝔄ℭ$^{nw}$𝔈$^a$𝔖$^j$ | om και 6° Acx$a_2$ | ⟨ιωναθαν post αυτου 246⟩ | ο υιος αυτου] *et filii eius* ℭ$^w$: om 𝔄: om ο y | απεθανεν 2°] απεθανον MNg-j$b_2$: τεθνηκασιν bov$^b$$c_2e_2$: *mortui sunt* 𝔄ℭ$^{nw}$: om cx$a_2$ℭ$^m$𝔈

5 om δαυειδ y | om τω παιδαριω Adℭ$^n$ | om τω απαγγελλοντι αυτω dℭ$^{mn}$ | απαγγελλοντι] λλον sup ras j$^a$: απαγγελοντι Ncglnpx: απαγγειλαντι bov$^b$$a_2c_2e_2$𝔄𝔈𝔖$^j$ | om πως—(6) αυτω 1° o | τεθνηκασιν v$^b$$c_2$𝔄-codd 𝔈𝔖$^j$ | ο υιος αυτου] ⟨om 125⟩: om ο *b*

6 om το 1°—αυτω 1° d | om το απαγγελλον αυτω cpx$a_2$ℭ$^m$ | το απαγγελλον] τω απαγγειλαντι v$^b$: om ℭ$^{nw}$ | απαγγελλον] απαγγελον agln: απαγγειλαν b$c_2e_2$𝔄𝔈: απαγγελλοντι t | αυτω 1°] αυτο i: *David* ℭ$^{nw}$: ⟨om 246⟩ | περιπτωματι περιεπεσαν] *pugnauerunt et ceciderunt* 𝔈 | ⟨περιπτωμασι 98⟩ | περιεπεσαν BANay] περιεπεσεν gj(εν sup ras j$^a$)$a_2$ℭ$^n$: περιεπεσα Mhin$h_2$: περιπεσων v$^b$: περιπεπτωκεν cx: περιεπεσον rell: *casu adfui* 𝔄: *ceciderunt* ℭ$^{mw}$ | om τω 2° a(uid)bijov$^b$$c_2e_2$ | γεβουε A | om ιδου 1° ⟨44⟩ ℭ$^n$ | σαουλ] pr ο i | επεστηρικτο] + εν τω ορει γελβουε $e_2$ | om ιδου 2° dpℭ$^n$ | om και οι ιππαρχαι ℭ$^n$ | om οι e* | ιππαρχαι] ιππαρχοι Abdi$c_2e_2$: υππαρχαι ex υπαρχαι v$^b$: υπαρχοι ox: ιπποι c | συνηψαν αυτω] κατεβαλον αυτον $a_2$ | συνηψαν] συνηψαντω c: εκολληθησαν z$^{a?}$ | αυτω 2°] + και επεσεν Acx

7, 8 om ℭ$^n$

7 επεβλεψεν] *conuersus est* ℭ$^{mw}$ | επι τα] εις τα $b_2$: om bov$^b$$c_2e_2$ | οπισω] οπλα $a_2$ | και ειδεν Bya$_2$] om d: + με AMN v$^b$ rell 𝔄ℭ$^{mw}$𝔈(uid) | και 3°—ειπα] *dixit mihi* ℭ$^m$ | ειπον bd efo$a_2c_2e_2$ | εγω] + $\overline{κε}$ $a_2$

8 om μοι ANcx | om τις N* | ειπα] ειπον df: ειπον προς

I 1 τυπτων] α' πλησσων j | 2 και 4°—αυτου 2°] σ' κεκονιμενος j: σ' κεκονιασμενος z
6 το παιδαριον] α' ο παις σ' ο νεανισκος j | συνηψαν αυτω] σ' κατελαβον αυτον j | συνηψαν] α' εκολλησαν j
7 ιδου εγω] σ' παρειμι j

9 εἶ σύ; καὶ εἶπα Ἀμαληκείτης ἐγώ εἰμι. [9]καὶ εἶπεν πρὸς μέ Στῆθι δὴ ἐπάνω μου καὶ θανάτωσόν B
10 με, ὅτι κατέσχεν με σκότος δεινόν, ὅτι πᾶσα ἡ ψυχή μου ἐν ἐμοί. [10]καὶ ἐπέστην ἐπ' αὐτὸν καὶ
ἐθανάτωσα αὐτόν, ὅτι ᾔδειν ὅτι οὐ ζήσεται μετὰ τὸ πεσεῖν αὐτόν· καὶ ἔλαβον τὸ βασίλειον τὸ
ἐπὶ τὴν κεφαλὴν αὐτοῦ καὶ τὸν χλίδωνα τὸν ἐπὶ τοῦ βραχίονος αὐτοῦ, καὶ ἐνήνοχα αὐτὰ τῷ
11 κυρίῳ μου ὧδε. [11]καὶ ἐκράτησεν Δαυεὶδ τῶν ἱματίων αὐτοῦ καὶ διέρρηξεν αὐτά, καὶ πάντες οἱ
12 ἄνδρες οἱ μετ' αὐτοῦ διέρρηξαν τὰ ἱμάτια αὐτῶν. [12]καὶ ἐκόψαντο καὶ ἐνήστευσαν καὶ ἔκλαυσαν¶ ¶ ℭ$^{n}$
ἕως δείλης ἐπὶ Σαοὺλ καὶ ἐπὶ Ἰωναθὰν τὸν υἱὸν αὐτοῦ καὶ ἐπὶ τὸν λαὸν Ἰούδα καὶ ἐπὶ τὸν οἶκον
13 Ἰσραήλ, ὅτι ἐπλήγησαν ἐν ῥομφαίᾳ. [13]καὶ εἶπεν Δαυεὶδ τῷ παιδαρίῳ τῷ ἀπαγγέλλοντι αὐτῷ
14 Πόθεν εἶ σύ; καὶ εἶπεν Υἱὸς ἀνδρὸς παροίκου Ἀμαληκείτου ἐγώ εἰμι. [14]καὶ εἶπεν αὐτῷ Δαυείδ
15 Πῶς οὐκ ἐφοβήθης ἐπενεγκεῖν χεῖρά σου διαφθεῖραι τὸν χριστὸν Κυρίου; [15]καὶ ἐκάλεσεν Δαυεὶδ
ἓν τῶν παιδαρίων αὐτοῦ καὶ εἶπεν Προσελθὼν ἀπάντησον αὐτῷ· καὶ ἐπάταξεν αὐτόν, καὶ ἀπέ-
16 θανεν. [16]καὶ εἶπεν Δαυεὶδ πρὸς αὐτόν Τὸ αἷμά σου ἐπὶ τὴν κεφαλήν σου, ὅτι τὸ στόμα σου
17 ἀπεκρίθη κατὰ σοῦ λέγων ὅτι Ἐγὼ ἐθανάτωσα τὸν χριστὸν Κυρίου. §[17]Καὶ ἐθρήνησεν § 𝔅$^{l}$
18 Δαυεὶδ τὸν θρῆνον τοῦτον ἐπὶ Σαοὺλ καὶ ἐπὶ Ἰωναθὰν τὸν υἱὸν αὐτοῦ, [18]καὶ εἶπεν τοῦ διδάξαι
τοὺς υἱοὺς Ἰούδα· ἰδοὺ γέγραπται ἐπὶ βιβλίου τοῦ εὐθοῦς.

9 στηθει A 10 ηδειν B$^{a}$] ειδην B* | βασιλιον A | βραχειονος B* 12 διλης A 17 τουτον B$^{a}$] τουτο B* 18 δειδαξαι B*

AMNa–jl–qstv–c$_2$e$_2$𝔄(𝔅$^{l}$)ℭ$^{m(n)w}$𝔈(𝔏$^{s}$)

αυτον boc$_2$e$_2$ : + προς αυτον Acxℭ$^{mw}$𝔈(uid) | αμαλικιτης ghiv$^{b}$e$_2$ | om εγω oc$_2$

**9** και 1°] pr *uocauit me* ℭ$^{n}$ | στηθι BAcxya$_2$] non liquet a : επιστηθι MNv$^{b}$ rell 𝔄 | om δη cxy | επανω μου] επ εμε bov$^{b}$c$_2$e$_2$ | θανατωσεις A | κατεσχεν] κατεχει bov$^{b}$c$_2$e$_2$ | om οτι 2°—εμοι ℭ$^{n}$ | οτι πασα BAcxyℭ$^{w}$] pr και a : *adhuc omnis* 𝔄-ed : *quod adhuc omnis* 𝔄-codd : και ετι πασα n𝔖$^{j}$ : και εστη pv$^{b}$ : ⟨και εστηκει 244⟩ : οτι ουκ ην a$_2$ : και ετι MN rell : om πασα ℭ$^{m}$ | πασα—εμοι] *non est super me omnis anima mea* 𝔈 | ψυχη] ισχυς cx | μου 2°] + εστιν boc$_2$e$_2$ | ⟨εν] επ 242⟩ | εμοι] + *est* 𝔖$^{j}$ : + εξελοιπεν c

**10** επεστην] επεστη q* : επεστησα b | εθανατωσα] + ras 1 lit (ι uid) A | οτι 1°] ον o : om ℭ$^{n}$ | ηδειν οτι] ημ| δεινονη A : om οτι s | om μετα—αυτον 3° v$^{b}$a$_2$ℭ$^{n}$ | πεσειν] αποθανειν a | βασιλειον] διαδημα M(mg)bgov$^{b}$c$_2$e$_2$ : + διαδημα h | om το 3° c$_2$*(uid) | της κεφαλης hdefg(om της)lmo–tv$^{b}$wzc$_2$e$_2$ | τον βραχιονα deflmp–twz | αυτα] αυτον cx : om w𝔈 | μου] + *Dauid* ℭ$^{m}$ | ωδε] προς με A

**11** και 1°—(12) εκλαυσαν] *Dauid autem abscidit uestimenta sua lamentatus est plorauit et populus qui cum eo* ℭ$^{n}$ | εκρατησεν—αυτα] *discidit uestimenta sua Dauid* 𝔈 | των ιματιων] τα ιματια A | αυτου 1°] εαυτου c$_2$ | om παντες ℭ$^{m}$ | om οι μετ i* | om διερρηξαν—αυτων Abcoxc$_2$e$_2$ | εαυτων y

**12** ενηστευσαν και εκλαυσαν Ba(εκλαυσεν uid)nvy𝔄𝔈$^{s}$] om και εκλαυσαν a$_2$ℭ$^{w}$𝔈$^{a}$ : εκλαυσαν και ενηστευσαν AMN rell ℭ$^{m}$ Thdt | om εως δειλης ℭ$^{m}$ | om επι 2° Neya$_2$e$_2$𝔄 | om τον υιον αυτου a$_2$𝔈 | υιον] pr ras (1—2) b$_2$ : λαον b' | om επι 3° a$_2$ | om τον 2° e$_2$ | λαον] + *omnem* ℭ$^{m}$ | οικον] *populum* ℭ$^{w}$ | ισραηλ] σαουλ t | επληγησαν] επληγην c : επληγη x | εν ρομφαια] σφοδρα dlp–tz(txt)

**13** om τω απαγγελλοντι αυτω h | απαγγελλοντι] απαγγελλοντι Aadlq*b$_2$ : αναγγελλοντι i : απαγγειλαντι Mbcgoc$_2$e$_2$𝔄𝔈 | om ποθεν—(14) δαυειδ cx | om και ειπεν 2° ⟨74⟩ 𝔄-cod | om ανδρος d | om παροικου g* | αμαλικητου agi

**14** om και—δαυειδ y | om αυτω d | om πως ℭ$^{w}$ | επενεγκων e$_2$ | χειρα] pr την bfoc$_2$e$_2$ Thdt : χειρας cd | διαφθειραι—κυριου] *super unctum Domini ut occideres eum* 𝔈 | διαφθειραι τον χριστον] ραι τον χρι in mg et sup ras A$^{a}$ (διαφθειραι χρηστον A* uid) | διαφθειραι] επι aℭ$^{mw}$𝔈 | om τον a | χρηστον ch*xe$_2$ | κυριου] + *destruere eum* ℭ$^{m}$ : + *occidere eum* 𝔈

**15** om αυτου ad𝔄-ed | προσελθων απαντησον] προσαγαγε z(mg) : προσαγαγετε boc$_2$e$_2$ | αυτω] αυτον cgx : + και αψασθε αυτου boz(mg)c$_2$e$_2$ | επαταξαν boz(mg)c$_2$e$_2$ | αυτον] om A : ⟨+ επι την γην 71.242⟩ | απεθανεν] εβαλον αυτον επι την γην boz(mg)c$_2$e$_2$

**16** δαυειδ προς αυτον] προς αυτον δᾱδ AMNcg–jxb$_2$ : αυτω δᾱδ deflmp–twz𝔄(uid) : ⟨om προς αυτον 125⟩ | ⟨om το 2° 44⟩ | λεγων] λεγον N$^{a?}$efgjl$^{a}$qst$^{a?}$(uid)vzc$_2$ : λογον n | om οτι 2° bdoc$_2$e$_2$𝔈 Thdt | εθανατωσα εγω fm | τεθανατωκα boc$_2$e$_2$ Thdt | om τον cx | χριστον] χρηστον cxe$_2$ : $\overline{κν}$ A*(uid)

**17** ⟨om δαυειδ 44⟩ | om τον θρηνον τουτον dℭ$^{m}$𝔈 | om επι 2° dc$_2$ | τον υιον αυτου] ⟨om 125⟩ : om υιον b$_2$*

**18** και ειπεν] και ειπαν vℭ$^{m}$ : om w : + *Dauid* 𝔄 | του 1°] τις dp : om a$_2$ | υιους] pr ras (3) a | ιουδα] pr $\overline{ιη}$λ και bz(mg)c$_2$e$_2$ : ιουδαν t* : $\overline{ιη}$λ yℭ$^{m}$ : τοξον c : $\overline{ιη}$λ τοξον Ax : ⟨+ τοξον 98⟩ : + ※*artem sagittariam* 𝔄 : ⟨+ ακριβωσαι στηλωσαι ισραηλ 44⟩ | ιδου—ευθους] και ειπεν Nefhlmnstw𝔅 : om dp | ιδου] pr *et* 𝔄 : pr *et dixit* 𝔈 | επι βιβλιου] εν βιβλω z(txt) | βιβλιου] pr του Thdt : βιβλου c$_2$ : βιβλιον ca$_2$ | om του 2° v | ευθους] ευθυς c : εθους a$_2$ : ευθους (ευθεως b : χθους c$_2$*uid : πενθους i) και ειπεν Mbgijoqz(mg)b$_2$c$_2$e$_2$ : + *dicens* ℭ$^{mw}$ : hab *et ait* 𝔏$^{s}$

9 σκοτος δεινον] α' ο σφιγκτηρ j
10 βασιλειον] α' αφορισμα j : σ' θ' διαδημα jz | χλιδωνα] α' βραχιαριον *bz* : α' βραχιαλιον Thdt : α' κλανιον σ' θ' βραχιαλιον j
13 παροικου] α' προσηλυτου j
15 απαντησον] σ' επελθε θ' αψαι j
16 επι την] σ' κατα της j
18 ιουδα] + ※ α' λ̥ τοξον j

B [19]Στήλωσον, Ἰσραήλ, ὑπὲρ τῶν τεθνηκότων ἐπὶ τὰ ὕψη σου τραυματιῶν· 19
πῶς ἔπεσαν δυνατοί.
[20]μὴ ἀναγγείλητε ἐν Γέθ, 20
καὶ μὴ εὐαγγελίσησθε ἐν ταῖς ἐξόδοις Ἀσκάλωνος·
μή ποτε εὐφρανθῶσιν θυγατέρες ἀλλοφύλων,
μή ποτε ἀγαλλιάσωνται θυγατέρες τῶν ἀπεριτμήτων.
[21]ὄρη τὰ ἐν Γελβουε, 21
μὴ †καταβῇ† δρόσος καὶ μὴ ὑετὸς ἐφ᾽ ὑμᾶς καὶ ἀγροὶ ἀπαρχῶν·
ὅτι ἐκεῖ προσωχθίσθη θυρεὸς δυνατῶν·
θυρεὸς Σαοὺλ οὐκ ἐχρίσθη ἐν ἐλαίῳ.
[22]ἀφ᾽ αἵματος τραυματιῶν, ἀπὸ στέατος δυνατῶν, 22
τόξον Ἰωναθὰν οὐκ ἀπεστράφη κενὸν εἰς τὰ ὀπίσω,
καὶ ῥομφαία Σαοὺλ οὐκ ἀνέκαμψεν κενή.
[23]Σαοὺλ καὶ Ἰωναθάν, οἱ ἠγαπημένοι καὶ ὡραῖοι, οὐ διακεχωρισμένοι· 23
εὐπρεπεῖς ἐν τῇ ζωῇ αὐτῶν, καὶ ἐν τῷ θανάτῳ αὐτῶν οὐ διεχωρίσθησαν.
ὑπὲρ ἀετοὺς κοῦφοι,
καὶ ὑπὲρ λέοντας ἐκραταιώθησαν.

20 ευαγγελισησθαι A 21 καταβοι B | προσωχθεισθη A | θυρεος 2°] θυραιος A | εχρισθη B$^{b}$] εχρεισθη B*: εχρηθη A

AMNa–jl–qstv–$c_2e_2$𝔄𝔅$^{l}$ℭ$^{mw}$𝔈(𝔏$^{sv}$)

19 hab στηλωσον—τραυματιων 𝔏$^{s}$ | hab στηλωσον—τεθνηκοτων 𝔏$^{v}$ | στηλωσον] στηλωσαι efl(txt)mqs*(uid)twz*(txt): στησωσε s$^{b}$: ακριβωσαι l(mg): ακριβασαι M(mg)bz(mg)$c_2e_2$ Thdt: *considera* 𝔏$^{s}$: *cura te* 𝔏$^{v}$: ακριβωσαι στηλωσαι dp | ισραηλ] δᾱδ v | υπερ—τραυματιων] *super excelsa tua propter interfectos qui mortui sunt tibi* 𝔖$^{j}$ | υπερ—υψη] επι τα υψη σου υπερ των τεθνηκοτων cx: επι τα υψη σου περι τεθνηκοτων A | υπερ των τεθνηκοτων] *de interfectis tuis* 𝔏$^{v}$: *super colles* 𝔄 | υπερ] περι z(mg)$c_2e_2$ Thdt: επι g$a_2$ | τεθνηκοτων] + σοι v | om επι—τραυματιων ℭ$^{m}$ | επι—σου] σοι επι τα υψη a | om επι τα υψη bz(mg)$c_2e_2$ Thdt | om τραυματιων Acx | επεσαν] επεσον bdefj$^{a?}$lmp–tw$zc_2e_2$ Chr: επηεν g

20 μη αναγγειλητε] αναγγειλατε A | αναγγειλητε] αναγγειλετε c: απαγγειλητε MNbd–mo–tw$zc_2e_2$: απελθετε Thdt | εν 1°] εις b$c_2e_2$ Chr Thdt | και μη] μηδε b$c_2e_2$ Chr Thdt | ευαγγελισησθε] ευαγγελισεσθε m: ευαγγελισασθε cx$e_2$: ευηγγελισησθε p: αναγγειλητε y | ταις] pr πασαις v: τοις Ncgix$a_2$ | οδοις b$c_2e_2$ Chr Thdt | ⟨ασκαλων 98⟩ | μη ποτε 1°] pr και w: οπως μη b$c_2e_2$ Chr Thdt | om ευφρανθωσιν—ποτε 2° q | θυγατερες 1°] *filii* ℭ$^{m}$ | om μη 4°—θυγατερες 2° cx | μη ποτε 2°] pr *et* 𝔈: μηδε bz(mg)$c_2e_2$𝔄 Chr Thdt: ⟨και 71⟩ | αγαλλιασωνται] αγαλλιασονται MNdghiopqvy$a_2b_2$: γαυριασωνται z(mg): γαυριασωσιν b$c_2e_2$ Chr Thdt: ⟨γαυριατωσαν 242⟩ | θυγατερες 2°] pr αι j*(uid): *filii* ℭ$^{m}$ | om των Nby$c_2e_2$ Chr Thdt

21 ορη] pr κατηρασατο δᾱδ ορει τα γελβοιε w | τα εν] om cx𝔄𝔅𝔈: om εν bfny$c_2e_2$ Chr Thdt | μη 1°—υετος] *neque ros neque pluuia cadat* Anon$^{1}$ | καταβη Mgiy] καταβοι BNjno$a_2b_2$: καταβητω A(βητω δρο sup ras A$^{a?}$)afht*v: καταλαβη c: καταλαβοι x: πεσοι εφ υμας z(mg) Chr ½: πεσοι εφ υμας μητε b$c_2e_2$ Chr ½: καταβατω t$^{a?}$z(txt) rell: + *in uos* 𝔄: + *super ea* ℭ | και 1°—υμας] εφ υμας μηδε υετος v | και μη υετος post υμας a(txt) | και μη] μηδε Ahj$b_2$ Chr ½: μητε bz(mg)$c_2e_2$ Chr ½: om μη a(mg) defilmnp–twz(txt)𝔈: + η y | υετος εφ υμας] *ueniat super uos pluuia* 𝔄ℭ | υετος] + πεσοι Ax: + πεσει c | εφ—απαρχων] επι τα υψη σου ορη θανατου bz(mg)$c_2e_2$: ορη θανατου Chr ½: om Chr ½ | υμας] + ορη θανατου h | om και 2° 𝔄 | αγροι] *super agros* ℭ𝔖$^{j}$ | απαρχων] υπαρχων cx: + *super altitudines tuas montes mortis* 𝔖$^{j}$: hab *montes mortis* 𝔏$^{v}$ | hab οτι—(22) δυνατων 𝔏$^{v}$ | προσωχθισθη θυρεος] *imminutae sunt portae* 𝔈 | προσωχθισθη] προσωχισθη f: ⟨προσοχθεισθαι 246⟩: προσωχθησε cx: εξηρθη M(mg)z(mg)$c_2e_2$𝔏 Chr | θυρεος 1°] θυραι A: σκεπη M(mg)z(mg)$c_2e_2$𝔏 Chr | δυνατων] δυναστων Ndefhjlmo–twz*(txt) z(mg): θανατων A: μαχητων z$^{a?}$(txt) | θυρεος 2°—(22) δῡνατων bis scr p | om θυρεος σαουλ j | θυρεος 2°] pr και bn: σκεπη z(mg)$c_2e_2$𝔏: *arma* 𝔈 | ⟨om ουκ 98 uid⟩ | εχρισθη] ελιεισθη $a_2$: εχρισεν $c_2$ | ελαιω] λαι sup ras A$^{a}$

22 αφ αιματος] *sed ex sanguine* 𝔏: *nisi in sanguine* 𝔈 | αφ] pr *sed* 𝔖$^{j}$: εφ av: εξ $c_2e_2$ | αιρεματος o | τραυματιων] μαχητων $c_2e_2$ | απο στεατος δυνατων] *ex adipe pugnatorum* 𝔏: om b𝔈 | απο] pr και deflmp–twz𝔄𝔅: sup ras A$^{a?}$ (και A* uid): και εκ $c_2e_2$ | δυνατων] δυναστων dejlmo*p–wz: τραυματιων $c_2e_2$ | τοξον] pr το l: pr ως defhmo–twz*𝔅: pr θυραιος σαουλ και $a_2$: ο 2° sup ras A$^{a}$ (τοξων A*) | απεστραφη] επεστραφη eo: εστραφη v: ανεστρεψεν b$c_2e_2$ | κενον] καινον b'$a_2$: κανον g | om εις τα οπισω defhl–twz(txt) | om και—κενη ℭ$^{m}$𝔈$^{a}$ | ρομφαια] *arcus* ℭ$^{w}$: + και νυν c* | ανεκαμψεν] ανεκαψεν A: ανεστρεψεν bhy$c_2e_2$: ανεστεψε b': ⟨απεστραφη 64⟩ | κενη] καινη g$a_2$

23 ναθαν b'h | om οι cx | hab ωραιοι ου διακεχωρισμενοι 𝔏$^{v}$ | ωραιοι] *pulchri et decori* 𝔄 | ου διακεχωρισμενοι ευπρεπεις] *quorum distincta pulchritudo* 𝔈 | ου διακεχωρισμενοι] *inseparabiles* 𝔏$^{(2)}$: *incomparabiles* 𝔏$^{(1)}$ | διακεχωρισμενοι] διεχωρισμενοι o: κεχωρισμενοι Chr: ⟨+ εν τη ζωη αυτων 98⟩ | ευπρεπεις BAcvxy$a_2$ℭ] ras (9) a: om MN rell 𝔄𝔅 Chr | om θανατω g* | ου διεχωρισθησαν] ουκ εχωρισθησαν ⟨244⟩ Chr ⅓ | om υπερ 1°—εκραταιωθησαν c | om και 4° b$c_2e_2$𝔄 | λεοντα dp | εκραταιωθησαν] δυνατοι bz(mg)$c_2e_2$

19 στηλωσον] α' ακριβασαι z | υψη] σ' θ' υψηλα j
20 εξοδοις] σ' αμφοδοις j | αγαλλιασωνται] λ̥ γαυριασωσιν j
21 απαρχων] α' αφαιρεματων(-τος z) θ' θανατου jz | προσωχθισθη] α' απεβληθη j
22 τραυματιων] α' σ' ανηρημενων jz(sine nom) | κενη] σ' δια κενης j
23 εκραταιωθησαν] α' θ' δυνατοι M

24 [24]θυγατέρες Ἰσραήλ, ἐπὶ Σαοὺλ κλαύσατε· (B) (A)
κλαύσατε τὸν ἐνδιδύσκοντα ὑμᾶς κόκκινα μετὰ κόσμου ὑμῶν,
τὸν ἀναφέροντα κόσμον χρυσοῦν ἐπὶ τὰ ἐνδύματα ὑμῶν.
25 [25]πῶς ἔπεσαν δυνατοὶ ἐν μέσῳ τοῦ πολέμου·
Ἰωναθάν, ἐπὶ τὰ ὕψη σου τραυματίαι.
26 [26]ἀλγῶ ἐπὶ σοί, ἀδελφέ μου Ἰωναθάν·
ὡραιώθης μοι σφόδρα.
ἐθαυμαστώθη ἡ ἀγάπησίς σου ἐμοὶ
ὑπὲρ ἀγάπησιν γυναικῶν.
27 [27]πῶς ἔπεσαν δυνατοί,
καὶ ἀπώλοντο σκεύη πολεμικά.¶ ¶ 𝔅[l]

II 1 [1]Καὶ ἐγένετο μετὰ ταῦτα καὶ ἐπηρώτησεν Δαυεὶδ ἐν Κυρίῳ λέγων Εἰ ἀναβῶ εἰς μίαν τῶν
πόλεων Ἰούδα; καὶ εἶπεν Κύριος πρὸς αὐτὸν Ἀνάβηθι. καὶ εἶπεν Δαυείδ Ποῦ ἀναβῶ; καὶ
2 εἶπεν Εἰς Χεβρών. [2]καὶ ἀνέβη ἐκεῖ Δαυεὶδ εἰς Χεβρὼν καὶ ἀμφότεραι αἱ γυναῖκες αὐτοῦ,
3 Ἀχινόομ ἡ Ἰσραηλεῖτις καὶ Ἀβειγαία ἡ γυνὴ Ναβὰλ τοῦ Καρμηλίου, [3]καὶ οἱ ἄνδρες οἱ μετ'
4 αὐτοῦ ἕκαστος καὶ ὁ οἶκος αὐτοῦ, καὶ κατῴκουν ἐν ταῖς πόλεσιν Χεβρών. [4]καὶ ἔρχονται ἄνδρες
τῆς Ἰουδαίας καὶ χρίουσιν τὸν Δαυεὶδ ἐκεῖ τοῦ βασιλεύειν ἐπὶ τὸν οἶκον Ἰούδα.
Καὶ ἀπήγγειλαν τῷ Δαυεὶδ λέγοντες ὅτι οἱ ἄνδρες Ἰαβεὶς τῆς Γαλααδείτιδος ἔθαψαν τὸν
5 Σαούλ. [5]καὶ ἀπέστειλεν Δαυεὶδ ἀγγέλους πρὸς τοὺς ἡγουμένους Ἰαβεὶς τῆς Γαλααδείτιδος,¶ καὶ ¶ B

24 κλαυσατε 1°] κλαυσαται A 26 αγαπησεις A 27 πολεμεικα A
II 2 αβιγαια A 3 κατοικουν A 4 χρειουσιν B* | ειαβεις A | γαλααδιτιδος A
5 ειαβεις A | γαλααδειτιδος] γαλααδει... B (quae seq abscissa sunt): γαλααδιτιδος A

(A)MNa–jl–qstv–$c_2e_2$𝔄(𝔅[l])ℭ[mw]𝔈

**24** ισραηλ] ιερουσαλημ o𝔈 | κλαυσατε επι σαουλ Nb$c_2e_2$ 𝔄𝔅ℭ𝔈 | κλαυσατε 2° Ba𝔄ℭ𝔈[a]] om AMN rell 𝔅𝔈[s] | τον ενδιδυσκοντα] τον ε sup ras A[a?] (om τον A*) | ⟨om υμας 44⟩ | κοκκινα] pr τα v | ⟨om μετα κοσμου υμων 125⟩ | υμων 1°] ημων g | om κοσμον c | χρυσουν] χρυσον d: χρυσιον A: και χρυσιον b$c_2e_2$ | τα ενδυματα] τον ιματισμον b$c_2e_2$ | υμων 2°] ημων g

**25** επεσον bdefj[a?]lmp–twz$c_2e_2$ | om εν—(27) δυνατοι 𝔈[s] | εν—τραυματιαι] *in uertice occisorum* 𝔈[a] | του πολεμου] πολεμων b: om του A(sed ras μεσω πο A[?] uid)$a_2c_2e_2$ | ιωναθα c | επι—τραυματιαι] εις θανατον ετραυματισθης MNd–gi–twy[b]$b_2$𝔅: εις θανατον ετραυματισθης (-θη b) εμοι bhz$c_2e_2$: ⟨εις πολεμον ετραυματισθης 44⟩ | τραυματιαι] τραυματια y*: τραυματιας Aacvx$a_2$𝔄-ed: *uulneratus est* 𝔄-codd

**26** ⟨om αλγω—ιωναθαν 71⟩ | αλγω] αλγων $a_2$: αλλ εγω $e_2$ | επι—ιωναθαν] ιωναθαν επι σοι αδελφε $e_2$ | σοι] σε deflmp–twz | αδελφε post ιωναθαν b$c_2$ | om μου bi$c_2$ | ⟨om ιωναθαν 125⟩ | ωραιωθης] ωραιωθεις c: ωραιος $c_2e_2$ | μοι] εμοι $c_2e_2$: ⟨μου 125⟩ | εθαυμαστωθη—εμοι] επεπεσεν η αγαπη σου επ εμε Thdt: om ℭ[m] | εθαυμαστωθη] επεπεσεν επ εμε (εμοι $c_2$) $c_2e_2$ Chr ⅔: επεσεν επ εμε Chr ⅓ | αγαπησις] αγαπη ab'*b*(txt)cgvx | εμοι] pr εν f: om cx$c_2e_2$ Chr | υπερ αγαπησιν] υπερ αγαπην Acx: ως η (om Chr ⅓) αγαπησις $c_2e_2$ Chr: ως η αγαπη Thdt | γυναικων] pr των $c_2e_2$ Chr Thdt: ⟨+κυριου 44⟩: +εις θανατον ετραυματισθης εμοι Chr ⅓

**27** πως] pr και d | επεσον bdefj[a?]lmp–twz$c_2e_2$ | απωλετο y$c_2e_2$ | πολεμικα] επιθυμητα b$a_2c_2e_2$

**II 1** μετα ταυτα] μετ αυτα b'* | om και 2° vℭ | επερωτησαι c | εν κυριω] δια $\overline{κυ}$ b$c_2e_2$ Thdt | λεγων] λεγον v: ⟨om 71⟩ | ει] εαν v | ιουδα] της ιουδαιας b$c_2e_2$ Thdt | προς αυτον] προς δᾱδ cx: om b' | χεβρων] χευρων dp: χευρον c

**2** om και 1°—χεβρων b'dhlp | εκει] post δαυειδ $a_2$: om *b*cix $c_2e_2$𝔄ℭ𝔈 | εις χεβρων] om Acx: +και ανεβη εκει δᾱδ w | om αμφοτεραι d | αυτου] +ανεβησαν d[a] | om αχινοομ—καρμηλιου d | αχινοομ] αχινοωμ f: *Achinoam* 𝔄: αχινοεμ N: *Achinaom* 𝔈: αχειναam a(pr και a*)bcivxz$c_2e_2$: αυχιναam g: αχινοααομ M: αχιναοβ $a_2$: αχειναaβ oℭ: ⟨αχιναaν 71⟩ | om η 1° o | ισραηλειτις] ιζραηλειτις ANi: ιεζραηλειτις $c_2e_2$𝔄: ιεζδραηλιτης o | αβειγαια] αυγαια f | om η 2° $a_2$ | καρμηλιου] καρμιλιου c: καρμηλειτου Abn: ⟨καρμηλιωτου 74⟩

**3** ανδρες] +αυτου Abcox$c_2e_2$ℭ | οι μετ αυτου] *quos abduxit David* 𝔄: +ους ανηγαγεν δᾱδ Acx | om εκαστος—αυτου 2° vℭ[m] | αυτου 2°] pr ο μετ deflmp–twz | κατοικουσιν bo$c_2e_2$ | εν ταις πολεσιν] *in ciuitate* (-*tem* 𝔄-ed) 𝔄𝔖[j](uid) | χεβρων] χευρων dp: χευρον c

**4** ανδρες 1° BAa$a_2$ Thdt ½] οι αρχοντες d: pr οι MN rell Thdt ½ | της ιουδαιας] ⟨της ιουδα 98⟩: ιουδα Thdt ½ | εκει τον δᾱδ Acx𝔄 Thdt | του—ιουδα] επι τον οικον ιουδα του βασιλευειν επ αυτους A | του βασιλευειν] *regem* 𝔄-ed | βασιλευειν] βασιλευσαι y: βασιλεως m | τον οικον ιουδα] *Israel* ℭ[m] | ιουδα] pr του o | ανηγγειλαν N | τω] τον c | οτι] pr ras (3) A: om bov $c_2e_2$𝔈: +*ecce* ℭ[m] | ⟨ανδρες 2°] αρχοντες 44⟩ | ⟨ιαβης 242⟩ | γαλαειδειτιδος o | εθαψαν—(5) γαλααδειτιδος bis scr l* | om εθαψαν τον σαουλ x | εθαψαν] pr ras (2) A: pr αυτοι Nbo $c_2e_2$ | om τον 3° c | σαουλ] +και τον ιωναθαν cℭ (+*filium eius* ℭ[m])

**5** απεστειλεν—προς 1°] ειπε προς αυτους αγαγειν cx | δαυειδ] *Saul* ℭ[w]: om aℭ[m] | τους ηγουμενους] τους ηγεμονας $a_2$: ηγεμονας bo$c_2e_2$: τους κατοικουντας $b_2$ | om της γαλααδειτιδος cdx |

24 κοσμου] α' σ' τρυφης j 25 επι—τραυματιαι] θ' εις θανατον ετραυματισθης M: ο' επι τα υψη σου τραυματιας θ' το εσω j
27 πολεμικα] θ' επιθυμητα Mj: α' επιθυμητα z II 3 αυτου 1°] + ※ θ' ους ανηγαγεν δᾱδ j

(B) (A) εἶπεν πρὸς αὐτούς Εὐλογημένοι ὑμεῖς τῷ κυρίῳ, ὅτι πεποιήκατε τὸ ἔλεος τοῦ θεοῦ ἐπὶ τὸν κύριον
ὑμῶν Σαούλ, καὶ ἐθάψατε αὐτόν. [6]καὶ νῦν ποιήσαι Κύριος μεθ' ὑμῶν ἔλεος καὶ ἀλήθειαν, καί γε 6
ἐγὼ ποιήσω μεθ' ὑμῶν τὸ ἀγαθὸν τοῦτο, ὅτι ἐποιήσατε τὸ ῥῆμα τοῦτο. [7]καὶ νῦν κραταιούσθωσαν 7
§ B αἱ χεῖρες ὑμῶν καὶ γίνεσθε εἰς υἱοὺς δυνατούς, ὅτι τέθνηκεν ὁ §κύριος ὑμῶν Σαούλ, καί γε ἐμὲ
κέχρικεν ὁ οἶκος Ἰούδα ἐφ' ἑαυτὸν εἰς βασιλέα. [8]Καὶ Ἀβεννὴρ υἱὸς Νὴρ ἀρχιστράτηγος 8
τοῦ Σαοὺλ ἔλαβεν τὸν Ἰεβόσθε υἱὸν Σαοὺλ καὶ ἀνεβίβασεν αὐτὸν ἐκ τῆς παρεμβολῆς εἰς Μανάεμ,
[9]καὶ ἐβασίλευσεν αὐτὸν ἐπὶ τὴν Γαλααδεῖτιν καὶ ἐπὶ τὸν Θασειρεὶ καὶ ἐπὶ τὸν Ἰσραὴλ καὶ ἐπὶ 9
¶ B ¶ ℭ$^m$ τὸν Ἐφράιμ καὶ ἐπὶ τὸν Βενιαμεὶν καὶ ἐπὶ πάντα Ἰσραήλ. [10]τεσσεράκοντα ἐτῶν Ἰεβόσθε υἱὸς 10
§ ℭ$^c$ Σαοὺλ ὅτε ἐβασίλευσεν¶ ἐπὶ τὸν Ἰσραήλ,¶ καὶ δύο ἔτη ἐβασίλευσεν, §πλὴν τοῦ οἴκου Ἰούδα οἳ
ἦσαν ὀπίσω Δαυείδ. [11]καὶ ἐγένοντο αἱ ἡμέραι ἃς Δαυεὶδ ἐβασίλευσεν ἐν Χεβρὼν ἐπὶ τὸν οἶκον 11
Ἰούδα ἑπτὰ ἔτη καὶ ἓξ μῆνας. [12]Καὶ ἐξῆλθεν Ἀβεννὴρ υἱὸς Νὴρ καὶ οἱ παῖδες Ἰεβόσθαι 12
υἱοῦ Σαοὺλ ἐκ Μαναέιμ εἰς Γαβαώ· [13]καὶ Ἰωὰβ υἱὸς Σαρουιὰ καὶ οἱ παῖδες Δαυεὶδ ἐξήλθοσαν 13

5 ελαιος A 6 ελαιος A 7 χειρες—οτι] χε...| νες...| τους οτι...| B | γινεσθαι A
10 τεσσαρακοντα B$^{ab}$ | οται A$^{a?}$ | εβασιλευσεν... B (quae seq deficiunt nisi paucae litt ad dextr abscissi folii) | τους οικους A$^{*uid}$ (ras ς utrumque A$^?$)

(A)MNa–jl–qstv–c$_2$e$_2$𝔄ℭ$^{(cm)w}$𝔈(𝔏$^v$)

ειπεν προς αυτους] ελθοντων αυτων ειπεν αυτοις δαδ cx: +δαδ MNad–np–twyza$_2$𝔄ℭ$^m$𝔈 | ημεις g | εποιησατε MNd–mp–wy–b$_2$ | ⟨το—θεου] τουτο το ελεος 123⟩ | το ελεος] ελεον boc$_2$e$_2$: om το a$_2$ | του θεου A] om boc$_2$e$_2$ℭ$^m$: τουτο MN rell 𝔄ℭ$^w$𝔈 | υμων] ημων ce*gov*xya$_2$: om 𝔈$^a$ | σαουλ Acx] pr επι τον boc$_2$e$_2$: +τον χριστον κ̅υ̅ dh𝔄ℭ$^w$: επι σαουλ τον χ̅ν̅ κ̅υ̅ MN rell ℭ$^m$: *Israel unctum Domini* 𝔈$^a$: *Israel et super unctum Domini* 𝔈$^s$: *cum Saul uncto Domini et cum Ionathan filio eius* 𝔖$^j$ | αυτον] *eos* 𝔖$^j$: +και ιωναθαν τον υιον αυτου MNad–np–wy–b$_2$𝔄ℭ: +*et filium eius Ionathan* 𝔈

6 ποιησαι] ησαι sup ras M: ποιησει a: ποιησι g (+αται g*) | κυριος post υμων 1° a$_2$ | υμων 1°] ημων a*(uid)cgo | om ελεος—υμων 2° dp | ελεον oc$_2$e$_2$ | γε εγω] εγω δε Nboc$_2$e$_2$: om γε a | ⟨ποιησωμαι 242⟩ | υμων 2°] ημων a*(uid)c*o* | το αγαθον τουτο] τα αγαθα ταυτα MNbdefh–mo–wzb$_2$c$_2$e$_2$: ταυτα τα αγαθα g | om οτι—τουτο 2° d𝔖$^j$ | οτι] οσα N | το ρημα τουτο] τον λογον τουτον boz(mg)c$_2$e$_2$: των λογων τουτων N

7 om και 1° e* | om νυν d | γενησθαι a$_2$ | εις 1°] ως s: om g* | σαουλ ο κ̅ς̅ υμων Nbjoc$_2$e$_2$𝔖$^j$ | υμων 2°] ημων c$^{a?}$dglp | και γε] και οτι N$^a$boc$_2$e$_2$: οτι N*: om γε y | κεκρικεν y | ο 2°—εαυτον] εφ εαυτους ο οικος ιουδα N | ιουδα] δαδ a$_2$ | εφ—βασιλεα] εις βασιλεα εφ εαυτους (-των x: -τον c) Acex𝔄-ed ℭ: *regem sibi* 𝔈 | εαυτον Bya$_2$] εαυτους (-τοις bfme$_2$) M rell 𝔄-codd | om εις 2° 𝔄-codd

8 αβεννηρ] ααβεννηρ N*: αβενηρ cefgx: αβερνη a$_2$ | om υιος νηρ d | υιος] pr ο N | νιρ f | αρχιστρατηγος] pr ο demw | om του Nb–eioxc$_2$e$_2$ | ελαβεν—μαναεμ] *induxit eum in castra in Manaam Iebusthae filium Saul* ℭ$^m$ | ⟨ελαβεν—αυτον] ανεβιβασεν ιεβοσθε 44⟩ | ελαβεν] pr και oc$_2$e$_2$𝔈$^s$ | ιεβοσθε] ιεβοσθαι Afy: ιεβουσθε a$^{b?}$centvx𝔄ℭ$^w$(ex *Iebuthe*): ιεβουσθαι a*: ⟨εβοσθε 236*.242⟩: μεμφειβοσθε boc$_2$𝔖$^j$: μεμφειβος N: εισβααλ e$_2$: hab *Isbalem* 𝔏$^v$ | σαουλ 2°] pr του boc$_2$e$_2$ | om και 2°—μαναεμ a$_2$ | ανεβιβασεν] ανεβιβασαν w: διεβιβασεν Nboc$_2$e$_2$ Jos(uid): εβασιλευσεν a | εκ της παρεμβολης] εν τη παρεμβολη b$_2$: *in castra* 𝔄 | εκ] δια N | om εις μαναεμ ANbcoxc$_2$e$_2$𝔄 | μαναεμ] *Manaam* ℭ$^w$: ⟨μαενεμ 71⟩

9 την γαλααδειτιν] τον γαλααδιτην a$_2$: της γαλααδιτιδος cf*x | γαλααδειτιν] γαλααδδειτην N*: γααδιτιν A | om και 2°—ισραηλ 1° z | επι τον 1°] ι το sup ras A$^a$ | τον 1°] την ya$_2$: ⟨om 242⟩ | θασειρει] θασειρη i: θασιρρει c: θασηρρει x: θασαρει g$^{a?}$: θαρει g*: θαειρει j: θαρσιρι y: θασουρ A: ⟨θασιει 71⟩: θαλασσαν a$_2$: εσρει e$_2$: εζρει M(mg)Nboc$_2$: *Berseli* ℭ$^m$ | om και 3°—εφραιμ N | om και 3°—ισραηλ 1° ay | ισραηλ 1°] ιζραηλ nb$_2$: *Iezrael* 𝔄 | om και 4°—βενιαμειν a* | εφραιμ] εφρεμ g$^a$: εφεμ g* | om τον 4° y | βενιαμειν] βενιαμην a$^b$cgx: βενιαμειμ b$_2$: βεννιαμιν m: βεννηαμμειν N* | om και 6°—ισραηλ 2° ℭ$^m$ | παντα ισραηλ] ι̅η̅λ̅ απαντα A: παντα τον ι̅η̅λ̅ o: ⟨τον ισραηλ παντα 246⟩: τον ι̅η̅λ̅ απαντα cx

10 om τεσσερακοντα—ισραηλ y* | τεσσερακοντα ετων] pr *et* 𝔈: pr υιος Md–np–wy$^b$b$_2$: *et erat annorum quadraginta* 𝔄: ⟨υιον ετων τεσσαρακοντα 44⟩: hab *triginta* 𝔏$^v$ | ιεβοσθε] ιεβοσθαι A(ειεβ-)f: ιεβουσθε a$^b$nv𝔄ℭ$^w$(ex *Iebuthe*): ιεβουσθαι a*: ην ιεβοσθαι a$_2$ℭ$^m$: ην ιεβουσθε cx: ην μεμφειβοσθε boc$_2$𝔖$^j$: ην μεμφειβος N: ην εισβααλ e$_2$ | om υιος σαουλ n𝔈 | υιος] pr ο Na$_2$: υ̅ν̅ m | οτε] οτι A* | om τον Nboc$_2$e$_2$ | ⟨ισραηλ] +αβενηρ ο αρχιστρατηγος του πατρος αυτου 44⟩ | δυο] pr ιδου a$_2$ | εβασιλευσεν 2°] +επι ι̅η̅λ̅ N | om του h

11 εγενοντο αι ημεραι] εγενετο (+ο Nc$_2$e$_2$) αριθμος των ημερων Nboc$_2$e$_2$ | ας δαυειδ] δαδ ων o | ας] pr δαδ b$_2$*: post δαυειδ vy: ων Nbc$_2$e$_2$ | εβασιλευσεν δαδ Nbcixc$_2$e$_2$𝔄𝔈 | χεβρων] χεβρον m: χευρων dp | om τον οικον ℭ$^c$ | ετη επτα N𝔄 | μηνας εξ Nabcopxyc$_2$e$_2$𝔄 | μηνες fa$_2$

12 αβενηρ] αβεννηρ MNabdh–np–wyzb$_2$c$_2$e$_2$𝔄ℭ: αβερνη a$_2$ | υιος] pr ο f | νηρ] bis scr *b*: νιρ f | ιεβοσθαι Aa*y] οιεβοσθε g: ιεβουσθαι f: ιεβουσθε cnqvx𝔄ℭ$^w$: μεμφειβοσθε boc$_2$: μεμφειβος N: εισβαλ e$_2$: ιεβοσθε Ma$^{b?}$ rell | εκ μαναειμ] ⟨pr οτε εβασιλευσεν 64: οτε εβασιλευσε μαναεμ 244⟩: *e castris* 𝔄: εν παρεμβολη N | μαναειμ εις γαβαω] παρεμβολης βουνου boc$_2$e$_2$ | μαναειμ Aℭ] βαναεμ v: μαναε a$_2$: μαεμ e*: μαναεμ Me$^{a?}$ rell: ⟨μανεεμ 44⟩: *Menaem* 𝔈 | γαβαω A] ⟨γαβαα 246⟩: γαβαωθ a$_2$: γαβαθων n: γαβαλων v: χεβρων lqstz: χευρων dp: γαβαων M rell 𝔄ℭ𝔈: βοινου N*: βουνον N$^{a?}$

13 ιωαβ υιος] ιωναθαν Mg* | ιωβ m* | om υιος g$^b$ | σαρουια] σαρουιας y: σαρουθια N: σαρουηλ h*: ⟨αρουια 71⟩: σουριειας a$_2$ | και 2°—δαυειδ post χεβρων N(χεβρωμ N*)boc$_2$e$_2$ | εξηλθοσαν Aacxy] εξηλθεν Nboc$_2$e$_2$: εξηλθον M rell | χεβρων] χευβρων g:

6 ποιησω—τουτο 1°] σ' αμειψομαι υμας την χαριν ταυτην j
7 κραταιουσθωσαν] α' ενισχυεσθωσαν j | δυνατους] α' ευποριας σ' γενναιοι j
8 ανεβιβασεν—μαναεμ] σ' περιηγαγεν αυτον εις μαναειμ j
12 οι παιδες] α' θ' οι δουλοι j | ιεβοσθαι] ισβααλ M | εκ—γαβαω] α' εκ παρεμβολης βοινου z | μαναειμ εις γαβαω] θ' παρεμβολων βουνου j: παρεμβολης βουλη M

ἐκ Χεβρὼν καὶ συναντῶσιν αὐτοῖς ἐπὶ τὴν κρήνην τὴν ἐν Γαβαὼν ἐπὶ τὸ αὐτό, καὶ ἐκάθισαν αὐτοὶ (B) (A)
14 ἐπὶ §τὴν κρήνην τὴν Γαβαὼν ἐντεῦθεν καὶ οὗτοι ἐπὶ τὴν κρήνην ἐντεῦθεν. 14 καὶ εἶπεν Ἀβεννὴρ § B
πρὸς Ἰωάβ Ἀναστήτωσαν δὴ τὰ παιδάρια καὶ παιξάτωσαν ἐνώπιον ἡμῶν· καὶ εἶπεν Ἰωάβ
15 Ἀναστήτωσαν. 15 καὶ ἀνέστησαν καὶ παρῆλθον ἐν ἀριθμῷ τῶν παίδων Βενιαμεὶν δώδεκα τῶν
16 Ἰεβόσθε υἱοῦ Σαοὺλ καὶ δώδεκα ἐκ τῶν παίδων Δαυείδ. 16 καὶ ἐκράτησαν ἕκαστος τῇ χειρὶ τὴν
κεφαλὴν τοῦ πλησίον αὐτοῦ, καὶ μάχαιρα αὐτοῦ εἰς πλευρὰν τοῦ πλησίον αὐτοῦ, καὶ πίπτουσιν
κατὰ τὸ αὐτό· καὶ ἐκλήθη τὸ ὄνομα τοῦ τόπου ἐκείνου Μερὶς τῶν ἐπιβούλων, ἥ ἐστιν ἐν Γαβαών.
17 17 καὶ ἐγένετο ὁ πόλεμος σκληρὸς ὥστε λίαν ἐν τῇ ἡμέρᾳ ἐκείνῃ· καὶ ἔπταισεν Ἀβεννὴρ καὶ
18 ἄνδρες Ἰσραὴλ ἐνώπιον παίδων Δαυείδ. 18 καὶ ἐγένοντο ἐκεῖ τρεῖς υἱοὶ Σαρουιά, Ἰωὰβ καὶ
19 Ἀβεσσὰ καὶ Ἀσαήλ· καὶ Ἀσαὴλ κοῦφος τοῖς ποσὶν αὐτοῦ ὡσεὶ μία δορκὰς ἐν ἀγρῷ. 19 καὶ κατε-
δίωξεν Ἀσαὴλ ὀπίσω Ἀβεννήρ, καὶ οὐκ ἐξέκλινεν τοῦ πορεύεσθαι εἰς δεξιὰ οὐδὲ εἰς ἀριστερὰ
20 κατόπισθεν Ἀβεννήρ. 20 καὶ ἐπέβλεψεν Ἀβεννὴρ εἰς τὰ ὀπίσω αὐτοῦ καὶ εἶπεν Εἰ σὺ εἶ αὐτὸς
21 Ἀσαήλ; καὶ εἶπεν Ἐγώ εἰμι. 21 καὶ εἶπεν αὐτῷ Ἀβεννήρ Ἔκκλινον σὺ εἰς τὰ δεξιὰ ἢ εἰς τὰ

13 κρηνην 1°] κρ sup ras A$^{a?}$ | την κρηνην 2°] ......ην B | γαβαων 2°] γα| B
14 πεξατωσαν A (seq ras 2 litt bis scr εν in A*) 17 λειαν BA
19 εξεκλειυεν BA 21 εκκλεινον BA

(A)MNa-jl-qstv-c$_2$e$_2$𝔄ℭ$^{cw}$𝔈(𝔏$^v$)

χευρων dp | αυτοις] εαυτοις v: αυτους h*: αυτω a: αλληλοις Nboc$_2$e$_2$𝔄ℭ$^c$𝔈(uid)𝔖$^j$: om i | om την 2°—γαβαων 2° v | om την 2° Nbcdoxc$_2$e$_2$ | εν Aa$_2$] om MN rell 𝔄ℭ𝔈 | γαβαων 1°] γαβαωμ N (ω ex ο): ⟨γαβλων 64⟩: γαβαωθ a$_2$ | om επι 2°—γαβαων 2° ℭ$^c$ | επι το αυτο] επι τω αυτω c: om Nboc$_2$e$_2$𝔄 | αυτοι Aa] om q: ουτοι MN rell | επι 3°—γαβαων 2°] *ultra Gabaon* 𝔈: om Nboc$_2$ | επι την κρηνην 2° post εντευθεν 1° c$_2$ | om την 4°—κρηνην 3° cgh | την γαβαων B(uid)y𝔄ℭ$^w$] την εν γαβαωθ a$_2$: om την a: om γαβαων f*: om AMf$^{a?}$ rell | εντευθεν 1°] ενταυθα y | επι 4°—εντευθεν 2°] *illinc ultra Gabaon* 𝔈 | επι την κρηνην 3°] post εντευθεν 2° Nboc$_2$e$_2$: om xa$_2$𝔄ℭ

**14** ειπεν 1°] επι την N* | αβεννηρ] ν 1° ex corr ο$^a$: αβενηρ Acefgx: αβερνη a$_2$: ⟨δᾱδ 242⟩ | ⟨ιωαβ 1°] ιωαζ 242⟩ | αναστητωσαν 1°] αναστητω Nboc$_2$e$_2$ Thdt | om δη dge$_2$ | om τα Thdt | παιδαρια] + ενωπιον ημων oc$_2$e$_2$ | και παιξατωσαν] post ημων Thdt: om b | παιξατωσαν] παιξετωσαν da$_2$: πεζετωσαν v | ⟨om ενωπιον—(15) ανεστησαν 242⟩ | ενωπιον ημων] εμπροσθεν ημων cdvxa$_2$: om g | om και 3°—αναστητωσαν 2° f | ⟨om ιωαβ 2° 236⟩ | αναστητωσαν 2°] αναστητω boc$_2$e$_2$: αναστησονται y

**15** και ανεστησαν] και παρεστησαν p: om Nd | παρηλθον] παρηλθεν N: παρηλθοσαν y | om εν dlp-t | των 1°—δωδεκα 1°] δωδεκα των υιων (ex παιδων uid *b*) βενιαμειν Nboc$_2$e$_2$: ⟨δωδεκα των παιδων δᾱδ 98⟩ | παιδων 1°] ⟨post βενιαμειν 64⟩: παιδαριων a | βενιαμειν] βενιαμην cx: βαινιαμην g: βενιαμειμ b$_2$ | om δωδεκα 1°—σαουλ 𝔈 | δωδεκα 1° post σαουλ cx | των 2°] pr και v𝔄-ed: τω gi: του boc$_2$e$_2$: om N: + υιων efmw | ιεβοσθε] ιεβοσθαι A(ειεβ·)a*fy: ιεβουσθε cenvx𝔄ℭ: ιεφοσθε g: μεμφειβοσθε boc$_2$𝔖$^j$: μεμφειβος N (μεμ ext lin N$^b$, β ex μ, ο ex ω): εισβααλ e$_2$ | υιου] υι ex θυγα N: υιω b$_2$ | om και 3° a$_2$ | εκ] sup ras A$^?$: om Nbdefjlmo-twzc$_2$e$_2$ | των 3°] του N*

**16** εκρατησαν BANboyc$_2$𝔄𝔈] εκρατησεν M rell ℭ𝔖$^j$ | om τη χειρι Nℭ𝔈 | χειρι την κεφαλην] κεφαλη της χειρος d | της κεφαλης Nboz$^{a?}$c$_2$e$_2$ | om και 2°—αυτου 3° a$_2$ | μαχαιρα] pr η N(ex corr)bdlopzc$_2$e$_2$: ⟨ενεπηξε μαχαιραν 98⟩ | αυτου 2°] ⟨αυτοις 74⟩: om 𝔄-ed | πλευραν] pr την boc$_2$e$_2$: πλαγιον A: κεφαλην N | του πλησιον 2°] post αυτου 3° N: om e$_2$ | πιπτουσιν—αυτο] *ibi cadebant et moriebantur* 𝔄 | πιπτουσιν] πιπτουσαν v: ⟨πιπτουσα 44⟩: τυπτουσι cx: επιπιπτουσιν jyz | κατα] επι Ni | hab και 4°—γαβαων 𝔏$^v$ | επεκληθη bjob$_2$c$_2$e$_2$ | το 2°—εκεινου] *nomen loci ipsius* 𝔏: τω τοπω εκεινω (-νη o) Nboc$_2$e$_2$ | του 3°] αυτου g*: om f | μερις] pr η v: μερισμος cx | επιβουλιων cx | εν] *ex* 𝔏: om ac gx | γαβαων] γαβαω ps: γαβαωθ a$_2$: γαβλων e$_2$: ταβαων o

**17** om ο N | σκληρος] σκληρως N*: om cxa$_2$ | ωστε λιαν] εις τελιαν b′: om 𝔈: om ωστε Ni | om εν—εκεινη cx | επταισεν] επαισεν b′: επεσεν Ngpsa$_2$: επεσον d𝔈: επεσαν οι εξ cx | αβεννηρ] non liquet c: αβενηρ fgsx: ανηρ e: ανηρ αβερνη a$_2$: *Beniamin* 𝔈 | om και 3° cx𝔈$^s$ | ανδρες] pr οι Nbozc$_2$e$_2$: om 𝔈$^a$ | παιδων] pr των ANbcoxzc$_2$e$_2$: om t*

**18** εγενοντο εκει] *ibi erant* 𝔄 | εγενετο Mgmy* | υιοι] pr οι a: υιους o | σαρουια] σαρουιας Ab$_2$: σερουια c: σαρουηλ h*: σουριει a$_2$ | ⟨om και 2° 44·71⟩ | αβεσσα] αβεσα egq*: *Abisa* ℭ𝔈: αβισαι A: αμεσσα c: αμεσα x | ασαηλ 1°] η ex ου w$^a$: sup ras j$^a$: ασσαηλ boc$_2$e$_2$ | om και ασαηλ 2° Aacgjxa$_2$ | ασαηλ 2°] ο ασσαηλ boc$_2$e$_2$: ην ασσαηλ N (ην ex corr) | om αυτου Nboc$_2$e$_2$𝔄 | ωσει] ως η Aag: ως Nc: + και deflmp-tz | hab δορκας εν αγρω 𝔏$^v$ | δορκας] *ex capreolis qui sunt* 𝔏 | εν αγρω] pr των Nbiozc$_2$e$_2$: om ℭ$^c$

**19** κατεδιωξεν] post ασαηλ N: κατεδιωξαν c*: κατεδιωκεν e*(uid) | ασαηλ] post αβεννηρ 1° cx(αβενηρ): ασσαηλ c$_2$e$_2$: ο ασσαηλ bo: om dlp-tz | αβεννηρ 1°] αβενηρ N$^{a?}$aefg: βενηρ N*: αβερνηρ a$_2$ | om και 2°—αβεννηρ 2° N | om του bfoc$_2$e$_2$ | πορευθηναι Mc-mp-xzb$_2$ | om εις 1° y | δεξια] pr τα AMbdmo-twzb$_2$c$_2$e$_2$ | ουδε] η acdxyℭ | om εις 2° y | αριστερα] pr τα Abdefh-mo-wzc$_2$e$_2$ | κατοπισθεν] pr και x: απο οπισθεν bo c$_2$e$_2$𝔄𝔈 | αβεννηρ 2°] αβενηρ cefgx: αβερνηρ a$_2$

**20** επεβλεψεν] επεβλεπεν a: επεστρεψεν sℭ: hab επιστραφεντος Jos | αβεννηρ] post οπισω d: αβενηρ cefgx: αβερνηρ a$_2$ | εις τα οπισω] κατοπισθεν a: om εις τα Nboyc$_2$e$_2$ | om αυτου dℭ$^w$ | και 2°—ασαηλ bis scr m* | om ει 1° by | ει 2°] η N*: om Acfnx | om αυτος 𝔄ℭ𝔖$^j$ | ασαηλ] ασσαηλ Nboc$_2$e$_2$: ασσιηλ b′ | ειπεν 2°] + αυτω Aacx𝔈(uid)

**21** om αυτω N | αβεννηρ] βεννηρ b′*: αβενηρ cefgx: αβερνηρ a$_2$ | εκκλινων N* | om συ ℭ𝔈 | om τα 1° Aa | δεξια] ι sup ras A$^{a?}$ | om η N* | ⟨om εις 2° 44⟩ | om τα 2°

13 κρηνην 1°] α′ θ′ κολυμβηθρας j | επι το αυτο] α′ σ′ ομου j | κρηνην 3°] α′ θ′ κολυμβηθρας z
16 και 2°] + ※ σ′ ενεπηξαν j | κατα το αυτο] α′ σ′ ομου j | μερις των επιβουλων] α′ σ′ κληρος των στερεων jz
17 ωστε λιαν] α′ σ′ εως σφοδρα j | επταισεν] σ′ ετροπωθη jz
19 εξεκλινεν] σ′ παρηλασεν j 20 ει 1°] α′ σ′ μη j

B ἀριστερά, καὶ κάτασχε σαυτῷ ἓν τῶν παιδαρίων καὶ λάβε σεαυτῷ τὴν πανοπλίαν αὐτοῦ· καὶ
οὐκ ἠθέλησεν Ἀσαὴλ ἐκκλῖναι ἐκ τῶν ὄπισθεν αὐτοῦ. [22]καὶ προσέθετο ἔτι Ἀβεννὴρ λέγων τῷ 22
Ἀσαὴλ Ἀπόστηθι ἀπ' ἐμοῦ, ἵνα μὴ πατάξω σε εἰς τὴν γῆν· καὶ πῶς ἀρῶ τὸ πρόσωπόν μου πρὸς
Ἰωάβ; [23]καὶ ποῦ ἐστιν ταῦτα; ἐπίστρεφε πρὸς Ἰωὰβ τὸν ἀδελφόν σου· [(23)]καὶ οὐκ ἐβούλετο 23
τοῦ ἀποστῆναι. καὶ τύπτει αὐτὸν Ἀβεννὴρ ἐν τῷ ὀπίσω τοῦ δόρατος ἐπὶ τὴν ψόαν, καὶ διεξῆλθεν
τὸ δόρυ ἐκ τῶν ὀπίσω αὐτοῦ, καὶ πίπτει ἐκεῖ καὶ ἀποθνήσκει ὑποκάτω αὐτοῦ· καὶ ἐγένετο πᾶς ὁ
ἐρχόμενος ἕως τοῦ τόπου οὗ ἔπεσεν ἐκεῖ Ἀσαὴλ καὶ ἀπέθανεν, καὶ ὑφίστατο. [24]καὶ κατεδίωξεν 24
Ἰωὰβ καὶ Ἀβεσσὰ ὀπίσω Ἀβεννήρ· καὶ ὁ ἥλιος ἔδυνεν, καὶ αὐτοὶ εἰσῆλθον ἕως τοῦ βουνοῦ
Ἀμμάν, ὅ ἐστιν ἐπὶ προσώπου Γαί, ὁδὸν ἔρημον Γαβαών. [25]καὶ συναθροίζονται υἱοὶ Βενιαμεὶν 25
οἱ ὀπίσω Ἀβεννὴρ καὶ ἐγενήθησαν εἰς συνάντησιν μίαν, καὶ ἔστησαν ἐπὶ κεφαλὴν βουνοῦ ἑνός.
[26]καὶ ἐκάλεσεν Ἀβεννὴρ Ἰωὰβ καὶ εἶπεν Μὴ εἰς νῖκος καταφάγεται ἡ ῥομφαία; ἢ οὐκ οἶδας ὅτι 26
πικρὰ ἔσται εἰς τὰ ἔσχατα; καὶ ἕως πότε οὐ μὴ εἴπῃς τῷ λαῷ ἀναστρέφειν ἀπὸ ὄπισθεν τῶν
ἀδελφῶν ἡμῶν; [27]καὶ εἶπεν Ἰωάβ Ζῇ Κύριος, ὅτι εἰ μὴ ἐλάλησας, διότι τότε ἐκ πρωίθεν ἀνέβη 27
ὁ λαὸς ἕκαστος κατόπισθεν τοῦ ἀδελφοῦ αὐτοῦ. [28]καὶ ἐσάλπισεν Ἰωὰβ τῇ σάλπιγγι, καὶ ἀπέ- 28

21 κατασχε] α 2° sup ras B[?] | εκκλειναι B | οπσθεν A 22 αποστηθει A 23 πειπτει B | υφειστατο B 26 νεικος B | ουκ] οικ A* 27 πρωεισθαιν A 28 σαλπιγγει A

AMNa-jl-qstv-$c_2e_2$𝔄ℭ[cw]𝔈(𝔏[v])

$aia_2$ | κατασχε] κατασχες $ANo^ac_2$: κατεχε cx: + ras (1—2) a | σαυτω B] σεαυτω AMNa (σε sup ras) rell | εν] εκ a | των 1° ras c[a?] | σεαυτω] αυτω i: επι σεαυτου cx: om a | om και 4°—αυτου 2° $ia_2$ | om ασαηλ—αυτου 2° d | ασαηλ εκκλεινειν (-νειν ex -νεν) εκ τ sup ras A[s] | ασσαηλ $Nboc_2e_2$ | εκκλιναι] εκκλινειν N (ει ex corr) | εκ] απο $Nboc_2e_2$ | om των 2° Ng*(uid)$oc_2$

22 ⟨προσεθετο—ασαηλ] ειπεν αυτω αβενηρ 71: ειπεν αβεννηρ 44⟩ | ετι] τ ex π p[a]: post αβεννηρ $Nboa_2$(αβερνηρ)$c_2$: om cx ℭ𝔈[s] | αβενηρ cefgqx | λεγων] ειπειν $boc_2e_2$𝔄(uid): και ειπεν N | om τω ασαηλ d | om τω c | ασαηλ] ασηλ x*(uid): ασσαηλ $Nboc_2e_2$ | αποστηθι] αποστρεφε συ N: + συ $boc_2e_2$ | ⟨εις] επι 64.244⟩ | προς] επι $cxa_2$: om a* | ιωαβ] + τον αδελφον σου $bzc_2e_2$ℭ Thdt

23 και 1°—σου] sub ÷ $c_2$: om ℭ[c] | om και 1°—ιωαβ Nb' gio | om και 1°—ταυτα d | επιστρεφε] ⟨επιστρεφου 64⟩: αποστρεφε A | om προς—σου d | σου] μου n | εβουλετο] + ασσαηλ Nb: + ο ασσαηλ $oc_2e_2$: + ο ασαηλ z | του 1°] αυτου j: om Nb $cgoxa_2c_2e_2$ | τυπτη $a_2$ | αβεννηρ] pr ο $boc_2e_2$: αβενηρ cefgx: αβερνηρ $a_2$ | hab εν—αυτου 1° 𝔏[v] | εν—ψοαν] *de cuspide a facie in inguine* 𝔏 | εν—δορατος] *hasta* 𝔄 | εν τω] εις τα $a_2$ | οπισω 1°] οπισθιω Mad-mp-$vzb_2$ | δορατος] + αυτου y | επι] εις $a_2$ | om την o* | ψοαν] ψοιαν Aa(ι sup ras)e: ψυαν MNbfgh jmnoq-$wzb_2c_2e_2$: ψυιαν dlp | εξηλθεν Aacx | εκ των οπισω] *in posteriora* 𝔏 | ⟨οπισω 2°] οπισθιων 71⟩ | om και 5°—αυτου 2° ℭ[w] | πιπτη N* | om εκει 1° d | και αποθνησκει] και αποθνησκη c: om $a_2$ | εγενετο] *fiebat* 𝔄: om ⟨44⟩ ℭ | εως] εκ dlpqtz(txt) | επεπεσεν i | om εκει 2° $Nboc_2e_2$ | ασσαηλ Nbo $c_2e_2$ | om και υφιστατο Nd | υφιστατο] υ ex corr *b*: ηφιστατο b': αφιστατο Me-mp-$wzb_2e_2$: εφιστατο $c_2$: εφισταντο o

24 κατεδιωξαν iv𝔄ℭ𝔈 | ιωαβ] ιωβ t: ιωβαβ o: ⟨ιωας 242⟩ | om και 2° m | αβεσσα] αβεσα Ncegx: *Abisa* ℭ𝔈: αβισαι A | αβεννηρ] αβενηρ cefgimx: αβερνη $a_2$ | ο ηλιος] post εδυνεν a𝔈: om ο $oc_2e_2$ | εδυνεν] εδυσεν g: εδυ $a_2$: *occidit* 𝔄 | εισηλθον] εισηλθοσαν y: ηλθον Md-hlmnp-$wzb_2$ | αμμαν $Bjya_2$𝔄ℭ[w]] *Ammon* 𝔈: αμμα AxOn: αμμαθ o: αμα c: εμμαμ N: εμμα v: εμμαθ $bc_2e_2$: εματ egm: ναιμαν aℭ[c]: εμματ M rell | ο εστιν] το εστιν v: εως την cx: του $Nboc_2e_2$ | επι προσωπου] επι προσωπον chsyz: κατα προσωπον $Nboc_2e_2$ | γαι] γαδ d: γαγ e(uid) flmp-twz*: γαγον v: γεθ iℭ[c]: γιεζ $boc_2e_2$: γηεζ N | οδον] της οδου $Nboc_2e_2$ | ερημον γαβαων] του σπηλαιου του βουνου Nbo(om του βουνου)$c_2e_2$: + του σπηλαιου του βουνου g

25 συναθροιζωνται N*g | υιοι] pr οι befi-$mqstwxzb_2c_2$ | βενιαμειν] βενιαμην cx: βαινιαμειν g: βενιαμειμ $b_2$: βεννειαμειν N*w | οι BAcixy𝔈] om MN rell 𝔄 | αβεννηρ] αβενηρ cefgwx: αβερνηρ $a_2$ | om και 2°—μιαν 𝔄 | εγενηθησαν—μιαν] εγενετο η συναγωγη η μια N | εγενηθησαν] εγεννηθησαν l: εγενοντο $boc_2e_2$ | συναντησιν] συναγωγην bgoz(mg)$c_2e_2$ | om μιαν y | εστησαν] εσωσαν l | κεφαλην] ⟨κορυφην 123⟩: om 𝔄

26 αβεννηρ] αβενηρ cefgx: αβερνηρ $a_2$ | ιωαβ $BAaya_2$] pr την m: om e*: pr τον MNe[a?] rell | hab μη 1°—εσχατα 𝔏[v] | εις νικος] *in perpetuum* 𝔏: *in finem* 𝔄: ܠܙܟܘܬܐ 𝔖-ap-Barh (𝔖[m]𝔖[j]) | νικος] ν corr ex uel in μ s: μηκος e | καταφαγει $a_2$ | η ρομφαια] om cx: om η A | om η 2° $Naboc_2e_2$ℭ[c]𝔈[s] Thdt | οιδες A | πικρα] πικραν c: μικρα $e_2$ | om εσται Thdt | εις τα εσχατα] *in nouissimis eius* 𝔏 | εις 2°] προς cx: ⟨και 98⟩: om $aboc_2e_2$𝔄𝔈 Thdt | om και 3° 𝔄𝔈 | om ου cx | αναστρεφειν $Bacxa_2$] αναστρεφε y: αποστρεφειν $boc_2e_2$ Thdt: αποστραφηναι MNg-$jnvb_2$: επιστρεφειν A: αποστηναι rell: ⟨απωσθηναι 242⟩ | om απο e | οπισθεν] pr των cx | ημων] αυτων $bgoa_2c_2e_2$𝔄ℭ𝔈 Thdt

27 οτι] post μη a: om defhlmp-twz | ⟨ελαλη 242⟩ | διοτι—πρωιθεν] οτι ετι $oc_2e_2$: ετι b | τοτε] ετι h: om $ya_2$ | ⟨om εκ 236⟩ | ανεβη $BAco^*xya_2$] pr αν $e_2$: ⟨ανεβησαν 71⟩: + αν $MNo^a$ rell | λαος] + απο πρωιθεν $boc_2e_2$ | εκαστος] om y: ⟨+ διωκων 98⟩

28 ⟨εσαλπικεν 74⟩ | τη σαλπιγγι ιωαβ ⟨64⟩ 𝔈 | απεστησαν]

21 εκ—αυτου 2°] σ' ακολουθων αυτω j
23 επι την ψοαν] α' προς τον ενοπλισμον j | υποκατω] επι του τοπου j
24 εως—αμμαν] εως του σπηλαιου του βουνου *b* | βουνου] σ' ναπης j | αμμαν—γαβαων] του κατα προσωπον σ' γιεζ της οδου αυτου σπηλαιου θ' του βουνου z | αμμαν] α' υδραγωγου M: θ' υδραγωγου j | γαι] α' σ' φαραγγος M: σ' θ' φαραγγος jz | ερημον γαβαων] α' της αβ του σπηλαιου του βουνου M: σ' σπηλαιου θ' βουνου j
25 συναντησιν] σ' συστροφην α' δεσμην jz
26 εις νικος] εως εσχατου j
27 εκαστος] + ※ σ' διωκων j

στησαν πᾶς ὁ λαὸς καὶ οὐ κατεδίωξαν ὀπίσω τοῦ Ἰσραήλ, καὶ οὐ προσέθεντο ἔτι τοῦ πολεμεῖν. B
29 [29]καὶ Ἀβεννὴρ καὶ οἱ ἄνδρες αὐτοῦ ἀπῆλθον εἰς δυσμὰς ὅλην τὴν νύκτα ἐκείνην, καὶ §διέβαινον § 𝔏$^m$
τὸν Ἰορδάνην καὶ ἐπορεύθησαν ὅλην τὴν παρατείνουσαν, καὶ ἔρχονται εἰς τὴν παρεμβολήν.
30 [30]καὶ Ἰωὰβ ἀνέστρεψεν ὄπισθεν ἀπὸ τοῦ Ἀβεννὴρ καὶ συνήθροισεν πάντα τὸν λαόν, καὶ ἐπεσκέ-
31 πησαν τῶν παίδων Δαυεὶδ ἐννέα καὶ δέκα ἄνδρες καὶ Ἀσαήλ. [31]καὶ οἱ παῖδες Δαυεὶδ ἐπάταξαν
32 τῶν υἱῶν Βενιαμεὶν τῶν ἀνδρῶν Ἀβεννὴρ τριακοσίους ἑξήκοντα ἄνδρας παρ' αὐτοῦ. [32]καὶ
αἴρουσιν τὸν Ἀσαὴλ καὶ θάπτουσιν αὐτὸν ἐν τῷ τάφῳ τοῦ πατρὸς αὐτοῦ ἐν Βαιθλέεμ· καὶ
ἐπορεύθη Ἰωὰβ καὶ οἱ ἄνδρες οἱ μετ' αὐτοῦ ὅλην τὴν νύκτα, καὶ διέφαυσεν αὐτοῖς ἐν Χεβρών.
III 1 [1]Καὶ ἐγένετο ὁ πόλεμος ἐπὶ πολὺ ἀνὰ μέσον τοῦ οἴκου Σαοὺλ καὶ ἀνὰ μέσον τοῦ οἴκου
Δαυείδ· καὶ ὁ οἶκος Δαυεὶδ ἐπορεύετο καὶ ἐκραταιοῦτο, καὶ ὁ οἶκος Σαοὺλ ἐπορεύετο καὶ
2 ἠσθένει. [2]Καὶ ἐτέχθησαν τῷ Δαυεὶδ υἱοὶ ἐν Χεβρών, καὶ ἦν ὁ πρωτότοκος αὐτοῦ Ἀμνὼν
3 τῆς Ἀχεινόομ τῆς Ἰσραηλίτιδος, [3]καὶ ὁ δεύτερος αὐτοῦ Δαλουιὰ τῆς Ἀβειγαίας τῆς Καρμηλίας,
4 καὶ ὁ τρίτος Ἀβεσσαλὼμ υἱὸς Μααχὰ θυγατρὸς Θομμεὶ βασιλέως Γεσείρ, [4]καὶ ὁ τέταρτος

29 νυκταν A | παρατινουσαν A 30 επεσκοπησαν B | εννηα A 32 ερουσιν A III 1 πολλυ A

AMNa-jl-qstv-c$_2$e$_2$𝔄(ℭ$^{cw}$𝔈(𝔏$^{mv}$)

απεστησε bo: απεστη a: εστησαν MNdg-lnp-twzb$_2$: εστη v | και ου κατεδιωξαν] του μη καταδιωκειν cx | κατεδιωξαν] pr *ultro* 𝔄: κατεδιωκεν ουκετι (ετι b') boc$_2$e$_2$: + ετι N𝔈 | οπισω του ισραηλ] *post semet ipsos* ℭ$^c$ | οπισω] κατοπισθεν boc$_2$e$_2$ | om του 1° dy | ισραηλ] δᾱδ a$_2$: ⟨αβεννηρ 236.242⟩ | om και 4°—πολεμειν ℭ$^c$ | προσεθετο gjm*pye$_2$ | om του 2° ba$_2$b$_2$c$_2$ | ⟨πολεμησαι 71⟩

29 αβεννηρ] ⟨pr ελαβεν 64⟩: αβενηρ cefgwx: αβερνηρ a$_2$: + υιος νηρ h | οι ανδρες] ο λαος cx | απηλθον] pr και w | εις δυσμας] *ad orientem* 𝔄 | om ολην 1° ℭ | διεβαιναν Bya$_2$] διεβησαν bnoc$_2$e$_2$𝔄𝔈𝔏: διεβαινον AMN rell | ιωρδανην m | hab και 4°—(30) αβεννηρ 𝔏$^v$ | την παρατεινουσαν] *praetenturam* 𝔏: *desertum* 𝔄(mg) | ερχονται] *uenerunt* 𝔏 | om την 3° Abco xc$_2$e$_2$ | παρεμβολην] παρεμβολας μαδιαμ boc$_2$e$_2$: hab τας παρεμβολας Jos: + μαδιαμ gz𝔏$^m$: + *Madian* 𝔏$^v$

30 ανεστρεψεν] ανεστρεφεν a$_2$: απεστρεψεν Acdfjnx: ανεστη N | οπισθεν απο] pr απο x: απο οπισθεν c𝔈𝔏: απο οπισω A: om οπισθεν boc$_2$e$_2$𝔄ℭ: om απο pa$_2$ | om του defhlmp-twz | αβεννηρ] αβενηρ acefgx: *Abner* 𝔏$^v$: αβερνειρ a$_2$ | συνηθροισαν Avℭ$^w$𝔏 | επεσκεπησαν των παιδων] *uisi sunt a pueris* 𝔏 | παιδων] υιων y | δαυειδ] + οι πεπτωκοτες boy$^b$z(mg)c$_2$e$_2$𝔄𝔈𝔖$^j$ | εννεα και δεκα] ιθ' d: *decem et nouem* 𝔈𝔏 | ανδρες] ανδρας y*: *pueris* 𝔏: ⟨om 44⟩ | ασαηλ] ασηλ n: ασσαηλ boc$_2$e$_2$: ⟨αζαηλ 98⟩: + *mortui* ℭ$^w$: + *inuenti sunt mortui* ℭ$^c$

31 ⟨om των υιων βενιαμειν 44⟩ | των υιων] pr εκ cx: τον υιων m: τον υιον a | βενιαμειν] βενιαμην cx: βενιαμειμ b$_2$: βεννιαμιν m | om των ανδρων αβεννηρ a$_2$𝔏 | των ανδρων] pr εκ z: pr *et* 𝔄ℭ$^c$: εκ του λαου boc$_2$e$_2$ | αβενηρ cefgx | ⟨τριακοσιους εξηκοντα ανδρας] ανδρας τριακοσιους εξ 44⟩ | τριακοσιους] pr *in* 𝔏(uid) | εξηκοντα] pr και MNbe-hj-oqstwzb$_2$c$_2$e$_2$𝔄𝔈$^s$: ϛ' d: και εξ p: *et triginta* 𝔈$^a$: om ℭ | om ανδρας efmsw | παρ αυτου] παρ αυτα a$_2$: om bozc$_2$e$_2$𝔄

32 αιρουσιν] αρουσι w: *sustulerunt* 𝔏 | ασαηλ] ασσαηλ bc$_2$e$_2$: σαουλ a$_2$ | θαπτουσιν] *sepelierunt* 𝔏 | om αυτον c$_2$ | εν τω ταφω] εις τον ταφον v: om τω o | εν 2°] pr τω *b*o: pr του b'c$_2$: om A | βαιθλεεμ BMh*lqs$^a$t] βεθλεεμ z: βιθλεεμ g: βηθλεεμ ANa(η ex corr)h$^b$s* rell ℭ$^w$: *Bethlē* 𝔏 | επορευθησαν boc$_2$e$_2$𝔄ℭ$^c$𝔏 | ιωαβ—αυτου 2° post νυκτα Aboc$_2$e$_2$𝔏 | ιωαβ] ..κωβ c | ⟨om οι 1° 236⟩ | ανδρες] + *omnes* ℭ$^c$ | οι μετ BAaiy𝔄-codd ℭ𝔈] αυτου μετ a$_2$: om MN rell 𝔄-ed 𝔏 | om ολην την νυκτα 𝔄 | διεφαυσεν] διεφθασεν dp: διεφωσθη oc$_2$e$_2$: διεφωτισθη b | αυτοις] αυτους g | εν 3°] εις eflnqstwz | χεβρων] χεβρον m: χευβρων g: χευρων dp

III 1 εγενετο] *erat* 𝔄 | ο 1°—πολυ] *pugna magna* 𝔏 | om ο 1° boc$_2$e$_2$𝔈(uid) | om του οικου 1° c | om σαουλ 1°—οικου 2° dlp | ⟨om ανα 2°—οικου 2° 44⟩ | δαυειδ 1°—(5) χεβρων mutila in 𝔏$^m$ | δαυειδ 1°] ιουδα z | και 3°—εκραταιουτο post ησθενει Cyr | om ο οικος 1° o𝔏 | ⟨και ο 2°] ο δε 44⟩ | σαουλ 2° sup ras j$^a$ | om επορευετο και 2° ga$_2$

2 υιοι εν χεβρων] pr εξ c(χευρων)x: υιοι εξ εν χεβρων Mjnb$_2$: οι υιοι εξ εν χευρων g: εν χεβρων (+ οι e$_2$) υιοι εξ boc$_2$e$_2$: + εξ deflmp-twy$^b$z (χευρων dp): hab εξ Jos | και ην] om 𝔄-ed: om ην 𝔈 | om ο defhlmp-tw | αυτου] αυτω n: αυτων f | αμνων] αμμων b'*b**𝔄-ed Anon$^1$: .*mon* 𝔏 | της 1°—ισραηλιτιδος] *ex Achin.....trahe..tide* 𝔏 | της 1°] pr της αβιγαιας v: om a | αχεινοομ] αχινοωμ N$^{a?}$f: αχινοαμ M: *Achinaom* 𝔈: αχιναομ Abgozc$_2$e$_2$: αχιναοβ a$_2$$^{a?}$ℭ: αχιναας avx: hab αχινας Jos-ed: αχααβ a$_2$*: χαναας c: *Achima* Anon$^1$ | ισραηλιτιδος] ισραιλιτιδος b': ιζραηλιτιδος AN: ιεζραηλειτιδος c$_2$e$_2$𝔄: ιεζδραηλειτιδος o

3 αυτω d | δαλουια] pr *Chaleb* ℭ$^w$: δαλοια d: δαλουιδ N: ⟨δουλαια 246⟩: *Dauia* 𝔄: αβια z$^{a?}$: *Chaleb* ℭ$^c$ Anon$^1$ | της αβειγαιας] τη αβιγαια Ndefhj-npq$^{a?}$twz*b$_2$: τη αμιγαια s: τη α q*: om cvx | αβειγαιας] αβιγεας a$_2$: αβιγαια A | της καρμηλιας] της καρμιλειας g: τη καρμηλια defhj-np-twz*b$_2$: ⟨τη καρμελια 98⟩: *mulieris Nabal Carmelitae* ℭ: om N | αβεσσαλωμ] αβεσσαλων x Anon$^1$: αβεσαλωμ *b*ceglswz*: ....*lon* 𝔏 | μααχα] *Maach* 𝔈: μοοχα f(uid)h*ijlm(uid)npqs(uid)tb$_2$: μοσχα MNdegw (σ ex o uid): μαοχ av(uid): μααχαθ A | θομμει B𝔈] θομνει yℭ$^w$: θοομμειν a$_2$: θοβμει c$_2$: θοαμει e$_2$: θελμι efmsw: θολβει cx: θωμωβ v: θολμει AMN rell 𝔄: *Thlom..* 𝔏: hab θολομαιου Jos: ⟨θαλμι 123⟩: *Ethom* ℭ$^c$ | γεσειρ Bach$^{b?}$xℭ] γεεσειρ c$_2$(uid): ⟨γεσηρ 71⟩: γεσσιρ Aijoyb$_2$c$_2$: γεεσσειρ a$_2$: γεεσσηρ b: [illegible] 𝔖$^{j\,mg}$(uid): *Geserim* 𝔈$^s$: *Geseram* 𝔈$^a$: *Gezir* 𝔏: γεσουρ eg(σ ex corr)h*𝔄: ασειρ v: γεσσουρ MN rell: ⟨γευσσουρ 242⟩

4 τεταρταιος A | ορνειλ B] ορνιας Acx Anon$^1$: ..*nias* 𝔏:

28 κατεδιωξαν] + ※ ετι j
29 εις δυσμας] α' θ' εν ομαλη jz(om θ'): σ' δια της πεδιαδος j | παρατεινουσαν] α' βεθωρων j | την παρεμβολην] σ' μαναιμ jz
30 επεσκεπησαν] σ' διαπεφωνηκασιν j III 1 επι πολυ] σ' μακρος j | ησθενει] σ' ηλαττουτο α' αραιουμενος j
3 δαλουια] λ̥ αβια j | θομμει] ιθαμιλ z

B Ὀρνεὶλ υἱὸς Φεγγείθ, καὶ ὁ πέμπτος Σαβατειὰ τῆς Ἀβειτάλ, [5]καὶ ὁ ἕκτος Ἰεθεραὰμ τῆς Αἰγὰλ 5
¶ $𝔏^m$ γυναικὸς Δαυείδ· οὗτοι ἐτέχθησαν τῷ Δαυεὶδ ἐν Χεβρών.¶ [6]Καὶ ἐγένετο ἐν τῷ εἶναι τὸν 6
πόλεμον ἀνὰ μέσον τοῦ οἴκου Σαοὺλ καὶ ἀνὰ μέσον τοῦ οἴκου Δαυείδ, καὶ Ἀβεννὴρ ἦν κρατῶν
τοῦ οἴκου Σαούλ. [7]καὶ τῷ Σαοὺλ παλλακὴ Ῥεσφὰ θυγάτηρ Ἰάλ· καὶ εἶπεν Μεμφιβόσθε υἱὸς 7
Σαοὺλ πρὸς Ἀβεννήρ Τί ὅτι εἰσῆλθες πρὸς τὴν παλλακὴν τοῦ πατρός μου; [8]καὶ ἐθυμώθη 8
σφόδρα Ἀβεννὴρ περὶ τοῦ λόγου Μεμφιβόσθε καὶ εἶπεν Ἀβεννὴρ πρὸς αὐτόν Μὴ κεφαλὴ κυνὸς
ἐγώ εἰμι; ἐποίησα ἔλεος σήμερον μετὰ τοῦ οἴκου Σαοὺλ τοῦ πατρός σου καὶ περὶ ἀδελφῶν καὶ
γνωρίμων, καὶ οὐκ ηὐτομόλησα εἰς τὸν οἶκον Δαυείδ· καὶ ἐπιζητεῖς ἐπ' ἐμὲ ὑπὲρ ἀδικίας γυναικὸς
σήμερον; [9]τάδε ποιήσαι ὁ θεὸς τῷ Ἀβεννὴρ καὶ τάδε προσθείη αὐτῷ, ὅτι καθὼς ὤμοσεν Κύριος 9
τῷ Δαυείδ, ὅτι οὕτως ποιήσω αὐτῷ ἐν τῇ ἡμέρᾳ ταύτῃ· [10]περιελεῖν τὴν βασιλείαν ἀπὸ τοῦ οἴκου 10
Σαούλ, καὶ τοῦ ἀναστῆσαι τὸν θρόνον Δαυεὶδ ἐπὶ Ἰσραὴλ καὶ ἐπὶ τὸν Ἰούδαν ἀπὸ Δὰν ἕως
Βηρσάβεε. [11]καὶ οὐκ ἠδυνάσθη ἔτι Μεμφιβόσθε ἀποκριθῆναι τῷ Ἀβεννὴρ ῥῆμα ἀπὸ τοῦ 11

4 αβιταλ A    7 ιαλ (uel forte ιαα) $B^*$] ιοδ uel forte ιολ $B^?$
8 ελαιος A | γνωριμων] pr περι $B^{ab}$ (suprascr)    11 εδυνασθη A

AMNa–jl–qstv–$c_2e_2$𝔄$ℭ^{cw}$𝔈($𝔏^{mv}$)

om $ι^*$: ορνεια $MNt^a$ rell $ℭ^w𝔖^j$: αρνια ⟨71 uid⟩𝔈: *Adonia* 𝔄: *Adonias* $ℭ^c$: hab αδωνιαν Jos | φεγγειθ] φενγιθ A: *Fegeth* ℭ: *Afege* 𝔈: αγγειθ MNbdghj–$twzb_2c_2e_2$𝔄: αγγηθ fi: αγιθ e: *Agal* $Anon^1$(uid): *A*..... 𝔏 | σαβατεια Bay] σαβατιλ $a_2$: σαββατια v: [Syriac] $𝔖^j$: σαφατειας $boc_2e_2$ Jos(uid): σαφατια MN rell 𝔄: σαφαθια A: ⟨σαλφατια 74⟩: *Sap*..... 𝔏: *Abatia* 𝔈: ⟨αφατια 71⟩: *Aphatias* $Anon^1$: *Falias* $ℭ^w$: *Fallias* $ℭ^c$ | hab αβειταλ $𝔏^v$ | αβειταλ] αβειταaλ $bh^boe_2𝔖^j$: *Abitam* $𝔏^{v(?)}$: *Abit*.. $𝔏^m$: αβιγαλ y: *Abegal* 𝔈: αβεγγααλη $c_2$: αφιταλ cx: *Amital* 𝔄-ed: *Amelat* 𝔄-codd

5 om ο εκτος ιεθεραaμ $ℭ^c$ | ιεθεραaμ Bacvxy𝔈] ιεθεραμ $a_2$: ειεθαραaμ A: ιεθοροαμ fgq: ιεθροαμ $h^b$: ιεθροαν Jos-codd: ιεθερθαμ i: ιεθραμ $boc_2e_2$𝔄: ιεθεροαβ m: *Ieth*.... 𝔏: *Etheram* $Anon^1$: *Itheraan* $ℭ^w$: ιεροαμ $n^*$: ιεροβοαμ $n^{b?}$: ιεθεροαμ $MNh^*$ rell: γεθερσαν Jos-ed | αιγαλ Bcxy(ℭ𝔈] αιγλα $h^bo^*$(uid)𝔏: εγλα a (γλ ex corr, post α ras ι lit uid): αιγας A: εγλας v: *Eglath* 𝔄: αγαλ $bia_2$: αγαα $e_2$: αγλα $MNh^*o^a$ rell $Anon^1$ | om δαυειδ 1° 𝔏(uid) | ετεχθησαν] +αυτω $boc_2e_2$ | χεβρων] χευβρων g: χευρων dp

6 του οικου 1°] om $a_2$: om του AMNac–gi–np–$xzb_2$ | om και 2°—σαουλ 2° a | του 2° $Bboc_2e_2$] om AMN rell | om και 3°—σαουλ 2° o | αβεννηρ—(7) παλλακη sup ras $A^{?a?}$ | αβεννηρ] αβενηρ cefgx: αβερνη $a_2$

7 τω] του v | παλλακη] pr ην $bgozc_2e_2$𝔄(uid)ℭ: παλακην c: ⟨+ην 71⟩ | ρεσφα] pr ονομα v: pr η ονομα Ni𝔄$ℭ^w$(uid): pr και ονομα αυτη $boc_2e_2$𝔈: ρεμφα $a_2$: εσφα c$ℭ^c$ (pr *cuius nomen*) | ιαλ $B^*$(uid)] ιωλ $N^{a?}$f: ⟨ιοιλ 44⟩: ιωηλ e𝔈: ιουλ s𝔄-ed: *Ieul* $ℭ^c$: ιοδ $B^?$(uid): *Iud* 𝔄-codd: ιορ v: αια cx: [Syriac] $𝔖^j$: σιβατου Jos: σειβα (ιολ $h^b$: ιωβαηλ i: ιωαβηλ 246) και ελαβεν αυτην αβεννηρ $bh^bioc_2e_2$ ⟨246⟩: ιολ και εισηλθεν προς αυτην αβεννηρ $y^b$: ιολ $AMN^*h^*y^*$ rell $ℭ^w$ | μεμφιβοσθε $Bb'oxc_2e_2$ $𝔖^j$] μεμφιβοσθαι $ya_2$: μεμφιβοστε c: μεμφισβοσθε *b*: ιεβοσθαι af: ιεβουσθε env𝔄: ιεβοσθε $A^{?a?}$MN rell ℭ | υιος bis scr $h^*$ | αβεννηρ] αβενηρ cefgx: αβερνηρ $a_2$ | εισηλθες] εισηλθε d: ηλθες v: *intras tu* 𝔄 | προς 2°] εις $cxa_2$

8 και 1°—μεμφιβοσθε $A^{?mg}$(ιεβοσθε) | σφοδρα post αβεννηρ 1° $bcoxc_2e_2$𝔄(αβενηρ cx) | αβεννηρ 1°] αβενηρ efg: αβερνηρ $a_2$ | ⟨om περι 1°—μεμφιβοσθε 71⟩ | λογου] +τουτου Nbdefh–mo–$twzb_2c_2e_2$ | μεμφιβοσθε Bx] pr τω $boc_2e_2$: μεμφιβοσθαι $ya_2$: μεμφιβοστε c: ιεβοσθε $A^?$Mg: ιεβοσθαι a$ℭ^c$: ιεβουσθε v𝔄: ⟨του ιεβοσθε 246⟩: τω ιεβοσθαι f: τω ιεβουσθε ejnt: τω ιεβοσθε N rell: *Iebosthe filii Saul* $ℭ^w$ | αβεννηρ προς αυτον] αυτω αβεννηρ $boc_2e_2$𝔄: om $a_2$ | αβεννηρ 2°] αβενηρ cefgx: om d$𝔖^j$ | om μη $boc_2e_2$ | ειμι εγω $boc_2e_2$𝔄 | hab εποιησα—σημερον 2° $𝔏^v$ | εποιησα ελεος σημερον] σημερον εποιησα ελεος A: σημερον και εποιησα ελεος cx: εμαυτω σημερον εποιησα παντα ταυτα (ταυτα παντα b) και εποιησα ελεον $boc_2e_2$ | εποιησα] pr *qui* 𝔄: pr *ipse mihi feci haec omnia qui* 𝔏 | om σημερον 1° j𝔏 | om σαουλ vy | om του πατρος σου $ℭ^c$ | περι 2°—γνωριμων] *cum fratribus tuis et cum amicis patris tui* 𝔏: *cum* (om $𝔈^a$) *fratribus meis et cum proximo meo* 𝔈 | γνωριμων $B^*$Acdhnx] περι γνωριμων αυτου $bozc_2e_2$: pr περι $B^{ab}$MN rell 𝔄 | εις] προς n | om τον οικον $ℭ^c$ | επιζητεις] pr *tu* ℭ: επιζητης v: επεζητεις $c^*a_2$: περιζητεις b' | επ εμε] συ εμε e: *a me tu* 𝔏: συ $boc_2e_2$: +συ MNdf–np–$twzb_2$ | υπερ—σημερον 2°] σημερον περι αδικιας γυναικος $e_2$𝔄 | υπερ] περι $boyc_2$ | ⟨om γυναικος 236(spat relict).242⟩

9 ⟨ποιησαι] ποιησει 44⟩ | ο—αβεννηρ] μοι ο θ̅ς̅ $boc_2e_2$ | αβεννηρ] αβενηρ cefgx: αβερνηρ $a_2$ | προσθη N (η ex ει) | αυτω 1°] pr επ N: om $boc_2e_2$ | καθα cx | κυριος] +ο θ̅ς̅ o | οτι 2° $BAia_2$] om MN rell 𝔄ℭ𝔈 | ποιησω] ποιησει y | αυτω 2°] post εν $a_2$: ⟨om 44⟩ | om εν—ταυτη Acx𝔄

10 περιειλεν $c_2$𝔈 (pr *hodie* $𝔈^s$) | om απο του οικου 𝔄 | απο 1°] εκ y: ⟨om 246⟩ | om του 1° cx | om και 1° 𝔈 | om του 2° $boc_2e_2$ | ⟨θρονον] οικον 44⟩ | επι ισραηλ $BAanvya_2$] om cx: επι τον ι̅η̅λ MN rell | ⟨και 2°—ιουδαν] ιουδαν εν τη ημερα ταυτη 236⟩ | om τον 2° n | απο δαν] απο δαμ g: om ⟨44⟩ 𝔈 | εως] pr και Ab–flmopq$s^a$t–xz–$e_2$ | βηρσαβεε] βηρσαβεαι $bc_2e_2$: βησσαβεαι o

11 ηδυνασθη] ηδυνηθη $bcoxza_2c_2e_2$: ηδυνατο av | μεμφιβοσθε] μεμφιβοσθαι $Aya_2$: ιεβοσθε $MN^{a?}$h–mp–$twzb_2$: ιεβοσθαι $N^*$af: ιεβουσθε deuv𝔄ℭ: εβοσθε g | ανταποκριθηναι $bc_2e_2$ |

4 ορνειλ] α' σ' αδωνιας jz
6 κρατων] α' ενισχυων σ' κραταιουμενος j
7 ρεσφα] pr ※ α' λ̥ και ονομα αυτη j | ιαλ] σιβα M | μεμφιβοσθε] οι λ̥ ιεσβααλ z
8 κεφαλη κυνος] σ' κυνοκεφαλος jz | εποιησα ελεος σημερον] εμαυτω εποιησα σημερον ταυτα παντα j | περι 2°—γνωριμων] προς τους αδελφους σου και προς τους εταιρους σου j
9 ταδε 1°] σ' ουτως j | ποιησω] σ' συμπραξω jz
11 απο του] σ' δια το j

12 φοβεῖσθαι αὐτόν. [12]Καὶ ἀπέστειλεν Ἀβεννὴρ ἀγγέλους πρὸς Δαυεὶδ εἰς Θαιλὰμ οὗ ἦν B
παραχρῆμα λέγων Διάθου διαθήκην σου μετ' ἐμοῦ, καὶ ἰδοὺ ἡ χείρ μου μετὰ σοῦ ἐπιστρέψαι
13 πρὸς σὲ πάντα τὸν οἶκον Ἰσραήλ. [13]καὶ εἶπεν Δαυείδ Ἐγὼ καλῶς διαθήσομαι πρὸς σὲ διαθήκην,
πλὴν λόγον ἕνα ἐγὼ αἰτοῦμαι παρὰ σοῦ λέγων Οὐκ ὄψει τὸ πρόσωπόν μου ἐὰν μὴ ἀγάγῃς τὴν
14 Μελχὸλ θυγατέρα Σαούλ, παραγινομένου ἰδεῖν τὸ πρόσωπόν μου. [14]καὶ ἐξαπέστειλεν Δαυεὶδ
πρὸς Μεμφιβόσθε υἱὸν Σαοὺλ ἀγγέλους λέγων Ἀπόδος μοι τὴν γυναῖκά μου τὴν Μελχόλ, ἣν
15 ἔλαβον ἐν ἑκατὸν ἀκροβυστίαις ἀλλοφύλων. [15]καὶ ἀπέστειλεν Μεμφιβόσθε καὶ ἔλαβεν αὐτὴν
16 παρὰ τοῦ ἀνδρὸς αὐτῆς, παρὰ Φαλτιὴλ υἱοῦ Σελλής. [16]καὶ ἐπορεύετο ὁ ἀνὴρ αὐτῆς μετ' αὐτῆς
κλαίων ὀπίσω αὐτῆς ἕως Βαρακεί· καὶ εἶπεν πρὸς αὐτὸν Ἀβεννήρ Πορεύου, ἀνάστρεφε· καὶ
17 ἀνέστρεψεν. [17]Καὶ εἶπεν Ἀβεννὴρ πρὸς τοὺς πρεσβυτέρους Ἰσραὴλ λέγων Ἐχθὲς καὶ
18 τρίτην ἐζητεῖτε τὸν Δαυεὶδ βασιλεύειν ἐφ' ὑμῶν. [18]καὶ νῦν ποιήσατε, ὅτι Κύριος ἐλάλησεν περὶ
Δαυεὶδ λέγων Ἐν χειρὶ τοῦ δούλου μου Δαυεὶδ σώσω τὸν Ἰσραὴλ ἐκ χειρὸς ἀλλοφύλων καὶ
19 ἐκ χειρὸς πάντων τῶν ἐχθρῶν αὐτῶν. [19]καὶ ἐλάλησεν Ἀβεννὴρ ἐν τοῖς ὠσὶν Βενιαμείν, καὶ
ἐπορεύθη Ἀβεννὴρ τοῦ λαλῆσαι εἰς τὰ ὦτα τοῦ Δαυεὶδ εἰς Χεβρὼν πάντα ὅσα ἤρεσεν ἐν

12 θαιλαμαυην $B^b$ | μετα σου $B^c$] μετεσου B* 13 αιτουμε A | οψη A | παραγεινομενου B 17 εκθες A

AMNa–jl–qstv–$c_2e_2$𝔄ℭ$^{cw}$𝔈(𝔏$^v$)

⟨τω] αυτω 246⟩ | αβεννηρ] αβενηρ cefgx: αβερνηρ $a_2$ | φαβηθηναι $boc_2e_2$

**12** αβεννηρ—δαυειδ] αγγελους προς δᾱδ ο αβενηρ cx | αβεννηρ] αβενηρ efg: αβερνη $a_2$ | προς δᾱδ αγγελους deflmp–twz | om εις—ην cx | θαιλαμ—παραχρημα] χεβρων $boc_2e_2$𝔖$^j$ | θαιλαμ ου ην] *Thalamuhen* 𝔈: θελαμου γην a: θηλαμου γην A On: *Thesalmu terram* 𝔄 | θαιλαμ] θελαμ MNe–hnvy$a_2b_2$: θελααμ j: ⲑⲓⲗ̄ⲏⲙ ℭ$^w$: χεβρων i: hab χεβρωνα Jos (γιβρωνα ed) | om παραχρημα ℭ$^c$ | σου 1°] συ A: om $boc_2e_2$ | om και 2° $e_2$ | om η c | μου μετα σου] σου μετ εμου g | σου 2°] σε cx | επιστρεψαι By$a_2$] pr του AMN rell | προς 2°] επι A | σε] με $a_2$ | τον οικον BAavy$a_2$] om τον n: om οικον Mbcgij(hab ※ supra τον)ox$b_2c_2e_2$: om N rell

**13** om και ειπεν δαυειδ a* | δαβιδ c | εγω καλως BAacxy $a_2$] om εγω 𝔈: om καλως n: καλως εγω MN rell 𝔄ℭ | διαθησωμαι g | προς σε] μετα σου d | ενα] post ε seq ras 1 lit (ι uid) A | εγω 2°] post αιτουμαι MNgijy$b_2$: om c–fhlmp–xz$a_2$𝔈 | αιτου $e_2$(uid) | om λεγων 𝔄ℭ$^c$𝔈 | ουκ οψει] ου μη ιδης $boc_2e_2$ | εισαγαγης cx | την] ⟨post μελχολ 44⟩: om efmnw | μελχολ] μελχωλ fℭ$^w$: μελχουλ $a_2$: ⟨μελχοχ 74: μελχα 71⟩: μελχω N$^{a?}$ | θυγατερα] pr την d | σαουλ] + μετα σου boz$c_2e_2$ | παραγινομενου B] παραγενομενου (-νος x) σου cvx$a_2$𝔈: + σου A(παρα sup ras A$^1$)MN rell 𝔄ℭ(uid) | ⟨ιδειν—μου 2°] προς με 71⟩

**14** απεστειλεν Aj$b_2$ | προς—σαουλ post αγγελους Aabcox $c_2e_2$ℭ | μεμφιβοσθε] μεμφιβοσθαι Ay$a_2$: ιεβοσθε MNdgh*i–mp–twz$b_2$: ιεβοσθαι afℭ$^c$: ιεβουσθε eh$^b$nv𝔄ℭ$^w$ | αποδος] αποδως v: αποστειλον deflmp–twz | om μοι deflmnp–twz$a_2$ | om την 2° fm | μελχολ] μελχωλ fℭ$^w$: μελχω N$^{a?}$: ⟨+ θυγατερα σαουλ 246⟩ | ην—αλλοφυλων sup ras A$^1$ | ελαβον] + εμαυτω A$^1$cx$c_2$ | om εν *b*y$a_2e_2$ | ακροβυστιας w*y

**15** εξαπεστειλε cx | μεμφιβοσθε Bbox$c_2e_2$] μεμφιβοσθαι Acy$a_2$: ιεβοσθαι afℭ$^c$: ιεβουσθε eh$^b$nv𝔄ℭ$^w$: ιεβοσθε MNh* rell | om παρα 1°—αυτης ℭ$^c$ | παρα 1°] απο cx | om αυτης n | om παρα 2°—σελλης v | om παρα 2° bcoqx$c_2e_2$𝔄ℭ𝔈 | φαλτιηλ] φιλτιηλ e: φατιηλ cxy: φαλτιην $a_2$: φαλτιου $boc_2e_2$ | σελλης By$a_2$ℭ𝔈] ⟨σελλην 74⟩: σελλειμ b: σελλομ p: [illegible] 𝔄: σεληµ ejm: σελειμ f: [illegible] 𝔖$^j$: ελλημ M(txt): ελημ g: λαεις AM(mg): λαιε cx: σελλημ Na (λημ sup ras) rell

**16** επορευετο—αυτης 3°] *secutus est eam uir eius* 𝔈 | επορευετο] + συν αυτη A (ε 1° sup ras 3 litt A$^1$) | ο—αυτης 2°] συν αυτη ο ανηρ αυτης cx | ο ανηρ αυτης post αυτης 2° $boc_2$𝔖$^j$ | μετ αυτης] *post eam* 𝔄-ed: om fh𝔄-cod ℭ$^c$ | κλαιων] pr πορευομενος και $boc_2e_2$: post αυτης 3° v: om ℭ$^c$ | om οπισω αυτης 𝔄 | εως βαρακει] hab *usque Baraim* 𝔏$^v$ | βαρακει Bavy$a_2$ℭ] *Beraci* 𝔈: βαρακειμ N*b*gioc$_2e_2$𝔄𝔖$^j$: βαρεικ b′: βαρουρειμ c (ρ 2° ex λ $c^a$): βαουρειμ Ah$^b$xOn: βαρακειν Mh* rell | om και 2°—ανεστρεψεν d | αβεννηρ προς αυτον b | αβεννηρ] αβενηρ cefgx: αβερνη $a_2$ | om πορευου—(17) αβεννηρ p | αναστρεφε] pr και *b*eflmoqstwz$c_2e_2$: και αποστρεφε b′

**17** ειπεν αβεννηρ] λογος αβεννηρ εγενετο $boc_2e_2$ | αβεννηρ] αβενηρ cefgx: αβερνηρ $a_2$ | προς] pr και $p^a$ | λεγων] και ειπεν $boc_2e_2$ | χθες Mb–hpx | τριτην] τριτης MNbdghlmo–twz$b_2e_2$: + ημεραν cx | εζητειτε] επεζητειτε g: ζητουντες ητε b$c_2$: ητε ζητουντες o$e_2$ | om τον $boc_2e_2$ | βασιλευειν] ⟨pr του 242⟩: pr λεγοντες cx: βασιλευσαι $boc_2e_2$ | υμων] ημων avx: ⟨υμιν 44⟩: υμας bfo$c_2e_2$

**18** ποιησατε] + ουτω c𝔈: + *hoc* ℭ | ⟨δαυειδ 1°] pr του 236⟩ | δᾱδ του δουλου μου Acxℭ𝔈 | τον] pr τον λαον μου a: + λαον μου $boc_2e_2$ | αλλοφυλων—εχθρων ex corr $e^a$ | αλλοφυλων] pr των bioy$a_2c_2e_2$: ⟨om 236⟩ | αυτου ace(ex corr $e^a$)vxy

**19** αβεννηρ 1°—ωσιν bis scr N* | αβεννηρ 1°] pr και γε acvx$a_2$ (αβενηρ cx: αβερνηρ $a_2$): αβενηρ cfg | εν τοις ωσιν] και (om b′) εις τα ωτα $boc_2e_2$ | εν 1°] pr και γε AMNefh–np–twz $b_2$: και γε g | ωσιν] επι cx | βενιαμειν 1°] pr των υιων $boc_2e_2$ 𝔈𝔖$^j$: βενιαμην cvx: βενιαμειμ $b_2$: βεννιαμιν m | επορευθη] + ras (3) a | αβεννηρ 2°] αβενηρ efgx: αβερηρ c: αβερνηρ $a_2$ | om του 1°—(20) αβεννηρ 1° g | ⟨του 1°] εις τα 246⟩ | om του 2° AMb–fhovxy$a_2c_2e_2$ | εις 2°] εν b | χευρων dp | om παντα—(20) χεβρων $a_2$ | ηρεσεν] ηρεσκεν $boc_2e_2$: ειρηκεν cx | om

12 εις θαιλαμ κ.τ.λ.] α′ σ′ ανθ εαυτου εις χεβρων M: α′ σ′ ανθ εαυτου θ′ παραχρημα j: α′ παραχρημα σ′ ανθ εαυτου On | ου ην] α′ *cuius est terra* 𝔖-ap-Barh
14 ελαβον] α′ εμνηστευσαμην j
15 σελλης] α′ λαις jz
16 επορευετο] σ′ ηκολουθει j

B ὀφθαλμοῖς Ἰσραὴλ καὶ ἐν ὀφθαλμοῖς παντὸς οἴκου Βενιαμείν. [20]καὶ ἦλθεν Ἀβεννὴρ πρὸς Δαυεὶδ 20
εἰς Χεβρὼν καὶ μετ' αὐτοῦ εἴκοσι ἄνδρες· καὶ ἐποίησεν Δαυεὶδ τῷ Ἀβεννὴρ καὶ τοῖς ἀνδράσιν
τοῖς μετ' αὐτοῦ πότον. [21]καὶ εἶπεν Ἀβεννὴρ πρὸς Δαυείδ Ἀναστήσομαι δὴ καὶ πορεύσομαι καὶ 21
συναθροίσω πρὸς κύριόν μου τὸν βασιλέα πάντα Ἰσραὴλ καὶ διαθήσομαι μετ' αὐτοῦ διαθήκην,
καὶ βασιλεύσεις ἐπὶ πᾶσιν οἷς ἐπιθυμεῖ ἡ ψυχή σου. καὶ ἀπέστειλεν Δαυεὶδ τὸν Ἀβεννήρ, καὶ
ἐπορεύθησαν ἐν εἰρήνῃ. [22]καὶ ἰδοὺ οἱ παῖδες Δαυεὶδ καὶ Ἰωὰβ παρεγίνοντο ἐκ τῆς ἐξοδίας, καὶ 22
σκῦλα πολλὰ ἔφεραν μετ' αὐτῶν· καὶ Ἀβεννὴρ οὐκ ἦν μετὰ Δαυεὶδ εἰς Χεβρών, ὅτι ἀπεστάλκει
αὐτὸν καὶ ἀπεληλύθει ἐν εἰρήνῃ. [23]καὶ Ἰωὰβ καὶ πᾶσα ἡ στρατεία αὐτοῦ ἤχθησαν, καὶ ἀπηγ- 23
γέλη τῷ Ἰωὰβ λέγοντες Ἥκει Ἀβεννὴρ υἱὸς Νὴρ πρὸς Δαυείδ, καὶ ἀπέσταλκεν αὐτὸν καὶ
ἀπῆλθεν ἐν εἰρήνῃ. [24]καὶ εἰσῆλθεν Ἰωὰβ πρὸς τὸν βασιλέα καὶ εἶπεν Τί τοῦτο ἐποίησας; ἰδοὺ 24
ἦλθεν Ἀβεννὴρ πρὸς σέ, καὶ ἵνα τί ἐξαπέσταλκας αὐτὸν καὶ ἀπελήλυθεν ἐν εἰρήνῃ; [25]ἢ οὐκ οἶδας 25
τὴν κακίαν Ἀβεννὴρ υἱοῦ Νήρ, ὅτι ἀπατῆσαί σε παρεγένετο καὶ γνῶναι τὴν ἔξοδόν σου καὶ τὴν
εἴσοδόν σου καὶ γνῶναι ἅπαντα ὅσα σὺ ποιεῖς; [26]καὶ ἀνέστρεψεν Ἰωὰβ ἀπὸ τοῦ Δαυεὶδ καὶ 26
ἀπέστειλεν ἀγγέλους ὀπίσω Ἀβεννήρ, καὶ ἐπιστρέφουσιν αὐτὸν ἀπὸ τοῦ φρέατος τοῦ Σεειράμ·

22 παρεγεινοντο B

AMNa-jl-qstv-c$_2$e$_2$𝔄ℭ$^{cw}$𝔈(𝔏$^v$)

ισραηλ—οφθαλμοις 2° coyc$_2$e$_2$ | ισραηλ] pr υιων b: ⟨δαυιδ 44⟩ | om εν 3° v | παντος οικου] υιων boc$_2$e$_2$ | παντος] παντων του dlp-tz: om civx: + του efmw | βενιαμειν 2°] βαινιαμειν a: βενιαμην cvx: βενιαμειμ b$_2$: βεννιαμιν m

20 αβεννηρ 1°] αβενηρ cefx | προς δαυειδ] post χεβρων e$_2$: om 𝔈 | ⟨om εις χεβρων 244⟩ | εις] εν cnvx | χεβρων] χευβρων g: χευρων dp | τω] τον N: om hy | αβεννηρ 2°] αβενηρ cefx: αβερνηρ a$_2$: δᾱδ g | om τοις μετ g | ποτον] hab 𝔏$^v$: τοπον a

21 αβεννηρ 1°] post δαυειδ 1° a$^{*uid}$(νν ex ν): αβενηρ cefg s*x: αβερνηρ a$_2$ | προς 1°] τω v | ⟨δαυειδ 1°] αυτον 74⟩ | αναστησωμαι gv | om δη j | πορευσομαι] πορευσωμαι gv: ⟨διαπορευσομαι 44⟩ | συναθροισω] συναθροισωμε v: συναθροισομαι a | κυριον—παντα] cum ℭ$^w$ | κυριον BA*y] pr τον A$^{a?}$(suprascr)MN rell | om τον βασιλεα ℭ$^c$ | παντα] pr τον A: απαντα b$_2$: παντος a$_2$: + τον λαον boc$_2$e$_2$ | διαθησωμαι gv | μετ αυτου BA avya$_2$ℭ$^w$] *cum iis* 𝔈$^a$: μετα σου MN rell 𝔄ℭ$^c$𝔈$^s$ | βασιλευσης cgv | επι] εν boc$_2$e$_2$ | επιθυμει] επιθυμη agvw: επεθυμει m | εξαπεστειλεν boc$_2$e$_2$ | αβεννηρ 2°] αβενηρ cefgx: αβερνηρ a$_2$ | om και 7°—ειρηνη cx | επορευθησαν BAava$_2$] επορευθη MN rell 𝔄𝔈: *uiros* (+ *omnes* ℭ$^w$) *qui cum eo* ℭ | εν ειρηνη] εις ειρηνην e: om ℭ$^c$

22 ιδου—και 2°] οι υιοι cx | om ιδου ℭ | om οι b'*e | ⟨om και ιωαβ 246⟩ | ιωαβ] ιωας f: *ii qui cum eo* ℭ$^c$ | παρεγινοντο] παρεγενοντο Mabcfjnovxa$_2$c$_2$e$_2$𝔄𝔈$^a$: παραγινονται Nhty: παρεγενετο g | εκ] απο boc$_2$e$_2$ | της εξοδιας] ⲡⲉϫⲉⲧⲁⲟⲩⲣ ℭ$^c$: ⲛⲕⲉⲁⲁⲟⲩⲣ ℭ$^w$ | της] γης v | ⟨εξοδου 98.246⟩ | om πολλα boc$_2$e$_2$ | εφεραν μετ αυτων] μετ αυτων εφερον Acx | εφεραν B] εφερον MN rell: *attulerunt* 𝔄𝔈: om ℭ | μετ αυτων] μεθ αυτων lmqstw: μεθ εαυτων N*b*defhjpyzb$_2$: εφ εαυτων b' | αβεννηρ] αβενηρ cefgx: ιωαβ ia$_2$𝔄 | ⟨μετα—χεβρων] εις χευρων μετα δαυιδ 71⟩ | εις] εν AMNbd-ilmo-wzc$_2$e$_2$ | χευρων dgp | ⟨οτι—ειρηνη] οτε απεστειλε τον αβενηρ μετ ειρηνης 71⟩ | οτι] οτε i𝔄 | απεσταλκεν i | αυτον και απεληλυθει] τον αβερνηρ a$_2$ | και 5°—ειρηνη] δᾱδ εν ειρηνη απελθειν cx | om και απεληλυθει ℭ$^c$ | απεληλυθει] απελυθη z: επορευθη by

23 ⟨om και 1°—ηχθησαν 71⟩ | και 1°] + ιδου i: + εισηλθεν a$_2$ | στρατια AMN*a-hj$^{a?}$lmnp-ya$_2$e$_2$ | αυτου] pr μετ v: pr η μετ aboc$_2$ | ηχθησαν BAcx] εισηχθησαν a$_2$: ηκουσαν boz$^{a?}$ c$_2$e$_2$: εισηλθον av𝔈: ηλθον h: ηλθοσαν MNz* rell: *uenerunt* 𝔄ℭ | απηγγελη] ανηγγελη N: απαγγελει a: απηγγειλε cx: απηγγειλαν boc$_2$e$_2$ | om τω ιωαβ cx | λεγοντων cx | ηκει] ηλθεν boc$_2$e$_2$ | αβεννηρ] αβαννηρ s: αβενηρ cefgx: αβερνηρ a$_2$ | om υιος νηρ ya$_2$𝔈 | υιος] pr ο o | νηρ] νιρ f: ννηρ i | προς bis scr m*s | απεστειλεν b(+ προς b')oc$_2$e$_2$ | και απηλθεν] post ειρηνη y: πορευθης e$_2$ | απηλθεν] απεληλυθεν MNdefhilmp-twz: ⟨απεληλυθει 74: απελυσεν 44⟩ | εις ειρηνην cx

24 εισηλθεν] απηλθεν A | τον βασιλεα] pr *Dauid* 𝔄ℭ: + δᾱδ cvx | και ειπεν] om d: + αυτω boc$_2$e$_2$𝔈(uid) | τουτω c | ⟨εποιησας] pr ο 74: πεποιηκας 44⟩ | ιδου] *quod* 𝔄 | αβεννηρ] αβενηρ cefgx: αβερνηρ a$_2$: + υιος νηρ boc$_2$e$_2$ | ινα τι] om ayℭ$^c$: + τουτο boc$_2$: + τουτον e$_2$ | εξαπεσταλκας] εξαπεσταλκες y: εξαπεστειλας abgv: εξαπεστειλες oc$_2$e$_2$: απεστειλας cx | om και απεληλυθεν 𝔄-ed | και 4° bis scr q | απεληλυθεν] ⟨απεληλυθει 74⟩: απηλθεν Acx | εις ειρηνην cx

25 η] ει b'𝔄: και g: om Aℭ | ⟨αβεννηρ υιου νηρ] αυτου 71⟩ | αβεννηρ] αβενηρ cefx: αβερνηρ a$_2$: ταβενηρ g | om υιου νηρ cx 𝔖$^j$ | νιρ f | σε] σοι n: om bcx | παρεγενετο] παραγεγονεν Ae$_2$: ⟨+ και επιστρεφουσιν αυτον απο του φρεατος του σεβειραμ και δαυιδ ουκ ηδει και απεστρεψε τον αβεννηρ εις χεβρων 246⟩ | εισοδον σου και την εξοδον abcgovxyc$_2$e$_2$𝔄 (om σου) | om γνωναι 2° cx | απαντα BAavy] παντα Ncixa$_2$: om M rell 𝔈$^s$ | οσα—(26) και ανε sup ras j$^a$ | οσα] α va$_2$ | συ] σοι b: om c𝔄ℭ | ποιησεις a*(uid)a$_2$

26 ανεστρεψεν] απεστρεψεν va$_2$: εξηλθεν boz(mg)c$_2$e$_2$𝔄ℭ𝔈 | απο του δαυειδ] *a rege Dauid* ℭ$^w$: *a rege* ℭ$^c$: om του bcoxc$_2$e$_2$ | οπισω αβεννηρ] προς αβεννηρ οπισω αυτου y | αβεννηρ] pr προς av: αβενηρ cefgx: αβερνηρ a$_2$: + υιου νηρ N: ⟨+ εις χεβρων 246⟩ | επιστρεφουσιν] αποστρεφουσιν acy: ⟨εξεκλινεν 246*: εξεκλιναν 246$^a$ uid⟩ | αυτον bis scr i* | om του 3° bcgoxc$_2$e$_2$ | σεειραμ] σεηραμ gi: σεειρα boyc$_2$e$_2$ On: ܣܐܝܪܐܡ 𝔖$^j$: ܣܝܪܐ 𝔖-ap-Barh: σεκραμ f: *Silam* ℭ$^c$

21 διαθησομαι] σ' συνθωνται j | οις] σ' ων j
22 ιδου] σ' ευθυς j | εκ της εξοδιας] α' απο του ευζωνου σ' λοχου j | της εξοδιας] α' του γεδδουρ μονοζωνου z
25 η—αβεννηρ] σ' οιδα τον αβεννηρ j
26 απο 2°—σεειραμ] α' απο του λακκου της αποστασεως jz | σεειραμ] α' αποστασεως M

27 καὶ Δαυεὶδ οὐκ ᾔδει. [27]καὶ ἐπέστρεψεν τὸν Ἀβεννὴρ εἰς Χεβρών, καὶ ἐξέκλινεν αὐτὸν Ἰωὰβ ἐκ B
πλαγίων τῆς πύλης λαλῆσαι πρὸς αὐτόν, ἐνεδρεύων· καὶ ἐπάταξεν αὐτὸν ἐκεῖ εἰς τὴν ψόαν, καὶ
28 ἀπέθανεν ἐν τῷ αἵματι Ἀσαὴλ τοῦ ἀδελφοῦ Ἰωάβ. [28]καὶ ἤκουσεν Δαυεὶδ μετὰ ταῦτα καὶ εἶπεν
Ἀθῷός εἰμι ἐγὼ καὶ ἡ βασιλεία μου ἀπὸ Κυρίου καὶ ἕως αἰῶνος ἀπὸ τῶν αἱμάτων Ἀβεννὴρ υἱοῦ
29 Νήρ. [29]καταντησάτωσαν ἐπὶ κεφαλὴν Ἰωὰβ καὶ ἐπὶ πάντα τὸν οἶκον τοῦ πατρὸς αὐτοῦ, καὶ μὴ
ἐκλίποι ἐκ τοῦ οἴκου Ἰωὰβ γονορρυὴς καὶ λεπρὸς καὶ κρατῶν σκυτάλης καὶ πίπτων ἐν ῥομφαίᾳ
30 καὶ ἐλασσούμενος ἄρτοις. [30]Ἰωὰβ δὲ καὶ Ἀβεσσὰ ὁ ἀδελφὸς αὐτοῦ διεπαρετηροῦντο τὸν Ἀβεννὴρ
31 ἀνθ᾽ ὧν ἐθανάτωσεν τὸν Ἀσαὴλ τὸν ἀδελφὸν αὐτῶν ἐν Γαβαὼν ἐν τῷ πολέμῳ. [31]Καὶ εἶπεν
Δαυεὶδ πρὸς Ἰωὰβ καὶ πρὸς πάντα τὸν λαὸν τὸν μετ᾽ αὐτοῦ Διαρρήξατε τὰ ἱμάτια ὑμῶν καὶ
περιζώσασθε σάκκους καὶ κόπτεσθε ἐνώπιον Ἀβεννήρ· καὶ ὁ βασιλεὺς Δαυεὶδ ἐπορεύετο ὀπίσω
32 τῆς κλίνης. [32]καὶ θάπτουσιν τὸν Ἀβεννὴρ εἰς Χεβρών· καὶ ἦρεν ὁ βασιλεὺς τὴν φωνὴν αὐτοῦ
33 καὶ ἔκλαυσεν ἐπὶ τοῦ τάφου αὐτοῦ, καὶ ἔκλαυσεν πᾶς ὁ λαὸς ἐπὶ Ἀβεννήρ. [33]καὶ ἐθρήνησεν
ὁ βασιλεὺς ἐπὶ Ἀβεννὴρ καὶ εἶπεν

Εἰ κατὰ τὸν θάνατον Ναβὰλ ἀποθανεῖται Ἀβεννήρ;
34 [34]αἱ χεῖρές σου οὐκ ἐδέθησαν,
οἱ πόδες σου οὐκ ἐν πέδαις·
οὐ προσήγαγεν ὡς Ναβάλ,
ἐνώπιον υἱῶν ἀδικίας ἔπεσας.

27 εξεκλειν B 29 γονορυης A 31 περιζωσασθαι A | σακ|σους B* | κοπτεσθαι A | κλεινης B*

AMNa–jl–qstv–c$_2$e$_2$𝔄ℭ$^{cw}$𝔈(𝔏$^v$)

**27** και 1°] *quia* ℭ$^c$ | επεστρεψεν BAba$_2$c$_2$] απεστρεψεν aij oye$_2$: απεστρεψαν MNeghnwb$_2$: απεστρεψεν ιωαβ cx: επεστρεψαν rell: + *Ioab* ℭ$^c$ | ⟨τον αβεννηρ] αυτον 44⟩ | om τον boa$_2$ c$_2$e$_2$ℭ$^w$(uid)𝔈 | αβεννηρ] αβενηρ cefgx: αβερνηρ a$_2$ | χεβρων] χεβρον v: χευρων cdg*p | εξεκλινεν] εξενευσεν y | ιωαβ 1°] om c: + ras (3) a: + εκ του τειχους N | πλαγιου c | om λαλησαι v | ενεδρευων] *in insidiis et in fraude* 𝔖$^j$: + εν παραλογισμω bgo c$_2$e$_2$ | om αυτον 3° 𝔄 | εκει] post ψοαν cxy: om 𝔄𝔈 | εις 2° B] επι AMN omn 𝔖-ap-Barh | ψοαν] ψοα e$_2$: ψωαν a: ψοιαν Ae: ψυαν MNbfgjmnoqstwzb$_2$c$_2$: ψυιαν dlp | απεθανεν] + εκει N | om εν e$_2$ | αιματι] αρματι a$_2$ | ασσαηλ boc$_2$e$_2$ | του αδελφου] υιου g*: om του f | ιωαβ 2°] αυτου boc$_2$e$_2$

**28** ειμι] post εγω cjx: om oc$_2$e$_2$ Thdt | om εγω A | om απο κυριου io* | και 4° BAavya$_2$𝔈$^s$] απο νυν g: om cx𝔄ℭ𝔈$^a$: pr απο (+ του Nbfinozc$_2$e$_2$ Thdt) νυν MN rell 𝔖$^j$ Thdt | αιωνος] pr του Nbfnoc$_2$e$_2$ Thdt | απο των αιματων] απο του αιματος vℭ: αιμα boc$_2$e$_2$ Thdt | αιματων bis scr N* | αβεννηρ] αβενηρ cefgx: αβερνηρ a$_2$ | om υιου νηρ N | νιρ f

**29** καταντησατωσαν] καταντησατω f: om boc$_2$e$_2$ Thdt | επι 1°] εις MNbd–twzb$_2$c$_2$e$_2$: *in* 𝔄 | κεφαλην] pr την a$_2$ | και επι] π sup ras i$^a$ | επι 2°] εις b′ | om παντα b′𝔈 | om τον delmp–twz | om του πατρος Thdt | εκλιποι] εκλειποι ahilnoqtzb$_2$e$_2$: εκλιπη Thdt: εκλειπει dga$_2$: εκληπει c: εκκλειψει p | του οικου] των οικον g | γονορρυεις a$_2$ | hab λεπρος—αρτοις 𝔏$^v$ | λεπρος] *rheumaticus* 𝔏 | om και 4° a$_2$ℭ$^w$ | σκυταλης Ban] σκυταλη A: την σκυταλην d: σκυταλην MN rell Thdt | ελασσουμενος] ελαττουμενος ovc$_2$e$_2$ Thdt: ελαττονουμενος b | αρτων i* Thdt

**30** ⟨om δε 44⟩ | αβεσσα] αβεσα ex: *Abisa* ℭ𝔈: αμεσα c: αβεσσαουλ N*: ασαι A: om g | ο αδελφος] ο αδε ex υιος a$_2$$^{a?}$: ο υιος b′ | διεπαρετηρουντο BAbgpz$^{a?}$] παρετηρουντο fa$_2$: διετηρουντο y: διαπαρετηρουν τω N$^{a?}$: διαπαρετηρουντο MN*z* rell | om τον 1° N | αβεννηρ] αβενηρ cefgx: αβερνηρ a$_2$: + *propter hoc occiderunt eum* ℭ | om τον ασαηλ 𝔄-ed ℭ$^c$ | om τον 2° cdfgnvx | ασσαηλ boc$_2$e$_2$ | αυτων] αυτου a | om εν 1°—πολεμω d | γαβαω a$_2$ | τω] pr ras (2) o: om e$_2$

**31** προς παντα] ⟨om 44⟩: om προς h: om παντα ℭ$^c$ | τον μετ] om MNb′d–hjlmp–twz: om τον a | διαρρηξατε] ξατ sup ras A$^{a?}$: διαρρηξασθε a | ημων a | ζωσασθε a | σακκους] υ sup ras A$^{a?}$: om a$_2$ | κοψασθε a$_2$ | ενωπιον αβεννηρ] αβεννηρ εμπροσθεν A | ενωπιον By] εμπροσθεν MN rell | αβεννηρ] αβενηρ cefgx: αβερνηρ a$_2$ | hab και 5°—κλινης 𝔏$^v$ | ⟨om βασιλευς 71⟩ | εξεπορευετο cx | οπισω] εμπροσθεν M(mg)boc$_2$e$_2$

**32** αβεννηρ 1°] αβενηρ cefgx: αβερνηρ a$_2$ | εις By] εν AMN rell | χευρων cdgp | επηρεν boc$_2$e$_2$ Chr | om την v | om επι 1°—εκλαυσεν 2° a$_2$ | του ταφου] τον ταφον c: τω ταφω boc$_2$e$_2$ Chr | αυτου 2°] αβεννηρ boc$_2$e$_2$: αβενηρ cx Chr | om και 4°—(33) αβεννηρ 1° Chr | εκλαυσεν 2°] *plorauerunt* 𝔈 | om πας ⟨44⟩ ℭ$^c$𝔈 | om επι αβεννηρ boc$_2$e$_2$ | αβεννηρ 2°] αβενηρ cefgx: αβερνηρ a$_2$

**33** εθρηνησεν—ειπεν] ειπεν ο βασιλευς g: ⟨εβοησε δαυιδ 44⟩ | om εθρηνησεν a$_2$ | om επι αβεννηρ da$_2$ | επι] τον fp: ⟨δᾱδ τω 242⟩: om Mehlmqstwe$_2$* | αβεννηρ 1°] αβενηρ cefx | hab ει—αβεννηρ 2° 𝔏$^v$ | ει] pr *Num sicut moritur improbus mortuus est Abenner* 𝔄 | om τον boc$_2$e$_2$ Thdt | αποθανειται] *mortuus est* 𝔄𝔈(uid) | αβεννηρ 2°] αβενηρ cefgx Chr: *Abner* 𝔏: αβερνηρ a$_2$

**34** εδεηθησαν a*(uid) | οι—ουκ 2°] ουδε (οι δε o) οι ποδες σου boc$_2$e$_2$𝔖$^j$ Chr Thdt | οι] pr *et* 𝔄𝔈: και a$_2$ | ποδες—ου] παιδες σου ου εν παιδες σου A | om ου—ναβαλ Thdt | ου] ουδε 𝔄𝔈 Chr | προσηγαγεν BAdpvya$_2$] προσηγαγες MN rell 𝔄-ed 𝔖$^j$ Chr: *pugnasti* 𝔄-codd: + *te* 𝔈 | ναβαλ] ⟨ναβαν 246⟩: ναφα A | υιου MNbdghln–tz*b$_2$c$_2$e$_2$ Chr Thdt | επεσας] pr *et* 𝔄: επεσες befj$^a$mqstwzc$_2$e$_2$ Chr: επεσεν dlopℭ$^w$: + *sed sicut cadunt*

27 εξεκλινεν] σ′ παρηγαγεν j | ενεδρευων] αφυλακτων j | εις την ψοαν] α′ εις τον ενοπλισμον jz: σ′ κατα της λαγονος j
28 αθωος] σ′ καθαρος j
29 καταντησατωσαν] σ′ ελθετωσαν j | κρατων σκυταλης] σ′ τυφλος a | σκυταλης] α′ ατρακτου a: α′ σ′ ατρακτον Mjz(om σ′) | ελασσουμενος] σ′ ενδεης j
30 διεπαρετηρουντο] α′ σ′ απεκτειναν j 33 ει—ναβαλ] σ′ μη ως αποθνησκει αφρων Mj(sine nom)
34 ως—επεσας] σ′ αλλ ωσπερ πιπτουσιν εμπροσθεν αδικων επεσας j | ναβαλ] ο′ θ′ ναφαλ ημαρτηται τα εχοντα ναβαλ j

B καὶ §συνήχθη πᾶς ὁ λαὸς τοῦ κλαῦσαι αὐτόν. 35καὶ ἦλθεν πᾶς ὁ λαὸς περιδειπνῆσαι τὸν Δαυεὶδ 35
§u ἄρτοις ἔτι οὔσης ἡμέρας· καὶ ὤμοσεν Δαυεὶδ λέγων Τάδε ποιήσαι μοι ὁ θεὸς καὶ τάδε προσθείη,
ὅτι ἐὰν μὴ δύῃ ὁ ἥλιος, οὐ μὴ γεύσωμαι ἄρτου ἢ ἀπὸ παντός τινος. 36καὶ ἔγνω πᾶς ὁ λαός, καὶ 36
ἤρεσεν ἐνώπιον αὐτῶν πάντα ὅσα ἐποίησεν ὁ βασιλεὺς ἐνώπιον τοῦ λαοῦ. 37καὶ ἔγνω πᾶς ὁ 37
λαὸς καὶ πᾶς Ἰσραὴλ ἐν τῇ ἡμέρᾳ ἐκείνῃ ὅτι οὐκ ἐγένετο παρὰ τοῦ βασιλέως θανατῶσαι τὸν
Ἀβεννὴρ υἱὸν Νήρ. 38Καὶ εἶπεν ὁ βασιλεὺς πρὸς τοὺς παῖδας αὐτοῦ Οὐκ οἴδατε ὅτι ἡγού- 38
¶ ℭc μενος μέγας πέπτωκεν ἐν τῇ ἡμέρᾳ ταύτῃ ἐν τῷ Ἰσραήλ; 39καὶ ὅτι ἐγώ εἰμι σήμερον συγγενὴς¶ 39
καὶ καθεσταμένος ὑπὸ βασιλέως; οἱ δὲ ἄνδρες οὗτοι υἱοὶ Σαρουίας σκληρότεροί μού εἰσιν·
ἀποδῷ Κύριος τῷ ποιοῦντι πονηρὰ κατὰ τὴν κακίαν αὐτοῦ. 1Καὶ ἤκουσεν Μεμφιβόσθε 1 IV
υἱὸς Σαοὺλ ὅτι τέθνηκεν Ἀβεννὴρ ἐν Χεβρών, καὶ ἐξελύθησαν αἱ χεῖρες αὐτοῦ, καὶ πάντες οἱ
ἄνδρες Ἰσραὴλ παρείθησαν. 2καὶ δύο ἄνδρες ἡγούμενοι συστρεμμάτων τῷ Μεμφιβόσθε υἱῷ 2
Σαούλ· ὄνομα τῷ ἑνὶ Βαανά, καὶ ὄνομα τῷ δευτέρῳ Ῥηχάβ, υἱοὶ Ῥεμμὼν τοῦ Βηρωθαίου ἐκ τῶν
υἱῶν Βενιαμείν, ὅτι Βηρὼθ ἐλογίζετο τοῖς υἱοῖς Βενιαμείν. 3καὶ ἀπέδρασαν οἱ Βηρωθαῖοι εἰς 3
Γεθθάι, καὶ ἦσαν ἐκεῖ παροικοῦντες ἕως τῆς ἡμέρας ταύτης. 4Καὶ τῷ Ἰωναθὰν υἱῷ Σαοὺλ 4

39 κατεσταμενος BA IV 2 συσστρεμματων A

AMNa–jl–qst(u)v–c$_2$e$_2$𝔄ℭ$^{(c)w}$𝔈(𝔏$^v$)

*coram iniustis cecidisti* 𝔄-ed (sub σ' codd) | συνηχθη BAau (...χθη)vya$_2$] συνηχθησαν cx𝔄𝔈: συνηλθεν boz(mg)c$_2$e$_2$: προσεθετο MNz (txt) rell | πας] post λαος oc$_2$: om cx

35 πας ο λαος] ο λαος πας *b*oc$_2$e$_2$: om d | περιδειπνησαι] pr του ye$_2$: περιδειπνισαι Axc$_2$: του δειπνισαι b' | τον] τω cx | αρτοις] αρτους Acvxa$_2$: αρτοι c$_2$* | om ετι ουσης ημερας e$_2$ | om οτι ⟨236.242⟩ 𝔄 | δυη] δυνη abefimosu–yc$_2^{a?}$e$_2$: δυνει c: δυνηθη c$_2$*: ⟨δυση 71.74⟩ | om ο 3° a | ου μη γευσωμαι] *et tunc gustabo* 𝔄 | ⟨om μη 2° 44⟩ | γευσομαι bcdfhiopvxya$_2$e$_2$ | αρτου] αρτους Mgi | η απο] ουδε boc$_2$e$_2$ | απο παντος] απαντος a$_2$ | om παντος—(36) αυτων g

36 εγνω—λαος] πας ο λαος επεγνω boc$_2$e$_2$ | εγνω post λαος Acx | om παντα cx | om ενωπιον του λαου ℭ | του λαου] pr παντος boc$_2$e$_2$: ⟨αυτων 71⟩: om του a: +αγαθα cx: +αγαθον A: +*bonitatem* 𝔄

37 ⟨om και 1°—λαος 71⟩ | ⟨εγνω—εκεινη] εγνωσαν παντες 44⟩ | εγνω] εγνωσαν b'oc$_2$e$_2$: επεγνωσαν *b* | om πας 1°—και 2° ℭ | ο λαος] ιηλ a$_2$ | om και 2°—εκεινη d | και πας ισραηλ] post εκεινη cx: om u | ισραηλ] ο λαος a$_2$: ⟨+εγνω 71⟩ | παρα—τον] μετα θελησεως δαδ ο θανατος d | θανατωσαι Boc$_2$e$_2$] pr του AMN rell: ⟨pr το 74⟩ | τον αβεννηρ] αβενηρ τον f | αβεννηρ] αβενηρ cegx: αβερνηρ a$_2$ | om υιον νηρ dgℭ | νιρ f

38 ο βασιλευς] ο δαδ d$^a$: om y | om προς—(39) εισιν d | αυτου] +λεγων a$_2$ | ηγουμενος] pr ο o | μεγας] pr και Mbghjn oub$_2$c$_2$e$_2$: pr και αρχων N: ⟨post πεπτωκεν 64⟩ | εν 1°—ταυτη] pr σημερον v: *hodie* 𝔄-codd 𝔈 | εν τω ισραηλ] *ex Israel* 𝔄𝔈$^s$: om εν Aa

39 hab και 1°—βασιλεως 𝔏$^v$ | om και 1°—σημερον v | om και 1° w | εγω—συγγενης] *hic consanguineus est hodie* 𝔄 | εγω ειμι BAacuxy𝔈] ειμη εγω a$_2$: om MN rell 𝔏𝔖$^j$ | συγγενης σημερον y | συγγενης] συγκενης cg: *cognitus* 𝔏 | om και 2° b | καθεσταμενος υπο βασιλεως] *constitutus fui sub rege* 𝔏 | καθεσταμενος] καθισταμενος Nbhiz: κατεσταλμενος e*v: κατεσπασμενος x: κατεπασμενος c | βασιλεως] pr του cefilmp–uwxa$_2$: του βασιλεως πεπτωκεν bozc$_2$e$_2$ | οι δε] και οι boc$_2$e$_2$𝔖$^j$ | υιοι] pr οι bfx Thdt | σαρουιας BANah*ya$_2$b$_2$] σαρουια Mh$^b$ rell Thdt | σκληροι MNaghilnp–tzb$_2$𝔈(uid) | μοι MNc–imnq–wb$_2$𝔈 | αποδω By] pr *et* 𝔈: pr *sed* 𝔖$^j$: ανταποδοι Ajnvb$_2$: και ανταποδοι a: ανταποδωη Mgi: ανταποδοιη N: ανταποδωσει cx: ανταποδω rell Thdt | κυριος] ο θς a$_2$ | τω ποιουντι πονηρα] *malo* 𝔄 | ⟨ποιησαντι 123⟩ | πονηρα] pr τα MNbe–np–twzb$_2$c$_2$e$_2$: πονηρον ⟨64⟩ ℭ | κακιαν] καρδιαν aa$_2$

IV 1 μεμφιβοσθε Bboxc$_2$] μεμφιβοσθαι Aya$_2$: μεμφοβοσθε e$_2$: μεμφισθε c: ιεβοσθαι af: ιεβουσθε eh$^b$nv𝔄ℭ: ιεβοσθε MNh*i (ιεβο ex corr i$^a$) rell | om υιος σαουλ z𝔈 | ⟨εν χεβρων οτι τεθνηκεν αβεννηρ 246⟩ | αβεννηρ] αβενηρ cefgx: αβερνηρ a$_2$: ⟨+νηρ 236⟩: +υιος νηρ hy | εν] εις y | χευρων dgp | εξελυθησαν] εξεληλυθεισαν d: παρειθησαν n | παντες οι ανδρες] π̱ας a | απαντες cx | om οι b$_2$ | ⟨ανδρες] υιοι 64⟩ | om ισραηλ c | παρειθησαν] επαρειθησαν N: εταραχθησαν bouz$^{a?}$c$_2$e$_2$ℭ(uid)𝔈(uid)

2 om και 1°—συστρεμματων v (spat 12—18 litt relict) | συστρεμματων] αστρεμματων b: συντριμματων d$^{uid}$ (ι ex ε): συστρατευματων o: συστεμμα cx | τω 1°] των Aaj*(uid): ⟨om 246⟩ | μεμφιβοσθε] μεμφιβοσθαι Ay: νεμφιβοσθαι a$_2$: ιεβοσθε MNdgh*i–mpqsuvwzb$_2$: ιεβοσθαι af: ιεβουσθε eh$^b$nt𝔄ℭ | βαανα] *Baanna* ℭ: βεανα c: βαναα Mg: βανεα b: [Syriac] 𝔖$^j$: βαναια oc$_2$e$_2$: βααμ y: ρεκχα ava$_2$: *Recacha* 𝔈 | ονομα 2° post δευτερω boc$_2$e$_2$ | ρηχαβ] ριχαβ e𝔄-ed: ρηχαμ g: ηχαβ c: βαανα a$^b$: βααμ v𝔈: βααβ a$_2$: μααν a* | υιοι] pr οι b | ρεμμων] ρεμων c(-ον)egs*v𝔄: ρεμμωρ N: ρεμμωθ n | βηρωθαιου] βηροθαιου bgu: βηρρωθαιου d: βοροθεου c: βηθωραιου va$_2$ | βενιαμειν 1°] βενιαμην cgx: βενιαμειμ b$_2$: βεννιαμιν m | om οτι—βενιαμειν 2° Aacxa$_2$𝔈 | βηρωθ] pr και befmowe$_2$𝔄: β ex corr z$^a$: βιρωθ g: βηρως v: βηθωρ n: και βηθωρ c$_2$ | ελογιζετο] ελογιζοντο *b*: κατελογιζετο f | βενιαμειν 2°] βενιαμην gv: βενιαμειμ b$_2$: βεννιαμιν m

3 βηρωθαιοι] βειρωθαιοι g: βηροθεοι b: γηροθεοι c: γυρωθαιοι x: βηθωραιοι a$_2$ | εις] εκ i𝔈 | γεθθαι Bnva$_2$𝔄ℭ] γεεθαι a: γετθαιμ emsw: γετθεμ f: γεθθειμ A: γεθθεμαν i: γεθθαιν MN: γεθαιμ u: γεθεμ g: γεθημ c: [Syriac] 𝔖$^j$: γεθειμ x: ⟨γεθεν 71⟩: γεθ y𝔈: γεθθαιμ rell

4 ιωναθαν 1°] υιω ναθαν g | πεπληγως] +ην d | υιος 2°]

35 περιδειπνησαι] σ' του μεταλαβειν j 36 λαου] + ※ ο' α' θ' αγαθον j
39 συγγενης και καθεσταμενος] α' σ' απαλος και κεχρισμενος j | αποδω] ο' [ανταποδ]ω j
IV 1 εξελυθησαν] α' σ' παρειθησαν j | παρειθησαν] α' κατεσπουδασθησαν σ' εθορυβηθησαν θ' εξεστησαν j
2 ηγουμενοι συστρεμματων] α' ευζωνοι σ' λοχαγοι jz

υἱὸς πεπληγὼς τοὺς πόδας υἱὸς ἐτῶν πέντε, καὶ οὗτος ἐν τῷ ἐλθεῖν τὴν ἀγγελίαν Σαοὺλ καὶ B
Ἰωναθὰν τοῦ υἱοῦ αὐτοῦ ἐξ Ἰσραήλ, καὶ ἦρεν αὐτὸν ὁ τιθηνὸς αὐτοῦ καὶ ἔφυγεν· καὶ ἐγένετο
ἐν τῷ σπεύδειν αὐτὸν καὶ ἀναχωρεῖν, καὶ ἔπεσεν καὶ ἐχωλάνθη· καὶ ὄνομα αὐτῷ Μεμφι-
5 βόσθε. [5]Καὶ ἐπορεύθησαν υἱοὶ Ῥεμμὼν τοῦ Βηρωθαίου Ῥεκχὰ καὶ Βαὰμ καὶ εἰσῆλθον ἐν
τῷ καύματι τῆς ἡμέρας εἰς οἶκον Μεμφιβόσθε, καὶ αὐτὸς ἐκάθευδεν ἐν τῇ κοίτῃ τῆς μεσημβρίας.
6 [6]καὶ ἰδοὺ ἡ θυρωρὸς τοῦ οἴκου ἐκάθαιρεν πυροὺς καὶ ἐνύσταξεν καὶ ἐκάθευδεν, καὶ Ῥεκχὰ καὶ
7 Βαμμὰ οἱ ἀδελφοὶ διέλαθον [7]καὶ εἰσῆλθον εἰς τὸν οἶκον, καὶ Μεμφιβόσθε ἐκάθευδεν ἐπὶ τῆς
κλίνης αὐτοῦ ἐν τῷ κοιτῶνι αὐτοῦ· καὶ τύπτουσιν αὐτὸν καὶ θανατοῦσιν, καὶ ἀναφαιροῦσιν τὴν
κεφαλὴν αὐτοῦ, καὶ ἔλαβον τὴν κεφαλὴν αὐτοῦ καὶ ἀπῆλθον ὁδὸν τὴν κατὰ δυσμὰς ὅλην τὴν
8 νύκτα. [8]καὶ ἤνεγκαν τὴν κεφαλὴν Μεμφιβόσθε τῷ Δαυεὶδ εἰς Χεβρών, καὶ εἶπαν πρὸς τὸν
βασιλέα Ἰδοὺ ἡ κεφαλὴ Μεμφιβόσθε υἱοῦ Σαοὺλ τοῦ ἐχθροῦ σου, ὃς ἐζήτει τὴν ψυχήν σου· καὶ
ἔδωκεν Κύριος τῷ κυρίῳ βασιλεῖ ἐκδίκησιν τῶν ἐχθρῶν αὐτοῦ ὡς ἡ ἡμέρα αὕτη, ἐκ Σαοὺλ τοῦ
9 ἐχθροῦ σου καὶ ἐκ τοῦ σπέρματος αὐτοῦ. [9]καὶ ἀπεκρίθη Δαυεὶδ τῷ Ῥεκχὰ καὶ τῷ Βαὰμ ἀδελφῷ
αὐτοῦ υἱοῖς Ῥεμμὼν τοῦ Βηρωθαίου καὶ εἶπεν αὐτοῖς Ζῇ Κύριος ὃς ἐλυτρώσατο τὴν ψυχήν μου
10 ἐκ πάσης θλίψεως, [10]ὅτι ὁ ἀπαγγείλας μοι ὅτι τέθνηκεν Σαοὺλ καὶ αὐτὸς ἦν ὡς §εὐαγγελιζόμενος § 𝔏[b]

4 ο B*] η B[ab] 6 εκαθερεν A 7 κλεινης B* | αφαιρουσιν B[b] | νυκταν A
8 εχθρου 1°] seq ras (1) in A (-ρους A* uid) 9 θλειψεως B*

AMNa–jl–qs–$c_2e_2$𝔄ℭ[w]𝔈(𝔏[b])

ως d: ωσει cx | ετων] των v | ουτος] ουτως Mgm | om και 3° $a_2$ | ⟨om του—ισραηλ 44⟩ | om αυτου 1° c | εξ] εν cx | ιεζραελ ⟨64⟩ 𝔄 | om και 4° d𝔄(uid) | ηραν v | αυτον 1°] αυτω b′ | ο τιθηνος B*] non liquet u: οτι θυμας c: η τιθηνος B[ab]AMN rell ℭ𝔈 | σπευδειν] φευγειν $e_2$𝔄-codd | αυτον 2°] αυτην bd–gi[a] lmo–twxz$c_2e_2$𝔈 | om και 7° MNd–np–tw$b_2$𝔄𝔈 | om και 8° bcoxyz$c_2e_2$𝔄(uid)𝔈 | εχωλανθη] non liquet u: εχωλανεν MN bd–mo–twz$b_2c_2e_2$ | ονομα] pr το f | μεμφιβοσθε] μενφιβοσθε g: μεμφιβοσθαι Aafy$a_2$: μεμφιβααλ boz[a?]$c_2e_2$𝔖[j]

5 υιοι] pr οι AMNabcefg[b?]hmnoq–uwxz–$e_2$𝔈: *uiri* ℭ | ρεμμων] ρεμων a𝔄: ρεμμω $a_2$ | βηρωθαιου] βηροθαιου abgu: βορωθεου c: μηθωραιου $a_2$ | ρεκχα Bav$a_2$] non liquet u: *Recacha* 𝔈: ριχαα c*(uid): ριχας e: ριχαβ c[a]: ρηχαν g: ρηχαβ AMN rell 𝔄ℭ𝔖[j] | βααμ By𝔈] non liquet u: βααν $a_2$: βααννα x: μααvη a(uid): αμααμ v: βαναια (βανεα b: βαναι o) ο αδελφος αυτου bo$c_2e_2$𝔖[j]: βαναaν οι αδελφοι διελαθον g: βαανα AMN rell 𝔄ℭ | εισηλθον] εισηλθεν au(uid): εισηλθοσαν deflmp–twz: ηλθον cx | οικον] pr τον bio$c_2e_2$ | μεμφιβοσθε Bbi*o$c_2e_2$] μεμφιβοσθαι Ay$a_2$: μεμφιβοσθε (-σθαι c) ον εβασιλευσεν αβεννηρ cx: ιεβοσθαι af: ιεβουσθε eh[b]nv𝔄ℭ: ιεβοσθε MNh*i[a] rell | om εκαθευδεν—(6) και 2° cx | εκαθευδεν] εκαθητο d$a_2$ | εν 2°—μεσημβριας] το μεσημβρινον b′*b*(txt)o$c_2e_2$𝔈 | ⟨om της 2° 71⟩

6 hab και 1°—ενυσταξεν 𝔏[s] | om ιδου 𝔄ℭ𝔈𝔏 | η—οικου] *clausit* (*-serunt* 𝔈[s]) *portam et* 𝔈 | η θυρωρος] οι θυροροι g | om εκαθαιρεν—εκαθευδεν v* (spat relict) | εκαθαιρεν πυρους και] *purgans triticum* 𝔏 | ενυσταξεν Nh | εκαθευδεν] υπνωσεν bo v[b]z[a?]$c_2e_2$𝔄(uid)𝔈(uid)𝔖[j](uid) | ρεκχα Bav$a_2$] *Recacha* 𝔈: ριχας e: ριχαβ c: ραχαβ s: ρηχαν g: ρηχαβ AMN rell 𝔄𝔖[j]: *Baana* ℭ | βαμμα B] βααμ vy$a_2$𝔈: βανεα b: βαναια $c_2e_2$: βαναιας o: [illegible] 𝔖[j]: βααννα x: βαανα AMNg (α 2° int lin) rell 𝔄: *Rechab* ℭ | οι αδελφοι] ο αδελφος αυτου bo$c_2e_2$: om ⟨44⟩ 𝔈: +*eius* ℭ | διελαθον] διηλθον ay

7 εισηλθον] εισηλθοσαν aenuvy$a_2$: εισεπορευθησαν b$c_2e_2$ | om εις τον οικον c$a_2$ | μεμφιβοσθε] μεμφιβοσθαι Ay$a_2$: ιεβοσθε MNdgh*i(και ιε ex corr i[a])jlmp–uwz$b_2$: ιεβοσθαι af: ιεβουσθε eh[b]nv𝔄ℭ | εκαθευδεν] εκαθητο d | κλινης] κοιτης bo$c_2e_2$ | om εν—αυτου 2° dv | αυτου 2°] om 𝔄: +το μεσημβρινον boz$c_2e_2$ | τυπτουσιν—θανατουσιν] εισηλθον και εθανατωσαν αυτον v | αυτον post θανατουσιν c | και θανατουσιν] om defhlmp–uwz: +αυτον Ay𝔈(uid) | αναφαιρουσιν—ελαβον] *abstulerunt* ℭ | αναφαιρουσιν B*] αφερουσιν AN*cgy[b]$a_2$: αφελουσιν y*: φερουσιν v: αφαιρουσιν B[b]MN[a?] rell | om και 6°—αυτου 4° cgnqtx$a_2$ | την κεφαλην αυτου 2°] αυτην d: om bo$c_2e_2$: om αυτου 𝔄 | ⟨om και απηλθον 242⟩ | απηλθον] απηλθαν h*: ανηλθον i$a_2$ | οδον] pr την *b*o $c_2e_2$: pr εις την b′ | την κατα δυσμας] *orientis* 𝔄 | την 3°] της $a_2$

8 την κεφαλην μεμφιβοσθε] αυτην cdx | μεμφιβοσθε 1° Bbo$c_2e_2$] μεμφιβοσθαι Ay$a_2$: ιεβοσθαι f: ιεβουσθε eh[b]n𝔄ℭ: ιεβουσθαι a: ιεβοσθε MNh* rell | εις] εν b′ | χευρων dgp | ειπον Aa[a?]b–fjopv[a?](uid)x$c_2e_2$ | προς τον βασιλεα] τω βασιλει d: προς αυτον v: ⟨τω αδαμ 44⟩ | om η 1° A | μεμφιβοσθε 2°] μεμφιβοσθαι Ay$a_2$: ιεβοσθε MNdgh*i–mp–uwz$b_2$: ιεβοσθαι a: ιεβουσθε eh[b]nv𝔄ℭ: ιεβουσθαι f | εζητει] ε 2° sup ras A[t]: ζητει $a_2$: *quaesiuit* 𝔈 | om και 3°—αυτου 2° d | κυριω B] +μου Aac: +υμων o*: +ημων MNo[a] rell 𝔄ℭ𝔈 | βασιλει BA] om tu: pr τω MN rell | εκδικησιν] pr την o: ⟨post αυτη 246⟩ | των εχθρων αυτου] om MNghio$b_2c_2e_2$: om των a | om ως—σου 3° cx | ως—αυτη] *in hoc die* 𝔈𝔖[j] | om η 2° w | εκ 1°] και nu | σου 3°] αυτου av | αυτου 2°] αυτων cx: *Dauid* ℭ

9 απεκρινατο b′ | om τω 1°—ειπεν d | om τω 1° e | ρεκχα Ba$a_2$] ρεκκα v: *Recacha* 𝔈: ριχαβ ce: ρηχαβ AMN rell 𝔄ℭ𝔖[j] | βααμ Ba*(uid)vy𝔈] βααβ $a_2$: βααννα x: βαναα fglp: βαναια o$c_2e_2$: βανεα b: [illegible] 𝔖[j]: βαανα AMNa[a?] rell 𝔄ℭ | ⟨om αδελφω—βηρωθαιου 71⟩ | αδελφω] pr τω $c_2$ | αυτου] αυτω v | om υιοις—βηρωθαιου cx | ρεμων go𝔄 | βηρωθαιου] βηροθαιου bu: βηθωραιου $a_2$ | ⟨om αυτοις 71⟩ | ος] ως g | πασης] χειρος $a_2$

10 om ο b′x | απαγγειλας] απηγγειλας b′$c_2$: αναγγειλας v | μοι] με d: +λεγων bo$c_2e_2$ | οτε *b** | τεθνηκεν] τεθανατοκε τον c | σαουλ] +και ιωναθαν boy[b]$c_2e_2$ | και 1°] καν *b* | ην ως] om c: om ως x | ευαγγελιζομενος] ...*sperat sibi beneficium* 𝔏 | μου]

4 σπευδειν ... αναχωρειν] σ′ θορυβεισθαι φευγειν j 7 την κατα δυσμας] α′ της ομαλης σ′ πεδιαδος j
8 εκδικησιν] τιμωριαν j 9 ος ελυτρωσατο] σ′ ο ρυσαμενος j

B ἐνώπιόν μου, καὶ κατέσχον αὐτὸν καὶ ἀπέκτεινα ἐν Σεκελάκ, ᾧ ἔδει με δοῦναι εὐαγγέλια. [11]καὶ 11
νῦν ἄνδρες πονηροὶ ἀπεκτάνκασιν ἄνδρα δίκαιον ἐν τῷ οἴκῳ αὐτοῦ ἐπὶ τῆς κοίτης αὐτοῦ· καὶ νῦν
ἐκζητήσω τὸ αἷμα αὐτοῦ ἐκ χειρὸς ὑμῶν καὶ ἐξολεθρεύσω ὑμᾶς ἐκ τῆς γῆς. [12]καὶ ἐνετείλατο 12
Δαυεὶδ τοῖς παιδαρίοις αὐτοῦ καὶ ἀποκτέννουσιν αὐτούς, καὶ κολοβοῦσιν τὰς χεῖρας αὐτῶν καὶ
τοὺς πόδας αὐτῶν, καὶ ἐκρέμασαν αὐτοὺς ἐπὶ τῆς κρήνης ἐν Χεβρών· καὶ τὴν κεφαλὴν Μεμφι-
βόσθε ἔθαψαν ἐν τῷ τάφῳ Ἀβεννὴρ υἱοῦ Νήρ.

[1]Καὶ παραγίνονται πᾶσαι αἱ φυλαὶ Ἰσραὴλ πρὸς Δαυεὶδ εἰς Χεβρὼν καὶ εἶπαν αὐτῷ Ἰδοὺ 1 V
ὀστᾶ σου καὶ σάρκες σου ἡμεῖς. [2]καὶ ἐχθὲς καὶ τρίτην ὄντος Σαοὺλ βασιλέως ἐφ' ἡμῖν σὺ ἦσθα 2
ὁ ἐξάγων καὶ εἰσάγων τὸν Ἰσραήλ, καὶ εἶπεν Κύριος πρὸς σέ Σὺ ποιμανεῖς τὸν λαόν μου τὸν
Ἰσραήλ, καὶ σὺ ἔσει εἰσηγούμενος ἐπὶ τὸν Ἰσραήλ. [3]καὶ ἔρχονται πάντες οἱ πρεσβύτεροι 3
Ἰσραὴλ πρὸς τὸν βασιλέα εἰς Χεβρών, καὶ διέθετο αὐτοῖς ὁ βασιλεὺς Δαυεὶδ διαθήκην ἐν Χεβρὼν
ἐνώπιον Κυρίου, καὶ χρίουσιν τὸν Δαυεὶδ εἰς βασιλέα ἐπὶ πάντα Ἰσραήλ. [4]Υἱὸς τριάκοντα 4
ἐτῶν Δαυεὶδ ἐν τῷ βασιλεῦσαι αὐτόν, καὶ τεσσεράκοντα ἔτη ἐβασίλευσεν· [5]ἑπτὰ ἔτη καὶ ἓξ 5
μῆνας ἐβασίλευσεν ἐν Χεβρὼν ἐπὶ τὸν Ἰουδά, καὶ τριάκοντα τρία ἔτη ἐβασίλευσεν ἐπὶ πάντα

11 απεκταγκασιν B$^{b}$ | κοιτης] κλινης B$^{ab}$ | εξολοθρευσω B$^{?}$A 12 αποκτενουσιν B$^{b}$(uid) V 1 παραγεινονται B* 2 και εχθες] καχθες B$^{b}$ | εση B$^{ab}$A | εις ηγουμενον B$^{ab}$ 3 χρειουσιν B* 4 τεσσαρακοντα B$^{b}$ 5 ιουδα] ιουδαν B$^{?}$

AMNa-jl-qs-$c_2e_2$𝔄ℭ$^{w}$𝔈𝔏$^{b(v)}$

εμου A | om και 2°—σεκελακ d | και 2°] *quod* 𝔈: om c𝔄ℭ𝔏 | αντεσχον $a_2$ | om αυτον 𝔄 | απεκτεινα Bcxy$a_2$] + αυτον AMN rell 𝔄ℭ𝔈(uid)𝔏 | σεκελακ Biy$a_2$ℭ] σικελακ N: *Sacclac* 𝔈: *Sicilac* 𝔄: σεκελαγ abh$^{b?}$ou$b_2c_2e_2$: σιγελαγ c: ⟨σακελαγ 71⟩: σικελατ v: σικελαμ g: σικελαγ AMh*(uid) rell 𝔏 | ω—ευαγγελια] *qui oportebat dare poenā [dignam boni nuntii]* 𝔏: om v* (spat relict) | ω] ως bcxy*(uid)

11 και νυν 1°] pr αλλα bov$^{b}c_2e_2$: [*sed*] 𝔏 | ανδρες] pr *uos* 𝔈𝔖$^{j}$ | απεκτανκασιν] απεκτεινασιν u: απεκτειναν bo$c_2e_2$: *occidistis* 𝔄𝔈𝔏(pr *qui*)𝔖$^{j}$ | εν—αυτου 1° post αυτου 2° bo$c_2e_2$ | κοιτης] κλινης B$^{ab}$Nauvy | om αυτου 2° 𝔄 | om εκ 1°—(12) αυτου c | εκ χειρος υμων] *de manus uestras* 𝔏 | χειρος] pr της Nbo$c_2e_2$: των χειρων y𝔄

12 ⟨και 1°] + νυν 246⟩ | παιδαριοις] παισιν a | αποκτεννουσιν] αποκτενουσιν B$^{b}$(uid)AN$^{a?}$aceghij*pt-x$a_2$: ⟨αποκτεινουσιν 246⟩: απεκτεινον o$c_2^{a?}e_2$: απεκτειναν bd$c_2$*𝔏 | εκολοβωσαν bo$c_2e_2$𝔏 | αυτων 1°] αυτου $e_2$*: om dp𝔄 | om και 4°—αυτων 2° j(txt)q | εκρεμασεν N | om αυτους 2° ⟨71⟩ 𝔄𝔈𝔏 | επι—χεβρων] *desuper montem inferebunt* 𝔏$^{b}$ | hab της κρηνης 𝔏$^{v}$ | κρηνης] κλινης y: κρικης cx | εν 1°] pr της ⟨123⟩ ℭ𝔖$^{j}$: εις dlp: om $a_2$ | χευρων dgp | om και 6°—νηρ j | μεμφιβοσθε] μεμφιβοσθαι A$a_2$: *enim Isboset* 𝔏: ιεβοσθε MNdgh*ilmp-uwz$b_2$𝔈: ιεβοσθαι f: ιαβοσθαι a: ιεβουσθε eh$^{b}$nv𝔄ℭ | εθαψεν N | αβεννηρ] αβενηρ cefgx: αβερνηρ $a_2$: βεννηρ s | υιου νηρ] υιου νιρ f: εν χεβρων N: ⟨om 71⟩: + εν χεβρων Mabnou(uid)v$b_2c_2e_2$𝔄𝔏: + εν χευρων g: ⟨+ εκ χεβρων 244⟩

V 1 ⟨και παραγινονται] παραγινονται δε 44⟩ | παραγινονται] παραγινοντα o: παραγινεται c*: *conuenerunt* 𝔏 | om ισραηλ g | εις] εν bcgx | χευρων dgp | και ειπαν αυτω BAnvy Cyr] ⟨pr λεγοντες 98⟩: και ειπον αυτω acx: και λεγουσιν bo$c_2e_2$: λεγοντες MN rell ℭ𝔏: *locuti sunt et dicunt* 𝔄 | hab ιδου—ημεις 𝔏$^{v}$ | ιδου] + o m | οστα—ημεις] *nos ossa tua et carnes tuae sumus* 𝔏$^{b}$: *nos ossa tua sumus et ex carne tua sumus* 𝔏$^{v}$ | οστα—σου 2° post ημεις bo$c_2e_2$ | om σου 2° v*$a_2$ | ημεις] υμεις g: ημων v

2 om και 1° Aacx𝔏 | om εχθες και e* | χθες bcde$^{a?}$hpx | τριτης MNbde*(uid)fh-uwz$b_2c_2e_2$ | οντως d$a_2e_2$ | σαουλ sup ras a$^{b}$ | βασιλεως] βασιλευς d: om Mg | ημιν] υμιν $c_2$: ημων Aajv$b_2$: ημας MNc-imnp-uwz Cyr: υμας dl | ο εξαγων] *qui ducebas* 𝔏 | om o efmsw$a_2$ | εισαγων και εξαγων Aac-flmp-tvwxz𝔄ℭ(uid) Cyr | om εξαγων και $a_2$ | εξαγαγων bu | om και 3° g | εισαγων] pr o N: εισαγαγων bu$a_2$ | τον ισραηλ 1°] *populū Israel* 𝔏 | om και 4°—ισραηλ 2° ce*x | ειπεν—σε] σοι (συ $e_2$) ειπεν ο (om b′) $\overline{κς}$ bo$c_2e_2$ | κυριος προς σε] *tibi Dominus* 𝔄 | κυριος] $\overline{κς}$ sup ras A$^{?}$ | προς σε] *tibi* 𝔏 | συ 2°] σοι b | ποιμαινεις Ahvy𝔏 | ⟨om τον λαον μου 44⟩ | om και 5°—ισραηλ 3° bgo$c_2e_2$𝔈 | om και 5° Cyr | ⟨om συ 3° 246⟩ | εισηγουμενος B*] ηγουμενος f Cyr: *rex* 𝔏: εις ηγουμενον B$^{ab}$AMNe$^{a}$m (νον επι τον $\overline{ιηλ}$ sup ras 1 lin m$^{a}$) rell 𝔄 | επι τον] εν τω cx: + λαον μου ju$b_2$

3 om totum comma d | ερχονται] *uenērt* 𝔏 | ⟨om παντες 244⟩ | πρεσβυτεροι sup ras h$^{a?}$ | εις χεβρων προς τον βασιλεα bo$c_2e_2$ | βασιλεα] $\overline{δαδ}$ cx: + *Dauit* 𝔏 | om εις χεβρων u | εις 1°] εν g | χεβρων 1°] χευρων gp | om και 2°—κυριου i | om και 2°—χεβρων 2° cvx | om αυτοις b | om δαυειδ 1° $a_2$ℭ Cyr | διαθηκην post κυριου A (διαθηκην A$^{mg}$) | ⟨om εν χεβρων 71⟩ | εν] εις u | χεβρων 2°] χευρων gp | κυριου] pr του v | χριουσιν] *unxerunt* 𝔏 | τον δαυειδ] αυτον cx | δαυειδ εις βασιλεα] βασιλεα $\overline{δαδ}$ y: om εις 𝔄-ed 𝔏 Cyr | om παντα iv Cyr | ισραηλ 2°] pr τον Nb$e_2$ Cyr Thdt

4, 5 om 𝔏

4 υιος] pr *et* 𝔈$^{s}$: ⟨και 44⟩: ην δε cx: om a$^{a?}$(uid)boz$c_2e_2$ Thdt | ετων τριακοντα cz𝔄 | δαυειδ] pr o n: pr ην A(ην δαυειδ sup ras A$^{a?}$ seq ras 1 forte lit)b𝔖$^{j}$ | βασιλευσαι Bv$a_2$] βασιλευειν AMN rell 𝔈(uid) | om και—εβασιλευσεν ℭ | τεσσαρα c | ετη] ετων v

5 επτα—ιουδα] εν χεβρων εβασιλευσεν επι τον ιουδαν επτα ετη και εξ μηνας A: εν χεβρων (χεβων c) και επι τον ιουδαν εβασιλευσεν επτα ετη και μηνας εξ cx: και εβασιλευσεν εν χεβρων επι ιουδαν (-δα b) ετη επτα και μηνας εξ bo$c_2e_2$: εν χεβρων και επι ιουδαν ετη επτα μηνας εξ Thdt | ⟨επτα—χεβρων] εν χευρων ετη επτα και μηνας εξ 44⟩ | επτα] pr *et* 𝔈 | om ετη και h* | μηνας εξ fy | μηνες $a_2$ | χευρων dgp | ιουδα B*s] ιυυδαν B$^{?}$MN rell | om και 2°—εβασιλευσεν 2° o | τριακοντα—ιερουσαλημ] εν $\overline{ιλημ}$ εβασιλευσεν τριακοντα και τρια ετη επι παντα $\overline{ιηλ}$ και ιουδαν A: εν $\overline{ιλημ}$ εβασιλευσεν τριακοντα και δυο ετη και μηνας εξ επι παντα $\overline{ιηλ}$ και ιουδαν b$c_2e_2$ Thdt ⟦εβασιλευσεν] om Thdt: + ετη $e_2$ | om και 1° b⟧: επι τον $\overline{ιηλ}$ εβασιλευσεν τριακοντα και τρια ετη cx | τριακοντα] τεσσαρακοντα $a_2$ | τρια] pr και Nf$^{a}$h$^{b?}$uy 𝔄𝔈: om af*w$a_2$ | παντα] τον y | ιουδαν] ιουδα ey | om εν

11 και νυν 1°] σ′ ποσω μαλλον jz | δικαιον] σ′ αναιτιον jz
12 κολοβουσιν] α′ απεκοψαν j: α′ κοπτουσιν z | κρηνης] α′ σ′ κολυμβηθρας jz V 2 και 1°—τριτην] σ′ αλλα και πριν j

6 Ἰσραὴλ καὶ Ἰούδαν ἐν Ἰερουσαλήμ. [6]Καὶ ἀπῆλθεν Δαυεὶδ καὶ οἱ ἄνδρες αὐτοῦ εἰς Ἰερου- B
σαλὴμ πρὸς τὸν Ἰεβουσαῖον τὸν κατοικοῦντα τὴν γῆν, καὶ ἐρρέθη τῷ Δαυείδ Οὐκ εἰσελεύσει ὧδε,
7 ὅτι ἀντέστησαν οἱ τυφλοὶ καὶ οἱ χωλοὶ λέγοντες ὅτι Οὐκ εἰσελεύσεται Δαυεὶδ ὧδε. [7]καὶ κατε-
8 λάβετο Δαυεὶδ τὴν περιοχὴν Σειών, αὕτη ἡ πόλις τοῦ Δαυείδ. [8]καὶ εἶπεν Δαυεὶδ τῇ ἡμέρᾳ
ἐκείνῃ Πᾶς τύπτων Ἰεβουσαῖον ἁπτέσθω ἐν παραξιφίδι καὶ τοὺς χωλοὺς καὶ τοὺς τυφλοὺς καὶ
τοὺς μισοῦντας τὴν ψυχὴν Δαυείδ· διὰ τοῦτο ἐροῦσιν Τυφλοὶ καὶ χωλοὶ οὐκ εἰσελεύσονται εἰς
9 οἶκον Κυρίου. [9]καὶ ἐκάθισεν Δαυεὶδ ἐν τῇ περιοχῇ, καὶ ἐκλήθη αὕτη ἡ πόλις Δαυείδ· καὶ
10 ᾠκοδόμησεν αὐτὴν πόλιν κύκλῳ ἀπὸ τῆς ἄκρας καὶ τὸν οἶκον αὐτοῦ. [10]καὶ διεπορεύετο Δαυεὶδ
11 πορευόμενος καὶ μεγαλυνόμενος, καὶ Κύριος Παντοκράτωρ μετ' αὐτοῦ. [11]καὶ ἀπέστειλεν Χειρὰμ
βασιλεὺς Τύρου ἀγγέλους πρὸς Δαυεὶδ καὶ ξύλα κέδρινα καὶ τέκτονας ξύλων καὶ τέκτονας λίθων,
12 καὶ ᾠκοδόμησαν οἶκον τῷ Δαυείδ. [12]καὶ ἔγνω Δαυεὶδ ὅτι ἡτοίμασεν αὐτὸν Κύριος εἰς βασιλέα
ἐπὶ Ἰσραήλ, καὶ ὅτι ἐπήρθη ἡ βασιλεία αὐτοῦ διὰ τὸν λαὸν αὐτοῦ Ἰσραήλ.

6 εισελευση B$^{ab}$A 7 σιων B$^b$A 8 φαραξιδι A | μεισουντας B*

AMNa–jl–qs–c$_2$e$_2$𝔄ℭ$^w$𝔈𝔏$^{b(sv)}$

ιερουσαλημ o | εν 2°] επι i | ιερουσαλημ] ιῆλ a$_2$

6—8 hab *Tanta est inquiunt ciuitas ut a debilibus arcearis ad quos Dauid respondit Facite inquiens et ego iubeam ut parua sublimia tangant et exeat inde prouerbium* 𝔏$^s$

6 απηλθεν] ηλθεν e$_2$: απεθανεν v | δαυειδ 1°] pr *rex* ℭ: ο βασιλευς boc$_2$e$_2$𝔏$^b$ | οι 1°] pr παντες MNbd–uwzb$_2$c$_2$e$_2$𝔏$^b$ Jos (uid) Cyr | αυτου] pr μετ z: pr οι μετ deflmp–twℭ | εις] εν Ne$_2$ | ιερουσαλημ] pr την de* | om τον 1° c | ιεβουσαιον] ιεβουσσαιον vxc$_2$: εβουσσαιον c | ερρεθη] *dixerunt* 𝔏$^b$ | hab ουκ 1°—(8) δαυειδ 2° 𝔏$^v$ | ουκ 1°] pr οτι abcovxzc$_2$e$_2$𝔄 Cyr | εισελευσει ωδε] [*intrauerunt*] 𝔏$^b$ | εισελευσει] εισελευσεται δαβιδ Cyr | οτι 1°] διοτι boc$_2$e$_2$ | αντεστησαν] ανεστησαν abcgxb$_2$ Cyr½: *resistunt* 𝔏$^b$: *ante te steterunt* 𝔏$^v$ | χωλοι και οι τυφλοι bc$_2$e$_2$ | om και 4° 𝔏$^b$ | ⟨om οι 3° 123.246⟩ | om οτι 2° abcfno xc$_2$e$_2$𝔄𝔏$^{bv}$ | εισελευσεται δαυειδ ωδε] *intrabat hac domus* 𝔏$^b$ | εισελευσεται] εισελευσητε o: εισελευση y𝔈 | δαυειδ 3°] post ωδε 2° 𝔈𝔏$^v$: om Any Cyr

7 και κατελαβετο] και κατε sup ras c | κατελαβετο] κατελαβεν v: προκατελαβετο Nu | om δαυειδ 1° 𝔏$^v$ | την περιοχην σειων] *Sion et arcem eius* 𝔄 | την περιοχην] την περιεχομενην Cyr: *regionem* 𝔏$^v$: *fines* 𝔏$^b$: +*omnem* ℭ | σειων] ⟨σηων 74⟩: +λεγων bozc$_2$e$_2$𝔏$^{bv}$ | αυτη η] αυτην u: om η a$_2$ | om του bhouyc$_2$e$_2$

8 και ειπεν δαυειδ] om Nv: ⟨om δαυειδ 71⟩ | τη] pr εν MN bd–uwzb$_2$c$_2$e$_2$𝔏$^{bv}$(uid) | τυπτων] pr ο p Or-gr Thdt: +*gladio* 𝔄-ed | ιεβουσαιον] ιεβουσσαιον cvxe$_2$: ιεβουσαιαν g: ⟨ιουδαιον 74⟩ | απτεσθω εν παραξιφιδι] *occidet* 𝔏$^b$ | απτεσθω] pr *et* 𝔄: απισθω v: om a | om και 2°—δαυειδ 2° cx | om και 2° 𝔄-codd 𝔈𝔏$^b$ 𝔖$^j$ Cyr | τυφλους και τους (om 44.246) χωλους MNadegi–mp–wzb$_2$ ⟨44.246⟩ 𝔈𝔏$^v$ Cyr | και τους τυφλους] ⟨om 71⟩: om τους b | om και 4° MNbd–hj–uwzb$_2$c$_2$e$_2$𝔄-codd 𝔏$^v$ | τους μισουντας] *omnes qui oderunt* 𝔏$^b$: τους πολεμουντας Cyr | την ψυχην] *animam iustam* 𝔏$^b$: om την AMadei–nqstvwa$_2$b$_2$ Cyr | ερουσιν] *dicunt* 𝔄 | τυφλοι και χωλοι] pr ιας o uid z: χωλοι και τυφλοι y: τυφλος και χωλος bouc$_2$e$_2$: χωλος και τυφλος Or-gr | εισελευσεται boc$_2$e$_2$ Or-gr | οικον] pr τον a: εκκλησιαν dhlp–tz* | κυριου] θῦ d

9 εν τη περιοχη] *in omnem regionem Sion* 𝔏 | εκληθη] εκληρωθη v | αυτη] post πολις A: om a$_2$ ℭ | om η hjz | δαυειδ 2°] pr του e | hab και 3°—αυτου 𝔏$^v$ | ωκοδομησεν] *aedificauerunt* 𝔏$^v$ | αυτην—και 4°] *in propinquitatem* [*ipsam et in circuitu suae*] *et posuit* 𝔏$^b$ | αυτην] *ibi* 𝔏$^v$: δᾱδ b: *in ea Dauid* 𝔖$^j$(uid): om cfoxc$_2$e$_2$𝔈 Thdt | πολιν] pr την bcfoxzc$_2$e$_2$ Thdt: post κυκλω N: om a$_2$: +κ̄υ cx: +*Dauid* 𝔄 | απο—αυτου] *ab ipsa arce et domo sua* 𝔏$^v$ | απο της ακρας] *ab extremo in extremum* 𝔄 | om αυτου h*

10 διεπορευετο B] επορευθη m𝔈: *abit* 𝔏: επορευετο AMN rell 𝔄 Thdt | om δαυειδ a$_2$ | πορευομενος και μεγαλυνομενος] μεγαλυνομενος και πορευομενος z: *ingrediens et magnificabatur* 𝔏 | πορευομενος] πλατυνομενος a$_2$ | om και μεγαλυνομενος a | hab και 3°—αυτου 𝔏$^v$ | κυριος] +ο θ̄ς ο Acx | μετ] pr ην z𝔄(uid)𝔈(uid)𝔏$^v$(uid) | αυτου] +*erat* 𝔏$^b$

11 χειραμ] χηραμ z: χιαμ e*: *Thyra* 𝔏 | βασιλευς] pr ο c Cyr: pr και x | ξυλα] ξυλινα e$_2$ | om και τεκτονας λιθων u | om τεκτονας 2° d | λιθων] pr τοιχου b: τοιχου oc$_2$e$_2$: *parietum* 𝔏: +τοιχου Acj$^{mg}$(sub ※)xℭ | ωκοδομησεν q*(uid)𝔈

12 om και εγνω δαυειδ a*g* | ητοιμασεν] *confirmauit* 𝔄 | om εις ghp𝔄ℭ | om και 2°—ισραηλ 2° b'sy | om και 2° g | οτι 2°] οτε *b**: om ℭ | hab επηρθη η βασιλεια 𝔏$^v$ | επηρθη η βασιλεια] *exaltauit regnum* 𝔈𝔏$^b$ | επηρθη] επηρται boc$_2$e$_2$: υψωθη u: *adauctum est* 𝔏$^v$ | δια—ισραηλ 2°] *supra terra Israel populum suū* 𝔏 | δια] επι u | αυτου 2°] ⟨του 236.242.244⟩: om e | ισραηλ 2°] pr τον cnve$_2$: ⟨λαου 244⟩: om a

6 ουκ 1°—χωλοι] σ' λεγοντες ουκ εισελευση ωδε εαν μη επι το (τω M$^{a?}$) αραι τους τυφλους και τους χωλους M | οτι 1°—λεγοντες] σ' εαν μη επι το αραι τους τυφλους και τους χωλους λεγοντας j | οτι 1°—τυφλοι] σ' εαν μη επι το αραι τους τυφλους z

7 την περιοχην] α' σ' το οχυρωμα jz

8 πας—παραξιφιδι] σ' ος αν ληψη ιεβουσαιον και κατακρατηση επαλξεως α' πας πατασσων ιεβουσαιον και αψεται εν κρουνισμω z | απτεσθω εν παραξιφιδι] σ' και κρατηση ενπαλξεως M: α' αψεται εν κρουνισμω σ' και κρατησει επαλξεως j

9 και 1°—δαυειδ 2°] σ' και διετριβεν δᾱδ εν τω οχυρωματι και εκαλεσεν αυτο πολιν δᾱδ j | της ακρας] α' του πληρωματος jz | ακρας—αυτου] σ' προσθεματος και εσω jz

10 μεγαλυνομενος] α' επι το μειζον jz | παντοκρατωρ] α' στρατιων σ' δυναμεων j

12 ητοιμασεν] σ' ηδρακεν j

B [13]Καὶ ἔλαβεν Δαυεὶδ ἔτι γυναῖκας καὶ παλλακὰς ἐξ Ἰερουσαλὴμ μετὰ τὸ ἐλθεῖν αὐτὸν εἰς 13
Χεβρών· καὶ ἐγένοντο τῷ Δαυεὶδ ἔτι υἱοὶ καὶ θυγατέρες. [14]καὶ ταῦτα τὰ ὀνόματα τῶν γεννη- 14
θέντων αὐτῷ ἐν Ἰερουσαλήμ· Σαμμοῦς καὶ Σωβὰβ καὶ Ναθὰν καὶ Σαλωμών, [15]καὶ Ἐβεὰρ καὶ 15
Ἐλεισοῦς καὶ Νάφεκ καὶ Ἰεφίες, [16]καὶ Ἐλεισαμὰ καὶ Ἐπιδαὲ καὶ Ἐλειφάαθ, Σαμαέ, Ἰεσσειβάθ, 16
Ναθάν, Γαλαμαάν, Ἰεβαάρ, Θεησοῦς, Ἐλφάλατ, Ναγέδ, Νάφεκ, Ἰαναθά, Λεασαμύς, Βααλειμάθ,
Ἐλειφάαθ.

[17]Καὶ ἤκουσαν ἀλλόφυλοι ὅτι κέχρισται Δαυεὶδ βασιλεὺς ἐπὶ Ἰσραήλ, καὶ ἀνέβησαν πάντες 17
οἱ ἀλλόφυλοι ζητεῖν τὸν Δαυείδ· καὶ ἤκουσεν Δαυείδ, καὶ κατέβη εἰς τὴν περιοχήν. [18]καὶ οἱ 18
ἀλλόφυλοι παραγίνονται καὶ συνέπεσαν εἰς τὴν κοιλάδα τῶν Τιτάνων. [19]καὶ ἠρώτησεν Δαυεὶδ 19
διὰ Κυρίου λέγων Εἰ ἀναβῶ πρὸς τοὺς ἀλλοφύλους καὶ παραδώσεις αὐτοὺς εἰς τὰς χεῖράς μου;
καὶ εἶπεν Κύριος πρὸς Δαυεὶδ Ἀνάβαινε, ὅτι παραδιδοὺς παραδώσω τοὺς ἀλλοφύλους εἰς τὰς

15 ελισους A 16 ελισαμα A | ελειφααθ 1°] ελιφααθ A 18 παραγεινονται B* | κοιλαδαν A | τειτανων B*

AMNa–jl–qs–$c_2e_2$𝔄ℭ$^{w}$𝔈𝔏$^{b(sv)}$

**13** γιναικας και παλλακας] παλλακας και γυναικας A (ς 2° sup ras A$^{r}$): επτα παλακας και γιναικας cx | και παλλακας] om a*: om και ⟨44⟩ 𝔈 | εξ] εν Ndefhlmnp–uwz*$b_2$ | ιερουσαλημ] ιηλ̄μ i: ιηλ̄ a | μετα] pr και b'𝔈 | ελθειν] μετελθειν u | εις Bcix$a_2$𝔈] εν g*: εκ AMNg$^{b}$ rell 𝔄ℭ: a 𝔏 | χευρων dgp | εγενετο an | ετι τω δᾱδ Acx𝔏

**14** ταυτα] *haec est* 𝔏 | των] pr αυτων p: pr των υιων αυτου b$oc_2e_2$𝔄(uid): pr *XVII filiorum eius* 𝔏 | γενηθεντων c*gx*(uid) | αυτω] αυτου d*(uid)v: om $e_2$ | εν] εις cix | ιερουσαλημ] + τεκνα δᾱδ z(mg): ⟨+ τεκνων ιγ' 246⟩: + τεκνα δᾱδ δεκα τρια bgio$c_2e_2$𝔖$^{j}$ (om δᾱδ) | om σαμμους—(16) ελειφααθ 1° boz(mg)$c_2e_2$𝔄𝔏𝔖$^{j}$ | σαμμους] σαμμουε A: σαμμυς z*(txt): σαμους aegnz$^{a?}$(txt): σαμουε cx | om και 2° p | σωβαβ] σοβαβ gq: σωβας f: *Soban* Anon$^{r}$: σωβαδαν A: σαβαβ x𝔈(uid): σαββαβ c | om και 3° 4° p | σαλωμων] σαλομων ach$^{b?}$n$xa_2$: *Solomon* ℭ: ⟨σαλαμων 44.123: σαλομαν 71⟩: σαλαμαν Nd–gh*i–mqstw: σαλαμανα $b_2$: σαλμαν uz(txt): σαλαμιαν v: σαλαμα M

**15** και 1°] pr και ελφαλατ j: om pℭ | εβεαρ Bay] εβιαρ v: αβεαρ $a_2$: ιεβεαρ Mgij$b_2$: *Iabehor* 𝔈: ιεβαρ Acx: ιεβααλ h$^{b?}$: ιεβααρ N(α 2° restaur N$^{b}$)h*z(txt) rell: *Eliab* ℭ | om και 2° p | ⟨ελεισους—(16) ελεισαμα] ελισαμα και ναγεβ 98⟩ | ελεισους] ελισουε ahiv: ελισουι N: λισους $a_2$: ⟨ελισεε 246: και ελφαλατ ναβαιγ 242⟩: ελισσους (-σσουε 244) ελφαλατ ναγεβ p ⟨244⟩: ελισσους και ελφαλατ ναγαιβ dlm: + και ελφαλατ (-λαθ 74) ναγαιβ (ναγαιμ e: ναγεβ f) efqstwz(txt) ⟨74⟩ | om και 3° dpℭ | ναφεκ] φ, κ ex corr d | ⟨και 4°—(16) ελειφααθ 1°] ταναθελ σαμις βαλιδαθ ελιφαλαθ 244⟩ | om και 4° dp | ιεφιες B] *Iafesa* 𝔈: *Iafie* ℭ: ιαφεια av: αφιε Au: ιεφθιε n: ιαφεθ cx: ιαβεις $a_2$: ιαναθ i: ιεφιε MNz(txt) rell

**16** και 1°—επιδαε bis scr $a_2$ | om και 1° dpℭ | ελεισαμα] ελισαμας deflmp–twz(txt): ⟨ελισαμαν 246: ελισαβα 71⟩: + και ναγεβ j | om και 2° dp | επιδαε B$a_2$ℭ𝔈] επιδαι v: επιδας y: ελιαδαε x: ελιαδαει c: ⟨ελιαδε 242⟩: ελιδαν N (restaur N$^{b}$): ελιδαδ i: ελιδαε AMa(λι sup ras)z(txt) rell | ελειφααθ 1° BA y$a_2$] ⟨ελιφαθ 246⟩: *Elifith* 𝔈: ελιφααλ cx: ελιφαλεθ p: ελιφαλαθ MNg(φ ex λα g$^{a}$)z(txt) rell: *Samae* ℭ | om σαμαε—ελειφααθ 2° AMNac–np–uwxz(txt)$b_2$ | σαμαε] pr *et* 𝔈: σαμαα boz(mg)$c_2$: [illegible] 𝔖$^{j}$: σαμαλ $e_2$: *Saman* Anon$^{r}$: *Samaet* 𝔏: *Samaath* 𝔄: *et Elifad* ℭ | ιεσσειβαθ] *Iesibath* 𝔄: ιεσσιφαθ $a_2$: ιεσσειβα v: *et Asebath* 𝔏: ιεσσεβαν boz(mg)$c_2e_2$: [illegible] 𝔖$^{j}$: *et Iasabace* 𝔈 | ναθαν] pr *et* 𝔈: *et Natham* 𝔏: *et Nathath* ℭ | γαλαμααν] pr *et* 𝔈: γαλαμαν $a_2$: *et Gamaan* 𝔄-codd: *Elimaan* ℭ: σαλωμων o$c_2e_2$: σαλομων b: σολομων z(mg)𝔏(pr *et*): [illegible] 𝔖$^{j}$ | ιεβααρ] pr *et* 𝔈: ιεβαερ $a_2$: ιεραaβ b'(α 1° ex corr b'$^{a}$): *et Abear* 𝔏: *et Iebarth* ℭ | θεησους] pr *et* 𝔈: θενσαυς v: θεηθους y: *Themesus* 𝔄: *Eesus* ℭ: ελισαυε b'*b*$^{a?}$(uid)oz(mg)$c_2e_2$: [illegible] 𝔖$^{j}$: ελισουε *b**: *et Elisuel* 𝔏 | om ελφαλατ ναγεδ 𝔏 | ελφαλατ] ελφαλαθ y: *et Elfalad* ℭ: *et Ilafalad* 𝔈: ελφαδατ bo$e_2$: *Elfaat* 𝔄-codd: [illegible] 𝔖$^{j}$: ελφατ z(mg) | ναγεδ] pr *et* 𝔈: ναγεθ boy$c_2$: ναγεβ $e_2$: ναγ.. z(mg): τιναγεδ v: [illegible] 𝔖$^{j}$ | ναφεκ ιαναθα λεασαμυς] ναφεκι αναθεαλεα σαμυς v | ναφεκ] pr *et* 𝔈: *et Naphech* 𝔏: ναφεθ bo$c_2e_2$: ναβεθ z(mg): *et Nafed* ℭ: [illegible] 𝔖$^{j}$ | ιαναθα λεασαμυς] ιαναθσαμυς b(ιωβεγ uid int lin *b*$^{b}$)o: ιαναθσυμυς $e_2$: ιαναθσαμυε $c_2$: ιαν.σιμυς z(mg) | ιαναθα] ιαναθαν y: [illegible] 𝔖$^{j}$: *Iennatha* 𝔄: *Iana* ℭ: θιαναθα $a_2$: *et Enathelia* 𝔈: *et Afia* 𝔏 | λεασαμυς] λεεσαμους $a_2$: *et Thaleasames* ℭ: *Elisamis* 𝔄: *et Elisama* 𝔏: και ασαμυς y: [illegible] 𝔖$^{j}$: *et Samis* 𝔈 | βααλειμαθ] βαλιμαθ $a_2$: βααληβαθ v: *et Balibath* ℭ: βααλειδαθ $e_2$𝔖$^{j}$: βαλλειδαθ o$c_2$: βααλιλαθ b: βαδιθαδ z(mg): *Balidad* 𝔄: *et Baali et Botha* 𝔈: *et Liba* 𝔏 | ελειφααθ 2°] *et Elipat* 𝔏: ελειφαλαθ bo$c_2e_2$ℭ𝔈𝔖$^{j}$ (pr *et* ℭ𝔈): *Elifalet* 𝔄: ελφαλαδ z(mg): ελειφω v

**17** και 1°—δαυειδ 2° sup ras a$^{b}$ | αλλοφυλοι 1° BAMa$^{b}$gh$a_2$] pr οι N rell | κεχρισται] εχρισται y: ⟨εχρισθη 64.244⟩: *unxisset* 𝔏 | om δαυειδ 1° $a_2$ | om βασιλευς επι ισραηλ a$^{b}$b' | βασιλευς] βασιλευειν h: *in regem* 𝔏 | επι] *super populum* 𝔏: om *b* | om παντες bo$c_2e_2$ | οι αλλοφυλοι] om a$^{b}$𝔏: om οι v | om ζητειν—περιοχην c | ⟨om τον 44⟩ | κατεβη—περιοχην] *ascendit in pontem Sionem* 𝔏 | την περιοχην] απαντησιν αυτων u |

**18** και 1° bis scr w | om οι αλλοφυλοι c | παραγινονται] ⟨παραγινωνται 242⟩: παρεγινοντο o: παρεγενοντο buv$c_2e_2$𝔏 | συνεπεσαν] συνεπεσον bdeflmp–twz: συνηχθησαν N(ηχθησαν restaur N$^{b}$): *inruerunt* 𝔏 | εν τη κοιλαδι au𝔏(uid) | hab των τιτανων 𝔏$^{v}$ | τιτανων] γιγαντων Jos: *Rafain* ℭ

**19** ηρωτησεν—κυριου] *consultauit Dauit rex Dōm* 𝔏 | επηρωτησεν N(επη restaur N$^{b}$)u | δαυειδ δια κυριου] κ̅ν̅ δᾱδ $a_2$ | δια κυριου] εν κ̅ω̅ N: τον κ̅ν̅ bo$c_2e_2$ | κυριου] pr του cnx | ⟨om λεγων 44⟩ | hab ει—μου 𝔏$^{s}$ | αναβω] καταβω cx | προς 1°] εις b' | om και 2° 𝔏$^{b}$ | παραδωσεις] pr ει bo$c_2e_2$: παραδωσει N*c: *si tradas* 𝔏$^{s}$ | εις 1°—μου] *in manum meam* 𝔈𝔏$^{b}$ | om τας 1° cdn | μου] μ ex corr p: σου l* | om και 3°—σου p* | om και 3°—δαυειδ 2° x | κυριος] pr ο c | προς δαυειδ] *ei* ℭ: om c | αναβαινε] αναβιθει c | om οτι—σου d | παραδιδους] παραδιδων v: παραδους $c_2$*: ⟨om 71⟩ | τους αλλοφυλους 2°] αυτους bo$c_2e_2$ | εις 2°—σου] *in manum tuam* 𝔈𝔏 | om τας 2° cuy$b_2$

17 την περιοχην] α' σ' το οχυρωμα jz (om σ') 18 των τιτανων] [των] γιγαντων i: α' σ' ραφαειμ jz

20 χεῖράς σου. [20]καὶ ἦλθεν Δαυεὶδ ἐκ τῶν ἐπάνω διακοπῶν καὶ ἔκοψεν τοὺς ἀλλοφύλους ἐκεῖ, καὶ B
εἶπεν Δαυεὶδ Διέκοψεν Κύριος τοὺς ἐχθροὺς ἀλλοφύλους ἐνώπιον ἐμοῦ ὡς διακόπτεται ὕδατα·
21 διὰ τοῦτο ἐκλήθη τὸ ὄνομα τοῦ τόπου ἐκείνου Ἐπάνω διακοπῶν. [21]καὶ καταλιμπάνουσιν ἐκεῖ
22 τοὺς θεοὺς αὐτῶν, καὶ ἐλάβοσαν αὐτοὺς Δαυεὶδ καὶ οἱ ἄνδρες οἱ μετ᾽ αὐτοῦ. [22]Καὶ προσέθεντο
23 ἔτι ἀλλόφυλοι τοῦ ἀναβῆναι, καὶ συνέπεσαν ἐν τῇ κοιλάδι τῶν Τιτάνων. [23]καὶ ἐπηρώτησεν
Δαυεὶδ διὰ Κυρίου, καὶ εἶπεν Κύριος Οὐκ ἀναβήσει εἰς συνάντησιν αὐτῶν, ἀποστρέφου ἀπ᾽
24 αὐτῶν καὶ παρέσει αὐτοῖς πλησίον τοῦ κλαυθμῶνος. [24]καὶ ἔσται ἐν τῷ ἀκοῦσαί σε τὴν φωνὴν
τοῦ συνκλεισμοῦ ἀπὸ τοῦ ἄλσους τοῦ κλαυθμῶνος, τότε καταβήσει πρὸς αὐτούς, ὅτι τότε ἐξε-
25 λεύσεται Κύριος ἔμπροσθέν σου κόπτειν ἐν τῷ πολέμῳ τῶν ἀλλοφύλων. [25]καὶ ἐποίησεν Δαυεὶδ
καθὼς ἐνετείλατο¶ αὐτῷ Κύριος, καὶ ἐπάταξεν τοὺς ἀλλοφύλους ἀπὸ Γαβαὼν ἕως τῆς γῆς ⁎ 𝔏$^{b}$
Γαζηρά.
VI 1 2 §[1]Καὶ συνήγαγεν ἔτι Δαυεὶδ πάντα νεανίαν ἐξ Ἰσραὴλ ὡς ἑβδομήκοντα χιλιάδας. [2]καὶ § 𝔅$^{l}$

22 τειτανων B* 23 αναβηση B$^{ab}$A | παρεση B$^{ab}$
24 ακουσε σαι A | συνκλεισμου] συγκλεισμου B$^{ab}$: συγκλισμου A | καταβηση B$^{ab}$A
VI 1 νεανιαν B$^{ab}$] νεαν B* | χειλιαδας B*

AMNa–jl–qs–c$_{2}$e$_{2}$𝔄(𝔅$^{l}$)ℭ$^{w}$𝔈(𝔏$^{bsv}$)

**20** hab και 1°—διακοπων 1° 𝔏$^{v}$ | εισηλθεν N | om δαυειδ 1° d | εκ—διακοπων 1°] *ad summo conscidens* 𝔏$^{b}$ | εκ των επανω] εκ|ανω g | των] τω m | ⟨επανω 1°] ανω 246⟩ | διακοπων 1°—τους 2° in mg et sup ras e$^{a}$ | διακοπων 1°] διακοπτων a*dflmp(uid)qstz𝔏$^{v}$ | hab και 2°—εκει 𝔏$^{s}$ | εκοψεν] διεκοψεν Acfx𝔏: ⟨+κυριος 242⟩ | τους αλλοφυλους] αυτους boc$_{2}$e$_{2}$𝔏 | εκει] pr δᾱδ b: om N: +δᾱδ oc$_{2}$e$_{2}$ | δᾱδ ειπεν Acx | ⟨διεκοψεν] διακοψει 74⟩ | τους 2°] pr ενωπιον μου e$^{a}$ | εχθρους B] om ℭ: +αυτου c: +μου AMN rell 𝔄𝔈𝔏 | αλλοφυλους 2° Bx] pr τους Acya$_{2}$: om MN rell 𝔄𝔏 | om ενωπιον εμου e | εμου BAuyb$_{2}$] μου MN rell | διακοπτεται] *consciderelur* 𝔏 | υδατα] pr τα bhoa$_{2}$c$_{2}$ | δια τουτο] pr *et* 𝔈: ⟨και 44⟩ | om τουτο—ονομα N | εκληθη] *uocauit* 𝔏 | hab επανω διακοπων 2° 𝔏$^{v}$ | επανω 2°] επανωδος b′: om g* | διακοπων 2°] διακοπτων a*e*𝔏$^{b}$: *per laborem* 𝔏$^{v}$

**21** καταλιμπανουσιν] καταλειπουσιν boc$_{2}$e$_{2}$: *remiserunt* 𝔏: +οι αλλοφυλοι cxz | εκει] post αυτων cx: +οι αλλοφυλοι bioc$_{2}$e$_{2}$ | ελαβοσαν BMgnya$_{2}$] ελαβον huz: λαμβανουσιν boc$_{2}$e$_{2}$: ελαβεν AN rell 𝔄𝔈 | αυτους] post δαυειδ A: om 𝔏 | ⟨om δαυειδ 246⟩ | ⟨om και 3°—αυτου 44⟩ | ανδρες] παιδες u | οι μετ BANanya$_{2}$𝔄-ed ℭ𝔈] om M rell 𝔏 | οι 2°] *eius* 𝔄-codd | αυτου] +και ειπεν κατακαυσαι αυτους εν πυρι Mabegiovwzc$_{2}$e$_{2}$⟨244 mg. 246⟩ ⟦ειπεν] ειπαν v: λεγει δᾱδ bozc$_{2}$e$_{2}$: +δαυιδ 244 mg | κατακαυσαι] κατακαυσατε biovzc$_{2}$: κατακαυσετε e$_{2}$ 246⟧: +καυσαι αυτους εν πυρι j: +*et combusserunt eos igni* 𝔄-ed: +*et confregit eos* 𝔈$^{s}$

**22** προσεθετο g* | ετι αλλοφυλοι] *consurgentes in eos consciderunt adhuc allofilos* 𝔏 | om ετι b′ | αλλοφυλοι] pr οι ab′cefimsv–ze$_{2}$: ⟨om 44⟩ | του αναβηναι] *et ascenderunt* 𝔏: om του bioc$_{2}$e$_{2}$ | συνεπεσαν] συνεπεσον bdefilmo–twzc$_{2}$: συνηχθησαν N: *inruerunt in uniuersi* 𝔏 | εν τη κοιλαδι] εις την κοιλαδα v: επι την κοιλαδα bc$_{2}$e$_{2}$ | om τη a | κοιλαδα o

**23** om δαυειδ h | δια κυριου] *Dōm* 𝔏 | κυριου] pr του bcfx: θῡ a$_{2}$: κ̄ῡ λεγων ει αναβω προς τους αλλοφυλους και παραδωσεις αυτους εις τας χειρας μου Magij(sub ⁜)nv𝔄ℭ⟦κ̄ῡ] pr του n | παραδωσης g | om τας iv⟧: +λεγων e$_{2}$ | ειπεν] +αυτω boc$_{2}$e$_{2}$ ℭ𝔈(uid) | ουκ αναβησει] ου καταβησει cjx | αποστρεφου] *sed egredere* 𝔏 | om απ A(αυτων αποστρεφου αυτ sup ras A$^{?}$) | και 3°—κλαυθμωνος] *usque peruenies iux[ta uallem] clautonis* 𝔏$^{b}$ | παρεσει] παρηση a$_{2}$: παρεστη a*: πορευσει e$_{2}$: ⟨περασαι 242⟩: περιπεση A | αυτοις] απ αυτων av: om q | hab πλησιον—(24) αυτους 𝔏$^{v}$ | πλησιον του κλαυθμωνος] *in locum klautmonis prope quem caeperint plorare* 𝔏$^{v}$: hab *locum planctus illorum* 𝔏$^{s}$ | πλησιον] pr εως ελθειν cx: εξ εναντιας deflmp–twz*: ⟨om 246⟩: +ras (2) a

**24** και—κλαυθμωνος] bis scr e*: om y𝔈 | om εσται ℭ𝔏$^{b}$ | om σε b′cnvx | της φωνης av | του 1°—τοτε 1°] *motionum illarum clanthon inruent* 𝔏$^{b}$ | του 1°—κλαυθμωνος] *sublatam de silua in ploratu* 𝔏$^{v}$: hab *sublatum de siluis ululatum* 𝔏$^{s}$ | συνκλεισμου—του 3°] αλσους συνκλεισμου cx | συνκλεισμου] συγκλυσμου w: συνσεισμου MNa(υνσει sup ras 6 litt)bdg–lnp–uzb$_{2}$c$_{2}$e$_{2}$𝔄ℭ𝔖$^{j}$: σισμου o (μου int lin) | απο B] om AMN rell 𝔄𝔖$^{j}$ | του αλσους] του ασου g: των αλσων boc$_{2}$e$_{2}$: hab τα αλση Jos | του 3°] pr και N | προς αυτους] εις τον πολεμον boc$_{2}$e$_{2}$𝔏 Thdt: +εις τον πολεμον z | εξελευσεται] ε 4° sup ras A$^{a}$ | εμπροσθεν σου] *ante et* 𝔏: ⟨om σου 236⟩ | κοπτειν] ⟨pr του 98⟩: κοπτων emsw: τυπτειν boz$^{a?}$c$_{2}$e$_{2}$𝔏 Thdt: συγκοπτειν cx: διακοπτων f | τους αλλοφυλους 𝔈𝔏 Thdt

**25** εποιησεν] +αυτω h | δαυειδ] ⟨om 246⟩: +ουτως boc$_{2}$e$_{2}$ | καθως] καθα e | ενετειλατο] *prae...* 𝔏 | αυτω] ⟨post κυριος 44⟩: αυτο e*(uid)v: om h | κυριος] ⟨pr ο 236⟩: om ℭ | γαβαων] ⟨χαβαων 71⟩: βαων w* | om εως d | om της γης bhouc$_{2}$e$_{2}$𝔄 | ⟨γης γαζηρα] γαζης 44⟩ | γης] γαζης A: om Madfgijlnp–tzb$_{2}$ | γαζηρα] γηζαρα a$_{2}$: γαβειρα cx

**VI 1** om ετι 𝔅 | παντων c | εξ] εν hu | ισραηλ ως εβδομηκοντα sup ras i$^{a}$ | om ως bcoc$_{2}$e$_{2}$ | hab εβδομηκοντα χιλιαδας 𝔏$^{v}$ | εβδομηκοντα] *septem* 𝔖-ap-Barh-codd: εβασιλευσεν εικοσι v | χιλιαδες ya$_{2}$

20 επανω διακοπων 2°] α′ εχων διακοπας jz
21 τους θεους] α′ τα διαπονηματα σ′ τα γλυπτα j
22 συνεπεσαν] σ′ επηλθον j: α′ επηλθον z | των τιτανων] α′ ραφαειμ j
23 αποστρεφου—παρεσει] σ′ κυκλευσον κατοπιν αυτων και επελευση j | πλησιον του κλαυθμωνος] κατεναντιον εν ταις φρουρησεσιν j: α′ εξ εναντιας των απιων z
24 την—κλαυθμωνος] α′ σ′ ψοφον διαβηματος εν κεφαλαις των φρουρησεων j | την—συνκλεισμου] σ′ *supplosionem ungulae* (ܢܩܫܐ ܕܦܪܣܬܐ ita leg) 𝔖-ap-Barh | καταβησει προς αυτους] α′ σ′ συντεμεις j

B ἀνέστη καὶ ἐπορεύθη Δαυεὶδ καὶ πᾶς ὁ λαὸς ὁ μετ' αὐτοῦ ἀπὸ τῶν ἀρχόντων Ἰούδα ἐν ἀναβάσει,
τοῦ ἀναγαγεῖν ἐκεῖθεν τὴν κιβωτὸν τοῦ θεοῦ, ἐφ' ἣν ἐπεκλήθη τὸ ὄνομα Κυρίου τῶν δυνάμεων
'καθημένου' ἐπὶ τῶν χερουβεὶν ἐπ' αὐτῆς. 3 καὶ ἐπεβίβασεν τὴν κιβωτὸν Κυρίου ἐφ' ἅμαξαν 3
καινὴν καὶ ἦρεν αὐτὴν εἰς οἶκον Ἀμειναδὰβ τοῦ ἐν τῷ βουνῷ· καὶ Ὀζὰ καὶ οἱ ἀδελφοὶ αὐτοῦ
υἱοὶ Ἀμειναδὰβ ἦγαν τὴν ἅμαξαν 4 σὺν τῇ κιβωτῷ, καὶ οἱ ἀδελφοὶ αὐτοῦ ἐπορεύοντο ἔμπροσθεν 4
τῆς κιβωτοῦ. 5 καὶ Δαυεὶδ καὶ οἱ υἱοὶ Ἰσραὴλ παίζοντες ἐνώπιον Κυρίου ἐν ὀργάνοις ἡρμοσμένοις, 5
ἐν ἰσχύι καὶ ἐν ᾠδαῖς καὶ ἐν κινύραις καὶ ἐν νάβλαις καὶ ἐν τυμπάνοις καὶ ἐν κυμβάλοις καὶ ἐν
αὐλοῖς. 6 καὶ παραγίνονται ἕως ἅλω Νωδάβ· καὶ ἐξέτεινεν Ὀζὰ τὴν χεῖρα αὐτοῦ ἐπὶ τὴν κιβωτὸν 6
§ ℭc τοῦ θεοῦ κατασχεῖν αὐτήν· καὶ ἐκράτησεν αὐτήν, ὅτι §περιέσπασεν αὐτὸν ὁ μόσχος, τοῦ κατα-
σχεῖν αὐτήν. 7 καὶ ἐθυμώθη Κύριος τῷ Ὀζά, καὶ ἔπαισεν αὐτὸν ἐκεῖ ὁ θεός, καὶ ἀπέθανεν ἐκεῖ 7
παρὰ τὴν κιβωτὸν τοῦ κυρίου ἐνώπιον τοῦ θεοῦ. 8 καὶ ἠθύμησεν Δαυεὶδ ὑπὲρ οὗ διέκοψεν Κύριος 8
διακοπὴν ἐν τῷ Ὀζά· καὶ ἐκλήθη ὁ τόπος ἐκεῖνος Διακοπὴ Ὀζὰ ἕως τῆς ἡμέρας ταύτης. 9 καὶ 9
ἐφοβήθη Δαυεὶδ τὸν κύριον ἐν τῇ ἡμέρᾳ ἐκείνῃ λέγων Πῶς εἰσελεύσεται πρὸς μὲ ἡ κιβωτὸς

2 δυναμαιων A | καθημενω B 3 εφ] επ BA | αμιναδαβ (bis) A
6 παραγεινονται B* | ἀλῶν ὠδαβ B$^b$ | περιεσπασεν] signa v l prae se fert B: περισπασεν A
7 κειβωτον A 8 υπερ B$^?$] οπερ B*

AMNa–jl–qs–c$_2$e$_2$𝔄𝔅$^l$ℭ$^{(c)w}$𝔈(𝔏$^{sv}$)

2 δᾱδ και επορευθη (-θειν c) Acx𝔅ℭ | ⟨om δαυειδ 71⟩ | ο 2°] *eius* 𝔄: om Acgixa$_2$ | απο] pr και MNd–np–tvwzb$_2$𝔅 | om των 1° y | ιουδα] *omnium* ℭ | αναβασει] τη αναβασει του βουνου biozc$_2$e$_2$ | του 1°—κιβωτον] *per quam ascendit arca* 𝔄 | αναγαγειν] αναγειν A: αγαγειν cp: ανενεγκειν jb$_2$ | om εκειθεν ⟨244⟩ 𝔈 | om του 2°—(3) κιβωτον a$_2$ | ην] η x: ης N*cv | επεκεκλητο oc$_2$ | κυριου] pr του AMagjyb$_2$: του θυ̅ i: +*Dei* 𝔄 | των δυναμεων] σαβαωθ boz(mg)c$_2$e$_2$ | καθημενου] καθημενοι p: καθημενος v: καθημενω Bay | om των 3° deflmo–twzc$_2$e$_2$ | χερουβειν BAMayℭ] χαιρουβειμ g: χερουβειμ N rell 𝔅 | επ] εν u | αυτης] αυτοις c: αυτην z$^{a?}$c$_2$e$_2$: αυτον o: αυτω y

3 ⟨και 1°—καινην post βουνω 246⟩ | επεβιβασαν Mbd–hjlm oq–uwzb$_2$c$_2$e$_2$𝔅𝔈 Thdt | ⟨την 1°] pr αυτην 246⟩ | κυριου] pr του N: του θυ̅ bhovc$_2$e$_2$ Thdt: om p | εφ αμαξαν καινην] hab 𝔏$^v$: επι της αμαξης καινης i* | κενην ANahvy | ηραν MNd–np–wzb$_2$𝔅ℭ𝔈 Thdt | εις οικον BAcxya$_2$] εξ οικου MN rell: εκ του οικου Thdt: *e domo* 𝔄𝔅ℭ𝔈 | αμειναδαβ 1°] δ ex β z$^a$: αμηναδαβ g: αμιναδαμ e | του] pr και c: ου ex corr uid N: τω y: om a$_2$ | οζα] οζαν cfh$^b$x Thdt: ⟨οζαβ 74⟩: αζα A: ζα a*(uid) | om υιοι—(4) αυτου d | υιοι] pr οι cc$_2$e$_2$ Thdt | αμειναδαβ 2°] αμιναδαμ ae | hab ηγαν την αμαξαν 𝔏$^v$ | ηγαν B] ηραν avya$_2$: ηγον AMN rell Thdt | αμαξαν 2°] +την καινην Acj$^{mg}$(sub ※)x

4 συν] pr και ηραν αυτην απο οικου αμιναδαβ εν βουνω Acj$^{mg}$(sub ※)x⟨98⟩ ⟦οικου] pr του 98 | εν] pr ος j(mg) 98: pr ος ην cx | βουνω] pr τω cx⟧ | τη κιβωτω] τιν κειβωτον g: +του θυ̅ bozc$_2$e$_2$ Thdt | και] pr και οζα h*ozc$_2$e$_2$𝔖$^j$: pr και οζαν bh$^b$ Thdt | ⟨om οι αδελφοι αυτου 71⟩ | αυτου] του g*: ζαν cx: του αμιναδαβ Or-gr: +υιοι αμιναδαβ o | om επορευοντο—κιβωτου A | εμπροσθεν] +εκ πλαγιων b: +και εκ πλαγιων bozc$_2$e$_2$ Thdt | κιβωτου] +*et ex lateribus eius* 𝔖$^j$

5 και 2°] +παντες boc$_2$e$_2$𝔖$^j$ | om οι bgjovyz | υιοι] ανδρες i | ισραηλ] αυτου a$_2$: om Or-gr | παιζοντες post ενωπιον e$^{a?}$ | ενωπιον] *coram arca* 𝔄-ed: om e* | εν οργανοις ηρμοσμενοις] pr και A: hab *in organis armizatis* 𝔏$^v$: *psalteriis et instrumentis* 𝔄 | εν 2°] pr και A | και εν ωδαις] ⟨om και 44⟩: om εν Or-gr | om εν 4° v | κινυραις] κιννυραις b'dehjnpz: κιννρα Av* 𝔄-codd: κιννυρα cv$^b$x: κηνυδαις a$_2$ | ⟨om και εν 3° 44⟩ | ναβλαις] ναυλαις bdfop: ⟨ναυλοις 44⟩: αβλαις a*gyc$_2$e$_2$: αυλαις u: αυλοις cx𝔄 | και 6°—κυμβαλοις post αυλοις a$_2$ | και εν τυμπανοις] om y: ⟨om εν 44⟩ | και εν κυμβαλοις] om a: ⟨om και εν 44⟩: +ras (13) i | και εν αυλοις] *et tubis* 𝔄: αλαλαγμου c: αλαλαγμων x: om και t: ⟨om εν 44⟩

6 om και 1° Aa* | παραγινονται] *init* ℭ | αλω B] pr της bioz(mg)c$_2$e$_2$: αλωνα g: αλωνων MNhjnb$_2$ℭ: αλωμωνος A: αδωνος v: om a$_2$: αλωνος z(txt) rell On | νωδαβ B] νοδαβ a$_2$: ναχων AOn: ναχωρ Nh$^b$𝔅: αχων cx: ⲛⲁⲇⲁⲃⲉⲓⲁ ℭ: *Aminadab* 𝔄: ιεβουσαιου a𝔈: ορνα (αρνα b': αρμα g: ασωρ v) του ιεβουσαιου (ιεβουσσ- e$_2$) M(mg)bgi(txt)ovz(mg)c$_2$e$_2$: ⟨ορναχωρ ιεβουσαιου 246⟩: hab ܐܟܘܪ 𝔖$^j$(mg): αχωρ M(txt)h*i(mg)z(txt) rell: ܐܟܪ 𝔖-ap-Barh | εξετειναν f | οζα] post αυτου a$_2$𝔈: post χειρα v: οζαν fh$^b$x: αζζα A: om c | om αυτου nv | επι] εις y: *in* 𝔄: προς boc$_2$e$_2$ | του 1°] κυ̅ i | om και εκρατησεν αυτην MNghuvℭ | εκρατησεν—περιεσπασεν] εσπασατο a$_2$ | εκραταιωσεν boz(mg)c$_2$e$_2$ | περιεσπασεν] περιεπασεν i: περιεπεσεν acx | αυτον Ba$_2$ℭ(uid)] om cx: αυτην AMN rell 𝔅 | του κατασχειν αυτην BAaa$_2$𝔄ℭ𝔈(uid)] του σχιζειν αυτην y: hab *et declinauerunt eam* 𝔏$^s$: ο βασταζων επ αυτην (-τη x) cx: om MN rell 𝔅

7 εθυμωθη] +οργη MNbd–uwyzb$_2$c$_2$𝔅 | τω] pr εν boc$_2$e$_2$: pr επι g | οζα] οζαν fh$^b$ Thdt: ζα a*: ζαν cx: αζζαν A | επαισεν] εσπασεν dp: επαταξεν bouz(mg)c$_2$e$_2$ | εκει 1°] post θεος 𝔈$^s$: om g𝔈$^a$ | ο θεος] ⟨pr κυριος 74⟩: *Dominus* 𝔅: +επι τη προπετεια A(om τη)bcefgij$^{mg}$(sub ※)mowxc$_2$(sub ※)e$_2$𝔄𝔖-ap-Barh 𝔖$^j$(uid): +επι τη κιβωτω z | και απεθανεν εκει] και εκει απεθανεν d: om 𝔈$^s$: om εκει ℭ | του κυριου] του θυ̅ avyℭ$^c$: om cx: om του MNd–np–uwzb$_2$ | om ενωπιον του θεου ℭ$^c$

8 ηθυμωσεν A | ⟨υπερ] περι 71⟩ | διεκυψεν j | κυριος] *Deus* ℭ | om διακοπην εν g𝔈 | οζα 1°] οζαν fh$^b$: ζα a*: ζαν cx: αζζα A | om και 2°—οζα 2° 𝔄-codd | ⟨διακοπη post οζα 2° 71⟩ | οζα 2°] ⟨pr εν τω 246⟩: οζαν fh$^b$: ζαν cx: αζζα A | ημερας ταυτης] σημερον ημερας A

9 δαυειδ] pr ο a$_2$ | om τον κυριον g | εκεινη] εκει j* | προς με]

VI 2 αρχοντων] α' σ' εχοντων j: α' αγιων z | εν αναβασει] θ' εν τη αναβασει j | κιβωτον] α' γλωσσοκομον j
3 επεβιβασεν] σ' επεθηκαν j 5 εν οργανοις] σ' εν παντοιοις ξυλοις j | κυμβαλοις] α' σ' σειστροις jz 6 νωδαβ] α' ετοιμης jz
7 επαισεν] α' επληξεν j | (επι τη προπετεια)] α' επι τη εκνοια j 8 ηθυμησεν] λ̥ ελυπηθη σ' οργιλον τω j

10 Κυρίου; 10 καὶ οὐκ ἐβούλετο Δαυεὶδ τοῦ ἐκκλῖναι πρὸς αὐτὸν τὴν κιβωτὸν διαθήκης Κυρίου εἰς B
11 τὴν πόλιν Δαυείδ· καὶ ἀπέκλινεν αὐτὴν Δαυεὶδ εἰς οἶκον Ἀβεδδαρὰ τοῦ Γεθθαίου. 11 καὶ ἐκάθισεν
ἡ κιβωτὸς τοῦ κυρίου εἰς οἶκον Ἀβεδδαρὰ τοῦ Γεθθαίου μῆνας τρεῖς· καὶ εὐλόγησεν Κύριος ὅλον
12 τὸν οἶκον Ἀβεδδαρὰ καὶ πάντα τὰ αὐτοῦ. 12 Καὶ ἀπηγγέλη τῷ βασιλεῖ Δαυεὶδ λέγοντες
Ηὐλόγησεν Κύριος τὸν οἶκον Ἀβεδδαρὰ καὶ πάντα τὰ αὐτοῦ ἕνεκεν τῆς κιβωτοῦ τοῦ θεοῦ· καὶ
ἐπορεύθη Δαυεὶδ καὶ ἀνήγαγεν τὴν κιβωτὸν τοῦ κυρίου ἐκ τοῦ οἴκου Ἀβεδδαρὰ εἰς τὴν πόλιν
13 Δαυεὶδ ἐν εὐφροσύνῃ. 13 καὶ ἦσαν μετ' αὐτῶν αἴροντες τὴν κιβωτὸν ἑπτὰ χοροί, καὶ θύμα μόσχος
14 καὶ ἄρνα. 14 καὶ Δαυεὶδ ἀνεκρούετο ἐν ὀργάνοις ἡρμοσμένοις ἐνώπιον Κυρίου, καὶ ὁ Δαυεὶδ
15 ἐνδεδυκὼς στολὴν ἔξαλλον. 15 καὶ Δαυεὶδ καὶ πᾶς ὁ οἶκος Ἰσραὴλ ἀνήγαγον τὴν κιβωτὸν Κυρίου
16 μετὰ κραυγῆς καὶ μετὰ φωνῆς σάλπιγγος. 16 καὶ ἐγένετο τῆς κιβωτοῦ παραγινομένης ἕως πόλεως
Δαυείδ, καὶ Μελχὸλ ἡ θυγάτηρ Σαοὺλ διέκυπτεν διὰ τῆς θυρίδος, καὶ εἶδεν τὸν βασιλέα Δαυεὶδ
ὀρχούμενον καὶ ἀνακρουόμενον ἐνώπιον Κυρίου, καὶ ἐξουδένωσεν αὐτὸν ἐν τῇ καρδίᾳ ἑαυτῆς.

10 εκκλειναι B*A | απεκλειναν B* 12 ευλογησεν A 16 παραγεινομενης B*

AMNa–jl–qs–c$_2$e$_2$𝔄𝔅$^{l}$ℭ$^{cw}$𝔈(𝔏$^{sv}$)

post κυριου h𝔈: *in domum meam* 𝔅 | κυριου] pr του AMNgiju b$_2$: του θ̅υ̅ avz𝔄: του θ̅υ̅ και ηλθεν η κιβωτος του κ̅υ̅ (θ̅υ̅ oe$_2$)boc$_2$e$_2$

**10** ⟨om δαυειδ 1° 71⟩ | om του 1° cx | om προς αυτον g𝔈 | ⟨om την κιβωτον 44⟩ | διαθηκης] pr της a$_2$: post κυριου i | εις 1°] επι av | om την 2° p | om δαυειδ 2° cx | om και 2°—δαυειδ 3° e$_2$ | απεκλινεν] λι ex corr v: επεκλινεν n: εξεκλινεν bjoz$^{a?}$c$_2$: απεκλεισεν a*iu𝔈 | om δαυειδ 3° a$_2$c$_2$ | αβεδδαρα] αβεδαρα egp: ⟨αβελδαρα 74⟩: αβενδαρα a: αβεδδα a$_2$: αβεδδαδαν boc$_2$c$_2$𝔖$^{j}$ | του γεθθαιου] *Gethaei* 𝔄𝔅ℭ$^{w}$(uid) | του 2°] o sup ras A$^{1}$ | γεθθαιου] γ ex τ h$^{a?}$: γετθαιου esw: χετθαιου m: χετταιου afa$_2$ℭ$^{c}$: + μηνας τρεις boc$_2$e$_2$

**11** και 1°—τρεις sub ※ c$_2$ | om και 1°—γεθθαιου ijzℭ$^{c}$𝔈 | ⟨om και 1° 44⟩ | εκαθισεν] + εκει Acxℭ$^{w}$ | ⟨η—γεθθαιου] εκει η κιβωτος 44⟩ | η κιβωτος] γλωσσοκομον Acx | του κυριου] του θ̅υ̅ ava$_2$: om cx: om του Aefglmp–uwy | εις οικον] εν οικω MN bgoub$_2$c$_2$e$_2$𝔄ℭ$^{w}$ | αβεδδαρα 1°] αβεδαρα eg$^{a?}$p: αβενδαρα a: αβεδα g*: αβεδδαδαν bo(δ 3° ex ν o$^{a}$)c$_2$e$_2$𝔖$^{j}$: αβεδδαδομ A | του γεθθαιου] *Gethaei* 𝔄𝔅ℭ$^{w}$: om cdx | γεθθαιου] γετθαιου esw: χετθαιου m: χετταιου afa$_2$ | τρεις μηνας ef𝔈 | τρεις] εξ a$_2$ | ολον—τα] τον αβεδδαρα και ολον τον οικον A𝔄: αβεδδαρα και τον οικον cx | ολον] post οικον y: παντα a$_2$: om boc$_2$e$_2$𝔅ℭ$^{c}$ | αβεδδαρα 2°] αβδδαρα h*: αβεδαρα egp: αβεδδαδαν boc$_2$e$_2$𝔖$^{j}$: αυτου d | παντα] ολα a$_2$ | αυτου] αυτου εν τω εισελθειν εκει την κιβωτον κ̅υ̅ Mghn⟨244⟩ℭ$^{w}$ ⟦αυτου] pr εν g | ελθειν 244 | εκει] *ei* ℭ$^{w}$ | κ̅υ̅] του θ̅υ̅ h 244⟧: + ενεκεν της κιβωτου του θ̅υ̅ ef(+ και επορευθη δ̅α̅δ̅ και ανηγαγε την κιβωτον κ̅υ̅ f*)mw: + *propter arcam Domini* 𝔅: + *propter arcam* [*Domini*] *accessit ei* ℭ$^{c}$

**12** om και 1°—αυτου y | απηγγελη] ανηγγελη N$^{?}$ghv: απηγγειλαν boc$_2$e$_2$𝔄: + ras (6—7) m | om βασιλει z(txt)b$_2$ 𝔄ℭ | om δαυειδ 1° s*e$_2$𝔅𝔈 | λεγοντες] λεγοντων cx: ⟨οτι 71⟩ | ευλογησαι o | κυριος] ο θ̅ς̅ N$^{?}$ | αβεδδαρα 1°] pr του h: αβεδαρα egp: αβεδδαδαν boc$_2$e$_2$𝔖$^{j}$ | om και 2°—αυτου d | ⟨om ενεκεν—θεου 71⟩ | του θεου] κ̅υ̅ cxℭ: *testamenti Domini* 𝔅: om του e: + και ειπεν δ̅α̅δ̅ επιστρεψω (+ την κιβωτον του θ̅υ̅ και b') την ευλογιαν εις τον οικον μου bgozc$_2$e$_2$: hab *et dixit David Reuocabo benedictionem in domum meam* 𝔏$^{v}$: hab *dixitque David Ibo et reducam arcam cum benedictione in domum meam* 𝔏$^{s}$ | om δαυειδ 2° Cyr | ανηγαγεν] ανηγαγον o: απηγαγεν g: ⟨ανηνεγκε 71⟩ | του κυριου] του θ̅υ̅ ab'v Cyr: om ℭ$^{c}$: om του c–glmnp–twxz | om εκ—αβεδδαρα 2° d | του οικου] τον (των c) οικον ce$_2$ | αβεδδαρα 2°] αβεδαρα egps*: αβεδδαδαν boc$_2$e$_2$𝔖$^{j}$ | om την 2° boc$_2$e$_2$ | δαυειδ 3°] ⟨αυτου 44⟩: om a$_2$ | ευφροσυνη] *magno gaudio* ℭ$^{c}$: *pace et magno gaudio* ℭ$^{w}$: + *et laetitia* 𝔅

**13** hab και 1°—μοσχος 𝔏$^{s}$ | μετ αυτων] *cum David* 𝔏 | αυτων] αυτον bgv: αυτου cfiux𝔄𝔈$^{a}$ | om αιροντες την κιβωτον 𝔏 | αιροντες] pr οι bozc$_2$e$_2$𝔄ℭ(uid)𝔈(uid) Thdt | κιβωτον BAacxy a$_2$𝔄] + του κ̅υ̅ Nbuc$_2$: + κ̅υ̅ M rell Thdt: + *Domini* 𝔅ℭ𝔈𝔖-ap-Barh | hab επτα χοροι 𝔏$^{v}$ | θυμα—αρνα] *mactauerunt boues et oues* 𝔈 | θυματα n𝔅 | μοσχος και αρνα] και αρνες και μοσχος y | μοσχος] μοσχους a(ους corr ex ος uel ου a$^{a}$)n: μοσχου bouxc$_2$e$_2$ 𝔄𝔏(uid) Thdt: μοσχον ca$_2$: μοσχοι i$^{a}$𝔅(uid)ℭ(uid)𝔖-ap-Barh (uid) | αρνα BAa*cvxa$_2$] αρνας n: αρνος bh$^{b?}$ouc$_2$e$_2$ Thdt: αρνεσι a$^{b}$(uid): αρνες MN(ε ex corr)h*(uid) rell 𝔅ℭ(uid)𝔖-ap-Barh(uid): *agnorum* 𝔄

**14** ανεκρουετο—ηρμοσμενοις] hab *percutiebat in organis et armigatis* 𝔏$^{s}$ | ανεκρουετο] απεκρουετο g: + λεγων y | ο δαυειδ] αυτος boc$_2$e$_2$ Thdt: om cx: om ο N*anva$_2$ | ενδεδυκως στολην εξαλλον] hab *indutus erat ueste regali optima* 𝔏$^{v}$ | ενδεδυμενος boa$_2$c$_2$e$_2$ Thdt | εξαλλον] εξ αλλων cq: ενδοξον u: *byssinum* 𝔄-codd 𝔖-ap-Barh

**15** om δαυειδ και q* | ο οικος] om bob$_2$c$_2$e$_2$ℭ: om ο d | ισραηλ] αυτου a$_2$ | ανηγαγον] ανηγαγεν Acx: απηγαγων g: ανηγον b$_2$ | κυριου] pr του MNbeloqstvwz–e$_2$: του θ̅υ̅ a | om μετα 2° bjoc$_2$e$_2$

**16** κιβωτου] + κ̅υ̅ Abcxc$_2$e$_2$𝔅ℭ: + του θ̅υ̅ o | παραγινομενης] παραγενομενης bcdhouvxzc$_2$𝔈𝔖$^{j}$: παραγεναμενης a$_2$: παραπορευομενης jb$_2$ | πολεως] pr της boyc$_2$e$_2$ | om και 2°—δαυειδ 2° c | μελχολ] μελχωλ f: μελχω N$^{a?}$ | om η boc$_2$ | διεκυπτεν] bis scr m*: ⟨διεκυψε 244⟩ | ⟨om και 3°—κυριου 236.242⟩ | om βασιλεα dizℭ$^{c}$ | om δαυειδ 2° u | ανακρουομενον και ορχουμενον Acx | ορχουμενον] pr παιζοντα και boc$_2$e$_2$: + και πεζοντα h | και ανακρουομενον] hab 𝔏$^{v}$: om ad | ανακρουομενον] ανακροουμενον v: ανακρυομενον y: ⟨παιζοντα 244 mg⟩ | hab και 5°—εαυτης 𝔏$^{v}$ | εξουδενωσεν] *uituperauit* 𝔏$^{(v)}$ | εαυτης BNh] αυτης M rell: αυτου A

10 εκκλιναι] σ' παραγαγειν j

13 και 1°—αρνα] α' και εγενετο οταν διεβηματισαν αιροντες το γλωσσοκομον κ̅υ̅ εξ βηματα και εθυσιαζε βουν και σιτευτον σ' ως δε διεβησαν οι βασταζοντες εξ βηματα εθυσιαζε βουν και προβατον j: *cumque transendissent qui portabant archam Dni sex passus imolabant bouem et arietem* p

14 και 1°—κυριου] α' και δ̅α̅δ̅ ορχουμενος εν παντι κρατει προ προσωπου κ̅υ̅ σ' δ̅α̅δ̅ δε ην εν τιαρα εμπροσθεν κ̅υ̅ j | στολην εξαλλον] α' επενδυμα εξαιρετον jz: σ' υποδυτην λινουν j

15 κραυγης] αλαλαγμου j

16 ορχουμενον και ανακρουομενον] α' διατινασσομενον και καρχαρουμενον σ' σκιρτωντα και καγχαζοντα (κακχ- j) jz | εξουδενωσεν] σ' εξευτελισεν j

B 17καὶ φέρουσιν τὴν κιβωτὸν τοῦ κυρίου καὶ ἀνέθηκαν αὐτὴν εἰς τὸν τόπον αὐτῆς εἰς μέσον τῆς 17
σκηνῆς ἧς ἔπηξεν αὐτῇ Δαυείδ· καὶ ἀνήνεγκεν αὐτῇ ὁλοκαυτώματα ἐνώπιον Κυρίου καὶ εἰρηνικάς.
18καὶ συνετέλεσεν Δαυεὶδ συναναφέρων τὰς ὁλοκαυτώσεις καὶ τὰς εἰρηνικάς, καὶ εὐλόγησεν τὸν 18
λαὸν ἐν ὀνόματι Κυρίου τῶν δυνάμεων. 19καὶ διεμέρισεν παντὶ τῷ λαῷ εἰς πᾶσαν τὴν δύναμιν 19
τοῦ Ἰσραὴλ ἀπὸ Δὰν ἕως Βηρσάβεε, ἀπὸ ἀνδρὸς ἕως γυναικός, ἑκάστῳ κολλυρίδα ἄρτου καὶ ἐσχα-
ρίτην καὶ λάγανον ἀπὸ τηγάνου· καὶ ἀπῆλθεν πᾶς ὁ λαὸς ⸀ἕκαστος⸀ εἰς τὸν οἶκον αὐτοῦ. 20Καὶ 20
¶ 𝔅ˡ ἐπέστρεψεν Δαυεὶδ εὐλογῆσαι τὸν οἶκον αὐτοῦ¶, καὶ ἐξῆλθεν Μελχὸλ ἡ θυγάτηρ Σαοὺλ εἰς
ἀπάντησιν Δαυεὶδ καὶ εὐλόγησεν αὐτὸν καὶ εἶπεν Τί δεδόξασται σήμερον ὁ βασιλεὺς Ἰσραήλ,
ὃς ἀπεκαλύφθη σήμερον ἐν ὀφθαλμοῖς παιδισκῶν τῶν δούλων ἑαυτοῦ καθὼς ἀποκαλύπτεται
ἀποκαλυφθεὶς εἷς τῶν ὀρχουμένων. 21καὶ εἶπεν Δαυεὶδ πρὸς Μελχὸλ Ἐνώπιον Κυρίου ὀρχή- 21
σομαι· εὐλογητὸς Κύριος ὃς ἐξελέξατό με ὑπὲρ τὸν πατέρα σου καὶ ὑπὲρ πάντα τὸν οἶκον αὐτοῦ,
καταστῆσαί με εἰς ἡγούμενον ἐπὶ τὸν λαὸν αὐτοῦ ἐπὶ τὸν Ἰσραήλ· καὶ παίξομαι καὶ ὀρχήσομαι
ἐνώπιον Κυρίου, 22καὶ ἀποκαλυφθήσομαι ἔτι οὕτως, καὶ ἔσομαι ἀχρεῖος ἐν ὀφθαλμοῖς σου, καὶ 22
μετὰ τῶν παιδισκῶν ὧν εἶπάς με δοξασθῆναι. 23καὶ τῇ Μελχὸλ θυγατρὶ Σαοὺλ οὐκ ἐγένετο 23
παιδίον ἕως τῆς ἡμέρας τοῦ ἀποθανεῖν αὐτήν.
1Καὶ ἐγένετο ὅτε ἐκάθισεν ὁ βασιλεὺς ἐν τῷ οἴκῳ αὐτοῦ, καὶ Κύριος κατεκληρονόμησεν 1 VII

17 δαυειδ] δαυ sup ras B$^{a?}$ 19 εως 1°] ἕως A$^{1}$ | εκαστος] εκαστō | B 22 δοξασθηναι] pr μη B$^{a?}$ (suprascr)

AMNa-jl-qs-c$_2$e$_2$𝔄(𝔅ˡ)ℭ$^{cw}$𝔈(𝔏$^{v}$)

17 om και 1°—δαυειδ v | φερουσιν] εισφερουσιν bioc$_2$e$_2$: εισηνεγκαν Mefgjlmp-uwzb$_2$𝔅: εισηνεγκεν N: εισηγαγον d | om του Adfgipe$_2$ | ανεθηκαν] απεθηκαν MN$^{a?}$dfgj-np-uwzb$_2$: απεθηκεν N*: επεθηκαν e: εθηκαν a$_2$: τιθεασιν boc$_2$e$_2$ Jos: *posuit Dauid* ℭ | ⟨om τον 98⟩ | αυτης] εαυτης A | εις 2°—σκηνης] *in tabernaculo* 𝔅 | εις μεσον] εν μεσω boc$_2$e$_2$ | ης] ην Na$_2$: ⟨και 71⟩ | αυτη 1°—ανηνεγκεν corr ex 4 litt o$^{a}$ | αυτη 1°] ⟨pr εν 44⟩: post δαυειδ a$_2$: αυτην a: om 𝔈 | ανηνεγκεν αυτη B] ανηγαγεν δᾱδ Acx: ανηνεγκεν δᾱδ αυτη a$_2$: om αυτη dp: + δᾱδ y: ανηνεγκεν δᾱδ MN rell 𝔄𝔅ℭ𝔈 | ολοκαυτωματα] ολοκαυτωμα a: ολοκαυτωσιν N | ⟨ενωπιον κυριου] om 44: om ενωπιον 236. 242⟩ | om και 4° g*

18 om και 1°—ειρηνικας da$_2$ℭ$^{w}$ | συνετελεσεν] ετελεσε f: + ενωπιον κ̅υ̅ a | αναφερων MNabg-ln-vyzb$_2$c$_2$e$_2$ | om τας ολοκαυτωσεις και ℭ$^{c}$(uid) | τας ολοκαυτωσεις] την ολοκαυτωσιν a: τα ολοκαυτωματα v: τας θυσιας u | ευλογησεν] + δᾱδ d | των δυναμεων] pr σαβαωθ b: σαβαωθ oc$_2$e$_2$

19 διεμερισεν] εμερισεν boc$_2$e$_2$: διενιμαν v: + *Dauid* ℭ | παντι] εν v | τω λαω] τον λαον g | εις 1°—βηρσαβεε] απο δαν (+ και e$_2$) εως βηρσαβεαι (-βεε b') εις πασαν την δυναμιν του ι̅η̅λ̅ boc$_2$e$_2$ | εις 1°—δυναμιν] *in omnes locos* ℭ$^{w}$: om ℭ$^{c}$ | εως 1°] pr και MNd-gilmpq(και bis scr)s-wyzb$_2$𝔖$^{j}$ | εως 2°] pr και oyc$_2$e$_2$: ⟨και 44⟩: om d | εκαστω] εκαστου cxa$_2$e$_2$: om A | και εσχαριτην post τηγανου A(εσχαριτης)c(αχαριτην)x(σχαριτην) 𝔖-ap-Barh 𝔖$^{j}$ | και 3° bis scr q | λαχανον e | om πας a | ⟨om εκαστος 236.242⟩ | τον bis scr a* | οικον] τοπον av

20 om και 1°—αυτου b'cx | επεστρεψεν] απεστρεψεν *b*delo pvc$_2$e$_2$: ⟨υπεστρεψε 123⟩ | ευλογησαι] και ευλογησεν yℭ𝔈 | μελχολ] post σαουλ i: μελχωλ f: μελχω N$^{a?}$ | η θυγατηρ σαουλ] θ ex γ uid c: om d | υπαντησιν c | δαυειδ 2°] αυτου abcxa$_2$: + και ειπε e* | om και ευλογησεν αυτον N | om τι a𝔄 | om ο βασιλευς ℭ$^{c}$ | ισραηλ] pr του bfoc$_2$e$_2$ | ος] ως gv: οτι o | απεκαλυφθη] ανεκαλυφθει g: αποκαλυφθειη e$_2$ | ⟨om εν οφθαλμοις 236.242⟩ | παιδισκων] pr των op: om vℭ$^{c}$(uid) | των 1°] pr *et* 𝔄 | εαυτου BAchxya$_2$] αυτου MN rell | om καθως—ορχουμενων d | καθα e | αποκαλυπτεται] bis scr e*: αποκεκαλυπται a$_2$ | αποκαλυφθεις—ορχουμενων] εις των ορχουμενων καλυφθεις b' | αποκαλυφθεις] pr ο h: post ορχουμενων *b*oc$_2$e$_2$: om ℭ$^{c}$𝔈 | hab εις των ορχουμενων 𝔏$^{v}$ | εις 2°] ⟨επι 246⟩: om v

21 om προς μελχολ ℭ$^{c}$ | μελχολ] μελχωλ f: μελχω N$^{a?}$ | ορχησομαι 1°] ⟨pr σημερον 44⟩: ορχησωμαι gv: om A | om ευλογητος κυριος Acx | ευλογητος Baya$_2$𝔄ℭ] ζη boc$_2$e$_2$ Thdt: pr και MN rell 𝔈 | κυριος] + *Deus* 𝔄 | ος] ως a | εξελεξατο—σου] *eripuit me a patre tuo* 𝔈 | με 1°] + σημερον n | υπερ 1°—με 2° bis scr 𝔄-ed | τον πατερα] *domum patris* ℭ$^{c}$ | παντα—αυτου 1°] *domum tuam totam* ℭ | καταστησαι Bgy] pr του AMN rell Thdt: *constituit* 𝔈 (pr *et* 𝔈$^{a}$) | εις ηγουμενον] om ℭ$^{c}$: om εις o*𝔄𝔈 | επι 1°—τον 4°] εν a$_2$ | επι 1°] pr *et* 𝔈 | τον 3°] pr παντα Thdt | om λαον—τον 4° d | om επι 2° bceoxc$_2$e$_2$𝔄ℭ𝔈 Thdt | παιξομαι] πεξωμαι v: παιξωμαι και χαρισωμαι g | ορχησομαι 2°] ορχησωμαι gv | om ενωπιον κυριου 2° Acx

22 om και αποκαλυφθησομαι Acx | αποκαλυφθησωμαι gv | hab και 2°—σου 𝔏$^{v}$ | εσομαι] pr *ego* 𝔏: εσωμαι gv𝔈$^{a}$ | αχρειος] αγενης a$_2$ | των] pr ras (3) i: om Ndp | παιδων a$_2$ | ων ειπας] ⟨om 44⟩: om ων dp | με] μοι h𝔈: μελλο v: om e$_2$𝔄 | δοξασθηναι] pr μη B$^{a?}$MNa$^{b}$d-gi-np-uwz(txt)b$_2$: *honoratus es* 𝔈: + *honorabor* 𝔄

23 τη—σαουλ] αυτη d | μελχολ] μελχωλ f Thdt: μελχω N$^{a?}$ | θυγατρι] ⟨pr τη 74⟩: θυγατηρ c(ηρ σ ex corr)vx | ⟨εγενετο παιδιον] εγενοντο παιδες 246⟩ | παιδιον] pr το n | om της anv | θανειν i | ταυτην cx

VII 1 ⟨και εγενετο] εγενετο δε 44⟩ | οτε] ως cx | ο βασιλευς] pr δᾱδ A: δαυιδ 𝔄 Eus: + δᾱδ *a*boc$_2$e$_2$ | hab και 2°—αυτου 𝔏$^{v}$ | κυριος] *Deus* ℭ$^{c}$ | κατεκληρονομησεν] κατεπαυσεν bioz$^{a?}$

17 ολοκαυτωματα] σ' αναφορας j | ειρηνικας] τας υπερ της σωτηριας του λαου j 18 εν ονοματι] σ' δια του ονοματος j
19 εσχαριτην] α' σ' αμυριτην j 20 τι δεδοξασται] τι εντιμος ην jz | ορχουμενων] α' κενων σ' εικαιων j
21 καταστησαι με] α' σ' εντειλασθαι μοι j
22 και 1°—αχρειος] σ' και ευτελεστερος εσομαι και ταπεινοτερος jz | αποκαλυφθησομαι] α' ατιμωθησομαι z
VII 1 κατεκληρονομησεν] και επαυσεν M

2 αὐτὸν κύκλῳ ἀπὸ πάντων τῶν ἐχθρῶν αὐτοῦ τῶν κύκλῳ, 2 καὶ εἶπεν ὁ βασιλεὺς πρὸς Ναθὰν τὸν B
προφήτην Ἰδοὺ δὴ ἐγὼ κατοικῶ ἐν οἴκῳ κεδρίνῳ, καὶ ἡ κιβωτὸς τοῦ θεοῦ κάθηται ἐν μέσῳ τῆς
3 σκηνῆς. 3 καὶ εἶπεν Ναθὰν πρὸς τὸν βασιλέα Πάντα ὅσα ἂν ἐν τῇ καρδίᾳ σου βάδιζε καὶ ποίει,
4 ὅτι Κύριος μετὰ σοῦ. 4 Καὶ ἐγένετο τῇ νυκτὶ ἐκείνῃ καὶ ἐγένετο ῥῆμα Κυρίου πρὸς Ναθὰν
5 λέγων 5 Πορεύου καὶ εἰπὸν πρὸς τὸν δοῦλόν μου Δαυείδ Τάδε λέγει Κύριος Οὐ σὺ οἰκοδομήσεις
6 μοι οἶκον τοῦ κατοικῆσαί με. 6 ὅτι οὐ κατῴκηκα ἐν οἴκῳ ἀφ᾽ ἧς ἡμέρας ἀνήγαγον ἐξ Αἰγύπτου
τοὺς υἱοὺς Ἰσραὴλ ἕως τῆς ἡμέρας ταύτης, καὶ ἤμην ἐνπεριπατῶν ἐν καταλύματι καὶ ἐν σκηνῇ.
7 7 ἐν πᾶσιν οἷς διῆλθον ἐν παντὶ Ἰσραὴλ εἰ λαλῶν ἐλάλησα πρὸς μίαν φυλὴν τοῦ Ἰσραὴλ ᾧ
ἐνετειλάμην ποιμαίνειν τὸν λαόν μου Ἰσραὴλ λέγων Ὅτι οὐκ ᾠκοδομήκατέ μοι οἶκον κέδρινον;
8 8 καὶ νῦν τάδε ἐρεῖς τῷ δούλῳ μου Δαυείδ Τάδε λέγει Κύριος Παντοκράτωρ Ἔλαβόν σε ἐκ τῆς
9 μάνδρας τῶν προβάτων τοῦ εἶναί σε εἰς ἡγούμενον ἐπὶ τὸν λαόν μου ἐπὶ τὸν Ἰσραήλ, 9 καὶ ἤμην
μετὰ σοῦ ἐν πᾶσιν οἷς ἐπορεύου, καὶ ἐξωλέθρευσα πάντας τοὺς ἐχθρούς σου ἀπὸ προσώπου σου,
10 καὶ ἐποίησά σε ὀνομαστὸν κατὰ τὸ ὄνομα τῶν μεγάλων τῶν ἐπὶ τῆς γῆς. 10 καὶ θήσομαι τόπον
τῷ λαῷ μου τῷ Ἰσραὴλ καὶ καταφυτεύσω αὐτόν, καὶ κατασκηνώσει καθ᾽ ἑαυτὸν καὶ οὐ μεριμνήσει
11 οὐκέτι, καὶ οὐ προσθήσει οὐκέτι υἱὸς ἀδικίας τοῦ ταπεινῶσαι αὐτὸν καθὼς ἀπ᾽ ἀρχῆς, 11 ἀπὸ τῶν
ἡμερῶν ὧν ἔταξα κριτὰς ἐπὶ τὸν λαόν μου Ἰσραήλ· καὶ ἀναπαύσω σε ἀπὸ πάντων τῶν ἐχθρῶν

VII 2 εμμεσω A    6 εμπεριπατων B$^b$A    9 εξωλοθρευσα B$^?$    10 αδικειας A    11 σαι A

AMNa-jl-qs-$c_2e_2$𝔄ℭ$^{cw}$𝔈(𝔏$^v$)

$c_2e_2$𝔄-ed ℭ: *tutauit* 𝔏 | αυτον] αυτω befmoswz$^{a?}$$c_2e_2$𝔄: om z* | κυκλω 1°] κυκλοθεν MNbd-gi-uwz$b_2c_2e_2$: om 𝔄ℭ$^c$𝔈 | om απο—κυκλω 2° $a_2$ | om των 1° gv | των κυκλω] om Aabci ox$c_2e_2$ Eus: om των defjlmp-twz$b_2$𝔄

2 om ο βασιλευς ℭ$^c$ | om δη bcdlo-tyz$c_2e_2$ | ⟨κατοικω εγω 246⟩ | καθηται] καθισεται bo$c_2e_2$: om ℭ$^c$ | μεσω της σκηνης] χεβρων y | της σκηνης] + κ̄υ b(om της)oz$c_2e_2$

3 om προς—σου 1° d | τον] pr δᾱδ u | αν] ⟨ην 246⟩: om Aho$c_2e_2$ Thdt: + η Mabgijnuv$b_2$: + ει x: + ειη c | om τη efmw | βαδιζε και ποιει] ποιει βαδιζε y: om και c*dlp-tz | κυριος] ο θ̄ς bo$c_2e_2$ℭ$^c$ Thdt

4 εγενετο 1°] εγενηθη av: om d | om τη—εγενετο 2° 𝔈 | τη] pr εν AMbefgi-mo-uwz$b_2c_2e_2$ | και εγενετο 2°] om cefmsu wx: om και bdo$c_2e_2$𝔄(uid)ℭ(uid) | om κυριου adv | ναθαν] + τον προφητην bo$c_2e_2$𝔈$^s$ | λεγον ef*qs𝔖$^j$

5 πορευθητι bo$c_2e_2$ | και—δαυειδ] προς τον δουλον μου δαυιδ και ειπε Eus | ειπε Abchjox$c_2e_2$ Thdt | προς τον δουλον] τω δουλω d$e_2$ Thdt Cyp | δουλον μου δαυειδ] δᾱδ τον δουλον μου $a_2$𝔖$^j$ | δουλον] λαον a*(uid) | om δαυειδ q | om ταδε λεγει κυριος ℭ$^c$ | ⟨ου] pr ει 71⟩ | συ οικοδομησεις] συνοικοδομησεις h | συ] σοι Nab'ovy$a_2b_2$ | οικοδομησεις μοι] οικοδομησης μοι N$^b$gj: om N$^{a?}$(uid) | om μησεις μοι οικον N* | om μοι Thdt | om του v | κατοικησαι] κατοικισαι c: οικησαι y

6 κατωκηκα] κατωκησα Mc-gi-np-uw-z$b_2$ Eus: ⟨κατοικησω 44⟩ | om ης v | εξηγαγον N𝔈 | εξ—ισραηλ Bhnv$a_2$𝔈] τους υιους ῑη̄λ εξ αιγυπτου AMN rell 𝔄ℭ Eus Thdt [[τους] pr ras(6) s | om ῑη̄λ u* | εξ] εκ γης deflmp-twzℭ$^c$]] | εως—ταυτης] pr και bo$c_2e_2$: om z | και 1°—καταλυματι] hab *et eram in hospitio* 𝔏$^v$ | περιπατων cx | καταλυματι] καταλυμματι g: καλυμματι fvℭ(uid): καλημματι c* | om και 2° bo$c_2e_2$𝔄ℭ$^c$ | σκηναις lℭ

7 εν 1°—παντι] *in locis omnibus* ℭ$^c$ | om εν πασιν $a_2$ | ⟨πασιν—ισραηλ 1°] παντι ισραηλ οις διηλθον 244⟩ | διηλθον εν] διηλθεν v | διηλθον] *ambulabam* 𝔄 | ισραηλ 1°] pr τω bo$c_2$: pr τοπω $e_2$ | om ει—ισραηλ 2° z | ει] η bc | προς] εις g | φυλην] φυλων $a_2$: + *tribuum* ℭ$^w$: + *filiorum* ℭ$^c$ | του ισραηλ] ⟨om 74⟩: om του adefilmp-tvw$a_2$ | ω] ων ANa*demp-tvwyz: ον f: ⟨ως 74: ου 71⟩: η l: *quibus* ℭ$^c$ | ενετειλαμην] + σοι g | om ποιμαινειν ℭ$^c$ | om μου Aℭ$^c$ | ισραηλ 3°] pr τον Aabco$c_2e_2$ Thdt: om dℭ𝔈 | λεγον o | οτι Byz𝔈 Eus] pr τι bhov$a_2c_2e_2$ Thdt: τι Aacx: om u: ινα τι MN rell 𝔄(uid)ℭ(uid) | om ουκ cx | ωκοδομηκατε] ωκοδομησατε b'fhux Thdt: οικοδομησατε Nc $a_2$: οικοδομησετε y

8 cf 2 Cor vi 18 λεγει κυριος παντοκρατωρ || ⟨om και νυν 236.242⟩ | ερης v | δαυειδ] pr τω av | hab ελαβον—προβατων 𝔏$^v$ | εκ—προβατων] *de casa pastorali ex uno grege* 𝔏 | ⟨εκ] απο 123⟩ | των] pr εξ ενος bo$c_2e_2$: pr απο οπισθεν Acefmwx Eus | προβατων] ποιμνιων bo$c_2e_2$𝔄 | επι 1°—μου 2°] ⟨του λαου μου 74⟩: om Acx Eus | επι τον 2°] bis scr q: om v$a_2$: om επι abdf-inou$c_2e_2$𝔄ℭ𝔈: om τον A

⟨9—29 om 242⟩

9 επορευου] *iuisti* 𝔈 | εξωλεθρευσας a*$a_2$* | om παντας ℭ$^c$ | σε ονομαστον] σοι ονομα μεγα b'*b*(txt)o$c_2e_2$ Thdt: *nomen tuum magnum* 𝔈 | το ονομα] τα ονοματα im𝔄 | τω μεγαλω a* | om των 2° p

10 θησωμαι gv | τοπον] το οπλον v: *testamentum* ℭ$^c$ | τω 2°] τον c*: του $a_2$: om Nbouy$c_2e_2$ Eus Thdt | om και καταφυτευσω αυτον c | καταφυτευσω] κατασκηνωσω x | αυτον 1°] αυτους a | hab και 3°—εαυτον 𝔏$^v$ | om και 3°—εαυτον h | και κατασκηνωσει] και κατασκηνωσω cj*y: ενκατασκηνωσει Ax | καθ εαυτον] καθ αυτον Aanvx: εφ εαυτον o: εν αυτω y: αυτον c (o ex uel in ω corr) | ου 1°] ⟨om 44⟩: + μη u | μεριμνηση v | ουκετι 1°] καθ εαυτον $a_2$ | om ου 2° f*(uid) | προσχθησει d(uid) | ουκετι 2° B] ετι Ah: om MN rell ℭ$^c$ Eus Thdt | ⟨υιοις 74⟩ | αδικιας] ανομιας g$a_2$ | ταπεινωσαι] κακωσαι y | om καθως y

11 απο 1°] pr και MNbd-gi-uwz$b_2c_2e_2$ Thdt | om των 1° g | κριτην cx | ισραηλ] pr τον Abcnovxz$c_2e_2$ | αναπαυσω σε] ανα-

6 και ημην] σ' αλλ ημην j | εν καταλυματι] α' σ' εν σκεπη j
8 μανδρας] α' ωραιοτητος σ' νομης j | των] pr ※ α' απο οπισθεν jz (sine ※)
10 κατασκηνωσει καθ εαυτον] σ' αναπαυσεται επι του τοπου αυτου j | μεριμνησει] α' κλονηθησεται σ' μετασταθησεται j | ταπεινωσαι] α' κακουχησαι μετακινησαι jz

§ 𝕮ˢ B σου, καὶ ἀπαγγελεῖ σοι Κύριος ὅτι οἶκον οἰκοδομήσεις αὐτῷ. §[12]καὶ ἔσται [(12)]ἐὰν πληρωθῶσιν αἱ 12
ἡμέραι σου καὶ κοιμηθήσῃ μετὰ τῶν πατέρων σου, καὶ ἀναστήσω τὸ σπέρμα σου μετὰ σὲ ὃς
ἔσται ἐκ τῆς κοιλίας σου, καὶ ἑτοιμάσω τὴν βασιλείαν αὐτοῦ· [13]αὐτὸς οἰκοδομήσει μοι οἶκον τῷ 13
¶ 𝕮ˢ ὀνόματί μου¶, καὶ ἀνορθώσω τὸν θρόνον αὐτοῦ ἕως εἰς τὸν αἰῶνα. [14]ἐγὼ ἔσομαι αὐτῷ εἰς πατέρα καὶ 14
αὐτὸς ἔσται μοι εἰς υἱόν· καὶ ἐὰν ἔλθῃ ἀδικία αὐτοῦ, καὶ ἐλέγξω αὐτὸν ἐν ῥάβδῳ ἀνδρῶν καὶ ἐν
ἁφαῖς υἱῶν ἀνθρώπων· [15]τὸ δὲ ἔλεός μου οὐκ ἀποστήσω ἀπ' αὐτοῦ καθὼς ἀπέστησα ἀφ' ὧν 15
ἀπέστησα ἐκ προσώπου μου. [16]καὶ πιστωθήσεται ὁ οἶκος αὐτοῦ καὶ ἡ βασιλεία αὐτοῦ ἕως αἰῶνος 16
ἐνώπιον ἐμοῦ, καὶ ὁ θρόνος αὐτοῦ ἔσται ἀνωρθωμένος εἰς τὸν αἰῶνα. [17]κατὰ πάντας τοὺς λόγους 17
τούτους καὶ κατὰ πᾶσαν τὴν ὅρασιν ταύτην, οὕτως ἐλάλησεν Ναθὰν πρὸς Δαυείδ. [18]Καὶ 18
εἰσῆλθεν ὁ βασιλεὺς Δαυεὶδ καὶ ἐκάθισεν ἐνώπιον Κυρίου, καὶ εἶπεν Τίς εἰμι ἐγώ, κύριέ μου
Κύριε, καὶ τίς ὁ οἶκός μου, ὅτι ἠγάπηκάς με ἕως τούτων; [19]καὶ κατεσμικρύνθην μικρὸν ἐνώπιόν 19
σου, κύριέ μου, καὶ ἐλάλησας ὑπὲρ τοῦ οἴκου τοῦ δούλου σου εἰς μακράν· οὗτος δὲ ὁ νόμος τοῦ
ἀνθρώπου, κύριέ μου Κύριε. [20]καὶ τί προσθήσει Δαυεὶδ ἔτι τοῦ λαλῆσαι πρὸς σέ; καὶ νῦν σὺ 20
οἶδας τὸν δοῦλόν σου, Κύριε. [21]διὰ τὸν δοῦλόν σου πεποίηκας· καὶ κατὰ τὴν καρδίαν σου 21
ἐποίησας πᾶσαν τὴν μεγαλωσύνην ταύτην, γνωρίσαι τῷ δούλῳ σου, [22]ἕνεκεν τοῦ μεγαλῦναί σε, 22

14 αδικεια A     16 ανορθωμενος A     19 κατεσμεικρυνθην B* | μεικρον B*

AMNa–jl–qs–$c_2e_2$𝔄𝕮[c(s)*]𝔈(𝔏[v])

παυσαι σε n: ⟨αναπαυσομαι 246⟩: om σε q | σου] + *ante faciem tuam* 𝕮[w] | απαγγελει] απαγγελη c: αναγγελει b | οικον οικοδομησεις] οικοδομησει οικον Thdt ⅓ | οικον] post αυτω a𝔄: om g* $a_2$ | οικοδομησει bej[a?]oz(mg)$c_2e_2$𝔖[j](uid) Thdt ⅓-ed ⅓ | αυτω] εαυτω boc$_2$e$_2$ Thdt ⅔-ed ⅓: εαυτω κ̅ς̅ z(mg)

**12** εαν] οταν Ath: ως αν Thdt: *cum* Cyp | om και 2° x* | κοιμηθηση] κοιμηθης $a_2$ Thdt: *dormieris* Cyp: κοιμηθεις a: κοιμησει b′ | om και 3° Ath Cyp | αναστησω—σε] αναστησεται εκ του σπερματος σου αλλος Ath | το σπερμα] εκ του σπερματος Cyr | ος] ο Nh Eus ⅓ | εσται 2°] εστιν a: *exiet* 𝔈 | εν τη κοιλια Eus ⅓ | ετοιμασω] + εις τον αιωνα Ath | την βασιλειαν] *regnum tuum* 𝔄𝕮 | αυτου] αυτω z[a?]𝔄𝕮: σου Eus ½

**13** αυτος] pr και v𝔄: ουτος *b*oz[a?]$c_2e_2$𝕮[s] Cyr ½ Thdt Cyp: και b′ | ⟨om οικοδομησει 246⟩ | om μοι Mcfgijnquxb$_2$𝔄𝕮[sw]𝔈 Ath Cyr Thdt Cyp-ed ½ | τω ονοματι μου] pr εν v𝕮: ⟨om 44⟩ | ανορθωσω] *dirigam* Tyc: αναστησω y𝔈(uid): *statuam* Cyp-cod ½ | τον θρονον] τον οικον e: την βασιλειαν Ath | om εως $a_2$ Ath

**14** cf 2 Cor vi 18 και εσομαι υμιν εις πατερα και υμεις εσεσθε μοι εις υιους και θυγατερας; Heb i 5 εγω εσομαι αυτω εις πατερα και αυτος εσται μοι εις υιον; Apoc xxi 7 και εσομαι αυτω θεος και αυτος εσται μοι υιος ‖ εγω] pr και bghne$_2$𝕮[c]𝔈 Cyr Thdt Cyp: και oc$_2$ | εσωμαι gmvc$_2$*(uid) | αυτω] υτ sup ras A[1] | εαν] αν αν Eus ½ | αδικια Bcxa$_2$ Eus] η κακια b: pr η AMN rell | αυτου] αυτω cx | om και 3° cx𝔄(uid)𝕮(uid)𝔈 Tyc | αυτον] + *et admonebo eum* 𝔄 | ραβδοις b | ανδρων] ανθρωπων $a_2$ Tyc | αφαις] αφαισι c: αφεσει Ah: *actibus* Tyc-codd

**15** το δε ελεος] τον δε ελεον boc$_2$e$_2$ Thdt: om δε n | om μου 1° 𝔄-ed | ουκ] ου μη ⟨244⟩ Just Eus ½: om 𝔖-ap-Barh | om απ $a_2$ | αυτων Eus ½ Thdt | om καθως απεστησα g | καθως] καθ ων $e_2$: ⟨καθ οσον 246⟩ | απεστησα 1°—μου 2°] εποιησα απο των εμπροσθεν αυτου Just | απεστησα 1°—απεστησα 2°] *castigaui castigatione* 𝔈 | hab αφ—μου 2° 𝔏[v] | om αφ ων απεστησα n | αφ ων] *a Saul quem* 𝕮 | εκ προσωπου μου] *faciem meam* 𝔏 | εκ] απο boc$_2$e$_2$

**16** om και 1° 𝔄 | πιστευθησεται Eus-cod ½ | ο οικος] *nomen* 𝔄 | αυτου 1°] *seminis tui* 𝕮 | εως—εμου] ενωπιον μου εως αιωνος ⟨246⟩ 𝔄 | εμου BAavya$_2$] μου MN rell Eus Thdt: *eius* Tyc-cod | εσται ο θρονος αυτου av𝔈(uid) | αυτου 3°] σου p[a?] | ⟨om εσται 246⟩ | ανωρθωμενος] post αιωνα z: ανορθουμενος g: *confirmatus* Tyc: + *coram me* 𝔄 | αιωνα] + του αιωνος b

**17** κατα 1°] pr και a | ⟨om παντας 74⟩ | τουτους] αυτους a* | πασαν] post ορασιν i: πασιν b′: παντα c (τ corr ex uel in σ) | om την c | ορασιν] ωραν g* | ταυτην] αυτου b | δαυειδ] pr τον Eus

**18** εισηλθεν ο βασιλευς] om d: om ο b′*b** | om δαυειδ o* | om και 2° dh* | om κυριε μου ⟨246⟩ 𝔈 | om κυριε 2° dlp–t𝕮[c] | μου 2°] pr του πατρος Chr Thdt | ηγαπηκας] ηγαπησας Nbfops uya$_2$c$_2$(-σα $c_2$*)e$_2$ Or-gr Chr Thdt: *adduxisti* 𝔖-ap-Barh | τουτων] τουτου a Thdt: τουτο v

**19** hab και κατεσμικρυνθην μικρον 𝔏[v] | om και 1° g | κατεσμικρυνθην] pr *non* 𝔄𝕮: κατεσμικρυνθη Ahz: κατεσμικρυνται boc$_2$e$_2$ Chr Thdt: *minorantur* 𝔏 | μικρον] μικρα ταυτα boc$_2$e$_2$ (pr τα)𝔏 Thdt (σμικρα): ταυτα Chr: om cx | om κυριε μου 1° 𝕮[c] | κυριε 1°] κ̅ς̅ s*(uid) | μου 1° BAya$_2$𝕮[w]𝔈 Or-gr Chr] + κ̅ε̅ MN rell 𝔄 Thdt | ελαλησα g Or-gr-cod | υπερ] περι N | om του οικου cx | om ουτος—κυριε 3° d | ουτως a*c𝔈 | ανθρωπου] + προς σε z | om κυριε μου 2° 𝔈 | κυριε 3°] om A: + προς σε boc$_2$e$_2$ Chr

**20** om τι Mg* | προσθησει] προσθηση ho: προσθειη cx | δαυειδ] *seruus tuus* 𝕮[c] | ετι] post λαλησαι y: ⟨επι 236⟩ | om του di | νυν συ] *tu ipse* 𝔄 | συ] σοι j*v: om i𝕮[c] | οιδας post σου boc$_2$e$_2$ | om σου—(21) δουλον j* | κυριε BANya$_2$𝕮[w]𝔈 Or-gr] ⟨om 71⟩: + μου cx𝕮[c]: + μου κ̅ε̅ και τι προσθησω λαλησω d: + μου κ̅ε̅ Mj[a] rell 𝔄

**21** ⟨δια—σου 1°] και 71⟩ | δια] pr και eflmpqtw | δουλον] pr λογον σου και δια τον bgozc$_2$e$_2$: λογον Ace*fmwx𝔖[j](uid) | πεποιηκας] εποιησας y | om και na$_2$ | κατα—σου 2°] *secundum totum cor tuum* 𝔄 | την καρδιαν] *domum* 𝕮[c]: ⟨+ του δουλου 64⟩ | εποιησας] πεποιηκας boyc$_2$e$_2$ | om πασαν cvx | μεγαλωσυνην] ⟨αγαθωσυνην 64⟩: δικαιοσυνην σου $e_2$: + σου A*b*cxc$_2$ Or-gr | ταυτην γ sup ras A[1] | om γνωρισαι 𝕮[c] | τω δουλω] τον δουλον A: τω λαω $a_2$

**22** ενεκα Or-gr | μεγαλυνθηναι Aabefmovwzc$_2$e$_2$ | σε]

11 οικοδομησεις] σ′ ποιησεις j     12 της κοιλιας] σ′ των ενεγκαντων j | ετοιμασω] σ′ εδρασω jz
13 ανορθωσω] σ′ εδρασω j     15 καθως απεστησα αφ] λ̥ σ′ καθως αφειλον παρα σαουλ j
16 αυτου 1°] οι γ′ σου j | αυτου 2°] γ′ σου j | αυτου 3°] γ′ σου j | ανωρθωμενος] σ′ ηδρασμενος j
18 ηγαπηκας] α′ σ′ ηγαγες j     22 ενεκεν—σε] α′ επι τουτο εμεγαλυνθης σ′ διο μεγας ει j

Κύριε κύριέ μου· ὅτι οὐκ ἔστιν ὡς σὺ καὶ οὐκ ἔστιν θεὸς πλὴν σοῦ ἐν πᾶσιν οἷς ἠκούσαμεν ἐν B
23 τοῖς ὠσὶν ἡμῶν. 23καὶ τίς ὡς λαός σου Ἰσραὴλ ἔθνος ἄλλο ἐν τῇ γῇ; ὡς ὡδήγησεν αὐτὸν ὁ θεὸς
τοῦ λυτρώσασθαι αὐτῷ λαόν, τοῦ θέσθαι σε ὄνομα, τοῦ ποιῆσαι μεγαλωσύνην καὶ ἐπιφάνειαν,
τοῦ ἐκβαλεῖν σε ἐκ προσώπου τοῦ λαοῦ σου, οὗ ἐλυτρώσω σεαυτῷ ἐξ Αἰγύπτου, ἔθνη καὶ σκηνώ-
24 ματα; 24καὶ ἡτοίμασας σεαυτῷ τὸν λαόν σου Ἰσραὴλ λαὸν ἕως αἰῶνος, καὶ σύ, Κύριε, ἐγένου
25 αὐτοῖς εἰς θεόν. 25καὶ νῦν, κύριέ μου, ῥῆμα ὃ ἐλάλησας περὶ τοῦ δούλου σου καὶ τοῦ οἴκου αὐτοῦ
πίστωσον ἕως τοῦ αἰῶνος, Κύριε Παντοκράτωρ, θεὲ τοῦ Ἰσραήλ· καὶ νῦν καθὼς ἐλάλησας
26 27 26μεγαλυνθείη τὸ ὄνομά σου ἕως αἰῶνος. 27Κύριε Παντοκράτωρ, θεὸς Ἰσραήλ, ἀπεκάλυψας τὸ
ὠτίον τοῦ δούλου σου λέγων Οἶκον οἰκοδομήσω σοι· διὰ τοῦτο εὗρεν ὁ δοῦλός σου τὴν καρδίαν
28 ἑαυτοῦ τοῦ προσεύξασθαι πρὸς σὲ τὴν προσευχὴν ταύτην. 28καὶ νῦν, κύριέ μου Κύριε, σὺ εἶ ὁ
θεός, καὶ οἱ λόγοι σου ἔσονται ἀληθινοί· καὶ ἐλάλησας ὑπὲρ τοῦ δούλου σου τὰ ἀγαθὰ ταῦτα.
29 29καὶ νῦν ἄρξαι καὶ εὐλόγησον τὸν οἶκον τοῦ δούλου σου, τοῦ εἶναι εἰς τὸν αἰῶνα ἐνώπιόν σου·
ὅτι σὺ εἶ, κύριέ μου Κύριε, ἐλάλησας, καὶ ἀπὸ τῆς εὐλογίας εὐλογηθήσεται ὁ οἶκος τοῦ δούλου
σου εἰς τὸν αἰῶνα.

27 οικοδημησω A 28 αληθεινοι A 29 ελαλησα $B^b$

AMNa–jl–qs–$c_2e_2$𝔄ℭ$^{cw}$𝔈(𝔏$^v$)

*me* 𝔄 | κυριε μου BAyℭ] om 𝔈: om κυριε av: μου $\overline{κε}$ MN rell 𝔄 Or-gr | hab οτι—συ 𝔏$^v$ | οτι—συ] *tu es Deus et uerba tua erunt ueritas* ℭ | εστιν 1°] εσται y | ως] εως h* | om θεος $uc_2$ | om εν 2°—ημων ℭ$^c$ | εν 2°] επι cdx: om a: +πασιν h

23 λαος B] pr ο AMN omn | om σου 1° b | om εθνος a* | αλλω $cgc_2$*(uid) | εν τη γη] om ℭ$^c$: om τη cx: +*omni* ℭ$^w$ | ως 2°—θεος] *quem Deus duxit* 𝔈 | ωδηγησεν] οδηγησες c: ωδηγησας $bgozc_2e_2$ | αυτον] αυτω p | θεος] +του $\overline{ιηλ}$ o | του 1°] τω v: om e | αυτω] αυτον c: εαυτω MN$h^b$ijnuxy$b_2$: σεαυτω $bzc_2$: σε αυτον o: σε εαυτω $e_2$: om g* | λαον] pr τον u | σε 1°] *ei* ℭ$^c$: om avy | του 3°] pr *et* 𝔄ℭ: μου v: om $boc_2e_2$ | εκβαλλειν v | om σε 2° f | ου] ους Abdefjlmo–tw$zc_2e_2$ | ⟨ελυτρωσω σεαυτω] ελυτρωσα αυτω 74⟩ | σεαυτω] σεαυτου t: εαυτω n: om cdx | hab εθνη και σκηνωματα 𝔏$^v$

24 ητοιμασσα g | σεαυτω] εαυτω u (pr ras 1 lit): ⟨αυτω 74⟩ | om τον cx | ισραηλ] pr τον ay | λαον 2°] pr εις MNbegi–oqst w$zb_2c_2e_2$𝔄ℭ: εις λαον σου p: om dfu | εως] bis scr s: om cn | om κυριε Nℭ$^c$ | γενου N | εις θεον] pr εις βοηθον και $a_2$: *Deus* 𝔄-codd: *Deus eorum* 𝔈

25 hab και 1°—μου 𝔏$^v$ | μου BAxy$a_2$𝔄] pr *Deus* ℭ: *Deus* 𝔏: *Domine* 𝔈: +$\overline{κε}$ MN rell Thdt: ⟨+κυριε μου 98⟩ | ρημα BAa* vy*$a_2$] το ρημα σου c: pr το MN$a^b y^{a?}$ rell Thdt | hab περι—σου 𝔏$^v$ | περι] υπερ $boc_2e_2$ℭ(uid)𝔏 Thdt | δουλου] λαου $a_2$: οικου y | του 2°] pr περι cx𝔈: pr υπερ $boc_2e_2$ℭ(uid) Thdt | οικου] δουλου y*(uid) | αυτου] σου $a_2$ℭ$^c$ | πιστωσον] πιστωθητω $boc_2$ Thdt: πιστωθησεται $e_2$ | om του 3° Aabcefjmoswxy$b_2c_2e_2$ Thdt | αι|※ωνος $c_2$ | om κυριε 2°—ελαλησας uy* | om κυριε 2°—ισραηλ AMNb–gi–twx$y^b zb_2c_2e_2$𝔄 | θεε—(26) αιωνος] ο $\overline{θς}$ επι τον $\overline{ιηλ}$ (+και h) ο οικος του δουλου σου $\overline{δαδ}$ εσται ανωρθωμενος (+εις τον αιωνα $a_2$) ενωπιον σου hv$a_2$𝔈 | om θεε—ελαλησας a | θεε του ισραηλ] *Deus noster* (*meus* ℭ$^c$) *ut fiat domus serui tui Dauid firmata super Israel coram te quia tu* (+*es* ℭ$^c$) *Dominus omnipotens tu es Deus Israel* ℭ | και 3°—(26) αιωνος] *et domus serui tui Dauid erit stabilis coram te* ℭ$^c$ | om και νυν 2° MNd–gi–np–tw$y^b b_2$ | νυν καθως ελαλησας] καθως ελαλησας ποιησον $bozc_2e_2$ | νυν 2°] ποιησον Acx𝔄

26 om totum comma y* | μεγαλυνθειη] pr και Acefmwx$y^b$𝔄: pr και νυν MNbgijln–u$zb_2c_2e_2$: pr $\overline{θς}$ επι τον (του a*) δουλου σου $\overline{δαδ}$ εσται ανορθωμενος ενωπιον σου οτι συ $\overline{κε}$ παντοκρατωρ $\overline{θς}$ του $\overline{ιηλ}$ a: και νυν μεγαλυνθητω d | αιωνος] αιωνος $\overline{κε}$ παντοκρατωρ $\overline{θε}$ επι τον $\overline{ιηλ}$ ο οικος του δουλου σου $\overline{δαδ}$ εσται ανωρθωμενος ενωπιον σου AMNb–gi–uwx$y^b zb_2c_2e_2$𝔄ℭ$^w$ ⟦αιωνος] pr του dpx | $\overline{κε}$] pr *et nunc* 𝔄: pr λεγων $zb_2$: λεγων $\overline{κς}$ MNbdgijmnpqt*$uc_2e_2$: λεγον $\overline{κς}$ eflst$^{a?}$w$y^b$: +λεγων $\overline{κς}$ o | παντοκρατορ ix | $\overline{θε}$] $\overline{θς}$ MNd–gi–nq–uw$y^b b_2$: ο $\overline{θς}$ $bozc_2e_2$ | επι τον $\overline{ιηλ}$] *super omnem Israel* 𝔄: om επι τον ℭ$^w$ | om ο—σου 2° de* | ο] pr και MNbe$^a$fgi–uw$y^b zb_2c_2e_2$ℭ$^w$ | οικος] θρονος e$^a$flmp–tw$y^b$z⟧

27 κυριε—ισραηλ] οτι $a^b$: om d | κυριε] pr οτι A: pr οτι συ hjouv$a_2c_2e_2$𝔈 Thdt: pr καθως ελαλησας και νυν μεγαλυνθειη το ονομα σου εως αιωνος οτι συ i: οτι συ (+ει N𝔄ℭ$^w$) $\overline{κς}$ MNbe$^a$fglmnp–twx$y^b zb_2$𝔄ℭ$^w$: λεγει $\overline{κς}$ y*(uid): και νυν καθως ελαλησας μεγαλυνθειη το ονομα σου εως αιωνος λεγει $\overline{κς}$ e* | παντοκρατωρ] παντοκρατορ ipx: om 𝔈 | θεος ισραηλ] ο $\overline{θς}$ του $\overline{ισλ}$ και νυν καθως ελαλησας μεγαλυνθειη το ονομα σου εως αιωνος λεγει $\overline{κς}$ παντοκρατωρ $\overline{θς}$ $\overline{ιηλ}$ Ace$^a$fjlmqstwx$za_2$𝔄𝔈 ⟦om ο e$^a$fjlmqstwz | ελαλησας] +μοι c: +με x | το ονομα] *domus* 𝔄-codd | om εως αιωνος jlqstz | λεγει $\overline{κς}$] και νυν $\overline{κε}$ c | παντοκρατορ x | $\overline{θς}$ 2°] pr ο $ca_2$⟧ | θεος] pr ο Nbhouv$c_2e_2$ Thdt | ισραηλ] pr του MNa*(uid) bghinopuv$y^b b_2c_2e_2$ | απεκαλυψας] pr και p𝔈 | το ωτιον] το ωτιω i: *in aurem* 𝔄 | om του δουλου $e_2$ | οικον] om d: +εκεινον Thdt | σοι] *mihi* ℭ$^c$ | hab ευρεν—προσευξασθαι 𝔏$^v$ | εαυτου] εαυτω v: αυτου a$a_2$: αυτου εν $\overline{θω}$ b′o: om gu: +εν $\overline{θω}$ $bzc_2e_2$ 𝔏 | προσευξασθαι] +σε dlpqt | om την 2° s* | ευχην b′𝔈

28 hab και 1°—μου 𝔏$^v$ | κυριε μου κυριε] om d: om κυριε μου 𝔈 | μου κυριε] *Deus meus* ℭ$^w$: om κυριε A | συ] σαι g | ⟨om ει 71⟩ | εσονται] εισιν a: om 𝔈 | και 3°] καθως $bozc_2e_2$ | υπερ του δουλου] *cum seruo* ℭ$^c$ | τα—(29) σου 1°] bis scr w: om cx | τα αγαθα] pr *omnia* 𝔄ℭ(uid)𝔈: ⟨om 44⟩

29 ⟨om και νυν αρξαι 71⟩ | om νυν d | αρξαι] αξαι A: +σοι g: +$\overline{κς}$ y*: +$\overline{κε}$ $y^{a?}$ | και ευλογησον] ⟨και ευλογησαι 246⟩: *benedicere* 𝔄 | ⟨του 2°—αιωνα 2°] εις το ειναι ενωπιον σου 44⟩ | om του 2° y | τον αιωνα 1°] ηγουμενον u | ει BANy$a_2$ℭ$^c$] om M rell 𝔄ℭ$^w$𝔈 | μου κυριε] om q𝔈: om κυριε d$ga_2$ | ελαλησας] ελαλησες $oc_2e_2$: ο λαλησας N | ευλογιας B] +σου AMN omn 𝔄ℭ𝔈 | εις τον αιωνα 2°] του ειναι εις τον αιωνα ενωπιον σου $jb_2$: om cx

23 του θεσθαι σε] σ′ ινα ταξη εαυτω j | επιφανειαν] α′ επιφοβα σ′ υπερμεγεθη j 24 ητοιμασας] σ′ ηδρασας j
25 και νυν 2°] ※ α′ σ′ και ποιησον j 26 (ανωρθωμενος)] σ′ ηδρασμενος j
27 απεκαλυψας] σ′ ακουστον εποιησας j | καρδιαν] σ′ διανοιαν j

B ¹Καὶ ἐγένετο μετὰ ταῦτα καὶ ἐπάταξεν Δαυεὶδ τοὺς ἀλλοφύλους καὶ ἐτροπώσατο αὐτούς· 1 VII
καὶ ἔλαβεν Δαυεὶδ τὴν ἀφωρισμένην ἐκ χειρὸς τῶν ἀλλοφύλων. ²καὶ ἐπάταξεν Δαυεὶδ τὴν 2
Μωάβ, καὶ διεμέτρησεν αὐτοὺς ἐν σχοινίοις, κοιμίσας αὐτοὺς ἐπὶ τὴν γῆν· καὶ ἐγένετο τὰ δύο
σχοινίσματα τοῦ θανατῶσαι, καὶ τὰ δύο σχοινίσματα ἐζώγρησεν· καὶ ἐγένετο Μωὰβ τῷ Δαυεὶδ
εἰς δούλους φέροντας ξένια. ³καὶ ἐπάταξεν Δαυεὶδ τὸν Ἁδρααζὰρ υἱὸν Ῥαὰβ βασιλέα Σουβά, 3
πορευομένου αὐτοῦ ἐπιστῆσαι τὴν χεῖρα αὐτοῦ ἐπὶ τὸν ποταμὸν Εὐφράτην. ⁴καὶ προκατελάβετο 4
Δαυεὶδ τῶν αὐτοῦ χίλια ἅρματα καὶ ἑπτὰ χιλιάδας ἱππέων καὶ εἴκοσι χιλιάδας ἀνδρῶν πεζῶν·
καὶ παρέλυσεν Δαυεὶδ πάντα τὰ ἅρματα, καὶ ὑπελίπετο ἑαυτῷ ἑκατὸν ἅρματα. ⁵καὶ παραγίνεται 5
¶ l Συρία Δαμασκοῦ βοηθῆσαι τῷ Ἁδραάζαρ¶ βασιλεῖ Σουβά, καὶ ἐπάταξεν Δαυεὶδ ἐν τῷ Σύρῳ
εἴκοσι δύο χιλιάδας ἀνδρῶν. ⁶καὶ ἔθετο Δαυεὶδ φρουρὰν ἐν Συρίᾳ τῇ κατὰ Δαμασκόν, καὶ 6
ἐγένετο ὁ Σύρος τῷ Δαυεὶδ εἰς δούλους φέροντας ξένια· καὶ ἔσωσεν Κύριος τὸν Δαυεὶδ ἐν πᾶσιν
οἷς ἐπορεύετο. ⁷καὶ ἔλαβεν Δαυεὶδ τοὺς χλίδωνας τοὺς χρυσοῦς οὓς ἐποίησεν ἐπὶ τῶν παίδων 7
τῶν Ἁδραάζαρ βασιλέως Σουβά, καὶ ἤνεγκεν αὐτὰ εἰς Ἰερουσαλήμ· καὶ ἔλαβεν αὐτὰ Σουσακεὶμ

VIII 4 χειλια B* | χειλιαδας (bis) B*  5 παραγεινεται B* | χειλιαδας B*

AMNa–j(l)m–qs–c$_2$e$_2$𝔄ℭ$^{cw}$𝔈(𝔏$^{sv}$)

VIII 1 ⟨και 1°—και 2°] μετα δε ταυτα 44⟩ | om εγενετο ℭ𝔈 | om και 2° bdouc$_2$e$_2$𝔄(uid)ℭ𝔈 | δαυειδ 1°] post αλλοφυλους cx: om u | hab και 3°—αλλοφυλων 𝔏$^v$ | om και ετροπωσατο αυτους u | ετροπωσατο] *documentauit* 𝔏 | om δαυειδ 2° d | την αφωρισμενην] την αφαλνισμενην dlp: *dilectionem* 𝔏 | om των c–flmp–twx

2 om δαυειδ 1° d | την 1°] τη c: ⟨τον 242.246⟩ | hab και 2°—εζωγρησεν 𝔏$^v$ | διεμερισεν cx | αυτους 1°] αυτοις g: αυτην Acdnux | εν] εκ a$_2$: om Aboc$_2$e$_2$ | σχοινιω boc$_2$e$_2$𝔏 Thdt | κοιμισας] κοιμησας N$^{a?}$a–dinovxye$_2$: κομισας fm: *perimens* 𝔏 | ⟨της γης 71⟩ | εγενετο 1°] εγενοντο A | τα δυο σχοινισματα 1°] σχοινισμα y: ⟨το ενος 44⟩ | τα 1°] μετα a: om enoa$_2$ | om του—σχοινισματα 2° Au | και 4°] pr το σχοινισμα του πληρωματος a$_2$ | τα δυο σχοινισματα 2°] pr το πληρωμα του σχοινισματος N: το πληρωμα σχοινισματος Ma$^b$(sup ras)ijnb$_2$ℭ: το πληρωμα του τριτου σχοινισματος bgoz(mg)c$_2$e$_2$𝔏: *funis unus* 𝔖$^j$: το (του p) ενος dl$^b$p: om l*qstz(txt): om σχοινισματα f | εζωγρησεν] εζωγρησαν Acnux: *uiuificare* 𝔏: *ad seruandum* 𝔄: εκμετρησαι N | και 5°—ξενια bis scr u*(uid) | ⟨μωαβ τω δαυειδ] δαυιδ τω μωαβ 242⟩ | μωαβ 2°] pr η ozc$_2$e$_2$: μοαβ b′ | om τω δαυειδ Ag | τω] του c*(uid) | δουλους φεροντας] δουλου φεροντος b′ (ο 4° ex corr b′$^a$): δουλον φεροντα dp | φεροντας] φεροντες cex: φεροντα lma$_2$

3 om δαυειδ v | αδρααζαρ] αδραζαρ Mfh$^{b?}$i–mp–twzb$_2$ Eus: ανδρααζαρ N*a*(uid)nova$_2$e$_2$: ανδραζαρ deg | ρααβ] ρααβι a$_2$: ρααφ bgoc$_2$e$_2$: *Roab* ℭ: *Kaam* 𝔈: *Roam* 𝔄: ⟨βααρ 71⟩: ιααβ Eus: ο ααβ n: βαρααβ cx: ραβααβ p$^a$(uid): ραμααβ d: ⟨ραμωαβ 44⟩ | βασιλεως MNad–gilmnp–wyz | σουβα] pr του e: σωβα Eus: σουσα N | πορευομενου αυτου] πορευομενον του o: ⟨om αυτου 246⟩ | ευφρατην (εφ· o) ποταμον boc$_2$e$_2$ | ευφρατην] ⟨pr τον 44⟩: εφρατην adgmx: ευρατην c

4 hab και 1°—ιππεων 𝔏$^v$ | δαυειδ 1°] post αυτου 𝔄: om cx | των—αρματα 1°] *mille uehicula eius* 𝔏 | om των αυτου p | των] τον m | χιλια] επτα A | om και επτα a$_2$ | επτα χιλιαδας ιππεων] επτακισχιλιους ιππεις boc$_2$e$_2$: *septem mille equites* 𝔏 | χιλιαδας 1°] χιλιαδες clmp–txa$_2$: *myriadas* ℭ$^w$ | χιλιαδας 2°] χιλιαδες cdelmpqs | υπελιπετο] υπελειπετο AMNa–eh–lnpqtuv x–b$_2$e$_2$ Eus: υπεληπετο g | εαυτω B] ⟨pr εξ αυτων 242⟩: εξ αυτων a$_2$: αυτω εξ αυτων ANacvx Eus: + εξ αυτων M rell 𝔄𝔈 | ⟨αρματα εκατον 44⟩

5 συρια] ο συρος εκ M(mg)boz(mg)c$_2$e$_2$𝔄 | δασμακου c | βοηθησαι] pr του y: βοηθεια boc$_2$e$_2$ | om τω 1° f | αδρααζαρ] αδραζαρ Md–gi–mp–twzb$_2$ Eus: ανδρααζαρ h*a$_2$e$_2$: ανδραζαρ h$^{b?}$: ⟨αδαζαρ 44⟩ | σουβα] σωβα Eus: σαβα cx | om δαυειδ v Eus | om εν cvx Eus | τω συρω] τη συρια jb$_2$ℭ: + ras (4) uid o | εικοσι] *decem* ℭ$^c$ | δυο χιλιαδας Bdhiy Eus] χιλιαδας και δυο v: om δυο Aaa$_2$: pr και MN rell

6 ⟨om δαυειδ 1° 44⟩ | φρουραν] φουραν a$_2$: φρουρας MNd–hmnp–uwz$^{a?}$b$_2$𝔄(uid)ℭ(uid) Jos: ⟨φρουρους 44⟩ | om εν συρια τη g | συρια] pr τη bouc$_2$e$_2$: post δαμασκον z | om τη κατα δαμασκον ℭ$^c$ | τη] της ve$_2$: om b′*𝔄 | εγενετο ο συρος] εγενοντο οι συροι boc$_2$e$_2$ | ο συρος] συρια Md–gijmp–uwzb$_2$⟨44 (pr η)⟩ℭ𝔈 | δουλους φεροντας] δουλον φεροντα c | hab φεροντας ξενια 𝔏$^v$ | φεροντας] φεροντες o: φεροντα v: + *ei* 𝔏 | εσωζεν jc$_2$e$_2$𝔈 | τον] τω dp | om πασιν ℭ$^w$𝔈 | οις] ου boc$_2$e$_2$ | επορευετο] pr εαν boc$_2$e$_2$: *iuit* 𝔈𝔖$^j$: εφερετο z(txt): + και ην ποιων δικαιοσυνην επι τον λαον z(mg)

7 τους 1°—χρυσους] hab *et torques aureas* (al. *lanceas*) 𝔏$^v$: hab τας τε φαρετρας και τας πανοπλιας Jos | τους 1°] τας dp | τους χρυσους] τας χρυσας p: ⟨του χρυσου 74⟩ | ους εποιησεν Bcx$^{b?}$𝔈] ους εποιησαν ahyℭ: ους εποιησας x*: α εποιησαν a$_2$: εποιησαν A: οι ησαν MN rell 𝔄 | επι—βασιλεως] *uiris suis Adraazar rex* 𝔈 | επι—των 2°] *serui* ℭ | των 2°] του Af: om bcioxc$_2$e$_2$ | αδρααζαρ] αδραζαρ Mdefg(δ ex ν g$^a$)ijmp–twzb$_2$: ανδρααζαρ ah*na$_2$: ανδραζαρ h$^{b?}$ | βασιλεως] pr του bioc$_2$e$_2$ | σουβα] + και παντα (om gz$^{mg}$) τα οπλα τα χρυσα και τα (om b) δορατα bgoz(mg)c$_2$e$_2$ | ηνεγκεν] ηνεγκαν bcxyz(mg)e$_2$: παντα ηνεγκαν z(txt) | om εις 1° d | hab και 3°—(8) αδρααζαρ 𝔏$^s$ | και 3°—σολομωντος] sub ※ N: sub ÷ c$_2$: om Mi | om και 3°—ιερουσαλημ 2° a*c | ελαβεν αυτα] *haec accepit postea* 𝔏: om αυτα x𝔈 | σουσακειμ] σουσακιν efw: *Susac* 𝔏: *Pharao* ℭ |

VIII 1 ετροπωσατο] α′ εκολασεν σ′ κατησχυνεν j | την αφωρισμενην] α′ τον χαλινον (+ του z) υδραγωγιου az: α′ τον χαλινον του πηχεος σ′ την εξουσιαν του φορου τοπος εστιν ο δε α′ φησιν τον χαλινον του υδραγωγου j: την των αλλοφυλων ενο.ι. i

2 και 2°—εζωγρησεν] σ′ και διεμετρισεν αυτους εν σχοινιοις βαλων αυτους εις γην εμετρισεν δε δυο σχοινια εις το θανατωσαι εν δε εις το περισωσαι j | κοιμισας] σ′ *et proiecit* 𝔖-ap-Barh | και 4°—εζωγρησεν] ο′ και το εν σχοινισμα εζωγρησεν j | φεροντας ξενια] σ′ υπο φορον j  3 πορευομενου—αυτου 2°] σ′ οτε επορευετο στησαι τροπαιον εαυτου jz

4 προκατελαβετο] σ′ συνελαβεν jz | παρελυσεν] α′ εξορησεν j: σ′ ενευροκοπησεν jz

6 φρουραν] α′ εστηλωμενους σ′ φρουρους j

7 τους χλιδωνας] α′ *arma* σ′ *pharetras* 𝔖-ap-Barh | χλιδωνας τους χρυσους] σ′ φαρετρας τας χρυσας j | χλιδωνας] α′ κλοιους a: α′ βραχιαρια jz: α′ πανοπλιας j | ους εποιησεν] ο′ ους εποιησαν j

βασιλεὺς Αἰγύπτου ἐν τῷ ἀναβῆναι αὐτὸν εἰς Ἰερουσαλὴμ ἐν ἡμέραις Ἰεροβοὰμ υἱοῦ Σολο- B
8 μῶντος. [8]καὶ ἐκ τῆς Μασβὰκ ἔλαβεν ὁ βασιλεὺς Δαυεὶδ ἐκ τῶν ἐκλεκτῶν πόλεων τοῦ Ἁδραάζαρ
χαλκὸν πολὺν σφόδρα· ἐν αὐτῷ ἐποίησεν Σαλωμὼν τὴν θάλασσαν τὴν χαλκῆν καὶ τοὺς στύλους
9 καὶ τοὺς λουτῆρας καὶ πάντα τὰ σκεύη. [9]Καὶ ἤκουσεν Θούου ὁ βασιλεὺς Ἡμὰθ ὅτι ἐπάταξεν
10 Δαυεὶδ πᾶσαν τὴν δύναμιν Ἁδραάζαρ, [10]καὶ ἀπέστειλεν Θόου Ἰεδδουρὰν τὸν υἱὸν αὐτοῦ πρὸς
βασιλέα Δαυεὶδ ἐρωτῆσαι αὐτὸν τὰ εἰς εἰρήνην καὶ εὐλογῆσαι αὐτὸν ὑπὲρ οὗ ἐπάταξεν τὸν
Ἁδραάζαρ· καὶ ἐπάταξεν αὐτόν, ὅτι κείμενος ἦν τῷ Ἁδραάζαρ· καὶ ἐν ταῖς χερσὶν αὐτοῦ ἦσαν
11 σκεύη ἀργυρᾶ καὶ σκεύη χρυσᾶ καὶ σκεύη χαλκᾶ. [11]καὶ ταῦτα ἡγίασεν ὁ βασιλεὺς τῷ κυρίῳ
μετὰ τοῦ ἀργυρίου καὶ μετὰ τοῦ χρυσίου οὗ ἡγίασεν ἐκ πασῶν τῶν πόλεων ὧν κατεδυνάστευσεν·
12 [12]ἐκ τῆς Ἰδουμαίας καὶ ἐκ γῆς Μωὰβ καὶ ἐκ τῶν υἱῶν Ἀμμὼν καὶ ἐκ τῶν ἀλλοφύλων καὶ ἐξ
13 Ἀμαλὴκ καὶ ἐκ τῶν σκύλων Ἁδραάζαρ υἱοῦ Ῥαὰβ βασιλέως Σουβά. [13]καὶ ἐποίησεν Δαυεὶδ
ὄνομα· καὶ ἐν τῷ ἀνακάμπτειν αὐτὸν ἐπάταξεν τὴν Ἰδουμαίαν ἐν Γεβέλεμ εἰς ὀκτὼ καὶ δέκα

8 σαλομων (ο suprascr) B$^{ab}$ 13 γεβελεμεῖς B$^{b}$

AMNa–jm–qs–$c_2e_2$𝔄ℭ$^{cw}$𝔈(𝔏$^{sv}$)

εγυπτου g | εν 1°—σολομωντος] *in diebus Roboam filii Salomonis cum ascendisset in Ierusalem* 𝔏 | εν 1°] εις b′*(uid) | om αυτον a$^{b}$ | ιεροβυαμ Bcnx] ρουβοαμ $a_2$*: ροβωαμ v$^{a?}$: ρωβωαμ a: ραβωαμ v*: ροβοαμ AN$a_2$$^{a?}$ rell 𝔄ℭ𝔈 | σολομωντος] pr βασιλεως d: σολομοντος c: σωλωμωντος g: σαλομωντος ju: σαλομοντος x: σαλωμωντος h$b_2$: σολωμων a: σαλομων n$a_2$: ⟨σαλωμων 64⟩: σαλωμ v

8 και 1°–αδρααζαρ sub ※ N | om και 1° o$a_2$𝔏 | εκ της μασβακ] *de terra Machinas* 𝔏 | μασβακ Bh*y𝔄ℭ$^{w}$𝔈$^{a}$ On] *Masbec* 𝔈$^{s}$: μασβαχ A: μασεβακ h$^{b}$j: μακβακ v: μασσακ $a_2$: μασακ a: *Masporc* ℭ$^{c}$: ⟨βασεβακ 64: βασενακ 244⟩: δαμασβακ cx: ματεβακ Mbginu$b_2c_2$: ματαιβακ o: μακτεβακ N: ⟨μεταβακ 74⟩: [illegible] 𝔖$^{j}$: μαγεβακ $e_2$: μετεβακ rell | ελαβεν—αδρααζαρ] εκ των εκλεκτων πολεων του αδρααζαρ ελαβεν ο βασιλευς δᾱδ AMNb-gi-uwxz$b_2c_2e_2$𝔖$^{j}$ ⟦εκ] pr και MNbd-gi-uwz$b_2c_2e_2$𝔖$^{j}$ | αδρααζαρ] αδραζαρ Md-gijmp-twz$b_2$: ανδρααζαρ $e_2$: αραζαρ c: αδρααζ o | ελαβεν] pr και N | ο βασιλευς] post δᾱδ g: om i⟧ | om ελαβεν—δαυειδ 𝔏 | om ο βασιλευς ℭ | εκ 2°] pr και hv | του αδρααζαρ] *Adadezer regis* 𝔏: ⟨om 64⟩ | αδρααζαρ] αζρααζαρ $a_2$: ανδρααζαρ ah*: ανδραζαρ h$^{b?}$ | om χαλκον πολυν σφοδρα $a_2$ | om πολυν σφοδρα 𝔄 | πολυ b′di | εν—(χαλκα) sub ÷ $c_2$ | hab εν—σκευη 𝔏$^{s}$ | εν αυτω] *de quo* 𝔏 | αυτω] αυτοις e: *quo* 𝔄ℭ | σαλωμων] σαλομων B$^{ab}$N$^{a?}$cſgjmnswxz: σολωμων y*: σολομων b′deo p$c_2e_2$𝔄: σολομον *b*ℭ | την 1°—σκευη] *omnia uasa aerea in templo et mare aeneum et columnas et altare* 𝔏 | θαλατταν *b* | om και τους στυλους s | σκευη] + τα χαλκα boz$c_2e_2$: ⟨+ αυτου 44⟩

9 θουου B] θοου M(txt)Na$^{b}$ghjnuvy$b_2$𝔄-ed ℭ: θοουθ $a_2$: *Thous* 𝔄-codd: θαει Aox𝔈: hab θαινου Jos: θαη c: θαμεις a*: ελειαβ *b*i$c_2e_2$: ελιαμ b′: αιλιαβ M (mg): θου rell | om ο MNa-gjmp-xz-$c_2$ | ημαθ] σημαθ o: ημας y*$a_2$: ⟨ηθαμ 71⟩: ηλα a* | om δαυειδ e | hab πασαν—αδρααζαρ 𝔏$^{v}$ | απασαν cx | αδραάζαρ] pr του bo$c_2e_2$: αδραζαρ Md-gh$^{b?}$ijmp-twz$b_2$

10 θοου] θου c-ſmp-twxz: οθου v: θαει A𝔈: θαμεις a: om bio$c_2e_2$ | ιεδδουραν] pr τον Ab(υ ex ρ b′$^{a}$)i$c_2e_2$: ιεδδουρα av: ιεδουραν cegx: ιεδουρραν $a_2$: [illegible] 𝔖$^{j}$: τον ιεουδδουραν o: *Iezouran* ℭ$^{w}$: εδδουραν ſ𝔄(uid)ℭ$^{c}$(uid) | om τον be* io$c_2e_2$ | βασιλεα] pr τον MNb-gj-uwxz$b_2c_2e_2$: om ℭ$^{c}$ | ερωτησαι] pr του g | αυτον 1°] αυτω d | om τα—αυτον 2° e* | ευλογησαι] ευλογησεν ⟨244⟩ 𝔄: ευλογησων y*(uid) | επαταξεν 1°] επολεμησεν MNbeſgi-osuwy$^{b}$z$b_2c_2e_2$𝔈: επολεμησαν dpqt | τον 2°] το o | αδρααζαρ 1°] αδραζαρ Md-gh$^{b?}$ijmpstwz$b_2$: ανδρααζαρ n$e_2$ | και 3°—αδρααζαρ 2°] *quod uir ferox bello erat is cum Thou et aduersabatur ei Adraazar* 𝔄: om dp-t | om και επαταξεν αυτον achvxℭ | om οτι–αδρααζαρ 2° 𝔈 | κειμενος ην τω] *erat Thou pugnans cum* ℭ | κειμενος B] ανηρ αντικειμενος boz$c_2e_2$: αντικειμενος AMN rell | τω] αυτω i | αδρααζαρ 2°] αδραζαρ Meſgh$^{b?}$ijmwz$b_2$ | om εν n | ησαν] ην bcox$c_2e_2$ | ⟨σκευη 1°] pr και 44: + πολεμικα 246*⟩ | om αργυρα και σκευη h | αργυρα] χρυσα $e_2$𝔄𝔈𝔖$^{j}$ | και σκευη 1°] ⟨om 44⟩: om σκευη cx𝔄 | om χρυσα και σκευη ℭ$^{c}$ | χρυσα] αργυρα $e_2$𝔄𝔈𝔖$^{j}$ | και σκευη χαλκα] om $c_2$: om σκευη cx

11 και 1°] + γε MNd-hjmnp-uwz*$b_2$ | ταυτα ηγιασεν] ηγιασεν αυτα i𝔄 | αυτα MNd-hjmnp-uwz*$b_2$𝔈 (uid) | ο βασιλευς] *Dauid* 𝔄-cod: βασιλευς δᾱδ n: + δᾱδ AMN*b*c-gijmo-uwxz $b_2c_2e_2$𝔄-ed ℭ | ⟨om μετα 1°—και 2° 98⟩ | μετα του 2°] ⟨om 44⟩: om μετα Abcſox$c_2e_2$ℭ | om ου $b_2$* | ηγιασεν 2°] + ο βασιλευς τω $\overline{κω}$ $a_2$ | om εκ—κατεδυναστευσεν e | εκ—πολεων] *ex omnibus beliis* 𝔄 | om πασων d

12 εκ 1°] pr και boz$c_2e_2$ | ιδουμαιας] ιδουμαιαν p$^{a?}$: ιουδαιας dp*qst𝔈 | εκ γης μωαβ] *ex Moab* 𝔄ℭ𝔈 | γης B] om bo$c_2e_2$: της AMN rell | om υιων u* | και 3°—αλλοφυλων] post αμαληκ A: om ℭ$^{w}$ | om εκ 4° c | om και 4° y | ⟨om και 5°—σουβα 44⟩ | αδρααζαρ] αδραζαρ Md-gh$^{b?}$ijmp-twz$b_2$: ανδρααζαρ $e_2$: αδρααζ n | ⟨om υιου—σουβα 71⟩ | om υιου ρααβ ℭ$^{c}$ | υιου] pr του y | ρααβ] *Roab* ℭ$^{w}$: *Rob* 𝔄: *Raam* 𝔈: ρααφ bgo$c_2$: ραβααβ q: βαρααβ c$^{a?}$: βαρααμ c*x | βασιλεως] pr και g | σουβα] pr του b′: σωβα Ao: *Saba* ℭ$^{w}$

13 om και 1°—ονομα cx | om ονομα o | om και 2° s | ανακαμψαι y | επαταξεν] ⟨επαταξαν 64⟩: *iussit* (+ *Dauid* 𝔈$^{s}$) 𝔈: + *Dauid* 𝔄 | την ιδουμαιαν] *Syros* 𝔄 | hab εν 2°—χιλιαδας 𝔏$^{s}$ | εν γεβελεμ] *in ualle salum* ℭ: om Niu | εν 2°] pr και bo$c_2e_2$ 𝔏: και y | γεβελεμ BMahnvy𝔈𝔏] *Gabelem* 𝔄-ed: *Garbilem* 𝔄-codd: γελεεμ f: γελεμ g: ⟨γεβεελ 242⟩: γελβεεθ $a_2$: γεμελα cx: γημελα On-ed: γημαλα A On-cod: γεμελεχ b$c_2e_2$: γεμελαχ z$^{mg}$(uid): γελεμεχ o: γεβελεεμ z(txt) rell | εις—χιλιαδας] *ad uiginti tria millia* 𝔏$^{s}$: om v | om εις οκτω y | om εις $a_2$ | hab οκτω—χιλιαδας 𝔏$^{v}$ | οκτω—χιλιαδας] χιλιαδας ιη′ de |

10 θοου] αιλιαβ M | ιεδδουραν] θοου M | ερωτησαι κ.τ.λ.] σ′ ασπασασθαι j | οτι—αδρααζαρ 2°] *hostis quippe erat Theu Adadezer* p | κειμενος] α′ σ′ πολεμων j
11 κατεδυναστευσεν] α′ σ′ υπεταξεν j
13 εν γεβελεμ] α′ σ′ εν φαραγγι των αλων M

B χιλιάδας. ¹⁴καὶ ἔθετο ἐν τῇ Ἰδουμαίᾳ φρουράν, ἐν πάσῃ τῇ Ἰδουμαίᾳ, καὶ ἐγένοντο πάντες οἱ 14
Ἰδουμαῖοι δοῦλοι τῷ βασιλεῖ· καὶ ἔσωσεν Κύριος τὸν Δαυεὶδ ἐν πᾶσιν οἷς ἐπορεύετο.
¹⁵Καὶ ἐβασίλευσεν Δαυεὶδ ἐπὶ Ἰσραήλ· καὶ ἦν ποιῶν κρίμα καὶ δικαιοσύνην ἐπὶ πάντα τὸν 15
λαὸν αὐτοῦ. ¹⁶καὶ Ἰωὰβ υἱὸς Σαρουίας ἐπὶ τῆς στρατείας, καὶ Ἰωσαφὰτ υἱὸς Ἀχειὰ ἐπὶ τῶν 16
ὑπομνημάτων, ¹⁷καὶ Σαδδοὺκ υἱὸς Ἀχειτὼβ καὶ Ἀχειμέλεχ υἱὸς Ἀβιαθὰρ ἱερεῖς, καὶ Ἀσὰ ὁ 17
γραμματεύς, ¹⁸καὶ Βαναὶ υἱὸς Ἰανὰκ σύμβουλος, καὶ ὁ Χελεθθεὶ καὶ ὁ Φελεττεί· υἱοὶ Δαυεὶδ 18
αὐλάρχαι ἦσαν.
¹Καὶ εἶπεν Δαυείδ Εἰ ἔστιν ἔτι ὑπολελειμμένος τῷ οἴκῳ Σαούλ, καὶ ποιήσω μετ' αὐτοῦ 1 IX
ἔλεος ἕνεκεν Ἰωναθάν; ²καὶ ἐκ τοῦ οἴκου Σαοὺλ παῖς ἦν καὶ ὄνομα αὐτῷ Σειβά, καὶ καλοῦσιν 2
αὐτὸν πρὸς Δαυείδ· καὶ εἶπεν πρὸς αὐτὸν ὁ βασιλεύς Εἰ σὺ εἶ Σειβά; καὶ εἶπεν Ἐγὼ δοῦλος σός.
³καὶ εἶπεν ὁ βασιλεύς Εἰ ὑπολέλειπται ἐκ τοῦ οἴκου Σαοὺλ ἔτι ἀνήρ, καὶ ποιήσω μετ' αὐτοῦ 3
ἔλεος θεοῦ; καὶ εἶπεν Σειβὰ πρὸς τὸν βασιλέα Ἔτι ἔστιν υἱὸς τῷ Ἰωναθὰν πεπληγὼς τοὺς πόδας.
⁴καὶ εἶπεν ὁ βασιλεύς Ποῦ οὗτος; καὶ εἶπεν Σειβὰ πρὸς τὸν βασιλέα Ἰδοὺ ἐν οἴκῳ Μαχεὶρ υἱοῦ 4

13 χειλιαδας B* | 17 αχιτωβ A | αχιμελεχ A | 18 υιοι] pr και B$^{ab}$(mg)
IX 2 σιβα (bis) A | 3 υπολελιπται A | ελαιος A | σιβα A | 4 σιβα A

AMNa–jm–qs–c$_2$e$_2$𝔄ℭ$^{cw}$𝔈(𝔏$^{sv}$)

οκτω και δεκα] δεκα και οκτω cx𝔏$^v$: *duodecim* 𝔈: ⟨om 236.242⟩: om και t*(uid) | χιλιαδας] + ανδρων ⟨64⟩ ℭ

**14** εθετο] εθεντο g: εθηκε δᾱδ z (mg): + δᾱδ boc$_2$e$_2$ | om εν τη ιδουμαια a$_2$ℭ | ιδουμαια 1°] ιδωμαια c*: + δᾱδ efmp–twz (txt) | φρουραν] φουραν a$_2$: φρουρας MNd–np–uwz*(txt)b$_2$𝔄(uid)ℭ(uid)𝔖$^j$ Jos: φρουρους z$^{a?}$(txt) | εν 2°—ιδουμαια 2°] hab *et omnis Idumaea posuit titulum ab scriptionibus in terminum* 𝔏$^v$: om dv | παση τη ιδουμαια] πασι i | om παση a$_2$ | ιδουμαια 2°] ιουδουμαια q*: ιουδαια a$_2$: ιουδαια εθηκεν εστηλωμενους z(mg): + εθηκεν εστηλωμενους (ενστ- b) Abcj$^{mg}$(sub ※)oxc$_2$e$_2$ Thdt | om παντες οι ιδουμαιοι ℭ$^c$ | οι ιδουμαιοι] ιοιδουμαιοι ac$^{a?}$ | om οι Ahv | ιδουμαιοι δουλοι] ιδουλοι w | ιδουμαιοι] ιουδουμαιοι d: εν τη ιδουμαια boc$_2$e$_2$ | ⟨δουλοι] φιλοι 71⟩ | τω βασιλει] pr *Dauid* 𝔈: τω δᾱδ MNbd–gi–wzb$_2$c$_2$e$_2$ Thdt | εσωζεν boc$_2$e$_2$𝔈 | δαυειδ] ιηλ jb$_2$ | om εν 3° h | οις] ου boc$_2$e$_2$ | επορευετο] pr εαν boc$_2$e$_2$: επορευθη Md–gijmp–uwzb$_2$ℭ𝔈𝔖$^j$

**15** om και 1°—ισραηλ jb$_2$ | om δαυειδ c | ισραηλ] pr τον b′: pr παντα Nin𝔄𝔈: ⟨pr παντα τον 236⟩: παντα u: + παντα Mgℭ | ην ποιων] *faciebat Dauid* 𝔄ℭ: *Dauid faciebat* 𝔈 | ην Bv Luc] + δᾱδ AMN rell Eus Thdt | ποιων] + δᾱδ v | ⟨κριματα 246⟩ | δικαιοσυνην] οσυνην c | επι 2°] εις boc$_2$e$_2$𝔖$^j$ Thdt

**16** ιωβ v | σαρουιας] σαρουια Mbd–gijmo–wzc$_2$e$_2$: αρουια n | στρατειας] στρατιας AMN*ad–gmnp–xa$_2$: στρατηγιας bioz$^{a?}$c$_2$e$_2$ | hab και 2°—υπομνηματων 𝔏$^v$ | ιωσαφατ] ιωσαφαθ a: ιωσαφ A: *Asaf* ℭ$^c$ | om υιος αχεια 𝔈 | αχεια Bahvya$_2$𝔄ℭ] αχιλουθ N: ⟨αχιδουδ 71⟩: hab αχιλου Jos: αχειναaβ bc$_2$e$_2$: [illegible] 𝔖$^j$: σαχιναaβ o: αχιμελεχ A: αβιμελεχ c: αβημελεχ x: αχιλουδ M rell 𝔏 | επι των υπομνηματων] *erat super memoriam* 𝔏 | υπομνηματογραφων y

**17** σαδδουκ Bvc$_2$e$_2$] σαδδωκ h (δ 2° ex ω h$^a$): σαδουκ bo: σαδουχ Ay: σαδωκ MN rell 𝔄ℭ𝔈 Thdt | υιος 1°] pr ο y | αχιτωη a$_2$ | αχειμελεχ υιος αβιαθαρ] *Abiathar filius Achimelech* 𝔈$^s$ | αχειμελεχ] αχιμελεκ a$_2$: *Achimel* ℭ$^c$: αβειμελεχ acdepxy ℭ$^w$ | ασα] σασα MNdefh$^{b?}$jmp–twz(txt)b$_2$: hab σισαν Jos: σασαχ g: ⟨σαραια 123⟩: σαρεα i: σαραιας Az(mg)c$_2$e$_2$: σαρεας b: σαραας o | om ο Mbd–gijmo–twzb$_2$c$_2$e$_2$

**18** ⟨om και 1°—συμβουλος 98⟩ | hab βαναι—ησαν 𝔏$^v$ | βαναι B] βαναια y: βανεα a$_2$𝔄ℭ$^c$: [illegible] 𝔖$^j$: βανεας cgizℭ$^w$𝔏: ⟨βανευς 236.242⟩: *Abeneia* 𝔈: βαναλας dp: βαναγαιας A: βαναιας MN rell | ιανακ B] ιαναβ y: ⟨ιωδε 246⟩: [illegible] 𝔖$^j$: [illegible] 𝔄: ιωαδ oc$_2$e$_2$ Jos(uid): ιωαλ b: *Ioram* 𝔏: *Aminadab* 𝔈: βανσου υιος ιωαβ αναβ a$_2$: ιωδαε AMN rell ℭ | συμβουλος] συμβολος A: συμβουλοι c(ου ex ω)x | om και ο χελεθθει Nu | ⟨ο χελεθθει] χολλεθι 44⟩: *Cherethi* 𝔄ℭ$^c$ | χελεθθει] χελεθι e: χελλεθι p (ex corr uid): χερεθθει Aℭ$^w$: χαιρεθθι M: χαρεθθι g: χελβει ahijnva$_2$b$_2$: χελβες cx: ⟨χελμι 246⟩: φελεθι Thdt: φιλετθι z(mg): φελτει boyc$_2$e$_2$𝔏 | ο φελεττει] *Ofelethi* 𝔄ℭ$^w$: ⟨φελτι 44⟩: *Cereti* 𝔏 | φελεττει B] φελεθθει AMg: *Ferethi* ℭ$^c$: χελθει y: χερεθι b Thdt: χερηθει z(mg) c$_2$e$_2$: χερηθη o: φελτει Nz(txt) rell | υιοι B*Aa*ey] pr και B$^{ab}$Ma$^b$b′ghjovzb$_2$c$_2$: pr *et* 𝔄𝔏: pr οι fmw: υιου a$_2$: υιος cx: pr και οι Nb rell | αυλαρχαι ησαν] ⟨υπηρχον αυλαρχαι 44⟩: *in principes erant domus regis* 𝔏 | αυλαρχαι] ατλαρχαι o: αυλαιαρχαι cx: *capita cantorum* 𝔖-ap-Barh: *principes tribuum* 𝔖$^j$: + *regis* ℭ

**IX 1** ⟨και ειπεν] ειπε δε 44⟩ | εστιν] + τις beoc$_2$e$_2$𝔄(uid) Thdt | om ετι Aceg*oxc$_2$𝔄ℭ | υπολελειμμενος] υπολελυμμενος v: + τις a$_2$ | τω] pr εν b′i | ελεον boc$_2$e$_2$ | om ενεκεν m | ιωναθαμ a$_2$

**2** εκ—ην] *erat puer de domo Saul* 𝔈 | εκ—παις post ην cx | παις BAahvya$_2$] post ην MN rell 𝔄 | αυτω] αυτου h*o: om x | ⟨σειβα 1°] συβα 244⟩ | om και 3°—δαυειδ ℭ$^c$ | αυτον 1° bis scr b′ | ⟨om προς 1° 246⟩ | ειπεν 1°] λεγει boc$_2$e$_2$ | προς αυτον] post βασιλευς boc$_2$e$_2$: αυτω ay | om ο βασιλευς p | om ει 1° aquva$_2$ℭ$^c$ | σειβα 2°] συβα p: + το παιδαριον boc$_2$e$_2$ | om εγω boc$_2$e$_2$ | δουλος] pr ο y*(uid) | σος] σου x

**3** ο βασιλευς] ⟨om 246⟩: + δᾱδ v | ει] bis scr f: om d | εκ—σαουλ] post ανηρ boc$_2$e$_2$: post ετι 1° u𝔈 | εκ του οικου] ⟨εν τω οικω 123⟩: τω οικω A | ελεος μετ αυτου v𝔈 | ελεον boc$_2$e$_2$ | om θεου avℭ$^c$ | προς τον βασιλεα] *ei* ℭ$^c$: om d | om ετι 2°—(4) βασιλεα v | ετι 2°] post εστιν boc$_2$e$_2$: om ya$_2$𝔄ℭ𝔈 | εστιν] εσται i | τω ιωναθαν υιος boc$_2$e$_2$ | τω] ⟨του 242⟩: om Mdg | ⟨ιναθαν 44⟩ | πεπληγως τους ποδας] hab *pedibus insignitis* 𝔏$^v$ | τοις ποσι cx

**4** ειπεν 1°] + αυτω boc$_2$ℭ𝔈(uid) | που] pr ει υπολελειπται p | ουτως a*(uid)g | προς τον βασιλεα] *ei* ℭ$^c$: om dℭ$^w$ | ιδου] εστιν

14 εθετο...φρουραν] σ′ εταξεν φρουραν j
16 αχεια] αχμελεχ αχινα M | επι των υπομνηματων] α′ ο αναμιμνησκων jz (om ο): σ′ επι της μνημης j
18 συμβουλος—φελεττει] επι των χερηθεων και των φεληθεων j | ο 1°—φελεττει] οι σφενδονιται και οι τοξοται M: *sagittarii et funditores* 𝔄 | υιοι—ησαν] εβρ. σ′ α′ *et filii David sacerdotes fuerunt* 𝔖-ap-Barh | αυλαρχαι] α′ ιερεις σ′ σχολαζοντες j
IX 2 παις] α′ σ′ δουλος jz (om σ′) 3 ει υπολελειπται] σ′ αρα ουκ εστιν ουκετι j

5 Ἀμαὴρ ἐκ τῆς Λαδαβάρ. [5]καὶ ἀπέστειλεν ὁ βασιλεὺς Δαυεὶδ καὶ ἔλαβεν αὐτὸν ἐκ τοῦ οἴκου B
6 Μαχεὶρ υἱοῦ Ἀμειὴλ ἐκ τῆς Λαδαβάρ. [6]καὶ παραγίνεται Μεμφιβόσθε υἱὸς Ἰωναθὰν υἱοῦ Σαοὺλ
πρὸς τὸν βασιλέα Δαυείδ, καὶ ἔπεσεν ἐπὶ πρόσωπον αὐτοῦ καὶ προσεκύνησεν αὐτῷ· καὶ εἶπεν
7 αὐτῷ Δαυείδ Μεμφιβόσθε· καὶ εἶπεν Ἰδοὺ ὁ δοῦλός σου. [7]καὶ εἶπεν αὐτῷ Δαυείδ Μὴ φοβοῦ, ὅτι
ποιῶν ποιήσω μετὰ σοῦ ἔλεος διὰ Ἰωναθὰν τὸν πατέρα σου, καὶ ἀποκαταστήσω σοι πάντα ἀγρὸν
8 Σαοὺλ πατρὸς τοῦ πατρός σου, καὶ σὺ φάγῃ ἄρτον ἐπὶ τῆς τραπέζης μου διὰ παντός. [8]καὶ
προσεκύνησεν Μεμφιβόσθε καὶ εἶπεν Τίς εἰμι ὁ δοῦλός σου ὅτι ἐπέβλεψας ἐπὶ τὸν κύνα τὸν
9 τεθνηκότα τὸν ὅμοιον ἐμοί; [9]καὶ ἐκάλεσεν ὁ βασιλεὺς Σειβὰ τὸ παιδάριον Σαοὺλ καὶ εἶπεν πρὸς
10 αὐτόν Πάντα ὅσα ἐστὶν τῷ Σαοὺλ καὶ ὅλῳ τῷ οἴκῳ αὐτοῦ δέδωκα τῷ υἱῷ τοῦ κυρίου σου. [10]καὶ
ἐργᾷ αὐτῷ τὴν γῆν, σὺ καὶ οἱ υἱοί σου καὶ οἱ δοῦλοί σου, καὶ εἰσοίσεις τῷ υἱῷ τοῦ κυρίου σου
ἄρτους καὶ ἔδεται ἄρτους· καὶ Μεμφιβόσθε υἱὸς τοῦ κυρίου σου φάγεται διὰ παντὸς ἄρτον ἐπὶ
11 τῆς τραπέζης μου. καὶ τῷ Σειβὰ ἦσαν πέντε καὶ δέκα υἱοὶ καὶ εἴκοσι δοῦλοι. [11]καὶ εἶπεν Σειβὰ
πρὸς τὸν βασιλέα Κατὰ πάντα ὅσα ἐντέταλται ὁ κύριός μου ὁ βασιλεὺς τῷ δούλῳ αὐτοῦ, οὕτως
ποιήσει ὁ δοῦλός σου. καὶ Μεμφιβόσθε ἤσθιεν ἐπὶ τῆς τραπέζης Δαυεὶδ καθὼς εἷς τῶν υἱῶν
12 αὐτοῦ τοῦ βασιλέως. [12]καὶ τῷ Μεμφιβόσθε υἱὸς μικρὸς καὶ ὄνομα αὐτῷ Μειχά. καὶ πᾶσα ἡ
13 κατοίκησις αὐτοῦ οἴκου Σειβὰ δοῦλοι τοῦ Μεμφιβόσθε. [13]καὶ Μεμφιβόσθε κατῴκει ἐν Ἰερου-

5 αμιηλ A    6 παραγεινεται B*    7 ελαιος A    9 σιβα A    10 σιβα A    11 σιβα A    12 μεικρος B* | μιχα A | σιβα A

AMNa-jm-qs-c$_2$e$_2$𝔄ℭ$^{cw}$𝔈(𝔏$^v$)

υιος τω ιωναθαν a$_2$ | οικω] pr τω o | αμαηρ Bh*] αμαηλ y: *Samael* ℭ: αμιηλ ANabceh$^b$s*x𝔄: [illegible] 𝔖$^j$: αμεηλ v: εμιηλ g: *Abial* 𝔈: αμαληκ a$_2$: αμμιηλ Ms$^{a?}$ rell | λαδαβαρ] ⟨λαθαβαρ 123⟩: λαβαδαρ ah*va$_2$e$_2$𝔈: λαβαδαρι A: δαδαβαρ b: hab λαβαθα Jos: λακαμερ On-gr-cod: δαβαρ y: λωδαβαρ MNgh$^b$ijnub$_2$: ⟨λωβαρ 246⟩

5 om totum comma chxℭ$^w$ | om δαυειδ d𝔈 | om εκ—(6) δαυειδ 1° d | ⟨om εκ—λαδαβαρ 71⟩ | εκ του] εξ boc$_2$e$_2$ | μαχιρ οικου p | αμειηλ BAN$^{a?}$abenv𝔄] αμιειλ a$_2$: *Abial* 𝔈: αμαηλ gy*: αμμαηλ M: *Samael* ℭ$^c$: αμαηρ y$^{a?}$: αμμιηλ N* rell | om εκ της λαδαβαρ a$_2$ | λαδαβαρ] λαδαβηρ c$_2$: ⟨λαθαβαρ 123⟩: λαβαδαρ av𝔈: δαδαβαρ b′: δαδαμαρ b: δαλαβαρ y: λωδαβαρ MNgijnub$_2$: ⟨λωβαρ 246⟩

6 om και 1° Mg | παρεγενετο boc$_2$e$_2$ | μεμφιβοσθε 1°] μεμφιβοσθαι Afa$_2$: μενφιβοσθε g: μεφιβοσθε a: μεμφειβααλ bo z(mg)c$_2$e$_2$𝔖$^j$ Thdt: hab *Memphibaal* 𝔏$^v$ | ιωναθαν] ιωναθαμ a$_2$: ναθαν x | τον βασιλεα] post δαυειδ 1° ⟨246⟩ 𝔈: om ℭ$^c$ | και προσεκυνησεν αυτω (-τον b′) και επεσεν επι προσωπον αυτου boc$_2$e$_2$ | αυτου] δᾱδ d: om cx | αυτω 1°] αυτων A: αυτον c Jos-ed | αυτω δαυειδ] ο βασιλευς d | om μεμφιβοσθε 2°—(7) δαυειδ cvxy | μεμφιβοσθε 2°] μεμφιβοσθαι Af: μεμφοβοσθε z: μεμφειβααλ boc$_2$e$_2$𝔖$^j$: τις ει συ a$_2$ | om και ειπεν 2° h | ιδου] μεμφιβοσθαι a$_2$: om A: + εγω Nℭ𝔈

7 om αυτω d | ⟨δαυειδ] ο βασιλευς 44⟩ | μη φοβου οτι] *quia ecce* ℭ$^c$ | ⟨om ποιων 44⟩ | μετα σου ελεος] ελεος μετα σου A𝔈: ελεον μετα σου boc$_2$e$_2$ | δια—πατερα] ενεκεν ιωναθαν του πρ̄ς boc$_2$e$_2$ | αποκαταστησω] αποδωσω boc$_2$e$_2$: hab διδωσι Jos: *dabo* ℭ | σοι] σε c: om a | παντα αγρον] ⟨παντα τον αγρον 71⟩: παντας τους αγρους boc$_2$e$_2$: *agros* ℭ$^c$ | σαουλ] ιωναθαν c: om a*v | πατρος 1°] pr του y: om Abcowxc$_2$e$_2$ | om του wz | συ φαγη αρτον] συ εσθιε o: συνεσθιε bc$_2$: συνεσοιε e$_2$ | επι—μου post παντος cx𝔄 | επι] εκ y: δια d | om της a | om μου d*(uid)

8 προσεκυνησεν BAcxya$_2$𝔄ℭ$^w$𝔈] + αυτω MN rell ℭ$^c$ | μεμφιβοσθε] μεμφιβοσθαι Afa$_2$: μενφιβοσθε g: μεμφιβααλ M(mg)𝔖$^j$: om bdoc$_2$e$_2$ | τις ειμι] *quis est* 𝔄: *quid* 𝔈: + εγω g | ⟨επεβλεψες 236.242⟩ | εμοι] pr εν e$_2$: μοι N: μου a$_2$

9 ο βασιλευς] *Dauid* ℭ$^w$: + δᾱδ bcoxc$_2$e$_2$ | σειβα] pr τον Nbnoc$_2$e$_2$: post παιδαριον e | το παιδαριον] τον παιδα boc$_2$e$_2$ | σαουλ 1°] *Sabe* ℭ$^c$ | ⟨προς αυτον] αυτω 64⟩ | εστιν] υπηρχεν boc$_2$e$_2$: om αν | τω 1°] του c*: om dya$_2$ | σαουλ 2°] pr οικω N*: ιωναθαν c | ολω τω οικω] ολον τον οικον MNgjuzb$_2$: παντα τον οικον boc$_2$e$_2$: *omnem domum* 𝔈: *omnia quae domui* 𝔄 | om αυτου g | εδωκα N | υιω του κυριου] κυριω a$_2$ | υιω] οικω A | τω κυριω Ah*

10 εργαν A | συ] pr και dn: σοι b′y | om οι 1° ag* | υιοι σου sup ras i$^a$ | om και 4° Mcx | εισοισεις] pr συ a(υ sup ras)n: εισοισει g: *inducetis* ℭ$^c$𝔈: εισοισωσι cx | τω υιω] εις τον οικον bgoz(mg)c$_2$e$_2$𝔄 | υιω του κυριου] κυριω ya$_2$ | om σου 3° a*x | ⟨om αρτους 1° 242⟩ | και εδεται αρτους] *ut edant filii domus eius* 𝔖$^j$: om y | εδεται αρτους B] εδεται (*edent* ℭ) αυτους Aacv xℭ: *edent id* 𝔄: βρωσεται a$_2$: φαγεται hi(txt): φαγονται MNi (mg) rell | ⟨om και 6°—μου 44⟩ | μεμφιβοσθε] μεμφιβοσθαι Afa$_2$: μεμφειβααλ boc$_2$e$_2$𝔖$^j$: μενφιβααλ g | ⟨om υιος—σου 4° 71⟩ | υιος] pr ο ha$_2$c$_2$ | om φαγεται b′ | αρτον (-τους A) δια παντος Adefmp-twz𝔄ℭ𝔈 | αρτον] αρτους bcovxc$_2$e$_2$ | σειβα] σηβα N*: σιβαν f | om ησαν v | πεντε—υιοι 2°] υιοι δεκα και πεντε cx: υιοι ιε′ d | πεντε και δεκα post υιοι 𝔄 | πεντε και] ιε′ και v: om ℭ$^c$: om και e | εικοσι] post δουλοι 2° cx𝔄: ⟨ιδ′ 74⟩: om m*

11 κατα παντα] om b′: om κατα boc$_2$e$_2$𝔈 | εντεταλται—βασιλευς] *iussisti* ℭ$^c$ | εντεταλται] εντελεται g: + μοι a | om ο κυριος μου a | om ο βασιλευς e$_2$ | αυτου 1°] αυ ex corr i$^a$: αυτω h*v: σου ⟨71⟩ ℭ$^c$ | ⟨ποιησω 64.71⟩ | om ο δουλος σου d | μεμφιβοσθε] μεμφιβοσθαι fa$_2$: μενφιβοσθε g: μεμφοβοσθε z: μεμφειβααλ boc$_2$e$_2$𝔖$^j$ | ησθιεν] + *panem* 𝔄 | om δαυειδ—υιων b | δαυειδ] αυτου y: του βασιλεως oc$_2$e$_2$ | καθως] ως oc$_2$e$_2$ | αυτου 2° Bhya$_2$] om AMN rell 𝔄ℭ𝔈

12 ⟨τω μεμφιβοσθε] αυτω 71⟩ | μεμφιβοσθε 1°] μεμφιβοσθαι Afa$_2$: μενφιβοσθε g: μεμφοβοσθε z: μεμφειβααλ boc$_2$e$_2$𝔖$^j$ | υιος] pr ην boc$_2$e$_2$𝔄(uid)ℭ | μικρος] om ℭ$^w$: + η q*: + ην q$^b$ | αυτω] αυτου o | μειχα] μηχα m*(uid): μοχα c | πασα—οικου] *omnes homines* 𝔈 | κατοικησις] κατοικια boc$_2$e$_2$ | αυτου οικου] *domus* 𝔄ℭ: ⟨om 44⟩ | αυτου BA] om cx: του MN rell | δουλοι] pr *et* ℭ$^c$ | του] τω Aabovc$_2$e$_2$ | μεμφιβοσθε 2°] μεμφιβοσθαι Aa$_2$: μενφιβοσθε g: μεμβιβοσθε c*: μεμφιβοσθαι f: μεμφοβοσθε z: μεμφειβααλ boc$_2$e$_2$𝔖$^j$: + *erant in domo Saul* ℭ$^c$

13 μεμφιβοσθε] μεμφιβοσθαι fa$_2$: μενφιβοσθε g: μεμφοβοσθε z: μεμφειβααλ boc$_2$e$_2$𝔖$^j$: ⟨αυτος 71⟩ | κατωκει] ω ex corr

6 μεμφιβοσθε 1°] μεμφιβοσθε κειται εν τω εξαπλω παρα πασιν εν αλλω δε μεμφιβααλ j    10 εργα] α′ υπουργησεις σ′ γεωργησεις j

B σαλήμ, ὅτι ἐπὶ τῆς τραπέζης τοῦ βασιλέως διὰ παντὸς ἤσθιεν· καὶ αὐτὸς ἦν χωλὸς ἀμφοτέροις
τοῖς ποσὶν αὐτοῦ.

[1] Καὶ ἐγένετο μετὰ ταῦτα καὶ ἀπέθανεν βασιλεὺς υἱῶν Ἀμμών, καὶ ἐβασίλευσεν Ἀννὼν υἱὸς 1 X
αὐτοῦ ἀντ' αὐτοῦ. [2] καὶ εἶπεν Δαυεὶδ Ποιήσω ἔλεος μετὰ Ἀννὼν υἱοῦ Ναάς, ὃν τρόπον ἐποίησεν 2
ὁ πατὴρ αὐτοῦ μετ' ἐμοῦ ἔλεος· καὶ ἀπέστειλεν Δαυεὶδ παρακαλέσαι αὐτὸν ἐν χειρὶ τῶν δούλων
αὐτοῦ περὶ τοῦ πατρὸς αὐτοῦ· καὶ παρεγένοντο οἱ παῖδες Δαυεὶδ εἰς τὴν γῆν υἱῶν Ἀμμών. [3] καὶ 3
εἶπον οἱ ἄρχοντες υἱῶν Ἀμμὼν πρὸς Ἀννὼν τὸν κύριον αὐτῶν Μὴ παρὰ τὸ δοξάζειν Δαυεὶδ τὸν
πατέρα σου ἐνώπιόν σου, ὅτι ἀπέστειλέν σοι παρακαλοῦντας; ἀλλ' ὅπως οὐχὶ ἐρευνήσωσιν τὴν
πόλιν καὶ κατασκοπήσωσιν αὐτὴν καὶ τοῦ κατασκέψασθαι αὐτὴν ἀπέστειλεν Δαυεὶδ τοὺς παῖδας
αὐτοῦ πρὸς σέ; [4] καὶ ἔλαβεν Ἀννὼν τοὺς παῖδας Δαυεὶδ καὶ ἐξύρησεν τοὺς πώγωνας αὐτῶν καὶ 4
ἀπέκοψεν τοὺς μανδύας αὐτῶν ἐν τῷ ἡμίσει ἕως τῶν ἰσχίων αὐτῶν, καὶ ἐξαπέστειλεν αὐτούς.
[5] καὶ ἀπήγγειλαν τῷ Δαυεὶδ ὑπὲρ τῶν ἀνδρῶν, καὶ ἀπέστειλεν εἰς ἀπαντὴν αὐτῶν, ὅτι ἦσαν οἱ 5
ἄνδρες ἠτιμασμένοι σφόδρα· καὶ εἶπεν ὁ βασιλεύς Καθίσατε ἐν Ἰερειχὼ ἕως τοῦ ἀνατεῖλαι τοὺς
πώγωνας ὑμῶν, καὶ ἐπιστραφήσεσθε. [6] καὶ εἶδαν οἱ υἱοὶ Ἀμμὼν ὅτι κατησχύνθησαν ὁ λαὸς 6

X 2 ελεος 1°] ελαιος A 3 απεστειλεν 2°] στειλ sup ras B$^{a?}$ 4 ημισι A
5 ητειμασμενοι B* | καθεισατε A | ιεριχω B$^{b}$A | επιστραφησεσθαι A 6 ιδαν A

AMNa–jm–qs–c$_2$e$_2$𝔄ℭ$^{cw}$𝔈(𝔏$^{v}$)

uid a: κατοικει Auvy | εν] εις i | om οτι—ησθιεν d | οτι] διοτι boc$_2$e$_2$ | επι—βασιλεως post παντος 𝔄 | om της az | δια παντος] pr αυτος MNefi–npqswzb$_2$: pr αυτου t: post ησθιεν Abgoc$_2$e$_2$𝔈 | και 2°—αυτου] ⟨ην δε χωλος 44⟩: om g | om αυτος d | ⟨om ην 64⟩ | αμφοτεροις τοις ποσιν] αμφοτερους τους ποδας boc$_2$e$_2$: om αμφοτεροις ℭ$^{c}$ | om αυτου v

X 1 ⟨om και 1° 242⟩ | om και 2° d | βασιλευς] pr ο bjou a$_2$c$_2$e$_2$: +ναας e$^{a?}$ | υιων] pr των N: υιος dh$^{b?}$(uid) | αμμων] αμνων g | αννων—αυτου 2°] αντ αυτου ανναν ο (om b) υ̅ς̅ αυτου boc$_2$e$_2$ | αννων] αμνων g (-νω g*): ανων e𝔄-ed: *Amon* 𝔄-codd: αων A: εν ανωθ a$_2$: om N | υιος] pr ο d

2 ποιησω] *faciamus* 𝔄 | ελεος 1°] ελεον boc$_2$e$_2$ | om μετα i | αννων] ανναν boc$_2$e$_2$: αμνων ga$_2$: ανων euv*𝔄: αν̅ω̅ν A | ον τροπον] καθως boc$_2$e$_2$ | μετ εμου ο π̅η̅ρ αυτου a$_2$ | πατηρ αυτου] πα|του A | μετ εμου ελεος] ελεον μετ εμου boc$_2$e$_2$: *misericordiam super me* 𝔈: ⟨om ελεος 242⟩ | παρακαλεσαι—(3) σοι bis scr M | παρακαλεσαι] pr του N: ⟨παρακαλεσας 242⟩: hab παρεμυθησατο Jos | ⟨om των 44⟩ | δουλων] pr ras (5) u: ⟨παιδων 64⟩ | αυτου 3°] αυτων u | παιδες] δουλοι boc$_2$e$_2$ | om την boc$_2$e$_2$ | om υιων ℭ$^{w}$ | αμμων] αμμαν c$_2$*(uid): αμνων g: αμων *b*

3 ειπαν Nj*nxa$_2$b$_2$ | υιων αμμων] αυτων d | αμμων] αμνων g: αννων c* | αννων] αννον v: ανναν boc$_2$e$_2$: αμνων ga$_2$: ανων Ae𝔄 | μη—δοξαζειν] ουχι δοξαζων boz(mg)c$_2$e$_2$ | om το Na$_2$ | δοξαζει d | δαυειδ 1° post σοι 𝔄 | om ενωπιον σου b'𝔈 | om οτι befgmowz(mg)c$_2$e$_2$𝔄ℭ | απεστειλεν 1°] απεστειλα d: απεσταλκεν boz(mg)c$_2$e$_2$ | σοι] *coram te* 𝔈: om e$_2$ | παρακαλουντας] παρακαλουντες se$_2$: παρακαλουντα y | αλλ οπως ουχι By] ουχι αλλ οπως N: ουχι αλλ ινα jb$_2$: *non sed ut* 𝔄: αλλ οπως ουχ ινα uva$_2$: om ουχι a(hab ras 4—5 litt)bcoxz(mg)c$_2$e$_2$: ουχ (ουχι Mgi: ουκ A) ινα AMz(txt) rell: *sed misit* (+*eos* ℭ$^{c}$) *ipse ut* ℭ | ερευνησωσιν] ερευνησω σοι w: ερευνησουσιν N*b$_2$: εραυνησουσιν y: εξερευνησωσιν boz(mg)c$_2$e$_2$: hab *scrutinet* 𝔏$^{v}$: ⟨ειρηνευσωσι 64⟩ | πολιν] +σου bc | κατασκοπησωσιν] κατασκοπησουσιν tyb$_2$: κατασκοπευσωσιν coz(mg)a$_2$c$_2$e$_2$: κατασκοπευσουσιν x: κατοικησωσην g | αυτην 1°] την πολιν ob$_2$c$_2$e$_2$ | και 3°] οτι bℭ$^{c}$(uid): om MNd–gi–np–uwb$_2$ | om του κατασκεψασθαι αυτην ℭ | om του b | κατασκεψασθαι] κατασκεψεσθαι w: καταστρεψαι MNgij nub$_2$ | αυτην 2°] ⟨αυτου 242⟩: δα̅δ̅ e* | απεστειλεν 2°] pr και g: απεσταλκεν boc$_2$e$_2$ | om δαυειδ 2° ci𝔈 | παιδας] δουλους boc$_2$e$_2$ | σε] +*probare ciuitatem considerare eam* ℭ$^{w}$: +*ut probet te et ciuitatem tuam* ℭ$^{c}$

4 αννων] ανναν boc$_2$e$_2$: αμνων ga$_2$: ανων Ae: om 𝔄 | παιδας] δουλους boc$_2$e$_2$ | δαυειδ] ras v: αυτου u$^{a?}$a$_2$ | εξυρισεν b'gijsv Thdt | ⟨τους πωγωνας] post αυτων 1° 44: ημισυ του πωγωνος 98⟩ | om και 3°—αυτων 3° c | απεκοψεν—ημισει] αφειλεν των μανδυων αυτων το ημισυ boz(mg)c$_2$e$_2$𝔖$^{j}$(uid) Thdt (uid) | om εν τω y | ημισυ N*auvya$_2$ | εως των ισχιων] hab *usque ad inguen* 𝔏$^{v}$ | εως] και εως της αναβολης boc$_2$e$_2$: +της αναβολης gz(mg) Thdt | ισχυων b'dgh*x | απεστειλεν a$_2$

5 απηγγειλαν Bi] απηγγελη bcoxc$_2$e$_2$: ανηγγελη y: ανηγγειλαν AMN rell | υπερ] περι boa$_2$c$_2$e$_2$ | απεστειλεν—αυτων] *exiuit eis* ℭ$^{c}$ | απεστειλεν] + *Dauid* 𝔄𝔈 | απαντην Bh] απαντησιν AMN rell: ⟨συναντησιν 246⟩ | om οτι—ανδρες dp | οτι] και cx | οι ανδρες] οι στρατιωται b': om cfxyℭ$^{c}$: ⟨om οι 71⟩ | ⟨ητιμασμενοι σφοδρα] σφοδρα ητιμωμενοι 242⟩ | ητιμασμενοι BAhna$_2$] ητιμωμενοι MN rell: ⟨ητιμωμενοις 44⟩ | ιερειχω] ιερηχω j: ιερυχω p(uid) | του] οτου i | ημων b'* | επιστραφησεσθε] ανακαμψατε boz(mg)c$_2$e$_2$

6 ειδαν BAya$_2$] ειδον MN rell: *nouerunt* ℭ$^{c}$ | om οι 1° b'gm | υιοι 1°] υιων c$_2$ | αμμων 1°] αμνων g | om οτι—αμμων 2° dp | κατησχυνθησαν ο λαος] *pudefecerant populum* 𝔄 | ησχυνθησαν boc$_2$e$_2$ | om ο λαος δαυειδ b' | ο λαος] οι δουλοι

X 2 ελεος 2°] σ' χαριν j | παρακαλεσαι] σ' παραμυθουμενος j
3 μη—δοξαζειν] σ' αρα τιμων j: α' αρα τιμων z
4 τους 2°] ※ ο' το ημισυ του j | μανδυας] α' χιτωνας z
5 ητιμασμενοι] α' εντρεπομενοι σ' αισχροι jz
6 κατησχυνθησαν—δαυειδ] σ' εκακουργησαν προς δα̅δ̅ j

Δαυείδ· καὶ ἀπέστειλαν οἱ υἱοὶ Ἀμμὼν καὶ ἐμισθώσαντο τὴν Συρίαν καὶ Ῥοώβ, εἴκοσι χιλιάδας B
7 πεζῶν, καὶ τὸν βασιλέα Ἀμαλήκ, χιλίους ἄνδρας, καὶ Εἰστώβ, δώδεκα χιλιάδας ἀνδρῶν. [7]καὶ
8 ἤκουσεν Δαυείδ, καὶ ἀπέστειλεν τὸν Ἰωὰβ καὶ πᾶσαν τὴν δύναμιν, τοὺς δυνατούς. [8]καὶ ἐξῆλθαν
οἱ υἱοὶ Ἀμμὼν καὶ παρετάξαντο πόλεμον παρὰ τῇ θύρᾳ τῆς πύλης Συρίας Σουβὰ καὶ Ῥοὼβ καὶ
9 Εἰστὼβ καὶ Ἀμαλήκ, μόνοι ἐν ἀγρῷ. [9]καὶ εἶδεν Ἰωὰβ ὅτι ἐγενήθη πρὸς αὐτὸν ἀντιπρόσωπον
τοῦ πολέμου ἐκ τοῦ κατὰ πρόσωπον ἐξ ἐναντίας καὶ ἐκ τοῦ ὄπισθεν, καὶ ἐπέλεξεν ἐκ πάντων τῶν
10 νεανίσκων Ἰσραήλ, καὶ παρετάξαντο ἐξ ἐναντίας Συρίας. [10]καὶ τὸ κατάλοιπον τοῦ λαοῦ ἔδωκεν
11 ἐν χειρὶ Ἀβεισὰ τοῦ ἀδελφοῦ αὐτοῦ, καὶ παρετάξαντο ἐξ ἐναντίας υἱῶν Ἀμμών, [11]καὶ εἶπεν Ἐὰν
κραταιωθῇ Συρία ὑπὲρ ἐμέ, καὶ ἔσεσθέ μοι εἰς σωτηρίαν· καὶ ἐὰν υἱοὶ Ἀμμὼν κραταιωθῶσιν
12 ὑπὲρ σέ, καὶ ἐσόμεθα τοῦ σῶσαί σε. [12]ἀνδρίζου καὶ κραταιωθῶμεν ὑπὲρ τοῦ λαοῦ ἡμῶν καὶ περὶ
13 τῶν πόλεων τοῦ θεοῦ ἡμῶν, καὶ Κύριος ποιήσει τὸ ἀγαθὸν ἐν ὀφθαλμοῖς αὐτοῦ. [13]καὶ προσῆλθεν
Ἰωὰβ καὶ ὁ λαὸς αὐτοῦ μετ' αὐτοῦ εἰς πόλεμον πρὸς Συρίαν, καὶ ἔφυγαν ἀπὸ προσώπου §αὐτοῦ. § 𝔏$^{b}$

6 χειλιαδας (bis) B* | χειλιους B* | ιστωβ A
8 πυλης] υ ex ο B$^{?}$: πολεως B$^{a\,mg}$ | ιστωβ A | αμαληκ] α 2° sup ras B$^{?}$ 11 εσεσθαι A | εισωτηριαν B*

AMNa–jm–qs–c$_2$e$_2$𝔄ℭ$^{cw}$𝔈(𝔏$^{bv}$)

M(mg)*b*oc$_2$e$_2$ℭ$^{c}$: οι παιδες a$_2$: οι ανδρες jb$_2$ | δαυειδ] pr εν An | ⟨απεστειλαν—αμμων 2°] απεστειλε 71⟩ | αποστελλουσιν boc$_2$e$_2$ | οι υιοι αμμων 2°] υιοι αμνων g | εμισθωσαντο] εμησθωσατο g: μισθουνται boc$_2$e$_2$ | την συριαν] τον συρον boz(mg)c$_2$e$_2$ Jos(uid): *Syros* 𝔄 | και ροωβ Bh*ya$_2$ℭ$^{w}$𝔈] pr σουβα s: *Roab* ℭ$^{c}$: και ροωβ και την συριαν σουβα Aacvxb$_2$𝔄 Eus ⟦και ροωβ] και ρααβ c: κερααβ x: [illegible] 𝔄: ορωβ a: om και v Eus | σουβα] σαβα cx: σοβαλ Eus: σωβακ a: σωαβ v⟧: βαιθρααβ και την συριαν σουβα MNgh$^{b?}$inu ⟦βαιθρααβ] βαιθρααμ g: βεθρααμ h$^{b?}$i: βαιθααβ N | σουβα] σωβαλ i(mg)⟧: και βαιθρααμ και τον συρον σουβα boz(mg)c$_2$e$_2$ ⟦om και 1° z(mg) | βαιθρααμ] βεθρααμ b'*b*$^{a?}$: βεθρααβ *b**(uid): βαιρααμ o* | και 2°—σουβα sub ※ c$_2$ | την συριαν c$_2$ | σιβα b⟧: βαιθρααμ και ροωβ και την συριαν σουβα j: βαιθρααμ και την συριαν σουβα και ροωβ z(txt) rell ⟨44.71.242⟩ ⟦βαιθρααμ] βεθρααμ e: βαιθραμ 44: βαιθρααβ 71: και θρααμ m | om την συριαν 44 | σουβα] σωβα 71: σουβαα 242: σουβακ e | ροαβ e⟧ | χιλιαδας 1°] χιλιαδες np | om πεζων ℭ$^{c}$ | αμαληκ] αμαληχ b$_2$: αμαχηκ j: μελχα i(mg): μααχα AMboz$^{a?}$c$_2$e$_2$: μαχαα Eus: μααχαν N: μωαχα cx: μασχα g: +μααχα h$^{b?}$ | χιλιους] +*quingentos* ℭ$^{w}$ | ανδρας] +πεζων c* | και ειστωβ] καυστωβ v | ειστωβ] pr τον biozc$_2$e$_2$ | ⟨χιλιαδας δωδεκα 242⟩ | χιλιαδας 2°] χιλιαδες Npv: ⲛ̅ϣⲉ ℭ

7 δαυειδ] pr *rex* 𝔄 | απεστειλεν] pr απεστειλαν οι υιοι αμμων την δυναμιν αυτων και ο δᾱδ a$_2$ | om τον—πασαν Eus | om τον ANb'gn | om πασαν την δυναμιν d | δυναμιν] στρατιαν bz(mg)c$_2$ Jos(uid): στρατειαν oe$_2$ | τους δυνατους] των δυνατων boz(mg)a$_2$c$_2$e$_2$

8 εξηλθαν Ba*(uid)ya$_2$b$_2$] απηλθον o: εξηλθον AMNa$^{a?}$ rell Eus | om οι a*b*gj Eus | αμμων] αμνων g: +και παρεγενοντο v | πολεμον] pr τον boc$_2$e$_2$: bis scr x* | ⟨παρα τη θυρα] προς την θυραν 64: κατα τον πυλωνα 242⟩ | τη θυρα BAMgxya$_2$ Eus] την θυραν achnv: ⟨την πυλωνα 98.236⟩: τον πυλωνα N rell | om της πυλης d𝔈 | πυλης] πολεως B$^{a}$Nbefgijmo–uwz–e$_2$𝔄𝔖$^{j}$ | συριας BAMcgxya$_2$𝔄ℭ𝔈$^{a}$ Eus] ⟨pr και 74⟩: και ο συρος boz(mg)c$_2$e$_2$: και q: om d: και συρια Nz(txt) rell 𝔈$^{s}$ | σουβα] pr *et* 𝔈$^{a}$: σαβα cx: σωβα Eus: σοβαλ v: σωβακ a | om και ροωβ Nz(mg)ℭ$^{c}$ | ροωβ] *Rob* 𝔄: ροαβ A: ροωβωθ u: κερααβ cx: βαιθρααμ oc$_2$e$_2$: βεσρααμ b | om και 5°—αγρω Eus | αμαληκ] μαλχα c$_2$: μασχα e$_2$: μααχα Abox: μαχα cz(mg) | μονοι εν αγρω] καθ εαυτους εν τω πεδιω M(mg)boz(mg)c$_2$e$_2$ℭ$^{c}$(uid)

9 ειδεν] +αυτους boz(mg)c$_2$e$_2$ | εγενηθη—εναντιας 1°] *uenerant accesserant super eum in fronte* 𝔄 | εγενηθη] εγεννηθη a: γεγονασιν boz(mg)c$_2$e$_2$ℭ(uid) | προς αυτον] post πολεμου boz(mg)c$_2$e$_2$: προς αυτους v: εν αυτω q | αντιπροσωποι boc$_2$e$_2$ | του 1°—προσωπον bis scr c | om εκ 1°—παρεταξαντο No | om εκ 1°—προσωπον Mbdgiuz(mg)b$_2$c$_2$e$_2$ℭ | εκ του 1°] pr και e: εξ ου y | προσωπον] +του πολεμου e | om εξ 1°—οπισθεν Eus | om εξ εναντιας 1° Acx | εκ του 2°] om bz(mg)c$_2$e$_2$: om εκ g | επελεξεν] ⟨εξελεξεν 244⟩: επελεξατο Mdeimp–uwz Jos(uid): επελεξαντο f: εξελεξατο bgc$_2$e$_2$ | om εκ παντων των c | παντων των νεανισκων] παντος νεανιου υιων bc$_2$e$_2$ | om των Aix | νεανιων AMacgijnuxb$_2$ | παρεταξατο Ma$^{a?}$gbnuvb$_2$𝔄 | συριας] pr ras (2) b: του συρου boz$^{a?}$c$_2$e$_2$

10 και το] το δε boc$_2$e$_2$ | καταλειπον g | om εδωκεν—και 2° c | εν χειρι] εις χειρα c$_2$: εις την χειρα boe$_2$: *in manus* 𝔄 | αβεισα Ba$_2$𝔈] αβισαι Ax: αβεσα eg$^{a?}$s: αυεσα g*(uid): βεσσα a*: αβεσσα MNa$^{b}$ rell 𝔄: ܐܒܝܫܝ 𝔖$^{j}$: om ℭ$^{w}$ | παρεταξατο MNbefgjnqsuwzb$_2$c$_2$ | υιων] pr των boc$_2$e$_2$: ⟨om 44⟩

11 ειπεν] +ιωαβ προς αβεσσα (αβεσσαν e$_2$: αβεσα x: αβεσαι c) bcoxzc$_2$e$_2$: +*Ioab fratri eius* ℭ$^{c}$: +*Ioab eis qui fratris eius* ℭ$^{w}$ | κραταιωθη] κρατηση *b*c$_2$e$_2$: κρατησει b'o | συρια] pr η cvx: συρος bc$_2$: ο συρος oe$_2$ | υπερ 1°] επ f | εσεσθε] εση boc$_2$e$_2$ | υιοι αμμων κραταιωθωσιν] κραταιωθωσειν οι υιοι αμμων c | ⟨om υιοι αμμων 98⟩ | υιοι] pr οι ANfinouxyz: υιων b | αμνων g | κραταιωθωσιν] κρατησωσιν boc$_2$e$_2$ | εσομεθα] εσωμεθα a*cdgijpv: πορευσομαι boz$^{mg}$(uid)c$_2$e$_2$ | om σε 2° a*

12 ανδριζου και κραταιωθωμεν] hab *inualesce et uiriliter age* 𝔏$^{v}$ | om ανδριζου c$_2$* | om και 1° va$_2$ | κραταιωθωμεν] κραταιου και πολεμησωμεν bozc$_2$e$_2$ | ημων 1°] υμων d$^{a}$: τουτου a: ⟨om 44⟩ | περι] υπερ bjob$_2$c$_2$e$_2$: om ⟨44⟩ ℭ$^{c}$ | της πολεως hℭ$^{c}$ | κυριος] pr ο boc$_2$e$_2$ | αγαθον] +αυτου g | αυτου] +υπερ ημων bozc$_2$e$_2$

13 προσηλθεν] προσηγαγεν bc$_2$e$_2$: προσηγεν o | om αυτου 1° bcioc$_2$e$_2$𝔄ℭ𝔈 | μετ αυτου] pr ο bioc$_2$e$_2$𝔄ℭ𝔈: post πολεμον cxy: om A | εις] pr *in ciuitatem* ℭ$^{c}$ | πολεμον] pr τον c | προς] εις cx: επι boz$^{a?}$c$_2$e$_2$ | συριαν] τον συρον boz$^{a?}$c$_2$e$_2$ | εφυγαν Bh*y] εφυγεν acvxz$^{a?}$: εφυγεν ο συρος boc$_2$e$_2$: εφυγον AMNh$^{b?}$z* rell: +*Syri* 𝔄 | απο] εκ boc$_2$e$_2$ | αυτου 3°] αυτων aℭ$^{c}$𝔈: +συρια Acx: +*Syrus* 𝔏

6 ροωβ] ροωβ M
8 εν αγρω] θ' εν πεδιω jz

7 την δυναμιν] ⅄ την στρατιαν j
9 νεανισκων] α' σ' εκλεκτων j

B [14]καὶ οἱ υἱοὶ Ἀμμὼν εἶδαν ὅτι ἔφυγεν Συρία, καὶ ἔφυγαν ἀπὸ προσώπου Ἀβεισὰ καὶ εἰσῆλθαν 14
εἰς τὴν πόλιν· καὶ ἀνέστρεψαν Ἰωὰβ ἀπὸ τῶν υἱῶν Ἀμμών, καὶ παρεγένοντο εἰς Ἰερουσαλήμ.
[15]καὶ εἶδεν Συρία ὅτι ἔπταισεν ἔμπροσθεν Ἰσραήλ, καὶ συνήχθησαν ἐπὶ τὸ αὐτό. [16]καὶ ἀπέστειλεν 15 16
Ἁδραάζαρ καὶ συνήγαγεν τὴν Συρίαν τὴν ἐκ τοῦ πέραν τοῦ ποταμοῦ Χαλαμάκ, καὶ παρεγένοντο
Αἰλάμ· καὶ Σωβὰκ ἄρχων τῆς δυνάμεως Ἁδραάζαρ ἔμπροσθεν αὐτῶν. [17]καὶ ἀνηγγέλη τῷ Δαυείδ, 17
καὶ συνήγαγεν τὸν πάντα Ἰσραήλ, καὶ διέβη τὸν Ἰορδάνην καὶ παρεγένοντο εἰς Αἰλάμ· καὶ
παρετάξατο Δαυεὶδ ἀπέναντι Συρίας καὶ ἐπολέμησαν μετ᾽ αὐτοῦ. [18]καὶ ἔφυγεν Συρία ἀπὸ 18
προσώπου Ἰσραήλ· καὶ ἀνεῖλεν Δαυεὶδ ἐκ τῆς Συρίας ἑπτακόσια ἅρματα καὶ τεσσεράκοντα
§ 𝔏$^{h}$ χιλιάδας ἱππέων· καὶ Σωβὰκ τὸν ἄρχοντα τῆς δυνάμεως αὐτοῦ §ἐπάταξεν, καὶ ἀπέθανεν ἐκεῖ.
[19]καὶ εἶδαν πάντες οἱ βασιλεῖς οἱ δοῦλοι Ἁδραάζαρ ὅτι ἔπταισαν ἔμπροσθεν Ἰσραήλ, καὶ ηὐτομό- 19

14 ανεστρεψεν B$^{ab}$ 16 αδρααζαρ 2° B$^{ab}$] αδραζαρ B* 17 δαυειδ απεναντι συριας] συρια απεναντι δᾱδ B$^{ab mg}$
18 συρια B$^{ab mg}$] om B* | τεσσαρακοντα B$^{b}$ | χειλιαδας B* 19 ηυτομολησαν] + και εθεντο διαθηκην B$^{ab mg}$

AMNa–jm–qs–c$_2$e$_2$𝔄ℭ$^{cw}$𝔈𝔏$^{b(hsv)}$

14 οι—ειδαν] ειδον οι υιοι αμμων e$_2$𝔈𝔖$^{j}$ | om οι Ngjqvw* b$_2$ | ειδαν Bya$_2$] ειδεν b: om g: ειδον AMNb' rell | εφυγεν] εφυγον n𝔈: πεφευγεν boc$_2$e$_2$ | συρια] συριαν n: σρια f: ο συρος boc$_2$e$_2$𝔏 | ⟨om και 2° 44⟩ | εφυγαν BAh*] εφυγεν v: φευγουσιν boc$_2$e$_2$: εφυγον και αυται cx𝔄𝔈: εφυγον MNh$^{b?}$ rell | απο 1°] εκ boc$_2$e$_2$ | αβεισα Ba$_2$ℭ𝔈] αβισαι Ax: αβεσα eg: αβεσαι c: αβεσσα MN rell 𝔄𝔏: ⟨του αβεσσα 242⟩ | εισηλθαν BAya$_2$] εισηλθεν n: εισπορευονται boc$_2$e$_2$: εισηλθον MN rell | εις την πολιν] εν τη πολει b$_2$: + αυτων cx | ανεστρεψαν B*] απεστρεψεν v: ανεστρεψεν B$^{ab}$AMN rell 𝔄ℭ𝔈𝔏 | ιωαβ—αμμων 2°] απο των υιων αμμων ο ιωαβ boc$_2$ | om απο 2°—παρεγενοντο d | ⟨των] προσωπου 64.244⟩ | om και παρεγενοντο boc$_2$e$_2$𝔏 | παρεγενοντο] παρεγενετο MNefgh$^{b?}$ijmp–nwz(mg)b$_2$𝔄ℭ𝔈: ανεβη z(txt) | εις 2°] εν efmp–twyz

15 ειδεν συρια οτι] ειδον οι (om e$_2$) υιοι αμμων οτι ο συρος boz(mg)c$_2$e$_2$𝔏$^{b}$ | συρια—και 2°] hab *filii Amon quia Syrus expauit et* 𝔏$^{s}$ | συρια] συρος a$^{b?}$ | επταισεν] επταισαν ⟨74⟩ ℭ𝔈: επαισεν b'dp: επεσεν s*y: εφθασεν g | εμπροσθεν] ο λαος ωσθεν a$_2$: ενωπιον abouvz(mg)c$_2$e$_2$: *in conspectum* 𝔏$^{b}$: om c | ισραηλ] ⟨pr του 242⟩: pr των (om de$_2$) υιων bdoc$_2$e$_2$ℭ$^{c}$: pr των υιων του z(mg) | συνηχθη a$_2$ | επι] κατα boz(mg)c$_2$e$_2$

16 ⟨απεστειλαν 44⟩ | αδρααζαρ 1°] αδραζαρ Md–gh$^{b?}$jmp–twzb$_2$: ανδρααζαρ ve$_2$: ⟨ανδραζαρ 74⟩: *ad Adrazar* 𝔏 | hab συνηγαγεν—αιλαμ 𝔏$^{v}$ | συνηγαγεν] εξηγαγεν MNbgoc$_2$e$_2$𝔏$^{b}$ Thdt: εξηγαγον n: *adduxit* 𝔏$^{v}$: + αδρααζαρ y | την συριαν] τον συρον boc$_2$e$_2$𝔏 Thdt | την 2°] τον boc$_2$e$_2$𝔏$^{v}$ Thdt: *qui erant* 𝔏$^{b}$: om Ab'𝔄𝔈 | εκ του περαν] εκτοτεραν c | εκ του] εκ το x: εν τω boc$_2$e$_2$ Thdt | του ποταμου] *Iordanis* ℭ$^{w}$: ⟨om του 44⟩ | χαλαμακ] pr *in* 𝔄: *Chalamach* ℭ$^{w}$: *Chalmach* ℭ$^{c}$: *Chamaac* 𝔈: χαλλαμακ dfmqstw: ⟨καλλαμακ 74⟩: χαλλακαμ z: χαλαμα ⟨71⟩ 𝔏$^{b}$ Thdt: χαλλαμα MNgjnb$_2$: [illegible] 𝔖$^{j}$: χαλααμα boe$_2$ (pr του): χααλαμα c$_2$: χαλααμ i: χαμαλαμ v: om Acx | και παρεγενοντο αιλαμ] *et conuenerunt in Helom* 𝔏$^{v}$: om 𝔏$^{b}$ | παρεγενετο e$_2$ | αιλαμ BAoxyc$_2$e$_2$] ελαμ bcℭ$^{c}$: ελμα a$_2$: [illegible] 𝔖$^{j}$: εις ελαμ aehv: pr εις MN rell 𝔈: ⲉⲑⲁⲗⲁⲙ ℭ$^{w}$ | σωβακ] *Sobec* 𝔈: σωβαβ x: σοβαβ c: σωβαλ dmp–twzℭ: σοβαλ ef: ⟨σωααλ 236⟩: σωβα a: σαβαχ A: *Sabae* 𝔏: σουβα a$_2$: σωβα και σαβεαι (-βεε b') boc$_2$: σωβα και σεβεαι e$_2$: [illegible] 𝔖$^{j}$: hab σεβεκον Jos-ed | αρχων της δυναμεως] ο αρχιστρατηγος boc$_2$e$_2$ Jos(uid): *dux exercitus* 𝔏 | αρχοντες cxy𝔄 | om της cx | αδρααζαρ 2°] pr του bc$_2$e$_2$: αδραζαρ B*Md–gh$^{b?}$ijmqstwzb$_2$𝔏: om p | om εμπροσθεν αυτων y | αυτου t*(uid)𝔄-ed

17 απηγγελη MNbd–hj–nwzb$_2$c$_2$e$_2$ | συνηγαγεν] συναγει bo c$_2$e$_2$ | om τον 1° bchoyc$_2$e$_2$ | διεβη] *transierunt* ℭ$^{c}$𝔈: διεβαινεν h: διαβαινει MNbgijoub$_2$c$_2$e$_2$ | τον ιορδανην] *Iordannen* 𝔏 | om και παρεγενοντο ℭ$^{c}$ | παρεγενοντο Bahya$_2$𝔈] ερχεται bo c$_2$e$_2$: παρεγενετο AMN rell 𝔄ℭ$^{w}$: *uenit* 𝔏 | om εις—παρεταξατο 𝔈 | om εις 𝔏 | αιλαμ] ελαμ ceghv: ελααμ a$_2$: χαλαμα e$_2$𝔏: [illegible] 𝔖$^{j}$: χαλααμα bc$_2$: χααλαμα o: *Chalamac* 𝔄 | παρεταξατο] παρεταξαντο acx: παρατασσεται boc$_2$e$_2$ | δαυειδ απεναντι συριας B*ya$_2$] ο συρος εξ εναντιας δᾱδ boc$_2$e$_2$𝔏: συρια απεναντι (κατ- A) δᾱδ B$^{ab}$AMN rell 𝔄ℭ𝔈 | ⟨om και 6° 74⟩ | επολεμησαν] επολεμησεν defimnp–uwz𝔏: ⟨επολεμει 71⟩: πολεμουσιν boc$_2$e$_2$ | μετ αυτου] *Syria* (om 𝔈$^{a}$) *cum iis* 𝔈

18 εφυγεν συρια] *fugerunt* 𝔈 | συρια] pr ras (1) a: ο συρος boc$_2$e$_2$𝔏: om B* | απο προσωπου] απεναντι cx | απο] εκ bo c$_2$e$_2$ | ισραηλ] ⟨pr υιων 64⟩: δᾱδ Aℭ$^{w}$𝔏 | ανειλεν] απεκτεινεν boc$_2$e$_2$ | εκ της συριας] εκ των συρων boc$_2$e$_2$: *de Syrus* 𝔏 | της 1°] γης v | επτακοσια—ιππεων] επτακοσιους ιππεας και τεσσαρακοντα χιλιαδας ανδρων (om 𝔏𝔖$^{j mg}$) πεζων boc$_2$e$_2$𝔏𝔖$^{j}$(mg): τεσσαρακοντα χιλιαδας ανδρων πεζων και επτακοσιους ιππεας b': hab πεζων μεν εις τεσσαρας μυριαδας ιππεων δε εις επτακισχιλιους (*septingentos* lat) Jos | επτακοσια] pr *mille et* 𝔖$^{j}$(txt): τριακοσια cx: *quadringenta* ℭ: om w | ⟨ιππεων χιλιαδας τεσσαρακοντα 44⟩ | τεσσερακοντα] σαρακοντα p: σεραντα w | χιλιαδας] a 2° sup ras m$^{a}$: χιλιαδες N*a*ip | σωβακ B] *Sobec* 𝔈: τον σοβακ egw: τον σωβαλ x: τον σοβαλ cf: *Sobal* ℭ: ⟨τον σωβαν 44⟩: *Sobae* 𝔏: τον σωβα a$_2$: τον σαβεαι oe$_2$: τον σαβαιε c$_2$: [illegible] 𝔖$^{j}$: τον σαμεαι b: τον σαμεε b': pr τον AMN rell | om τον de$_2$ | αρχοντα της δυναμεως] αρχιστρατηγον boc$_2$e$_2$: *ducē exercitus* 𝔏 | αυτου] *Adraazar* ℭ$^{c}$𝔖$^{j}$ | επαταξεν] *mortuit* 𝔏$^{b}$

19 ειδαν BAN*nuya$_2$b$_2$] ειδον MN$^{a?}$ rell Eus | παντες οι βασιλεις] om ⟨44⟩ Eus: om παντες ℭ$^{c}$: om οι βασιλεις d | οι δουλοι αδρααζαρ] *qui conuenerunt cum Adrazar* 𝔏$^{b}$: *qui conuenerunt ad Adrazarem* 𝔏$^{h}$ | δουλοι] συμπορευομενοι τω bgoe$_2$: συμπεπορευμενοι τω c$_2$ | αδραζαρ Md–gh$^{b?}$ijmp–twzb$_2$ Eus | ⟨οτι—ισραηλ 1° ταυτα 44⟩ | επταισαν] επταισεν a(ται ex corr) dfnp Eus: επεσαν N: επεσων c: επεσεν v: επταικασιν boc$_2$e$_2$ | εμπροσθεν] ενωπιον abonc$_2$e$_2$: *in conspectum* 𝔏$^{b}$ | om και 2°—αυτοις g | om και 2°—ισραηλ 2° y | ηυτομολησαν μετα ισραηλ]

16 και 2°—αιλαμ] σ' και εξηγαγεν την συριαν την εν τω περαν του ποταμου και παρεγενοντο αιλαμ α' και εξηγαγεν την συριαν την απο περαν του ποταμου και ηλθον δυναμει αυτων σ' και εξηγαγεν τους συρους τους περαν του ποταμου και ηγαγον την δυναμιν εαυτων θ' και εξηγαγεν τον συρον τον εν τω περαν του ποταμου χαλαμα και παρεγενοντο αιλαμ j | αιλαμ] χαλλαμακ M

λησαν μετὰ Ἰσραὴλ καὶ ἐδούλευσαν αὐτοῖς· καὶ ἐφοβήθη Συρία τοῦ σῶσαι ἔτι τοὺς υἱοὺς B
Ἀμμών.
XI 1 1Καὶ ἐγένετο ἐπιστρέψαντος τοῦ ἐνιαυτοῦ εἰς τὸν καιρὸν τῆς ἐξοδίας τῶν βασιλέων καὶ
ἀπέστειλεν Δαυεὶδ τὸν Ἰωὰβ καὶ τοὺς παῖδας αὐτοῦ μετ' αὐτοῦ καὶ τὸν πάντα Ἰσραήλ, καὶ
διέφθειραν τοὺς υἱοὺς Ἀμμών, καὶ διεκάθισαν ἐπὶ Ῥαββάθ· καὶ Δαυεὶδ ἐκάθισεν ἐν Ἰερουσαλήμ.
2 2Καὶ ἐγένετο πρὸς ἑσπέραν καὶ ἀνέστη Δαυεὶδ ἀπὸ τῆς κοίτης αὐτοῦ καὶ περιεπάτει ἐπὶ τοῦ
δώματος τοῦ οἴκου τοῦ βασιλέως, καὶ εἶδεν γυναῖκα λουομένην ἀπὸ τοῦ δώματος, καὶ ἡ γυνὴ καλὴ
3 τῷ εἴδει σφόδρα. 3καὶ ἀπέστειλεν Δαυεὶδ καὶ ἐζήτησεν τὴν γυναῖκα, καὶ εἶπεν Οὐχὶ αὕτη
4 Βηρσάβεε θυγάτηρ Ἐλιὰβ γυνὴ Οὐρείου τοῦ Χετταίου; 4καὶ ἀπέστειλεν Δαυεὶδ ἀγγέλους καὶ
ἔλαβεν αὐτήν, καὶ εἰσῆλθεν πρὸς αὐτὴν καὶ ἐκοιμήθη μετ' αὐτῆς· καὶ αὐτὴ ἁγιαζομένη ἀπὸ
5 ἀκαθαρσίας αὐτῆς· καὶ ἀπέστρεψεν εἰς τὸν οἶκον αὐτῆς. 5καὶ ἐν γαστρὶ ἔλαβεν ἡ γυνή, καὶ
6 ἀποστείλασα ἀπήγγειλεν τῷ Δαυεὶδ καὶ εἶπεν Ἐγώ εἰμι ἐν γαστρὶ ἔχω. 6καὶ ἀπέστειλεν Δαυεὶδ
πρὸς Ἰωὰβ λέγων Ἀπόστειλον πρὸς μὲ τὸν Οὐρείαν τὸν Χετταῖον· καὶ ἀπέστειλεν Ἰωὰβ τὸν
7 Οὐρείαν πρὸς Δαυείδ. 7καὶ παραγίνεται Οὐρείας καὶ εἰσῆλθεν πρὸς αὐτόν, καὶ ἐπηρώτησεν

XI 2 λουμενην A | ιδει B* 3 ουριου B$^{b}$A 6 αποστιλον B* | ουριαν (bis) B$^{b}$A 7 παραγεινεται B* | αυριας B$^{b}$A | επηρωτησεν] η 1° sup ras A¹ (επαιρ- A*)

AMNa–jm–qs–c$_2$𝔄ℭ$^{cw}$𝔈𝔏$^{bh(sv)}$

hab *expauerunt et fugerunt quinquaginta et octo millia coram Israel* 𝔏$^{s}$ | ηυταμαλησαν] διεθεντα (-θετα b') διαθηκην boc$_2$e$_2$𝔏$^{bh}$: + και εθεντα διαθηκην B$^{ab}$𝔄 | μετα] *coram* 𝔏$^{h}$ | ισραηλ 2°] + *disposuerunt testamentum cum eis* (*eo* ℭ$^{c}$) ℭ | εδαυλευον bo c$_2$e$_2$ | αυτοις] τω ιηλ boc$_2$e$_2$𝔏$^{h}$: *Israeli tribus* 𝔏$^{b}$ | εφαβηθησαν bdoz(mg)c$_2$e$_2$ℭ𝔈𝔏𝔖$^{j}$ | συρια—ετι periere in 𝔏$^{h}$ | συρια] pr η fn: αι (om bc$_2$) συραι boz(mg)c$_2$e$_2$ℭ(uid)𝔏$^{b}$: *Idumaei* 𝔖$^{j}$ | του σωσαι] post ετι u𝔄𝔈$^{s}$(uid): ταυ διασωσαι boz(mg)c$_2$: *liberare* 𝔏$^{b}$: om ταυ n | ετι] post αμμων boz(mg)c$_2$e$_2$: επι defmp* qstvwz(txt): om 𝔈$^{a}$𝔏$^{b}$ | τους υιους] ταν b'*b*(txt) | αμμων] αμαληκ a$_2$

XI 1 εγενετα] εγεναντα e$_2$: ⟨om 44⟩ | επιστρεψαντος ταυ ενιαυταυ] εν τω επιοντι ετει boc$_2$e$_2$: *in uertenti anno* 𝔏$^{b}$: ....*no ue*.... 𝔏$^{h}$ | εις—βασιλεων] hab *in tempore in quo exierunt reges* (+ *ad pugnam* 𝔏$^{v(2)}$) 𝔏$^{v}$: .....*pore* ......*reges* 𝔏$^{h}$ | εις τον καιραν] εν καιρω bo(ras 2 litt post εν)c$_2$e$_2$ | εξαδιας] εξαδαυ b'o uc$_2$e$_2$: εξαδω *b* | βασιλειων s | και απεστειλεν] εξαπεστειλεν boc$_2$e$_2$ | ιωαβ] + *et multitudinem eius* ℭ$^{c}$ | μετ αυτου] post ισραηλ 𝔏$^{b}$: om dv𝔈𝔏$^{h}$ | om και 4°—ισραηλ c | ταν 3°] post παντα (-τας o*) boc$_2$e$_2$: om dvx | παντα] παντας o*: απαντα A | διεφθειραν] διεφθειραν jnb$_2$c$_2$e$_2$: διεφθειρεν MNabgv𝔏$^{h}$ Jos(uid): *interruerunt* 𝔏$^{b}$ | διεκαθισαν επι] *obsiderunt* 𝔏$^{b}$ | διεκαθισαν Bcxy] εκαθισαν Aaha$_2$: *sederunt* 𝔈: *consederunt* 𝔏$^{h}$: περιεκαθισεν eg*ve$_2$: περιεκαθισαν MNg$^{a?}$ rell 𝔄(uid) | επι] *in* 𝔈𝔏$^{h}$: περι defmp–twz | ραββαθ] ραβαθ Nadempsuv𝔄ℭ: ρραβαθ o: *Rabba* 𝔏$^{b}$: *Sahabaa* 𝔏$^{h}$ | εκαθισεν] *sedebat* 𝔄ℭ$^{w}$: κατωκει boc$_2$e$_2$𝔏

2 και εγενετα] εγενετο δε boc$_2$e$_2$: om εγενετα 𝔏$^{b}$ | hab προς—βασιλεως 𝔏$^{v}$ | πρας εσπεραν] pr *in eo* (*eodem* 𝔏$^{v}$) *tempore* 𝔏$^{hv}$: εν τω (om *b*) καιρω της δειλης bgoc$_2$e$_2$𝔖$^{j}$(uid) Thdt: hab δειλης οψιας Jos | om και 2° 𝔏$^{b}$ | απα 1°] εκ b$_2$ | τη κοιτης A (κα sup ras A¹) | περιεπατησεν cxℭ𝔏$^{bv}$ | επι ταυ δωματος] *in porticum* 𝔏$^{b}$ | επι] απο ya$_2$ | ταυ 2°—βασιλεως] *domus suae* (om 𝔏$^{b}$) *regiae* 𝔏: om d | ταυ οικου] post βασιλεως y: om c: ⟨om του 71⟩ | του βασιλεως] ταυ βασιλικου cx: των βασιλεων c$_2$: των βασιλειων boe$_2$ Jos(uid) Thdt: ⟨om του 71⟩ | γυναικα—δωματας 2°] απα ταυ δωματας ταυ αικαυ των βασιλεων γυναικα λαυαμενην c$_2$* | γυναικα λαυαμενην post δωματας 2° boc$_2$$^{a?}$e$_2$𝔄ℭ𝔖$^{j}$ Thdt | λαυαμενην periit in 𝔏$^{h}$ | απα ταυ δωματας] *per porticum* 𝔏$^{b}$: .*solario domus suae* 𝔏$^{h}$: om d | om η c | καλη τω ειδει] καλη τη αψει boc$_2$e$_2$ Thdt: *erat speciosa* 𝔏$^{b}$

3 και 1°] pr περι της βηρσαβεε c | εξαπεστειλεν boc$_2$e$_2$ | δαυειδ] *rex* ℭ | εξεζητησεν bc$_2$e$_2$ | ειπεν] ειπαν boc$_2$e$_2$: ειπαν MNginuv: *dixerunt* ℭ$^{c}$𝔖$^{j}$(+*ei*) | om ουχι ℭ$^{c}$ | αυτη] post θυγατηρ c: + εστιν boc$_2$e$_2$𝔖$^{j}$ | βηρσαβεε] ras (5) inter ρ et σ i: βηρσαβεαι *b*oe$_2$: βηρσαβαιε c$_2$: βειρσαβεε g: βερσαβεε h*: βεερσαβεε M: βηθσαβεε A: .....*baee* 𝔏$^{h}$ | ⟨om θυγατηρ ελιαβ 71⟩ | θυγατηρ] pr η A | ελιαβ] ελιαμ y: ηλα oc$_2$e$_2$𝔏$^{bh(uid)}$𝔖$^{j}$ | γυνη] pr η A | ορειαυ e$_2$ | ταυ χετταιαυ] ταυ χεταιου h: *Cethei* 𝔏$^{b}$

4 om και 1° b | αγγελαυς] *ad eam* 𝔈: om avℭ$^{w}$ | και ελαβεν αυτην] ....*pit illā sibi* 𝔏$^{h}$ | om και 3°—αυτην 2° ha$_2$𝔈 | ηλθε cx | αυτην 2°] αυτον cs*(uid)x | om και 4°—αυτης 2° a* | hab εκαιμηθη—αυτης 2° 𝔏$^{v}$ | κοιμαται boc$_2$e$_2$ | και αυτη αγιαζαμενη] *ubi sanctificata erat* 𝔖-ap-Barh | και αυτη] *haec autem* 𝔏$^{b}$ | αυτη—αυτης 2° periere in 𝔏$^{h}$ | αγιαζομενη—αυτης 2°] *erat dimissa* (*abluta* 𝔏$^{v(2)}$) *excelso loco* 𝔏$^{v}$ | αγιαζομενη] αγνιζαμενη e: ην λελαυμενη M(mg)boc$_2$e$_2$ℭ(uid)𝔈(uid): *lota erat* 𝔏$^{b}$ | απα ακαθαρσιας] pr και v: εξ αφεδρου boc$_2$e$_2$𝔄𝔈(uid): *post purgationem* 𝔏$^{b}$ | om αυτης 2° 𝔏$^{b}$ | απεστρεψεν] απηλθεν boc$_2$e$_2$: *intrauit* 𝔏: + αυτην A

5 εν γαστρι ελαβεν] ελαβεν εν γαστρι f: συνελαβεν boc$_2$e$_2$𝔏 | om η γυνη Nub$_2$ | απαστειλασα] απεστειλεν (+ η γυνη e$_2$) και boc$_2$e$_2$𝔏 | απηγγειλεν] ανηγγειλεν iu: om g | εγω—εχω] συνειληφα εγω boc$_2$e$_2$𝔏: *Praegnans sum ego* 𝔄 | εγω ειμι] ιδου εγω jb$_2$: ιδαυ cx: om εγω y: om ειμι va$_2$: + *ecce* ℭ | εχω] εχων d: ⟨εχαυσα 123⟩: εχαυσα απα σαυ x: + απα σαυ c

6 om δαυειδ 1° f | λεγων] και ειπεν boc$_2$e$_2$ | πρας με] μοι bfoc$_2$e$_2$𝔏 | om ταν 1° ady | ταν χετταιον] ταν χεταιον b*: om 𝔈𝔏$^{h}$(uid) | ιωαβ 2°] ιωας N: om d | τον αυρειαν 2°] αυταν d: om ταν e$_2$: + ταν χετταιαν v𝔈 | πρας δαυειδ periere in 𝔏$^{h}$: ⟨om 98⟩ | δαυειδ 2°] pr τον h: αυταν boc$_2$e$_2$𝔏$^{b}$

7 και 1°—πολεμαυ] *et dixit Dauid ad..... Si recte es tu ....... fecit ...... et po..lo et respon..... Omnia ..... te s...* 𝔏$^{h}$ | και 1°—αυτον] *et Urias intrauit ad Dauid* (*eum* ℭ$^{c}$) ℭ: om d | om και παραγινεται αυρειας v | om και εισηλθεν Abcoxc$_2$e$_2$𝔏$^{b}$ | αυτον] δᾱδ abcoxc$_2$e$_2$𝔄𝔏$^{b}$ | επηρωτησεν] ⟨επηρωτα 246⟩: + αυταν

XI 2 sqq θαυμα των ασωματων g 2 εσπεραν] της δειλης M 3 εξητησεν] σ' περιειργασατα j 4 αγιαζαμενη] α' απαλελουμενη (-νην j) jz | ακαθαρσιας] σ' θ' μιασμαυ αφεδραυ jz

B Δαυεὶδ εἰς εἰρήνην Ἰωὰβ καὶ εἰς εἰρήνην τοῦ λαοῦ καὶ εἰς εἰρήνην τοῦ πολέμου. [8]καὶ εἶπεν Δαυεὶδ 8
τῷ Οὐρείᾳ Κατάβηθι εἰς τὸν οἶκόν σου καὶ νίψαι τοὺς πόδας σου· καὶ ἐξῆλθεν Οὐρείας ἐξ οἴκου
τοῦ βασιλέως, καὶ ἐξῆλθεν ὀπίσω αὐτοῦ ἄρσις τοῦ βασιλέως. [9]καὶ ἐκοιμήθη Οὐρείας παρὰ τῇ 9
θύρᾳ τοῦ βασιλέως μετὰ τῶν δούλων τοῦ κυρίου αὐτοῦ, καὶ οὐ κατέβη εἰς τὸν οἶκον αὐτοῦ. [10]καὶ 10
ἀνήγγειλαν τῷ Δαυεὶδ λέγοντες ὅτι Οὐ κατέβη Οὐρείας εἰς τὸν οἶκον αὐτοῦ. καὶ εἶπεν Δαυεὶδ
πρὸς Οὐρείαν Οὐχὶ ἐξ ὁδοῦ σὺ ἔρχῃ; τί ὅτι οὐ κατέβης εἰς τὸν οἶκόν σου; [11]καὶ εἶπεν Οὐρείας 11
¶ ℭ$^c$ πρὸς Δαυεὶδ Ἡ κιβωτὸς καὶ Ἰσραὴλ καὶ Ἰούδας κατοικοῦσιν ἐν σκηναῖς, καὶ ὁ κύριός μου Ἰωὰβ¶
καὶ οἱ δοῦλοι τοῦ κυρίου μου ἐπὶ πρόσωπον τοῦ ἀγροῦ παρεμβάλλουσιν· καὶ ἐγὼ εἰσελεύσομαι
εἰς τὸν οἶκόν μου φαγεῖν καὶ πιεῖν καὶ κοιμηθῆναι μετὰ τῆς γυναικός μου; πῶς; ζῇ ἡ ψυχή σου,
εἰ ποιήσω τὸ ῥῆμα τοῦτο. [12]καὶ εἶπεν Δαυεὶδ πρὸς Οὐρείαν Κάθισον ἐνταῦθα καί γε σήμερον, καὶ 12
αὔριον ἐξαποστελῶ σε· καὶ ἐκάθισεν Οὐρείας ἐν Ἰερουσαλὴμ ἐν τῇ ἡμέρᾳ ἐκείνῃ καὶ τῇ ἐπαύριον.
[13]καὶ ἐκάλεσεν αὐτὸν Δαυείδ, καὶ ἔφαγεν ἐνώπιον αὐτοῦ καὶ ἔπιεν, καὶ ἐμέθυσεν αὐτόν· καὶ 13
ἐξῆλθεν ἑσπέρας τοῦ κοιμηθῆναι ἐπὶ τῆς κοίτης αὐτοῦ μετὰ τῶν δούλων τοῦ κυρίου αὐτοῦ, καὶ εἰς

8 ουρια B$^b$A | ουριας B$^b$A 9 ουριας B$^b$A 10 ουριας B$^b$A | ουριαν B$^b$A
11 ουριας B$^b$A | πειν B* 12 ουριαν B$^b$A | γε] πε A | ουριας B$^b$A

AMNa–jm–qs–c$_2$e$_2$𝔄ℭ$^{(c)w}$𝔈𝔏$^{bh(v)}$

Nbdoc$_2$e$_2$𝔈(uid): ⟨+αυτην 44⟩ | εις 1°—πολεμου] *cum et dixit Recte est Ioab et recte est populus et recte est exercitus belli et dixit Urias Omnes rectae sunt* 𝔏$^b$ | εις ειρηνην ιωαβ] τον ιωαβ προς ειρωνην g | εις ειρηνην 1°] pr τα jb$_2$: pr ει hy: pr η a$_2$: ει υγιαινει M(mg)bo$^a$c$_2$e$_2$: υγιενει o* | om ιωαβ—ειρηνην 2° v | om και 4°—λαου s | εις 2°—λαου] pr ει h: ει υγιαινει ο λαος bo(om ει o*)c$_2$e$_2$ | om εις 2° a* | τω λαω Nv | εις 3°—πολεμου] pr ει h: ει υγιαινει ο πολεμος και ειπεν υγιαινει bo(om ει o*)c$_2$e$_2$ | ⟨om εις ειρηνην 3° 71⟩ | του 2°] pr του λαου g (λαου ras) | πολεμου] +και ειπεν εις ειρηνην z: ⟨+και ειπεν υγιαινει 71⟩: +*et dicit Uria Ualens est* 𝔄: +και ειπεν ουριας παντες εις ειρηνην a$_2$

8 multa periere in 𝔏$^h$ (hab *dixit .......... runt populū ....tiabant regi*) | τω ουρεια] τον ουρειαν e$_2$: *Urias* 𝔏$^b$: προς ουριαν cx: *ei* ℭ$^c$: om τω y | om τον an | ουρειας] pr ο N: post βασιλεως 1° d | εξ οικου] εκ προσωπου boz(mg)c$_2$e$_2$: ενωπιον a$_2$ | του βασιλεως 1°] om του d: +μετα των δουλων του κυριου αυτου p | hab και 4°—βασιλεως 2° 𝔏$^v$ | om και 4°—βασιλεως 2° cx | εξηλθεν 2°] εξηλθον (ο ex corr b'*)b𝔏$^{bv}$ | οπισθεν a$_2$ | αρσις του βασιλεως] των παρεστηκοτων τω βασιλει boz(mg)c$_2$e$_2$: *statores regis qui adstabant illi* 𝔏$^{v(2)}$ | αρσις] αρσεις ya$_2$: *statores* 𝔏$^{v(1)}$: *protectores* 𝔏$^b$: *apparitor* 𝔈: ⲛⲃⲁⲓⲟⲧⲱⲙ ℭ

9 και εκοιμηθη ουρειας] .....*t Urias dormire* 𝔏$^h$ | κοιμαται boc$_2$e$_2$ | παρα τη θυρα] εν τω πυλωνι boc$_2$e$_2$𝔖$^m$(uid): *in portam* 𝔏 | παρα] ⟨περι 242⟩: προς f | την θυραν (-ρα sx) Nch$^b$sux | του 1° BMNgiya$_2$𝔄-ed ℭ$^c$] pr οικου Acpx: pr του οικου rell: pr *domus* 𝔄-codd ℭ$^w$𝔈𝔏 | των] pr παντων boc$_2$e$_2$ℭ𝔏 | δουλων] παιδων boc$_2$e$_2$ | του κυριου] pr του βασιλεως y𝔏$^b$: om 𝔄 | om και 2°—αυτου 2° c | ου κατεβη] ουκ απηλθεν x

10 om και 1°—αυτου v*z𝔈 | απηγγειλαν Mbd–gj$^a$mo–tw b$_2$c$_2$e$_2$ | τω δαυειδ] *regi* ℭ$^w$𝔏$^h$ | τω] προς d | δαυειδ 1°] pr βασιλει boc$_2$e$_2$ | ⟨om λεγοντες 44⟩ | om οτι 1° boc$_2$e$_2$𝔏 | ου κατεβη] ουκ απεβη m* | om ουρειας v$^{a?}$ | ουρειαν] pr τον boc$_2$e$_2$ | ουχι] ουκ boc$_2$e$_2$ | εξ—ερχη] *tu ex* (*de* 𝔏$^b$) *uia uenisti* 𝔏 | συ ερχη] παραγεγονας συ boc$_2$e$_2$𝔄(uid): *uenisti* 𝔈 | τι] pr και bcoxc$_2$e$_2$𝔈: om Na: +ras (1) c$_2$ | om οτι 2° defmp–twz | κατεβης] καταβης A$^1$: καταβη A*: κατεβηκας b: καταβεβηκας oc$_2$e$_2$ | om τον 2° np*(uid)

11 ⟨om ουρειας 242⟩ | προς δαυειδ] *ei* ℭ$^c$: om d | η 1°—ισραηλ] *propter arcam testamenti Domini* ℭ$^c$ | η 1°] pr ει Aoc$_2$e$_2$: pr η i: pr ουχι N | κιβωτος] +$\overline{κυ}$ av𝔄-codd 𝔈𝔏: +του $\overline{θυ}$ bcoxzc$_2$e$_2$𝔄-ed | και ιουδας periere in 𝔏$^h$ | μου ιωαβ periere in 𝔏$^h$ | om μου 1° a$_2$ | om οι N* | δουλοι] παιδες boc$_2$e$_2$ | ⟨του κυριου μου] παντες 44⟩ | μου 2°] om N: +*Dauid* 𝔏$^h$ | προσωπου Nboyc$_2$e$_2$ | αγρου] πεδιου boc$_2$e$_2$ | παρεμβαλλουσιν] παρεμβαλουσιν Aa*gvz: περιβαλλουσι s: παρεμβεβληκοτες b'b$^a$oc$_2$e$_2$: παραβεβληκοτες b*: *.onquiescunt* 𝔏$^h$: *requiescent* 𝔏$^b$ | και εγω εισελευσομαι periere in 𝔏$^h$ | και εγω] καγω Acxya$_2$: και πως εγω boc$_2$e$_2$ | εισελευσομαι] post μου 3° b': εισελευσωμαι gmv: ⟨παρελευσομαι 71⟩ | φαγειν] pr του MNd–gi–np–uwzb$_2$ | om και πιειν cx | πιειν] pr του Nu: ποιειν o | πως] pr και A𝔄: ⟨ουχι 44⟩: om bcoxz(mg)c$_2$e$_2$𝔏 | hab ζη—τουτο 𝔏$^v$ | ζη—σου] *iuro per uitam meam et per uitam animae meae* 𝔏$^v$: *per ui........* 𝔏$^h$ | ζη η ψυχη] pr ζη $\overline{κς}$ και cx𝔈: *iuro per uitam animae* 𝔏$^b$: μα την ζωην σου και μα την ζωην της ψυχης boz(mg)c$_2$e$_2$ | σου] *domini mei* ℭ | ει] η g: ου μη boz(mg)c$_2$e$_2$ | ποιησω] ποιησει g*: *feceram* 𝔏$^b$ | το ρημα τουτο] το πραγμα τουτο boz(mg)c$_2$e$_2$: *rem istam* 𝔏$^v$: *hanc rem* 𝔏$^b$: periere in 𝔏$^h$

12 προς—σημερον periere in 𝔏$^h$ | ουρειαν] pr τον boc$_2$ | om καθισον ενταυθα a$_2$ | καθισον] *redi* 𝔏$^b$ | ενταυθα—σημερον] *hodie hic* 𝔄 | ενταυθα] ωδε boc$_2$e$_2$ | και γε] om acvx𝔈: om γε beoc$_2$e$_2$𝔏$^b$ | αυριον εξαποστελω σε] *remittam te crastinum* 𝔏$^h$ | αυριον] +και τη τριτη defmp–twz | εξαποστελω] pr *et* ℭ: post σε boc$_2$e$_2$: εξαποστελλω c: αποστελω y | σε] +*ad Ioab* ℭ | om ουρειας d | εν 1°—εκεινη] εν τη ημερα εκεινη εις $\overline{ιηλημ}$ a: *in illa die Hierusalē* 𝔏$^h$ | εν ιερουσαλημ post εκεινη v | εν 1°] επι d | ιερουσαλημ] pr τη y: $\overline{ιηλμ}$ e: ιερουσαλειμ b' | εν 2°—εκεινη] *in die hac* 𝔏$^b$: om d: om εν cixa$_2$ | om και τη επαυριον 𝔈𝔏$^h$

13 om και 1° a–dovza$_2$c$_2$e$_2$𝔄 | εφαγεν] *manducab.t* 𝔏$^h$ | ενωπιον—επιεν] *et bibit coram Dauid* (*-uit* 𝔏$^b$) 𝔏 | αυτου 1°] $\overline{δαδου}$ c | και επιεν] και ειπεν i*(uid): om fm | και 4° bis scr o | εμεθυσεν αυτον] εμεθυσθη boc$_2$e$_2$𝔄𝔏 | εξηλθεν—κοιμηθηναι] *Dauit misit domo sed dormiuit* 𝔏$^b$ | εξηλθεν] ηλθεν a | εσπερας] pr εις y | του 1°—κατεβη] *et descendit in domum suam et dormi..t dormitionem su.. cum seruis dn̄i su.* 𝔏$^h$ | του κοιμηθηναι] και εκοιμηθη bcoc$_2$e$_2$: *dormiuit* 𝔄 | επι—αυτου 2°] sup ras circ 22 litt a$^b$: post αυτου 3° cx | επι της κοιτης] pr και A: εν τη κοιτη boc$_2$e$_2$𝔄(uid)𝔈(uid)𝔏$^b$ | αυτου 2°] ο ουρειας boc$_2$e$_2$: om 𝔏$^b$ | μετα των δουλων] pr και εκοιμηθη va$_2$: μετα των παιδων boc$_2$e$_2$: *cum puero* 𝔏$^b$ | om του κυριου g*a$_2$ | αυτου 3°] αυτων A | και εις] εις δε boc$_2$e$_2$𝔏$^b$ | ου κατεβη] ουκ απηλθεν av

7 εις ειρηνην 1°] σ' περι της $\overline{σριας}$ θ' ει υγιαινει j | εις 3°—πολεμου] αλλη εκδοσις ει υγιαινει ο πολεμος z
8 αρσις] των περιεστηκοτων M

14 τὸν οἶκον αὐτοῦ οὐ κατέβη. [14]καὶ ἐγένετο πρωὶ καὶ ἔγραψεν Δαυεὶδ βιβλίον πρὸς Ἰωάβ, καὶ B
15 ἀπέστειλεν ἐν χειρὶ Οὐρείου. [15]καὶ ἔγραψεν ἐν βιβλίῳ λέγων Εἰσάγαγε τὸν Οὐρείαν ἐξ ἐναντίας
τοῦ πολέμου τοῦ κραταιοῦ, καὶ ἀποστραφήσεσθε ἀπὸ ὄπισθεν αὐτοῦ, καὶ πληγήσεται καὶ ἀπο-
16 θανεῖται. [16]καὶ ἐγενήθη ἐν τῷ φυλάσσειν Ἰωὰβ ἐπὶ τὴν πόλιν καὶ ἔθηκεν τὸν Οὐρείαν εἰς τὸν
17 τόπον οὗ ᾔδει ὅτι ἄνδρες δυνάμεως ἐκεῖ. [17]καὶ ἐξῆλθον οἱ ἄνδρες τῆς πόλεως καὶ ἐπολέμουν μετὰ
Ἰωάβ· καὶ ἔπεσαν ἐκ τοῦ λαοῦ ἐκ τῶν δούλων Δαυεὶδ καὶ ἀπέθαναν, καί γε Οὐρείας ὁ Χετταῖος¶. ¶ 𝔏$^h$
18 [18]καὶ ἀπέστειλεν Ἰωὰβ καὶ ἀπήγγειλεν τῷ βασιλεῖ Δαυεὶδ πάντας τοὺς λόγους τοῦ πολέμου
19 λαλῆσαι πρὸς τὸν βασιλέα. [19]καὶ ἐνετείλατο τῷ ἀγγέλῳ λέγων Ἐν τῷ συντελέσαι πάντας τοὺς
20 λόγους τοῦ πολέμου λαλῆσαι πρὸς τὸν βασιλέα¶, [20]καὶ ἔσται ἐὰν ἀναβῇ ὁ θυμὸς τοῦ βασιλέως ¶ 𝔏$^b$
καὶ εἴπῃ σοι Τί ὅτι ἠγγίσατε πρὸς τὴν πόλιν πολεμῆσαι; οὐκ ᾔδειτε ὅτι τοξεύσουσιν ἀπάνωθεν
21 τοῦ τείχους; [21]τίς ἐπάταξεν τὸν Ἀβειμέλεχ υἱὸν Ἰεροβοὰμ υἱοῦ Νήρ; οὐχὶ γυνὴ ἔρριψεν κλάσμα
ἐπ' αὐτὸν μύλου ἐπάνωθεν τοῦ τείχους καὶ ἀπέθανεν ἐν Θαμασί; ἵνα τί προσηγάγετε πρὸς τὸ
22 τεῖχος; καὶ ἐρεῖς Καί γε Οὐρείας ὁ δοῦλός σου ὁ Χετταῖος ἀπέθανεν. [22]καὶ ἐπορεύθη ὁ ἄγγελος

14 ουριου B$^b$A 15 ουριαν B$^b$A | αποστραφησεσθαι A 16 ουριαν B$^b$A 17 ουριας B$^b$A
20 τοξευσουσιν] πληγησεσθαι B$^{ab\,mg}$ 21 αβιμελεχ A | θαμασει A | ουριας B$^b$A

AMNa–jm–qs–c$_2$e$_2$𝔄ℭ$^w$𝔈(𝔏$^{bhv}$)

**14** πρωι] pr το c$_2$: om a$_2$ | εγραψεν δαυειδ βιβλιον] hab *scripsit librum* 𝔏$^v$ | εγραψεν] γραφει b'oc$_2$e$_2$: γραφη *b* | δαυειδ] post βιβλιον t𝔖$^j$: om e$_2$ | απεστειλεν] αποστελλει boc$_2$e$_2$: + δᾱδ A𝔄 | εν χειρι] *per manum* 𝔏$^b$: *per manus* 𝔏$^h$ | ουρειου] ουρια cvx: *Urias* 𝔏$^b$: *eius* 𝔏$^h$

**15** om και 1°—βιβλιω a$_2$ | και εγραψεν] εγραψεν δε boc$_2$e$_2$ | om εν βιβλιω d | βιβλιω BA] pr τω MN rell | hab εισαγαγε—αποθανειται 𝔏$^v$ | εισαγαγε] εισηγαγε d: *inducite* 𝔈: εξαγαγε g: παραδος boc$_2$e$_2$𝔏 | εξ—κραταιου] εις τον πολεμον τον κραταιον boc$_2$e$_2$𝔏 | ⟨om του 1° 98⟩ | om του κραταιου a$_2$ | om και 2°—πληγησεται 𝔏$^{bh}$ | αποστραφησεσθε—αποθανειται] *auertimini ab eo ut percutiatur et moriatur* 𝔏$^v$ | και αποθανειται] *ut moriatur* 𝔏$^{bh}$ | αποθανηται g

**16** εγενετο boa$_2$c$_2$e$_2$ | εν—πολιν] *cum obsideret Ioab... ciuitatem* 𝔏$^h$: *cum obsidit Ioab ciuitatem Amonae* 𝔏$^b$ | φυλασσειν] περικαθησθαι M(mg)bc$_2$𝔖$^j$(uid): πυρι καθησθαι o: περικαθησαι e$_2$ | ιωαβ] pr τον bijoc$_2$e$_2$ | επι την πολιν] επι την πυλην c: ⟨εν τη πολει 246⟩: om επι y𝔄𝔈 | om και 2° 𝔏 | εθηκεν] εδωκεν boc$_2$e$_2$𝔄𝔏$^h$: εστησαν v: *posuerunt* 𝔈: *misit* 𝔏$^b$ | εις τον τοπον] *in locum pessimum* 𝔏 | εις] επι boc$_2$e$_2$ | ου ηδει] τον πονουντα boc$_2$ | ηδει οτι] πλειστοι v | om δυναμεως N | εκει] pr ησαν boc$_2$e$_2$𝔄(uid): *erant* 𝔏

**17** εξηλθαν N*i*j*nb$_2$ | om οι Ndefjmnp–tw | ⟨της πολεως] δυναμεως 74⟩ | επολεμουν] *pugnauerunt* 𝔏$^b$ | μετα ιωαβ] μετ αυτων a$_2$(rescr post man) | μετα] προς boc$_2$e$_2$ | hab και 3°—δαυειδ 𝔏$^v$ | ⟨επεσαν—δαυειδ] απο του λαου των δουλων δᾱδ επεσον 242⟩ | επεσαν] επεσον Mbd–gh$^{b?}$mo–twzc$_2$e$_2$: *caecidit* 𝔏$^h$: *caecidit Ioab* 𝔏$^b$ | om εκ 1°—γε 𝔏$^h$ | εκ του λαου] post δαυειδ y: om ⟨44⟩ 𝔈 | εκ 1°] απο AMNac–gi–np–xzb$_2$ | εκ 2°—απεθαναν] και απεθανεν εκ των δουλων δᾱδ v | εκ των δουλων] ⟨pr κπα των λογον 71⟩: κατα τον λογον boc$_2$e$_2$𝔏$^b$ | εκ 2°] ⟨απο 98⟩: om 𝔄𝔏$^v$ | δαυειδ] pr του coc$_2$e$_2$: pr αυτου x | om και απεθαναν y | απεθαναν Bh*i*] απεθανεν ANbcjnoxh$_2$c$_2$e$_2$𝔈𝔏$^b$: απεθανον Mh$^{b?}$i$^a$ rell | om και γε boc$_2$e$_2$𝔏$^b$ | ουρειας] *Uri* 𝔏$^h$ | ο χετταιος] *Cetth...* 𝔏$^h$: ο χεταιος hv𝔏$^b$: απεθανε d: + απεθανεν efmp–twz𝔄ℭ

**18** και 1°—απηγγειλεν] *Ioab autem scripsit* ℭ | ιωαβ] ιωας N: + ο χετταιος e$_2$* | και 2°—βασιλει] προς e$_2$ | και απηγγειλεν] απιγγειλαι c | τω βασιλει δαυειδ B] om a$_2$: om δαυειδ Aachvxy𝔄𝔈: om βασιλει MN rell ℭ𝔏 | παντας τους λογους] παντα τα ρηματα boz(mg)c$_2$e$_2$ | om λαλησαι—βασιλεα ANbcdiouxc$_2$e$_2$𝔄ℭ𝔏

**19** ενετειλατο—(20) εσται] *dixit* 𝔈 | ενετειλατο τω αγγελω] *praecepit nuntios* 𝔏 | ενετειλατο] + ιωαβ bcozc$_2$e$_2$ℭ: + δᾱδ x | ⟨τω αγγελω] αυτω 236. 242⟩ | εν τω συντελεσαι] *Nuntiate regi* 𝔏: + σε MNbefgi–pstuwyzb$_2$c$_2$e$_2$𝔄 | παντας τους λογους] παντα τα ρηματα boc$_2$e$_2$ | τους πολεμους d | λαλησαι] pr ras (5) h: λαλησον v: λαλουντα bozc$_2$e$_2$: *loquens* 𝔏 | τον βασιλεα] σε e$_2$

**20** hab και 1°—βασιλεως 𝔏$^v$ | και εσται εαν] εαν δε a$_2$ | και εσται] pr και ενετειλατο τω αγγελω λεγων p: om εσται dℭ | ⟨εαν] pr και 242⟩ | του βασιλεως] αυτου bouc$_2$e$_2$ | ειπη] ειποι a$_2$: ειπε g | om τι a*n | om οτι 1° A | om ηγγισατε—οτι 2° g | ηγγισατε] ηγγικατε u: ηγιασατε a$_2$: ηργασατε A | προς] εις e$_2$ | την πολιν] την πυλην a*: το τειχος u | πολεμησαι] pr του ANcox | hab ουκ—τειχους 𝔏$^v$ | ⟨ουκ] pr και ειπη σοι 246⟩ | ηδειτε] οιδει c(ει ex o) | τοξευσουσιν] τοξευουσιν Aac*ef mnswxa$_2$𝔄(uid): πληγησεσθε B$^{ab}$bgoc$_2$e$_2$: *male accipiebamini* 𝔏 | απανωθεν] επανωθεν Ndehinpvya$_2$: ανωθεν Mgw$^{a?}$(uid): επανω acx: απο boc$_2$e$_2$𝔏 | om του 2° o

**21** om τις—τειχους b' | αβειμελεχ] αβημελεχ a$_2$*: αχιμελεχ h* | υιον] pr τον *b* | ιεροβοαμ] ιερουβοαμ a$_2$: ιεροβοαλ o𝔄ℭ: ιεροβααλ MNd–gijmp–wzb$_2$c$_2$: ιεροβαλ e$_2$ | υιου νηρ] ⟨υιος 236⟩: om MN*b*dginoub$_2$c$_2$e$_2$ | υιου] υιον c | νηρ] *Neri* ℭ: ιωας efjmn pqtwz: ιωαβ s | ουχ mu | γυνη] pr η cmu: om b$_2$ | ερριψεν] επεμψεν c | κλασμα Baghvy𝔈] post αυτον AMN*b* rell ℭ | επ αυτον] post μυλου avy𝔈: ⟨λιθου εκ 246⟩: om g | επανωθεν] απανωθεν AMNfijmsuwb$_2$: απο ανωθεν cx: ανωθεν h: απο *bo* c$_2$e$_2$ | του τειχους] pr εκ N: om i* | εν θαμασι] ο αμμεσει e$_2$ | om εν i* | θαμασι BAaya$_2$𝔄] θαμας v: θαμασιν x: θαιμασιν c: θαμεσσει oc$_2$: θαμεσση b: ⟨θαμεει 71⟩: θαμνασει h: *Themnas* 𝔈: ⟨θαμνεσι 236. 242⟩: *Thebais* ℭ: [illegible] 𝔖$^j$: θαμεσι MN rell | ινα] pr και e$_2$ | προσηγαγετο t | ερης v | και 3°] pr οτι κατεκρατουν οι ανδρες εφ ημας και εξηλθον εφ ημας εις το πεδιον και συνηλασαμεν αυτους εως της πυλης της πολεως και κατεβαρυνθη τα βελη επι τους δουλους σου απο του τειχους και απεθανον απο των δουλων του βασιλεως ωσει ανδρες δεκα οκτω begoszc$_2$e$_2$ ⟦uerba ab οτι usque ad fin comm sup ras paucior verb e | om και 1°—ημας 2° b' | εξηλθεν g | συνηλασομεν goze$_2$ | απο 1°] επι b' | απο 2°] pr και g | οκτω] pr και goc$_2$e$_2$⟧ | om γε bop*(uid)zc$_2$e$_2$ | ουρειας—σου] ο δουλος σου ο ουριας z | ουρειας BAax] post σου MN rell 𝔄𝔈 | om ο 1°—χετταιος ℭ | om ο δουλος σου a | χετταιας b | απεθανεν] τεθνηκεν bozc$_2$e$_2$

**22** επορευθη] παρεγενετο boc$_2$e$_2$ | ιωαβ 1°] ιαβ q*: om

17 εκ 2°—δαυειδ] κατα τους λογους του δᾱδ M

B Ἰωὰβ πρὸς τὸν βασιλέα εἰς Ἰερουσαλήμ, καὶ παρεγένετο καὶ ἀπήγγειλεν τῷ Δαυεὶδ πάντα ὅσα
ἀπήγγειλεν αὐτῷ Ἰωάβ, πάντα τὰ ῥήματα τοῦ πολέμου. καὶ ἐθυμώθη Δαυεὶδ πρὸς Ἰωάβ, καὶ
εἶπεν πρὸς τὸν ἄγγελον Ἵνα τί προσηγάγετε πρὸς τὴν πόλιν τοῦ πολεμῆσαι; οὐκ ᾔδειτε ὅτι
πληγήσεσθε ἀπὸ τοῦ τείχους; τίς ἐπάταξεν τὸν Ἀβειμέλεχ υἱὸν Ἰεροβοάμ; οὐχὶ γυνὴ ἔρριψεν
ἐπ' αὐτὸν κλάσμα μύλου ἀπὸ τοῦ τείχους καὶ ἀπέθανεν ἐν Θαμασί; ἵνα τί προσηγάγετε πρὸς τὸ
τεῖχος; [23]καὶ εἶπεν ὁ ἄγγελος πρὸς Δαυείδ Ὅτι ἐκραταίωσαν ἐφ' ἡμᾶς οἱ ἄνδρες καὶ ἐξῆλθαν ἐφ' 23
§ℭ$^c$ ἡμᾶς §εἰς τὸν ἀγρόν, καὶ ἐγενήθημεν ἐπ' αὐτοὺς ἕως τῆς θύρας τῆς πύλης· [24]καὶ ἐτόξευσαν οἱ 24
τοξεύοντες πρὸς τοὺς παῖδάς σου ἀπάνωθεν τοῦ τείχους, καὶ ἀπέθαναν τῶν παίδων τοῦ βασιλέως,
καί γε ὁ δοῦλός σου Οὐρείας ὁ Χετταῖος ἀπέθανεν. [25]καὶ εἶπεν Δαυεὶδ πρὸς τὸν ἄγγελον Τάδε 25
ἐρεῖς πρὸς Ἰωὰβ Μὴ πονηρὸν ἔστω ἐν ὀφθαλμοῖς σου τὸ ῥῆμα τοῦτο, ὅτι ποτὲ μὲν οὕτως καὶ ποτὲ
οὕτως φάγεται ἡ μάχαιρα· κραταίωσον τὸν πόλεμον σὺ πρὸς τὴν πόλιν καὶ κατάσπασον αὐτήν·
καὶ κραταίωσον αὐτόν. [26]καὶ ἤκουσεν ἡ γυνὴ Οὐρείου ὅτι ἀπέθανεν Οὐρείας ὁ ἀνὴρ αὐτῆς, καὶ 26
ἐκόψατο τὸν ἄνδρα αὐτῆς. [27]καὶ διῆλθεν τὸ πένθος, καὶ ἀπέστειλεν Δαυεὶδ καὶ συνήγαγεν αὐτὴν 27
εἰς τὸν οἶκον αὐτοῦ, καὶ ἐγενήθη αὐτῷ εἰς γυναῖκα καὶ ἔτεκεν αὐτῷ υἱόν· καὶ πονηρὸν ἐφάνη τὸ
ῥῆμα ὃ ἐποίησεν Δαυεὶδ ἐν ὀφθαλμοῖς Κυρίου. [1]Καὶ ἀπέστειλεν Κύριος τὸν Ναθὰν τὸν 1 XII
προφήτην πρὸς Δαυείδ, καὶ εἰσῆλθεν πρὸς αὐτὸν καὶ εἶπεν αὐτῷ Δύο ἦσαν ἄνδρες ἐν πόλει μιᾷ,

22 πληγησεσθαι A | ερρειψεν B* | θαμασει A    24 ουριας B$^b$A    26 ουριου B$^b$A | ουριας B$^b$A

AMNa-jm-qs-c$_2$e$_2$𝔄ℭ$^{(c)v}$𝔈(𝔏$^v$)

djb$_2$ | *προς τον βασιλεα*] om ℭ: om *τον* d | om *εις ιερουσαλημ* d | *εις*] *εν* cy: om o | om *και παρεγενετο* bcdovxc$_2$e$_2$ℭ | hab *και* 3$^o$—(25) *αυτον* 𝔏$^v$ | *απηγγειλεν* 1$^o$] *απηγγελη* c*(uid) | *τω δαυειδ*] *αυτω δᾱδ* N: *αυτω* a$_2$: om *τω* d | *παντα* 1$^o$] pr *και* b: om cxℭ𝔏 | om *οσα—παντα* 2$^o$ boa$_2$e$_2$ | *οσα—ιωαβ* 2$^o$ post *πολεμου* ℭ𝔏 | *απηγγειλεν* 2$^o$] *ελαλησεν* defjmp-twzb$_2$𝔈: *συνεταξεν* cx𝔄𝔏 | om *αυτω* du*𝔏 | *ιωαβ* 2$^o$] *ω*, *β* ex corr uid N | om *παντα* 2$^o$—*ιωαβ* 3$^o$ cx | om *παντα* 2$^o$—*πολεμου* d | *εθυμωθη*] + *οργη* boc$_2$e$_2$𝔏 | *προς* 2$^o$] *επι* boc$_2$e$_2$𝔄𝔈 | *ειπεν*] + *δᾱδ* jb$_2$ | om *προς τον αγγελον* d | *προσηγαγετε*] *προσηλθετε* (-*θατε* o) boc$_2$e$_2$ | *προς* 4$^o$] *εις* d | om *ουκ—τειχους* 1$^o$ a$_2$ | *ουκ*] pr *και* b | *πληγησεσθε*] *πληγησησθε* egi: *malum accipiebatis* 𝔏 | ⟨*τις*] pr *και* 236⟩ | ⟨om *τον αβειμελεχ υιον* 44⟩ | *αβειμελεχ*] *αβεμελεχ* e: *αβιμελεκ* A | *ιεροβοαμ*] *ιεροβοαλ* bno 𝔄ℭ: *ιεροβααλ* MNb'd-gijmp-wzb$_2$c$_2$e$_2$ | *ερριψεν*] *percussit* 𝔏 | ⟨*μυλου απο*] *λιθου εκ μυλωνος επανωθεν* 246⟩ | *απο του τειχους* 2$^o$] om cu: ⟨+ *και επανωθεν* 74⟩ | ⟨om *εν—τειχος* 44⟩ | *εν θαμασι*] *ο αμεσσει* e$_2$: om duℭ | om *εν* b' | *θαμασι* BAay 𝔄𝔏] *θαμας* v: *θαμασειν* cxa$_2$: *θαμεσσει* oc$_2$: *θαμεσση* b: *θαμνασει* h: *Thamnas* 𝔈: ⟨*θαμνεσι* 236.242: *θεμεσα* 74⟩: *θεβεσα* qstz: *θαμεσι* MN rell | om *ινα* 2$^o$ a$_2$

**23** *εκραταιωσαν* BAya$_2$] *κατεκρατουν* boc$_2$e$_2$: *εκραταιωθησαν* MN rell | *εφ ημας* 1$^o$] post *ανδρες* boc$_2$e$_2$: om ⟨44⟩ ℭ(uid) | *εφ* 1$^o$] *υπερ* N: *προς* hi | om *οι—ημας* 2$^o$ v | om *και* 2$^o$—*ημας* 2$^o$ b'e$_2$ | om *και* 2$^o$ 𝔏 | *εξηλθαν* BAN*na$_2$] *εξηλθεν* g: *εξηλθον οι ανδρες* boc$_2$: *εξηλθαν* MN$^{a?}$ rell | *εφ ημας* 2$^o$] *προς ημας* Afh 𝔄: om d | *τον αγρον*] *το πεδιον* M(mg)boc$_2$e$_2$ | *εγενηθημεν*] *εγεννηθημεν* a(uid)i*: *συνηλασαμεν* bc$_2$: *συνηλασομεν* oe$_2$: *indignauimus* 𝔏 | *επ αυτους*] *εις τον αγρον* a$_2$: ⟨om 98⟩ | *επ*] *προς* g: om boc$_2$e$_2$𝔏 | *της θυρας*] bis scr d: *των θυρων* boc$_2$e$_2$: om g | *της πυλης*] *της πολεως* uvc$_2$e$_2$𝔄ℭ: *του πυλωνος* bo

**24** *ετοξευσαν οι τοξευοντες*] *κατεβαρυνθη τα βελη* boc$_2$e$_2$: *mittebantur grauiter sagittae* 𝔏 | *ετοξευαν* t* | *οι τοξευοντες*] *οι τοξευσαντες* i: om d | *προς*] *επι* boc$_2$e$_2$𝔈𝔏: om va$_2$ | *παιδας*] *δουλους* boc$_2$e$_2$𝔏 | om *σου* 1$^o$ b'ga$_2$ | om *απανωθεν του τειχους* d | *απανωθεν*] *α* 1$^o$ ex corr uid b$_2$: *απο ανωθεν* cx: *επανωθεν* egbmp-tvwyza$_2$: *απο* boc$_2$e$_2$𝔏: *επι* b' | om *και* 2$^o$—*βασιλεως* ℭ$^c$ | *απεθαναν* Bch*nya$_2$] *απεθανεν* g$^{a?}$(uid)x: *αποθανον* v: *απεθανον* AMNa(*ον* part sup ras)g*h$^{b?}$ rell | *των παιδων* BA a*hva$_2$] *των δουλων* y: *τον δουλον* x: *εκ των δουλων* c: *απο των δουλων* bioc$_2$e$_2$𝔏: pr *απο* MNa$^{b?}$ rell | *βασιλεως*] + *ωσει ανδρες δεκα και* (om z) *οκτω* bgozc$_2$e$_2$𝔏 | om *γε* boc$_2$e$_2$𝔏 | *ο δουλος σου*] post *ουρειας* A: om ℭ$^c$ | *ουρειας*] pr *ο* acz: *Huria* 𝔏 | *ο χετταιος*] *ο χεταγαιος* h: *Ethaeus* 𝔏 | *απεθανεν*] *τεθνηκεν* boc$_2$e$_2$

**25** ⟨*προς* 2$^o$] *τω* 64.244⟩ | *πονηρον* post *εστω* 𝔏 | *εστω*] post *σου* p: *εσται* N: ⟨om 44⟩ | *εν οφθαλμοις σου*] post *τουτο* av𝔄𝔈: *ενωπιον σου* boc$_2$e$_2$𝔏 | *το ρημα τουτο*] *περι του ρηματος τουτου* boc$_2$e$_2$𝔏 | om *μεν* qa$_2$ | *και ποτε αυτως*] post *μαχαιρα* 𝔄: om qv | *και ποτε*] *ποτε δε* abcefhm-puwxc$_2$e$_2$𝔏𝔖$^j$ Jos(uid): + *δε* d | *φαγεται*] *φερεται* e: *καταφαγεται* A(-*τε*)boc$_2$e$_2$: *manducabit aduersarios* 𝔏 | *η μαχαιρα*] *η ρομφαια* boc$_2$e$_2$: *gladius tuus* 𝔏 | *κραταιωσον* 1$^o$] *κραταιως ο* v | *συ τον πολεμον* vy𝔈 | om *τον* 2$^o$ c | *συ*] *σου* MNbd-gi-uwzb$_2$c$_2$e$_2$𝔏: om 𝔄 | *προς* 3$^o$] *εις* y: *επι* boc$_2$e$_2$ | om *και* 3$^o$ 𝔏 | *κατασπασον*] *κατασπασεις* N𝔄(uid): *κατασκαψον* boz(mg)c$_2$e$_2$: hab *κατασκαψαι* Jos: *demoli* 𝔏 | om *και κραταιωσον αυτον* MNa-dg-jnouvxb$_2$c$_2$e$_2$ | *κραταιωσον* 2$^o$] *obtine* 𝔏 | *αυτον*] *αυτην* y𝔏: *teipsum* 𝔄

**26** ⟨om *η* 242⟩ | *ουρειου*] pr *η* a$_2$: *ουρια* cx | *απεθανεν*] *τεθνηκεν* boc$_2$e$_2$ | *ουρειας*] post *αυτης* 1$^o$ boa$_2$c$_2$e$_2$: om cdxℭ$^c$ | om *και* 2$^o$—*αυτης* 2$^o$ y | *τον ανδρα αυτης* Baoa$_2$] pr *επι* AMN rell 𝔄: *eum* ℭ$^c$

**27** om *και* 1$^o$—*πενθος* s | *διηλθεν*] ⟨*παρηλθε* 123⟩: *ηλθεν* A | *συνηγαγεν*] *ελαβεν* boz(mg)c$_2$e$_2$ | *αυτην*] *την βηρσαβεαι* (-*βεε* b') boc$_2$e$_2$: om g | *εις* 1$^o$] *επι* v | *αυτου*] *αυτης* a | *εγενετο* boc$_2$e$_2$ | *ετεκεν*] *τικτει* boc$_2$e$_2$ | *πονηρον*] post *ρημα* cx: post *εφανη* Abo z(mg)c$_2$e$_2$𝔈 Thdt | om *το* 2$^o$ z(mg) | *ρημα*] *πραγμα* bgoz(mg)c$_2$e$_2$ Thdt | ⟨*ο εποιησεν δαυειδ* post *κυριου* 44⟩ | *εν οφθαλμοις*] *ενωπιον* boc$_2$e$_2$ℭ$^c$(uid) Thdt

**XII 1** ⟨*και απεστειλεν*] *απεστειλε δε* 44⟩ | om *τον* 1$^o$ Nb-fhim-twxzc$_2$e$_2$ | *δαυειδ*] pr *τον* boc$_2$e$_2$: *αυτον* y | *εισηλθεν*] + *ναθαν* b | *αυτον*] *δᾱδ* byz: *δᾱδ ναθαν* c$_2$e$_2$: + *ναθαν* o | *αυτω*] *προς αυτον* Acx: + *αναγγειλον δη μοι την κρισιν ταυτην* bgnoy$^b$z c$_2$e$_2$ [[*απαγγειλον* b | om *την* ny$^b$ | om *ταυτην* n]]: + *αναγγελω σοι δη κρισιν και ειπεν* jb$_2$ | *δυο ησαν* post *ανδρες* 𝔄 | *δυο*] pr *ομου* g | *ανδρες ησαν* AMNbcgjoxzb$_2$c$_2$e$_2$ | *πολει μια*] *μια πολει*

XII 1 sqq *και ο αγγελος* $\overline{κυ}$ *υπερανω της καιφαλης δᾱδ του βασιλεως και η ρομφαια αυτου εν τη χειρι αυτου εσπασμενει* g
1 *αυτω*] + *Responde mihi iudicium* p

2 3 εἷς πλούσιος καὶ εἷς πένης. ²καὶ τῷ πλουσίῳ ἦν ποίμνια καὶ βουκόλια πολλὰ σφόδρα· ³καὶ τῷ B
πένητι οὐδὲν ἀλλ' ἢ ἀμνὰς μία μικρά, ἣν ἐκτήσατο καὶ περιεποιήσατο καὶ ἐξέθρεψεν αὐτήν, καὶ
ἡδρύνθη μετ' αὐτοῦ καὶ μετὰ τῶν υἱῶν αὐτοῦ ἐπὶ τὸ αὐτό· ἐκ τοῦ ἄρτου αὐτοῦ ἤσθιεν καὶ ἐκ τοῦ
4 ποτηρίου αὐτοῦ ἔπινεν καὶ ἐν τῷ κόλπῳ αὐτοῦ ἐκάθευδεν καὶ ἦν αὐτῷ ὡς θυγάτηρ. ⁴καὶ ἦλθεν
πάροδος τῷ ἀνδρὶ τῷ πλουσίῳ, καὶ ἐφείσατο λαβεῖν ἐκ τῶν ποιμνίων αὐτοῦ καὶ ἐκ τῶν βουκολίων
αὐτοῦ τοῦ ποιῆσαι τῷ ξένῳ ὁδοιπόρῳ ἐλθόντι πρὸς αὐτόν, καὶ ἔλαβεν τὴν ἀμνάδα τοῦ πένητος
5 καὶ ἐποίησεν αὐτὴν τῷ ἀνδρὶ τῷ ἐλθόντι πρὸς αὐτόν. ⁵καὶ ἐθυμώθη ὀργῇ Δαυεὶδ σφόδρα τῷ ἀνδρί,
6 καὶ εἶπεν Δαυεὶδ πρὸς Ναθάν Ζῇ Κύριος, ὅτι υἱὸς θανάτου ὁ ἀνὴρ ὁ ποιήσας τοῦτο, ⁶καὶ τὴν
ἀμνάδα ἀποτίσει ἑπταπλασίονα ἀνθ' ὧν ὅτι ἐποίησεν τὸ ῥῆμα τοῦτο καὶ περὶ οὗ οὐκ ἐφείσατο.
7 ⁷Καὶ εἶπεν Ναθὰν πρὸς Δαυεὶδ Σὺ εἶ ὁ ἀνὴρ ὁ ποιήσας τοῦτο· ὅτι τάδε λέγει Κύριος ὁ θεὸς Ἰσραήλ
8 Ἐγώ εἰμι ὁ χρίσας σε εἰς βασιλέα ἐπὶ Ἰσραήλ, καὶ ἐγώ εἰμι ἐρυσάμην σε ἐκ χειρὸς Σαούλ· ⁸καὶ
ἔδωκά σοι τὸν οἶκον τοῦ κυρίου σου καὶ τὰς γυναῖκας τοῦ κυρίου σου ἐν τῷ κόλπῳ σου, καὶ ἔδωκά
9 σοι τὸν οἶκον Ἰσραὴλ καὶ Ἰούδα· καὶ εἰ μικρόν ἐστιν, προσθήσω σοι κατὰ ταῦτα. ⁹ὅτι ἐφαύλισας

XII 3 μεικρα B* | επειεν B* 4 εφισατο A
6 αποτισει] αποτεισει B*: a sup ras A¹ (αμναδαυποτισει A*) | επταπλασειονα B* 7 χρεισας B* | ερρυσαμην A 8 μεικρον B*

AMNa-jm-qs-c$_2$e$_2$𝔄ℭ$^{cw}$𝔈(𝔏$^v$) MNbg$^{b?}$ijoub$_2$c$_2$e$_2$: ενι πολει g$^{a?}$(uid): τη πολει g*(uid) | εις 1°] pr ο f: ⟨om 71⟩ | εις 2°] pr ο f: ⟨om 71⟩

2 ην τω πλουσιω boc$_2$e$_2$ | om σφοδρα ⟨98⟩ 𝔈

3 ουδεν] pr ουκ ην Mhjnb$_2$: pr ουκ ην ουκ ην g: ουκ ην ουθεν boc$_2$e$_2$: ουκ ην vy | hab αλλ—αυτην 𝔏$^v$ | om μια cdm xz | εκτησατο και περιεποιησατο] *habebat* Iren | εκτησατο] εκτεισατο m: εκτισατο cdiuve$_2$ | om και περιεποιησατο 𝔏 | εξεθρεψεν] εξεθρεψαν p: *nutriebat* Iren | ⟨αυτην] εαυτω 74⟩ | ηδρυνθη] ηνδρυνθη cdfjpx: ιδυνθη q: συνετραφη boz(mg)c$_2$e$_2$: συνανεστραφη Thdt: *fouerat* Iren-cod: *fuerat* Iren-ed | om και 5° x | υιων] τεκνων boc$_2$e$_2$ Jos(uid) Thdt | επι το αυτο] επι τω αυτω c: κατα το αυτο boc$_2$e$_2$: *habitabat* 𝔈: om jyb$_2$ℭ | εκ 1°] sup ras y: pr και de$^a$fsmp-twza$_2$𝔈: και e*: απο boc$_2$e$_2$ | αυτου 3°] post ησθιεν e: om a*dfgmtwyza$_2$ | ησθιεν] ησθιει e$_2$: ησθιον y*(uid): om d | εκ του 2°] κ τ ex πιν c$^a$: om εκ d | αυτου 4°] post επινεν a$_2$: om ab Iren | επινεν] pr ησθιε και d: επινον y | om ως y | θυγατηρ] + αυτου boc$_2$e$_2$ Thdt

4 και ηλθεν] ηλθεν δε boc$_2$e$_2$ | παροδος] οδοιπορος M(mg) boc$_2$e$_2$: hab ξενου Jos Chr | τω 1°—πλουσιω] προς τον ανδρα τον πλουσιον boz(mg)c$_2$e$_2$𝔄(uid)𝔈(uid) | om τω ανδρι 1° avℭ | λαβειν] pr του boc$_2$e$_2$: + αυτην A | εκ 1°—αυτου 2°] *de grege ouicularum suarum et de gregibus boum suorum* Iren | του ποιμνιου boc$_2$e$_2$ | αυτου 1°] εαυτου e$_2$: om Aa | om και 3°—αυτου 2° ctx𝔈 | om εκ 2° oc$_2$e$_2$ | του βουκολιου boc$_2$e$_2$ | αυτου 2°] εαυτου b(pr του b')c$_2$e$_2$$^a$ | του 1°] τω A: και boc$_2$e$_2$ Iren: om av | ξενω οδοιπορω] ανδρι τω ξενω boc$_2$e$_2$ℭ*(uid) | om οδοιπορω—αυτον 1° Iren | οδοιπορω] pr τω MNf-jnuza$_2$b$_2$: om Acxy𝔈 | ελθοντι 1°] pr τω c-fh-mp-uwxza$_2$b$_2$𝔈(uid): τω ηκοντι boc$_2$e$_2$ | om και 4°—αυτον 2° g | του 2°] pr ras (4) i: pr του ανδρος bo c$_2$e$_2$ℭ Iren | εποιησεν] pr εθυσε και z: pr εθυσεν αυτην και bo: εθυσεν αυτην και εθυσεν e$_2$: εθυσεν c$_2$: *adposuit* Iren | om αυτην b'c-fmp-twxzb$_2$*𝔄 Iren | om τω ανδρι 2° Mc* | ελθοντι 2°] εισελθοντι defmp-twz: ηκοντι boc$_2$e$_2$

5 και εθυμωθη οργη] *iratus est autem* Iren | ⟨οργη δαυειδ] ο δαυιδ οργη 123⟩ | οργη] post σφοδρα bc$_2$: post δαυειδ 1° b': om aove$_2$𝔈 | δαυειδ 1°—ανδρι] τω ανδρι σφοδρα σφοδρα δαδ A | δαυειδ 1°] post σφοδρα eza$_2$: ⟨om 71.246⟩ | σφοδρα τω ανδρι] *super hominem illum ualde* Iren | σφοδρα] post ανδρι cx𝔈: om b'ℭ$^c$ | τω ανδρι] επι τον ανδρα boc$_2$e$_2$ | δαυειδ 2°] λεγων i: om bdoa$_2$c$_2$e$_2$𝔖$^j$ Iren | hab ζη—θανατου 𝔏$^v$ | ⟨om οτι 242⟩ | υιος] αξιος MNbgiouc$_2$e$_2$ℭ𝔈𝔏 Chr Thdt | θανατου—τουτο] ο ανηρ ο ποιησας τουτο θανατω b | θανατου post τουτο oc$_2$e$_2$ | ο ανηρ] pr εστιν gy: ⟨om 236.242⟩: om ο a | om τουτο—(6) εποιησεν 𝔈 | τουτο] pr το ρημα y

6 om και 1°—τουτο y* | αποτισει επταπλασιονα] τετραπλασιον αποτισει Chr | αποτισεται b | επταπλασιονα] επταπλασιον Aa*defmp-twy$^b$za$_2$: τετραπλασιονα oc$_2$e$_2$ Thdt Iren: hab τετραπλην Jos | om οτι abovc$_2$e$_2$ Thdt | ρημα] πραγμα bo c$_2$e$_2$ Thdt Iren | περι ου] υπερ ου boc$_2$e$_2$ Thdt: om a$_2$: om ου h*

7 om ο 1° an | om ο ποιησας τουτο u | ο ποιησας bis scr x* | τουτο] pr το ρημα cxy: ταυτα v | οτι B] *nunc igitur* ℭ: om AMN omn 𝔄𝔈 | om κυριος N | om ο θεος ισραηλ jb$_2$ | om εγω 1°—ισραηλ 2° c | ειμι 1°] ει μη h$^{b?}$jb$_2$: om boc$_2$e$_2$ Chr Thdt | ο χρισας] εχρισα Mbg-jnoub$_2$c$_2$e$_2$ Chr Thdt | om εις ANdhjb$_2$𝔄 | επι ισραηλ] *super omnem Israel* 𝔄 | ισραηλ 2°] pr τον boc$_2$e$_2$ Chr: pr τον λαον μου x | om και 2° f | om εγω ειμι 2° v𝔈 Chr | ειμι 2°] ει μη h$^{b?}$jb$_2$: om bdefmo-twzc$_2$e$_2$𝔄 Thdt | ερυσαμην] pr ος x: pr οτι a: pr και g: ο ρυσαμενος cya$_2$: εξειλαμην oc$_2$e$_2$: εξειλομην Chr Thdt: εξελεξαμην b

8 τον οικον 1°] τα παντα boc$_2$e$_2$ Chr ¼ Thdt: παντα τα Chr ¾ | ⟨om του κυριου σου 1° 71⟩ | και 2°—σου 3°] εν τω κολπω σου εδωκα τας γυναικας του κυριου σου A: om a$_2$ | om και 2°—σου 2° t | του κυριου σου 2°] αυτου bdoc$_2$e$_2$ Thdt: + *dedi* ℭ | om εν—σου 3° c | εις τον κολπον MNbgijnoub$_2$c$_2$e$_2$𝔄 Thdt | εδωκα 2°] εδω|※κα M | τον οικον 2°] pr εις o: om ℭ$^c$: om οικον cdp-txz𝔄 | ιουδαν dpqtz | hab και 5°—(9) αυτου 1° 𝔏$^v$ | ⟨και 5°—εστιν] ειμι ετι 242⟩ | om και 5° N𝔖$^j$ | ει] η Ng | μικρον εστιν] *pauca sunt* 𝔏 | μικρον] μικρα a$_2$: ολιγα σοι boz(mg)c$_2$e$_2$𝔈(uid) Chr Thdt | προσθησω] pr και MNgijub$_2$: και προθησω n | om σοι 3° dp-tz(txt)ℭ$^c$ Thdt | κατα] και Ad: καθως boz(mg)c$_2$e$_2$ Chr ½ Thdt: καθως και b': ως Chr ½ | ταυτα] τα αυτα u: ταυτο e: + *dedi tibi* 𝔏

9 οτι] pr τι fmw𝔈(uid): pr και b' Thdt: pr και τι Mabeg-jnosuvyb$_2$c$_2$e$_2$𝔄 Chr ½: τι A: *propter quid* ℭ: και τι N Chr ½: *et quare* 𝔏 | εφαυλισας] εξουδενωσας b'b(txt)oz(mg)c$_2$e$_2$𝔏 Chr

4 και 1°—πλουσιω] α' και ηλθεν παροδιτης τω ανδρι τω πλουσιω σ' ελθοντος δε ξενου τω πλουσιω θ' και ηλθεν οδοιπορος προς τον πλουσιον j | παροδος] θ' οδοιπορος z

5 οτι—τουτο] σ' οτι αξιος θανατου ο ανος ο ποιησας τουτο α' οτι αξιος θανατου ο ανηρ ο ποιησας ταυτα j

6 και 1°—επταπλασιονα] σ' και την αμναδα αποτισει τετραπλασιως α' θ' και την αμναδα αποτισει τετραπλασιον j

8 και 5°—ταυτα] α' και ει ολιγον και προσθησω σοι κατα ταυτα σ' και ει ολιγα εστιν προσθησω σοι πολαπλασιως θ' και ει ολιγα εστιν προσθησω σοι καθως ταυτα j | μικρον] σ' ολιγα σοι M

B τὸν λόγον Κυρίου τοῦ ποιῆσαι τὸ πονηρὸν ἐν ὀφθαλμοῖς αὐτοῦ· τὸν Οὐρείαν τὸν Χετταῖον ἐπά-
ταξας ἐν ῥομφαίᾳ, καὶ τὴν γυναῖκα αὐτοῦ ἔλαβες σεαυτῷ εἰς γυναῖκα, καὶ αὐτὸν ἀπέκτεινας ἐν
ῥομφαίᾳ ⸆υἱῶν⸆ Ἀμμών· 10 καὶ νῦν οὐκ ἀποστήσεται ῥομφαία ἐκ τοῦ οἴκου σου ἕως αἰῶνος, ἀνθ' 10
ὧν ὅτι ἐξουδένωσας, καὶ ἔλαβες τὴν γυναῖκα τοῦ Οὐρείου τοῦ Χετταίου τοῦ εἶναί σοι εἰς γυναῖκα.
11 τάδε λέγει Κύριος Ἰδοὺ ἐγὼ ἐξεγείρω ἐπὶ σὲ κακὰ ἐκ τοῦ οἴκου σου, καὶ λήμψομαι τὰς γυναῖκάς 11
σου κατ' ὀφθαλμούς σου καὶ δώσω τῷ πλησίον σου, καὶ κοιμηθήσεται μετὰ τῶν γυναικῶν σου
ἐναντίον τοῦ ἡλίου τούτου· 12 ὅτι σὺ ἐποίησας κρυβῆ, κἀγὼ ποιήσω τὸ ῥῆμα τοῦτο ἐναντίον 12
παντὸς Ἰσραὴλ καὶ ἀπέναντι τούτου τοῦ ἡλίου. 13 Καὶ εἶπεν Δαυεὶδ τῷ Ναθάν Ἡμάρτηκα τῷ 13
κυρίῳ. καὶ εἶπεν Ναθὰν πρὸς Δαυείδ Καὶ Κύριος παρεβίβασεν τὸ ἁμάρτημά σου· οὐ μὴ ἀπο-
θάνῃς. 14 πλὴν ὅτι παροξύνων παρώξυνας τοὺς ἐχθροὺς Κυρίου ἐν τῷ ῥήματι τούτῳ, καί γε ὁ 14
υἱός σου ὁ τεχθείς σοι θανάτῳ ἀποθανεῖται. 15 Καὶ ἀπῆλθεν Ναθὰν εἰς τὸν οἶκον αὐτοῦ· καὶ 15
ἔθραυσεν Κύριος τὸ παιδίον ὃ ἔτεκεν ἡ γυνὴ Οὐρείου τῷ Δαυείδ, καὶ ἠρρώστησεν. 16 καὶ ἐζήτησεν 16
Δαυεὶδ τὸν θεὸν περὶ τοῦ παιδαρίου, καὶ ἐνήστευσεν Δαυεὶδ νηστείαν καὶ εἰσῆλθεν καὶ ηὐλίσθη

9 ουριαν B$^b$A | υιω B 10 ουριου B$^b$A
15 εθραυσεν] signa v l prae se fert B | ουριου B$^b$A 16 νηστιαν A

AMNa–jm–qs–c$_2$e$_2$𝔄ℭ$^{cw}$𝔈(𝔏$^v$)

Thdt | τον λογον κυριου] τον κ̅ν̅ boc$_2$e$_2$ℭ$^c$ Chr Thdt: *Deum* 𝔏 | κυριου] pr του a$_2$ | του] το v: om jb$_2$ | ποιειν Thdt | το πονηρον] *nequiter* 𝔏: om το s* Thdt | εν οφθαλμοις] ενωπιον hoc$_2$e$_2$𝔏(uid) Chr Thdt | αυτου 1°] μου ℭ$^w$ Chr: κ̅υ̅ aa$_2$ | τον 2°—ρομφαια 1°] *et occidisti Oreios* 𝔈 | τον 2°] pr και a: om a$_2$ | χεταιον v | επαταξας] απεκτεινας defmp–twzℭ$^c$: εφονευσας y | ρομφαια 1°] +υιων αμμων ⟨236⟩ ℭ$^c$: ⟨+υι..ον αμνων 242⟩ | om και 1°—ρομφαια 2° s | σεαυτω] ⟨post γυναικα 2° 123⟩: εαυτω b'gn Chr | om εις Thdt | om και 2°—αμμων dℭ$^c$ | υιων αμμων] pr των Thdt: ⟨υιον αμνον 242⟩

10 αποστησεται] αποστησαι A: εξαρθησεται b'*b*(txt)oc$_2$e$_2$ Chr Thdt | ⟨ρομφαια post σου 44⟩ | om εως—(11) σου 1° a$_2$ | εως αιωνος] εις τον αιωνα b Chr Thdt: τον αιωνα oc$_2$e$_2$ | ανθ ων] ενεκεν τουτου boc$_2$e$_2$ Thdt: om cx | οτι] ου Thdt | εξουδενωσας By] +με AMN rell 𝔄ℭ𝔈 Thdt | ⟨om την 98⟩ | om του 2°—γυναικα 2° N | του 2° BAacvx] om M rell Thdt | ουρειου] ουρια m: ορειου e$_2$ | ⟨om του 3°—γυναικα 2° 71⟩ | om του χετταιου d | του ειναι σοι] σεαυτω boc$_2$e$_2$ Thdt | om του 4° auv | σοι] σου gy*(uid): σε cqst | om εις boc$_2$e$_2$

11 ⟨om ιδου 71⟩ | om εγω bozc$_2$ | εξεγειρω] εξεγερω A* (corr A$^x$)bdefh$^{b?}$mpqswz𝔄ℭ Chr: εγειρω MNgiu | επι σε] post κακα cxℭ: om dnp–tz | κακα] *malum* 𝔈 | om εκ—σου 1° ℭ$^c$ | om και 1°—σου 3° cx | om και 1° d | ληψωμαι gv | κατ οφθαλμους] κατα τους οφθαλμους g: ενωπιον boc$_2$e$_2$ | δωσω] αποδωσω h: +αυτας boc$_2$e$_2$ℭ𝔖$^j$: +*uxores tuas* 𝔈 | εναντιον—τουτου] εν τω ηλιω τουτω cx | ενωπιον boz(mg)c$_2$e$_2$ | ηλιου] λαου y

12 om totum comma g | συ] ου N: om uy | κρυβη Bya$_2$] εν κρυπτω bouc$_2$e$_2$ Chr Thdt: κρυβδην AMNa (βδ sup ras) rell | καγω] και εγω MNijb$_2$: εγω δε boc$_2$e$_2$ Chr Thdt: εγω u | ⟨ποιησω—ισραηλ] εναντιον παντος ισραηλ τουτο το ρημα ποιησω 44⟩ | ενωπιον boc$_2$e$_2$ Thdt | om παντος ℭ$^c$ | ισραηλ] pr του ioc$_2$$^a$ | om και—ηλιου da$_2$ | απεναντι] ⟨εναντιον 64.123⟩: ενωπιον boc$_2$e$_2$𝔖$^j$ Chr | τουτου] post ηλιου abho$^a$uyc$_2$e$_2$𝔄(uid)𝔖$^j$(uid) Chr: om cℭ | om του ηλιου o*

13 τω 1°] τον a: προς MNbcgjnouxb$_2$c$_2$e$_2$ | κυριω] +μου bc | om προς δαυειδ cx | om και 3° ⟨98⟩ ℭ | κυριος] *Deus* ℭ$^c$ | παρεβιβασεν] παρεβιασεν ea$_2$: αφειλεν M(mg)coxz(mg)c$_2$e$_2$ Chr ½ Thdt: αφειλετο b'*b*(txt): αφηκεν Chr ½ Did-gr: αφηρηκεν a$^b$ | τα αμαρτημα σου] την αμαρτιαν σου Cyr-hier-ed ½: σοι την αμαρτιαν Did-gr (+σου cod) | ου] pr και b𝔄𝔈: om A

14 hab οτι—τουτω 𝔏$^v$ | ατι] ετι g: om 71⟩ Cyr-hier | παροξυνων παρωξυνας] παροργιζων παρωργισας MNbgijouz(mg)b$_2$c$_2$e$_2$ Thdt: *per iracundiam concitasti* 𝔏: om παροξυνων ea$_2$ | τους εχθρους κυριου] *contrarios Domini* 𝔏: τοις (pr εν N) εναντιοις κ̅ν̅ (κ̅υ̅ j) MNgijub$_2$: εν τοις υπεναντιοις τον (om 64.244) κ̅ν̅ bz(mg)c$_2$e$_2$ ⟨64.244⟩ Thdt: τον κ̅ν̅ εν τοις υπεναντιοις o: *uerbum Domini* ℭ: τω κ̅ω̅ c | κυριου] pr του Av: σου y | om εν—τουτω ℭ$^c$ | ρηματι] λογω boz(mg)c$_2$e$_2$ Thdt | om τουτω a* | και γε] om 𝔄: om γε boc$_2$e$_2$ | τεχθεις] τικτομενος boc$_2$e$_2$𝔄 | om θανατω cx

15 εις] εκ e$_2$ | εθραυσεν] επαταξεν b'*b*(txt)oz(mg)a$_2$c$_2$e$_2$: *occidit* 𝔈 | κυριος] ο θ̅ς̅ bgoc$_2$e$_2$ | παιδαριον AMNac–gmp–tvwxz | ο] ου v | om η m* | ουρειου] pr του Ng: ουρια x: του οριου v: ⟨om 44⟩: +του χετταιου efmp–twz | om τω δαυειδ d | και ηρρωστησεν] και ηρρωστει boc$_2$e$_2$: om a

16 εζητησεν] ηρωτησεν a: ηξιου M(mg)boz(mg)c$_2$e$_2$ | δαυειδ 1°] post θεον n𝔈: +και ηρωτησε cx | θεον] κ̅ν̅ bjub$_2$ℭ | περι] υπερ aboc$_2$e$_2$ | παιδιου bcopuxc$_2$e$_2$ | om δαυειδ 2° d | εισηλθεν και] εισελθων boc$_2$e$_2$: om pv | απηλθεν a$_2$ | και ηυλισθη] hab *et dormiuit in cilicio* 𝔏$^v$ | ηυλισθη Baya$_2$𝔄(uid)𝔈(uid)] εκαθευδεν εν σακκω boc$_2$e$_2$: +και εκοιμηθη A: +εν σακκω MNcg–

9 οτι—αυτου 1°] θ' και τι οτι εξουδενωσας τον κ̅ν̅ του ποιησαι το πονηρον ενωπιον αυτου j

10 και 1°—εξουδενωσας] θ' και νυν ουκ εξαρθησεται (corr ex αποστησεται) ρομφαια εκ του οικου σου (+ras 3 litt) τον αιωνα ενεκεν τουτου οτι εξουδενωσας με j

12 οτι—ηλιου] θ' οτι συ εποιησας εν κρυπτω εγω δε ποιησω το ρημα τουτο ενωπιον παντος του ι̅η̅λ̅ και ενωπιον του ηλιου j | κρυβη] λαθρεως η κριφειω c

13 sqq και εορακος ο αγγελος κ̅υ̅ τιν μετανναν δ̅α̅δ̅ του προφητου υπεχωρησεν g

13 παρεβιβασεν] αφηρηκεν a: αλλη γραφη αφηρηκεν ητοι παρωδευσεν εποιησε αντι του ουκ ανερει σε *b*

14 πλην—τουτω] ο' πλην οτι παροξυνων παρωξυνας τους εχθραυς κ̅υ̅ εν τω ρηματι τουτω σ' πλην οτι βλασφημησαι εποιησας τους εχθρους κ̅υ̅ δια του πραγματας τουτου j | πλην—κυριου] θ' πλην οτι παροργιζων παρωργισας τοις εναντιοις κ̅υ̅ j | οτι—κυριου] α' οτι διασυρων διεσυρας τους εχθρους κ̅υ̅ j | παρωξυνας—κυριου] α' σαφεστερον παρωξυνας φησι τους εχθρους κ̅υ̅ z | τους εχθρους κυριου] τοις εχθροις κ̅υ̅ M

17 ἐπὶ τῆς γῆς. [17]καὶ ἀνέστησαν ἐπ' αὐτὸν οἱ πρεσβύτεροι τοῦ οἴκου ἐγεῖραι αὐτὸν ἀπὸ τῆς γῆς· B
18 καὶ οὐκ ἠθέλησεν, καὶ οὐ συνέφαγεν αὐτοῖς ἄρτον. [18]καὶ ἐγένετο ἐν τῇ ἡμέρᾳ τῇ ἑβδόμῃ καὶ
ἀπέθανε τὸ παιδάριον· καὶ ἐφοβήθησαν οἱ δοῦλοι Δαυεὶδ ἀναγγεῖλαι αὐτῷ ὅτι τέθνηκεν τὸ παι-
δάριον, ὅτι εἶπαν Ἰδοὺ ἐν τῷ ἔτι τὸ παιδάριον ζῆν ἐλαλήσαμεν πρὸς αὐτόν, καὶ οὐκ εἰσήκουσεν
τῆς φωνῆς ἡμῶν· καὶ πῶς εἴπωμεν πρὸς αὐτὸν ὅτι τέθνηκεν τὸ παιδάριον; καὶ ποιήσει κακά.
19 [19]καὶ συνῆκεν Δαυεὶδ ὅτι οἱ παῖδες αὐτοῦ ψιθυρίζουσιν, καὶ ἐνόησεν Δαυεὶδ ὅτι τέθνηκεν τὸ
παιδάριον· καὶ εἶπεν Δαυεὶδ πρὸς τοὺς παῖδας αὐτοῦ Εἰ τέθνηκεν τὸ παιδάριον; καὶ εἶπαν
20 Τέθνηκεν. [20]καὶ ἀνέστη Δαυεὶδ ἐκ τῆς γῆς καὶ ἐλούσατο καὶ ἠλείψατο καὶ ἤλλαξεν τὰ ἱμάτια
αὐτοῦ, καὶ εἰσῆλθεν εἰς τὸν οἶκον τοῦ θεοῦ καὶ προσεκύνησεν αὐτῷ· καὶ εἰσῆλθεν εἰς τὸν οἶκον
21 αὐτοῦ, καὶ ᾔτησεν ἄρτον φαγεῖν, καὶ παρέθηκαν αὐτῷ ἄρτον καὶ ἔφαγεν. [21]καὶ εἶπαν οἱ παῖδες
αὐτοῦ πρὸς αὐτόν Τί τὸ ῥῆμα τοῦτο ὃ ἐποίησας; ἕνεκα τοῦ παιδαρίου ἔτι ζῶντος ἐνήστευες καὶ
ἔκλαιες καὶ ἠγρύπνεις· καὶ ἡνίκα ἀπέθανεν τὸ παιδάριον, ἀνέστης καὶ ἔφαγες ἄρτον καὶ πέπωκας.
22 [22]καὶ εἶπεν Δαυεὶδ Ἐν τῷ τὸ παιδάριον ἔτι ζῆν ἐνήστευσα καὶ ἔκλαυσα, ὅτι εἶπα Τίς οἶδεν εἰ
23 ἐλεήσει με Κύριος, καὶ ζήσεται τὸ παιδάριον; [23]καὶ νῦν τέθνηκεν, ἵνα τί τοῦτο ἐγὼ νηστεύω; μὴ
δυνήσομαι αὐτὸ ἐπιστρέψαι ἔτι; ἐγὼ πορεύσομαι πρὸς αὐτόν, καὶ αὐτὸς οὐκ ἀναστρέψει πρὸς μέ.
24 [24]καὶ παρεκάλεσεν Δαυεὶδ Βηρσάβεε τὴν γυναῖκα αὐτοῦ, καὶ εἰσῆλθεν πρὸς αὐτὴν καὶ ἐκοιμήθη

18 απεθανεν A    20 ηλιψατο A

AMNa–jm–qs–c$_2$e$_2$𝔄ℭ$^{cw}$𝔈(𝔏$^v$)

jnuvb$_2$ℭ$^c$: + και εκοιμηθη εν σακκω rell: hab επι σακκου Jos | την γην bovc$_2$e$_2$

**17** ανεστησαν—οικου] ανεστησαν οι πρεσβυτεροι του οικου αυτου επ αυτον Ac–fmp–twxzℭ𝔖$^j$: προσηλθον οι πρεσβυτεροι του οικου αυτου (-ων *b*) προς αυτον boc$_2$e$_2$ | επανεστησαν i | επ] προς i | οι πρεσβυτεροι] *serui* 𝔄 | οικου Baya$_2$𝔄] + αυτου MN rell 𝔈(uid) | εγειραι] pr του Ab–fmp–twxzc$_2$e$_2$ | om αυτον 2° o | απο—ηθελησεν] *et nolebat surgere a terra* 𝔄 | απο] επι cx | om της c | ηθελησεν] εβουλετο boc$_2$e$_2$ | και ου] ουδε boc$_2$e$_2$: om ου d*p* | συνεφαγεν αυτοις αρτον] συνεδειπνησεν αρτον μετ αυτων boc$_2$e$_2$ | αρτω v

**18** και εγενετο] εγενετο δε boc$_2$e$_2$ | εγενετο] εγενηθη Mgijub$_2$: εγεννηθη a: ⟨om 44⟩ | om εν 1° MNgijnub$_2$ | τη εβδομη και] εκεινη τη δε εβδομη e$_2$ | om και 2° hℭ | παιδαριον 1°] παιδιον boc$_2$e$_2$ | δουλοι] παιδες boc$_2$e$_2$ | δαυειδ] αυτου cx | απαγγειλαι a–fmo–twxzc$_2$e$_2$ | om οτι 1°—παιδαριον 2° cx | παιδαριον 2°] παιδιον boc$_2$e$_2$ | ⟨οτι 2°—κακα] ιδου εαν ειπωμεν αυτω οτι τεθνηκε ποιησει κακα καθως ειπωμεν αυτω οτι ζη και ουκ εισηκουσε της φωνης ημων 44⟩ | οτι ειπαν] οτι ειπον dfj$^{a?}$p: λεγοντες boc$_2$e$_2$: om ειπαν a$_2$ | ιδου] pr οτι N: οτι boc$_2$e$_2$𝔄: + ras (3) a | εν 2°—ζην] ετι του παιδιου ζωντος boc$_2$e$_2$ | εν τω ετι] ετι εν τω h$^b$i: ετι εν h*: om εν τω g: om ετι a*dp–tz | το παιδαριον 3°] post ζην A: το παιδιον a$_2$: παιδαριω dp | ελαλουμεν boc$_2$e$_2$ | om προς 1° cx | αυτον 1°] + του εγειραι αυτον απο της γης boc$_2$e$_2$ | om ουκ o | εισηκουσεν] ηκουσεν nz: ηκουεν boc$_2$e$_2$ | τη φωνη v | hab και 5°—κακα 𝔏$^v$ | πως] pr *nunc* 𝔏: νυν εαν o | ειπωμεν] ειπομεν choqb$_2$: *dicemus* 𝔏 | om οτι 3° 𝔈 | παιδαριον 4°] παιδιον boc$_2$e$_2$ | om και ποιησει κακα ℭ$^c$ | και ποιησει] *ne faciat sibi* 𝔏 | και 6°] om cx: + γε v | ποιησει] εποιησεν ημιν v | κακα] κακιαν N: *malum* 𝔈

**19** συνηκεν—αυτου 1°] ειδεν δᾱδ τους παιδας αυτου οτι boc$_2$e$_2$ℭ(uid) | συνηκεν] ειδε z(mg)𝔄: *uidit eos* 𝔈 | οτι 1°] *dum* 𝔈 | om οι—οτι 2° v | ψιθυριζουσιν οι παιδες αυτου a$_2$𝔄𝔈 | αυτου 1°] δᾱδ a | ⟨υποψιθυριζουσι 244⟩ | ενοησεν] ⟨ενενοησε 123⟩: επεγνω cx: ησθετο boz(mg)c$_2$e$_2$ | om δαυειδ 2° cx𝔖$^j$ | παιδαριον 1°] παιδιον boc$_2$e$_2$ | om και 3°—παιδαριον 2° e* | δαυειδ 3°—αυτου 2°] ⟨αυτοις δαυιδ 44⟩: *eis* 𝔈 | προς—αυτου 2°] προς αυτους e$_2$𝔈: om v | ει] οτι cix: om v | παιδαριον 2°] παιδιον boc$_2$e$_2$ | ειπαν] ειπον bfjoc$_2$e$_2$

**20** om δαυειδ ℭ$^c$ | εκ] απο bcoxc$_2$e$_2$ | και ηλειψατο] και εχρισατο boc$_2$e$_2$: om u𝔈 | τα ιματια] τον ιματισμον boc$_2$e$_2$ | αυτου 1°] εαυτου mqstw | om τον 1° *b* | om του—οικον 2° o | του θεου] *Domini* ℭ | εισηλθεν 2°] ηλθεν cx | ητησεν] *iussit* (+ *seruos suos* ℭ$^c$) *ferre ei* ℭ | om και 9°—εφαγεν yℭ$^c$ | και 9°—αρτον 2°] και παρετεθη αυτω αρτος boc$_2$e$_2$: om za$_2$ | παρεθηκεν Aq*𝔈 | om αυτω 2° v | ⟨om αρτον 2° 71⟩

**21** ειπον abdfj$^{a?}$oc$_2$e$_2$ | οι—αυτον] αυτω οι παιδες αυτου boc$_2$𝔄 | τι—ο] τις ο λογος ουτος ον boc$_2$e$_2$ | τι] pr και c | τουτο] του c | om ο a | πεποιηκας boc$_2$e$_2$ | ενεκα—ετι] ετι γαρ του παιδιου boc$_2$e$_2$ | ενεκα] ενεκεν ANnvy: οτι u | του παιδαριου post ζωντος u | ετι] pr οτι ⟨64⟩𝔈𝔖$^j$(uid): ⟨pr επι 244⟩: οτι Av | εκλαιες και ενηστευες y | ενηστευες] ενηστευσε d*: ενηστευσας d$^{a?}$v𝔈 | εκλαιες] *plorasti* 𝔈 | και ηγρυπνεις] hab *et uigilasti* 𝔏$^v$: *et uigilasti* 𝔈 | ηνικα] ως boc$_2$e$_2$ | παιδιον boc$_2$e$_2$ | εφαγες] βεβρωκας boc$_2$e$_2$: + ras (5) z | και πεπωκας] pr και επιες οινον N*: και επιες οινον N$^{a?}$: om u: + οινον b

**22** εν—ζην] ετι του παιδιου ζωντος boc$_2$e$_2$: ετι ζωντος του παιδαριου u | το παιδαριον 1°] παιδαριω d$^{a?}$p: om το d* | ζην] ζον v | ενηστευον aboc$_2$e$_2$𝔄 | εκλαιον boc$_2$e$_2$𝔄 | οτι] και a$_2$ | ειπα] ειπον bfoc$_2$e$_2$: *dicebam* 𝔄 | ⟨τις] pr οτι 74⟩ | ειδεν b'cdgx | ει] η g: οτι cxe$_2$ | ελεησει] ελεηση a: ελεησε e$_2$: ελεησαι c | om με 𝔄 | om κυριος και ζησεται o | κυριος] pr ο *b*uvc$_2$e$_2$ | παιδαριον 2°] παιδιον boc$_2$e$_2$

**23** και νυν τεθνηκεν] μετα δε το αποθανειν ειπον a$_2$: om o | και νυν] νυν δε bc$_2$e$_2$: *nunc postquam* 𝔄: + *ubi* 𝔈 | τεθνηκεν] + το παιδαριον Abcxc$_2$e$_2$𝔄ℭ𝔖$^j$ | τουτο] τουτω i: ουτω g: ου e$_2$: ουν boc$_2$: om cx𝔄(uid)ℭ𝔈 | εγω νηστευω] νηστευω εγω oc$_2$e$_2$: εγω νηστευσω cnxℭ: νηστευσω εγω b | δυνησομαι] δυνησωμαι cgou: ⟨+ εγω 64.244⟩ | αυτο επιστρεψαι B] επιστρεψαι αυτο Aa(ο ex ων uid)xa$_2$: επιστρεψαι αυτω ch: του επιστρεψαι αυτο b: του επιστρεψαι αυτον oc$_2$e$_2$: επιστρεψαι αυτον MN rell | om ετι Nboc$_2$e$_2$ | εγω 2°] pr οτι N | πορευσομαι] πορευσωμαι gv: πορευομαι defmp–twyz | αυτον] αυτο p | και αυτος] και αυτο p: αυτος δε boc$_2$e$_2$: om και cx | αναστρεψει] αναστρεψη c: ⟨αναστρεφει 74⟩

**24** hab και 1°—βηρσαβεε 𝔏$^v$ | παρεκαλεσεν] *rogauit* 𝔏 | δαυειδ] ⟨post αυτου 1° 246⟩: om e$_2$𝔈 | βηρσαβεε] pr την MNab'cgijuxyb$_2$: την βηρσαβεαι *b*oe$_2$: την | ※ βηρσαβεαι c$_2$: ⟨την βερσαβεε 98⟩: την βηθσαβεε A | om την AMNacgijuxyb$_2$ | εισηλθεν] ελαλησεν boc$_2$e$_2$ | αυτην] αυτον cjx | κοιμαται boc$_2$e$_2$ |

17 ανεστησαν] προσηλθον z

B μετ' αὐτῆς· καὶ συνέλαβεν καὶ ἔτεκεν υἱόν, καὶ ἐκάλεσεν τὸ ὄνομα αὐτοῦ Σαλωμών, καὶ Κύριος
ἠγάπησεν αὐτόν. [25]καὶ ἀπέστειλεν ἐν χειρὶ Ναθὰν τοῦ προφήτου, καὶ ἐκάλεσεν τὸ ὄνομα αὐτοῦ 25
Ἰδεδεί, ἕνεκεν Κυρίου.

[26]Καὶ ἐπολέμησεν Ἰωὰβ ἐν Ῥαββὰθ υἱῶν Ἀμμών, καὶ κατέλαβεν τὴν πόλιν τῆς βασιλείας. 26
[27]καὶ ἀπέστειλεν Ἰωὰβ ἀγγέλους πρὸς Δαυεὶδ καὶ εἶπεν Ἐπολέμησα ἐν Ῥαββὰθ καὶ κατε- 27
λαβόμην τὴν πόλιν τῶν ὑδάτων· [28]καὶ νῦν συνάγαγε τὸ κατάλοιπον τοῦ λαοῦ, καὶ παρέμβαλε 28
ἐπὶ τὴν πόλιν καὶ προκαταλαβοῦ αὐτήν· ἵνα μὴ προκαταλάβωμαι ἐγὼ τὴν πόλιν καὶ κληθῇ τὸ
ὄνομά μου ἐπ' αὐτήν. [29]καὶ συνήγαγεν Δαυεὶδ πάντα τὸν λαὸν καὶ ἐπορεύθη εἰς Ῥαββάθ, καὶ 29
ἐπολέμησεν ἐν αὐτῇ καὶ κατελάβετο αὐτήν. [30]καὶ ἔλαβεν τὸν στέφανον Μελχὸλ τοῦ βασιλέως 30
αὐτῶν ἀπὸ τῆς κεφαλῆς αὐτοῦ, καὶ ὁ σταθμὸς αὐτοῦ τάλαντον χρυσίου καὶ λίθου τιμίου, καὶ ἦν
ἐπὶ τῆς κεφαλῆς Δαυείδ· καὶ σκῦλα τῆς πόλεως ἐξήνεγκεν πολλὰ σφόδρα. [31]καὶ τὸν λαὸν τὸν 31
ὄντα ἐν αὐτῇ ἐξήγαγεν καὶ ἔθηκεν ἐν τῷ πρίονι καὶ ἐν τριβόλοις τοῖς σιδηροῖς καὶ διήγαγεν
αὐτοὺς διὰ τοῦ πλινθείου· καὶ οὕτως ἐποίησεν πάσαις ταῖς πόλεσιν υἱῶν Ἀμμών. καὶ ἐπέ-
στρεψεν Δαυεὶδ καὶ πᾶς ὁ λαὸς εἰς Ἰερουσαλήμ.

[1]Καὶ ἐγενήθη μετὰ ταῦτα καὶ τῷ Ἀβεσσαλὼμ υἱῷ Δαυεὶδ ἀδελφὴ καλὴ τῷ εἴδει σφόδρα, 1 X
καὶ ὄνομα αὐτῇ Θημάρ, καὶ ἠγάπησεν αὐτὴν Ἀμνὼν υἱὸς Δαυείδ. [2]καὶ ἐθλίβετο Ἀμνὼν ὥστε 2

24 σαλομων $B^b$ 28 το καταλοιπον] τονατaλοιπον A 30 τειμιου B* 31 πλινθιου $B^b$A XIII 2 εθλειβετο B*

AMNa-jm-qs-$c_2e_2$𝔄$ℭ^{cw}$𝔈($𝔏^v$)

αυτης] αυτου bcox$e_2$ | συνελαβεν] ελαβε e* | εκαλεσαν a | σαλω-μων] σαλομων $B^b$$N^{a?}$bcefj-owxz$e_2$: σολωμων $u^{a?}$(uid): σολομων Mdgp: *Solomon* 𝔄ℭ: σαλωμ v

25 απεσταλκεν N | hab και 2°—κυριου $𝔏^v$ | το—ιδεδει] *eum nomine eius ut uideret si* 𝔈 | αυτου] + εις βασιλεα αφορισμενος g (αφορ ex σφοδρα uid $g^a$) | ιδεδει Bh*] ιδεδη g: *Ididi* ℭ: *Iededi* 𝔄-ed: ειεδιδια A𝔏: ισδιδια cx: ιδδεδει MN $a^b$iyz(txt)$b_2$ Or-lat: ιεδδεδη $h^b$: ιεδδιδει Thdt: ιεδδειδια bz(mg) $c_2e_2$: ιεδδαιδια o: ιεδδει mv𝔄-codd: ιεδι e: ιδδια u: ιδεη $a_2$: ιαδελ a*: ιεδδεδει z(txt) rell | ενεκεν] εν λογω MNabg$h^b$ijnouvy $b_2c_2e_2$𝔏 (pr *quod est interpretatum*)

26 om και 1° 𝔈 | ιωβαβ i* | εν] την bo$c_2e_2$ | ραββαθ] ρααββαθ b': ραβαθ Aadegh*puv𝔄-ed $ℭ^c$: ⟨ραβααθ 236⟩: ραββα t*$a_2$ | υιον $a_2$ | κατελαβεν] κατελαβετο Magijny$b_2$: κατελειπεν $a_2$: προκατελαβετο Nhou$c_2e_2$𝔄(uid)

27 και ειπεν] λεγων bo$c_2e_2$ℭ𝔈 | επολεμησα] επολεμησαν n: επολεμησαμεν h*𝔈: πεπολεμηκα bo$c_2e_2$ | εν] την bo$c_2e_2$: προς Ac-fmp-twxz: ⟨προς την 123⟩ | ραββαθ] ραβαθ a*b*dgipuv*𝔄-ed $ℭ^c$: ραβααθ e | κατελαβομην] κατελαβομεν cx𝔈: προκατειλημμαι bo$c_2e_2$𝔄(uid)

28 om νυν cg*m | συναγαγε] συνηγαγε *b**(uid)m: συ αγαγε A | το 1°—λαου] τον λαον τον περισσον b' | το 1°] τον s | καταλοιπον] καταληπον c(η ex ει uid): καταλειπον $a_2$: περισσον *b*o$c_2e_2$ | παρεμβαλε] pr ελθων bo$c_2e_2$: παρεμβαλλε A: παραβαλε $a_2$: παραλαβαλε c | om προκαταλαβου—μη $a_2$ | προκαταλαβου] προκατελαβου u: ⟨καταλαβε 74⟩ | om αυτην 1°—εγω 𝔈 | αυτην 1°] + συ bo$c_2e_2$$ℭ^c$ | ινα] οπως bo$c_2e_2$ | προκαταλαβωμαι] προκαταλαβομαι gjopv$a_2e_2$: προκαταλαβω cx | εγω] pr αυτην bou$c_2$ | om την πολιν 2° u$𝔖^j$ | κληθη] κληθην $c_2$: κλησθη h*: εκλιθη $a_2$ | μου] σου c: αυτου A | αυτην 2°] αυτη z*

29 om παντα bo$c_2e_2$ | om και 2° i | εις] εν $a_2$: προς A | ραββαθ] ραβαθ dgpv𝔄-ed $ℭ^c$: ραβααθ ae | επολεμη cx | εν αυτη] αυτην abho$c_2e_2$: om εν fv | προκατελαβετο Nbov$c_2e_2$

30 μελχολ] μελχωλ f: μολχολ $h^{b?}$: μεχολ e: μολχω a: μελχομ MNgv𝔄: μελχωμ n: μολχομ h*ijy: μολχωμ $b_2$: om Abcox$c_2e_2$ Jos(uid) | αυτων] αυτω v: om cx | απο] μετα v | αυτου 1°] αυτων g | ταλαντον] pr ras (2) a: ταλαντα v: πολλης c | χρυσιου] χρυσιον $e_2$: om ⟨98⟩$ℭ^c$ | και λιθου τιμιου] ⟨και λιθον τιμιον 246⟩: om v* (spat relict): om τιμιου d | δαυειδ] pr αυτου του o | σκυλα της] pr τα bo$c_2e_2$: σκυλος c | εξηνεγκεν] ⟨εξηγαγε 64⟩: om 𝔄-ed

31 om τον 2° e* | om οντα Abo$c_2e_2$ | εξηγαγεν] ξ ex corr v: εξηγαγον A: εξηνεγκεν fy | hab και 2°—αυτους $𝔏^v$ | om και 2°—σιδηροις v* (spat relict) | εθηκεν] διεπρισεν bg$v^b$z(mg)$c_2$: διεπρησεν o$e_2$: *serrauerunt illos* 𝔏 | om εν 2° g | τω πριονι] πριοσιν bo$v^b$z(mg)$c_2e_2$ | πριονι και sup ras et ext lin $a^b$ | om και 3°—σιδηροις 𝔈 | om εν 3° $v^b$z(mg)$c_2e_2$ | τριβολοις B] ⟨post σιδηροις 44⟩: σκεπαρνοις $v^b$$c_2e_2$: σκεπαρναις z(mg): pr τοις AMNz(txt) rell | om τοις $v^b$z(mg)$c_2e_2$ | σιδηροις] + και υποτομευσιν σιδηροις Acdej(ποτομευσι)mp-twxz(txt): + και (+ εν o) σκεπαρνοις σιδηροις bgo: + και περιηγαγεν αυτους εν μαδεβα και ουτως εποιει πασαις ταις πολεσιν $v^b$ | om και 4° 𝔏 | ⟨διηγαγεν—πλινθειου] δια πλινθειας 44⟩ | διηγαγεν] περιηγαγεν boz(mg) $c_2e_2$𝔏: απηγαγεν A: *circumducebat* 𝔄: απηγεν v | δια του πλινθειου] εν μαδεββα b$e_2$: εν μαδεββαν M(mg)o: εν μαδδεββαν z(mg): εν μαχεββαν $c_2$: *super locum omnem* ℭ | πλινθειου] part sup ras ay: πλινθινου dp-tz*(txt)$a_2$*: πλινθου cex: ⟨πληθους 71⟩ | ουτως] ουτος m$e_2$: αυτος v | εποιει bo$c_2e_2$𝔄 | πασαις ταις πολεσιν] πασιν τοις πολεσιν A: ⟨πασας τας πολεις 44⟩ | υιων] pr των cx | επεστρεψεν] απεστρεψεν N: υπεστρεψεν v: ανεστρεψεν Mabgijnouy$b_2c_2e_2$ | ⟨om και 7°—λαος 44⟩ | ⟨ο λαος] ισραηλ 64.71.74.244⟩ | ⟨om εις ιερουσαλημ 74⟩ | εις] ει a: εν M

XIII 1 εγενετο bo$c_2e_2$ | τω 1°] pr ην bo$c_2e_2$$𝔖^j$ Or-lat(uid) | αβεσσαλωμ] αβεσαλωμ *b*$c^{a?}$egoqstwx: αβσαλωμ c* | αδελφη] pr ην cux𝔄(uid)$ℭ^c$ | om καλη a* | θαμαρ Ab-fimopqtwxz$c_2e_2$ 𝔄ℭ Or-lat | αμμων A$a_2$* | υιος] pr ο Ninv$b_2$

2 hab και 1°—αρρωστειν $𝔏^v$ | εθλιβετο] *afflictus est* 𝔈 | αμνων ωστε αρρωστειν] αρρωστια αμνων bo$c_2e_2$ | αμνων 1°]

25 και 2°—κυριου] α' και εκαλεσεν το ονομα αυτου ιεδιδια ενεκεν $\overline{κυ}$ σ' και εκαλεσεν το ονομα αυτου αγαπητος $\overline{κυ}$ ενεκεν $\overline{κυ}$ θ' και εκαλεσεν το ονομα αυτου ιεδιδια εν λογω $\overline{κυ}$ θεοδ... το ιεδιδδι ο α' ενεκεν $\overline{κυ}$ ηρμηνευσεν ο δε σ' εις βασιλεα αφωρισμενον j | ιδεδει] α' εις βασιλεα αφωρισμενος σ' αγαπητος $\overline{κυ}$ M: εις βασιλεα αφωρισμενον *b*: α' ενεκεν $\overline{κυ}$ σ' εις βασιλεα αφωρισμενον z

ἀρρωστεῖν διὰ Θημὰρ τὴν ἀδελφὴν αὐτοῦ, ὅτι παρθένος ἦν αὐτή· καὶ ὑπέρογκον ἐν ὀφθαλμοῖς B
3 Ἀμνὼν τοῦ ποιῆσαί τι αὐτῇ. [3]καὶ ἦν τῷ Ἀμνὼν ἑταῖρος, καὶ ὄνομα αὐτῷ Ἰωναδάμ, υἱὸς Σαμαὰ
4 τοῦ ἀδελφοῦ Δαυείδ· καὶ Ἰωναδὰμ ἀνὴρ σοφὸς σφόδρα. [4]καὶ εἶπεν αὐτῷ Τί σοι ὅτι σὺ οὕτως
ἀσθενής, υἱὲ τοῦ βασιλέως, τὸ πρωὶ πρωί; οὐκ ἀπαγγέλλεις μοι; καὶ εἶπεν αὐτῷ Ἀμνών Θημὰρ
5 τὴν ἀδελφὴν Ἀβεσσαλὼμ τοῦ ἀδελφοῦ μου ἐγὼ ἀγαπῶ. [5]καὶ εἶπεν αὐτῷ Ἰωναδάμ Κοιμήθητι
ἐπὶ τῆς κοίτης σου καὶ μαλακίσθητι, καὶ εἰσελεύσεται ὁ πατήρ σου τοῦ ἰδεῖν σε, καὶ ἐρεῖς πρὸς
αὐτόν Ἐλθέτω δὴ Θημὰρ ἡ ἀδελφή μου καὶ ψωμισάτω με καὶ ποιησάτω κατ' ὀφθαλμούς μου
6 βρῶμα, ὅπως ἴδω καὶ φάγω ἐκ τῶν χειρῶν αὐτῆς. [6]καὶ ἐκοιμήθη Ἀμνὼν καὶ ἠρρώστησεν, καὶ
εἰσῆλθεν ὁ βασιλεὺς ἰδεῖν αὐτόν· καὶ εἶπεν Ἀμνὼν πρὸς τὸν βασιλέα Ἐλθέτω δὴ Θημὰρ ἡ
ἀδελφή μου πρὸς μέ, καὶ κολλυρισάτω ἐν ὀφθαλμοῖς μου δύο κολλύρας καὶ φάγομαι ἐκ τῆς
7 χειρὸς αὐτῆς. [7]καὶ ἀπέστειλεν Δαυεὶδ πρὸς Θημὰρ εἰς τὸν οἶκον λέγων Πορεύθητι δὴ εἰς τὸν
8 οἶκον τοῦ ἀδελφοῦ σου καὶ ποίησον αὐτῷ βρῶμα. [8]καὶ ἐπορεύθη Θημὰρ εἰς τὸν οἶκον Ἀμνὼν
ἀδελφοῦ αὐτῆς, καὶ αὐτὸς κοιμώμενος· καὶ ἔλαβεν τὸ σταῖς καὶ ἐφύρασεν καὶ ἐκολλύρισεν κατ'
9 ὀφθαλμοὺς αὐτοῦ, καὶ ἥψησεν τὰς κολλυρίδας. [9]καὶ ἔλαβεν τὸ τήγανον καὶ κατεκένωσεν ἐνώπιον

2 αρρωστιν A | αυτη 1°] αὔτη B$^b$ 3 ιωναδαμ 1°] ιωναδαβ B$^{a (uid) b}$ 6 κολλουρας B
8 εκολλουρισεν B | κολλουριδας B

AMNa-jm-qs-c$_2$e$_2$𝔄ℭ$^{cw}$𝔈(𝔏$^v$)

αμνον c*: αμμων Aa$_2$*: *Amon* 𝔏: om a | om ωστε—αμνων 2° cx | ωστε αρρωστειν] *ab amore eius et infirmabatur* 𝔏 | ωστε] ως N* | αρρωστειν] αρρωστηναι i: ⟨+ σφοδρα 64⟩ | θαμαρ Abdefim(ras ρ uid inter α 1° et μ)opqtwzc$_2$e$_2$𝔄ℭ Or-lat | om αυτη 1° Or-lat | hab και 2°—αυτη 2° 𝔏$^v$ | υπερογκον] υπερογκος v: ηδυνατει boz(mg)c$_2$e$_2$: *difficile erat* 𝔏 | εν] pr και A | αμνων 2°] pr αυτου boz(mg)c$_2$e$_2$: αμμων Aa$_2$𝔏: + ην f | του ποιησαι] *et non poterat facere* 𝔏 | του] ⟨τουτο 98⟩: om c | τι] pr αυ| h*: post αυτη 2° Ac–fm*p–twxz(txt)𝔏: om m$^{a?}$(uid) | αυτη 2°] αυτην v: αυτου e$_2$

3 om ην boc$_2$e$_2$ | αμνων] ν 2° part ras m: αμνω b'cfgia$_2$: αμμων A | ετερος N*a*gova$_2$ | om και ονομα αυτω ℭ$^c$ | ιωναδαμ 1° B*a$_2$] ιωναδα c: ιωναθαν boe$_2$𝔖$^j$(txt): hab ιωναθη Jos: ιωναδαβ B$^{a (uid) b}$ AMN rell 𝔄ℭ𝔈 Thdt | σαμαα] ⟨σαμα 71.244⟩: *Saba'* 𝔈: μαασα cx: αμαα a$^b$gh*n: αμα a*: *Salemla* ℭ$^w$ | δαυειδ] αυτου a$_2$ | om και ιωναδαμ u | ιωναδαμ 2° Ba$_2$] ιωναθαν boe$_2$𝔖$^j$: ιωναδαβ AMN rell 𝔄ℭ𝔈: ⟨ο 71⟩ | ανηρ σοφος] ανηρ φρονιμος z$^{a?}$ Thdt: ην φρονιμος boc$_2$e$_2$: om ανηρ ℭ$^c$

4 αυτω 1°] τω αμνων boc$_2$ℭ$^c$: τω αμνω e$_2$: + αμνων θαμαρ την z*(uid) | om σοι οτι v | σοι] συ o: συ εστιν x: *est* 𝔄: + εστι c | ⟨om οτι συ 44⟩ | συ ουτως] ουτως σοι a | om συ Nb–hmp–uw–a$_2$𝔄 | om ουτως z | ασθενης] ασθενεις AN*chjnuxy$^b$ (θενεις sup ras 3—4 litt)𝔄: συντετηκας boz$^{a?}$c$_2$e$_2$: + ει defm*p–twz* | υιε του βασιλεως post πρωι 2° boc$_2$e$_2$ | hab το—μοι 𝔏$^v$ | το πρωι πρωι] *dum manc est* 𝔏: om cxℭ | το] τω ghovb$_2$: om N* | ⟨om πρωι 2° 246⟩ | ουκ] pr και bcoxzc$_2$e$_2$𝔄𝔈: pr *cur* 𝔏: pr *nunc ecce* ℭ$^w$: pr *et ecce ita* ℭ$^c$ | απαγγελλεις BM*b*a$_2$$^{a?}$ b$_2$c$_2$𝔄𝔏] απαγγελλης a$_2$*(uid): απαγγελης cv: απηγγειλας b': απαγγελεις AN rell ℭ | αμνων] pr o b: αμμων A | θημαρ] θειμαρ g: θαμαρ Ab–fiopqtuxzc$_2$e$_2$(pr την oc$_2$e$_2$)𝔄ℭ | αβεσσαλωμ—μου] του αδελφου μου αβεσαλωμ bco: τω αδελφω μου αβεσσαλωμ v | αβεσσαλωμ] post μου xc$_2$e$_2$: post του 2° a$_2$: αβεσαλωμ eqst$^{a?}$w: αβεσαλομ g | om| του αδελφου μου ⟨71⟩ℭ$^c$ | αγαπω εγω ⟨246 uid⟩𝔄𝔈

5 ιωναδαμ Ba$_2$] ιωναθαν boe$_2$𝔖$^j$: αμιναδαβ acx𝔈: ιωναδαβ AMN rell 𝔄ℭ | hab κοιμηθητι—μαλακισθητι 𝔏$^v$ | κοιμηθητι] κατακλιθητι boc$_2$e$_2$: *contine te* 𝔏 | της κοιτης] την κοιτην *b*o c$_2$e$_2$: την κλινην b' | μαλακισθητι] προσποιου ενοχλεισθαι boz (mg)c$_2$e$_2$ℭ(uid)𝔏 | εισελευσεται] pr ει i: ηξει boc$_2$e$_2$ | του BAchvxa$_2$] om MN rell | ιδειν] επισκεψασθαι boc$_2$e$_2$ℭ(uid) | ερης v | προς αυτον] αυτω *b*oc$_2$e$_2$ | ελθετω] ελθατω Aa: εισελθετω ⟨44⟩𝔄 | om δη Agv | θημαρ—μου 1°] η αδελφη μου θαμαρ c | θημαρ] pr η a: θαμαρ Abdefiopqtuxzc$_2$e$_2$𝔄ℭ: ⟨μαρια 242⟩ | ψωμισατω] παραστηκετω (παρεσ- oe$_2$) μοι ψωμιζουσα boc$_2$e$_2$ | hab και 6°—φαγω 𝔏$^v$ | ποιησει boc$_2$e$_2$ | κατ οφθαλμους μου] pr μοι a$_2$: μοι κατ οφθαλμους cx: κατ οφθαλμου y: ενωπιον μου boc$_2$e$_2$𝔏: *mihi coram me* 𝔈 | βρωμα] βρωματα defmp–twz: δυο κολλυριδας Magjyb$_2$ℭ$^w$(uid)𝔖$^j$(mg): *coenam mihi collyridam* 𝔏 | οπως] εως a | ειδω x | της χειρος boc$_2$e$_2$𝔈

6 κοιμαται boc$_2$e$_2$ | αμνων 1°] αμμων A: + επι της κλινης αυτου cx | hab και ηρρωστησεν 𝔏$^v$ | ηρρωστησεν] προσεποιησατο ενοχλεισθαι boc$_2$e$_2$: *affectabatur se male habere* 𝔏: hab προσεποιησατο Jos | εισηλθεν] παρεγενετο boc$_2$e$_2$ | ο βασιλευς] *pater eius* ℭ$^c$ | ιδειν] ⟨pr του 123⟩: επισκεψασθαι boc$_2$e$_2$ℭ: hab σκεπτομενου Jos | αμνων 2°] αμνον m: αμνω g: αμμων A | προς τον βασιλεα] προς αυτον d: *patri eius* ℭ$^w$ | ελθετω] ελθατω A: παραγενηθητω boc$_2$e$_2$ | θημαρ] θαμαρ Ab–fiopqt$^{a?}$(uid)uxz c$_2$e$_2$𝔄ℭ: ⟨μαρια 242⟩: om a$_2$ | εν οφθαλμοις μου] ενωπιον μου boc$_2$e$_2$𝔄(uid): *mihi coram me* 𝔈 | om δυο jb$_2$𝔄ℭ$^c$ | κολλυρας B] κολλυριδας AMN omn | φαγωμαι a*(uid)cgx

7 προς—οικον 1°] εις τον οικον προς θαμαρ boc$_2$e$_2$: *in domum eius* 𝔈 | θαμαρ Ac–fipt$^{a?}$(uid)xz𝔄ℭ | om εις τον οικον 1° d | λεγων—οικον 2° bis scr j* | om δη dy | ⟨εις 2°—σου] προς αμνων τον αδελφον σου εις τον οικον αυτου 244⟩ | εις 2°—αδελφου] προς αμνων (αμμων e$_2$) τον αδελφον boc$_2$e$_2$𝔖$^j$ | του Bva$_2$] pr αμνων AMN rell ℭ𝔈: ⟨pr αμμων 98.236⟩: pr *Amon* 𝔄 | om και 2°—(8) αυτης v | βρωμα] pr το Ahi: δειπνον M(mg) boc$_2$e$_2$

8 ⟨om θημαρ—κοιμωμενος 244⟩ | θαμαρ Ab–fiopt$^{a?}$(uid)xz c$_2$e$_2$𝔄ℭ | τον—αδελφου] αμνων (-ον 44) τον αδελφον d⟨44⟩ | αμμων e$_2$ | αδελφου] pr του MNbcf–jopxyzb$_2$c$_2$e$_2$ | om και 2° a$_2$ | αυτος] ουτος h | κοιμωμενος] εκαθευδεν boz(mg)c$_2$e$_2$ | hab και 3°—(9) αυτου 1° 𝔏$^v$ | om και 3° h | ελαβεν] προσελαβε θαμαρ o: + θαμαρ bc$_2$e$_2$𝔏 | σταις] στεας j(txt): στεαρ Abouz (mg)c$_2$e$_2$ | και εφυρασεν] *et consparit* 𝔏: om ve$_2$ | κατ οφθαλμους] κατ οφθαλμων a$_2$: ενωπιον boc$_2$e$_2$𝔄(uid)𝔈(uid)𝔏 | ηψεν A | τας κολλυριδας] om cx: om τας o: + εις το τηγανον u

9 και ελαβεν] εις n | το τηγανον] εις ο αποχεουσιν M(mg) bouc$_2$e$_2$(txt): *sartaginem in qua erant collyridae* 𝔏: ⟨+ εις ο αποχεουσι 64⟩ | κατεκενωσεν] επεχεεν b: απεχεεν oc$_2$e$_2$ | ηθε-

XIII 6 δυο κολλυρας] σ' *duo* ܩܠܘܪ̈ܝܢ 𝔖-ap-Barh

B αὐτοῦ, καὶ οὐκ ἠθέλησεν φαγεῖν· καὶ εἶπεν Ἀμνών Ἐξαγάγετε πάντα ἄνδρα ἐπάνωθέν μου· καὶ
ἐξήγαγον πάντα ἄνδρα ἀπὸ ἐπάνωθεν αὐτοῦ. [10]καὶ εἶπεν Ἀμνὼν πρὸς Θημάρ Εἰσένεγκε τὸ 10
βρῶμα εἰς τὸ ταμεῖον, καὶ φάγομαι ἐκ τῆς χειρός σου· καὶ ἔλαβεν Θημὰρ τὰς κολλυρίδας ἃς
ἐποίησεν καὶ εἰσήνεγκεν τῷ Ἀμνὼν ἀδελφῷ αὐτῆς εἰς τὸν κοιτῶνα, [11]καὶ προσήγαγεν αὐτῷ τοῦ 11
φαγεῖν, καὶ ἐπελάβετο αὐτῆς καὶ εἶπεν αὐτῇ Δεῦρο κοιμήθητι μετ' ἐμοῦ, ἀδελφή μου. [12]καὶ εἶπεν 12
αὐτῷ Μή, ἀδελφέ μου, μὴ ταπεινώσῃς με, διότι οὐ ποιηθήσεται οὕτως ἐν Ἰσραήλ· μὴ ποιήσῃς
§ 𝔏$^{h}$ τὴν ἀφροσύνην ταύτην. [13]καὶ ἐγὼ ποῦ §ἀποίσω τὸ ὄνειδός μου; καὶ σὺ ἔσῃ ὡς εἷς τῶν ἀφρόνων 13
ἐν Ἰσραήλ· καὶ νῦν λάλησον δὴ πρὸς τὸν βασιλέα, ὅτι οὐ μὴ κωλύσει με ἀπὸ σοῦ. [14]καὶ οὐκ 14
ἠθέλησεν Ἀμνὼν τοῦ ἀκοῦσαι τῆς φωνῆς αὐτῆς, καὶ ἐκραταίωσεν ὑπὲρ αὐτὴν καὶ ἐταπείνωσεν
αὐτήν, καὶ ἐκοιμήθη μετ' αὐτῆς. [15]καὶ ἐμίσησεν αὐτὴν Ἀμνὼν μῖσος μέγα σφόδρα, ὅτι μέγα τὸ 15
μῖσος ὃ ἐμίσησεν αὐτήν, μείζων ἡ κακία ἡ ἐσχάτη ἢ ἡ πρώτη, ὑπὲρ τὴν ἀγάπην ἣν ἠγάπησεν
αὐτήν. καὶ εἶπεν αὐτῇ Ἀμνών Ἀνάστηθι καὶ πορεύου. [16]καὶ εἶπεν αὐτῷ Θημὰρ περὶ τῆς κακίας 16
τῆς μεγάλης ταύτης Ὑπὲρ †ἑτέραν† ἣν ἐποίησας μετ' ἐμοῦ τοῦ ἐξαποστεῖλαί με· καὶ οὐκ
ἠθέλησεν Ἀμνὼν ἀκοῦσαι τῆς φωνῆς αὐτῆς. [17]καὶ ἐκάλεσεν τὸ παιδάριον αὐτοῦ τὸν προεστη- 17

10 κοιτωναν A 15 εμεισησεν (1°) B* | μεισος (bis) B* | εμεισησεν (2°) B* 16 εταιραν B

AMNa–jm–qs–c$_2$e$_2$𝔄ℭ$^{cw}$𝔈(𝔏$^{bv}$)

λησεν] ηθελε c: εβουλετο boc$_2$e$_2$ | om και 4°—αυτου 2° y* | εξαγαγετε] εξαγαγε dp–t | παντα 1°—μου] απ εμου παντα ανδρα boc$_2$e$_2$ | om παντα 1° dp | ανδρα 1°] α͞ν͞ο͞ν cvx | επανωθεν 1°] pr απο jy$^{b}$b$_2$: απανωθεν MNain: απα ανωθεν cx: ενωπιον e | om και 5°—αυτου 2° a$_2$ | εξηγαγον—αυτου 2°] εποιησαν ουτως y$^{b}$ | εξηγαγεν A(uid)hn | ⟨παντα 2°—αυτου 2°] παντας 71⟩ | παντα ανδρα 2° post αυτου 2° boc$_2$ | om παντα 2° e$_2$ | ανδρα 2°] post αυτου 2° e$_2$: α͞ν͞ο͞ν cx: om v | απο επανωθεν αυτου] εξω d | απο επανωθεν] απο ανωθεν cx: απανωθεν N: απ boc$_2$e$_2$: om απο v | αυτου 2°] αυτω v

10 αμνων 1°] αμμων Ae$_2$: om ℭ | θημαρ 1°] θαμαρ Ab–fiop t$^{a?}$xzc$_2$e$_2$𝔄ℭ | εισενεγκε Bvxa$_2$] εισενεγκαι ch$^{b?}$: εισενεγκον h*: εισενεγκατε A: εισενεγκαι μοι a$^{a?}$ei: εισενεγκον μοι N: + μοι M a*o (ε 2° ex η o$^{a}$) rell | το ταμειον BAgvxa$_2$] τον ταμιειον M: τον κοιτωνα boc$_2$e$_2$: το ταμειον Na(om το a*) rell | φαγομαι] φαγωμαι e*gx: φαγωμε εκει c | om εκ—σου i | των χειρων e𝔄 | σου] + εκει x | θημαρ 2°] θαμαρ Abcefiopt$^{a?}$xzc$_2$e$_2$𝔄ℭ: om d | om ας εποιησεν dℭ | ⟨εισηνεγκεν] εισηγαγε 74⟩ | ⟨om τω—κοιτωνα 71⟩ | om τω—αυτης cx | τω] post αμνων 2° beoc$_2$e$_2$ (αμμων e$_2$*): των t | αμνων 2°] αμνω g: om a$_2$ | αδελφω αυτης] pr τω fz: αδελφω αυτου t: om d | τον κοιτωνα] το ταμειον MN adefijmp–uwyzb$_2$𝔄(uid)ℭ(uid): το ταμιον g

11 και 1°—αυτης] hab *qui cum manducaret tenuit illam* 𝔏$^{v}$ | om και 1°—φαγειν b'ℭ$^{c}$ | ⟨om και προσηγαγεν 71⟩ | προσηγαγεν] προσηνεγκεν boc$_2$e$_2$: ηγαγεν y | αυτω] αυτο p: τω αμνων cx: ⟨+ εις το ταμειον 71⟩ | om του bcoc$_2$e$_2$ | επελαβετο αυτης] εκρατησεν αυτην αμνων (αμων c$_2$*) boc$_2$e$_2$: om αυτης a | om αυτη A | δευρο] εισελθε boc$_2$e$_2$ | om αδελφη μου bouc$_2$e$_2$

12 και] η δε a$_2$ | αυτω] + θαμαρ cx: + *soror eius* 𝔈 | αδελφη N* | om μου boc$_2$e$_2$ | μη ταπεινωσης] μη ταπεινωσεις cnouxa$_2$e$_2$: ⟨και ταπεινωσεις 44⟩ | διοτι] οτι bfoc$_2$e$_2$ | ου ποιηθησεται] ου ποιησεται v: ουκ εστιν boc$_2$e$_2$𝔈(uid) | ⟨ουτως] + το ονειδος μου 246⟩ | ⟨om εν 242⟩ | ισραηλ] pr τω Nbc$_2$e$_2$: ιλ͞η͞μ a$_2$ | hab μη 3°—ταυτην 𝔏$^{v}$ | ποιησεις bcdnopuxa$_2$ | αφροσυνην] ακαθαρσιαν boc$_2$e$_2$𝔏

13 om και 1° a$_2$ | om εγω bouc$_2$e$_2$ | om που d | αποισω—μου] *ueni et exiro pro ignominia mea* 𝔏 | αποισω] pr ουκ ah: ουχ ηξει bouc$_2$e$_2$ | om συ q | hab ως—αφρονων 𝔏$^{v}$ | των αφρονων] *ex insipientibus ignominibus* 𝔏$^{b}$: *ex impudicis* 𝔏$^{v}$ | ισραηλ] ιλ͞η͞μ A𝔈$^{s}$ | και 3°—βασιλεα bis scr b$_2$ | λαλησον—κωλυσει] *pete me a rege et non prohibit* 𝔏 | om δη d | om μη o | κωλυσει Bcgxa$_2$] αποκωλυση oc$_2$e$_2$: αποκολληση b: κωλυση AMN rell | om με o | απο] εκ a$_2$

14 ηθελησεν] εβουλετο boc$_2$e$_2$ | αμνων] *Hammon* 𝔏: om c | om του—αυτης 1° d | om του befgmo–twza$_2$c$_2$e$_2$ | ακουσαι] υπακουσαι efg$^{b}$mp–twz: om g* | αυτης 1°] η ex o υ$^{a}$ | και 2°] αλλ dℭ Or-lat | εκραταιωσεν υπερ αυτην] *praeualuit eam et surrexit super eam* 𝔏 | εκραταιωσεν] εκραταιωθη Ac: εκραταιωθην x: εκρατησεν boc$_2$e$_2$ | om υπερ—εταπεινωσεν d | om υπερ s* | αυτην 1°] αυτης v | και εταπεινωσεν αυτην] post αυτης 2° uℭ: om ga$_2$ | κοιμαται n | μετ αυτης] μετα ταυτης c

15 εμισησεν 1°] *odi [coepit]* 𝔏 | αμνων 1°] post μισος 1° Or-lat: αμνον d: [*Ammon*] 𝔏 | μεγα 1°] μεγαν v | οτι—αυτην 3°] υπερ την αγαπην ην ηγαπησεν αυτην οτι μειζων η κακια η εσχατη η η πρωτη d | om οτι—πρωτη u𝔏(uid) | οτι] *et* 𝔈 | om μεγα 2°—αυτην 2° 𝔈$^{s}$ | om μεγα 2° c | om το a$_2$ | om ο Aa$_2$𝔈$^{a}$ | αυτην 2°] + αμνων y | μειζων—αυτην 3°] υπερ την αγαπην (-πησιν j) ην ηγαπησεν αυτην (+ και ειπεν αυτη αμνων 123) οτι μειζων (-ον 44) η κακια η εσχατη η η πρωτη efjmp–tw y$^{b}$z ⟨44.123⟩ | om μειζων—πρωτη AMNabcghinovxy*b$_2$c$_2$e$_2$ℭ$^{c}$ Or-lat | ⟨η 3°—αυτην 3°] υπερ την πρωτην αγαπην 71⟩ | η 3°—αγαπην] *quam prior amor* 𝔄 | η η πρωτη] υπερ την πρωτην a$_2$ | αγαπην] αγαπησιν oue$_2$ | αυτη] αυτην ao: *Thamar* ℭ$^{c}$𝔏 | om αμνων 2° ⟨71⟩ 𝔏 | hab αναστηθι—(16) με 𝔏$^{v}$ | om και 3° AMNac–gimnp–y𝔄-codd 𝔈 | πορευου] αποτρεχε boc$_2$e$_2$: *redi* 𝔏$^{v}$: *congredit* 𝔏$^{b}$

16 ειπεν αυτω θημαρ] *illa aixit ei* 𝔏$^{v}$ | αυτω—με] *illa [ad fratrem] Expellens me [facis maius scelus quam prius fecisti mihi usque quo in extremum]* 𝔏$^{b}$ | θαμαρ Ab–fiopt$^{a?}$uxzc$_2$e$_2$𝔄ℭ | περι—ταυτης BAcxa$_2$] *magna sunt mala haec* 𝔄: *magnum malum quod* (om ℭ$^{w}$) *fecisti mihi* ℭ: η αδελφη αυτου οτι ου μεγαλη η κακια η εσχατη b: μη αδελφε οτι μεγαλη η κακια η (om 236.244) εσχατη MN rell ⟨236.244⟩ 𝔖$^{j}$: *Noli frater expellere me quoniam maior erit haec malitia nouissima* 𝔏$^{v}$: om της μεγαλης 𝔈 | ⟨υπερ—εμου] ην πεποιηκας εις εμε υπερ την πρωτην 74⟩ | υπερ ετεραν] υπερτερα c: om 𝔈 | ετεραν Axa$_2$] εταιραν Bℭ: *illud* 𝔄: την πρωτην MN rell 𝔏$^{v}$𝔖$^{j}$ | om ην ℭ | πεποιηκας MNabd–gj–tvwyzb$_2$c$_2$e$_2$ | μετ εμου] *super me malum est* (+ *hoc secundum malum quod fecisti super me* 𝔈$^{a}$) 𝔈 | του εξαποστειλαι] και αποστελλεις x: και αποστελεις c: om του Ai | ηθελησεν αμνων ακουσαι] *audiuit Ammon* 𝔏 | ηθελησεν] εβουλετο boc$_2$e$_2$ | αμνων—αυτης] ⟨ακουσαι αυτη 44⟩: αυτην ακουσαι d | ⟨om αμνων 71⟩ | ακουσαι] pr του Ncx: ⟨υπακουσαι 123⟩ | om της φωνης ⟨71⟩ℭ$^{w}$ | αυτης] αυτου i*

17 και 1°—εμου] αλλ εξεβαλεν αυτην d | και 1°] *sed* ℭ | εκαλεσεν το παιδαριον] εφωνησε τω λειτουργω p | εκαλεσεν] καλει boc$_2$e$_2$ | om το παιδαριον αυτου u | τον παιδα bcoxc$_2$e$_2$ | ⟨αυτου τον προεστηκοτα] το προεστηκος 98⟩ | om τον—οικου p |

κότα τοῦ οἴκου καὶ εἶπεν αὐτῷ Ἐξαποστείλατε δὴ ταύτην ἀπ' ἐμοῦ ἔξω, καὶ ἀπόκλεισον τὴν B
18 θύραν ὀπίσω αὐτῆς. [18]καὶ ἐπ' αὐτῆς ἦν χιτὼν καρπωτός, ὅτι οὕτως ἐνεδιδύσκοντο αἱ θυγατέρες
τοῦ βασιλέως αἱ παρθένοι τοὺς ἐπενδύτας αὐτῶν· καὶ ἐξήγαγεν αὐτὴν ὁ λειτουργὸς αὐτοῦ ἔξω
19 καὶ ἀπέκλεισεν τὴν θύραν ὀπίσω αὐτῆς. [19]καὶ ἔλαβεν Θημὰρ σποδὸν καὶ ἐπέθηκεν σποδὸν ἐπὶ
τὴν κεφαλὴν αὐτῆς καὶ τὸν χιτῶνα τὸν καρπωτὸν τὸν ἐπ' αὐτῆς διέρρηξεν, καὶ ἐπέθηκεν τὰς
20 χεῖρας αὐτῆς ἐπὶ τὴν κεφαλὴν αὐτῆς καὶ ἐπορεύθη πορευομένη καὶ κράζουσα. [20]καὶ εἶπεν πρὸς
αὐτὴν Ἀβεσσαλὼμ ὁ ἀδελφὸς αὐτῆς Μὴ Ἀμνὼν ὁ ἀδελφός σου ἐγένετο μετὰ σοῦ; καὶ νῦν,
ἀδελφή μου, κώφευσον, ὅτι ἀδελφός σού ἐστιν· μὴ θῇς τὴν καρδίαν σου τοῦ λαλῆσαι εἰς τὸ ῥῆμα
21 τοῦτο. καὶ ἐκάθισεν Θημὰρ χηρεύουσα ἐν οἴκῳ Ἀβεσσαλὼμ τοῦ ἀδελφοῦ αὐτῆς. [21]καὶ ἤκουσεν
ὁ βασιλεὺς Δαυεὶδ πάντας τοὺς λόγους τούτους καὶ ἐθυμώθη σφόδρα· καὶ οὐκ ἐλύπησεν τὸ
22 πνεῦμα Ἀμνὼν τοῦ υἱοῦ αὐτοῦ, ὅτι ἠγάπα αὐτόν, ὅτι πρωτότοκος αὐτοῦ ἦν. [22]καὶ οὐκ ἐλάλησεν
Ἀβεσσαλὼμ μετὰ Ἀμνὼν ἀπὸ πονηροῦ ἕως ἀγαθοῦ, ὅτι ἐμίσει Ἀβεσσαλὼμ τὸν Ἀμνὼν ἐπὶ
23 λόγου οὗ ἐταπείνωσεν Θημὰρ τὴν ἀδελφὴν αὐτοῦ. [23]Καὶ ἐγένετο εἰς διετηρίδα ἡμερῶν καὶ
ἦσαν κείροντες τῷ Ἀβεσσαλὼμ ἐν Βαιλασὼρ τῇ ἐχόμενα Ἐφράιμ, καὶ ἐκάλεσεν Ἀβεσσαλὼμ

17 αποκλισον A 18 λιτουργος B* | απεκλισεν A 22 εμισει] εμεισει B*: εμεισι A

AMNa–jm–qs–c$_2$e$_2$𝔄ℭ$^{cw}$𝔈𝔏$^{b(sv)}$

τον] το a*j | παρεστηκοτα b'g | του οικου B𝔏] τω οικω αυτου v: + αυτου AMN rell 𝔄ℭ𝔈(uid)𝔖$^j$ | ειπεν] λεγει boc$_2$e$_2$ | εξαποστειλατε] *proicite* 𝔏: εξαποστειλον MNab'e$^a$(ex corr)gijn–tvyz b$_2$c$_2$e$_2$𝔄ℭ: εξαποστελον *b*: αποστειλατε w*: εξαγαγε u | om δη hu𝔏 | ταυτην] αυτην hu: *eā* 𝔏 | εξω απ εμου p | ⟨om εξω 44⟩ | και αποκλεισον] κλεισας d | αποκλεισον] αποκλεισατε cx𝔈: κλεισον boc$_2$e$_2$ | οπισω αυτης] *post eum* 𝔏: ⟨om 44⟩

18 και 1°—αυτων post αυτης 2° 𝔖$^j$ | hab και 1°—καρπωτος 𝔏$^v$ | επ—αυτων] *uestita est* [*uelamen eius*] *factum* [*esset ut uestiebantur*] *uirgines super tunicas* 𝔏$^b$ | επ αυτης] post ην 𝔄𝔏$^v$: εν αυτη a$_2$ | επ] επανω cx | αυτης 1°] αυτην ve$_2$: αυτη bgoz(mg)c$_2$ | om ην bouc$_2$e$_2$ | χιτων καρπωτος] *uestis saragolota* 𝔏$^v$ | καρπωτος] καρπωσεως a*: τροχοτος *b*(mg): αστραγαλωτος M(mg) b'*b*(txt)ouz(mg)c$_2$e$_2$ Thdt: hab χειριδωτους Jos | επεδιδυσκοντο b | των βασιλεων cx𝔄-ed | τους] pr επι cx | επενδυτας] υποδυτας bc$_2$e$_2$𝔖$^j$ | om και 2°—αυτης 2° d | εξηγαγεν] *eicit* 𝔏 | αυτου] ⟨pr του οικου 74⟩: του (των o) αμνων boc$_2$e$_2$: om 𝔄𝔖$^j$

19 θαμαρ Ab–fiopt$^{a?}$xzc$_2$e$_2$𝔄ℭ | επεθηκεν 1°] εθηκεν fv: *posuit* 𝔏 | σποδον 2° B] om AMN omn 𝔄ℭ𝔈𝔏 | την κεφαλην 1°] της κεφαλης Ay | αυτης 1°] εαυτης oc$_2$e$_2$ | om και 3°—αυτης 4° cf | τον 1°—τον 3°] *stolam circumlatam* 𝔏$^b$ | τον καρπωτον] post αυτης 2° ⟨64⟩𝔈: τον αστραγαλωτον boc$_2$e$_2$: hab *saragoloton* 𝔏$^{v(2)}$: hab *saragalaon* 𝔏$^{v(1)}$: om u | ⟨καρπωτον—αυτης 2°] επ αυτης καρπωτον 244⟩ | om τον επ αυτης d | τον 3°] αυτον h: om pwx | αυτης 2°] αυτη boxa$_2$c$_2$e$_2$ | επεθηκεν 2°] εθηκεν boc$_2$e$_2$: *posuit* 𝔏 | om αυτης 3° n | την κεφαλην 2°] της κεφαλης y | επορευθη] επορευετο bouc$_2$e$_2$𝔄𝔏 | πορευομενη] *plorans* 𝔄-ed: om ℭ | om και 6° acdxyℭ𝔏 | κραζουσα] *plorabat* 𝔄: βοωσα boc$_2$e$_2$ Jos(uid)

20 προς αυτην] αυτη bouc$_2$e$_2$𝔏 | αβεσσαλωμ 1°] *Abessalon* 𝔏: αβεσαλωμ bcegqst$^{a?}$ | om ο αδελφος αυτης ℭ$^c$ | hab μη 1°—σου 2° 𝔏$^v$ | *Ammon* 𝔏 | σου 1°] μου Ab'*b*$^{a?}$oc$_2$𝔏$^b$ | εγενετο] γεγονεν boc$_2$e$_2$ | μετα σου] μεσου c | om αδελφη μου d𝔏 | μου BAc$^{a?}$g$^b$hxa$_2$𝔄ℭ𝔈(uid)] σου c*: om MNg* rell | κωφευσον] σιωπησον boz(mg)c$_2$e$_2$𝔏 | om οτι—εστιν ℭ$^c$ | om οτι ℭ$^w$𝔏 | αδελφος 3°] pr ο o | εστιν] αυτος boe$_2$: ουτος c$_2$ | μη 2°—τουτο] *et noli cogitare in corde uestro ut hoc loqueris* 𝔏 | θης την καρδιαν] προσποιου εν τη καρδια boz(mg)c$_2$e$_2$: *cogitaueris in corde* 𝔈 | την] pr εις ⟨123⟩𝔖$^j$ | του λαλησαι] om Nu: om του deipv | εις—τουτο] τι boz(mg)e$_2$ | εις] επι u: ετι c$_2$: κατα defmp–twz(txt): om gh$^{b?}$i𝔄𝔈𝔖$^j$ | ρημα] + εις το ρ g* | hab και 3°—χηρευουσα 𝔏$^v$ | εκαθισεν] εκλεισε e$_2$ | θαμαρ Ab–fiopt$^{a?}$xzc$_2$e$_2$𝔄ℭ𝔏$^v$ | χηρευουσα] + και εκψυχουσα boc$_2$e$_2$ | οικω] pr τω boc$_2$e$_2$ | om αβεσσαλωμ του N | αβεσσαλωμ 2°] *Abessalon* 𝔏: αβεσαλωμ bcegm*oqs | αδελφου] αδελφω N*

21 ηκουσεν post δαυειδ Abcoxc$_2$e$_2$𝔏 | ο βασιλευς] post δαυειδ z𝔈: om a$_2$ | om δαυειδ—τουτους d | om δαυειδ i𝔄 | om παντας 𝔄 | hab και 2°—ην 𝔏$^v$ | εθυμωθη] ηθυμησεν M(mg) boz(mg)c$_2$e$_2$𝔖$^j$(uid): *deficit animo* 𝔏$^b$ | hab και 3°—ην 𝔏$^s$ | και 3°—ην sub ÷ c$_2$ | ουκ ελυπησεν] *noluit contristare* 𝔏$^{bs}$: om ουκ b' | αμνων του υιου] αυτου αμνων τον υιον e | αμνων] ⟨pr του 242⟩: αμμων ⟨236⟩𝔏$^{bv}$ | ⟨om του 74⟩ | οτι ηγαπα] οτι ηγαπησεν a$_2$: εν τω αγαπαν cx | οτι 2°—ην] ως πρωτοτοκον αυτου d: *prae enim natus erat ei* 𝔏$^b$ | οτι 2°] ο N* | αυτου ην] *erat ei* 𝔏$^{sv}$

22 αβεσσαλωμ (αβεσα- c) ουκ ελαλησε cx | αβεσσαλωμ 1°] αβεσαλωμ begqst$^{a?}$ | ⟨om μετα—αμνων 2° 242⟩ | om μετα—αβεσσαλωμ 2° o | μετα] προς e: τω bc$_2$e$_2$𝔏 | αμνων 1°] αμνω a$_2$: αμμων v𝔏 | πονηρου] κακου bc$_2$e$_2$ | οτι] και bc$_2$e$_2$ℭ$^w$𝔏 | εμισει αβεσσαλωμ] αβεσσαλωμ (αβεσα- c) ην απο της ωρας εκεινης επιτηρων (+ ην c) cx | εμισησεν bgc$_2$e$_2$𝔏 | αβεσσαλωμ 2°] αβεσσαλων ⟨74⟩𝔏: αβεσαλωμ begqst$^{a?}$ | τον αμνων] *Ammon* 𝔏: αυτον d: om e | τον] των u: τω *b* | αμνων 2°] αμνον va$_2$ | επι λογου ου] ανθ ων boz(mg)c$_2$e$_2$: *quia* 𝔏 | λογου] pr του c | θημαρ] θαμαρ Abcefiopt$^{a?}$xzc$_2$e$_2$𝔄ℭ: om d | τη αδελφη e* | αυτου] + *et uigilauit ei in corde suo* 𝔈

23 εις—και 2°] *ubi* 𝔈 | εις διετηριδα] μετα δυο ετη boz(mg) c$_2$e$_2$ℭ$^c$(uid)𝔏𝔖$^j$: *post triennium* 𝔄: παρελθουσων d | εις] ως Ne | και 2°—αβεσσαλωμ 1°] *ut tonderent oues Abessalon* 𝔏 | κειροντες] κειρων o: ⟨κειραν 242⟩ | om τω v | αβεσσαλωμ 1°] αβεσαλωμ bcegoqst$^{a?}$ | om εν—αβεσσαλωμ 2° dp | βαιλασωρ B] βαιλασορ i: βελασω a$_2$: βελασσωρ Nhv: βελλασωρ Ax: *Bellazor* ℭ$^c$: *Ballassor* 𝔏: γελασωρ f: βααλασωρ On: βασελλασωρ bc$_2$e$_2$: βασσελλασωρ o: ܒܥܠ ܚܨܘܪ 𝔖$^j$: βελασωρ Mc (ασ ex corr c$^a$) rell: *Bethmaron* 𝔄 | εχομενα εφραιμ] παραγοφραιμ a$^{mg}$(-ρεμ)boc$_2$e$_2$ | εχομενη cxz | αβεσσαλωμ 2°] *Abes-*

18 καρπωτος] σ' χειριδωτος α' καρπωτος z
23 τω—εκαλεσεν] *oues Absalon in Balasor quae est iuxta Ephraim et uocauit* p(uid) | εν βαιλασωρ] εν τη φαραγγι M

B πάντας τοὺς υἱοὺς τοῦ βασιλέως. 24καὶ ἦλθεν Ἀβεσσαλὼμ πρὸς τὸν βασιλέα καὶ εἶπεν Ἰδοὺ δὴ 24
κείρουσιν τῷ δούλῳ σου, πορευθήτω δὴ ὁ βασιλεὺς καὶ οἱ παῖδες αὐτοῦ μετὰ τοῦ δούλου σου.
25καὶ εἶπεν ὁ βασιλεὺς πρὸς Ἀβεσσαλώμ Μὴ δή, υἱέ μου, μὴ πορευθῶμεν πάντες ἡμεῖς, καὶ οὐ 25
μὴ καταβαρυνθῶμεν ἐπὶ σέ· καὶ ἐβιάσατο αὐτόν, καὶ οὐκ ἠθέλησεν τοῦ πορευθῆναι καὶ εὐλόγησεν
αὐτόν. 26καὶ εἶπεν Ἀβεσσαλώμ Καὶ εἰ μή, πορευθήτω δὴ μεθ' ἡμῶν Ἀμνὼν ὁ ἀδελφός μου· καὶ 26
εἶπεν αὐτῷ ὁ βασιλεύς Ἵνα τί πορευθῇ μετὰ σοῦ; 27καὶ ἐβιάσατο αὐτὸν Ἀβεσσαλώμ, καὶ ἀπέ- 27
στειλεν μετ' αὐτοῦ τὸν Ἀμνὼν καὶ πάντας τοὺς υἱοὺς τοῦ βασιλέως· καὶ ἐποίησεν Ἀβεσσαλὼμ
πότον κατὰ τὸν πότον τοῦ βασιλέως. 28καὶ ἐνετείλατο Ἀβεσσαλὼμ τοῖς παιδαρίοις αὐτοῦ λέγων 28
Ἴδετε ὡς ἂν ἀγαθυνθῇ ἡ καρδία Ἀμνὼν ἐν τῷ οἴνῳ καὶ εἴπω πρὸς ὑμᾶς, πατάξατε τὸν Ἀμνὼν
καὶ θανατώσατε αὐτόν· μὴ φοβηθῆτε, ὅτι οὐχὶ ἐγώ εἰμι ὁ ἐντελλόμενος ὑμῖν; ἀνδρίζεσθε καὶ
γίνεσθε εἰς υἱοὺς δυνάμεως. 29καὶ ἐποίησαν τὰ παιδάρια Ἀβεσσαλὼμ τῷ Ἀμνὼν καθὰ ἐνετεί- 29
λατο αὐτοῖς Ἀβεσσαλώμ· καὶ ἀνέστησαν πάντες οἱ υἱοὶ τοῦ βασιλέως, καὶ ἐπεκάθισαν ἀνὴρ ἐπὶ
τὴν ἡμίονον αὐτοῦ καὶ ἔφυγαν. 30καὶ ἐγένετο αὐτῶν ὄντων ἐν τῇ ὁδῷ, καὶ ἡ ἀκοὴ ἦλθεν πρὸς 30
Δαυεὶδ λέγων Ἐπάταξεν Ἀβεσσαλὼμ πάντας τοὺς υἱοὺς τοῦ βασιλέως, καὶ οὐ κατελείφθη ἐξ
αὐτῶν οὐδὲ εἷς. 31καὶ ἀνέστη ὁ βασιλεὺς καὶ διέρρηξεν τὰ ἱμάτια αὐτοῦ καὶ ἐκοιμήθη ἐπὶ τὴν 31

25 καταβαρινθυμεν A      28 om ο B$^{ab}$ | ανδριζεσθαι A | γινεσθε] γεινεσθε B*: γινεσθαι A

AMNa-jm-qs-c$_2$e$_2$𝔄ℭ$^{cw}$𝔈𝔏$^{b(sv)}$

*salon* 𝔏: αβεσαλωμ bcegqst$^{a?}$ | παντας—(24) βασιλεα] *regem et omnes filios eius* ℭ$^{c}$ | om παντας b' | βασιλεως] ς sup ras A$^{a?}$

**24** εισηλθεν a$_2$ | αβεσσαλωμ] *Abessalon* 𝔏: αβεσαλωμ bce gqst$^{a?}$ | om τον c | ειπεν] +*ei* 𝔄𝔈(uid)𝔏 | om δη 1° N𝔏 | κειρωσιν a$_2$ | τω δουλω] του δουλου a$_2$ | om πορευθητω—σου 2° ℭ$^{c}$ | πορευθητω—δουλου] και ελθητω η βασιλεια c | πορευθητω δη] *et ueniat* 𝔈: om δη c$_2$ | om και 3°—(25) βασιλευς a* | om και 3°—αυτου g* | αυτου] σου e | μετα—σου 2°] προς τον δουλον αυτου boz(mg)c$_2$e$_2$𝔏: μετα των δουλων αυτου εις το δουλοσου v

**25** προς—σε] *Abessalon filio Non ueniemus omnes ne grauemus te* 𝔏 | om προς αβεσσαλωμ dℭ$^{w(b)}$ | προς] τω b | αβεσσαλωμ] αβεσαλωμ bcegqst$^{a?}$: αυτον a$_2$ | om δη boc$_2$e$_2$ | υιε μου] τεκνον boc$_2$e$_2$ | μη 2°] pr ου MNa$^{a?}$bf-uwyzb$_2$c$_2$e$_2$: ου a* | πορευθωμεν] πορευθεντες d: ελθωμεν boc$_2$e$_2$ | ⟨παντες] + ο βασιλευς 242⟩ | και ου] οπως boz$^{a?}$c$_2$e$_2$𝔈 | βαρυνθωμεν bdefmouwzc$_2$e$_2$ | εβιασατο BAcxa$_2$] ⟨κατεβιασατο 64.123⟩: κατεβιαζετο MN rell: *cogerat* 𝔏 | αυτον 1°] αυτων m: αυτην p*: +αβεσσαλωμ zc$_2$e$_2$: + *Abessalon* 𝔏: + αβεσαλωμ boℭ | ηθελησεν] εβουλετο b'z(mg): εβουλετο ο βασιλευς boc$_2$e$_2$: + *rex* ℭ | om του Acx | ευλογησαι f

**26** αβεσσαλωμ] *Abessalon* 𝔏: αβεσαλωμ bcegqst$^{a?}$ | και ει μη] αλλα boc$_2$e$_2$: om 𝔏 | ⟨om δη 64⟩ | μεθ—μου] *Amnon frater meus mecum* 𝔈 | μεθ ημων] μετ εμου boc$_2$e$_2$𝔄ℭ𝔏: om a$_2$ | *Hammon* 𝔏 | om και 3°—βασιλευς a$_2$ | om αυτω abdoc$_2$e$_2$ 𝔄-ed | πορευθη] επορευθη i: πορευθητω o: πορευσεται c$_2$: πορευεται ba$_2$e$_2$: + αμνων Mgjyb$_2$ℭ | σου] + αμνων N: + *Amon* 𝔄

**27** εβιασατο BAchxa$_2$] κατεβιασατο MN rell | αβεσσαλωμ 1°] *Habessalon* 𝔏: αβεσαλωμ bcegost$^{a?}$: ο βασιλευς q | εξαπεστειλεν boc$_2$e$_2$ | τον αμνων] τον αμνον c*: *Ammon* 𝔏 | του υιου d* | hab και 4°—βασιλεως 2° 𝔏$^{s}$ | om και 4°—βασιλεως 2° cdgp | εποιησεν] ενετειλατο o | αβεσσαλωμ 2°] *Abessalon* 𝔏$^{b}$: αβεσαλωμ beqst$^{a?}$: *Absalom* 𝔏$^{s}$: om ℭ | ποτον 1°] *epulum magnum* 𝔏$^{b}$: om y | om κατα—(28) αβεσσαλωμ y* | om κατα—βασιλεως 2° v

**28** αβεσσαλωμ] *Abessalon* 𝔏: αβεσαλωμ bcegqst$^{a?}$ | τοις παιδαριοις] τοις παισιν boc$_2$: *seruis* 𝔏: πασι τοις παισιν e$_2$ | hab ιδετε—οινω 𝔏$^{v}$ | ιδετε] ειδετε y: ιδε b | ως—οινω] *cum coeperit esse cor Ammon hilare* 𝔏$^{b}$ | ως αν] οταν boz(mg)c$_2$e$_2$: om αν a*a$_2$ | αγαθυνθη] αγαθυνη b$_2$: ευ εχη bz(mg)c$_2$e$_2$: ευ εχει o | αμνων 1°] pr του boc$_2$e$_2$: *Ammon* 𝔏$^{v}$ | om και 2°—υμας v𝔄-cod | ⟨ειπω προς υμας] ειπε προς αυτους 246⟩ | ειπω] ειπε x: ερω boc$_2$e$_2$𝔖$^{j}$(uid) | προς υμας] προς ημας d*(uid)o*: om e | παταξατε] *percutte* 𝔏 | τον αμνων] τον αμνον b'iw*(uid): αμνον a$_2$: *Hammon* 𝔏: αυτον dℭ$^{w}$: om τον cx: + εν τω οινω e | om και 3° d𝔈 | θανατωσετε a | φοβεισθε bovc$_2$e$_2$ | οτι—εντελλομενος] *ego enim praecepi* 𝔏 | οτι] η f | om ουχι boa$_2$c$_2$e$_2$ℭ𝔈𝔖$^{j}$ | ειμι ο εντελλομενος B*Ac𝔄ℭ] εντελλωμαι a*(uid)gm: *mandaui* 𝔈: ⟨om ειμι 123⟩: om ο B$^{ab}$hix: εντελλομαι MNa$^{a?}$ rell 𝔖$^{j}$ | υμιν] ημιν i | ανδριζεσθε] κραταιουσθε boc$_2$e$_2$: *confortamini* 𝔏 | om και 4° i | εις υιους δυναμεως] *uiri fortes* 𝔏 | ⟨εις] ως 74⟩ | υιους δυναμεως] ανδρας δυνατους boc$_2$e$_2$ℭ

**29** τα παιδαρια] οι παιδες boc$_2$: *pueri* 𝔏: οι ανδρες e$_2$ | αβεσσαλωμ 1°] *Abessalon* 𝔏: αβεσαλωμ bceqst$^{a?}$: αβεσαλων g: om d | om τω—αβεσσαλωμ 2° a$_2$ | τω αμνων] pr επι cx𝔈: τω αμνω i: τον αμνων e: *Hammon* 𝔏 | καθα] καθως bcoxc$_2$e$_2$: *sicut* 𝔏: ⟨και 236.242⟩ | αβεσσαλωμ 2°] *Habessalon* 𝔏: αβεσαλωμ cegqst$^{a?}$: om boc$_2$e$_2$ | εστησαν Mg | παντες] post βασιλεως a: om e | om οι b'gm | hab και 3°—αυτου 𝔏$^{v}$ | επεκαθισαν Bcx] επεκαθισεν An: εκαθισαν hp*(uid)v: επεβησαν boz(mg)c$_2$e$_2$𝔏: εκαθισεν MNp$^{a?}$z(txt) rell ℭ | ανηρ] εκαστος Abcvxz(mg)c$_2$e$_2$𝔄-edℭ𝔏: παντες εκαστος o: + *unusquisque* 𝔄-codd | επι—αυτου] *in murcellas* (uid) *suas* 𝔏$^{v}$ | επι] ⟨εις 74⟩: *in* 𝔏$^{b}$: om dp-tz(txt) | ημιονον] ονον f | εφυγαν B] εφυγεν ns*(uid)ℭ$^{c}$: εφυγον AMNs$^{a?}$ rell

**30** om εγενετο 𝔏 | αυτων οντων] ως αυτοι ησαν boc$_2$e$_2$: *dum essent athuc* 𝔏 | om και 2° 𝔏 | om η n | ακοη] αγγελια boc$_2$e$_2$𝔏 | προς] εως a | δαυειδ] *regem* ℭ$^{w}$ | λεγων BAa$_2$𝔏𝔖$^{j}$] λεγοντων MN rell 𝔄ℭ𝔈 | επαταξεν] πεπαικεν boc$_2$e$_2$: *mactauit* 𝔏 | αβεσσαλωμ] *Abessalon* 𝔏: αβεσαλωμ bcegqst | ου—εις] ουχ υπολελειπται εν αυτοις εως ενος boc$_2$e$_2$: *non est ex illis relictus unus* 𝔏 | ου κατελειφθη] ουκ απεληφθη c: ⟨ουχ υπελειφθη 123⟩ | εξ αυτων post εις h | ουδε εις] ουδεις Mcg

**31** βασιλευς] + *Dauit* 𝔏 | om αυτου 1° a | om και 3°—γην d | εκοιμηθη] εκαθισεν bouz(mg)c$_2$e$_2$: *caecidit* 𝔏 | της γης

32 γῆν, καὶ πάντες οἱ παῖδες αὐτοῦ οἱ περιεστῶτες αὐτῷ διέρρηξαν τὰ ἱμάτια αὐτῶν. ³²καὶ ἀπεκρίθη B
Ἰωναδὰβ υἱὸς Σαμὰ ἀδελφοῦ Δαυεὶδ καὶ εἶπεν Μὴ εἰπάτω ὁ κύριός μου ὁ βασιλεὺς ὅτι πάντα
τὰ παιδάρια τοὺς υἱοὺς τοῦ βασιλέως ἐθανάτωσεν, ὅτι Ἀμνὼν μονώτατος ἀπέθανεν· ὅτι ἐπὶ
στόματος Ἀβεσσαλὼμ ἦν κείμενος ἀπὸ τῆς ἡμέρας ἧς ἐταπείνωσεν Θημὰρ τὴν ἀδελφὴν αὐτοῦ.
33 ³³καὶ νῦν μὴ θέσθω ὁ κύριός μου ὁ βασιλεὺς ἐπὶ τὴν καρδίαν αὐτοῦ ῥῆμα λέγων Πάντες οἱ υἱοὶ
34 τοῦ βασιλέως ἀπέθαναν, ὅτι ἀλλ' ἢ Ἀμνὼν μονώτατος ἀπέθανεν. ³⁴καὶ ἀπέδρα Ἀβεσσαλώμ.
καὶ ἦρεν τὸ παιδάριον ὁ σκοπὸς τοὺς ὀφθαλμοὺς αὐτοῦ, καὶ εἶδεν καὶ ἰδοὺ λαὸς πολὺς πορευό-
μενος ἐν τῇ ὁδῷ ὄπισθεν αὐτοῦ ἐκ πλευρᾶς τοῦ ὄρους ἐν τῇ καταβάσει· καὶ παρεγένετο ὁ σκοπὸς
καὶ ἀπήγγειλεν τῷ βασιλεῖ καὶ εἶπεν Ἄνδρας ἑώρακα ἐκ τῆς ὁδοῦ τῆς Ὡρωνὴν ἐκ μέρους τοῦ
35 ὄρους. ³⁵καὶ εἶπεν Ἰωναδὰβ πρὸς τὸν βασιλέα Ἰδοὺ οἱ υἱοὶ τοῦ βασιλέως πάρεισιν· κατὰ τὸν
36 λόγον τοῦ δούλου σου, οὕτως ἐγένετο. ³⁶καὶ ἐγένετο ἡνίκα συνετέλεσεν λαλῶν, καὶ ἰδοὺ οἱ υἱοὶ
τοῦ βασιλέως ἦλθαν, καὶ ἐπῆραν τὴν φωνὴν αὐτῶν καὶ ἔκλαυσαν, καί γε ὁ βασιλεὺς καὶ πάντες
37 οἱ παῖδες αὐτοῦ ἔκλαυσαν κλαυθμὸν μέγαν. ³⁷καὶ Ἀβεσσαλὼμ ἔφυγεν καὶ ἐπορεύθη πρὸς
Θολμαίλημ υἱὸν Ἐμιοὺδ βασιλέα Γεδσοὺρ εἰς τὴν Μαχάδ· καὶ ἐπένθησεν ὁ βασιλεὺς Δαυεὶδ

34 του 1°] τους B* | εορακα A

AMNa–jm–qs–c$_2$e$_2$𝔄ℭ$^{cw}$𝔈𝔏$^{b(v)}$

MNabcgjnouvyz(mg)b$_2$c$_2$e$_2$ | om οι παιδες a | om αυτου 2° do | οι 2°—αυτων] sciderunt uestimenta sua et astabant ei 𝔏 | οι περιεστωτες αυτω] circa eum 𝔄-cod | οι περιεστωτες] παρειστηκεισαν boc$_2$e$_2$𝔄-ed | om οι 2° A | περιεστωτες] παρεστωτες cxa$_2$: παρεστικοτες g | αυτω] αυτον f: αυτου a$_2$ | διερρηξαν] διερρωγοτες boc$_2$e$_2$𝔄 | αυτων] ⟨εαυτων 244⟩: om boc$_2$e$_2$

**32** ιωναδαβ] δαβ sup ras N$^a$: ιωναδαμ g*(uid): *Ionathab* 𝔏: ιωναθαν boe$_2$𝔖$^j$: hab ιωναθης Jos: *Aminadab* 𝔈 | om υιος 𝔏 | σαμα BAMNaxya$_2$b$_2$𝔏 Jos] [Syriac] 𝔖$^j$: *Saba'* 𝔈: αμα g: αμαα z: αμμαα n: σαμαα rell 𝔄ℭ | αδελφου] αδελφος g*x | δαυειδ] γαδ g* | και ειπεν] λεγων boc$_2$e$_2$ℭ(+ *regi* ℭ$^w$)𝔏: om A | ειπατω] ει πως A: + δη a$_2$ | om ο 1° A | ⟨om μου 98⟩ | ο βασιλευς] om fℭ$^w$: + μου g | om οτι 1° 𝔏 | παντα τα παιδαρια] παντας cx𝔈: παντες u𝔄 | παιδια A | τους—εθανατωσεν] οι (om e$_2$) υιοι του βασιλεως τεθνηκασιν (εθανατωθησαν u𝔏) bouz(mg)c$_2$e$_2$𝔄𝔏 | om τους υιους a$_2$ | του βασιλεως] αυτου cx | εθανατωσεν] εθανατωσαν g*: + *Abesalom* ℭ | οτι 2°] διοτι boz(mg)c$_2$e$_2$ | αμνων μονωτατος απεθανεν] *solus Hammon occisus est* 𝔏 | αμνων] pr ο d: pr αλλ η bgh$^b$inouz(mg)c$_2$e$_2$ℭ(uid) | μονος boc$_2$e$_2$ | απεθανεν] τεθνηκεν boc$_2$e$_2$ | οτι 3°—κειμενος] οτι εν οργη ην αυτω αβεσσαλωμ (αβεσα- bo) M(mg)boc$_2$e$_2$: οτι εν οργη ην αβεσσαλωμ τω αμνων u: *in ira enim est at Abessalon* 𝔏 | επι] απο του g | αβεσσαλωμ] pr του N: αβεσαλωμ cegqst$^{a?}$ | απο—ης] αφ ης ημερας boc$_2$e$_2$𝔏(uid) | θημαρ—αυτου] αμνων την αδελφην αυτου θαμαρ boc$_2$e$_2$ | θαμαρ Ac–fipqtuxz*𝔄ℭ

**33** om totum comma cx | μη θεσθω post βασιλευς boc$_2$e$_2$ | om ο κυριος μου 𝔄 | επι—ρημα] *scelus hoc in corde suo* 𝔏 | ρημα] pr το A: *uerbum hoc* 𝔖$^j$: om o | ⟨λεγον 98⟩ | παντες BAa$_2$𝔈𝔏] pr οτι MN rell 𝔄: om ℭ$^w$ | om οι ghm | του βασιλεως] σου d | απεθαναν Ba*yb$_2$] τεθνηκασιν boc$_2$e$_2$: απεθανον AMNa$^{a?}$ rell | οτι—απεθανεν] *solus enim Hammon occisus est* 𝔏: om d | οτι αλλ η] *sed quod* 𝔄: om οτι q: om αλλ η Ag*(uid)i | μονωτατος απεθανεν] μονος τεθνηκεν boc$_2$e$_2$

**34** αβεσσαλωμ] *Habessalon* 𝔏: αβεσαλωμ bcegqst | ηρεν—σκοπος 1°] ανεβη το παιδαριον ο σκοπος και ηρεν bozc$_2$e$_2$𝔖$^j$ | ηρεν] ιδεν b$_2$ | om το παιδαριον 𝔏 | ο σκοπος 1°] σκοπων g (ν ex s): + του βασιλεως aℭ | om και ειδεν 𝔏 | πολυς] πολλοις g | πορευομενος] ερχομενος n𝔄(uid)𝔈(uid): *ueniebat* 𝔏 | εν 1°—αυτου 2°] την οδον την σωραιμ (-ρεμ M$^{mg}$: -ραμ e$_2$) M(mg)boc$_2$e$_2$: *per uiam corã* 𝔏 | οδω] + τη ωραμ dfjmp–twz: + τη οραμ e: + τη ωραν a(mg)h$^b$n: ⟨+ του ωραμ 236⟩: + [Syriac] 𝔖$^j$ | οπισθεν αυτου] pr και a: κατοπισθεν αυτου v: *ab co* 𝔄: *ad eum* ℭ$^w$: om cxℭ$^c$ | πλευρας] πλευρου Acx: μερους boc$_2$e$_2$𝔏 | om εν 2°—ορους 2° ℭ$^c$ | om εν τη καταβασει 𝔏 | παρεγενετο—απηγγειλεν] απηγγειλεν ο σκοπος dℭ$^w$ | ⟨απηγγειλεν] παρηγγειλε 98⟩ | τω—ειπεν] λεγων jb$_2$ | ανδρας εωρακα] pr *ecce* ℭ$^w$: ορων εωρακα ανδρας boc$_2$e$_2$ | ανδρας] post εωρακα 𝔄: ανδρες h* | εκ 2°—μερους] *in uiam quae est coram saltum* 𝔏 | της ωρωνην] *Oronim* 𝔄: *Orone* ℭ$^w$: των ορεων η̄| A: *montium* 𝔈: [Syriac] 𝔖$^j$ | ωρωνην B] ωρωρειν a$_2$: οραν g: ωραμ dfmqstwz: οραμ ep: ορεινης ch*x: σωραιμ boc$_2$e$_2$: ωραν MNh$^{b?}$ rell | μερους] μεσου h*i𝔈$^s$ | του 2°] τους d

**35** ιωναδαβ] ιωναδαμ u*: ιωναθαν boe$_2$𝔖$^j$: *Aminadab* 𝔈 | ⟨om προς τον βασιλεα 71⟩ | om οι Mag | παρεισιν] παρηκασι cx: παραγεγονασιν boc$_2$e$_2$: *uenerunt* 𝔄ℭ𝔈𝔏 | κατα] pr *et* 𝔏 | τον λογον] το ρημα boc$_2$e$_2$ | ουτως] *sicut* 𝔏 | εγενετο] γεγονεν boc$_2$e$_2$

**36** και εγενετο] *et ecce* 𝔏: om Nm: om εγενετο 𝔄ℭ | ηνικα συνετελεσεν λαλων] εν τω συντελεσαι αυτον λαλουντα boc$_2$e$_2$ | συνετελεσεν] + *Ionadab* 𝔏 | ⟨om και 2°—αυτων 242⟩ | om και 2° 𝔏 | οι υιοι] post βασιλεως cx: om οι gve$_2$ | ηλθαν Bh*a$_2$] παραγεγοναν n: παρεγεγονεισαν N$^{a?}$: παραγεγονεισαν MN*aijvyb$_2$: παραγεγονασιν bgouc$_2$e$_2$: ηλθον Ah$^{b?}$ rell | επηραν] απηραν sv: ηραν boc$_2$e$_2$: *leuauerunt* 𝔏 | om γε bdoc$_2$e$_2$𝔏 | om παντες ⟨44⟩ℭ | παιδες] υιοι p | εκλαυσαν 2°] pr και e: om d: + και οι παιδες αυτου p | om κλαυθμον μεγαν ℭ$^c$ | κλαθμον bg | μεγαν B] μεγα σφοδρα goy: *ualde* 𝔏: + σφοδρα AMN rell 𝔄ℭ$^w$𝔈𝔖$^j$

**37** αβεσσαλωμ] *Habessalon* 𝔏: αβεσαλωμ bcegqst | om εφυγεν και v | εφυγεν BAchnxa$_2$𝔏(uid)] απεδρα MN rell 𝔈 | επορευθη] απηλθεν MNad–gi–np–wyzb$_2$: *uenit* 𝔏 | προς—μαχαδ] hab *ad regem Gessur Callam* 𝔏$^v$ | θολμαιλημ Ba$_2$𝔄ℭ𝔈] θολομαι Acx: θολομ z(mg): θολαμι j: θολμαι i: θολμειν o: θολμει MNaghnyb$_2$c$_2$e$_2$: θολμη Thdt: *Tolmi* 𝔏$^b$: θολβι b: θολω uv: σολμι z(txt) rell | εμιουδ] *Eminda* ℭ$^w$: ⟨εμιουθ 236.242⟩: εμμιουδ p: αμιουδ bnoc$_2$e$_2$𝔈$^s$: *Amiot* 𝔏$^b$: *Iemiul* ℭ$^c$: θωουδ N | βασιλεα] βασιλεως a𝔄 | γεδσουρ BAch$^{b?}$nwxℭ(uid)] *Gedosor* 𝔈: γεθσουρ de$^{a?}$fh*mp–tz(txt)a$_2$: *Gessur* 𝔏$^b$: γεσουρ ⟨71⟩𝔄: γεθουρ e*: γετσειρ g*: γεσσηρ z(mg): γεσσειρ MNg$^{a?}$ rell Thdt | την Bo*] γην AMNo$^a$ rell 𝔄ℭ𝔈𝔏$^b$(uid) 𝔖$^j$ | μαχαδ BAch*x] μαχαδει a$_2$: μααχαδ M(txt)gin: *Machul* 𝔄: *Maacham* 𝔈: μααχα h$^{b?}$: [Syriac] 𝔖$^j$: *Machalma* ℭ: μααχav: χαμαχααδ y: χαμααχαλ j: [*Hacma*] 𝔏$^b$: χαλλαμα M(mg)e$_2$: χαλλαμαν b: χαλααμα o: χαλααμ c$_2$: χαμααχαδ N rell | om και 3°—(38) γεδσουρ z | επενθησεν] ειπεν i*(uid) | ο βασιλευς]

32 οτι 3°—ημερας] α' σ' οτι εν οργη ην αυτω αβεσσαλωμ απο της ημερας z

B ἐπὶ τὸν υἱὸν αὐτοῦ πάσας τὰς ἡμέρας. [38]Καὶ Ἀβεσσαλὼμ ἀπέδρα καὶ ἐπορεύθη εἰς Γεδσούρ, 38
καὶ ἦν ἐκεῖ ἔτη τρία. [39]καὶ ἐκόπασεν ὁ βασιλεὺς Δαυεὶδ τοῦ ἐξελθεῖν πρὸς Ἀβεσσαλώμ, ὅτι 39
παρεκλήθη ἐπὶ Ἀμνὼν ὅτι ἀπέθανεν. [1]καὶ ἔγνω Ἰωὰβ υἱὸς Σαρουίας ὅτι ἡ καρδία τοῦ βασιλέως 1 XIV
ἐπὶ Ἀβεσσαλώμ. [2]καὶ ἀπέστειλεν Ἰωὰβ εἰς Θεκῶε καὶ ἔλαβεν ἐκεῖθεν γυναῖκα σοφήν, καὶ εἶπεν 2
πρὸς αὐτήν Πένθησον δὴ καὶ ἔνδυσαι ἱμάτια πενθικὰ καὶ μὴ ἀλείψῃ ἔλαιον, καὶ ἔσῃ ὡς γυνὴ
πενθοῦσα ἐπὶ τεθνηκότι, τοῦτο ἡμέρας πολλάς· [3]καὶ ἐλεύσῃ πρὸς τὸν βασιλέα καὶ λαλήσεις πρὸς 3
¶ 𝔏$^{b}$ αὐτὸν κατὰ τὸ ῥῆμα τοῦτο. καὶ ἔθηκεν Ἰωὰβ τοὺς λόγους ἐν τῷ στόματι αὐτῆς.¶ [4]καὶ εἰσῆλθεν ἡ 4
γυνὴ ἡ Θεκωεῖτις πρὸς τὸν βασιλέα καὶ ἔπεσεν ἐπὶ πρόσωπον αὐτῆς εἰς τὴν γῆν καὶ προσεκύνησεν
αὐτῷ, καὶ εἶπεν Σῶσον, βασιλεῦ, σῶσον. [5]καὶ εἶπεν πρὸς αὐτὴν ὁ βασιλεύς Τί ἐστιν σοι; ἡ δὲ 5
εἶπεν Καὶ μάλα γυνὴ χήρα ἐγώ εἰμι, καὶ ἀπέθανεν ὁ ἀνήρ μου. [6]καί γε τῇ δούλῃ σου δύο υἱοί, 6
καὶ ἐμαχέσαντο ἀμφότεροι ἐν τῷ ἀγρῷ, καὶ οὐκ ἦν ὁ ἐξαιρούμενος ἀνὰ μέσον αὐτῶν, καὶ ἔπαισεν
ὁ εἷς τὸν ἕνα ἀδελφὸν αὐτοῦ καὶ ἐθανάτωσεν αὐτόν. [7]καὶ ἰδοὺ ἐπανέστη ὅλη ἡ πατριὰ πρὸς τὴν 7
δούλην σου καὶ εἶπαν Δὸς τὸν παίσαντα τὸν ἀδελφὸν αὐτοῦ καὶ θανατώσομεν αὐτὸν ἀντὶ τῆς ψυχῆς
τοῦ ἀδελφοῦ αὐτοῦ οὗ ἀπέκτεινεν, καὶ ἐξαροῦμεν καί γε τὸν κληρονόμον ὑμῶν· καὶ σβέσουσιν τὸν

XIV 2 *ενδυσε* A 4 *θεκωιτις* A

AMNa–jm–qs–c$_2$e$_2$𝔄ℭ$^{cw}$𝔈(𝔏$^{bv}$)

post δαυειδ 𝔄: om Acxy | om δαυειδ bdcc$_2$e$_2$𝔈𝔏 | *τον υιον*] pr *Amnon* ℭ$^{c}$: *τους υιους* boc$_2$e$_2$ | *πασας τας ημερας*] *in diebus multis* 𝔏

38 ⟨om *και* 1°—*γεδσουρ* 71⟩ | *αβεσσαλωμ*] ras (3) post α 1° *b*: post *απεδρα* A: *Abessalon* 𝔏: *αβεσαλωμ* b′cegqst | *απεδρα—εκει*] *ην εκει εις γεθσουρ* d | *απεδρα*] *απεδρασεν* cx: *εφυγεν* boc$_2$e$_2$: *fugit* 𝔏 | om *και* 2°—*γεδσουρ* cx | om *και* 2° h* | *επορευθη—εκει*] *ην εν γεθσουρ* p | *επορευθη*] *απηλθεν* aboc$_2$c$_2$: *abiit* 𝔏 | *γεδσουρ* BAh$^{b?}$a$_2$ℭ(uid)] *Gedosor* 𝔈: *γεθσουρ* Mefgmq stw𝔄-ed: *Gethsura* 𝔄-codd: *γελσουρ* h*: *Gessur* 𝔏: ⟨*γεθουρ* 242*⟩: *γεσσηρ* v: *γεσσιρ* N rell | ⟨*εκει*] + *αβεσσαλωμ* 71⟩ | *ετη*] post *τρια* cepxℭ𝔈𝔏: om c$_2$*

39 hab *και—απεθανεν* 𝔏$^{v}$ | *εκοπασεν ο βασιλευς*] *requietus est iratus regis* 𝔏$^{b}$ | *εκοπασεν*] *εκοπιασεν* u: *proposuit* 𝔏$^{v}$ | *ο βασιλευς* Bchxa$_2$𝔄𝔏$^{v}$] post *δαυειδ* Anv𝔈: *το πν̄α του βασιλεως* MN rell | om *δαυειδ* MNad–gijmp–uwyzb$_2$ℭ𝔏 | *του εξελθειν*] *ne persequere* 𝔏$^{b}$ | *προς* BAchxa$_2$𝔈𝔏$^{v}$] *επι* boc$_2$e$_2$𝔄: *οπισω* MN rell ℭ𝔏$^{b}$ | *αβεσσαλωμ*] pr *του* z: *αβεσσαλων* ⟨236⟩𝔏$^{b}$: *αβεσαλωμ* b′cegqst: *Absalom* 𝔏$^{v}$ | *οτι* 1°] *et* 𝔏$^{b}$: om e$_2$ | *παρεκληθη*] *rogatus est* 𝔏$^{v}$: + *rex Dauit* 𝔏$^{b}$ | *επι—απεθανεν*] *super mortem Hammon* 𝔏$^{b}$ | *επι*] *υπερ* boz(mg)c$_2$e$_2$𝔏$^{v}$ | *αμνων*] *αμμων* v: ⟨*αμων* 244⟩: *Abnon* 𝔏$^{v}$ | *οτι απεθανεν*] *του υιου αυτου του* (om e$_2$) *τεθνηκοτος* boz(mg)c$_2$e$_2$ | *οτι* 2°] *qui* 𝔄𝔏$^{v}$ | *απεθανεν*] *occisus est* 𝔏$^{v}$

XIV 1 *εγνων* h* | *υιος*] pr *ο* g: om m | *σαρουιας* BAchya$_2$] *Saruiae* 𝔏: *αρουιας* n: *σαρουια* MN rell | *οτι η καρδια*] *την καρδιαν* d | *η—βασιλεως*] *παρεκληθη ο βασιλευς* cx | om *του* d | *επι*] pr *παρεκληθη* b′*b*$^{b}$: *aduersus ad* 𝔏 | *αβεσσαλωμ*] *Abessalon* 𝔏: *αβεσαλωμ* b′cegqst

2 om *ιωαβ* MNadegijnuvyb$_2$ | *εις θεκωε*] *Tecoe* 𝔏: ⟨*ευθεως* 74⟩ | *θεκωε*] ε 1° sup ras u$^{a}$: *θεκοε* j: *θεκοαι* g: *θεκουε* Nbcox a$_2$c$_2$e$_2$𝔄ℭ: ⟨*θεσκωε* 44⟩ | *εκει* b′cx | *σοφην*] *φρονιμην* boz(mg) c$_2$e$_2$ | *προς αυτην*] *αυτη* boc$_2$e$_2$𝔏 | *πενθησον δη και*] *suppone* 𝔏: om *δη* Mg | *ενδυσαι*] *ενδυσον* h: *περιβαλου* boc$_2$e$_2$ | *ιματια πενθικα*] *uestem lugubrē* 𝔏 | *πενθητικα* e | *αλειψη*] *χριση* bo c$_2$e$_2$ | *και εση*] *ut eris* 𝔏 | *εση*] *εσω* c: *γενηθητι* boc$_2$e$_2$ | *πενθουσα—πολλας*] *τουτο* (om 123.236) *πενθουσα ημερας πολλας* (+ *και* a) *επι τεθνηκοτα* (-*τι* a) a⟨123.236⟩: *τουτο ημερας πολλας πενθουσα επι τεθνηκοτα* dp–tw: *quae erat multis diebus lugens mortuorū* 𝔏 | *πενθουσα επι τεθνηκοτι* post *πολλας* AMNbcgijo vxyzb$_2$c$_2$e$_2$$^{?}$ | *επι—πολλας*] *τουτο ημερας πολλας επι τεθνηκοτα* m | *επι τεθνηκοτι*] post *πολλας* fu: ⟨*επι τεθνηκοτα* 74⟩ | *τουτο*] *τουτω* g: *ecce* ℭ$^{w}$: om bouyc$_2$e$_2$𝔄ℭ$^{c}$ | *ημερας*] pr *επι* e

3 *ελευση*] *εισελευση* a𝔈(uid): *ηξεις* boc$_2$e$_2$: *ingredieris inde* 𝔏 | *λαλησεις*] *λαλησης* dhy: *λαλησας* m*(uid): *λαλεισει* g | *αυτον*] *τον βασιλεα* b′ | *εθηκεν*] *εθετο* bdfmo–twzc$_2$e$_2$ | *τους λογους*] *uerbū* 𝔏 | *εν τω στοματι*] *επι το στοματι* *b*: *επι του στοματος* b′: *εις το στομα* Ax𝔄: *εις το ρημα* c: ⟨om *τω* 44⟩ | *αυτης*] + *inseruiens* 𝔏

4 *εισηλθεν*] *ηλθεν* MNadfgjmnp–tvwyzb$_2$: *παρεγενετο* bo c$_2$e$_2$ | *η θεκωειτις*] *εις θεκουε της* c: ⟨*εις θεικωε* 246⟩ | *θεκωειτις*] *θεκοητης* v: *θεκουειτις* boc$_2$𝔄ℭ: *θεκουετις* x: *θοκωειτις* e$_2$: *θεοκοητις* g | *επεσεν*] *εθετο* p | *επι προσωπον αυτης*] om ℭ: ⟨om *αυτης* 44⟩ | *εις*] *επι* Abdfmo–twza$_2$c$_2$e$_2$ℭ | om *και προσεκυνησεν αυτω* 𝔄 | *αυτω*] *αυτη* e$_2$* | om *και ειπεν* A | *βασιλευ*] *βασιλευς* e: *ο βασιλευς* boc$_2$e$_2$

5 *προς αυτην*] *προς αυτον* v*: ⟨om 71⟩ | *σοι εστιν* bo c$_2$e$_2$ | *η δε ειπεν*] *και ειπεν* ia$_2$𝔈: *και ειπεν η γυνη* bo c$_2$e$_2$: ⟨om 71.242⟩ | *και μαλα*] *οντως* M(mg)boz(mg)c$_2$e$_2$: om u𝔈𝔖$^{j}$ | *γυνη*] pr *η* cx: post *χηρα* hu | om *χηρα* g | *ειμι εγω* cx𝔄

6 om *γε* abouc$_2$e$_2$ | hab *και* 2°—*αυτων* 𝔏$^{v}$ | *εμαχεσαντο*] *εμαχοντο* o: ⟨*διεμαχεσαντο* 123⟩: *διεμαχοντο* bc$_2$e$_2$ | *αμφοτεροι—αγρω*] *εν τω πεδιω αμφοτεροι* boc$_2$e$_2$ | *τω*] *τη* d: om y* | *αγρω*] *οικω* N | *ο εξαιρουμενος*] *qui dissolueret* 𝔏 | *εξαιρουμενος*] *συλλυων* N: *συλλυσων* Mafgjmoqstvwyzb$_2$c$_2$e$_2$: *συλλησων* dp: *συλησων* e: ⟨*συλλαλησον* 242⟩ | om *και* 4°—*αυτον* a* | *επαισεν*] *επεσεν* Na$^{b}$cdghinpqvxya$_2$b$_2$: *επαταξεν* bouz(mg)c$_2$e$_2$ | om *ο* 2° Adefmp–twz | *τον—αυτου*] *proximum suum* 𝔈 | om *ενα* Na$^{b}$bhouc$_2$e$_2$ℭ𝔖$^{j}$ | om *αυτου* u*𝔄

7 om *ιδου* ℭ𝔈 | *επανεστη*] *επανετι* g: *επανεστησαν* a: *εξανεστησαν* boc$_2$e$_2$ | *ολη*] post *πατρια* cx: om N | *πατρια*] ⟨*πατρις* 74⟩: *φυλη* boz(mg)c$_2$e$_2$ | *προς*] *επι* boc$_2$e$_2$𝔄𝔈 | *και ειπαν*] *λεγοντες* boc$_2$e$_2$ℭ | *ειπαν*] *ειπον* adefhj$^{a?}$: *ειπεν* Mg | *δος*] *παραδος* boc$_2$e$_2$ | *παισαντα*] pr *παιδα τον* x: *πεσαντα* Av: *παισοντα* M: *πεσοντα* Nagi: ⟨*πταισαντα* 242⟩: *παταξαντα* bou c$_2$e$_2$: *παιδα τον πεσαντα* c | om *τον* 2° g | om *και* 3°—*αυτου* 2° pz(txt) | *και* 3°] + *γε* y | *θανατωσομεν*] *θανατωσωμεν* a$^{a?}$dghjn vxya$_2$e$_2$𝔈: *θανατωμεν* a* | om *αυτον* b | om *του αδελφου αυτου* ℭ$^{w}$ | *του* ex *αυ* c$^{a}$ | om *αυτου* 2° a$_2$ | om *ου απεκτεινεν* 𝔄 | *ου*] *ον* bozc$_2$e$_2$ | *εξαρουμεν*] *εξερουμεν* g: *εξαρουσι* c | *και γε*] om boc$_2$e$_2$𝔄𝔈: + *και* e* | *τον κληρονομον υμων*] *heredem tuum* 𝔄 | *την κληρονομιαν* v | *ημων* c–fmp–twza$_2$ | *και* 6°—*ανθρακα*] hab *et extinguetur titio* 𝔏$^{v}$ | *σβεσουσιν—καταλειφθεντα*] *σβεσθη-*

ἄνθρακά μου τὸν καταλειφθέντα ὥστε μὴ θέσθαι τῷ ἀνδρί μου κατάλειμμα καὶ ὄνομα ἐπὶ προσώπου B
8 τῆς γῆς. 8καὶ εἶπεν ὁ βασιλεύς Ὑγιαίνουσα βάδιζε εἰς τὸν οἶκόν σου, κἀγὼ ἐντελοῦμαι περὶ σοῦ.
9 9καὶ εἶπεν ἡ γυνὴ ἡ Θεκωεῖτις πρὸς τὸν βασιλέα Ἐπ' ἐμέ, κύριέ μου βασιλεῦ, ἡ ἀνομία καὶ ἐπὶ
10 τὸν οἶκον τοῦ πατρός μου, καὶ ὁ βασιλεὺς καὶ ὁ θρόνος αὐτοῦ ἀθῷος. 10καὶ εἶπεν ὁ βασιλεύς Τίς
11 ὁ λαλῶν πρὸς σέ; καὶ ἄξεις αὐτὸν¶ πρὸς ἐμέ, καὶ οὐ προσθήσει ἔτι ἅψασθαι αὐτοῦ. 11καὶ εἶπεν ¶ y
Μνημονευσάτω δὴ ὁ βασιλεὺς τὸν κύριον θεὸν αὐτοῦ, πληθυνθῆναι ἀγχιστέα τοῦ αἵματος τοῦ
διαφθεῖραι, καὶ οὐ μὴ ἐξάρωσιν τὸν υἱόν μου· καὶ εἶπεν Ζῇ Κύριος, εἰ πεσεῖται ἀπὸ τῆς τριχὸς τοῦ
12 υἱοῦ σου ἐπὶ τὴν γῆν. 12καὶ εἶπεν Λαλησάτω δὴ ἡ δούλη σου πρὸς τὸν κύριόν μου βασιλέα ῥῆμα·
13 καὶ εἶπεν Λάλησον. 13καὶ εἶπεν ἡ γυνή Ἵνα τί ἐλογίσω τοιοῦτο ἐπὶ λαὸν θεοῦ; ἢ ἐκ στόματος
τοῦ βασιλέως ὁ λόγος οὗτος ὡς πλημμέλεια, τοῦ μὴ ἐπιστρέψαι τὸν βασιλέα τὸν ἐξωσμένον αὐτοῦ;
14 14ὅτι θανάτῳ ἀποθανούμεθα, καὶ ὥσπερ τὸ ὕδωρ τὸ καταφθειρόμενον ἐπὶ τῆς γῆς ὃ οὐ συναχθήσεται·
15 καὶ λήμψεται ὁ θεὸς ψυχήν, καὶ λογιζόμενος τοῦ ἐξῶσαι ἀπ' αὐτοῦ ἐξεωσμένον. 15καὶ νῦν ὃ ἦλθον

7 καταλιφθεντα A  13 πλημμελια A  14 και 3°] signa v l prae se fert B

AMNa–jm–qs–x(y)z–$c_2e_2$𝔄ℭ$^{cw}$𝔈(𝔏$^{v}$)

σεται ο σπινθηρ ο υπολελειμμενος μοι boz(mg)$c_2e_2$ | ανθρακα] σπινθηρα h | ωστε] οθεν g: του boz(mg)$c_2e_2$ | θεσθαι] υπαρξαι boz(mg)$c_2e_2$𝔈 | τω ανδρι] ο ανηρ o | καταλειμμα και ονομα] ονομα και λειμμα (λημμα A) Aboz(mg)$c_2e_2$𝔖$^{j}$ | καταλειμμα] λειμμα MNacgijxy$b_2$ | om και ονομα N$a_2$ | προσωπου] προσωπον z(txt): om a𝔈 | της 2°] pr πασης fm

8 βασιλευς BAcx$a_2$𝔄] + *ei* ℭ𝔈(uid): + προς την γυναικα MN rell | υγιαινουσα βαδιζε] πορευου εν ειρηνη u | υγιαινουσα BAchnx$a_2$] post σου 1° bo$c_2e_2$𝔖$^{j}$: post βαδιζε MN rell 𝔄ℭ | βαδιζε] πορευου bo$c_2e_2$ | την οικιαν cx | σου 1°] + βαδιζε h | και εγω MNad–gi–npqtvwyz$b_2$ | εντελουμαι] εντελλουμαι u: εντελλομαι Nb

9 om η θεκωειτις cx | θεκωειτις] θεκοιτις $b_2$: θεκοητης v: θεκουειτις bo$c_2$𝔄ℭ: οεκουειτις $e_2$(uid): θεκωνιτις y: θεοκοιτης g | om προς τον βασιλεα 𝔄ℭ$^{w}$ | επ εμε post βασιλευ bo$c_2e_2$ | κυριε μου βασιλευ] post ανομια MNd–gi–np–wyz$b_2$: ⟨om 98⟩ | κυριε μου] post ανομια a: om 𝔄: om μου bo$c_2e_2$ | om βασιλευ a | ανομια] αδικια bo$c_2e_2$ | om και 2° $b_2$ | om τον 2° A | οικον] + *omnem* ℭ$^{c}$ | om και 3°—αθωος ℭ$^{c}$ | om ο 2° N* | αυτου] του βασιλεως bo$c_2e_2$

10 ειπεν] + αυτη uℭ𝔈(uid) | hab τις—εμε 𝔏$^{v}$ | τις ο λαλων] τον λαλουντα boz(mg)$c_2e_2$𝔏 | σε] + ρημα boz(mg)$c_2e_2$ 𝔏 | και αξεις] και αξης cv: και εξης g: αγαγε boz(mg)$c_2e_2$𝔏: om και 𝔈 | αυτον] αυτω $b_2$: ⟨om 44⟩ | εμε BAMgx$b_2$] με N rell | ου] + μη Abovz(mg)$c_2e_2$ | προσθησει] προσθηση boz(mg): προσθησοι c: προσθη $a_2$ | om ετι z(mg) | αψασθαι] pr του $a_2$ | αυτου] σου M(mg)bovz(mg)$c_2e_2$𝔄ℭ

11 ειπεν 1°] + η γυνη b–fmop–twxz$c_2e_2$ℭ(+ *ad regem*)𝔈 | hab μνημονευσατω—μου 𝔏$^{v}$ | μνημονευσατω] μνημονευετω N: μνησθητω boz(mg)$c_2e_2$ | om δη N𝔏 | ο] pr ο κυριος μου Nboz (mg)$c_2e_2$ℭ𝔏 | τον κυριον θεον BAcinx$a_2$] του κ̅υ̅ θ̅υ̅ M (κ̅υ̅ θ̅υ̅ sup ras) rell: ⟨κυριου του θεου 71⟩: της δουλης N | om αυτου boz(mg)$c_2e_2$𝔈𝔏𝔖-ap-Barh | πληθυνθηναι—εξαρωσιν] *quia si multiplicentur ulciscentes sanguinem non liberabis* 𝔖-ap-Barh | πληθυνθηναι—αιματος] οτι εαν πληθυνωσιν (-νθωσιν o) οι αγχιστευοντες το αιμα boz(mg)$c_2e_2$: *si multi congruerint propinqui ulciscentes sanguinem* 𝔏 | πληθυνθηναι B] πληθυναι Acx$a_2$: εν τω πληθυναι h*: pr εν τω MNh$^{b}$z(txt) rell 𝔄: *ne multiplicet* 𝔈$^{s}$ | αγχιστεα] pr τον N | του διαφθειραι] εν τοις γειωραις M (mg)boz(mg)$c_2e_2$: *in lanceis suis* 𝔏 | και 2°—εξαρωσιν] *ut non auferas* 𝔏 | ου μη εξαρωσιν] ουκ εξαρεις bo$c_2e_2$: ουκ εξαξεις z(mg) | εξαρωσιν] ras (2—3) inter α et ρ a: εξαρουσιν v | και ειπεν 2°] om g*: + ο βασιλευς Nbcox$c_2e_2$: + *David* 𝔄ℭ | om ζη—(12) ειπεν 2° b′ | ει] ου *b* | πεσητε c | απο] εκ v: om Aa | της τριχος] των τριχων *b*ov$c_2e_2$ Thdt: ⟨om της 242⟩ | του υιου σου] αυτου i: + θριξ v𝔄

12 ειπεν 1° B] + η γυνη η θεκουειτις *b*o$c_2e_2$: + η γυνη AMN rell 𝔄ℭ(+ *ad regem*)𝔈 | om δη cx | βασιλεα Bh] pr τον AMN *b* rell: om ℭ$^{w}$ | om ρημα j$b_2$ | ειπεν 2°] + ο βασιλευς *b*o$c_2e_2$ℭ | λαλησον] λαλει bo$c_2e_2$

13 ελογισω τοιουτο] ουτως ελογησω $a_2$ | ελογισθη bo$c_2e_2$ Thdt | τοιουτο B] τοιουτον Achx: ουτως a(mg)boz(mg)$c_2e_2$ Thdt: τουτο ουτως in: κατα τουτο N: τουτο Ma(txt)ⲍ(txt) rell: ⟨+ ουτως 246⟩ | θεου] κ̅υ̅ bouz(mg)$c_2e_2$ Thdt | η 2°—πλημμελεια] και εκ του παρελθειν τον βασιλεα (του βασιλεως z$^{mg}$) τον λογον τουτον του εγκρατευσασθαι boz(mg)$c_2e_2$ Thdt | η 2°] ει d$^{a?}$: μη u | ουτος ο λογος $a_2$ | ως] ωστε av | om μη a*hℭ$^{c}$ | αποστρεψαι Thdt | τον βασιλεα] pr προς A$e_2$: om cx | om τον 2° dp$a_2$ | εξωσμενον] εζωσμενον dp: απωσμενον boz(mg)$c_2e_2$ Thdt: κ̅ν̅ i | αυτου] pr απ bh$^{b}$oz(mg)$c_2e_2$𝔄(uid)𝔖$^{j}$(uid)Thdt

14 θανατω αποθανουμεθα] τεθνηκεν ο υιος σου bgoz(mg)$c_2e_2$ Thdt | θανατου v | αποθανουμεθα] ras (2) inter α 2° et ν m: *morietur* 𝔄ℭ$^{c}$ | καταφθειρομενον Bchx] non liquet a: καταφενομενον m: εκχεομενον bo$c_2e_2$𝔄(uid)𝔈(uid) Thdt: καταφερομενον AMN rell ℭ(uid) | την γην bo$c_2e_2$ Thdt | om ο 1° abgoq$c_2e_2$ 𝔄𝔈 Thdt | λημψεται—ψυχην] ουκ ελπιζει (-πιει Thdt) επ αυτο (-τω b Thdt) ψυχη bo$c_2e_2$ Thdt | λημψεται] pr ου MNagij(txt) nuv$a_2b_2$𝔄ℭ | om ο θεος MNaghij(txt)nuv$a_2b_2$ | ψυχην] pr την A: ψυχη h | λογιζομενος] *cogitabit aliquis* 𝔄: διαλογιζομενος λογισμους A: ελογισατο ο βασιλευς (+ τον b′) λογισμον bo$c_2e_2$: + λογισμους cefmw: + διαλογισμους x: + *cogitationem* 𝔖-ap-Barh | εξωσαι] απωσασθαι bo$c_2e_2$ | απ αυτου] επ αυτου cx: αυτον t*: om $e_2$: om απ N | εξεωσμενον B] εξωσμενω c: εζωσμενον p: απωσμενον bo$c_2e_2$: εξωσμενον AMN rell

XIV 13 ινα—εξωσμενον] θ′ ινα τι ελογισθη ουτως επι λαον θ̅υ̅ και εκ του παρελθειν τον βασιλεα τον λογον τουτον και εγκρατευσασθαι του μη επιστρεψαι τον βασιλεα τον απωσμενον σ′ και δια τι ελογισω τοιουτο κατα λαου του θ̅υ̅ και λογιζεται ο βασιλευς τον λογισμον τουτον ως πλημμελειαν ινα μη αναστρεψη ο βασιλευς και τα εξης j | εκ—αυτου] ...αι ο βασιλευς τον λογισμον ...τρεψη ο βασιλευς τον απωσμε... M

14 οτι θανατω αποθανουμεθα] θ′ οτι τεθνηκεν ο υ̅ς̅ σου σ′ παντως γαρ θανατω αποθανουμεθα j | αποθανουμεθα—εξεωσμενον] αποθανουμεθα και ως το υδωρ το κατασυρομενον ...ται και ου μη αρη ο θ̅ς̅ ψυχην αλλα λογισεται λογισμον ινα μη εκβαλη αφ εαυτου εξωσμενον M | και 1°—ψυχην] ο′ και ωσπερ υδωρ το καταφερομενον επι της γης ο ου συναχθησεται και ληψεται ο θ̅ς̅ ψυχην θ′ και ως υδωρ το εκχυνομενον επι γην ο ου συναχθησεται και ουκ ελπιζει επ αυτω ψυχη σ′ και ως το υδωρ το κατασυρομενον επι γην ο ου συναχθησεται και ου μη αρη ο θ̅ς̅ ψυχην j

B λαλῆσαι πρὸς τὸν βασιλέα κύριόν μου τὸ ῥῆμα τοῦτο, ὅτι ὄψεταί με ὁ λαός, καὶ ἐρεῖ ὁ λαός σου
Λαλησάτω δὴ πρὸς τὸν βασιλέα, εἴ πως ποιήσει ὁ βασιλεὺς τὸ ῥῆμα τῆς δούλης αὐτοῦ· [16]ὅτι 16
ἀκούσει ὁ βασιλεύς· ῥυσάσθω τὴν δούλην αὐτοῦ ἐκ χειρὸς τοῦ ἀνδρὸς τοῦ ζητοῦντος ἐξᾶραί με
§ 𝔏$^h$ καὶ τὸν υἱόν μου ἀπὸ κληρονομίας θεοῦ. [17]καὶ εἶπεν ἡ γυνή § Εἴη δὴ ὁ λόγος τοῦ κυρίου μου τοῦ 17
βασιλέως εἰς θυσίας, ὅτι καθὼς ἄγγελος θεοῦ οὕτως ὁ κύριός μου ὁ βασιλεὺς τοῦ ἀκούειν τὸ
ἀγαθὸν καὶ τὸ πονηρόν, καὶ Κύριος ὁ θεός σου ἔσται μετὰ σοῦ. [18]καὶ ἀπεκρίθη ὁ βασιλεὺς καὶ 18
εἶπεν πρὸς τὴν γυναῖκα Μὴ δὴ κρύψῃς ἀπ' ἐμοῦ ῥῆμα ὃ ἐγὼ ἐπερωτῶ σε· καὶ εἶπεν ἡ γυνή
Λαλησάτω δὴ ὁ κύριός μου ὁ βασιλεύς. [19]καὶ εἶπεν ὁ βασιλεύς Μὴ ἡ χεὶρ Ἰωὰβ ἐν παντὶ τούτῳ 19
μετὰ σοῦ; καὶ εἶπεν ἡ γυνὴ τῷ βασιλεῖ Ζῇ ἡ ψυχή σου, κύριέ μου βασιλεῦ, εἰ ἔστιν εἰς τὰ δεξιὰ
ἢ εἰς τὰ ἀριστερὰ ἐκ πάντων ὧν ἐλάλησεν ὁ κύριός μου ὁ βασιλεύς· ὅτι ὁ δοῦλός σου Ἰωὰβ αὐτὸς
ἐνετείλατό μοι, καὶ αὐτὸς ἔθετο ἐν τῷ στόματι τῆς δούλης σου πάντας τοὺς λόγους τούτους·
[20]ἕνεκεν τοῦ περιελθεῖν τὸ πρόσωπον τοῦ ῥήματος τούτου ὃ ἐποίησεν ὁ δοῦλός σου Ἰωάβ, τὸν 20
δόλον τοῦτον· καὶ ὁ κύριός μου σοφὸς καθὼς σοφία ἀγγέλου τοῦ θεοῦ, τοῦ γνῶναι πάντα τὰ ἐν τῇ

15 κυριον] pr τον B$^{ab}$ (suprascr) 17 ειη δη] ει ηδη B$^b$ 20 δολον] signa v l prae se fert B$^a$

AMNa–jm–qs–xz–c$_2$e$_2$𝔄ℭ$^{cw}$𝔈(𝔏$^{hv}$)

**15** ο ηλθον λαλησαι] υπερ ων ηκω λαλησαι (-σω b') boz(mg)c$_2$c$_2$ Thdt: om o ia$_2$𝔄𝔈 | τον βασιλεα 1° post μου fvℭ$^w$𝔈 | κυριον μου B*] om boc$_2$c$_2$ℭ$^c$ Thdt: pr τον B$^{ab}$AMN rell | το ρημα τουτο] τον λογον τουτον boc$_2$e$_2$ Thdt: τουτον c: om το ρημα x | οτι] και Thdt: om boc$_2$e$_2$ℭ | οψεται] *uidebunt* 𝔈 | om με b$_2$ | om o 2° a* | λαος 1°] + μου h$^b$ | ερει—σου] *dicent populus* 𝔈 | o 3°—δη] *quod serua tua locuta est* 𝔄 | o λαος 2° BAcx] η δουλη MN rell ℭ Thdt | σου ex corr c | λαλησατω δη] *loquantur* 𝔈: + η δουλη σου boc$_2$e$_2$ Thdt | τον 2° BAcux a$_2$𝔄𝔈] pr $\overline{κν}$ Mg: pr τον κυριον μου Nabjnovzc$_2$e$_2$ Thdt: pr τον κυριον rell | om ει—αυτου ℭ$^c$ | ει πως] οπως abcoxz$^{a?}$c$_2$e$_2$: om ει i | ποιησει] ποιηση Az?c$_2$ Thdt: ποιησοι c | το 2°—(16) βασιλευς] bis scr jb$_2$: om g | της δουλης] του δουλου v*: της παιδισκης boc$_2$e$_2$ Thdt

**16** οτι—βασιλευς] *et audi rex* 𝔈$^a$ | οτι] *et* 𝔈$^s$ | ακουσει BNx] ακουση ca$_2$: ακουσεται M rell Thdt: ακουει A | om o βασιλευς ℭ$^c$𝔈$^s$ | ρυσασθω—αυτου] *et eripe seruam tuam* 𝔈 | ρυσασθω B] και ρυσασθω δη h: + δη Acnxa$_2$: και εξελειται MN rell 𝔄 Thdt | την δουλην αυτου] με 𝔄ℭ$^c$ Thdt: + ras (3) o | του ανδρος] post ζητουντος a$_2$: om του eu | του ζητουντος εξαραι] *qui remouebit* 𝔈 | εξαραι] εξολοθρευσαι boc$_2$e$_2$ Thdt | με] μοι cx: om q | om και cx | μου] μας d: + κατα το αυτο Abcefmo wxc$_2$e$_2$𝔖$^j$ Thdt | απο] εκ της boc$_2$e$_2$ Thdt | κληρονομιαν cx | θεου] κυ boc$_2$e$_2$ Thdt

**17** ειπεν η γυνη BAcnxa$_2$𝔄ℭ𝔈] ερει η δουλη σου MN rell Thdt | ειη—θυσιας] *quia uox Domini tanquam sacrificium* 𝔈 | ειη—λογος] *fiat hoc uerbum in Dn̄m* 𝔏 | ειη δη B*An] ει ηδη B$^b$: ει ηδει xa$_2$: η δυνηθειη c: γεννηθητω δη a: γενηθητω δη MN rell Thdt | μου 1°] σου a | του 2°—πονηρον] *in ueritatem et bonum et non in malum* ℭ$^c$ | εις θυσιας Ba$_2$𝔄] εις θυσιαν AMN rell ℭ$^w$ Thdt: *et uelut in sacrificium misericordiae* 𝔏 | οτι] *et* 𝔈 | θεου] pr του AMacgijnuvxa$_2$b$_2$: $\overline{κυ}$ boc$_2$e$_2$𝔏 Thdt | ουτως] ουτος δhpve$_2$: + και c Thdt | hab του 3°—πονηρον 𝔏$^v$ | του 3°—πονηρον] *ut audiens uerbum bonum et malum disponat iudicium* 𝔏$^h$ | του ακουειν] ακουει j | του 3°] το a$_2$: om b$_2$ | εισακουειν boc$_2$e$_2$ Thdt | om το 1° g | πονηρον και το αγαθον cx | αγαθον] καλον boc$_2$e$_2$ | om το 2° agou* | και κυριος] *Dn̄s enim* 𝔏 | om κυριος 2°—σου 1° q | κυριος 2°] pr o coa$_2$ | om σου 1° Mdgmovℭ$^c$ | εσται μετα σου] μετα σου εσται oc$_2$e$_2$ Thdt: μετα σου εστω b: *tecū est* 𝔏

**18** ⟨απεκριθη—ειπεν 1°] ειπεν ο βασιλευς 44⟩ | και 2°—γυναικα] *mulieri et dixit* 𝔏 | ⟨om και 2° 236⟩ | προς την γυναικα] τη γυναικι boc$_2$e$_2$ | μη δη κρυψης] *non abscondas* 𝔏 | δη κρυψης] διακρυψης a$_2$: ⟨δακρυσεις 242⟩ | κρυψης] ης ex corr e: κρυψεις cg | ρημα απ εμου e𝔄-codd | ρημα] pr το boc$_2$e$_2$𝔄-ed (uid): om d | εγω επερωτω σε] *ego dicam tibi* ℭ$^c$: *dicam tibi ego* ℭ$^w$ | om εγω bfoc$_2$e$_2$𝔏 | επερωτω] ερωτω jb$_2$: επερωτησω cx𝔄: εαν επερωτησω boc$_2$e$_2$: *interrogauero* 𝔏 | η γυνη] *rex ei* ℭ$^c$ | om δη 2° defmpstuwz𝔏

**19** και 1°—βασιλευς 1° sup ras N$^b$ | om o βασιλευς 1° d | μη] ει defijmp–wzb$_2$𝔏: ει δη boc$_2$e$_2$: om a* | om η 1° Na$_2$ | om ιωαβ 1° ℭ$^c$ | εν 1°—σου 1°] μετα σου εν πασι τουτοις boc$_2$e$_2$𝔏 | εν παντι τουτω post σου 1° Acx𝔈 | εν παντι] απεναντι h$^b$ | τουτω] τουτων dp–t | και ειπεν 2°] pr και απεκριθη boc$_2$e$_2$: *et respondit* 𝔏 | ⟨η 2°—βασιλει] ο βασιλευς 242⟩ | om τω βασιλει ad | ζητω defmp–twz | om κυριε μου βασιλευ d | om μου 1° b' | βασιλευ] βασιλευς ge$_2$: + *quia sicut angelus Dei sic dominus meus rex audiet bonum* ℭ$^c$ | ει—βασιλευς 2°] *quoniā nec in modico dextra aut sinistra declinasti a uerbo in omnibus quibus locutus es ad me* 𝔏 | ει] η cgv | om εις τα 2° bgoc$_2$e$_2$ | εκ] απο jb$_2$ | παντων] + τουτων A | βασιλευς 2°] βασιλευ i | om o 4° s | ⟨om σου 3° 98⟩ | αυτος 1°—(20) ιωαβ bis scr p | αυτος 1°] ουτως g: om cux | εν 2°—(20) και] *ancillae tuae* (perier aliq) *me quemadmodum parata loquendi oc..sione reuelare tu ..cies huius uerbum ..te et ipse disposu ....nem sermonem di.tum in conspectu... nec mirum est si* 𝔏 | εν τω στοματι] εις το στομα ⟨123⟩𝔄: + μου A | om της δουλης a$_2$ | λογους] δουλους σου h

**20** ενεκεν—τουτου] hab *quemadmodum circumeam faciem tuam his uerbis* 𝔏$^v$ | ενεκεν του περιελθειν] οπως κυκλωση (-σει b) boz(mg)c$_2$ Thdt: οπως κωλυση e$_2$: *ut circumeat et abscondatur* 𝔖$^j$ | περιελειν A | του ρηματος τουτου] το (του a$_2$) ρηματος τουτο va$_2$ | ρηματος] λογου boz(mg)c$_2$e$_2$ Thdt | om o 1°—τουτον ℭ$^c$ | o εποιησεν] ⟨ελαλησεν 64.244⟩: om o MNd–hjmnp–wz (txt)b$_2$ | ιωαβ ο δουλος σου Thdt | δολον] λ ex υ z$^a$(txt): δουλον u*: λογον AMNa$^{b?}$bce*fgmovwxz(mg)a$_2$c$_2$e$_2$𝔄ℭ$^w$𝔖$^j$ Thdt | μου Bchxa$_2$𝔄𝔈] *rex* 𝔏: + ο βασιλευς MN rell ℭ: + ιωαβ A | σοφος] φρονιμος boz(mg)c$_2$e$_2$: + σφοδρα a | καθως σοφια] *secu.... sapientiam* 𝔏: κατα την φρονησιν boz(mg)c$_2$e$_2$ | καθα cx | om του 3° defmp–twz | om παντα boc$_2$e$_2$ | om τα c | εν τη γη] επι της γης boc$_2$e$_2$ℭ$^c$𝔖$^j$ | om τη g | ⟨γη] καρδια σου 64⟩

15 δουλης] θ' παιδισκης j 16 οτι—αυτου] σ' οτι ηκουσεν βασιλευς ωστε εξελθειν την δουλην αυτου M | θεου] θ' $\overline{κυ}$ j
17 και 1°—γυνη] ο' και ειπεν η γυνη j
20 ενεκεν—τουτον] αλλως οπως φησι κυκλωται το προσωπον του λογου τουτου ο εποιησεν ο δουλος σου ιωαβ τον λογον τουτον j | ενεκεν—εποιησεν] σ' υπερ του περιαγαγειν (παραγ- M) προσωποποιιαν (προσωποιιαν M) του ρηματος τουτου ου εποιησεν (om ου εποιησεν j) Mj

21 γῇ. ²¹καὶ εἶπεν ὁ βασιλεὺς πρὸς Ἰωὰβ Ἰδοὺ δὴ ἐποίησά σοι κατὰ τὸν λόγον σου τοῦτον· B
22 ἐπίστρεψον τὸ παιδάριον τὸν Ἀβεσσαλώμ. ²²καὶ ἔπεσεν Ἰωὰβ ἐπὶ πρόσωπον αὐτοῦ ἐπὶ τὴν γῆν
καὶ προσεκύνησεν καὶ εὐλόγησεν τὸν βασιλέα, καὶ εἶπεν Ἰωὰβ Σήμερον ἔγνω ὁ δοῦλός σου ὅτι
εὗρον χάριν ἐν ὀφθαλμοῖς σου, κύριέ μου βασιλεῦ, ὅτι ἐποίησεν ὁ κύριός μου ὁ βασιλεὺς τὸν λόγον
23 τοῦ δούλου αὐτοῦ. ²³καὶ ἀνέστη Ἰωὰβ καὶ ἐπορεύθη εἰς Γεδσούρ, καὶ ἤγαγεν τὸν Ἀβεσσαλὼμ
24 εἰς Ἰερουσαλήμ. ²⁴καὶ εἶπεν ὁ βασιλεύς Ἀποστραφήτω εἰς τὸν οἶκον αὐτοῦ, καὶ τὸ πρόσωπόν
μου μὴ βλεπέτω· καὶ ἀπέστρεψεν Ἀβεσσαλὼμ εἰς τὸν οἶκον αὐτοῦ, καὶ τὸ πρόσωπον τοῦ βασιλέως
25 οὐκ εἶδεν. ²⁵καὶ ὡς Ἀβεσσαλὼμ οὐκ ἦν ἀνὴρ ἐν παντὶ Ἰσραὴλ αἰνετὸς σφόδρα· ἀπὸ ἴχνους ποδὸς
26 αὐτοῦ καὶ ἕως κορυφῆς αὐτοῦ οὐκ ἦν ἐν αὐτῷ μῶμος. ²⁶καὶ ἐν τῷ κείρεσθαι αὐτὸν τὴν κεφαλὴν
αὐτοῦ, καὶ ἐγένετο ἀπ' ἀρχῆς ἡμερῶν εἰς ἡμέρας ὡς ἂν ἐκείρετο, ὅτι κατεβαρύνετο ἐπ' αὐτόν, καὶ
κειρόμενος αὐτὴν ἔστησεν τὴν τρίχα τῆς κεφαλῆς αὐτοῦ διακοσίους σίκλους ἐν τῷ σίκλῳ τῷ
27 βασιλικῷ. ²⁷καὶ ἐτέχθησαν τῷ Ἀβεσσαλὼμ τρεῖς υἱοὶ καὶ θυγάτηρ μία, καὶ ὄνομα αὐτῇ Θημάρ·
αὕτη ἦν γυνὴ καλὴ σφόδρα, καὶ γίνεται γυνὴ τῷ Ῥοβοὰμ υἱῷ Σαλωμὼν καὶ τίκτει αὐτῷ τὸν
28 Ἀβιαθάρ. ²⁸Καὶ ἐκάθισεν Ἀβεσσαλὼμ ἐν Ἰερουσαλὴμ δύο ἔτη ἡμερῶν, καὶ τὸ πρόσωπον τοῦ

26 καερεσθαι A (αε sup ras A$^?$) | ἀπαρχῆς B$^b$    27 γινεται] γεινεται B*: γυνεται A | σαλομων B$^b$ | τηκτει A

AMNa–jm–qs–xz–c$_2$e$_2$𝔄ℭ$^{cw}$𝔈𝔏$^{h(sv)}$

21 ιδου—τουτον] *ecce nunc uerbum* 𝔏(uid) | om δη bios c$_2$e$_2$ | εποιησα—τουτον] πεποιηκα σοι (πεποιηκασι b') το ρημα τουτο boc$_2$e$_2$ | εποιησα] απεποιησα i: ⟨α εποιησας 246⟩ | om σοι MNagijnuvb$_2$ℭ | om κατα ℭ | om σου g | επιστρεψον Bha$_2$𝔈] pr και πορευθητι και Acx: πορευου και επιστρεφε boc$_2$e$_2$: *uade et a ....* 𝔏: pr πορευου MN rell 𝔄ℭ | om τον 2° e*g | αβεσαλωμ *b*cegqst

22 om ιωαβ 1° a$_2$ | om αυτου 1° g* | προσεκυνησεν] + αυτω boc$_2$e$_2$𝔄𝔈𝔏 | και ειπεν ιωαβ] bis scr u*: *dic ...* 𝔏: om ιωαβ d: + *regi* ℭ$^c$ | εγνω] εγνων cx: εγνωκα boc$_2$e$_2$: *scio* 𝔏 | om ο δουλος σου 𝔏 | ευρον] pr ινα g*(uid): ευρεν amnv: ευρηκα boc$_2$e$_2$ | om μου 1° ve$_2$ | οτι 2°] καθοτι boc$_2$e$_2$ | εποιησεν—αυτου 2°] *secundum ue .... serui tui fecisti m ... ricordiam* 𝔏 | εποιησεν—βασιλευς] εποιησας d | εποιησεν] *sciuit* ℭ$^c$ | om ο κυριος μου boc$_2$e$_2$ | om ο 3° a* | τον λογον] το ρημα boc$_2$e$_2$ | του δουλου] τον δουλον p*: του κυριου a$_2$ | αυτου 2°] σου d

23 και 1°—και 2°] *Ioab autem* ℭ$^c$ | hab και 2°—γεδσουρ 𝔏$^v$ | εις 1°] εν N | γεδσουρ BAch$^{b?}$nxa$_2$ℭ] *Gedsor* 𝔏$^v$: *Gedosor* 𝔈: γεθσουρ defmp–twz𝔄: γελσουρ h*: γοσσο Mg: γεσσιρ N rell: *Ges...* 𝔏$^h$: ⟨γεθουρ 71⟩ | αβεσαλωμ bcegqst | ⟨ιερουσαλημ] ισραηλ 74⟩

24 βασιλευς] + *Ioab* ℭ | και 2°—μου] *faciem ta ... m meam* 𝔏 | μου] αυτου a$_2$ | βλεπετω] ιδετω *b*oc$_2$e$_2$: ειδετω b' | απεστρεψεν] επεστρεψεν Acx: ανεστρεψεν a: απεστραφη boc$_2$e$_2$: απηλθεν iℭ | αβεσσαλωμ] pr ο A*b* (αβεσα-): αβεσαλωμ b'cegqst: + *et conmorabat.r* 𝔏 | om του d | ειδεν] οιδε cp: ηδει e$_2$

25 και 1°—ισραηλ] *erat ...ro Abessalon ta... .ualis non fuit rex ....rahel* 𝔏 | ως—μωμος] εως κορυφης αυτου ουκ ην εν αυτω μωμος αινετος σφοδρα εως ιχνους ποδων και ουκ ην ανηρ ως αυτος εν παντι ιη̄λ d | ως] καθως boz(mg)c$_2$e$_2$ | αβεσαλωμ bc(pr o)egoqst | ανηρ—ισραηλ] *in omni Israel uir pulcher* 𝔄 | ανηρ] post ισραηλ i: καλος c: om N: + καλος Abxz(mg)c$_2$e$_2$𝔖$^j$: + καλλως o | παντι] τω boc$_2$e$_2$: om acx | ισραηλ] ιλη̄μ cx | hab αινετος σφοδρα 𝔏$^v$ | απο ιχνους ποδος] *a plantis pedum* 𝔄 | απο] pr και h𝔏 | ποδων Nn | om αυτου 1° 𝔏(uid) | om και 2° cgx𝔄ℭ𝔈𝔏(uid) | om αυτου 2° 𝔏 | ουκ 2°—μωμος] *inreprae-hen....lis formae* 𝔏 | εν αυτω] post μωμος o: om cx: om εν b'e

26 και 1°—βασιλικω] *nam cū ...o dierum quibū...rata faciem regis ...que in die quo reno....tur non fuisset ..nsus et praegra..rent eum capilli ca ....s eius reuersus ...omum suam toton...caput suum et pō..rauit capillum ca..... sui et erat centū.... erum in pondere...* 𝔏$^h$ | κειρασθαι bv | om αυτον 1° cx𝔄 | εγινετο *b*oc$_2$e$_2$𝔄 | απ αρχης] απο αρχην u: απο τελους MNad–gjmnp–tvwzb$_2$ | εις ημερας] εις ημεραν cxa$_2$: om b' | ως αν] οταν boz(mg)c$_2$e$_2$ | ως] εως Na$_2$: ων defmpq*stwz(txt): om a* | κατεβαρυνεν u | και 3° post αυτην a$_2$ | κειραμενος MNbgh$^{b?}$jouvz$^{a?}$b$_2$c$_2$e$_2$ | αυτην BAcxa$_2$] om MN rell 𝔄 | εστησεν BAuxa$_2$] ⟨εστη 44.71⟩: ιστα MNa$^b$(ex corr)bghinovb$_2$c$_2$e$_2$: om c: ιστη rell: *ponderabat* 𝔄𝔈 | om την 2° c | hab διακοσιους—βασιλικω 𝔏$^v$ | διακοσιους σικλους] και ην εκατον σικλων boz(mg)c$_2$e$_2$𝔏$^v$𝔖$^j$(uid) | σιτλους cx | εν 2°—βασιλικω] *in pondere regali proximi* 𝔏$^v$ | σικλω] σιτλω x: σταθμω boz(mg)c$_2$e$_2$ | βασικω c$_2$

27 εταχθησαν m(uid) | αβεσσαλωμ] αβεσαλωμ bcegoq$^a$st: αβαλωμ q*: βασιλει A | υιοι τρεις coxc$_2$e$_2$ | hab ονομα—αβιαθαρ 𝔏$^v$ | ονομα αυτη BANchuxa$_2$𝔏$^v$] αυτη periit in 𝔏$^h$: το ονομα αυτης M rell | θημαρ] θαμαρ Ac–fpx𝔄𝔏$^h$: ܬܡܪ 𝔖$^j$(mg): μααχα bozc$_2$e$_2$: ܡܥܟܐ 𝔖$^j$(txt): *Moacha* 𝔏$^v$: μοοχα jb$_2$: μωοχα MNa(ωω et α sup ras)h*inuv: μωωχα g: μοσχα h$^{b?}$ | hab αυτη 2°—αβιαθαρ 𝔏$^s$ | αυτη 2°—σαλωμων] *haec fuit in matrimonio Roboam filii Salomonis* 𝔏$^s$ | αυτη ην γυνη] periere in 𝔏$^h$: *et haec puella erat* 𝔏$^v$: om ℭ$^c$ | αυτη 2°] pr και boc$_2$e$_2$𝔄𝔈 | ην] η Ab–fimp–tw–a$_2$: + η b$_2$ | om γυνη 1° c$_2$ | καλη] + τω ειδει MNad–gi–np–wzb$_2$𝔄ℭ𝔏$^{hv}$ | om σφοδρα ℭ$^c$ | και 4°—αβιαθαρ sub — c$_2$ | και 4°—τικτει] *quae postmodum iuncta matrimonio Roboam filio Salomonis peperit* 𝔏$^h$ | γινεται γυνη] *fuit mulier in matrimonium* 𝔏$^v$ | om τω 2° ua$_2$ | ροβοαμ] ρωβωαμ a: ροβοαν j: ιεροβοαμ ⟨74⟩ℭ$^c$ | υιω] υιος c$_2$ | σαλωμων] ωμω sup ras a: σαλομων B$^b$N$^{a?}$c–gjm*(uid)npwx: σαλομωντος z(txt): *Salamonis* 𝔏$^v$: *Solomon* ℭ: σολομωντος boz$^{mg}$(uid)c$_2$e$_2$: ⟨σολωμ 242⟩ | om και 5°—αβιαθαρ ℭ$^c$ | τικτει] τικτη b'c: *peperit* 𝔏$^{sv}$ | αυτω] αυτη c | τον αβιαθαρ] *Abiam* 𝔏 | αβιαθαρ Ba$_2$ℭ$^w$] αβιαν As*: αβια MNs$^{a?}$ rell 𝔄𝔈𝔖$^j$: hab αβιας Jos

28 εκαθισεν—(29) και 1°] *cum biennium esset quod sederet Abessalon in Hierusalem faciē regis non uidens* 𝔏 | αβεσαλωμ bcegoqst | ⟨εν ιερουσαλημ post ημερων 64.244⟩ | εν] εις e$_2$ | ιερουσαλημ] pr τη e | δυο ετη ημερων] *dies annorum (mensium*

26 διακοσιους] μααθαειμ εχει το εβρ. M

B βασιλέως οὐκ εἶδεν. [29]καὶ ἀπέστειλεν Ἀβεσσαλὼμ πρὸς Ἰωὰβ ἀποστεῖλαι αὐτὸν πρὸς τὸν 29
βασιλέα, καὶ οὐκ ἠθέλησεν ἐλθεῖν πρὸς αὐτόν· καὶ ἀπέστειλεν ἐκ δευτέρου πρὸς αὐτόν, καὶ οὐκ
ἠθέλησεν παραγενέσθαι. [30]καὶ εἶπεν πρὸς τοὺς παῖδας αὐτοῦ Ἀβεσσαλώμ Ἴδετε ἡ μερὶς ἐν ἀγρῷ 30
τοῦ Ἰωὰβ ἐχόμενά μου, καὶ αὐτῷ κριθαὶ ἐκεῖ· πορεύεσθε καὶ ἐμπρήσατε αὐτὴν ἐν πυρί· καὶ
ἐνέπρησαν αὐτὰς οἱ παῖδες Ἀβεσσαλώμ, τὴν μερίδα. καὶ παραγίνονται οἱ δοῦλοι Ἰωὰβ πρὸς
¶ 𝔏[h] αὐτὸν διερρηχότες¶ τὰ ἱμάτια αὐτῶν καὶ εἶπαν Ἐνεπύρισαν οἱ δοῦλοι Ἀβεσσαλὼμ τὴν μερίδα ἐν
πυρί. [31]καὶ ἀνέστη Ἰωὰβ καὶ ἦλθεν πρὸς Ἀβεσσαλὼμ εἰς τὸν οἶκον, καὶ εἶπεν πρὸς αὐτόν Ἵνα 31
τί οἱ παῖδές σου ἐνεπύρισαν τὴν μερίδα τὴν ἐμὴν ἐν πυρί; [32]καὶ εἶπεν Ἀβεσσαλὼμ πρὸς Ἰωάβ 32
Ἰδοὺ ἀπέστειλα πρὸς σὲ λέγων Ἧκε ὧδε καὶ ἀποστελῶ σε πρὸς τὸν βασιλέα λέγων Ἵνα τί ἦλθον
ἐκ Γεδσούρ; ἀγαθόν μοι ἦν εἶναι ἐκεῖ· καὶ νῦν ἰδοὺ τὸ πρόσωπον τοῦ βασιλέως οὐκ εἶδον· εἰ δέ
ἐστιν ἐν ἐμοὶ ἀδικία, καὶ θανάτωσόν με. [33]καὶ εἰσῆλθεν Ἰωὰβ πρὸς τὸν βασιλέα καὶ ἀπήγγειλεν 33
αὐτῷ, καὶ ἐκάλεσεν τὸν Ἀβεσσαλώμ. καὶ εἰσῆλθεν πρὸς τὸν βασιλέα καὶ προσεκύνησεν αὐτῷ, καὶ
ἔπεσεν ἐπὶ πρόσωπον αὐτοῦ ἐπὶ τὴν γῆν καὶ κατὰ πρόσωπον τοῦ βασιλέως. καὶ κατεφίλησεν ὁ
βασιλεὺς τὸν Ἀβεσσαλώμ.

30 παιδας] παι| A | κρειθαι B* | πορευεσθαι A | παραγεινονται B*

AMNa–jm–qs–xz–c$_2$e$_2$𝔄ℭ$^{cw}$𝔈(𝔏$^{hsv}$)

ed) *duorum* 𝔄 | ετη δυο cx | om ημερων ⟨74⟩𝔈 | ⟨βασιλεως ουκ ειδεν] πατρος ουκ ειδεν του βασιλεως 74⟩ | οιδεν pv

**29** απεστειλεν 1°] εξαπεστειλεν boc$_2$e$_2$ | αβεσσαλωμ] αβεσαλωμ bcegqst: om 𝔏 | αποστειλαι BAcxa$_2$] pr του MN rell | ⟨om τον 242⟩ | ελθειν] ιωαβ παραγενεσθαι boc$_2$e$_2$ | om προς αυτον 1° d | απεστειλεν 2°] εστειλεν d: +ετι boc$_2$e$_2$ | δευτερου] +ετι z | om προς αυτον 2° de$_2$ℭ$^w$𝔏 | παραγενεσθαι] παραγινεσθαι cx: ελθειν προς αυτον ⟨74⟩𝔈(uid): om d

**30** προς 1°—αβεσσαλωμ 1° BAhna$_2$] αβεσσαλωμ (*Abessalon* 𝔏: αβεσαλωμ b'*b) προς τους δουλους αυτου boc$_2$e$_2$𝔄ℭ𝔏(uid): αβεσσαλωμ (αβεσα- cegqst) προς τους παιδας αυτου MN rell 𝔈 | ιδετε] +δη MNad–gh$^b$jmnp–wzb$_2$ | η—εκει] *ubi pars est Ioab in agro iuxta nos in quo agro habet hordeum* 𝔏 | om η μερις h* | η] ει Aa(sup ras): om cx | εν 1°—μου] η εχομενη ημων εν αγρω του ιωαβ boc$_2$e$_2$ | εν αγρω] post ιωαβ 1° vℭ$^c$: om i | του] τω a: om iv | εχομενη z(mg) | μου] ex corr e: μοι ctx | κριθαι εκει] εκει κριθη u | κριθαι BAchnxa$_2$] post εκει MN rell | εκει] εισι A | πορευεσθε] πορευθητε δη και ιδετε boc$_2$e$_2$: ⟨om 242⟩ | εμπρησατε] εμπυρισατε Nbcfoc$_2$e$_2$ | αυτην] *illud* 𝔏: αυτας oc$_2$e$_2$: αυτα b | om και 4°—μεριδα 1° gℭ$^c$ | ενεπρησαν—πυρι 2°] εποιησαν ουτως d | ενεπρησαν—διερρηχοτες] *illi obaudienter praeceptis dn̄i sui congregauerunt segetem Ioab posita in cōfinio agri illorum et cum uidissent serui Ioab ablatam fuisse spem frugum scissis* 𝔏 | ενεπρησαν] ενεπυρισαν Nboc$_2$e$_2$ | αυτας οι παιδες] οι δουλοι αυτας b' | αυτας] αυτην efmp–twz: om MN ahijnuvb$_2$𝔄ℭ$^w$ | ⟨οι 1°—μεριδα 1°] την μεριδα αυτου οι δουλοι αβεσαλωμ εν πυρι 74: αυτην εν πυρι 242⟩ | παιδες BAchxa$_2$𝔈] δουλοι MN*b* rell 𝔄 | αβεσσαλωμ 2°] αβεσαλωμ b'**b*ceqst | την μεριδα 1°] εν πυρι την μεριδα ιωαβ boc$_2$e$_2$: om cx: +εν πυρι ⟨246⟩ℭ: +ιωαβ εν πυρι Maefhjmnqstvwz𝔄 | hab και 5°—πυρι 2° 𝔏$^{sv}$ | om και 5°—μεριδα 2° p | παραγινονται] παραγενονται a$_2$: παρεγενοντο efmqstwz𝔏$^v$𝔖$^j$ | δουλοι 1°] παιδες cx𝔈 | ⟨ιωαβ 2°] pr αβεσσαλωμ 242⟩ | προς αυτον] post αυτων u: *ad Ioab* ℭ$^w$: *ad dominum suum* 𝔏$^v$: om ℭ$^c$𝔏$^s$ | διερρηχοτες] διερριγοτες i (ε 2° ex α i$^a$): διερρωχοτες ve$_2$: διερρωγοτες c | τα ιματια] τους χιτωνας i | αυτων] εαυτων Ah | ειπαν] ειπον efj$^{a?}$u: λεγουσιν boc$_2$e$_2$: om a*: +*ei* 𝔏$^v$ | ενεπυρισαν] ενεπρησαν MN aefgijmq–wzb$_2$ | δουλοι 2°] παιδες h𝔈 | αβεσσαλωμ 3°] αβεσαλωμ b'**b*cegqst: *Absalom* 𝔏 | την 2°—πυρι 2°] εν πυρι την μεριδα σου c | την μεριδα 2°] *partem agri* (+*cum hordeo* 𝔏$^v$) 𝔏: ⟨+σου 74⟩

**31** ηλθεν] επορευθη boc$_2$e$_2$𝔈(uid) | αβεσσαλωμ] pr τον p: αβεσαλωμ b'*ceqst: τον αβεσαλωμ g | εις τον οικον] om ℭ$^c$: om τον a$_2$: +αυτου cxℭ$^w$𝔈(uid) | ειπαν b$_2$ | οι—ενεπυρισαν Bhna$_2$] ενεπυρισαν (-πρησαν a) οι δουλοι σου aboc$_2$e$_2$𝔄: ενεπρησαν (-πυρισαν Acx) οι παιδες σου AMN rell 𝔈 | την 1°—εμην] τον αγρον μου boc$_2$e$_2$: +*in agro* ℭ$^c$ | om εν n

**32** αβεσσαλωμ] αβεσσαλουμ a$_2$: αβεσαλωμ cegqst | προς ιωαβ] *ei* ℭ$^c$: om d: +λεγων b' | om ιδου 1° 𝔄ℭ𝔈$^-$ | σε 1°] +απαξ και δις b'gℭ | λεγων 1°] om ℭ: +απαξ και δις *b*oc$_2$e$_2$ | ηκε ωδε και] παραγενου δη οπως boc$_2$e$_2$ | αποστελω] αποστελλω h: αποστειλω oc$_2$e$_2$ | om σε 2° au𝔈$^s$ | λεγων 2°] λεγοντα boz c$_2$e$_2$: ⟨λεγειν 246⟩ | ηλθον] παρεγενομην boc$_2$e$_2$ | γεδσουρ BA ch$^{b?}$nxℭ(uid)] *Gedosor* 𝔈: γελσουρ h*: γεσσουρ i: γεθσου a$_2$: γεσσειρ Mbjouvb$_2$c$_2$e$_2$: γεσειρ N: γεσηρ g: γερσιν a: γεθσουρ rell 𝔄: ⟨γεθουρ 71⟩ | αγαθον] καλον bcoxc$_2$e$_2$ | μοι] post ην boc$_2$𝔄: om a | om ην e$_2$ | ειναι εκει] *adhuc ibi esse* 𝔄 | ειναι B] του ειναι με abcotc$_2$e$_2$: ⟨το ειναι με 242⟩: του ειναι με ετι x: του οικειν a$_2$: του (om A) ετι ειναι με AMN rell 𝔖$^j$(uid): ⟨ει ετι ημην 244⟩ | και 3°—ειδον] *quam non uidere faciem regis* 𝔄 | και νυν ιδου] οτι cx | ιδου 2°—ειδον] οψομαι δη το προσωπον του βασιλεως bo c$_2$e$_2$ | το—βασιλεως post ειδον Acx | ει δε] ιδε N: και ει boc$_2$e$_2$ 𝔖$^j$ | εστιν εν εμοι post αδικια 𝔄 | ⟨om εστιν 74⟩ | αδικια εν εμοι cx | om εν A | om και 4° cdoxa$_2$𝔄ℭ𝔈 | θανατωσον με] *occidat me* 𝔈: θανατωθησομαι MNabefj–osuvwb$_2$c$_2$e$_2$ℭ: θανατωθησωμαι g: +συ c

**33** εισηλθεν 1°] επορευθη boc$_2$e$_2$ | βασιλεα 1°] +και προσεκυνησεν αυτω και επεσεν επι προσωπον αυτου επι την γην ενωπιον του βασιλεως b' | om και 2°—βασιλεα 2° z(txt) | ανηγγειλεν Achx | αυτω 1°] +*uerba haec* (+*omnia* ℭ$^c$) ℭ | om τον 2° Adp–t | αβεσσαλωμ 1°] αβεσαλωμ cegoqst | om και 4°—αβεσσαλωμ 2° c | εισηλθεν 2°] ηλθε x | αυτω 2°] αυτον a | om αυτου e$_2$ | om επι την γην 𝔄-ed | om και 7°—βασιλεως d | και 7° BA] +προσεκυνησεν αυτω b': om MN*b* rell 𝔄ℭ𝔈 | κατα προσωπον] κατα το προσωπον f: ενωπιον boz(mg)c$_2$e$_2$ | om και 8°—αβεσσαλωμ 2° a$_2$ | ο—αβεσσαλωμ 2°] αυτον ο βασιλευς d | αβεσσαλωμ 2°] αβεσαλωμ egqst

XV 1 [1]Καὶ ἐγένετο μετὰ ταῦτα καὶ ἐποίησεν ἑαυτῷ Ἀβεσσαλὼμ ἅρματα καὶ ἵππους καὶ πεντήκοντα B
2 ἄνδρας παρατρέχειν ἔμπροσθεν αὐτοῦ. [2]καὶ ὤρθρισεν Ἀβεσσαλὼμ καὶ ἔστη ἀνὰ χεῖρα τῆς ὁδοῦ
τῆς πύλης· καὶ ἐγένετο πᾶς ἀνὴρ ᾧ ἐγένετο κρίσις ἦλθεν πρὸς τὸν βασιλέα εἰς κρίσιν¶, καὶ ¶ ℭ$^c$
ἐβόησεν πρὸς αὐτὸν Ἀβεσσαλὼμ καὶ ἔλεγεν αὐτῷ Ἐκ ποίας πόλεως σὺ εἶ; καὶ εἶπεν Ἐκ μιᾶς
3 φυλῶν Ἰσραὴλ ὁ δοῦλός σου. [3]καὶ εἶπεν πρὸς αὐτὸν ὁ Ἀβεσσαλώμ Ἰδοὺ οἱ λόγοι σου ἀγαθοὶ
4 καὶ εὔκολοι, καὶ ἀκούων οὐκ ἔστιν σου παρὰ τοῦ βασιλέως. [4]καὶ εἶπεν Ἀβεσσαλώμ Τίς με
καταστήσει κριτὴν ἐν τῇ γῇ, καὶ ἐπ' ἐμὲ ἐλεύσεται πᾶς ἀνὴρ ᾧ ἐὰν ᾖ ἀντιλογία καὶ κρίσις καὶ
5 δικαιώσω αὐτόν; [5]καὶ ἐγένετο ἐν τῷ ἐγγίζειν ἄνδρα τοῦ προσκυνῆσαι αὐτῷ, καὶ ἐξέτεινεν τὴν
6 χεῖρα αὐτοῦ καὶ ἐπελαμβάνετο αὐτοῦ καὶ κατεφίλησεν αὐτόν. [6]καὶ ἐποίησεν Ἀβεσσαλὼμ κατὰ
τὸ ῥῆμα τοῦτο παντὶ Ἰσραὴλ τοῖς παραγινομένοις εἰς κρίσιν πρὸς τὸν βασιλέα, καὶ ἰδιοποιεῖτο
7 Ἀβεσσαλὼμ τὴν καρδίαν ἀνδρῶν Ἰσραήλ. [7]Καὶ ἐγένετο ἀπὸ τέλους τεσσεράκοντα ἐτῶν καὶ
εἶπεν Ἀβεσσαλὼμ πρὸς τὸν πατέρα αὐτοῦ Πορεύσομαι δὴ καὶ ἀποτίσω τὰς εὐχάς μου ἃς
8 ηὐξάμην τῷ κυρίῳ ἐν Χεβρών· [8]ὅτι εὐχὴν ηὔξατο ὁ δοῦλός σου ἐν τῷ οἰκεῖν με ἐν Γεδσοὺρ ἐν
Συρίᾳ λέγων Ἐὰν ἐπιστρέφων ἐπιστρέψῃ με Κύριος εἰς Ἰερουσαλήμ, καὶ λατρεύσω τῷ κυρίῳ.
9 10 [9]καὶ εἶπεν αὐτῷ ὁ βασιλεύς Βάδιζε εἰς εἰρήνην· καὶ ἀναστὰς ἐπορεύθη εἰς Χεβρών. §[10]καὶ § y

XV 3 βασι|ως A 5 εγενε A 6 παραγειvομενοις B*
7 τεσσαρακοντα B$^b$ | αποτεισω B* | ευξαμην A

AMNa-jm-qs-x(y)z-c$_2$e$_2$𝔄ℭ$^{(c)w}$𝔈(𝔏$^v$)

XV 1 om εγενετο cxℭ$^w$ | om και 2° cxℭ | εαυτω αβεσσαλωμ] αβεσσαλωμ (αβεσα- c) αυτω cx | εαυτω] αυτω ANh*pve$_2$: om 𝔄 | αβεσσαλωμ] pr ο o: αβεσαλωμ egqst: ⟨ο βασιλευς 44⟩ | ιππεις MNabd-np-wb$_2$ℭ | ⟨πεντηκοντα] εκατον 246⟩ | παρατρεχειν BAchuxa$_2$] προτρεχειν (-χει b$_2$) MNagijnb$_2$: προστρεχην v: προτρεχοντας rell | εμπροσθεν] post αυτου f: προ προσωπου boc$_2$e$_2$ | αυτου] αυτω v

2 ωρθριζεν MNacginovzc$_2$e$_2$𝔄𝔈 | αβεσσαλωμ 1°] αβεσαλωμ cegqst | εστη] *stabat* 𝔄𝔈: ⟨εστησεν 71 : ανεστη 246⟩: ανεβη h: εφιστατο boz(txt)c$_2$e$_2$ | ανα—οδου] εν τη οδω z | ανα χειρα] ⟨ανα με . . . 74⟩: επι bouc$_2$e$_2$ℭ | της οδου] om u: om της cx | εγενετο 1°] εγινετο nz𝔄: ην boc$_2$e$_2$: ⟨+μετα ταυτα 242⟩ | ω] ο v: ως dp | εγενετο 2°] εγινετο MNbd-im-twzb$_2$c$_2$: *erat* 𝔄ℭ | ηλθεν] pr και z(txt): ελθειν a$_2$: του ελθειν u: *uenire* 𝔄ℭ: και ηρχετο bcoxz(mg)c$_2$e$_2$ | om τον c | κρισιν] κριμα boz(mg)c$_2$e$_2$ | εβοησεν προς] εκαλει boz(mg)c$_2$e$_2$ | εβοησεν] εβοα cx𝔄𝔈: ελεγεν u | αβεσσαλωμ (αβεσα- c) προς αυτον Acx | αβεσσαλωμ 2°] αβεσαλωμ egqst | ελεγεν] ειπεν MNad-gijmp-wzb$_2$ | ⟨αυτω] προς αυτον 64⟩ | ει συ Aboc$_2$e$_2$𝔄 | om και ειπεν g | ειπεν BMNijub$_2$] ελεγεν ο ανηρ cx𝔄-ed 𝔈(uid): hab *dicebat* 𝔖$^j$: απεκρινατο ο ανηρ και ελεγεν boc$_2$e$_2$: +προς αυτον a: +ο ανηρ A rell 𝔄-codd: +αυτω ο ανηρ ⟨236.242⟩ ℭ | φυλων BAcxa$_2$] pr των boz$^{a?}$c$_2$e$_2$: φυλης MNz* rell 𝔈(uid) | ισραηλ] pr του bcoxz$^{a?}$c$_2$e$_2$

3 om totum comma cx | ειπεν] ελεγεν boc$_2$e$_2$𝔄-codd 𝔖$^j$ | προς αυτον] post αβεσσαλωμ v: om d | ο B] om AMN rell | αβεσαλωμ egqst | λογοι] δουλοι a | αγαθοι] καλοι bdoz(mg)c$_2$e$_2$ Did-gr | ευκολοι] καλοι N: κατευθυνοντες boz(mg)c$_2$e$_2$ | ακουων] pr ο Mafgijnuvb$_2$: ο ακουων σου N: ο ακουσομενος boz(mg)c$_2$e$_2$ Did-gr | ουκ εστιν] post σου 2° A𝔄: ουχ υπαρχει boz(mg)c$_2$e$_2$ | σου 2° BAa$_2$ Did-gr] σοι MN rell | ⟨τω βασιλει 242⟩

4 om ειπεν αβεσσαλωμ d | ειπεν] ελεγεν boc$_2$e$_2$𝔄𝔈𝔖$^j$ | αβεσσαλωμ] αβεσαλωμ cegqst: ο βασιλευς p*(uid): ⟨αυτοις 74⟩: +προς αυτον v | τις—κριτην] εαν τις καταστη εν κρισει cx | καταστησει (-ση e$_2$) με boc$_2$e$_2$𝔄 | εν τη γη] επι της γης ⟨123⟩ 𝔄ℭ: επι της γης επι τον ι̅η̅λ̅ boc$_2$e$_2$ | τη] pr παση f | om και 2° Acx | ελευσεται επ εμε cx𝔈 | εμε] εμου A | ελευσεται] ελευσονται boc$_2$e$_2$: επελευσεται A | om πας—κρισις cx | ω] ου A: ος o | εαν η] ην p | αν ove$_2$ | η] γενηται boc$_2$e$_2$ | αντιλογια και κρισις] αντιλογιας και κρισεως v: om αντιλογια και boc$_2$e$_2$ | hab και δικαιωσω αυτον 𝔏$^v$ | ⟨δικαιωσω αυτον] δικαιοσυνη αυτων (-των ex -τω 242$^b$) 242⟩ | ⟨δικασω 244⟩ | αυτω u

5 om totum comma i | εγινετο boc$_2$𝔄 | εν τω εγγιζειν] επι (εν e$_2$) τω (το b'c$_2$: του o) προσαγειν boc$_2$e$_2$ | ανδρα] pr τον boc$_2$e$_2$ | του] το *b*: τω b' | προσκυνειν bjoc$_2$e$_2$ | αυτω] αυτοι ad-gmp-tvwz | om και 2° d | εξετενε x | om και επελαμβανετο αυτου a$_2$ | επελαμβανετο] κατελαμβανετο Acx: ⟨κατεπελαμβανετο 64⟩ | κατεφιλησεν BAMNahna$_2$b$_2$] κατεφιλει rell 𝔄ℭ𝔈 | αυτον] αυτου c*

6 εποιει bgoc$_2$e$_2$𝔄 | αβεσσαλωμ 1°] αβεσαλωμ cegqst: ⟨ο βασιλευς 44⟩ | παντα N | παραγινομενοις] παραγενομενοις ab'gqv: ερχομενοις jb$_2$ | om τον c | hab και 2°—ισραηλ 2° 𝔏$^v$ | αβεσσαλωμ 2°] pr ο b: αβεσαλωμ cegqst: *Absalom* 𝔏 | τας καρδιας MNabgijnouvb$_2$c$_2$e$_2$𝔄-codd 𝔏 | ανδρων] pr παντων των (om z) bozc$_2$e$_2$𝔄𝔏: υιων Ncefjmuwxb$_2$: ⟨των υιων 123⟩ | ισραηλ 2°] pr του be$_2$

7 απο—ετων] μετα τεσσαρα ετη bouc$_2$e$_2$ Jos(uid) | απο τελους] μετα (+το c) τελος cx | τεσσερακοντα] δ' gp(ex τεσσαρα corr)𝔄 | ετων] ετι g: ημερων cx | αβεσαλωμ cegqst | πατερα αυτου] βασιλεα λεγων boc$_2$e$_2$ | πορευσομαι] πορευσωμαι cgx: πορευομαι a$_2$ | om δη e$_2$ | αποτισω] αποδωσω boc$_2$e$_2$: hab αποδουναι Jos | τας—ας] *uotum meum quod* 𝔈 | εν] εις e | χευρων cdgp

8 om ευχην o | εν 1°—με 1°] οτε εκαθημην boc$_2$e$_2$ | εν 2°] εις boc$_2$ | γεδσουρ BAch$^{b?}$nxa$_2$ℭ] *Gedosor* 𝔈: γελσουρ h*: γεσσουρ iu On-gr: *Gesur* On-lat: γεσσειρ MNbg(σ 1° ex τ uid) iovb$_2$c$_2$e$_2$: χεβρων a: γεθσουρ rell 𝔄 | om εν συρια a | ⟨αν 74⟩ | επιστρεφων] bis scr a*(uid): om cdex | επιστρεψη με] επιστρεψομε c | επιστρεψη] επιστρεψει Aage$_2$: επιστρεψης b | κυριος] pr ο Ademp-twz: κ̅ε̅ b: om c | εις] εν *b*u | τω κυριω] κ̅ω̅ τω θ̅ω̅ c: +εν χεβρων bozc$_2$e$_2$: +εν χευρων g

9 ⟨om αυτω 242⟩ | βαδιζε] πορευου aboc$_2$e$_2$ | εις ειρηνην] υγιαινων boc$_2$e$_2$ | αναστας επορευθη] ανεστη και ωχετο αβεσσαλωμ boc$_2$e$_2$: *surrexit* ܐܒܫܠܘܡ *et iuit* 𝔖$^j$ | εις 2°] εν iuv | χευρων cdgp

XV 7 τεσσερακοντα] εν τω εξαπλω τεσσάρακοντα κειται παρα πασιν εν δε τω εβραιω αρβαρειμ j

B ἀπέστειλεν Ἀβεσσαλὼμ κατασκόπους ἐν πάσαις φυλαῖς Ἰσραὴλ λέγων Ἐν τῷ ἀκοῦσαι ὑμᾶς τὴν
φωνὴν τῆς κερατίνης καὶ ἐρεῖτε Βεβασίλευκεν βασιλεὺς Ἀβεσσαλὼμ ἐν Χεβρών. 11 καὶ μετὰ 11
Ἀβεσσαλὼμ ἐπορεύθησαν διακόσιοι ἄνδρες ἐξ Ἰερουσαλὴμ κλητοὶ καὶ πορευόμενοι τῇ ἁπλότητι
αὐτῶν· καὶ οὐκ ἔγνωσαν πᾶν ῥῆμα. 12 καὶ ἀπέστειλεν Ἀβεσσαλὼμ τῷ Ἀχειτόφελ τῷ Θεκωνεὶ 12
σύμβουλον Δαυεὶδ ἐν πόλει αὐτοῦ εἰς Γωλὰ ἐν τῷ θυσιάζειν αὐτόν· καὶ ἐγένετο σύντριμμα
ἰσχυρόν, καὶ ὁ λαὸς ὁ πορευόμενος καὶ πολὺς μετὰ Ἀβεσσαλώμ. 13 Καὶ παρεγένετο ὁ ἀπαγ- 13
γέλλων πρὸς Δαυεὶδ λέγων Ἐγενήθη ἡ καρδία ἀνδρῶν Ἰσραὴλ ὀπίσω Ἀβεσσαλώμ. 14 καὶ εἶπεν 14
Δαυεὶδ πᾶσιν τοῖς παισὶν αὐτοῦ τοῖς μετ᾽ αὐτοῦ τοῖς ἐν Ἰερουσαλήμ 'Ἀνάστητε' καὶ φύγωμεν,
ὅτι οὐκ ἔστιν ἡμῖν σωτηρία ἀπὸ προσώπου Ἀβεσσαλώμ· ταχύνατε τοῦ πορευθῆναι, ἵνα μὴ ταχύνῃ
καὶ καταλάβῃ ἡμᾶς καὶ ἐξώσῃ ἐφ᾽ ἡμᾶς τὴν κακίαν καὶ πατάξῃ τὴν πόλιν στόματι μαχαίρης.
15 καὶ εἶπον οἱ παῖδες τοῦ βασιλέως πρὸς τὸν βασιλέα Κατὰ πάντα ὅσα αἱρεῖται ὁ κύριος ἡμῶν ὁ 15
βασιλεύς, ἰδοὺ οἱ παῖδές σου. 16 καὶ ἐξῆλθεν ὁ βασιλεὺς καὶ πᾶς ὁ οἶκος αὐτοῦ τοῖς ποσὶν αὐτῶν· 16
καὶ ἀφῆκεν ὁ βασιλεὺς δέκα γυναῖκας τῶν παλλακῶν αὐτοῦ φυλάσσειν τὸν οἶκον. 17 καὶ ἐξῆλθεν 17

12 αχιτοφελ A | συντριμμα B$^b$] συντρειμμα B*: signa v l prae se fert B 13 ο απαγγελλων] signa v l prae se fert B 14 αναστατε B | τατυνη A | μαχαιρας B$^{ab}$ 15 ερειται A

AMNa–jm–qs–c$_2$e$_2$𝔄ℭ$^w$𝔈(𝔏$^v$)

10 αβεσσαλωμ 1°] ras (7) inter σ 1° et σ 2° u: αβεσσαλων b′: αβεσαλωμ cegqst: ⟨ο βασιλευς 242⟩ | κατασκοπους] αγγελους aℭ𝔈(uid) | εν πασαις φυλαις] εις πασας τας φυλας boc$_2$e$_2$ℭ(uid) | om εν 1° A | πασαις φυλαις] παντι u | φυλαις] pr ταις Ny: om m* | ισραηλ] pr του boc$_2$e$_2$ | εν τω] ως εαν N | ακουσαι] α 1° ex corr N | υμας] ημας o: ημιν v | την φωνην] της φωνης cgx: φωνης o: om e: om την bc$_2$e$_2$ | της κερατινης] σαλπιγγας bo c$_2$e$_2$ | βεβασιλευκεν] pr *quod* 𝔄: βεβασιλευσεν y: εβασιλευσεν xa$_2$: οτι εβασιλευσεν c | βασιλευς] pr ο vy: om Abcdo–uxz c$_2$e$_2$ℭ | αβεσσαλωμ 2°] αβεσσαλων b′: αβεσαλωμ cegqst | εν 3°] εις u | χευρων dgp

11 μετα αβεσσαλωμ (αβεσα- c) επορευθησαν BAchnxa$_2$𝔄] επορευθησαν μετα (om b′*) αβεσσαλωμ (αβεσα- egqst) MN rell ℭ𝔈 Or-gr | εξ ιερουσαλημ κληται] *electi ex Israel* 𝔈 | εξ ιερουσαλημ] post κληται u: om ⟨98⟩𝔄𝔖$^j$ | ιερουσαλημ] ιλη̄ h$^{b?}$: ιη̄λ cx | επικληται boc$_2$e$_2$ | πορευομενοι] επορευοντο boc$_2$e$_2$𝔄(uid): *ierunt* 𝔈 | τη απλοτητι αυτων] απλαστως boc$_2$e$_2$ | τη] pr εν Acxa$_2$ | αυτων] αυτου v: om 𝔄(uid) | εγνωσαν] ηδεισαν boc$_2$e$_2$𝔄(uid)𝔖$^j$: hab ειδοτες Jos | παν] ουθεν bz$^{a?}$c$_2$e$_2$: ουδεν o

12 αβεσσαλωμ 1°] αβεσαλωμ cegqst | τω 1°—συμβουλον] *ad Achitofel consiliarios* 𝔈 | τω 1° BAa$_2$ℭ(uid)] τον h: και εκαλεσεν τον (τω x: om 44) MN rell ⟨44⟩𝔄𝔖$^j$(uid) | αχειτοφελ] αγχιτοφελ g: αχειττοφελ a$_2$: αχιττωφελ v | τω θεκωνει] *Thecuitam* 𝔄 | τω 2° BAcxa$_2$] τον MN rell | θεκωνει Bℭ(uid)] θεκωνεις a$_2$: γιλωναιω A: σιλωναιω cx: γελμωναιον boz(mg)c$_2$e$_2$ 𝔖$^j$(mg) Jos: χελμωναιον b′: γωλαμαναιον j: γαλαμωναιον e–hp: γαλαμωναιον nuy$^b$: γωμωναιον a*: τωλαμωναιον vy*: γωλαμωναιον MNa$^{a?}$z(txt) rell: ⟨γολαμωραιον 242⟩ | συμβουλον Ba$_2$] ⟨συμβολον 242⟩: τω συμβουλω Acx: pr τον MN rell | δαυειδ] pr του MNafgijmp–tvwyzb$_2$ | εν πολει BAchuxa$_2$] ⟨εν τη πολει 64⟩: *in ciuitatem* 𝔄: εκ της πολεως MN rell | εις γωλα] *Golachen* 𝔈: om cx | εις Bha$_2$𝔄] εν Au: της MN rell | γωλα BAhua$_2$𝔄ℭ] ⟨γωλαμανα 74.98⟩: γολαμωνα fv: ⟨γαλαμανα 71⟩: γαλαμωνα en: μεταλλααδ oc$_2$e$_2$: μεταλλαδ b: γωλαμωνα MN rell: γιλων On | hab εν 2°—ισχυρον 𝔏$^v$ | θυσιαζειν] θυειν bo c$_2$e$_2$ | αυτον] + τας θυσιας Ab–fhj–uwxzc$_2$e$_2$𝔄𝔏: + *sacrificium eius* 𝔈: + *deis eius* ℭ | εγενετο—πολυς] *conuenerunt multus populus et multus* (*multiplicati sunt* 𝔈$^a$) *ualde* 𝔈 | εγενετο συντριμμα ισχυρον] ην το διαβουλιον πορευομενον και στερεουμενον boz(mg)e$_2$: ην διαβουλιον πορευομενον c$_2$: *erat cogitatio firma* 𝔏 | συντριμμα Bva$_2$] συστρεμμα AMNa(ρε sup ras)z(txt) rell 𝔄ℭ | ⟨ισχυρων 242⟩ | ο 2°—πολυς] *multus iens* 𝔄: επορευετο και επληθυνετο boz(mg)c$_2$e$_2$: επληθυνετο και επορευετο b′ | om ο 2° AMNad–gjmp–tvwyz(txt)b$_2$ | om και πολυς a$_2$ | om και 4° acdfux | μετα αβεσσαλωμ (αβεσα- c) πολυς cxℭ | αβεσσαλωμ 2°] αβεσαλωμ egqst

13 om totum comma za$_2$ | παρεγενετο] παραγινεται boc$_2$e$_2$: εγενετο t*(uid) | ο απαγγελλων] ο απαγγελων adghnoqs*tuc$_2$e$_2$: ⟨απαγγελων 242⟩: αγγελλων A: ⟨ο αποστελλων 44: ο αγγελος 64⟩: αγγελος cxℭ | ⟨εγεννηθη 242⟩ | om η Mabyc$_2$e$_2$ | ανδρων] υιων cx: παντος του boc$_2$e$_2$: om 𝔈 | ⟨αβεσσαλωμ οπισω 246⟩ | αβεσαλωμ cegqst

14 παισιν] παιδαριοις cvx: δουλοις boc$_2$e$_2$ | om τοις μετ αυτου 𝔈 | τοις 2°] + ουσι z | μετ αυτου] μεθ αυτου fmsw: μεθ εαυτου e: μετα του e$_2$ | om τοις εν ιερουσαλημ b𝔈 | τοις 3° BAha$_2$ℭ𝔖$^j$] om MN rell 𝔄 | αναστητε] αναστατε BA: ανεστητε p | φυγωμεν] εξελθωμεν M(mg)boc$_2$e$_2$ | ⟨σωτηρια] pr αυτη 64⟩ | απο προσωπου] μετα cx | αβεσαλωμ cegoqst | ταχυνατε] pr και Acx: σπευσατε boc$_2$e$_2$ | του πορευθηναι] απελθειν boc$_2$e$_2$ | ινα μη ταχυνη] μη φθαση ο λαος boc$_2$e$_2$: ⟨om 71⟩ | om ταχυνη και cx | ταχυνει g | εξωση] εξωσει ags: επωσηται bc$_2$e$_2$: επωσητε b′o | om εφ g | κακιαν] πολιν M(mg) boc$_2$e$_2$ | παταξει agmo | στοματι] pr εν Nabcfnouvxza$_2$c$_2$e$_2$ | μαχαιρης B*] μαχαιρας B$^{ab}$Achnvxa$_2$: ρομφαιας MN rell

15 ειπαν AMNcgijm$^{a?}$(uid)np–b$_2$ | του βασιλεως] δᾱδ p | τον βασιλεα] αυτον bdoc$_2$e$_2$𝔈: + *Dauid* ℭ | κατα παντα οσα] εν πασιν οις boc$_2$e$_2$ | ⟨κατα] και 246⟩ | οσα] ο αν c: + αν x | αιρειται] αινειτε a$_2$ | om ο κυριος ημων boc$_2$e$_2$ | ημων] μου a | om ο βασιλευς d | σοι x(uid)

16 τοις ποσιν αυτων] συν τοις παισιν αυτου p: πεζοι boz(mg) c$_2$e$_2$: om d | αυτων] αυτου c*e*h*(uid)a$_2$: + πεζοι g | αφηκεν] κατελιπεν oc$_2$: κατελειπεν e$_2$: κατεληπεν b: hab καταλιπων Jos | om ο βασιλευς 2° d | δεκα—αυτου 2°] hab *XX ex concubinis suis* 𝔏$^v$ | δεκα Bboa$_2$c$_2$e$_2$𝔄(uid)] τας δυο c: τας δε A: τας n: pr τας MN rell | γυναικας—αυτου 2°] *mulieres suas et concubinas suas* 𝔈$^s$: *concubinas suas mulieres suas* 𝔈$^a$ | των παλλακων αυτου] αυτου τας παλλακας cx | των παλλακων BA boa$_2$c$_2$e$_2$𝔄𝔖$^j$] om n: τας παλλακας MN rell | αυτου 2°] αυτων a*(uid): om ℭ | φυλασσειν] pr τον boc$_2$e$_2$ | οικον] + αυτου bo c$_2$e$_2$ℭ𝔈(uid)

14 εξωση] σ′ απωσηται M

18 ὁ βασιλεὺς καὶ πάντες οἱ παῖδες αὐτοῦ πεζῇ, καὶ ἔστησαν ἐν οἴκῳ τῷ μακράν. [18]καὶ πάντες οἱ B
παῖδες αὐτοῦ ἀνὰ χεῖρα αὐτοῦ παρῆγον καὶ πᾶς ὁ Χεττεὶ καὶ πᾶς ὁ Φελετθεί, καὶ ἔστησαν ἐπὶ
τῆς ἐλαίας ἐν τῇ ἐρήμῳ· καὶ πᾶς ὁ λαὸς παρεπορεύετο ἐχόμενος αὐτοῦ, καὶ πάντες οἱ περὶ αὐτὸν
καὶ πάντες οἱ ἁδροὶ καὶ πάντες οἱ μαχηταί, ἑξακόσιοι ἄνδρες, καὶ παρῆσαν ἐπὶ χεῖρα αὐτοῦ· καὶ
πᾶς ὁ Χερεθθεὶ καὶ πᾶς ὁ Φελεθθεὶ καὶ πάντες οἱ Γεθθαῖοι, οἱ ἑξακόσιοι ἄνδρες οἱ ἐλθόντες τοῖς
19 ποσὶν αὐτῶν εἰς Γὲθ καὶ πορευόμενοι ἐπὶ πρόσωπον τοῦ βασιλέως. [19]καὶ εἶπεν ὁ βασιλεὺς πρὸς
Σεθθεὶ τὸν Γεθθαῖον Ἵνα τί πορεύῃ καὶ σὺ μεθ' ἡμῶν; ἐπίστρεφε καὶ οἴκει μετὰ τοῦ βασιλέως,
20 ὅτι ξένος εἶ σὺ καὶ ὅτι μετῴκηκας σὺ ἐκ τοῦ τόπου σου. [20]εἰ ἐχθὲς παραγέγονας, καὶ σήμερον
κινήσω σε¶ μεθ' ἡμῶν; καί γε μεταναστήσεις τὸν τόπον σου· ἐχθὲς ἡ ἐξέλευσίς σου, καὶ σήμερον ¶ ℭʷ
μετακινήσω σε μεθ' ἡμῶν τοῦ πορευθῆναι; καὶ ἐγὼ πορεύσομαι ἐφ' οὗ ἂν ἐγὼ πορευθῶ· ἐπιστρέφου
καὶ ἐπίστρεψον τοὺς ἀδελφούς σου μετὰ σοῦ, καὶ Κύριος ποιήσει μετὰ σοῦ ἔλεος καὶ ἀλήθειαν.
21 [21]καὶ ἀπεκρίθη Σεθθεὶ τῷ βασιλεῖ καὶ εἶπεν Ζῇ Κύριος καὶ ζῇ ὁ κύριός μου ὁ βασιλεύς, ὅτι εἰς
τὸν τόπον οὗ ἐὰν ᾖ ὁ κύριός μου, καὶ ἐὰν εἰς θάνατον καὶ ἐὰν εἰς ζωήν, ὅτι ἐκεῖ ἔσται ὁ δοῦλός σου.

20 εχθες 1°] χθες $B^b$ | κεινησω B* | εχθες 2°] χθες $B^b$ | μετακεινησω B* | ελαιος A | αληθιαν A

AMNa–jm–qs–$c_2e_2$𝔄(ℭʷ)𝔈(𝔏ˢᵛ)

17 ⟨ο βασιλευς] αυτος 44⟩ | παντες οι παιδες] *omnes homines* 𝔈: πας ο λαος $boc_2e_2$: πας ο οικος $a_2$ | om παντες p | παιδες] δουλοι eℭ | πεζη B] τοις ποσιν αυτων $a_2$: πεζοι AMN rell 𝔄(uid) 𝔖ʲ(uid) | om και 3°—(18) αυτου 1° $a_2$ | ανεστησαν b | εν—μακραν] επι της ελαιας εν τη ερημω MNad–gi–np–wyz(txt)$b_2$𝔄 | οικω] οινω A | τω] το c

18 παρηγον ανα χειρα αυτου Acxℭ | αυτου 2°] ⟨αυτω 74⟩: αυτη $a_2$: ⟨om 98⟩ | παρηγορον $a_2$ | om και 2°—αυτου 4° AMNac–fi–np–yz(txt)$b_2$𝔄' | χεττει] χετθει $boz^{mg}$(χ ex κ) $c_2e_2$: ⟨χερεθθι 71⟩: χερεθι gℭ: χετταιος και πας ο χερεθθι h | om και 3°—φελετθει $c_2$* | ⟨om πας ο 2° 71⟩ | φελετθει] φελεττει $a_2$: φελεθθι $h^{b?}$: φελεθι gℭ (+*et Cethei omnes*): φελθει boz (mg)$c_2^ae_2$ | hab και 4°—ερημω 𝔏ᵛ | om και 4°—ερημω g | εχομενα z(mg) | αυτου 3°] αυτω $a_2$: αυτης $z^{mg}$(uid) | om και 6°—αδροι $a_2$ | και 6°—αυτον] post αδροι $bgoz^{mg}$(αυτων)$c_2e_2$: om 𝔖ʲ(uid) | om και 7°—μαχηται ℭ𝔈 | ⟨om παντες οι 3° 71⟩ | μαχηται] +του βασιλεως bgoz(mg)$c_2e_2$(bis scr)𝔖ʲ: ⟨+και παντες οι περι αυτον 71⟩ | om εξακοσιοι 1°—φελεθθει g | εξακοσιοι 1°] pr και boz(mg)$c_2e_2$ | om και 9°—ανδρες 2° $boc_2e_2$𝔈ˢ | αυτου 4°] αυτω $a_2$ | χερεθθει] χερεθι M𝔄ℭ: χερεθεμ v: χελεττει $a_2$𝔈ᵃ: χελεθι e: χεττει cx | om πας 5° ⟨44⟩𝔄 | ο φελεθθει] ոփելեթին 𝔄 | φελεθθει] φελετθει x: φελεττθει $a_2$: φελεθι Meℭ: φελεσοι v | γετθαιοι $a^{a?}$cefgmswx$a_2$ | οι 6°] και d: om AMNce–np–wyz(txt)$b_2$ | εξακοσιοι 2°] α sup ras A¹ | ⟨om οι 7° 44⟩ | ελθοντες BAh$a_2$] εξελθοντες cx: ηκοντες MN rell | τοις—γεθ] εκ γεθ (χεθ b') πεζοι abgov$c_2e_2$ | τοις ποσιν αυτων Bcx$a_2$] pr εν h: εν ταις πολεσιν αυτων A: πεζοι MN rell 𝔄(uid): om ℭ | εις] εκ Mdefjmnp–uwyz$b_2$𝔄: εν Ni$a_2$ | γεθ] γετθ f$a_2$: ⟨ρεθ 74⟩ | και πορευομενοι BAcx$a_2$] και παντες οι πορευομενοι h: και παρεπορευοντο n𝔄: παρεπορευοντο MN rell | επι προσωπον BAh$a_2$] εμπροσθεν v: +εμπροσθεν cx: κατα προσωπον MN rell | του βασιλεως] *Dauid* 𝔄-ed

19 om ο βασιλευς d | σεθθει Bh*𝔈] εθιθι v: εθι e: hab εθις Jos: ηθει $oc_2e_2$: ιθι b: εχθει $a_2$: *Nethi* ℭ: εθθει AMN $h^{b?}$(uid) rell 𝔄 | ⟨τον] προ 236⟩ | γεθθαιον] γετθαιον cefmswx $a_2$: +*et uiros eius* ℭ | om ινα Thdt | πορευη] post συ 1° a: πορευση Nℭ | om και 2° d Thdt | υμων c | επιστρεφε] αναστρεφε $boz^{a?}c_2e_2$ Thdt | οικει] οικοι i: καθισον $boe_2$ Thdt: καθησο $c_2$: καθηση $z^{a?}$ | ξενος ει] αλλοτριος $bc_2e_2$ Thdt: ξενος αλλοτριος o | ει] η $a_2$ | om και 4°—συ 3° i | και 4°] post οτι 2° N: om 𝔈ᵃ | om οτι 2° 𝔄 | μετωκηκας—(20) παραγεγονας] *heri migrasti ex regione tua* 𝔈 | μετωκηκας BAah$a_2c_2e_2$] μετοικηκας v: μετωκισας cuy: μετωκησας MN rell Thdt | om συ 3° bpv𝔄 Thdt | του τοπου σου] του οικου σου Thdt: *Geth* ℭ: +εκ γεθ N𝔄

20 hab ει—ημων 1° 𝔏ᵛ | ει] pr *et* ℭ: *et* 𝔄 | εχθες 1°] χθες $B^b$cdfpx: om 𝔄 | παραγεγονας] +συ $oc_2e_2$ Thdt: +σοι b | κινησω σε] κινης ως y | κινησω] καινησω u: *obuiarem* 𝔏 | σε 1°] +πορευθηναι v: +του πορευεσθαι $boc_2e_2$𝔄𝔈 Thdt | μεθ ημων 1°] μετ εμου d: +του πορευθηναι $h^{b?}$(uid) | om και 2°—ημων 2° AMNa–gi–z$b_2c_2e_2$𝔄𝔈 Thdt | μεταστησεις $a_2$ | εξελευσις] εξελεις $a_2$ | μετακινησω] κινησω $a_2$ | om του πορευθηναι bov$c_2e_2$ 𝔄𝔈 Thdt | του BAchnx] το $a_2$: om MN rell | και εγω] εγω δε $boc_2e_2$ Thdt: om και $a_2$ | πορευσομαι] πορευσωμαι cgv: πορευομαι defjmnqstwz$b_2$ | εφ ου αν] οταν u | εφ BA$a_2$] om MN rell 𝔈 Thdt | ου] ω $a_2$ | εαν abe–hmnoqstvwz$c_2e_2$ Thdt | εγω 2° BAcx$a_2$] om MN rell 𝔄𝔈 Thdt | πορευθω—επιστρεψον] επιστρεψω και επιστρεψον $a_2$ | πορευθω] ⟨πορευθηση 246⟩: πορευσωμαι c: πορευσομαι x: πορευωμαι $c_2$ Thdt: πορευομαι $boe_2$ | επιστρεφου και επιστρεψον BAchx] ⟨pr πορευου και 64⟩: πορευου και αναστρεφον (-ψον 44: -φε 123) d⟨44.123⟩: πορευου και αναστρεφε και αποστρεψον MN rell [[πορευου] pr και av | αποστρεψον] αποστρεφε $boc_2e_2$: επιστρεψον n]]: hab αναστρεφε και επιστρεψον Thdt | επιστρεφου] *sed tu reuertere* 𝔄 | ⟨τοις αδελφοις 236⟩ | om μετα σου 1° c | hab και 6°—αληθειαν 𝔏ˢ | κυριος—αληθειαν] *sit tecum ueritas et misericordia* 𝔈 | ποιησει] ποιησοι c: *faciat* 𝔏 | om σου 5° g* | ελεον $boc_2e_2$

21 σεθθει Bh*𝔈] ο εθθει $a_2$: ο ιθι *b*: εθιθι v: εθι e: ηθει $oc_2e_2$: ιωθθι b': om d: εθθει AMN$h^{b?}$ rell 𝔄 | και ειπεν] om d: om και $a_2$*: +αυτω ⟨74⟩𝔈(uid) | hab και 3°—βασιλευς 𝔏ˢ | ο 1°—βασιλευς] η ψυχη σου κυριε μου ($\overline{κυ}$ εμου b') βασιλευ $boc_2e_2$𝔏 Thdt | om ο 2° a* | om οτι 1°—μου 2° d | om τον $a_2$ | εαν η] αν η Acjpx$b_2$: ελθη v: om η h | μου 2°] +ο βασιλευς Aabcefhjmo–tvwxz$c_2e_2$𝔄 Thdt | om και 4°—θανατον e | και εαν 1°] εαν τε Thdt | om και 4° $a_2$ | εαν 2°] αν a: +η v | και εαν 2°] εαν τε Thdt: η cx | om οτι εκει εσται n* | om οτι 2° $boc_2e_2$𝔄 Thdt | om εκει j | εσται] εστην g: +*et* 𝔄

21 ζη 1°—βασιλευς] σ' ζη $\overline{κς}$ και νη την ψυχην ζωην της ψυχης σου κυριε μου βασιλευ θ' ζη γαρ φησιν $\overline{κς}$ και ζη η ψυχη σου κυριε μου βασιλευ j

B [22]καὶ εἶπεν ὁ βασιλεὺς πρὸς Σεθθεί Δεῦρο καὶ διάβαινε μετ᾽ ἐμοῦ· καὶ παρῆλθεν Σεθθεὶ ὁ Γεθθαῖος 22
καὶ πάντες οἱ παῖδες αὐτοῦ καὶ πᾶς ὁ ὄχλος ὁ μετ᾽ αὐτοῦ. [23]καὶ πᾶσα ἡ γῆ ἔκλαιεν φωνῇ μεγάλῃ· 23
καὶ πᾶς ὁ λαὸς παρεπορεύοντο ἐν τῷ χειμάρρῳ τῶν Κεδρών, καὶ ὁ βασιλεὺς διέβη τὸν χειμάρρουν
Κεδρών· καὶ πᾶς ὁ λαὸς καὶ ὁ βασιλεὺς παρεπορεύοντο ἐπὶ πρόσωπον ὁδοῦ τὴν ἔρημον. [24]καὶ 24
ἰδοὺ καί γε Σαδδὼκ καὶ πάντες οἱ Λευεῖται μετ᾽ αὐτοῦ αἴροντες τὴν κιβωτὸν διαθήκης Κυρίου ἀπὸ
Βαιθάρ· καὶ ἔστησαν τὴν κιβωτὸν τοῦ θεοῦ, καὶ ἀνέβη Ἀβιαθάρ, ὡς ἐπαύσατο πᾶς ὁ λαὸς
παρελθεῖν ἐκ τῆς πόλεως. [25]καὶ εἶπεν ὁ βασιλεὺς τῷ Σαδδώκ Ἀπόστρεψον τὴν κιβωτὸν τοῦ θεοῦ 25
§ r εἰς τὴν πόλιν· ἐὰν εὕρω χάριν ἐν ὀφθαλμοῖς Κυρίου, καὶ §ἐπιστρέψει με καὶ δείξει μοι αὐτὴν καὶ
τὴν εὐπρέπειαν αὐτῆς· [26]καὶ ἐὰν εἴπῃ οὕτως Οὐκ ἠθέληκα ἐν σοί, ἰδοὺ ἐγώ εἰμι, ποιείτω μοι κατὰ 26
τὸ ἀγαθὸν ἐν ὀφθαλμοῖς αὐτοῦ. [27]καὶ εἶπεν ὁ βασιλεὺς τῷ Σαδὼκ τῷ ἱερεῖ Ἴδετε, σὺ ἐπιστρέφεις 27
εἰς τὴν πόλιν ἐν εἰρήνῃ, καὶ Ἀχειμαίας ὁ υἱός σου καὶ Ἰωναθὰν ὁ υἱὸς Ἀβιαθὰρ οἱ δύο υἱοὶ ὑμῶν
μεθ᾽ ὑμῶν· [28]ἴδετε, ἐγώ εἰμι στρατεύομαι ἐν ἀραβὼθ τῆς ἐρήμου ἕως τοῦ ἐλθεῖν ῥῆμα παρ᾽ ὑμῶν τοῦ 28

22 διαβαινε] διανεβαι A    24 λευιται A    27 υμων 1°] υ B* (μων suprascr B[ab])

AMNa–jm–q(r)s–c$_2$e$_2$𝔄𝔈(𝔏[v])

22 ⟨ο 1°—σεθθει 1°] αυτω ο βασιλευς 71⟩ | βασιλευς] + δᾱδ boc$_2$e$_2$: + προς εθθι ο γεθθαιος g* | σεθθει 1° Bh[a]𝔈] εθιθι v: εθι e: ηθει (ιθι b) τον γεθθαιον (γετθ- c$_2$) boc$_2$e$_2$: ⟨εθι ο γετθαιος 242⟩: εθθει AMNh[*b] rell 𝔄 | δευρο] πορευου boc$_2$e$_2$ | διαβαινε] διελθε boc$_2$: ελθε e$_2$ | μετ εμου] μεθ ημων a$_2$ | σεθθει ο γεθθαιος] ο βασιλευς d | σεθθει 2° B𝔈] pr ο h*(uid): εθθει AMN acgh[b?]ijnuxya$_2$b$_2$: εθιθι v: εθι e: ηθει oc$_2$e$_2$: ιθι b: ο εθθι rell: *Eththi* 𝔄 | ο γεθθαιος] ο γετθαιος cefmoswxc$_2$: τον γεθθαιον b′ | και 4°] pr και ο βασιλευς MNae–np–wyzb$_2$ | αυτου 1°] pr οι μετ f: + και ο βασιλευς boc$_2$e$_2$ | hab και 5°—(23) μεγαλη 𝔏[v] | om και 5°—(23) μεγαλη q | om και 5°—ο 4° d | πας—ο 4°] παντες οι ανδρες οι boc$_2$e$_2$𝔏 | ο 4°] *eius* 𝔄: om chnx

23 εκλαιεν φωνη μεγαλη] ευλογουντες (ευλογουντος b′: βοωντες z) φωνη μεγαλη και κλαιοντες bozc$_2$e$_2$: hab *benedicentes uoce magna* 𝔏[(1)]: hab *plorantes* 𝔏[(2)] | εκλαιον MNad–gjmpstu wyb$_2$ | om και 2°—κεδρων 1° MNa(hab ras 3—4 litt)gjnuvyb$_2$ | ⟨om και 2°—χειμαρρω 64⟩ | παρεπορευοντο 1°] παρεπορευετο f𝔄𝔈: διεπορευοντο z[a?]: διεπορευετο boc$_2$e$_2$ | om εν—κεδρων 1° Abcoxc$_2$e$_2$ | ⟨των] τον 242⟩ | om και 3°—κεδρων 2° 𝔈 | om και 3°—διεβη o*e$_2$ | om ο 2°—βασιλευς 2° d | διεβη] διεπορευετο bo[a]c$_2$: παρερχομενος A: παρατρεχομενος cx | τον χειμαρρουν] pr επι N: εν τω χειμαρρω Abcoxc$_2$e$_2$ | κεδρων 2°] pr των Abcfz: pr τω oc$_2$: καιδρων g: των καιδρων x: om p | λαος 2°] οχλος v | om και ο βασιλευς 2° ANbcouxc$_2$e$_2$ | παρεπορευοντο 2°] διεπορευετο boc$_2$e$_2$ | επι—ερημον] προ προσωπου αυτου κατα (και b′) την οδον της ελαιας της εν τη ερημω boc$_2$e$_2$: hab κατα την οδον της ελαιας της εν τη ερημω z(mg)𝔏 | της ερημου v𝔄𝔈

24 και γε] om boc$_2$e$_2$𝔄𝔈: ⟨om και 74⟩ | σαδδωκ BAe$_2$[a]] σαδδωχ M: σαδδουκ c$_2$: σαδδακ b: σαδωκ Nahinouva$_2$b$_2$e$_2$*: σαδωχ gy*: ο σαδωκ cx: *Sadoc* 𝔄: σαδωχ ο ιερευς y[b]: + ο ιερευς z: σαδωκ ο ιερευς rell | διαθηκης κυριου] κ̅υ̅ της διαθηκης e | διαθηκης] pr της boza$_2$c$_2$e$_2$ | κυριου] θ̅υ̅ cx: του θ̅υ̅ boc$_2$: om e$_2$ | απο βαιθαρ] και αβιαθαρ a$_2$: om Ndefimnp–uw𝔈[s]𝔖[j] | βαιθαρ] βεθαρ *b*e$_2$: ⟨θαιβαρ 64⟩: βεσαρ a: βαιθ jb$_2$: *Bethel* 𝔈[a] | την 2°—θεου] αυτην d | του θεου] pr διαθηκης n: ⟨pr διαθηκης κυριου 64⟩: *Domini* 𝔄-codd: της διαθηκης του κ̅υ̅ b: διαθηκης κ̅υ̅ cx: *testamenti Domini* 𝔖[j]: της διαθηκης oc$_2$e$_2$: ⟨om 71⟩: om του s | om και ανεβη αβιαθαρ MNabgjnouvyb$_2$c$_2$e$_2$ | om ανεβη i | αβιαθαρ] αβηαθαρ q: [Armenian] 𝔄 | ως Bhv] εως AMN rell 𝔄𝔈 | επαυσατο] εξελιπεν boc$_2$: εξελειπεν e$_2$ | om πας defmp–twze$_2$ | παρελθειν] διελθειν defmp–twz: διαπορευομενος boc$_2$e$_2$ | om της a

25 τω] προς τον defimq–uwz: προς bopc$_2$e$_2$ | σαδδωκ BA bioe$_2$] σαδουκ c$_2$ Thdt: σαδωχ Mgy: σαδωκ N rell 𝔄 | αποστρεψον] επιστρεψον MNad–gmp–wyz* | του θεου] om v: om του s | πολιν] + και καθισατω εις τον τοπον αυτης (-του A) Abco xz(mg)c$_2$e$_2$𝔄 Chr Thdt: + *et sedeat in ciuitate in loco suo* 𝔖[j] | εαν] pr και acx: ⟨pr εως 246⟩: εως αν i | εν οφθαλμοις] ενωπιον bj(mg)oz(mg)c$_2$e$_2$𝔄 Chr Thdt | επιστρεψει] επιστρεψη N[a?]beh oqyz(mg)e$_2$𝔈 Thdt: επιστρεψοι v | με] μοι gm: ⟨om 246⟩ | και δειξει μοι] οψομαι boz(mg)c$_2$e$_2$ Chr Thdt | δειξη N[a?]ceghij (mg)qxya$_2$ | om μοι A | ⟨om την 3° 242⟩

26 om totum comma d | ειπη ουτως] *ita dicat mihi* 𝔄: *tamen dicat* 𝔈 | ειπη] post ουτως MNefgijmpqstuwyz(txt)b$_2$: ειπης a$_2$: ⟨om 246⟩ | ουτως] ουτος r: μοι boz(mg)c$_2$e$_2$ Chr Thdt | ουκ ηθεληκα] ου (οτι z[mg]) τεθεληκα boz(mg)c$_2$e$_2$ Chr Thdt | ηθελησα MNaefgh[b?]jmp–wyz(txt)b$_2$ | εν σοι] σε boz (mg)c$_2$e$_2$ Chr Thdt | om ειμι boz(mg)a$_2$c$_2$e$_2$ Chr Thdt | ποιειτω μοι] om cx: ⟨om μοι 64⟩ | κατα—οφθαλμοις] το αρεστον ενωπιον boz(mg)c$_2$e$_2$ Chr Thdt | αυτω a$_2$

27 om ειπεν—ιδετε d | om τω 1° cx | ⟨ιερει τω σαδωκ 242⟩ | σαδωκ] σαδωχ Mg(σ ex δ g[a])y: σαδδωκ bie$_2$: σαδδουκ oc$_2$: ιαβοκ A | ιδετε] ιδε r: *ecce* 𝔈: ⟨ιδε δη 123⟩: βλεπε boz (mg)c$_2$e$_2$: + δη g | συ επιστρεφεις] συναναστρεφε e$_2$ | συ] ⟨pr και 44⟩: post επιστρεφεις 𝔈: om g | επιστρεφεις BAhinrx𝔄] επιστρεφης ca$_2$: επιστρεψης v: επιστρεψει m: αναστρεφε boz (mg)c$_2$: επιστρεψεις MNz(txt) rell | αχειμαιας Bi] ιδου αχειμαας borc$_2$e$_2$𝔈: αχιμαας AMN rell 𝔄: ⟨αχιμας 71⟩ | om ο 2° y | om σου—υιος 2° m | ιωναθαν] ιωναθαμ a$_2$: ιωαναθαν *b* | om ο 3° bcdnpuxyc$_2$e$_2$ | αβιαθαρ] αχιμαας a* | οι δυο] ιδου οι a$_2$: αμφοτεροι b: αμφοτεροι οι oc$_2$e$_2$ | ⟨om υιοι 44⟩ | υμων 1°] ημων e$_2$: om At | υμων 2°] ημων cre$_2$

28 ιδετε] ιδου boc$_2$e$_2$: *et ecce* 𝔄: ⟨και 71⟩: + ιδου cnx: + οτι ha$_2$ | ειμι] ει μη a$_2$: om bcdoxc$_2$e$_2$𝔄(uid) | στρατευομαι—ερημου] προσδεχομαι υμας επι της ελαιας εν τη ερημω boc$_2$e$_2$: hab *expecto uos* 𝔖[j] | στρατευομαι] στρατευωμαι g: στρατευσομαι h: αυλιζομαι dj(mg)pqtz: αυλιζομενος efmsw | αραβωθ] ραβωθ aefqstwz𝔄: ραβαωθ m: ραβαθ dv: ραμαθ p | του ελθειν ρημα] ου ελθη (-θοι o) ο λογος boc$_2$e$_2$ | om του 1° MNafgjuvyb$_2$ |

26 ποιειτω—αυτου] θ′ ποιειτω μοι το αρεστον ενωπιον αυτου j | το αγαθον] θ′ το αρεστον M
28 στρατευομαι] σ′ κρυβησομαι α′ μελλω θ′ προσδεχομαι υμας j | εν αραβωθ] επι της ελαιας σ′ εν ταις πεδιασιν M

29 ἀπαγγεῖλαί μοι. [29]καὶ ἀπέστρεψεν Σαδὼκ καὶ Ἀβιαθὰρ τὴν κιβωτὸν εἰς Ἰερουσαλήμ, καὶ ἐκάθισεν B
30 ἐκεῖ. [30]καὶ Δαυεὶδ ἀνέβαινεν ἐν τῇ ἀναβάσει τῶν ἐλαιῶν καὶ τὴν κεφαλὴν ἐπικεκαλυμμένος, καὶ
§αὐτὸς ἐπορεύετο ἀνυπόδετος· καὶ πᾶς ὁ λαὸς ὁ μετ' αὐτοῦ ἐπεκάλυψεν ἀνὴρ τὴν κεφαλὴν αὐτοῦ, § ℭ$^{w}$
31 καὶ ἀνέβαινον ἀναβαίνοντες καὶ κλαίοντες. [31]καὶ ἀνηγγέλη Δαυεὶδ λέγοντες Καὶ Ἀχειτόφελ ἐν
τοῖς συστρεφομένοις μετὰ Ἀβεσσαλώμ· καὶ εἶπεν Δαυεὶδ Διασκέδασον δὴ τὴν βουλὴν Ἀχειτόφελ,
32 Κύριε ὁ θεός μου. [32]καὶ ἦν Δαυεὶδ ἐρχόμενος ἕως τοῦ Ῥοώς, οὗ προσεκύνησεν ἐκεῖ τῷ θεῷ· καὶ
ἰδοὺ εἰς ἀπαντὴν αὐτῷ Χουσεὶ ὁ Ἀρχί, ἑταῖρος Δαυείδ, διερρηχὼς τὸν χιτῶνα αὐτοῦ καὶ γῆ ἐπὶ
33 τῆς κεφαλῆς αὐτοῦ. [33]καὶ εἶπεν αὐτῷ Δαυείδ Ἐὰν μὲν διαβῇς μετ' ἐμοῦ, καὶ ἔσῃ ἐπ' ἐμὲ εἰς
34 βάσταγμα. [34]καὶ ἂν εἰς τὴν πόλιν ἐπιστρέψῃς, καὶ ἐρεῖς τῷ Ἀβεσσαλώμ Διεληλύθασιν οἱ
ἀδελφοί σου, καὶ ὁ βασιλεὺς κατόπισθέν μου διελήλυθεν ὁ πατήρ σου· καὶ νῦν παῖς σού εἰμι,
βασιλεῦ, ἔασόν με ζῆσαι· παῖς τοῦ πατρός σου ἤμην τότε καὶ ἀρτίως, καὶ νῦν ἐγὼ δοῦλος σός·
35 καὶ διασκεδάσεις μοι τὴν βουλὴν Ἀχειτόφελ. [35]καὶ ἰδοὺ μετὰ σοῦ ἐκεῖ Σαδὼκ καὶ Ἀβιαθὰρ οἱ

30 ελεων B* 31 αχιτοφελ (bis) A
32 ροως] signa v l prae se fert B | αρχει A | ετερος B* | δαυειδ διερρηχως] δᾱδιερρηχως A 34 αρτιως] ἄρτι, ὡς B$^{b}$ | αχιτοφελ A

AMNa–jm–$c_2e_2$𝔄(ℭ$^{w}$)𝔈(𝔏$^{v}$)

ρηματα $a_2$ | ημων h*o* | απαγγειλαι] αναγγειλαι iw: απαγγελθηναι b$c_2e_2$: αναγγελθηναι o | ⟨μοι] με 242⟩

**29** απεστρεψεν] επεστρεψε dp: απεστρεψαν Ao$c_2$: ανεστρεψαν b: *reduxerunt* 𝔄𝔈 | σαδωκ] δ ex β d(uid): σαδωχ Mg: σαδδωκ i: σαδδουκ bo$c_2e_2$ | αβιαθαρ] β ex θ e$^{a}$ | κιβωτον] + του θῡ ANa–ehm–qstvwxz$c_2e_2$ | εις] εν ar$a_2$ | εκαθισεν] εκαθισαν rv𝔈: ανεστρεψεν o$c_2e_2$: ανεστρεψαν b

**30** και 1°] + ιδου c | εν τη αναβασει B$a_2$] επι την αναβασιν bo$c_2e_2$: εκ της αναβασεως Acx: τη αναβασει του ορους r: + του ορους h: την αναβασιν του ορους MN rell 𝔈: hab *montis* 𝔖$^{j}$: hab δια του ελαιωνος ορους Jos | ελαιων Bq] + κλαιων d: + και εκλαιεν bo$c_2e_2$: + αναβαινων και κλαιων AMN rell 𝔄𝔈𝔖$^{j}$ | την κεφαλην επικεκαλυμμενος] η κεφαλη αυτου επικεκαλυμμενη bo$c_2e_2$ | επικεκαλυμμενος] επικεκαλυμμενως $a_2$: ⟨περικεκαλυμμενος 123⟩: επικαλυπτομενος f: υποκεκλημενος (-κλιμ- x) cx | hab και 3°—ανυποδετος 𝔏$^{v}$ | και αυτος επορευετο] om d: ⟨om αυτος επορευετο 71⟩ | om αυτος 𝔈 | παρεπορευετο bo$c_2e_2$ | ο λαος] ανηρ cx | ο 2°] οι A𝔈: αυτου r: om Meg$a_2$𝔄 | επεκαλυψεν] επεκαλυψαν MNafjuvy$b_2$𝔈: απεκαλυψαν dg | ανηρ] εκαστος boz$c_2e_2$: om cdux𝔈 | την κεφαλην 2°] το προσωπον u | αυτου 2°] αυτων d𝔈 | και 5°—κλαιοντες] *ascendebant et plorabant* 𝔄: om d | ανεβαινον] αναβαινων c | om αναβαινοντες και $a_2$ℭ | om και κλαιοντες e*

**31** ανηγγελη δαυειδ] τω δᾱδ απηγγειλαν bo$c_2e_2$ | ανηγγελη] post δαυειδ 1° A: απηγγελη MNa$^{a?}$deghmpqs–wyz: απαγγελει a* | δαυειδ 1° BAh$a_2$] τω βασιλει r: pr τω MN rell | λεγοντων cx | om και 2° Acrx | αχειτοφελ 1°] αχιτωφελ a*: αχιττοφελ v | hab εν—αβεσσαλωμ 𝔏$^{v}$ | εν τοις συστρεφομενοις] *cum compositis* 𝔏 | ⟨om εν 236.242⟩ | συστρεφομενοις] συνκειμενοις bo$c_2e_2$ | αβεσσαλωμ] αβεσαλωμ cegqst: *Absalom* 𝔏 | διασκεδασον—μου] κ̅ε̅ (om Thdt) ο θ̅ς̅ μου ματαιωσον δη την βουλην αχειτοφελ bo$c_2e_2$ Thdt | om δη adefijmp–twz$b_2$ | την βουλην αχειτοφελ] post μου 𝔈$^{a}$: post κυριε $a_2$𝔈$^{s}$ | αχειτοφελ 2°—μου] κ̅ε̅ ο θ̅ς̅ μου του αχιτοφελ c | αχειτοφελ 2°] αχιτωφελ a*: αχιττοφελ v | om ο θεος μου $a_2$𝔈$^{s}$

**32** hab και 1°—δαυειδ 2° 𝔏$^{v}$ | και 1°—ερχομενος] *cum uenisset Dauid* 𝔏 | ην] εγενετο bo$c_2e_2$ | om δαυειδ 1° o* | ερχομενος] εισερχομενος A: διερχομενος r: παραγενομενου bo$c_2e_2$ | εως] ως b'* | του ροως] *Ro'oth* 𝔈 | του] ου sup ras (3) h: της r: om MNabfgijnovy$b_2c_2e_2$ | ροως BA On-lat] ροος $a_2$: ραως On-gr: ρεωνος cx: ορους uℭ (+ *Dei*): σωρου r: ρως MN rell 𝔄𝔏 Thdt | ου προσεκυνησεν] και προσκυνησαντος bo$c_2e_2$𝔏 | ου] και ι | θεω] pr κ̅ω̅ i: κ̅ω̅ Nbcfjx$b_2c_2e_2$𝔏 | και ιδου] *ecce ibi* 𝔏: + ηκει bo$c_2e_2$ | εις—δαυειδ 2°] χουσι ο αρχι ετερος δᾱδ εις απαντησιν αυτου cx | απαντην Bhnr] απηντησεν v: απαντησιν AMN rell | αυτω] αυτου AMNabdfgijnorvyz$b_2$: *uenit* 𝔏 | ο—δαυειδ 2°] ܪܝܫ ܪ̈ܚܡܐ *princeps amicorum* (*sociorum* mg) *Dauid* 𝔖$^{j}$: *princeps amicorum Dauid* 𝔏: *qui sub Dauid praefectus* 𝔈 | αρχι] αραχι $b_2$𝔄: om ⟨98⟩ℭ | εταιρος] αιτερος bw: ετερος B*N*goq*rv$a_2e_2$ | διερρηχως] διερροχος c: ⟨ερρηχως 71⟩ | τον χιτωνα] τα ιματια A𝔈 | om αυτου 1° bo$c_2e_2$ | γη] pr η h | την κεφαλην r

**33** om αυτω azℭ | δαυειδ] ο βασιλευς bo$c_2e_2$: om z | μεν B$a_2$] μη r: om AMN rell 𝔄ℭ | διαβης] διελθης boz(mg)$c_2e_2$ | εμου] εμε x | και 2°—βασταγμα] *onus fis mihi* 𝔄 | om και 2° boz(mg)$c_2e_2$𝔈 | επ] μετ y | εις βασταγμα] εις βαστατα n: φορτιον boz(mg)$c_2e_2$: om εις d

**34** και αν Bh] εαν δε boz(mg)$c_2e_2$𝔄(uid): εαν r: και εαν AMNz(txt) rell: ⟨om αν 246⟩ | εις την πολιν] post επιστρεψης i𝔄ℭ𝔈: om cx | εις] επι dempqstwz(txt) | επιστρεψης] επιστρεψεις cdgw: αναστρεψης boz(mg)$c_2$: αναστρεψεις $e_2$ | ερης *b*v | αβεσαλωμ cegqst | διεληλυθασιν] εληλυθασιν i𝔈 | σου 1°] σοι v*(uid) | κατοπισθεν—σου 2°] ο π̅η̅ρ̅ σου κατοπισθε σου διεληλυθε b' | κατοπισθεν μου διεληλυθεν] post σου 2° *b*o$c_2e_2$𝔖$^{j}$: *et ecce post me uenerunt* 𝔈 | κατοπισθεν μου] ⟨post σου 2° 44⟩: post διεληλυθεν a | μου] σου N | διεληλυθεν] και εληλυθεν Acx: ⟨om 44⟩ | ο πατηρ σου] *ad te* 𝔈$^{s}$ | hab παις 1°—σος 𝔏$^{v}$ | ειμι] pr *ego* 𝔏: ⟨+ εγω 242⟩ | om βασιλευ—ζησαι 𝔏 | βασιλευ] βασιλευε o: ⟨βασιλευς 74⟩ | τοτε] ποτε r | και αρτιως] και αρτι r: om MNad–npqs–wyz$b_2$𝔄ℭ𝔈(uid)𝔏 | om και 6° r | εγω δουλος σος] *seruus tuus sum ego* 𝔏 | om εγω v | δουλος σος] δουλευω σοι $a_2$ | σος] σου Acnx | διασκεδασεις] διασκεδασης givy: διασκεδαση $a_2$: διασκεδασον bor$c_2e_2$ | μοι] ⟨μονος 246⟩: om cx | αχειτοφελ] αχιττοφελ v: αγχιτοφελ g

**35** ⟨om μετα σου εκει 98⟩ | μετα σου] post εκει Nbfgjox $b_2c_2e_2$: om cr | om εκει 𝔄 | σαδωκ 1°] σαδωχ Mg: σαδδωκ i$^{a}$:

31 διασκεδασον] ματεωσον M: α' αφρονησον *b*: α' κακοφρονησον σ' ασυνετον ποιησον θ' ματαιωσον j
32 εως του ροως] σ' εις την ακραν j | του ροως] του ροονος M: α' σ' την ακραν On: της ακρας λεγει δε τον ελαιωνα *b*
33 βασταγμα] σ' βαρος α' φορτιον $M_1$

B ἱερεῖς· καὶ ἔσται πᾶν ῥῆμα ὃ ἐὰν ἀκούσῃς ἐξ οἴκου τοῦ βασιλέως, καὶ ἀναγγελεῖς τῷ Σαδὼκ καὶ
§ U$_7$ §τῷ Ἀβιαθὰρ τοῖς ἱερεῦσιν. 36 ἰδοὺ ἐκεῖ μετ᾽ αὐτῶν δύο υἱοὶ αὐτῶν, Ἀχειμάας υἱὸς τῷ Σαδὼκ καὶ 36
Ἰωναθὰν υἱὸς τῷ Ἀβιαθάρ· καὶ ἀποστελεῖτε ἐν χειρὶ αὐτῶν πρὸς μὲ πᾶν ῥῆμα ὃ ἐὰν ἀκού-
σητε. 37 καὶ εἰσῆλθεν Χουσεὶ ὁ ἑταῖρος Δαυεὶδ εἰς τὴν πόλιν, καὶ Ἀβεσσαλὼμ εἰσεπορεύετο εἰς 37
Ἰερουσαλήμ. 1 Καὶ Δαυεὶδ παρῆλθεν βραχύ τι ἀπὸ τῆς Ῥοώς, καὶ ἰδοὺ Σειβὰ τὸ παιδάριον 1
¶ U$_7$ Μεμφιβόσθε¶ εἰς ἀπαντὴν αὐτοῦ, καὶ ζεῦγος ὄνων ἐπισεσαγμένων, καὶ ἐπ᾽ αὐτοῖς διακόσιοι ἄρτοι
καὶ ἑκατὸν σταφίδες καὶ ἑκατὸν φοίνικες καὶ νέβελ οἴνου. 2 καὶ εἶπεν ὁ βασιλεὺς πρὸς Σειβά Τί 2
ταῦτά σοι; καὶ εἶπεν Σειβά Τὰ ὑποζύγια τῇ οἰκίᾳ τοῦ βασιλέως τοῦ ἐπικαθῆσθαι, καὶ οἱ ἄρτοι
καὶ οἱ φοίνικες εἰς βρῶσιν τοῖς παιδαρίοις, καὶ ὁ οἶνος πιεῖν τοῖς ἐκλελυμένοις ἐν τῇ ἐρήμῳ. 3 καὶ 3
εἶπεν ὁ βασιλεύς Καὶ ποῦ ὁ υἱὸς τοῦ κυρίου σου; καὶ εἶπεν Σειβὰ πρὸς τὸν βασιλέα Ἰδοὺ κάθηται
§ U$_7$ ἐν Ἰερουσαλήμ, §ὅτι εἶπεν Σήμερον ἐπιστρέψουσίν μοι οἶκος Ἰσραὴλ τὴν βασιλείαν τοῦ πατρός
¶ U$_7$ μου. 4 καὶ εἶπεν ὁ βασιλεὺς τῷ Σειβά Ἰδοὺ σοὶ πάντα ὅσα ἐστὶν¶ Μεμφιβόσθε. καὶ εἶπεν Σειβὰ 4
προσκυνήσας Εὕροιμι χάριν ἐν ὀφθαλμοῖς σου, κύριέ μου βασιλεῦ. 5 Καὶ ἦλθεν ὁ βασιλεὺς 5

XVI 1 αυτοις B$^{ab}$] αυτοι B*
2 σειβα 1°] σιβα A | πειν B* | ειλελυμενοις B(uid)

AMN(U$_7$)a–jm–c$_2$e$_2$𝔄ℭ$^w$𝔈(𝔏$^v$)

σαδδουκ boc$_2$e$_2$ | οι ιερεις] ο ιερευς cx: om οι u | ⟨αν 64⟩ | εξ οικου] εκ στοματος Nadempqstwyz: εκ του στοματος Mfgijuvb$_2$: παρα boc$_2$e$_2$ | om και 4° borc$_2$e$_2$𝔄(uid)ℭ𝔈 | αναγγελεις] αναγγελης N*n: αναγγειλης r: ανατελεις h*: απαγγελεις Mad–gijmpqstwyzb$_2$ | om τω 1°—αβιαθαρ 2° a$_2$ | σαδωκ 2°] σαδωχ Mg: σαδδωκ i: σαδδουκ boc$_2$e$_2$ | om και 5°—(36) σαδωκ cx | om τω 2° defjmpqstuwyzb$_2$ | αβιαθαρ] αθαρ q | ⟨om τοις ιερευσιν 71⟩ | ιερευσιν] ιερεις r: αρχιερευσιν g

36 ιδου—αυτων 2°] οτι και οι δυο υιοι αυτων μετ αυτων εισιν r | ιδου] pr και bhiozc$_2$e$_2$𝔄𝔈 | εκει] *sunt* 𝔄ℭ | μετ αυτων] post αυτων 2° boc$_2$e$_2$: μετα των m: *tecum* ℭ | δυο] pr και y | ⟨om υιοι 242⟩ | αυτων 2°] pr ras (3) y: pr μετ u | αχειμααs υιος] αχιμασσυιος A* (σ 2° ras A$^{?uid}$) | αχειμααs] pr και fjb$_2$: αχειμας U$_7$(uid)a$_2$ | om υιος τω σαδωκ d | υιος 1°] pr ο br | τω 1° BAU$_7$b] του ra$_2$: om MN rell | σαδωκ] σαδωχ Mg: σαδδωκ i: σαδδουκ boc$_2$e$_2$ | ιωναναθαν y | om υιος τω αβιαθαρ d | υιος 2°] pr ο b′r: υιοις cx | τω 2°] του crsuxa$_2$: om bgopc$_2$e$_2$ | ⟨βιαθαρ 74⟩ | αποστελειτε] αποστειλατε ua$_2$: αποστειλεις r: εξαποστελειτε boc$_2$e$_2$ | χειρι] ταις χερσιν boc$_2$e$_2$ | προς με post ακουσητε r | ⟨ο εαν] οσα αν 74⟩ | ακουσητε] ακουσητε και ερεις τω αβεσσαλωμ διεληλυθασιν οι αδελφοι σου και ο βασιλευς κατοπισθεν μου διεληλυθεν ο π̄η̄ρ σου και εγω αρτιως αφιγμαι και εγω δουλος σος bgoc$_2$e$_2$ ⟦εισακουσητε c$_2$*(uid) | ερει o* | αβεσαλωμ gc$_2$* | αρτιος g⟧

37 εισηλθεν] εισηλθον U$_7$(uid): εισπορευεται boc$_2$e$_2$ | χουσε e$_2$ | εταιρος] pr αρχι Ac$_2$e$_2$: pr [illegible] 𝔖$^j$: ετερος N*irva$_2$*: αρχι ετερος bcgox | αβεσαλωμ cegqst | εισεπορευετο BU$_7$(uid)hz] pr αρτιως i: *intrauit* 𝔈: επορευετο Acrxa$_2$: αρτι επορευετο dp: επορευετο αρτιως (-ος a) av: pr αρτι MN rell 𝔖$^j$ | ιερουσαλημ] pr *ciuitatem* 𝔈: την πολιν AU$_7$(uid)𝔄: τιν ιλ̄η̄μ και αχιτοφελ μετ αυτου g: + και αχειτοφελ μετ αυτου bozc$_2$e$_2$ 𝔖$^j$

XVI 1 hab και 1°—ροως 𝔏$^v$ | παρηλθεν βραχυ τι] *pusillum egressus est* 𝔏 | παρηλθεν] απηλθεν g: διηλθεν boc$_2$e$_2$ | βραχυ τι] μικρον boc$_2$e$_2$: hab ολιγον Jos | της ροως] του ορους cx: [illegible] 𝔖$^j$: *Ro'oth* 𝔈$^a$: *Ro'ath* 𝔈$^s$ | ροως BAU$_7$(uid)] ρωως a$_2$: ρωος rℭ: ρως MN* rell 𝔄𝔏: ρωσου N$^{a?}$ | σιβ\βα A | μεμφιβοσθε] μενφιβοσθε g: μεμφιβοσθαι Afrya$_2$: μεμφειβααλ oc$_2$e$_2$ 𝔖$^j$: μεμφιβααλ ηρχετο b | απαντην B] απαντησιν ANbcdhnorvxa$_2$c$_2$e$_2$: συναντισιν i: υπαντησιν M rell | αυτου] αυτω Nb… αυτων c$_2$e$_2$ | hab και 3°—επισεσαγμενων 𝔏$^v$ | επισεσαγμενων… επισεσαγμενον i: *stratum sagmis* 𝔏 | αυτοις] αυτων boc$_2$e$_2$ … εκατον σταφιδες (σταπ- cx) BAchrxa$_2$𝔄ℭ𝔈] οιφει (οιφοι v: υφ… N$^{a?}$efy) σταφιδος (-δων boc$_2$e$_2$) MN rell | εκατον φοινικες B… chrxa$_2$𝔄ℭ𝔈] pr οιφι (υφι e) παλαθων και em: διακοσιαι (-οι … παλαθαι boz(mg)c$_2$e$_2$: οιφει (υφι N$^{a?}$fy) παλαθων MNz(txt) rell … νεφελ a | οινου] + και εκατον φοινικες fjb$_2$

2 προς] τω a | om τι—(4) σειβα 1° a* | ταυτα σοι] *ti… haec* 𝔖-ap-Barh 𝔖$^j$: εστιν σοι ταυτα boc$_2$e$_2$: ταυτα εισιν a… om σοι g𝔄 | σειβα 2°] σιβ\βα A: om d | hab τα—επικαθησθ… 𝔏$^v$ | τα—οικια] *asini sunt sagmarii qui eunt in domum* 𝔏… τα υποζυγια] οι ονοι οι σεσαγμενοι (επισεσ- o) boz(mg)c$_2$e$_2$ | τ… 1°—βασιλεως] *regi* 𝔄 | τη οικια] τα οικια cx: τω οικω boz(m… c$_2$e$_2$ | του επικαθησθαι] του επικαθισαι i(txt): του αποκαθησθ… ub$_2$: επιβαινειν boz(mg)c$_2$e$_2$ | οι φοινικες] αι παλαθαι MNfgij… vyb$_2$: αι παλαθαι και αι σταφιδες boz(mg)c$_2$e$_2$: + και ε στ… πιδες c | τοις παιδαριοις εις βρωσιν ra$_2$ | ⟨των παιδαριων 74.246⟩ … om και 5°—ερημω d | πιειν] ποιειν x: πινειν boc$_2$e$_2$ | τω εκλε… λυμενω boc$_2$(εγλ-)e$_2$ | εκλελυμενοις] κλελυ sup ras m$^a$: bis s… i*: εγλελοιμενοις h*: εκλελειμμενοις h$^{b?}$: εκλυομενοις n

3 om και 2° bemosuwc$_2$e$_2$𝔄 | που] + εστιν boc$_2$e$_2$ | σο… σ ex corr e$_2$$^a$ | σιβ\βα A | ⟨om προς τον βασιλεα 71⟩ | ⟨εν] ε… 246⟩ | οτι ειπεν] και λεγει boz(hab ειπεν int lin)c$_2$e$_2$𝔈 | οτ… και U$_7$(uid) | σημερον επιστρεψουσιν μοι] επεστρεψεν δη r | σ… μερον] pr οτι z | μοι] μου w* | οικος BU$_7$(uid)hjya$_2$b$_2$] pr π… a$^b$: pr πας ο n: υιοι o: pr ο AMN rell

4 om τω σειβα dr | τω] προς boc$_2$e$_2$ | σειβα 1°] σιβ\βα A… σοι—μεμφιβοσθε] παντα οσα εστιν εν τω μεμφιβοσθαι σα a$_2$… σοι] συ i: συ εστε g: + εσται boc$_2$e$_2$ℭ | ⟨παντα] παντες 242⟩… οσα εστιν] οσα εστη u: εστι τα c: εσται τα i: τα boc$_2$e$_2$… μεμφιβοσθε Bi] pr του v: τω μεμφιβοσθαι Afr: μεμφειβαα… b(pr του)oc$_2$e$_2$𝔖$^j$: pr τω MN rell | σειβα 2°] σιβ\βα A | προ… κυνησας] προσκεκυνηκα bo(κε int lin o$^a$)c$_2$e$_2$: + *regi* ℭ | ε… ροιμι] ευρον MNafgijnuvyb$_2$: ευρηκα boc$_2$e$_2$: *inueni* 𝔄𝔈𝔖… σου—βασιλευ] του κυριου μου του βασιλεως boc$_2$e$_2$ | om μου c…

5 ηλθεν] εισηλθεν ir: ειπεν a$_2$: παραγινεται boc$_2$e$_2$ | om…

XVI 1 βραχυ—ροως] α′ σ′ ολιγον απο της ακρας M | νεβελ] κεραμιον M

Δαυεὶδ ἕως Βουρείμ· καὶ ἰδοὺ ἐκεῖθεν ἀνὴρ ἐξεπορεύετο ἐκ συγγενείας οἴκου Σαούλ, καὶ ὄνομα B
6 αὐτῷ Σεμεεὶ υἱὸς Γηρά· ἐξῆλθεν ἐκπορευόμενος καὶ καταρώμενος [6]καὶ λιθάζων ἐν λίθοις τὸν Δαυεὶδ
καὶ πάντας τοὺς παῖδας τοῦ βασιλέως Δαυείδ· καὶ πᾶς ὁ λαὸς ἦν καὶ πάντες οἱ δυνατοὶ ἐκ δεξιῶν
7 αὐτοῦ καὶ ἐξ εὐωνύμων τοῦ βασιλέως. [7]καὶ οὕτως ἔλεγεν Σεμεεὶ ἐν τῷ καταρᾶσθαι αὐτόν Ἔξελθε
8 ἔξελθε, ἀνὴρ αἱμάτων καὶ ἀνὴρ ὁ παράνομος. [8]ἐπέστρεψεν ἐπὶ σὲ Κύριος πάντα τὰ αἵματα τοῦ
οἴκου Σαούλ, ὅτι ἐβασίλευσας ἀντ' αὐτοῦ, καὶ ἔδωκεν Κύριος τὴν βασιλείαν ἐν χειρὶ Ἀβεσσαλὼμ
9 τοῦ υἱοῦ σου· καὶ ἰδοὺ σὺ ἐν τῇ κακίᾳ σου, ὅτι ἀνὴρ αἱμάτων σύ. [9]καὶ εἶπεν Ἀβεισὰ υἱὸς Σαρουίας
πρὸς τὸν βασιλέα Ἵνα τί καταρᾶται ὁ κύων ὁ τεθνηκὼς οὗτος τὸν κύριόν μου τὸν βασιλέα; διαβή-
10 σομαι δὴ καὶ ἀφελῶ τὴν κεφαλὴν αὐτοῦ. [10]καὶ εἶπεν ὁ βασιλεύς Τί ἐμοὶ καὶ ὑμῖν, υἱοὶ Σαρουίας;
καὶ ἄφετε αὐτὸν καὶ οὕτως καταράσθω, ὅτι Κύριος εἶπεν αὐτῷ καταρᾶσθαι τὸν Δαυείδ· καὶ τίς
11 ἐρεῖ Ὡς τί ἐποίησας οὕτως; [11]καὶ εἶπεν Δαυεὶδ πρὸς Ἀβεισὰ καὶ πρὸς πάντας τοὺς παῖδας αὐτοῦ
Ἰδοὺ ὁ υἱός μου ὁ ἐξελθὼν ἐκ τῆς κοιλίας μου ζητεῖ τὴν ψυχήν μου, καὶ προσέτι νῦν ὁ υἱὸς τοῦ
12 Ἰεμεινεί· ἄφετε αὐτὸν καταρᾶσθαι,¶ ὅτι εἶπεν αὐτῷ Κύριος· [12]εἴ πως ἴδοι Κύριος ἐν τῇ ταπεινώσει ¶ u

5 *βουρειμ*] signa v l prae se fert B | *συγγενιας* A     11 *καταρασθαι*] signa v l prae se fert B

AMNa–jm–t(u)v–$c_2e_2$𝔄$ℭ^w$𝔈(𝔏$^v$)

*βασιλευς* dℭ | om *δαυειδ* b'q | *εως βουρειμ*] hab *usque in Corram* 𝔏$^v$ | *εως*] *εις* n: *ad* 𝔈 | *βουρειμ* Bh*$a_2$] *βουρειν* r: *βαθυρειμ* $h^{b?}$u: *βαρορειμ* g: *χορραμ* bo$c_2e_2$: [Syriac] 𝔖$^j$: *χορραν* M (mg): hab *χωρανον* (-*μον* cod) Jos: *βαουρειμ* AM(txt) N rell 𝔄ℭ | *εκειθεν ανηρ* post *εξεπορευετο* 𝔄 | *εκειθεν*] post *εξεπορευετο* 𝔈: post *ανηρ* f: *εκει* c: om v | *ανηρ*] post *εξεπορευετο* cix: ⟨om 242⟩ | *συγγενειας*] pr *της* z: *πατριας* bo$c_2e_2$ | om *οικου* z | *αυτου* r | *σεμεει*] *εμ* ex corr m: *μεσεει* r | ⟨om *υιος γηρα* 242⟩ | *υιος*] pr ras (1) m | *γηρσα* b' | *εξηλθεν—καταρωμενος*] *exeundo exibat et exsecrabatur* 𝔄 | *εξηλθεν*] pr *και* cfhrxℭ(uid)𝔈: *εξεπορευετο* bo$c_2e_2$: ⟨+ *δε* 64⟩ | ⟨*εκπορευομενος και*] *εις απαντησιν* 44⟩ | om *και καταρωμενος* h | om *και* 4° d | *καταρωμενος*] *κακολογων* bo$c_2$: *καλογων* $e_2$

**6** om *και* 1° $a_2$ | *λιθαζων εν λιθοις*] *βαλλων λιθους επι* bo$c_2e_2$: hab *λιθοις εβαλλεν αυτον* Jos | *λιθαζων*] post *λιθοις* $a_2$: *ελιθαζεν* MNaginuvy𝔄(uid) | om *εν* A | om *τον* g | om *και* 2°—*δαυειδ* 2° z𝔈 | *παντας*] pr *επι* bo$c_2e_2$ | *του βασιλεως δαυειδ*] *αυτου* bdo$c_2e_2$ | *του βασιλεως* 1°] om g: om *του* c | *δαυειδ* 2°] pr *του* n: om r$a_2$ | om *και* 3°—*βασιλεως* 2° d | *ην—δυνατοι*] *και παντες οι δυνατοι ησαν* cx𝔄ℭ | *ην*] om Abo$c_2e_2$: + *cum eo* 𝔈 | *δυνατοι*] *μαχηται* bo$c_2e_2$ | *αυτου* BA] om MN rell 𝔄ℭ | *ευωνυμων*] *αριστερων* bo$c_2e_2$ | *βασιλεως* 2°] + *δᾱδ* cx

**7** *ουτως*] *ουτος* d*(uid)p: *ταδε* bo$c_2e_2$: ⟨om 44⟩ | *ελεγεν*] *ειπεν* MNabd–gijmopqs–wyz$b_2c_2e_2$ | om *σεμεει* d | *καταρασασθαι* dempqswyz | *αυτον*] *regem* ℭ: + *τον δᾱδ* cx | om *εξελθε* 2° Agℭ Chr | *αιματων*] pr *των* bo$c_2e_2$ Chr$\frac{1}{2}$ | *ανηρ* 2°] pr *ο* u: om ℭ | *ο παρανομος*] ⟨*παρανομε* 44⟩: om *ο* or

**8** *επεστρεψεν*] pr ras (3) $c_2$ | *κ̅ς̅ επι σε* Acrx𝔖$^j$ | *αιτηματα* a | *του οικου σαουλ*] *σαουλ και του οικου αυτου* r: om *του* gv$a_2$ | *οτι* 1° BAM(mg)chrx$a_2$𝔄𝔈] *ανθ ων* M(txt)N rell Chr | *εβασιλευσας*] *εβασιλευσες* o$c_2$: *εβασιλευσεν* g: *ο βασιλευσας* x: *βασιλευσας* c | *αντ*] pr ras (2—3) a | ⟨om *κυριος* 2° 44⟩ | *την βασιλειαν*] *regnum tuum* 𝔄𝔈 | *εν χειρι*] *εις χειρας* bo$c_2e_2$𝔄 Chr | *αβεσαλωμ* cegqst | hab *και* 2°—*σου* 2° 𝔏$^v$ | om *και ιδου συ* $a_2$ | *ιδου—κακια*] *εδειξεν σοι την κακιαν* boz(mg)$c_2e_2$𝔄𝔏 Chr | om *συ* 1° c | *κακια*] *κατοικια* r: ⟨*οικια* 44⟩ | *συ* 2°] pr *ει* z𝔄(uid): *σοι* g: om y: + *ει* bcox$c_2e_2$ℭ(uid) Chr

**9** *αβεισα* BAh*$a_2$ℭ𝔈] *αβεσα* eg$h^{b?}$st: *αβεσαι* cx: *αβεσσαβα* $b_2$: *αβεσσα* MN rell 𝔄 Spec | *υιος*] *ο του* dempqstwz | *σαρουιας* BAh*r] *αρουια* gn: *σαουρια* x: *σαρουια* MN$h^{b?}$ rell | *τον βασιλεα* 1°] *David* 𝔄-ed | om *ινα—βασιλεα* 2° p | *καταραται*] *κατηραται* $a_2$: + *σοι* g | ⟨*ο τεθνηκως ουτος*] *ουτος τεθνηκως* 246⟩ | *ο τεθνηκως*] sub ο' j: post *ουτος* i (*ου* int lin $i^a$): *ο επικαταρατος* bo$c_2e_2$ Thdt Spec | *ουτος*] *ουτως* N*(uid)a*gv𝔄: om Thdt | *μου*] *ημων* i | *διαβησομαι*] pr *και* a: *διαβησωμαι* gv: *διελευσομαι* bo$c_2e_2$ Thdt | om *δη* d

**10** *βασιλευς* BAcdrx$a_2$𝔄] + *ei* ℭ𝔈(uid): + *προς αβισα* h*: + *προς αβεσα* eg$h^{b?}$s: + *προς αβεσσα* MN rell | *εμοι* sup ras a | *υμιν*] *υ* sup ras a: *υμεις* N*: *σοι* b$z^{a?}c_2e_2$ Chr Thdt: *συ* b'io | *υιοι*] pr ras (2) a: *υιος* r$a_2$: *υιε* bio$z^{a?}c_2e_2$ Chr Thdt | *σαρουια* Nabdef$h^{b?}$i–qs–wz$c_2e_2$ Chr Thdt | *και* 3°—*αυτω*] *sinite hunc maledicere me quia ita dixit Dominus* 𝔈 | om *και* 3° ANcdfinrvx𝔄 Thdt | *αφες* i | *και ουτως καταρασθω*] sub ο' j: *διοτι καταραται* (*κεκαταρατε* $e_2$) *μοι* (*με* Thdt) bo$c_2e_2$ Thdt | om *και ουτως* c | *ουτως* 1°] *ουτος* r: om x | *καταρασθω*] *καταρασασθω* dmpqswz | *κυριος*] pr *ο* ⟨246⟩ Thdt | *καταρασθαι*] *καταρασθω* Mg: *καταρασασθαι* Nademp–twz: *καταρωσασθαι* cx: *κακολογειν* bo(pr *και*)$c_2e_2$ Thdt$\frac{4}{5}$ | *ερει*] + *αυτω* bo$c_2e_2$ Thdt: + *προς αυτον* Ndefhjmpqstwz | *ως τι* BAcx] *ος τι* $a_2$: *οστις* r: *οτι* o: ⟨*οτι τι* 74⟩: om *ως* Ndempqstuwz Thdt$\frac{1}{2}$: *τι οτι* Ma(*οτι* sup ras) rell Thdt$\frac{1}{2}$: *quare* 𝔄ℭ | *εποιησας*] *εποιησεν* r: *εποιηκας* $e_2$: *πεποιηκας* bo$c_2$ Thdt | *ουτως* 2°] *ουτος* r

**11** om *δαυειδ* r | *αβεισα* Bh*r$a_2$ℭ𝔈] *αβισαι* A: *αβεσα* eg$h^{b?}$s: *αβεσαι* cx: *ιωαβ* bo$c_2e_2$: *αβεσσα* MN rell 𝔄 Thdt | ⟨om *προς παντας* 44⟩ | om *προς* 2° e | *παντας τους παιδας*] *παντα τον λαον* a | *αυτου*] + *λεγων* a | om *ο* 2°—*μου* 2° ℭ | om *ο* 2° o$a_2$ | *ζητει*] pr *et* ℭ: *ζητειν* o | *και προσετι νυν*] *quanto magis* 𝔄: ⟨om 71⟩ | *και προσετι* BAch$^b$x$a_2$ℭ(uid)𝔈(uid)] *και προς σε τι* r: *και τι* h*: *ιδετε και* a: *ει δε και* bioy$c_2e_2$ Thdt: *ιδε και* MN rell: ⟨*ιδου και* 44: *ει δε* 246⟩ | om *ο* 3°—*καρασθαι* o | *ο* 3°] pr *ουτος* bz$c_2e_2$ Thdt | om *του* cx | *ιεμεινει* Bh*] *ιεμενει* A(*ειεμ*-)cxℭ: *εμενει* $a_2$: *ιεμεει* r: ⟨*ιεμινιου* 236⟩: *ιεμενιου* e: *εμιναιου* $h^b$: *ιεμηναιου* bv: *ιεμειναιου* MN rell Thdt: ⟨*ιεμμιναιου* 74: *ιεμμενιου* 242⟩ | *αφες* b$c_2e_2$ Or-gr Chr$\frac{6}{8}$ | *αυτον*] *αυτων* A | *καταρασθαι* Bf Chr$\frac{1}{7}$] *καταρασθω* AMNag(uid)hijnvy$b_2$ Thdt: *και καταρασθω* b$c_2e_2$𝔄: *και κατα...* u: *ταρασθαι* r: *αρασθαι* Or-gr: *κατηρασασθαι* $a_2$: *καταρασθσθαι* c: *καταρασασθαι* rell Chr$\frac{3}{7}$ | *οτι—κυριος*] *οτι κ̅ς̅ ειρηκεν αυτω* bo$c_2e_2$𝔄(uid) Or-gr Chr-semel Thdt: om dr

**12** *ει πως*] *οπως* bcorxz(mg)$a_2c_2e_2$ Or-gr Chr Thdt$\frac{2}{3}$: *ειπερ* Thdt$\frac{1}{3}$ | *ιδοι*] *ιδη* bcorx$a_2$*$c_2e_2$ Chr$\frac{4}{7}$: *ειδει* g | *κυριος*] post *μου* Chr$\frac{1}{7}$: om boyz(mg)$c_2e_2$ Or-gr Chr$\frac{2}{7}$ Thdt$\frac{1}{3}$ | *εν τη*

6 *λιθαζων εν λιθοις*] *εν τω χοι πασσων* z
8 *ιδου συ εν*] *εδειξεν σοι κ̅ς̅* M
9 *ο τεθνηκως*] θ' *ο επικαταρατος* j
10 *και ουτως καταρασθω*] θ' *διοτι καταραται με* j
11 *και* 3°—*ιεμεινει*] ο' *και προσετι νυν ο υ̅ς̅ του ιεμιναιου* α' *και γε οτι νυν ο υ̅ς̅ του ιεμ...* σ' *ποσω μαλλον νυν ο υ̅ς̅ του ιεμιναιου* j

B μου, καὶ ἐπιστρέψει μοι ἀγαθὰ ἀντὶ τῆς κατάρας αὐτοῦ τῇ ἡμέρᾳ ταύτῃ. [13]καὶ ἐπορεύθη Δαυεὶδ 13
καὶ οἱ ἄνδρες αὐτοῦ ἐν τῇ ὁδῷ· καὶ Σεμεεὶ ἐπορεύετο ἐκ πέρας τοῦ ὄρους ἐχόμενα αὐτοῦ πορευόμενος
καὶ καταρώμενος καὶ λιθάζων ἐν λίθοις ἐκ πλαγίων αὐτοῦ καὶ τῷ χοὶ πάσσων. [14]καὶ ἦλθεν ὁ 14
βασιλεὺς καὶ πᾶς ὁ λαὸς αὐτοῦ ἐκλελυμένοι, καὶ ἀνέψυξαν ἐκεῖ. [15]Καὶ Ἀβεσσαλὼμ καὶ 15
πᾶς ἀνὴρ Ἰσραὴλ εἰσῆλθον εἰς Ἰερουσαλήμ, καὶ Ἀχειτόφελ μετ᾽ αὐτοῦ. [16]καὶ ἐγενήθη ἡνίκα 16
ἦλθεν Χουσεὶ ὁ Ἀρχὶ ἑταῖρος Δαυεὶδ πρὸς Ἀβεσσαλώμ, καὶ εἶπεν Χουσεὶ πρὸς Ἀβεσσαλώμ
Ζήτω ὁ βασιλεύς. [17]καὶ εἶπεν Ἀβεσσαλὼμ πρὸς Χουσεί Τοῦτο τὸ ἔλεός σου μετὰ τοῦ ἑταίρου 17
σου; ἵνα τί οὐκ ἀπῆλθες μετὰ τοῦ ἑταίρου σου; [18]καὶ εἶπεν Χουσεὶ πρὸς Ἀβεσσαλώμ Οὐχί, 18
ἀλλὰ κατόπισθεν οὗ ἐξελέξατο Κύριος καὶ ὁ λαὸς οὗτος καὶ πᾶς ἀνὴρ Ἰσραήλ, αὐτῷ ἔσομαι καὶ
μετ᾽ αὐτοῦ καθήσομαι. [19]καὶ τὸ δεύτερον τίνι ἐγὼ δουλεύσω; οὐχὶ ἐνώπιον τοῦ υἱοῦ αὐτοῦ; 19
καθάπερ ἐδούλευσα ἐνώπιον τοῦ πατρός σου, οὕτως ἔσομαι ἐνώπιον σοῦ. [20]καὶ εἶπεν Ἀβεσσαλὼμ 20
πρὸς Ἀχειτόφελ Φέρετε ἑαυτοῖς βουλὴν τί ποιήσωμεν. [21]καὶ εἶπεν Ἀχειτόφελ πρὸς Ἀβεσσαλὼμ 21
Εἴσελθε πρὸς τὰς παλλακὰς τοῦ πατρός σου ἃς κατέλειπεν φυλάσσειν τὸν οἶκον, καὶ ἀκούσεται
πᾶς Ἰσραὴλ ὅτι κατῄσχυνας τὸν πατέρα σου, καὶ ἐνισχύσουσιν αἱ χεῖρες πάντων τῶν μετὰ
σοῦ. [22]καὶ ἔπηξαν τὴν σκηνὴν τῷ Ἀβεσσαλὼμ ἐπὶ τὸ δῶμα, καὶ εἰσῆλθεν Ἀβεσσαλὼμ πρὸς τὰς 22
παλλακὰς τοῦ πατρὸς αὐτοῦ κατ᾽ ὀφθαλμοὺς παντὸς Ἰσραήλ. [23]καὶ ἡ βουλὴ Ἀχειτόφελ ἦν 23

15 αχιτοφελ A    16 χουσι (bis) A    17 χουσι A    18 χουσι A
20 αχιτοφελ B?A    21 αχιτοφελ A | κατελιπεν B$^b$    23 αχιτοφελ (bis) A

AMNa–jm–tv–c$_2$e$_2$𝔄ℭ$^w$𝔈(𝔏$^v$)

ταπεινωσει] την ταπεινωσιν boz(mg)c$_2$e$_2$𝔄𝔈 Or-gr Chr Thdt | επιστρεψει] sub o′j: επιστρεψη a$_2$: αντηστρεψει g: ανταποδωσει (-ση Thdt-ed ½) boz(mg)c$_2$e$_2$𝔄(uid) Or-gr Chr ⅛ Thdt: ανταποδω Chr ⅛: αποδωση Chr ⅛: + κ̅ς̅ A | μοι] κ̅ς̅ z(mg): om z(txt): + κ̅ς̅ b′cx Or-gr Chr ⅜ Thdt ½-ed ½: + ο κ̅ς̅ boc$_2$e$_2$ | αυτου] ταυτης A Chr ⅛: om Chr ⅜ | om τη ημερα ταυτη d | τη 2°] pr εν Arv Chr ⅛ Thdt ½-ed ½: pr της εν boc$_2$e$_2$ Or-gr Chr ⅜ Thdt-codd ½ | ταυτη] εκεινη e$_2$

13 επορευθη] επορευετο boc$_2$e$_2$𝔄 | οι BAchrxa$_2$𝔄ℭ𝔈] pr παντες MN rell | αυτου 1°] *qui cum eo* 𝔄ℭ: + μετ. αυτου go c$_2$e$_2$ | σεμεει] εμει g | επορευετο] εκπορευετο h | εκ περας B] κατα το κλιτος boc$_2$e$_2$: εκ πλευρας MN rell 𝔄(uid)ℭ(uid): εις πλευρας A: *in latere* 𝔈𝔖-ap-Barh | εχομενα—αυτου 3°] λιθαζων αυτους d | om εχομενα—και 4° r | εχομενος bcoxc$_2$e$_2$ | πορευομενος—αυτου 3°] επορευετο και κατηρατο και εβαλλεν (εβαλε b′e$_2$) λιθους επ αυτον boc$_2$e$_2$ | λιθοις] + τον δα̅δ v | τω χοι] τω χοσι A: χουν i | πασων A

14 ηλθεν] εισηλθεν h: παρεγενετο boc$_2$e$_2$ | om πας w | λαος αυτου εκλελυμεναι] εκλελυμενος A | αυτου Bchrxa$_2$] pr ο μετ Nabiovzc$_2$e$_2$𝔄ℭ: om 𝔈: + μετ αυτου y: pr μετ M rell | εκλελυμενοι] + παρα τον ιορδανην b: hab επι τον ιορδανην (-ναν ed) Jos | ανεψυξαν] ανεψυξεν g*: ανεψυχαν A: ανεπαυσαντο boc$_2$e$_2$

15 αβεσαλωμ cegqst | πας ανηρ] *uiri* ℭ | ανηρ] ο λαος A: ο λαος ανδρων boc$_2$e$_2$: om ey𝔄 | ισραηλ] bis scr w: *eius* 𝔈 | εισηλθον Bboe$_2$] εισηλθεν Aahc$_2$: ηλθον cx: ηλθεν ra$_2$: ηλθοσαν d: εισηλθοσαν MN rell | αχιττοφελ v

16 εγενηθη] εγεννηθη a: εγενετο bcorvxc$_2$e$_2$: om ⟨44⟩𝔈 | ηνικα] οτε boc$_2$e$_2$: ⟨ατι 123⟩ | ηλθεν] εισηλθεν Ahe$_2$: + μετ αυτου g | χουσει 1°] pr ο go: om c | αρχι εταιρας] αρχεοτερος g | αρχι] αραχι Mb$_2$𝔄: om ℭ𝔈 | εταιρος] αι sup ras a: ετερος N* cn*orvxb$_2$: αιτερος b | δαυειδ] + εις την πολιν boc$_2$e$_2$ | αβεσσαλωμ 1°] αβεσαλωμ cegqst: + *et adorauit eum* 𝔄-ed | om και 2°—αβεσσαλωμ 2° hi | om και 2° dr | om χουσει 2° rva$_2$𝔖$^j$ | προς αβεσσαλωμ 2°] αυτω r: om a$_2$ | προς 2°] τω bgoc$_2$ | αβεσσαλωμ 2°] αβεσσαλων b′: αβεσαλωμ cegqst: αυταν dv

17 αβεσσαλωμ] αβεσαλωμ cegqst: ο βασιλευς fjrb$_2$ | om προς χουσει a*cdx | προς] τω boc$_2$e$_2$ | τουτο] pr ει h | om το cx | om σου 1° t | om μετα 1°—σου 2° 𝔈 | εταιρου 1°] αι sup ras a: ετερου N*cgiorvxb$_2$e$_2$ | om ινα—σου 3° Nfrstz | ινα] pr και b′d𝔄 | ουκ απηλθες] ου κατηλθες cx | απηλθες] απηλθε w: επορευθης boc$_2$e$_2$ | μετα 2°—σου 3°] μετ αυτου d | εταιρου 2°] αι sup ras a: ετερου cgiovxb$_2$: ετεραι p(uid)

18 om προς αβεσσαλωμ d | αβεσσαλωμ] αβεσαλωμ cegqst: τον βασιλεα boc$_2$e$_2$ | αλλα] αλλ η boc$_2$e$_2$ | ου] ον r: σου e$_2$𝔈 | ελεξατο h* | κυριος] pr ο y | om και 2°—ουτας d | ουτος] αυτου boc$_2$e$_2$ | hab αυτω—καθησομαι 𝔏$^v$ | αυτω] ουτως A: *huic* 𝔏 | εσωμε g | μετ αυτου καθησομαι] *sedebo tecum* 𝔏 | μετ αυτου] μετ αυτω v: μετα τουτου (-το h) Mfghjnyb$_2$ | καθησωμαι gv

19 το δευτερον] hab *in secundo loco* 𝔏$^v$ | τινι εγω δουλευσω] τινος εγω δαυλος boz$^{a?}$c$_2$e$_2$ | ουχι] ουκ boc$_2$e$_2$: ει μη i𝔈 | υιου] λαου s: κυριου i | καθαπερ εδουλευσα] ως γαρ ημην r | καθαπερ] ως boc$_2$e$_2$ | ⟨om εδουλευσα 64⟩ | ενωπιον του πατρος] τω πρ̅ι boc$_2$e$_2$𝔄-codd | εσωμαι gq | ενωπιον 3°] pr και Apra$_2$𝔖$^j$: και μετα b′: μετα boc$_2$e$_2$

20 αβεσσαλωμ] αβεσαλωμ cegn*qst: ο βασιλευς e$_2$ | αχιτ-τωφελ v | φερετε] φερε r: δοτε M(mg)boz(mg)c$_2$e$_2$ | αυτοις er vz(mg)a$_2$ | τινα f | ποιησομεν N$^{a?}$b–fswz

21 αχειτοφελ] αχιτωφελ a*: αχιττοφελ v | om προς αβεσσαλωμ d | αβεσαλωμ cegqst | ⟨om τας 242⟩ | παλλακιδας d | κατελειπεν] κατεληπε b: κατελιπεν B$^b$c–fjmnpqstw–z𝔄ℭ𝔈 | οικον B] + αυτου AMN omn 𝔄ℭ𝔈(uid) | ακουσεται] ακουσονται A𝔈: ⟨ακουση 242: ακαυσας 44⟩ | ισραηλ] pr ανηρ cx: pr οικος a$_2$ | ησχυνας A | ενισχυσουσιν] ενισχυουσιν Mag: ισχυσουσιν i: κρατησαυσιν boc$_2$e$_2$ | ⟨παντων αι χειρες 64⟩ | παντων] pr σαυ και boc$_2$e$_2$ | των] ⟨αι 71⟩: om acixy𝔈

22 επηξαν] επι g* | την—αβεσσαλωμ 1° Bhra$_2$ℭ] τω αβεσσαλωμ (αβεσα- eqst) σκηνην dempqstwz: om την bnoc$_2$e$_2$: τω αβεσσαλωμ (αβεσα- cg) την σκηνην AMN rell | om επι—αβεσσαλωμ 2° r | το δωμα] τωμα n: τω δωματι bozc$_2$e$_2$: του δωματος x: δωματος c: om το h | αβεσσαλωμ 2°] αβεσαλωμ cegqst | om προς τας παλλακας A | τας] pr πασας boc$_2$e$_2$ | om του πατρος a$_2$ | κατ οφθαλμους] εν οφθαλμοις boc$_2$e$_2$: κατα d | ισραηλ] pr του boc$_2$e$_2$: + και εμιανεν τας παλλακας του πρ̅ς αυτου a$_2$

12 και—αγαθα] θ′ και ανταποδωσει αγαθα j

ἐβουλεύσατο ἐν ταῖς ἡμέραις ταῖς πρώταις ὃν τρόπον ἐπερωτήσῃ ἐν λόγῳ τοῦ θεοῦ· οὕτως πᾶσα B
XVII 1 ἡ βουλὴ τῷ Ἀχειτόφελ καί γε τῷ Δαυεὶδ καί γε τῷ Ἀβεσσαλώμ. [1]Καὶ εἶπεν Ἀχειτόφελ
πρὸς Ἀβεσσαλώμ Ἐπιλέξω δὴ ἐμαυτῷ δώδεκα χιλιάδας ἀνδρῶν, καὶ ἀναστήσομαι καὶ καταδιώξω
2 ὀπίσω Δαυεὶδ τὴν νύκτα. [2]καὶ ἐπελεύσομαι ἐπ' αὐτόν, καὶ αὐτὸς κοπιῶν καὶ ἐκλελυμένος χερσίν,
καὶ ἐκστήσω αὐτὸν καὶ φεύξεται πᾶς ὁ λαὸς ὁ μετ' αὐτοῦ, καὶ πατάξω τὸν βασιλέα μονώτατον·
3 [3]καὶ ἐπιστρέψω πάντα τὸν λαὸν πρὸς σέ, ὃν τρόπον ἐπιστρέφει ἡ νύμφη πρὸς τὸν ἄνδρα αὐτῆς·
4 πλὴν ψυχὴν ἑνὸς ἀνδρὸς σὺ ζητεῖς, καὶ παντὶ τῷ λαῷ ἔσται ἐν εἰρήνῃ. [4]καὶ εὐθὴς ὁ λόγος ἐν
5 ὀφθαλμοῖς Ἀβεσσαλὼμ καὶ ἐν ὀφθαλμοῖς πάντων τῶν πρεσβυτέρων Ἰσραήλ. [5]Καὶ εἶπεν Ἀβεσ-
σαλώμ Καλέσατε δὴ καί γε τὸν Χουσεὶ τὸν Ἀραχεί, καὶ ἀκούσωμεν τί ἐν τῷ στόματι αὐτοῦ, καί γε
6 αὐτοῦ. [6]καὶ εἰσῆλθεν Χουσεὶ πρὸς Ἀβεσσαλώμ· καὶ εἶπεν Ἀβεσσαλὼμ πρὸς αὐτὸν λέγων Κατὰ
τὸ ῥῆμα τοῦτο ὃ ἐλάλησεν Ἀχειτόφελ· ποιήσομεν κατὰ τὸν λόγον αὐτοῦ; εἰ δὲ μή, σὺ λάλησον.
7 [7]καὶ εἶπεν Χουσεὶ πρὸς Ἀβεσσαλώμ Οὐκ ἀγαθὴ αὕτη ἡ βουλὴ ἣν ἐβουλεύσατο Ἀχειτόφελ τὸ
8 ἅπαξ τοῦτο. [8]καὶ εἶπεν Χουσεί Σὺ οἶδας τὸν πατέρα σου καὶ τοὺς ἄνδρας αὐτοῦ ὅτι δυνατοί εἰσιν
σφόδρα καὶ κατάπικροι τῇ ψυχῇ αὐτῶν, ὡς ἄρκος ἠτεκνωμένη ἐν ἀγρῷ καὶ ὡς ὗς τραχεῖα ἐν τῷ
9 πεδίῳ· καὶ ὁ πατήρ σου ἀνὴρ πολεμιστὴς καὶ οὐ μὴ καταλύσῃ τὸν λαόν. [9]ἰδοὺ γὰρ αὐτὸς νῦν

23 επηρωτηση A    XVII 1 αχιτοφελ A | χειλιαδας B*    6 αχιτοφελ A    7 χουσι A | αχιτοφελ A    8 χουσι A | παιδιω B*

AMNa–jm–tv–c$_2$e$_2$𝔄ℭ$^{w}$𝔈(𝔏$^{sv}$)

**23** αχειτοφελ 1°] αχιττοφελ v | εβουλευετο oc$_2$𝔄𝔈 | om ταις ημεραις a$_2$ | ημεραις ταις πρωταις] πρωταις ημεραις b': ημερες ταυτες c | ον τροπον] καθως boc$_2$e$_2$ | επερωτηση BA] επερωτησει rx: επερωτισοι c: επερωτηθη a$_2$: ερωτα τις boc$_2$e$_2$: +τις MN*atyb$_2$𝔄ℭ: επερωτησει τις N$^{a?}$ rell | εν λογω] δια boc$_2$e$_2$ | om του a$_2$ | τω 1°] του afjvzb$_2$: om bcgorxc$_2$e$_2$ | αχειτοφελ 2°] αχιτωφελ m: αχιττοφελ v | om γε 1° boc$_2$e$_2$ | om γε 2° bdozc$_2$e$_2$ | αβεσαλωμ cegqst

**XVII 1** om και 1°—αβεσσαλωμ xa$_2$ | ⟨και ειπεν] ειπε δε 44⟩ | αχειτοφελ] αχιτωφελ m: αχιττοφελ v: αχιτοβελ t | προς] τω cnv | αβεσαλωμ cegqst | επιλεξω δη εμαυτω] *elige mihi* 𝔈 | επιλεξω] επιλεξε c: ⟨επιλεξομαι 123⟩: εκλεξομαι boc$_2$e$_2$ | εμαυτον g | δωδεκα] ⟨post ανδρων 44⟩: δεκα bcoxc$_2$e$_2$ Jos(uid) | αναστησομαι και καταδιωξω] αναστας καταβησομαι boc$_2$e$_2$ | αναστησωμαι a*gmv | om οπισω d

**2** επελευσομαι] επελευσωμαι gmv: εισελευσομαι boc$_2$e$_2$𝔈(uid): ελευσομαι rx: ελευσωμαι c | επ] προς z* | αυτον 1°] αυτω c*: +*noctu* 𝔄 | om και 3° h | εκλελυμενος] +εργαζομενος fjb$_2$ | χερσιν] τας χειρας boc$_2$e$_2$ | και εκστησω αυτον] om t: om και Adw | φευξεται] εφευξεται a (αι sup ras): εκφευξεται Abp | om πας 𝔄 | om ο 2° e*q*(uid)

**3** hab και 1°—αυτης 𝔏$^{v}$ | επιστρεψω—λαον] επιστρεψει πας ο λαος boc$_2$e$_2$𝔏 | ον τροπον] καθως boc$_2$e$_2$: *sicut* 𝔏 | επιστρεφει] επιστρεφη amor: επιστρεφειην g: επιστρεψει xa$_2$: επιστρεψη c | om η boc$_2$e$_2$ | ψυχην] ψυχη h*e$_2$: om q | ενος] post συ b: post ανδρος c$_2$e$_2$: om c | ανδρος] αν̄ου cdx: ⟨om 44⟩ | ζητεις] ζητησεις iorzc$_2$e$_2$𝔄(uid): εκζητησεις b': εκζητησης *b* | παντι τω λαω] *omnis populus* 𝔄 | εν Br𝔄] om AMN rell ℭ𝔈𝔖$^{j}$ | ειρηνην e$_2$

**4** ευθης] η sup ras h: ευθυς cd*(uid)einsx: ⟨ην ευθυς 123⟩: ηρεσεν boc$_2$e$_2$: hab αρεσθεις Jos | αβεσαλωμ cegh*qst | ⟨om εν οφθαλμοις 2° 44.71⟩ | οφθαλμοις 2°—πρεσβυτερων] πασιν τοις πρεσβυτεροις r | ισραηλ] pr εν a$_2$: om g

**5** αβεσαλωμ cegqst | om δη cx | και γε 1°] om v𝔄: om γε boc$_2$e$_2$ | om τον 1° d | om τον αραχει cx | αραχει] pr του w: αραχη bm: αραχην r | ακουσωμεν Bcrxa$_2$] ακουσομαιν A: ακουσωμεθα agmvb$_2$(uid)e$_2$: γε ακουσομεθα f: ακουσωμεθα δη b': ακουσομεθα MN*b* rell | om τι r | εν τω στοματι] εκ του στοματος c: ⟨om τω 64⟩ | και γε αυτου] om a–dovxa$_2$c$_2$e$_2$𝔄: om γε r

**6** εισηλθεν] παρεγενετο boe$_2$: εγενετο c$_2$ | χουσει] pr ο e$_2$ | om προς αβεσσαλωμ d | αβεσσαλωμ 1°] αβεσαλωμ cei$^{a?}$qst: τον αβεσαλωμ g (ras 7 litt inter ν et α 1°) | om και ειπεν αβεσσαλωμ h | αβεσσαλωμ προς αυτον] προς αυτον αβεσαλωμ c: αυτω αβεσσαλωμ d | αβεσσαλωμ 2°] post αυτον vx: αβεσαλωμ aegqst: om r | αυτον] χουσει boyc$_2$e$_2$ | λεγων] post αχειτοφελ 𝔄: om drvℭ𝔈 | om τουτο drv | om ο AMNabefgj–qstw–e$_2$ | λελαληκεν boc$_2$e$_2$ | αχειτοφελ] αχητοφελ h: αχιττοφελ v | om ποιησομεν—λαλησον d | ποιησομεν—αυτου] *si faciam* ℭ | ποιησομεν BAha$_2$] τι ποιησωμεν e$_2$: ει ποιησωμεν MN*ab'gjnorvxz: pr ει N$^{a?}$*b*b$_2$(uid) rell 𝔄(uid) | τον λογον] το ρημα boc$_2$e$_2$ | αυτου] τουτο bc$_2$: ⟨τουτον 64⟩ | ει—λαλησον] η πως συ λεγεις boz(mg)c$_2$e$_2$: hab *tu quid dicis* 𝔏$^{s}$

**7** om προς αβεσσαλωμ d | αβεσαλωμ cegqst | om ουκ—(8) χουσει r | αυτη] post βουλη a$_2$: om boc$_2$e$_2$𝔄 | εβουλευσατο] ατο sup ras A$^{x}$: βεβουλευται boc$_2$e$_2$ | αχειτοφελ] αχιττοφελ v: om ms | το απαξ τουτο] νυνι ταυτην boz(mg)c$_2$e$_2$ | απαξ] ρημα a$_2$

**8** ειπεν] +ετι bozc$_2$ℭ | χουσει] pr ο oc$_2$: ο χουσει ετι e$_2$: +προς αβεσαλωμ g | ⟨ανδρας] αδελφους 44⟩ | αυτου] pr τους μετ bfoc$_2$e$_2$𝔖$^{j}$ | οτι] τι a$_2$ | hab και 3°—αγρω 𝔏$^{v}$ | καταπικροι] πικροι *b*oc$_2$e$_2$: πικροι εισι b' | ταις ψυχαις boc$_2$e$_2$𝔏 | ως 1°] και εισιν ωσπερ boc$_2$e$_2$𝔏 | αρκος ητεκνωμενη] αρκοι παροιστρωσαι (-στρουσαι c$_2$) b'*b*(txt)oz(mg)c$_2$e$_2$: *ursus qui a boue* (*ab aestu* 𝔏$^{(2)}$) *stimulatur* 𝔏 | αρκος] pr η a*(uid): σαρκος y: αρκτος n | ητεκνωμενη] η τεμνομενη s: *parturiens* 𝔈 | αγρω] τω πεδιω b'*b*(txt)oc$_2$e$_2$ | om και 4°—ο A | om και 4°—πεδιω MNab'*b*(txt)cgovxyc$_2$e$_2$ | om ως υς 𝔄 | om ως 2° fjb$_2$ | υς] υιος w: συς d | om τω fijrb$_2$ | om και 6° oc$_2$e$_2$ | om μη b'*b*(txt)oc$_2$e$_2$ | καταλυση] καταλυσει cgirx: καταλυσης d: καταπαυση z$^{a?}$: καταπαυσει boc$_2$e$_2$ | λαον] ναον i

**9** hab ιδου—τοπων 𝔏$^{v}$ | ιδου γαρ] και ιδου boc$_2$e$_2$𝔄𝔏

XVII 8 ητέκνωμενη] παροιστρωσα M

B κέκρυπται ἐν ἑνὶ τῶν βουνῶν ἢ ἐν ἑνὶ τῶν τόπων· καὶ ἔσται ἐν τῷ ἐπιπεσεῖν αὐτοῖς ἐν ἀρχῇ καὶ
ἀκούσῃ ἀκούων, καὶ εἶπεν Ἐγενήθη θραῦσις ἐν τῷ λαῷ τῷ ὀπίσω Ἀβεσσαλώμ· 10 καί γε αὐτὸς 10
§ u υἱὸς δυνάμεως, οὗ ἡ καρδία καθὼς ἡ καρδία τοῦ λέοντος, τηκομένη τακήσεται· § ὅτι οἶδεν πᾶς
Ἰσραὴλ ὅτι δυνατὸς ὁ πατήρ σου καὶ υἱοὶ δυνάμεως οἱ μετ' αὐτοῦ. 11 ὅτι οὕτως συμβουλεύων ἐγὼ 11
συνεβούλευσα· καὶ συναγόμενος συναχθήσεται ἐπὶ σὲ πᾶς Ἰσραὴλ ἀπὸ Δὰν καὶ ἕως Βηρσάβεε,
ὡς ἡ ἄμμος ἡ ἐπὶ τῆς θαλάσσης εἰς πλῆθος, καὶ τὸ πρόσωπόν σου πορευόμενον ἐν μέσῳ αὐτῶν·
§ 𝔏b 12 καὶ ἥξομεν πρὸς αὐτὸν εἰς ἕνα τῶν τόπων οὗ ἐὰν § εὕρωμεν αὐτὸν ἐκεῖ, καὶ παρεμβαλοῦμεν ἐπ' 12
αὐτὸν ὡς πίπτει ἡ δρόσος ἐπὶ τὴν γῆν, καὶ οὐχ ὑπολειψόμεθα ἐν αὐτῷ καὶ τοῖς ἀνδράσιν τοῖς μετ'
αὐτοῦ καί γε ἕνα. 13 καὶ ἐὰν εἰς τὴν πόλιν συναχθῇ, καὶ λήμψεται πᾶς Ἰσραὴλ πρὸς τὴν πόλιν 13
ἐκείνην σχοινία, καὶ συροῦμεν αὐτὴν ἕως εἰς τὸν χειμάρρουν, ὅπως μὴ καταλειφθῇ ἐκεῖ μηδὲ λίθος.
14 καὶ εἶπεν Ἀβεσσαλὼμ καὶ πᾶς ἀνὴρ Ἰσραὴλ Ἀγαθὴ ἡ βουλὴ Χουσεὶ τοῦ Ἀραχεὶ ὑπὲρ τὴν 14
βουλὴν Ἀχειτόφελ τὴν ἀγαθήν· καὶ Κύριος ἐνετείλατο διασκεδάσαι τὴν βουλὴν Ἀχειτόφελ,
ὅπως ἂν ἐπαγάγῃ Κύριος ἐπὶ Ἀβεσσαλὼμ τὰ κακὰ πάντα. 15 καὶ εἶπεν Χουσεὶ ὁ τοῦ Ἀραχεὶ 15

11 εμμεσω A 12 πειπτει B* 14 αχιτοφελ (bis) A 15 χουσι A

AMNa–jm–t(u)v–c$_2$e$_2$𝔄ℭ$^w$𝔈(𝔏$^{bv}$)

| νυν] νυνι f: om bcgtvxa$_2$𝔄ℭ𝔈𝔏 | κρυπτεται a | εν 1°—τοπων] *in uno praesepio aut in uno loco ex lucis* 𝔏 | om εν 1° b' | βουνων] αυλωνων M(txt)Nabfgij(txt)ovyz*b$_2$c$_2$e$_2$𝔖$^j$ Jos: ⟨αυλων 246⟩ | om η—τοπων d | om η a$_2$ | om εν 2° mpqs–wz | om των 2° c* | ⟨τοπων] βουνων 98⟩ | εσται bis scr b' | πεσειν oc$_2$e$_2$ | αυτοις] ⟨αυτον 44⟩: τον λαον oc$_2$e$_2$: om r: +τον λαον b𝔖$^j$ | εν αρχη] *primum feriet* 𝔄ℭ: +και παταξει MN afgjvyb$_2$ | ακουση] ακουσει N(ει ex corr)e–hmnsvw: ακουσεται bozc$_2$e$_2$ | ακουων Bha$_2$] pr ο AMN rell 𝔄ℭ𝔖$^j$ | ειπεν B𝔈(uid)] ειπει acg: ερει boc$_2$e$_2$𝔖$^j$(uid): ειπη AMN rell 𝔄(uid)ℭ | εγενηθη] εγεννηθη a: γεγονεν boc$_2$e$_2$ | θραυσις] pr η MNae–npqstwyz* b$_2$: πτωσις boz$^{a?}$c$_2$e$_2$ | om τω 3° dob$_2$ | αβεσαλωμ cegn*qst

10 και γε] *quia et* 𝔄: *quia* 𝔈: om γε b'*b*(txt)oc$_2$e$_2$ | αυτος υιος δυναμεως] εσται ο (om ο) υιος ο μαχητης b'*b*(txt)oc$_2$e$_2$ | αυτος] αυτοις w: αυτω m: +*pater tuus* ℭ | υιος] post δυναμεως 1° cx: *uir* 𝔄ℭ | η 1°] pr εστιν b'*b*(txt)oc$_2$e$_2$ | om καθως η καρδια ac$_2$ | καθως] ως b'*b*(txt)oe$_2$ | η καρδια 2°] om d: om η b'*b*(txt)oe$_2$ | om του b'*b*(txt)coxc$_2$e$_2$ | τηκομενη τακησεται] θραυομενη θραυσθησεται b'*b*(txt)oc$_2$e$_2$: om v: om τακησεται a$_2$ | οτι 1°] *et* ℭ𝔈 | οιδεν] ειδε dp: ιδεν r: ουδε c: ειπεν v: γνωσεται boc$_2$e$_2$ | om πας e$_2$ | om οτι 2° e | δυνατος] δεδυναστευκεν boc$_2$e$_2$ | ο] ως c | υιοι δυναμεως] οι μαχηται boc$_2$e$_2$ | υιοι] pr οι Aa$_2$: *uiri* ℭ | οι BAcxa$_2$𝔄ℭ] om r: pr παντες MN rell 𝔈

11 οτι BAcrxa$_2$𝔈] om MN rell 𝔄ℭ | ουτως—συνεβουλευσα] *consilium meum ego do tibi sic* ℭ: *ego* (*et* cod) *do tibi consilium* 𝔄 | συμβουλευων] post εγω r: om AMNabcf–jnouvxyb$_2$c$_2$e$_2$𝔈 | εγω συνεβουλευσα] εγω συνεβουλευσατο A: συμβουλευσω εγω a*: συμβουλευω εγω MNa$^{a?}$bf–jnouvyb$_2$c$_2$e$_2$ | om και 1° u𝔄𝔈 | συναγομενοι συναχθησονται Nboc$_2$e$_2$𝔈 | συναγμενος i | επι 1°—ισραηλ] πας ιηλ προς σε e$_2$ | om επι σε Ng𝔄𝔈 | επι 1°] προς Mabdefijmopqs–wyzb$_2$c$_2$ | ισραηλ] pr οικος a$_2$: pr *uir* 𝔄: *populus* ℭ | om και 2° enr𝔄ℭ𝔈 | βηρσαβεε] βηρσαβεαι *b*oc$_2$e$_2$: βυρσαβεε c: *Bersabe* ℭ | ως η] ωσει N$^{a?}$ne$_2$ | η επι] *ad oram* 𝔄ℭ: om drv𝔈: om η s | om της c | εις] επι d: το i: om g | om το n | πορευομενον] πορευεται o: πορευσεται bc$_2$e$_2$ | εν μεσω αυτων] *ante eos* 𝔄-ed | εν μεσω] εις μεσον boc$_2$e$_2$: οπισω adempqstwz

12 ηξωμεν ab'cgorva$_2$ | προς] εις ia$_2$: επ AMNabfgjnouvy b$_2$c$_2$e$_2$𝔄ℭ | αυτον 1°] αυτων N* | των τοπων] τον τοπων nqv: τον τοπον gp (τον int lin p$^a$): om των c* | εαν] αν MNfgijnpy b$_2$ | ευρωμεν—παρεμβαλουμεν] *et inuenerimus illum et turbanimus eum et inruemus* 𝔏 | ευρομεν di$^a$pxy | om αυτον 2°—επ c$_2$* | παρεμβαλουμεν επ] εκθαμβησομεν oc$_2$$^a$e$_2$: εκθαμβησωμεν b'*b*(txt) | επ αυτον] ⟨αυτω 242⟩: om επ emw | ως] ωσει b'*b*(txt)c$_2$e$_2$ | πιπτει] πιπτη v: *cadet* 𝔏: επιπτει o*: επιπιπτει o$^a$: om r | η δροσος] post γην r: om η b'*b*(txt)cgioa$_2$c$_2$e$_2$ | επι] απο x | ουχ] ουχι a: om r | υπολειψομεθα] υπολειψωμεθα dgov: επιληψομεθα r | εν—ενα 2°] *eum ne quenquam de omnibus uiri eius* 𝔏 | εν] επ r: υπ a$_2$ | αυτω] εαυτω a: αυτου a$_2$ | om και 4°—αυτου d𝔄-ed | και 4°] pr εν πασιν A: εν v: +γε empqstw: +εν πασιν bcoxzc$_2$e$_2$: ⟨+γε εν πασι 123⟩ | και γε ενα] ουδε ενα ozc$_2$𝔄(uid)𝔈(uid): ουδενα bve$_2$ | om ενα (13) και r

13 και εαν] εαν δε bozc$_2$e$_2$𝔄(uid)𝔏 | την 1° BAra$_2$] om MN rell ℭ(uid) | om και 2° 𝔄𝔏 | λημψεται] λημψονται MNad–gijmpqs–wyzb$_2$: προσαξουσιν boc$_2$e$_2$: *adferrent* 𝔏: *uenient* 𝔈 | ισραηλ] pr ανηρ Anx: ανηρ c | προς—σχοινια] σχοινια επι (*aduersum* 𝔏) την πολιν εκεινην boc$_2$e$_2$𝔏 | προς] εις a$_2$: επι v | om την 2° c | ⟨om εκεινην 64.98⟩ | σχοινια—αυτην] *et trahent eam funibus* 𝔈 | σχοινιον v | συρουμεν] συρωμεν gv: συρομεν a$_2$: επισπασονται boc$_2$e$_2$: *extrahent* 𝔏 | αυτην] αυτον c: *eos* 𝔄 | om εως boc$_2$e$_2$𝔏 | εις τον χειμαρρουν] ⟨του χειμαρρου 242⟩: om εις acegrt | hab οπως—λιθος 𝔏$^v$ | οπως] εως MNad–gi–npqs–wyzb$_2$: ⟨ως 71⟩ | καταλειφθη] καταλειφθηναι N: ευρεθη boc$_2$e$_2$𝔏 | om εκει 𝔏$^b$ | μηδε λιθος] συστροφη boc$_2$𝔏$^v$: *tumulus fundamenti* 𝔏$^b$ | μηδε] μη c | ⟨λιθος] ιχνος 246⟩

14 ειπεν—ανηρ] *dixerunt omnes* 𝔈 | αβεσσαλωμ 1°] *Abessalon* 𝔏: αβεσαλωμ cegqst | om ανηρ bc$_2$e$_2$𝔈𝔏 | ισραηλ] ⟨pr υιος 242⟩: om v: +υιος e | αγαθη] *cum eo* 𝔏 | om η c | του αραχει] *filii Arachi* ℭ𝔏: om cdgvx𝔈 | αχειτοφελ 1°] pr του jb$_2$: αχιττοφελ v | om την αγαθην AMNa$^b$b–oruwxy$^b$z–e$_2$𝔄ℭ𝔈𝔏 | om και 3°—αχειτοφελ 2° a*dpqstvy* | διασκεδασαι] pr του Mbgozc$_2$e$_2$ Thdt: *dissipari* 𝔏 | αχειτοφελ 2°] του αχιτοφελ την αγαθην fja$_2$b$_2$: του αχιτοφελ την αγαθην και την βουλην (+την b) αβεσσαλωμ bc$_2$e$_2$: +την αγαθην (αγα sup ras A$^?$) AMNa$^b$eghimnruwy$^b$𝔄ℭ Thdt: +*et consilium Abessalon* 𝔏: +την αγαθην και την βουλην αβεσσαλωμ oz | οπως—(15) ειπεν] .... *adduceret* .... *super Abessa*[*lon di*]*xit* 𝔏 | om αν r | επαγαγη] επαγη *b*ch: επαγει b'x | τα (om c$_2$) κακα επι αβεσσαλωμ boc$_2$e$_2$𝔖$^j$ | αβεσσαλωμ 2°] αβεσαλωμ cegiqst | τα κακα] post παντα y𝔄𝔈$^a$: om 𝔈$^s$ | om παντα MNabfgijouvb$_2$c$_2$e$_2$

15 om ο του αραχει Abcdoxc$_2$e$_2$𝔈$^a$𝔏 | om ο v | om του 𝔄𝔈$^s$ ⟨αραχει προς] αρχι 74⟩ | σαδωκ] σαδουκ v: σαδωχ Mg: σαδδωκ i

10 και 1°—δυναμεως 1°] και εσται ο υ̅ς σου μαχητης M
14 και 3°—αχειτοφελ 2°] *D̅n̅i autem nutu dissipatum est consilium Achitophel utile* p | (την αγαθην)] σ' την συμφερουσαν jz

πρὸς Σαδὼκ καὶ Ἀβιαθὰρ τοὺς ἱερεῖς Οὕτως καὶ οὕτως συνεβούλευσεν Ἀχειτόφελ τῷ Ἀβεσσαλὼμ B
16 καὶ τοῖς πρεσβυτέροις Ἰσραήλ, καὶ οὕτως καὶ οὕτως συνεβούλευσα ἐγώ. [16]καὶ νῦν ἀποστείλατε
ταχὺ καὶ ἀναγγείλατε τῷ Δαυεὶδ λέγοντες Μὴ αὐλισθῇς τὴν νύκτα ἐν ἀραβὼθ τῆς ἐρήμου, καί γε
17 διαβαίνων σπεῦσον, μή ποτε καταπείσῃ τὸν βασιλέα καὶ πάντα τὸν λαὸν τὸν μετ' αὐτοῦ. [17]καὶ
Ἰωναθὰν καὶ Ἀχειμὰς εἱστήκεισαν ἐν τῇ πηγῇ Ῥωγήλ, καὶ ἐπορεύθη ἡ παιδίσκη καὶ ἀνήγγειλεν
αὐτοῖς, καὶ αὐτοὶ πορεύονται καὶ ἀναγγέλλουσιν τῷ βασιλεῖ Δαυείδ, ὅτι οὐκ ἐδύναντο ὀφθῆναι
18 τοῦ εἰσελθεῖν εἰς τὴν πόλιν. [18]καὶ εἶδεν αὐτοὺς παιδάριον, καὶ ἀπήγγειλαν τῷ Ἀβεσσαλώμ·
καὶ ἐπορεύθησαν οἱ δύο ταχέως καὶ εἰσῆλθαν εἰς οἰκίαν ἀνδρὸς ἐν Βαορείμ, καὶ αὐτῷ λάκκος ἐν
19 τῇ αὐλῇ, καὶ κατέβησαν ἐκεῖ. [19]§καὶ ἔλαβεν ἡ γυνὴ καὶ διεπέτασεν τὸ ἐπικάλυμμα ἐπὶ πρόσωπον § ℭ
20 τοῦ λάκκου καὶ ἔψυξεν ἐπ' αὐτῷ ἀραφώθ, καὶ οὐκ ἐγνώσθη ῥῆμα. [20]καὶ ἦλθαν οἱ παῖδες Ἀβεσ-
σαλὼμ πρὸς τὴν γυναῖκα εἰς τὴν οἰκίαν καὶ εἶπαν Ποῦ Ἀχειμὰς καὶ Ἰωναθάν; καὶ εἶπεν αὐτοῖς
ἡ γυνή Παρῆλθαν μικρὸν τοῦ ὕδατος· καὶ ἐζήτησαν καὶ οὐχ εὗραν, καὶ ἀνέστρεψαν εἰς Ἰερου-
21 σαλήμ. [21]ἐγένετο δὲ μετὰ τὸ ἀπελθεῖν αὐτοὺς καὶ ἀνέβησαν ἐκ τοῦ λάκκου, καὶ ἐπορεύθησαν

15 αχιτοφελ A (χ sup ras A?) 17 ιστηκεισαν A 18 βαορειμ] signa v l prae se fert B 19 εγνωθη B 20 μεικρον B* | ουκ B*

AMNa–jm–$c_2e_2$𝔄ℭ$^{(d)w}$𝔈𝔏$^{b(v)}$

σαδδουκ boc$_2$e$_2$: σαβωχ d*(uid) | αβιαθαρ] pr προς botyc$_2$e$_2$ 𝔄𝔈 | τους ιερεις] τους αρχιερεις ⟨44⟩ Jos(uid): om 𝔏 | om και ουτως 1° i | συνεβουλευσεν] συνεβουλευσατο dempqstwz: βεβουλευται boc$_2$e$_2$ | αχιττοφελ v | τω—πρεσβυτεροις] *et Abessalon et praesbiteri* 𝔏 | τω] pr ras (7) a: ⟨pr και 74⟩: om e | αβεσαλωμ cegi$^{a?}$qst | om και 4°—ισραηλ d | ισραηλ] pr του a$_2$ | om και ουτως 3° bcdhopwxc$_2$e$_2$𝔏 | συνεβουλευσα εγω] συνεβουλευσατο χουσι p (χο ex corr uid p$^a$) | συνεβουλευσα] ⟨συνεβουλευσαμην 71⟩: συμβεβουλευκα boc$_2$e$_2$: om d | εγω] καγω ra$_2$

**16** αποστειλατε ταχυ και] σπευσαντες boc$_2$e$_2$𝔏 | ⟨αποστειλω 246⟩ | αναγγειλατε Bcrxa$_2$] απαγγειλατε AMN rell | τω δαυειδ] *regem Dauit* 𝔏: τω βασιλει boc$_2$e$_2$: om τω n | hab μη 1°—σπευσον 𝔏$^v$ | μη αυλισθης] *nolite proficisci* 𝔏$^b$ | αυλισθης] πορευου boc$_2$e$_2$𝔏$^v$𝔖$^j$ | νυκτα] +ταυτην r𝔄𝔈 | εν—ερημου] *ad occidentē desertum* 𝔏$^b$ | εν αραβωθ] κατα δυσμας boz$^{mg}$(uid)c$_2$e$_2$ 𝔖$^j$(uid): κατα δυσμων b': *contra occasum* 𝔏$^v$ | αραβωθ] ραβωθ ac*fj𝔄: ⟨ραβαθ 71⟩: εβων a$_2$ | της ερημου] *in heremum* 𝔏$^v$ | και γε] αλλα b𝔄ℭ𝔏: om 𝔈: om γε oc$_2$e$_2$ | σπευσον] bis scr a: σπευση p: *transi* 𝔏$^b$: διαβηθι τα υδατα boz(mg)c$_2$e$_2$𝔏$^v$ | μη 2°—τον 3°] οπως μη καταποθη ο βασιλευς και πας ο λαος ο boz(mg)c$_2$e$_2$𝔏 | καταπειση] καταπησει d: ⟨καταπεισαι 246⟩: καταπεση r: καταπιη AMNacgnuvxy*b$_2$𝔄: ⟨καταπατηση 44⟩: καταπατησει p | om παντα Acxℭ | τον 3°] *eius* 𝔄-codd: om w

**17** om και ιωναθαν d | om και αχειμας g* | αχειμας Be𝔏] ⟨αχιμαα 74⟩: αχιναας g$^{a?}$: ⟨αχιμανας 246⟩: χιμαας a: αχιμαας AMN rell 𝔄ℭ𝔈 | εν τη πηγη] *ad fontem* 𝔈𝔏 | εν] επι MN abf–joruvyb$_2$c$_2$e$_2$𝔄(uid)ℭ | τη πηγη] την πιγην v: της πηγης Nboc$_2$e$_2$: τη γη a$_2$ | ρωγηλ] pr του boc$_2$e$_2$: ρογηλ e: ρωγαλ a: ρωηλ g*(uid): τη ρογια cx | επορευθη] επορευετο boc$_2$e$_2$: *irat* 𝔏 | ανηγγειλεν] απηγγειλεν MNabd–gjmopqs–wyzb$_2$e$_2$: απηγγελλεν c$_2$𝔏 | ⟨om και 5° 44⟩ | αυτοι] ουτοι i: om oa$_2$ | πορευονται] πορευωνται g: ⟨πορευσονται 44⟩: επορευοντο boc$_2$e$_2$: *ineunt* 𝔏 | αναγγελλουσιν Bir] αναγγελουσιν Achxa$_2$: απαγγελουσιν adguy: απηγγελλον bc$_2$𝔏: απηγγελον b'e$_2$: απηγγειλον o: απαγγελλουσιν MN rell | τω βασιλει] om d: om βασιλει eimpqstwz𝔈 | οτι] οσα n | εδυναντο] εδυνατο ha$_2$: ηδυνοντο N: ενεδυσαντο A | οφθηναι] *uisi* 𝔏: om r𝔈 | του] και boc$_2$e$_2$: ⟨om 44.64⟩ | εν τη πολει b$_2$𝔄

**18** αυτους] αυτοις aga$_2$ | παιδαριον] pr το pr | απηγγειλαν B] ανηγγειλεν hr: απηγγειλεν AMN rell: *nuntiauit* 𝔄ℭ𝔈𝔏 | τω αβεσσαλωμ] *Abessalon* 𝔏: τω αβεσαλωμ cegi$^{a?}$qst | και 3°—ανδρος] ....*cito et in*[*trare*]*nt in domum*.. 𝔏 | επορευθησαν οι δυο] απηλθον boc$_2$e$_2$ | om ταχεως 𝔄 | εισηλθαν Bh*n] εισηλθοσαν g: εισηλθον AMNh$^{b?}$ rell: ⟨ηλθον 236.242⟩ | οικιαν BA hnrxa$_2$] κιαν c: οικον MN rell | om ανδρος 𝔄-codd | εν βαορειμ] hab *in Bethcorron* 𝔏$^v$ | βαορειμ B] βαθουρειμ Nh$^{b?}$: βαιθχορρων (-χορων c$_2$*) boc$_2$e$_2$: *Bethor* 𝔏$^b$: hab βοκχορης Jos: βαουρειμ AMh* rell 𝔄ℭ | και 5°—αυλη] *erat domo fuit puteum in porta domus* 𝔏 | αυτω] αυτο u (+ras 1—2 litt): αυτος cp: τω αν̅ω̅ boc$_2$e$_2$ | εν τη αυλη] *in domo* 𝔄 | κατεβησαν] καταβαινουσιν boc$_2$e$_2$: *intrauerunt* 𝔄 | εκει] *in puteum* 𝔏

**19** και 1° bis scr c$_2$ | om η cx | και 2°—επικαλυμμα] *cannam et exspadit* 𝔏 | το επικαλυμμα] το καλυμα g*: τον ριπον M(mg)boc$_2$e$_2$ | προσωπον] pr το MNd–gi–npqtuwyzb$_2$: του στοματος boc$_2$e$_2$ℭ𝔈𝔏: om 𝔄 | hab και 3°—ρημα 𝔏$^v$ | om και 3°—αυτω g | εψυξεν] εψυχεν boz$^{a?}$c$_2$e$_2$𝔄𝔏: εψυθεν r: εκυψεν A | επ αυτω αραφωθ] *latebras arafios* 𝔏$^b$ | επ] εν i𝔈$^a$ (uid) | αυτω] αυτο ux: αυτους o | αραφωθ] pr παλλακας g: ραφωθ c(α int lin c$^a$)x: αραβωθ arz*𝔄: αραβωθωθ A: παλαθας boz$^{a?}$c$_2$𝔏$^v$: παλλαθας e$_2$: +παλαθας v$^b$ | om και 4°—ρημα v* (spat relict) | εγνωσθη ρημα] *dixit de hoc uerbum* 𝔏$^b$ | ρημα] pr το bgov$^b$c$_2$e$_2$

**20** ηλθαν] ηλθον ac–gh$^{b?}$jmp–tv–z: εισηλθον boc$_2$e$_2$ | αβεσσαλωμ] pr του oc$_2$e$_2$: *Habessalon* 𝔏: αβεσαλωμ cegqst | προς την γυναικα] *et uenerunt* 𝔏 | εις την οικιαν] εις τον οικον boc$_2$e$_2$: om g | ειπαν] ειπον Aa–fh$^{b?}$jmo–twxzc$_2$e$_2$ | που] +εστιν boc$_2$e$_2$ | αχειμας B𝔏] αχιναας gℭ$^d$: χιμαας r: αχιμαας AMN rell 𝔄ℭ$^w$𝔈 | αυτοις η γυνη] *mulier uiris* 𝔏 | αυτοις] προς τους ανδρας boc$_2$e$_2$: ⟨om 44⟩ | παρηλθαν—υδατος] *Festinanter transierunt prendere aquā* 𝔏: διεληλυθασιν σπευδοντες boz(mg)c$_2$e$_2$ | παρηλθαν Bh*n] παρηλθον AMNg(uid)h$^{b?}$z(txt) rell: ⟨παρηλθε 246⟩ | μικρον του υδατος] *trans aquam* 𝔄 | εζητησαν] εζητησα a*: εζητουν boz(mg)c$_2$e$_2$ | ουχ—ιερουσαλημ sup ras v$^b$ | ευραν BA(α sup ras A$^{a?}$)h*] ευρον αυτους v$^b$: ευρισκον αυτους boz(mg) c$_2$e$_2$: ευρον MNa(ο ex corr)h$^{b?}$z(txt) rell: +*os* 𝔏 | ανεστρεψαν] ανεστρεψεν A: υπεστρεψαν fv$^b$: αναστρεφουσιν boz(mg)c$_2$e$_2$ | εις 2°] *ad* 𝔏

**21** εγενετο—(XX 14) ισραηλ post (XXIV 11) ορωντα v*

**21** εγενετο δε] pr και Nw: και εγενετο abcotv$^{a?}$xc$_2$e$_2$: *et* 𝔏: om δε h | om και 1° MNabdfgi–qs–wyzb$_2$c$_2$$^{a?}$e$_2$𝔄ℭ𝔈𝔏 | επο-

18 βαορειμ] βεθχορω M 19 αραφωθ] α' σ' πτισανας M(om α')z: θ' παλαθας M𝔖-ap-Barh: παλαθας ητοιμα... συκων i

B καὶ ἀνήγγειλαν τῷ βασιλεῖ Δαυείδ, καὶ εἶπαν πρὸς Δαυείδ Ἀνάστητε καὶ διάβητε ταχέως τὸ
ὕδωρ, ὅτι οὕτως ἐβουλεύσατο περὶ ὑμῶν Ἀχειτόφελ. [22]καὶ ἀνέστη Δαυεὶδ καὶ πᾶς ὁ λαὸς ὁ 22
μετ᾽ αὐτοῦ καὶ διέβησαν τὸν Ἰορδάνην ἕως τοῦ φωτὸς τοῦ πρωί, ἕως ἑνὸς οὐκ ἔλαθεν ὃς οὐ
διῆλθεν τὸν Ἰορδάνην. [23]καὶ Ἀχειτόφελ εἶδεν ὅτι οὐκ ἐγενήθη ἡ βουλὴ αὐτοῦ, καὶ ἐπέσαξεν 23
τὴν ὄνον αὐτοῦ καὶ ἀνέστη καὶ ἀπῆλθεν εἰς τὸν οἶκον αὐτοῦ εἰς τὴν πόλιν αὐτοῦ· καὶ ἐνετείλατο
τῷ οἴκῳ αὐτοῦ, καὶ ἀπήγξατο καὶ ἀπέθανεν, καὶ ἐτάφη ἐν τῷ τάφῳ τοῦ πατρὸς αὐτοῦ. [24]Καὶ 24
Δαυεὶδ διῆλθεν εἰς Μαναέιμ, καὶ Ἀβεσσαλὼμ διέβη τὸν Ἰορδάνην αὐτὸς καὶ πᾶς ἀνὴρ Ἰσραὴλ
μετ᾽ αὐτοῦ. [25]καὶ τὸν Ἀμεσσεὶ κατέστησεν Ἀβεσσαλὼμ ἀντὶ Ἰωὰβ ἐπὶ τῆς δυνάμεως· καὶ 25
Ἀμεσσεὶ υἱὸς ἀνδρὸς καὶ ὄνομα αὐτῷ Ἰοθὸρ ὁ Ἰσραηλείτης, οὗτος εἰσῆλθεν πρὸς Ἀβειγαίαν
θυγατέρα Ναὰς ἀδελφοῦ Σαρουίας μητρὸς Ἰωάβ. [26]καὶ παρενέβαλεν πᾶς Ἰσραὴλ καὶ Ἀβεσ- 26
σαλὼμ εἰς τὴν γῆν Γαλαάδ. [27]καὶ ἐγένετο ἡνίκα ἦλθεν Δαυεὶδ εἰς Μαανάειμ, Οὐεσβεὶ υἱὸς Ναὰς 27

21 αχιτοφελ A
22 διηλθεν] signa v l prae se fert B
25 αβιγαιαν A

AMNa-jm-c$_2$e$_2$𝔄ℭ[dw]𝔈𝔏[b(sv)]

ρευθησαν] απηλθον boc$_2$e$_2$: *uenerunt* 𝔏 | om και 3°—δαυειδ 1° ℭ[d] | ανηγγειλαν BAhra$_2$] απηγγειλαν MN rell | ⟨om τω βασιλει 71⟩ | om δαυειδ 1° r | και 4°—δαυειδ 2°] λεγοντες r: om d | ειπαν BAhna$_2$[a]] ειπον cx: ειπεν a$_2$*: λεγουσιν MN rell προς δαυειδ BAhnx𝔄ℭ𝔈] προς ταν δᾱδ c: om a$_2$: αυτω MN rell 𝔏 | om και 5° y | διαβητε] δη αναβηται g | ταχεως] ταχυ h: το ταχος boc$_2$e$_2$: om 𝔄ℭ | το υδωρ] pr εις g: τα υδατα boc$_2$e$_2$ | ουτως BAchrxa$_2$] ταδε MN rell 𝔏: +*et ita* 𝔄 | εβουλευσατο BAchrx] εβουλειτο a$_2$: βαυλευεται av: βεβουλευται MN rell | περι υμων αχειτοφελ] αχειτοφελ (αχιτωφελ a*) καθ υμων ae$_2$ | ⟨om περι υμων 44⟩ | περι BAchrxa$_2$𝔏] καθ MN rell | ημων c | αχιτωφελ v

**22** πας—ο 2°] παντες οι boc$_2$e$_2$ | om πας ℭ[d] | om ο 2° Acgrx𝔏 | μετ αυτου] *cum Dauit* 𝔏 | διεβησαν—πρωι] *transiebant et ueniebant trans Iordanen donec luceat mane dies* 𝔏 | του φωτας του] διεφαυσε το (τω o) boz(mg): διεφωσεν το c$_2$e$_2$ | om του 1° y | ταυ 2°] το dx: τω c | πρωινου r | om εως 2°—ιορδανην 2° d | εως 2°—διηλθεν] *et non unus erat restans qui non transierunt* 𝔏[b] | εως 2°—ου] εως του μη αποκαλυφθηναι τον λογον ουτως boz(mg)c$_2$e$_2$: hab *et antequam denudaretur uerbum* 𝔏[s] | εως 2°] pr και r | ουκ ελαθεν] ου διελαθεν a(ου δι sup ras 5 litt)efnr | ος ου] εως σου a: ⟨om ου 71⟩ | διηλθεν BAchrx] διεβησαν boz(mg)c$_2$e$_2$: διεβη MNz(txt) rell | ιαρδανην 2°] ιωρδανην m

**23** αχιτταφελ v | ειδεν bis scr v* | ουκ εγενηθη] ουκ εγεννηθη g: αυκ εγενετα r: ου γεγονεν boc$_2$e$_2$ | ⟨η βουλη αυτου] αυτου βουλη 246⟩ | om η a | αυτου 1°] αυτων m | και 2°—αυτου 2° post ανεστη cx | επεσαξεν] απεσαξε dp: επαταξεν ox | την 1°] τον ar𝔏(uid) | ονον] ημιονον c | om και ανεστη e$_2$ | ανεστη part ras u | εις 1°—αυτου 4°] εις την πολιν αυτου και εις τον οικον αυτου cxℭ[d] (om και) | om εις 2°—αυτου 5° e* | om εις 2°—αυτου 4° da$_2$ | εις την παλιν] pr και mnpqstwz: και εις τον τοπον b′ | om αυτου 4° r𝔄 | hab και 5°—απηγξατο 𝔏[v] | om και 5°—αυτου 5° c | αυτου 5°] εαυτου A | απηγξατο] αιπιγξατο a$_2$: *suspendebat* 𝔏[b] | ⟨om και 7° 236⟩ | εταφη] θαπτεται boc$_2$e$_2$ | εν τω ταφω] *in monumento* 𝔏 | om τω 2° cx | ταφω] ⟨τοπω 242⟩: οικω Abcoxc$_2$e$_2$

**24** διηλθεν BAh] ανηλθεν cxℭ(uid): απηλθεν a$_2$: διεβη r: παρεγενετο MN rell 𝔄𝔏 Jos(uid): om 𝔈 | μαναειμ] *Manain* ℭ: παρεμβολας boz(mg)c$_2$e$_2$𝔄𝔏 Jos: μαναην αντι ιωαβ επι της δυναμεως c | αβεσσαλωμ—ιορδανην post αυτος d | αβεσσαλωμ] *Abessalon* 𝔏: αβεσαλωμ cegqst | διεβη] διηλθεν A | αυτας] ⟨pr και 244⟩: ουτως a: om b′fr𝔈 | και 3°—αυτου] μετα παντος ιη̄λ d | ανηρ ισραηλ] *populus iuit* ℭ[w]: om ανηρ Ah𝔄: om ισραηλ n

**25** τον αμεσσει] *Amasa* 𝔏 | αμεσσει 1° Ba$_2$ℭ] αμεσσα boxc$_2$e$_2$: αμεση r: αμεσαι deh*pvz𝔄: αμεσα c: αβεσσαι w: αβεσαι g: αμεσσαει AMNh[b?] rell | εκατεστησεν r | αβεσσαλωμ] *Abessalon* 𝔏: αβεσαλωμ cegqst: om o | om αντι ιωαβ fo | αντι] τω A | ιωαβ 1°] ⟨pr του 44⟩: ιωβ n | ⟨om επι 246⟩ | της δυναμεως] την στρατιαν boz(mg)c$_2$e$_2$𝔏 | και αμεσσει] α δε αμεσσα ην boc$_2$e$_2$: *Amasa autem* 𝔏 | αμεσσει 2° Bra$_2$ℭ] αμεσσα t Anon[1]: αμεσαι depvz𝔄: αμεσα cx Anon[2]: αβεσσαι n: αβεσα g: αμεσσαει AMNa (ras 1 lit inter μ et ε 1°) rell | om ανδρος—αυτω boc$_2$e$_2$𝔏 | om αυτω c | ιοθορ BAa$_2$𝔄ℭ[d]𝔈] ιωθωρ crxℭ[w]: ιεθαρ m: ιεθερ MN rell: [illegible] 𝔖[j]: ⟨ιεθερος 44⟩: *Aeter* Anon[1]: *Abieter* 𝔏 | ο ισραηλειτης] του ισραηλιτου boe$_2$: του ιεζραηλειτου c$_2$: *Israeli* 𝔏 | om ο c | ισραηλειτης] ισδραηλιτης g: ιζραηλιτης Mn: εζραηλιτης h[b]: ιεζραηλιτης mqstw𝔄: εζραλιτης z: ισμαηλειτης Ah*rℭ[w]𝔖[j] Anon[1] | ουτος] ουτως ac[†]h*i(uid)x: αυτας g𝔄: ος boc$_2$e$_2$𝔏 | εισηλθεν] ηλθεν bcoc$_2$e$_2$ | προς] επι την boc$_2$e$_2$ | αβειγαιαν] αβιγεαν v: αβηγεαν g: αβειγαια e$_2$: ⟨αβηγαιο 236⟩: *Abigael* 𝔏 | θυγατεραν ασα r | θυγατερα] *filium* 𝔏 | ναας BAh*xa$_2$ 𝔄-cod ℭ𝔏] *Naaso* 𝔈[s]: *Naeso* 𝔈[a]: om c: ιεσσαι MNa(ιε ex corr)h[b] rell 𝔄-ed: ⟨ιεσαι 74⟩: [illegible] 𝔖[j] | αδελφου BAch*rxa$_2$ℭ𝔈] αδελφον o: αδελφην MNh[b] rell 𝔄𝔏 | σαρουιας] σαραυιας Nbdefijmopqs–wzb$_2$c$_2$e$_2$: *Sarurias* ℭ[d] | ιωαβ 2°] ιωας Mg

**26** παρενεβαλεν—γαλααδ] *constituit Abessalon et omnes uiros Israel erunt in terra Gilead* 𝔏 | πας—αβεσσαλωμ (αβεσα- c) BAchrxa$_2$ℭ𝔈(uid)] αβεσσαλωμ (αβεσα- egqst) και πας (+ανηρ bemotwc$_2$e$_2$) ιη̄λ MN rell 𝔄 | om την bcc$_2$e$_2$ | om γην Naiop | γαλααδ] δᾱδ e

**27** om εγενετο ⟨44⟩𝔈 | ηνικα] οτε MNabd-gijmopqs-wyzb$_2$c$_2$e$_2$ | ηλθεν BAchnrx𝔄𝔈𝔏(uid)] κατηλθεν a$_2$: εισηλθεν MN rell | om εις—(28) πυρους v* (spat relict) | μααναειμ BA] μαναημ a$_2$: *Menahem* 𝔈: *Manain* ℭ[d]: μαναην c: μανεμ d: παρεμβαλας bov[b]z(mg)c$_2$e$_2$𝔄𝔏(uid): μαναειμ MNz(txt) rell ℭ | ουεσβει BAa$_2$𝔄] ουεσβη r: *Ueseb* 𝔈: ουνησβι Thdt: [illegible] 𝔖[j]: και ουεσβη cx: και ουαισβι N: και αυιεσβι y: ⟨και ιεσβι 71⟩ και εσβι i: και ουεβι d: και αυιεσει n: *et Sobi* 𝔏: *ubi Esbin* ℭ[w] *ubi Ezebin* ℭ[d]: και σεφεει boc$_2$e$_2$: και σεφαιει M(mg)v[b]: *et Siphas* Jos-lat: και σειφαρ Jos-gr: pr και M(txt) rell | ναας]

24 μαναειμ] α′ θ′ παρεμβολας Mj

ἐκ Ῥαβὰθ υἱῶν Ἀμμὼν καὶ Μαχεὶρ υἱὸς Ἀμειὴλ ἐκ Λωδαβὰρ καὶ Βερζελλεὶ ὁ Γαλααδείτης ἐκ B
28 Ῥωγελλεὶμ [28]ἤνεγκαν δέκα κοίτας καὶ ἀμφιτάπους καὶ λέβητας δέκα καὶ σκεύη κεράμου, καὶ
29 πυροὺς καὶ κριθὰς καὶ ἄλευρον καὶ ἄλφιτον, καὶ κύαμον καὶ φακὸν [29]καὶ μέλι καὶ βούτυρον, καὶ
πρόβατα καὶ σαφφὼθ βοῶν· καὶ προσήνεγκαν τῷ Δαυεὶδ καὶ τῷ λαῷ τῷ μετ' αὐτοῦ φαγεῖν, ὅτι
εἶπεν Ὁ λαὸς πεινῶν καὶ ἐκλελυμένος καὶ διψῶν ἐν τῇ ἐρήμῳ¶. ¶ ℭ$^{d}$
XVIII 1 §[1]Καὶ ἐπεσκέψατο Δαυεὶδ τὸν λαὸν τὸν μετ' αὐτοῦ, καὶ κατέστησεν ἐπ' αὐτῶν χιλιάρχους καὶ § ℭ$^{c}$
2 ἑκατοντάρχους. [2]καὶ ἀπέστειλεν Δαυεὶδ τὸν λαόν, τὸ τρίτον ἐν χειρὶ Ἰωὰβ καὶ τὸ τρίτον ἐν
χειρὶ Ἀβεισὰ υἱοῦ Σαρουίας ἀδελφοῦ Ἰωὰβ καὶ τὸ τρίτον ἐν χειρὶ Ἐθθεὶ τοῦ Γεθθαίου· καὶ
3 εἶπεν Δαυεὶδ πρὸς τὸν λαόν Ἐξελθὼν ἐξελεύσομαι καί γε ἐγὼ μεθ' ὑμῶν. [3]καὶ εἶπαν Οὐκ
ἐξελεύσῃ, ὅτι ἐὰν φυγῇ φύγωμεν, οὐ θήσουσιν ἐφ' ἡμᾶς καρδίαν, καὶ ἐὰν ἀποθάνωμεν τὸ ἥμισυ
ἡμῶν, οὐ θήσουσιν ἐφ' ἡμᾶς καρδίαν, ὅτι σὺ ὡς ἡμεῖς δέκα χιλιάδες· καὶ νῦν ἀγαθὸν ὅτι ἔσῃ

28 κρειθας B* 29 πινων A XVIII 1 χειλιαρχους B* 3 χειλιαδες B*

AMNa–jm–$c_2e_2$𝔄ℭ$^{(cd)w}$𝔈𝔏$^{b(v)}$

ναως Thdt-cod: *Ezeboth* ℭ$^{d}$ | ραβαθ] ραμαθ cx: ⟨ραβααθ 74⟩: ραββαθ AMNafh$^{b?}$jmnqstuwyz(β 2° ex corr z$^{a}$)$b_2$ℭ𝔏: ραββααθ h*: ραββωθ i: ροβοωθ b'v$^{b}$: ρωβωωθ *b*: ροωβωθ $oc_2e_2$: *Bamath* ℭ$^{d}$ | υιων] pr *filius* 𝔈: υιος A | μαχειρ] μαχηρ egr: μαχι c: μαχη x: *terrae Nachir* ℭ$^{d}$ | υιος 2°] pr ο N | αμειηλ] *Aamiel* 𝔏: *Abiel* ℭ$^{d}$: αμιηρ ANh*rx$a_2$: αμηηρ c: εμιηλ n: αμιλιηλ e: σαμιηλ iu | εκ 2° BAcnrx$a_2$𝔄] pr ο MNv$^{b}$ rell ℭ𝔈𝔏 | λωδαβαρ BAix On] λοδαβαρ cr: *Loddabar* 𝔏: *Dodabar* 𝔈: λαδαβωρ d: λαδαμαν z(uid): δαδαρ h*: λαδαβαρ MNh$^{b?}$v$^{b}$ rell 𝔄ℭ$^{w}$: [illegible] 𝔖$^{j}$: *Cholobar* ℭ$^{d}$ | βερζελλει] βερζελλη a: βερζελει cdghp𝔄: βερζελαι u: βαρζελλει v$^{b}$: βελλεζει $a_2$: *Berselei* ℭ$^{d}$: *Barsellai* 𝔏: βερσελλειν On-gr: ζερβελλι Nb: γερζελι e | ο γαλααδειτης] *Galadites* 𝔏 | ο bis scr v$^{b}$ | γαλααδειτης] γαλααδδειτης $c_2$: γαλαδειτις $e_2$: γαλλααδιτης a: γαλλαδιτης $a_2$: γααδιτης x | εκ 3°] pr ο MNabd–gh$^{b}$ijmopqstuv$^{b}$wyz$b_2c_2e_2$ℭ | ρωγελλειμ] ρογελλειμ i$^{a}$r: ρωγελλειν On-gr: ρωγελειμ Aanp: ρογελειμ cex: *Rogelim* 𝔄𝔏: *Rogolim* ℭ$^{d}$: ρακαβειν M(mg)b$oc_2e_2$: ραγαβειν v$^{b}$

28 hab ηνεγκαν—(29) φαγειν 𝔏$^{v}$ | ηνεγκαν] ηνεγκεν auℭ$^{d}$: *et adferrent* 𝔏$^{b}$ | δεκα 1°] νι dp: ⟨om 44⟩ | κοιτας και αμφιταπους] *pannos lecticulorum uberes capillis* 𝔏$^{b}$ | om και 1° MNadefi–npqstuv$^{b}$wyz$b_2$𝔏$^{v}$ Jos(uid) | αμφιταφους y*(uid)$a_2$ | λεβητας] *lectos* 𝔏$^{v}$ | om δεκα 2°—αλευρον b' | om δεκα 2° f | και σκευη κεραμου] post κριθας z: om Acx | κεραμου] κεραμων *b*: *amphorarum* 𝔏$^{v}$ | om και 5°—(29) μελι c | αλευρα *b*$oc_2e_2$ Thdt-codd | αλφιτον—φακον] κυαμον (-μων $c_2$) και φακον (φακκον b) και αλφιτα b$oc_2e_2$𝔖$^{j}$(uid): *lenticulam et polentam* 𝔏$^{v}$ | αλφιτον] αμφιτου y*(uid) | om και φακον w

29 om και μελι r$a_2$ | om και σαφφωθ βοων dv | σαφφωθ βοων] βοας ⟨71⟩𝔈: γαλαθηνα μοσχαρια a(mg)bgoz(mg)$c_2e_2$𝔄𝔏$^{v}$: *uitulos saginatos* 𝔏$^{b}$ | σαφφωθ] σαφωθ x: σαπφωθ MNei(txt) jm(πφωθ ext lin m$^{b}$)suwy$b_2$: σαμπφωθ f: σαφαθ c: γαλα i(mg)p | om και 5° 𝔈𝔏$^{v}$ | προσηνεγκαν τω] ν τω sup ras A$^{a?}$ | προσηνεγκαν] προσηνεγκεν u: προσηγαγον v: *dederunt* 𝔏$^{b}$ | om τω 1° cx | τω μετ] om b$oc_2e_2$: om τω 𝔏$^{b}$ | αυτου] αυτω c | φαγειν] pr του cx: εσθιειν b$oc_2e_2$ | οτι ειπεν] *dicentes enim* 𝔏 | οτι] *et* 𝔈 | ειπεν—διψων] ελεγον τον λαον πειναν και εκλελυσθαι διψησαντα b$oc_2e_2$ | ειπεν ο λαος] ο λαος ην p: om v | ειπεν BA] ειπαν MNfhijn$a_2b_2$ℭ𝔖$^{j}$: ελεγον Thdt: πας a: ην πας g: om c: ην rell 𝔄𝔈(uid) | πεινων—ερημω] *in deserto defetissus in extremo famis et sitis* 𝔏 | επεινων v | εκλελυμενος και διψων] διψων και (om y) εκλελυμενος ay𝔄ℭ𝔈: διψω και εκλελυγμενος A | εκλελυμενος] εκλελυμενοι v: εκλυομενος inu | εδιψων v

XVIII 1 και επεσκεψατο] ⟨επεσκεψατο δε 44⟩: *et disposuit* 𝔏 | τον 1°] pr παντα MNabdefi–qs–wyz$b_2c_2e_2$𝔏 | μετ αυτου] μεθ αυτου msw: μεθ εαυτου e | κατεστησαν d*p | om επ αυτων o* | αυτων] αυτον cd$^{a?}$fjnx: αυτους MNabgho$^{a}$uvy$c_2e_2$ | εκατονταρχους και χιλιαρχους Acx | χιλιαρχους] *praefectos et tribunos* 𝔏

2 απεστειλεν] ετρισσευσε boz(mg)$c_2e_2$𝔏 | τον λαον 1°] των λαων u | ⟨λαον το τριτον] τριτον λαον 44⟩ | λαον 1°] μεν v (ε ex corr) | om το 1°—και 2° 𝔈 | το τριτον 1°] *et tertium partem dedit* 𝔏 | το 1°] τον ANa*b*cdfhjrxz$a_2$: om b' | ιωαβ 1°] μωαβ r | και 2°—αβεισα] [*et tertium partem Abisai*] 𝔏 | και 2° bis scr N* | το 2°] τον Ncdh$^{b}$rxz | αβεισα Bh*r$a_2$ℭ𝔈] αβισαει A: αβεσα egh$^{b}$pv: αμεσαι cx: αβεσσα MN rell 𝔄: [illegible] 𝔖$^{j}$ | υιου—ιωαβ 2°] αδελφου ιωαβ (+ και b) υιου σαρουια (-ας $c_2e_2$) bo$c_2e_2$ | om υιου σαρουιας ⟨71⟩ℭ$^{c}$ | υιου] αδελφου cx | σαρουια Nac–fimpqs–xy$^{a?}$z | το 3°] τον Nacd$^{a?}$h$^{b}$rxz | εν χειρι 3°] *dedit in manum* 𝔏 | εθθει] ras (1) inter ε 1° et θ 1° z: εθθαι N: ιθι b: ηθει $oc_2e_2$: *Ethei* ℭ$^{c}$𝔏: [illegible] 𝔖$^{j}$: εθθου $a_2$: εθθιθι v: ενιθει c: σεθθει r𝔈 | γεθθαιου] γετθαιου Mcefmswx𝔏: χετταιου $a_2$ℭ$^{c}$ | δαυειδ 2°] pr *rex* 𝔏: ο βασιλευς b$oc_2e_2$ | προς τον λαον] *eis* ℭ: om προς g | εξελθων] εκπορευομενος b$oc_2e_2$: om cx𝔈 | εξελευσομαι] εξελευσωμαι gv: ελευσομαι N: εκπορευσομαι $oc_2e_2$: εκπορευομαι b | και 5°—υμων] μεθ υμων και εγω $oc_2$ | om γε bcrx$e_2$𝔏

3 ειπαν] ει sup ras A$^{?}$(uid): ειπον adej$^{a?}$r: ειπεν ο λαος bo$c_2e_2$𝔏 | εξελευση] εξευση x: ελευση a: απελευση $a_2$: + *in pugnam* 𝔏 | om οτι 1° g*𝔈$^{s}$ | εαν 1°] αν ex corr g | φυγη] φυγοντες b$oc_2e_2$𝔏: om cx𝔄-ed ℭ(uid)𝔈 | φυγωμεθα $a_2$ | θησουσιν 1°—καρδιαν 1°] στησεται εν ημιν καρδια boz(mg)$c_2e_2$𝔏 | θησουσιν 1°] θησωσιν $a_2$ | ⟨εφ 1°] εις 74⟩ | ημας 1°] υμας g$a_2$ | om και 2°—καρδιαν 2° acgx$a_2$𝔈 | αποθανωσιν MNdefijmpqstuwyz$b_2$ | om το—(5) αβεσσαλωμ 2° v* (spat relict) | το—οτι 2°] *dimidiam partem nostram non occident nobiscum* 𝔏 | om ημων—καρδιαν 2° y* | εφ 2°] εις bov$^{b}c_2e_2$ | ημας 2°] μας sup ras i$^{a}$ | om οτι συ y | οτι 2°] *et* 𝔄-ed | συ—χιλιαδες] και (om v$^{b}$) νυν αφαιρεθησεται εξ ημων η γη (η γη εξ ημων z$^{mg}$) δεκα (pr εν $c_2$) χιλιασιν (-δας v$^{b}$) M(mg)bov$^{b}$z(mg)$c_2e_2$ Thdt | συ ως ημεις] *et nunc separentur de nobis* 𝔏 | συ] + ει p | χιλιαδας $a_2$ | και 3°—εση] *expedit enim ut sis* 𝔏 | αγαθον οτι εση] καλον εστιν bov$^{b}$z(mg)$c_2e_2$ | εση—πολει] *tu in ciuitate sis quod fies*

28 ηνεγκαν—αμφιταπους] σ' υποστρωματα jz | αλφιτον] α' σ' φρυκτον jz (om σ')
29 σαφφωθ βοων] σ' γαλαθηνα θ' μοσχαρια M: θ' γαλαθινα μοσχαρια j𝔖-ap-Barh: εβρ. [illegible] *taurorum* 𝔖-ap-Barh
XVIII 3 οτι 2°—χιλιαδες] θ' και νυν αφαιρεθησεται εξ ημων η γη δεκα χιλιασιν α' οτι νυν ομοιος ημιν δεκα χιλιαδας σ' συ γαρ χιλιοπλασιων ημων j: σ' και συ ως ημεις ι' χιλιασιν αλλος συ γαρ χιλιοπλασιων ημων z

B ἡμῖν ἐν τῇ πόλει βοήθεια τοῦ βοηθεῖν. 4 καὶ εἶπεν πρὸς αὐτοὺς ὁ βασιλεύς Ὃ ἐὰν ἀρέσῃ ἐν 4
ὀφθαλμοῖς ὑμῶν ποιήσω· καὶ ἔστη ὁ βασιλεὺς ἀνὰ χεῖρα τῆς πύλης, καὶ πᾶς ὁ λαὸς ἐξεπορεύετο
εἰς ἑκατοντάδας καὶ εἰς χιλιάδας. 5 καὶ ἐνετείλατο ὁ βασιλεὺς τῷ Ἰωὰβ καὶ τῷ Ἀβεισὰ καὶ τῷ 5
Ἐθθεὶ λέγων Φείσασθέ μου τοῦ παιδαρίου τοῦ Ἀβεσσαλώμ· καὶ πᾶς ὁ λαὸς ἤκουσεν ἐντελλο-
μένου τοῦ βασιλέως πᾶσιν τοῖς ἄρχουσιν ὑπὲρ Ἀβεσσαλώμ. 6 καὶ ἐξῆλθεν πᾶς ὁ λαὸς εἰς τὸν 6
δρυμὸν ἐξ ἐναντίας Ἰσραήλ· καὶ ἐγένετο ὁ πόλεμος ἐν τῷ δρυμῷ Ἐφράιμ. 7 καὶ ἔπταισεν ἐκεῖ ὁ 7
λαὸς Ἰσραὴλ ἐνώπιον τῶν παίδων Δαυείδ, καὶ ἐγένετο ἡ θραῦσις μεγάλη ἐν τῇ ἡμέρᾳ ἐκείνῃ,
εἴκοσι χιλιάδες ἀνδρῶν. 8 καὶ ἐγένετο ἐκεῖ ὁ πόλεμος διεσπαρμένος ἐπὶ πρόσωπον πάσης τῆς γῆς· 8
καὶ ἐπλεόνασεν ὁ δρυμὸς τοῦ καταφαγεῖν ἐκ τοῦ λαοῦ ὑπὲρ οὓς κατέφαγεν ἐν τῷ λαῷ ἡ μάχαιρα
ἐν τῇ ἡμέρᾳ ἐκείνῃ. 9 καὶ συνήντησεν Ἀβεσσαλὼμ ἐνώπιον τῶν παίδων Δαυείδ· καὶ Ἀβεσσαλὼμ 9
¶ 𝔏ᵇ ἐπιβεβηκὼς¶ ἐπὶ τοῦ ἡμιόνου αὐτοῦ, καὶ εἰσῆλθεν ὁ ἡμίονος ὑπὸ τὸ δάσος τῆς δρυὸς τῆς μεγάλης,
καὶ ἐκρεμάσθη ἡ κεφαλὴ αὐτοῦ ἐν τῇ δρυί· καὶ ἐκρεμάσθη ἀνὰ μέσον τοῦ οὐρανοῦ καὶ ἀνὰ μέσον
τῆς γῆς, καὶ ὁ ἡμίονος ὑποκάτω αὐτοῦ παρῆλθεν. 10 καὶ εἶδεν ἀνὴρ εἷς καὶ ἀνήγγειλεν Ἰωὰβ καὶ 10

4 χειλιαδας B* 5 φεισασθαι A 7 χειλιαδες B* 9 του 1°] της $B^{ab}$ (mg) | ο bis] η $B^{ab}$ (suprascr)
10 ιδεν A | και ειπεν] signa v l prae se fert B

AMNa–jm–$c_2e_2$𝔄ℭ$^{cw}$𝔈(𝔏$^{bv}$)

*nobis* 𝔄 | ⟨εστη⟩ pr συ 64⟩ | ημιν—πολει] εν τη πολη μεθ ημων c | ημιν] post πολει x: υμην g: om $v^b$z(mg) | εν—βοηθειν] εις βοηθον εν τη πολει a: *adiutor in ciuitatem* 𝔏: του ειναι σε εν τη πολει εις βοηθον ημων (ημιν $oc_2e_2$) $bov^bz$(mg)$c_2e_2$ | βοηθεια του βοηθειν $Bhra_2$𝔈] ⟨εις βοηθον του βοηθειν 64⟩: εις βοηθον MNd(uid)fi jp(uid)$uyb_2$: βωηθον g: om του βοηθειν Acx: εις βοηθειαν z(txt) rell 𝔄ℭ(uid)

4 προς αυτους $BAhnra_2$] προς αυτον cx: αυτοις $MNv^b$ rell 𝔏 | ο βασιλευς 1°] *Dauid* $ℭ^c$: + *Dauid* $ℭ^w$ | ο εαν αρεση (-σει c) BA $chrxa_2$] το αρεστον $MNv^b$ rell | εν οφθαλμοις υμων] ⟨υμων ενωπιον 242⟩: *uobis* 𝔏 | εν οφθαλμοις $BAchrxa_2$𝔈] ενωπιον $MNv^b$ rell 𝔄 | υμων] υ ex η $v^b$: ημων gi | εστη ο βασιλευς] ανεστη ο βασιλευς και εστη cx | ανα—πυλης] *ad portam ciuitatis* 𝔈: *in ciuitate* $ℭ^c$ | ανα χειρα] παρα το κλιτος $bv^bz$(mg)$c_2e_2$: κατα το κλητος o: *ad limen* 𝔏: om z(txt) | πυλης] πολις c | πας—εξεπορευετο] *exiit omnis populus* 𝔈 | εξεπορευετο] εισεπορευετο a: επορευετο o: *reddiebat* 𝔏: επορευθη cx | εις 1°—χιλιαδας] εν εκατονταστι και (+εν $bc_2e_2$) χιλιασιν $bov^bc_2e_2$ | ⟨om εις 1° 44⟩ | χιλιαδας και εις εκατονταδας n | om εις 2° fhx*y | χιλιονταδας cx

5 βασιλευς] + *Dauit* 𝔏 | τω 1°—αβεισα] *Abisa et Ioab* $ℭ^c$ | ιωαβ] ιαβ t: ιωβαβ $v^b$ | και 2°—λεγων] λεγων και τω αβισσα και τω ιθει $v^b$ | αβεισα Bh*r𝔈] αβισαι A𝔏: ⟨αβεσσι 74⟩: αβεσα $egh^b$: αμεσαει cx: ιαβουσα $a_2$: αβεσσα MN rell 𝔄 | εθθει] ιθι b: ηθει $oc_2e_2$: *Ethi* $ℭ^c$𝔏(uid): θθει x: ιεθθι p𝔄: ιεθι d: σεθθει r𝔈 | φεισασθε—αβεσσαλωμ 1°] [*Parcite filio meo Abessalon*] 𝔏$^b$: hab *Parcite filio meo Absalom* 𝔏$^v$ | μου] μοι $MNabginv^byc_2e_2$𝔈𝔖$^j$ Thdt: om 𝔄-codd | παιδαριου] +της ψυχης n | om του 2° $bdgov^bc_2e_2$ Chr | αβεσσαλωμ 1°] αβεσαλωμ $cegi^{a?}qstv^b$ | om και 4°—αβεσσαλωμ 2° Au𝔏 | ο λαος] ιηλ $a_2$ | ηκουσεν] *audiuerunt* 𝔈 | εντελλομενου του βασιλεως] του βασιλεως εντελομενου g | εντελλομενου m | om πασιν $ℭ^c$ | αβεσσαλωμ 2°] pr του $xc_2$: αβεσαλωμ $egqstv^b$: του αβεσαλωμ c

6 τον δρυμον] το πεδιον $boz^{a?}c_2e_2$𝔏: hab πεδιω Jos | εξ εναντιας] εναντιον Acx: εις απαντησιν τω $boc_2e_2$𝔏 | ισραηλ] pr υιων c | ⟨om ο 2° 44⟩ | δρυμω] + *contra Israel* $ℭ^c$ | εφραιμ] pr *in terra* ℭ: sup ras $A^?$: μαεναν M(mg): μααιναν $bc_2e_2$: ܕܡܚܢܝܡ 𝔖$^j$: μαλιναν o

7 επταισεν] επαισεν $r^{a?}$: επεσεν eghx: *ceciderunt* 𝔈𝔏: πταιουσιν $boc_2e_2$ | εκει] post λαος i: om cg𝔏 | ο λαος] pr πας A: ολος $c_2$* | ενωπιον] απο προσωπου v | η θραυσις] πληγη boz(mg)$c_2e_2$𝔖$^j$: om η h | μεγαλη] post εκεινη o: + *ualde* 𝔏: + εν τω λαω b′ | εικοσι] pr εις r: ⟨pr ως 64⟩: pr και πιπτουσιν $bozc_2e_2$𝔄ℭ: hab επεσον Jos: pr *et mortui sunt* 𝔈$^s$: *XXV* 𝔏 | χιλιαδας $cra_2$

8 εκει] post πολεμος $ra_2$ℭ(uid)𝔏: om $boc_2e_2$𝔈 | διεσπαρμενος] διεσπασμενος c: *diffusi sunt* 𝔏 | επι προσωπον πασης] *per omnem faciem* 𝔄-ed | om επι προσωπον $e_2$ | προσωπον] προσωπου $boxc_2$: om $ℭ^c$𝔈 | πασης της γης] ολου του δρυμου MNabd–gi–qstvwyz$b_2c_2e_2$𝔏: *totius agri* 𝔄-codd | ο 2°] pr ολος g | δρυμος] δρυ sup ras (4—5) $v^b$ | om του 1° b′ | καταφαγειν] καταφυγειν b: φαγειν c | om εκ—εκεινη v* (spat relict) | εκ του λαου] εν τω λαω y: om 𝔈 | om υπερ—μαχαιρα 𝔄-cod | om υπερ 𝔏 | εν 1°—μαχαιρα] *gladius ex populo* 𝔄-codd | εν τω λαω] ⟨post μαχαιρα 64⟩: om $Abcgorv^bxc_2e_2$𝔄-ed $ℭ^c$𝔈𝔏 | η μαχαιρα] η ρομφαια $bov^bz$(mg)$c_2e_2$: om a

9 συνηντησεν] ην μεγας MNabfgj(txt)novyz(mg)$b_2c_2e_2$ | αβεσσαλωμ 1°] αβεσσαλων ⟨98⟩𝔏: αβεσαλωμ cegqst | om ενωπιον—αβεσσαλωμ 2° n | ⟨om ενωπιον—δαυειδ 246⟩ | ενωπιον] *contra faciem* 𝔏 | και 2°] pr και ετραπη c | αβεσσαλωμ επιβεβηκως] *ascendit*... 𝔏 | αβεσσαλωμ 2°] αβεσαλωμ ceqst: αβεσαλω g (α 2° int lin): αβεσσαλων ην h: αυτος $boz^{a?}c_2e_2$: ⟨ην 44.246: om 71⟩: + ην iu𝔄(uid) | om επιβεβηκως bf | του ημιονου] την ημιονον v | του 1°] της $B^{ab}bchinoxz^{a?}a_2c_2e_2$ Jos (uid) | om αυτου 1° $boc_2e_2$$ℭ^w$ | ο 1°] η $B^{ab}Nbh^b$(uid)im–qs–$wza_2e_2$: om $dec_2$ | ημιονος 1°] + αυτου g$ℭ^w$ | υπο το δασος] υποκατω cx𝔈 | υπο] επι d | το—μεγαλης] φυτον δενδρου μεγα (-γαν b′) $boc_2e_2$ | το δασος] του δασος v: του δασους j: ⟨δασους 123⟩: δρασος A: om το emuw | της 1°] του v* | δρυος] δρυμου N (υ 2° ex ς) | εκρεμασθη 1°] εκρεμασεν A: ενεκρεμασθη z(mg): περιεπλακη MNbd–gijmopqstuwyz(txt)$b_2e_2$𝔄𝔖-ap-Barh 𝔖$^j$: περιεπλεκη $c_2$: hab εμπλακεισης Jos: *adhaesit* ℭ | τη δρυι] τω δενδρω boz(mg)$c_2e_2$: hab δενδρω Jos | και εκρεμασθη 2°] και εκρεματο cx: και ανεκρεμασθη εν τω δενδρω $bc_2e_2$: hab ανακρεμνυται Jos: om ahv: om εκρεμασθη o | της γης και ανα μεσον του ουνου MNabd–gijmopqs–wyz$b_2c_2e_2$ | om ανα μεσον 2° cxℭ𝔈 | και ο] η δε c | ο 2°] η $B^{ab}bim$–qstuwz $a_2c_2e_2$: om dev | ημιονος 2°] + η επιβεβηκει $z^{a?}$ | υποκατω] pr ο Ax: pr η $bcc_2$

10 ειδεν] ⟨ιδου 71⟩: + αυτον $a_2$ℭ𝔈(uid)𝔖$^j$ | om ανηρ y | om εις $a_2$ | ανηγγειλεν $BAhrxya_2$] ανηγγελε c: απηγγελη p: απηγγειλεν MN rell | ιωαβ $BAia_2$] pr τω MN rell | και ειπεν] λεγων

7 επταισεν] α′ εθραυσθη j

11 εἶπεν Ἰδοὺ ἑώρακα τὸν Ἀβεσσαλὼμ κρεμάμενον ἐν τῇ δρυί. [11]καὶ εἶπεν Ἰωὰβ τῷ ἀνδρὶ τῷ B
ἀναγγέλλοντι Καὶ ἰδοὺ ἑόρακας· τί ὅτι οὐκ ἐπάταξας αὐτὸν εἰς τὴν γῆν; καὶ ἐγὼ ἂν δεδώκειν
12 σοι δέκα ἀργυρίου καὶ παραζώνην μίαν. [12]εἶπεν δὲ ὁ ἀνὴρ πρὸς Ἰωάβ¶ Καὶ ἐγώ εἰμι ἵστημι ἐπὶ ¶ ℭ$^c$
τὰς χεῖράς μου χιλίους σίκλους ἀργυρίου, οὐ μὴ ἐπιβάλω χεῖρά μου ἐπὶ τὸν υἱὸν τοῦ βασιλέως·
ὅτι ἐν τοῖς ὠσὶν ἡμῶν ἐνετείλατο ὁ βασιλεὺς σοὶ καὶ Ἀβεισὰ καὶ τῷ Ἐθθεὶ λέγων Φυλάξατέ
13 μοι τὸ παιδάριον τὸν Ἀβεσσαλώμ, [13]μὴ ποιῆσαι ἐν τῇ ψυχῇ αὐτοῦ ἄδικον· καὶ πᾶς ὁ λόγος οὐ
14 λήσεται ἀπὸ τοῦ βασιλέως, καὶ σὺ στήσῃ ἐξ ἐναντίας. [14]καὶ εἶπεν Ἰωάβ Τοῦτο ἐγὼ ἄρξομαι·
οὐχ οὕτως μενῶ ἐνώπιόν σου. καὶ ἔλαβεν Ἰωὰβ τρία βέλη ἐν τῇ χειρὶ αὐτοῦ, καὶ ἐνέπηξαν αὐτὰ
15 ἐν τῇ καρδίᾳ Ἀβεσσαλώμ, ἔτι αὐτοῦ ζῶντος ἐν τῇ καρδίᾳ τῆς δρυός. [15]καὶ ἐκύκλωσαν δέκα
16 παιδάρια αἴροντα τὰ σκεύη Ἰωάβ, καὶ ἐπάταξαν τὸν Ἀβεσσαλὼμ καὶ ἐθανάτωσαν αὐτόν. [16]καὶ
ἐσάλπισεν Ἰωὰβ ἐν κερατίνῃ, καὶ ἀπέστρεψεν ὁ λαὸς τοῦ μὴ διώκειν ὀπίσω Ἰσραήλ, ὅτι ἐφείδετο
17 Ἰωὰβ τοῦ λαοῦ. [17]καὶ ἔλαβεν τὸν Ἀβεσσαλὼμ καὶ ἔρριψεν αὐτὸν εἰς χάσμα μέγα ἐν τῷ δρυμῷ
εἰς τὸν βόθυνον τὸν μέγαν, καὶ ἐστήλωσεν ἐπ' αὐτὸν σωρὸν λίθων μέγαν σφόδρα· καὶ πᾶς Ἰσραὴλ

10 εορακα A | 11 εωρακας B$^{ab}$ | 12 χειλιους B*
14 ουχ] ο sup κ B$^?$(uid) | ετι] ε̄| B* | 17 ερρειψεν B* | επ B$^{ab}$ (suprascr)] om B*

AMNa–jm–c$_2$e$_2$𝔄ℭ$^{(c)w}$𝔈

iℭ$^w$: om ℭ$^c$ | om ιδου ℭ$^c$𝔈 | εωρακα] pr εγω bora$_2$c$_2$e$_2$ | κρεμαμενον τον αβεσσαλωμ (αβεσα- qst) dmpqstwz | αβεσαλωμ ceg | om κρεμαμενον e | εν] επι Abioc$_2$e$_2$𝔈 | τη δρυι] τω δενδρω e$_2$: το δενδρω oc$_2$: το δενδρον b

11 τω ανδρι] τω παιδαριω v: om cxe$_2$ | ⟨om τω αναγγελλοντι 71⟩ | αναγγελλοντι B] απαγγελλοντι x$^{a?}$: απαγγελοντι cx*: απαγγειλαντι ra$_2$: απαγγελοντι αυτω adp: απαγγειλαντι αυτω bozc$_2$e$_2$𝔄𝔈: αγγελλοντι αυτω A: +αυτω hiℭ: απαγγελλοντι αυτω MN rell | εορακας] ειδες boc$_2$e$_2$ | τι οτι] *quare* ℭ𝔈: *et quare* 𝔄 | τι BAchrxa$_2$] pr και δια boc$_2$e$_2$: pr και MN rell | om οτι bcfmuxc$_2$e$_2$ | επαταξες c$_2$e$_2$ | αυτον] +εκει MNa*b*d–np qs–wyzb$_2$c$_2$e$_2$ | om εις την γην cx | εις] επι boc$_2$e$_2$ | γην] +εκει b' | εγω] post σοι boe$_2$𝔈: ⟨ιδου 44⟩: om c$_2$ | αν δεδωκειν BAra$_2$] αν εδεδωκειν hn: αν δεδωκα cx: δεδωκα αν N: εδωκαν e$_2$: εδωκα αν Mg (αν int lin g$^a$) rell | σοι] σου n: +*hodie* 𝔄 | δεκα BAcrxa$_2$𝔈] πεντηκοντα MNaiv: ⟨η' 246: πεντε σικλους 71⟩: +σικλους nℭ: πεντηκοντα σικλους rell 𝔄 Jos | αργυριους crx | παραζωνην μιαν] *gladium unum* 𝔄

12 ειπεν δε] και ειπεν bnorc$_2$e$_2$: om δε g | ⟨om ο 1° 236⟩ | προς] τω dempqstwz | και 1°—μου 1°] *si ponderando* (*pondere* codd) *quidem acciperem de manibus tuis* 𝔄 | και 1°—ιστημι] *ecce ego si dares* ℭ: ⟨εαν συ παριστας 44⟩ | εγω—αργυριου] *quum mille siclos argenti ponderares mihi in manum meam* 𝔈 | εγω ειμι ιστημι BAh] εγω ειμι ειστημοι x: εγω ειμι εισθημοι c: εγω ειστημοι a$_2$: εαν σοι παριστας gn: εαν συ παριστασε v: εαν συ παρασταθεις u: εαν παραστης συ b: εαν παραστησης (-σεις o) συ oc$_2$e$_2$: om ειμι r: εαν συ παριστας MN rell | επι 1°—μου 1°] μοι n | επι τας χειρας] εν ταις χερσι boc$_2$e$_2$ | επι 1°] εις Nfjb$_2$: om u | μου 1°] +ου A | σικλους] s sup ras A$^x$: post αργυριου b: σιτλους cx: om MNaguvb$_2$c$_2$e$_2$ Jos(uid) | ου] pr οτι e: pr και r: om Nv | επιβαλω] επιβαλλω gu: επιβαλωμαι N: εποισω bc$_2$e$_2$: εποιησω o | χειρα] pr την Acfjqxb$_2$: χειρας r: τας χειρας bov c$_2$e$_2$ | om τον 1° v | του] pr επι e$_2$ | om οτι—(13) εναντιας v* (spat relict) | om ο βασιλευς r | om σοι—λεγων d | ⟨σοι—εθθει post λεγων 74⟩ | om σοι και 𝔈 | σοι] pr και *b*oc$_2$e$_2$: σι N*cgv$^b$x: και συ b': om e | αβεισα B𝔈] αβισαι Aℭ: ιαβεισα a$_2$: αβεσσα ahnr: αμεσσαι x: τω αβεσα egq*: τω αβεσαει c: τω αβεσσα MNq$^a$v$^b$ rell: *Abessa* 𝔄 | τω εθθει] *Sethi* 𝔈 | εθθει] ιθι bv$^b$: ηθει oc$_2$e$_2$: ⟨ιεθι 71⟩ | φυλαξατε] φυλαξασθε t: προσεχετε ov$^b$c$_2$e$_2$ | om μοι 𝔄 | τον 2°] το A* (ν suprascr A$^{a?}$): om dgv$^b$ya$_2$ | αβεσσαλωμ] αβεσσαλων b': αβεσαλωμ ceg qstv$^b$

13 μη ποιησαι] και πως ποιησω bov$^b$z(mg)c$_2$e$_2$ | ⟨om μη 242*⟩ | ποιησαι] ποιησαιται g: ⟨ποιησητε 64⟩ | om εν c | ψυχη sup ras A$^{b?}$ | αυτου] μου bov$^b$z(mg)c$_2$e$_2$ | ⟨αδικον] δᾱδ κακον 74⟩ | om ο Av$^b$ | λογος] λαος cx: +ουτος r | ου] ο g* | λησεται απο] παρακουση cx | λησεται] λυσεται g$^b$: κρυβησεται bov$^b$c$_2$e$_2$ | στηση] στησαι N: στη a$_2$ | εναντιας] +μου v$^b$(uid)

14 τουτο—μενω] ουχ ουτως υπομενω τουτο (-τω c) εγω αξον με cx: *propter hoc quidem praeteribo* 𝔄 | τουτο] pr δια bozc$_2$e$_2$: τουτω j: τουτου f | αρξωμαι g | om ουχ ουτως μενω Aboc$_2$e$_2$ | ουχ] pr και sℭ | ουτος g | μενω] μεν a$_2$ | ⟨εναντιον 64⟩ | σου] αυτου cx: om A | τρια βελη] τρεις ακιδας boc$_2$e$_2$ | εν 1°] επι b | om και ενεπηξαν αυτα g | ενεπηξαν B] επηξεν demp–twz: ενεπηξεν AMN rell ℭ(uid)𝔈(uid) Ath: *percussit* 𝔄 | αυτα] αυτας M**b*oc$_2$e$_2$: om b' | εν τη καρδια 1°] εις την καρδιαν Aboc$_2$e$_2$ Ath: om τη h | αβεσσαλωμ] αβεσαλωμ cegqst: αυτου x | ζωντος αυτου crx | ζωντος] οντος v | εν 3°—δρυος] *in quercu* 𝔄: om cx | ⟨καρδια 2°] μεση 71⟩ | της δρυος] pr ras (1—2) n: του δρυος gva$_2$: του δενδρου bi$^a$oc$_2$e$_2$

15 εκυκλωσαν] ras (2—3) inter ε et κ 1° a: εκυκλωσε boc$_2$: ⟨κυκλω 246⟩ | αιροντα τα] αιρωντα d | αιροντα] pr τα h: αιροντες v: των αιροντων boc$_2$e$_2$𝔄 | ⟨om τα 64⟩ | ⟨ιωβ 64⟩ | επαταξεν A | αβεσσαλωμ] αβεσσαλωβ h: αβεσαλωμ cegi$^a$qst: αβεσ|λωμ A | εθανατωσεν A

16 κερατινη BAcixa$_2$] σαλπιγγι boc$_2$e$_2$ℭ(uid): pr τη MN rell | απεστρεψεν] ε 2° sup ras A$^a$: επεστρεψεν bcxc$_2$e$_2$ | ο λαος] τον λαον n𝔈: +*qui cum eo* 𝔄 | ⟨om μη 44⟩ | καταδιωκειν bou c$_2$e$_2$ | οπισω] pr οπισω αβεσσαλωμ (αβεσα- c) και cx: κατοπισθεν boc$_2$e$_2$ | ισραηλ] pr του boc$_2$e$_2$: ιωαβ a$_2$: ⟨αυτων 242⟩ | εφεισατο MNad–gjmpqstvwyzb$_2$𝔄𝔈

17 ελαβεν BArsa$_2$ℭ𝔈] +ιωαβ MN rell 𝔄 | αβεσαλωμ ceg qst | ερριψεν] εκρυψεν cx | om αυτον 1° Aboe$_2$ | χασμα] χιμα a$_2$: σχισμα N: χαος d | δρυμω] βουνω dempqstwz | om εις 2°—μεγαν 1° MNad–gi–npqs–wyzb$_2$ | βοθυνον] βουνον crx | μεγαν 1°] μεγα h*rxa$_2$ | om και 3°—μεγαν 2° 𝔄 | εστηλωσεν BAchr xa$_2$] εστησεν b: επεστησεν MN rell: *statuerunt* 𝔈 | λιθων μεγαν] μεγα λιθον r | λιθων] λιθον dj*pe$_2$: λιθινον cx | μεγαν 2°] μεγα b'gh*m$^{a?}$e$_2$: μεγαλων a$_2$ | om σφοδρα bvℭ | ισραηλ εφυγεν ανηρ] ανηρ ιη̅λ εφυγεν crx: ανηρ ιη̅λ εφυγον y | ισραηλ]

B ἔφυγεν ἀνὴρ εἰς τὸ σκήνωμα αὐτοῦ. [18]καὶ Ἀβεσσαλὼμ ἔτι ζῶν καὶ ἔστησεν ἑαυτῷ τὴν στήλην 18
ἐν ᾗ ἐλήμφθη καὶ ἐστήλωσεν αὐτὴν λαβεῖν, τὴν στήλην τὴν ἐν τῇ κοιλάδι τοῦ βασιλέως, ὅτι εἶπεν
οὐκ ἔστιν αὐτῷ υἱὸς ἕνεκεν τοῦ ἀναμνῆσαι τὸ ὄνομα αὐτοῦ· καὶ ἐκάλεσεν τὴν στήλην Χεὶρ
Ἀβεσσαλὼμ ἕως τῆς ἡμέρας ταύτης. [19]Καὶ Ἀχειμάας υἱὸς Σαδὼκ εἶπεν Δράμω δὴ καὶ 19
¶ r εὐαγγελιῶ¶ τῷ βασιλεῖ ὅτι ἔκρινεν Κύριος ἐκ χειρὸς τῶν ἐχθρῶν αὐτοῦ. [20]καὶ εἶπεν αὐτῷ Ἰωὰβ 20
Οὐκ ἀνὴρ εὐαγγελίας σὺ ἐν τῇ ἡμέρᾳ ταύτῃ, καὶ εὐαγγελιῇ ἐν ἡμέρᾳ ἄλλῃ· ἐν δὲ τῇ ἡμέρᾳ ταύτῃ
οὐκ εὐαγγελιῇ, οὗ εἵνεκεν ὁ υἱὸς τοῦ βασιλέως ἀπέθανεν. [21]καὶ εἶπεν Ἰωὰβ τῷ Χουσεί Βαδίσας 21
ἀνάγγειλον τῷ βασιλεῖ ὅσα εἶδες· καὶ προσεκύνησεν Χουσεὶ τῷ Ἰωὰβ καὶ ἐξῆλθεν. [22]καὶ προσέ- 22
θετο ἔτι Ἀχειμάας υἱὸς Σαδὼκ καὶ εἶπεν πρὸς Ἰωάβ Καὶ ἔστω ὅτι δράμω καί γε ἐγὼ ὀπίσω τοῦ
Χουσεί· καὶ εἶπεν Ἰωάβ Ἵνα τί τοῦτο τρέχεις, υἱέ μου; δεῦρο, οὐκ ἔστιν σοι εὐαγγελία εἰς
ὠφελίαν πορευομένῳ. [23]καὶ εἶπεν Τί γὰρ ἐὰν δραμοῦμαι; καὶ εἶπεν αὐτῷ Ἰωάβ Δράμε· καὶ 23
ἔδραμεν Ἀχειμάας ὁδὸν τὴν τοῦ Κεχὰρ καὶ ὑπερέβη τὸν Χουσεί. [24]καὶ Δαυεὶδ ἐκάθητο ἀνὰ 24
μέσον τῶν δύο πυλῶν· καὶ ἐπορεύθη ὁ σκοπὸς εἰς τὸ δῶμα τῆς πύλης πρὸς τὸ τεῖχος, καὶ ἐπῆρεν
τοὺς ὀφθαλμοὺς αὐτοῦ καὶ εἶδεν, καὶ ἰδοὺ ἀνὴρ τρέχων μόνος ἐνώπιον αὐτοῦ. [25]καὶ ἀνεβόησεν 25

18 ἕ νεκεν A    19 αχιμαας A | εκρεινεν B*    22 αχιμαας A | εὐαγγέλια B$^b$ | ωφελειαν B$^{ab}$A    23 αχιμαας A

AMNa–jm–q(r)s–c$_2$e$_2$𝔄ℭ$^w$𝔈(𝔏$^v$)

⟨pr ο λαος 242⟩: ο λαος a$_2$ | εφυγεν BAhnva$_2$𝔄𝔖$^j$] εφυγον MN rell: *iuit* ℭ | ανηρ] εκαστος boc$_2$e$_2$: om Ndv: + *unusquisque* 𝔄

**18** και 1°—εαυτω] *Abaselom autem mortuus est et statuerunt super eum* 𝔈 | και 1°] *sed* 𝔄 | αβεσσαλωμ 1°] αβεσαλωμ δε cegqst: + δε MNadfhjmnpu–xzb$_2$ℭ | om ετι—η A | και 2° Ba$_2$] pr και ελαβεν cx: om br𝔄ℭ: pr ελαβεν MN rell | εστησεν] εστηλωσεν r | εαυτω] εαυτου o: αυτω MNijuxy*b$_2$: αυτον c: εν αυτω g* | την 1° Br(uid)a$_2$] om MN rell 𝔄(uid) | εν 1°—την 3°] χειρα b$_2$: om MNabgimouvy*c$_2$e$_2$ℭ Jos(uid) | om εν 1°—στηλην 2° 𝔈 | om εν η εληµφθη 𝔄 | εν η] εις ην a$_2$ | η εληµφθη] η ε ras j | om και 3°—εν 2° d | om και 3°—την 3° fh$^{b?}$jnpqstz | αυτην λαβειν] *in labin* 𝔄 | αυτην] αυτον c | στηλην 2°] στολην c: στηλωσιν A | om την 3° cewxy$^b$𝔄 | του βασιλεως] *regum* 𝔄: *dicens Regis Abesalom est* ℭ | οτι] pr ως A: pr και n | ειπεν] ελεγεν boz(mg)c$_2$e$_2$𝔖$^j$ | αυτω] pr εν a$_2$: αυτου r: μοι biz(mg)c$_2$e$_2$: μου o | ενεκεν του αναμνησαι] ινα αναμιμνησκηται (-κεται be$_2$) boz(mg)c$_2$e$_2$ | ενεκεν BAhnra$_2$] om a: ενεκα MNz(txt) rell | αναμνησθηναι y | ⟨om το ονομα 236.242⟩ | αυτου] μου Aboz(mg)c$_2$e$_2$ | και 4°—στηλην 3°] hab *et uocauit stilum* (*columnam* 𝔏$^{v(2)}$) *nomine suo* 𝔏$^v$ | εκαλεσεν την στηλην] *uocauerunt nomen eius super monumentum uocantes id* ℭ | ⟨την στηλην 3°] αυτην 236⟩ | στηλην 3° Bc$^{a?}$hrxa$_2$𝔈] στυλην c*: + επι τω ονοματι αυτου και εκαλεσεν αυτην AMN rell ⟨44⟩𝔄 ⟦επι] εν o: ταυτην εν 44 | om και εκαλεσεν αυτην v | εκαλεσεν] εκαλεσαν 44: επεκαλεσαν boc$_2$e$_2$ | αυτην] την στηλην A⟧ | χειρα fj | αβεσσαλωμ 2°] αβεσαλωμ cegqst | om εως—ταυτης v

**19** ⟨αχιμα 74⟩ | υιος] pr ο in | σαδωκ] δωκ ex corr m$^a$: σαδωχ Mgv: σαδδουκ boc$_2$e$_2$: σαμωμ a$_2$ | ειπεν] + τω ιωαβ bgoc$_2$e$_2$ℭ𝔖$^j$: + προς ιωαβ defjmpqstwz | δραμω δη και] δραμων δη boc$_2$e$_2$ | δραμω] ras (2) inter α et μ h | ευαγγελιω] ευαγγελιουμαι boc$_2$e$_2$: αγγε... r: ⟨απαγγελω 242⟩ | βασιλει] + δᾱδ boc$_2$e$_2$ | εκρινεν BAa$_2$] + αυτω MN rell 𝔄𝔈𝔖$^j$: ⟨+ εν αυτω 44⟩ | om των e

**20** om αυτω bdoc$_2$e$_2$ | om ιωαβ q*(uid) | ευαγγελιας συ] ευαγγελιασοι a: ⟨ευαγγελιων συ 64⟩: αγγελειας συ cx: ευαγγελισμου ει συ boz(mg)c$_2$e$_2$ | και ευαγγελιη] ευαγγελιει γαρ cx | om ευαγγελιη 1°—ταυτη 2° 𝔈 | ευαγγελιη 1°] pr συ b: ευ ex αγ uid g$^a$: ευαγγελια a$_2$ | αλλη] μεγαλη ge$_2$ | εν 3°] εαν a$_2$ | τη ημερα 2° bis scr e$_2$ | ου εινεκεν] οτι boc$_2$e$_2$𝔄(uid) | ου bis scr c | εινεκεν] ενεκεν Acixy: ⟨εινεκα 74: om 71⟩ | om ο bc$_2$e$_2$ | om του b′ | απεθανεν BAchxa$_2$] τεθνηκεν MN rell

**21** om ιωαβ 1° 𝔄 | τω 1°] του v | βαδισας] βαδισον v: πορευου και boc$_2$e$_2$ | αναγγειλον BAchix] απαγγελλε bc$_2$e$_2$: απαγγελε b′o: απαγγειλον MN rell | om τω βασιλει Acx | οσα] α boc$_2$e$_2$ | ειδες] οιδες c: εωρακας boc$_2$e$_2$ | ιωαβ και εξ sup ras M | εξηλθεν] εδραμε boc$_2$e$_2$𝔖$^j$

**22** om ετι qℭ𝔈 | αχειμαας] αχαμαας d(uid): αχιναας g | om υιος σαδωκ d | υιος] pr ο g | σαδωκ] σαδωχ Mgv: σαδδουκ boc$_2$e$_2$ | προς] τω boc$_2$e$_2$ | om και 3°—ιωαβ 2° g | εστω] εσται Acdpx: τι εσται bovc$_2$e$_2$𝔄: τι z(mg) | οτι] εαν boz(mg)c$_2$e$_2$𝔄: om a | δραμω] pr δη f: δραμων e$_2$: + δη MNadeh–np–wyz(txt)b$_2$ | και γε εγω] om boz(mg)c$_2$e$_2$: om και γε a$_2$: om γε Aav | ινα—τρεχεις] *et cur sit tibi hoc si curras* 𝔄 | τι] pr συ c | τουτο Bcgh] συ τουτω y: συ τουτου v: ⟨συ τουτον 44⟩: συ boc$_2$e$_2$ℭ(uid): *tibi* 𝔈: om a$_2$: pr συ MN rell: + συ A | τρεχεις] τρεχης hmvc$_2$: συντρεχεις g | υιε μου] τεκνον boc$_2$e$_2$ | om δευρο MNabgouvyb$_2$c$_2$e$_2$ | hab ουκ—ευαγγελια 𝔏$^v$ | ουκ εστιν σοι] και σοι (συ oe$_2$) ουκ εστιν boc$_2$e$_2$: ουκ εστη c: + *data* 𝔏 | om εις ωφελιαν c | εις] προς A | πορευομενω] πορευομενου c: πορευομενος a$_2$

**23** ειπεν 1° BAchxa$_2$𝔄-codd 𝔈] + αχιναας g: + αχιμαας MN rell 𝔄-ed ℭ𝔖$^j$ | τι γαρ] και τι εσται boz(mg)c$_2$e$_2$𝔖$^j$: *Et quid* 𝔈: *Quid est* 𝔄 | δραμουμαι BAcxa$_2$] πορευθω a: δραμω MN rell | om αυτω da$_2$ | αχειμαας] pr ο e: αχιναας g | οδον BAchxa$_2$] pr την n: pr κατα την boz(mg)c$_2$e$_2$: post την MNz(txt) rell | του κεχαρ] pr διατεταγμενην b: διατεταγμενην oz(mg)c$_2$𝔖$^{j\,mg}$(uid): διατεταμενην e$_2$ | κεχαρ] καιχαρ Ag: καχαρ h$^{b?}$: κεχρα defj(mg)mp–twyz*(txt): κεχραν a: κεχαιε a$_2$: κορχαρ N: κεφαρ v | υπερεβη] παρηλθε boz(mg)c$_2$e$_2$ | τον] του o

**24** των δυο] αμφοτερων των boc$_2$e$_2$ | δυο πυλων] πυλων των δυω a | πυλων] πολεων e | ⟨σκοπος] + εις την πολιν 242⟩ | εις] επι boc$_2$e$_2$: προς Nfjb$_2$ | τω δωματι be$_2$ | προς] επι bfjob$_2$c$_2$e$_2$: εις cx𝔄 | του τειχους boc$_2$e$_2$ | επηρεν—ειδεν] ειδε τους οφθαλμους αυτου d | επηρεν BAchxa$_2$] ειδεν mqst: ηρεν MN rell | τοις οφθαλμοις msw | ⟨om και ειδεν 44⟩ | τρεχομενος acx | μονος] ⟨post αυτου 2° 64.246⟩: om acxa$_2$ | ⟨ενωπιον] εμπροσθεν 246⟩

18 στηλην 1°] χειρα j    23 την του κεχαρ] οι γ′ την διατεμνουσαν M

ὁ σκοπὸς καὶ ἀπήγγειλεν τῷ βασιλεῖ· καὶ εἶπεν ὁ βασιλεύς Εἰ μόνος ἐστίν, εὐαγγελία ἐν τῷ B
26 στόματι αὐτοῦ. καὶ ἐπορεύετο πορευόμενος καὶ ἐγγίζων. [26]καὶ εἶδεν ὁ σκοπὸς ἄνδρα ἕτερον
τρέχοντα, καὶ ἐβόησεν ὁ σκοπὸς πρὸς τῇ πύλῃ καὶ εἶπεν Ἰδοὺ ἀνὴρ ἕτερος τρέχων μόνος· καὶ
27 εἶπεν ὁ βασιλεύς Καί γε οὗτος εὐαγγελιζόμενος. [27]καὶ εἶπεν ὁ σκοπός Ἐγὼ ὁρῶ τὸν δρόμον τοῦ
πρώτου ὡς δρόμον Ἀχειμάας υἱοῦ Σαδώκ· καὶ εἶπεν ὁ βασιλεύς Ἀνὴρ ἀγαθὸς οὗτος, καί γε εἰς
28 εὐαγγελίαν ἀγαθὴν ἐλεύσεται. [28]καὶ ἐβόησεν Ἀχειμάας καὶ εἶπεν πρὸς τὸν βασιλέα Εἰρήνη·
καὶ προσεκύνησεν τῷ βασιλεῖ ἐπὶ πρόσωπον αὐτοῦ ἐπὶ τὴν γῆν· καὶ εἶπεν Εὐλογητὸς Κύριος ὁ
θεός σου ὃς ἀπέκλεισεν τοὺς ἄνδρας τοὺς μισοῦντας τὴν χεῖρα αὐτῶν ἐν τῷ κυρίῳ μου τῷ βασιλεῖ.
29 [29]καὶ εἶπεν ὁ βασιλεύς Εἰρήνη τῷ παιδαρίῳ τῷ Ἀβεσσαλώμ; καὶ εἶπεν Ἀχειμάας Εἶδον τὸ
πλῆθος τὸ μέγα τοῦ ἀποστεῖλαι τὸν δοῦλον τοῦ βασιλέως Ἰωὰβ καὶ τὸν δοῦλόν σου, καὶ οὐκ
30 ἔγνων τί ἐκεῖ. [30]καὶ εἶπεν ὁ βασιλεύς Ἐπίστρεψον, στηλώθητι ὧδε· καὶ ἐπεστράφη καὶ ἔστη.
31 [31]καὶ ἰδοὺ ὁ Χουσεὶ παρεγένετο· καὶ εἶπεν τῷ βασιλεῖ Εὐαγγελισθήτω ὁ κύριός μου ὁ βασιλεύς,
32 ὅτι ἔκρινέν σοι Κύριος σήμερον ἐκ χειρὸς πάντων τῶν ἐπεγειρομένων ἐπὶ σέ. [32]καὶ εἶπεν ὁ
βασιλεὺς πρὸς τὸν Χουσεὶ Εἰ εἰρήνη τῷ παιδαρίῳ τῷ Ἀβεσσαλώμ; καὶ εἶπεν ὁ Χουσεὶ Γένοιντο
ὡς τὸ παιδάριον οἱ ἐχθροὶ τοῦ κυρίου μου τοῦ βασιλέως καὶ πάντες ὅσοι ἐπανέστησαν ἐπ' αὐτὸν
(XIX) (1) 33 εἰς κακά. [33]καὶ ἐταράχθη ὁ βασιλεύς, καὶ ἀνέβη εἰς τὸ ὑπερῷον τῆς πύλης καὶ ἔκλαυσεν·

25 εὐαγγέλια B$^{b}$ 27 αχιμαας A | ανηρ B$^{1?a?}$] ανδρ B*(uid) 28 αχιμαας A | ειρηνη και sup ras B$^{a?b}$ | μεισουντας B* 29 αχιμαας A | του αποστειλαι B$^{ab}$] τουτοστειλαι B* 31 εκρεινεν B*

AMNa–jm–qs–c$_2$e$_2$𝔄ℭ$^{w}$𝔈(𝔏$^{v}$)

**25** ο 1°] οι a | απηγγειλεν] απηγγελε c*: ανηγγειλεν h: ειπεν io | βασιλει] + και ειπεν ιδου ανηρ τρεχων μονος fjb$_2$: + *dicens Uir solus est* ℭ | ο βασιλευς] τω βασιλει a | ει] η N*: + μη t* | μονον h | εστιν] τρεχει b: αυτος τρεχει oc$_2$e$_2$ | ευαγγελια] αγγελια N: ευαγγελισμος boc$_2$e$_2$ | επορευετο] post πορευομενος 𝔄: εγενετο A | om πορευομενος και d | εγγιζων] ηγγιζε boc$_2$e$_2$𝔄: ευαγγελιζων cx: ευαγγελιζομενος y

**26** ανεβοησεν bfjob$_2$c$_2$e$_2$ | om ο 2°—ειπεν 1° a$_2$ | om ο σκοπος 2° demp–twz𝔖$^{j}$ | προς τη πυλη] προς την πυλην chnx: επι την πυλην boc$_2$e$_2$ℭ: *in portam* 𝔄 | om και ειπεν 1° y | τρεχων μονος] μονος τρεχων boc$_2$e$_2$: τρεχομενος acx: ⟨μονος ενωπιον αυτου 44⟩ | om γε boc$_2$e$_2$ | ουτως Ma | ευαγγελιζομενος] + εστι b

**27** και ειπεν 1°] ειπεν δε Acx | εγω ορω] ορω εγω cx: εωρακα boc$_2$e$_2$: om εγω 𝔄 | του—δρομον 2°] bis scr c: om y* | ως δρομον] ος δραμον a | αχιμαα v | υιου] $\overline{υν}$ i | σαδωκ] σαδωχ Mgv: σαδδωκ i: σαδδουκ boc$_2$e$_2$ | αγαθως c | ουτος] post γε a$_2$: ουτως ag | και 3°—ελευσεται] υπερ ευαγγελιων αγαθων οισει boc$_2$e$_2$ | εις] η h* | αγαθην (-θον c) ευαγγελιαν cx | αγγελιαν ajb$_2$ | ⟨εισελευσεται 71⟩

**28** εβοησεν] προσηγαγεν Magv: προσηλθεν boc$_2$e$_2$: *appropinquauit* 𝔖$^{j}$ | και 2° bis scr h | προς τον βασιλεα] τω βασιλει boc$_2$e$_2$𝔖$^{j}$ | om και 3° x | τω βασιλει 1°] post γην d: τον βασιλεα cx: αυτω boc$_2$e$_2$: om 𝔄 | επι προσωπον αυτου] om dℭ(uid): om αυτου boc$_2$e$_2$: + ras (3) u | om επι την γην eg | om σου ca$_2$ | ος] ως g | συνεκλεισε boc$_2$e$_2$ | τους 1°—βασιλει 2°] *odientes te qui sustulerunt manus suas super dominum nostrum regem* 𝔄 | τους 2°—αυτων] *qui oppugnant manibus suis* 𝔈$^{a}$ | μισουντας BM(mg)chxa$_2$𝔈$^{s}$] επαραμενους M(txt)eg$^{b}$imnowy$^{a?}$b$_2$c$_2$e$_2$: επηρμενους f: επαρμενους Ng*y* rell: ανταραντας A | τας χειρας boc$_2$e$_2$𝔈$^{s}$ | χειρα—βασιλει 2°] ψυχην του $\overline{κυ}$ μου του βασιλεως cx | om αυτων bg | εν BAha$_2$] επι MN rell ℭ: *propter* 𝔈 | τω 1°—βασιλει 2°] τον κυριον μου τον βασιλεα bfoc$_2$e$_2$ | om μου g

**29** τω παιδαριω] *puero meo* 𝔄: *filio meo* ℭ𝔈(uid) | om τω 2° Acoxe$_2$ | αβεσαλωμ cegqst | ειδον—μεγα] ηκουσα ηχον μεγαν (-γα oe$_2$) οπισω μου oz(mg)c$_2$e$_2$: ηκουσα ηχον μεγαν οπισω μου ευφραινομενον b′*b*(txt): *audiui uocem clamoris magni* 𝔖$^{j}$: hab ακουσαι μεγαλης φωνης Jos | μεγα] + ευφραινομενον defjmp–twz(txt)b$_2$ℭ: + ευφραινομενον εν τω αποστειλαι ιωαβ τον δουλον σου και ουκ εγνων τι εκει h | του 1°—ιωαβ] *unde misit Ioab seruus tuus rex me* 𝔄 | του 1° BAchxa$_2$] εν τω MN rell 𝔖$^{j}$ | τον 1°—βασιλεως] τω s: om d | τον 1° BAchxa$_2$𝔈] pr τον ιωαβ Mgn: ιωαβ a: pr ιωαβ N rell ℭ | δουλον 1°] παιδα boz(mg)c$_2$e$_2$ | om ιωαβ και MNabefgi–qt–wyzb$_2$c$_2$e$_2$ℭ | om και 3°—σου cx | om και 3° ds𝔄𝔖$^{j}$ | εγνω ci*w | τι] τα boz(mg)c$_2$e$_2$

**30** επιστρεψον] επιστηθι a: παρελθε *b*(txt)oc$_2$e$_2$𝔖$^{j}$: *abi* 𝔈: om b′ | στηλωθητι BAchxa$_2$] pr και *b*(mg)𝔄: παραστηθι b′fjb$_2$ℭ(uid): και παρελθε z$^{a?}$: και παραστηθι MN*b*(txt)z* rell: *et sta* 𝔈 | om ωδε Acx𝔄 | επεστραφη] απεστραφη Ndehmnp–uwz(txt): παρηλθε boz(mg)c$_2$e$_2$ | και εστη BAchxa$_2$𝔄ℭ(uid)𝔈] pr οπισω αυτου n: ⟨και εστηλωθη 64⟩: + οπισω αυτου bozc$_2$e$_2$: οπισω αυτου MN rell

**31** om ιδου 𝔄𝔈 | om ο 1° bdehmo–twzc$_2$e$_2$ | χουσει] + οπισω αυτου demp–twz | παρεγενετο και ειπεν] om x: + ο χουσει Abcoc$_2$e$_2$ | ευαγγελισθητω—βασιλευς] ευαγγελια κυριε μου βασιλευ boc$_2$e$_2$: hab *Bene euangelizo tibi domine mi rex* 𝔏$^{v}$ | ευαγγελισθητω] ⟨ευαγγελισθητι 44⟩: + δη Acux | ⟨om μου 98⟩ | οτι—κυριος 2° post σημερον cx | εκρινεν] εδικασε boc$_2$e$_2$ | κυριος 2°] pr ο u: ο $\overline{θς}$ d | om σημερον b$_2$𝔈 | επεγειρομενων επι σε] ανθεστηκοτων σοι boz(mg)c$_2$e$_2$ | επεγειρομενων] pr ras (6) u: επιγειρομενων c: επεγειρμενων s: εγειρομενων Ag

**32** ο 1°—χουσει 1°] αυτω ο βασιλευς d𝔈 | om τον n | om ει ANa–fhjmnp–twxyz(txt)a$_2$b$_2$ℭ | ειρηνη τω παιδαριω] υγιαινει το παιδαριον boz(mg)c$_2$e$_2$ | τω παιδαριω] post αβεσσαλωμ d: *puero meo* 𝔄-ed: *filio meo* ℭ𝔈(uid) | om τω 2° bdgopa$_2$c$_2$e$_2$ | αβεσαλωμ cegi$^{a?}$qst | om ο 2° ANcfhjnuvxa$_2$b$_2$ | γενοιντο] γενοιτο abhq*(uid)ux: γενηθητω e$_2$ | του 1°—βασιλεως] σου $\overline{κε}$ μου βασιλευ c | του κυριου μου] ⟨post βασιλεως 64.242⟩: τω κυριω μου a$_2$ | οσοι] οσα s: οι u | επανεστησαν] ησαν επανεστηκοτες b′ | επ αυτον] αυτω h: σοι boc$_2$e$_2$𝔄 | επ] εις adxz(txt) | εις] επι z(txt): om ad | κακον ⟨98⟩ℭ

**33** εταραχθη] ⟨διεταραχθη 123⟩: εδακρυσεν boc$_2$e$_2$ | εκλαυσεν] εκλασε w | ουτως] ου ex ει c$^{a}$: ουτος g: ταδε boc$_2$e$_2$:

32 ει ειρηνη] ει υγιαινει M 33 εταραχθη] α′ εκλονηθη θ′ εδακρυσεν jz (om θ′)

B καὶ οὕτως εἶπεν ἐν τῷ πορεύεσθαι αὐτόν Υἱέ μου υἱέ μου Ἀβεσσαλώμ, τίς δῴη τὸν θάνατόν
μου ἀντὶ σοῦ; ἐγὼ ἀντὶ σοῦ, Ἀβεσσαλὼμ υἱέ μου υἱέ μου.
[1]Καὶ ἀνηγγέλη τῷ Ἰωὰβ λέγοντες Ἰδοὺ ὁ βασιλεὺς κλαίει καὶ πενθεῖ ἐπὶ Ἀβεσσαλώμ. 1 (2)
[2]καὶ ἐγένετο ἡ σωτηρία ἐν τῇ ἡμέρᾳ ἐκείνῃ εἰς πένθος παντὶ τῷ λαῷ, ὅτι ἤκουσεν ὁ λαὸς ἐν 2 (3)
§ 1 τῇ ἡμέρᾳ ἐκείνῃ λέγων ὅτι Λυπεῖται ὁ βασιλεὺς ἐπὶ τῷ υἱῷ αὐτοῦ. [3]καὶ [§]διεκλέπτετο ὁ λαὸς 3 (4)
ἐν τῇ ἡμέρᾳ ἐκείνῃ τοῦ εἰσελθεῖν εἰς τὴν πόλιν, καθὼς διακλέπτεται ὁ λαὸς οἱ αἰσχυνόμενοι
ἐν τῷ αὐτοὺς φεύγειν ἐν τῷ πολέμῳ. [4]καὶ ὁ βασιλεὺς ἔκρυψεν τὸ πρόσωπον αὐτοῦ· καὶ 4 (5)
ἔκραξεν ὁ βασιλεὺς φωνῇ μεγάλῃ λέγων Υἱέ μου Ἀβεσσαλώμ, Ἀβεσσαλὼμ υἱέ μου. [5]καὶ 5 (6)
εἰσῆλθεν Ἰωὰβ πρὸς τὸν βασιλέα εἰς τὸν οἶκον καὶ εἶπεν Κατῄσχυνας σήμερον τὸ πρόσωπον
πάντων τῶν δούλων σου τῶν ἐξαιρουμένων σε σήμερον καὶ τὴν ψυχὴν τῶν υἱῶν σου καὶ τῶν
θυγατέρων σου καὶ τὴν ψυχὴν τῶν γυναικῶν σου καὶ τῶν παλλακῶν σου, [6]τοῦ ἀγαπᾶν τοὺς 6 (7)
μισοῦντάς σε καὶ μισεῖν τοὺς ἀγαπῶντάς σε, καὶ ἀνήγγειλας σήμερον ὅτι οὐκ εἰσὶν οἱ ἄρχοντές
σου οὐδὲ παῖδες· ὅτι ἔγνωκα σήμερον ὅτι εἰ Ἀβεσσαλὼμ ἔζη, πάντες ἡμεῖς σήμερον νεκροί,
ὅτι τότε τὸ εὐθὲς ἦν ἐν ὀφθαλμοῖς σου. [7]καὶ νῦν ἀναστὰς ἔξελθε καὶ λάλησον εἰς τὴν καρδίαν 7 (8)
τῶν δούλων σου, ὅτι ἐν Κυρίῳ ὤμοσα ὅτι εἰ μὴ ἐκπορεύσῃ σήμερον, εἰ αὐλισθήσεται ἀνὴρ μετὰ

XIX 1 αναγγελη B* 6 τους 1°] του B* | μεισουντας B* | μεισειν B* 7 αυλισθησετε A

AMNa–j(l)m–qs–c$_2$e$_2$𝔄ℭ*𝔈(𝔏$^{sv}$)

om d | om εν—αυτον d | πορευεσθαι BAchxa$_2$𝔈] κλαιειν MN rell 𝔄 | υιε 1°—αβεσσαλωμ 1°] τεκνον εμον αβεσσαλωμ αβεσσαλωμ τεκνον εμον boc$_2$e$_2$𝔄: hab τεκνον Jos | υιε μου 2° B] pr αβεσσαλωμ (αβεσα- ce) cemuxy𝔈: post αβεσσαλωμ 1° dv Ath: pr αβεσσαλωμ (αβεσα- gqst) υιε μου MN rell ℭ: om A | αβεσσαλωμ 1°] αβεσαλωμ cegqst | δωη—μου 3°] δωσει (δωη Chr ½) μοι θανατον boz(mg)c$_2$e$_2$ Chr | om εγω αντι σου Aboz(mg)c$_2$e$_2$ | om αβεσσαλωμ υιε μου cx | αβεσσαλωμ 2°] post μου 4° ℭ𝔈: αβεσαλωμ egqst: υιε μου v | υιε μου 4°] om boz(mg)a$_2$c$_2$e$_2$𝔈: + *Abesolom* 𝔄: + αβεσσαλωμ υιε μου n

XIX 1 ⟨και ανηγγελη] ανηγγελη δε 44⟩ | ανηγγελη B$^{ab}$Aa$_2$] αναγγελη B*: ανηγγειλε cx: ανηγγειλαν boc$_2$e$_2$: απαγγελει a: απηγγελη MN rell | λεγοντες] λεγοντων cx: om 𝔈 | πενθη acgq* | επι] περι MNafgijnvb$_2$: υπερ boc$_2$e$_2$: τον y: ⟨+τον 44⟩ | αβεσαλωμ cegqst

2 om η e$_2$ | om εν 1° y | om εις—εκεινη 2° c | εις πενθος] post λαω f: om m | εις] ως y | om παντι f | λεγων BAcixa$_2$] λεγοντων MN rell 𝔄ℭ𝔈𝔖$^{j}$ | om οτι 2° n𝔈 | λυπειται] λυπηται acgiva$_2$: οδυναται boc$_2$e$_2$ | om επι—αυτου d | επι] εν i: περι boc$_2$e$_2$ | του υιου boa$_2$c$_2$e$_2$

3 διεκλεπτετο] ...πτετο l: διεκλεπετο n: ⟨διεβλεπετο 71⟩: εκλεπτετο x: εκλειπετο c: υπεστελλετο M(mg)boz(mg)c$_2$e$_2$𝔄(uid) | ο 1° bis scr t | om εν 1°—λαος 2° c | του] ⟨λεγοντων 44⟩: om MNad–gi–np–wyzb$_2$ | εις την πολιν] εν τη πολει n | πολιν] παρεμβολην o | καθα e | διακλεπτεται] διακλεπεται t: ⟨διαβλεπεται 71⟩: διεκλεπτετο dw*: υποστελλεται oz(mg)c$_2$e$_2$𝔄(uid): υπεστελλετο b | ο λαος 2°] om o: om ο z(mg)a$_2$ | οι—πολεμω] ο (om z$^{mg}$) ηττημενος και ητιμωμενος (+ εν τη ημερα εκεινη b') εν (om o) τη φυγη αυτων boz(mg)c$_2$e$_2$: hab αφ ηττης Jos | οι αισχινομενοι] ο αισχινομενος Au𝔈: αισχυνομενος cx𝔄: om οι a$_2$ | αυτους φευγειν] φυγειν (φαγ- c) αυτους Acx | φευγειν] φυγειν uy: φαγειν M | εκ του πολεμου fa$_2$(om του)𝔄 | εν 3° bis scr c | om τω Acix

4 ⟨om ο βασιλευς 1° 246⟩ | εκρυψεν] επεκρυψεν A: παρεκαλυπτε boc$_2$e$_2$ | εκραξεν] εκεκραξεν hia$_2$: εκλεεν c: ανεβοα boc$_2$e$_2$ | om ο 2°—λεγων d | ο βασιλευς 2°] post μεγαλη y: om bceoxc$_2$e$_2$𝔄𝔈 | φωνη] pr εν AMNacfh–np–b$_2$ | om μεγαλη cx | υιε μου 1°] τεκνον εμον boc$_2$e$_2$: ⟨+υιε μου 98 uid⟩ | αβεσσαλωμ 1°] αβεσαλωμ ceglqst | αβεσσαλωμ 2°] αβεσαλωμ glqst: υιε μου ANy: om cdexa$_2$𝔈 | υιε μου 2°] τεκνον εμον boc$_2$e$_2$: + υιε μου fjb$_2$

5 οικον] + αυτου v𝔈(uid) | κατησχυνας] + συ bzc$_2$e$_2$ | τα προσωπα MNad–gjlmp–wyzb$_2$ | om παντων bcoxyc$_2$e$_2$ | των 1° bis scr u | δουλων] παιδων boc$_2$e$_2$ | των εξαιρουμενων] *qui eripuerunt* 𝔄𝔈 | εξαιρουμενων] εξαιρουντων Acx: διασωσαντων boc$_2$e$_2$ | σε BAhxa$_2$𝔄𝔈] om c: την (om delmp–twz) ψυχην σου MN rell | om σημερον 2° u | και την ψυχην 1°] om c: ⟨om την 236.242⟩ | om σου 2° 𝔄 | om και 5°—σου 4° ℭ | την ψυχην 2°] ⟨om 71⟩: om την AMdeghilmnp–wy | των 5°] pr ras (2) z | om σου 4° 𝔄 | των 6°] pr ψυχην A: pr την ψυχην boxc$_2$e$_2$ | παλλακων σου] sup ras i$^{a}$: παλλακιδων σου h: + και την c$_2$*: + και των θυγατερων αυτων e$_2$

6 του αγαπαν τους] τους αγαποντας a | του] και s ⸗ και 2° BANchuxa$_2$𝔄ℭ𝔈] οτι M rell | ανηγγειλας BAhuxa$_2$] ανηγγηλαν c: απηγγελκας boc$_2$e$_2$: απηγγειλας MN rell: *dicunt tibi* 𝔈$^{a}$: *dico tibi* 𝔈$^{s}$ | σημερον 1°—σου 1°] οτι ουκ εισιν σοι σημερον ουδε αρχοντες o | ουκ—παιδες] *nihil aestimas principes tuos neque seruos tuos* 𝔄 | εισιν—σου 1°] εισοισουσιν αρχοντες e | οι αρχοντες σου] σου αρχοντες dlmp–twz: σοι αρχαντες Nye$_2$: σοι σημερον αρχοντες bic$_2$ | om οι Mg | om σου 1° Magnv | ουδε] *et* 𝔈 | παιδες] pr οι cf | οτι εγνωκα] *nonne intelligis* 𝔈 | οτι 2°] *et* 𝔄𝔖$^{j}$ | εγνωκα] εγνωκαν A: εγνωκας chy: οιδας boz(mg)c$_2$e$_2$ | σημερον 2°—εζη] οτι ει αβεσσαλωμ ζη σημερον e$_2$ | σημερον 2° post εζη boz(mg)c$_2$𝔈 | om οτι 3° cxz(mg) | ει] post αβεσσαλωμ b: η c: ⟨ο 242⟩: om Maga$_2$ | αβεσαλωμ ceglqst | παντες] pr και MNad–np–wyzb$_2$ | ημεις σημερον νεκροι] αν ημεις απεθανομεν boc$_2$e$_2$𝔄(uid) | νεκροι σημερον Acx | οτι 4°—σου 2°] *et illud gratum esset tibi* 𝔄-codd: *et illud esset tibi gratum* 𝔄-ed | τοτε—οφθαλμοις] εκεινος (εκει z$^{mg}$, ras νο post ι) ηρεσκεν ενωπιον boz(mg)c$_2$e$_2$ | τοτε το BAcxa$_2$] τουτο MNz(txt) rell ℭ(uid)𝔈(uid) | ευθες] post ην g: ευθης A

7 αναστας εξελθε] αναστηθι boc$_2$e$_2$ | αναστας] + σημερον n | εις] επι boc$_2$e$_2$ | τας καρδιας MNadeglmnp–wyz𝔄(uid) | δουλων] παιδων boc$_2$e$_2$ | hab οτι 1°—ταυτην 𝔏$^{v}$ | οτι 1°—ωμοσα] hab *quia sic iurauerunt* 𝔏$^{s}$ | εν κυριω ωμοσα] κατα του $\overline{κυ}$ ομωμοκασιν boc$_2$e$_2$𝔏$^{v}$ | ωμοσα] ωμοσαν Ngvz: *iuratum* 𝔄 | οτι 2°] επει y: om 𝔄 | om ει 1° ay* | εκπορευση σημερον] συ εξελευση εις απαντησιν του λαου boz(mg)c$_2$e$_2$ | εκπορευση] εκπορειη d: πορευση c: *tu prodieris* 𝔏 | σημερον] + *in obuiam huic omni populo* 𝔏 | ει αυλισθησεται ανηρ] ει υπνωσει τις oz(mg)c$_2$e$_2$: ου μη μεινη η υπνωσει τις b | ει 2°] η g: *non* 𝔏 | μετα σου

XIX 6 οτι 3°—σου 2°] οτι εκεινο ηρεσκεν εν οφθαλμοις σου M

σοῦ τὴν νύκτα ταύτην· καὶ ἐπίγνωθι σεαυτῷ καὶ κακόν σοι τοῦτο ὑπὲρ πᾶν τὸ κακὸν τὸ B
(9) 8 ἐπελθόν σοι ἐκ νεότητός σου ἕως τοῦ νῦν. [8]καὶ ἀνέστη ὁ βασιλεὺς καὶ ἐκάθισεν ἐν τῇ πύλῃ,
καὶ πᾶς ὁ λαὸς ἀνήγγειλαν λέγοντες Ἰδοὺ ὁ βασιλεὺς κάθηται ἐν τῇ πύλῃ· καὶ εἰσῆλθεν πᾶς
ὁ λαὸς κατὰ πρόσωπον τοῦ βασιλέως.
9 (10) Καὶ Ἰσραὴλ ἔφυγεν ἀνὴρ εἰς τὰ σκηνώματα αὐτοῦ. [9]καὶ ἦν πᾶς ὁ λαὸς κρινόμενος ἐν
πάσαις φυλαῖς Ἰσραὴλ λέγοντες Ὁ βασιλεὺς Δαυεὶδ ἐρύσατο ἡμᾶς ἐκ χειρὸς ἀπὸ πάντων τῶν
ἐχθρῶν ἡμῶν, καὶ αὐτὸς ἐξείλατο ἡμᾶς ἐκ χειρὸς ἀλλοφύλων· καὶ νῦν πέφευγεν ἀπὸ τῆς γῆς
(11) 10 καὶ ἀπὸ τῆς βασιλείας αὐτοῦ καὶ ἀπὸ Ἀβεσσαλώμ. [10]ὃν ἐχρίσαμεν ἐφ' ἡμῶν, ἀπέθανεν ἐν τῷ
πολέμῳ· καὶ νῦν ἵνα τί ὑμεῖς κωφεύετε τοῦ ἐπιστρέψαι πρὸς τὸν βασιλέα; καὶ τὸ ῥῆμα
(12) 11 παντὸς Ἰσραὴλ ἦλθεν πρὸς τὸν βασιλέα. [11]Καὶ ὁ βασιλεὺς Δαυεὶδ ἀπέστειλεν πρὸς
Σαδὼκ καὶ πρὸς Ἀβιαθὰρ τοὺς ἱερεῖς λέγων Λαλήσατε πρὸς τοὺς πρεσβυτέρους Ἰούδα λέγοντες
Ἵνα τί γίνεσθε ἔσχατοι τοῦ ἐπιστρέψαι πρὸς τὸν βασιλέα εἰς τὸν οἶκον αὐτοῦ; καὶ λόγος
(13) 12 παντὸς Ἰσραὴλ ἦλθεν πρὸς τὸν βασιλέα. [12]ἀδελφοί μοι ὑμεῖς, ὀστᾶ μου καὶ σάρκες μου
(14) 13 ὑμεῖς· ἵνα τί γίνεσθε ἔσχατοι τοῦ ἐπιστρέψαι τὸν βασιλέα εἰς τὸν οἶκον αὐτοῦ; [13]καὶ τῷ
Ἀμεσσαεὶ ἐρεῖτε Οὐχὶ ὀστοῦν μου καὶ σάρξ μου σύ; καὶ νῦν τάδε ποιήσαι μοι ὁ θεὸς καὶ
(15) 14 τάδε προσθείη, εἰ μὴ ἄρχων δυνάμεως ἔσῃ ἐνώπιόν ἐμοῦ πάσας τὰς ἡμέρας ἀντὶ Ἰωάβ. [14]καὶ

7 επιγνωθει A | 9 κρεινομενος B* | ερρυσατο A | 10 εχρεισαμεν B* | 11 γινεσθε] γεινεσθε B* : γινεσθαι A | 12 γινεσθε] γεινεσθε B* : γινεσθαι A | 13 ερειται A

AMNa–jl–qs–c$_2$e$_2$𝔄ℭ$^w$𝔈(𝔏$^{sv}$)

ανηρ A𝔄𝔈 | μετα σου] μετ αυτου d | τη νυκτι ταυτη cx | και 3°] + ειπεν b | επιγνωθι σεαυτω] επιγνωσθης (-σθεις h) εαυτω ch | επιγνωθι] επιγνωοι v : επιγνωση τουτο z(mg) : + τουτο boc$_2$e$_2$ | σεαυτω] εαυτω a (ε ex σ corr uid) : σεαυτον fj | και 4° BAcxa$_2$] οτι MN rell 𝔄ℭ𝔈 | κακον 1°] καλον a : χειρον boz(mg)c$_2$e$_2$ | τουτο—επελθον] εσται τουτο εκ παντων (+ τουτων e$_2$) των κακων των επεληλυθοτων επι boc$_2$e$_2$ | τουτο] pr εσται z(mg) | παν] παντα c : om a𝔈 | om το 1° a$_2$ | ⟨υπελθον 246⟩ | σοι 2°] σε boc$_2$e$_2$ : om delmp–twz | σου 3°] σοι f | εως] pr και boc$_2$e$_2$

8 εν τη πυλη 1°] επι της πυλης bozc$_2$e$_2$ | om και 3°—πυλη 2° cdelmp–twx | πας 1°—λεγοντες] απηγγελη παντι (om zℭ) τω λαω λεγοντων bozc$_2$e$_2$ℭ(uid)𝔈 | πας ο λαος 1°] post ανηγγειλαν a$_2$ : *omni populo* 𝔄 | απηγγειλαν Mg | καθηται—πυλη 2°] κεκαθικεν επι την πυλην bozc$_2$e$_2$ | εν τη πυλη 2°] *ad portam* 𝔄 | εισηλθεν] παρεγενετο boc$_2$e$_2$ | κατα προσωπον] ενωπιον boc$_2$e$_2$ | βασιλεως] + επι (εις e) την πυλην bdel–twzc$_2$e$_2$ : ⟨+ εις την πολιν 236.242⟩ | om και 5°—αυτου d | και 5°] ο δε boc$_2$e$_2$ | ⟨ισραηλ] pr πας ανηρ 246⟩ | ανηρ εφυγεν a | ανηρ] pr εκαστος z : εκαστος boc$_2$e$_2$ℭ𝔖$^j$ : + *unusquisque* 𝔄 | το σκηνωμα MNabfgjnouvyb$_2$c$_2$e$_2$𝔄ℭ | om αυτου c

9 κρινομενος BAcxa$_2$] γογγυζων z$^{a?}$ : γογγυζοντες (κογγ- *b*) M(mg)boc$_2$e$_2$ : διακρινομενος M(txt)Nz* rell 𝔄(uid) | φυλαις] pr ταις boc$_2$e$_2$ | om ισραηλ c | ερυσατο] εξηρηται boc$_2$e$_2$ | om εκ χειρος 1° MNadefh–npqsuvwyzb$_2$𝔄 | χειρος απο] om g : om απο bcotxa$_2$c$_2$e$_2$ℭ𝔈 | παντων] απαντων cx : των t : om Nf | ημων] αυτου e$_2$ | εξειλατο] εξειλετο defh$^{b?}$(uid)lmp–twz : εξιλασατο N : ερρυσατο Aboyc$_2$e$_2$ | om χειρος 2° g | αλλοφυλων] pr των boc$_2$e$_2$ : pr παντων των g : αλλοφυλου a | βασιλειας] pr ras 3 litt (γης uid) c$_2$ | om αυτου g𝔈 | και απο αβεσσαλωμ Bb] απο αβεσαλωμ c : om και απο o* : om και Ao$^a$xzc$_2$e$_2$𝔄 : om MN rell ℭ𝔈

10 ον εχρισαμεν] *et unximus Abaselom* 𝔈 | ον Bbcxe$_2$] pr και αβεσσαλωμ (αβεσα- eglqst) AMN rell 𝔄ℭ𝔖$^j$ | εχρισαμεν] εχρησαμεθα o : εχρισαν Mad$^{a?}$(uid)efhij*lmnpqt–wya$_2$b$_2$ℭ : εχρισεν d*s | εφ] pr *regem* ℭ : αφ h : om e$_2$ | ημων] ημας delmp–twz(txt) : εαυτους (-τοις z$^{mg}$e$_2$) εις (om e$_2$) βασιλεα boz(mg)c$_2$e$_2$ | απεθανεν] pr και cx𝔈 : τεθνηκεν bo(ν 1° int lin o$^a$)c$_2$e$_2$ | εν bis scr m | υμεις κωφευετε] σιωπατε υμεις (ημ- e$_2$) boc$_2$e$_2$ | υμεις] ημεις g : om ⟨246⟩𝔈 | κωφευετε] κουφευεται v : σιωπατε z$^{a?}$ | om του boc$_2$e$_2$ | επιστρεψατε e$_2$ | om προς 1° MNac–fh–yb$_2$𝔄ℭ𝔈 | hab και 2°—βασιλεα 2° 𝔏$^s$ | και 2°—βασιλεα 2°] sub ÷ c$_2$ : om d𝔈 | το ρημα] *consilium* 𝔏 : om το N | διηλθεν a$^b$

11 και ο] ο δε boc$_2$e$_2$ : ⟨και νυν ο 71⟩ | om δαυειδ de$_2$ | απεστειλεν] εξαπεστειλε *b*oc$_2$e$_2$ (ε 4° ex α e$_2^a$) : om A | σαδωκ] αδωκ dp : σαδωχ Mg : σαδδουκ boc$_2$e$_2$ | om προς 2° Acefjxb$_2$𝔄-codd ℭ𝔈 Jos | τους ιερεις] τους αρχιερεις c Jos (-εας) : τον αρχιερεα g | hab λαλησατε—ιουδα 𝔏$^v$ | εσχατοι] εις εσχατους boz(mg)c$_2$e$_2$ : + *nos* 𝔄 | προς 4° BA] om MN omn 𝔄ℭ𝔈𝔖$^j$ | om τον 1° q | ⟨om εις—αυτου 246⟩ | om τον 2° o | om και 3°—(12) αυτου cx𝔈 | και 3°—βασιλεα 2°] post (12) αυτου boa$_2$c$_2$ (sub ※)e$_2$ℭ : om defjlmp–tvwz | λογος] pr ο ya$_2$ | παντι A | hab ηλθεν—(12) υμεις 1° 𝔏$^s$ | βασιλεα 2°] + *ut reducerent eum in domum suam* 𝔏

12 αδελφοι μοι υμεις] *et dicit Dauid ad tribus* (*tribum* codd : *seniores* codd) *Iuda* 𝔄 : *quia dixerat rex Haec dicetis ad populum* 𝔏 | μοι B] μου AMN rell ℭ | υμεις 1°] ημεις g : + εστε bozc$_2$e$_2$ | οστα—υμεις 2°] hab *et ossa mea uos* 𝔏$^v$ | οστα μου bis scr m | οστα] ⟨pr και 123⟩ : οστουν boc$_2$e$_2$ | σαρξ boc$_2$e$_2$ | om υμεις 2° boc$_2$e$_2$ | om ινα—αυτου dv | ινα τι BAa$_2$𝔄ℭ] και c$_2$ : pr και MN rell | εσχατοι] εις εσχατους z(mg)e$_2$ : εις τους εσχατους boc$_2$ | επιστρεφε a | ⟨om εις—(13) συ 246⟩ | τον οικον] την πολιν a$_2$ : om τον n

13 και 1°] pr *et rex Dauid misit ad Sadoc in domum eius et uerbum Israel omnis uenit ad regem* ℭ | αμεσσαει] αμισσαι A : αμεσαει cz𝔄 : αμεσσα bfjb$_2$c$_2$ : αβεσσαι dlmpqt$^{a?}$wy : αβεσαι egx : αβεσσα ot*ue$_2$ Thdt | ερεις v | ⟨om μου 1° 44⟩ | συ] pr ει Nbe$_2$ : pr *es* 𝔄 : υ ex corr b$_2$ : + ει a$_2$ | ποιησαι] post θεος cx : ποιησει o | ⟨προστιθειη 246⟩ | μη] μην ozc$_2$e$_2$ | αρχων δυναμεως] αρχιστρατηγος boz(mg)c$_2$e$_2$ | δυναμεως] ⟨post εση 246⟩ : om ℭ | εση] εστη c | ενωπιον εμου] ενωπιον μου chnvxa$_2$ : μοι boz(mg)c$_2$e$_2$ : om 𝔄-cod | om πασας τας ημερας oa$_2$ | πασας] pr ras (6–7) c : πασαις A

8 και 3°—πυλη 2°] *et omni populo nunciatum est quod rex sederet in porta* p

B ἔκλινεν τὴν καρδίαν παντὸς ἀνδρὸς Ἰούδα ἕως ἀνδρὸς ἑνός· καὶ ἀπέστειλαν πρὸς τὸν βασιλέα
λέγοντες Ἐπιστράφητι σὺ καὶ πάντες οἱ δοῦλοί σου. [15]καὶ ἐπέστρεψεν ὁ βασιλεὺς καὶ ἦλθεν 15 (16)
ἕως τοῦ Ἰορδάνου· καὶ ἄνδρες Ἰούδα ἦλθαν εἰς Γάλγαλα τοῦ πορεύεσθαι εἰς ἀπαντὴν τοῦ
βασιλέως, διαβιβάσαι τὸν βασιλέα τὸν Ἰορδάνην. [16]Καὶ ἐτάχυνεν Σεμεεὶ υἱὸς Γηρὰ υἱοῦ 16 (17)
τοῦ Ἰεμενεὶ ἐκ Βαουρεὶμ καὶ κατέβη μετὰ ἀνδρὸς Ἰούδα εἰς ἀπαντὴν τοῦ βασιλέως Δαυείδ,
[17]καὶ χίλιοι οἱ ἄνδρες μετ' αὐτοῦ Βενιαμείν, καὶ Σειβὰ τὸ παιδάριον τοῦ οἴκου Σαοὺλ καὶ 17 (18)
δέκα πέντε υἱοὶ αὐτοῦ μετ' αὐτοῦ καὶ εἴκοσι δοῦλοι αὐτοῦ μετ' αὐτοῦ· καὶ κατεύθυναν τὸν
Ἰορδάνην ἔμπροσθεν τοῦ βασιλέως, [18]καὶ ἐλειτούργησαν τὴν λειτουργίαν τοῦ διαβιβάσαι τὸν 18 (19)
βασιλέα· καὶ διέβη ἡ διάβασις ἐξεγεῖραι τὸν οἶκον τοῦ βασιλέως καὶ τοῦ ποιῆσαι τὸ εὐθὲς ἐν
ὀφθαλμοῖς αὐτοῦ. καὶ Σεμεεὶ υἱὸς Γηρὰ ἔπεσεν ἐπὶ πρόσωπον αὐτοῦ ἐνώπιον τοῦ βασιλέως,
διαβαίνοντος αὐτοῦ τὸν Ἰορδάνην, [19]καὶ εἶπεν πρὸς τὸν βασιλέα Μὴ διαλογισάσθω ὁ κύριός 19 (20)
μου ἀνομίαν, καὶ μὴ μνησθῇς ὅσα ἠδίκησεν ὁ παῖς σου ἐν τῇ ἡμέρᾳ ᾗ ὁ κύριός μου ἐξεπορεύετο
ἐξ Ἰερουσαλήμ, τοῦ θέσθαι τὸν βασιλέα εἰς τὴν καρδίαν αὐτοῦ· [20]ὅτι ἔγνω ὁ δοῦλός σου ὅτι 20 (21)
ἐγὼ ἥμαρτον, καὶ ἰδοὺ ἐγὼ ἦλθον σήμερον πρότερος παντὸς οἴκου Ἰωσὴφ τοῦ καταβῆναι εἰς
ἀπαντὴν τοῦ κυρίου μου τοῦ βασιλέως. [21]καὶ ἀπεκρίθη Ἀβεισὰ υἱὸς Σαρουίας καὶ εἶπεν Μὴ 21 (22)
ἀντὶ τούτου οὐ θανατωθήσεται Σεμεεί, ὅτι κατηράσατο τὸν χριστὸν Κυρίου; [22]καὶ εἶπεν Δαυείδ 22 (23)

14 εκλειναν B* | αινος A | επιστραφηφι $B^{a?b?}$ | δουλοις σου A 17 χειλιοι B* | βενιαμειν] pr εκ του $B^a$ (mg) | σιβα A
18 ελιτουργησαν B* | λιτουργιαν B* 19 καρ|καρδιαν A

AMNa–jl–qs–$c_2e_2$𝔄ℭ*𝔈

14 εκλινεν] +αμεσαι z: +αμεσσα b$c_2e_2$: + [illegible] 𝔖$^j$: +αβεσσα o | om την $a_2$ | ανδρος 1°] ⟨ισραηλ 98: ισραηλ και 246⟩: om 𝔄𝔈 | om ιουδα εως ανδρος h* | εως] ως MNabcf $gh^b$ijuvx–$e_2$𝔄ℭ𝔈 | ανδρος ενος] ενος ανδρος z: εθνος ανδρος $a_2$ | απεστειλε m | om τον cx | επιστραφητι] ⟨επιστραφητε 246⟩: επιστραφηθι $B^{a?b?}$A(-θει)def$h^{b?}$lmp–tvwxz: επιστρεφε bo$c_2e_2$ | συ] ου y: *et omnes filii tui* 𝔈 | om παντες ℭ𝔈 | δουλοι] παιδες boz(mg)$c_2e_2$
15 απεστρεψεν b'o | βασιλευς] λαος $a_2$ | ηλθεν] ερχεται bo$c_2e_2$ | ιορδανου] ι ex corr $c^a$: ιωρδανου m | om και 3°—ιορδανην ℭ | ανδρες] pr οι cx | ⟨ιουδαιοι 246⟩ | ηλθαν B$a_2$] παρεγενοντο bo$c_2e_2$: ηλθον AMN rell | εις 1°] pr εως *b*o$c_2e_2$: εως b' | γαλγαλα] γαλγα j*: ⟨γαλαα 74⟩: γαλααδ cx | του πορευεσθαι BAchx$a_2$] καταβηναι bo$c_2e_2$: του πορευθηναι MN rell | απαντην Bh$a_2$] απαντησιν AMN rell: ⟨υπαντισις 242⟩ | του βασιλεως] τω βασιλει bo$c_2e_2$: ⟨+δαυιδ 44⟩ | διαβιβασαι] pr του boz$c_2e_2$: pr *et* 𝔄𝔈: ⟨διαβας δε 246⟩: αναβιβασαι u: ⟨διαπερασαι 64⟩ | τον βασιλεα] ⟨post ιορδανην 64: ο βασιλευς 246⟩: αυτον cx: om Aj*o
16 εταχυνεν] εσπευσε bo$c_2e_2$ | σεβει h | γηραυ i | υιου] υιος MNadfijlnp–uy$b_2$: ο υιος g: om v | του ιεμενει] [illegible] 𝔄 | om του 1° boq$c_2e_2$ | ιεμενει] ιεμεινι iy$b_2c_2$: εμενει cx: εμινει $e_2$ | βαουρειμ] βαυρειν $a_2$: χορραν b$c_2e_2$: χοραν o: [illegible] 𝔖$^j$ | ανδρος] των ανδρων bcoxz(om των)$c_2e_2$ ℭ | απαντησιν ANa–eil–xz$c_2e_2$ | του βασιλεως] τω βασιλει bo$c_2e_2$: om βασιλεως fj | om δαυειδ A
17 om και 1° h | οι B] om AMN omn 𝔄ℭ𝔈𝔖$^j$ | βενιαμειν B*] pr εκ του $B^a$AM omn 𝔄ℭ𝔈 ⟦om του Mg | βενιαμειν] βενιαμην cmx: βενιαμειμ g$b_2$⟧: pr εκ του οικου N: pr *e filiis* 𝔖$^j$ | του 1°] pr εκ z: om s | om οικου ℭ | δεκα πεντε BAdhn] pr οι cx$a_2$: πεντε και δεκα MN rell | υιοι αυτου] *uiri* 𝔈 | υιοι] εκ των υιων bo$c_2e_2$ | om αυτου 2° cg | om μετ αυτου 2° Mabfgijo uvy$b_2c_2e_2$ | om και 4°—αυτου 5° Ads | ⟨om αυτου 4° 98⟩ | om μετ αυτου 3° $a_2$ | om και 5° a | κατευθυναν] αποστελλουσιν επι boz(mg)$e_2$: +επι cx$c_2$𝔈 | ιωρδανην m | εμπροσθεν] ενωπιον boz(mg)$c_2e_2$
18 ⟨ελειτουργησαν—διαβιβασαι] διεβιβασαν 71⟩ | ελειτουργησεν o | om την e | λειτουργιαν] +αυτων boz$c_2e_2$𝔈(uid): +του βασιλεως A | του 1°] pr και a | τον βασιλεα] αυτον A | om και 2°—βασιλεως 1° o$c_2e_2$ | διεβη] ως εδιεβη $a_2$: ⟨om 74⟩ | om η Acx | διαβασις] +αυτων b' | εξεγειραι] pr του AcdeImp–twxz: εξεγειρετο $a_2$ | του 3°] το v: om $c_2$ | ποιησαι το] ποιησαντος $a_2$: om το b' | ευθες] αρεστον o$c_2e_2$ | εν] pr ενωπιον αυτου και του ποιησαι (+το *b*) αρεστον b | οφθαλμων c | γηραυ i | αυτου ενωπιον] ενωπιον αυτου $e_2$: om Acxℭ(uid) | διαβαινοντος του βασιλεως $e_2$ | om διαβαινοντος—ιορδανην b' | διαβαινοντος] pr και s | om αυτου 3° $e_2$ | ιορδανην] ιωρδανην m: οιορδανην c
19 μη 1°—κυριος 1°] *Ne imputaueris mihi domine* 𝔈 | διαλογισασθω BAh$a_2$] δη λογισασθω b$c_2e_2$: λογισασθω o: διαλογιζεσθω ei: διαλοιπασθω cx: δη λογιζεσθω MN rell | μου 1°] om n: +ο βασιλευς $b_2$𝔄ℭ | ανομιαν] αδικιαν bo$c_2e_2$ | om μη 2° a | μνησθης] μνησθη x: μνησθει c: μνησθητω bo$c_2e_2$𝔄 (+*dominus meus* codd) | οσα] bis scr g: ων bo$c_2e_2$ | ηδικησεν] ηδικηκεν $a_2$: εποιησεν eh: ⟨εποιησε σοι 246⟩: +*tibi* 𝔈 | παις] δουλος boz$^{a?}c_2e_2$ | ⟨τη ημερα η] η ημερα 64⟩ | ο 3°—εξεπορευετο] εξεπορευετο (εξηλθεν bo$c_2e_2$) ο κυριος μου (om x) ο βασιλευς AMN abcfgijonvxy$b_2c_2e_2$ | ο κυριος μου 2°] post εξεπορευετο 𝔄𝔈: +ο βασιλευς delmnp–twz | ⟨ιερουσαλημ] ισραηλ 246⟩ | om τον 2° $a_2$ | εις] επι bo$c_2e_2$: om Ny | αυτου] εαυτου y: αυτω v
20 εγνω] εγω i: εγνων εγω boz$c_2$: +εγω $e_2$ | οτι εγω] ⟨om 246⟩: om εγω boz$c_2e_2$𝔄 | ημαρτηκα bo$c_2e_2$ | om ιδου cx | om εγω 2° MNabfgjnouvy$b_2c_2e_2$ | ηλθον] παραγεγονα bo$c_2e_2$ | om σημερον cx𝔈 | προτερος] προτερον Ncvx$a_2$: πρωτος bo$c_2e_2$: ⟨om 246⟩ | οικου] pr του bo$c_2e_2$ | του καταβηναι Badp𝔄] εις την καταβασιν bo$c_2e_2$: om ℭ: +με AMN rell | om εις απαντην o$c_2e_2$ | απαντην] απαντησιν Nciuvxyz: την απαντησιν b | τω κυριω b$c_2e_2$ | om κυριου μου του g* | του βασιλεως] τω βασιλει bo$c_2e_2$: om c
21 αβεισα Bℭ𝔈] αβεσα eg$a_2$: ο αβισαι A: αβεσαει c: αβεσσαι x: αβεσσα MN rell 𝔄 | σαρουιας] σαρουια b–ei(υιος σα ex corr $i^a$)lmo–x$y^{a?}$z$c_2e_2$: αρουιας gn: ⟨αρουια 74⟩ | και ειπεν] λεγων Acx | om μη b'*b*(txt)ou$c_2e_2$ | τουτου] τουτων cx: του o | om ου b'*b*(txt)os*u$c_2e_2$ | σεμεει οτι] pr ο i: σεμεεις τι $a_2$ | κατηρατο a$a_2$ | χρηστον c$e_2$

Τί ἐμοὶ καὶ ὑμῖν, υἱοὶ Σαρουίας, ὅτι γίνεσθέ μοι σήμερον εἰς ἐπίβουλον; σήμερον οὐ θανατω- B
(24) 23 θήσεταί τις ἀνὴρ ἐξ Ἰσραήλ, ὅτι οὐκ οἶδα εἰ σήμερον βασιλεύω ἐγὼ ἐπὶ τὸν Ἰσραήλ; [23]καὶ
(25) 24 εἶπεν ὁ βασιλεὺς πρὸς Σεμεεί Οὐ μὴ ἀποθάνῃς· καὶ ὤμοσεν αὐτῷ ὁ βασιλεύς. [24]Καὶ
Μεμφιβόσθε υἱὸς υἱοῦ Σαοὺλ κατέβη εἰς ἀπαντὴν τοῦ βασιλέως, καὶ οὐκ ἐθεράπευσεν τοὺς
πόδας αὐτοῦ οὐδὲ ὠνυχίσατο οὐδὲ ἐποίησεν τὸν μύστακα αὐτοῦ καὶ τὰ ἱμάτια αὐτοῦ οὐκ
ἀπέπλυνεν ἀπὸ τῆς ἡμέρας ἧς ἀπῆλθεν ὁ βασιλεὺς ἕως τῆς ἡμέρας ἧς αὐτὸς παρεγένετο ἐν
(26) 25 εἰρήνῃ. [25]καὶ ἐγένετο ὅτε εἰσῆλθεν εἰς Ἰερουσαλὴμ εἰς ἀπάντησιν τοῦ βασιλέως, καὶ εἶπεν
(27) 26 αὐτῷ ὁ βασιλεύς Τί ὅτι οὐκ ἐπορεύθης μετ' ἐμοῦ, Μεμφιβόσθε; [26]καὶ εἶπεν πρὸς αὐτὸν
Μεμφιβόσθε Κύριέ μου βασιλεῦ, ὁ δοῦλός σου παρελογίσατό με· ὅτι εἶπεν ὁ παῖς σου αὐτῷ
Ἐπίσαξόν μοι τὴν ὄνον καὶ ἐπιβῶ ἐπ' αὐτὴν καὶ πορεύσομαι μετὰ τοῦ βασιλέως, ὅτι χωλὸς
(28) 27 ὁ δοῦλός σου. [27]καὶ μεθώδευσεν ὁ δοῦλός σου πρὸς τὸν κύριόν μου, πρὸς τὸν βασιλέα· καὶ ὁ
κύριός μου ὁ βασιλεὺς ἐποίησεν τὸ καλὸν ἐνώπιον ὡς ἄγγελος τοῦ θεοῦ. καὶ ποίησον τὸ ἀγαθὸν
(29) 28 ἐν ὀφθαλμοῖς σου. [28]ὅτι οὐκ ἦν πᾶς ὁ οἶκος τοῦ πατρός μου ἀλλ' ἢ ὅτι ἄνδρες θανάτου τῷ
κυρίῳ μου τῷ βασιλεῖ, καὶ ἔθηκας τὸν δοῦλόν σου ἐν τοῖς ἐσθίουσιν τὴν τράπεζάν σου· καὶ

22 γινεσθε] γεινεσθε B*: γινεσθαι A    27 ο δουλος B*] τω δουλω B[a]

AMNa–jl–qs–c$_2$e$_2$𝔄ℭ[w]𝔈(𝔏[v])

**22** δαυειδ] ο βασιλευς cox | υιοι] υιοις g: $\overline{υς}$ v𝔄-codd | σαρουιας] σαρουιαι c: σαρουια bdelmo–uwxzc$_2$e$_2$ | hab οτι 1°—ισραηλ 1° 𝔏[v] | om οτι 1° N | γινεσθε—επιβουλον] *consiarii mihi eritis hodie* 𝔏 | μοι] εμοι Na: om Ac$_2$ | om σημερον εις επιβουλον h* | επιβουλον] επιβουλην c: σαταν MNafgjuvyz(mg) b$_2$ | om σημερον 2°—ισραηλ 1° b$_2$ | σημερον 2°—τις] *ne quis moriatur hodie* 𝔄 | σημερον ου BAch[b]x] *si* 𝔏: om σημερον a$_2$: om ου h*: ει σημερον MN rell | θανατωθησεται τις] *aliquis mortuus fuerit* 𝔏 | θανατωθησεται] + σεμεει οτι κατηρασατο τον $\overline{χν}$ $\overline{κυ}$ v*(txt) | om τις MNad–gi–mp–uv(txt)wyz𝔖[j] | om ανηρ bov(mg)c$_2$e$_2$𝔏 | εξ] εν bov(mg)c$_2$e$_2$𝔏: om a | οτι 2°—ει] ουκ οιδατε οτι bv(mg)zc$_2$e$_2$ Jos(uid): *num nescio ego quod* 𝔄-ed: *num nescis quod* 𝔄-codd | οτι 2°] ετι o | ει] post σημερον 3° d: η o: om cx | βασιλευω εγω] εγω βασιλευω (-σω h[b]) hx: εμοι εγω βασιλευω A: *rex sum* 𝔄 | βασιλευω] βασιλευων c: βασιλευσω MNad–gi–np–uv(txt)wyb$_2$ℭ | om εγω cfov(mg)a$_2$𝔄-ed ℭ𝔈 | τον] των c: ⟨om 246⟩

**23** ⟨om προς σεμεει 71.242⟩ | προς] τω v: + τον a$_2$ | μη αποθανης] θανατωθησει boc$_2$e$_2$ | αυτον c*

**24** μεμφιβοσθε Bchx] μεμφιβοσθαι Aa$_2$: ιδου μεμφιβοσθαι af: μεμφιβααλ boc$_2$e$_2$: ιδου μεμφιβααλ gj(mg): pr ιδου MN j(txt) rell | υιος] pr ο dgp | υιου Bha$_2$] ⟨pr ιωναθα 246⟩: pr ναθαν c: ιωναθαν υιος ye$_2$: pr ιωναθαν MN rell 𝔄ℭ: om A𝔈 | κατεβαινεν boc$_2$e$_2$ | απαντησιν ANabcehmopstv–zc$_2$e$_2$ | του βασιλεως] τω βασιλει boc$_2$e$_2$ | hab και 2°—ωνυχισατο 𝔏[v] | εθεραπευσεν] εθεραπευσατο MNad–gi–np–wyzb$_2$: ελυσεν a$_2$ | τους ποδας sup ras e[a] | ποδας] παιδας l*(uid): ⟨om 236⟩ | ουδε 1°] ουδεν a: ουτε a$_2$: και ουκ u | ωνυχισατο] *ungues dempsit de pedibus suis* 𝔏[(z)]: + τας χειρας αυτου bgozc$_2$e$_2$ | ουδε 2°] ουτε oc$_2$e$_2$ | εποιησατο delmp–twz | τον] την d | μυστακα] μυσκα v: μυκα c | ⟨και 3°] ουδε 44⟩ | τα—απεπλυνεν] ουκ επλυνε τα ιματια αυτου cx𝔄𝔈 | τα ιματια] τον ιματισμον boc$_2$e$_2$ | απεπλυνεν Bh ya$_2$[a?]] απεπλυναν a$_2$*: επλυνεν AMN rell | απο—απηλθεν] αφ ης ημερας εξεπορευθη boc$_2$e$_2$ | της 1°—εως bis scr N* | απηλθεν ο βασιλευς] αυτος ο βασιλευς ανηλθεν a$_2$ | ο] pr $\overline{δαδ}$ v | om αυτος Abcoxc$_2$e$_2$𝔈 | παρεγινετο y | ειρηνη] + εις $\overline{ιλημ}$ boc$_2$e$_2$: + εν $\overline{ιλημ}$ z

**25** εισηλθεν] ειλθεν c: εξηλθεν fjb$_2$: παρεγενετο boc$_2$c$_2$ | om εις ιερουσαλημ p | εις 1°] απο fjb$_2$ | εις 2°] pr ηλθεν cx: pr *exiit* 𝔄: pr *descendit* 𝔈 | απαντησιν] υπαντησιν lqstz: απαντην Mafgijnub$_2$ | του βασιλεως] τω βασιλει boc$_2$e$_2$: αυτου cx | om και 2° dp | om αυτω a$_2$ | ⟨om ο βασιλευς 71⟩ | om οτι cox | ⟨om ουκ 236⟩ | επορευθης] επορευθη ce: ⟨επορευνηται 242⟩ | μετ εμου] post μεμφιβοσθε cg: μετα τυυ a$_2$ | μεμφιβοσθε] μεμφιβοσθαι Afa$_2$: μεμφιβααλ boc$_2$e$_2$

**26** om και 1°—μεμφιβοσθε z | προς αυτον] αυτω i: om cx | μεμφιβοσθε] μεμφιβοσθαι Afa$_2$: μεμφιβααλ bgoc$_2$e$_2$: om d | om μου A | ⟨βασιλευ] βασιλευς 74⟩ | σου 1° BAa$_2$ℭ] μου MN rell 𝔄𝔈 | παρελογισατο] απερριψεν M(mg)boz(mg)c$_2$e$_2$: *contempsit* 𝔄 | ειπεν 2°] ειπον o | ο 2°—αυτω] αυτω ο δουλος σου boc$_2$e$_2$𝔖[j] | παις] δουλος z[a?]a$_2$ | ⟨σου 2°] μου 44⟩ | om αυτω g* | επισαξον] pr οτι g𝔄(uid): επισαξαι a$_2$ | μοι] μου o | την] τον o | επιβω] επιβιβω dlp–twz: επιβως M: επιβωσαι g: αναβησομαι boc$_2$e$_2$ | αυτην] αυτον bot*c$_2$e$_2$ | πορευσωμαι gv | μετα του βασιλεως] μετ αυτου e | om ο 3° e

**27** μεθωδευσεν—βασιλεα] *eat seruus tuus cum domino suo cum rege* 𝔈 | μεθωδευσεν] εμεθωδευσεν msw: μεθωδευσεμεν a: κατηγορηκε boe$_2$ℭ(uid): κατηγορησεν c$_2$: κατηγορηκασι z(mg): *prouocauit in me* 𝔄 | ο δουλος B*A𝔄] τω δουλω B[a]ab$_2$: του δουλου boz(mg)c$_2$e$_2$ℭ(uid): εν τω δουλω MNz(txt) rell | προς 1°—βασιλεα] *te domine mi rex* 𝔄 | om μου 1° q | προς 2° B] om AMN omn ℭ | και ο] ο δε bozc$_2$e$_2$ | εποιησεν—αγγελος] ως αγγελος $\overline{θυ}$ εποιησε το καλον ενωπιον boc$_2$e$_2$ | om εποιησεν—ενωπιον MNafgjnuvyb$_2$ | om εποιησεν το καλον m | το καλον] *bonum suum* 𝔄-ed | ενωπιον] *super me* 𝔈: + αυτου eimw𝔄ℭ: + του $\overline{θυ}$ z | του θεου] $\overline{κυ}$ cx: om του defijpb$_2$: + *dominus meus rex* 𝔈 | om και 3°—σου 2° boc$_2$e$_2$ | ποιησον] εποιησεν cx

**28** ην] εστιν b | πας ο οικος] παροικος A: ο λαος του οικου e$_2$ | πας] ολος boc$_2$: και i | om ο cxa$_2$ | om του πατρος μου ℭ | μου 1°] σου Ai | αλλ η οτι] *nisi* 𝔄 | αλλ η] post οτι 2° MNd–gi–mp–uwyzb$_2$: ει μη a$_2$ | om οτι 2° abovc$_2$e$_2$ | ανδρος αν θανατου] pr του z: ⟨θανατω 246⟩ | του κυριου a$_2$ | om τω 2° c | εθηκας BAchnxa$_2$] εστησας i: κατεστησας MN rell 𝔄 | την τραπεζαν] εν τη τραπεζη bozc$_2$e$_2$ℭ | σου 2°] του βασιλεως v𝔄: om g* | και τι] οτι dlp–tz(txt) | τι] τις a$_2$: εκ χειρος τινος

22 επιβουλην] εβρ. [Syriac] 𝔖-ap-Barh    24 εποιησεν] σ' εκειρατο jz
27 μεθωδευσεν] θ' κατηγορηκεν M

B τί ἐστίν μοι ἔτι δικαίωμα καὶ τοῦ κεκραγέναι με ἔτι πρὸς τὸν βασιλέα; [29]καὶ εἶπεν αὐτῷ ὁ 29 (30)
βασιλεύς Ἵνα τί λαλεῖς ἔτι τοὺς λόγους σου; εἶπον Σὺ καὶ Σειβὰ διελεῖσθε τὸν ἀγρόν. [30]καὶ 30 (31)
εἶπεν Μεμφιβόσθε πρὸς τὸν βασιλέα Καί γε τὰ πάντα λαβέτω μετὰ τὸ παραγενέσθαι τὸν
κύριόν μου τὸν βασιλέα ἐν εἰρήνῃ εἰς τὸν οἶκον αὐτοῦ. [31]Καὶ Βερζελλεὶ ὁ Γαλααδείτης 31 (32)
κατέβη ἐκ Ῥωγελλεὶμ καὶ διέβη μετὰ τοῦ βασιλέως τὸν Ἰορδάνην ἐκπέμψαι αὐτὸν τὸν
Ἰορδάνην. [32]καὶ Βερζελλεὶ ἀνὴρ πρεσβύτερος σφόδρα, υἱὸς ὀγδοήκοντα ἐτῶν, καὶ αὐτὸς 32 (33)
διέθρεψεν τὸν βασιλέα ἐν τῷ οἰκεῖν αὐτὸν ἐν Μανάειμ, ὅτι ἀνὴρ μέγας ἐστὶν σφόδρα. [33]καὶ 33 (34)
εἶπεν ὁ βασιλεὺς πρὸς Βερζελλεί Σὺ διαβήσῃ μετ᾽ ἐμοῦ, καὶ διαθρέψω τὸ γῆράς σου μετ᾽ ἐμοῦ
ἐν Ἰερουσαλήμ. [34]καὶ εἶπεν Βερζελλεὶ πρὸς τὸν βασιλέα Πόσαι ἡμέραι ἡμερῶν ζωῆς μου, ὅτι 34 (35)
ἀναβήσομαι μετὰ τοῦ βασιλέως εἰς Ἰερουσαλήμ; [35]υἱὸς ὀγδοήκοντα ἐτῶν ἐγώ εἰμι σήμερον· 35 (36)
εἰ μὴν γνώσομαι ἀνὰ μέσον ἀγαθοῦ καὶ κακοῦ εἰς πονηρόν; εἰ γεύσεται ὁ δοῦλός σου ἔτι ὃ
φάγομαι ἢ πίομαι; ἢ ἀκούσομαι ἔτι φωνὴν ᾀδόντων καὶ ᾀδουσῶν; ἵνα τί ἔσται ἔτι ὁ δοῦλός
σου εἰς φορτίον ἐπὶ τὸν κύριόν μου τὸν βασιλέα; [36]ὡς βραχὺ διαβήσεται ὁ δοῦλός σου τὸν 36 (37)
Ἰορδάνην μετὰ τοῦ βασιλέως· καὶ ἵνα τί ἀνταποδίδωσίν μοι ὁ βασιλεὺς τὴν ἀνταπόδοσιν
ταύτην; [37]καθισάτω δὴ ὁ δοῦλός σου καὶ ἀποθανοῦμαι ἐν τῇ πόλει μου παρὰ τῷ τάφῳ τοῦ 37 (38)

29 σιβα A | διελεισθαι A 31 γαλααδιτης A 32 ανηρ πρεσβυτερ sup ras $B^{?a?}$ 37 καθεισατω A

AMNa–jl–qs–$c_2e_2$𝔄$ℭ^w$𝔈($𝔏^v$)

M(mg)boz(mg)$c_2$(νος int lin $c_2^a$)$c_2$ | om μοι a | ετι 1°] επι $a_2$: om t* | δικαιωμα] δικαιωματα s: δικαιοσυνη M(mg)boz(mg)$c_2e_2$ $𝔖^j$(uid) | om και 3° f$jb_2$𝔄 | του κεκραγεναι με] εβοησεν M(mg) bo(ras 2 litt inter ο et η)z(mg)$c_2e_2$ | με] μοι c: om M(txt)Nad fg*ijlp–tvyz(txt)$b_2$𝔄 | ετι 2°] post βασιλεα e: τι f: om $a_2$𝔈

29 om και 1°—(30) βασιλεα 1° c | αυτω] post βασιλευς av: ⟨προς αυτον 242⟩: om boc$_2$e$_2$ | λαλεις] πληθυνεις be$_2$𝔈: πληθυνης o(ηθ int lin $o^a$)$c_2$ | om ετι N | ⟨τοις λογοις 44⟩ | ειπον] ειρηκα boc$_2$e$_2$ | συ και σειβα] τω δουλω σου και συ και βαδιζε ινα αμφοτεροι p | συ] pr και f: σοι $N^{a?}$h*u: σε boc$_2$e$_2$ | σηβα o | διελεισθε] διελησθαι g: διελεσθε Ni: διελεσθαι $bh^{b?}$oz(δ ex σ $z^a$) $a_2c_2e_2$

30 ειπεν] απεκριθη d | ⟨μεμφιβοσθε—βασιλεα 1°] αυτω μεμφιβοσθε 71⟩ | μεμφιβοσθε] μεμφιβοσθαι Af$a_2$: μεμφιβααλ boc$_2$e$_2$ | προς τον βασιλεα] om d: ⟨+εν ειρηνη 242⟩ | και 2°—παντα] *omnia quidem* 𝔄 | ⟨om και γε τα 242⟩ | om γε Abcox $c_2e_2$ | τα παντα] απαντα y: om τα h | παραλαβετω e | om τον κυριον μου 𝔄 | εν ειρηνη] post αυτου uℭ𝔈: εις ειρηνην $a_2$: ⟨om 74⟩

31 βερζελλει] βερζεελλι p: βελζελλει $a_2$: βερζελι el*s*(uid) x𝔄: βερζελη c: βερζελαι u | γαλαδιτης *b*g | hab κατεβη εκ ρωγελλειμ $𝔏^v$ | κατεβη εκ] κατεκρυβη εν c | ρωγελλειμ] ρωγελλειν $a_2$: ρωγαλλειμ $b_2$ℭ: ⟨ρυγελλειμ 246⟩: ρογεελειμ c: ρωγελειμ ag: ρογελειμ ex: *Rogelim* 𝔄: ⟨ρογελιν 71⟩: *Ragalim* 𝔏: ρακαβειν M(mg)boc$_2$e$_2$ | ˌδιεβη—βασιλεως] *traduxit regem* 𝔄 | διεβη] ανεβη $a_2$ | μετα του βασιλεως post ιορδανην 1° ⟨246⟩𝔈 | om εκπεμψαι—ιορδανην 2° at$a_2$𝔈 | εκπεμψαι BA chx] προπεμψαι (pr του bozc$_2$e$_2$) MN rell 𝔄: hab προπεμψαντα Jos | τον ιορδανην 2°] τον ιωρδανην m: εκ του ιορδανου boz $c_2e_2$𝔄: om cx

32 βερζελλει] pr ο bzc$_2$e$_2$: βερζεελλι p: βερζελλειμ $a_2$: βερζελει cex𝔄: βερζελαι u: ⟨αυτος 71⟩ | om ανηρ 1° boe$_2$ | πρεσβυτερος] τερος sup ras $i^a$: πρεσβυτης bdelmo–twzc$_2$e$_2$ | υιος] ωσει cx | ετων ογδοηκοντα bcoxc$_2$e$_2$𝔄 | και αυτος] ουτος boc$_2$e$_2$: ⟨om αυτος 71⟩ | διεθρεψεν τον βασιλεα] εχορηγησε τω βασιλει boc$_2$e$_2$ | οικειν αυτον] οικω αυτου p | οικειν] καθησθαι boz(mg) $c_2e_2$ | om αυτον z(mg) | εν 2°] εις v | μαναειμ] αμαναειμ a: ⟨μαναιν 71⟩: παρεμβολαις M(mg)bi(mg)o(εμ ex corr $o^a$)z(mg) $c_2e_2$𝔄 Jos(uid): μαν εν παραβολαις αειμ g | εστιν BAcx$a_2$(ℭ𝔈)] om $e_2$: ην MN rell 𝔄

33 hab και 1°—ιερουσαλημ $𝔏^v$ | βασιλευς] λευς sup ras $i^a$ | om προς Ai* | βερζελλει] pr τον boc$_2$e$_2$: *Berzellai* 𝔏: βερβελλι $b_2$: βερζελει cex𝔄: βερζελαι u: ⟨αυτον 44⟩ | συ] ου v: ει bo $c_2e_2$𝔏 | διαβηση] διαθηση a | om και 2° 𝔏 | διαθρεψω] θρεψω pv: ⟨θρεψαι 246⟩ | το γηρας] τον οικον A | om μετ εμου 2° A | εν] εις b′delmp–twz

34 ⟨βερζελλει—βασιλεα] αυτω βερζελλι 71⟩ | βερζελλει] βερζελλειμ $a_2$: βερζελει ceux𝔄: βεερζελι p | ημεραι] pr αι Nabc x$a_2$ Chr | ημερων—αναβησομαι] εσονται ετων (om b′) ζωης μοι εκει ινα αναβω b: εσονται μοι (μοι εσονται $e_2$) εκει ινα αναβω (+ras 2 litt o)oc$_2$e$_2$ | ημερων Bh] om c(uid)x𝔄𝔈: ετων AMN rell ℭ$𝔖^j$ Chr | ζωης] pr της c(uid)x Chr | αναβησωμαι gv | ⟨του βασιλεως] σου 44⟩ | εις] ει m (part sup ras $m^a$): εν AMav

35 ετων ογδοηκοντα $c_2$𝔄 | εγω] post ειμι ⟨123⟩𝔄: om ⟨44⟩ Chr | om ειμι v | ⟨om ει 1°—πονηρον 71⟩ | ει μην B] ει μη $a_2$: om μην boc$_2$e$_2$ Chr: μη AMN rell 𝔄 | γνωσωμαι agv | κακου εις πονηρον B] pr ανα μεσον h$a_2$: ανα μεσον κακου boc$_2$e$_2$ Chr: πονηρου d: om εις πονηρον Acx𝔄ℭ𝔈: ανα μεσον πονηρου MN rell | ει 2°] η AMNacfgijnvxyb$_2$𝔄: ⟨ου 71⟩ | γευσεται] γνωσεται MNac–gi–np–zb$_2$𝔄 | ο δουλος σου 1° post ετι 1° bov $c_2e_2$𝔈 | ετι 1°] οτι Au$a_2$: η x: om a𝔄ℭ Chr | ο 2°—πιομαι] οσα αν εσθιη (-ιει $e_2$) η οσα αν πινη boc$_2$e$_2$ Chr | φαγομαι] φαγωμαι egv: φαγωμεν a: +κακον $a_2$ | η 1°] και MNad–gi–mp–uwyz $b_2$ | πιομαι] pr ο MNfh–mp–uwxzb$_2$𝔄: ο πιωμαι ce: ω πιωμεν a | η 2°] ει *b*dlmo–twzc$_2$ Chr: και A: ουκ e | ακουσομαι] ακουσωμαι cgmv: εισακουσομαι e | om ετι 2° boc$_2$e$_2$𝔈 Chr | φωνην] φωνης hx: om delmp–twz | om και αδουσων Mg | και 2°] η Aav y: η φωνην i | ινα BAcx$a_2$ℭ] pr και MN rell 𝔄𝔈 Chr | εσται] εστιν ac: γινεται boc$_2$ Chr: γενηται $e_2$ | ετι 3°—φορτιον] ⟨εις φορτιον ο δουλος σου ετι 246⟩: om $a_2$ | ⟨ετι 3°—σου 2°] ο δουλος ετι 244⟩ | ετι 3° BMac(uid)hi] post σου 2° Afjb$_2$: om N rell 𝔄ℭ𝔈 Chr | om εις 2° boc$_2$e$_2$𝔄𝔈 Chr | φορτον dlmp–tw(uid)z | επι—βασιλεα] του κυριου μου του βασιλεως a𝔄 | om τον κυριον μου cx

36 ως βραχυ] οτι ολιγον boz(mg)$c_2e_2$ | διαβησεται] *transiit* 𝔄 | τον ιορδανην post βασιλεως b′ | μετα του βασιλεως] *cum domino meo rege* ℭ: ⟨om 71⟩ | ανταποδιδωσιν—ταυτην] ο κυριος μου ο βασιλευς (om ο βασιλευς ℭ) ανταποδιδωσιν μοι τουτο το (om b) ανταποδομα boc$_2$e$_2$ℭ | αποδιδωσιν v

37 καθισατω] αποστρεψατω boz(mg)$c_2e_2$ | ⟨δουλος 1°] δολος 242⟩ | ⟨και 1°—μου 1°] εν τη πολει και αποθανουμαι 246⟩ | αποθανουμαι] αποθανετω e𝔄: τελευτησατω boc$_2$e$_2$ | εν 1°—μου 1°] *in ciuitate sua* 𝔄: om f | om μου 1° $a_2$ | παρα] ⟨εν 246⟩: *et in*

πατρός μου καὶ τῆς μητρός μου· καὶ ἰδοὺ ὁ δοῦλός σου Χαμαὰμ διαβήσεται μετὰ τοῦ κυρίου B
(39) 38 μου τοῦ βασιλέως, καὶ ποίησον αὐτῷ τὸ ἀγαθὸν ἐν ὀφθαλμοῖς σου. 38 καὶ εἶπεν ὁ βασιλεύς
Μετ' ἐμοῦ διαβήτω Χαμαάμ, κἀγὼ ποιήσω αὐτῷ τὸ ἀγαθὸν ἐν ὀφθαλμοῖς σου, καὶ πάντα ὅσα
(40) 39 ἐκλέξῃ ἐπ' ἐμοὶ ποιήσω σοι. 39 καὶ διέβη πᾶς ὁ λαὸς τὸν Ἰορδάνην, καὶ ὁ βασιλεὺς διέβη·
καὶ κατεφίλησεν ὁ βασιλεὺς τὸν Βερζελλεὶ καὶ εὐλόγησεν αὐτόν, καὶ ἐπέστρεψεν εἰς τὸν
(41) 40 τόπον αὐτοῦ. 40 Καὶ διέβη ὁ βασιλεὺς εἰς Γάλγαλα, καὶ Χαμαὰμ διέβη μετ' αὐτοῦ· καὶ
(42) 41 πᾶς ὁ λαὸς Ἰούδα διαβαίνοντες μετὰ τοῦ βασιλέως καί γε τὸ ἥμισυ τοῦ λαοῦ Ἰσραήλ. 41 καὶ
ἰδοὺ πᾶς ἀνὴρ Ἰσραὴλ παρεγένοντο πρὸς τὸν βασιλέα, καὶ εἶπον πρὸς τὸν βασιλέα Τί ὅτι
ἔκλεψάν σε οἱ ἀδελφοὶ ἡμῶν ἀνὴρ Ἰούδα, καὶ διεβίβασαν τὸν βασιλέα καὶ τὸν οἶκον αὐτοῦ
(43) 42 τὸν Ἰορδάνην, καὶ πάντες ἄνδρες Δαυεὶδ μετ' αὐτοῦ; 42 καὶ ἀπεκρίθη πᾶς ἀνὴρ Ἰούδα πρὸς
ἄνδρα Ἰσραὴλ καὶ εἶπαν Διότι ἐγγίζει πρὸς μὲ ὁ βασιλεύς; καὶ ἵνα τί οὕτως ἐθυμώθης περὶ τοῦ
(44) 43 λόγου τούτου; μὴ βρώσει ἐφάγαμεν ἐκ τοῦ βασιλέως, ἢ δόμα ἔδωκεν ἢ ἄρσιν ἦρεν ἡμῖν; 43 καὶ
ἀπεκρίθη ἀνὴρ Ἰσραὴλ τῷ ἀνδρὶ Ἰούδα καὶ εἶπεν Δέκα χεῖρές μοι ἐν τῷ βασιλεῖ, καὶ πρωτότοκος ἐγὼ ἢ σύ, καί γε ἐν τῷ Δαυεὶδ εἰμι ὑπὲρ σέ. καὶ ἵνα τί τοῦτο ὕβρισάς με καὶ οὐκ

38 χαμααμ B$^{ab}$ (μα suprascr)] χααμ B*

AMNa-jl-qs-$c_2e_2$𝔄ℭ$^w$𝔈(𝔏$^{sv}$)

𝔄: και ταφησομαι εν boz$c_2e_2$𝔈 | ⟨το ταφος 242⟩ | του 1°—μου 3°] *patris et matris suae* 𝔄 | του πατρος ext lin i$^a$ | μου 3° int lin i$^a$ | om ιδου Ncx | om δουλος σου 2° c | χαμααμ B𝔄ℭ] pr ο υιος μου h: χαμαδ $a_2$: χαναaν Acx: *Machaam* 𝔈: καμααμ ο $\overline{υς}$ μου v: αχειναam (αχειναaν $e_2$: αχιμααν b: αχιμααχ o) ο υιος μου M(mg)bo$c_2e_2$: + ο υιος μου M(txt)N rell 𝔖$^j$ | διαβησεται] ⟨pr και 246⟩: διελευσεται bo$c_2e_2$: ⟨+ ο υιος μου 44⟩ | om του κυριου μου cx | ποιησεις boz$^{a?}c_2e_2$ | αυτω—οφθαλμοις] το αρεστον αυτω ενωπιον $e_2$ | om το a | αγαθον εν οφθαλμοις] αρεστον ενωπιον bo$c_2$ | αγαθον] αρεστον z$^{a?}$ | σου 3°] μου b

**38** ειπεν] + αυτω iℭ𝔈(uid) | βασιλευς] + προς αυτον bo$c_2e_2$ | μετ εμου διαβητω] διελθετω μετ εμου bo$c_2e_2$𝔄 | χαμααμ] ⟨pr ο 123⟩: χαναμ h*: χαναaν Acx: *Machaam* 𝔈: αχιμααν b: hab αχιμανον Jos(uid): αχιναam o$c_2e_2$ | om καγω—σου cx | καγω BAhn$a_2$] και εγω M rell: και N | ⟨αυτω—σου] το αγαθον εν οφθαλμοις μου προς αυτον 44⟩ | αυτω] αυτο $e_2$: αυτου v: om io$a_2$ | om το g | αγαθον] αρεστον bo$c_2e_2$ | εν οφθαλμοις] ενωπιον boz(mg)$c_2e_2$ | σου] μου MNd-gi-mp-twyz(txt)$a_2b_2e_2$𝔄𝔈 | om και 2°—σοι ℭ | παντα—εμοι] ο αν (εαν bo) επιταξης (-ξεις b') μοι boz(mg)$c_2e_2$ | ⟨om οσα 246⟩ | εκλεξη επ εμοι] *exspectes a me* 𝔄 | εκλεξη] pr αν t: εκλεξοι v: εκδεξηται A | επ] εν deilmp-twz(txt) | εμοι] εμε Ncv$a_2$

**39** και 2°—διεβη 2°] μετα του βασιλεως cx: om 𝔈$^s$ | διεβη 2° BAM(mg)hmw$a_2$𝔄ℭ] ιστηκει M(txt)Ne$^a$ (sup ras) rell: + *Iordanem* 𝔈$^a$ | om ο βασιλευς 2° d | βερζελλει] βερζελλη v: βελζελλειμ $a_2$: βερζελει cepx𝔄: βερζελαι u | επεστρεψεν] απεστρεψεν bfoz$c_2e_2$: + αυτον ch | τοπον] οικον cxy: hab οικαδε Jos | αυτου] + ο βερζελλι bo$c_2e_2$

**40** ο βασιλευς] ο λαος x: πας ο λαος A: om c | γαργαλα N | χαμααμ] χαμααβ z: χααμ u: χαναaν Acx: *Machaam* 𝔈: αχιμααν b: αχειναam $c_2e_2$: αχειναaβ o | ⟨om διεβη 2° 71.246⟩ | om μετ—διαβαινοντες c | μετ αυτου] μετα του βασιλεως x | om ιουδα v | hab διαβαινοντες—βασιλεως 𝔏$^v$ | διαβαινοντες—βασιλεως] διεβιβασαν (-σεν $c_2$) αυτον bo$c_2e_2$ | διαβαινοντες] ⟨pr οι 74⟩: διασαινοντες M: *transierunt* 𝔄ℭ𝔈: *traiecerunt* 𝔏 | om γε bo$c_2e_2$ | το] του $e_2$ | om του 2° u | ισραηλ] pr του z

**41** om ισραηλ achx | παρεγενετο MNac-gjlmo-z$b_2e_2$𝔄-codd | ⟨om προς 1°—βασιλεα 2° 71⟩ | om και 2°—τι a | ειπαν AMNgl$^{a?}$mp-wy-$b_2$ | προς τον βασιλεα 2°] τω βασιλει bo$c_2e_2$: προς αυτον deflmp-twyz𝔄: ⟨om τον βασιλεα 236.242⟩ | εκλεψαν] α ex corr uid w: εκλαυσαν e | αδελφοι] αλλοφυλοι a: ⟨οφθαλμοι 246⟩ | ανηρ 2°] οι ανδρες boz$c_2e_2$ℭ𝔖$^j$ | τον 3°—αυτου 1° post ιορδανην e | ⟨οικον] λαον 246⟩ | τον 5°] pr και $a_2$: του o | ιωρδανην m | om και 5°—αυτου 2° ⟨71⟩𝔄𝔖$^j$ | παντες ανδρες] ⟨παντες οι ανδρες 246⟩: παντας τους ανδρας boz$c_2e_2$: om ανδρες v | δαυειδ] $\overline{ιηλ}$ v: τους b' | αυτου 2°] + ras 2 linn l

**42** απεκριθη πας ανηρ] απεκριθησαν ανδρες bo$c_2e_2$: om πας 𝔄: + ras (3) h | om ιουδα p*(uid) | προς ανδρα] τοις ανδρασιν bo$c_2e_2$ | ανδρα] pr τον n: pr παντα x: ανδρας dlmp-tu$^a$wz: παντα c | ειπαν] ειπον abdefjo$c_2e_2$: ειπεν Mcg$a_2$𝔄 | om διοτι—βασιλευς v* (spat relict) | διοτι] δια τι d$a_2$: οτι boz(mg)$c_2e_2$ℭ | εγγιζει] εγγιζη o: ετι ζη x: οτι ζη c | ο βασιλευς (+ μου A) προς με Acx | προς με] ημιν bov$^b$z(mg)$c_2e_2$ | ⟨ινα] δια 71.74⟩ | ουτως] τουτο Abchox$c_2e_2$: om g$a_2$𝔄 | εθυμωθης] εθυμωθητε cx: ηθυμηκας bo$c_2$(pr οτι)$e_2$: επορευθης dl*p | ⟨περι] μετα 44⟩ | τουτου] τουτο v$^b$ | μη—βασιλεως] η εσθιοντες βεβρωκαμεν τι βρωμα παρα τω βασιλει (του βασιλεως o) bo$c_2e_2$ | μη] pr του a | βρωσει] βρωσεις cx$b_2$: βρωσιν Aiy | εφαγαμεν B$a_2$] φαγομεν $b_2$: εφαγομεν AMN rell | εκ του βασιλεως] *ab eo* ℭ | εκ] παρα delmp-wz: om $a_2$ | om η 1°—ημιν v* (spat relict) | ⟨δομα] βρωμα 44⟩ | εδωκεν] δεδωκεν AMNadegilmp-uwyz: δεδωκαμεν n: δεδωκεν ημιν bo$c_2e_2$𝔄: ελαβομεν x: ελαβομεν εκ του βασιλεως c | αρσιν] αρσεν u: αρσις g: αρησιν a | ηρεν] |εν M*

**43** om και 1° c | απεκριθη ανηρ] απεκριθησαν οι (om o) ανδρες bo$c_2e_2$ℭ𝔖$^j$ | ανηρ] pr πας a | ισραηλ 1°] pr πο a* | om τω ανδρι ιουδα e | τω ανδρι BAchx$a_2$𝔄] προς τους (om N) ανδρας Nbo$c_2e_2$ℭ𝔖$^j$: προς ανδρα M rell | ειπεν] ειπον bo$c_2e_2$: ειπαν Ny: *dixerunt* 𝔖$^j$ | hab δεκα—συ 𝔏$^v$ | δεκα—βασιλει] *myrias hominum nobis cum rege* ℭ | δεκα χειρες] δεους οιρες $a_2$ | μοι χειρες bo$c_2e_2$ Thdt | μοι 1°] μου cx: εμοι fju$b_2$ | hab και πρωτοτοκος εγω 𝔏$^s$ | η] ει op | συ] σοι g: *uos* 𝔄-ed | hab και 5°—με 𝔏$^v$ | om και 5° n | ινα—υβρισας] τι οτι ητιμακας bo$c_2e_2$ 𝔖$^m$(uid) | τουτο] τουτω g: om 𝔏 | υβρισας] *contempsisti* 𝔏 |

40 διαβαινοντες] κολακευοντες M
42 αρσιν] προσφαγιον z

B ἐλογίσθη ὁ λόγος μου πρῶτός μοι τοῦ Ἰούδα, ἐπιστρέψαι τὸν βασιλέα ἐμοί; καὶ ἐσκληρύνθη ὁ
λόγος ἀνδρὸς Ἰούδα ὑπὲρ τὸν λόγον ἀνδρὸς Ἰσραήλ.
[1]Καὶ ἐκεῖ ἐπικαλούμενος υἱὸς παράνομος καὶ ὄνομα αὐτῷ Σάβεε, υἱὸς Βοχορεί, ἀνὴρ ὁ Ἰεμενεί· 1
καὶ ἐσάλπισεν τῇ κερατίνῃ καὶ εἶπεν Οὐκ ἔστιν ἡμῖν μερὶς ἐν Δαυεὶδ οὐδὲ κληρονομία ἡμῖν ἐν τῷ
υἱῷ Ἰεσσαί· ἀνὴρ εἰς τὰ σκηνώματά σου, Ἰσραήλ. [2]καὶ ἀνέβη πᾶς Ἰσραὴλ ἀπὸ ὄπισθεν Δαυεὶδ 2
ὀπίσω Σάβεε υἱοῦ Βοχορεί· καὶ ἀνὴρ Ἰούδα ἐκολλήθη τῷ βασιλεῖ αὐτῶν ἀπὸ τοῦ Ἰορδάνου καὶ
ἕως Ἰερουσαλήμ. [3]Καὶ εἰσῆλθεν Δαυεὶδ εἰς τὸν οἶκον αὐτοῦ εἰς Ἰερουσαλήμ· καὶ ἔλαβεν 3
ὁ βασιλεὺς τὰς δέκα γυναῖκας τὰς παλλακὰς αὐτοῦ, ἃς ἀφῆκεν φυλάσσειν τὸν οἶκον, καὶ ἔδωκεν
αὐτὰς ἐν οἴκῳ φυλακῆς καὶ διέθρεψεν αὐτάς, καὶ πρὸς αὐτὰς οὐκ εἰσῆλθεν· καὶ ἦσαν συνεχόμεναι
ἕως ἡμέρας θανάτου αὐτῶν, χῆραι ζῶσαι. [4]Καὶ εἶπεν ὁ βασιλεὺς πρὸς Ἀμεσσαεί Βόησόν 4
μοι τὸν ἄνδρα Ἰούδα τρεῖς ἡμέρας, σὺ δὲ αὐτοῦ στῆθι. [5]καὶ ἐπορεύθη Ἀμεσσαεὶ τοῦ βοῆσαι τὸν 5
Ἰούδαν, καὶ ἐχρόνισεν ἀπὸ τοῦ καιροῦ οὗ ἐτάξατο αὐτῷ. [6]καὶ εἶπεν Δαυεὶδ πρὸς Ἀβεισά Νῦν 6
κακοποιήσει ἡμᾶς Σάβεε υἱὸς Βοχορεὶ ὑπὲρ Ἀβεσσαλώμ· καὶ νῦν σὺ λάβε μετὰ σεαυτοῦ τοὺς
παῖδας τοῦ κυρίου σου καὶ καταδίωξον ὀπίσω αὐτοῦ, μή ποτε ἑαυτῷ εὕρῃ πόλεις ὀχυρὰς καὶ σκιάσει

XX 1 ειεμενει A    4 στηθει A    6 σκειασει A

AMNa–jl–qs–c$_2$e$_2$𝔄ℭ$^w$𝔈

ελογισθη ο λογας] εγενετο το (om z$^{mg}$) ρημα boz(mg)c$_2$e$_2$ | ελογισθη] + μοι u | ⟨μου ο λογος 246⟩ | πρωτος] πρωτα cx: προτερον boz(mg)c$_2$e$_2$ | μοι 2° BAch$^*$xa$_2$] εμου y: ημι g: om boz(mg) c$_2$e$_2$ℭ: εμοι MNh$^b$z(txt) rell | του] τω fh$^{b?}$ms | om ιαυδα 2° Abcoxz(mg)c$_2$e$_2$𝔄𝔈 | επιτρεψαι y | εμοι] μοι Mg: μου boz(mg) c$_2$e$_2$: om i | ο λογος ανδρος] το ρημα ανδρων boc$_2$e$_2$𝔖$^j$: om ανδρος z: ⟨+ εκεινου 242⟩ | τον λογον ανδρος] το ρημα ανδρων boc$_2$e$_2$𝔖$^j$: ⟨om ανδρος 44⟩ | ισραηλ 2°] ισδραηλ g$^a$: ιουδα g$^*$

XX 1 εκει] post επικαλουμενος A: om a$_2$ | επικαλουμενος υιος] *proclamauit uir* 𝔄 | επικαλουμενος] απηντα ανηρ boz(mg) c$_2$e$_2$ | παρανομος] λοιμος boz(mg)c$_2$e$_2$ | om και 2° a$_2$ | σαβεε υιος βοχαρει] bab αβεδδαδαν (βεδδαδαν cod) Did-gr | σαβεε] σαβεαι oc$_2$: σεβεε q: σεβαιε e$_2$: σαμεε b'e: [illegible] 𝔖$^j$: σαμεαι *b*: αβεε A | om βοχορει ανηρ ο e | βοχορει] βωχορει a: ⟨βοχορα 246⟩: βοχορ c$^*$(uid): βεδδαδι M(mg)*b*o(β ex σ uid o$^a$) c$_2$e$_2$ Jos-lat: βεδαδδι b': [illegible] 𝔖$^j$ | ανηρ 1°] ⟨υιος 246⟩: om dlmp–twz | ο ιεμενει] [illegible] 𝔄: *Ieminin* ℭ: εξ ορους εφραιμ z$^{a?}$ | om ο bch$^{b?}$oxc$_2$e$_2$ | ιεμενει] ιεμηνι f: ιεμινι Mh$^*$ vyb$_2$: ιεμιναιος h$^b$: ⟨ιομενι 71⟩: ιμηνι u: εμενει a: αραχι bo c$_2$e$_2$𝔖$^j$ | τη Bhya$_2$] εν cn: om boc$_2$e$_2$: pr εν AMN rell | κερατινη] σαλπιγγι boc$_2$e$_2$: ⟨παρεμβαλη 246⟩ | ημιν 1°] post μερις A: μοι boc$_2$e$_2$ Did-gr | om εν δαυειδ h | ⟨δαυειδ] pr τω 64⟩ | om ουδε—(2) δαυειδ 𝔈 | ημιν 2°] υμιν i: η μεινη y: om bchoa$_2$c$_2$e$_2$𝔄 Did-gr | εν τω υιω] *in filiis* 𝔄-codd: om τω boy c$_2$e$_2$ Did-gr: om υιω u | ιεσσαι] ιεσσα c$^*$: ιεσαι a | ανηρ 2°] εκαστος ozc$_2$e$_2$: πορευσομεθα εκαστος b: *abi uir unusquisque* 𝔄-ed: om delmp–tw: + *unusquisque* 𝔄-codd | σου] του i: αυτου bozc$_2$e$_2$ | ⟨ισραηλ] πορευεσθω 246⟩

2 ισραηλ] pr ανηρ AMNac–gi–np–uwxyb$_2$ℭ: ανηρ vz | απο οπισθεν] ανο οπισω εν v: om οπισθεν 𝔄 | σαβεε] σαβεαι *b*oc$_2$e$_2$: σαμεε b'e: [illegible] 𝔖$^j$ | om υιου βοχορει d | βοχαρει] βεχωρει a$_2$: χοβορει x: βεδδαδι M(mg)boc$_2$e$_2$𝔖$^j$ | και ανηρ] οι δε ανδρες boz(mg)c$_2$e$_2$: *filii autem* ℭ | εκολληθη τω βασιλει] προσεχωρησαν προς (περι z$^{mg}$) τον βασιλεα boz(mg)c$_2$e$_2$: *ierunt post regem* 𝔄𝔈 | εκολληθη] εκολυθει c: εκολλη y: + τω δᾱδ i | εαυτων c$_2$ | om και 3° y𝔄ℭ𝔈 | ιερουσαλημ] pr της b: pr του a$_2$: pr εις b$_2$: pr της εις e$_2$: ιη̅λ̅μ̅ A$^?$ (ιη̅λ̅ A$^*$ uid)

3 om και 1°—ιερουσαλημ 𝔈 | ⟨om και εισηλθεν δαυειδ 246⟩ | om εις 1°—αυτου 1° 𝔄-codd | αικον 1°] λαον a$_2$ | om αυτου 1° 𝔄-cod | εις ιερουσαλημ] ⟨om 246⟩: om εις ada$_2$ | om ο βασιλευς cdx | δεκα] εκα ex corr y$^{a?}$: om s | om γυναικας τας boc$_2$e$_2$𝔈 | τας παλλακας] pr και lmps: post αυτου 2° cx: τας παλλακιδας A | αφηκεν] κατελειπεν oe$_2$: κατεληπε b: κατελιπεν c$_2$ | φυλασσειν] φυλαττην v: τηρειν h | οικον 2°] + αυτου bcoxzc$_2$e$_2$ ℭ𝔈(uid)𝔖$^j$ | εν οικω] εις οικον boc$_2$e$_2$𝔄 | διετρεφεν boc$_2$e$_2$ ℭ(uid)𝔈 | αυτας 3°] non liquet c: αυτον x | εισηλθεν 2°] εισηλθον cx | θανατω αυτου v | χηραι ζωσαι] χηραζαυσαι u

4 ο βασιλευς] *Dauid* 𝔄-ed | αμεσσαει] αμεσαι dejpx𝔄: αμεσσα boc$_2$e$_2$𝔖$^j$: ⟨αβεσσαι 246⟩: αβεσαει c(uid)g | βοησον] βαησον: βοηθησον a$_2$: παραγγειλον boc$_2$e$_2$ | τον ανδρα] τοις ανδρασιν boc$_2$e$_2$: *omnem uirum* 𝔄: om τον y | ιουδαν u | τρεις ημερας] εν τρισιν ημεραις boc$_2$e$_2$ | ⟨om δε 242⟩ | αυτου στηθι] *sta super eos* 𝔈 | αυτου] post στηθι i: ενταυθα boz(mg)c$_2$e$_2$ | στηθι] στησι e$_2$: *uenies* 𝔄-ed

5 και επαρευθη bis scr o | αμεσσαει] αμεσαι dejpx𝔄: αμεσσα boc$_2$e$_2$: αμεσσι a$_2$: αβεσαει cg | του 1°—ιουδαν] παραγγειλαι τω ιαυδα boc$_2$e$_2$ | βοηθησαι a$_2$ | τον ιουδαν] *homines Iuda* 𝔈: om d | ιουδαν] ιουδα csxy: ⟨ιουδα ανδρα 242⟩ | εχρονισεν—αυτω] υστερησε (pr αυχ b) της διαταξεως ης boz(mg)c$_2$e$_2$ | εταξατο] επεταξατω a (ε 2° ex α uid): διεταξατο z(mg): διεταξεν boc$_2$e$_2$ | αυτω BAcxa$_2$𝔄ℭ𝔈] + δᾱδ MN rell 𝔖$^j$

6 om και ειπεν δαυειδ m | δαυειδ] pr ο h | αβεισα Bh ℭ𝔈] αβισαει A: αβεσα h$^b$s$^*$: αβεισαν a$_2$: αβεσαει c: αμεισα v: αμεσσα bimowy$^{a?}$e$_2$: αμεσα e: αμεσαει x: αβεσσα MNs$^a$y rell 𝔄: [illegible] 𝔖$^j$ | νυν 1°] pr και cx | κακοποιησει] κακοποιηση au: κακοποιησαι Ncx: κακοποιησεις ot: *male faciet* 𝔄 | υμας v$^*$y$^*$b$_2$ | σαβεε] pr ras (8) g: ε 2° sup ras i$^a$: σαβεαι oc$_2$e$_2$: σαβοε dlp: σεβεε c (ε 3° ex ει): σαμεε b'e: [illegible] 𝔖$^j$: σαμεαι *b* | υιος] pr ο a$_2$ | βοχορει] βεδδαδι boc$_2$e$_2$𝔖$^j$ | αβεσσαλωμ] αβεσσαλομ h: αβεσαλωμ ceglqst | om νυν 2° c | om συ Abeouva$_2$c$_2$e$_2$𝔈 | om μετα σεαυτου Acxℭ𝔈 | ⟨om του 1° 44⟩ | καταδιωξαν] καταδιωξεις a: καταδιωκε boc$_2$e$_2$ | αυτου] αυτων a$_2$ | μη ποτε] απως μη boc$_2$e$_2$ | εαυτω ευρη] ευρη αυτω Acxa$_2$: ευρηται εαυτω u | εαυτω] post ευρη bnoc$_2$e$_2$𝔄𝔈: αυτω N: om q | ευρη] ευρεις a | οχυρας] ισχυρας a$_2$ | σκιασει τους οφθαλμους] σκεπασθη αφ M(mg)boz(mg)c$_2$e$_2$𝔖$^j$(mg) | σκιασει

XX 1 ιεμενει] δεξιος e$_2$
4 βοησον—στηθι] σ' *uoca tu ad me omnes filios Iuda in die tertio et tu huc uenies* 𝔄-codd | βοησον] συναγαγε M

7 τοὺς ὀφθαλμοὺς ἡμῶν. [7]καὶ ἐξῆλθεν ὀπίσω αὐτοῦ καὶ οἱ ἄνδρες Ἰωὰβ καὶ ὁ Χελεθθεὶ καὶ ὁ B
Φελεθθεὶ καὶ πάντες οἱ δυνατοί, καὶ ἐξῆλθαν ἐξ Ἰερουσαλὴμ διῶξαι ὀπίσω Σάβεε υἱοῦ Βοχορεί.
8 [8]καὶ αὐτοὶ παρὰ τῷ λίθῳ τῷ μεγάλῳ τῷ ἐν Γαβαών, καὶ Ἀμεσσαεὶ ἦλθεν ἔμπροσθεν αὐτῶν· καὶ
Ἰωὰβ περιεζωσμένος μανδύαν τὸ ἔνδυμα αὐτοῦ, καὶ ἐπ' αὐτῷ περιεζωσμένος μάχαιραν ἐζευγμένην
ἐπὶ τῆς ὀσφύος αὐτοῦ ἐν κολεῷ αὐτῆς· καὶ ἡ μάχαιρα ἐξῆλθεν, καὶ αὐτὴ ἐξῆλθεν καὶ ἔπεσεν.
9 [9]καὶ εἶπεν Ἰωὰβ τῷ Ἀμεσσαεί Εἰ ὑγιαίνεις, ἀδελφέ; καὶ ἐκράτησεν ἡ χεὶρ ἡ δεξιὰ Ἰωὰβ τοῦ
10 πώγωνος Ἀμεσσαεὶ τοῦ καταφιλῆσαι αὐτόν. [10]καὶ Ἀμεσσαεὶ οὐκ ἐφυλάξατο τὴν μάχαιραν τὴν
ἐν τῇ χειρὶ Ἰωάβ· καὶ ἔπαισεν αὐτὸν ἐν αὐτῇ Ἰωὰβ εἰς τὴν ψόαν, καὶ ἐξεχύθη ἡ κοιλία αὐτοῦ
εἰς τὴν γῆν, καὶ οὐκ ἐδευτέρωσεν αὐτῷ, καὶ ἀπέθανεν. καὶ Ἰωὰβ καὶ Ἀβεισὰ ὁ ἀδελφὸς αὐτοῦ
11 ἐδίωξεν ὀπίσω Σάβεε υἱοῦ Βοχορεί. [11]καὶ ἀνὴρ ἔστη ἐπ' αὐτὸν τῶν §παιδαρίων Ἰωὰβ καὶ εἶπεν § ℭ
12 Τίς ὁ βουλόμενος Ἰωάβ, καὶ τίς τοῦ Δαυεὶδ ὀπίσω Ἰωάβ; [12]καὶ †Ἀμεσσαεὶ† πεφυρμένος ἐν ¶τῷ ¶ u

7 αυτου] +αβεσσα B$^a$ (του αβεσ|σα in mg et sup ras) | χερεθθει B$^{ab\,uid}$ (ρ suprascr) | διωξε A
10 εφυλατο A* (ξα suprascr A$^1$) 12 αμεσσαει 1°] αβεσσαει B

AMNa–jl–qst(u)v–c$_2$e$_2$𝔄ℭ$^{(l)w}$𝔈(𝔏$^v$)

σκιαση M(txt)Nadefhjlmquwyb$_2$: σχιασεις a$_2$ | ημων] υμων x: ⟨αυτου 44⟩

7 εξηλθεν] εξηλθον defjlmp(uid)q–uwz: εξηλθαν MNyb$_2$: *exierunt* 𝔄𝔈: παρηγγειλεν boc$_2$e$_2$ | αυτου B*ANcuxb$_2$] του αβεσσα p: αβεσσα d: +*Abisa* ℭ𝔈: +αβεσα eg: +αμεσσα b′: +αβεσσα B$^a$M*b* rell 𝔄 | om και 2°—ιωαβ 𝔈 | και οι ανδρες] τω λαω και boc$_2$e$_2$ | om και 2° Nub$_2$ | om ιωαβ i | om και ο χελεθθει boc$_2$e$_2$ | ο 1°] pr σφενδονιται τοξοται g | χελεθθει B*𝔈] χερρεθθι m: χερεθι e𝔄: χερεθθει B$^{ab}$(uid)M rell ℭ: χορεθθει A: φελεθθι N | om και ο φελεθθει cx | φελεθθει] φελεθι e𝔄: φελτι boc$_2$: φελττει e$_2$: χελεθθι N: φελεκδεειк a$_2$ | om και εξηλθαν boc$_2$e$_2$ | om και 6° cx | εξηλθαν BNiyb$_2$] ε|ξαν A: εξηλθεν hna$_2$: om q: εξηλθον M rell | ⟨om εξ ιερουσαλημ διωξαι 44⟩ | διωξαι] ⟨καταδιωξαι 123⟩: και κατεδιωξαν (-ξεν o) boc$_2$e$_2$𝔈 | σαβεε υιου βοχορει] ⟨αμεσαι 44⟩: αυτου d | σαβεε] σαβεαι *b*oc$_2$e$_2$: ⟨σαβαεε 236⟩: σαμεε e: [illegible] 𝔖$^j$: αβεε A | υιου] υιω a$_2$: του lmp–twz | βοχορει] χωρει a$_2$: βεδδαδι bc$_2$e$_2$𝔖$^j$: μεδδαδει o

8 και 1°—γαβαων post αυτων h | αυτοι—αυτων] *Amesai intrauit coram eo ii autem fuerunt apud lapidem magnum qui in Gabaon* 𝔈 | αυτοι] αυτω Aa$_2$: αυτος Ndefjlmp–twz: +ησαν bgoc$_2$e$_2$ℭ(uid)𝔖$^j$ | τω 1°—γαβαων] τον λιθον τον μεγαν τον επι του βουνου (τον βουνον e$_2$) boz$^{a?}$c$_2$e$_2$ | ⟨om τω εν 44.71⟩ | τω 3°] των Ah: om d | γαβαων] γαβαωθ g: γαβαω c (ω ex a uid) | αμεσσαει] αμεσαι delpx𝔄: αμεσσα ba$_2$c$_2$e$_2$𝔖$^j$: μεσσα o: αβεσαει c: αβεσα g | ηλθεν Bh] παρεγενετο boz(mg)c$_2$e$_2$: εισηλθεν AM Nz(txt) rell 𝔄ℭ | εμπροσθεν] κατα προσωπον boz(mg)c$_2$e$_2$ | αυτων] αυτου defjlmp–twz | hab και 3°—(9) αυτον 𝔏$^v$ | περιεζωσμενος 1°—αυτης] *uestitus erat ueste mandeia et cinctus erat lumbus eius ea* 𝔈 | περιεζωσμενος 1°] περιεκειτο boc$_2$e$_2$: *indutus erat* 𝔏 | μανδυαν] μαχαιραν και μανδυα a$_2$ | αυτου 1°] +επ αυτον boc$_2$e$_2$ℭ𝔏 | επ—αυτης] *gladium rudentem in uagina sua cinctus erat ad lumbos suos* 𝔏 | επ—εζευγμενην] η μαχαιρα αυτου a$_2$ | επ αυτω] ⟨εαυτω 44⟩: αυτος p | περιεζωσμενος 2°] εζωσμενος y | εζευγμενην] pr δυστομον αμφικη g: ⟨post αυτου 2° 246⟩: εζωσμενην a: αμφηκη (-κην e$_2$) boc$_2$e$_2$: αμφιμηκη z(mg): om ℭ𝔖$^j$ | ⟨επι] περι 236⟩ | την οσφυν a$_2$ | εν 2°] εκ s* | κολεω—(9) ιωαβ 1°] κολεωαβ w | κολεω] pr τω bcoxc$_2$e$_2$: ⟨κολοβω 242*: κυκλω 98⟩ | om και 5°—επεσεν cx𝔈 | om και 5°—εξηλθεν 1° 𝔄 | om η μαχαιρα ℭ | om εξηλθεν 1° 𝔏 | και αυτη εξηλθεν Ba$_2$𝔄(uid)] om AMN rell ℭ: om και 𝔏 | επεσεν] επαισε dnℭ: εξεπεσε f

9 ιωαβ 1°] ιωβ h* | τω αμεσσαει] *ad Amassam* 𝔏 | αμεσσαει 1°] αμεσαι degpx𝔄: αμεσσα c$_2$e$_2$𝔖$^j$: ⟨αβεσσαι 242⟩: αβεσαει c: αβεσσα boa$_2$ | ει υγιαινεις] *Ualeto* 𝔏 | om ει Aabchlx | υγιαινεις BAha$_2$] υγιαινης cx: υγιαινης συ q: +συ MN rell | αδελφε] +*mi* ℭ: +μου αμεσσαει A: +μου αμεσαει x: +μου αμεσσα c$_2$: +μου αβεσαει c | εκρατησεν—αμεσσαει 2°] *tenuit de manu sua dextera Ioab barbam Amassae* 𝔏 | εκρατησεν BA chnxa$_2$] κατεσχεν MN rell | η 1°—ιωαβ 2°] ιωαβ τη χειρι τη δεξια boc$_2$e$_2$𝔄𝔈 | η δεξια] η δ ex ιω uid N$^a$: post ιωαβ 2° v: om i | om ιωαβ 2° Acgpxb$_2$ | αμεσσαει 2°] αμεσαι degpx𝔄: αμεσσα boc$_2$: αμμεσσα e$_2$: αβεσαει c: αυτου a$_2$ | του καταφιλησαι αυτον] *et destrinxit gladium suum* 𝔈 | φιλησαι boc$_2$e$_2$

10 αμεσσαει] αμεσαι degpx𝔄: αμεσσα boc$_2$e$_2$𝔖$^j$: αβεσαει c | την μαχαιραν την] απο της μαχαιρης (-ρας b′) της boc$_2$e$_2$ | ⟨om την 2°—ιωαβ 1° 71⟩ | om την 2° Mg | om τη def | ιωαβ 1°] μωαβ a$_2$ | ⟨επαισεν αυτον] επεσεν αυτω 242: δεδωκεν αυτω 71⟩ | επαισεν] επταισεν z: επαταξεν boc$_2$e$_2$ | αυτον] αυτιν g | εν αυτη] post ιωαβ 2° cx: om dg𝔈 | ⟨εν 2°] συν 246⟩ | om ιωαβ 2° ⟨44.71⟩𝔈 | εις την ψοαν] hab *in utero* 𝔏$^v$ | εις 1°] επι Abc oxc$_2$e$_2$: ⟨του επι την γην 242⟩ | την 3°] τον g* | ψοαν] ψοιαν Ae: ψυαν M(txt)Nadfj–np–tvwyzb$_2$: λαγονα M(mg)bgoc$_2$e$_2$ | εξεχυθη η κοιλια] εξεχεε τα εντερα boc$_2$e$_2$ | εξελυθη a | η κοιλια αυτου] post γην a$_2$: om η i | ⟨om εις την γην 242⟩ | εις 2°] επι MNabd–mo–uwzb$_2$c$_2$e$_2$ | om και 4°—αυτω d | ⟨κατεδευτερωσεν 246⟩ | αυτω] αυτον cxy | απεθανεν] +αμεσσαι a: +αμεσαι v𝔄 | ⟨om και ιωαβ 74⟩ | αβεισα—αυτου 2°] ο αδελφος αυτου αβεσα a$_2$′ | αβεισα Bℭ𝔈] αβισαει Ax: αβεσα g: ⟨ιαβεσα 74⟩: αμεσσα h*: αμεσα d: αμεσαει c: om e: αβεσσα MNh$^{b?}$ rell 𝔄 | εδιωξεν] εδιωξαν ANacefhijmnsvwxa$_2$(εδ part ex corr)𝔄ℭ𝔈: ⟨κατεδιωξαν 123⟩: κατεδιωκον oc$_2$e$_2$: και κατεδιωκον b | σαβεε] σαβεαι *b*oc$_2$e$_2$: σαμεε e: [illegible] 𝔖$^j$: αβεε h*(uid) | υιοι y | βοχορει] χορει a$_2$: χοβορι e: βεδδαδι boc$_2$e$_2$𝔖$^j$

11 hab και 1°—ιωαβ 3° 𝔏$^v$ | ανηρ εστη] ανεστη cx | εστη—ιωαβ 1°] επεστη των παιδαριων ιωαβ αυτω τω αμεσσα e$_2$ | εστη επ αυτον] επεστη αυτω τω αμεσσα (αμεσσαι z$^{mg}$: αβεσσα o) bo z(mg)c$_2$: *uenit stetit super Amesai* 𝔄 | εστη] ⟨post ιωαβ 1° 71⟩: εστι dp | επ αυτον] *super Amassa* 𝔏 | αυτον] αυτων acgh*n: αυτω z(txt) | om ιωαβ 1° A | om και 2°—ιωαβ 2° a$_2$ | τις 1°—δαυειδ] *quicumque amat Ioab uel Dauid eat* 𝔄 | ο βουλομενος] ερειται (-τε b′) τω bo: αιρειται (-τε e$_2$) τω c$_2$e$_2$: *uult ire post* 𝔏 | ιωαβ 2°] pr τω z | τις 2°—ιωαβ 3°] *si quis est cum Dauid eat cum Ioab* 𝔏 | του] pr ο ahv: τω bozc$_2$e$_2$ | ιωαβ 3°] pr του boz a$_2$c$_2$e$_2$: +*et Abessa* 𝔄-ed

12 αμεσσαει 1°] αμεσαι Ax𝔄: αμεσσι a$_2$ℭ$^1$: αβεσσαει B h*(uid): αβεσαει c: αμεσσαει (αμεσαι dep: αμεσσα boc$_2$e$_2$𝔖$^j$: αβεσσαι s: α|αβεσαι g) τεθνηκως (+και boc$_2$e$_2$𝔖$^j$) Mabd–glmo–tvwyzc$_2$e$_2$𝔖$^j$ | πεφυρμενος] πεφυρμενως m: πεφυραμενος b:

11 και 1°—ιωαβ 3°] *interea de pueris Dauit quidam uiri cum uidissent et stetissent iuxta cadaner Amase de sociis Ioab dixerunt Ecce qui uolebat esse pro Ioab comes Dauit* p

12 αἵματι ἐν μέσῳ τῆς τρίβου, καὶ εἶδεν ἀνὴρ ὅτι εἱστήκει πᾶς ὁ λαός· καὶ ἀπέστρεψαν τὸν Ἀμεσσαεὶ
ἐκ τῆς τρίβου εἰς ἀγρὸν καὶ ἐπέρριψεν ἐπ᾿ αὐτὸν ἱμάτιον, καθότι εἶδεν πάντα τὸν ἐρχόμενον ἐπ᾿
αὐτὸν ἑστηκότα. 13 ἡνίκα δὲ ἔφθασεν ἐκ τῆς τρίβου, παρῆλθεν πᾶς ἀνὴρ Ἰσραὴλ ὀπίσω Ἰωὰβ τοῦ 13
διῶξαι ὀπίσω Σάβεε υἱοῦ Βοχορεί. 14 καὶ διῆλθεν ἐν πάσαις φυλαῖς Ἰσραὴλ εἰς Ἀβὲλ καὶ εἰς 14
Βαιθμαχά, καὶ πάντες ἐν Χαρρεὶ καὶ ἐξεκκλησιάσθησαν· καὶ ἦλθεν κατόπισθεν αὐτοῦ. 15 καὶ 15
παρεγενήθησαν καὶ ἐπολιόρκουν ἐπ᾿ αὐτὸν ἐν Ἀβὲλ τὴν Βαιθμαχά, καὶ ἐξέχεαν πρόσχωμα πρὸς
τὴν πόλιν καὶ ἔστη ἐν τῷ προτειχίσματι· καὶ πᾶς ὁ λαὸς ὁ μετὰ Ἰωὰβ ἐνοοῦσαν καταβαλεῖν τὸ
τεῖχος· 16 καὶ ἐβόησεν γυνὴ σοφὴ ἐκ τοῦ τείχους καὶ εἶπεν Ἀκούσατε ἀκούσατε, εἴπατε δὴ πρὸς 16
Ἰωάβ Ἔγγισον ἕως ὧδε, καὶ λαλήσω πρὸς αὐτόν. 17 καὶ προσήγγισεν πρὸς αὐτήν, καὶ εἶπεν ἡ γυνή 17
Εἰ σὺ εἶ Ἰωάβ; ὁ δὲ εἶπεν Ἐγώ. εἶπεν δὲ αὐτῷ Ἄκουσον τοὺς λόγους τῆς δούλης σου· καὶ εἶπεν
Ἰωάβ Ἀκούω ἐγώ εἰμι. 18 καὶ εἶπεν λέγουσα Λόγον ἐλάλησαν ἐν πρώτοις λέγοντες Ἠρωτημένος 18

12 εμμεσω A | ειδεν 1°] ιδεν A | ιστηκει B$^a$A | επερρειψεν B*

AMNa–jl–qstv–c$_2$e$_2$𝔄ℭ$^w$𝔈(𝔏$^{sv}$)

πεφυργμενος a$_2$ | ⟨om εν 1° 71⟩ | αιματι] +αυτου boc$_2$e$_2$ℭ$^w$ | μεσω της τριβου] μεση τη οδω boc$_2$e$_2$ | ειδεν 1°] ειδαν v | ανηρ] pr ο Aozc$_2$e$_2$𝔈: ⟨+ισραηλ 64⟩ | ειστηκει] στηκει x: στηκη c: +εκει av | hab και 3°—αγρον 𝔏$^v$ | om και 3°—αγρον o | απεστρεψαν] απεστρεψεν adeflmp–wyz(txt)a$_2$𝔄(uid)ℭ𝔈: απερριψε bz(mg)c$_2$e$_2$: *remouit* 𝔏 | τον αμεσσαει] *Amassa* 𝔏 | αμεσσαει 2°] μεσσαι a: αμεσαι egpqx𝔄: αμεσσα bc$_2$e$_2$: αβεσαει c | αγρον] pr τον MNad–gi–np–wyzb$_2$ | επερριψεν] επερριψαν Achxy: επιρριψον n: απερριψεν boc$_2$: ⟨επεστρεψεν 64⟩ | επ 1°] εις x: om c | αυτον 1°] αυτο e$_2$ | om καθοτι—εστηκοτα cx | καθοτι] οτι boc$_2$e$_2$ | ειδεν 2°] ειδον h: *uidebat* 𝔄 | παντα—εστηκοτα BAhna$_2$𝔄] οτι πας ο ερχομενος επ αυτον ισταται MN rell ⟨123.246⟩ ⟦om οτι o*y*c$_2$ | om ο 246 | επ αυτον ισταται] ιστατο επ αυτον o | επ αυτον] post ισταται bc$_2$e$_2$: επ αυτω 123 | ισταται] ιστατο dlp: ιστανται m: ιστασθαι 246⟧: *quod omnis qui uenerat* (+*super eum* 𝔈$^s$) *stabat supra eum* 𝔈

13 ηνικα—παρηλθεν] *et deinde praeterierunt ex ea uia* 𝔈 | ηνικα δε BAchxa$_2$] ⟨και εγενετο ηνικα 64⟩: και εγενετο οτε (ε ex ι N) MN rell: ⟨και οτι 44⟩ | εφθασεν BAhxa$_2$] εφθασαν c: ⟨μετεστησεν 64⟩: μετεστη ιωαβ z: μετεστησεν τον (αυτον e$_2$) αμεσσα boc$_2$e$_2$: μετεστη MN rell 𝔄(uid)ℭ | εκ] απο bozc$_2$e$_2$ | ⟨της] γης 123⟩ | παρηλθεν] pr ras (8) z: ⟨pr και 123⟩: *praeteribat* 𝔄 | ανηρ ισραηλ] ο λαος boc$_2$e$_2$: om ισραηλ a | ιαβ a$_2$ | του διωξαι] ⟨του καταδιωξαι 123⟩: καταδιωκειν boc$_2$e$_2$$^l$ | σαβεε] σαβεαι N*boc$_2$e$_2$: σαμεε e: 𝔖$^j$ | om υιου βοχορει d | βοχορει] *Borochi* ℭ$^l$: βεδδαδι boc$_2$𝔖$^j$: δδαδει e$_2$

14 ⟨om και 1°—ισραηλ 246⟩ | διηλθεν] διηλθον s: ηλθεν N | εν πασαις φυλαις] εις πασας τας φυλας boc$_2$e$_2$ | om εν 1° ya$_2$ | φυλαις] ⟨pr ταις 71⟩: om a | ισραηλ] pr του boc$_2$e$_2$: pr εις z: om ℭ | om εις 1°—χαρρει v | om εις αβελ 𝔈$^s$ | εις 1°] pr *et* 𝔈$^a$𝔖$^j$: και boc$_2$e$_2$ | αβελ BAch*sxa$_2$𝔄ℭ𝔈$^a$] αβηλα boc$_2$e$_2$: σεβελ d: εβερ i: εβελ MNh$^b$ rell | om εις 2° boc$_2$e$_2$ | βαιθμαχα] βεθμαχα Ne–ia$_2$: βηθμαχα A: βαιθμαχω o*: βαιθμακκω bo$^a$c$_2$e$_2$: βαιθμαχαιρα y: βαιθχα p*: μεθμαχα cx: *Mechmacha* ℭ$^w$: *Machma* ℭ$^l$ | παντες—εξεκκλησιασθησαν] *congregati sunt omnes qui in Charan* 𝔈 | παντες—και 4°] πασαι αι πολεις M(mg)oc$_2$e$_2$: πασα η πολις b | παντες] pr εξεχεαν a$_2$: ε sup ras M(txt): παντος N: παντας jnyb$_2$ | εν χαρρει] *selectissimi* 𝔄 | χαρρει] χερρει a$_2$: χαρι adep | και 4° BAcxa$_2$ℭ$^w$] +πασαι αι πολεις M(txt)N rell: ⟨+πασαι πολεις 64⟩: om 𝔄ℭ$^l$(uid) | εξεκλεσθησαν a$_2$ | om και 5°—(15) παρεγενηθησαν v | ηλθεν Ba$_2$] ηλθοσαν h: παραγινονται boc$_2$e$_2$: ηλθον AMN rell: *uenerunt* 𝔄ℭ𝔈 | κατοπισθεν] οπισω boc$_2$e$_2$ | αυτων g𝔈

15 παρεγενηθησαν] παρεγεννηθησαν acg: παρεγενοντο bz(mg)c$_2$e$_2$: περιεγενοντο o | επολιορκουν επ αυτον] *pugnauerunt cum iis* 𝔈 | επολιορκουν επ] περιεκαθισαν boz(mg)c$_2$e$_2$: hab περικαθισας Jos | επολιορκουν] *obsederunt* 𝔄 | om επ a$_2$ | αυτον] αυτων N$^{a?}$a𝔈: αυτην a$_2$ | εν 1°] την MNad–gi–np–wyz(txt)b$_2$𝔄 | αβελ την βαιθμαχα] αβεθμαχα a$_2$ | αβελ BAch*sx𝔄] pr τη boc$_2$e$_2$: νεβελ g: εβερ iy: τη εβ.. z(mg): εβελ MNh$^b$z(txt) rell | την 1° Bh] pr και Ndeflmp–twz(txt)𝔄: τη cx: και Mz(mg) rell: εν A: και εν ⟨64⟩𝔈: +*in* ℭ | βαιθμαχα] βεθμαχα N$^{a?}$e–i: βηθμαχα A: βερμαχα y: βαιθμακκω boc$_2$e$_2$: μεθμαχα cx: *Mechmacha* ℭ$^w$: *Machma* ℭ$^l$ | εξεχεαν προσχωμα] εβαλον (εβαλλον o: ελαβον e$_2$) χαρακα boz(mg)c$_2$e$_2$: hab χαρακωμα Jos: *fugerunt* 𝔈 | εξεχεον p | προσχωμα] προχωμα A: προσχυμα a$_2$: ⟨προσκομα 242⟩ | προς] εις d: επι boz(mg)c$_2$e$_2$: om cx | hab και 4°—προτειχισματι 𝔏$^v$ | εστη εν] εστησεν c$_2$* | εστη] εστι m: εστησαν jb$_2$: *ascenderunt et steterunt* 𝔈 | εν τω προτειχισματι] *in sepe* 𝔏 | προτειχισματι] προστειχισματι a$_2$: περιτειχισματι boe$_2$: προτειχι M: πρωτειχει g | πας—ενοουσαν] *uoluerunt omnis populus cum Ioab* 𝔈 | om ο 2° ANva$_2$ | ενοουσαν καταβαλειν] *corrumpebat destruebat* 𝔄 | ενοουσαν] εννοουσαν mz: εννωουσαν a: ενοησαν cex: ενενοουσαν MNgjnb$_2$: ενενοουν bfoc$_2$: ενενοθυν e$_2$: διενοουντο a$_2$: ⟨διεμαχοντο 71⟩ | καταβαλειν] β ex λ e$_2$$^a$: καταλαβειν ajqb$_2$c$_2$

16 εκ του τειχους] εκ της πολεως boc$_2$: om ℭ$^l$ | ακουσατε 1°] ακουετε δη boc$_2$: +δη e$_2$: +μου gℭ𝔈(uid) | ακουσατε 2°] ακουετε bc$_2$e$_2$: om A: +μου gℭ𝔈(uid) | ειπατε δη] ⟨ειπε 242⟩: om δη MNad–gi–np–wyzb$_2$ | προς 1°] τω boc$_2$e$_2$ | ιωαβ] pr τον A | εγγισον] ειτισον va$_2$: εγγισαι b$'^a$boc$_2$e$_2$ | εως] ως b: om AN𝔄ℭ(uid)𝔈 | αυτον] σε i𝔄ℭ𝔈

17 ⟨om και 1°—αυτην 71⟩ | προσηγγισεν] προσηγαγεν jb$_2$: ηγγισεν Acfxa$_2$: ηγγισεν ιωαβ (ιωβ *b*) boc$_2$e$_2$ | αυτην] αυτον a: +*Ioab* 𝔖$^j$ | η] τη a$_2$ | ει 2°] η N*(uid)a: ⟨om 44.71⟩ | ιωαβ 1°] pr ο cx | ο—εγω 2° sup ras et in mg e$^a$ | ο δε] και boc$_2$e$_2$𝔄𝔈 | εγω 1°] +ειμι m | ειπεν δε αυτω] και ειπεν bcoxc$_2$e$_2$: om αυτω d | ακουσον] ακουε δη boc$_2$e$_2$: ⟨+ακουσον 44⟩ | om τους λογους y | της corr ex μου g$^a$ | om και 3°—(18) λεγουσα d | om ιωαβ 2° boe$_2$𝔈$^a$ | ακουω] post ειμι a: ακουων fmw | ειμι] λεγε boc$_2$e$_2$: om cxℭ: +*dic* 𝔖$^j$

18 om λεγουσα boc$_2$e$_2$ℭ𝔖$^j$ | λογον ελαλησαν] λογος ελαληθη boc$_2$e$_2$: *uerbum recitabatur* 𝔄 | hab ελαλησαν—(20) φθερω 𝔏$^v$ | ελαλησαν] ελαλησα cmxy*: *locuti sumus* 𝔏: ελαληθει g | λεγοντες] λεγοντων boc$_2$e$_2$: λεγοντων τες g: ⟨λεγουσα 246⟩: om ℭ$^l$ | hab ηρωτημενος—δαν 𝔏$^s$ | ηρωτημενος ηρωτηθη] *rogantes rogant qui sunt* 𝔏 | ηρωτημενος] ερωτωμενος

ἠρωτήθη ἐν τῇ Ἀβὲλ καὶ ἐν Δὰν εἰ ἐξέλιπον ἃ ἔθεντο¶ οἱ πιστοὶ τοῦ Ἰσραήλ· ἐρῶντες ἐπερωτή- B
19 σουσιν ἕνα ἐν Ἀβὲλ καὶ οὕτως, εἰ ἐξέλιπον. [19]ἐγώ εἰμι εἰρηνικὰ τῶν στηριγμάτων Ἰσραήλ, σὺ δὲ
ζητεῖς θανατῶσαι πόλιν καὶ μητρόπολιν ἐν Ἰσραήλ· ἵνα τί καταποντίζεις κληρονομίαν Κυρίου;
20 21 [20]καὶ ἀπεκρίθη Ἰωὰβ καὶ εἶπεν Ἵλεώς μοι ἵλεώς μοι, εἰ καταποντιῶ καὶ εἰ φθερῶ· [21]οὐχ οὕτος ὁ
λόγος· ὅτι ἀνὴρ ἐξ ὄρους Ἐφράιμ, Σάβεε υἱὸς Βοχορεὶ ὄνομα αὐτοῦ, καὶ ἐπῆρεν τὴν χεῖρα αὐτοῦ
ἐπὶ τὸν βασιλέα Δαυείδ. δότε αὐτόν μοι μόνον, καὶ ἀπελεύσομαι ἀπάνωθεν τῆς πόλεως. καὶ εἶπεν
22 ἡ γυνὴ πρὸς Ἰωάβ Ἰδοὺ ἡ κεφαλὴ αὐτοῦ ῥιφήσεται πρὸς σὲ διὰ τοῦ τείχους. [22]καὶ εἰσῆλθεν ἡ
γυνὴ πρὸς πάντα τὸν λαόν, καὶ ἐλάλησεν πρὸς πᾶσαν τὴν πόλιν ἐν τῇ σοφίᾳ αὐτῆς· καὶ ἀφεῖλεν
τὴν κεφαλὴν Σάβεε υἱοῦ Βοχορεί, καὶ ἀφεῖλεν καὶ ἔβαλεν πρὸς Ἰωάβ. καὶ ἐσάλπισεν ἐν κερατίνῃ,
καὶ διεσπάρησαν ἀπὸ τῆς πόλεως ἀπ' αὐτοῦ ἀνὴρ εἰς τὰ σκηνώματα αὐτοῦ· καὶ Ἰωὰβ ἀπέστρεψεν
εἰς Ἰερουσαλὴμ πρὸς τὸν βασιλέα.
23 [23]Καὶ Ἰωὰβ πρὸς πάσῃ τῇ δυνάμει Ἰσραήλ, καὶ Βαναίας¶ υἱὸς Ἀχειλοὺθ ἐπὶ τοῦ Χελεθθεὶ ¶ ℭ

20 ειλεως (bis) B* 21 απανοθεν B* 23 δυναμι A

AMNab(c)d–jl–qstv–c$_2$e$_2$𝔄ℭ$^{(l)w}$𝔈(𝔏$^{sv}$)

bgc$_2$e$_2$: om dlp–tz | ηρωτηθη] ηρωτηθην Acnt*x: ερωτηθη b': ηρωτησεν a$_2$ | εν τη αβελ] *in Abela* 𝔏$^s$ | τη] τω c | αβελ 1°] αβεα o: ⟨αβες 246⟩: εβελ MNad–gh$^b$i–npqtvwyzb$_2$𝔏$^v$ | εν δαν] *uiderunt* 𝔈 | δαν] pr τη h: δαμ g: +*dicentes* 𝔏 | ει 1°] η g | εξελιπον 1°] εξελειπον AMNaghnvx*a$_2$b$_2$: εξειπον i: εξελιπεν boc$_2$𝔈 Thdt: εξελειπεν e$_2$: *deficient* 𝔄-ed | α—εξελιπον 2°] *sic* ℭ$^l$ | α εθεντο] *si praedabuntur* 𝔄-ed: *si praedati sunt* 𝔄-codd | διεθεντο ⟨123⟩ Thdt | οι—ισραηλ] *in Israel* 𝔈 | om ερωντες—(19) ισραηλ 1° MNaginvy*𝔏 | ερωντες B] επερωτωντες a$_2$: και ερωτωντες b': ερωτωντες Aby$^b$ rell 𝔄-ed ℭ$^w$𝔈(uid): om 𝔄-codd | επερωτησουσιν] επερωτησωσιν dlp–tza$_2$: ερωτησουσιν be$_2$: ερωτησωσιν jb$_2$: επερωτωσιν ⟨64⟩𝔄-codd: *explorauerunt* 𝔈 | ενα Bh*] om Ah$^{b?}$y$^b$ rell 𝔄ℭ$^w$𝔈 | αβελ 2°] εβελ efh$^b$lmqtwy$^b$z: νεβελ dp: ⟨νεβεελ 64⟩ | ουτως] +ειπον h: ⟨+ειπεν 64.244⟩ | om ει 2° b'xb$_2$𝔈 | εξελιπον 2°] εξελειπον Aha$_2$b$_2$e$_2$: *defecit* 𝔈: *deficient* 𝔄

**19** εγω ειμι ειρηνικα] *ego quidem et tu quidem uir pacis* 𝔈$^s$ | εγω] +δε fjb$_2$𝔈$^a$ Thdt | ειρηνικα] ειρηνικη x Thdt: ηνικα a$_2$ | των στηριγματων ισραηλ] *et uis Israel tu* 𝔈 | στηριγματων] σκηνωματων c$_2$ | συ δε] *et tu* 𝔏: om δε av | ζητης g | πολιν—ισραηλ 2°] *ciuitates Israel* 𝔄 | εν ισραηλ] εν ιλη̅μ b: ⟨om 236.242⟩: om εν 𝔈 Thdt | ινα] pr και Aefhmwx𝔈 Thdt: om bo c$_2$e$_2$ | τι] om a$_2$: +οτι Thdt | καταποντιζεις] καταποντιζης h: καταπινεις M(mg)bc$_2$: καταπινης o: καταπιαινεις e$_2$: *glutitis* 𝔏 | ⟨κυριου] θεου 44⟩

**20** απεκριθη—ειπεν] ειπεν ιωαβ d | om και ειπεν ⟨44⟩𝔏 | ιλεως 1°—φθερω] *Non contingat mihi ut glutiam aut exterminem* 𝔏 | ιλεως μοι 1°] μη γενοιτο μοι MNagijnvyb$_2$𝔈(uid): μη μοι γενοιτο boc$_2$e$_2$ | ιλεως 1°] ιλεος dx | om μοι 1° Ax | ιλεως μοι 2° BAℭ] ιλεος μοι x: om MN rell 𝔈: om μοι 𝔄 | ει 1°] η N*gh: ⟨om 246⟩ | καταποντιω] καταπιομαι boc$_2$e$_2$ | om ει 2° x𝔄 | φθερω B] διαφθειρω Agvxa$_2$: διαφθερω MN rell

**21** ⟨ουχ] pr και 74⟩ | ουτως MN*(uid)adefj–vw*(uid)yb$_2$ 𝔄ℭ𝔈 | om οτι 𝔈 | εφρεμ h* | σαβεε] σαβεαι boc$_2$e$_2$: σαμεε e: [Syriac] 𝔖$^j$ | υιος βοχορει post αυτου 1° 𝔄 | βοχορει] χ ex σ g$^a$: βοχωρει a$_2$: βοχορ emsw: *Borochi* ℭ$^l$: βεδδαδι boc$_2$e$_2$𝔖$^j$: *Badadi* Jos-lat | om ονομα αυτου boc$_2$e$_2$𝔈$^a$ | αυτου 1° BAiz] αυτω MN rell | om και 1°—μονον x | και 1°] *quod* uel *qui* 𝔈: om boc$_2$e$_2$𝔄 | επηρεν] αντηρε boc$_2$e$_2$ | δοτε] παραδοτε bc$_2$e$_2$: και ειπεν ιωαβ παραδοτε o | αυτον BAha$_2$] post μονον deflmp–twz: post μοι MN rell 𝔄 | ⟨μονον μοι 246 uid⟩ | απελευσομαι] απελευσωμαι g: επελευσομαι n: εσομαι x | απανωθεν] επανωθεν MNdegijlnp–tyz*a$_2$b$_2$: απο boz$^{a?}$c$_2$e$_2$𝔄 | om προς ιωαβ dv | ιωαβ] pr τον h | ιδου] +δη i | om η 2° A | ριφθησεται M*N | om προς σε Abℭ$^l$ | δια] απο boc$_2$e$_2$

**22** εισηλθεν] ηλθεν h: εισεπορευθη oc$_2$e$_2$: επορευθη b | om παντα xℭ$^l$ | λαον] +*ciuitatis* ℭ$^l$ | ελαλησεν] +η γυνη i | προς 2°—πολιν] *cum eis* ℭ$^l$: om d | om πασαν i | εν 1°—αυτης] κατα την αυτης φρονησιν boc$_2$e$_2$ | ⟨και 3°—βοχορει] αφελειν την κεφαλην σαβεε υιου βοχορι και αφαιρουσι ταυτην 71⟩ | και αφειλεν 1° BAxa$_2$] και αφαιρουσι bdoc$_2$e$_2$: *et absciderunt* 𝔈: αφελειν Me*gh𝔄ℭ: αφελειν την κεφαλην σαβεε (σαμεε e$^a$) υιου βοχορι (χορει i) και αφαιρουσιν (αφελ- n) Ne$^a$ rell: hab *tollere caput* [Syriac] *filii* [Syriac] 𝔖$^j$ | σαβεε] σαβεαι boc$_2$e$_2$: *Sabe* ℭ$^l$: σαμεε e | om υιου βοχορει e$^a$ | βοχορει] βωχωρι v: βουχορει a$_2$: *Borochi* ℭ$^l$: χορει i: βεδδαδι boc$_2$e$_2$ | και αφειλεν 2° BAh] *et sustulerunt* ℭ$^w$: *et absciderunt* 𝔄: om MN rell 𝔈 | εβαλεν Ba$_2$𝔈] ελαβεν Ah: επεμψε x: ⟨ριπτουσι 71⟩: *iecerunt id* 𝔄ℭ$^w$: περιπτουσιν αυτην o: ριπτουσιν αυτην MN rell | εσαλπισεν] pr ιωαβ d(ιωβ d*)eflmp–twzℭ: ⟨pr αυτος 44⟩: +ιωαβ ab ovxc$_2$e$_2$ | κερατινη] pr τη Ade$^{a?}$flmp–twz: pr τη πολει τη e*: σαλπιγγι boc$_2$e$_2$ | διεσπαρησαν] διεσπαρη ο λαος boc$_2$e$_2$ | απο—αυτου 1°] *a ciuitate illa* 𝔄-ed: om ℭ | απο] εκ boc$_2$ | απ αυτου BAxa$_2$𝔄-codd] om απ h: om MN rell 𝔈 | ανηρ] pr εκαστος z: εκαστος boc$_2$e$_2$: +*unusquisque* 𝔄 | το σκηνωμα abnove$_2$ℭ(uid) | αυτου 2°] *eorum* 𝔄𝔈$^a$ | απεστρεψεν BAhna$_2$] υπεστρεψεν ex: επεστρεψεν MN rell

**23** και 1° BAhxz(mg)a$_2$] ο δε MNz(txt) rell | ιωαβ] pr ην x: ⟨βαναιας 236.242⟩: +ην boz(mg)c$_2$e$_2$𝔄(uid)ℭ𝔖$^j$ | προς BAhxa$_2$] επι MN rell 𝔄ℭ𝔈 | παση τη δυναμει] πασης της στρατιας (στρατηγιας z$^{mg}$) boz(mg)c$_2$e$_2$: om παση ℭ$^l$: om τη Mgx | ισραηλ] pr *filiorum* ℭ$^l$: και βαναιας υιος ιωδαε επι παση τη δυναμει p*: om MNad–gi–mp$^{a?}$q–wyz(txt)b$_2$ | hab και 2°—(25) γραμματευς 𝔏$^v$ | βαναιας] βανεας bea$_2$: βαιναιας go: *Abneas* 𝔏$^{(2)}$ | ⟨om υιος αχειλουθ 71⟩ | αχειλουθ Bh*xa$_2$] *Achilu* 𝔈: ⟨ιωδδαε 74⟩: ιουδαε v: [Armenian] 𝔄: ιωαδαι c$_2$: ιωαδα o: ιωαδδαι b: ιωδας b$_2$: ιωδ e$_2$: ιωδαε AMNh$^b$ rell ℭ𝔏$^{(2)}$: *Ioab* 𝔏$^{(1)}$ | επι 1°—φελεθθει] *desuper lateris* (*-res* 𝔏$^{(?)}$) *et in ponentibus* 𝔏 | χελεθθει B𝔈] χορεθθει a$_2$: χερεθι e𝔄: χαιρεσθι g: πλινθιου boz(mg)c$_2$e$_2$ Thdt: χερεθθει AMNz(txt)

23 επι 1°—φελεθθει] θ' επι του πληνθιου και επι τους δυνατους α' επι του χερηθι και επι του φεληθι σ' επι των χερηθαιων και επι των φεληθαιων j

B καὶ ἐπὶ τοῦ Φελεθθεί, [24]καὶ Ἀδωνειρὰμ ἐπὶ τοῦ φόρου, καὶ Ἰωσαφὰθ υἱὸς Ἀχειλοὺθ ἀναμιμνήσκων, 24
[25]καὶ Ἰησοῦς ὁ γραμματεύς, καὶ Σαδὼκ καὶ Ἀβιαθὰρ ἱερεῖς, [26]καί γε Εἴρας ὁ Ἰαρεὶν ἦν ἱερεὺς 25 26
τοῦ Δαυείδ.

[1]Καὶ ἐγένετο λιμὸς ἐν ταῖς ἡμέραις Δαυεὶδ τρία ἔτη, ἐνιαυτὸς ἐχόμενος ἐνιαυτοῦ, καὶ ἐζήτησεν 1 X
Δαυεὶδ τὸ πρόσωπον τοῦ κυρίου· καὶ εἶπεν Κύριος Ἐπὶ Σαοὺλ καὶ ἐπὶ τὸν οἶκον αὐτοῦ ἀδικία
διὰ τὸ αὐτὸν θανάτῳ αἱμάτων, περὶ οὗ ἐθανάτωσεν τοὺς Γαβαωνείτας. [2]καὶ ἐκάλεσεν ὁ βασιλεὺς 2
Δαυεὶδ τοὺς Γαβαωνείτας καὶ εἶπεν πρὸς αὐτούς· καὶ οἱ Γαβαωνεῖται οὐχ υἱοὶ Ἰσραήλ εἰσιν, ὅτι
ἀλλ' ἢ ἐκ τοῦ αἵματος τοῦ Ἀμορραίου, καὶ οἱ υἱοὶ Ἰσραὴλ ὤμοσαν αὐτοῖς· καὶ ἐζήτησεν Σαοὺλ
πατάξαι αὐτοὺς ἐν τῷ ζηλῶσαι αὐτὸν τοὺς υἱοὺς Ἰσραὴλ καὶ Ἰούδα· [3]καὶ εἶπεν Δαυεὶδ πρὸς τοὺς 3
Γαβαωνείτας Τί ποιήσω ὑμῖν καὶ ἐν τίνι ἐξιλάσωμαι, καὶ εὐλογήσετε τὴν κληρονομίαν Κυρίου;
[4]καὶ εἶπαν αὐτῷ οἱ Γαβαωνεῖται Οὐκ ἔστιν ἡμῖν ἀργύριον καὶ χρυσίον μετὰ Σαοὺλ καὶ μετὰ τοῦ 4
οἴκου αὐτοῦ, καὶ οὐκ ἔστιν ἡμῖν ἀνὴρ θανατῶσαι ἐν Ἰσραήλ. καὶ εἶπεν Τί ὑμεῖς λέγετε καὶ ποιήσω
ὑμῖν; [5]καὶ εἶπαν πρὸς τὸν βασιλέα Ὁ ἀνὴρ συνετέλεσεν ἐφ' ἡμᾶς καὶ ἐδίωξεν ἡμᾶς, ὃς παρελο- 5

24 αδωνιραμ A | αχιλουθ A XXI 1 λειμος B* | γαβαωνιτας A 2 γαβαωνιτας A | γαβαωνιται A 3 γαβαωνιτας A | εξειλασωμαι B* | ευλογησεται A 4 γαβαωνιται A

AMNabd–jl–qstv–$c_2e_2$𝔄ℭ*𝔈(𝔏*)

rell ℭ | om και 3°—φελεθθει h*$a_2$ | επι του 2°] ο A | om επι 2° $h^{b}$y𝔄 | του φελεθθει] [illegible] 𝔄: τους δυναστας boz(mg)$c_2e_2$: τους δυνατους Thdt | φελεθθει] φελεθι e: φελελεθθι n

24 αδωνειραμ] αδονιραμ ex: αδωνιραν n: *Adonilam* ℭ: αδονιδαμ $a_2$: αδωμραμ $i^{a?}$(uid): αδωραμ adfi*(uid)lmp–wz*(txt) z(mg) Jos(uid): ⟨αδωμαρ 246⟩: ιεζεδραν boc$_2$c$_2$: [illegible] $𝔖^{j\,mg}$(uid): *Iezadras* 𝔏(2): *Zidras* 𝔏(1) | επι του φορου] *super gula* 𝔏(1): *super pergula* 𝔏(2) | των φορων boz(mg)$c_2$(φορων int lin $c_2^{a}$)$e_2$𝔄(uid) Jos | ιωσαφαθ Bax] ιωσαφτ g: ιωασαφατ h: σαφαν boc$_2$e$_2$𝔏(1): [illegible] $𝔖^{j}$: *Safam* 𝔏(2): ιωσαφατ AMN rell 𝔄ℭ𝔈 | ⟨om υιος αχειλουθ 71⟩ | αχειλουθ] *Achiloth* 𝔄-ed: ⟨αχιλλουθ 74⟩: αχιλιουθ av: αχιλουδ ny: ⟨χιλουθ 64 uid⟩: αχιθαλαα boc$_2$e$_2$: *Achithala* 𝔏: [illegible] $𝔖^{j}$ | αναμιμνησκων] υπομιμνησκων boc$_2$e$_2$: hab επι των υπομνηματων Jos-ed: *in memoria* 𝔏(1): *memoriales* 𝔏(2): om N

25 ιησους Ba$_2$ℭ] *Iusus* 𝔈: ισους A: ισωνας x(uid): σουσα MN rell 𝔏 Jos(uid): [illegible] $𝔖^{j}$: *Suda* 𝔄-codd: *Sudae* 𝔄-ed | ο BAxa$_2$] om MN rell | γραμματευς] γραμματεις $N^{a?}$: ⟨πραγματευς 74⟩ | σαδωκ] σαδοκ $a_2$: σαδωχ Mgy: σαδδουκ boc$_2$e$_2$ | ⟨om και 3° 44⟩ | ιερεις] pr οι hva$_2$: ⟨om 44⟩

26 γε ειρας] γηρας x: *Gairas* 𝔈: γειρας ιωδαε g | om γε abiovc$_2$e$_2$$𝔖^{j}$ Thdt | ειρας] ιωδαε ab$h^{b}$iovc$_2$e$_2$$𝔖^{j}$ Thdt: ιωαδαε b': +ιωδαε M | om ο ιαρειν 𝔈 | ο] και f | ιαρειν] ιαριμ Nin: *Iarimn* 𝔄: ιαρει hy: ιαειρει A: ιεθερ M(mg)boz$^{a?}$c$_2$e$_2$$𝔖^{j}$ (pr *filius*) Thdt | om ην i𝔈 | ιερευς] pr ο l: ⟨ιερεις 44: ιερεως 246⟩ | του BAfh*mwx] τω MN$h^{b?}$ rell 𝔈 Thdt | δαυειδ] +τρια ετη b'

XXI 1 λιμος] post δαυειδ 1° a: om i*: +εν τη γη oc$_2$e$_2$$𝔖^{j}$: +επι την γην b | ⟨εν] επι 246⟩ | εχομενος] pr ο y: εχομενα h | ενιαυτου] ενιαυτους $e_2$ | om και 2°—κυριου v | εζητησεν—προσωπον] ρημα εζητει δᾱδ̄ (om $z^{mg}$) παρα boz(mg)$c_2e_2$: hab *uerbum* $𝔖^{j}$ | το προσωπον] *uocem* 𝔈 | om του MNabgijnoyz(mg)$b_2c_2e_2$ | επι 1°—ου] *propter Saul et propter sanguines* (*uiros* codd) *domus eius est iniuria ista quod* 𝔄 | αδικια BAxa$_2$] om z(mg): pr η MNz(txt) rell: η αδικια αυτη Chr | δια—αιματων] ⟨αυτου 246⟩: om MNagivyb$_2$ℭ | δια το αυτον] εν defj–np–twz(txt) | το 2°] του ο | αυτον—εθανατωσεν] θανατω αιματων θανατωσαι αυτον (om $z^{mg}$) bz(mg)$c_2e_2$: θανατωσαι αυτον ο Chr | αυτον] αυτο εν h | αιματων] +αυτου defhj–np–twz(txt) | γαβαονιτας v

2 και 1°—γαβαωνειτας] pr ※ 𝔄-ed: om a 𝔄-cod | ο βασιλευς] post δαυειδ x𝔈: om ga$_2$ | δαυειδ] om boc$_2$e$_2$: +ιη̅λ $a_2$* | προς bis scr a | γαβαωνιαι a | ουχ—εισιν] ουκ ησαν εκ των υιων ιη̅λ boc$_2$e$_2$$𝔖^{j}$(uid) Thdt | ουχι Aahya$_2$ | υιοι 1°] pr οι h: om $a_2$ | om οτι MNad–gi–np–wyzb$_2$𝔄𝔈 | αλλ—αμορραιου] απο των καταλοιπων των (om Thdt) αμορραιων (αμμοραιων *b*) ησαν boc$_2$e$_2$ Thdt | om η N | αιματος] λειμματος fxℭ: ελειμματος m: ελλειμματος e*: ελειμαιματος w | om του 2° A | αμορραιου] αμωρραιου gm: αμοραιου xzℭ: αμμοραιου e | om και 4°—αυτοις x | om οι 2° gl*z(mg) | αυτοις] ⟨αυτους 74⟩: *Deo* 𝔄-codd: +μη απολεσαι αυτους boz(mg)$c_2e_2$$𝔖^{j}$ Thdt | και 5°—ιουδα sub ο' j | om και 5°—αυτους 2° *b*(txt) | εζητησεν σαουλ παταξαι] εστησε σαουλ του συντελεσαι b'*b*(mg)oz(mg)$c_2e_2$ | παταξαι] pr του Thdt: ⟨παραταξαι 71⟩ | αυτους 2°] αυτον Ax | εν—υιους] *in zelo filiorum* $𝔖^{j}$ | ζηλωσαι—υιους] ζηλω του oz(mg)$c_2e_2$: ζηλω b | αυτον] αυτους dglp–tz(txt): om a | ⟨τοις υιοις 244⟩ | om ισραηλ 3° j | ιουδα] pr του oz(mg)$c_2$: pr τω bc$_2$

3 γαζαωνιτας a | ⟨om εν 74⟩ | εξιλασωμαι Bg] εξιλασομαι AMN rell Thdt | ευλογησετε] ευλογησατε MNad–gj–np–wyz*$b_2$: ευλογησεν i(uid): ευλογησαι xa$_2$

4 ειπαν] ειπον $M^{a?}$abd–goc$_2$e$_2$: ειπεν M* | γαβαωνειται] γαβαονιται v: γαβωνιται a | εστιν 1°] εσται $a_2$ | αργυριον και χρυσιον] *aurum et* (*neque* $𝔖^{j}$) *argentum* 𝔈$𝔖^{j}$ | και 2°] η b': ουδε *b*oc$_2$e$_2$ℭ Thdt | μετα του οικου] *in domo* 𝔄: ⟨om μετα 71⟩ | ανηρ θανατωσαι] θανατωσαι (+αυτον b') ανδρα boc$_2$e$_2$$𝔖^{j}$ Thdt | ανηρ] post θανατωσαι x: ανδρα z(mg) | θανατωσαι] ⟨θανατωσεως 64.71⟩: θανατω $a_2$ | εν BAxa$_2$ℭ] εξ h𝔄𝔈$𝔖^{j}$: εκ παντος MN rell Thdt | ειπεν] ⟨+δαυιδ 246⟩: +αυτοις Aboc$_2$e$_2$𝔈(uid): +*Dauid eis* ℭ | υμεις λεγετε] υμεις θελετε *b*ioz(mg)$c_2e_2$: θελετε υμεις b': om υμεις 𝔄𝔈 | ποιησω] pr τι N𝔈

5 ειπαν] ειπον a–fjoxc$_2$e$_2$: ειπεν A | συνετελεσεν BAxa$_2$𝔈] ο συντελεσας boc$_2$e$_2$ Thdt: pr ος MN rell 𝔄ℭ | εφ BAxa$_2$ℭ𝔈] om MN rell 𝔄 Thdt | om και εδιωξεν ημας fh | εδιωξεν] διωξας boc$_2$e$_2$ Thdt: διωξατε x: ελογισαro d | ⟨om ημας 2° 71⟩ | ος BAhi𝔄-ed] pr *uir* 𝔄-codd: pr και bc$_2$e$_2$ Thdt: ως x: και ως oa$_2$𝔈: και MN rell ℭ | ελογισατο MNad–gj–np–wyzb$_2$𝔄𝔈 |

23 επι του φελεθθει] θ' επι των δυνατων M 24 ιωσαφαθ] ιωαδ M | αχειλουθ] αχιθαλαμ M
25 ιησους] ισουας M 26 και—δαυειδ] σ' ειρας δε ο ειαριτης ην ιερευς τω δᾱδ̄ και ιωδαε ο ιεθερ ην ιερευς τω δᾱδ̄ j
XXI 2 και 4°—ιουδα] σ' των δε υιων ιη̅λ ομοσαντων αυτοις επεχειρησε σαουλ παταξαι αυτους ζηλωσας υπερ των υιων ιη̅λ και ιουδα j | και 5°—ιουδα] α' και εζητησεν σαουλ του πληξαι αυτους εν τω ζηλωσαι αυτον τοις υιοις ιη̅λ και ιουδα θ' και εστησεν σαουλ συντελεσαι αυτους εν τω ζηλωσαι τους υιους ιη̅λ και του ιουδα j

γίσατο ἐξολεθρεῦσαι ἡμᾶς· ἀφανίσωμεν αὐτὸν τοῦ μὴ ἑστάναι αὐτὸν ἐν παντὶ ὁρίῳ Ἰσραήλ. B
6 [6]δότω ἡμῖν ἑπτὰ ἄνδρας ἐκ τῶν υἱῶν αὐτοῦ, καὶ ἐξηλιάσωμεν αὐτοὺς τῷ κυρίῳ ἐν Γαβαὼν Σαοὺλ
7 ἐκλεκτοὺς Κυρίου. καὶ εἶπεν ὁ βασιλεύς Ἐγὼ δώσω. [7]καὶ ἐφείσατο ὁ βασιλεὺς ἐπὶ Μεμφιβόσθε
υἱὸν Ἰωναθὰν υἱοῦ Σαοὺλ διὰ τὸν ὅρκον Κυρίου τὸν ἀνὰ μέσον αὐτῶν καὶ ἀνὰ μέσον Δαυεὶδ καὶ
8 ἀνὰ μέσον Ἰωναθὰν υἱοῦ Σαούλ. [8]καὶ ἔλαβεν ὁ βασιλεὺς τοὺς δύο υἱοὺς Ῥεσφὰ θυγατρὸς Αἰὰ
οὓς ἔτεκεν τῷ Σαούλ, τὸν Ἑρμωνοεὶ καὶ τὸν Μεμφιβόσθε, καὶ τοὺς πέντε υἱοὺς Μιχὸλ θυγατρὸς
9 Σαοὺλ οὓς ἔτεκεν τῷ Σερεὶ υἱῷ Βερζελλεὶ τῷ Μωουλαθεί, [9]καὶ ἔδωκεν αὐτοὺς ἐν χειρὶ τῶν
Γαβαωνειτῶν, καὶ ἐξηλίασαν αὐτοὺς ἐν τῷ ὄρει ἔναντι Κυρίου, καὶ ἔπεσαν οἱ ἑπτὰ αὐτοὶ ἐπὶ τὸ
αὐτό· καὶ αὐτοὶ δὲ ἐθανατώθησαν ἐν ἡμέραις θερισμοῦ ἐν πρώτοις, ἐν ἀρχῇ θερισμοῦ κριθῶν.
10 [10]καὶ ἔλαβεν Ῥεσφὰ θυγάτηρ Αἰὰ τὸν σάκκον καὶ ἔπηξεν αὐτῇ πρὸς τὴν πέτραν ἐν ἀρχῇ θερισμοῦ
κριθῶν ἕως ἔσταξεν ἐπ' αὐτοὺς ὕδωρ ἐκ τοῦ οὐρανοῦ, καὶ οὐκ ἔδωκεν τὰ πετεινὰ τοῦ οὐρανοῦ
11 καταπαῦσαι ἐπ' αὐτοὺς ἡμέρας καὶ τὰ θηρία τοῦ ἀγροῦ νυκτός. [11]καὶ ἀπηγγέλη τῷ Δαυεὶδ ὅσα

5 εξολοθρευσαι B? 9 γαβαωνιτων A | εξιλιασαν A | κρειθων B* 10 κρειθων B*

AMNabd–jl–qstv–$c_2e_2$𝔄ℭ$^{w}$𝔈(𝔏$^{v}$)

⟨εξολεθρευσαι] pr του 246: post ημας 3° 44⟩ | αφανισομεν efms wz$e_2^{a}$(uid) Thdt | εσταναι] καθιστασθαι b' Thdt: αντικαθιστασθαι *b*j(mg)$c_2e_2$: αντικαθησασθαι o | om αυτον 2° *b*o$c_2e_2$ | εκ παντος οριου v

6 δοτω—ανδρας] και (om 𝔄) δοθητωσαν ημιν επτα ανδρες bo$c_2e_2$𝔄 Thdt | δοτω Bhx] οτε a: δοτε AMN rell ℭ: *da* 𝔈 | ανδρας επτα d | om εκ g | αυτου] αυτων b' | hab και 1°—κυριω 𝔏$^{v}$ | εξηλιασωμεν] λια ex corr N: εξηλιασομεν el$^{a?}$w: *sublimabimus* 𝔏$^{(1)}$: εξιλιασομεν m(mg): ⟨εξηλιωσωμεν 44⟩: εξαλιασωμεν a: εξηλιασομαι x: εξιλασωμεν gsvy$a_2$: εξηλασομεν M(txt): εξιλασομεν fl*(uid)m(txt)qt: εξιλασωμεθα b'o: εξιλασομεθα M(mg)*b*$c_2e_2$𝔏$^{(2)}$ Thdt | αυτους] εν αυτοις M(mg)bo$c_2e_2$𝔏$^{(2)}$ Thdt | ⟨om τω κυριω 98⟩ | γαβαων BAxℭ𝔈] γαβαω m(mg)$a_2$: *Gabaa* 𝔄: βουνω defhlm(txt)p–tz: γαβαω βουνω w: τω βουνω (sub θ' j) MN rell Thdt | σαουλ] pr του *b*$c_2e_2$ Thdt: pr τω M(mg)b'o: ⟨om 244⟩ | εκλεκτους] εκλεκτος Ax: εκλεκτου $a_2$ ℭ(uid)𝔈(uid): εκλεκτον i | κυριου] $\overline{κω}$ defj$b_2$: τω $\overline{κω}$ M(mg) bgoxz$c_2e_2$ Thdt: om i | ο βασιλευς] *Dauid* ℭ | δωσω] + υμιν boz$c_2e_2$𝔄ℭ𝔈(uid)

7 εφεισατο] περιεποιησατο boz(mg)$c_2e_2$ | επι] τον boz(mg) $c_2e_2$: om v | μεμφιβοσθε] μεμφιβοσθαι Afg$a_2$: μεμφιβααλ bo$c_2e_2$𝔖$^{j}$ | om υιον—σαουλ 1° ℭ | υιον] υιων N*h*o: υιω N$^{a?}$: ⟨υιου 246⟩ | om υιου σαουλ 1° s | υιου 1°] υιον A | om κυριου a | τον 2°] των am: ον ωμοσαν (-σεν $c_2$) boz$c_2e_2$ | ανα 1°—σαουλ 2°] *inter Ionathan filium Saul et inter Dauid* 𝔄 | αυτων] εαυτων $c_2$: αυτω v | om και 2°—δαυειδ w$a_2$ℭ | om και 2° *b*oz$c_2e_2$𝔈 | om και 3°—σαουλ 2° d | om ανα μεσον 3° x | om υιου σαουλ 2° x

8 ο βασιλευς] ιωναθαν A: ⟨+ δαυιδ 246⟩ | ρεσφα] ραισφα h: ρεσφας MNabginoy$a_2$–$e_2$: ρεσφεν v: ροφα x: ρεφφαθ A | αια BANox$a_2c_2e_2$𝔄ℭ𝔈] ασαια b: λια (ολια v) παλλακης σαουλ av: ⟨αιας παλλακης σαουλ 246⟩: + παλλακης (πολλ- n: -κις j) σαουλ M rell | om σαουλ 1°—τω 2° w | τον ερμωνοει] *Hermonesthe* 𝔈 | ερμωνοει B] ερμονθι Mfgimsvz$a_2$𝔄: ερμωνιθει x: ⟨ερμονοθι 236⟩: ερμωθει hjℭ: ερμοθι e: ερμωνει y: ερμωνιει A: αχι bo$c_2e_2$ 𝔖$^{j}$(mg): ερμωνθι N rell | τον μεμφιβοσθε] *Iebusthe* (*-thee* codd) 𝔄 | μεμφιβοσθε] μεμφιβοσθαι Af$a_2$: μεμφειβασθε $c_2$: αμφιβοσθε x: ⟨μεμφιθε 71⟩ | om πεντε x | om υιους 2° e | μιχολ B] μελχολ Ahvx$a_2$: της μελχολ emqsty(λχολ sup ras y$^{b}$) z(mg): της μελχωλ f: *Melchol* 𝔄-codd ℭ𝔈$^{a}$: της ζελχων a: μεροβ i: μερωβ ⟨246⟩𝔄-ed: της μερομ Mg: της μεροβ Nz(txt) rell: *Merob* 𝔈$^{s}$𝔖$^{j}$ | om θυγατρος σαουλ ⟨98⟩𝔈 | ους ετεκεν] τους τεχθεντας bo$c_2e_2$ | σερει B] *Esri* ℭ: εζρι b$c_2e_2$: εσζρει o (ζ ex ρ o$^{a}$): εσδρι Ah𝔈(uid): εζρειμ $a_2$: εσριηλ N: εσιηλ g: εσδριηλ M rell 𝔄 | υιω] υιου o | βερζελλει] βερζελει evx𝔄: βελζελλει $a_2$ | τω μωουλαθει] [illegible] 𝔄: *Za-Mohalathi* 𝔈: om x | τω 3°] του bo$c_2e_2$: *filio* ℭ | μωουλαθει Ba] μοουλαθειτη A: μαουλαθι h$^{b}$: ⟨μοουμαθι 71⟩: μοσυχλαθει $a_2$: μααθει bo$c_2e_2$: μοουλαθι MNh* rell

9 εν χειρι] εις χειρας bo$c_2e_2$𝔄 | εξηλιασαν] εξηλιασεν h*: εξιλεωσαν b: εξηλασαν o*: εξειλασαν v: εξελασαν g: εξειαισαν $e_2$: εξιλασαντο f | αυτους] + οι γαβαωνιται bo$c_2e_2$ Or-gr | εν τω ορει post κυριου bo$c_2e_2$ Or-gr | εναντι] bis scr b'$e_2$: εναντιον AMNad–gj–np–wyz$b_2$ Or-gr: κατεναντι $a_2$ | κυριου] pr του *b*o $c_2e_2$ | επεσαν BAhx$a_2$] pr *ibi* 𝔄: + εκει av: επεσον εκει MN rell | om οι w | αυτοι 1° BAhnx𝔄ℭ] om MN rell | επι] κατα MNabgijnovy$b_2c_2e_2$ | om και 4° MNad–gi–np–wyz$b_2$ | αυτοι δε εθανατωθησαν] *mortui sunt ii* 𝔄𝔈 | αυτοι 2°] ουτοι v | om δε box$c_2e_2$ | om θερισμου 1°—αρχη e* | θερισμου εν πρωτοις] ζειων M(mg)bo$c_2e_2$: om εν πρωτοις 𝔈 | πρωτη x(uid) | om εν 5° A | αρχη] ημεραις $a_2$ | θερισμου 2°] θερισμων dlp–t

10 ρεσφα] ραισφα h: *Resefa* 𝔄-cod | αια] λια av: εα z$^{a?}$: αιας n: αια (ασαια *b*: ασαι + ras 1 lit b') η (om 44) παλλακη σαουλ bo$c_2e_2$⟨44⟩ | τον σακκον] hab *sagum* 𝔏$^{v}$ | και 2°] ον x | επηξεν αυτη] *iecit super eos* 𝔄 | επηξεν BAM(mg)$a_2$ℭ] επηξαν x: εστρωσεν beo$c_2e_2$: *pandit* 𝔈: διεστρωσεν M(txt)N rell | αυτη BAx$a_2$] pr αυτον εν $e_2$: αυτον d: αυτον εαυτη bno: εαυτον εαυτη $c_2$: αυτον αυτω i: ⟨αυτον αυτοις 246⟩: om 𝔈: pr αυτον MN (ο ex ω) rell | προς την πετραν BAhx$a_2$] εν τη πετρα g𝔄𝔈: om v: επι την πετραν MN rell | εν αρχη] απ αρχης bo$c_2e_2$ | ⟨θερισμων 44⟩ | om εως—νυκτος v* (spat relict) | εως] ως $a_2$: om Mns: + ου bg$^{a?}$o$c_2e_2$: + του g* | εσταξεν] εσταξαν Mad–gjlmpstyz$b_2$: εταξαν q | επ αυτους 1°] post υδωρ Ax𝔈: om bo $c_2e_2$ | hab υδωρ—ουρανου 1° 𝔏$^{v}$ | υδωρ BAx$a_2$𝔄𝔈] + $\overline{θυ}$ h𝔏: υδατα (+ τα v$^{b}$: + εκ του i) $\overline{θυ}$ MNv$^{b}$ rell | εκ του BAhv$^{b}$x$a_2$] ⟨απο του 244⟩: απ j$b_2$: εξ MN rell | om και 3°—ουρανου 2° a | om ουκ v$^{b}$ | εδωκεν] ⟨εδωκαν 246⟩: αφηκε boz(mg)$c_2e_2$: *sinebat* 𝔄 | καταπαυσαι] καθισαι boz(mg)$c_2e_2$ | επ 2°] ετη a | hab και 4°—(11) δαυειδ 𝔏$^{v}$ | και 4°] ουδε boz$c_2e_2$𝔄ℭ𝔏 | του αγρου] επ αυτους $a_2$

11 και 1°—σαουλ post γιγαντων boz$c_2e_2$𝔏(uid) | απαγγελει a | οσα BAhix$a_2$𝔄] pr παντα MN rell 𝔈: ⟨παντα α 64⟩ | ρεσφω x |

6 και 1°—κυριω] σ' ινα κρεμασωμεν αυτους επι του $\overline{κυ}$ α' και αναπηξωμεν αυτους τω $\overline{κω}$ θ' και εξηλιασωμεν αυτους τω $\overline{κω}$ j | και εξηλιασωμεν] α' και αναπηξομεν M | εξηλιασωμεν] α' αναπηξωμεν z: σ' ανακρεμασωμεν M | εν γαβαων σαουλ] ο' α' σ' εν γαβαων σαουλ j

9 εξηλιασαν] α' εξιλεωσαν j: α' ανεπηξαν Thdt

B ἐποίησεν Ῥεσφὰ θυγάτηρ Αἰὰ παλλακὴ Σαούλ· καὶ ἐξελύθησαν, καὶ κατέλαβεν αὐτοὺς Δὰν υἱὸς
Ἰωὰ ἐκ τῶν ἀπογόνων τῶν γιγάντων. [12]καὶ ἐπορεύθη Δαυεὶδ καὶ ἔλαβεν τὰ ὀστᾶ Σαοὺλ καὶ τὰ 12
ὀστᾶ Ἰωναθὰν τοῦ υἱοῦ αὐτοῦ παρὰ τῶν ἀνδρῶν υἱῶν Ἰαβεὶς Γαλαάδ, οἳ ἔκλεψαν αὐτοὺς ἐκ τῆς
πλατείας Βαίθ, ὅτι ἔστησαν αὐτοὺς ἐκεῖ οἱ ἀλλόφυλοι ἐν ἡμέρᾳ ᾗ ἐπάταξαν οἱ ἀλλόφυλοι τὸν
Σαοὺλ ἐν Γελβοῦε. [13]καὶ ἀνήνεγκεν ἐκεῖθεν τὰ ὀστᾶ Σαοὺλ καὶ τὰ ὀστᾶ Ἰωναθὰν τοῦ υἱοῦ αὐτοῦ, 13
§ ℭ$^c$ καὶ συνήγαγεν τὰ ὀστᾶ τῶν ἐξηλιασμένων. §[14]καὶ ἔθαψαν τὰ ὀστᾶ Σαοὺλ καὶ τὰ ὀστᾶ Ἰωναθὰν 14
τοῦ υἱοῦ αὐτοῦ καὶ τῶν ἡλιασθέντων τῶν ἐν γῇ Βενιαμεὶν ἐν τῇ πλευρᾷ ἐν τῷ τάφῳ Κεὶς
τοῦ πατρὸς αὐτοῦ, καὶ ἐποίησαν πάντα ὅσα ἐνετείλατο ὁ βασιλεύς· καὶ ἐπήκουσεν ὁ θεὸς τῇ γῇ
μετὰ ταῦτα.

[15]Καὶ ἐγενήθη ἔτι πόλεμος τοῖς ἀλλοφύλοις μετὰ Ἰσραήλ· καὶ κατέβη Δαυεὶδ καὶ οἱ παῖδες 15
αὐτοῦ μετ᾽ αὐτοῦ καὶ ἐπολέμησαν μετὰ τῶν ἀλλοφύλων· καὶ ἐπορεύθη Δαυείδ. [16]καὶ Ἰεσβὶ ὃς ἦν 16
ἐν τοῖς ἐκγόνοις τοῦ Ῥαφά, καὶ ὁ σταθμὸς τοῦ δόρατος αὐτοῦ τριακοσίων σίκλων ὁλκῇ χαλκοῦ, καὶ
αὐτὸς περιεζωσμένος κορύνην, καὶ διενοεῖτο πατάξαι τὸν Δαυείδ. [17]καὶ ἐβοήθησεν αὐτῷ Ἀβεσσὰ 17
υἱὸς Σαρουίας, καὶ ἐπάταξεν τὸν ἀλλόφυλον καὶ ἐθανάτωσεν αὐτόν· τότε ὤμοσαν οἱ ἄνδρες Δαυεὶδ
λέγοντες Οὐκ ἐξελεύσῃ ἔτι μεθ᾽ ἡμῶν εἰς πόλεμον, καὶ οὐ μὴ σβέσῃς τὸν λύχνον Ἰσραήλ. [18]Καὶ 18

12 πλατιας A    17 εις B$^{a?b?}$] ει B*

AMNabd–jl–qstv–c$_2$e$_2$𝔄ℭ$^{(c)w}$𝔈(𝔏$^v$)

αια] αειλα: λια v: ια c$_2$*: ασαι b | παλλακη] pr η bozc$_2$e$_2$: ⟨παλλακις 98⟩ | και 2°—γιγαντων] sub — c$_2$𝔄-codd(uid): om MNad eg–lnp–vy*b$_2$𝔈 | om και εξελυθησαν x | κατελαβεν] ελαβεν Or-gr: *sustulit* 𝔏 | om αυτους x | ᾿ιωα] ιωλ x: ιωας bozc$_2$e$_2$𝔄: *Ioaz* 𝔏: ιωαβ a$_2$ | εκ των απογονων] *qui fuit ex genere* 𝔏: om εκ Or-gr

12 ⟨om τα οστα 2° 44.64.71⟩ | ωναθαν g* | αυτου] σαουλ a | om ανδρων 𝔈 | υιων BANhnxa$_2$𝔈] om M rell 𝔄ℭ | αβεις x | γαλααδ] γαλααλ *b*: γαβααλ v | οι εκλεψαν] εκλεψεν dp: των κλεψαντων boc$_2$e$_2$ | οι 1°] *et* 𝔈 | εκλεψαν] εβλεψαν g: εθαψαν A | αυτους 1°] αυτων b′ | εκ της πλατειας BAhxa$_2$𝔄ℭ𝔈] ⟨εκ του τοιχου 246⟩: απο του τειχους MN rell 𝔖$^j$(mg) | βαιθ B] βεθσαν Ncfhv: βηθσαν Axℭ: *Bethsan* 𝔄: ܒܝܬܫܢ 𝔖$^j$: βαισσθαν b: *Bedsan* 𝔈: βεσσαν a$_2$: βαιθσαν M rell: ⟨om 242⟩ | οτι—αλλοφυλοι 1° BAhxa$_2$(om εκει)𝔄ℭ𝔈] κρεμασαντων αυτους (-των b) εκει των αλλαφυλων MNe (αν αυτους—κρεμασαντων sup ras et in mg e$^a$) rell: ⟨κρεμασαντων αυτους των αλλοφυλων εκει 246⟩ | εν ημερα η] γειρασι a$_2$ | εν 1°] pr ην a | ημερα η] pr τη boc$_2$e$_2$: ημεραις η msw: ημεραις αις f | επαταξαν] επαταξεν m*: + αυτον Ax | οι 3°—σαουλ 2°] *eos alienigenae* 𝔄 | οι αλλοφυλοι 2°] post σαουλ 2° w: om οι y | εν γελβουε τον σαουλ A | τον] του a | σαουλ 2°] σαριν x | γελβαυε] ⟨γελβους 71⟩: γεβουε a$_2$

13 ανηνεγκεν] ανηνεγκαν dl: + δᾱδ bc$_2$e$_2$ | εκειθεν] + δᾱδ o | ⟨σαουλ—αυτου] αυτων 44⟩ | τα οστα 2°] om x: om οστα o | του υιου αυτου] om x: om του z | ⟨συνηγαγεν τα οστα] παντων 242⟩ | συνηγαγεν] συνηγαγον v: ⟨om 44⟩ | om τα 3°—(14) αυτου 1° 𝔄 | εξηλιασμενων] εξιλεασμενων b: εξιλησμενων a$_2$: εξηλασμενων o*t: εξιλασμενων f: ηλιασμενων x: εξηλιασθεντων z(mg)

14 εθαψεν Abefnowc$_2$e$_2$ℭ𝔈𝔖$^j$ | τα 1°—ηλιασθεντων] αυτα xℭ$^c$: ⟨om 71⟩ | σαουλ—οστα 2° bis scr w | om τα οστα 2° bd oe$_2$ | om του υιου αυτου boc$_2$e$_2$𝔖$^j$ | ⟨om και των ηλιασθεντων 242⟩ | των 1° BAha$_2$𝔄] pr παντων de: pr τα οστα παντων flm p–twz: pr τα οστα MN rell ℭ𝔈 | ηλιασθεντων] ιλασθεντων f: εξηλιασθεντων egoc$_2$e$_2$: εξιλεασθεντων b: ηλιασμενων N | om των 2° AMNabeg–jnovxya$_2$–e$_2$𝔄ℭ𝔈𝔖$^j$ | γη 1°] pr τη Aboc$_2$e$_2$ | βενιαμειν] βενιαμην g: βενιαμειμ b$_2$: βεννιαμιν m | εν 2°—πατρος] *in sepulcro quod est prope ad Cis patrem* 𝔄 | επι της πλευρας x | εν τω ταφω] του ταφου MNabdgijln–vxyzb$_2$c$_2$e$_2$ ℭ𝔈𝔖$^j$ | αυτου 2°] σαουλ nvx: + *et ibi sepulti sunt* 𝔄 | om και 4°—βασιλευς ℭ$^c$ | παντα] pr κατα boc$_2$e$_2$: τα N* | οσα] α oc$_2$e$_2$ | επηκουσεν—γη 2°] εξιλασατο (εξειλατο e$_2$) ο θ̄ς την γην boc$_2$e$_2$ | om ο 2° N | ⟨τη γη] post ταυτα 246: της γης 242⟩

15 εγενηθη] εγεννηθη a: εγενετο boc$_2$e$_2$ | ετι] ⟨post πολεμος 246⟩: om eℭ | τοις] pr εν a$_2$ | μετα 1°] προς boc$_2$e$_2$ | παιδες] ανδρες boc$_2$e$_2$𝔖$^j$ | μετα των αλλοφυλων] τους αλλοφυλους boc$_2$e$_2$ | επορευθη B] εξεληλυθη i: εξελυθη AMN rell 𝔄ℭ𝔈𝔖$^j$(uid): hab γενομενος εκλυτος Jos: ⟨εξηλθε 246⟩

16 ιεσβι—ραφα] *congressi sunt populus cum populo Rafa et uenit unus aduersus Dauid* 𝔈 | ιεσβι] ⟨ιεσβη 44⟩: ιεσβιθ y: *Asbi* ℭ$^c$: ιεβει εν νοβ x: *Abesa* 'ի յեսսէ 𝔄-ed: *Abessa* 'ի եսսեայ 𝔄-codd: δαδου M(txt)Nagin: δαδουκ b$_2$: δαδα v: ⟨δαδαν 246⟩: δαδου ο (om M$^{mg}$b) υιος ιωας M(mg)boc$_2$e$_2$𝔖$^j$: + εν νοβ A | om ος ην oc$_2$e$_2$𝔄-codd | ος BAbh*xa$_2$𝔄-ed ℭ] εις MNh$^{b?}$ rell 𝔖$^j$ | εν—ραφα] hab αραφου παιδος . . . απογονος των γιγαντων Jos | εν τοις εκγονοις (εγκ- x: εγγ- a$_2$) BAhxa$_2$ℭ] εκ των απογονων MN rell 𝔄𝔖$^j$ | του ραφα BAxa$_2$𝔄] του ραφαειμ h*: του ραφαειν h$^{b?}$: των γιγαντων ραφαιν fmw: των γιγαντων MN rell 𝔖$^j$: *Rafan* (*Resfan* ℭ$^c$) *e filiis gigantum* ℭ | om και 2° o | ⟨om ο 74⟩ | hab τριακοσιων—κορυνην 𝔏$^v$ | σικλων] pr σταθμου e$_2$: σιτλων x: σικλου o | ολκη χαλκου] χαλκου ολκης a: ⟨ολκους 236.242⟩: *argenti* ℭ$^c$ | ολκη BNh*xa$_2$𝔖$^j$] om boc$_2$e$_2$ 𝔈𝔏: ολκης AMh$^{b?}$ rell | χαλκου sup ras e$^a$ | αυτος] ουτος bo c$_2$e$_2$: om 𝔏$^{(1)}$ | κορυνην] παραζωνην M(mg)b′*b*(txt)oc$_2$e$_2$: *parazonium* 𝔏$^{(1)}$: *spatha* 𝔏$^{(2)}$: ξιφος κορυφην a: *gladium* 𝔄: *loricam ferri* 𝔖$^j$ | om και 4° o | παταξαι BAhxa$_2$] pr του MN rell

17 εβοηθησεν αυτω] εσωσε τον δᾱδ boc$_2$e$_2$ | εβοησεν hx𝔈 | αυτω] *Dauid* 𝔄 | ⟨αβεσσα υιος σαρουιας] υιος σαρουιας αβεσσα και εσωσεν αυτον 71⟩ | αβεσσα] αβεσα eq*z: *Abisa* ℭ𝔈: αβεσαει x: αβισαει A: αμεσα d | om υιος σαρουιας s | σαρουιας BAMgia$_2$ℭ] σαρουια bdoc$_2$e$_2$: ρουιας x: σαρουια και εσωσεν αυτον αβεσσα N rell ⟦σαρουια] σαρουιας N$^{a?}$ahjnyb$_2$: αρουιας N* | αυτω b$_2$ | αβεσσα] αβεσα ez: + υιος σαρουιας και εσωσεν αυτω αβεσσα a⟧: + *et eripuit Dauid* 𝔖$^j$ | ⟨τον 1°—αυτον] και εθανατωσε τον αλλοφυλον 246⟩ | ωμοσεν ga$_2$* | ⟨εξελευσεται 246⟩ | ετι] post πολεμον 𝔖$^j$: post ημων MNabjnovya$_2$–e$_2$: om g | ⟨om εις πολεμον 64⟩ | σβεσης] σκεδασης z(mg) | λυχνον ισραηλ] οικον ι̅η̅λ και λυχνον a$_2$ | ισραηλ] μου A

16 σικλων] σταθμων j | κορυνην] α′ κενην σ′ μαχαιραν θ′ παραζωνην j

ἐγενήθη μετὰ ταῦτα ἔτι πόλεμος ἐν Γὲθ μετὰ τῶν ἀλλοφύλων· τότε ἐπάταξεν Ὀεβοχὰ ὁ Ἀστα- B
19 τωθεὶ τὸν Σὲφ τὸν ἐν τοῖς ἐκγόνοις τοῦ Ῥαφά. [19]καὶ ἐγένετο ὁ πόλεμος ἐν Ῥὸμ μετὰ τῶν ἀλλο-
φύλων· καὶ ἐπάταξεν Ἐλεανὰν υἱὸς Ἀριωργεὶμ ὁ Βαιθλεεμμείτης τὸν Γοδολίαν τὸν Χετταῖον, καὶ
20 τὸ ξύλον τοῦ δόρατος αὐτοῦ ὡς ἀντίον ὑφαινόντων. [20]καὶ ἐγένετο ἔτι πόλεμος ἐν Γέθ· καὶ ἦν ἀνὴρ
Μαδών, καὶ οἱ δάκτυλοι τῶν χειρῶν αὐτοῦ καὶ οἱ δάκτυλοι τῶν ποδῶν αὐτοῦ ἓξ καὶ ἕξ, εἴκοσι
21 τέσσαρες ἀριθμῷ· καί γε αὐτὸς ἐτέχθη τῷ Ῥαφά. [21]καὶ ὠνείδισεν τὸν Ἰσραήλ, καὶ ἐπάταξεν
22 αὐτὸν Ἰωναθὰν υἱὸς Σεμεεὶ ἀδελφοῦ Δαυείδ. [22]οἱ τέσσαρες οὗτοι ἐτέχθησαν ἀπόγονοι τῶν
γιγάντων ἐν Γὲθ τῷ Ῥαφὰ οἶκος, καὶ ἔπεσαν ἐν χειρὶ Δαυεὶδ καὶ ἐν χειρὶ τῶν δούλων αὐτοῦ.

XXII 1 [1]Καὶ ἐλάλησεν Δαυεὶδ τῷ κυρίῳ τοὺς λόγους τῆς ᾠδῆς ταύτης ἐν ᾗ ἡμέρᾳ ἐξείλατο αὐτὸν
2 Κύριος ἐκ χειρὸς πάντων τῶν ἐχθρῶν αὐτοῦ καὶ ἐκ χειρὸς Σαούλ. [2]καὶ εἶπεν

18 οεβοχα] signa v l adscr B$^{?}$(mg)
19 χετταιον] signa v l prae se fert B
XXII 1 εξιλατο A

AMNabd–jl–qstv–c$_2$e$_2$𝔄ℭ$^{cw}$𝔈(𝔏$^{v}$)

**18** εγενηθη] εγεννηθη a: εγενετο boc$_2$e$_2$ | μετα ταυτα] post ετι hx: μετ αυτα g | om ετι—(19) και 1° ℭ$^{c}$ | ετι] post πολεμος boc$_2$e$_2$: om a | πολεμος] pr ο fx | εν 1°—αλλοφυλων] μετα των αλλοφυλων εν γαζεθ ([illegible] 𝔖$^{j}$) boc$_2$e$_2$𝔖$^{j}$(txt) | εν γεθ] hab *in Carzel* 𝔏$^{v}$ | γεθ BAhnxa$_2$𝔄𝔈] γαρζελ M: γαρζερ ei: ⟨γαζερ 246⟩: γαρζελ N rell | om τοτε—(19) αλλοφυλων v | οεβοχα ο ασταρωθει] *Abochai filius Astothai* ℭ$^{w}$: [illegible] [illegible] 𝔄-ed: [illegible] [illegible] 𝔄-codd | οεβοχα B] σεβοχαει Ahxa$_2$: σοβοχε di: ⟨σοβοχθι 74⟩: σοβεκχι boc$_2$e$_2$: [illegible] 𝔖$^{j}$: σοβοχαι MN rell: *Semechoi* 𝔈: ⟨σεβολε 246⟩ | ασταρωθει B𝔈] σταρωθει h$^{*}$a$_2$: ασαρωθει x: αουσαστωνθει A: ασονθι f: ασωθθι j: ασωθι Nagh$^{b}$inyb$_2$: ασωθη M: ⟨ασιθι 246⟩: χετταιος bc$_2$e$_2$𝔖$^{j}$ Jos: γχετταιος o: ασωνθι rell | τον 1°—ραφα] τους επισυνηγμενους απογονους (των απογονων boc$_2$e$_2$𝔖$^{j}$: om 44) των γιγαντων MNa–gh(mg)i–op$^{*}$qstwzb$_2$c$_2$e$_2$ ⟨44⟩𝔖$^{j}$: των σαυ απογονους των γιγαντων p$^{b}$: τους αλλοφυλους νους (τους y$^{b}$) απογονους των γιγαντων y | τον σεφ τον] *Seftawi* 𝔈 | σεφ] σεφε A: σεφα x | εν τοις εκγονοις] *ex natis* 𝔄 | εκγονοις] εγγονοις a$_2$: εγκονοις x

**19** ⟨εγενετο ο] ετι εγενετο 246⟩ | ο 1° BAmx] pr ετι fh: om a$_2$ℭ$^{c}$: ετι MN rell 𝔄ℭ$^{w}$ | εν—αλλοφυλων] μετα των αλλοφυλων εν ροβ boc$_2$e$_2$𝔖$^{j}$ | εν ρομ] ερομ h$^{*}$: εντρομος a$_2$ | ρομ Bg𝔈$^{s}$] ρωβ ⟨64⟩𝔄: ροω f: γοβ Ax On: ροβ MNh$^{b}$ rell: *Roob* ℭ: *Room* 𝔈$^{a}$ | επεταξεν A | hab ελεαναν—γοδολιαν 𝔏$^{v}$ | ελεαναν] pr ο N: pr εν h$^{*}$: ελαιαναν a: *Elianan* ℭ$^{w}$: ελλαναν bc$_2$$^{*}$e$_2$: ελαναν o: *Ereanan* ℭ$^{c}$: νεαναν g: *Tuman* 𝔏 | αριωργειμ BAh$^{*}$] αριοργειμ x: αριωργηρ a$_2$: *Ariogim* 𝔄: *Ariogi* 𝔈: *Ariotem* ℭ$^{w}$: ιαλλειμ *b*: αλλειμ b′𝔏: ιαδδειν o: ιεδδειν e$_2$: ιαλδειν c$_2$: [illegible] 𝔖$^{j}$: αρορι a: αωρι n: αρωρι MNh$^{b}$ rell: *Borocan* ℭ$^{c}$ | ο βαιθλεεμμειτης] *Bethlahemitae* 𝔄: υιου του ελεμι (ελεμειτου o) boc$_2$e$_2$: *de domo Helime* 𝔏 | βαιθλεεμμειτης B] βηθλεεμμιτης h: βαιθλεεμιτης My: βεθλεεμιτης Niv b$_2$: βιθλεεμιτης m: βεθλημιτης a$_2$: βαιθλεμιτης g: βελθεεμιτης a: βηθλεεμιτης A rell: *e Bethleem* ℭ | om τον 1° o | γοδολιαν Bhℭ$^{w}$𝔈] γολοδιαν a$_2$: π̄χοδολιας ℭ$^{c}$: γωλιαθ a: γολιαδ fi𝔄: γολιαθ AMN rell 𝔏𝔖$^{j}$ | τον χετταιον] *Gethaeum* 𝔄𝔈 | om τον 2° a$_2$ | χετταιον Biℭ] χεταιον h: ⟨γετταιον 242⟩: γετθαιον Md–gmsw: γεθθαιον AN rell 𝔖$^{j}$(uid) | αυτου] +ην boc$_2$e$_2$ | om ως 𝔖-ap-Barh | αντιον υφαινοντων] hab *saepus textorius* 𝔏$^{v}$ | ⟨αντιον] αντι 98⟩ | υφαινοντος x(uid) 𝔖-ap-Barh

**20** ⟨πολεμος ετι 246⟩ | πολεμος] +μετα των αλλοφυλων boc$_2$e$_2$𝔖$^{j}$ | μαδων BA] μαδωμ a$_2$: *Madion* 𝔄-codd: *Magtion* 𝔄-codd: ⟨εκαδων 246⟩: *e* [illegible] 𝔖$^{j}$(mg): εκ μαδωμ t: εκ μαδαν x: εκ μαλων h$^{*}$(uid): εκ ρααζης M(mg)boc$_2$e$_2$: *e* [illegible] 𝔖$^{j}$(txt): pr εκ M(txt)N(κ int lin N$^{a}$)h$^{b?}$ rell: *nomen* [illegible] 𝔄-ed: *nomen eius Adoni* (*Madoni* ℭ$^{c}$) ℭ: *qui ex Rama et uir Madenaeus* 𝔈 | om των χειρων i | om χειρων—των 2° q | χειρων] ποδων x | om αυτου 1° dpzb$_2$ | om και 4°—αυτου 2° i | om οι δακτυλοι 2° djpvxzb$_2$𝔄ℭ | των ποδων] των χειρων xa$_2$: ⟨om 71⟩ | om αυτου 2° 𝔄 | om και 5° d𝔄 | om εξ 2° A | εικοσι] pr και c$_2$ | τεσσαρες] pr και MNabfgl–xzc$_2$e$_2$𝔄𝔈 | αριθμω] αριθμοι a$_2$: αριθμων g$^{*}$x | γε] γεθ A: om boc$_2$e$_2$ | αυτος] ουτος Aboxc$_2$e$_2$ | ετεχθη τω ραφα] *in gente Rafa natus est* 𝔈: απογονος (om o$^{*}$) τιτανος (-νων b) boc$_2$e$_2$ | ετεθη dl$^{*}$p | ραφα] αραφα v: *Rafin* ℭ$^{c}$

**21** ωνειδισεν] *exprobrabat* 𝔄 | ιωναθαν] ιωναδαβ deflmp–twz (txt)𝔄: om g$^{*}$ | σεμεει BAhxa$_2$ℭ$^{w}$𝔈] *Symei* ℭ$^{c}$: σαμαα bovc$_2$e$_2$𝔄: [illegible] 𝔖$^{j}$: σαμμα a: αμα n: σαμα MN rell: ⟨σαβα 246⟩ | αδελφου] pr του MNad–gi–np–wyzb$_2$

**22** om totum comma ℭ$^{c}$ | οι—απογονοι] τους τεσσαρας τουτους τους τεχθεντας απογονους boc$_2$e$_2$ | οι] οτι ja$_2$𝔈 | om ετεχθησαν A | ⟨απογονοι—οικος] τω ριφα απογονοι των γιγαντων εν γεθ 244⟩ | απογονοι—γεθ post ραφα j | om απογονοι των γιγαντων MNagvyb$_2$𝔄 | εν 1°—οικος] *Rafa in domo in Geth* 𝔄 | εν 1°—ραφα] τω ραγα εν γεθ x | εν γεθ Bba$_2$𝔈] pr των hoc$_2$e$_2$: post οικος MNaginvy$^{*}$b$_2$: post ραφα Ay$^{a?}$ rell | τω ραφα οικος] *in domo Rafa* 𝔈: *domui Rafa* ℭ$^{w}$𝔖$^{j}$ | τω] των i: ⟨υιω 71: om 246⟩ | ραφα—δουλων] οικω ραφα κατεβαλε δα̅δ και οι παιδες boc$_2$e$_2$ | om οικος Adefjlmp–twxy$^{a?}$z | επεσαν BAhixa$_2$] ενεπεσον g: επεσον MN rell | om εν χειρι 2° d | των δουλων] του δουλου v: των παιδων a$_2$

**XXII 1** τω κυριω] post ταυτης boc$_2$e$_2$: τω οικω a$_2$: om ℭ$^{c}$ | ημερα η ANabgnovya$_2$c$_2$e$_2$𝔄 | εξειλετο M*b*d–gh$^{b}$lmp–twz | κυριος] pr ο hoc$_2$e$_2$ | om παντων—χειρος 2° s

**2** om και 1° o | ωδη] αρχη ωδης b$_2$(mg): αρχη της ωδης

20 μαδων] σ′ προμετρος α′ αντιδικος (+η αντιλογιας z) Mjz

B ᾨδή.

Κύριε, πέτρα μου καὶ ὀχύρωμά μου, καὶ ἐξαιρούμενός με ἐμοί·
3ὁ θεός μου φύλαξ ἔσται μου, πεποιθὼς ἔσομαι ἐπ᾽ αὐτῷ· 3
ὑπερασπιστής μου καὶ κέρας σωτηρίας μου, ἀντιλήμπτωρ μου καὶ καταφυγή μου
σωτηρίας μου·
ἐξ ἀδίκου σώσεις με.
4αἰνετὸν ἐπικαλέσομαι Κύριον, 4
καὶ ἐκ τῶν ἐχθρῶν μου σωθήσομαι.
5ὅτι περιέσχον με συντριμμοὶ θανάτου, 5
χείμαρροι ἀνομίας ἐθάμβησάν με·
6ὠδῖνες θανάτου ἐκύκλωσάν με, 6
προέφθασάν με σκληρότητες θανάτου.
7ἐν τῷ θλίβεσθαί με ἐπικαλέσομαι Κύριον, 7
καὶ πρὸς τὸν θεόν μου βοήσομαι,
καὶ ἐπακούσεται ἐκ ναοῦ αὐτοῦ φωνῆς μου,
καὶ ἡ κραυγή μου ἐν τοῖς ὠσὶν αὐτοῦ.
8καὶ ἐταράχθη καὶ ἐσείσθη ἡ γῆ, 8
καὶ τὰ θεμέλια τοῦ οὐρανοῦ συνεταράχθησαν,
καὶ ἐσπαράχθησαν, ὅτι ἐθυμώθη Κύριος αὐτοῖς.
9ἀνέβη καπνὸς ἐν τῇ ὀργῇ αὐτοῦ, 9
καὶ πῦρ ἐκ στόματος αὐτοῦ κατέδεται·
ἄνθρακες ἐξεκαύθησαν ἀπ᾽ αὐτοῦ.
10καὶ ἔκλινεν οὐρανοὺς καὶ κατέβη, 10
καὶ γνόφος ὑποκάτω τῶν ποδῶν αὐτοῦ.

2 εξερουμενος A 3 φυλαξ] + μου B$^{ab}$ (suprascr) | μου 2°] μοι B$^{b}$ | υπερασπιστης B$^{ab}$] υπερασπιτης B* 5 συντρειμμοι B* 6 ωδεινες B*A 7 θλειβεσθαι B* 8 εσισθη A 10 εκλεινεν B*

AMNabd–jl–qstv–c$_2$e$_2$𝔄ℭ$^{cw}$𝔈

δᾱδ w: om ANab'b(txt)d(txt)efg(txt)i(txt)j–op(txt)q(txt)st(txt) xzb$_2$(txt)c$_2$e$_2$𝔄ℭ𝔈: + δᾱδ Md(mg)g(mg)p(mg): + του δᾱδ q(mg) t(mg)y: + προς τον θν̄ του δᾱδ b(mg): '+ ψαλμος ιζ' αγαπησω v | κυριε—εμοι] αγαπησω σε κ̄ε̄ ισχυς μου κ̄σ̄ (κυριε b) στερεων με εκ θλιψεως μου και διασωζων με boc$_2$e$_2$ | κυριε] κ̄σ̄ MNagijnvxyzb$_2$ Or-lat: κ̄ε̄ μου e (ε ex corr e$^{a}$) | om και 3° hℭ | με] μετ g: ⟨om 64.246⟩

3 om μου 1° N𝔄-ed | φυλαξ B*ANx𝔄 Or-lat] πλαστης boc$_2$e$_2$: + μου B$^{ab}$M rell 𝔈(uid) | om εσται Nboc$_2$e$_2$ | μου 2° B*ANboa$_2$c$_2$e$_2$] μοι B$^{b}$M rell 𝔄𝔈 Or-lat | πεποιθως εσομαι επ] σκεπασθησομαι εν boc$_2$e$_2$ | εσωμαι agv | om επ d | αυτον x | υπερασπιστης] οπλον boc$_2$e$_2$ | μου 3°] μοι m | κερας] *tempus* 𝔈 | σωτηριας 1°] pr της e | om αντιλημπτωρ—μου 7° gℭ$^{c}$ | αντιλημπτωρ μου] pr και xa$_2$𝔈: μονωτατος εμοι boc$_2$e$_2$: om μου p: + ει v | om και 2° boe$_2$ | om μου 6° MN$^{a?}$adefhj–np–wyzb$_2$𝔄ℭ | σωτηριας 2°] pr της N: σωτηρια A* (ς suprascr A$^{1}$): σρ̄ι q: και σρ̄ια o𝔈: και σ̄η̄ρ bc$_2$e$_2$ | αδικου] ασεβων boc$_2$e$_2$ | σωσεις] σωσης g: σωσει oc$_2$e$_2$𝔄-ed ℭ𝔈$^{s}$: σωσον v | με] + *Dominus* (*-ne* codd) 𝔄

4 αινων fo | επικαλεσωμαι gv | κυριον] pr τον fox: κ̄σ̄ g* | om και—(7) κυριον p* | εκ] απο boc$_2$e$_2$ | om μου N | σωθησωμαι agv

5 om οτι boc$_2$e$_2$ | με 1°] μοι g | θανατου] υδατων boc$_2$e$_2$: πολλαι y | χειμαρροι BAa$_2$𝔄] pr και MNp$^{b}$ rell ℭ𝔈 | ανομιας] ⟨ανομιων 246⟩: βιαιοι boc$_2$e$_2$ | εθαμβησαν] εξεθαμβησαν defhlm p$^{b}$qstwza$_2$: περιεπνιξαν boc$_2$e$_2$ | με 2°] μοι g

6 om ωδινες—με 1° o | ωδινες] σχοινια bc$_2$e$_2$ | θανατου 1°] αδου b–fjlmp$^{b}$qstwzc$_2$e$_2$ℭ | περιεκυκλωσαν defjlmp$^{b}$qstwz | προεφθασαν] pr και boc$_2$e$_2$ℭ$^{w}$𝔈 | σκληροτητες] post θανατου 2° e: παγιδες boc$_2$e$_2$𝔄ℭ

7 τω θλιβεσθαι με] θλιψει μου boc$_2$e$_2$ | θλιβεσθαι] οδυρεσθαι x | επικαλεσομαι] επικαλεσωμαι N*g: επικαλεσοιμι v: επεκαλεσαμην bnoc$_2$e$_2$ℭ$^{c}$𝔈 | κυριον] pr τον boxc$_2$e$_2$: om v | βοησομαι] βωησωμαι g: εβοησα boc$_2$e$_2$: βοηθησομαι ava$_2$: βοηθησαι μοι d𝔈 | om και 2° deflmp–tw | επακουσεται] επακουσετε A: ηκουσεν boc$_2$e$_2$𝔈 | αυτου 1°] pr αγιου Nbefhmoptwa$_2$𝔄-edℭ𝔈: αγιου ac$_2$*: + αγιου c$_2$$^{a}$e$_2$ | om η h | κραυγης h$^{b}$ | αυτου 2°] μου o

8 και 1°—εσεισθη] επεβλεψε και εσεισθη και εταραχθη boc$_2$e$_2$: *aspexit super terram et commota est* ℭ | και 1°] pr *aspexit* 𝔄 | ⟨εταραχθη] επεβλεψεν 71⟩ | εσεισθη] εσαλευθη n | του ουρανου] της γης i | συνεταραχθησαν] συνεταραχθη boc$_2$e$_2$: εταραχθησαν Av | om και εσπαραχθησαν moℭ$^{c}$ | εσπαραχθησαν BNijnyb$_2$] εταραχθησαν Axa$_2$ℭ$^{w}$(uid): ⟨συνεταραχθησαν 246⟩: *commota sunt* 𝔈: εφωνησεν bc$_2$e$_2$: διεσπαραχθησαν Mz (αχθη sup ras z$^{a}$) rell | αυτοις κ̄σ̄ bhoc$_2$e$_2$𝔄 | αυτοις] pr επ av

9 om τη Na–fjlmo–xy*zb$_2$c$_2$e$_2$ | εκ στοματος] εκ του στοματος h: ⟨απο στοματος 44⟩: απο προσωπου boc$_2$e$_2$ | om αυτου 2° t | κατεδεται] κατεφαγε γην boc$_2$e$_2$: om ℭ$^{c}$ | εξεκαυθησαν] ανηφθησαν boc$_2$e$_2$ | απ] επ s: εξ boc$_2$e$_2$

10 ουρανους] ουν̄ος t: ουν̄ον dflmpqswz | γνοφος] γη g* | υποκατω των ποδων] ⟨υπο των ποδων 74⟩: υπο τους ποδας boc$_2$e$_2$

11 [11]καὶ ἐπεκάθισεν ἐπὶ χερουβεὶν¶ καὶ ἐπετάσθη, B ¶ ℭ[c]
καὶ ὤφθη ἐπὶ πτερύγων ἀνέμου·
12 [12]καὶ ἔθετο σκότος ἀποκρυφῆς αὐτοῦ κύκλῳ αὐτοῦ,
ἡ σκηνὴ αὐτοῦ σκότος ὑδάτων·
ἐπάχυνεν ἐν νεφέλαις ἀέρος.
13 [13]ἀπὸ τοῦ φέγγους ἐναντίον αὐτοῦ
ἐξεκαύθησαν ἄνθρακες πυρός.
14 [14]ἐβρόντησεν ἐξ οὐρανοῦ Κύριος,
καὶ ὁ ὕψιστος ἔδωκεν φωνὴν αὐτοῦ·
15 [15]καὶ ἀπέστειλεν βέλη καὶ ἐσκόρπισεν αὐτούς,
ἀστραπὴν καὶ ἐξέστησεν αὐτούς·
16 [16]καὶ ὤφθησαν ἀφέσεις θαλάσσης
καὶ ἀπεκαλύφθη θεμέλια τῆς οἰκουμένης,
ἐν τῇ ἐπιτιμήσει Κυρίου,
ἀπὸ πνοῆς πνεύματος θυμοῦ αὐτοῦ.
17 [17]ἀπέστειλεν ἐξ ὕψους καὶ ἔλαβέν με,
εἵλκυσέν με ἐξ ὑδάτων πολλῶν·
18 [18]ἐρύσατό με ἐξ ἐχθρῶν μου ἰσχύος,
ἐκ τῶν μισούντων με, ὅτι ἐκραταιώθησαν ὑπὲρ ἐμέ.
19 [19]προέφθασάν με ἡμέραι θλίψεώς μου,
καὶ ἐγένετο Κύριος ἐπιστήριγμά μου·
20 [20]καὶ ἐξήγαγέν με εἰς πλατυσμόν,
καὶ ἐξείλατό με, ὅτι εὐδόκησεν ἐν ἐμοί·
21 [21]καὶ ἀνταπέδωκέν μοι Κύριος κατὰ τὴν δικαιοσύνην μου,
κατὰ τὴν καθαριότητα τῶν χειρῶν μου ἀνταπέδωκέν μοι.

16 επιτειμησει B* 18 ερρυσατο B$^{ab}$A | μεισουντων B* 19 θλειψεως B* 21 καθαρειοτητα B

AMNabd–jl–qstv–c$_2$e$_2$𝔄ℭ$^{(c)w}$𝔈

11 επεκαθισεν] επεκαθισαν e: επεκαθη a: εκαθισεν A: επεβη boc$_2$e$_2$ | χερουβειν Bayℭ] χαιρουβιμ v: χαιρουβημ g: χερουβειμ AMN rell | επι πτερυγων] εν πτερυγω v | ανεμου BMNaiyℭ𝔈] ανεμων A rell 𝔄

12 αποκρυφης Bh*] αποκρυφη b: αποκρυφην AMNh$^b$ rell 𝔄𝔈𝔖$^j$: ⟨αποκρυβην 246⟩: *ante faciem* ℭ | σκοτος 2°—νεφελαις] και (sup ras 4 litt c$_2^a$) εφεισατο υδατων αυτου νεφελαι boc$_2$e$_2$ | σκοτος 2°] pr *et* 𝔄 | υδατος m* | επαχυνεν] επαχυνθη deflmp–wz(txt): om x | εν νεφελαις BAghixa$_2$ℭ] νεφελας Nnz(mg)𝔄: νεφος v: om εν Mz(txt) rell | αερων AMNad–gi–np–zb$_2$𝔄

13 απο του φεγγους] *lux* 𝔄-codd | απο του] εκ boc$_2$e$_2$: om του jb$_2$ | εναντιον αυτου] pr *eius nubes uenerunt* ℭ: αυτου απεναντι e$_2$ | εναντιον] post αυτου a$_2$: απεναντι boc$_2$ | εξεκαυθησαν] διηλθον o: διηλθον χαλαζα και bc$_2$e$_2$

14 εβροντησεν BAhxa$_2$] pr και MN rell 𝔄𝔈 | κυριος] pr ο abfgloya$_2$

15 om και 1° oxc$_2$e$_2$ | εξαπεστειλεν ax | βελη] πετροβολους boc$_2$e$_2$ | διεσκορπισεν boc$_2$e$_2$ | om αστραπην—αυτους 2° dlp* | αστραπην BAhx] pr ηστραψεν ⟨74⟩𝔄: αστραπη a$_2$: και αστραπας p$^b$(uid): ⟨και ηστραψεν αστραπας 242⟩: και ηστραψεν αστραπην εν χαλαζη boc$_2$e$_2$: pr και ηστραψεν (εστ- s) MN rell 𝔈 | εξεστησεν] εξεστησαν a$_2$: εξηχησεν boc$_2$e$_2$: συνεταραξεν p$^b$

16 ωφθησαν] ωφθη b$_2$*: εφοβηθησαν boc$_2$e$_2$ | αφεσεις] αφεσις b$_2$: αβυσσοι x | απεκαλυφθη] ⟨ανεκαλυφθη 71⟩: απεκαλυφθησαν Ndefilmnp–twz | θεμελια] pr τα botc$_2$e$_2$ | om της e | εν τη επιτιμησει] απο απειλης boc$_2$e$_2$𝔄(uid)𝔈(uid) | κυριου] pr του boe$_2$ | απο] pr και boc$_2$e$_2$𝔄𝔈 | πνοης πνευματος θυμου] π̅ν̅ς (+ της e$_2$) οργης *b*oc$_2$e$_2$: της οργης b′: om πνευματος x𝔈$^a$ | ⟨πνευματος πνοης 246⟩

17 απεστειλεν] εξαπεστειλεν aboe$_2$: και εξαπεστειλεν c$_2$ | υψους] ου̅ν̅ου m | ανελαβεν A | ⟨om με 1° 242⟩ | ειλκυσεν] pr και x𝔈: και ανειλατο boc$_2$e$_2$ | om πολλων o

18 ερυσατο] εξειλατο oc$_2$e$_2$: εξειλετο b | εχθρων μου] post ισχυος boc$_2$e$_2$𝔄: ⟨om μου 64.244⟩ | ισχυος] ισχυρος A: ισχυρων vℭ(uid)𝔈(uid) | εκ] pr και bhoc$_2$e$_2$𝔄ℭ𝔈 | εκραταιωθησαν] ισχυον boc$_2$: ισχυεν e$_2$

19 προεφθασεν g* | ημεραι BAa$_2$𝔄ℭ] εν ημερα MN rell 𝔈 | θλιψεως] απωλειας boc$_2$e$_2$ | om και—μου 2° b$_2$ | επιστηριγμα BAhixa$_2$] αντιστηριγμα MN rell

20 om με 1° q* | om και 2° boc$_2$e$_2$ | εξειλατο] εξειλετο Md–gh$^b$lmp–twz: εξεσπασε boc$_2$e$_2$ | ευδοκησεν εν εμοι] ηθελησε με boc$_2$e$_2$ | ⟨ευδοκησαν 242⟩ | εν εμοι] επ εμε x: εν υμην g*

21 ανταπεδωκεν 1°] ανταποδωσει v | om μοι 1° i | om κυριος x | μου 1°] *eius* ℭ | κατα την καθαριοτητα B] δοξαν boc$_2$e$_2$: pr και AMN rell 𝔄ℭ𝔈 | om των boc$_2$e$_2$ | om ανταπεδωκεν 2°—(25) μου 2° dlp | ανταπεδωκεν 2° BAN*h(ε 1° ex corr)xa$_2$𝔈] ανταποδωσει MN$^a$ rell 𝔄 | μοι 2°] om j: + *Dominus* 𝔄

XXII 16 και 1°—θαλασσης] και ωφθησαν αι πηγαι των υδατων z

B 22 ὅτι ἐφύλαξα ὁδοὺς Κυρίου, 22
καὶ οὐκ ἠσέβησα ἀπὸ τοῦ θεοῦ μου·
23 ὅτι πάντα τὰ κρίματα αὐτοῦ κατεναντίον μου, 23
καὶ τὰ δικαιώματα αὐτοῦ, οὐκ ἀπέστην ἀπ᾽ αὐτῶν.
24 καὶ ἔσομαι ἄμωμος αὐτῷ 24
καὶ προφυλάξομαι ἀπὸ τῆς ἀνομίας μου·
25 καὶ ἀποδώσει μοι Κύριος κατὰ τὴν δικαιοσύνην μου 25
καὶ κατὰ τὴν καθαριότητα τῶν χειρῶν μου ἐνώπιον τῶν ὀφθαλμῶν αὐτοῦ.
26 μετὰ ὁσίου ὁσιωθήσῃ, 26
καὶ μετὰ ἀνδρὸς τελείου τελειωθήσῃ·
27 καὶ μετὰ ἐκλεκτοῦ ἐκλεκτὸς ἔσῃ, 27
καὶ μετὰ στρεβλοῦ στρεβλωθήσῃ,
28 καὶ τὸν λαὸν τὸν πτωχὸν σώσεις, 28
καὶ ὀφθαλμοὺς ἐπὶ μετεώρων ταπεινώσεις.
29 ὅτι σὺ ὁ λύχνος μου, Κύριε, 29
καὶ Κύριος ἐκλάμψει μοι τὸ σκότος μου.
30 ὅτι ἐν σοὶ δραμοῦμαι μονόζωνος, 30
καὶ ἐν τῷ θεῷ μου ὑπερβήσομαι τεῖχος.
31 ὁ ἰσχυρός, ἄμωμος ἡ ὁδὸς αὐτοῦ, 31
τὸ ῥῆμα Κυρίου κραταιόν, πεπυρωμένον·
ὑπερασπιστής ἐστιν πᾶσιν τοῖς πεποιθόσιν ἐπ᾽ αὐτῷ.
32 τίς ἰσχυρὸς πλὴν Κυρίου; 32
καὶ τίς κτίστης ἔσται πλὴν τοῦ θεοῦ ἡμῶν;

23 αυτου 2° — απ bis scr B    25 καθαρειοτητα B

AMNabd–jl–qstv–c$_2$e$_2$𝔄ℭ$^b$𝔈

22 om totum comma 𝔈 | εφυλαξαμην bc$_2$e$_2$ | οδους BAN ba$_2$c$_2$c$_2$] pr τας M rell | ⟨κυριου] pr του 246⟩ | ησεβησα] *impius ero* 𝔄: ηνομησα boc$_2$e$_2$ | απο] ενωπιον boc$_2$e$_2$ | θεου] $\overline{κυ}$ o | om μου efqstw

23 κριματα] ⟨ρηματα 242⟩: δικαιωματα boc$_2$e$_2$ | om κατεναντιον — αυτου 2° x | κατεναντιον] εναντιον a$_2$: απεναντι boc$_2$e$_2$: ενωπιον v | τα 2° — αυτων] *ab iustitiis eius non discedam* 𝔄 | δικαιωματα] προσταγματα boc$_2$e$_2$ | απεστην Bx] απεστη h: απεστησα jℭ: απεστησεν z: αποστησεται boc$_2$e$_2$: απεστησαν AMN rell 𝔈 | αυτων BAx] εμου MN rell ℭ𝔈

24 εσωμαι ghv | αμωμος] οσιος boc$_2$e$_2$ℭ | αυτω] αυτου v: αυτων g: μετ αυτου bioa$_2$c$_2$e$_2$𝔈 | προφυλαξομαι] προφυλαξωμαι gw*(uid): φυλαξομαι Nbinoc$_2$e$_2$: φυλαξωμε v

25 ανταποδωσει abnovxc$_2$e$_2$ | om δικαιοσυνην — την 2° v | μου 2°] + δοξασμος μου boc$_2$e$_2$: + ανταποδωσει μοι ⟨236. 242⟩ ℭ𝔈 | ⟨om ενωπιον — αυτου 236. 242⟩ | ενωπιον Bj(txt)va$_2$] εναντιον Ahx: απεναντι MNj(mg) rell | αυτου] αυτ sup ras m$^a$: μου g

26 μετα 1° — τελειωθηση] μετα ελεημονος ελεον ποιησεις (+ και b) μετα ανδρος οσιου (ανδρων οσιων b) οσιωθηση και μετα (+ ανδρος o) αθωου αθωος εση boc$_2$e$_2$ | οσιωθηση] ουσιωθηση a$_2$: οσιος εση pv | om και — τελειωθηση x | τελειου τελειωθηση] αθωου (om 242) αθωος εση deflmp–twz(txt) ⟨242⟩𝔈 | τελειωθηση] τελειος εση MNaginvyz(mg)ℭ: τελειος εση και μετα ανδρος αθωου αθωος εση jb$_2$

27 om και 1° — εση abgv | εκλεκτου bis scr b$_2$ | εση] η a$_2$ | στρεβλωθηση] διαστρεψεις Aboxc$_2$e$_2$

28 και 1° BAhxa$_2$ℭ] + συ a: οτι συ MN rell 𝔄𝔈 | om τον 1° MNad–gi–np–wyzb$_2$ | τον πτωχον BAhxa$_2$𝔄ℭ] τον πραον b: τον πραυν c$_2$e$_2$: τον πραυνον o: ταπεινον MN rell 𝔈 | σωσης ga$_2$ | om και 2° — ταπεινωσεις d | επι μετεωρων] μετεωρον v: υψηλων boc$_2$e$_2$𝔖$^j$: υπερηφανων aefhlmp–twz(txt): *arrogantium* 𝔄ℭ𝔈: om επι z$^{mg}$(uid) | ταπεινωσης ga$_2$*

29 ⟨οτι — μου 1°] και λυχνον μου φωτιεις 44⟩ | συ — μου 1°] *illuminabis oculos meos* 𝔈 | ο λυχνος BAxa$_2$𝔄ℭ] φωτιεις λυχνον MN rell: ⟨ει φωτιεις λυχνον 242⟩ | κυριε] $\overline{κς}$ s* | και] οτι b: om oc$_2$e$_2$𝔈$^s$ | κυριος εκλαμψει] *tu Domine illuminabis* 𝔄 | κυριος Bia$_2$] pr ο MNgjnvyz(mg)b$_2$: + μου Ahx: + ο $\overline{θς}$ μου b: ο $\overline{κς}$ μου z(txt) rell: *Deus meus* 𝔈: om ⟨44⟩ℭ | εκλαμψει — σκοτος] αναλαμψει (-ψεις boc$_2$e$_2$) μοι (om b) εν σκοτει b–flmo–twz(txt) c$_2$e$_2$ | εκλαμψει] *illuminabis* ℭ𝔖$^j$: εκλαμψαι v | om μοι a𝔈 | om μου 2° deflmp–twz(txt)

30 μονοζωνος] μονοζωνως a$_2$: πεφραγμενος boc$_2$e$_2$ | om τω boc$_2$e$_2$ | om μου A | υπερβησομαι τειχος] εξαλουμαι (εξαδ- e$_2$: εξελ- b′) ως μοσχος boc$_2$e$_2$ | υπερβησωμαι gv

31 ο ισχυρος] *Deus meus ualidus* 𝔄ℭ | om ο a$_2$ | ισχυρος] ισαυρος v (σα ex corr uid): $\overline{θς}$ bop$^b$c$_2$e$_2$ | αμωμος] οσια boc$_2$e$_2$ℭ | το ρημα] τα ρηματα a: om το boc$_2$e$_2$ | om κραταιον AMNad–gi–np–zb$_2$ | πεπυρωμενον] πεπυρωμενα a: om boc$_2$e$_2$ | υπερασπιστης] υπερασπιστηρ αυτος b′: + αυτος bc$_2$e$_2$ | πασιν — αυτω] παντων των ευλαβουμενων αυτον (-των c$_2$*e$_2$) boc$_2$e$_2$ | παντων των πεποιθωτων g | πασιν] παντων a$_2$ | επ] εν h | αυτω] αυτου t: αυτων g: αυτον d*exy

32 τις 1° BAxa$_2$𝔄ℭ𝔈] pr διοτι boc$_2$: pr οτι MNb$_2$(uid) rell | ισχυρος BAhxa$_2$𝔄ℭ𝔈] $\overline{θς}$ MNb$_2$(uid) rell | πλην κυριου] *praeter te Domine* 𝔄 | ⟨πλην 1°] παρεξ 246*⟩ | om κυριου — πλην 2° g | κυριου BAa$_2$] pr του $\overline{θυ}$ x: του $\overline{θυ}$ Nb′: pr του $\overline{Mb}$ rell | κτιστης εσται] *est creator* 𝔄 | κτιστης] της q*: om q$^{a?}$ | εσται BAhxa$_2$ℭ(uid)] om MNb$_2$(uid) rell 𝔈

33 [33] ὁ ἰσχυρὸς ὁ κραταιῶν με δυνάμει, B
καὶ ἐξετίναξεν ἄμωμον τὴν ὁδόν μου·
34 [34] τιθεὶς τοὺς πόδας μου ὡς ἐλάφων,
καὶ ἐπὶ τὰ ὕψη ἱστῶν με·
35 [35] διδάσκων χεῖράς μου εἰς πόλεμον,
καὶ κατάξας τόξον χαλκοῦν ἐν βραχίονί μου.
36 [36] καὶ ἔδωκάς μοι ὑπερασπισμὸν σωτηρίας μου,
καὶ ἡ ὑπακοή σου ἐπλήθυνέν με.
37 [37] εἰς πλατυσμὸν εἰς τὰ διαβήματά μου ὑποκάτω μου,
καὶ οὐκ ἐσαλεύθησαν τὰ σκέλη μου.
38 [38] διώξω ἐχθρούς μου καὶ §ἀφανιῶ αὐτούς, § $Z_2$
καὶ οὐκ ἀναστρέψω ἕως συντελέσω αὐτούς·
39 [39] καὶ θλάσω αὐτοὺς καὶ οὐκ ἀναστήσονται,
καὶ πεσοῦνται ὑπὸ τοὺς πόδας μου.
40 [40] καὶ ἐνισχύσεις με δυνάμει εἰς πόλεμον·
κάμψεις τοὺς ἐπανιστανομένους μοι ὑποκάτω μου.
41 [41] καὶ τοὺς ἐχθρούς μου ἔδωκάς μοι νῶτον,
τοὺς μισοῦντάς με, καὶ ἐθανάτωσας αὐτούς.
42 [42] βοήσονται καὶ οὐκ ἔστιν¶ βοηθός· ¶ $Z_2$
πρὸς Κύριον, καὶ οὐχ ὑπήκουσεν αὐτῶν.
43 [43] καὶ ἐλέανα αὐτοὺς ὡς χνοῦν γῆς·
ὡς πηλὸν ἐξόδων ἐλέπτυνα αὐτούς.

34 τα υψη B[ab]] ταψη B* 35 βραχειονι B* 37 πλασυσμον A 40 δυναμι A 41 μεισουντας B* 43 ἐξ ὁδῶν B[b]

AMN($Z_2$)abd–jl–qstv–$c_2e_2$𝔄ℭ[w]𝔈

33 ισχυρος] θς̄ boc$_2$e$_2$: *Dominus* ℭ | om ο 2° j | κραταιων με δυναμει] περιτιθεις μοι δυναμιν boc$_2$e$_2$ | δυναμιν Avy | εξετιναξεν—οδον] διδους οσιοτητα ταις οδοις boc$_2$e$_2$ | εξετιναξεν Ba$_2$] εξετεινεν Ax𝔄(uid)ℭ: εθεντω g*: εθετο MNg[b] rell 𝔖[j] (uid): *complanauit* 𝔈 | αμωμον] *sanctam* ℭ | μου] αυτου a$_2$
34 τιθεις] pr ο x: στηριζων boc$_2$e$_2$ | ποδας—ελαφων] πολεμους εις ελαφους v | ωσει enxya$_2$ | ελαφων] ελαφον yℭ𝔈(uid): ελαφου bhoc$_2$e$_2$ | επι—με] ιστων (-τω e$_2$) με επι τα υψηλα boc$_2$e$_2$ | υψηλα Mad-hlmnp–tw–z
35 διδασκων] pr ο MNabginovyzc$_2$e$_2$ | χειρας] pr τας boc$_2$e$_2$ | και] μη s | καταξας—βραχιονι] ουκ ησθενησε τοξον βραχιονος boc$_2$e$_2$ | καταξας] καταταξας dfh[b]lmp–wz: ταξας xa$_2$: *iussit* 𝔈: *confirmauit* 𝔄 | εν βραχιονι] εις βραχιονα n: επι βραχιονας y: τους βραχιονας A𝔄: om εν 𝔈(uid)
36 εδωκεν Nv𝔈 | υπερασπισμον] οπλον boc$_2$e$_2$ | om μου Nv | η—με] ταπεινωσεις επληθυναν (-νας b′) μοι και η δεξια σου αντελαβετο (-βοιτο b′) μου και η παιδια (-δεια *bo*) σου ανωρθωσε (ανορθωσεν oe$_2$: ανορθωσαι b′) με boc$_2$e$_2$ | η υπακοη σου] *obedientia mea* 𝔄: om η Ax | επληθυνας x | με] μοι Nb𝔄
37 εις 1°—μου 2°] *latitudo subter gradus meos* 𝔄 | εις πλατυσμον εις BAxa$_2$] πλατυνης h: και επλατυνας boc$_2$e$_2$ℭ (om και): πλατυνεις MN rell | εις 2°] *et corroborasti* 𝔈 | om υποκατω μου x | εσαλευθησαν τα σκελη] ησθενησα (-σαν o) εν ταις τριβοις boc$_2$e$_2$ | εσαλευθησαν] εσαλευθη e: ⟨εσαλευσαν 44⟩ | μου 3°] + ολιγοτητες εξεστησαν με και ουχ υπεστησαν με οι υπεναντιοι boc$_2$e$_2$
38 διωξω] κατεδραμον boc$_2$e$_2$ | εχθρους] pr τους bovc$_2$e$_2$ | om μου MNad–np–twxza$_2$b$_2$ | αφανιω] .φανιω $Z_2$: αφανισω AN: ηφανισα boc$_2$e$_2$ | om και 2° boc$_2$e$_2$ | αναστρεψω BAhxa$_2$] απεστρεψα boc$_2$e$_2$: αποστρεψω MN$Z_2$ rell | εως] + αν $Z_2$g: + ου εξελιπον και boc$_2$(εξελιπον και sub ※ uid)e$_2$ | συντελεσω] εκλειψω g

39 om και θλασω αυτους x | και 1°] pr και τελεσω αυτους A: om boc$_2$e$_2$𝔄 | θλασω] εθλασα boc$_2$e$_2$: θραυσω l? | ουκ αναστησονται BAhxa$_2$] ου μη αναστωσιν MN$Z_2$ rell | om και 3° 𝔄 | πεσουνται] ουτοι εσχατοι p
40 και ενισχυσεις] περιεζωσας boc$_2$e$_2$ | ενισχυσεις] ενισχυσης gi: ενισχυσει e | με] μοι x | δυναμει] post πολεμον a$_2$: δυναμιν $Z_2$hb$_2$: δυναμιν και αγαλλιασιν boc$_2$e$_2$ | εις πολεμον] του πολεμειν αυτους (-τοις b) boc$_2$e$_2$ | καμψεις] pr και fz𝔄𝔈: καμψης v: καμψει A: και συνετριψας boc$_2$e$_2$ | επανιστανομενους BAN$Z_2$ il[a]qtb$_2$] υπεναντιους και επανισταμενους e$_2$: επανισταμενους Ml* rell | μοι BAhxa$_2$] επ εμε MN$Z_2$ rell 𝔄(uid)ℭ𝔈(uid) | om υποκατω μου boc$_2$e$_2$
41 τους 1°—νωτον] *trades mihi terga* (*-gum* 𝔈[a]) *hostium meorum* 𝔈: οι εχθροι μου παρεδοθησαν μοι αυχενας boc$_2$e$_2$ | μου] μοι N: om x | εδωκας μοι νωτον] *uertes retro a me* 𝔄-ed | om εδωκας x | νωτον] νοτον vy*(uid): υπο χειρ... i(mg) | τους 2°—αυτους] *et exstirpabis osores meos* 𝔈: μισουντων με κατεπατησα (-σαν e$_2$) boc$_2$e$_2$ | τους 2°] pr και hx | om και 2° Nfx 𝔄ℭ | εθανατωσα Maginyb$_2$
42 βοησονται] ανεβοησαν *b*oc$_2$e$_2$: εκεκραξαν b′ | εστιν] εσται A: ην boc$_2$e$_2$ | βοηθος] ⟨βοηθων 64⟩: ο σωζων boc$_2$e$_2$ | προς κυριον] θς̄ κ̄ς̄ boc$_2$e$_2$ | ουχ υπηκουσεν BANhxa$_2$] ουκ ηπηκουσεν v: ουκ επηκουσεν Mabijnoyb$_2$c$_2$e$_2$: ⟨ουκ εισηκουσεν 64⟩: ουκ αιπικουσα g: ουκ (om d) επακουσεται rell | αυτων] αυτον g*: αυτοις boc$_2$e$_2$
43 και ελεανα] *et calcabo* 𝔈: διασκορπιω boc$_2$e$_2$ | om ως χνουν γης 𝔈 | χνουν BAbioc$_2$e$_2$] χους g*: χουν MNg[a?] rell 𝔄ℭ | γης] επι (απο e$_2$) προσωπον (-που c$_2$e$_2$) ανεμου (-μων b) boc$_2$e$_2$ | ως 2°] pr *et* 𝔄 | πηλων os(uid) | εξοδων] pr των b′c$_2$e$_2$: pr τον *b*: *uiae* 𝔈: εξ αδου x | ελεπτυνα] επτυν ex corr l: ras π(uid) inter ε 1° et λ q: επλατυνα f: λεανω (λαια- c$_2$e$_2$) boc$_2$e$_2$: *et* (om 𝔄) *conteram* 𝔄𝔈 | αυτους 2°] + στερεωματησω αυτους x

B 44καὶ ῥύσῃ με ἐκ μάχης λαῶν, 44
φυλάξεις με εἰς κεφαλὴν ἐθνῶν.
λαὸς ὃν οὐκ ἔγνων ἐδούλευσάν μοι·
45υἱοὶ ἀλλότριοι ἐψεύσαντό μοι, 45
εἰς ἀκοὴν ὠτίου ἤκουσάν μου·
46υἱοὶ ἀλλότριοι ἀπορριφήσονται 46
§ Z$_2$ §καὶ σφαλοῦσιν ἐκ τῶν συγκλεισμῶν αὐτῶν.
47ζῇ Κύριος καὶ εὐλογητὸς ὁ φύλαξ μου, 47
καὶ ὑψωθήσεται ὁ θεός μου, ὁ φύλαξ τῆς σωτηρίας μου.
48ἰσχυρὸς Κύριος ὁ διδοὺς ἐκδικήσεις ἐμοί, 48
παιδεύων λαοὺς ὑποκάτω μου,
49καὶ ἐξάγων με ἐξ ἐχθρῶν μου· 49
καὶ ἐκ τῶν ἐπεγειρομένων μοι ὑψώσεις με,
¶ Z$_2$ ἐξ ἀνδρὸς ἀδικημάτων¶ ῥύσῃ με.
50διὰ τοῦτο ἐξομολογήσομαί σοι, Κύριε, ἐν τοῖς ἔθνεσιν, 50
καὶ ἐν τῷ ὀνόματί σου ψαλῶ.
51μεγαλύνων σωτηρίας βασιλέως αὐτοῦ, 51
καὶ ποιῶν ἔλεος τῷ χριστῷ αὐτοῦ,
τῷ Δαυεὶδ καὶ τῷ σπέρματι αὐτοῦ ἕως αἰῶνος.

1Καὶ οὗτοι οἱ λόγοι Δαυεὶδ οἱ ἔσχατοι 1 X
Πιστὸς Δαυεὶδ υἱὸς Ἰεσσαί,
καὶ πιστὸς ἀνὴρ ὃν ἀνέστησεν Κύριος ἐπὶ χριστὸν θεοῦ Ἰακώβ,
καὶ εὐπρεπεῖς ψαλμοὶ Ἰσραήλ.

46 συγκλισμων A   48 παιδευων B$^{ab}$] παιδων B*   51 ελαιος A

AMN(Z$_2$)abd–jl–qstv–c$_2$e$_2$𝔄ℭ$^{w}$𝔈(𝔏$^{r}$)

**44** om και av | ρυση με] εξειλομαι e$_2$ | ρυση] ρυσαι Ng: ⟨ρυσεις 246⟩: ερυσω a$_2$: εξειλου b: εξειλω oc$_2$(txt): *eripe* 𝔈$^{s}$: *eripuit* 𝔈$^{a}$ | με 1°] μοι x | εκ μαχης λαων BAlixa$_2$] εκ δυναστων λαου boc$_2$(txt)e$_2$: εξ αντιλογιων (αναντιλ· t: -ιας gv) λαου μου MN c$_2$(mg) rell: *e contentione* (*-nibus* codd) *populorum* 𝔄 | ⟨μαχης] μαχαιρας 64⟩ | φυλαξεις] pr *et* 𝔄𝔈: φυλαξης x: ⟨φυλαξη 64⟩: και φυλαξης i: εθου boc$_2$e$_2$ | κεφαλην] φως boc$_2$e$_2$ | ον] ων amv | εγνω Ndhl–wze$_2$ | εδουλευσαν Bv𝔈] εδουλευσεν AMN rell 𝔄ℭ | μοι] με g

**45** υιοι—μου] εις ακοην ωτιου υπηκουσεν μου υιοι αλλοτριοι εψευσαντο μοι MNad–gi–np–zb$_2$⟨44.244⟩𝔄-ed ℭ(uid)𝔈 ⟦om εις ακοην ωτιου 44 | εις] pr *et* 𝔄-ed | υπηκουσεν] *obaudierunt* ℭ: επηκουσε 244: ηκουσεν N: ηκουσαν x | μου] μοι M⟦gmnsw 44⟧: εις ακοην ωτιου υπηκουσε μοι διεψευσαντο με ακοη (-οαι b) ωτιου εματαιωθησαν μοι boc$_2$e$_2$ | υιοι] pr οι a$_2$ | αλλοτριοι] *peregrinorum* 𝔄-codd | εις] pr *et* 𝔄-codd | ωτιου] *aurium* 𝔄-codd | ηκουσαν] υπηκουσαν A: υπηκουσεν a$_2$

**46** απορριφησονται] απορραφησονται g*: *consenuerunt* 𝔈: εσωσαν με boc$_2$e$_2$ | και σφαλουσιν] ελυτρωθησαν boc$_2$e$_2$ | των συγκλεισμων] των συγκλεισματων x: δεσμων boe$_2$: δυσμων c$_2$ | om αυτων o

**47** ευλογητος] ευλογηται c$_2$$^{a}$: ευλογειτε e$_2$ | ο φυλαξ μου] pr ο θ̅ς̅ a$_2$: *Deus meus* 𝔖$^{j}$: ο πλασας με boc$_2$e$_2$: om 𝔈: om μου m | om και υψωθησεται 𝔈$^{s}$ | υψωθητω A | ο θεος μου] post μου 3° 𝔈: om x | om μου 2° AZ$_2$abdiovc$_2$e$_2$ | φυλαξ (+ μου a$_2$*) της σωτηριας BZ$_2$hxa$_2$𝔄ℭ𝔈] σ̅η̅ρ̅ MN rell: om της A

**48** ισχυρος] υψηλος A | κυριος] pr ο a$_2$: om Z$_2$: + ο θ̅ς̅ boc$_2$e$_2$ | ο διδους] ος εδωκεν boc$_2$e$_2$: om ο Njb$_2$ | εμοι] μοι MN* abg: om 𝔄 | παιδευων BAxa$_2$𝔄ℭ] pr και ο v: και εταπεινωσε boc$_2$e$_2$: *et subigit* 𝔈$^{a}$: *et proiicit* 𝔈$^{s}$: pr και MNZ$_2$ rell | λαους] αλλους v

**49** om και 1°—μου A | ⟨εξαγων με post μου 246⟩ | εξαγων] εξαγαγων Ndeflmp–twz: εξηγαγε bovc$_2$e$_2$𝔖$^{j}$(uid) | με 1°] μου x: και g* | ⟨εξ 1°] εκ των 246⟩ | εχθρων μου] οργης εχθρων boc$_2$e$_2$ | των—υψωσεις] του τοπου μου ανυψωσε boc$_2$e$_2$ | επεγειρομενων] ⟨εγειρομενων 44⟩: επανισταμενων A | μοι BAZ$_2$ha$_2$] om x: επ εμε MNb$_2$(uid) rell 𝔄(uid)𝔈(uid) | υψωσεις] υψωσης ga$_2$: *eleuabit* 𝔄-ed | ανδρων bnovc$_2$(int lin c$_2$$^{a}$)e$_2$ | αδικηματων] αδικη... Z$_2$: ασεβων boc$_2$e$_2$ | ρυση] ρυσαι MNgva$_2$: ⟨ρυσεις 246⟩: διετηρησε b: διετηρησας oc$_2$e$_2$

**50** εξομολογησωμαι gv | κυριε] post εθνεσιν b–flmo–twz c$_2$e$_2$𝔄: om ⟨236⟩𝔈 | τοις BAhixa$_2$] non liquet b$_2$: om MN rell | εν 2°—ψαλω] ονομα (pr το b: ονοματι c$_2$) κ̅υ̅ μνησθησομαι boc$_2$e$_2$ | om εν 2° d–glmp–twxz𝔄ℭ𝔈 | ⟨ψαλλω 242⟩

**51** σωτηριας] pr τας MNd–blmp–twz: την σ̅ρ̅ι̅α̅ν̅ boc$_2$e$_2$ 𝔈(uid) | βασιλεως BAxa$_2$] pr του MN rell | αυτου 1°] αυτον g: om f𝔄-ed 𝔈 | om και 1°—αυτου 2° i* | ποιων ελεος] *qualis misericordia* 𝔈 | ελεον bc$_2$ | χριστω—αιωνος part sup ras N$^{a}$ | χρηστω xe$_2$ | om τω 2° f* | δαυειδ] + εις γενεαν boc$_2$e$_2$ | αιωνος] + τελος f(mg): + τελος της ωδης dq(mg)t(mg)

**XXIII 1** om οι λογοι dp | om οι 1° b'* | ⟨λογοι—εσχατοι] εσχατοι λογοι δαυιδ 44⟩ | δαυειδ 1°] ⟨pr του 74⟩: post εσχατοι b'dlp𝔈: αυτου g | hab πιστος 1°—(9) πολεμον 𝔏$^{v}$ | πιστος 1°] πιστως g | υιος] pr ras (2) uid h: pr ο g Thdt | om και 2° boc$_2$e$_2$𝔏 Thdt | ανηρ] pr ο A | ον] ⟨ος 242⟩: *quod* 𝔄-codd | κυριος] pr ο Mdelmnp–twz: ο θ̅ς̅ boc$_2$e$_2$𝔏 Thdt | om επι χριστον 𝔈 | επι] *in* 𝔄: om boc$_2$e$_2$𝔏𝔖$^{j}$ Thdt | χριστον θεου] *populum eius* ℭ | χρηστον ajxe$_2$ | θεου] pr κ̅υ̅ A: θ̅ς̅ oc$_2$e$_2$: ο θ̅ς̅ b Thdt: *Deus* 𝔈𝔖$^{j}$: ⟨om 242⟩ | ιακωβ] pr *super* 𝔄 | ευπρεπεις ψαλμοι] ωραιος ο ψαλμος boc$_2$e$_2$𝔏 Thdt | ισραηλ] pr του boc$_2$e$_2$ Thdt

XXIII 1 χριστον θεου ιακωβ] χριστος θ̅ς̅ ιακωβ M

2 ²πνεῦμα Κυρίου ἐλάλησεν ἐν ἐμοί, B
καὶ ὁ §λόγος αὐτοῦ ἐπὶ γλώσσης μου. § Z$_2$
3 ³λέγει ὁ θεὸς Ἰσραήλ·
ἐμοὶ ἐλάλησεν φύλαξ ἐξ Ἰσραὴλ Παραβολὴν εἰπόν
Ἐν ἀνθρώπῳ πῶς κραταιώσητε φόβον χριστοῦ;
4 ⁴καὶ ἐν θεῷ φωτὶ πρωίας ἀνατεῖλαι ἥλιος,
τὸ πρωὶ οὐ Κύριος παρῆλθεν ἐκ φέγγους·
καὶ ὡς ἐξ ὑετοῦ χλόης ἀπὸ γῆς.
5 ⁵οὐ γὰρ οὕτος ὁ οἶκός μου μετὰ Ἰσχυροῦ;
διαθήκην γὰρ αἰώνιον ἔθετό μοι,
ἑτοίμην ἐν παντὶ καιρῷ, πεφυλαγμένην,
ὅτι¶ πᾶσα σωτηρία μου καὶ πᾶν θέλημα· ¶ Z$_2$
ὅτι οὐ μὴ βλαστήσῃ ⁽⁶⁾ ὁ παράνομος.
6 ⁶ὥσπερ ἄκανθα ἐξωσμένη πάντες οὗτοι,
ὅτι οὐ χειρὶ λημφθήσονται·
7 ⁷καὶ ἀνὴρ οὐ κοπιάσει ἐν αὐτοῖς·
καὶ πλῆρες σιδήρου καὶ ξύλον δόρατος,
καὶ ἐν πυρὶ καύσει, καὶ θήσονται αἰσχύνην αὐτῶν.

XXIII 3 εἶπον B$^b$ 4 οὗ B$^b$

AMN(Z$_2$)abd–jl–qstv–c$_2$e$_2$𝔄ℭ$^w$𝔈𝔏$^v$

2 ⟨πνευμα] pr και 64⟩ | ⟨εν] επ 242*⟩ | εμοι] ημιν b′ | om ο boc$_2$e$_2$ | λογος] .ογο. Z$_2$ | επι γλωσσης μου] *in lingua mea est* 𝔏: *super populum meum* ℭ | γλωσση c$_2$

3 λεγει] λαλει b$_2$: ειπεν boc$_2$e$_2$𝔏 Thdt | ισραηλ 1°] ιακωβ boc$_2$e$_2$𝔏𝔖$^j$ Thdt | om εμοι—ισραηλ 2° a$_2$𝔈 | εμοι] pr εν boxc$_2$e$_2$𝔏𝔖$^j$ Thdt | λαλησαι boc$_2$e$_2$ Thdt | φυλαξ] pr ο h: πλαστης boc$_2$e$_2$𝔖$^j$ | εξ B] om AMN rell 𝔄ℭ𝔏𝔖$^j$ | παραβολην ειπον] αρξον boc$_2$e$_2$𝔖$^j$ | ειπων g | εν ανθρωπω] εν α͞ν͞οις Z$_2$boc$_2$e$_2$𝔖$^j$: *hominibus* 𝔏 | πως—(4) ηλιος] *quis est qui apprehendet timorem Domini et Dei in lucem matutinam illuminans solem* 𝔄 | πως κραταιωσητε φοβον] δικαιως αρχε (-χαι b) φοβω boc$_2$e$_2$𝔖$^j$: *iuste incipit in timore* 𝔏 | πως] *ut* 𝔈: om x | κραταιωσητε BNvyb$_2$] κραται.....τε Z$_2$: κραταιωσηται Maghinsa$_2$: κραταιωσετε m: κραταιωσατε Ax: κραταιωσεται rell | φοβον] λογον a$_2$ | χριστου B] του χρηστου x: κ͞υ A𝔏: θ͞υ MNZ$_2$ rell 𝔈(uid)

4 και 1°—πρωιας] ως φως το πρωινον boc$_2$e$_2$𝔏𝔖$^j$ | θεω φωτι BA] θεου φωτι ha$_2$: φωτι θ͞υ MNZ$_2$ rell ℭ𝔈 | πρωιας ανατειλαι] *mane orietur* 𝔈 | πρωιας] + αυτου a$_2$ | ανατειλαι BAha$_2$] ανετειλεν x: και ανατελει MN$^{a?}$bgoyc$_2$𝔏: και ανατελη e$_2$: και ανατελλει N*: pr και Z$_2$ rell: *ubi orietur* 𝔖$^j$ | ηλιος Bboxc$_2$e$_2$] pr ως z: pr ο AMNZ$_2$ rell | το—φεγγους] *et mane ueniet lux eius* 𝔈: om ℭ | το] τω aghovb$_2$ | ου κυριος παρηλθεν B] ο κ͞ς παρελθων a$_2$: και ου σκοτασει MNabginovyc$_2$e$_2$𝔏: *et non in nube* 𝔖$^j$: και συσκοτασει jb$_2$: om κυριος AZ$_2$hx: και ουκ εσκοτασεν rell 𝔄 | εκ] απο boc$_2$e$_2$𝔏 | ⟨φεγγους] pr του 64⟩ | om και 2° boc$_2$e$_2$𝔏𝔖$^j$ | ως] εως j: om 𝔈 | εξ—απο] υετος ως βοτανη εκ boc$_2$e$_2$𝔏 | εξ υετου] *imber* 𝔖$^j$: om εξ v𝔄 | ˚χλοης απο γης] *herbescet uiriditas in terra* 𝔈 | απο] *super* ℭ | ⟨γης] pr της 246⟩

5 ου 1°—μου 1°] *et haec est domus mea* 𝔈 | ου γαρ] οτι ουχ boc$_2$e$_2$𝔏: *sed non* 𝔖$^j$: ⟨om 246⟩ | ουτος BAZ$_2$hixa$_2$c$_2$𝔄] ουτως MN rell 𝔏 | μετα ισχυρου] *cum ualido Deo* 𝔄ℭ: *cum Domino* 𝔏 | ισχυρου] ισαυρου v: θ͞υ boc$_2$e$_2$ | διαθηκην γαρ] οτι διαθηκην boc$_2$e$_2$𝔏𝔖$^j$: om γαρ deflmp–twa$_2$𝔄 | εθετο μοι] post ετοιμην A𝔈: σωσαι με b′: + σωσαι με boc$_2$e$_2$𝔖$^j$ | διεθετο N | ετοιμην—πεφυλαγμενην] εως ωδε (*usque in aeternum* 𝔖$^j$) εν πασι και φυλαξει αυτην boc$_2$e$_2$𝔖$^j$ | ετοιμην] ετι μην d: om a$_2$ | εν—πεφυλαγμενην] *saluare me quae in omnibus et custodiet haec* 𝔏 | εν παντι καιρω post πεφυλαγμενην 𝔈 | ⟨καιρω παντι 246⟩ | πεφυλαγμενην] πεφυλαγμενον A: περιπεφυλαγμενην y | οτι 1°] επι y: om 𝔖$^j$ | πασα—θελημα] παντα τον αντιθετον μοι ου θελησει (*uult* 𝔏) boc$_2$e$_2$𝔏𝔖$^j$ | σωτηρια] σ͞ρ͞ι q* | θελημα BANa$_2$] *uoluntas mea Dominus* 𝔄: *uerbum meum quod est in Domino* ℭ: + μου x: + εν κ͞ω Maghnvyz$^{a?}$: + μου εν κ͞ω ijb$_2$𝔈: φυλαγμα εν κ͞ω z* rell | ου 2°—παρανομος] παντες οι ανατελλοντες bc$_2$e$_2$𝔏: παντες εξανατελλοντες o | βλαστηση] βλαστησει gq*vxy: βασταση A | ανομος a$_2$

6 ακανθα] α 3° ex corr uid a$_2^a$: *spinae* 𝔏 | εξωσμενη] η ex corr a$_2^a$: εξωσμενοι aeg$^a$imnsvwz: εζωσμενη dq: εζωσμενοι px: ⟨εξωσονται 242⟩: και οι λοιποι ως απομυγμα λυχνου boc$_2$e$_2$𝔏: hab *et tanquam filum lucernae* 𝔖$^j$ | ⟨om παντες—λημφθησονται 242⟩ | παντες] pr *ita* 𝔈𝔏: ⟨παντα 44⟩: θεντες o: om a | ουτοι B] αυτου x: *erunt* 𝔏: om boc$_2$e$_2$: αυτοι AMN rell 𝔄ℭ𝔈 | οτι—λημφθησονται] διοτι ουκ εν χειρι ληψονται (κοψ- o) boc$_2$e$_2$ | οτι] *qui* 𝔄 | χειρι λημφθησονται] χειρ ιλ͞η͞μ φοβηθησονται v: *in manu accipietur* 𝔏 | λημφθησονται] λειφθησονται d: ⟨ληφθησεται 44⟩

7 om ου Aboxc$_2$e$_2$𝔄ℭ𝔏 | κοπιασει εν] εκθλιψ + spat (3) o | κοπιασει] κοπιαση a: κοπασει A: εκλειψει b𝔏: εκθλιψει c$_2$e$_2$ | εν αυτοις] επ αυτους x: om a | και 2°—δορατος] εαν μη σιδηρος (spat 3 litt o) και (*ut* 𝔏) ξυλα διακοψη (-ψει b) αυτους boc$_2$e$_2$𝔏 | και 2°—ξυλον] *neque in multitudine ferri neque in multitudine ligni* (om 𝔈$^s$) 𝔈 | πληρες σιδηρου] *omne ferrum* 𝔄ℭ | πληρες] πληρεις nz$^{a?}$: πληρης v: πληθος h$^b$ | ξυλον] ξυλων g: ξυλου h$^{b?}$v: ξυρον a: om a$_2$ | δορατος] δρακοντος x | και 4°—καυσει] *nisi quod urentur in igni* 𝔈 | και 4°] om gx𝔄ℭ: + παντες boc$_2$e$_2$𝔏𝔖$^j$ | καυσει] ⟨καυση 242⟩: κατακαιομενοι oe$_2$: κατακαομενοι bc$_2$: *combusti* 𝔏: om 𝔖$^j$ | om και 5° boc$_2$e$_2$𝔏𝔖$^j$ | θησονται Ba$_2$ℭ] καυθησεται Ax: καυχησονται av: κατακαυθησονται boc$_2$e$_2$: *comburentur* 𝔄𝔈𝔏𝔖$^j$: καυθησονται MN rell | αισχυνην Bh*a$_2$] αισχυνη A: εν τη (om x) αισχυνη boxc$_2$e$_2$𝔄ℭ𝔈𝔖$^j$: pr εις MNh$^b$ rell 𝔏 | αυτων] αυτου *b**

B [8]Ταῦτα τὰ ὀνόματα τῶν δυνατῶν Δαυείδ· Ἰεβόσθε ὁ Χαναναῖος ἄρχων τοῦ τρίτου ἐστίν· 8
§ 7, Ἀδεινὼν ὁ Ἀσωναῖος, οὗτος ἐσπάσατο τὴν ῥομφαίαν αὐτοῦ ἐπὶ [8]ὀκτακοσίους στρατιώτας εἰς
ἅπαξ. [9]καὶ μετ' αὐτὸν Ἐλεανὰν υἱὸς πατραδέλφου αὐτοῦ, υἱὸς Σουσεὶ τοῦ ἐν τοῖς τρισὶν δυνατοῖς 9
μετὰ Δαυείδ· καὶ ἐν τῷ ὀνειδίσαι αὐτὸν ἐν τοῖς ἀλλοφύλοις συνήχθησαν ἐκεῖ εἰς πόλεμον, καὶ
ἀνεβόησεν ἀνὴρ Ἰσραήλ. [10]αὐτὸς ἀνέστη καὶ ἐπάταξεν ἐν τοῖς ἀλλοφύλοις ἕως οὗ ἐκοπίασεν ἡ 10
• 7, χεὶρ αὐτοῦ καὶ προσεκολλήθη ἡ χεὶρ αὐτοῦ πρὸς τὴν μάχαιραν,¶ καὶ ἐποίησεν Κύριος σωτηρίαν
μεγάλην ἐν τῇ ἡμέρᾳ ἐκείνῃ· καὶ ὁ λαὸς ἐκάθητο ὀπίσω αὐτοῦ πλὴν ἐκδιδύσκειν. [11]καὶ μετ' 11
αὐτὸν Σαμαιὰ υἱὸς Ἀσὰ ὁ Ἀρουχαῖος· καὶ συνήχθησαν οἱ ἀλλόφυλοι εἰς Θηρία, καὶ ἦν ἐκεῖ μερὶς
τοῦ ἀγροῦ πλήρης φακοῦ, καὶ ὁ λαὸς ἔφυγεν ἐκ προσώπου ἀλλοφύλων. [12]καὶ ἐστηλώθη ἐν μέσῳ 12
τῆς μερίδος καὶ ἐξείλατο αὐτὴν καὶ ἐπάταξεν τοὺς ἀλλοφύλους, καὶ ἐποίησεν Κύριος σωτηρίαν
μεγάλην. [13]Καὶ κατέβησαν τρεῖς ἀπὸ τῶν τριάκοντα καὶ κατέβησαν εἰς Καδὼν πρὸς Δαυείδ 13

8 *οκτακοσιους στρατιωτας*] *τριακοσιους τραυματιας* B$^a$(mg) 9 *σουσει*] *δουδει* B$^b$ | *του* bis scr B 12 *εξιλατο* A 13 *κασων* B$^{ab}$ (*σ* suprascr)

AMN(Z$_2$)abd–jl–qstv–c$_2$e$_2$𝔄ℭ$^w$𝔈(𝔏$^v$)

**8** *ταιτα*] pr *και* b'hi: pr *et* 𝔈𝔖$^j$: + *δε* x | *ονοματα*] + *αρχης* bc$_2$e$_2$: + *αρχιστρατηγων* o: + *principum* 𝔏 | om *των* o | *δυνατων*] pr *υιων και* a$_2$: *δυναστων* boc$_2$e$_2$ | *δαυειδ*] pr *του* AMNd–hj–np–zb$_2$: pr *αυτου του* i | *ιεβοσθε*] *ιεβοσθαι* Afa$_2$: *ιοβοσθε* d: *ιεβουσθε* x𝔄ℭ(uid): *ιεβοσχε* v: *ιεσβααλ* boc$_2$e$_2$: *Iesbael* 𝔏: [illegible] 𝔖$^j$ | *ο χαναναιος*] *υιος θεκεμανει* boc$_2$e$_2$𝔖$^j$: *filius Thegemani* 𝔏 | *αρχων του τριτου*] pr *ο* y: *πρωτος των τριων* boc$_2$e$_2$𝔏𝔖$^j$: om *του* av | *εστιν*] pr *αυτος* Axℭ: om boc$_2$e$_2$𝔄𝔈𝔏 | om *αδεινων ο ασωναιος* boc$_2$e$_2$𝔏 | *αδεινων*] ⟨*αδιανων* 246⟩: *αδειν* A: *ιαδιν* x: *Achinon* 𝔄-ed | *ο ασωναιος*] *Amonacus* 𝔄-ed | *ασωναιος*] *ασωναος* A: *αυσωναιος* f: *σωμαιος* g | *ουτος—αυτου*] ⟨*επεσπασαντο την ρομφαιαν αυτων* 246⟩: om Ax𝔄 | *εσπασατο—αυτου*] *διεκοσμει την διασκευην αυτων* (-*του* e$_2$) boc$_2$e$_2$: *adornauit adornationem suam* 𝔏: *uibrauit* 𝔈 | *εσπασατο*] *εσπατο* dflmp–twy: ⟨*επεσπασατο* 242⟩ | *οκτακοσιους στρατιωτας*] *οκτακοσιαν στρατιαν* (-*τειαν* aijz$^{a?}$b$_2$) MNadgijlnp–tyzb$_2$: *οκιακος ια ηστραυματιαν* v: *των τραυματειας* x | *οκτακοσιους*] pr *τριακοσιους τραυματιας* a$_2$: *εννακοσιους* boc$_2$e$_2$𝔏 Jos: *τριακοσιους* B$^a$ℭ | *στρατιωτας*] *τραυματιας* B$^a$Aboc$_2$e$_2$𝔄-codd ℭ𝔏: om 𝔄-ed

**9** ⟨om *και μετ αυτον* 71⟩ | *μετ αυτον*] *μετα του* h*: *μετα τουτον* oc$_2$e$_2$: *μετα ταυτα* v | *αυτον* 1°] *αυτων* ab'gx: *αυτου* h$^b$𝔈𝔏 | *ελεαναν* BZ$_2$hi𝔄ℭ𝔈𝔏] *ελεαζαρ* AMN rell Jos | *πατραδελφου—σουσει*] *Dudi consobrini eius* 𝔏 | *πατραδελφου αυτου*] pr *δουδει* i$^a$: om boc$_2$e$_2$ Jos(uid) | *υιος* 2° BAhxa$_2$𝔄𝔈] om MNZ$_2$ rell Jos(uid) | *σουσει* B*h] *σωσει* Axa$_2$𝔄ℭ𝔈: [illegible] 𝔖$^j$: *δουδει* B$^b$oc$_2$: hab *δωδειου* Jos: *δουλει* be$_2$: om MNZ$_2$ rell | *του* BAhxa$_2$𝔈] om MNZ$_2$ rell 𝔄𝔏 | *δυνατοις*] pr *τοις* boe$_2$: ras (1) inter *α* et *τ* n: *αδελφοις* y | *μετα δαυειδ*] ⟨*δαυιδ οικειος εν σαρραν* 44⟩: om a$_2$ | *μετα* BAx] pr *qui* 𝔈: pr *et erat* 𝔖$^j$: ⟨pr *ουτος* 246⟩: pr *αυτος ην* c$_2$: pr *ουτος ην* MNZ$_2$ rell 𝔏: om 𝔄ℭ | *δαυειδ* BAh*x𝔈] + *εν σερραν* MNZ$_2$ah$^b$jnob$_2$c$_2$e$_2$: + *εν σειρραν* y: + *εν σερραμ* b: + *εν σερρα* i: + *εν σεραμ* g: + *εν σαραν* es*v: + *εν σαρραν* s$^{a?}$ rell: + *in* [illegible] 𝔖$^j$: ⟨+ *εν στερρα* 246⟩: + *in Resfam* 𝔏: + *in Rema* 𝔄 | *και* 2° Bboa$_2$c$_2$e$_2$𝔈𝔏] om AMNZ$_2$ rell 𝔄ℭ | *εν* 2°—*αλλοφυλοις*] *οι αλλοφυλοι* boc$_2$e$_2$𝔏 | *εν* 2°—*αυτον* 2°] *ubi castra posuerunt* 𝔈 | *αυτον* 2°] *αυτο* m | *αλλοφυλοις*] + *in Rhessa* ℭ | *συνηχθησαν εκει*] *ubi congregati sunt* 𝔄ℭ | *συνηχθησαν* BAxa$_2$𝔈] post *εκει* boc$_2$e$_2$𝔏: pr *και* (om a) *οι αλλοφυλοι* MNZ$_2$ rell | *ανεβοησεν* BAZ$_2$hjvxa$_2$𝔄] *ανεβησαν* Nbefimoswc$_2$e$_2$: *ανεβοησαν* M rell 𝔖$^j$: *ubi clamauerunt* 𝔈: ⟨om 244⟩ | *ανηρ*] *ανδρες* boc$_2$e$_2$: ⟨*οι υιοι* 246⟩ | *ισραηλ* BAxa$_2$𝔄ℭ𝔈] *προ προσωπου αυτου* g: + *προ προσωπου αυτων* aboc$_2$e$_2$𝔖$^j$: + *προ προσωπου αυτου* MNZ$_2$ rell

**10** *αυτος* BAxℭ𝔈] *και ουτος* i: ⟨*και* 246⟩: + *και* a$_2$: pr *και* MNZ$_2$ rell 𝔄 | *εξανεστη* boc$_2$e$_2$ | *επεταξεν* v | *εν τοις αλλοφυλοις*] *εν τοις αδελφοις* a: *τους αλλοφυλους* boc$_2$e$_2$𝔈 | om *ου* m | om *εκοπιασεν—και* 2° 𝔄-ed | *εκοπασεν* A | om *και* 2°—*αυτου* 2° dlopx𝔄-codd | *προσεκολληθη*] *εκολληθη* bc$_2$e$_2$: hab *κολληθηναι* Jos-codd | *προς*] *εις* g: *επι* boc$_2$e$_2$ | *μαχαιραν*] *ρομφαιαν* boc$_2$e$_2$ Jos(uid) | *κυριος*] *η χειρ αυτου δια* $\overline{κυ}$ d | *εν* 2°] pr *και* x: om h | *εκαθητο* BAhxa$_2$𝔄] *sederunt* 𝔈: *stetit* 𝔖$^j$: *απεστρεψεν* g: *επεστρεψεν* MN rell | *πλην εκδιδυσκειν*] *εις το σκυλευειν* boc$_2$e$_2$ℭ(uid): hab *σκυλευοντος* Jos | *πλην*] *πλην εις το σκυλευειν* i$^a$ ext lin: om a | *εκδιδυσκειν*] *εκδιδυσκων* x: ⟨*εκδιδασκειν* 44⟩: *και εκδιδυσκην* i (ras 3 litt inter *ι* 1° et *ε*): *in spolia* 𝔄

**11** hab *και* 1°—*φακου* 𝔏$^v$ | om *και* 1° An | *μετ αυτον*] *μετα τουτον* h𝔖$^j$ | *αυτον*] *αυτων* ag𝔏: *αυτου* z$^{a?}$𝔈 | *σαμαια—αρουχαιος*] *Sorechias* 𝔈(uid) | *σαμαια* Bnb$_2$] *σαμεα* a$_2$: *σαμεε* x: *σαμαα* o𝔄ℭ: [illegible] 𝔖$^j$: *σαμεας* e: *σαμμεας* A: *σαμμαν* i*: *σαμαιας* MNi$^a$ rell: *σαβαιας* Jos-ed: *filius Sameas* 𝔏 | *ασα ο αρουχαιος*] *αγαθαρου και ος* v: *ηλαθαραχει* e$_2$ | *ασα* Bhja$_2$b$_2$ℭ] *σασα* x: *Sisa* 𝔄: *αρα* N: *αγσα* A: *ασγα* i: *αγαθα* e: *ιλα* b: *ηλα* c$_2$: [illegible] 𝔖$^j$: *ηλλ* o: *ηλου* Jos-ed: *αγα* M rell: *Helailaas* 𝔏 | *ο αρουχαιος*] *Arucius* 𝔏: *Aruacaeus* 𝔄-codd | ⟨om *ο* 1° 242⟩ | *αρουχαιος* BAxa$_2$] *αραχι* boc$_2$𝔖$^j$: *αρουκαιος* MN rell 𝔄-ed ℭ | *συνηχθησαν*] post *αλλοφυλοι* MNad–gi–np–wyzb$_2$: *επισυνηχθησαν* b | om *οι* abc$_2$e$_2$ | *εις θηρια*] *in aestate* 𝔈: *επι σιαγονα* M(mg)bi(mg)oc$_2$e$_2$𝔄: *ad maxillam* 𝔏: hab *σιαγονα* Jos | *εις*] ⟨pr *επι σιαγονα* 246⟩: *ως* x: om a | *μερι* A | *του* BAhxa$_2$] om MN rell | *πληρης*] *πληρεις* Aga$_2$$^{a?}$: *πληρις* ab'iwa$_2$* | *φακκου* bv | *λαος*] *αλλαφς* j | *αλλοφυλων*] pr *των* boc$_2$e$_2$

**12** *εστηλωθη*] *κατεστη* boc$_2$e$_2$: *steterunt* 𝔈 | *εξειλετο* Mbd–gh$^b$lmp–twz | om *και* 4°—*μεγαλην* d | *μεγαλην*] + *εν τη ημερα εκεινη* bi(*μεγαλην—εκεινη* ext lin i$^a$)oc$_2$e$_2$

**13** hab *και* 1°—*οδολλαμ* 𝔏$^v$ | *κατεβησαν* 1°] *abierunt* 𝔏: *καταβαινουσι* boc$_2$e$_2$ | om *τρεις—κατεβησαν* 2° h* | *τρεις*] + *ανδρες* a$_2$𝔏 | *απο των τριακοντα*] *ex tribus principibus* 𝔏 | *απο* BAh$^b$xa$_2$] *εκ* MN rell | *τριακοντα*] *τριων αρχων* bi$^a$oc$_2$e$_2$ℭ𝔖$^j$: + *αρχων* MNgi*jny*zb$_2$: + *αρχοντων* aefmsvwy$^{a?}$: + *αρχοντες* h$^b$ | om *και κατεβησαν* 2° x | *και* 2°] *οι* i | *κατεβησαν* 2° BAa$_2$𝔄𝔈] *εισηλθον* boc$_2$e$_2$𝔏: *ηλθον* MNh$^b$ rell | *εις* 1°—*δαυειδ*] *προς* $\overline{δαδ}$ *εις την πετραν* boc$_2$e$_2$𝔏𝔖$^j$ | *καδων* B*] *κασων* B$^{ab}$: *Casno* 𝔈(uid): *κασως* e: *καυσωα* n: *κασωαρ* A: *κασορα* x:

8 *αρχων—εστιν*] *θ' πρωτος των γ' ουτος* M 10 *εκδιδυσκειν*] *σκυλευειν* z

εἰς τὸ σπήλαιον Ὀδολλάμ· καὶ τάγμα τῶν ἀλλοφύλων, καὶ παρενέβαλον ἐν τῇ κοιλάδι Ῥαφαείμ. B
14 15 [14]καὶ Δαυεὶδ τότε ἐν τῇ περιοχῇ, καὶ τὸ ὑπόστημα τῶν ἀλλοφύλων τότε ἐν Βαιθλέεμ. [15]καὶ
ἐπεθύμησεν Δαυεὶδ καὶ εἶπεν Τίς ποτιεῖ με ὕδωρ ἐκ τοῦ λάκκου τοῦ ἐν Βαιθλέεμ τοῦ ἐν τῇ πύλῃ;
16 τὸ δὲ σύστεμα τῶν ἀλλοφύλων τότε ἐν Βαιθλέεμ. [16]καὶ διέρρηξαν οἱ τρεῖς δυνατοὶ ἐν τῇ παρεμ-
βολῇ τῶν ἀλλοφύλων καὶ ὑδρεύσαντο ὕδωρ ἐκ τοῦ λάκκου τοῦ ἐν Βαιθλέεμ τοῦ ἐν τῇ πύλῃ, καὶ
ἔλαβαν καὶ παρεγένοντο πρὸς Δαυείδ· καὶ οὐκ ἠθέλησεν πιεῖν αὐτό, καὶ ἔσπεισεν αὐτὸ τῷ κυρίῳ
17 [17]καὶ εἶπεν Ἵλεώς μοι, Κύριε, τοῦ ποιῆσαι τοῦτο· εἰ αἷμα τῶν ἀνδρῶν τῶν πορευθέντων ἐν ταῖς
18 ψυχαῖς αὐτῶν πίομαι; καὶ οὐκ ἠθέλησεν πιεῖν αὐτό. ταῦτα ἐποίησαν οἱ τρεῖς δυνατοί. [18]καὶ
Ἀβεισὰ ἀδελφὸς Ἰωάβ, υἱὸς Σαρουίας, αὐτὸς ἄρχων ἐν τοῖς τρισίν, καὶ αὐτὸς ἐξήγειρεν τὸ δόρυ
19 αὐτοῦ ἐπὶ τριακοσίους τραυματίας· καὶ αὐτῷ ὄνομα ἐν τοῖς τρισίν· [19]ἐκ τῶν τριῶν ἐκείνων
20 ἔνδοξος, καὶ ἐγένετο αὐτοῖς εἰς ἄρχοντα, καὶ ἕως τῶν τριῶν οὐκ ἦλθεν. [20]καὶ Βαναίας υἱὸς Ἰωδάε,
ἀνὴρ αὐτὸς πολλοστὸς ἔργοις ἀπὸ Καβεσεήλ· καὶ αὐτὸς ἐπάταξεν τοὺς δύο υἱοὺς Ἀριὴλ τοῦ

15 συστημα B$^b$ | εν 3° B$^{ab}$] ε B*(uid)
16 πιειν B$^b$] πειν B*
17 ειλεως B*
19 ηλθεν B$^{ab mg}$] ηθελεν B*
20 καβεσεηλ] καταβεσθηλ B$^a$(mg)

AMNabd–jl–qstv–c$_2$e$_2$𝔄ℭ$^w$𝔈(𝔏$^v$)

κασωα MN rell 𝔄: ⟨βασωα 242⟩: *Gazol* ℭ | om εις 2°—οδολλαμ v | εις 2°] *ad* 𝔏 | οδολλαμ] αδολαμ Abexℭ: *Odolom* 𝔄: οδολλααμ a$_2$: οδολααμ e$_2$: αδαλλα q | om και 3° 𝔄 | ταγμα BAb*a$_2$ℭ] ταγματα h$^b$i(mg)xy$^b$𝔄: τα ταγμα θηρια g: τα θηρια MNi(txt)y* rell: *uestimenta* 𝔈 | και 4° B𝔈] om AMN omn 𝔄 | παρενεβαλον] ⟨pr τα θηρια των αλλοφυλων 71⟩: παρενεβαλλον aq: παρενεβαλεν bo: παρεγενετο a$_2$ | εν τη κοιλαδι] *in porta* 𝔈 | ραφαειμ Bh*x On-lat] ⟨ραφιν 44⟩: ραφαειν και τα θηρια των αλλοφυλων i(mg): των τιτανων bi$^{a\,txt}$(ex corr)oc$_2$e$_2$: ραφαειν AMNh$^{b?}$ rell 𝔄ℭ𝔈 On-gr: ⟨+ και τα θηρια των αλλοφυλων παρενεβαλον εν τη κοιλαδι των τιτανων 246⟩

14 hab και 1°—βαιθλεεμ 𝔏$^v$ | δαυειδ] + ην boc$_2$e$_2$ℭ | τοτε 1°] om ⟨64⟩ℭ: + *erat* 𝔏 | περιοχη] + *fuit* 𝔈 | τα υποστημα] *subsidia* 𝔏 | ⟨το] + τε 242⟩$^1$ | υποστημα Bh*a$_2$] υποστεμμα eimpv: υποστρεμα n: υποστρεμμα x: συστημα bo: συστεμα c$_2$: συστεμμα e$_2$: υποστεμα AMNh$^b$ rell | τοτε των αλλοφυλων n | αλλοφυλων] + ην boc$_2$e$_2$: + *erant* 𝔏 | om τοτε 2° ℭ | βαιθλεεμ] βεθλεεμ i (εθλεεμ ex corr i$^a$): βηθλεεμ ANa–fhjnopwya$_2$b$_2$c$_2$ℭ: βιθλεεμ me$_2$: τη βηθλεεμ x: *Bethlem* 𝔏

15 επεθυμει b′ | ποτισει j | εκ] pr του g | του 2°] τουτου a: om g𝔄 | om εν 1° g𝔄 | βαιθλεεμ 1°] βεθλεεμ ai: βηθλεεμ AN b–fjm–pwxya$_2$–e$_2$ℭ: βιθλεεμ h | om του 3°—βαιθλεεμ 2° a$_2$ | om του 3° gtv | πυλη] ⟨πολει 71⟩: + των αλλοφυλων h | om το—βαιθλεεμ 2° Navy*b$_2$ | το δε συστεμα] *et fuit exercitus* 𝔈 | συστεμα] συστημα B$^b$bisxy$^b$: συστεμμα e: συστρεμα jz$^a$(txt): ⟨συστρεμμα 98⟩: υποστεμα z(mg): υποστρεμα n | αλλοφυλων] + ην boc$_2$e$_2$ℭ | om τοτε 𝔄ℭ | βαιθλεεμ 2°] βεθλεεμ i: βηθλεεμ Ab–fjm–pwxy$^b$c$_2$e$_2$ℭ: βιθλεεμ h

16 ⟨om και 1°—πυλη 71⟩ | διερρηξαν] διεκοψαν boc$_2$e$_2$ | δυνατοι] ανδρες boc$_2$e$_2$ | εν τη παρεμβολη BAhxa$_2$𝔈] την παρεμβολην MN rell 𝔄 | om των αλλοφυλων ℭ | υδρευσαντο] ηδρευσαντο dp: ιδρευσαντο v: υδρευσατο a: ⟨υδρευσαντες 98⟩ | om του 2° a$_2$𝔄 | om εν 2° i𝔄 | βαιθλεεμ] βεθλεεμ iv: βηθλεεμ AN a–fjm–pwxya$_2$–e$_2$ℭ: βιθλεεμ h | ⟨πυλη] παρεμβολη οι τρεις δυνατοι και διερρηξαν την παρεμβολην των αλλοφυλων 44⟩ | ελαβαν Ba$_2$] ελαβον AMN rell: ⟨ελαβαν υδωρ 44⟩ | παρεγενοντο] *attulerunt* 𝔈 | ηθελησεν] εβουλετο δ͞α͞δ boc$_2$e$_2$ | ⟨αυτο πιειν 246⟩ | αυτο 1°] αυτω agm: αυτον A | om και 6°—(17) αυτο o | εσπεισεν] επεισεν A(επισ-)dpw | αυτο 2°] αυτω N*ab′dgl*(uid) mpt*(uid)xy*a$_2$*

17 ειπεν] + αυτο a: ⟨+ προς κυριον 44⟩ | ιλεως μοι κυριε] μη μοι γενοιτο παρα κ͞υ bc$_2$e$_2$ | ιλεος aimx | κυριε] κ͞ς az | om του ba$_2$c$_2$e$_2$ | τουτο ποιησαι a$_2$ | ει] η av$^{a?}$: εις h$^b$ | των ανδρων] om x𝔈: om των bc$_2$e$_2$ | εαυτων v | πιωμαι g | om και 2°—αυτο deflmp–tw | ηθελησεν] εβουλετο bc$_2$e$_2$ | πιειν] post αυτο z: ι 1° ex ο b′$^a$: ποιειν x | αυτο] αυτω g | δυνατοι] μαχηται bo c$_2$e$_2$

18 αβεισα Ba$_2$ℭ𝔈] αβισαι A: αβεσα eg: αβεσσαει x: αβεσσα MN rell 𝔄: [illegible] 𝔖$^j$ | αδελφος—σαρουιας] υιος σαρουια αδελφος ιωαβ e𝔈 | αδελφος] pr ο i: υιος dlqst | om ιωαβ b′ | om υιος σαρουιας boc$_2$e$_2$ | υιου Mgx | σαρουιας] σαρουια fmp–xz: αρουια dl: ⟨σαλουια 123⟩ | αυτος 1°—δορυ] πρωτος των τριων υφιστατο εν τη μαχη boc$_2$e$_2$ | αυτος (+ ο a$_2$) αρχων BA hxa$_2$𝔄ℭ] αυτος post αρχων 𝔈: αρχων ουτος MN rell | τοις τρισιν 1°] τω τριτω MNadgijlnp–vyzb$_2$: ⟨om τοις 242*⟩ | hab και 2°—(19) αρχοντα 𝔏$^v$ | και αυτος] και ουτος efmw: *hic tunc* 𝔏: ουτος MNadgijlnp–vyzb$_2$ | ⟨εξηγειρεν] εξηγαγε 246⟩ | επι] εις boc$_2$e$_2$ | τριακοσιους] pr τους x: pr εξακοσιους g: τριακοσιων v: εξακοσιους boc$_2$e$_2$𝔏 Jos | om τραυματιας 𝔈 | και αυτω ονομα] αυτος (pr και z$^{mg}$) ην ονομαστος boz(mg)c$_2$e$_2$𝔏 Thdt | εν τοις τρισιν 2° post (19) τριων 1° g

19 εκ—ενδοξος] *super duos claros* 𝔏 | εκ—εκεινων] υπερ τους δυο boz(mg)c$_2$e$_2$ Thdt | om των τριων 1° 𝔄 | om ενδοξος g | εγενετο] ην boc$_2$e$_2$𝔏𝔖$^j$ Thdt | αυτοις] *ipse* 𝔏 | εις] επ A | om των 2° dilp–t | ηλθεν] ηρχετο boc$_2$e$_2$ Thdt

20 βαναιας] βανεας bega$_2$: βαναας d: βανεα ⟨74⟩𝔄: [illegible] 𝔖$^j$ | ιωδαε] ιουδαε v: ⟨ιωδας 44⟩: [illegible] 𝔄: ιωιαδαε A: ιωαδ boc$_2$e$_2$ | ανηρ—εργοις] *filius uiri ualidi cuius multum opus operatum erat* 𝔄 | ανηρ αυτος] υιου ιεσσαι boc$_2$e$_2$ | om ανηρ a$_2$$^1$ | αυτος 1°] ουτος e | πολλοστος—καβεσεηλ] πολλα εργα ην αυτω (ην αυτω εργα b′) υπερ γαβασαηλ bo c$_2$e$_2$ | πολλοστος] πολλοις τοις y | εργοις] pr εν fx | καβεσεηλ B*Ah*a$_2$ℭ (*Gab-*)] *Cabaseel* 𝔈(uid): καβσεηλ On-gr: καβαηλ a: καθεσσαηλ x: καβασαηλ Mh$^b$ rell: ⟨κασαβαηλ 246⟩: βασαηλ

18 και 3°—τρισιν 2°] α′ και αυτω ονομα εν τοις τρισι σ′ ην δε αυτω εν τοις τρισι j
19 εκ—ηλθεν] α′ παρα τους τρεις οτι ενδοξος και εγενετο αυτοις εις αρχοντα και εως των τριων ουκ ηλθεν σ′ των τριων ουτος ενδοξοτατος και ην αυτων αρχων αλλ εως των τριων ουκ ηλθεν j

B Μωάβ, καὶ αὐτὸς κατέβη καὶ ἐπάταξε τὸν λέοντα ἐν μέσῳ τοῦ λάκκου ἐν τῇ ἡμέρᾳ τῆς
χιόνος. [21]αὐτὸς ἐπάταξεν τὸν ἄνδρα τὸν Αἰγύπτιον, ἄνδρα ὁρατόν· ἐν δὲ τῇ χειρὶ τοῦ 21
Αἰγυπτίου δόρυ ὡς ξύλον διαβάθρας, καὶ κατέβη πρὸς αὐτὸν ἐν τῷ δόρατι· καὶ ἥρπασεν
τὸ δόρυ ἐκ τῆς χειρὸς τοῦ Αἰγυπτίου, καὶ ἀπέκτεινεν αὐτὸν ἐν τῷ δόρατι αὐτοῦ. [22]ταῦτα 22
ἐποίησεν Βαναίας υἱὸς Ἰωδᾶε, καὶ αὐτῷ ὄνομα ἐν ταῖς τρισὶν τοῖς δυνατοῖς· [23]ἐκ τῶν 23
τριῶν ἔνδοξος, καὶ πρὸς τοὺς τρεῖς οὐκ ἦλθεν· καὶ ἔταξεν αὐτὸν Δαυεὶδ εἰς τὰς ἀκοὰς
αὐτοῦ. Καὶ ταῦτα τὰ ὀνόματα τῶν δυνατῶν Δαυεὶδ βασιλέως. [24]Ἀσαὴλ ἀδελφὸς Ἰωάβ, 24
οὗτος ἐν τοῖς τριάκοντα· Ἐλεανὰν υἱὸς Δουδεὶ πατραδέλφου αὐτοῦ ἐν Βαιθλέεμ· [25]Σαιμὰ ὁ 25
Ῥουδαῖος· [26]Σελλὴς ὁ Κελωθεί· Εἴρας υἱὸς Εἰσκὰ ὁ Θεκωείτης· [27]Ἀβειέζερ ὁ Ἀνωθείτης, 26 27
ἐκ τῶν υἱῶν τοῦ Ἀνωθείτου· [28]Ἐλλὼν ὁ Ἀωείτης· Νοερὲ ὁ Ἐντωφατείτης· [29]Ἐσθαεὶ υἱὸς 28 29

23 εις] προς B$^{b}$(mg)    26 ιρας A    27 αβιεζερ B$^{b}$A

AMNabd–jl–qstv–c$_2$e$_2$𝔄ℭ$^{w}$𝔈(𝔏$^{v}$)

N: καταβεσθηλ B$^{a}$: *Cabeel* 𝔄-ed: *Baccel* 𝔄-cod | και αυτος 1°] ουτος boc$_2$e$_2$: om και 𝔈 | om τους—επαταξε A | om τους—αριηλ 𝔈$^{a}$ | om δυο x𝔈$^{s}$ | om υιους N αριηλ] *Adriel* 𝔄 | του 1°] τω av: om Ndlp–t | μωαβ] ιωαβ i | αυτος 3°] ουτος boc$_2$e$_2$𝔖$^{j}$ | κατεβη] pr κατοσε m: ανεβη a | τον λεοντα] *populum qui* 𝔈 | om τη bgoxc$_2$e$_2$ | της] του v: om bgoc$_2$e$_2$ | ⟨χιωνης 242⟩

**21** αυτος BAhxa$_2$] και ουτος boc$_2$e$_2$: pr και MN rell 𝔄ℭ𝔈 | τον 1°—αιγυπτιον post ορατον 𝔄 | τον 1°] το c$_2$ | ανδρα τον αιγυπτιον] αιγυπτιον ανδρα b'oc$_2$e$_2$: om ανδρα τον *b* | ανδρα 1°] λεοδα uid h$^{b}$ | εγυπτιον g | ορατον ανδρα oc$_2$e$_2$ | ορατον] ορατην A: αορατον a$_2$: ευμορφον i(mg): ⟨αμορφον 246$^{a?}$⟩ | εν δε] και εν boc$_2$e$_2$ | του αιγυπτιου 1°] του εγυπτιου g: αυτου f: om του h | om ως—δορυ 2° A | ξυλων a | διαβαθρα b' | κατεβη] pr *Baneas* ℭ | τω δορατι 1° Bh*xa$_2$𝔄𝔈] + αυτου ο αιγυπτιος boc$_2$e$_2$: ραβδω MNh$^{b}$ rell | om και 2°—δορυ 2° h* | ηρπασεν] αφειλε boc$_2$e$_2$ | αιγυπτιου 2°] εγυπτιου g

**22** ταυτα] pr και q: *et ita* 𝔈: + δε f | βαναιας] βανεας be: *Banea* 𝔄: [illegible] 𝔖$^{j}$: δοναaιας a$_2$ | ιωδαε] [illegible] 𝔄: ιωιαδαε A: ιωαδ boc$_2$e$_2$ | hab και—δυνατοις 𝔏$^{v}$ | αυτω] αυτο d: τουτω boc$_2$e$_2$𝔏 | ονομα] *nomen erat clarum* 𝔏 | om τοις 2° bdehlmo–tw–a$_2$c$_2$e$_2$

**23** εκ των τριων] υπερ τους τρεις αυτων (om Thdt) boc$_2$e$_2$ Thdt | om τους g* | ουκ ηλθεν και] υιους a$_2$ | ηλθεν] ηθελησεν y: ηρχετο bozc$_2$e$_2$𝔄 Thdt | εταξεν] επεταξεν h$^{b}$: επαταξεν h*: κατεστησεν boc$_2$e$_2$ Thdt | δᾱδ αυτον x | εις τας ακοας] *in custodiam* 𝔖$^{j}$: *super horrea* 𝔄: *coniunctum* ℭ | εις B*ha$_2$] επι M(mg)boc$_2$e$_2$𝔈 Thdt: προς B$^{b}$AM(txt)N rell | τας ακοας] την φυλακην M(mg)bc$_2$e$_2$ Thdt: την κεφαλην o | om και 3° jb$_2$ | δαυειδ 2°] post βασιλεως x: om v | βασιλεως BAha$_2$] pr του MN rell: om 𝔈

**24** ασσαηλ boc$_2$e$_2$ | αδελφος] pr ο x | ουτος] αυτος n𝔄: *et is* 𝔈: om boc$_2$e$_2$ | τριακοντα] *quatuor* ℭ | ελεαναν] ελαιαναν i: αιλιαναν x: ελλαναν boc$_2$e$_2$: [illegible] 𝔖$^{j}$ | δουδει] δουδη m: *Dul* 𝔈: λουδει A: [illegible] 𝔄: σουσει h: σωσει a$_2$: om MNadgjlnp–vyzb$_2$𝔖$^{j}$(mg) | om πατραδελφου αυτου boc$_2$e$_2$𝔖$^{j}$(txt) | εν 2° Bh*a$_2$𝔄𝔈] εκ AMNh$^{b}$ rell 𝔖$^{j}$ | βαιθλεεμ] βεθλεεμ i: βιθλεεμ v$^{b}$: βηθλεεμ ANa–fh$^{b}$jm–pwxya$_2$–e$_2$ℭ

**25** σαιμα B] σεμα a$_2$: *Sema* ℭ: σαιμω h*: σαιμωθ h$^{b}$: σαμα x𝔄-codd: *Same* 𝔈: *Samaa* 𝔄-ed: [illegible] 𝔖$^{j}$: σαμμαι A: σαμαιας boc$_2$e$_2$: σεμωθ MNi(μ ex β i$^{a}$) rell | ο ρουδαιος] *Arudaeus* 𝔈: *Arucaeus* ℭ | om ο i | ρουδαιος Bh*𝔄] ρουραιας a$_2$: αρωδι h$^{b}$nv: ⟨αφροδι 244⟩: αδαρει oc$_2$e$_2$𝔖$^{j}$: δδαρι b: αρουδαιος αιλιακα ο αρουδαιος x: αρουδαιος ενακα ο αρωδαιος A: αρωαι ελικαθ αρωδι i: αρωδι ελικα (ηλ- N) ο (int lin y$^{a}$) αρωδι (ορ- e) MN rell

**26—XXIV 2** om v* (spat relict)

**26** σελλης—ειρας] *Sole qui adhaesit Iraso* 𝔈 | σελλης Bh*a$_2$] σεληκ x: *Sellom* 𝔄-ed: *Sellem* 𝔄-codd ℭ: *Sellon* 𝔄-codd: ελλης A: χελλις p: ⟨χελλες 98⟩: χελης e: χελις d: χαλλης boc$_2$e$_2$: [illegible] 𝔖$^{j}$: χολλης N: χελλης Mh$^{b}$v$^{b}$ rell: ⟨χελι 71⟩ | om ο 1°—θεκωειτης v$^{b}$ | ο κελωθει] *Cerothi* ℭ: *Nelodaeus* 𝔄-codd: ⟨σοφαλωνι 71⟩ | κελωθει B𝔄-ed] κολωθει h*: χελωθει h$^{b}$: κουλλωθει a$_2$: φελλωνει AN: φαλλονι a: φαλλουνει x: φαλωνι eg: φαλγονι b: φαλμωνει oc$_2$e$_2$𝔖$^{j}$: φαλλωνι M rell: ⟨φυλλωνι 246⟩ | ειρας BAh*xℭ] pr *Allas Fellataeus* 𝔄: ⟨ηρα 71⟩: ιρρα fg: ιας a$_2$: ιδαε boc$_2$e$_2$: [illegible] 𝔖$^{j}$: ειρα MNh$^{b?}$ rell | ⟨υιος] pr ο 246⟩ | εισκα Bh*] ης και a$_2$: εσκαε x: *Esco* 𝔈: *Escath* 𝔄: *Esgeth* ℭ: εκκις bdfp: εκ της e$_2$: εκκας A: εκεις ae: εκκης MNh$^{b}$o (κ 2° int lin o$^{a}$) rell | om ο 2° a$_2$ | θεκωειτης] θεκοιτης g: *Thecuita* 𝔄: θεκεει boc$_2$e$_2$: θεκοικαις a$_2$: θεκωνιτης h*ℭ: θεκουωνιτης x

**27** αβειεζερ] pr σαβουχαι ο ασωθιτης z: αβιεζιερ a(uid): εβιεζερ gy | ο ανωθειτης] *Atothaeus* 𝔈 | ανωθειτης Bh*xℭ] ανωθητης a$_2$: αναθωθητης gv$^{b}$: ανοθωθιτης a: αναθωτιτης y: αναθωθι boc$_2$e$_2$: αναθωθειτης AMNh$^{b}$ rell 𝔄 | om εκ—ανωθειτου ghitz | εκ των υιων BAxa$_2$𝔄ℭ𝔈] σαβουχε efpv$^{b}$: αβουχαι jb$_2$: ⟨αβουχε 244⟩: σαβουθαι q: σαβενει oc$_2$: σαβανει e$_2$: σαβεν b'*b*$^{a?}$: σαβελι *b**(uid): σαβουχαι MN rell: [illegible] 𝔖$^{j}$ | του ανωθειτου Bℭ(uid)] του ασωθειτου Ax𝔄: του ασωθητου a$_2$: *Asthitu* 𝔈: ⟨ο ανωθιτης 244⟩: ο ασωθητης av$^{b}$: ⟨ο αθωθιτης 44⟩: ο χεθθει bc$_2$: ο χετθει e$_2$: ο χεττει o: *Chettaeus* 𝔖$^{j}$: ο ασωθιτης MN rell

**28** ελλων] ελων ex: σελλωμ A: ελιμαν boc$_2$e$_2$: [illegible] 𝔖$^{j}$(uid): ελα υς βαανα ελων v$^{b}$ | ο αωειτης] *Aeotes* ℭ: [illegible] 𝔄-ed: [illegible] 𝔄-codd: *Alonaeus* 𝔈 | αωειτης B] αοιτης a$_2$: αωνιτης Magiyb$_2$: αλωητης x: ελωειτης Ah*: αλλωνειτης h$^{b}$s: αδωνιτης Nnz$^{a?}$: λονιτης v$^{b}$: ⟨αμωθιτης 71⟩: ακαχι boc$_2$e$_2$𝔖$^{j}$: αλωνιτης z* rell | om νοερε ο εντωφατειτης m | νοερε Bh*x𝔄] νοεραι a$_2$: ⲛⲱⲉⲣⲉ ℭ: νοορε i: *Noeretha* 𝔈: μοερε h$^{b?}$nv$^{b}$: μοωρε f: μορε a(uid): ⟨βοορε 74⟩: μαεραει A: μααρναν oc$_2$e$_2$: αρναν b: μοορε MN rell | ο εντωφατειτης] *qui in Fati* 𝔈 | εντωφατειτης (29) εσθαει] του φατει ααλλαν υιος βαανα ο νετωφαθει εθει o | εντωφατειτης B] εντοφατιτης h*: ενθοβαθιτης a$_2$: νετωφαθητης g: νετοφαθητης v$^{b}$: νετοφαθιτης f: νετωφατιτης h$^{b}$: νεπωφαθειτης A: νετοφθαθιτης e: νετωφανιτης aℭ(uid): μετωφαθιτης i: νετοφαγιτης x: του φατεια c$_2$e$_2$: του φελτια *b*: του φελτιου b': νετωφαθιτης MN rell 𝔄

**29** εσθαει—βενιαμειν] αλαφ υιος βααναaι A | εσθαει B] αιθαι h: αιθαη a$_2$: *Zaethai* 𝔈: εωθει v$^{b}$: εθθι z: *Ethe* ℭ: αλαφ υιος βαανα ο νετοφαθει σεθε x: *Alaf filius Famfan Anaoe Neflathaeus Eththi* 𝔄: ⟨ελα υιος βαανα εθι 44⟩: ελα υιος βαανα ο νετωφατιτης ελλων ο αλωνιτης εθθι d: αλλαν υιος βαανα ο

23 εις—αυτου] α' επι υπακοην αυτου σ' επι των υπηκοων αυτου j

30 31 32 Ῥειβὰ ἐκ Γαβαὲθ υἱὸς Βενιαμεὶν 30 τοῦ Ἐφραθαίου· 31 Ἀσβὼθ ὁ Βαρδιαμείτης· 32 Ἐμασοῦ B
33 ὁ Σαλαβωνείτης· υἱοὶ Ἀσάν, Ἰωναθάν· 33 Σαμνὰν ὁ Ἀρωδείτης· Ἀμνὰν υἱὸς Ἀραὶ Σαραου-
34 ρείτης· 34 Ἀλειφάλεθ υἱὸς τοῦ Ἀσβείτου υἱὸς τοῦ Μαχαχααχεί· Ἐλιὰβ υἱὸς Ἀχει-
35 36 τόφελ τοῦ Γελωνείτου· 35 Ἀσαραὶ ὁ Καρμήλιος τοῦ Οὐραιοερχεί· 36 Γαὰλ υἱὸς Ναθὰν

31 ασβω|θ B*] ασμωθ| B$^b$ 33 σαμναν B$^{*b}$] σαμνας B$^a$ 34 αχιτοφελ A

AMNabd–jl–qstv–c$_2$e$_2$𝔄ℭ*𝔈

νετωφαθει (βααναονε τω φατει e$_2$) εθθει c$_2$e$_2$𝔖$^j$(uid): αδδαν (ανναν b′) υιος βααναονε του φαθι εθθι b: ελα υιος βαανα ο νετωφαθιτης εθθι MN rell ⟨71.123⟩ ⟦ελα] ελεα n: ελη 123 | βανα ag* | ο νετωφαθιτης] ωνετωφαθητης g | νετωφαθιτης] νετοφαθιτης f 123: νετωφατιτης lpqty: νεοφαθιτης n: νετοφθαθιτης e: νεγωφαθιτης a: νετοφιτης 71 | ιθι 71⟧ | ρειβα εκ γαβαεθ] *Remasgabeeth* 𝔈: ριβαα m | ρειβα] ρηβα fa$_2$: ⟨ριβαι 64: ριμα 236⟩: ρεβαει x: εριβα boc$_2$e$_2$𝔖$^j$: ερβα i: ραχαι v$^b$(uid) | εκ] pr ο boc$_2$e$_2$: εν a$_2$ | γαβαεθ Bha$_2$𝔄ℭ] γαβαβθ x(uid): βαα s: του βουνου boc$_2$e$_2$: γαβαα MNg(γ ex α g$^a$)v$^b$ rell: ⟨om 71⟩ | υιος 2° Bha$_2$] υιου x: *filiorum* 𝔄: om MNv$^b$ rell | βενιαμειν] βενιαμην x: βενιαμειμ b$_2$: βαινιαμειν a: βαινιαμην g: βεννιαμιν m: + ελλα υιος βααρα ο νετωφαθιτης z

30 του εφραθαιου (31) ασβωθ] του εφραθαιου βαναιας ο φεραθα αδδαει εκ νααλγασσαει ελβων ο αρωθηθης ασμωθ x | του εφραθαιου Bha$_2$ℭ𝔈] αδδαι ο εξ (εκ b′) νεχαβαι (ναχ- o) boc$_2$e$_2$: βαναιας ο φαραθωνιτης ουριεγνα χαλιγαιας y: βαναιας ο φαραθωνιτης ουριε εκ ναχαλιγαιας MNv$^b$ rell ⟨64.123.246⟩ ⟦βαναιας] α 3° int lin v$^b$: βανεας e: βαναμας a | φαραθωνιτης] βαραθωνιτης e: φαραραθωνιτης g* | om ουριε εκ ναχαλιγαιας 246 | ουρι MNagijnv$^b$b$_2$ 64.123 | ναχαλιγαιας] ναχαλιγεας g: νααχαλιγαιας i: νααλιγαιας v$^b$: ναχλιγαιας 123: ναλαγιγαιας 64⟧: [illegible] 𝔖$^j$: + αθθαι εκ νααλεας A: + *Addai ex torrente Goas* 𝔄

⟨31—33 om 246⟩

31 ασβωθ B*] ασμωθ B$^b$hℭ: ασβω a$_2$: ⟨αζαωρ 64⟩: αειελβων ο αρωβωθει ασμωθ A: ταλσαβηης (-βιης b) ο σαραιβαθει αζελμων (-βων e$_2$) boc$_2$e$_2$: [illegible] 𝔖$^j$: αβιηλ υιος του αραβωθιτου αζμωθ MNv$^b$ rell ⟦αβιηλ] pr τον y: αριηλ deflmp–twz | αραβωθιτου] αραβοθιτου g: αραβοθητου v$^b$: αραβωσιτου a: αραμωθιτου d | αζμωθ] αζιμωθ m: ασμωθ i: αλαωθ v$^b$⟧: *Abielbon ex campis Addai ex Nachal Gasbie Ladabarita* (*Gasbiel Arabadita* codd) *Asmon* 𝔄 | ο βαρδιαμειτης] *Abrasita* 𝔈: *Saraabites* ℭ: [illegible] 𝔖$^j$ | ο] ω a$_2$* | βαρδιαμειτης B] βαραιαμιτης a$_2$*: βαρεαμιτης a$_2$$^{a?}$: βαρωμειτης A: βαρσαμητης x: βαρασαμιτης a𝔄-codd: βαρσανιτης gi: αβαρσαμιτης h: αβαρνει c$_2$e$_2$: αβερνει o: αβεννει b: βαρσαμιτης MNv$^b$ rell 𝔄-ed

32 εμασου ο σαλαβωνειτης] *Emascuos Alamonita* 𝔈: om a | εμασου Bℭ] αιμασου a$_2$: εκμασου h: εν μασουλ x: *Elias* 𝔄: ελιαβ A: ελεασω υιος d: σαλαβαθ boc$_2$e$_2$𝔖$^j$: ελεασα υιος MNv$^b$ rell: ⟨ελεσα υιος 242⟩ | ⟨om ο 44⟩ | σαλαβωνειτης BAh𝔄] *Salabunites* ℭ: σελαβονιτης a$_2$: σαλαμωνητης x: σαλαβανει e$_2$: σαλαμανι *boc$_2$*: σασαλαμανι b′: [illegible] 𝔖$^j$: λαβωνιτης v$^b$: λαβονιτης g: αλαμωνιτης n: αλωνιτης m: αλαβωνιτης MN rell | υιοι ($\overline{υς}$ f) ασαν] pr βασαι ο γωυνι ιωναθαν $\overline{υς}$ σαμα ο αρωριτης αχιαν $\overline{υς}$ σαραια ο αραθυριτης αλιφαλατ $\overline{υς}$ του μαλχα αχι ο μεθυραθι ελιαβ $\overline{υς}$ αχιτοφελ του γελωνιτου ασαραι ο καρμηλιος του ουρε $\overline{υς}$ ασβι ισβααλ $\overline{υς}$ ναθαν μαβααν $\overline{υς}$ αγαριν ελληχ ο αμμανιτης γελωρε ο βηθωραιος efmw⟨236.242⟩ ⟦βασε ef | γουνι m | om σαμα—$\overline{υς}$ 2° m | αρωνιτης f | αρχιαν 242 | σαραια] σαρεα e: σαρεαν f: αραι 236 uid | αλιφαλατ—γελωνιτου] ελιαβ υιος αχιτοφελ του γελωνιτου αχι ο μεθυραθι αλιφαλατ υιος μαλχα 242 | αλιφατ e 236 | om του 1° e 236 | εχι e | λελωνιτου 236 | ασαρε ef | ουρε] ουραι 242: ρε e | ασκι f | ισβααλ] ιγααλ fmw | μαμααν e | ελης e | γελωραι mw | βηρωθαιος f⟧: βασαι (+ο γωυνιτης g*) ο γωυνι MNdgjnp–tv$^b$yb$_2$: ⟨βασαι ο γωνι 71⟩: βασαι ο αγωυνι z: βασαι εγωυμνι a: βασα ο γωυνι l: βασαν γωινη i: ιασσαι (ιεσσαι b′o) ο γουνει boc$_2$e$_2$ | υιοι] υιος x𝔄𝔈: *e filiis* 𝔖$^j$ | ασαν] *Ason* ℭ𝔈: [illegible] 𝔖$^j$ | ιωναθαν] υιω ναθαν (ν 1° ex corr g$^a$) υιος g: ιωναοδ $\overline{υς}$ i: + υιος MNabdjln–tv$^b$yz b$_2$c$_2$e$_2$𝔖$^j$

33 ⟨σαμναν—σαραουρειτης] σαρουα ο αραθυριτης 44⟩ | σαμναν] σαμνας B$^a$Aa$_2$: σαμνα h$^{b?}$: *Semna* 𝔈: σαμαν y: σαμαα boc$_2$c$_2$: [illegible] 𝔖$^j$: σαμα MNadgjlnp–tv$^b$zb$_2$: ⟨αμα 71⟩: σαβαθ i: ⟨σαβα 74⟩ | ⟨om ο αρωδειτης αμναν 236⟩ | om ο bioc$_2$e$_2$ | αρωδειτης] αροδιτης a$_2$: αρωμιτης MNadgijlnp–tyzb$_2$: αρωρητης v$^b$: ⟨αρωνιτης 71.123⟩: αραχει boc$_2$e$_2$ | αμναν] *Amenan* 𝔈: αχιαν MNadgijlnp–tv$^b$yzb$_2$: ⟨αχαιαν 98: αχια 64⟩: *Elian* 𝔄: om boc$_2$e$_2$ | αραι σαραουρειτης] σαχαρω (σαχαρ ο o: σαραχω b) αραρειμα (αρερ- bc$_2$) boc$_2$e$_2$: [illegible] 𝔖$^j$ | αραι Bhxa$_2$] αρα efmw: αραδ A: *Ared* 𝔄-ed: *Abed* 𝔄-cod: *Sare* ℭ𝔈: σαραια MNv$^b$ rell: ⟨σαραιαν 71: σαραιλ 74: σαραα 244⟩ | σαραουρειτης B] ο αραθυρητης gv$^b$: ο αραθηριτης a$_2$: ⟨ο αραθουριτης 64⟩: *Hatharita* 𝔈: ο αραρειτης Aefmw: ο αραρητης a: ο αρειτης x: ο αραθυριτης MNy (θ sup ras y$^a$) rell 𝔄ℭ

34 αλειφαλεθ Bh𝔄] *Alifeleth* 𝔈: αληφαλαθ v$^b$: αληφαλατ g: ⟨ελιφαλαθ 64⟩: αληφαλεκ a$_2$: ελιφαλετ Ax: αλιφαρετ emw: ελιφαρετ f: *Erifareth* ℭ: αχιφαλατ a: ο φελλει boc$_2$e$_2$: [illegible] 𝔖$^j$: αλιφαλατ MN rell | του ασβειτου] *Asibitarum* 𝔄-ed: *Asub* 𝔈: ασσαια *boc$_2$e$_2$*: [illegible] 𝔖$^j$: αεσσαια b′ | om του 1° v$^b$ | ασβειτου Bhℭ] ασαβιτου efmw: ασιβητου a$_2$𝔄-codd: αβιτου x: αιτουε A: om MNv$^b$ rell | om υιος του 2° MNabdgijln–tv$^b$yzb$_2$c$_2$e$_2$ | του μαχαχααχει] *Maachaachi* ℭ: *Machachi* 𝔈: [illegible] 𝔄 | μαχαχααχει Bh] μαχαχαλκη x: μαχαχαλκι fmw: ⟨μαχαχαλκε 236⟩: μαχαχαλικι e: ⟨μαμαχαλκι 242⟩: μαχααχι MNgi: μααχααχι n: μααχαχι y: μαχαχαι a$_2$: μαχαχι v$^b$: μααχαθι b$_2$: ⟨μααχι 64.246⟩: μαχι a: μαχαται A: μακαρθει boc$_2$e$_2$: μααχα αχι ο μεθυραθι rell ⟨44.98.244⟩ ⟦μααχα] μαλχα s: μααχαθι j: μαχααθι 98: μαχαθι 244 | μεθυραθι] μεθιραθι 44: μεθυραρι t⟧ | om ελιαβ—γελωνειτου e | ελιαβ] ελιαφ a: ελιαδ a$_2$: ⟨ελγαβ 244⟩: εναβ x: ουελιαφ A: ο θαλααμ boc$_2$e$_2$𝔖$^j$ | om υιος 3° boc$_2$e$_2$ | αχειτοφελ] αχετοφελ z*: αχιτοφελ a$_2$ | του 3°—(35) καρμηλιος] ο γαλααδ δαμειθεσσερει καρμαλει e$_2$ | του γελωνειτου] *Galamonitae* 𝔄: [illegible] 𝔖$^j$: ο γαλααδ δαμει boc$_2$ | γελωνειτου] ⟨pr φελτου 44⟩: γελωνητου x: γειλωνιτου A

35 om ασαραι ο καρμηλιος e | ασαραι ο] ο εσσερει boc$_2$ | ασαραι] ασαρε a$_2$: ασαρα fmw: ο σαραι g: ασσαρε i: ⟨ασσερε 246⟩: αραραι h* | καρμηλιος του ουραιοερχει] καρμαλειθ αφαρει o | καρμηλιος] καρμιλιος v$^b$: καρμιληος a$_2$: ⟨καμηλιος 44⟩: καρμαλει c$_2$: καρμααι *b*: καρμαιε b′ | του ουραιοερχει] *Ure qui est Erchri* ℭ: [illegible] 𝔄: φαρα ο αραχαιος efmw: φαραει ο αραχειεις A: [illegible] 𝔖$^j$: *zaafeuo Iachi* 𝔈: ο αφαρει bc$_2$e$_2$ | ⟨om του 44⟩ | ουραιοερχει (36) γααλ] ουραει ο αρχιγααλ x: ουραι υιος ασβηγααλ y | ουραιοερχει Bh] οραιοερχι a$_2$: ουραι N: ουρε υιος ασβι Mv$^b$ rell ⟨64.71.74.123.246⟩ ⟦ουρε] ουραι gnv$^b$ 64: ορε adp: αρε 246: ουρεμ 123 | ασβι] ασβιι 71: εσβι 74: ασκι 64: ασβιν i: ασβιμ 246⟧

36 γααλ—(37) αμμανειτης abscissa in l | γααλ] *Gala* 𝔄-ed: *Galaa* 𝔄-codd: *Galaad* ℭ: *Galaadita* 𝔈: ιγααλ Mdgijnpstzb$_2$: ⟨ιεγααλ 123⟩: ιγαλαλ qv$^b$: ιγαλααλ a: ιωηλ boc$_2$e$_2$𝔖$^j$: om N | υιος 1°] αδελφος (pr ο b′) boc$_2$e$_2$𝔖$^j$ | ναθαν] ⟨ιωναθαν 244⟩:

B ˈἀπὸ δυνάμεως,ˈ υἱὸς Γαλααδδεί· 37 Ἐλειὲ ὁ Ἀμμανείτης· Γελωρὲ ὁ Βηθωραῖος αἴρων τὰ 37
σκεύη Ἰωάβ, υἱὸς Σαρουίας· 38 Εἴρας ὁ Αἰθειραῖος· Γηρὰβ ὁ Ἐθθεναῖος· 39 Οὐρείας ὁ Χετταῖος· 38 39
πάντες τριάκοντα καὶ ἑπτά. 40 (30) Ἀδαοὶ ἀπὸ χειμάρρων, 41 (31) Γαδαβιὴλ υἱὸς τοῦ Ἀραβωθαίου. 40 (30) 41 (31)
1 Καὶ προσέθετο ὀργὴν Κύριος ἐκκαῆναι ἐν Ἰσραήλ, καὶ ἐπέσεισεν τὸν Δαυεὶδ ἐν αὐτοῖς 1 N
λέγων Βάδιζε ἀρίθμησον τὸν Ἰσραὴλ καὶ τὸν Ἰουδά. 2 καὶ εἶπεν ὁ βασιλεὺς πρὸς Ἰωὰβ 2
ἄρχοντα τῆς ἰσχύος τὸν μετ' αὐτοῦ Δίελθε δὴ πάσας φυλὰς Ἰσραὴλ ἀπὸ Δὰν καὶ ἕως Βηρσάβεε
καὶ ἐπίσκεψαι τὸν λαόν, καὶ γνώσομαι τὸν ἀριθμὸν τοῦ λαοῦ. 3 καὶ εἶπεν Ἰωὰβ πρὸς τὸν 3
βασιλέα Καὶ προσθείη Κύριος ὁ θεὸς πρὸς τὸν λαὸν ὥσπερ αὐτοὺς καὶ ὥσπερ αὐτοὺς ἑκα-
τονταπλασίονα, καὶ ὀφθαλμοὶ τοῦ κυρίου μου τοῦ βασιλέως ὁρῶντες· καὶ ὁ κύριός μου ὁ
βασιλεὺς ἵνα τί βούλεται ἐν τῷ λόγῳ τούτῳ; 4 καὶ ὑπερίσχυσεν ὁ λόγος τοῦ βασιλέως πρὸς 4

36 απο δυναμεως] απολυδυναμεως B 37 βηρωθαιος B$^{ab}$ 38 εθειραιος B$^{ab}$
39 ουριας B$^{b}$A 40 αδροι B$^{ab}$
XXIV 1 οργην κς B*] κ̅ς̅ οργην B$^{b}$(uid): οργη κ̅υ̅ B$^{a}$(mg) | επεσεισε A | ιουδαν B$^{b}$
3 εκατονταπλασειονα B* | κ̅υριου A | κ̅υ̅ριος (2°) A

AMNabd–jl–qstv–c$_2$e$_2$𝔄ℭ$^{w}$𝔈

*Ethan* 𝔈 | απο δυναμεως ha$_2$𝔄𝔈] απολυδυναμεως B: πολυς (pr ο x) δυναμεως efmwx: πολλυσδυναμεως A: *filius ualidus* ℭ: μαβααμ v$^{b}$: μααβαν Mg: ⟨βαβααν 74⟩: βαμααν a: ⟨μαθααν 44: βααν 123⟩: μασαβα oc$_2$(β punct not)𝔖$^{j}$: μασσαβα b: μασαβαρει c$_2$: μαβααν N rell | υιος 2°] *filii* 𝔈 | γαλααδδει Bha$_2$] γαλααδι efmwℭ: ⟨γαλααδε 236⟩: *Galaad* 𝔄𝔈: γαλαδει x: γαδδι A: γαρι n: αγαρι MNgijv$^{b}$yb$_2$: αγαριν dpqst(uid)z: αγρι a: αγηρει boc$_2$𝔖$^{j}$: σαγηρει e$_2$

37 ελειε B𝔄ℭ] ελειαι h: *Eliu* 𝔈: ελιεθ fm: ⟨ελιαχ 123⟩: ελιες a$_2$: ελιαθ w: ελιθ e: εληχ ip: ⟨ελιχ 246: ελλιχ 74: εληλ 44⟩: ελληλ d: ελχεθ x: σβλεγι A: σαλααδ boc$_2$e$_2$: [illegible] 𝔖$^{j}$: ελληχ MNv$^{b}$ rell | ο αμμανειτης] *Ammonita* 𝔄-codd: *qui ex Ammon* 𝔖$^{j}$ | om ο 1° fmw | αμμανειτης γελωρε ο] αναμει ναραιαθ o | αμμανειτης] αμμανητης x: αμανιτης Ahnv$^{b}$ℭ: αναμιν bc$_2$e$_2$ | γελωρε BAnta$_2$𝔈] .ελοραι l: γαιλωραι q: γαιλοραι v$^{b}$: γελωρα efmw: *Gelori* ℭ: ⟨γηλωρα 236: γερωλαι 44: γελοναι 71⟩: αραια bc$_2$e$_2$: [illegible] 𝔖$^{j}$: γελωραι MN rell | ο βηθωραιος] *Bechrothaeus* 𝔄 | βηθωραιος B*e] βηθοραιος a$_2$: βηροθεος v$^{b}$: βηροθιος dp: βηρουθαιος x: ⟨βυροθαιος 71: βηρωθ 246⟩: βιθαρει b: βηραθει oc$_2$e$_2$: κιρωθεως g: βηρωθαιος B$^{ab}$AMN rell ℭ(uid)𝔈𝔖$^{j}$ | αιρων] non liquet l: pr ο defhmp–twz𝔈𝔖$^{j}$: αιροντες boc$_2$e$_2$ | om τα boc$_2$e$_2$ | ιωαβ] ιοαμ h*(uid): ιωβαβ v$^{b}$ | ⟨om υιος σαρουιας 44⟩ | υιος B] υιου AMNv$^{b}$ rell 𝔄 | σαρουια b–flmo–tv$^{b}$wzc$_2$e$_2$

38 ειρας] ηρας a$_2$𝔈: ιερας N: ιαρας i: οιαδ boc$_2$e$_2$: [illegible] 𝔖$^{j}$: ιαδ v$^{b}$: om Mgℭ | ο αιθειραιος] *Etharaeus* 𝔈: *Ietheraeus* 𝔄-ed: *qui ex* [illegible] 𝔖$^{j}$ | αιθειραιος B*] εθειραιος B$^{ab}$Ndhtz*: εθυραιος e: ηθηραιος a$_2$: ⟨εθθιραιος 64⟩: εθραιος Ax: ιεθηραιος fm: ιεθηρεος g: ⟨ιεθυραιος 71: ιεθραιος 123⟩: εθερει o: ιεθερει bv$^{b}$: ιεθθερει c$_2$: ιθερει e$_2$: ιεθιραιος Ml(uid)z$^{a?}$ rell 𝔄-codd ℭ | γηραβ ο εθθεναιος] *Garei Beththanaeus* (*Bethan-* ed) 𝔄: om Ndilp–tz(txt)𝔈$^{s}$ | γηραβ Bh] ⟨γηρεβ 123⟩: γηρας a$_2$: γαριβ emw: ⟨γαριμ 242⟩: γαριν z(mg): γαρ ην g: γαρηθ A: γαβερ bov$^{b}$c$_2$e$_2$𝔖$^{j}$: γαρηβ M (γ sup ras M$^{a}$) rell ℭ𝔈$^{a}$ | ο εθθεναιος] *Ethanaeus* 𝔈$^{a}$: *Iethineus* ℭ: *qui ex* [illegible] 𝔖$^{j}$ | εθθεναιος B] εθθαιναιος h: ⟨εθθιναιος 64⟩: εσθενναιος fm: ευθεναιος e: ευθενναιος w: σθεναιος x: εφεναιος a$_2$: εθιραιος y: ηεθηραιος g: ιεθιραιος Majnz(mg)b$_2$: ιεθεμ boc$_2$e$_2$: ιεθερ v$^{b}$: τεθριτης A

39 om ουρειας ο χετταιος 𝔖$^{j}$ | ουρειας BANhv$^{b}$xa$_2$ℭ] *Uria* 𝔄: και ουρει boc$_2$e$_2$: ⟨και συριας 246⟩: pr και M rell | χετταιος] non liquet l: ⟨γετταιος 236⟩: γετθαιος e: γεθθαιος dpqtz(txt): χεττει boc$_2$e$_2$: + γαρηβ ο ιεθηραιος N | παντες BAhx] + οι a$_2$: pr οι MNv$^{b}$ rell: *hi omnes* ℭ: ⟨οι παντες ουτοι 44: οι παντες παντων 236⟩ | και επτα] om c$_2$: om και Ndix

40, 41 Bha$_2$𝔄ℭ𝔈] om AMNv$^{b}$ rell

40 αδαοι] αδα ο h: αδροι B$^{ab}$𝔈: *Eada* ℭ: *alii* 𝔄: οι a$_2$ | χιμαρρου a$_2$𝔄𝔈

41 γαδαβιηλ] *Gadabial* 𝔈: γαδαβριηλ a$_2$: *Gabiel* ℭ | υιος] *filii* 𝔄 | του αραβωθαιου] *Arabatheu* 𝔈: του αραθαιου a$_2$

XXIV 1 ⟨και προσεθετο] προσεθετο δε 44⟩ | προεθετο ap | οργην κυριος] κ̅ς̅ οργην B$^{b}$(uid)z: οργη κ̅υ̅ B$^{a}$AMNg𝔄ℭ𝔈: οργη (+ του e$_2$ Thdt ½) θ̅υ̅ boc$_2$c$_2$ Or-lat Thdt | οργη h* | εκκαηναι] καηναι e*: εγκλειναι v$^{b}$: εκκων επαγαι x: του (το *b*) θυμωθηναι boc$_2$e$_2$ Thdt: *et descendit* 𝔈 | εν 1°] επι g𝔄𝔈 Thdt ½ | ισραηλ 1°] ιλ̅η̅μ̅ s | om και 2°—ισραηλ 2° v$^{b}$ | επεσεισεν] επεισε e(txt) z(txt): επεσεν a: ⟨επεμψε 242⟩: + κ̅ς̅ t | εν αυτοις] εις αυτους boc$_2$e$_2$ Thdt: ⟨om 242⟩ | βαδιζε BAhj(mg)x] βαδισον a$_2$: πορευθητι MNj(txt) rell Thdt | αριθμησον] pr και MNd–gi j(txt)lmnp–twyzb$_2$: αριθμησαι x | ⟨om τον 2° 242⟩ | om τον 3° v$^{b}$ | ιουδα B*h*sta$_2$e$_2$ Thdt ½] ιουδαν B$^{b}$AMNh$^{b}$v$^{b}$ rell Thdt ½

2 ιωβαβ v$^{b}$ | αρχοντα] και προς τους αρχοντας bgoc$_2$e$_2$𝔖$^{j}$ | της ισχυος] των δυναμεων boc$_2$e$_2$𝔖$^{j}$ | ⟨om τον μετ 236. 242⟩ | τον 1°] των abefgnoa$_2$c$_2$e$_2$𝔖$^{j}$: και προς τους αρχοντας των δυναμεων των v$^{b}$ | μετ αυτου] μεθ αυτου fmsw: μεθ εαυτου e: + εν ιλ̅η̅μ̅ bov$^{b}$c$_2$e$_2$ | διελθε] περιελθετε b: περιελθατε oc$_2$e$_2$ | om δη y | πασας φυλας BAhv$^{b}$] εις παντα (απαντα b) τον boc$_2$e$_2$: πασας τας φυλας MN rell | ισραηλ Bha$_2$] pr του Ax: του ι̅η̅λ̅ και ιουδα ain: + και (+ τον b) ιουδαν bov$^{b}$c$_2$e$_2$: + και ιουδα MN rell | om απο δαν be$_2$ | δαμ g | om και 2° e𝔄ℭ𝔈 | εως] pr ιδου b′: pr ιδου και *b* | βηρσαβεαι *b*oc$_2$e$_2$ | om και 3°—λαον a$_2$ | επισκεψασθε boc$_2$e$_2$ | λαον] + και ενεγκατε προς με boc$_2$e$_2$ | γνωσωμαι gv$^{b}$ | του λαου] ⟨αυτου 246⟩: *eorum* 𝔄: om v$^{b}$

3 om και 2° bovxa$_2$c$_2$e$_2$𝔄ℭ𝔈 | προσθησει jb$_2$ | ο θεος B] om a$_2$e$_2$𝔄: + αυτων boc$_2$: + σου AMN rell ℭ𝔈 | προς 2°] επι boc$_2$𝔈: *in* 𝔄: om e$_2$ | λαον] + σου MNad–npqsvwyzb$_2$: + αυτου e$_2$ | ωσπερ 1°] ωστε c$_2$ | αυτους 1°] και τουτους boc$_2$e$_2$: αμμος a$_2$ | και ωσπερ αυτους Bh*] om AMNh$^{b?}$ rell 𝔄𝔈 | εκατονταπλασιονα B] εκατονταπλασιον (-ων a$_2$) Axa$_2$: εκατονταπλασιους ef: εκατονταπλασιως MN rell: ⟨εκατονπλασιως 123⟩ | οφθαλμοι] pr οι ANb–fhl–twyzc$_2$e$_2$ | om μου 1° e*wℭ | ορωντες] βλεποντες (-τας o) boc$_2$e$_2$ | om ο 2° q | τι] + τουτο av | βουλεται—τουτω] θελη (-λει e$_2$) το ρημα τουτο boc$_2$e$_2$ | βουλεται] βουλευεται av: γινεται g | τουτο ga$_2$

4 υπερισχυσεν] υπεισχυσεν a: κατεκρατησε boc$_2$e$_2$ | ο λογος] το ρημα το boc$_2$e$_2$ | προς] υπερ boc$_2$e$_2$𝔈(uid) | εις BAhx] υπερ

XXIV 1 και 1°—ισραηλ 1°] θ′ και προσεθετο οργη θ̅υ̅ του θυμωθηναι εν ι̅η̅λ̅ j

Ἰωὰβ καὶ εἰς τοὺς ἄρχοντας τῆς δυνάμεως· καὶ ἐξῆλθεν Ἰωὰβ καὶ οἱ ἄρχοντες τῆς ἰσχύος B
5 ἐνώπιον τοῦ βασιλέως ἐπισκέψασθαι τὸν λαὸν Ἰσραήλ. [5]καὶ διέβησαν τὸν Ἰορδάνην, καὶ παρενέ-
6 βαλον ἐν Ἀροὴλ ἐκ δεξιῶν τῆς πόλεως τῆς ἐν μέσῳ τῆς φάραγγος Γὰδ καὶ Ἐλιέζερ. [6]καὶ ἦλθον
εἰς τὴν Γαλαὰδ καὶ εἰς τὴν Θαβασὼν ἥ ἐστιν Ναδασαί, καὶ παρεγένοντο εἰς Δανειδὰν καὶ Οὐδάν,
7 καὶ ἐκύκλωσαν εἰς Σιδῶνα· [7]καὶ ἦλθαν εἰς Μάψαρ Τύρου καὶ πάσας τὰς πόλεις τοῦ Εὐαίου καὶ
8 τοῦ Χαναναίου, καὶ ἦλθαν κατὰ νότον Ἰούδα εἰς Βηρσάβεε· [8]καὶ περιώδευσαν ἐν πάσῃ τῇ γῇ·
9 καὶ παρεγένοντο ἀπὸ τέλους ἐννέα μηνῶν καὶ εἴκοσι ἡμερῶν εἰς Ἰερουσαλήμ· [9]καὶ ἔδωκεν Ἰωὰβ
τὸν ἀριθμὸν τῆς ἐπισκέψεως τοῦ λαοῦ πρὸς τὸν βασιλέα· καὶ ἐγένετο Ἰσραὴλ ὀκτακόσιαι χιλι-
άδες ἀνδρῶν δυνάμεως σπωμένων ῥομφαίαν, καὶ ἀνὴρ Ἰούδα πεντακόσιαι χιλιάδες ἀνδρῶν
10 μαχητῶν. [10]Καὶ ἐπάταξεν καρδία Δαυεὶδ αὐτὸν μετὰ τὸ ἀριθμῆσαι τὸν λαόν· καὶ εἶπεν Δαυεὶδ
πρὸς Κύριον Ἥμαρτον σφόδρα ὃ ἐποίησα· νῦν, Κύριε, παραβίβασον δὴ τὴν ἀνομίαν τοῦ δούλου

4 ισραηλ] pr τον B$^b$ 5 εμμεσω A 6 σειδωνα B*
9 οκτακοσιαι] ο 1° sup ras uid B$^?$ | χειλιαδες (bis) B*

AMNabd–jl–qstv–c$_2$e$_2$𝔄ℭ$^w$𝔈(𝔏$^v$)

boc$_2$e$_2$: *super* 𝔈: προς MN rell 𝔄ℭ(uid) | ⟨δυναμεως] ισχυος ενωπιον του βασιλεως 246⟩ | ⟨om ιωαβ 2° 242⟩ | οι] pr *omnes* 𝔄 | ισχυος] δυναμεως aboc$_2$e$_2$ | ενωπιον] εκ προσωπου boc$_2$e$_2$𝔄 | ισραηλ B*Aboc$_2$e$_2$] pr του ivxza$_2$: pr τον B$^b$MN rell

5 παρενεβαλον] παρενεβαλλον a: ηρξαντο (-ατο b′) boc$_2$e$_2$𝔖$^j$: *circumierunt* 𝔄 | εν 1°] ν ex corr N$^a$: επι x: απο boc$_2$e$_2$𝔖$^j$ | αροηλ Bbh$^b$v*(uid)xa$_2$] *Ariel* ℭ: αρωηρ g: ροηρ e$_2$: αρηρ a: αροηρ AMNh*v$^{a?}$ rell 𝔄𝔈𝔖$^j$ | εκ δεξιων] και απο boc$_2$e$_2$𝔖$^j$ | της 2°] ⟨om 44⟩: +του χειμαρρου i | της φαραγγος] του χειμαρρου boc$_2$e$_2$ | ⟨om γαδ—(6) την 1° 242⟩ | γαδ] γαθ x: δαδ a$_2$: γαλ h*: γαρ m: γαδαβ g: *Galaad* 𝔈: του γαδδι boe$_2$𝔖$^j$(uid): τον (ν ex μ uid c$_2$$^a$) αγααδει c$_2$ | ελιεζερ] εδιεζερ h*: ελεζερ x: ελιαζηρ A: *Eleazar* 𝔄: *uersus Eliozer* 𝔈: του ιεζερ boc$_2$e$_2$𝔖$^j$(uid)

6 ηλθον] ⟨ηλθαν 64⟩: ηλθεν Ns: ερχονται boc$_2$e$_2$ | την 1° Bha$_2$] om AMN rell | γαλααβ a$_2$ | ⟨om εις την 2° 44⟩ | την 2°] γην Abh$^b$e$_2$𝔖$^j$: om x | θαβασων—ναδασαι] αμμειθα η αδασαι On-gr: *Aethon Adasai* On-lat: χεττιειμ καδης boc$_2$e$_2$: hab [illegible] 𝔖$^j$ | θαβασων] ⟨θαβασον 246⟩: θαβασαν i: θαβασσων d: θαμασσων p: βαθασων y′: ⟨θαυμασων 236 uid. 242: θαλασσαν 98⟩: σαβασων M: θααθω x: εθαων A: σαβαι g | η εστιν ναδασαι B] αδασαι A: η εστιν αδασε a$_2$: η εστιν εν αδασσαι x: και εις (+την h*) εσθων η εστιν αδασαι (αλ- h*) h: και εις εσθων v: και εις αδασαι (σ corr in δ uid p: εδασαι b$_2$) Nipb$_2$: εικοσι και εις δασαι y: και εις εσθων και εις αδασαι M rell 𝔄ℭ ⟦εις εσθων] εισελθων dl | *Esthan* 𝔄-ed | αδασαι] αδασε ef: αδασσαι n: αδωσαι a: εδασαι j: *Idasai* ℭ⟧: *zaesathon zathabasan* 𝔈 | παρεγενοντο εις] *uenerunt usque ad* 𝔖$^j$: ερχονται εως boc$_2$e$_2$ | εις 3°—ουδαν] *in Dana* (*Dan* 𝔈$^a$) *et in Iuda* 𝔈 | δανειδαν] δανιδαμ a$_2$: δανιααν x: δανιαραν A: δανιδα Mg: *Dania* ℭ: δαν bh$^{b?}$oc$_2$e$_2$𝔄 | και ουδαν Ba$_2$ℭ] και ιουδαν Ahx: om MN rell 𝔄 | εις 4°] την *b*oc$_2$e$_2$𝔄(uid): τον b′ | σιδωνα] σιδονα a$_2$: ειδωνα v: σιδονα την μεγαλην e$_2$: +την μεγαλην Aboxc$_2$𝔖$^j$

7 om και 1°—τυρου v | ηλθαν 1° BNhijnb$_2$] ερχονται boc$_2$e$_2$: παρενεβαλον a$_2$: ηλθον AM rell | εις μαψαρ] *Sonfese* 𝔈 | εις 1°] εως o | μαψαρ τυρου] μαρτυρου x | μαψαρ BAMNhnyb$_2$𝔄ℭ On] μαρψαρ agia$_2$: αρμαψαρ d: ⟨αρμαρψαρ 242$^{a?}$⟩: αμαρψαν j: ⟨αρμαψαν 98⟩: αμαρψας e: βοσορραν c$_2$e$_2$: βοσσορραν o: βοσσοραν *b*: βεσσοραν b′: αμαρψαρ rell | τυρου] τυρον boc$_2$e$_2$: ταυρου a | πασας BAa$_2$𝔈] pr εις MN rell 𝔄ℭ𝔖$^j$ | om του 1° g | om ευαιου και του v | ευαιου] εβαιου de: ευει oc$_2$e$_2$: ευειν b | ⟨om του 2° 123⟩ | χανανι boc$_2$e$_2$ | ηλθαν 2° BA] ηλθον hxa$_2$: εκπορευονται boc$_2$e$_2$: *exierunt* 𝔖$^j$: πορευονται MN rell | κατα νοτον] *in terram austri* 𝔖$^j$: *ad terram* ℭ | κατα BAhxa$_2$] επι MN rell 𝔈 | νοτον ιουδα] τον ιορδανην A | νοτον] pr τον b: νωτον agv: τον xb$_2$𝔈 | ιουδα] pr του v: ιουδαν ax | εις 2°] pr και e𝔄-ed: και bf𝔈: om oc$_2$e$_2$ | βηρσαβεε (8) και περιωδευσαν] βηρσαν a$_2$ | βηρσαβεε] βηρσαβεαι *b*oc$_2$e$_2$: βηρσαβαιε A: βερσαβεε v: βεερσαβεε My: βερσεβεε a

8 περιωδευσαν—γη] περιηλθον πασαν την γην boc$_2$e$_2$𝔖$^j$ | παραγινονται boc$_2$e$_2$ | απο—ημερων] μετα εννεα μηνας και εικοσι ημερας boc$_2$e$_2$𝔖$^j$: μετα μηνας εννεα και ημερας εικοσι Jos | τελους] pr του dlp–tz | om εννεα μηνων v | ⟨μηνες 236⟩

9 om ιωαβ i* | τον αριθμον] το ικανον v | προς τον βασιλεα BAhxa$_2$𝔈] τω βασιλει MN rell 𝔄-ed Jos: *coram rege* 𝔄-cod | εγενετο BAxa$_2$𝔄] om y: ην MN rell | ισραηλ] pr ο x: εν ιλ̅η̅μ a$_2$ | οκτακοσιαι] εννακοσιαι (-οι e) bei(mg)oc$_2$e$_2$ Jos(uid) Thdt | χιλιαδες 1°] χιλι| A | om ανδρων δυναμεως MNinvyb$_2$ | om δυναμεως—ανδρων 2° g | δυναμεων x*(uid) | σπωμενων] εσπασμενων boc$_2$e$_2$: ενωμενων v | ανηρ] ανδρες boe$_2$𝔖$^j$: ανδρων c$_2$ | ιουδα—μαχητων] ιουδα ανδρων (ανδρων ιουδα e$_2$) μαχητων τετρακοσιαι χιλιαδες boc$_2$e$_2$ Thdt(uid): hab τεσσαρακοντα μυριαδες Jos | ⟨ιουδας 246⟩ | πεντακοσιαι] τετρακοσιαι (-οι e) ei(mg) | μαχητων] δυναμεως i$^a$: ⟨δυναμεων 246⟩

10 hab και 1°—αυτον 𝔏$^v$ | καρδια] pr η v Thdt: καρδιαν x | δαυειδ 1°] post αυτον 𝔏: om e | om αυτον—δαυειδ 2° h | αυτων e$^a$(uid) | το αριθμησαι] το αριθμηθηναι v: ταυτα οτι ηριθμησε boc$_2$e$_2$ Thdt | om δαυειδ 2° jb$_2$ | προς—σφοδρα 1°] ημαρτηκα τω κυριω Thdt | ημαρτον BAhx] om a$_2$: ημαρτηκα MN rell | ο εποιησα B𝔄ℭ] ω εποιησα a$_2$: οτι (ου ηνεκεν x) εποιησα το ρημα τουτο Ax: του ποιησαι το ρημα τουτο Thdt: *quia feci hoc* 𝔈: ποιησας το ρημα τουτο MN rell 𝔖$^j$ | νυν—σφοδρα 2°] *et remitte mihi Domine peccatum meum quia insanii ualde remitte mihi seruo tuo* 𝔈 | νυν BAxa$_2$] pr και MN rell 𝔄ℭ Thdt | om κυριε v𝔄 | παραβιβασον BAhx] παραβιβασαι a$_2$: περιελε MN rell Thdt | δη BNh] νυν a$_2$: om AM rell 𝔖$^j$ Thdt | ανομιαν] αδικιαν MNabgij(txt)novyz(mg)b$_2$c$_2$e$_2$ Thdt: αμαρτιαν x: ακακιαν de$^b$(uid)j(mg)lpqst*z(txt): κακιαν t$^{a?}$: ⟨καρ-

6 εις την θαβασων] σ′ την κατωτεραν οδον On
7 μαψαρ τυρου] α′ αρμα τυρου σ′ οχυρωμα τυρου On-gr: α′ σ′ *munitam Tyrum* On-lat 8 απο τελους] μετα το τελος M
9 οκτακοσιαι] οκτακοσιας εχει εν τω εξαπλω παρα δε θ′ ενακοσιας j | πεντακοσιαι] πεντακοσιαι κειται εν τω εξαπλω παρα μονω δε θ′ τετρακοσιαι j: *quinquaginta* p 10 παραβιβασον] ο′ παραβιβασον

B § 𝔏$^j$ σου, ὅτι ἐμωράνθην σφόδρα. 11 καὶ ἀνέστη Δαυεὶδ τὸ πρωί· καὶ $^s$λόγος Κυρίου ἐγένετο πρὸς Γὰδ 11
τὸν προφήτην τὸν ὁρῶντα Δαυεὶδ λέγων 12 Πορεύθητι καὶ λάλησον πρὸς Δαυεὶδ λέγων Τάδε λέγει 12
Κύριος Τρία ἐγώ εἰμι αἴρω ἐπὶ σέ, καὶ ἔκλεξαι σεαυτῷ ἓν ἐξ αὐτῶν καὶ ποιήσω σοι. 13 καὶ 13
εἰσῆλθεν Γὰδ πρὸς Δαυείδ, καὶ ἀνήγγειλεν αὐτῷ καὶ εἶπεν αὐτῷ Ἔκλεξαι σεαυτῷ γενέσθαι, εἰ
ἔλθῃ σοι τρία ἔτη λιμὸς ἐν τῇ γῇ σου, ἢ τρεῖς μῆνας φεύγειν σε ἔμπροσθεν τῶν ἐχθρῶν σου καὶ
ἔσονται διώκοντές σε, ἢ γενέσθαι τρεῖς ἡμέρας θάνατον ἐν τῇ γῇ σου· νῦν οὖν γνῶθι καὶ ἴδε τί
ἀποκριθῶ τῷ ἀποστείλαντί με ῥῆμα. 14 καὶ εἶπεν Δαυεὶδ πρὸς Γάδ Στενά μοι πάντοθεν σφόδρα 14
ἐστίν· ἐμπεσοῦμαι δὴ ἐν χειρὶ Κυρίου, ὅτι πολλοὶ οἱ οἰκτειρμοὶ αὐτοῦ σφόδρα, εἰς δὲ χεῖρας
ἀνθρώπου οὐ μὴ ἐμπέσω. 15 καὶ ἐξελέξατο ἑαυτῷ Δαυεὶδ τὸν θάνατον· καὶ ἡμέραι θερισμοῦ 15
πυρῶν, καὶ ἔδωκεν Κύριος ἐν Ἰσραὴλ θάνατον ἀπὸ πρωίθεν ἕως ὥρας ἀρίστου· καὶ ἤρξατο ἡ
θραῦσις ἐν τῷ λαῷ, καὶ ἀπέθανεν ἐκ τοῦ λαοῦ ἀπὸ Δὰν καὶ ἕως Βηρσάβεε, ἑβδομήκοντα χιλιάδες
ἀνδρῶν. 16 καὶ ἐξέτεινεν ὁ ἄγγελος τοῦ θεοῦ τὴν χεῖρα αὐτοῦ εἰς Ἰερουσαλὴμ τοῦ διαφθεῖραι 16
αὐτήν, καὶ παρεκλήθη Κύριος ἐπὶ τῇ κακίᾳ καὶ εἶπεν τῷ ἀγγέλῳ τῷ διαφθείροντι ἐν τῷ λαῷ
¶ 𝔏$^j$ Πολὺ νῦν, ἄνες τὴν χεῖρά σου·¶ καὶ ὁ ἄγγελος Κυρίου ἦν παρὰ τῷ ἅλῳ Ὀρνὰ τοῦ Ἰεβουσαίου.

12 εκλεξε A   13 λειμος B* | διωκειν $B^{a?}$(mg) | ημερας $B^{ab}$] ημας B* | γνωθει A   14 οικτιρμοι $B^b$   15 χειλιαδες B*   16 κυριου] κυ A

AMNabd–jl–qstv–c$_2$e$_2$𝔄ℭ*𝔈(𝔏$^{jv}$)

διαν 44⟩ | δουλου] λαου a | εμωρανθην BAj(mg)a$_2$] εμωρανθη h: ημαρτον vx: εματαιωθη a Thdt: εματαιωθην MNj(txt) rell 𝔄

11 ⟨δαυειδ 1°] γαδ 236⟩ | το] τω aghva$_2$*b$_2$ | λογος κυριου] post εγενετο 𝔈𝔏 Or-lat: om v | λογος] ρημα boc$_2$e$_2$ | εγενετο] εγενηθη deflmp–twz: ⟨εγεννηθη 242⟩ | προς] *super* 𝔄: om c$_2$* | γαδ] δᾱδ g*j*: γαλααδ t*(uid) | om τον προφητην boc$_2$e$_2$ | δαυειδ 2°] pr τον A: pr τω boc$_2$e$_2$: pr προς h𝔄𝔈: om d–glmnp–wzℭ𝔏 Or-lat | λεγων] λεγον h: om gℭ

12 om πορευθητι—λεγων h*oyc$_2$ | om πορευθητι και x | πορευου bv$^b$e$_2$ | και λαλησον] post δαυειδ h$^b$: και λαλησεις v$^b$: om ℭ | λεγων] και ερεις x: om 𝔏 Or-lat | ταδε λεγει κυριος] bis scr d: om A | τρια] +α h | εγω ειμι αιρω] ερω εγω v: *dico* 𝔄 | ειμι BAhxa$_2$] om MN rell ℭ𝔈𝔏𝔖$^j$ Or-lat | αιρω BMginy] ορω dlp–tz: ορων x: ερω AN rell ℭ𝔖$^j$: *leuabo* 𝔏 Or-lat | σε] +κακα y | om και 2° boc$_2$e$_2$𝔄-ed 𝔏 Or-lat | εξελεξαι N (αι ex ε) | σεαυτω] σεαυτον x: συ τω i: ⟨συ το 246⟩ | εν εξ αυτων] pr γενεσθαι o: *unum ex his* 𝔏 Or-lat: om a: ⟨om εξ αυτων 246⟩ | και 3°] *quod* 𝔈𝔏 Or-lat | σοι] σε g

13 εισηλθεν] ηλθε boc$_2$e$_2$ | γαδ] +*propheta* ℭ | απηγγειλεν MNbdg–ln–qtyzb$_2$c$_2$e$_2$ | om αυτω 1° y | και ειπεν αυτω] λεγων boc$_2$e$_2$ 𝔏 Or-lat: om αυτω av | om εκλεξαι σεαυτω γενεσθαι Ax𝔏 Or-lat | om εκλεξαι σεαυτω a$_2$ | σεαυτω] σεαυτων N*: ⟨+εκ των τριων 44⟩ | γενεσθαι 1°] pr εν h: ο θελεις (-ης v 242) γενεσθαι (-σθω 242) σοι efmsvw⟨242⟩: +*tibi* 𝔖$^j$ | ει—λιμος] η τρια ετη (τριετη c$_2$) λιμον (-ος e$_2$) bgoc$_2$e$_2$ | ει ελθη] εισελθη Aa$_2$: ⟨η ελθοι 64⟩: *aut ueniet* 𝔏𝔖$^j$ Or-lat | ει] η efmqstwyz | om σοι 𝔄 | τρια ετη post λιμος 𝔄𝔈 | ⟨λοιμος 44⟩ | εν τη γη 1°] *in terram* 𝔄: επι την γην boc$_2$e$_2$ℭ𝔏 Or-lat | om σου 1° boc$_2$e$_2$ | ⟨μηνες 236⟩ | φυγειν ya$_2$ | om σε 1° vx𝔄 | εμπροσθεν] εκ προσωπου boc$_2$e$_2$𝔄: εξ d | των] pr ras (2) y: om d | om σου 2° a | και 4°—σε 2°] *qui te persequuntur* (-*entur* Or-lat-cod) 𝔏 Or-lat: ⟨om 246⟩ | εσονται] εσοντα v: αυτους bc$_2$e$_2$: αυτος o | διωκοντες B*a$_2$] καταδιωκοντες N: διωκειν $B^{a?}$Abx: καταδιωκειν M rell: *persequi* 𝔄 | ⟨η 2°] ει 246⟩ | γενεσθαι 2°—θανατον] *triduo* (pr *ut* Or-lat-cod: +*ut* 𝔏) *mors fiat* 𝔏 Or-lat | τρεις 2°] τις A | ημερας] ημερ sup ras $j^a$: ημεραις g* | εν τη γη 2°] επι την γην b: επι της γης h | om σου 3° boc$_2$e$_2$ | νυν ουν] και νυν boc$_2$e$_2$𝔄𝔈 Thdt: om ουν dlp–t | αναγνωθι a$_2$ | ⟨om και ιδε 64⟩ | αποκριθεις x | ρημα τω αποστειλαντι με bo Thdt | om ρημα yc$_2$e$_2$𝔄(uid)𝔏 Or-lat

14 και ειπεν δαυειδ bis scr q | γαδ] τινα a$_2$: +*prophetam* ℭ | στενα—εστιν] *Angustiae* (+*sunt* 𝔏) *mihi undique* (+*ualde* Or-lat) 𝔏 Or-lat | στενα] στενο| A | παντοθεν] ⟨παντα 242⟩: om boc$_2$e$_2$ Thdt | εστιν BAxa$_2$𝔄ℭ𝔈] +εις τα τρια b: εστι (εστει g: εστη M) και τα τρια MN rell Thdt: ⟨+κατα τρια 244⟩ | εμπεσουμαι δη] πλην εμπεσουμαι boc$_2$e$_2$ Thdt: *sed* (+*nunc* 𝔄-ed) *incidam* 𝔄𝔏 Or-lat | δη—αυτου abscissa in l | δη] δει a$_2$: ⟨δε 71⟩ | εν χειρι BAxa$_2$𝔈] εις (+τας bqc$_2$e$_2$ $Jos^{uid}$) χειρας MN rell 𝔄𝔏 Jos(uid) Or-lat Chr Thdt | κυριου] pr του be$_2$: κυ ex δα uid $a_2^a$: +*magis* 𝔏 Or-lat | om οι gh | σφοδρα 2°] *sunt* 𝔏 Or-lat | εις δε] και εις boc$_2$e$_2$𝔏 Or-lat: om δε a$_2$ | χειρας] *manum* 𝔈 | ανθρωπου Bxa$_2$𝔄] ανθρωπων AMN rell ℭ𝔏 Or-lat Chr Thdt | om ου y

15 hab και 1°—αριστου 𝔏$^v$ | om και 1°—πυρων 𝔏$^j$ Or-lat | om και 1°—θανατον 1° Ny | εαυτω] post δαυειδ A: αυτω x: om a$_2$ | ⟨δαυειδ] pr τω 242: post θανατον 1° 246⟩ | om και 2°—θανατον 2° 𝔈 | ημεραι θερισμου πυρων] *erat tempus messium frumenti* 𝔏$^v$ | ημεραι] pr αι Mad–np–twyzb$_2$: ημερα b | θερισμος t | πυρου y | κυριος] pr ο f: +ο θ̅ς̅ e | εν ισραηλ θανατον] θανατον εν τω ι̅η̅λ̅ e$_2$ | εν ισραηλ BAhx𝔏$^j$ Or-lat-ed] post θανατον 2° MN rell 𝔄ℭ𝔏$^v$ Or-lat-cod | πρωι Ni | εως 1°] pr και boc$_2$e$_2$ | ωρας] post αριστου p: om Af | om και 4°—λαω 𝔈$^s$𝔏 Or-lat | λαω] +*et mortui sunt a mane usque ad tempus prandii* $𝔈^a$ | απεθανεν BANhqvxa$_2$𝔄] non liquet p: απεθανον M rell ℭ𝔈𝔏 Or-lat Anon$^1$ | απο δαν εκ του λαου b′ | εκ] απο d–glmp–twz | λαου] +κ̅υ̅ efmw | απο δαν] *ex Dan* 𝔏 Or-lat: om z(txt) | δαμ g | om και 6° a$_2$𝔄ℭ𝔈𝔏 Or-lat Anon$^1$ | βηρσαβεε] βηρσαβεαι boc$_2$e$_2$: βηρσαβε N: ⟨βερσαβεε 98⟩ | χιλιαδας d

16 εξενεν b′ | ο 1°—θεου post αυτου 𝔈 | του θεου] κ̅υ̅ v𝔏 Or-lat-cod: om Aabeoc$_2$e$_2$ Jos | εις] ⟨εν 71⟩: επι boc$_2$e$_2$ Jos(uid) | διαφθειραι] διαφθηρην v: διαφθερειν a | αυτην] εν αυτη MNahijnvyb$_2$𝔖$^j$ | hab και 2°—κακια 𝔏$^v$ | παρεκληθη] παρεκλιθη a$_2$: παρεκλινεν v: μετεμεληθη boc$_2$e$_2$𝔏$^v$ Thdt | επι τη κακια] *in malitiam* 𝔏$^v$ | επι] εν Ax | ειπεν] +κ̅ς̅ N𝔈 | ⟨αγγελω τω διαφθειροντι] διαφθειροντι αγγελω 246⟩ | τω 2°—λαω] hab *ferientem populum* 𝔏$^v$ | διαφθειραντι m | εν τω λαω] τον λαον a$_2$𝔄𝔏$^j$ Or-lat | πολυ νυν] ποαυν A: *Satis est* 𝔏 Or-lat | πολυ] ικανον bdj(mg)ln–vyzc$_2$e$_2$: ⟨πολλοι ικανον ην 242⟩: +ικανον efmw | νυν] post σου boc$_2$e$_2$: +ουν x | ο 2°—ην] *stetit angelus Domini* 𝔈 | om ο 2° dx | κυριου] pr του av: του θ̅υ̅ boc$_2$e$_2$ | ην BAhxa$_2$] ⟨εστηκως 246⟩: +εστηκως MN rell 𝔄ℭ: ⟨+εστως 44.64⟩ | τω 4°] τη Aefhmwz: την bgoc$_2$e$_2$ | αλω] αλλω d*(uid): αδω v: λαω Maa$_2$: αλωνι x | του 3°] τω a$_2$ | ιεβουσσαιου (ιεβοσσ- e$_2$*) vc$_2$e$_2$

13 τρια] οι γ′ επτα j   16 και 2°—κακια] θ′ και μετεμεληθη κ̅ς̅ επι τη κακια j | και παρεκληθη] α′ σ′ και παρεκληθη j

17 ¹⁷καὶ εἶπεν Δαυεὶδ πρὸς Κύριον, ἐν τῷ ἰδεῖν αὐτὸν τὸν ἄγγελον τύπτοντα ἐν τῷ λαῷ, καὶ εἶπεν B
Ἰδοὺ ἐγώ εἰμι ἠδίκησα, καὶ οὗτοι τὰ πρόβατα τί ἐποίησαν; γενέσθω δὴ ἡ χείρ σου ἐν ἐμοὶ καὶ
18 ἐν τῷ οἴκῳ τοῦ πατρός μου. ¹⁸Καὶ ἦλθεν Γὰδ πρὸς Δαυεὶδ ἐν τῇ ἡμέρᾳ ἐκείνῃ καὶ εἶπεν αὐτῷ
19 Ἀνάβηθι καὶ στῆσον τῷ κυρίῳ θυσιαστήριον ἐν τῷ ἅλωνι Ὀρνὰ τοῦ Ἰεβουσαίου. ¹⁹καὶ ἀνέβη
20 Δαυεὶδ κατὰ τὸν λόγον Γὰδ καθ' ὃν τρόπον ἐνετείλατο αὐτῷ Κύριος. ²⁰καὶ διέκυψεν Ὀρνὰ καὶ
εἶδεν τὸν βασιλέα καὶ τοὺς παῖδας αὐτοῦ παραπορευομένους ἐπάνω αὐτοῦ· καὶ ἐξῆλθεν Ὀρνὰ
21 καὶ προσεκύνησεν τῷ βασιλεῖ ἐπὶ πρόσωπον αὐτοῦ ἐπὶ τὴν γῆν. ²¹καὶ εἶπεν Ὀρνά Τί ὅτι ἦλθεν
ὁ κύριός μου ὁ βασιλεὺς πρὸς τὸν δοῦλον αὐτοῦ; καὶ εἶπεν Δαυείδ Κτήσασθαι παρὰ σοῦ τὸν
ἅλωνα, τοῦ οἰκοδομῆσαι θυσιαστήριον τῷ κυρίῳ. καὶ συνεσχέθη ἡ θραῦσις ἐπάνω τοῦ λαοῦ.
22 ²²καὶ εἶπεν Ὀρνὰ πρὸς Δαυεὶδ Λαβέτω καὶ ἀνενεγκέτω ὁ κύριός μου ὁ βασιλεὺς τῷ κυρίῳ τὸ
ἀγαθὸν ἐν ὀφθαλμοῖς αὐτοῦ· ἰδοὺ οἱ βόες εἰς ὁλοκαύτωμα, καὶ οἱ τροχοὶ καὶ τὰ σκεύη τῶν βοῶν
23 εἰς ξύλα. ²³τὰ πάντα ἔδωκεν Ὀρνὰ τῷ βασιλεῖ· καὶ εἶπεν Ὀρνὰ πρὸς τὸν βασιλέα Κύριος ὁ
24 θεός σου εὐλογῆσαι σε. ²⁴καὶ εἶπεν ὁ βασιλεὺς πρὸς Ὀρνά Οὐχί, ὅτι ἀλλὰ κτώμενος κτήσομαι
παρὰ σοῦ ἐν ἀλλάγματι, καὶ οὐκ ἀνοίσω τῷ κυρίῳ μου θεῷ μου ὁλοκαύτωμα δωρεάν. καὶ ἐκτή-
25 σατο Δαυεὶδ τὸν ἅλωνα καὶ τοὺς βόας ἐν ἀργυρίῳ σίκλων πεντήκοντα. ²⁵καὶ ᾠκοδόμησεν ἐκεῖ

17 ηδικησα] ημαρτηκα και εγω ειμι ο ποιμην B$^{ab}$(mg)  18 αναβηθι] α 1° suprascr B$^{ab}$: αναβηθει A
22 ανενεγκετω B*] ανενεγκατω B$^{a?}$: ποιησατω B$^{ab\,uid}$(mg) | βοες εις B$^{ab}$] βοεις B*

AMNabd–jl–qstv–c$_2$e$_2$𝔄ℭ$^w$𝔈(𝔏$^v$)

**17** προς—αγγελον] *ad angelum ubi uidit eum* 𝔈 | κυριον] pr τον af | αυτον] bis scr a: ⟨om 44.246⟩ | om αγγελον e | om τυπτοντα—ειπεν 2° ℭ | τυπτοντα] pr τον AMNdfgi–np–txyzb$_2$𝔄: τον τυπτω a$_2$ | εν τω λαω] τον λαον y𝔄𝔈 | ειπεν 2°] + αυτω x𝔈(uid) | εγω ειμι ηδικησα] *sto ego peccaui ego pastor transgressus sum* 𝔄: *ego sum qui peccaui ego pastor feci iniuriam* ℭ: *ego qui peccaui et ego pastor qui feci malum* 𝔈 | om εγω v | om ειμι Nboc$_2$e$_2$ Chr Thdt | ηδικησα B*h] ο ποιμην ο κακοποιησας f: ημαρτηκα και εγω ειμι ο ποιμην εκακοποιησα B$^{ab}$AMN rell ⟨44.64.123.246⟩ Chr $\frac{1}{8}$ Thdt [[ημαρτηκα] ημαρτον boc$_2$e$_2$ Chr $\frac{1}{8}$ Thdt: ηδικησα A 64.123: ο αδικησας x | και] + γε y | om εγω 64 | om ειμι Abioxc$_2$ 44.246. Chr $\frac{1}{8}$ Thdt | εκακοποιησα] ο κακοποιησας jb$_2$: και ηδικησα a$_2$: om B$^{ab}$]]: ο ποιμην ημαρτον Chr $\frac{1}{8}$: ο ποιμην εκακοποιησα Chr $\frac{1}{8}$: ο ποιμην ημαρτον και εγω (+ ο ποιμην $\frac{2}{8}$) εκακοποιησα Chr $\frac{3}{8}$: hab ο ποιμην Jos | ⟨και ουτοι τα] τα δε 44⟩ | om και 3° n | ουτοι] οτι a$_2$* | τα προβατα] το ποιμνιον boc$_2$e$_2$ Chr $\frac{5}{8}$ Thdt: hab τα ποιμνια Jos: om Chr $\frac{1}{8}$: + μου a$_2$ | ⟨εποιησαν] εκακοποιησαν 246⟩ | om δη boc$_2$e$_2$ Chr Thdt | om η Mgvy | εν εμοι] επ εμοι Chr $\frac{1}{8}$: επ εμε a Chr $\frac{2}{8}$ | om και 4° n | επι τον οικον Chr $\frac{2}{8}$

**18** γαδ—τη sup ras e$^a$ | δα̅δ προς γαδ jb$_2$ | γαδ] γ ex δ dg$^a$: ⟨post δαυειδ 244⟩: + *propheta* ℭ | ⟨om προς δαυειδ 236.242⟩ | αυτω] om abovc$_2$e$_2$: + γαδ jb$_2$ | hab αναβηθι—θυσιαστηριον 𝔏$^v$ | στησον] pr *dispone testamentum Domino et* ℭ: θυσον d | τω κυριω] post θυσιαστηριον Nboc$_2$e$_2$ℭ𝔈: τω θω̅ dlp–tz: om a | εν 2°] pr εν τη a | τω 2°] τη Abfozc$_2$e$_2$: hab την αλω Jos | αλωνι] αλω MNabd$^a$g–ln–tyzb$_2$c$_2$e$_2$: αλλω d*: αδω v | ιεβουσαιου] ιεβουσσαιου *b*vc$_2$e$_2$: ιεβοσσαιου a$_2$

**19** ανεστη av | κατα] pr και x | τον λογον BAhxa$_2$] το ρημα MN rell | γαδ BAxa$_2$𝔄ℭ𝔈] του προφητου i: + του προφητου MN rell | καθ ον τροπον BAhxa$_2$] ο boc$_2$e$_2$: om καθ MN rell ℭ | om αυτω e | κυριος] κω̅ e$_2$*

**20, 21** multa illeg in b$_2$

**20** ορνα 1°] ορνια b: σινα a$_2$ | διαπορευομενους boc$_2$e$_2$ | επανω αυτου] επ αυτον boc$_2$e$_2$: *ad eum* 𝔄ℭ | αυτου 2°] αυτους h*(uid) | om και εξηλθεν ορνα 𝔈 | ορνα 2°] *ad eum* 𝔄: om d | τω βασιλει] *Domino* 𝔄: + *Dauid* ℭ | om επι την γην x

**21** om ορνα x | ⟨om τι 44⟩ | οτι] ετι d: om boc$_2$e$_2$ | ⟨ηλθεν post βασιλευς 246⟩ | ⟨om ο βασιλευς 64⟩ | αυτον *b* | ειπεν 2°] + αυτω boc$_2$e$_2$𝔈(uid) | παρα σου] παρ αυτου o | τον 2°] την Abfgozc$_2$e$_2$ Jos | αλωνα] αλων *b*: αλω MNab'dgijln–vyzb$_2$c$_2$e$_2$ Jos: λαον h | του 1°] και boc$_2$e$_2$ | οικοδομησω e$_2$ | κυριω] θω̅ dlp–tz | και συνεσχεθη] οπως επισχη boc$_2$e$_2$𝔄ℭ | συνεσχεθη Bha$_2$𝔈] συνεσχεσθη A: συσχεθη MNb$_2$(uid) rell | θραυσις] πτωσις boc$_2$e$_2$ | επανω BAa$_2$] pr η x: απο boc$_2$e$_2$𝔄𝔈: επανωθεν MN rell: ⟨ενωπιον 242⟩

**22** προς δαυειδ] ⟨προς τον βασιλεα 246⟩: om a$_2$ | λαβε boc$_2$e$_2$ | om και ανενεγκετω 𝔈 | ανενεγκετω B*fyb$_2$] ποιησατω B$^{ab}$(uid)boc$_2$e$_2$ℭ: ανενεγκατω και ποιησατω ha$_2$: ανενεγκατω B$^{a?}$AMN rell | τω κυριω] post αγαθον N: om ⟨44.71.236⟩𝔈 | αγαθον εν οφθαλμοις] αρεστον ενωπιον boc$_2$e$_2$ | αυτου] ημων g* | hab ιδου—(23) σε 𝔏$^v$ | ιδου] pr *et* 𝔄-codd 𝔈𝔏 | οι 1°] αι v | βοες] μοσχοι boc$_2$e$_2$𝔏 | εις ολοκαυτωμα] *ad holocausta macta* 𝔏 | om εις 1° d | ολοκαυτωμα] ολοκαυτωματα A: ολοκαυτωσιν boc$_2$e$_2$ Jos | οι τροχοι] τα ξυλα και τα αροτρα boc$_2$e$_2$: hab τα αροτρα Jos: *rotas et aratra* 𝔏 | τα—ξυλα] *ligna boum* 𝔈 | τα σκευη] τα αροτρα z(mg): *uas* 𝔏 | εις 2°] *et* 𝔏 | ξυλων v

**23** om τα—βασιλει x | τα] pr και b𝔈 | δεδωκεν e$_2$ | om ορνα 1° 𝔏 | τω βασιλει] *Dauid* 𝔈 | om και—σε a | ⟨και—βασιλεα] λεγων 44⟩ | ορνα 2°] *Areuna* 𝔏 | προς τον βασιλεα] τω βασιλει h*(uid)a$_2$: προς δα̅δ d𝔈$^s$ | om ο θεος 𝔏 | om σου Ag | ευλογησαι σε] προσδεξεται παρα σου oc$_2$e$_2$: *accipiat a te* 𝔏 | ευλογησαι] ⟨ευλογησει 71⟩: ευλογηση g: *benedixit* 𝔈

**24** ουχι] ουχ a$_2$ | om οτι bfovc$_2$e$_2$𝔄(uid)ℭ | αλλα Bh*a$_2$] om Ax: αλλ η MNh$^b$ rell | κτησομαι] κτησωμε N*: κθησωμαι g$^{a?}$: και θησωμαι g* | σου] + τον αλω jb$_2$: ⟨+ την αλω 244⟩ | ⟨αλλαγμασι 242⟩ | ανοισει d | ⟨τω—θεω] θεω τω κυριω 71⟩ | τω] post κυριω Nbefjopxyb$_2$c$_2$e$_2$: om i | μου 1° B] om AMN omn 𝔄ℭ𝔈 | θεω] pr τω v | ολοκαυτωματα deilmpqswz | δωρον Mg | εκτισατο dle$_2$ | τον] την A*b*foz*c$_2$e$_2$ Jos: εν b' | αλωνα] αλω AMNgijnyb$_2$ Jos: αλω εν αλλαγματι boc$_2$e$_2$ | τους] τας dlmp–twz* | εν αργυριω] εν αργυρω y: ⟨εν αραριω 242*⟩: om g*: om εν x | ⟨σικλων πεντηκοντα] ν' σιτλων 74⟩ | σικλων BAahva$_2$] σιτλων x: post πεντηκοντα MN rell 𝔄𝔈 Jos(uid)

**25** multa illeg in b$_2$ | ωκοδομησεν εκει δαυειδ] ωκοδομησαν

B Δαυεὶδ θυσιαστήριον Κυρίῳ, καὶ ἀνήνεγκεν ὁλοκαυτώσεις καὶ εἰρηνικάς· καὶ προσέθηκεν Σαλωμὼν
⁖ a ἐπὶ τὸ θυσιαστήριον ἐπ' ἐσχάτῳ, ὅτι μικρὸν ἦν ἐν πρώτοις. καὶ ἐπήκουσεν¶ Κύριος τῇ γῇ, καὶ
⁖ lb$_2$𝔈ʷ συνεσχέθη ἡ θραῦσις ἐπάνωθεν Ἰσραήλ.¶

25 μεικρον B*

AMN(a)bd-jl-qstv-c$_2$e$_2$𝔄𝔈ʷ𝔈(𝔏ʳ)

εκει b': om εκει Ag: om δαυειδ p𝔈ˢ | θυσιαστηριον 1° post κυριω x | κυριω] pr τω Aabghnovxza$_2$c$_2$e$_2$: + *Deo* 𝔄 | om και 3° d𝔈 | και 4°—πρωτοις sub — c$_2$ | hab και 4°—πρωτοις 𝔏ʳ | προσεθηκεν σαλωμων] *imposuit Salomonem* 𝔏 | προσεθηκεν] ωκοδομησεν j(txt) | σαλωμων] σαλομων N$^{a?}$gh$^{b?}$jnx: σολομων b-flmo-twzc$_2$e$_2$: ο σολομων Thdt | επι το] εις το v𝔄(uid): om jb$_2$: ⟨om επι 244⟩ | επ εσχατω] *in nouissimum* 𝔏: om v𝔖ʲ | εσχατω BAaboc$_2$e$_2$] εσχατων MN rell Thdt | om οτι—ισραηλ v* | μικρον] *pusillus* 𝔏 | επηκουσεν κυριος] ιλεος εγενετο κ̅ς̅ και επηκουσεν v$^b$ | επηκουσεν] επηκου...a: ιλεως εγενετο boc$_2$e$_2$𝔈(uid) | της γης f | και 6°] pr και επεσχεν η πτωσις v$^b$: om h* | συνεσχεθη] συνεσχεσθη A: συνεσχεν a$_2$: επεσχεν bo c$_2$e$_2$ | θραυσις] πτωσις boc$_2$e$_2$ | επανωθεν] επανω a$_2$: επι b απο oc$_2$e$_2$𝔄 | ισραηλ] pr του x: ⟨του λαου 246⟩

Subscr βασιλειων β' BANjmqst: βασιλειων δευτερα i: τελος του β' v: τελος βασιλειων β' a$_2$: τελος βασιλειων δευτερας y τελος της β' των βασιλειων c: τελος της δευτερας των βασιλειων f: τελος της δευτερου βιβλου των βασιλειων d: βασιλειων β' στιχοι ,ϛτμγ' n: εν τισιν αντηγραφοις εως ωδε το τελος της δευτερας των βασιλειων g: εν τω εξαπλω και τοις ακριβεστεροις των αντιγραφων εως ωδε πληρουται η δευτερα των βασιλειων διαδωρος δε συναπτει ταυτη τα εως της του δ̅α̅δ̅ τελευτης ομοιως θεοδωρητος z